Gonglu Jianshe Guanli Fagui Wenjian Xuanbian

公路建设管理法规文件选编
（2023年版）

交通运输部公路局

人民交通出版社股份有限公司

北京

内 容 提 要

本书由交通运输部公路局从众多法律、行政法规、部门规章和规范性文件中，精选出与公路建设相关度高、实用性强的法规文件，共收录文件188篇，时间跨度为1992—2023年。书中文件分为五大类，即相关法律法规及文件、市场管理、招标投标管理、项目管理和农村公路建设管理，文件均为现行有效。

本书可供公路建设相关部门领导干部和工程技术人员查阅参考。

图书在版编目(CIP)数据

公路建设管理法规文件选编：2023年版／交通运输部公路局主编． — 北京：人民交通出版社股份有限公司，2023.10

ISBN 978-7-114-18947-0

Ⅰ.①公… Ⅱ.①交… Ⅲ.①道路工程—法规—汇编—中国—2023 Ⅳ.①D922.296.9

中国国家版本馆CIP数据核字(2023)第160302号

书　　名：**公路建设管理法规文件选编(2023年版)**
著　作　者：交通运输部公路局
责任编辑：吴有铭　王海南
责任校对：赵媛媛
责任印制：张　凯
出版发行：人民交通出版社股份有限公司
地　　址：(100011)北京市朝阳区安定门外外馆斜街3号
网　　址：http://www.ccpcl.com.cn
销售电话：(010)59757973
总　经　销：人民交通出版社股份有限公司发行部
经　　销：各地新华书店
印　　刷：北京市密东印刷有限公司
开　　本：880×1230　1/16
印　　张：45
字　　数：1669千
版　　次：2023年10月　第1版
印　　次：2023年10月　第1次印刷
书　　号：ISBN 978-7-114-18947-0
定　　价：188.00元

(有印刷、装订质量问题的图书,由本公司负责调换)

本书封面贴有配数字资源的正版图书二维码,扉页前加印有人民交通出版社股份有限公司专用防伪纸。任何侵犯本书权益的行为,人民交通出版社股份有限公司将依法追究其法律责任。

目　录

第一部分　相关法律法规及文件

1. 中华人民共和国公路法

   (1997年7月3日第八届全国人民代表大会常务委员会第二十六次会议通过,根据1999年10月31日第九届全国人民代表大会常务委员会第十二次会议《关于修改〈中华人民共和国公路法〉的决定》第一次修正,根据2004年8月28日第十届全国人民代表大会常务委员会第十一次会议《关于修改〈中华人民共和国公路法〉的决定》第二次修正,根据2009年8月27日第十一届全国人民代表大会常务委员会第十次会议《关于修改部分法律的决定》第三次修正,根据2016年11月7日第十二届全国人民代表大会常务委员会第二十四次会议《关于修改〈中华人民共和国对外贸易法〉等十二部法律的决定》第四次修正,根据2017年11月4日第十二届全国人民代表大会常务委员会第三十次会议《关于修改〈中华人民共和国会计法〉等十一部法律的决定》第五次修正) ………… 3

2. 公路安全保护条例

   (2011年2月16日国务院第144次常务会议通过,2011年3月7日中华人民共和国国务院令第593号公布) ………… 8

3. 收费公路管理条例

   (2004年8月18日国务院第61次常务会议通过,2004年9月13日中华人民共和国国务院令第417号公布) ………… 13

4. 中华人民共和国招标投标法

   (1999年8月30日第九届全国人民代表大会常务委员会第十一次会议通过,根据2017年12月27日第十二届全国人民代表大会常务委员会第三十一次会议《关于修改〈中华人民共和国招标投标法〉、〈中华人民共和国计量法〉的决定》修正) ………… 17

5. 中华人民共和国招标投标法实施条例

   (2011年12月20日中华人民共和国国务院令第613号公布,根据2017年3月1日《国务院关于修改和废止部分行政法规的决定》第一次修订,根据2018年3月19日《国务院关于修改和废止部分行政法规的决定》第二次修订,根据2019年3月2日《国务院关于修改部分行政法规的决定》第三次修订) ………… 21

6. 中华人民共和国政府采购法

   (2002年6月29日第九届全国人民代表大会常务委员会第二十八次会议通过,根据2014年8月31日第十二届全国人民代表大会常务委员会第十次会议《关于修改〈中华人民共和国保险法〉等五部法律的决定》修正) ………… 28

7. 中华人民共和国政府采购法实施条例

   (2014年12月31日国务院第75次常务会议通过,2015年1月30日中华人民共和国国务院令第658号公布) ………… 33

8. 中华人民共和国土地管理法

(1986年6月25日第六届全国人民代表大会常务委员会第十六次会议通过,根据1988年12月29日第七届全国人民代表大会常务委员会第五次会议《关于修改〈中华人民共和国土地管理法〉的决定》第一次修正,1998年8月29日第九届全国人民代表大会常务委员会第四次会议修订,根据2004年8月28日第十届全国人民代表大会常务委员会第十一次会议《关于修改〈中华人民共和国土地管理法〉的决定》第二次修正,根据2019年8月26日第十三届全国人民代表大会常务委员会第十二次会议《关于修改〈中华人民共和国土地管理法〉、〈中华人民共和国城市房地产管理法〉的决定》第三次修正) ………………… 39

9. 中华人民共和国土地管理法实施条例

(1998年12月27日中华人民共和国国务院令第256号发布,根据2011年1月8日《国务院关于废止和修改部分行政法规的决定》第一次修订,根据2014年7月29日《国务院关于修改部分行政法规的决定》第二次修订,2021年7月2日中华人民共和国国务院令第743号第三次修订) ………………… 46

10. 中华人民共和国耕地占用税法

(2018年12月29日第十三届全国人民代表大会常务委员会第七次会议通过) ………………… 51

11. 中华人民共和国环境保护法

(1989年12月26日第七届全国人民代表大会常务委员会第十一次会议通过,2014年4月24日第十二届全国人民代表大会常务委员会第八次会议修订) ………………… 53

12. 中华人民共和国环境影响评价法

(2002年10月28日第九届全国人民代表大会常务委员会第三十次会议通过,根据2016年7月2日第十二届全国人民代表大会常务委员会第二十一次会议《关于修改〈中华人民共和国节约能源法〉等六部法律的决定》第一次修正,根据2018年12月29日第十三届全国人民代表大会常务委员会第七次会议《关于修改〈中华人民共和国劳动法〉等七部法律的决定》第二次修正) ………………… 58

13. 建设工程质量管理条例

(2000年1月30日中华人民共和国国务院令第279号发布,根据2017年10月7日《国务院关于修改部分行政法规的决定》第一次修订,根据2019年4月23日《国务院关于修改部分行政法规的决定》第二次修订) ………………… 61

14. 中华人民共和国安全生产法

(2002年6月29日第九届全国人民代表大会常务委员会第二十八次会议通过,根据2009年8月27日第十一届全国人民代表大会常务委员会第十次会议《关于修改部分法律的决定》第一次修正,根据2014年8月31日第十二届全国人民代表大会常务委员会第十次会议《关于修改〈中华人民共和国安全生产法〉的决定》第二次修正,根据2021年6月10日第十三届全国人民代表大会常务委员会第二十九次会议《关于修改〈中华人民共和国安全生产法〉的决定》第三次修正) ………………… 66

15. 中华人民共和国水土保持法

(1991年6月29日第七届全国人民代表大会常务委员会第二十次会议通过,2010年12月25日第十一届全国人民代表大会常务委员会第十八次会议修订) ………………… 76

16. 中华人民共和国水土保持法实施条例

(1993年8月1日中华人民共和国国务院令第120号发布,根据2011年1月8日《国务院关于废止和修改部分行政法规的决定》修订) …… 80

17. 中华人民共和国消防法

(1998年4月29日第九届全国人民代表大会常务委员会第二次会议通过,2008年10月28日第十一届全国人民代表大会常务委员会第五次会议修订,根据2019年4月23日第十三届全国人民代表大会常务委员会第十次会议《关于修改〈中华人民共和国建筑法〉等八部法律的决定》第一次修正,根据2021年4月29日第十三届全国人民代表大会常务委员会第二十八次会议《关于修改〈中华人民共和国道路交通安全法〉等八部法律的决定》第二次修正) …… 82

18. 中华人民共和国防洪法

(1997年8月29日第八届全国人民代表大会常务委员会第二十七次会议通过,根据2009年8月27日第十一届全国人民代表大会常务委员会第十次会议《关于修改部分法律的决定》第一次修正,根据2015年4月24日第十二届全国人民代表大会常务委员会第十四次会议《关于修改〈中华人民共和国港口法〉等七部法律的决定》第二次修正,根据2016年7月2日第十二届全国人民代表大会常务委员会第二十一次会议《关于修改〈中华人民共和国节约能源法〉等六部法律的决定》第三次修正) …… 88

19. 政府投资条例

(2018年12月5日国务院第33次常务会议通过,2019年4月14日中华人民共和国国务院令第712号公布) …… 94

20. 中华人民共和国预算法实施条例

(1995年11月22日中华人民共和国国务院令第186号发布,2020年8月3日中华人民共和国国务院令第729号修订) …… 97

21. 建设工程勘察设计管理条例

(2000年9月25日中华人民共和国国务院令第293号公布,根据2015年6月12日《国务院关于修改〈建设工程勘察设计管理条例〉的决定》第一次修订,根据2017年10月7日《国务院关于修改部分行政法规的决定》第二次修订) …… 104

22. 建设项目环境保护管理条例

(1998年11月29日中华人民共和国国务院令第253号发布,根据2017年7月16日《国务院关于修改〈建设项目环境保护管理条例〉的决定》修订) …… 107

23. 安全生产许可证条例

(2004年1月13日中华人民共和国国务院令第397号公布,根据2013年7月18日《国务院关于废止和修改部分行政法规的决定》第一次修订,根据2014年7月29日《国务院关于修改部分行政法规的决定》第二次修订) …… 110

24. 地震安全性评价管理条例

(2001年11月15日中华人民共和国国务院令第323号公布,根据2017年3月1日《国务院关于修改和废止部分行政法规的决定》第一次修订,根据2019年3月2日《国务院关于修改部分行政法规的决定》第二次修订) …… 112

25. 生产安全事故报告和调查处理条例

(2007年3月28日国务院第172次常务会议通过,2007年4月9日中华人民共和国国务院令第493号公布) ………………………………………………………………………………… 114

26. 建设工程安全生产管理条例

(2003年11月12日国务院第28次常务会议通过,2003年11月24日中华人民共和国国务院令第393号公布) ………………………………………………………………………………… 118

27. 中华人民共和国档案法

(1987年9月5日第六届全国人民代表大会常务委员会第二十二次会议通过,根据1996年7月5日第八届全国人民代表大会常务委员会第二十次会议《关于修改〈中华人民共和国档案法〉的决定》第一次修正,根据2016年11月7日第十二届全国人民代表大会常务委员会第二十四次会议《关于修改〈中华人民共和国对外贸易法〉等十二部法律的决定》第二次修正,2020年6月20日第十三届全国人民代表大会常务委员会第十九次会议修订) ……… 124

28. 中华人民共和国河道管理条例

(1988年6月10日中华人民共和国国务院令第3号发布,根据2011年1月8日《国务院关于废止和修改部分行政法规的决定》第一次修订,根据2017年3月1日《国务院关于修改和废止部分行政法规的决定》第二次修订,根据2017年10月7日《国务院关于修改部分行政法规的决定》第三次修订,根据2018年3月19日《国务院关于修改和废止部分行政法规的决定》第四次修订) …………………………………………………………………………………… 128

29. 气象灾害防御条例

(2010年1月27日中华人民共和国国务院令第570号公布,根据2017年10月7日《国务院关于修改部分行政法规的决定》修订) ……………………………………………………… 131

30. 保障农民工工资支付条例

(2019年12月4日国务院第73次常务会议通过,2019年12月30日中华人民共和国国务院令第724号公布) ………………………………………………………………………………… 135

31. 建设工程抗震管理条例

(2021年5月12日国务院第135次常务会议通过,2021年7月19日中华人民共和国国务院令第744号公布) ………………………………………………………………………………… 140

32. 中共中央 国务院印发《交通强国建设纲要》

(2019年9月) ……………………………………………………………………………………… 144

33. 中共中央 国务院印发《国家综合立体交通网规划纲要》

(2021年2月) ……………………………………………………………………………………… 148

第二部分 市 场 管 理

综合管理

1. 公路建设市场管理办法

(2004年12月21日交通部发布,根据2011年11月30日交通运输部《关于修改〈公路建设市场管理办法〉的决定》第一次修正,根据2015年6月26日交通运输部《关于修改〈公路建设市场管理办法〉的决定》第二次修正) ………………………………………………………… 159

2. 交通运输部关于修订《公路工程施工分包管理办法》的通知

（交公路规〔2021〕5号）……163

3. 收费公路权益转让办法

（2008年8月20日 交通运输部 国家发展和改革委员会 财政部令第11号）……165

4. 公共资源交易平台管理暂行办法

（2016年6月24日 国家发展和改革委员会 工业和信息化部 财政部 国土资源部 环境保护部 住房和城乡建设部 交通运输部 水利部 商务部 国家卫生和计划生育委员会 国务院国有资产监督管理委员会 国家税务总局 国家林业局 国家机关事务管理局令第39号）……169

5. 公路工程营业税改征增值税计价依据调整方案

（交办公路〔2016〕66号）……172

6. 交通运输部关于印发公路建设市场督查工作规则的通知

（交公路发〔2015〕59号）……175

7. 交通运输部办公厅关于切实做好清理规范公路水运工程建设领域保证金有关工作的通知

（交办公路〔2016〕108号）……190

8. 关于完善建设工程价款结算有关办法的通知

（财建〔2022〕183号）……191

9. 交通运输部办公厅关于进一步支持公路建设领域中小企业发展的通知

（交办公路〔2022〕59号）……192

10. 交通运输部关于加快建立健全现代公路工程标准体系的意见

（交公路发〔2023〕132号）……194

信用管理

11. 交通运输部关于修订《公路建设市场信用信息管理办法（试行）》的通知

（交公路规〔2021〕3号）……196

12. 交通运输部关于修订《公路施工企业信用评价规则（试行）》的通知

（交公路规〔2021〕4号）……199

13. 交通运输部关于印发《公路水运工程试验检测信用评价办法》的通知

（交安监发〔2018〕78号）……207

14. 交通运输部办公厅关于界定和激励公路水运工程建设领域守信典型企业有关事项的通知

（交办水〔2018〕11号）……213

15. 公路设计企业信用评价规则（试行）

（交公路发〔2013〕636号）……214

16. 公路水运工程监理信用评价办法

（交质监发〔2012〕774号）……219

资质资格管理

17. 公路水运工程监理企业资质管理规定

（交通运输部令2022年第12号）……225

18. 公路水运工程质量检测管理办法

(交通运输部令 2023 年第 9 号) ······ 229

19. 建设工程勘察设计资质管理规定

(建设部令 2007 年第 160 号) ······ 233

20. 建筑业企业资质管理规定

(住房城乡建设部令 2015 年第 22 号) ······ 237

21. 住房城乡建设部关于简化建筑业企业资质标准部分指标的通知

(建市〔2016〕226 号) ······ 241

22. 施工总承包企业特级资质标准

(建市〔2007〕72 号) ······ 242

23. 施工总承包企业特级资质标准实施办法

(建市〔2010〕210 号) ······ 245

24. 住房城乡建设部关于建筑业企业资质管理有关问题的通知

(建市〔2015〕154 号) ······ 249

25. 住房城乡建设部关于建设工程企业发生重组、合并、分立等情况资质核定有关问题的通知

(建市〔2014〕79 号) ······ 250

26. 建设工程勘察设计资质管理规定实施意见

(建市〔2007〕202 号) ······ 251

27. 交通运输部关于公布《公路水运工程试验检测机构等级标准》及《公路水运工程试验检测机构等级评定及换证复核工作程序》的通知

(交安监发〔2017〕113 号) ······ 257

28. 交通运输工程造价工程师注册管理办法

(交通运输部令 2023 年第 2 号) ······ 289

第三部分 招标投标管理

综合管理

1. 国家发展改革委办公厅关于进一步做好《必须招标的工程项目规定》和《必须招标的基础设施和公用事业项目范围规定》实施工作的通知

(发改办法规〔2020〕770 号) ······ 293

2. 必须招标的工程项目规定

(国家发展和改革委员会令 2018 年第 16 号) ······ 294

3. 必须招标的基础设施和公用事业项目范围规定

(发改法规〔2018〕843 号) ······ 295

4. 公路工程建设项目招标投标管理办法

(交通运输部令 2015 年第 24 号) ······ 296

5. 评标委员会和评标方法暂行规定

(2001年7月5日国家计委等七部委令第12号发布,根据2013年3月11日国家发展改革委等九部委令第23号修改) ……………………………………………………… 303

6. 工程建设项目自行招标试行办法

(2000年7月1日国家发展计划委员会令第5号发布,根据2013年3月11日国家发展改革委等九部委令第23号修改) ……………………………………………………… 307

7. 电子招标投标办法

(2013年2月4日 国家发展和改革委员会 工业和信息化部 监察部 住房和城乡建设部 交通运输部 铁道部 水利部 商务部令第20号) ……………………………………… 308

8. 交通运输部办公厅关于加快推行公路建设项目电子招标投标的指导意见

(交办公路〔2016〕116号) ……………………………………………………………… 312

9. 评标专家和评标专家库管理暂行办法

(2003年2月22日国家发展计划委员会令第29号发布,根据2013年3月11日国家发展改革委等九部委令第23号修改) ……………………………………………………… 313

10. 交通运输部关于印发公路建设项目评标专家库管理办法的通知

(交公路发〔2011〕797号) ……………………………………………………………… 315

11. 交通运输部关于修订《公路工程建设项目评标工作细则》的通知

(交公路规〔2022〕8号) ………………………………………………………………… 318

12. 招标公告和公示信息发布管理办法

(国家发展和改革委员会令2017年第10号) ………………………………………… 323

13. 工程建设项目招标投标活动投诉处理办法

(2004年6月21日国家发展改革委等七部委令第11号发布,根据2013年3月11日国家发展改革委等九部委令第23号修改) ……………………………………………… 325

14. 招标投标违法行为记录公告暂行办法

(发改法规〔2008〕1531号) ……………………………………………………………… 327

勘察设计、监理招标投标

15. 工程建设项目勘察设计招标投标办法

(2003年6月12日国家发展改革委等八部委令第2号发布,根据2013年3月11日国家发展改革委等九部委令第23号修改) ……………………………………………… 329

16. 交通运输部关于发布公路工程标准勘察设计招标文件及公路工程标准勘察设计招标资格预审文件2018年版的公告

(交通运输部公告2018年第26号) …………………………………………………… 333

17. 交通运输部关于发布公路工程标准施工监理招标文件及公路工程标准施工监理招标资格预审文件2018年版的公告

(交通运输部公告2018年第25号) …………………………………………………… 334

施工招标投标

18. 工程建设项目施工招标投标办法

   (2003年3月8日国家发展改革委等七部委令第30号发布,根据2013年3月11日国家发展改革委等九部委令第23号修改) ………………………………………… 335

19. 《标准施工招标资格预审文件》和《标准施工招标文件》试行规定

   (2007年11月1日国家发展改革委等九部委令第56号发布,根据2013年3月11日国家发展改革委等九部委令第23号修改) ………………………………………… 342

20. 交通运输部关于发布公路工程标准施工招标文件及公路工程标准施工招标资格预审文件2018年版的公告

   (交通运输部公告2017年第51号) ………………………………………………… 343

投资人招标投标

21. 关于修改《经营性公路建设项目投资人招标投标管理规定》的决定

   (交通运输部令2015年第13号) …………………………………………………… 344

22. 关于发布《经营性公路建设项目投资人招标资格预审文件示范文本》和《经营性公路建设项目投资人招标文件示范文本》的通知

   (交公路发〔2011〕135号) ………………………………………………………… 347

货物招标投标

23. 政府采购货物和服务招标投标管理办法

   (2004年8月11日财政部令第18号发布,根据2017年7月11日财政部令第87号修正) …… 348

24. 工程建设项目货物招标投标办法

   (2005年1月18日国家发展改革委等七部委令第27号发布,根据2013年3月11日国家发展改革委等九部委令第23号修正) ………………………………………… 356

第四部分 项目管理

综合管理

1. 公路建设监督管理办法

   (2006年6月8日交通部发布,根据2021年8月11日交通运输部《关于修改〈公路建设监督管理办法〉的决定》修正) …………………………………………………… 363

2. 公路工程竣(交)工验收办法

   (交通部令2004年第3号) ………………………………………………………… 367

3. 公路工程竣(交)工验收办法实施细则

   (交公路发〔2010〕65号) ………………………………………………………… 370

4. 公路工程造价管理暂行办法

（交通运输部令 2016 年第 67 号）……………………………………………………………… 395

5. 公路建设项目代建管理办法

（交通运输部令 2015 年第 3 号）………………………………………………………………… 397

6. 公路工程设计施工总承包管理办法

（交通运输部令 2015 年第 10 号）………………………………………………………………… 400

7. 公路建设项目工程决算编制办法

（交公路发〔2004〕507 号）……………………………………………………………………… 403

8. 建设项目（工程）档案验收办法

（国档发〔1992〕8 号）…………………………………………………………………………… 404

9. 公路工程建设标准管理办法

（交公路规〔2020〕8 号）………………………………………………………………………… 405

10. 交通运输部关于推动交通运输领域新型基础设施建设的指导意见

（交规划发〔2020〕75 号）……………………………………………………………………… 407

11. 关于实施绿色公路建设的指导意见

（交办公路〔2016〕93 号）……………………………………………………………………… 410

12. 交通运输部关于推进公路钢结构桥梁建设的指导意见

（交公路发〔2016〕115 号）……………………………………………………………………… 412

13. 交通运输部办公厅关于推进公路水运工程 BIM 技术应用的指导意见

（交办公路〔2017〕205 号）……………………………………………………………………… 414

14. 关于进一步加强公路项目建设单位管理的若干意见

（交公路发〔2011〕438 号）……………………………………………………………………… 416

15. 关于深化公路建设管理体制改革的若干意见

（交公路发〔2015〕54 号）……………………………………………………………………… 419

16. 关于严格执行标准进一步加强高速公路建设项目管理工作的通知

（交公路发〔2010〕215 号）……………………………………………………………………… 422

17. 关于西部沙漠戈壁与草原地区高速公路建设执行技术标准的若干意见

（交公路发〔2011〕400 号）……………………………………………………………………… 424

18. 交通运输部关于高速公路改扩建工程有关技术问题处理的若干意见

（交公路发〔2013〕634 号）……………………………………………………………………… 425

19. 交通运输部关于推进公路数字化转型加快智慧公路建设发展的意见

（交公路发〔2023〕131 号）……………………………………………………………………… 427

勘察设计管理

20. 公路工程设计变更管理办法

（交通部令 2005 年第 5 号）……………………………………………………………………… 430

21. 关于进一步加强公路勘察设计工作的若干意见

（交公路发〔2011〕504号） ······ 432

22. 关于印发加强重点公路建设项目设计管理工作若干意见的通知

（交公路发〔2009〕458号） ······ 435

23. 关于在初步设计阶段实行公路桥梁和隧道工程安全风险评估制度的通知

（交公路发〔2010〕175号） ······ 437

24. 建设工程勘察质量管理办法

（建设部令2002年第115号） ······ 462

25. 交通运输部关于进一步加强普通公路勘察设计和建设管理工作的指导意见

（交公路发〔2022〕71号） ······ 465

质量管理

26. 公路水运工程质量监督管理规定

（交通运输部令2017年第28号） ······ 468

27. 实施工程建设强制性标准监督规定

（建设部令2000年第81号） ······ 472

28. 交通运输部关于加强公路水运工程建设质量安全监督管理工作的意见

（交安监规〔2022〕7号） ······ 474

29. 交通运输部关于打造公路水运品质工程的指导意见

（交安监发〔2016〕216号） ······ 477

30. 中共中央　国务院关于开展质量提升行动的指导意见

（2017年9月5日） ······ 480

31. 交通运输部关于进一步提升公路桥梁安全耐久水平的意见

（交公路发〔2020〕127号） ······ 485

安全管理

32. 公路水运工程安全生产监督管理办法

（2007年2月14日交通部令第1号发布，根据2016年3月7日交通运输部令第9号第一次修正，根据2017年6月12日交通运输部令第25号第二次修正） ······ 488

33. 交通运输部办公厅关于加强公路水运工程质量安全监督管理工作的指导意见

（交办安监〔2017〕162号） ······ 493

34. 交通运输部关于推进公路水路行业安全生产领域改革发展的实施意见

（交安监发〔2017〕39号） ······ 495

35. 交通运输部安委会关于印发公路水运建设工程领域开展电气火灾综合治理工作实施方案的通知

（交安委〔2017〕3号） ······ 498

36. 交通运输部关于加强交通运输安全生产标准化建设的指导意见

    （交安监规〔2023〕1号） ·· 500

37. 交通运输部 应急管理部关于发布《公路水运工程淘汰危及生产安全施工工艺、设备和材料目录》的公告

    （2020年第89号公告） ·· 502

38. 国务院安委会办公室 住房和城乡建设部 交通运输部 水利部 国务院国有资产监督管理委员会 国家铁路局 中国民用航空局 中国国家铁路集团有限公司关于进一步加强隧道工程安全管理的指导意见

    （安委办〔2023〕2号） ·· 507

39. 国务院关于加强道路交通安全工作的意见

    （国发〔2012〕30号） ·· 510

40. 危险性较大的分部分项工程安全管理规定

    （2018年3月8日住房城乡建设部令第37号发布，根据2019年3月13日住房城乡建设部令第47号修正） ·· 514

41. 建设工程消防设计审查验收管理暂行规定

    （住房和城乡建设部令2020年第51号） ·· 517

42. 中国气象局等11部委关于贯彻落实《国务院关于优化建设工程防雷许可的决定》的通知

    （气发〔2016〕79号） ·· 521

43. 交通运输部办公厅关于加强公路水路建设工程防雷工作的通知

    （交办公路函〔2017〕800号） ·· 522

44. 关于公铁立交和公铁并行路段护栏建设与维护管理有关问题的通知

    （铁运〔2012〕139号） ·· 523

节能环保与土地

45. 固定资产投资项目节能审查办法

    （2016年11月27日国家发展改革委员会令第44号发布，根据2023年3月28日国家发展改革委员会令第2号修正） ·· 525

46. 自然资源部关于进一步做好用地用海要素保障的通知

    （自然资发〔2023〕89号） ·· 528

47. 自然资源部等7部门关于加强用地审批前期工作积极推进基础设施项目建设的通知

    （自然资发〔2022〕130号） ·· 531

48. 关于发布《建设项目竣工环境保护验收暂行办法》的公告

    （国环规环评〔2017〕4号） ·· 533

49. 公路建设项目水土保持工作规定

    （水保〔2001〕12号） ·· 536

50. 关于在公路建设中实行最严格的耕地保护制度的若干意见

　　（交公路发〔2004〕164号） …………………………………………………………… 537

51. 关于进一步加强山区公路建设生态保护和水土保持工作的指导意见

　　（交公路发〔2005〕441号） …………………………………………………………… 539

52. 国务院关于促进节约集约用地的通知

　　（国发〔2008〕3号） …………………………………………………………………… 541

53. 国土资源部关于改进报国务院批准单独选址建设项目用地审查报批工作的通知

　　（国土资发〔2009〕8号） ……………………………………………………………… 544

农民工工资支付管理

54. 国务院关于进一步做好为农民工服务工作的意见

　　（国发〔2014〕40号） …………………………………………………………………… 546

55. 国务院办公厅关于全面治理拖欠农民工工资问题的意见

　　（国办发〔2016〕1号） ………………………………………………………………… 550

56. 国务院办公厅关于印发《保障农民工工资支付工作考核办法》的通知

　　（国办发〔2023〕33号） ………………………………………………………………… 553

57. 交通运输部关于做好交通运输行业为农民工服务工作的实施意见

　　（交公路发〔2015〕39号） ……………………………………………………………… 554

58. 交通运输部办公厅关于贯彻落实《国务院办公厅关于全面治理拖欠农民工工资
　　问题的意见》和治理拖欠工程款问题的通知

　　（交办公路〔2016〕106号） …………………………………………………………… 555

59. 交通运输部关于公路水运工程建设领域保障农民工工资支付的意见

　　（交公路规〔2020〕5号） ……………………………………………………………… 557

60. 工程建设领域农民工工资保证金规定

　　（人社部发〔2021〕65号） ……………………………………………………………… 560

61. 工程建设领域农民工工资专用账户管理暂行办法

　　（人社部发〔2021〕53号） ……………………………………………………………… 563

廉政建设

62. 在交通基础设施建设中加强廉政建设的若干意见（试行）

　　（交监察发〔1999〕711号） …………………………………………………………… 566

63. 关于在交通基础设施建设中推行廉政合同的通知

　　（交监察发〔2000〕516号） …………………………………………………………… 568

64. 交通基础设施建设重点工程实施纪检监察人员派驻制度的暂行办法

　　（交监察发〔2003〕209号） …………………………………………………………… 570

65. 关于印发关于进一步加强交通基础设施建设领域廉政工作的意见的通知

　　（交监察发〔2003〕186号） ········· 572

66. 交通基础设施建设廉政合同考核暂行办法

　　（交监察发〔2003〕231号） ········· 575

投融资管理

67. 国务院办公厅转发发展改革委　财政部　交通运输部关于进一步完善投融资政策促进普通公路持续健康发展若干意见的通知

　　（国办发〔2011〕22号） ········· 576

68. 国务院关于创新重点领域投融资机制鼓励社会投资的指导意见

　　（国发〔2014〕60号） ········· 578

69. 财政部　交通运输部关于在收费公路领域推广运用政府和社会资本合作模式的实施意见

　　（财建〔2015〕111号） ········· 582

70. 基础设施和公用事业特许经营管理办法

　　（2015年4月25日　国家发展和改革委员会　财政部　住房和城乡建设部　交通运输部　水利部　中国人民银行令第25号） ········· 583

71. 交通运输部关于深化交通运输基础设施投融资改革的指导意见

　　（交财审发〔2015〕67号） ········· 587

72. 国务院办公厅转发财政部　发展改革委　人民银行关于在公共服务领域推广政府和社会资本合作模式指导意见的通知

　　（国办发〔2015〕42号） ········· 590

73. 中共中央　国务院关于深化投融资体制改革的意见

　　（中发〔2016〕18号） ········· 594

74. 政府和社会资本合作项目财政管理暂行办法

　　（财金〔2016〕92号） ········· 597

75. 传统基础设施领域实施政府和社会资本合作项目工作导则

　　（发改投资〔2016〕2231号） ········· 600

76. 国家发展改革委办公厅　交通运输部办公厅关于进一步做好收费公路政府和社会资本合作项目前期工作的通知

　　（发改办基础〔2016〕2851号） ········· 603

77. 财政部　交通运输部关于印发《地方政府收费公路专项债券管理办法（试行）》的通知

　　（财预〔2017〕97号） ········· 604

78. 交通运输部办公厅关于印发《收费公路政府和社会资本合作操作指南》的通知

　　（交办财审〔2017〕173号） ········· 607

资金管理与审计

79. 中央预算内投资资本金注入项目管理办法

（国家发展和改革委员会令2021年第44号） ……………………………… 611

80. 交通扶贫项目和资金监督管理办法

（交规划发〔2019〕112号） …………………………………………………… 614

81. 公路水路基本建设项目内部审计管理办法

（交财审发〔2023〕8号） ……………………………………………………… 616

82. 关于印发《车辆购置税收入补助地方资金管理暂行办法》的通知

（财建〔2021〕50号） …………………………………………………………… 619

83. 关于《车辆购置税收入补助地方资金管理暂行办法》的补充通知

（财建〔2022〕186号） …………………………………………………………… 626

84. 公路资产管理暂行办法

（财资〔2021〕83号） …………………………………………………………… 627

85. 交通基本建设资金监督管理办法

（交财发〔2009〕782号） ……………………………………………………… 629

86. 交通建设项目委托审计管理办法

（2007年4月11日交通部发布，根据2015年6月24日交通运输部《关于修改〈交通建设项目委托审计管理办法〉的决定》修正） …………………………… 633

87. 基本建设财务规则

（财政部令2016年第81号） …………………………………………………… 637

88. 交通运输部基本建设项目竣工财务决算编审规定

（交办财审〔2018〕126号） …………………………………………………… 642

89. 国务院关于调整和完善固定资产投资项目资本金制度的通知

（国发〔2015〕51号） …………………………………………………………… 665

90. 国务院关于加强固定资产投资项目资本金管理的通知

（国发〔2019〕26号） …………………………………………………………… 666

91. 公路水路行业内部审计工作规定

（交通运输部令2019年第7号） ……………………………………………… 667

第五部分　农村公路建设管理

1. 国务院办公厅关于深化农村公路管理养护体制改革的意见

（国办发〔2019〕45号） ………………………………………………………… 673

2. 农村公路建设管理办法

（交通运输部令2018年第4号） ……………………………………………… 675

3. 农村公路养护管理办法

（交通运输部令2015年第22号） ……………………………………………… 678

4. 农村公路建设质量管理办法

(交安监发〔2018〕152号) ……………………………………………………………… 680

5. 农村公路建设资金使用监督管理办法

(交财发〔2004〕285号) ………………………………………………………………… 683

6. 农村公路中长期发展纲要

(交规划发〔2021〕21号) ………………………………………………………………… 685

7. "四好农村路"督导考评办法

(交公路发〔2017〕11号) ………………………………………………………………… 688

8. 交通运输部关于推进"四好农村路"建设的意见

(交公路发〔2015〕73号) ………………………………………………………………… 690

9. 交通运输部关于推行农村公路建设"七公开"制度的意见

(交公路发〔2014〕100号) ……………………………………………………………… 693

10. 交通运输部办公厅关于进一步加强农村公路建设和质量管理的通知

(交办公路〔2019〕97号) ………………………………………………………………… 695

11. 交通运输部办公厅关于开展农村公路建设质量"两服务一培训"志愿帮扶工作的通知

(交办安监函〔2021〕531号) …………………………………………………………… 696

12. 交通运输部　国家发展改革委　财政部　自然资源部　农业农村部　国务院扶贫办　国家邮政局　中华全国供销合作总社关于推动"四好农村路"高质量发展的指导意见

(交公路发〔2019〕96号) ………………………………………………………………… 697

相关法律法规及文件

1. 中华人民共和国公路法

（1997年7月3日第八届全国人民代表大会常务委员会第二十六次会议通过，根据1999年10月31日第九届全国人民代表大会常务委员会第十二次会议《关于修改〈中华人民共和国公路法〉的决定》第一次修正，根据2004年8月28日第十届全国人民代表大会常务委员会第十一次会议《关于修改〈中华人民共和国公路法〉的决定》第二次修正，根据2009年8月27日第十一届全国人民代表大会常务委员会第十次会议《关于修改部分法律的决定》第三次修正，根据2016年11月7日第十二届全国人民代表大会常务委员会第二十四次会议《关于修改〈中华人民共和国对外贸易法〉等十二部法律的决定》第四次修正，根据2017年11月4日第十二届全国人民代表大会常务委员会第三十次会议《关于修改〈中华人民共和国会计法〉等十一部法律的决定》第五次修正）

第一章 总 则

第一条 为了加强公路的建设和管理，促进公路事业的发展，适应社会主义现代化建设和人民生活的需要，制定本法。

第二条 在中华人民共和国境内从事公路的规划、建设、养护、经营、使用和管理，适用本法。

本法所称公路，包括公路桥梁、公路隧道和公路渡口。

第三条 公路的发展应当遵循全面规划、合理布局、确保质量、保障畅通、保护环境、建设改造与养护并重的原则。

第四条 各级人民政府应当采取有力措施，扶持、促进公路建设。公路建设应当纳入国民经济和社会发展计划。

国家鼓励、引导国内外经济组织依法投资建设、经营公路。

第五条 国家帮助和扶持少数民族地区、边远地区和贫困地区发展公路建设。

第六条 公路按其在公路路网中的地位分为国道、省道、县道和乡道，并按技术等级分为高速公路、一级公路、二级公路、三级公路和四级公路。具体划分标准由国务院交通主管部门规定。

新建公路应当符合技术等级的要求。原有不符合最低技术等级要求的等外公路，应当采取措施，逐步改造为符合技术等级要求的公路。

第七条 公路受国家保护，任何单位和个人不得破坏、损坏或者非法占用公路、公路用地及公路附属设施。

任何单位和个人都有爱护公路、公路用地及公路附属设施的义务，有权检举和控告破坏、损坏公路、公路用地、公路附属设施和影响公路安全的行为。

第八条 国务院交通主管部门主管全国公路工作。

县级以上地方人民政府交通主管部门主管本行政区域内的公路工作；但是，县级以上地方人民政府交通主管部门对国道、省道的管理、监督职责，由省、自治区、直辖市人民政府确定。

乡、民族乡、镇人民政府负责本行政区域内的乡道的建设和养护工作。

县级以上地方人民政府交通主管部门可以决定由公路管理机构依照本法规定行使公路行政管理职责。

第九条 禁止任何单位和个人在公路上非法设卡、收费、罚款和拦截车辆。

第十条 国家鼓励公路工作方面的科学技术研究，对在公路科学技术研究和应用方面作出显著成绩的单位和个人给予奖励。

第十一条 本法对专用公路有规定的，适用于专用公路。

专用公路是指由企业或者其他单位建设、养护、管理，专为或者主要为本企业或者本单位提供运输服务的道路。

第二章 公路规划

第十二条 公路规划应当根据国民经济和社会发展以及国防建设的需要编制，与城市建设发展规划和其他方式的交通运输发展规划相协调。

第十三条 公路建设用地规划应当符合土地利用总体规划，当年建设用地应当纳入年度建设用地计划。

第十四条 国道规划由国务院交通主管部门会同国务院有关部门并商国道沿线省、自治区、直辖市人民政府编制，报国务院批准。

省道规划由省、自治区、直辖市人民政府交通主管部门会同同级有关部门并商省道沿线下一级人民政府编制，报省、自治区、直辖市人民政府批准，并报国务院交通主管部门备案。

县道规划由县级人民政府交通主管部门会同同级有关部门编制，经本级人民政府审定后，报上一级人民政府批准。

乡道规划由县级人民政府交通主管部门协助乡、民族乡、镇人民政府编制，报县级人民政府批准。

依照第三款、第四款规定批准的县道、乡道规划，应当报批准机关的上一级人民政府交通主管部门备案。

省道规划应当与国道规划相协调。县道规划应当与省道规划相协调。乡道规划应当与县道规划相协调。

第十五条 专用公路规划由专用公路的主管单位编制，经其上级主管部门审定后，报县级以上人民政府交通主管部门审核。

专用公路规划应当与公路规划相协调。县级以上人民政府交通主管部门发现专用公路规划与国道、省道、县道、乡道规划有不协调的地方，应当提出修改意见，专用公路主管部门和单位应当作出相应的修改。

第十六条　国道规划的局部调整由原编制机关决定。国道规划需要作重大修改的,由原编制机关提出修改方案,报国务院批准。

经批准的省道、县道、乡道公路规划需要修改的,由原编制机关提出修改方案,报原批准机关批准。

第十七条　国道的命名和编号,由国务院交通主管部门确定;省道、县道、乡道的命名和编号,由省、自治区、直辖市人民政府交通主管部门按照国务院交通主管部门的有关规定确定。

第十八条　规划和新建村镇、开发区,应当与公路保持规定的距离并避免在公路两侧对应进行,防止造成公路街道化,影响公路的运行安全与畅通。

第十九条　国家鼓励专用公路用于社会公共运输。专用公路主要用于社会公共运输时,由专用公路的主管单位申请,或者由有关方面申请,专用公路的主管单位同意,并经省、自治区、直辖市人民政府交通主管部门批准,可以改划为省道、县道或者乡道。

第三章　公路建设

第二十条　县级以上人民政府交通主管部门应当依据职责维护公路建设秩序,加强对公路建设的监督管理。

第二十一条　筹集公路建设资金,除各级人民政府的财政拨款,包括依法征税筹集的公路建设专项资金转为的财政拨款外,可以依法向国内外金融机构或者外国政府贷款。

国家鼓励国内外经济组织对公路建设进行投资。开发、经营公路的公司可以依照法律、行政法规的规定发行股票、公司债券筹集资金。

依照本法规定出让公路收费权的收入必须用于公路建设。

向企业和个人集资建设公路,必须根据需要与可能,坚持自愿原则,不得强行摊派,并符合国务院的有关规定。

公路建设资金还可以采取符合法律或者国务院规定的其他方式筹集。

第二十二条　公路建设应当按照国家规定的基本建设程序和有关规定进行。

第二十三条　公路建设项目应当按照国家有关规定实行法人负责制度、招标投标制度和工程监理制度。

第二十四条　公路建设单位应当根据公路建设工程的特点和技术要求,选择具有相应资格的勘察设计单位、施工单位和工程监理单位,并依照有关法律、法规、规章的规定和公路工程技术标准的要求,分别签订合同,明确双方的权利义务。

承担公路建设项目的可行性研究单位、勘察设计单位、施工单位和工程监理单位,必须持有国家规定的资质证书。

第二十五条　公路建设项目的施工,须按国务院交通主管部门的规定报请县级以上地方人民政府交通主管部门批准。

第二十六条　公路建设必须符合公路工程技术标准。

承担公路建设项目的设计单位、施工单位和工程监理单位,应当按照国家有关规定建立健全质量保证体系,落实岗位责任制,并依照有关法律、法规、规章以及公路工程技术标准的要求和合同约定进行设计、施工和监理,保证公路工程质量。

第二十七条　公路建设使用土地依照有关法律、行政法规的规定办理。

公路建设应当贯彻切实保护耕地、节约用地的原则。

第二十八条　公路建设需要使用国有荒山、荒地或者需要在国有荒山、荒地、河滩、滩涂上挖砂、采石、取土的,依照有关法律、行政法规的规定办理后,任何单位和个人不得阻挠或者非法收取费用。

第二十九条　地方各级人民政府对公路建设依法使用土地和搬迁居民,应当给予支持和协助。

第三十条　公路建设项目的设计和施工,应当符合依法保护环境、保护文物古迹和防止水土流失的要求。

公路规划中贯彻国防要求的公路建设项目,应当严格按照规划进行建设,以保证国防交通的需要。

第三十一条　因建设公路影响铁路、水利、电力、邮电设施和其他设施正常使用时,公路建设单位应当事先征得有关部门的同意;因公路建设对有关设施造成损坏的,公路建设单位应当按照不低于该设施原有的技术标准予以修复,或者给予相应的经济补偿。

第三十二条　改建公路时,施工单位应当在施工路段两端设置明显的施工标志、安全标志。需要车辆绕行的,应当在绕行路口设置标志;不能绕行的,必须修建临时道路,保证车辆和行人通行。

第三十三条　公路建设项目和公路修复项目竣工后,应当按照国家有关规定进行验收;未经验收或者验收不合格的,不得交付使用。

建成的公路,应当按照国务院交通主管部门的规定设置明显的标志、标线。

第三十四条　县级以上地方人民政府应当确定公路两侧边沟(截水沟、坡脚护坡道,下同)外缘起不少于一米的公路用地。

第四章　公路养护

第三十五条　公路管理机构应当按照国务院交通主管部门规定的技术规范和操作规程对公路进行养护,保证公路经常处于良好的技术状态。

第三十六条　国家采用依法征税的办法筹集公路养护资金,具体实施办法和步骤由国务院规定。

依法征税筹集的公路养护资金,必须专项用于公路的养护和改建。

第三十七条　县、乡级人民政府对公路养护需要的挖砂、采石、取土以及取水,应当给予支持和协助。

第三十八条 县、乡级人民政府应当在农村义务工的范围内,按照国家有关规定组织公路两侧的农村居民履行为公路建设和养护提供劳务的义务。

第三十九条 为保障公路养护人员的人身安全,公路养护人员进行养护作业时,应当穿着统一的安全标志服;利用车辆进行养护作业时,应当在公路作业车辆上设置明显的作业标志。

公路养护车辆进行作业时,在不影响过往车辆通行的前提下,其行驶路线和方向不受公路标志、标线限制;过往车辆对公路养护车辆和人员应当注意避让。

公路养护工程施工影响车辆、行人通行时,施工单位应当依照本法第三十二条的规定办理。

第四十条 因严重自然灾害致使国道、省道交通中断,公路管理机构应当及时修复;公路管理机构难以及时修复时,县级以上地方人民政府应当及时组织当地机关、团体、企业事业单位、城乡居民进行抢修,并可以请求当地驻军支援,尽快恢复交通。

第四十一条 公路用地范围内的山坡、荒地,由公路管理机构负责水土保持。

第四十二条 公路绿化工作,由公路管理机构按照公路工程技术标准组织实施。

公路用地上的树木,不得任意砍伐;需要更新砍伐的,应当经县级以上地方人民政府交通主管部门同意后,依照《中华人民共和国森林法》的规定办理审批手续,并完成更新补种任务。

第五章 路 政 管 理

第四十三条 各级地方人民政府应当采取措施,加强对公路的保护。

县级以上地方人民政府交通主管部门应当认真履行职责,依法做好公路保护工作,并努力采用科学的管理方法和先进的技术手段,提高公路管理水平,逐步完善公路服务设施,保障公路的完好、安全和畅通。

第四十四条 任何单位和个人不得擅自占用、挖掘公路。

因修建铁路、机场、电站、通信设施、水利工程和进行其他建设工程需要占用、挖掘公路或者使公路改线的,建设单位应当事先征得有关交通主管部门的同意;影响交通安全的,还须征得有关公安机关的同意。占用、挖掘公路或者使公路改线的,建设单位应当按照不低于该段公路原有的技术标准予以修复、改建或者给予相应的经济补偿。

第四十五条 跨越、穿越公路修建桥梁、渡槽或者架设、埋设管线等设施的,以及在公路用地范围内架设、埋设管线、电缆等设施的,应当事先经有关交通主管部门同意,影响交通安全的,还须征得有关公安机关的同意;所修建、架设或者埋设的设施应当符合公路工程技术标准的要求。对公路造成损坏的,应当按照损坏程度给予补偿。

第四十六条 任何单位和个人不得在公路上及公路用地范围内摆摊设点、堆放物品、倾倒垃圾、设置障碍、挖沟引水、利用公路边沟排放污物或者进行其他损坏、污染公路和影响公路畅通的活动。

第四十七条 在大中型公路桥梁和渡口周围二百米、公路隧道上方和洞口外一百米范围内,以及在公路两侧一定距离内,不得挖砂、采石、取土、倾倒废弃物,不得进行爆破作业及其他危及公路、公路桥梁、公路隧道、公路渡口安全的活动。

在前款范围内因抢险、防汛需要修筑堤坝、压缩或者拓宽河床的,应当事先报经省、自治区、直辖市人民政府交通主管部门会同水行政主管部门批准,并采取有效的保护有关的公路、公路桥梁、公路隧道、公路渡口安全的措施。

第四十八条 铁轮车、履带车和其他可能损害公路路面的机具,不得在公路上行驶。

农业机械因当地田间作业需要在公路上短距离行驶或者军用车辆执行任务需要在公路上行驶的,可以不受前款限制,但是应当采取安全保护措施。对公路造成损坏的,应当按照损坏程度给予补偿。

第四十九条 在公路上行驶的车辆的轴载质量应当符合公路工程技术标准要求。

第五十条 超过公路、公路桥梁、公路隧道或者汽车渡船的限载、限高、限宽、限长标准的车辆,不得在有限定标准的公路、公路桥梁上或者公路隧道内行驶,不得使用汽车渡船。超过公路或者公路桥梁限载标准确需行驶的,必须经县级以上地方人民政府交通主管部门批准,并按要求采取有效的防护措施;运载不可解体的超限物品的,应当按照指定的时间、路线、时速行驶,并悬挂明显标志。

运输单位不能按照前款规定采取防护措施的,由交通主管部门帮助其采取防护措施,所需费用由运输单位承担。

第五十一条 机动车制造厂和其他单位不得将公路作为检验机动车制动性能的试车场地。

第五十二条 任何单位和个人不得损坏、擅自移动、涂改公路附属设施。

前款公路附属设施,是指为保护、养护公路和保障公路安全畅通所设置的公路防护、排水、养护、管理、服务、交通安全、渡运、监控、通信、收费等设施、设备以及专用建筑物、构筑物等。

第五十三条 造成公路损坏的,责任者应当及时报告公路管理机构,并接受公路管理机构的现场调查。

第五十四条 任何单位和个人未经县级以上地方人民政府交通主管部门批准,不得在公路用地范围内设置公路标志以外的其他标志。

第五十五条 在公路上增设平面交叉道口,必须按照国家有关规定经过批准,并按照国家规定的技术标准建。

第五十六条 除公路防护、养护需要的以外,禁止在公路两侧的建筑控制区内修建建筑物和地面构筑物;需要在建筑控制区内埋设管线、电缆等设施的,应当事先经县级以上地方人民政府交通主管部门批准。

前款规定的建筑控制区的范围,由县级以上地方人民政府按照保障公路运行安全和节约用地的原则,依照国务院的规定划定。

建筑控制区范围经县级以上地方人民政府依照前款规定划定后,由县级以上地方人民政府交通主管部门设置标桩、界桩。任何单位和个人不得损坏、擅自挪动该标桩、界桩。

第五十七条 除本法第四十七条第二款的规定外,本章规定由交通主管部门行使的路政管理职责,可以依照本法第八条第四款的规定,由公路管理机构行使。

第六章 收费公路

第五十八条 国家允许依法设立收费公路,同时对收费公路的数量进行控制。

除本法第五十九条规定可以收取车辆通行费的公路外,禁止任何公路收取车辆通行费。

第五十九条 符合国务院交通主管部门规定的技术等级和规模的下列公路,可以依法收取车辆通行费:

(一)由县级以上地方人民政府交通主管部门利用贷款或者向企业、个人集资建成的公路;

(二)由国内外经济组织依法受让前项收费公路收费权的公路;

(三)由国内外经济组织依法投资建成的公路。

第六十条 县级以上地方人民政府交通主管部门利用贷款或者集资建成的收费公路的收费期限,按照收费偿还贷款、集资款的原则,由省、自治区、直辖市人民政府依照国务院交通主管部门的规定确定。

有偿转让公路收费权的公路,收费权转让后,由受让方收费经营。收费权的转让期限由出让、受让双方约定,最长不得超过国务院规定的年限。

国内外经济组织投资建设公路,必须按照国家有关规定办理审批手续;公路建成后,由投资者收费经营。收费经营期限按照收回投资并有合理回报的原则,由有关交通主管部门与投资者约定并按照国家有关规定办理审批手续,但最长不得超过国务院规定的年限。

第六十一条 本法第五十九条第一款第一项规定的公路中的国道收费权的转让,应当在转让协议签订之日起三十个工作日内报国务院交通主管部门备案;国道以外的其他公路收费权的转让,应当在转让协议签订之日起三十个工作日内报省、自治区、直辖市人民政府备案。

前款规定的公路收费权出让的最低成交价,以国有资产评估机构评估的价值为依据确定。

第六十二条 受让公路收费权和投资建设公路的国内外经济组织应当依法成立开发、经营公路的企业(以下简称公路经营企业)。

第六十三条 收费公路车辆通行费的收费标准,由公路收费单位提出方案,报省、自治区、直辖市人民政府交通主管部门会同同级物价行政主管部门审查批准。

第六十四条 收费公路设置车辆通行费的收费站,应当报经省、自治区、直辖市人民政府审查批准。跨省、自治区、直辖市的收费公路设置车辆通行费的收费站,由有关省、自治区、直辖市人民政府协商确定;协商不成的,由国务院交通主管部门决定。同一收费公路由不同的交通主管部门组织建设或者由不同的公路经营企业经营的,应当按照"统一收费、按比例分成"的原则,统筹规划,合理设置收费站。

两个收费站之间的距离,不得小于国务院交通主管部门规定的标准。

第六十五条 有偿转让公路收费权的公路,转让收费权合同约定的期限届满,收费权由出让方收回。

由国内外经济组织依照本法规定投资建成并经营的收费公路,约定的经营期限届满,该公路由国家无偿收回,由有关交通主管部门管理。

第六十六条 依照本法第五十九条规定受让收费权或者由国内外经济组织投资建成经营的公路的养护工作,由各该公路经营企业负责。各该公路经营企业在经营期间应当按照国务院交通主管部门规定的技术规范和操作规程做好对公路的养护工作。在受让收费权的期限届满,或者经营期限届满时,公路应当处于良好的技术状态。

前款规定的公路的绿化和公路用地范围内的水土保持工作,由各该公路经营企业负责。

第一款规定的公路的路政管理,适用本法第五章的规定。该公路路政管理的职责由县级以上地方人民政府交通主管部门或者公路管理机构的派出机构、人员行使。

第六十七条 在收费公路上从事本法第四十四条第二款、第四十五条、第四十八条、第五十条所列活动的,除依照各该条的规定办理外,给公路经营企业造成损失的,应当给予相应的补偿。

第六十八条 收费公路的具体管理办法,由国务院依照本法制定。

第七章 监督检查

第六十九条 交通主管部门、公路管理机构依法对有关公路的法律、法规执行情况进行监督检查。

第七十条 交通主管部门、公路管理机构负有管理和保护公路的责任,有权检查、制止各种侵占、损坏公路、公路用地、公路附属设施及其他违反本法规定的行为。

第七十一条 公路监督检查人员依法在公路、建筑控制区、车辆停放场所、车辆所属单位等进行监督检查时,任何单位和个人不得阻挠。

公路经营者、使用者和其他有关单位、个人,应当接受公路监督检查人员依法实施的监督检查,并为其提供方便。

公路监督检查人员执行公务,应当佩戴标志,持证上岗。

第七十二条 交通主管部门、公路管理机构应当加强对所属公路监督检查人员的管理和教育,要求公路监督检查人员熟悉国家有关法律和规定,公正廉洁,热情服务,秉公执法,对公路监督检查人员的执法行为应当加强监督检查,对其违法行为应当及时纠正,依法处理。

第七十三条 用于公路监督检查的专用车辆,应当设置统一的标志和示警灯。

第八章 法 律 责 任

第七十四条 违反法律或者国务院有关规定,擅自在公路上设卡、收费的,由交通主管部门责令停止违法行为,没收违法所得,可以处违法所得三倍以下的罚款,没有违法所得的,可以处二万元以下的罚款;对负有直接责任的主管人员和其他直接责任人员,依法给予行政处分。

第七十五条 违反本法第二十五条规定,未经有关交通主管部门批准擅自施工的,交通主管部门可以责令停止施工,并可以处五万元以下的罚款。

第七十六条 有下列违法行为之一的,由交通主管部门责令停止违法行为,可以处三万元以下的罚款:

(一)违反本法第四十四条第一款规定,擅自占用、挖掘公路的;

(二)违反本法第四十五条规定,未经同意或者未按照公路工程技术标准的要求修建桥梁、渡槽或者架设、埋设管线、电缆等设施的;

(三)违反本法第四十七条规定,从事危及公路安全的作业的;

(四)违反本法第四十八条规定,铁轮车、履带车和其他可能损害路面的机具擅自在公路上行驶的;

(五)违反本法第五十条规定,车辆超限使用汽车渡船或者在公路上擅自超限行驶的;

(六)违反本法第五十二条、第五十六条规定,损坏、移动、涂改公路附属设施或者损坏、挪动建筑控制区的标桩、界桩,可能危及公路安全的。

第七十七条 违反本法第四十六条的规定,造成公路路面损坏、污染或者影响公路畅通的,或者违反本法第五十一条规定,将公路作为试车场地的,由交通主管部门责令停止违法行为,可以处五千元以下的罚款。

第七十八条 违反本法第五十三条规定,造成公路损坏,未报告的,由交通主管部门处一千元以下的罚款。

第七十九条 违反本法第五十四条规定,在公路用地范围内设置公路标志以外的其他标志的,由交通主管部门责令限期拆除,可以处二万元以下的罚款;逾期不拆除的,由交通主管部门拆除,有关费用由设置者负担。

第八十条 违反本法第五十五条规定,未经批准在公路上增设平面交叉道口的,由交通主管部门责令恢复原状,处五万元以下的罚款。

第八十一条 违反本法第五十六条规定,在公路建筑控制区内修建建筑物、地面构筑物或者擅自埋设管线、电缆等设施的,由交通主管部门责令限期拆除,并可以处五万元以下的罚款。逾期不拆除的,由交通主管部门拆除,有关费用由建筑者、构筑者承担。

第八十二条 除本法第七十四条、第七十五条的规定外,本章规定由交通主管部门行使的行政处罚权和行政措施,可以依照本法第八条第四款的规定由公路管理机构行使。

第八十三条 阻碍公路建设或者公路抢修,致使公路建设或者抢修不能正常进行,尚未造成严重损失的,依照《中华人民共和国治安管理处罚法》的规定处罚。

损毁公路或者擅自移动公路标志,可能影响交通安全,尚不够刑事处罚的,适用《中华人民共和国道路交通安全法》第九十九条的处罚规定。

拒绝、阻碍公路监督检查人员依法执行职务未使用暴力、威胁方法的,依照《中华人民共和国治安管理处罚法》的规定处罚。

第八十四条 违反本法有关规定,构成犯罪的,依法追究刑事责任。

第八十五条 违反本法有关规定,对公路造成损害的,应当依法承担民事责任。

对公路造成较大损害的车辆,必须立即停车,保护现场,报告公路管理机构,接受公路管理机构的调查、处理后方得驶离。

第八十六条 交通主管部门、公路管理机构的工作人员玩忽职守、徇私舞弊、滥用职权,构成犯罪的,依法追究刑事责任;尚不构成犯罪的,依法给予行政处分。

第九章 附 则

第八十七条 本法自1998年1月1日起施行。

2. 公路安全保护条例

(2011年2月16日国务院第144次常务会议通过,2011年3月7日中华人民共和国国务院令第593号公布)

第一章 总 则

第一条 为了加强公路保护,保障公路完好、安全和畅通,根据《中华人民共和国公路法》,制定本条例。

第二条 各级人民政府应当加强对公路保护工作的领导,依法履行公路保护职责。

第三条 国务院交通运输主管部门主管全国公路保护工作。

县级以上地方人民政府交通运输主管部门主管本行政区域的公路保护工作;但是,县级以上地方人民政府交通运输主管部门对国道、省道的保护职责,由省、自治区、直辖市人民政府确定。

公路管理机构依照本条例的规定具体负责公路保护的监督管理工作。

第四条 县级以上各级人民政府发展改革、工业和信息化、公安、工商、质检等部门按照职责分工,依法开展公路保护的相关工作。

第五条 县级以上各级人民政府应当将政府及其有关部门从事公路管理、养护所需经费以及公路管理机构行使公路行政管理职能所需经费纳入本级人民政府财政预算。但是,专用公路的公路保护经费除外。

第六条 县级以上各级人民政府交通运输主管部门应当综合考虑国家有关车辆技术标准、公路使用状况等因素,逐步提高公路建设、管理和养护水平,努力满足国民经济和社会发展以及人民群众生产、生活需要。

第七条 县级以上各级人民政府交通运输主管部门应当依照《中华人民共和国突发事件应对法》的规定,制定地震、泥石流、雨雪冰冻灾害等损毁公路的突发事件(以下简称公路突发事件)应急预案,报本级人民政府批准后实施。

公路管理机构、公路经营企业应当根据交通运输主管部门制定的公路突发事件应急预案,组建应急队伍,并定期组织应急演练。

第八条 国家建立健全公路突发事件应急物资储备保障制度,完善应急物资储备、调配体系,确保发生公路突发事件时能够满足应急处置工作的需要。

第九条 任何单位和个人不得破坏、损坏、非法占用或者非法利用公路、公路用地和公路附属设施。

第二章 公路线路

第十条 公路管理机构应当建立健全公路管理档案,对公路、公路用地和公路附属设施调查核实、登记造册。

第十一条 县级以上地方人民政府应当根据保障公路运行安全和节约用地的原则以及公路发展的需要,组织交通运输、国土资源等部门划定公路建筑控制区的范围。

公路建筑控制区的范围,从公路用地外缘起向外的距离标准为:

(一)国道不少于20米;

(二)省道不少于15米;

(三)县道不少于10米;

(四)乡道不少于5米。

属于高速公路的,公路建筑控制区的范围从公路用地外缘起向外的距离标准不少于30米。

公路弯道内侧、互通立交以及平面交叉道口的建筑控制区范围根据安全视距等要求确定。

第十二条 新建、改建公路的建筑控制区的范围,应当自公路初步设计批准之日起30日内,由公路沿线县级以上地方人民政府依照本条例划定并公告。

公路建筑控制区与铁路线路安全保护区、航道保护范围、河道管理范围或者水工程管理和保护范围重叠的,经公路管理机构和铁路管理机构、航道管理机构、水行政主管部门或者流域管理机构协商后划定。

第十三条 在公路建筑控制区内,除公路保护需要外,禁止修建建筑物和地面构筑物;公路建筑控制区划定前已经合法修建的不得扩建,因公路建设或者保障公路运行安全等原因需要拆除的应当依法给予补偿。

在公路建筑控制区外修建的建筑物、地面构筑物以及其他设施不得遮挡公路标志,不得妨碍安全视距。

第十四条 新建村镇、开发区、学校和货物集散地、大型商业网点、农贸市场等公共场所,与公路建筑控制区边界外缘的距离应当符合下列标准,并尽可能在公路一侧建设:

(一)国道、省道不少于50米;

(二)县道、乡道不少于20米。

第十五条 新建、改建公路与既有城市道路、铁路、通信等线路交叉或者新建、改建城市道路、铁路、通信等线路与既有公路交叉的,建设费用由新建、改建单位承担;城市道路、铁路、通信等线路的管理部门、单位或者公路管理机构要求提高既有建设标准而增加的费用,由提出要求的部门或者单位承担。

需要改变既有公路与城市道路、铁路、通信等线路交叉方式的,按照公平合理的原则分担建设费用。

第十六条 禁止将公路作为检验车辆制动性能的试车场地。

禁止在公路、公路用地范围内摆摊设点、堆放物品、倾倒垃圾、设置障碍、挖沟引水、打场晒粮、种植作物、放养牲畜、采石、取土、采空作业、焚烧物品、利用公路边沟排放污物或者进行其他损坏、污染公路和影响公路畅通的行为。

第十七条 禁止在下列范围内从事采矿、采石、取土、爆破作业等危及公路、公路桥梁、公路隧道、公路渡口安的活动：

（一）国道、省道、县道的公路用地外缘起向外 100 米，乡道的公路用地外缘起向外 50 米；

（二）公路渡口和中型以上公路桥梁周围 200 米；

（三）公路隧道上方和洞口外 100 米。

在前款规定的范围内，因抢险、防汛需要修筑堤坝、压缩或者拓宽河床的，应当经省、自治区、直辖市人民政府交通运输主管部门会同水行政主管部门或者流域管理机构批准，并采取安全防护措施方可进行。

第十八条 除按照国家有关规定设立的为车辆补充燃料的场所、设施外，禁止在下列范围内设立生产、储存、销售易燃、易爆、剧毒、放射性等危险物品的场所、设施：

（一）公路用地外缘起向外 100 米；

（二）公路渡口和中型以上公路桥梁周围 200 米；

（三）公路隧道上方和洞口外 100 米。

第十九条 禁止擅自在中型以上公路桥梁跨越的河道上下游各 1000 米范围内抽取地下水、架设浮桥以及修建其他危及公路桥梁安全的设施。

在前款规定的范围内，确需进行抽取地下水、架设浮桥等活动的，应当经水行政主管部门、流域管理机构等有关单位会同公路管理机构批准，并采取安全防护措施方可进行。

第二十条 禁止在公路桥梁跨越的河道上下游的下列范围内采砂：

（一）特大型公路桥梁跨越的河道上游 500 米，下游 3000 米；

（二）大型公路桥梁跨越的河道上游 500 米，下游 2000 米；

（三）中小型公路桥梁跨越的河道上游 500 米，下游 1000 米。

第二十一条 在公路桥梁跨越的河道上下游各 500 米范围内依法进行疏浚作业的，应当符合公路桥梁安全要求，经公路管理机构确认安全方可作业。

第二十二条 禁止利用公路桥梁进行牵拉、吊装等危及公路桥梁安全的施工作业。

禁止利用公路桥梁（含桥下空间）、公路隧道、涵洞堆放物品，搭建设施以及铺设高压电线和输送易燃、易爆或者其他有毒有害气体、液体的管道。

第二十三条 公路桥梁跨越航道的，建设单位应当按照国家有关规定设置桥梁航标、桥柱标、桥梁水尺标，并按照国家标准、行业标准设置桥区水上航标和桥墩防撞装置。桥区水上航标由航标管理机构负责维护。

通过公路桥梁的船舶应当符合公路桥梁通航净空要求，严格遵守航行规则，不得在公路桥梁下停泊或者系缆。

第二十四条 重要的公路桥梁和公路隧道按照《中华人民共和国人民武装警察法》和国务院、中央军委的有关规定由中国人民武装警察部队守护。

第二十五条 禁止损坏、擅自移动、涂改、遮挡公路附属设施或者利用公路附属设施架设管道、悬挂物品。

第二十六条 禁止破坏公路、公路用地范围内的绿化物。需要更新采伐护路林的，应当向公路管理机构提出申请，经批准方可更新采伐，并及时补种；不能及时补种的，应当交纳补种所需费用，由公路管理机构代为补种。

第二十七条 进行下列涉路施工活动，建设单位应当向公路管理机构提出申请：

（一）因修建铁路、机场、供电、水利、通信等建设工程需要占用、挖掘公路、公路用地或者使公路改线；

（二）跨越、穿越公路修建桥梁、渡槽或者架设、埋设管道、电缆等设施；

（三）在公路用地范围内架设、埋设管道、电缆等设施；

（四）利用公路桥梁、公路隧道、涵洞铺设电缆等设施；

（五）利用跨越公路的设施悬挂非公路标志；

（六）在公路上增设或者改造平面交叉道口；

（七）在公路建筑控制区内埋设管道、电缆等设施。

第二十八条 申请进行涉路施工活动的建设单位应当向公路管理机构提交下列材料：

（一）符合有关技术标准、规范要求的设计和施工方案；

（二）保障公路、公路附属设施质量和安全的技术评价报告；

（三）处置施工险情和意外事故的应急方案。

公路管理机构应当自受理申请之日起 20 日内作出许可或者不予许可的决定；影响交通安全的，应当征得公安机关交通管理部门的同意；涉及经营性公路的，应当征求公路经营企业的意见；不予许可的，公路管理机构应当书面通知申请人并说明理由。

第二十九条 建设单位应当按照许可的设计和施工方案进行施工作业，并落实保障公路、公路附属设施质量和安全的防护措施。

涉路施工完毕，公路管理机构应当对公路、公路附属设施是否达到规定的技术标准以及施工是否符合保障公路、公路附属设施质量和安全的要求进行验收；影响交通安全的，还应当经公安机关交通管理部门验收。

涉路工程设施的所有人、管理人应当加强维护和管理，确保工程设施不影响公路的完好、安全和畅通。

第三章 公 路 通 行

第三十条 车辆的外廓尺寸、轴荷和总质量应当符合国家有关车辆外廓尺寸、轴荷、质量限值等机动车安全技术标准，不符合标准的不得生产、销售。

第三十一条 公安机关交通管理部门办理车辆登记，应当当场查验，对不符合机动车国家安全技术标准的车辆不予登记。

第三十二条 运输不可解体物品需要改装车辆的，应当由具有相应资质的车辆生产企业按照规定的车型和技术参数进行改装。

第三十三条 超过公路、公路桥梁、公路隧道限载、限高、限宽、限长标准的车辆，不得在公路、公路桥梁或者公路隧道行驶；超过汽车渡船限载、限高、限宽、限长标准的车辆，不得使用汽车渡船。

公路、公路桥梁、公路隧道限载、限高、限宽、限长标准调整的，公路管理机构、公路经营企业应当及时变更限载、限高、限宽、限长标志；需要绕行的，还应当标明绕行路线。

第三十四条 县级人民政府交通运输主管部门或者乡级人民政府可以根据保护乡道、村道的需要，在乡道、村道的出入口设置必要的限高、限宽设施，但是不得影响消防和卫生急救等应急通行需要，不得向通行车辆收费。

第三十五条 车辆载运不可解体物品，车货总体的外廓尺寸或者总质量超过公路、公路桥梁、公路隧道的限载、限高、限宽、限长标准，确需在公路、公路桥梁、公路隧道行驶的，从事运输的单位和个人应当向公路管理机构申请公路超限运输许可。

第三十六条 申请公路超限运输许可按照下列规定办理：

（一）跨省、自治区、直辖市进行超限运输的，向公路沿线各省、自治区、直辖市公路管理机构提出申请，由起运地省、自治区、直辖市公路管理机构统一受理，并协调公路沿线各省、自治区、直辖市公路管理机构对超限运输申请进行审批，必要时可以由国务院交通运输主管部门统一协调处理；

（二）在省、自治区范围内跨设区的市进行超限运输，或者在直辖市范围内跨区、县进行超限运输的，向省、自治区、直辖市公路管理机构提出申请，由省、自治区、直辖市公路管理机构受理并审批；

（三）在设区的市范围内跨区、县进行超限运输的，向设区的市公路管理机构提出申请，由设区的市公路管理机构受理并审批；

（四）在区、县范围内进行超限运输的，向区、县公路管理机构提出申请，由区、县公路管理机构受理并审批。

公路超限运输影响交通安全的，公路管理机构在审批超限运输申请时，应当征求公安机关交通管理部门意见。

第三十七条 公路管理机构审批超限运输申请，应当根据实际情况勘测通行路线，需要采取加固、改造措施的，可以与申请人签订有关协议，制定相应的加固、改造方案。

公路管理机构应当根据其制定的加固、改造方案，对通行的公路桥梁、涵洞等设施进行加固、改造；必要时应当对超限运输车辆进行监管。

第三十八条 公路管理机构批准超限运输申请的，应当为超限运输车辆配发国务院交通运输主管部门规定式样的超限运输车辆通行证。

经批准进行超限运输的车辆，应当随车携带超限运输车辆通行证，按照指定的时间、路线和速度行驶，并悬挂明显标志。

禁止租借、转让超限运输车辆通行证。禁止使用伪造、变造的超限运输车辆通行证。

第三十九条 经省、自治区、直辖市人民政府批准，有关交通运输主管部门可以设立固定超限检测站点，配备必要的设备和人员。

固定超限检测站点应当规范执法，并公布监督电话。公路管理机构应当加强对固定超限检测站点的管理。

第四十条 公路管理机构在监督检查中发现车辆超过公路、公路桥梁、公路隧道或者汽车渡船的限载、限高、限宽、限长标准的，应当就近引导至固定超限检测站点进行处理。

车辆应当按照超限检测指示标志或者公路管理机构监督检查人员的指挥接受超限检测，不得故意堵塞固定超限检测站点通行车道、强行通过固定超限检测站点或者以其他方式扰乱超限检测秩序，不得采取短途驳载等方式逃避超限检测。

禁止通过引路绕行等方式为不符合国家有关载运标准的车辆逃避超限检测提供便利。

第四十一条 煤炭、水泥等货物集散地以及货运站等场所的经营人、管理人应当采取有效措施，防止不符合国家有关载运标准的车辆出场（站）。

道路运输管理机构应当加强对煤炭、水泥等货物集散地以及货运站等场所的监督检查，制止不符合国家有关载运标准的车辆出场（站）。

任何单位和个人不得指使、强令车辆驾驶人超限运输货物，不得阻碍道路运输管理机构依法进行监督检查。

第四十二条 载运易燃、易爆、剧毒、放射性等危险物品的车辆，应当符合国家有关安全管理规定，并避免通过特大型公路桥梁或者特长公路隧道；确需通过特大型公路桥梁或者特长公路隧道的，负责审批易燃、易爆、剧毒、放射性等危险物品运输许可的机关应当提前将行驶时间、路线通知特大型公路桥梁或者特长公路隧道的管理单位，并对在特大型公路桥梁或者特长公路隧道行驶的车辆进行现场监管。

第四十三条 车辆应当规范装载，装载物不得触地拖行。车辆装载物易掉落、遗洒或者飘散的，应当采取厢式密闭等有效防护措施方可在公路上行驶。

公路上行驶车辆的装载物掉落、遗洒或者飘散的，车辆驾驶人、押运人员应当及时采取措施处理；无法处理的，应当在掉落、遗洒或者飘散物来车方向适当距离外设置警示标志，并迅速报告公路管理机构或者公安机关交通管理部门。其他人员发现公路上有影响交通安全的障碍物的，也应当及时报告公路管理机构或者公安机关交通管理部门。公安机关交通管理部门应当责令改正车辆装载物掉落、遗洒、飘散等违法行为；公路管理机构、公路经营企业应当及时清除掉落、遗洒、飘散在公路上的障碍物。

车辆装载物掉落、遗洒、飘散后，车辆驾驶人、押运人员未及时采取措施处理，造成他人人身、财产损害的，道路运输企业、车辆驾驶人应当依法承担赔偿责任。

第四章 公 路 养 护

第四十四条 公路管理机构、公路经营企业应当加强公路养护，保证公路经常处于良好技术状态。

前款所称良好技术状态,是指公路自身的物理状态符合有关技术标准的要求,包括路面平整,路肩、边坡平顺,有关设施完好。

第四十五条　公路养护应当按照国务院交通运输主管部门规定的技术规范和操作规程实施作业。

第四十六条　从事公路养护作业的单位应当具备下列资质条件:

(一)有一定数量的符合要求的技术人员;

(二)有与公路养护作业相适应的技术设备;

(三)有与公路养护作业相适应的作业经历;

(四)国务院交通运输主管部门规定的其他条件。

公路养护作业单位资质管理办法由国务院交通运输主管部门另行制定。

第四十七条　公路管理机构、公路经营企业应当按照国务院交通运输主管部门的规定对公路进行巡查,并制作巡查记录;发现公路坍塌、坑槽、隆起等损毁的,应当及时设置警示标志,并采取措施修复。

公安机关交通管理部门发现公路坍塌、坑槽、隆起等损毁,危及交通安全的,应当及时采取措施,疏导交通,并通知公路管理机构或者公路经营企业。

其他人员发现公路坍塌、坑槽、隆起等损毁的,应当及时向公路管理机构、公安机关交通管理部门报告。

第四十八条　公路管理机构、公路经营企业应当定期对公路、公路桥梁、公路隧道进行检测和评定,保证其技术状态符合有关技术标准;对经检测发现不符合车辆通行安全要求的,应当进行维修,及时向社会公告,并通知公安机关交通管理部门。

第四十九条　公路管理机构、公路经营企业应当定期检查公路隧道的排水、通风、照明、监控、报警、消防、救助等设施,保持设施处于完好状态。

第五十条　公路管理机构应当统筹安排公路养护作业计划,避免集中进行公路养护作业造成交通堵塞。

在省、自治区、直辖市交界区域进行公路养护作业,可能造成交通堵塞的,有关公路管理机构、公安机关交通管理部门应当事先书面通报相邻的省、自治区、直辖市公路管理机构、公安机关交通管理部门,共同制定疏导预案,确定分流路线。

第五十一条　公路养护作业需要封闭公路的,或者占用半幅公路进行作业,作业路段长度在2公里以上,并且作业期限超过30日的,除紧急情况外,公路养护作业单位应当在作业开始之日前5日向社会公告,明确绕行路线,并在绕行处设置标志;不能绕行的,应当修建临时道路。

第五十二条　公路养护作业人员作业时,应当穿着统一的安全标志服。公路养护车辆、机械设备作业时,应当设置明显的作业标志,开启危险报警闪光灯。

第五十三条　发生公路突发事件影响通行的,公路管理机构、公路经营企业应当及时修复公路、恢复通行。设区的市级以上人民政府交通运输主管部门应当根据修复公路、恢复通行的需要,及时调集抢修力量,统筹安排有关作业计划,下达路网调度指令,配合有关部门组织绕行、分流。

设区的市级以上公路管理机构应当按照国务院交通运输主管部门的规定收集、汇总公路损毁、公路交通流量等信息,开展公路突发事件的监测、预报和预警工作,并利用多种方式及时向社会发布有关公路运行信息。

第五十四条　中国人民武装警察交通部队按照国家有关规定承担公路、公路桥梁、公路隧道等设施的抢修任务。

第五十五条　公路永久性停止使用的,应当按照国务院交通运输主管部门规定的程序核准后作报废处理,并向社会公告。

公路报废后的土地使用管理依照有关土地管理的法律、行政法规执行。

第五章　法律责任

第五十六条　违反本条例的规定,有下列情形之一的,由公路管理机构责令限期拆除,可以处5万元以下的罚款。逾期不拆除的,由公路管理机构拆除,有关费用由违法行为人承担:

(一)在公路建筑控制区内修建、扩建建筑物、地面构筑物或者未经许可埋设管道、电缆等设施的;

(二)在公路建筑控制区外修建的建筑物、地面构筑物以及其他设施遮挡公路标志或者妨碍安全视距的。

第五十七条　违反本条例第十八条、第十九条、第二十三条规定的,由安全生产监督管理部门、水行政主管部门、流域管理机构、海事管理机构等有关单位依法处理。

第五十八条　违反本条例第二十条规定的,由水行政主管部门或者流域管理机构责令改正,可以处3万元以下的罚款。

第五十九条　违反本条例第二十二条规定的,由公路管理机构责令改正,处2万元以上10万元以下的罚款。

第六十条　违反本条例的规定,有下列行为之一的,由公路管理机构责令改正,可以处3万元以下的罚款:

(一)损坏、擅自移动、涂改、遮挡公路附属设施或者利用公路附属设施架设管道、悬挂物品,可能危及公路安全的;

(二)涉路工程设施影响公路完好、安全和畅通的。

第六十一条　违反本条例的规定,未经批准更新采伐护路林的,由公路管理机构责令补种,没收违法所得,并处采伐林木价值3倍以上5倍以下的罚款。

第六十二条　违反本条例的规定,未经许可进行本条例第二十七条第一项至第五项规定的涉路施工活动的,由公路管理机构责令改正,可以处3万元以下的罚款;未经许可进行本条例第二十七条第六项规定的涉路施工活动的,由公路管理机构责令改正,处5万元以下的罚款。

第六十三条　违反本条例的规定,非法生产、销售外廓尺寸、轴荷、总质量不符合国家有关车辆外廓尺寸、轴荷、质量限值等机动车安全技术标准的车辆的,依照《中华人民共和国道路交通安全法》的有关规定处罚。

具有国家规定资质的车辆生产企业未按照规定车型和技术参数改装车辆的,由原发证机关责令改正,处4万元以上20万元以下的罚款;拒不改正的,吊销其资质证书。

第六十四条 违反本条例的规定,在公路上行驶的车辆,车货总体的外廓尺寸、轴荷或者总质量超过公路、公路桥梁、公路隧道、汽车渡船限定标准的,由公路管理机构责令改正,可以处3万元以下的罚款。

第六十五条 违反本条例的规定,经批准进行超限运输的车辆,未按照指定时间、路线和速度行驶的,由公路管理机构或者公安机关交通管理部门责令改正;拒不改正的,公路管理机构或者公安机关交通管理部门可以扣留车辆。

未随车携带超限运输车辆通行证的,由公路管理机构扣留车辆,责令车辆驾驶人提供超限运输车辆通行证或者相应的证明。

租借、转让超限运输车辆通行证的,由公路管理机构没收超限运输车辆通行证,处1000元以上5000元以下的罚款。使用伪造、变造的超限运输车辆通行证的,由公路管理机构没收伪造、变造的超限运输车辆通行证,处3万元以下的罚款。

第六十六条 对1年内违法超限运输超过3次的货运车辆,由道路运输管理机构吊销其车辆营运证;对1年内违法超限运输超过3次的货运车辆驾驶人,由道路运输管理机构责令其停止从事营业性运输;道路运输企业1年内违法超限运输的货运车辆超过本单位货运车辆总数10%的,由道路运输管理机构责令道路运输企业停业整顿;情节严重的,吊销其道路运输经营许可证,并向社会公告。

第六十七条 违反本条例的规定,有下列行为之一的,由公路管理机构强制拖离或者扣留车辆,处3万元以下的罚款:

(一)采取故意堵塞固定超限检测站点通行车道、强行通过固定超限检测站点等方式扰乱超限检测秩序的;

(二)采取短途驳载等方式逃避超限检测的。

第六十八条 违反本条例的规定,指使、强令车辆驾驶人超限运输货物的,由道路运输管理机构责令改正,处3万元以下的罚款。

第六十九条 车辆装载物触地拖行、掉落、遗洒或者飘散,造成公路路面损坏、污染的,由公路管理机构责令改正,处5000元以下的罚款。

第七十条 违反本条例的规定,公路养护作业单位未按照国务院交通运输主管部门规定的技术规范和操作规程进行公路养护作业的,由公路管理机构责令改正,处1万元以上5万元以下的罚款;拒不改正的,吊销其资质证书。

第七十一条 造成公路、公路附属设施损坏的单位和个人应当立即报告公路管理机构,接受公路管理机构的现场调查处理;危及交通安全的,还应当设置警示标志或者采取其他安全防护措施,并迅速报告公安机关交通管理部门。

发生交通事故造成公路、公路附属设施损坏的,公安机关交通管理部门在处理交通事故时应当及时通知有关公路管理机构到场调查处理。

第七十二条 造成公路、公路附属设施损坏,拒不接受公路管理机构现场调查处理的,公路管理机构可以扣留车辆、工具。

公路管理机构扣留车辆、工具的,应当当场出具凭证,并告知当事人在规定期限内到公路管理机构接受处理。逾期不接受处理,并且经公告3个月仍不来接受处理的,对扣留的车辆、工具,由公路管理机构依法处理。

公路管理机构对被扣留的车辆、工具应当妥善保管,不得使用。

第七十三条 违反本条例的规定,公路管理机构工作人员有下列行为之一的,依法给予处分:

(一)违法实施行政许可的;

(二)违反规定拦截、检查正常行驶的车辆的;

(三)未及时采取措施处理公路坍塌、坑槽、隆起等损毁的;

(四)违法扣留车辆、工具或者使用依法扣留的车辆、工具的;

(五)有其他玩忽职守、徇私舞弊、滥用职权行为的。

公路管理机构有前款所列行为之一的,对负有直接责任的主管人员和其他直接责任人员依法给予处分。

第七十四条 违反本条例的规定,构成违反治安管理行为的,由公安机关依法给予治安管理处罚;构成犯罪的,依法追究刑事责任。

第六章 附 则

第七十五条 村道的管理和养护工作,由乡级人民政府参照本条例的规定执行。

专用公路的保护不适用本条例。

第七十六条 军事运输使用公路按照国务院、中央军事委员会的有关规定执行。

第七十七条 本条例自2011年7月1日起施行。1987年10月13日国务院发布的《中华人民共和国公路管理条例》同时废止。

3. 收费公路管理条例

(2004年8月18日国务院第61次常务会议通过,2004年9月13日中华人民共和国国务院令第417号公布)

第一章 总 则

第一条 为了加强对收费公路的管理,规范公路收费行为,维护收费公路的经营管理者和使用者的合法权益,促进公路事业的发展,根据《中华人民共和国公路法》(以下简称公路法),制定本条例。

第二条 本条例所称收费公路,是指符合公路法和本条例规定,经批准依法收取车辆通行费的公路(含桥梁和隧道)。

第三条 各级人民政府应当采取积极措施,支持、促进公路事业的发展。公路发展应当坚持非收费公路为主,适当发展收费公路。

第四条 全部由政府投资或者社会组织、个人捐资建设的公路,不得收取车辆通行费。

第五条 任何单位或者个人不得违反公路法和本条例的规定,在公路上设站(卡)收取车辆通行费。

第六条 对在公路上非法设立收费站(卡)收取车辆通行费的,任何单位和个人都有权拒绝交纳。

任何单位或者个人对在公路上非法设立收费站(卡)、非法收取或者使用车辆通行费、非法转让收费公路权益或者非法延长收费期限等行为,都有权向交通、价格、财政等部门举报。收到举报的部门应当按照职责分工依法及时查处;无权查处的,应当及时移送有权查处的部门。受理的部门必须自收到举报或者移送材料之日起10日内进行查处。

第七条 收费公路的经营管理者,经依法批准有权向通行收费公路的车辆收取车辆通行费。

军队车辆、武警部队车辆,公安机关在辖区内收费公路上处理交通事故、执行正常巡逻任务和处置突发事件的统一标志的制式警车,以及经国务院交通主管部门或者省、自治区、直辖市人民政府批准执行抢险救灾任务的车辆,免交车辆通行费。

进行跨区作业的联合收割机、运输联合收割机(包括插秧机)的车辆,免交车辆通行费。联合收割机不得在高速公路上通行。

第八条 任何单位或者个人不得以任何形式非法干预收费公路的经营管理,挤占、挪用收费公路经营管理者依法收取的车辆通行费。

第二章 收费公路建设和收费站的设置

第九条 建设收费公路,应当符合国家和省、自治区、直辖市公路发展规划,符合本条例规定的收费公路的技术等级和规模。

第十条 县级以上地方人民政府交通主管部门利用贷款或者向企业、个人有偿集资建设的公路(以下简称政府还贷公路),国内外经济组织投资建设或者依照公路法的规定受让政府还贷公路收费权的公路(以下简称经营性公路),经依法批准后,方可收取车辆通行费。

第十一条 建设和管理政府还贷公路,应当按照政事分开的原则,依法设立专门的不以营利为目的的法人组织。

省、自治区、直辖市人民政府交通主管部门对本行政区域内的政府还贷公路,可以实行统一管理、统一贷款、统一还款。

经营性公路建设项目应当向社会公布,采用招标投标方式选择投资者。

经营性公路由依法成立的公路企业法人建设、经营和管理。

第十二条 收费公路收费站的设置,由省、自治区、直辖市人民政府按照下列规定审查批准:

(一)高速公路以及其他封闭式的收费公路,除两端出入口外,不得在主线上设置收费站。但是,省、自治区、直辖市之间确需设置收费站的除外。

(二)非封闭式的收费公路的同一主线上,相邻收费站的间距不得少于50公里。

第十三条 高速公路以及其他封闭式的收费公路,应当实行计算机联网收费,减少收费站点,提高通行效率。联网收费的具体办法由国务院交通主管部门会同国务院有关部门制定。

第十四条 收费公路的收费期限,由省、自治区、直辖市人民政府按照下列标准审查批准:

(一)政府还贷公路的收费期限,按照用收费偿还贷款、偿还有偿集资款的原则确定,最长不得超过15年。国家确定的中西部省、自治区、直辖市的政府还贷公路收费期限,最长不得超过20年。

(二)经营性公路的收费期限,按照收回投资并有合理回报的原则确定,最长不得超过25年。国家确定的中西部省、自治区、直辖市的经营性公路收费期限,最长不得超过30年。

第十五条 车辆通行费的收费标准,应当依照价格法律、行政法规的规定进行听证,并按照下列程序审查批准:

(一)政府还贷公路的收费标准,由省、自治区、直辖市人民政府交通主管部门会同同级价格主管部门、财政部门审核后,报本级人民政府审查批准。

(二)经营性公路的收费标准,由省、自治区、直辖市人民政府交通主管部门会同同级价格主管部门审核后,报本级人民政府审查批准。

第十六条 车辆通行费的收费标准,应当根据公路的技术等级、投资总额、当地物价指数、偿还贷款或者有偿集资款的期限和收回投资的期限以及交通量等因素计算确定。对在国家规定的绿色通道上运输鲜活农产品的车辆,可以适当降低车辆通行费的收费标准或者免交车辆通行费。

修建与收费公路经营管理无关的设施、超标准修建的收费公路经营管理设施和服务设施,其费用不得作为确定收费标准的因素。

车辆通行费的收费标准需要调整的,应当依照本条例第十五条规定的程序办理。

第十七条 依照本条例规定的程序审查批准的收费公路收费站、收费期限、车辆通行费收费标准或者收费标准的调整方案,审批机关应当自审查批准之日起10日内将有关文件向国务院交通主管部门和国务院价格主管部门备案;其中属于政府还贷公路的,还应当自审查批准之日起10日内向国务院财政部门备案。

第十八条 建设收费公路,应当符合下列技术等级和规模:

(一)高速公路连续里程30公里以上。但是,城市市区至本地机场的高速公路除外。

(二)一级公路连续里程50公里以上。

(三)二车道的独立桥梁、隧道,长度800米以上;四车道的独立桥梁、隧道,长度500米以上。

技术等级为二级以下(含二级)的公路不得收费。但是,在国家确定的中西部省、自治区、直辖市建设的二级公路,其连续里程60公里以上的,经依法批准,可以收取车辆通行费。

第三章 收费公路权益的转让

第十九条 依照本条例的规定转让收费公路权益的,应当向社会公布,采用招标投标的方式,公平、公正、公开地选择经营管理者,并依法订立转让协议。

第二十条 收费公路的权益,包括收费权、广告经营权、服务设施经营权。

转让收费公路权益的,应当依法保护投资者的合法利益。

第二十一条 转让政府还贷公路权益中的收费权,可以申请延长收费期限,但延长的期限不得超过5年。

转让经营性公路权益中的收费权,不得延长收费期限。

第二十二条 有下列情形之一的,收费公路权益中的收费权不得转让:

(一)长度小于1000米的二车道独立桥梁和隧道;

(二)二级公路;

(三)收费时间已超过批准收费期限2/3。

第二十三条 转让政府还贷公路权益的收入,必须缴入国库,除用于偿还贷款和有偿集资款外,必须用于公路建设。

第二十四条 收费公路权益转让的具体办法,由国务院交通主管部门会同国务院发展改革部门和财政部门制定。

第四章 收费公路的经营管理

第二十五条 收费公路建成后,应当按照国家有关规定进行验收;验收合格的,方可收取车辆通行费。

收费公路不得边建设边收费。

第二十六条 收费公路经营管理者应当按照国家规定的标准和规范,对收费公路及沿线设施进行日常检查、维护,保证收费公路处于良好的技术状态,为通行车辆及人员提供优质服务。

收费公路的养护应当严格按照工期施工、竣工,不得拖延工期,不得影响车辆安全通行。

第二十七条 收费公路经营管理者应当在收费站的显著位置,设置载有收费站名称、审批机关、收费单位、收费标准、收费起止年限和监督电话等内容的公告牌,接受社会监督。

第二十八条 收费公路经营管理者应当按照国家规定的标准,结合公路交通状况、沿线设施等情况,设置交通标志、标线。

交通标志、标线必须清晰、准确、易于识别。重要的通行信息应当重复提示。

第二十九条 收费道口的设置,应当符合车辆行驶安全的要求;收费道口的数量,应当符合车辆快速通过的需要,不得造成车辆堵塞。

第三十条 收费站工作人员的配备,应当与收费道口的数量、车流量相适应,不得随意增加人员。

收费公路经营管理者应当加强对收费站工作人员的业务培训和职业道德教育,收费人员应当做到文明礼貌,规范服务。

第三十一条 遇有公路损坏、施工或者发生交通事故等影响车辆正常安全行驶的情形时,收费公路经营管理者应当在现场设置安全防护设施,并在收费公路出入口进行限速、警示提示,或者利用收费公路沿线可变信息板等设施予以公告;造成交通堵塞时,应当及时报告有关部门并协助疏导交通。

遇有公路严重损毁、恶劣气象条件或者重大交通事故等严重影响车辆安全通行的情形时,公安机关应当根据情况,依法采取限速通行、关闭公路等交通管制措施。收费公路经营管理者应当积极配合公安机关,及时将有关交通管制的信息向通行车辆进行提示。

第三十二条 收费公路经营管理者收取车辆通行费,必须向收费公路使用者开具收费票据。政府还贷公路的收费票据,由省、自治区、直辖市人民政府财政部门统一印(监)制。经营性公路的收费票据,由省、自治区、直辖市人民政府税务部门统一印(监)制。

第三十三条 收费公路经营管理者对依法应当交纳而拒交、逃交、少交车辆通行费的车辆,有权拒绝其通行,并要求其补交应交纳的车辆通行费。

任何人不得为拒交、逃交、少交车辆通行费而故意堵塞收费道口、强行冲卡、殴打收费公路管理人员、破坏收费设施或者从事其他扰乱收费公路经营管理秩序的活动。

发生前款规定的扰乱收费公路经营管理秩序行为时，收费公路经营管理者应当及时报告公安机关，由公安机关依法予以处理。

第三十四条 在收费公路上行驶的车辆不得超载。

发现车辆超载时，收费公路经营管理者应当及时报告公安机关，由公安机关依法予以处理。

第三十五条 收费公路经营管理者不得有下列行为：

（一）擅自提高车辆通行费收费标准；

（二）在车辆通行费收费标准之外加收或者代收任何其他费用；

（三）强行收取或者以其他不正当手段按车辆收取某一期间的车辆通行费；

（四）不开具收费票据，开具未经省、自治区、直辖市人民政府财政、税务部门统一印（监）制的收费票据或者开具已经过期失效的收费票据。

有前款所列行为之一的，通行车辆有权拒绝交纳车辆通行费。

第三十六条 政府还贷公路的管理者收取的车辆通行费收入，应当全部存入财政专户，严格实行收支两条线管理。

政府还贷公路的车辆通行费，除必要的管理、养护费用从财政部门批准的车辆通行费预算中列支外，必须全部用于偿还贷款和有偿集资款，不得挪作他用。

第三十七条 收费公路的收费期限届满，必须终止收费。

政府还贷公路在批准的收费期限届满前已经还清贷款、还清有偿集资款的，必须终止收费。

依照本条前两款的规定，收费公路终止收费的，有关省、自治区、直辖市人民政府应当向社会公告，明确规定终止收费的日期，接受社会监督。

第三十八条 收费公路终止收费前6个月，省、自治区、直辖市人民政府交通主管部门应当对收费公路进行鉴定和验收。经鉴定和验收，公路符合取得收费公路权益时核定的技术等级和标准的，收费公路经营管理者方可按照国家有关规定向交通主管部门办理公路移交手续；不符合取得收费公路权益时核定的技术等级和标准的，收费公路经营管理者应当在交通主管部门确定的期限内进行养护，达到要求后，方可按照规定办理公路移交手续。

第三十九条 收费公路终止收费后，收费公路经营管理者应当自终止收费之日起15日内拆除收费设施。

第四十条 任何单位或者个人不得通过封堵非收费公路或者在非收费公路上设卡收费等方式，强迫车辆通行收费公路。

第四十一条 收费公路经营管理者应当按照国务院交通主管部门和省、自治区、直辖市人民政府交通主管部门的要求，及时提供统计资料和有关情况。

第四十二条 收费公路的养护、绿化和公路用地范围内的水土保持及路政管理，依照公路法的有关规定执行。

第四十三条 国务院交通主管部门和省、自治区、直辖市人民政府交通主管部门应当对收费公路实施监督检查，督促收费公路经营管理者依法履行公路养护、绿化和公路用地范围内的水土保持义务。

第四十四条 审计机关应当依法加强收费公路的审计监督，对违法行为依法进行查处。

第四十五条 行政执法机关依法对收费公路实施监督检查时，不得向收费公路经营管理者收取任何费用。

第四十六条 省、自治区、直辖市人民政府应当将本行政区域内收费公路及收费站名称、收费单位、收费标准、收费期限等信息向社会公布，接受社会监督。

第五章 法 律 责 任

第四十七条 违反本条例的规定，擅自批准收费公路建设、收费站、收费期限、车辆通行费收费标准或者收费公路权益转让的，由省、自治区、直辖市人民政府责令改正；对负有责任的主管人员和其他直接责任人员依法给予记大过直至开除的行政处分；构成犯罪的，依法追究刑事责任。

第四十八条 违反本条例的规定，地方人民政府或者有关部门及其工作人员非法干预收费公路经营管理，或者挤占、挪用收费公路经营管理者收取的车辆通行费的，由上级人民政府或者有关部门责令停止非法干预，退回挤占、挪用的车辆通行费；对负有责任的主管人员和其他直接责任人员依法给予记大过直至开除的行政处分；构成犯罪的，依法追究刑事责任。

第四十九条 违反本条例的规定，擅自在公路上设立收费站（卡）收取车辆通行费或者应当终止收费而不终止的，由国务院交通主管部门或者省、自治区、直辖市人民政府交通主管部门依据职权，责令改正，强制拆除收费设施；有违法所得的，没收违法所得，并处违法所得2倍以上5倍以下的罚款；没有违法所得的，处1万元以上5万元以下的罚款；负有责任的主管人员和其他直接责任人员属于国家工作人员的，依法给予记大过直至开除的行政处分。

第五十条 违反本条例的规定，有下列情形之一的，由国务院交通主管部门或者省、自治区、直辖市人民政府交通主管部门依据职权，责令改正，并根据情节轻重，处5万元以上20万元以下的罚款：

（一）收费站的设置不符合标准或者擅自变更收费站位置的；

（二）未按照国家规定的标准和规范对收费公路及沿线设施进行日常检查、维护的；

（三）未按照国家有关规定合理设置交通标志、标线的；

(四)道口设置不符合车辆行驶安全要求或者道口数量不符合车辆快速通过需要的;

(五)遇有公路损坏、施工或者发生交通事故等影响车辆正常安全行驶的情形,未按照规定设置安全防护设施或者未进行提示、公告,或者遇有交通堵塞不及时疏导交通的;

(六)应当公布有关限速通行或者关闭收费公路的信息而未及时公布的。

第五十一条 违反本条例的规定,收费公路经营管理者收费时不开具票据,开具未经省、自治区、直辖市人民政府财政、税务部门统一印(监)制的票据,或者开具已经过期失效的票据的,由财政部门或者税务部门责令改正,并根据情节轻重,处10万元以上50万元以下的罚款;负有责任的主管人员和其他直接责任人员属于国家工作人员的,依法给予记大过直至开除的行政处分;构成犯罪的,依法追究刑事责任。

第五十二条 违反本条例的规定,政府还贷公路的管理者未将车辆通行费足额存入财政专户或者未将转让政府还贷公路权益的收入全额缴入国库的,由财政部门予以追缴、补齐;对负有责任的主管人员和其他直接责任人员,依法给予记过直至开除的行政处分。

违反本条例的规定,财政部门未将政府还贷公路的车辆通行费或者转让政府还贷公路权益的收入用于偿还贷款、偿还有偿集资款,或者将车辆通行费、转让政府还贷公路权益的收入挪作他用的,由本级人民政府责令偿还贷款、偿还有偿集资款,或者责令退还挪用的车辆通行费和转让政府还贷公路权益的收入;对负有责任的主管人员和其他直接责任人员,依法给予记过直至开除的行政处分;构成犯罪的,依法追究刑事责任。

第五十三条 违反本条例的规定,收费公路终止收费后,收费公路经营管理者不及时拆除收费设施的,由省、自治区、直辖市人民政府交通主管部门责令限期拆除;逾期不拆除的,强制拆除,拆除费用由原收费公路经营管理者承担。

第五十四条 违反本条例的规定,收费公路经营管理者未按照国务院交通主管部门规定的技术规范和操作规程进行收费公路养护的,由省、自治区、直辖市人民政府交通主管部门责令改正;拒不改正的,责令停止收费。责令停止收费后30日内仍未履行公路养护义务的,由省、自治区、直辖市人民政府交通主管部门指定其他单位进行养护,养护费用由原收费公路经营管理者承担。拒不承担的,由省、自治区、直辖市人民政府交通主管部门申请人民法院强制执行。

第五十五条 违反本条例的规定,收费公路经营管理者未履行公路绿化和水土保持义务的,由省、自治区、直辖市人民政府交通主管部门责令改正,并可以对原收费公路经营管理者处履行绿化、水土保持义务所需费用1倍至2倍的罚款。

第五十六条 国务院价格主管部门或者县级以上地方人民政府价格主管部门对违反本条例的价格违法行为,应当依据价格管理的法律、法规和规章的规定予以处罚。

第五十七条 违反本条例的规定,为拒交、逃交、少交车辆通行费而故意堵塞收费道口、强行冲卡、殴打收费公路管理人员、破坏收费设施或者从事其他扰乱收费公路经营管理秩序活动,构成违反治安管理行为的,由公安机关依法予以处罚;构成犯罪的,依法追究刑事责任;给收费公路经营管理者造成损失或者造成人身损害的,依法承担民事赔偿责任。

第五十八条 违反本条例的规定,假冒军队车辆、武警部队车辆、公安机关统一标志的制式警车和抢险救灾车辆逃交车辆通行费的,由有关机关依法予以处理。

第六章 附 则

第五十九条 本条例施行前在建的和已投入运行的收费公路,由国务院交通主管部门会同国务院发展改革部门和财政部门依照本条例规定的原则进行规范。具体办法由国务院交通主管部门制定。

第六十条 本条例自2004年11月1日起施行。

4. 中华人民共和国招标投标法

(1999年8月30日第九届全国人民代表大会常务委员会第十一次会议通过,根据2017年12月27日第十二届全国人民代表大会常务委员会第三十一次会议《关于修改〈中华人民共和国招标投标法〉、〈中华人民共和国计量法〉的决定》修正)

第一章 总 则

第一条 为了规范招标投标活动,保护国家利益、社会公共利益和招标投标活动当事人的合法权益,提高经济效益,保证项目质量,制定本法。

第二条 在中华人民共和国境内进行招标投标活动,适用本法。

第三条 在中华人民共和国境内进行下列工程建设项目包括项目的勘察、设计、施工、监理以及与工程建设有关的重要设备、材料等的采购,必须进行招标:

(一)大型基础设施、公用事业等关系社会公共利益、公众安全的项目;

(二)全部或者部分使用国有资金投资或者国家融资的项目;

(三)使用国际组织或者外国政府贷款、援助资金的项目。

前款所列项目的具体范围和规模标准,由国务院发展计划部门会同国务院有关部门制订,报国务院批准。

法律或者国务院对必须进行招标的其他项目的范围有规定的,依照其规定。

第四条 任何单位和个人不得将依法必须进行招标的项目化整为零或者以其他任何方式规避招标。

第五条 招标投标活动应当遵循公开、公平、公正和诚实信用的原则。

第六条 依法必须进行招标的项目,其招标投标活动不受地区或者部门的限制。任何单位和个人不得违法限制或者排斥本地区、本系统以外的法人或者其他组织参加投标,不得以任何方式非法干涉招标投标活动。

第七条 招标投标活动及其当事人应当接受依法实施的监督。

有关行政监督部门依法对招标投标活动实施监督,依法查处招标投标活动中的违法行为。

对招标投标活动的行政监督及有关部门的具体职权划分,由国务院规定。

第二章 招 标

第八条 招标人是依照本法规定提出招标项目、进行招标的法人或者其他组织。

第九条 招标项目按照国家有关规定需要履行项目审批手续的,应当先履行审批手续,取得批准。

招标人应当有进行招标项目的相应资金或者资金来源已经落实,并应当在招标文件中如实载明。

第十条 招标分为公开招标和邀请招标。

公开招标,是指招标人以招标公告的方式邀请不特定的法人或者其他组织投标。

邀请招标,是指招标人以投标邀请书的方式邀请特定的法人或者其他组织投标。

第十一条 国务院发展计划部门确定的国家重点项目和省、自治区、直辖市人民政府确定的地方重点项目不适宜公开招标的,经国务院发展计划部门或者省、自治区、直辖市人民政府批准,可以进行邀请招标。

第十二条 招标人有权自行选择招标代理机构,委托其办理招标事宜。任何单位和个人不得以任何方式为招标人指定招标代理机构。

招标人具有编制招标文件和组织评标能力的,可以自行办理招标事宜。任何单位和个人不得强制其委托招标代理机构办理招标事宜。

依法必须进行招标的项目,招标人自行办理招标事宜的,应当向有关行政监督部门备案。

第十三条 招标代理机构是依法设立、从事招标代理业务并提供相关服务的社会中介组织。

招标代理机构应当具备下列条件:

(一)有从事招标代理业务的营业场所和相应资金;

(二)有能够编制招标文件和组织评标的相应专业力量。

第十四条 招标代理机构与行政机关和其他国家机关不得存在隶属关系或者其他利益关系。

第十五条 招标代理机构应当在招标人委托的范围内办理招标事宜,并遵守本法关于招标人的规定。

第十六条 招标人采用公开招标方式的,应当发布招标公告。依法必须进行招标的项目的招标公告,应当通过国家指定的报刊、信息网络或者其他媒介发布。

招标公告应当载明招标人的名称和地址、招标项目的性质、数量、实施地点和时间以及获取招标文件的办法等事项。

第十七条 招标人采用邀请招标方式的,应当向三个以上具备承担招标项目的能力、资信良好的特定的法人或者其他组织发出投标邀请书。

投标邀请书应当载明本法第十六条第二款规定的事项。

第十八条 招标人可以根据招标项目本身的要求,在招标公告或者投标邀请书中,要求潜在投标人提供有关资质证明文件和业绩情况,并对潜在投标人进行资格审查;国家对投标人的资格条件有规定的,依照其规定。

招标人不得以不合理的条件限制或者排斥潜在投标人,不得对潜在投标人实行歧视待遇。

第十九条 招标人应当根据招标项目的特点和需要

编制招标文件。招标文件应当包括招标项目的技术要求、对投标人资格审查的标准、投标报价要求和评标标准等所有实质性要求和条件以及拟签订合同的主要条款。

国家对招标项目的技术、标准有规定的,招标人应当按照其规定在招标文件中提出相应要求。

招标项目需要划分标段、确定工期的,招标人应当合理划分标段、确定工期,并在招标文件中载明。

第二十条　招标文件不得要求或者标明特定的生产供应者以及含有倾向或者排斥潜在投标人的其他内容。

第二十一条　招标人根据招标项目的具体情况,可以组织潜在投标人踏勘项目现场。

第二十二条　招标人不得向他人透露已获取招标文件的潜在投标人的名称、数量以及可能影响公平竞争的有关招标投标的其他情况。

招标人设有标底的,标底必须保密。

第二十三条　招标人对已发出的招标文件进行必要的澄清或者修改的,应当在招标文件要求提交投标文件截止时间至少十五日前,以书面形式通知所有招标文件收受人。该澄清或者修改的内容为招标文件的组成部分。

第二十四条　招标人应当确定投标人编制投标文件所需要的合理时间;但是,依法必须进行招标的项目,自招标文件开始发出之日起至投标人提交投标文件截止之日止,最短不得少于二十日。

第三章　投　　标

第二十五条　投标人是响应招标、参加投标竞争的法人或者其他组织。

依法招标的科研项目允许个人参加投标的,投标的个人适用本法有关投标人的规定。

第二十六条　投标人应当具备承担招标项目的能力;国家有关规定对投标人资格条件或者招标文件对投标人资格条件有规定的,投标人应当具备规定的资格条件。

第二十七条　投标人应当按照招标文件的要求编制投标文件。投标文件应当对招标文件提出的实质性要求和条件作出响应。

招标项目属于建设施工的,投标文件的内容应当包括拟派出的项目负责人与主要技术人员的简历、业绩和拟用于完成招标项目的机械设备等。

第二十八条　投标人应当在招标文件要求提交投标文件的截止时间前,将投标文件送达投标地点。招标人收到投标文件后,应当签收保存,不得开启。投标人少于三个的,招标人应当依照本法重新招标。

在招标文件要求提交投标文件的截止时间后送达的投标文件,招标人应当拒收。

第二十九条　投标人在招标文件要求提交投标文件的截止时间前,可以补充、修改或者撤回已提交的投标文件,并书面通知招标人。补充、修改的内容为投标文件的组成部分。

第三十条　投标人根据招标文件载明的项目实际情况,拟在中标后将中标项目的部分非主体、非关键性工作进行分包的,应当在投标文件中载明。

第三十一条　两个以上法人或者其他组织可以组成一个联合体,以一个投标人的身份共同投标。

联合体各方均应当具备承担招标项目的相应能力;国家有关规定或者招标文件对投标人资格条件有规定的,联合体各方均应当具备规定的相应资格条件。由同一专业的单位组成的联合体,按照资质等级较低的单位确定资质等级。

联合体各方应当签订共同投标协议,明确约定各方拟承担的工作和责任,并将共同投标协议连同投标文件一并提交招标人。联合体中标的,联合体各方应当共同与招标人签订合同,就中标项目向招标人承担连带责任。

招标人不得强制投标人组成联合体共同投标,不得限制投标人之间的竞争。

第三十二条　投标人不得相互串通投标报价,不得排挤其他投标人的公平竞争,损害招标人或者其他投标人的合法权益。

投标人不得与招标人串通投标,损害国家利益、社会公共利益或者他人的合法权益。

禁止投标人以向招标人或者评标委员会成员行贿的手段谋取中标。

第三十三条　投标人不得以低于成本的报价竞标,也不得以他人名义投标或者以其他方式弄虚作假,骗取中标。

第四章　开标、评标和中标

第三十四条　开标应当在招标文件确定的提交投标文件截止时间的同一时间公开进行;开标地点应当为招标文件中预先确定的地点。

第三十五条　开标由招标人主持,邀请所有投标人参加。

第三十六条　开标时,由投标人或者其推选的代表检查投标文件的密封情况,也可以由招标人委托的公证机构检查并公证;经确认无误后,由工作人员当众拆封,宣读投标人名称、投标价格和投标文件的其他主要内容。

招标人在招标文件要求提交投标文件的截止时间前收到的所有投标文件,开标时都应当当众予以拆封、宣读。

开标过程应当记录,并存档备查。

第三十七条　评标由招标人依法组建的评标委员会负责。

依法必须进行招标的项目,其评标委员会由招标人的代表和有关技术、经济等方面的专家组成,成员人数为五人以上单数,其中技术、经济等方面的专家不得少于成员总数的三分之二。

前款专家应当从事相关领域工作满八年并具有高级

职称或者具有同等专业水平,由招标人从国务院有关部门或者省、自治区、直辖市人民政府有关部门提供的专家名册或者招标代理机构的专家库内的相关专业的专家名单中确定;一般招标项目可以采取随机抽取方式,特殊招标项目可以由招标人直接确定。

与投标人有利害关系的人不得进入相关项目的评标委员会;已经进入的应当更换。

评标委员会成员的名单在中标结果确定前应当保密。

第三十八条 招标人应当采取必要的措施,保证评标在严格保密的情况下进行。

任何单位和个人不得非法干预、影响评标的过程和结果。

第三十九条 评标委员会可以要求投标人对投标文件中含义不明确的内容作必要的澄清或者说明,但是澄清或者说明不得超出投标文件的范围或者改变投标文件的实质性内容。

第四十条 评标委员会应当按照招标文件确定的评标标准和方法,对投标文件进行评审和比较;设有标底的,应当参考标底。评标委员会完成评标后,应当向招标人提出书面评标报告,并推荐合格的中标候选人。

招标人根据评标委员会提出的书面评标报告和推荐的中标候选人确定中标人。招标人也可以授权评标委员会直接确定中标人。

国务院对特定招标项目的评标有特别规定的,从其规定。

第四十一条 中标人的投标应当符合下列条件之一:

(一)能够最大限度地满足招标文件中规定的各项综合评价标准;

(二)能够满足招标文件的实质性要求,并且经评审的投标价格最低;但是投标价格低于成本的除外。

第四十二条 评标委员会经评审,认为所有投标都不符合招标文件要求的,可以否决所有投标。

依法必须进行招标的项目的所有投标被否决的,招标人应当依照本法重新招标。

第四十三条 在确定中标人前,招标人不得与投标人就投标价格、投标方案等实质性内容进行谈判。

第四十四条 评标委员会成员应当客观、公正地履行职务,遵守职业道德,对所提出的评审意见承担个人责任。

评标委员会成员不得私下接触投标人,不得收受投标人的财物或者其他好处。

评标委员会成员和参与评标的有关工作人员不得透露对投标文件的评审和比较、中标候选人的推荐情况以及与评标有关的其他情况。

第四十五条 中标人确定后,招标人应当向中标人发出中标通知书,并同时将中标结果通知所有未中标的投标人。

中标通知书对招标人和中标人具有法律效力。中标通知书发出后,招标人改变中标结果的,或者中标人放弃中标项目的,应当依法承担法律责任。

第四十六条 招标人和中标人应当自中标通知书发出之日起三十日内,按照招标文件和中标人的投标文件订立书面合同。招标人和中标人不得再行订立背离合同实质性内容的其他协议。

招标文件要求中标人提交履约保证金的,中标人应当提交。

第四十七条 依法必须进行招标的项目,招标人应当自确定中标人之日起十五日内,向有关行政监督部门提交招标投标情况的书面报告。

第四十八条 中标人应当按照合同约定履行义务,完成中标项目。中标人不得向他人转让中标项目,也不得将中标项目肢解后分别向他人转让。

中标人按照合同约定或者经招标人同意,可以将中标项目的部分非主体、非关键性工作分包给他人完成。接受分包的人应当具备相应的资格条件,并不得再次分包。

中标人应当就分包项目向招标人负责,接受分包的人就分包项目承担连带责任。

第五章 法律责任

第四十九条 违反本法规定,必须进行招标的项目而不招标的,将必须进行招标的项目化整为零或者以其他任何方式规避招标的,责令限期改正,可以处项目合同金额千分之五以上千分之十以下的罚款;对全部或者部分使用国有资金的项目,可以暂停项目执行或者暂停资金拨付;对单位直接负责的主管人员和其他直接责任人员依法给予处分。

第五十条 招标代理机构违反本法规定,泄露应当保密的与招标投标活动有关的情况和资料的,或者与招标人、投标人串通损害国家利益、社会公共利益或者他人合法权益的,处五万元以上二十五万元以下的罚款;对单位直接负责的主管人员和其他直接责任人员处单位罚款数额百分之五以上百分之十以下的罚款;有违法所得的,并处没收违法所得;情节严重的,禁止其一年至二年内代理依法必须进行招标的项目并予以公告,直至由工商行政管理机关吊销营业执照;构成犯罪的,依法追究刑事责任。给他人造成损失的,依法承担赔偿责任。

前款所列行为影响中标结果的,中标无效。

第五十一条 招标人以不合理的条件限制或者排斥潜在投标人的,对潜在投标人实行歧视待遇的,强制要求投标人组成联合体共同投标的,或者限制投标人之间竞争的,责令改正,可以处一万元以上五万元以下的罚款。

第五十二条 依法必须进行招标的项目的招标人向他人透露已获取招标文件的潜在投标人的名称、数量或者可能影响公平竞争的有关招标投标的其他情况的,或者泄露标底的,给予警告,可以并处一万元以上十万元以下的罚款;对单位直接负责的主管人员和其他直接责任人员依法给予处分;构成犯罪的,依法追究刑事责任。

前款所列行为影响中标结果的,中标无效。

第五十三条 投标人相互串通投标或者与招标人串通投标的,投标人以向招标人或者评标委员会成员行贿的手段谋取中标的,中标无效,处中标项目金额千分之五以上千分之十以下的罚款,对单位直接负责的主管人员和其他直接责任人员处单位罚款数额百分之五以上百分之十以下的罚款;有违法所得的,并处没收违法所得;情节严重的,取消其一年至二年内参加依法必须进行招标的项目的投标资格并予以公告,直至由工商行政管理机关吊销营业执照;构成犯罪的,依法追究刑事责任。给他人造成损失的,依法承担赔偿责任。

第五十四条 投标人以他人名义投标或者以其他方式弄虚作假,骗取中标的,中标无效,给招标人造成损失的,依法承担赔偿责任;构成犯罪的,依法追究刑事责任。

依法必须进行招标的项目的投标人有前款所列行为尚未构成犯罪的,处中标项目金额千分之五以上千分之十以下的罚款,对单位直接负责的主管人员和其他直接责任人员处单位罚款数额百分之五以上百分之十以下的罚款;有违法所得的,并处没收违法所得;情节严重的,取消其一年至三年内参加依法必须进行招标的项目的投标资格并予以公告,直至由工商行政管理机关吊销营业执照。

第五十五条 依法必须进行招标的项目,招标人违反本法规定,与投标人就投标价格、投标方案等实质性内容进行谈判的,给予警告,对单位直接负责的主管人员和其他直接责任人员依法给予处分。

前款所列行为影响中标结果的,中标无效。

第五十六条 评标委员会成员收受投标人的财物或者其他好处的,评标委员会成员或者参加评标的有关工作人员向他人透露对投标文件的评审和比较、中标候选人的推荐以及与评标有关的其他情况的,给予警告,没收收受的财物,可以并处三千元以上五万元以下的罚款,对有所列违法行为的评标委员会成员取消担任评标委员会成员的资格,不得再参加任何依法必须进行招标的项目的评标;构成犯罪的,依法追究刑事责任。

第五十七条 招标人在评标委员会依法推荐的中标候选人以外确定中标人的,依法必须进行招标的项目在所有投标被评标委员会否决后自行确定中标人的,中标无效,责令改正,可以处中标项目金额千分之五以上千分之十以下的罚款;对单位直接负责的主管人员和其他直接责任人员依法给予处分。

第五十八条 中标人将中标项目转让给他人的,将中标项目肢解后分别转让给他人的,违反本法规定将中标项目的部分主体、关键性工作分包给他人的,或者分包人再次分包的,转让、分包无效,处转让、分包项目金额千分之五以上千分之十以下的罚款;有违法所得的,并处没收违法所得;可以责令停业整顿;情节严重的,由工商行政管理机关吊销营业执照。

第五十九条 招标人与中标人不按照招标文件和中标人的投标文件订立合同的,或者招标人、中标人订立背离合同实质性内容的协议的,责令改正;可以处中标项目金额千分之五以上千分之十以下的罚款。

第六十条 中标人不履行与招标人订立的合同的,履约保证金不予退还,给招标人造成的损失超过履约保证金数额的,还应当对超过部分予以赔偿;没有提交履约保证金的,应当对招标人的损失承担赔偿责任。

中标人不按照与招标人订立的合同履行义务,情节严重的,取消其二年至五年内参加依法必须进行招标的项目的投标资格并予以公告,直至由工商行政管理机关吊销营业执照。

因不可抗力不能履行合同的,不适用前两款规定。

第六十一条 本章规定的行政处罚,由国务院规定的有关行政监督部门决定。本法已对实施行政处罚的机关作出规定的除外。

第六十二条 任何单位违反本法规定,限制或者排斥本地区、本系统以外的法人或者其他组织参加投标的,为招标人指定招标代理机构的,强制招标人委托招标代理机构办理招标事宜的,或者以其他方式干涉招标投标活动的,责令改正;对单位直接负责的主管人员和其他直接责任人员依法给予警告、记过、记大过的处分,情节较重的,依法给予降级、撤职、开除的处分。

个人利用职权进行前款违法行为的,依照前款规定追究责任。

第六十三条 对招标投标活动依法负有行政监督职责的国家机关工作人员徇私舞弊、滥用职权或者玩忽职守,构成犯罪的,依法追究刑事责任;不构成犯罪的,依法给予行政处分。

第六十四条 依法必须进行招标的项目违反本法规定,中标无效的,应当按照本法规定的中标条件从其余投标人中重新确定中标人或者依照本法重新进行招标。

第六章 附 则

第六十五条 投标人和其他利害关系人认为招标投标活动不符合本法有关规定的,有权向招标人提出异议或者依法向有关行政监督部门投诉。

第六十六条 涉及国家安全、国家秘密、抢险救灾或者属于利用扶贫资金实行以工代赈、需要使用农民工等特殊情况,不适宜进行招标的项目,按照国家有关规定可以不进行招标。

第六十七条 使用国际组织或者外国政府贷款、援助资金的项目进行招标,贷款方、资金提供方对招标投标的具体条件和程序有不同规定的,可以适用其规定,但违背中华人民共和国的社会公共利益的除外。

第六十八条 本法自2000年1月1日起施行。

5. 中华人民共和国招标投标法实施条例

（2011年12月20日中华人民共和国国务院令第613号公布，根据2017年3月1日《国务院关于修改和废止部分行政法规的决定》第一次修订，根据2018年3月19日《国务院关于修改和废止部分行政法规的决定》第二次修订，根据2019年3月2日《国务院关于修改部分行政法规的决定》第三次修订）

第一章 总　　则

第一条　为了规范招标投标活动，根据《中华人民共和国招标投标法》（以下简称招标投标法），制定本条例。

第二条　招标投标法第三条所称工程建设项目，是指工程以及与工程建设有关的货物、服务。

前款所称工程，是指建设工程，包括建筑物和构筑物的新建、改建、扩建及其相关的装修、拆除、修缮等；所称与工程建设有关的货物，是指构成工程不可分割的组成部分，且为实现工程基本功能所必需的设备、材料等；所称与工程建设有关的服务，是指为完成工程所需的勘察、设计、监理等服务。

第三条　依法必须进行招标的工程建设项目的具体范围和规模标准，由国务院发展改革部门会同国务院有关部门制订，报国务院批准后公布施行。

第四条　国务院发展改革部门指导和协调全国招标投标工作，对国家重大建设项目的工程招标投标活动实施监督检查。国务院工业和信息化、住房城乡建设、交通运输、铁道、水利、商务等部门，按照规定的职责分工对有关招标投标活动实施监督。

县级以上地方人民政府发展改革部门指导和协调本行政区域的招标投标工作。县级以上地方人民政府有关部门按照规定的职责分工，对招标投标活动实施监督，依法查处招标投标活动中的违法行为。县级以上地方人民政府对其所属部门有关招标投标活动的监督职责分工另有规定的，从其规定。

财政部门依法对实行招标投标的政府采购工程建设项目的政府采购政策执行情况实施监督。

监察机关依法对与招标投标活动有关的监察对象实施监察。

第五条　设区的市级以上地方人民政府可以根据实际需要，建立统一规范的招标投标交易场所，为招标投标活动提供服务。招标投标交易场所不得与行政监督部门存在隶属关系，不得以营利为目的。

国家鼓励利用信息网络进行电子招标投标。

第六条　禁止国家工作人员以任何方式非法干涉招标投标活动。

第二章 招　　标

第七条　按照国家有关规定需要履行项目审批、核准手续的依法必须进行招标的项目，其招标范围、招标方式、招标组织形式应当报项目审批、核准部门审批、核准。项目审批、核准部门应当及时将审批、核准确定的招标范围、招标方式、招标组织形式通报有关行政监督部门。

第八条　国有资金占控股或者主导地位的依法必须进行招标的项目，应当公开招标；但有下列情形之一的，可以邀请招标：

（一）技术复杂、有特殊要求或者受自然环境限制，只有少量潜在投标人可供选择；

（二）采用公开招标方式的费用占项目合同金额的比例过大。

有前款第二项所列情形，属于本条例第七条规定的项目，由项目审批、核准部门在审批、核准项目时作出认定；其他项目由招标人申请有关行政监督部门作出认定。

第九条　除招标投标法第六十六条规定的可以不进行招标的特殊情况外，下列情形之一的，可以不进行招标：

（一）需要采用不可替代的专利或者专有技术；

（二）采购人依法能够自行建设、生产或者提供；

（三）已通过招标方式选定的特许经营项目投资人依法能够自行建设、生产或者提供；

（四）需要向原中标人采购工程、货物或者服务，否则将影响施工或者功能配套要求；

（五）国家规定的其他特殊情形。

招标人为适用前款规定弄虚作假的，属于招标投标法第四条规定的规避招标。

第十条　招标投标法第十二条第二款规定的招标人具有编制招标文件和组织评标能力，是指招标人具有与招标项目规模和复杂程度相适应的技术、经济等方面的专业人员。

第十一条　国务院住房城乡建设、商务、发展改革、工业和信息化等部门，按照规定的职责分工对招标代理机构依法实施监督管理。

第十二条　招标代理机构应当拥有一定数量的具备编制招标文件、组织评标等相应能力的专业人员。

第十三条　招标代理机构在招标人委托的范围内开展招标代理业务，任何单位和个人不得非法干涉。

招标代理机构代理招标业务，应当遵守招标投标法和本条例关于招标人的规定。招标代理机构不得在所代理的招标项目中投标或者代理投标，也不得为所代理的招标项目的投标人提供咨询。

第十四条　招标人应当与被委托的招标代理机构签订书面委托合同，合同约定的收费标准应当符合国家有关规定。

第十五条　公开招标的项目，应当依照招标投标法和本条例的规定发布招标公告、编制招标文件。

招标人采用资格预审办法对潜在投标人进行资格审查的,应当发布资格预审公告、编制资格预审文件。

依法必须进行招标的项目的资格预审公告和招标公告,应当在国务院发展改革部门依法指定的媒介发布。在不同媒介发布的同一招标项目的资格预审公告或者招标公告的内容应当一致。指定媒介发布依法必须进行招标的项目的境内资格预审公告、招标公告,不得收取费用。

编制依法必须进行招标的项目的资格预审文件和招标文件,应当使用国务院发展改革部门会同有关行政监督部门制定的标准文本。

第十六条 招标人应当按照资格预审公告、招标公告或者投标邀请书规定的时间、地点发售资格预审文件或者招标文件。资格预审文件或者招标文件的发售期不得少于5日。

招标人发售资格预审文件、招标文件收取的费用应当限于补偿印刷、邮寄的成本支出,不得以营利为目的。

第十七条 招标人应当合理确定提交资格预审申请文件的时间。依法必须进行招标的项目提交资格预审申请文件的时间,自资格预审文件停止发售之日起不得少于5日。

第十八条 资格预审应当按照资格预审文件载明的标准和方法进行。

国有资金占控股或者主导地位的依法必须进行招标的项目,招标人应当组建资格审查委员会审查资格预审申请文件。资格审查委员会及其成员应当遵守招标投标法和本条例有关评标委员会及其成员的规定。

第十九条 资格预审结束后,招标人应当及时向资格预审申请人发出资格预审结果通知书。未通过资格预审的申请人不具有投标资格。

通过资格预审的申请人少于3个的,应当重新招标。

第二十条 招标人采用资格后审办法对投标人进行资格审查的,应当在开标后由评标委员会按照招标文件规定的标准和方法对投标人的资格进行审查。

第二十一条 招标人可以对已发出的资格预审文件或者招标文件进行必要的澄清或者修改。澄清或者修改的内容可能影响资格预审申请文件或者投标文件编制的,招标人应当在提交资格预审申请文件截止时间至少3日前,或者投标截止时间至少15日前,以书面形式通知所有获取资格预审文件或者招标文件的潜在投标人;不足3日或者15日的,招标人应当顺延提交资格预审申请文件或者投标文件的截止时间。

第二十二条 潜在投标人或者其他利害关系人对资格预审文件有异议的,应当在提交资格预审申请文件截止时间2日前提出;对招标文件有异议的,应当在投标截止时间10日前提出。招标人应当自收到异议之日起3日内作出答复;作出答复前,应当暂停招标投标活动。

第二十三条 招标人编制的资格预审文件、招标文件的内容违反法律、行政法规的强制性规定,违反公开、公平、公正和诚实信用原则,影响资格预审结果或者潜在投标人投标的,依法必须进行招标的项目的招标人应当在修改资格预审文件或者招标文件后重新招标。

第二十四条 招标人对招标项目划分标段的,应当遵守招标投标法的有关规定,不得利用划分标段限制或者排斥潜在投标人。依法必须进行招标的项目的招标人不得利用划分标段规避招标。

第二十五条 招标人应当在招标文件中载明投标有效期。投标有效期从提交投标文件的截止之日起算。

第二十六条 招标人在招标文件中要求投标人提交投标保证金的,投标保证金不得超过招标项目估算价的2%。投标保证金有效期应当与投标有效期一致。

依法必须进行招标的项目的境内投标单位,以现金或者支票形式提交的投标保证金应当从其基本账户转出。

招标人不得挪用投标保证金。

第二十七条 招标人可以自行决定是否编制标底。一个招标项目只能有一个标底。标底必须保密。

接受委托编制标底的中介机构不得参加受托编制标底项目的投标,也不得为该项目的投标人编制投标文件或者提供咨询。

招标人设有最高投标限价的,应当在招标文件中明确最高投标限价或者最高投标限价的计算方法。招标人不得规定最低投标限价。

第二十八条 招标人不得组织单个或者部分潜在投标人踏勘项目现场。

第二十九条 招标人可以依法对工程以及与工程建设有关的货物、服务全部或者部分实行总承包招标。以暂估价形式包括在总承包范围内的工程、货物、服务属于依法必须进行招标的项目范围且达到国家规定规模标准的,应当依法进行招标。

前款所称暂估价,是指总承包招标时不能确定价格而由招标人在招标文件中暂时估定的工程、货物、服务的金额。

第三十条 对技术复杂或者无法精确拟定技术规格的项目,招标人可以分两阶段进行招标。

第一阶段,投标人按照招标公告或者投标邀请书的要求提交不带报价的技术建议,招标人根据投标人提交的技术建议确定技术标准和要求,编制招标文件。

第二阶段,招标人向在第一阶段提交技术建议的投标人提供招标文件,投标人按照招标文件的要求提交包括最终技术方案和投标报价的投标文件。

招标人要求投标人提交投标保证金的,应当在第二阶段提出。

第三十一条 招标人终止招标的,应当及时发布公告,或者以书面形式通知被邀请的或者已经获取资格预审文件、招标文件的潜在投标人。已经发售资格预审文件、招标文件或者已经收取投标保证金的,招标人应当及时退还所收取的资格预审文件、招标文件的费用,以及所收取的投标保证金及银行同期存款利息。

第三十二条 招标人不得以不合理的条件限制、排斥潜在投标人或者投标人。

招标人有下列行为之一的,属于以不合理条件限制、排斥潜在投标人或者投标人:

(一)就同一招标项目向潜在投标人或者投标人提供有差别的项目信息;

(二)设定的资格、技术、商务条件与招标项目的具体特点和实际需要不相适应或者与合同履行无关;

(三)依法必须进行招标的项目以特定行政区域或者特定行业的业绩、奖项作为加分条件或者中标条件;

(四)对潜在投标人或者投标人采取不同的资格审查或者评标标准;

(五)限定或者指定特定的专利、商标、品牌、原产地或者供应商;

(六)依法必须进行招标的项目非法限定潜在投标人或者投标人的所有制形式或者组织形式;

(七)以其他不合理条件限制、排斥潜在投标人或者投标人。

第三章 投 标

第三十三条 投标人参加依法必须进行招标的项目的投标,不受地区或者部门的限制,任何单位和个人不得非法干涉。

第三十四条 与招标人存在利害关系可能影响招标公正性的法人、其他组织或者个人,不得参加投标。

单位负责人为同一人或者存在控股、管理关系的不同单位,不得参加同一标段投标或者未划分标段的同一招标项目投标。

违反前两款规定的,相关投标均无效。

第三十五条 投标人撤回已提交的投标文件,应当在投标截止时间前书面通知招标人。招标人已收取投标保证金的,应当自收到投标人书面撤回通知之日起5日内退还。

投标截止后投标人撤销投标文件的,招标人可以不退还投标保证金。

第三十六条 未通过资格预审的申请人提交的投标文件,以及逾期送达或者不按照招标文件要求密封的投标文件,招标人应当拒收。

招标人应当如实记载投标文件的送达时间和密封情况,并存档备查。

第三十七条 招标人应当在资格预审公告、招标公告或者投标邀请书中载明是否接受联合体投标。

招标人接受联合体投标并进行资格预审的,联合体应当在提交资格预审申请文件前组成。资格预审后联合体增减、更换成员的,其投标无效。

联合体各方在同一招标项目中以自己名义单独投标或者参加其他联合体投标的,相关投标均无效。

第三十八条 投标人发生合并、分立、破产等重大变化的,应当及时书面告知招标人。投标人不再具备资格预审文件、招标文件规定的资格条件或者其投标影响招标公正性的,其投标无效。

第三十九条 禁止投标人相互串通投标。

有下列情形之一的,属于投标人相互串通投标:

(一)投标人之间协商投标报价等投标文件的实质性内容;

(二)投标人之间约定中标人;

(三)投标人之间约定部分投标人放弃投标或者中标;

(四)属于同一集团、协会、商会等组织成员的投标人按照该组织要求协同投标;

(五)投标人之间为谋取中标或者排斥特定投标人而采取的其他联合行动。

第四十条 有下列情形之一的,视为投标人相互串通投标:

(一)不同投标人的投标文件由同一单位或者个人编制;

(二)不同投标人委托同一单位或者个人办理投标事宜;

(三)不同投标人的投标文件载明的项目管理成员为同一人;

(四)不同投标人的投标文件异常一致或者投标报价呈规律性差异;

(五)不同投标人的投标文件相互混装;

(六)不同投标人的投标保证金从同一单位或者个人的账户转出。

第四十一条 禁止招标人与投标人串通投标。

有下列情形之一的,属于招标人与投标人串通投标:

(一)招标人在开标前开启投标文件并将有关信息泄露给其他投标人;

(二)招标人直接或者间接向投标人泄露标底、评标委员会成员等信息;

(三)招标人明示或者暗示投标人压低或者抬高投标报价;

(四)招标人授意投标人撤换、修改投标文件;

(五)招标人明示或者暗示投标人为特定投标人中标提供方便;

(六)招标人与投标人为谋求特定投标人中标而采取的其他串通行为。

第四十二条 使用通过受让或者租借等方式获取的资格、资质证书投标的,属于招标投标法第三十三条规定的以他人名义投标。

投标人有下列情形之一的,属于招标投标法第三十三条规定的以其他方式弄虚作假的行为:

(一)使用伪造、变造的许可证件;

(二)提供虚假的财务状况或者业绩;

(三)提供虚假的项目负责人或者主要技术人员简

历、劳动关系证明；

（四）提供虚假的信用状况；

（五）其他弄虚作假的行为。

第四十三条 提交资格预审申请文件的申请人应当遵守招标投标法和本条例有关投标人的规定。

第四章 开标、评标和中标

第四十四条 招标人应当按照招标文件规定的时间、地点开标。

投标人少于3个的，不得开标；招标人应当重新招标。

投标人对开标有异议的，应当在开标现场提出，招标人应当当场作出答复，并制作记录。

第四十五条 国家实行统一的评标专家专业分类标准和管理办法。具体标准和办法由国务院发展改革部门会同国务院有关部门制定。

省级人民政府和国务院有关部门应当组建综合评标专家库。

第四十六条 除招标投标法第三十七条第三款规定的特殊招标项目外，依法必须进行招标的项目，其评标委员会的专家成员应当从评标专家库内相关专业的专家名单中以随机抽取方式确定。任何单位和个人不得以明示、暗示等任何方式指定或者变相指定参加评标委员会的专家成员。

依法必须进行招标的项目的招标人非因招标投标法和本条例规定的事由，不得更换依法确定的评标委员会成员。更换评标委员会的专家成员应当依照前款规定进行。

评标委员会成员与投标人有利害关系的，应当主动回避。

有关行政监督部门应当按照规定的职责分工，对评标委员会成员的确定方式、评标专家的抽取和评标活动进行监督。行政监督部门的工作人员不得担任本部门负责监督项目的评标委员会成员。

第四十七条 招标投标法第三十七条第三款所称特殊招标项目，是指技术复杂、专业性强或者国家有特殊要求，采取随机抽取方式确定的专家难以保证胜任评标工作的项目。

第四十八条 招标人应当向评标委员会提供评标所必需的信息，但不得明示或者暗示其倾向或者排斥特定投标人。

招标人应当根据项目规模和技术复杂程度等因素合理确定评标时间。超过三分之一的评标委员会成员认为评标时间不够的，招标人应当适当延长。

评标过程中，评标委员会成员有回避事由、擅离职守或者因健康等原因不能继续评标的，应当及时更换。被更换的评标委员会成员作出的评审结论无效，由更换后的评标委员会成员重新进行评审。

第四十九条 评标委员会成员应当依照招标投标法和本条例的规定，按照招标文件规定的评标标准和方法，客观、公正地对投标文件提出评审意见。招标文件没有规定的评标标准和方法不得作为评标的依据。

评标委员会成员不得私下接触投标人，不得收受投标人给予的财物或者其他好处，不得向招标人征询确定中标人的意向，不得接受任何单位或者个人明示或者暗示提出的倾向或者排斥特定投标人的要求，不得有其他不客观、不公正履行职务的行为。

第五十条 招标项目设有标底的，招标人应当在开标时公布。标底只能作为评标的参考，不得以投标报价是否接近标底作为中标条件，也不得以投标报价超过标底上下浮动范围作为否决投标的条件。

第五十一条 有下列情形之一的，评标委员会应当否决其投标：

（一）投标文件未经投标单位盖章和单位负责人签字；

（二）投标联合体没有提交共同投标协议；

（三）投标人不符合国家或者招标文件规定的资格条件；

（四）同一投标人提交两个以上不同的投标文件或者投标报价，但招标文件要求提交备选投标的除外；

（五）投标报价低于成本或者高于招标文件设定的最高投标限价；

（六）投标文件没有对招标文件的实质性要求和条件作出响应；

（七）投标人有串通投标、弄虚作假、行贿等违法行为。

第五十二条 投标文件中有含义不明确的内容、明显文字或者计算错误，评标委员会认为需要投标人作出必要澄清、说明的，应当书面通知该投标人。投标人的澄清、说明应当采用书面形式，并不得超出投标文件的范围或者改变投标文件的实质性内容。

评标委员会不得暗示或者诱导投标人作出澄清、说明，不得接受投标人主动提出的澄清、说明。

第五十三条 评标完成后，评标委员会应当向招标人提交书面评标报告和中标候选人名单。中标候选人应当不超过3个，并标明排序。

评标报告应当由评标委员会全体成员签字。对评标结果有不同意见的评标委员会成员应当以书面形式说明其不同意见和理由，评标报告应当注明该不同意见。评标委员会成员拒绝在评标报告上签字又不书面说明其不同意见和理由的，视为同意评标结果。

第五十四条 依法必须进行招标的项目，招标人应当自收到评标报告之日起3日内公示中标候选人，公示期不得少于3日。

投标人或者其他利害关系人对依法必须进行招标的项目的评标结果有异议的，应当在中标候选人公示期间提出。招标人应当自收到异议之日起3日内作出答复；作出答复前，应当暂停招标投标活动。

第五十五条 国有资金占控股或者主导地位的依法必须进行招标的项目，招标人应当确定排名第一的中标候选人为中标人。排名第一的中标候选人放弃中标、因不可抗力不能履行合同、不按照招标文件要求提交履约保证金，或者被查实存在影响中标结果的违法行为等情形，不符合中标条件的，招标人可以按照评标委员会提出的中标候选人名单排序依次确定其他中标候选人为中标人，也可以重新招标。

第五十六条 中标候选人的经营、财务状况发生较大变化或者存在违法行为，招标人认为可能影响其履约能力的，应当在发出中标通知书前由原评标委员会按照招标文件规定的标准和方法审查确认。

第五十七条 招标人和中标人应当依照招标投标法和本条例的规定签订书面合同，合同的标的、价款、质量、履行期限等主要条款应当与招标文件和中标人的投标文件的内容一致。招标人和中标人不得再行订立背离合同实质性内容的其他协议。

招标人最迟应当在书面合同签订后5日内向中标人和未中标的投标人退还投标保证金及银行同期存款利息。

第五十八条 招标文件要求中标人提交履约保证金的，中标人应当按照招标文件的要求提交。履约保证金不得超过中标合同金额的10%。

第五十九条 中标人应当按照合同约定履行义务，完成中标项目。中标人不得向他人转让中标项目，也不得将中标项目肢解后分别向他人转让。

中标人按照合同约定或者经招标人同意，可以将中标项目的部分非主体、非关键性工作分包给他人完成。接受分包的人应当具备相应的资格条件，并不得再次分包。

中标人应当就分包项目向招标人负责，接受分包的人就分包项目承担连带责任。

第五章 投诉与处理

第六十条 投标人或者其他利害关系人认为招标投标活动不符合法律、行政法规规定的，可以自知道或者应当知道之日起10日内向有关行政监督部门投诉。投诉应当有明确的请求和必要的证明材料。

就本条例第二十二条、第四十四条、第五十四条规定事项投诉的，应当先向招标人提出异议，异议答复期间不计算在前款规定的期限内。

第六十一条 投诉人就同一事项向两个以上有权受理的行政监督部门投诉的，由最先收到投诉的行政监督部门负责处理。

行政监督部门应当自收到投诉之日起3个工作日内决定是否受理投诉，并自受理投诉之日起30个工作日内作出书面处理决定；需要检验、检测、鉴定、专家评审的，所需时间不计算在内。

投诉人捏造事实、伪造材料或者以非法手段取得证明材料进行投诉的，行政监督部门应当予以驳回。

第六十二条 行政监督部门处理投诉，有权查阅、复制有关文件、资料，调查有关情况，相关单位和人员应当予以配合。必要时，行政监督部门可以责令暂停招标投标活动。

行政监督部门的工作人员对监督检查过程中知悉的国家秘密、商业秘密，应当依法予以保密。

第六章 法律责任

第六十三条 招标人有下列限制或者排斥潜在投标人行为之一的，由有关行政监督部门依照招标投标法第五十一条的规定处罚：

（一）依法应当公开招标的项目不按照规定在指定媒介发布资格预审公告或者招标公告；

（二）在不同媒介发布的同一招标项目的资格预审公告或者招标公告的内容不一致，影响潜在投标人申请资格预审或者投标。

依法必须进行招标的项目的招标人不按照规定发布资格预审公告或者招标公告，构成规避招标的，依照招标投标法第四十九条的规定处罚。

第六十四条 招标人有下列情形之一的，由有关行政监督部门责令改正，可以处10万元以下的罚款：

（一）依法应当公开招标而采用邀请招标；

（二）招标文件、资格预审文件的发售、澄清、修改的时限，或者确定的提交资格预审申请文件、投标文件的时限不符合招标投标法和本条例规定；

（三）接受未通过资格预审的单位或者个人参加投标；

（四）接受应当拒收的投标文件。

招标人有前款第一项、第三项、第四项所列行为之一的，对单位直接负责的主管人员和其他直接责任人员依法给予处分。

第六十五条 招标代理机构在所代理的招标项目中投标、代理投标或者向该项目投标人提供咨询的，接受委托编制标底的中介机构参加受托编制标底项目的投标或者为该项目的投标人编制投标文件、提供咨询的，依照招标投标法第五十条的规定追究法律责任。

第六十六条 招标人超过本条例规定的比例收取投标保证金、履约保证金或者不按照规定退还投标保证金及银行同期存款利息的，由有关行政监督部门责令改正，可以处5万元以下的罚款；给他人造成损失的，依法承担赔偿责任。

第六十七条 投标人相互串通投标或者与招标人串通投标的，投标人向招标人或者评标委员会成员行贿谋取中标的，中标无效；构成犯罪的，依法追究刑事责任；尚不构成犯罪的，依照招标投标法第五十三条的规定处罚。投标人未中标的，对单位的罚款金额按照招标项目合同金额依照招标投标法规定的比例计算。

投标人有下列行为之一的，属于招标投标法第五十

三条规定的情节严重行为,由有关行政监督部门取消其1年至2年内参加依法必须进行招标的项目的投标资格:

(一)以行贿谋取中标;

(二)3年内2次以上串通投标;

(三)串通投标行为损害招标人、其他投标人或者国家、集体、公民的合法利益,造成直接经济损失30万元以上;

(四)其他串通投标情节严重的行为。

投标人自本条第二款规定的处罚执行期限届满之日起3年内又有该款所列违法行为之一的,或者串通投标、以行贿谋取中标情节特别严重的,由工商行政管理机关吊销营业执照。

法律、行政法规对串通投标报价行为的处罚另有规定的,从其规定。

第六十八条 投标人以他人名义投标或者以其他方式弄虚作假骗取中标的,中标无效;构成犯罪的,依法追究刑事责任;尚不构成犯罪的,依照招标投标法第五十四条的规定处罚。依法必须进行招标的项目的投标人未中标的,对单位的罚款金额按照招标项目合同金额依照招标投标法规定的比例计算。

投标人有下列行为之一的,属于招标投标法第五十四条规定的情节严重行为,由有关行政监督部门取消其1年至3年内参加依法必须进行招标的项目的投标资格:

(一)伪造、变造资格、资质证书或者其他许可证件骗取中标;

(二)3年内2次以上使用他人名义投标;

(三)弄虚作假骗取中标给招标人造成直接经济损失30万元以上;

(四)其他弄虚作假骗取中标情节严重的行为。

投标人自本条第二款规定的处罚执行期限届满之日起3年内又有该款所列违法行为之一的,或者弄虚作假骗取中标情节特别严重的,由工商行政管理机关吊销营业执照。

第六十九条 出让或者出租资格、资质证书供他人投标的,依照法律、行政法规的规定给予行政处罚;构成犯罪的,依法追究刑事责任。

第七十条 依法必须进行招标的项目的招标人不按照规定组建评标委员会,或者确定、更换评标委员会成员违反招标投标法和本条例规定的,由有关行政监督部门责令改正,可以处10万元以下的罚款,对单位直接负责的主管人员和其他直接责任人员依法给予处分;违法确定或者更换的评标委员会成员作出的评审结论无效,依法重新进行评审。

国家工作人员以任何方式非法干涉选取评标委员会成员的,依照本条例第八十一条的规定追究法律责任。

第七十一条 评标委员会成员有下列行为之一的,由有关行政监督部门责令改正;情节严重的,禁止其在一定期限内参加依法必须进行招标的项目的评标;情节特别严重的,取消其担任评标委员会成员的资格:

(一)应当回避而不回避;

(二)擅离职守;

(三)不按照招标文件规定的评标标准和方法评标;

(四)私下接触投标人;

(五)向招标人征询确定中标人的意向或者接受任何单位或者个人明示或者暗示提出的倾向或者排斥特定投标人的要求;

(六)对依法应当否决的投标不提出否决意见;

(七)暗示或者诱导投标人作出澄清、说明或者接受投标人主动提出的澄清、说明;

(八)其他不客观、不公正履行职务的行为。

第七十二条 评标委员会成员收受投标人的财物或者其他好处的,没收收受的财物,处3000元以上5万元以下的罚款,取消担任评标委员会成员的资格,不得再参加依法必须进行招标的项目的评标;构成犯罪的,依法追究刑事责任。

第七十三条 依法必须进行招标的项目的招标人有下列情形之一的,由有关行政监督部门责令改正,可以处中标项目金额10‰以下的罚款;给他人造成损失的,依法承担赔偿责任;对单位直接负责的主管人员和其他直接责任人员依法给予处分:

(一)无正当理由不发出中标通知书;

(二)不按照规定确定中标人;

(三)中标通知书发出后无正当理由改变中标结果;

(四)无正当理由不与中标人订立合同;

(五)在订立合同时向中标人提出附加条件。

第七十四条 中标人无正当理由不与招标人订立合同,在签订合同时向招标人提出附加条件,或者不按照招标文件要求提交履约保证金的,取消其中标资格,投标保证金不予退还。对依法必须进行招标的项目的中标人,由有关行政监督部门责令改正,可以处中标项目金额10‰以下的罚款。

第七十五条 招标人和中标人不按照招标文件和中标人的投标文件订立合同,合同的主要条款与招标文件、中标人的投标文件的内容不一致,或者招标人、中标人订立背离合同实质性内容的协议的,由有关行政监督部门责令改正,可以处中标项目金额5‰以上10‰以下的罚款。

第七十六条 中标人将中标项目转让给他人的,将中标项目肢解后分别转让给他人的,违反招标投标法和本条例规定将中标项目的部分主体、关键性工作分包给他人的,或者分包人再次分包的,转让、分包无效,处转让、分包项目金额5‰以上10‰以下的罚款;有违法所得的,并处没收违法所得;可以责令停业整顿;情节严重的,由工商行政管理机关吊销营业执照。

第七十七条 投标人或者其他利害关系人捏造事实、伪造材料或者以非法手段取得证明材料进行投诉,给他人造成损失的,依法承担赔偿责任。

招标人不按照规定对异议作出答复,继续进行招标投标活动的,由有关行政监督部门责令改正,拒不改正或者不能改正并影响中标结果的,依照本条例第八十二条的规定处理。

第七十八条 国家建立招标投标信用制度。有关行政监督部门应当依法公告对招标人、招标代理机构、投标人、评标委员会成员等当事人违法行为的行政处理决定。

第七十九条 项目审批、核准部门不依法审批、核准项目招标范围、招标方式、招标组织形式的,对单位直接负责的主管人员和其他直接责任人员依法给予处分。

有关行政监督部门不依法履行职责,对违反招标投标法和本条例规定的行为不依法查处,或者不按照规定处理投诉、不依法公告对招标投标当事人违法行为的行政处理决定的,对直接负责的主管人员和其他直接责任人员依法给予处分。

项目审批、核准部门和有关行政监督部门的工作人员徇私舞弊、滥用职权、玩忽职守,构成犯罪的,依法追究刑事责任。

第八十条 国家工作人员利用职务便利,以直接或者间接、明示或者暗示等任何方式非法干涉招标投标活动,有下列情形之一的,依法给予记过或者记大过处分;情节严重的,依法给予降级或者撤职处分;情节特别严重的,依法给予开除处分;构成犯罪的,依法追究刑事责任:

(一)要求对依法必须进行招标的项目不招标,或者要求对依法应当公开招标的项目不公开招标;

(二)要求评标委员会成员或者招标人以其指定的投标人作为中标候选人或者中标人,或者以其他方式非法干涉评标活动,影响中标结果;

(三)以其他方式非法干涉招标投标活动。

第八十一条 依法必须进行招标的项目的招标投标活动违反招标投标法和本条例的规定,对中标结果造成实质性影响,且不能采取补救措施予以纠正的,招标、投标、中标无效,应当依法重新招标或者评标。

第七章 附 则

第八十二条 招标投标协会按照依法制定的章程开展活动,加强行业自律和服务。

第八十三条 政府采购的法律、行政法规对政府采购货物、服务的招标投标另有规定的,从其规定。

第八十四条 本条例自 2012 年 2 月 1 日起施行。

6. 中华人民共和国政府采购法

（2002年6月29日第九届全国人民代表大会常务委员会第二十八次会议通过，根据2014年8月31日第十二届全国人民代表大会常务委员会第十次会议《关于修改〈中华人民共和国保险法〉等五部法律的决定》修正）

第一章 总 则

第一条 为了规范政府采购行为，提高政府采购资金的使用效益，维护国家利益和社会公共利益，保护政府采购当事人的合法权益，促进廉政建设，制定本法。

第二条 在中华人民共和国境内进行的政府采购适用本法。

本法所称政府采购，是指各级国家机关、事业单位和团体组织，使用财政性资金采购依法制定的集中采购目录以内的或者采购限额标准以上的货物、工程和服务的行为。

政府集中采购目录和采购限额标准依照本法规定的权限制定。

本法所称采购，是指以合同方式有偿取得货物、工程和服务的行为，包括购买、租赁、委托、雇用等。

本法所称货物，是指各种形态和种类的物品，包括原材料、燃料、设备、产品等。

本法所称工程，是指建设工程，包括建筑物和构筑物的新建、改建、扩建、装修、拆除、修缮等。

本法所称服务，是指除货物和工程以外的其他政府采购对象。

第三条 政府采购应当遵循公开透明原则、公平竞争原则、公正原则和诚实信用原则。

第四条 政府采购工程进行招标投标的，适用招标投标法。

第五条 任何单位和个人不得采用任何方式，阻挠和限制供应商自由进入本地区和本行业的政府采购市场。

第六条 政府采购应当严格按照批准的预算执行。

第七条 政府采购实行集中采购和分散采购相结合。集中采购的范围由省级以上人民政府公布的集中采购目录确定。

属于中央预算的政府采购项目，其集中采购目录由国务院确定并公布；属于地方预算的政府采购项目，其集中采购目录由省、自治区、直辖市人民政府或者其授权的机构确定并公布。

纳入集中采购目录的政府采购项目，应当实行集中采购。

第八条 政府采购限额标准，属于中央预算的政府采购项目，由国务院确定并公布；属于地方预算的政府采购项目，由省、自治区、直辖市人民政府或者其授权的机构确定并公布。

第九条 政府采购应当有助于实现国家的经济和社会发展政策目标，包括保护环境，扶持不发达地区和少数民族地区，促进中小企业发展等。

第十条 政府采购应当采购本国货物、工程和服务。但有下列情形之一的除外：

（一）需要采购的货物、工程或者服务在中国境内无法获取或者无法以合理的商业条件获取的；

（二）为在中国境外使用而进行采购的；

（三）其他法律、行政法规另有规定的。

前款所称本国货物、工程和服务的界定，依照国务院有关规定执行。

第十一条 政府采购的信息应当在政府采购监督管理部门指定的媒体上及时向社会公开发布，但涉及商业秘密的除外。

第十二条 在政府采购活动中，采购人员及相关人员与供应商有利害关系的，必须回避。供应商认为采购人员及相关人员与其他供应商有利害关系的，可以申请其回避。

前款所称相关人员，包括招标采购中评标委员会的组成人员，竞争性谈判采购中谈判小组的组成人员，询价采购中询价小组的组成人员等。

第十三条 各级人民政府财政部门是负责政府采购监督管理的部门，依法履行对政府采购活动的监督管理职责。

各级人民政府其他有关部门依法履行与政府采购活动有关的监督管理职责。

第二章 政府采购当事人

第十四条 政府采购当事人是指在政府采购活动中享有权利和承担义务的各类主体，包括采购人、供应商和采购代理机构等。

第十五条 采购人是指依法进行政府采购的国家机关、事业单位、团体组织。

第十六条 集中采购机构为采购代理机构。设区的市、自治州以上人民政府根据本级政府采购项目组织集中采购的需要设立集中采购机构。

集中采购机构是非营利事业法人，根据采购人的委托办理采购事宜。

第十七条 集中采购机构进行政府采购活动，应当符合采购价格低于市场平均价格、采购效率更高、采购质量优良和服务良好的要求。

第十八条 采购人采购纳入集中采购目录的政府采购项目，必须委托集中采购机构代理采购；采购未纳入集中采购目录的政府采购项目，可以自行采购，也可以委托集中采购机构在委托的范围内代理采购。

纳入集中采购目录属于通用的政府采购项目的，应当委托集中采购机构代理采购；属于本部门、本系统有特殊要求的项目,应当实行部门集中采购;属于本单位有特殊要求的项目,经省级以上人民政府批准,可以自行采购。

第十九条 采购人可以委托集中采购机构以外的采购代理机构,在委托的范围内办理政府采购事宜。

采购人有权自行选择采购代理机构,任何单位和个人不得以任何方式为采购人指定采购代理机构。

第二十条 采购人依法委托采购代理机构办理采购事宜的,应当由采购人与采购代理机构签订委托代理协议,依法确定委托代理的事项,约定双方的权利义务。

第二十一条 供应商是指向采购人提供货物、工程或者服务的法人、其他组织或者自然人。

第二十二条 供应商参加政府采购活动应当具备下列条件:

(一)具有独立承担民事责任的能力;

(二)具有良好的商业信誉和健全的财务会计制度;

(三)具有履行合同所必需的设备和专业技术能力;

(四)有依法缴纳税收和社会保障资金的良好记录;

(五)参加政府采购活动前三年内,在经营活动中没有重大违法记录;

(六)法律、行政法规规定的其他条件。

采购人可以根据采购项目的特殊要求,规定供应商的特定条件,但不得以不合理的条件对供应商实行差别待遇或者歧视待遇。

第二十三条 采购人可以要求参加政府采购的供应商提供有关资质证明文件和业绩情况,并根据本法规定的供应商条件和采购项目对供应商的特定要求,对供应商的资格进行审查。

第二十四条 两个以上的自然人、法人或者其他组织可以组成一个联合体,以一个供应商的身份共同参加政府采购。

以联合体形式进行政府采购的,参加联合体的供应商均应当具备本法第二十二条规定的条件,并应当向采购人提交联合协议,载明联合体各方承担的工作和义务。联合体各方应当共同与采购人签订采购合同,就采购合同约定的事项对采购人承担连带责任。

第二十五条 政府采购当事人不得相互串通损害国家利益、社会公共利益和其他当事人的合法权益;不得以任何手段排斥其他供应商参与竞争。

供应商不得向采购人、采购代理机构、评标委员会的组成人员、竞争性谈判小组的组成人员、询价小组的组成人员行贿或者采取其他不正当手段谋取中标或者成交。

采购代理机构不得以向采购人行贿或者采取其他不正当手段谋取非法利益。

第三章 政府采购方式

第二十六条 政府采购采用以下方式:

(一)公开招标;

(二)邀请招标;

(三)竞争性谈判;

(四)单一来源采购;

(五)询价;

(六)国务院政府采购监督管理部门认定的其他采购方式。

公开招标应作为政府采购的主要采购方式。

第二十七条 采购人采购货物或者服务应当采用公开招标方式的,其具体数额标准,属于中央预算的政府采购项目,由国务院规定;属于地方预算的政府采购项目,由省、自治区、直辖市人民政府规定;因特殊情况需要采用公开招标以外的采购方式的,应当在采购活动开始前获得设区的市、自治州以上人民政府采购监督管理部门的批准。

第二十八条 采购人不得将应当以公开招标方式采购的货物或者服务化整为零或者以其他任何方式规避公开招标采购。

第二十九条 符合下列情形之一的货物或者服务,可以依照本法采用邀请招标方式采购:

(一)具有特殊性,只能从有限范围的供应商处采购的;

(二)采用公开招标方式的费用占政府采购项目总价值的比例过大的。

第三十条 符合下列情形之一的货物或者服务,可以依照本法采用竞争性谈判方式采购:

(一)招标后没有供应商投标或者没有合格标的或者重新招标未能成立的;

(二)技术复杂或者性质特殊,不能确定详细规格或者具体要求的;

(三)采用招标所需时间不能满足用户紧急需要的;

(四)不能事先计算出价格总额的。

第三十一条 符合下列情形之一的货物或者服务,可以依照本法采用单一来源方式采购:

(一)只能从唯一供应商处采购的;

(二)发生了不可预见的紧急情况不能从其他供应商处采购的;

(三)必须保证原有采购项目一致性或者服务配套的要求,需要继续从原供应商处添购,且添购资金总额不超过原合同采购金额百分之十的。

第三十二条 采购的货物规格、标准统一、现货货源充足且价格变化幅度小的政府采购项目,可以依照本法采用询价方式采购。

第四章 政府采购程序

第三十三条 负有编制部门预算职责的部门在编制下一财政年度部门预算时,应当将该财政年度政府采购的项目及资金预算列出,报本级财政部门汇总。部门预算的审批,按预算管理权限和程序进行。

第三十四条 货物或者服务项目采取邀请招标方式采购的,采购人应当从符合相应资格条件的供应商中,通过随机方式选择三家以上的供应商,并向其发出投标邀

第三十五条 货物和服务项目实行招标方式采购的,自招标文件开始发出之日起至投标人提交投标文件截止之日止,不得少于二十日。

第三十六条 在招标采购中,出现下列情形之一的,应予废标:

(一)符合专业条件的供应商或者对招标文件作实质响应的供应商不足三家的;

(二)出现影响采购公正的违法、违规行为的;

(三)投标人的报价均超过了采购预算,采购人不能支付的;

(四)因重大变故,采购任务取消的。

废标后,采购人应当将废标理由通知所有投标人。

第三十七条 废标后,除采购任务取消情形外,应当重新组织招标;需要采取其他方式采购的,应当在采购活动开始前获得设区的市、自治州以上人民政府采购监督管理部门或者政府有关部门批准。

第三十八条 采用竞争性谈判方式采购的,应当遵循下列程序:

(一)成立谈判小组。谈判小组由采购人的代表和有关专家共三人以上的单数组成,其中专家的人数不得少于成员总数的三分之二。

(二)制定谈判文件。谈判文件应当明确谈判程序、谈判内容、合同草案的条款以及评定成交的标准等事项。

(三)确定邀请参加谈判的供应商名单。谈判小组从符合相应资格条件的供应商名单中确定不少于三家的供应商参加谈判,并向其提供谈判文件。

(四)谈判。谈判小组所有成员集中与单一供应商分别进行谈判。在谈判中,谈判的任何一方不得透露与谈判有关的其他供应商的技术资料、价格和其他信息。谈判文件有实质性变动的,谈判小组应当以书面形式通知所有参加谈判的供应商。

(五)确定成交供应商。谈判结束后,谈判小组应当要求所有参加谈判的供应商在规定时间内进行最后报价,采购人从谈判小组提出的成交候选人中根据符合采购需求、质量和服务相等且报价最低的原则确定成交供应商,并将结果通知所有参加谈判的未成交的供应商。

第三十九条 采取单一来源方式采购的,采购人与供应商应当遵循本法规定的原则,在保证采购项目质量和双方商定合理价格的基础上进行采购。

第四十条 采取询价方式采购的,应当遵循下列程序:

(一)成立询价小组。询价小组由采购人的代表和有关专家共三人以上的单数组成,其中专家的人数不得少于成员总数的三分之二。询价小组应当对采购项目的价格构成和评定成交的标准等事项作出规定。

(二)确定被询价的供应商名单。询价小组根据采购需求,从符合相应资格条件的供应商名单中确定不少于三家的供应商,并向其发出询价通知书让其报价。

(三)询价。询价小组要求被询价的供应商一次报出不得更改的价格。

(四)确定成交供应商。采购人根据符合采购需求、质量和服务相等且报价最低的原则确定成交供应商,并将结果通知所有被询价的未成交的供应商。

第四十一条 采购人或者其委托的采购代理机构应当组织对供应商履约的验收。大型或者复杂的政府采购项目,应当邀请国家认可的质量检测机构参加验收工作。验收方成员应当在验收书上签字,并承担相应的法律责任。

第四十二条 采购人、采购代理机构对政府采购项目每项采购活动的采购文件应当妥善保存,不得伪造、变造、隐匿或者销毁。采购文件的保存期限为从采购结束之日起至少保存十五年。

采购文件包括采购活动记录、采购预算、招标文件、投标文件、评标标准、评估报告、定标文件、合同文本、验收证明、质疑答复、投诉处理决定及其他有关文件、资料。

采购活动记录至少应当包括下列内容:

(一)采购项目类别、名称;

(二)采购项目预算、资金构成和合同价格;

(三)采购方式,采用公开招标以外的采购方式的,应当载明原因;

(四)邀请和选择供应商的条件及原因;

(五)评标标准及确定中标人的原因;

(六)废标的原因;

(七)采用招标以外采购方式的相应记载。

第五章 政府采购合同

第四十三条 政府采购合同适用合同法。采购人和供应商之间的权利和义务,应当按照平等、自愿的原则以合同方式约定。

采购人可以委托采购代理机构代表其与供应商签订政府采购合同。由采购代理机构以采购人名义签订合同的,应当提交采购人的授权委托书,作为合同附件。

第四十四条 政府采购合同应当采用书面形式。

第四十五条 国务院政府采购监督管理部门应当会同国务院有关部门,规定政府采购合同必须具备的条款。

第四十六条 采购人与中标、成交供应商应当在中标、成交通知书发出之日起三十日内,按照采购文件确定的事项签订政府采购合同。

中标、成交通知书对采购人和中标、成交供应商均具有法律效力。中标、成交通知书发出后,采购人改变中标、成交结果的,或者中标、成交供应商放弃中标、成交项目的,应当依法承担法律责任。

第四十七条 政府采购项目的采购合同自签订之日起七个工作日内,采购人应当将合同副本报同级政府采购监督管理部门和有关部门备案。

第四十八条 经采购人同意,中标、成交供应商可以依法采取分包方式履行合同。

政府采购合同分包履行的,中标、成交供应商就采购项目和分包项目向采购人负责,分包供应商就分包项目承担责任。

第四十九条 政府采购合同履行中,采购人需追加与合同标的相同的货物、工程或者服务的,在不改变合同其他条款的前提下,可以与供应商协商签订补充合同,但所有补充合同的采购金额不得超过原合同采购金额的百分之十。

第五十条 政府采购合同的双方当事人不得擅自变更、中止或者终止合同。

政府采购合同继续履行将损害国家利益和社会公共利益的,双方当事人应当变更、中止或者终止合同。有过错的一方应当承担赔偿责任,双方都有过错的,各自承担相应的责任。

第六章 质疑与投诉

第五十一条 供应商对政府采购活动事项有疑问的,可以向采购人提出询问,采购人应当及时作出答复,但答复的内容不得涉及商业秘密。

第五十二条 供应商认为采购文件、采购过程和中标、成交结果使自己的权益受到损害的,可以在知道或者应知其权益受到损害之日起七个工作日内,以书面形式向采购人提出质疑。

第五十三条 采购人应当在收到供应商的书面质疑后七个工作日内作出答复,并以书面形式通知质疑供应商和其他有关供应商,但答复的内容不得涉及商业秘密。

第五十四条 采购人委托采购代理机构采购的,供应商可以向采购代理机构提出询问或者质疑,采购代理机构应当依照本法第五十一条、第五十三条的规定就采购人委托授权范围内的事项作出答复。

第五十五条 质疑供应商对采购人、采购代理机构的答复不满意或者采购人、采购代理机构未在规定的时间内作出答复的,可以在答复期满后十五个工作日内向同级政府采购监督管理部门投诉。

第五十六条 政府采购监督管理部门应当在收到投诉后三十个工作日内,对投诉事项作出处理决定,并以书面形式通知投诉人和与投诉事项有关的当事人。

第五十七条 政府采购监督管理部门在处理投诉事项期间,可以视具体情况书面通知采购人暂停采购活动,但暂停时间最长不得超过三十日。

第五十八条 投诉人对政府采购监督管理部门的投诉处理决定不服或者政府采购监督管理部门逾期未作处理的,可以依法申请行政复议或者向人民法院提起行政诉讼。

第七章 监督检查

第五十九条 政府采购监督管理部门应当加强对政府采购活动及集中采购机构的监督检查。

监督检查的主要内容是:

(一)有关政府采购的法律、行政法规和规章的执行情况;

(二)采购范围、采购方式和采购程序的执行情况;

(三)政府采购人员的职业素质和专业技能。

第六十条 政府采购监督管理部门不得设置集中采购机构,不得参与政府采购项目的采购活动。

采购代理机构与行政机关不得存在隶属关系或者其他利益关系。

第六十一条 集中采购机构应当建立健全内部监督管理制度。采购活动的决策和执行程序应当明确,并相互监督、相互制约。经办采购的人员与负责采购合同审核、验收人员的职责权限应当明确,并相互分离。

第六十二条 集中采购机构的采购人员应当具有相关职业素质和专业技能,符合政府采购监督管理部门规定的专业岗位任职要求。

集中采购机构对其工作人员应当加强教育和培训;对采购人员的专业水平、工作实绩和职业道德状况定期进行考核。采购人员经考核不合格的,不得继续任职。

第六十三条 政府采购项目的采购标准应当公开。

采用本法规定的采购方式的,采购人在采购活动完成后,应当将采购结果予以公布。

第六十四条 采购人必须按照本法规定的采购方式和采购程序进行采购。

任何单位和个人不得违反本法规定,要求采购人或者采购工作人员向其指定的供应商进行采购。

第六十五条 政府采购监督管理部门应当对政府采购项目的采购活动进行检查,政府采购当事人应当如实反映情况,提供有关材料。

第六十六条 政府采购监督管理部门应当对集中采购机构的采购价格、节约资金效果、服务质量、信誉状况、有无违法行为等事项进行考核,并定期如实公布考核结果。

第六十七条 依照法律、行政法规的规定对政府采购负有行政监督职责的政府有关部门,应当按照其职责分工,加强对政府采购活动的监督。

第六十八条 审计机关应当对政府采购进行审计监督。政府采购监督管理部门、政府采购各当事人有关政府采购活动,应当接受审计机关的审计监督。

第六十九条 监察机关应当加强对参与政府采购活动的国家机关、国家公务员和国家行政机关任命的其他人员实施监察。

第七十条 任何单位和个人对政府采购活动中的违法行为,有权控告和检举,有关部门、机关应当依照各自职责及时处理。

第八章 法律责任

第七十一条 采购人、采购代理机构有下列情形之一的,责令限期改正,给予警告,可以并处罚款,对直接负责的主管人员和其他直接责任人员,由其行政主管部门

或者有关机关给予处分,并予通报:

(一)应当采用公开招标方式而擅自采用其他方式采购的;

(二)擅自提高采购标准的;

(三)以不合理的条件对供应商实行差别待遇或者歧视待遇的;

(四)在招标采购过程中与投标人进行协商谈判的;

(五)中标、成交通知书发出后不与中标、成交供应商签订采购合同的;

(六)拒绝有关部门依法实施监督检查的。

第七十二条 采购人、采购代理机构及其工作人员有下列情形之一,构成犯罪的,依法追究刑事责任;尚不构成犯罪的,处以罚款,有违法所得的,并处没收违法所得,属于国家机关工作人员的,依法给予行政处分:

(一)与供应商或者采购代理机构恶意串通的;

(二)在采购过程中接受贿赂或者获取其他不正当利益的;

(三)在有关部门依法实施的监督检查中提供虚假情况的;

(四)开标前泄露标底的。

第七十三条 有前两条违法行为之一影响中标、成交结果或者可能影响中标、成交结果的,按下列情况分别处理:

(一)未确定中标、成交供应商的,终止采购活动;

(二)中标、成交供应商已经确定但采购合同尚未履行的,撤销合同,从合格的中标、成交候选人中另行确定中标、成交供应商;

(三)采购合同已经履行的,给采购人、供应商造成损失的,由责任人承担赔偿责任。

第七十四条 采购人对应当实行集中采购的政府采购项目,不委托集中采购机构实行集中采购的,由政府采购监督管理部门责令改正;拒不改正的,停止按预算向其支付资金,由其上级行政主管部门或者有关机关依法给予其直接负责的主管人员和其他直接责任人员处分。

第七十五条 采购人未依法公布政府采购项目的采购标准和采购结果的,责令改正,对直接负责的主管人员依法给予处分。

第七十六条 采购人、采购代理机构违反本法规定隐匿、销毁应当保存的采购文件或者伪造、变造采购文件的,由政府采购监督管理部门处以二万元以上十万元以下的罚款,对其直接负责的主管人员和其他直接责任人员依法给予处分;构成犯罪的,依法追究刑事责任。

第七十七条 供应商有下列情形之一的,处以采购金额千分之五以上千分之十以下的罚款,列入不良行为记录名单,在一至三年内禁止参加政府采购活动,有违法所得的,并处没收违法所得,情节严重的,由工商行政管理机关吊销营业执照;构成犯罪的,依法追究刑事责任:

(一)提供虚假材料谋取中标、成交的;

(二)采取不正当手段诋毁、排挤其他供应商的;

(三)与采购人、其他供应商或者采购代理机构恶意串通的;

(四)向采购人、采购代理机构行贿或者提供其他不正当利益的;

(五)在招标采购过程中与采购人进行协商谈判的;

(六)拒绝有关部门监督检查或者提供虚假情况的。

供应商有前款第(一)至(五)项情形之一的,中标、成交无效。

第七十八条 采购代理机构在代理政府采购业务中有违法行为的,按照有关法律规定处以罚款,在一至三年内禁止其代理政府采购业务,构成犯罪的,依法追究刑事责任。

第七十九条 政府采购当事人有本法第七十一条、第七十二条、第七十七条违法行为之一,给他人造成损失的,并应依照有关民事法律规定承担民事责任。

第八十条 政府采购监督管理部门的工作人员在实施监督检查中违反本法规定滥用职权,玩忽职守,徇私舞弊,依法给予行政处分;构成犯罪的,依法追究刑事责任。

第八十一条 政府采购监督管理部门对供应商的投诉逾期未作处理的,给予直接负责的主管人员和其他直接责任人员行政处分。

第八十二条 政府采购监督管理部门对集中采购机构业绩的考核,有虚假陈述,隐瞒真实情况的,或者不作定期考核和公布考核结果的,应当及时纠正,由其上级机关或者监察机关对其负责人进行通报,并对直接负责的人员依法给予行政处分。

集中采购机构在政府采购监督管理部门考核中,虚报业绩,隐瞒真实情况的,处以二万元以上二十万元以下的罚款,并予以通报;情节严重的,取消其代理采购的资格。

第八十三条 任何单位或者个人阻挠和限制供应商进入本地区或者本行业政府采购市场的,责令限期改正;拒不改正的,由该单位、个人的上级行政主管部门或者有关机关给予单位责任人或者个人处分。

第九章 附 则

第八十四条 使用国际组织和外国政府贷款进行的政府采购,贷款方、资金提供方与中方达成的协议对采购的具体条件另有规定的,可以适用其规定,但不得损害国家利益和社会公共利益。

第八十五条 对因严重自然灾害和其他不可抗力事件所实施的紧急采购和涉及国家安全和秘密的采购,不适用本法。

第八十六条 军事采购法规由中央军事委员会另行制定。

第八十七条 本法实施的具体步骤和办法由国务院规定。

第八十八条 本法自2003年1月1日起施行。

7. 中华人民共和国政府采购法实施条例

(2014年12月31日国务院第75次常务会议通过,2015年1月30日中华人民共和国国务院令第658号公布)

第一章 总 则

第一条 根据《中华人民共和国政府采购法》(以下简称政府采购法),制定本条例。

第二条 政府采购法第二条所称财政性资金是指纳入预算管理的资金。

以财政性资金作为还款来源的借贷资金,视同财政性资金。

国家机关、事业单位和团体组织的采购项目既使用财政性资金又使用非财政性资金的,使用财政性资金采购的部分,适用政府采购法及本条例;财政性资金与非财政性资金无法分割采购的,统一适用政府采购法及本条例。

政府采购法第二条所称服务,包括政府自身需要的服务和政府向社会公众提供的公共服务。

第三条 集中采购目录包括集中采购机构采购项目和部门集中采购项目。

技术、服务等标准统一,采购人普遍使用的项目,列为集中采购机构采购项目;采购人本部门、本系统基于业务需要有特殊要求,可以统一采购的项目,列为部门集中采购项目。

第四条 政府采购法所称集中采购,是指采购人将列入集中采购目录的项目委托集中采购机构代理采购或者进行部门集中采购的行为;所称分散采购,是指采购人将采购限额标准以上的未列入集中采购目录的项目自行采购或者委托采购代理机构代理采购的行为。

第五条 省、自治区、直辖市人民政府或者其授权的机构根据实际情况,可以确定分别适用于本行政区域省级、设区的市级、县级的集中采购目录和采购限额标准。

第六条 国务院财政部门应当根据国家的经济和社会发展政策,会同国务院有关部门制定政府采购政策,通过制定采购需求标准、预留采购份额、价格评审优惠、优先采购等措施,实现节约能源、保护环境、扶持不发达地区和少数民族地区、促进中小企业发展等目标。

第七条 政府采购工程以及与工程建设有关的货物、服务,采用招标方式采购的,适用《中华人民共和国招标投标法》及其实施条例;采用其他方式采购的,适用政府采购法及本条例。

前款所称工程,是指建设工程,包括建筑物和构筑物的新建、改建、扩建及其相关的装修、拆除、修缮等;所称与工程建设有关的货物,是指构成工程不可分割的组成部分,且为实现工程基本功能所必需的设备、材料等;所称与工程建设有关的服务,是指为完成工程所需的勘察、设计、监理等服务。

政府采购工程以及与工程建设有关的货物、服务,应当执行政府采购政策。

第八条 政府采购项目信息应当在省级以上人民政府财政部门指定的媒体上发布。采购项目预算金额达到国务院财政部门规定标准的,政府采购项目信息应当在国务院财政部门指定的媒体上发布。

第九条 在政府采购活动中,采购人员及相关人员与供应商有下列利害关系之一的,应当回避:

(一)参加采购活动前3年内与供应商存在劳动关系;

(二)参加采购活动前3年内担任供应商的董事、监事;

(三)参加采购活动前3年内是供应商的控股股东或者实际控制人;

(四)与供应商的法定代表人或者负责人有夫妻、直系血亲、三代以内旁系血亲或者近姻亲关系;

(五)与供应商有其他可能影响政府采购活动公平、公正进行的关系。

供应商认为采购人员及相关人员与其他供应商有利害关系的,可以向采购人或者采购代理机构书面提出回避申请,并说明理由。采购人或者采购代理机构应当及时询问被申请回避人员,有利害关系的被申请回避人员应当回避。

第十条 国家实行统一的政府采购电子交易平台建设标准,推动利用信息网络进行电子化政府采购活动。

第二章 政府采购当事人

第十一条 采购人在政府采购活动中应当维护国家利益和社会公共利益,公正廉洁,诚实守信,执行政府采购政策,建立政府采购内部管理制度,厉行节约,科学合理确定采购需求。

采购人不得向供应商索要或者接受其给予的赠品、回扣或者与采购无关的其他商品、服务。

第十二条 政府采购法所称采购代理机构,是指集中采购机构和集中采购机构以外的采购代理机构。

集中采购机构是设区的市级以上人民政府依法设立的非营利事业法人,是代理集中采购项目的执行机构。集中采购机构应当根据采购人委托制定集中采购项目的实施方案,明确采购规程,组织政府采购活动,不得将集中采购项目转委托。集中采购机构以外的采购代理机构,是从事采购代理业务的社会中介机构。

第十三条 采购代理机构应当建立完善的政府采购内部监督管理制度,具备开展政府采购业务所需的评审条件和设施。

采购代理机构应当提高确定采购需求、编制招标文件、谈判文件、询价通知书，拟订合同文本和优化采购程序的专业化服务水平，根据采购人委托在规定的时间内及时组织采购人与中标或者成交供应商签订政府采购合同，及时协助采购人对采购项目进行验收。

第十四条 采购代理机构不得以不正当手段获取政府采购代理业务，不得与采购人、供应商恶意串通操纵政府采购活动。

采购代理机构工作人员不得接受采购人或者供应商组织的宴请、旅游、娱乐，不得收受礼品、现金、有价证券等，不得向采购人或者供应商报销应当由个人承担的费用。

第十五条 采购人、采购代理机构应当根据政府采购政策、采购预算、采购需求编制采购文件。

采购需求应当符合法律法规以及政府采购政策规定的技术、服务、安全等要求。政府向社会公众提供的公共服务项目，应当就确定采购需求征求社会公众的意见。除因技术复杂或者性质特殊，不能确定详细规格或者具体要求外，采购需求应当完整、明确。必要时，应当就确定采购需求征求相关供应商、专家的意见。

第十六条 政府采购法第二十条规定的委托代理协议，应当明确代理采购的范围、权限和期限等具体事项。

采购人和采购代理机构应当按照委托代理协议履行各自义务，采购代理机构不得超越代理权限。

第十七条 参加政府采购活动的供应商应当具备政府采购法第二十二条第一款规定的条件，提供下列材料：

（一）法人或者其他组织的营业执照等证明文件，自然人的身份证明；

（二）财务状况报告，依法缴纳税收和社会保障资金的相关材料；

（三）具备履行合同所必需的设备和专业技术能力的证明材料；

（四）参加政府采购活动前3年内在经营活动中没有重大违法记录的书面声明；

（五）具备法律、行政法规规定的其他条件的证明材料。

采购项目有特殊要求的，供应商还应当提供其符合特殊要求的证明材料或者情况说明。

第十八条 单位负责人为同一人或者存在直接控股、管理关系的不同供应商，不得参加同一合同项下的政府采购活动。

除单一来源采购项目外，为采购项目提供整体设计、规范编制或者项目管理、监理、检测等服务的供应商，不得再参加该采购项目的其他采购活动。

第十九条 政府采购法第二十二条第一款第五项所称重大违法记录，是指供应商因违法经营受到刑事处罚或者责令停产停业、吊销许可证或者执照、较大数额罚款等行政处罚。

供应商在参加政府采购活动前3年内因违法经营被禁止在一定期限内参加政府采购活动，期限届满的，可以参加政府采购活动。

第二十条 采购人或采购代理机构有下列情形之一的，属于以不合理的条件对供应商实行差别待遇或者歧视待遇：

（一）就同一采购项目向供应商提供有差别的项目信息；

（二）设定的资格、技术、商务条件与采购项目的具体特点和实际需要不相适应或者与合同履行无关；

（三）采购需求中的技术、服务等要求指向特定供应商、特定产品；

（四）以特定行政区域或者特定行业的业绩、奖项作为加分条件或者中标、成交条件；

（五）对供应商采取不同的资格审查或者评审标准；

（六）限定或者指定特定的专利、商标、品牌或者供应商；

（七）非法限定供应商的所有制形式、组织形式或者所在地；

（八）以其他不合理条件限制或者排斥潜在供应商。

第二十一条 采购人或者采购代理机构对供应商进行资格预审的，资格预审公告应当在省级以上人民政府财政部门指定的媒体上发布。已进行资格预审的，评审阶段可以不再对供应商资格进行审查。资格预审合格的供应商在评审阶段资格发生变化的，应当通知采购人和采购代理机构。

资格预审公告应当包括采购人和采购项目名称、采购需求、对供应商的资格要求以及供应商提交资格预审申请文件的时间和地点。提交资格预审申请文件的时间自公告发布之日起不得少于5个工作日。

第二十二条 联合体中有同类资质的供应商按照联合体分工承担相同工作的，应当按照资质等级较低的供应商确定资质等级。

以联合体形式参加政府采购活动的，联合体各方不得再单独参加或者与其他供应商另外组成联合体参加同一合同项下的政府采购活动。

第三章 政府采购方式

第二十三条 采购人采购公开招标数额标准以上的货物或者服务，符合政府采购法第二十九条、第三十条、第三十一条、第三十二条规定情形或者有需要执行政府采购政策等特殊情况的，经设区的市级以上人民政府财政部门批准，可以依法采用公开招标以外的采购方式。

第二十四条 列入集中采购目录的项目，适合实行批量集中采购的，应当实行批量集中采购，但紧急的小额零星货物项目和有特殊要求的服务、工程项目除外。

第二十五条 政府采购工程依法不进行招标的，应当依照政府采购法和本条例规定的竞争性谈判或者单一来源采购方式采购。

第二十六条 政府采购法第三十条第三项规定的情

形,应当是采购人不可预见的或者非因采购人拖延导致的;第四项规定的情形,是指因采购艺术品或者因专利、专有技术或者因服务的时间、数量事先不能确定等导致不能事先计算出价格总额。

第二十七条 政府采购法第三十一条第一项规定的情形,是指因货物或者服务使用不可替代的专利、专有技术,或者公共服务项目具有特殊要求,导致只能从某一特定供应商处采购。

第二十八条 在一个财政年度内,采购人将一个预算项目下的同一品目或者类别的货物、服务采用公开招标以外的方式多次采购,累计资金数额超过公开招标数额标准的,属于以化整为零方式规避公开招标,但项目预算调整或者经批准采用公开招标以外方式采购除外。

第四章 政府采购程序

第二十九条 采购人应当根据集中采购目录、采购限额标准和已批复的部门预算编制政府采购实施计划,报本级人民政府财政部门备案。

第三十条 采购人或者采购代理机构应当在招标文件、谈判文件、询价通知书中公开采购项目预算金额。

第三十一条 招标文件的提供期限自招标文件开始发出之日起不得少于5个工作日。

采购人或者采购代理机构可以对已发出的招标文件进行必要的澄清或者修改。澄清或者修改的内容可能影响投标文件编制的,采购人或者采购代理机构应当在投标截止时间至少15日前,以书面形式通知所有获取招标文件的潜在投标人;不足15日的,采购人或者采购代理机构应当顺延提交投标文件的截止时间。

第三十二条 采购人或者采购代理机构应当按照国务院财政部门制定的招标文件标准文本编制招标文件。

招标文件应当包括采购项目的商务条件、采购需求、投标人的资格条件、投标报价要求、评标方法、评标标准以及拟签订的合同文本等。

第三十三条 招标文件要求投标人提交投标保证金的,投标保证金不得超过采购项目预算金额的2%。投标保证金应当以支票、汇票、本票或者金融机构、担保机构出具的保函等非现金形式提交。投标人未按照招标文件要求提交投标保证金的,投标无效。

采购人或者采购代理机构应当自中标通知书发出之日起5个工作日内退还未中标供应商的投标保证金,自政府采购合同签订之日起5个工作日内退还中标供应商的投标保证金。

竞争性谈判或者询价采购中要求参加谈判或者询价的供应商提交保证金的,参照前两款的规定执行。

第三十四条 政府采购招标评标方法分为最低评标价法和综合评分法。

最低评标价法,是指投标文件满足招标文件全部实质性要求且投标报价最低的供应商为中标候选人的评标方法。综合评分法,是指投标文件满足招标文件全部实质性要求且按照评审因素的量化指标评审得分最高的供应商为中标候选人的评标方法。

技术、服务等标准统一的货物和服务项目,应当采用最低评标价法。

采用综合评分法的,评审标准中的分值设置应当与评审因素的量化指标相对应。

招标文件中没有规定的评标标准不得作为评审的依据。

第三十五条 谈判文件不能完整、明确列明采购需求,需要由供应商提供最终设计方案或者解决方案的,在谈判结束后,谈判小组应当按照少数服从多数的原则投票推荐3家以上供应商的设计方案或者解决方案,并要求其在规定时间内提交最后报价。

第三十六条 询价通知书应当根据采购需求确定政府采购合同条款。在询价过程中,询价小组不得改变询价通知书所确定的政府采购合同条款。

第三十七条 政府采购法第三十八条第五项、第四十条第四项所称质量和服务相等,是指供应商提供的产品质量和服务均能满足采购文件规定的实质性要求。

第三十八条 达到公开招标数额标准,符合政府采购法第三十一条第一项规定情形,只能从唯一供应商处采购的,采购人应当将采购项目信息和唯一供应商名称在省级以上人民政府财政部门指定的媒体上公示,公示期不得少于5个工作日。

第三十九条 除国务院财政部门规定的情形外,采购人或者采购代理机构应当从政府采购评审专家库中随机抽取评审专家。

第四十条 政府采购评审专家应当遵守评审工作纪律,不得泄露评审文件、评审情况和评审中获悉的商业秘密。

评标委员会、竞争性谈判小组或者询价小组在评审过程中发现供应商有行贿、提供虚假材料或者串通等违法行为的,应当及时向财政部门报告。

政府采购评审专家在评审过程中受到非法干预的,应当及时向财政、监察等部门举报。

第四十一条 评标委员会、竞争性谈判小组或者询价小组成员应当按照客观、公正、审慎的原则,根据采购文件规定的评审程序、评审方法和评审标准进行独立评审。采购文件内容违反国家有关强制性规定的,评标委员会、竞争性谈判小组或者询价小组应当停止评审并向采购人或者采购代理机构说明情况。

评标委员会、竞争性谈判小组或者询价小组成员应当在评审报告上签字,对自己的评审意见承担法律责任。对评审报告有异议的,应当在评审报告上签署不同意见,并说明理由,否则视为同意评审报告。

第四十二条 采购人、采购代理机构不得向评标委员会、竞争性谈判小组或者询价小组的评审专家作倾向性、误导性的解释或者说明。

第四十三条 采购代理机构应当自评审结束之日起

2个工作日内将评审报告送交采购人。采购人应当自收到评审报告之日起5个工作日内在评审报告推荐的中标或者成交候选人中按顺序确定中标或者成交供应商。

采购人或者采购代理机构应当自中标、成交供应商确定之日起2个工作日内，发出中标、成交通知书，并在省级以上人民政府财政部门指定的媒体上公告中标、成交结果，招标文件、竞争性谈判文件、询价通知书随中标、成交结果同时公告。

中标、成交结果公告内容应当包括采购人和采购代理机构的名称、地址、联系方式，项目名称和项目编号，中标或者成交供应商名称、地址和中标或者成交金额，主要中标或者成交标的的名称、规格型号、数量、单价、服务要求以及评审专家名单。

第四十四条　除国务院财政部门规定的情形外，采购人、采购代理机构不得以任何理由组织重新评审。采购人、采购代理机构按照国务院财政部门的规定组织重新评审的，应当书面报告本级人民政府财政部门。

采购人或者采购代理机构不得通过对样品进行检测、对供应商进行考察等方式改变评审结果。

第四十五条　采购人或者采购代理机构应当按照政府采购合同规定的技术、服务、安全标准组织对供应商履约情况进行验收，并出具验收书。验收书应当包括每一项技术、服务、安全标准的履约情况。

政府向社会公众提供的公共服务项目，验收时应当邀请服务对象参与并出具意见，验收结果应当向社会公告。

第四十六条　政府采购法第四十二条规定的采购文件，可以用电子档案方式保存。

第五章　政府采购合同

第四十七条　国务院财政部门应当会同国务院有关部门制定政府采购合同标准文本。

第四十八条　采购文件要求中标或者成交供应商提交履约保证金的，供应商应当以支票、汇票、本票或者金融机构、担保机构出具的保函等非现金形式提交。履约保证金的数额不得超过政府采购合同金额的10%。

第四十九条　中标或者成交供应商拒绝与采购人签订合同的，采购人可以按照评审报告推荐的中标或者成交候选人名单排序，确定下一候选人为中标或者成交供应商，也可以重新开展政府采购活动。

第五十条　采购人应当自政府采购合同签订之日起2个工作日内，将政府采购合同在省级以上人民政府财政部门指定的媒体上公告，但政府采购合同中涉及国家秘密、商业秘密的内容除外。

第五十一条　采购人应当按照政府采购合同规定，及时向中标或者成交供应商支付采购资金。

政府采购项目资金支付程序，按照国家有关财政资金支付管理的规定执行。

第六章　质疑与投诉

第五十二条　采购人或者采购代理机构应当在3个工作日内对供应商依法提出的询问作出答复。

供应商提出的询问或者质疑超出采购人对采购代理机构委托授权范围的，采购代理机构应当告知供应商向采购人提出。

政府采购评审专家应当配合采购人或者采购代理机构答复供应商的询问和质疑。

第五十三条　政府采购法第五十二条规定的供应商应知其权益受到损害之日，是指：

（一）对可以质疑的采购文件提出质疑的，为收到采购文件之日或者采购文件公告期限届满之日；

（二）对采购过程提出质疑的，为各采购程序环节结束之日；

（三）对中标或者成交结果提出质疑的，为中标或者成交结果公告期限届满之日。

第五十四条　询问或者质疑事项可能影响中标、成交结果的，采购人应当暂停签订合同，已经签订合同的，应当中止履行合同。

第五十五条　供应商质疑、投诉应当有明确的请求和必要的证明材料。供应商投诉的事项不得超出已质疑事项的范围。

第五十六条　财政部门处理投诉事项采用书面审查的方式，必要时可以进行调查取证或者组织质证。

对财政部门依法进行的调查取证，投诉人和与投诉事项有关的当事人应当如实反映情况，并提供相关材料。

第五十七条　投诉人捏造事实、提供虚假材料或者以非法手段取得证明材料进行投诉的，财政部门应当予以驳回。

财政部门受理投诉后，投诉人书面申请撤回投诉的，财政部门应当终止投诉处理程序。

第五十八条　财政部门处理投诉事项，需要检验、检测、鉴定、专家评审以及需要投诉人补正材料的，所需时间不计算在投诉处理期限内。

财政部门对投诉事项作出的处理决定，应当在省级以上人民政府财政部门指定的媒体上公告。

第七章　监督检查

第五十九条　政府采购法第六十三条所称政府采购项目的采购标准，是指项目采购所依据的经费预算标准、资产配置标准和技术、服务标准等。

第六十条　除政府采购法第六十六条规定的考核事项外，财政部门对集中采购机构的考核事项还包括：

（一）政府采购政策的执行情况；

（二）采购文件编制水平；

（三）采购方式和采购程序的执行情况；

（四）询问、质疑答复情况；

（五）内部监督管理制度建设及执行情况；

(六)省级以上人民政府财政部门规定的其他事项。

财政部门应当制定考核计划,定期对集中采购机构进行考核,考核结果有重要情况的,应当向本级人民政府报告。

第六十一条　采购人发现采购代理机构有违法行为的,应当要求其改正。采购代理机构拒不改正的,采购人应当向本级人民政府财政部门报告,财政部门应当依法处理。

采购代理机构发现采购人的采购需求存在以不合理条件对供应商实行差别待遇、歧视待遇或者其他不符合法律、法规和政府采购政策规定内容,或者发现采购人有其他违法行为的,应当建议其改正。采购人拒不改正的,采购代理机构应当向采购人的本级人民政府财政部门报告,财政部门应当依法处理。

第六十二条　省级以上人民政府财政部门应当对政府采购评审专家库实行动态管理,具体管理办法由国务院财政部门制定。

采购人或者采购代理机构应当对评审专家在政府采购活动中的职责履行情况予以记录,并及时向财政部门报告。

第六十三条　各级人民政府财政部门和其他有关部门应当加强对参加政府采购活动的供应商、采购代理机构、评审专家的监督管理,对其不良行为予以记录,并纳入统一的信用信息平台。

第六十四条　各级人民政府财政部门对政府采购活动进行监督检查,有权查阅、复制有关文件、资料,相关单位和人员应当予以配合。

第六十五条　审计机关、监察机关以及其他有关部门依法对政府采购活动实施监督,发现采购当事人有违法行为的,应当及时通报财政部门。

第八章　法律责任

第六十六条　政府采购法第七十一条规定的罚款,数额为10万元以下。

政府采购法第七十二条规定的罚款,数额为5万元以上25万元以下。

第六十七条　采购人有下列情形之一的,由财政部门责令限期改正,给予警告,对直接负责的主管人员和其他直接责任人员依法给予处分,并予以通报:

(一)未按照规定编制政府采购实施计划或者未按照规定将政府采购实施计划报本级人民政府财政部门备案;

(二)将应当进行公开招标的项目化整为零或者以其他任何方式规避公开招标;

(三)未按照规定在评标委员会、竞争性谈判小组或者询价小组推荐的中标或者成交候选人中确定中标或者成交供应商;

(四)未按照采购文件确定的事项签订政府采购合同;

(五)政府采购合同履行中追加与合同标的相同的货物、工程或者服务的采购金额超过原合同采购金额10%;

(六)擅自变更、中止或者终止政府采购合同;

(七)未按照规定公告政府采购合同;

(八)未按照规定时间将政府采购合同副本报本级人民政府财政部门和有关部门备案。

第六十八条　采购人、采购代理机构有下列情形之一的,依照政府采购法第七十一条、第七十八条的规定追究法律责任:

(一)未依照政府采购法和本条例规定的方式实施采购;

(二)未依法在指定的媒体上发布政府采购项目信息;

(三)未按照规定执行政府采购政策;

(四)违反本条例第十五条的规定导致无法组织对供应商履约情况进行验收或者国家财产遭受损失;

(五)未依法从政府采购评审专家库中抽取评审专家;

(六)非法干预采购评审活动;

(七)采用综合评分法时评审标准中的分值设置未与评审因素的量化指标相对应;

(八)对供应商的询问、质疑逾期未作处理;

(九)通过对样品进行检测、对供应商进行考察等方式改变评审结果;

(十)未按照规定组织对供应商履约情况进行验收。

第六十九条　集中采购机构有下列情形之一的,由财政部门责令限期改正,给予警告,有违法所得的,并处没收违法所得,对直接负责的主管人员和其他直接责任人员依法给予处分,并予以通报:

(一)内部监督管理制度不健全,对依法应当分设、分离的岗位、人员未分设、分离;

(二)将集中采购项目委托其他采购代理机构采购;

(三)从事营利活动。

第七十条　采购人员与供应商有利害关系而不依法回避的,由财政部门给予警告,并处2000元以上2万元以下的罚款。

第七十一条　有政府采购法第七十一条、第七十二条规定的违法行为之一,影响或者可能影响中标、成交结果的,依照下列规定处理:

(一)未确定中标或者成交供应商的,终止本次政府采购活动,重新开展政府采购活动。

(二)已确定中标或者成交供应商但尚未签订政府采购合同的,中标或者成交结果无效,从合格的中标或者成交候选人中另行确定中标或者成交供应商;没有合格的中标或者成交候选人的,重新开展政府采购活动。

(三)政府采购合同已签订但尚未履行的,撤销合同,从合格的中标或者成交候选人中另行确定中标或者成交供应商;没有合格的中标或者成交候选人的,重新开展政府采购活动。

(四)政府采购合同已经履行,给采购人、供应商造成损失的,由责任人承担赔偿责任。

政府采购当事人有其他违反政府采购法或者本条例规定的行为,经改正后仍然影响或者可能影响中标、成交结果或者依法被认定为中标、成交无效的,依照前款规定处理。

第七十二条 供应商有下列情形之一的,依照政府采购法第七十七条第一款的规定追究法律责任:

(一)向评标委员会、竞争性谈判小组或者询价小组成员行贿或者提供其他不正当利益;

(二)中标或者成交后无正当理由拒不与采购人签订政府采购合同;

(三)未按照采购文件确定的事项签订政府采购合同;

(四)将政府采购合同转包;

(五)提供假冒伪劣产品;

(六)擅自变更、中止或者终止政府采购合同。

供应商有前款第一项规定情形的,中标、成交无效。评审阶段资格发生变化,供应商未依照本条例第二十一条的规定通知采购人和采购代理机构的,处以采购金额0.5%的罚款,列入不良行为记录名单,中标、成交无效。

第七十三条 供应商捏造事实、提供虚假材料或者以非法手段取得证明材料进行投诉的,由财政部门列入不良行为记录名单,禁止其1至3年内参加政府采购活动。

第七十四条 有下列情形之一的,属于恶意串通,对供应商依照政府采购法第七十七条第一款的规定追究法律责任,对采购人、采购代理机构及其工作人员依照政府采购法第七十二条的规定追究法律责任:

(一)供应商直接或者间接从采购人或者采购代理机构处获得其他供应商的相关情况并修改其投标文件或者响应文件;

(二)供应商按照采购人或者采购代理机构的授意撤换、修改投标文件或响应文件;

(三)供应商之间协商报价、技术方案等投标文件或者响应文件的实质性内容;

(四)属于同一集团、协会、商会等组织成员的供应商按照该组织要求协同参加政府采购活动;

(五)供应商之间事先约定由某一特定供应商中标、成交;

(六)供应商之间商定部分供应商放弃参加政府采购活动或者放弃中标、成交;

(七)供应商与采购人或者采购代理机构之间、供应商相互之间,为谋求特定供应商中标、成交或者排斥其他供应商的其他串通行为。

第七十五条 政府采购评审专家未按照采购文件规定的评审程序、评审方法和评审标准进行独立评审或者泄露评审文件、评审情况的,由财政部门给予警告,并处2000元以上2万元以下的罚款;影响中标、成交结果的,处2万元以上5万元以下的罚款,禁止其参加政府采购评审活动。

政府采购评审专家与供应商存在利害关系未回避的,处2万元以上5万元以下的罚款,禁止其参加政府采购评审活动。

政府采购评审专家收受采购人、采购代理机构、供应商贿赂或者获取其他不正当利益,构成犯罪的,依法追究刑事责任;尚不构成犯罪的,处2万元以上5万元以下的罚款,禁止其参加政府采购评审活动。

政府采购评审专家有上述违法行为的,其评审意见无效,不得获取评审费;有违法所得的,没收违法所得;给他人造成损失的,依法承担民事责任。

第七十六条 政府采购当事人违反政府采购法和本条例规定,给他人造成损失的,依法承担民事责任。

第七十七条 财政部门在履行政府采购监督管理职责中违反政府采购法和本条例规定,滥用职权、玩忽职守、徇私舞弊的,对直接负责的主管人员和其他直接责任人员依法给予处分;直接负责的主管人员和其他直接责任人员构成犯罪的,依法追究刑事责任。

第九章 附 则

第七十八条 财政管理实行省直接管理的县级人民政府可以根据需要并报经省级人民政府批准,行使政府采购法和本条例规定的设区的市级人民政府批准变更采购方式的职权。

第七十九条 本条例自2015年3月1日起施行。

8. 中华人民共和国土地管理法

(1986年6月25日第六届全国人民代表大会常务委员会第十六次会议通过,根据1988年12月29日第七届全国人民代表大会常务委员会第五次会议《关于修改〈中华人民共和国土地管理法〉的决定》第一次修正,1998年8月29日第九届全国人民代表大会常务委员会第四次会议修订,根据2004年8月28日第十届全国人民代表大会常务委员会第十一次会议《关于修改〈中华人民共和国土地管理法〉的决定》第二次修正,根据2019年8月26日第十三届全国人民代表大会常务委员会第十二次会议《关于修改〈中华人民共和国土地管理法〉、〈中华人民共和国城市房地产管理法〉的决定》第三次修正)

第一章 总 则

第一条 为了加强土地管理,维护土地的社会主义公有制,保护、开发土地资源,合理利用土地,切实保护耕地,促进社会经济的可持续发展,根据宪法,制定本法。

第二条 中华人民共和国实行土地的社会主义公有制,即全民所有制和劳动群众集体所有制。

全民所有,即国家所有土地的所有权由国务院代表国家行使。

任何单位和个人不得侵占、买卖或者以其他形式非法转让土地。土地使用权可以依法转让。

国家为了公共利益的需要,可以依法对土地实行征收或者征用并给予补偿。

国家依法实行国有土地有偿使用制度。但是,国家在法律规定的范围内划拨国有土地使用权的除外。

第三条 十分珍惜、合理利用土地和切实保护耕地是我国的基本国策。各级人民政府应当采取措施,全面规划,严格管理,保护、开发土地资源,制止非法占用土地的行为。

第四条 国家实行土地用途管制制度。

国家编制土地利用总体规划,规定土地用途,将土地分为农用地、建设用地和未利用地。严格限制农用地转为建设用地,控制建设用地总量,对耕地实行特殊保护。

前款所称农用地是指直接用于农业生产的土地,包括耕地、林地、草地、农田水利用地、养殖水面等;建设用地是指建造建筑物、构筑物的土地,包括城乡住宅和公共设施用地、工矿用地、交通水利设施用地、旅游用地、军事设施用地等;未利用地是指农用地和建设用地以外的土地。

使用土地的单位和个人必须严格按照土地利用总体规划确定的用途使用土地。

第五条 国务院自然资源主管部门统一负责全国土地的管理和监督工作。

县级以上地方人民政府自然资源主管部门的设置及其职责,由省、自治区、直辖市人民政府根据国务院有关规定确定。

第六条 国务院授权的机构对省、自治区、直辖市人民政府以及国务院确定的城市人民政府土地利用和土地管理情况进行督察。

第七条 任何单位和个人都有遵守土地管理法律、法规的义务,并有权对违反土地管理法律、法规的行为提出检举和控告。

第八条 在保护和开发土地资源、合理利用土地以及进行有关的科学研究等方面成绩显著的单位和个人,由人民政府给予奖励。

第二章 土地的所有权和使用权

第九条 城市市区的土地属于国家所有。

农村和城市郊区的土地,除由法律规定属于国家所有的以外,属于农民集体所有;宅基地和自留地、自留山,属于农民集体所有。

第十条 国有土地和农民集体所有的土地,可以依法确定给单位或者个人使用。使用土地的单位和个人,有保护、管理和合理利用土地的义务。

第十一条 农民集体所有的土地依法属于村农民集体所有的,由村集体经济组织或者村民委员会经营、管理;已经分别属于村内两个以上农村集体经济组织的农民集体所有的,由村内各该农村集体经济组织或者村民小组经营、管理;已经属于乡(镇)农民集体所有的,由乡(镇)农村集体经济组织经营、管理。

第十二条 土地的所有权和使用权的登记,依照有关不动产登记的法律、行政法规执行。

依法登记的土地的所有权和使用权受法律保护,任何单位和个人不得侵犯。

第十三条 农民集体所有和国家所有依法由农民集体使用的耕地、林地、草地,以及其他依法用于农业的土地,采取农村集体经济组织内部的家庭承包方式承包,不宜采取家庭承包方式的荒山、荒沟、荒丘、荒滩等,可以采取招标、拍卖、公开协商等方式承包,从事种植业、林业、畜牧业、渔业生产。家庭承包的耕地的承包期为三十年,草地的承包期为三十年至五十年,林地的承包期为三十年至七十年;耕地承包期届满后再延长三十年,草地、林地承包期届满后依法相应延长。

国家所有依法用于农业的土地可以由单位或者个人承包经营,从事种植业、林业、畜牧业、渔业生产。

发包方和承包方应当依法订立承包合同,约定双方的权利和义务。承包经营土地的单位和个人,有保护和按照承包合同约定的用途合理利用土地的义务。

第十四条 土地所有权和使用权争议,由当事人协商解决;协商不成的,由人民政府处理。

单位之间的争议,由县级以上人民政府处理;个人之间、个人与单位之间的争议,由乡级人民政府或者县级以上人民政府处理。

当事人对有关人民政府的处理决定不服的，可以自接到处理决定通知之日起三十日内，向人民法院起诉。

在土地所有权和使用权争议解决前，任何一方不得改变土地利用现状。

第三章　土地利用总体规划

第十五条　各级人民政府应当依据国民经济和社会发展规划、国土整治和资源环境保护的要求、土地供给能力以及各项建设对土地的需求，组织编制土地利用总体规划。

土地利用总体规划的规划期限由国务院规定。

第十六条　下级土地利用总体规划应当依据上一级土地利用总体规划编制。

地方各级人民政府编制的土地利用总体规划中的建设用地总量不得超过上一级土地利用总体规划确定的控制指标，耕地保有量不得低于上一级土地利用总体规划确定的控制指标。

省、自治区、直辖市人民政府编制的土地利用总体规划，应当确保本行政区域内耕地总量不减少。

第十七条　土地利用总体规划按照下列原则编制：

（一）落实国土空间开发保护要求，严格土地用途管制；

（二）严格保护永久基本农田，严格控制非农业建设占用农用地；

（三）提高土地节约集约利用水平；

（四）统筹安排城乡生产、生活、生态用地，满足乡村产业和基础设施用地合理需求，促进城乡融合发展；

（五）保护和改善生态环境，保障土地的可持续利用；

（六）占用耕地与开发复垦耕地数量平衡、质量相当。

第十八条　国家建立国土空间规划体系。编制国土空间规划应当坚持生态优先，绿色、可持续发展，科学有序统筹安排生态、农业、城镇等功能空间，优化国土空间结构和布局，提升国土空间开发、保护的质量和效率。

经依法批准的国土空间规划是各类开发、保护、建设活动的基本依据。已经编制国土空间规划的，不再编制土地利用总体规划和城乡规划。

第十九条　县级土地利用总体规划应当划分土地利用区，明确土地用途。

乡（镇）土地利用总体规划应当划分土地利用区，根据土地使用条件，确定每一块土地的用途，并予以公告。

第二十条　土地利用总体规划实行分级审批。

省、自治区、直辖市的土地利用总体规划，报国务院批准。

省、自治区人民政府所在地的市、人口在一百万以上的城市以及国务院指定的城市的土地利用总体规划，经省、自治区人民政府审查同意后，报国务院批准。

本条第二款、第三款规定以外的土地利用总体规划，逐级上报省、自治区、直辖市人民政府批准；其中，乡（镇）土地利用总体规划可以由省级人民政府授权的设区的市、自治州人民政府批准。

土地利用总体规划一经批准，必须严格执行。

第二十一条　城市建设用地规模应当符合国家规定的标准，充分利用现有建设用地，不占或者尽量少占农用地。

城市总体规划、村庄和集镇规划，应当与土地利用总体规划相衔接，城市总体规划、村庄和集镇规划中建设用地规模不得超过土地利用总体规划确定的城市和村庄、集镇建设用地规模。

在城市规划区内、村庄和集镇规划区内，城市和村庄、集镇建设用地应当符合城市规划、村庄和集镇规划。

第二十二条　江河、湖泊综合治理和开发利用规划，应当与土地利用总体规划相衔接。在江河、湖泊、水库的管理和保护范围以及蓄洪滞洪区内，土地利用应当符合江河、湖泊综合治理和开发利用规划，符合河道、湖泊行洪、蓄洪和输水的要求。

第二十三条　各级人民政府应当加强土地利用计划管理，实行建设用地总量控制。

土地利用年度计划，根据国民经济和社会发展计划、国家产业政策、土地利用总体规划以及建设用地和土地利用的实际状况编制。土地利用年度计划应当对本法第六十三条规定的集体经营性建设用地作出合理安排。土地利用年度计划的编制审批程序与土地利用总体规划的编制审批程序相同，一经审批下达，必须严格执行。

第二十四条　省、自治区、直辖市人民政府应当将土地利用年度计划的执行情况列为国民经济和社会发展计划执行情况的内容，向同级人民代表大会报告。

第二十五条　经批准的土地利用总体规划的修改，须经原批准机关批准；未经批准，不得改变土地利用总体规划确定的土地用途。

经国务院批准的大型能源、交通、水利等基础设施建设用地，需要改变土地利用总体规划的，根据国务院的批准文件修改土地利用总体规划。

经省、自治区、直辖市人民政府批准的能源、交通、水利等基础设施建设用地，需要改变土地利用总体规划的，属于省级人民政府土地利用总体规划批准权限内的，根据省级人民政府的批准文件修改土地利用总体规划。

第二十六条　国家建立土地调查制度。

县级以上人民政府自然资源主管部门会同同级有关部门进行土地调查。土地所有者或者使用者应当配合调查，并提供有关资料。

第二十七条　县级以上人民政府自然资源主管部门会同同级有关部门根据土地调查成果、规划土地用途和国家制定的统一标准，评定土地等级。

第二十八条　国家建立土地统计制度。

县级以上人民政府统计机构和自然资源主管部门依法进行土地统计调查，定期发布土地统计资料。土地所有者或者使用者应当提供有关资料，不得拒报、迟报，不得提供不真实、不完整的资料。

统计机构和自然资源主管部门共同发布的土地面积统计资料是各级人民政府编制土地利用总体规划的依据。

第二十九条 国家建立全国土地管理信息系统,对土地利用状况进行动态监测。

第四章 耕地保护

第三十条 国家保护耕地,严格控制耕地转为非耕地。

国家实行占用耕地补偿制度。非农业建设经批准占用耕地的,按照"占多少,垦多少"的原则,由占用耕地的单位负责开垦与所占用耕地的数量和质量相当的耕地;没有条件开垦或者开垦的耕地不符合要求的,应当按照省、自治区、直辖市的规定缴纳耕地开垦费,专款用于开垦新的耕地。

省、自治区、直辖市人民政府应当制定开垦耕地计划,监督占用耕地的单位按照计划开垦耕地或者按照计划组织开垦耕地,并进行验收。

第三十一条 县级以上地方人民政府可以要求占用耕地的单位将所占用耕地耕作层的土壤用于新开垦耕地、劣质地或者其他耕地的土壤改良。

第三十二条 省、自治区、直辖市人民政府应当严格执行土地利用总体规划和土地利用年度计划,采取措施,确保本行政区域内耕地总量不减少、质量不降低。耕地总量减少的,由国务院责令在规定期限内组织开垦与所减少耕地的数量与质量相当的耕地;耕地质量降低的,由国务院责令在规定期限内组织整治。新开垦和整治的耕地由国务院自然资源主管部门会同农业农村主管部门验收。

个别省、直辖市确因土地后备资源匮乏,新增建设用地后,新开垦耕地的数量不足以补偿所占用耕地的数量的,必须报经国务院批准减免本行政区域内开垦耕地的数量,易地开垦数量和质量相当的耕地。

第三十三条 国家实行永久基本农田保护制度。下列耕地应当根据土地利用总体规划划为永久基本农田,实行严格保护:

(一)经国务院农业农村主管部门或者县级以上地方人民政府批准确定的粮、棉、油、糖等重要农产品生产基地内的耕地;

(二)有良好的水利与水土保持设施的耕地,正在实施改造计划以及可以改造的中、低产田和已建成的高标准农田;

(三)蔬菜生产基地;

(四)农业科研、教学试验田;

(五)国务院规定应当划为永久基本农田的其他耕地。

各省、自治区、直辖市划定的永久基本农田一般应当占本行政区域内耕地的百分之八十以上,具体比例由国务院根据各省、自治区、直辖市耕地实际情况规定。

第三十四条 永久基本农田划定以乡(镇)为单位进行,由县级人民政府自然资源主管部门会同同级农业农村主管部门组织实施。永久基本农田应当落实到地块,纳入国家永久基本农田数据库严格管理。

乡(镇)人民政府应当将永久基本农田的位置、范围向社会公告,并设立保护标志。

第三十五条 永久基本农田经依法划定后,任何单位和个人不得擅自占用或者改变其用途。国家能源、交通、水利、军事设施等重点建设项目选址确实难以避让永久基本农田,涉及农用地转用或者土地征收的,必须经国务院批准。

禁止通过擅自调整县级土地利用总体规划、乡(镇)土地利用总体规划等方式规避永久基本农田农用地转用或者土地征收的审批。

第三十六条 各级人民政府应当采取措施,引导因地制宜轮作休耕,改良土壤,提高地力,维护排灌工程设施,防止土地荒漠化、盐渍化、水土流失和土壤污染。

第三十七条 非农业建设必须节约使用土地,可以利用荒地的,不得占用耕地;可以利用劣地的,不得占用好地。

禁止占用耕地建窑、建坟或者擅自在耕地上建房、挖砂、采石、采矿、取土等。

禁止占用永久基本农田发展林果业和挖塘养鱼。

第三十八条 禁止任何单位和个人闲置、荒芜耕地。已经办理审批手续的非农业建设占用耕地,一年内不用而又可以耕种并收获的,应当由原耕种该幅耕地的集体或者个人恢复耕种,也可以由用地单位组织耕种;一年以上未动工建设的,应当按照省、自治区、直辖市的规定缴纳闲置费;连续二年未使用的,经原批准机关批准,由县级以上人民政府无偿收回用地单位的土地使用权;该幅土地原为农民集体所有的,应当交由原农村集体经济组织恢复耕种。

在城市规划区范围内,以出让方式取得土地使用权进行房地产开发的闲置土地,依照《中华人民共和国城市房地产管理法》的有关规定办理。

第三十九条 国家鼓励单位和个人按照土地利用总体规划,在保护和改善生态环境、防止水土流失和土地荒漠化的前提下,开发未利用的土地;适宜开发为农用地的,应当优先开发成农用地。

国家依法保护开发者的合法权益。

第四十条 开垦未利用的土地,必须经过科学论证和评估,在土地利用总体规划划定的可开垦的区域内,经依法批准后进行。禁止毁坏森林、草原开垦耕地,禁止围湖造田和侵占江河滩地。

根据土地利用总体规划,对破坏生态环境开垦、围垦的土地,有计划有步骤地退耕还林、还牧、还湖。

第四十一条 开发未确定使用权的国有荒山、荒地、荒滩从事种植业、林业、畜牧业、渔业生产的,经县级以上人民政府依法批准,可以确定给开发单位或者个人长期使用。

第四十二条 国家鼓励土地整理。县、乡(镇)人民政府应当组织农村集体经济组织,按照土地利用总体规划,对田、水、路、林、村综合整治,提高耕地质量,增加有效耕地面积,改善农业生产条件和生态环境。

地方各级人民政府应当采取措施,改造中、低产田,整治闲散地和废弃地。

第四十三条 因挖损、塌陷、压占等造成土地破坏,用地单位和个人应当按照国家有关规定负责复垦;没有条件复垦或者复垦不符合要求的,应当缴纳土地复垦费,专项用于土地复垦。复垦的土地应当优先用于农业。

第五章 建设用地

第四十四条 建设占用土地,涉及农用地转为建设用地的,应当办理农用地转用审批手续。

永久基本农田转为建设用地的,由国务院批准。

在土地利用总体规划确定的城市和村庄、集镇建设用地规模范围内,为实施该规划而将永久基本农田以外的农用地转为建设用地的,按土地利用年度计划分批次按照国务院规定由原批准土地利用总体规划的机关或者其授权的机关批准。在已批准的农用地转用范围内,具体建设项目用地可以由市、县人民政府批准。

在土地利用总体规划确定的城市和村庄、集镇建设用地规模范围外,将永久基本农田以外的农用地转为建设用地的,由国务院或者国务院授权的省、自治区、直辖市人民政府批准。

第四十五条 为了公共利益的需要,有下列情形之一,确需征收农民集体所有的土地的,可以依法实施征收:

(一)军事和外交需要用地的;

(二)由政府组织实施的能源、交通、水利、通信、邮政等基础设施建设需要用地的;

(三)由政府组织实施的科技、教育、文化、卫生、体育、生态环境和资源保护、防灾减灾、文物保护、社区综合服务、社会福利、市政公用、优抚安置、英烈保护等公共事业需要用地的;

(四)由政府组织实施的扶贫搬迁、保障性安居工程建设需要用地的;

(五)在土地利用总体规划确定的城镇建设用地范围内,经省级以上人民政府批准由县级以上地方人民政府组织实施的成片开发建设需要用地的;

(六)法律规定为公共利益需要可以征收农民集体所有的土地的其他情形。

前款规定的建设活动,应当符合国民经济和社会发展规划、土地利用总体规划、城乡规划和专项规划;第(四)项、第(五)项规定的建设活动,还应当纳入国民经济和社会发展年度计划;第(五)项规定的成片开发还应当符合国务院自然资源主管部门规定的标准。

第四十六条 征收下列土地的,由国务院批准:

(一)永久基本农田;

(二)永久基本农田以外的耕地超过三十五公顷的;

(三)其他土地超过七十公顷的。

征收前款规定以外的土地的,由省、自治区、直辖市人民政府批准。

征收农用地的,应当依照本法第四十四条的规定先行办理农用地转用审批。其中,经国务院批准农用地转用的,同时办理征地审批手续,不再另行办理征地审批;经省、自治区、直辖市人民政府在征地批准权限内批准农用地转用的,同时办理征地审批手续,不再另行办理征地审批,超过征地批准权限的,应当依照本条第一款的规定另行办理征地审批。

第四十七条 国家征收土地的,依照法定程序批准后,由县级以上地方人民政府予以公告并组织实施。

县级以上地方人民政府拟申请征收土地的,应当开展拟征收土地现状调查和社会稳定风险评估,并将征收范围、土地现状、征收目的、补偿标准、安置方式和社会保障等在拟征收土地所在的乡(镇)和村、村民小组范围内公告至少三十日,听取被征地的农村集体经济组织及其成员、村民委员会和其他利害关系人的意见。

多数被征地的农村集体经济组织成员认为征地补偿安置方案不符合法律、法规规定的,县级以上地方人民政府应当组织召开听证会,并根据法律、法规的规定和听证会情况修改方案。

拟征收土地的所有权人、使用权人应当在公告规定期限内,持不动产权属证明材料办理补偿登记。县级以上地方人民政府应当组织有关部门测算并落实有关费用,保证足额到位,与拟征收土地的所有权人、使用权人就补偿、安置等签订协议;个别确实难以达成协议的,应当在申请征收土地时如实说明。

相关前期工作完成后,县级以上地方人民政府方可申请征收土地。

第四十八条 征收土地应当给予公平、合理的补偿,保障被征地农民原有生活水平不降低、长远生计有保障。

征收土地应当依法及时足额支付土地补偿费、安置补助费以及农村村民住宅、其他地上附着物和青苗等的补偿费用,并安排被征地农民的社会保障费用。

征收农用地的土地补偿费、安置补助费标准由省、自治区、直辖市通过制定公布区片综合地价确定。制定区片综合地价应当综合考虑土地原用途、土地资源条件、土地产值、土地区位、土地供求关系、人口以及经济社会发展水平等因素,并至少每三年调整或者重新公布一次。

征收农用地以外的其他土地、地上附着物和青苗等的补偿标准,由省、自治区、直辖市制定。对其中的农村村民住宅,应当按照先补偿后搬迁、居住条件有改善的原则,尊重农村村民意愿,采取重新安排宅基地建房、提供安置房或者货币补偿等方式给予公平、合理的补偿,并对因征收造成的搬迁、临时安置等费用予以补偿,保障农村村民居住的权利和合法的住房财产权益。

县级以上地方人民政府应当将被征地农民纳入相应的养老等社会保障体系。被征地农民的社会保障费用主要用于符合条件的被征地农民的养老保险等社会保险缴费补贴。被征地农民社会保障费用的筹集、管理和使用办法，由省、自治区、直辖市制定。

第四十九条　被征地的农村集体经济组织应当将征收土地的补偿费用的收支状况向本集体经济组织的成员公布，接受监督。

禁止侵占、挪用被征收土地单位的征地补偿费用和其他有关费用。

第五十条　地方各级人民政府应当支持被征地的农村集体经济组织和农民从事开发经营，兴办企业。

第五十一条　大中型水利、水电工程建设征收土地的补偿费标准和移民安置办法，由国务院另行规定。

第五十二条　建设项目可行性研究论证时，自然资源主管部门可以根据土地利用总体规划、土地利用年度计划和建设用地标准，对建设用地有关事项进行审查，并提出意见。

第五十三条　经批准的建设项目需要使用国有建设用地的，建设单位应当持法律、行政法规规定的有关文件，向有批准权的县级以上人民政府自然资源主管部门提出建设用地申请，经自然资源主管部门审查，报本级人民政府批准。

第五十四条　建设单位使用国有土地，应当以出让等有偿使用方式取得；但是，下列建设用地，经县级以上人民政府依法批准，可以以划拨方式取得：

（一）国家机关用地和军事用地；

（二）城市基础设施用地和公益事业用地；

（三）国家重点扶持的能源、交通、水利等基础设施用地；

（四）法律、行政法规规定的其他用地。

第五十五条　以出让等有偿使用方式取得国有土地使用权的建设单位，按照国务院规定的标准和办法，缴纳土地使用权出让金等土地有偿使用费和其他费用后，方可使用土地。

自本法施行之日起，新增建设用地的土地有偿使用费，百分之三十上缴中央财政，百分之七十留给有关地方人民政府。具体使用管理办法由国务院财政部门会同有关部门制定，并报国务院批准。

第五十六条　建设单位使用国有土地的，应当按照土地使用权出让等有偿使用合同的约定或者土地使用权划拨批准文件的规定使用土地；确需改变该幅土地建设用途的，应当经有关人民政府自然资源主管部门同意，报原批准用地的人民政府批准。其中，在城市规划区内改变土地用途的，在报批前，应当先经有关城市规划行政主管部门同意。

第五十七条　建设项目施工和地质勘查需要临时使用国有土地或者农民集体所有的土地的，由县级以上人民政府自然资源主管部门批准。其中，在城市规划区内的临时用地，在报批前，应当先经有关城市规划行政主管部门同意。土地使用者应当根据土地权属，与有关自然资源主管部门或者农村集体经济组织、村民委员会签订临时使用土地合同，并按照合同的约定支付临时使用土地补偿费。

临时使用土地的使用者应当按照临时使用土地合同约定的用途使用土地，并不得修建永久性建筑物。

临时使用土地期限一般不超过二年。

第五十八条　有下列情形之一的，由有关人民政府自然资源主管部门报经原批准用地的人民政府或者有批准权的人民政府批准，可以收回国有土地使用权：

（一）为实施城市规划进行旧城区改建以及其他公共利益需要，确需使用土地的；

（二）土地出让等有偿使用合同约定的使用期限届满，土地使用者未申请续期或者申请续期未获批准的；

（三）因单位撤销、迁移等原因，停止使用原划拨的国有土地的；

（四）公路、铁路、机场、矿场等经核准报废的。

依照前款第（一）项的规定收回国有土地使用权的，对土地使用权人应当给予适当补偿。

第五十九条　乡镇企业、乡（镇）村公共设施、公益事业、农村村民住宅等乡（镇）村建设，应当按照村庄和集镇规划，合理布局，综合开发，配套建设；建设用地，应当符合乡（镇）土地利用总体规划和土地利用年度计划，并依照本法第四十四条、第六十条、第六十一条、第六十二条的规定办理审批手续。

第六十条　农村集体经济组织使用乡（镇）土地利用总体规划确定的建设用地兴办企业或者与其他单位、个人以土地使用权入股、联营等形式共同举办企业的，应当持有关批准文件，向县级以上地方人民政府自然资源主管部门提出申请，按省、自治区、直辖市规定的批准权限，由县级以上地方人民政府批准；其中，涉及占用农用地的，依照本法第四十四条的规定办理审批手续。

按照前款规定兴办企业的建设用地，必须严格控制。省、自治区、直辖市可以按照乡镇企业的不同行业和经营规模，分别规定用地标准。

第六十一条　乡（镇）村公共设施、公益事业建设，需要使用土地的，经乡（镇）人民政府审核，向县级以上地方人民政府自然资源主管部门提出申请，按照省、自治区、直辖市规定的批准权限，由县级以上地方人民政府批准；其中，涉及占用农用地的，依照本法第四十四条的规定办理审批手续。

第六十二条　农村村民一户只能拥有一处宅基地，其宅基地的面积不得超过省、自治区、直辖市规定的标准。

人均土地少，不能保障一户拥有一处宅基地的地区，县级人民政府在充分尊重农村村民意愿的基础上，可以采取措施，按照省、自治区、直辖市规定的标准保障农村村民实现户有所居。

农村村民建住宅,应当符合乡(镇)土地利用总体规划、村庄规划,不得占用永久基本农田,并尽量使用原有的宅基地和村内空闲地。编制乡(镇)土地利用总体规划、村庄规划应当统筹并合理安排宅基地用地,改善农村村民居住环境和条件。

农村村民住宅用地,由乡(镇)人民政府审核批准;其中,涉及占用农用地的,依照本法第四十四条的规定办理审批手续。

农村村民出卖、出租、赠与住宅后,再申请宅基地的,不予批准。

国家允许进城落户的农村村民依法自愿有偿退出宅基地,鼓励农村集体经济组织及其成员盘活利用闲置宅基地和闲置住宅。

国务院农业农村主管部门负责全国农村宅基地改革和管理有关工作。

第六十三条 土地利用总体规划、城乡规划确定为工业、商业等经营性用途,并经依法登记的集体经营性建设用地,土地所有权人可以通过出让、出租等方式交由单位或者个人使用,并应当签订书面合同,载明土地界址、面积、动工期限、使用期限、土地用途、规划条件和双方其他权利义务。

前款规定的集体经营性建设用地出让、出租等,应当经本集体经济组织成员的村民会议三分之二以上成员或者三分之二以上村民代表的同意。

通过出让等方式取得的集体经营性建设用地使用权可以转让、互换、出资、赠与或者抵押,但法律、行政法规另有规定或者土地所有权人、土地使用权人签订的书面合同另有约定的除外。

集体经营性建设用地的出租,集体建设用地使用权的出让及其最高年限、转让、互换、出资、赠与、抵押等,参照同类用途的国有建设用地执行。具体办法由国务院制定。

第六十四条 集体建设用地的使用者应当严格按照土地利用总体规划、城乡规划确定的用途使用土地。

第六十五条 在土地利用总体规划制定前已建的不符合土地利用总体规划确定的用途的建筑物、构筑物,不得重建、扩建。

第六十六条 有下列情形之一的,农村集体经济组织报经原批准用地的人民政府批准,可以收回土地使用权:

(一)为乡(镇)村公共设施和公益事业建设,需要使用土地的;

(二)不按照批准的用途使用土地的;

(三)因撤销、迁移等原因而停止使用土地的。

依照前款第(一)项规定收回农民集体所有的土地的,对土地使用权人应当给予适当补偿。

收回集体经营性建设用地使用权,依照双方签订的书面合同办理,法律、行政法规另有规定的除外。

第六章 监督检查

第六十七条 县级以上人民政府自然资源主管部门对违反土地管理法律、法规的行为进行监督检查。

县级以上人民政府农业农村主管部门对违反农村宅基地管理法律、法规的行为进行监督检查的,适用本法关于自然资源主管部门监督检查的规定。

土地管理监督检查人员应当熟悉土地管理法律、法规,忠于职守、秉公执法。

第六十八条 县级以上人民政府自然资源主管部门履行监督检查职责时,有权采取下列措施:

(一)要求被检查的单位或者个人提供有关土地权利的文件和资料,进行查阅或者予以复制;

(二)要求被检查的单位或者个人就有关土地权利的问题作出说明;

(三)进入被检查单位或者个人非法占用的土地现场进行勘测;

(四)责令非法占用土地的单位或者个人停止违反土地管理法律、法规的行为。

第六十九条 土地管理监督检查人员履行职责,需要进入现场进行勘测、要求有关单位或者个人提供文件、资料和作出说明的,应当出示土地管理监督检查证件。

第七十条 有关单位和个人对县级以上人民政府自然资源主管部门就土地违法行为进行的监督检查应当支持与配合,并提供工作方便,不得拒绝与阻碍土地管理监督检查人员依法执行职务。

第七十一条 县级以上人民政府自然资源主管部门在监督检查工作中发现国家工作人员的违法行为,依法应当给予处分的,应当依法予以处理;自己无权处理的,应当依法移送监察机关或者有关机关处理。

第七十二条 县级以上人民政府自然资源主管部门在监督检查工作中发现土地违法行为构成犯罪的,应当将案件移送有关机关,依法追究刑事责任;尚不构成犯罪的,应当依法给予行政处罚。

第七十三条 依照本法规定应当给予行政处罚,而有关自然资源主管部门不给予行政处罚的,上级人民政府自然资源主管部门有权责令有关自然资源主管部门作出行政处罚决定或者直接给予行政处罚,并给予有关自然资源主管部门的负责人处分。

第七章 法律责任

第七十四条 买卖或者以其他形式非法转让土地的,由县级以上人民政府自然资源主管部门没收违法所得;对违反土地利用总体规划擅自将农用地改为建设用地的,限期拆除在非法转让的土地上新建的建筑物和其他设施,恢复土地原状,对符合土地利用总体规划的,没收在非法转让的土地上新建的建筑物和其他设施;可以并处罚款;对直接负责的主管人员和其他直接责任人员,依法给予处分;构成犯罪的,依法追究刑事责任。

第七十五条 违反本法规定,占用耕地建窑、建坟或者擅自在耕地上建房、挖砂、采石、采矿、取土等,破坏种植条件的,或者因开发土地造成土地荒漠化、盐渍化的,由县级以上人民政府自然资源主管部门、农业农村主管部门等按照职责责令限期改正或者治理,可以并处罚款;构成犯罪的,依法追究刑事责任。

第七十六条 违反本法规定,拒不履行土地复垦义务的,由县级以上人民政府自然资源主管部门责令限期改正;逾期不改正的,责令缴纳复垦费,专项用于土地复垦,可以处以罚款。

第七十七条 未经批准或者采取欺骗手段骗取批准,非法占用土地的,由县级以上人民政府自然资源主管部门责令退还非法占用的土地,对违反土地利用总体规划擅自将农用地改为建设用地的,限期拆除在非法占用的土地上新建的建筑物和其他设施,恢复土地原状,对符合土地利用总体规划的,没收在非法占用的土地上新建的建筑物和其他设施,可以并处罚款;对非法占用土地单位的直接负责的主管人员和其他直接责任人员,依法给予处分;构成犯罪的,依法追究刑事责任。

超过批准的数量占用土地,多占的土地以非法占用土地论处。

第七十八条 农村村民未经批准或者采取欺骗手段骗取批准,非法占用土地建住宅的,由县级以上人民政府农业农村主管部门责令退还非法占用的土地,限期拆除在非法占用的土地上新建的房屋。

超过省、自治区、直辖市规定的标准,多占的土地以非法占用土地论处。

第七十九条 无权批准征收、使用土地的单位或者个人非法批准占用土地的,超越批准权限非法批准占用土地的,不按照土地利用总体规划确定的用途批准用地的,或者违反法律规定的程序批准占用、征收土地的,其批准文件无效,对非法批准征收、使用土地的直接负责的主管人员和其他直接责任人员,依法给予处分;构成犯罪的,依法追究刑事责任。非法批准、使用的土地应当收回,有关当事人拒不归还的,以非法占用土地论处。

非法批准征收、使用土地,对当事人造成损失的,依法应当承担赔偿责任。

第八十条 侵占、挪用被征收土地单位的征地补偿费用和其他有关费用,构成犯罪的,依法追究刑事责任;尚不构成犯罪的,依法给予处分。

第八十一条 依法收回国有土地使用权当事人拒不交出土地的,临时使用土地期满拒不归还的,或者不按照批准的用途使用国有土地的,由县级以上人民政府自然资源主管部门责令交还土地,处以罚款。

第八十二条 擅自将农民集体所有的土地通过出让、转让使用权或者出租等方式用于非农业建设,或者违反本法规定,将集体经营性建设用地通过出让、出租等方式交由单位或者个人使用的,由县级以上人民政府自然资源主管部门责令限期改正,没收违法所得,并处罚款。

第八十三条 依照本法规定,责令限期拆除在非法占用的土地上新建的建筑物和其他设施的,建设单位或者个人必须立即停止施工,自行拆除;对继续施工的,作出处罚决定的机关有权制止。建设单位或者个人对责令限期拆除的行政处罚决定不服,可以在接到责令限期拆除决定之日起十五日内,向人民法院起诉;期满不起诉又不自行拆除的,由作出处罚决定的机关依法申请人民法院强制执行,费用由违法者承担。

第八十四条 自然资源主管部门、农业农村主管部门的工作人员玩忽职守、滥用职权、徇私舞弊,构成犯罪的,依法追究刑事责任;尚不构成犯罪的,依法给予处分。

第八章 附 则

第八十五条 外商投资企业使用土地的,适用本法;法律另有规定的,从其规定。

第八十六条 在根据本法第十八条的规定编制国土空间规划前,经依法批准的土地利用总体规划和城乡规划继续执行。

第八十七条 本法自1999年1月1日起施行。

9. 中华人民共和国土地管理法实施条例

(1998年12月27日中华人民共和国国务院令第256号发布,根据2011年1月8日《国务院关于废止和修改部分行政法规的决定》第一次修订,根据2014年7月29日《国务院关于修改部分行政法规的决定》第二次修订,2021年7月2日中华人民共和国国务院令第743号第三次修订)

第一章 总 则

第一条 根据《中华人民共和国土地管理法》(以下简称《土地管理法》),制定本条例。

第二章 国土空间规划

第二条 国家建立国土空间规划体系。

土地开发、保护、建设活动应当坚持规划先行。经依法批准的国土空间规划是各类开发、保护、建设活动的基本依据。

已经编制国土空间规划的,不再编制土地利用总体规划和城乡规划。在编制国土空间规划前,经依法批准的土地利用总体规划和城乡规划继续执行。

第三条 国土空间规划应当细化落实国家发展规划提出的国土空间开发保护要求,统筹布局农业、生态、城镇等功能空间,划定落实永久基本农田、生态保护红线和城镇开发边界。

国土空间规划应当包括国土空间开发保护格局和规划用地布局、结构、用途管制要求等内容,明确耕地保有量、建设用地规模、禁止开垦的范围等要求,统筹基础设施和公共设施用地布局,综合利用地上地下空间,合理确定并严格控制新增建设用地规模,提高土地节约集约利用水平,保障土地的可持续利用。

第四条 土地调查应当包括下列内容:
(一)土地权属以及变化情况;
(二)土地利用现状以及变化情况;
(三)土地条件。

全国土地调查成果,报国务院批准后向社会公布。地方土地调查成果,经本级人民政府审核,报上一级人民政府批准后向社会公布。全国土地调查成果公布后,县级以上地方人民政府方可自上而下逐级依次公布本行政区域的土地调查成果。

土地调查成果是编制国土空间规划以及自然资源管理、保护和利用的重要依据。

土地调查技术规程由国务院自然资源主管部门会同有关部门制定。

第五条 国务院自然资源主管部门会同有关部门制定土地等级评定标准。

县级以上人民政府自然资源主管部门应当会同有关部门根据土地等级评定标准,对土地等级进行评定。地方土地等级评定结果经本级人民政府审核,报上一级人民政府自然资源主管部门批准后向社会公布。

根据国民经济和社会发展状况,土地等级每五年重新评定一次。

第六条 县级以上人民政府自然资源主管部门应当加强信息化建设,建立统一的国土空间基础信息平台,实行土地管理全流程信息化管理,对土地利用状况进行动态监测,与发展改革、住房和城乡建设等有关部门建立土地管理信息共享机制,依法公开土地管理信息。

第七条 县级以上人民政府自然资源主管部门应当加强地籍管理,建立健全地籍数据库。

第三章 耕地保护

第八条 国家实行占用耕地补偿制度。在国土空间规划确定的城市和村庄、集镇建设用地范围内经依法批准占用耕地,以及在国土空间规划确定的城市和村庄、集镇建设用地范围外的能源、交通、水利、矿山、军事设施等建设项目经依法批准占用耕地的,分别由县级人民政府、农村集体经济组织和建设单位负责开垦与所占用耕地的数量和质量相当的耕地;没有条件开垦或者开垦的耕地不符合要求的,应当按照省、自治区、直辖市的规定缴纳耕地开垦费,专款用于开垦新的耕地。

省、自治区、直辖市人民政府应当组织自然资源主管部门、农业农村主管部门对开垦的耕地进行验收,确保开垦的耕地落实到地块。划入永久基本农田的还应当纳入国家永久基本农田数据库严格管理。占用耕地补充情况应当按照国家有关规定向社会公布。

个别省、直辖市需要易地开垦耕地的,依照《土地管理法》第三十二条的规定执行。

第九条 禁止任何单位和个人在国土空间规划确定的禁止开垦的范围内从事土地开发活动。

按照国土空间规划,开发未确定土地使用权的国有荒山、荒地、荒滩从事种植业、林业、畜牧业、渔业生产的,应当向土地所在地的县级以上地方人民政府自然资源主管部门提出申请,按照省、自治区、直辖市规定的权限,由县级以上地方人民政府批准。

第十条 县级人民政府应当按照国土空间规划关于统筹布局农业、生态、城镇等功能空间的要求,制定土地整理方案,促进耕地保护和土地节约集约利用。

县、乡(镇)人民政府应当组织农村集体经济组织,实施土地整理方案,对闲散地和废弃地有计划地整治、改造。土地整理新增耕地,可以用作建设所占用耕地的补充。

鼓励社会主体依法参与土地整理。

第十一条 县级以上地方人民政府应当采取措施,预防和治理耕地土壤流失、污染,有计划地改造中低产田,建设高标准农田,提高耕地质量,保护黑土地等优质耕地,并依法对建设所占用耕地耕作层的土壤利用作出合理安排。

非农业建设依法占用永久基本农田的,建设单位应当按照省、自治区、直辖市的规定,将所占用耕地耕作层的土壤用于新开垦耕地、劣质地或者其他耕地的土壤改良。

县级以上地方人民政府应当加强对农业结构调整的引导和管理,防止破坏耕地耕作层;设施农业用地不再使用的,应当及时组织恢复种植条件。

第十二条 国家对耕地实行特殊保护,严守耕地保护红线,严格控制耕地转为林地、草地、园地等其他农用地,并建立耕地保护补偿制度,具体办法和耕地保护补偿实施步骤由国务院自然资源主管部门会同有关部门规定。

非农业建设必须节约使用土地,可以利用荒地的,不得占用耕地;可以利用劣地的,不得占用好地。禁止占用耕地建窑、建坟或者擅自在耕地上建房、挖砂、采石、采矿、取土等。禁止占用永久基本农田发展林果业和挖塘养鱼。

耕地应当优先用于粮食和棉、油、糖、蔬菜等农产品生产。按照国家有关规定需要将耕地转为林地、草地、园地等其他农用地的,应当优先使用难以长期稳定利用的耕地。

第十三条 省、自治区、直辖市人民政府对本行政区域耕地保护负总责,其主要负责人是本行政区域耕地保护的第一责任人。

省、自治区、直辖市人民政府应当将国务院确定的耕地保有量和永久基本农田保护任务分解下达,落实到具体地块。

国务院对省、自治区、直辖市人民政府耕地保护责任目标落实情况进行考核。

第四章 建 设 用 地

第一节 一般规定

第十四条 建设项目需要使用土地的,应当符合国土空间规划、土地利用年度计划和用途管制以及节约资源、保护生态环境的要求,并严格执行建设用地标准,优先使用存量建设用地,提高建设用地使用效率。

从事土地开发利用活动,应当采取有效措施,防止、减少土壤污染,并确保建设用地符合土壤环境质量要求。

第十五条 各级人民政府应当依据国民经济和社会发展规划及年度计划、国土空间规划、国家产业政策以及城乡建设、土地利用的实际状况等,加强土地利用计划管理,实行建设用地总量控制,推动城乡存量建设用地开发利用,引导城镇低效用地再开发,落实建设用地标准控制制度,开展节约集约用地评价,推广应用节地技术和节地模式。

第十六条 县级以上地方人民政府自然资源主管部门应当将本级人民政府确定的年度建设用地供应总量、结构、时序、地块、用途等在政府网站上向社会公布,供社会公众查阅。

第十七条 建设单位使用国有土地,应当以有偿使用方式取得;但是,法律、行政法规规定可以以划拨方式取得的除外。

国有土地有偿使用的方式包括:

(一)国有土地使用权出让;

(二)国有土地租赁;

(三)国有土地使用权作价出资或者入股。

第十八条 国有土地使用权出让、国有土地租赁等应当依照国家有关规定通过公开的交易平台进行交易,并纳入统一的公共资源交易平台体系。除依法可以采取协议方式外,应当采取招标、拍卖、挂牌等竞争性方式确定土地使用者。

第十九条 《土地管理法》第五十五条规定的新增建设用地的土地有偿使用费,是指国家在新增建设用地中应取得的平均土地纯收益。

第二十条 建设项目施工、地质勘查需要临时使用土地的,应当尽量不占或者少占耕地。

临时用地由县级以上人民政府自然资源主管部门批准,期限一般不超过二年;建设周期较长的能源、交通、水利等基础设施建设使用的临时用地,期限不超过四年;法律、行政法规另有规定的除外。

土地使用者应当自临时用地期满之日起一年内完成土地复垦,使其达到可供利用状态,其中占用耕地的应当恢复种植条件。

第二十一条 抢险救灾、疫情防控等急需使用土地的,可以先行使用土地。其中,属于临时用地的,用后应当恢复原状并交还原土地使用者使用,不再办理用地审批手续;属于永久性建设用地的,建设单位应当在不晚于应急处置工作结束六个月内申请补办建设用地审批手续。

第二十二条 具有重要生态功能的未利用地应当依法划入生态保护红线,实施严格保护。

建设项目占用国土空间规划确定的未利用地的,按照省、自治区、直辖市的规定办理。

第二节 农用地转用

第二十三条 在国土空间规划确定的城市和村庄、集镇建设用地范围内,为实施该规划而将农用地转为建设用地的,由市、县人民政府组织自然资源等部门拟订农用地转用方案,分批次报有批准权的人民政府批准。

农用地转用方案应当重点对建设项目安排、是否符合国土空间规划和土地利用年度计划以及补充耕地情况作出说明。

农用地转用方案经批准后,由市、县人民政府组织实施。

第二十四条 建设项目确需占用国土空间规划确定的城市和村庄、集镇建设用地范围外的农用地,涉及占用永久基本农田的,由国务院批准;不涉及占用永久基本农田的,由国务院或者国务院授权的省、自治区、直辖市人民政府批准。具体按照下列规定办理:

(一)建设项目批准、核准前或者备案前后,由自然资源主管部门对建设项目用地事项进行审查,提出建设项目用地预审意见。建设项目需要申请核发选址意见书的,应当合并办理建设项目用地预审与选址意见书,核发建设项目用地预审与选址意见书。

(二)建设单位持建设项目的批准、核准或者备案文件,向市、县人民政府提出建设用地申请。市、县人民政府组织自然资源等部门拟订农用地转用方案,报有批准权的人民政府批准;依法应当由国务院批准的,由省、自治区、直辖市人民政府审核后上报。农用地转用方案应当重点对是否符合国土空间规划和土地利用年度计划以及补充耕地情况作出说明,涉及占用永久基本农田的,还应当对占用永久基本农田的必要性、合理性和补划可行性作出说明。

(三)农用地转用方案经批准后,由市、县人民政府组织实施。

第二十五条　建设项目需要使用土地的,建设单位原则上应当一次申请,办理建设用地审批手续,确需分期建设的项目,可以根据可行性研究报告确定的方案,分期申请建设用地,分期办理建设用地审批手续。建设过程中用地范围确需调整的,应当依法办理建设用地审批手续。

农用地转用涉及征收土地的,还应当依法办理征收土地手续。

第三节　土地征收

第二十六条　需要征收土地,县级以上地方人民政府认为符合《土地管理法》第四十五条规定的,应当发布征收土地预公告,并开展拟征收土地现状调查和社会稳定风险评估。

征收土地预公告应当包括征收范围、征收目的、开展土地现状调查的安排等内容。征收土地预公告应当采用有利于社会公众知晓的方式,在拟征收土地所在的乡(镇)和村、村民小组范围内发布,预公告时间不少于十个工作日。自征收土地预公告发布之日起,任何单位和个人不得在拟征收范围内抢栽抢建;违反规定抢栽抢建的,对抢栽抢建部分不予补偿。

土地现状调查应当查明土地的位置、权属、地类、面积,以及农村村民住宅、其他地上附着物和青苗等的权属、种类、数量等情况。

社会稳定风险评估应当对征收土地的社会稳定风险状况进行综合研判,确定风险点,提出风险防范措施和处置预案。社会稳定风险评估应当有被征地的农村集体经济组织及其成员、村民委员会和其他利害关系人参加,评估结果是申请征收土地的重要依据。

第二十七条　县级以上地方人民政府应当依据社会稳定风险评估结果,结合土地现状调查情况,组织自然资源、财政、农业农村、人力资源和社会保障等有关部门拟定征地补偿安置方案。

征地补偿安置方案应当包括征收范围、土地现状、征收目的、补偿方式和标准、安置对象、安置方式、社会保障等内容。

第二十八条　征地补偿安置方案拟定后,县级以上地方人民政府应当在拟征收土地所在的乡(镇)和村、村民小组范围内公告,公告时间不少于三十日。

征地补偿安置公告应当同时载明办理补偿登记的方式和期限、异议反馈渠道等内容。

多数被征地的农村集体经济组织成员认为拟定的征地补偿安置方案不符合法律、法规规定的,县级以上地方人民政府应当组织听证。

第二十九条　县级以上地方人民政府根据法律、法规规定和听证会等情况确定征地补偿安置方案后,应当组织有关部门与拟征收土地的所有权人、使用权人签订征地补偿安置协议。征地补偿安置协议示范文本由省、自治区、直辖市人民政府制定。

对个别确实难以达成征地补偿安置协议的,县级以上地方人民政府应当在申请征收土地时如实说明。

第三十条　县级以上地方人民政府完成本条例规定的征地前期工作后,方可提出征收土地申请,依照《土地管理法》第四十六条的规定报有批准权的人民政府批准。

有批准权的人民政府应当对征收土地的必要性、合理性、是否符合《土地管理法》第四十五条规定的为了公共利益确需征收土地的情形以及是否符合法定程序进行审查。

第三十一条　征收土地申请经依法批准后,县级以上地方人民政府应当自收到批准文件之日起十五个工作日内在拟征收土地所在的乡(镇)和村、村民小组范围内发布征收土地公告,公布征收范围、征收时间等具体工作安排,对个别未达成征地补偿安置协议的应当作出征地补偿安置决定,并依法组织实施。

第三十二条　省、自治区、直辖市应当制定公布区片综合地价,确定征收农用地的土地补偿费、安置补助费标准,并制定土地补偿费、安置补助费分配办法。

地上附着物和青苗等的补偿费用,归其所有权人所有。

社会保障费用主要用于符合条件的被征地农民的养老保险等社会保险缴费补贴,按照省、自治区、直辖市的规定单独列支。

申请征收土地的县级以上地方人民政府应当及时落实土地补偿费、安置补助费、农村村民住宅以及其他地上附着物和青苗等的补偿费用、社会保障费用等,并保证足额到位,专款专用。有关费用未足额到位的,不得批准征收土地。

第四节　宅基地管理

第三十三条　农村居民点布局和建设用地规模应当遵循节约集约、因地制宜的原则合理规划。县级以上地方人民政府应当按照国家规定安排建设用地指标,合理保障本行政区域农村村民宅基地需求。

乡(镇)、县、市国土空间规划和村庄规划应当统筹考虑农村村民生产、生活需求,突出节约集约用地导向,科学划定宅基地范围。

第三十四条 农村村民申请宅基地的,应当以户为单位向农村集体经济组织提出申请;没有设立农村集体经济组织的,应当向所在的村民小组或者村民委员会提出申请。宅基地申请依法经农村村民集体讨论通过并在本集体范围内公示后,报乡(镇)人民政府审核批准。

涉及占用农用地的,应当依法办理农用地转用审批手续。

第三十五条 国家允许进城落户的农村村民依法自愿有偿退出宅基地。乡(镇)人民政府和农村集体经济组织、村民委员会等应当将退出的宅基地优先用于保障该农村集体经济组织成员的宅基地需求。

第三十六条 依法取得的宅基地和宅基地上的农村村民住宅及其附属设施受法律保护。

禁止违背农村村民意愿强制流转宅基地,禁止违法收回农村村民依法取得的宅基地,禁止以退出宅基地作为农村村民进城落户的条件,禁止强迫农村村民搬迁退出宅基地。

第五节 集体经营性建设用地管理

第三十七条 国土空间规划应当统筹并合理安排集体经营性建设用地布局和用途,依法控制集体经营性建设用地规模,促进集体经营性建设用地的节约集约利用。

鼓励乡村重点产业和项目使用集体经营性建设用地。

第三十八条 国土空间规划确定为工业、商业等经营性用途,且已依法办理土地所有权登记的集体经营性建设用地,土地所有权人可以通过出让、出租等方式交由单位或者个人在一定年限内有偿使用。

第三十九条 土地所有权人拟出让、出租集体经营性建设用地的,市、县人民政府自然资源主管部门应当依据国土空间规划提出拟出让、出租的集体经营性建设用地的规划条件,明确土地界址、面积、用途和开发建设强度等。

市、县人民政府自然资源主管部门应当会同有关部门提出产业准入和生态环境保护要求。

第四十条 土地所有权人应当依据规划条件、产业准入和生态环境保护要求等,编制集体经营性建设用地出让、出租等方案,并依照《土地管理法》第六十三条的规定,由本集体经济组织形成书面意见,在出让、出租前不少于十个工作日报市、县人民政府。市、县人民政府认为该方案不符合规划条件或者产业准入和生态环境保护要求等的,应当在收到方案后五个工作日内提出修改意见。土地所有权人应当按照市、县人民政府的意见进行修改。

集体经营性建设用地出让、出租等方案应当载明宗地的土地界址、面积、用途、规划条件、产业准入和生态环境保护要求、使用期限、交易方式、入市价格、集体收益分配安排等内容。

第四十一条 土地所有权人应当依据集体经营性建设用地出让、出租等方案,以招标、拍卖、挂牌或者协议等方式确定土地使用者,双方应当签订书面合同,载明土地界址、面积、用途、规划条件、使用期限、交易价款支付、交地时间和开工竣工期限、产业准入和生态环境保护要求,约定提前收回的条件、补偿方式、土地使用权届满期和地上建筑物、构筑物等附着物处理方式,以及违约责任和解决争议的方法等,并报市、县人民政府自然资源主管部门备案。未依法将规划条件、产业准入和生态环境保护要求纳入合同的,合同无效;造成损失的,依法承担民事责任。合同示范文本由国务院自然资源主管部门制定。

第四十二条 集体经营性建设用地使用者应当按照约定及时支付集体经营性建设用地价款,并依法缴纳相关税费,对集体经营性建设用地使用权以及依法利用集体经营性建设用地建造的建筑物、构筑物及其附属设施的所有权,依法申请办理不动产登记。

第四十三条 通过出让等方式取得的集体经营性建设用地使用权依法转让、互换、出资、赠与或者抵押的,双方应当签订书面合同,并书面通知土地所有权人。

集体经营性建设用地的出租,集体建设用地使用权的出让及其最高年限、转让、互换、出资、赠与、抵押等,参照同类用途的国有建设用地执行,法律、行政法规另有规定的除外。

第五章 监督检查

第四十四条 国家自然资源督察机构根据授权对省、自治区、直辖市人民政府以及国务院确定的城市人民政府下列土地利用和土地管理情况进行督察:

(一)耕地保护情况;

(二)土地节约集约利用情况;

(三)国土空间规划编制和实施情况;

(四)国家有关土地管理重大决策落实情况;

(五)土地管理法律、行政法规执行情况;

(六)其他土地利用和土地管理情况。

第四十五条 国家自然资源督察机构进行督察时,有权向有关单位和个人了解督察事项有关情况,有关单位和个人应当支持、协助督察机构工作,如实反映情况,并提供有关材料。

第四十六条 被督察的地方人民政府违反土地管理法律、行政法规,或者落实国家有关土地管理重大决策不力的,国家自然资源督察机构可以向被督察的地方人民政府下达督察意见书,地方人民政府应当认真组织整改,并及时报告整改情况;国家自然资源督察机构可以约谈被督察的地方人民政府有关负责人,并可以依法向监察机关、任免机关等有关机关提出追究相关责任人责任的建议。

第四十七条 土地管理监督检查人员应当经过培训,经考核合格,取得行政执法证件后,方可从事土地管理监督检查工作。

第四十八条 自然资源主管部门、农业农村主管部门按照职责分工进行监督检查时,可以采取下列措施:

(一)询问违法案件涉及的单位或者个人;

(二)进入被检查单位或者个人涉嫌土地违法的现场

进行拍照、摄像;

(三)责令当事人停止正在进行的土地违法行为;

(四)对涉嫌土地违法的单位或者个人,在调查期间暂停办理与该违法案件相关的土地审批、登记等手续;

(五)对可能被转移、销毁、隐匿或者篡改的文件、资料予以封存,责令涉嫌土地违法的单位或者个人在调查期间不得变卖、转移与案件有关的财物;

(六)《土地管理法》第六十八条规定的其他监督检查措施。

第四十九条 依照《土地管理法》第七十三条的规定给予处分的,应当按照管理权限由责令作出行政处罚决定或者直接给行政处罚的上级人民政府自然资源主管部门或者其他任免机关、单位作出。

第五十条 县级以上人民政府自然资源主管部门应当会同有关部门建立信用监管、动态巡查等机制,加强对建设用地供应交易和供后开发利用的监管,对建设用地市场重大失信行为依法实施惩戒,并依法公开相关信息。

第六章 法律责任

第五十一条 违反《土地管理法》第三十七条的规定,非法占用永久基本农田发展林果业或者挖塘养鱼的,由县级以上人民政府自然资源主管部门责令限期改正,逾期不改正的,按占用面积处耕地开垦费2倍以上5倍以下的罚款;破坏种植条件的,依照《土地管理法》第七十五条的规定处罚。

第五十二条 违反《土地管理法》第五十七条的规定,在临时使用的土地上修建永久性建筑物的,由县级以上人民政府自然资源主管部门责令限期拆除,按占用面积处土地复垦费5倍以上10倍以下的罚款;逾期不拆除的,由作出行政决定的机关依法申请人民法院强制执行。

第五十三条 违反《土地管理法》第六十五条的规定,对建筑物、构筑物进行重建、扩建的,由县级以上人民政府自然资源主管部门责令限期拆除;逾期不拆除的,由作出行政决定的机关依法申请人民法院强制执行。

第五十四条 依照《土地管理法》第七十四条的规定处以罚款的,罚款额为违法所得的10%以上50%以下。

第五十五条 依照《土地管理法》第七十五条的规定处以罚款的,罚款额为耕地开垦费的5倍以上10倍以下;破坏黑土地等优质耕地的,从重处罚。

第五十六条 依照《土地管理法》第七十六条的规定处以罚款的,罚款额为土地复垦费的2倍以上5倍以下。

违反本条例规定,临时用地期满之日起一年内未完成复垦或者未恢复种植条件的,由县级以上人民政府自然资源主管部门责令限期改正,依照《土地管理法》第七十六条的规定处罚,并由县级以上人民政府自然资源主管部门会同农业农村主管部门代为完成复垦或者恢复种植条件。

第五十七条 依照《土地管理法》第七十七条的规定处以罚款的,罚款额为非法占用土地每平方米100元以上1000元以下。

违反本条例规定,在国土空间规划确定的禁止开垦的范围内从事土地开发活动的,由县级以上人民政府自然资源主管部门责令限期改正,并依照《土地管理法》第七十七条的规定处罚。

第五十八条 依照《土地管理法》第七十四条、第七十七条的规定,县级以上人民政府自然资源主管部门没收在非法转让或者非法占用的土地上新建的建筑物和其他设施的,应当于九十日内交由本级人民政府或者其指定的部门依法管理和处置。

第五十九条 依照《土地管理法》第八十一条的规定处以罚款的,罚款额为非法占用土地每平方米100元以上500元以下。

第六十条 依照《土地管理法》第八十二条的规定处以罚款的,罚款额为违法所得的10%以上30%以下。

第六十一条 阻碍自然资源主管部门、农业农村主管部门的工作人员依法执行职务,构成违反治安管理行为的,依法给予治安管理处罚。

第六十二条 违反土地管理法律、法规规定,阻挠国家建设征收土地的,由县级以上地方人民政府责令交出土地;拒不交出土地的,依法申请人民法院强制执行。

第六十三条 违反本条例规定,侵犯农村村民依法取得的宅基地权益的,责令限期改正,对有关责任单位通报批评,给予警告;造成损失的,依法承担赔偿责任;对直接负责的主管人员和其他直接责任人员,依法给予处分。

第六十四条 贪污、侵占、挪用、私分、截留、拖欠征地补偿安置费用和其他有关费用的,责令改正,追回有关款项,限期退还违法所得,对有关责任单位通报批评,给予警告;造成损失的,依法承担赔偿责任;对直接负责的主管人员和其他直接责任人员,依法给予处分。

第六十五条 各级人民政府及自然资源主管部门、农业农村主管部门工作人员玩忽职守、滥用职权、徇私舞弊的,依法给予处分。

第六十六条 违反本条例规定,构成犯罪的,依法追究刑事责任。

第七章 附　则

第六十七条 本条例自2021年9月1日起施行。

10. 中华人民共和国耕地占用税法

(2018年12月29日第十三届全国人民代表大会常务委员会第七次会议通过)

第一条 为了合理利用土地资源，加强土地管理，保护耕地，制定本法。

第二条 在中华人民共和国境内占用耕地建设建筑物、构筑物或者从事非农业建设的单位和个人，为耕地占用税的纳税人，应当依照本法规定缴纳耕地占用税。

占用耕地建设农田水利设施的，不缴纳耕地占用税。

本法所称耕地，是指用于种植农作物的土地。

第三条 耕地占用税以纳税人实际占用的耕地面积为计税依据，按照规定的适用税额一次性征收，应纳税额为纳税人实际占用的耕地面积（平方米）乘以适用税额。

第四条 耕地占用税的税额如下：

（一）人均耕地不超过一亩的地区（以县、自治县、不设区的市、市辖区为单位，下同），每平方米为十元至五十元；

（二）人均耕地超过一亩但不超过二亩的地区，每平方米为八元至四十元；

（三）人均耕地超过二亩但不超过三亩的地区，每平方米为六元至三十元；

（四）人均耕地超过三亩的地区，每平方米为五元至二十五元。

各地区耕地占用税的适用税额，由省、自治区、直辖市人民政府根据人均耕地面积和经济发展等情况，在前款规定的税额幅度内提出，报同级人民代表大会常务委员会决定，并报全国人民代表大会常务委员会和国务院备案。各省、自治区、直辖市耕地占用税适用税额的平均水平，不得低于本法所附《各省、自治区、直辖市耕地占用税平均税额表》规定的平均税额。

第五条 在人均耕地低于零点五亩的地区，省、自治区、直辖市可以根据当地经济发展情况，适当提高耕地占用税的适用税额，但提高的部分不得超过本法第四条第二款确定的适用税额的百分之五十。具体适用税额按照本法第四条第二款规定的程序确定。

第六条 占用基本农田的，应当按照本法第四条第二款或者第五条确定的当地适用税额，加按百分之一百五十征收。

第七条 军事设施、学校、幼儿园、社会福利机构、医疗机构占用耕地，免征耕地占用税。

铁路线路、公路线路、飞机场跑道、停机坪、港口、航道、水利工程占用耕地，减按每平方米二元的税额征收耕地占用税。

农村居民在规定用地标准以内占用耕地新建自用住宅，按照当地适用税额减半征收耕地占用税；其中农村居民经批准搬迁，新建自用住宅占用耕地不超过原宅基地面积的部分，免征耕地占用税。

农村烈士遗属、因公牺牲军人遗属、残疾军人以及符合农村最低生活保障条件的农村居民，在规定用地标准以内新建自用住宅，免征耕地占用税。

根据国民经济和社会发展的需要，国务院可以规定免征或者减征耕地占用税的其他情形，报全国人民代表大会常务委员会备案。

第八条 依照本法第七条第一款、第二款规定免征或者减征耕地占用税后，纳税人改变原占地用途，不再属于免征或者减征耕地占用税情形的，应当按照当地适用税额补缴耕地占用税。

第九条 耕地占用税由税务机关负责征收。

第十条 耕地占用税的纳税义务发生时间为纳税人收到自然资源主管部门办理占用耕地手续的书面通知的当日。纳税人应当自纳税义务发生之日起三十日内申报缴纳耕地占用税。

自然资源主管部门凭耕地占用税完税凭证或者免税凭证和其他有关文件发放建设用地批准书。

第十一条 纳税人因建设项目施工或者地质勘查临时占用耕地，应当依照本法的规定缴纳耕地占用税。纳税人在批准临时占用耕地期满之日起一年内依法复垦，恢复种植条件的，全额退还已经缴纳的耕地占用税。

第十二条 占用园地、林地、草地、农田水利用地、养殖水面、渔业水域滩涂以及其他农用地建设建筑物、构筑物或者从事非农业建设的，依照本法的规定缴纳耕地占用税。

占用前款规定的农用地的，适用税额可以适当低于本地区按照本法第四条第二款确定的适用税额，但降低的部分不得超过百分之五十。具体适用税额由省、自治区、直辖市人民政府提出，报同级人民代表大会常务委员会决定，并报全国人民代表大会常务委员会和国务院备案。

占用本条第一款规定的农用地建设直接为农业生产服务的生产设施的，不缴纳耕地占用税。

第十三条 税务机关应当与相关部门建立耕地占用税涉税信息共享机制和工作配合机制。县级以上地方人民政府自然资源、农业农村、水利等相关部门应当定期向税务机关提供农用地转用、临时占地等信息，协助税务机关加强耕地占用税征收管理。

税务机关发现纳税人的纳税申报数据资料异常或者纳税人未按照规定期限申报纳税的，可以提请相关部门进行复核，相关部门应当自收到税务机关复核申请之日起三十日内向税务机关出具复核意见。

第十四条 耕地占用税的征收管理，依照本法和《中华人民共和国税收征收管理法》的规定执行。

第十五条 纳税人、税务机关及其工作人员违反本法规定的，依照《中华人民共和国税收征收管理法》和有关法律法规的规定追究法律责任。

第十六条 本法自 2019 年 9 月 1 日起施行。2007 年 12 月 1 日国务院公布的《中华人民共和国耕地占用税暂行条例》同时废止。

附件

各省、自治区、直辖市耕地占用税平均税额表

省、自治区、直辖市	平均税额（元/平方米）
上海	45
北京	40
天津	35
江苏、浙江、福建、广东	30
辽宁、湖北、湖南	25
河北、安徽、江西、山东、河南、重庆、四川	22.5
广西、海南、贵州、云南、陕西	20
山西、吉林、黑龙江	17.5
内蒙古、西藏、甘肃、青海、宁夏、新疆	12.5

11. 中华人民共和国环境保护法

(1989年12月26日第七届全国人民代表大会常务委员会第十一次会议通过,2014年4月24日第十二届全国人民代表大会常务委员会第八次会议修订)

第一章 总 则

第一条 为保护和改善环境,防治污染和其他公害,保障公众健康,推进生态文明建设,促进经济社会可持续发展,制定本法。

第二条 本法所称环境,是指影响人类生存和发展的各种天然的和经过人工改造的自然因素的总体,包括大气、水、海洋、土地、矿藏、森林、草原、湿地、野生生物、自然遗迹、人文遗迹、自然保护区、风景名胜区、城市和乡村等。

第三条 本法适用于中华人民共和国领域和中华人民共和国管辖的其他海域。

第四条 保护环境是国家的基本国策。

国家采取有利于节约和循环利用资源、保护和改善环境、促进人与自然和谐的经济、技术政策和措施,使经济社会发展与环境保护相协调。

第五条 环境保护坚持保护优先、预防为主、综合治理、公众参与、损害担责的原则。

第六条 一切单位和个人都有保护环境的义务。

地方各级人民政府应当对本行政区域的环境质量负责。

企业事业单位和其他生产经营者应当防止、减少环境污染和生态破坏,对所造成的损害依法承担责任。

公民应当增强环境保护意识,采取低碳、节俭的生活方式,自觉履行环境保护义务。

第七条 国家支持环境保护科学技术研究、开发和应用,鼓励环境保护产业发展,促进环境保护信息化建设,提高环境保护科学技术水平。

第八条 各级人民政府应当加大保护和改善环境、防治污染和其他公害的财政投入,提高财政资金的使用效益。

第九条 各级人民政府应当加强环境保护宣传和普及工作,鼓励基层群众性自治组织、社会组织、环境保护志愿者开展环境保护法律法规和环境保护知识的宣传,营造保护环境的良好风气。

教育行政部门、学校应当将环境保护知识纳入学校教育内容,培养学生的环境保护意识。

新闻媒体应当开展环境保护法律法规和环境保护知识的宣传,对环境违法行为进行舆论监督。

第十条 国务院环境保护主管部门,对全国环境保护工作实施统一监督管理;县级以上地方人民政府环境保护主管部门,对本行政区域环境保护工作实施统一监督管理。

县级以上人民政府有关部门和军队环境保护部门,依照有关法律的规定对资源保护和污染防治等环境保护工作实施监督管理。

第十一条 对保护和改善环境有显著成绩的单位和个人,由人民政府给予奖励。

第十二条 每年6月5日为环境日。

第二章 监督管理

第十三条 县级以上人民政府应当将环境保护工作纳入国民经济和社会发展规划。

国务院环境保护主管部门会同有关部门,根据国民经济和社会发展规划编制国家环境保护规划,报国务院批准并公布实施。

县级以上地方人民政府环境保护主管部门会同有关部门,根据国家环境保护规划的要求,编制本行政区域的环境保护规划,报同级人民政府批准并公布实施。

环境保护规划的内容应当包括生态保护和污染防治的目标、任务、保障措施等,并与主体功能区规划、土地利用总体规划和城乡规划等相衔接。

第十四条 国务院有关部门和省、自治区、直辖市人民政府组织制定经济、技术政策,应当充分考虑对环境的影响,听取有关方面和专家的意见。

第十五条 国务院环境保护主管部门制定国家环境质量标准。

省、自治区、直辖市人民政府对国家环境质量标准中未作规定的项目,可以制定地方环境质量标准;对国家环境质量标准中已作规定的项目,可以制定严于国家环境质量标准的地方环境质量标准。地方环境质量标准应当报国务院环境保护主管部门备案。

国家鼓励开展环境基准研究。

第十六条 国务院环境保护主管部门根据国家环境质量标准和国家经济、技术条件,制定国家污染物排放标准。

省、自治区、直辖市人民政府对国家污染物排放标准中未作规定的项目,可以制定地方污染物排放标准;对国家污染物排放标准中已作规定的项目,可以制定严于国家污染物排放标准的地方污染物排放标准。地方污染物排放标准应当报国务院环境保护主管部门备案。

第十七条 国家建立、健全环境监测制度。国务院环境保护主管部门制定监测规范,会同有关部门组织监测网络,统一规划国家环境质量监测站(点)的设置,建立监测数据共享机制,加强对环境监测的管理。

有关行业、专业等各类环境质量监测站(点)的设置应当符合法律法规规定和监测规范的要求。

监测机构应当使用符合国家标准的监测设备,遵守监测规范。监测机构及其负责人对监测数据的真实性和准确性负责。

第十八条　省级以上人民政府应当组织有关部门或者委托专业机构，对环境状况进行调查、评价，建立环境资源承载能力监测预警机制。

第十九条　编制有关开发利用规划，建设对环境有影响的项目，应当依法进行环境影响评价。

未依法进行环境影响评价的开发利用规划，不得组织实施；未依法进行环境影响评价的建设项目，不得开工建设。

第二十条　国家建立跨行政区域的重点区域、流域环境污染和生态破坏联合防治协调机制，实行统一规划、统一标准、统一监测、统一的防治措施。

前款规定以外的跨行政区域的环境污染和生态破坏的防治，由上级人民政府协调解决，或者由有关地方人民政府协商解决。

第二十一条　国家采取财政、税收、价格、政府采购等方面的政策和措施，鼓励和支持环境保护技术装备、资源综合利用和环境服务等环境保护产业的发展。

第二十二条　企业事业单位和其他生产经营者，在污染物排放符合法定要求的基础上，进一步减少污染物排放的，人民政府应依法采取财政、税收、价格、政府采购等方面的政策和措施予以鼓励和支持。

第二十三条　企业事业单位和其他生产经营者，为改善环境，依照有关规定转产、搬迁、关闭的，人民政府应当予以支持。

第二十四条　县级以上人民政府环境保护主管部门及其委托的环境监察机构和其他负有环境保护监督管理职责的部门，有权对排放污染物的企业事业单位和其他生产经营者进行现场检查。被检查者应当如实反映情况，提供必要的资料。实施现场检查的部门、机构及其工作人员应当为被检查者保守商业秘密。

第二十五条　企业事业单位和其他生产经营者违反法律法规规定排放污染物，造成或者可能造成严重污染的，县级以上人民政府环境保护主管部门和其他负有环境保护监督管理职责的部门，可以查封、扣押造成污染物排放的设施、设备。

第二十六条　国家实行环境保护目标责任制和考核评价制度。县级以上人民政府应当将环境保护目标完成情况纳入对本级人民政府负有环境保护监督管理职责的部门及其负责人和下级人民政府及其负责人的考核内容，作为对其考核评价的重要依据。考核结果应当向社会公开。

第二十七条　县级以上人民政府应当每年向本级人民代表大会或者人民代表大会常务委员会报告环境状况和环境保护目标完成情况，对发生的重大环境事件应当及时向本级人民代表大会常务委员会报告，依法接受监督。

第三章　保护和改善环境

第二十八条　地方各级人民政府应当根据环境保护目标和治理任务，采取有效措施，改善环境质量。

未达到国家环境质量标准的重点区域、流域的有关地方人民政府，应当制定限期达标规划，并采取措施按期达标。

第二十九条　国家在重点生态功能区、生态环境敏感区和脆弱区等区域划定生态保护红线，实行严格保护。

各级人民政府对具有代表性的各种类型的自然生态系统区域，珍稀、濒危的野生动植物自然分布区域，重要的水源涵养区域，具有重大科学文化价值的地质构造、著名溶洞和化石分布区、冰川、火山、温泉等自然遗迹，以及人文遗迹、古树名木，应当采取措施予以保护，严禁破坏。

第三十条　开发利用自然资源，应当合理开发，保护生物多样性，保障生态安全，依法制定有关生态保护和恢复治理方案并予以实施。

引进外来物种以及研究、开发和利用生物技术，应当采取措施，防止对生物多样性的破坏。

第三十一条　国家建立、健全生态保护补偿制度。

国家加大对生态保护地区的财政转移支付力度。有关地方人民政府应当落实生态保护补偿资金，确保其用于生态保护补偿。

国家指导受益地区和生态保护地区人民政府通过协商或者按照市场规则进行生态保护补偿。

第三十二条　国家加强对大气、水、土壤等的保护，建立和完善相应的调查、监测、评估和修复制度。

第三十三条　各级人民政府应当加强对农业环境的保护，促进农业环境保护新技术的使用，加强对农业污染源的监测预警，统筹有关部门采取措施，防治土壤污染和土地沙化、盐渍化、贫瘠化、石漠化、地面沉降以及防治植被破坏、水土流失、水体富营养化、水源枯竭、种源灭绝等生态失调现象，推广植物病虫害的综合防治。

县级、乡级人民政府应当提高农村环境保护公共服务水平，推动农村环境综合整治。

第三十四条　国务院和沿海地方各级人民政府应当加强对海洋环境的保护。向海洋排放污染物、倾倒废弃物，进行海岸工程和海洋工程建设，应当符合法律法规规定和有关标准，防止和减少对海洋环境的污染损害。

第三十五条　城乡建设应当结合当地自然环境的特点，保护植被、水域和自然景观，加强城市园林、绿地和风景名胜区的建设与管理。

第三十六条　国家鼓励和引导公民、法人和其他组织使用有利于保护环境的产品和再生产品，减少废弃物的产生。

国家机关和使用财政资金的其他组织应当优先采购和使用节能、节水、节材等有利于保护环境的产品、设备和设施。

第三十七条　地方各级人民政府应当采取措施，组织对生活废弃物的分类处置、回收利用。

第三十八条　公民应当遵守环境保护法律法规，配合实施环境保护措施，按照规定对生活废弃物进行分类放置,减少日常生活对环境造成的损害。

第三十九条　国家建立、健全环境与健康监测、调查和风险评估制度;鼓励和组织开展环境质量对公众健康影响的研究,采取措施预防和控制与环境污染有关的疾病。

第四章　防治污染和其他公害

第四十条　国家促进清洁生产和资源循环利用。

国务院有关部门和地方各级人民政府应当采取措施,推广清洁能源的生产和使用。

企业应当优先使用清洁能源,采用资源利用率高、污染物排放量少的工艺、设备以及废弃物综合利用技术和污染物无害化处理技术,减少污染物的产生。

第四十一条　建设项目中防治污染的设施,应当与主体工程同时设计、同时施工、同时投产使用。防治污染的设施应当符合经批准的环境影响评价文件的要求,不得擅自拆除或者闲置。

第四十二条　排放污染物的企业事业单位和其他生产经营者,应当采取措施,防治在生产建设或者其他活动中产生的废气、废水、废渣、医疗废物、粉尘、恶臭气体、放射性物质以及噪声、振动、光辐射、电磁辐射等对环境的污染和危害。

排放污染物的企业事业单位,应当建立环境保护责任制度,明确单位负责人和相关人员的责任。

重点排污单位应当按照国家有关规定和监测规范安装使用监测设备,保证监测设备正常运行,保存原始监测记录。

严禁通过暗管、渗井、渗坑、灌注或者篡改、伪造监测数据,或者不正常运行防治污染设施等逃避监管的方式违法排放污染物。

第四十三条　排放污染物的企业事业单位和其他生产经营者,应当按照国家有关规定缴纳排污费。排污费应当全部专用于环境污染防治,任何单位和个人不得截留、挤占或者挪作他用。

依照法律规定征收环境保护税的,不再征收排污费。

第四十四条　国家实行重点污染物排放总量控制制度。重点污染物排放总量控制指标由国务院下达,省、自治区、直辖市人民政府分解落实。企业事业单位在执行国家和地方污染物排放标准的同时,应当遵守分解落实到本单位的重点污染物排放总量控制指标。

对超过国家重点污染物排放总量控制指标或者未完成国家确定的环境质量目标的地区,省级以上人民政府环境保护主管部门应当暂停审批其新增重点污染物排放总量的建设项目环境影响评价文件。

第四十五条　国家依照法律规定实行排污许可管理制度。

实行排污许可管理的企业事业单位和其他生产经营者应当按照排污许可证的要求排放污染物;未取得排污许可证的,不得排放污染物。

第四十六条　国家对严重污染环境的工艺、设备和产品实行淘汰制度。任何单位和个人不得生产、销售或者转移、使用严重污染环境的工艺、设备和产品。

禁止引进不符合我国环境保护规定的技术、设备、材料和产品。

第四十七条　各级人民政府及其有关部门和企业事业单位,应当依照《中华人民共和国突发事件应对法》的规定,做好突发环境事件的风险控制、应急准备、应急处置和事后恢复等工作。

县级以上人民政府应当建立环境污染公共监测预警机制,组织制定预警方案;环境受到污染,可能影响公众健康和环境安全时,依法及时公布预警信息,启动应急措施。

企业事业单位应当按照国家有关规定制定突发环境事件应急预案,报环境保护主管部门和有关部门备案。在发生或者可能发生突发环境事件时,企业事业单位应当立即采取措施处理,及时通报可能受到危害的单位和居民,并向环境保护主管部门和有关部门报告。

突发环境事件应急处置工作结束后,有关人民政府应当立即组织评估事件造成的环境影响和损失,并及时将评估结果向社会公布。

第四十八条　生产、储存、运输、销售、使用、处置化学物品和含有放射性物质的物品,应当遵守国家有关规定,防止污染环境。

第四十九条　各级人民政府及其农业等有关部门和机构应当指导农业生产经营者科学种植和养殖,科学合理施用农药、化肥等农业投入品,科学处置农用薄膜、农作物秸秆等农业废弃物,防止农业面源污染。

禁止将不符合农用标准和环境保护标准的固体废物、废水施入农田。施用农药、化肥等农业投入品及进行灌溉,应当采取措施,防止重金属和其他有毒有害物质污染环境。

畜禽养殖场、养殖小区、定点屠宰企业等的选址、建设和管理应当符合有关法律法规规定。从事畜禽养殖和屠宰的单位和个人应当采取措施,对畜禽粪便、尸体和污水等废弃物进行科学处置,防止污染环境。

县级人民政府负责组织农村生活废弃物的处置工作。

第五十条　各级人民政府应当在财政预算中安排资金,支持农村饮用水水源地保护、生活污水和其他废弃物处理、畜禽养殖和屠宰污染防治、土壤污染防治和农村工矿污染治理等环境保护工作。

第五十一条　各级人民政府应当统筹城乡建设污水处理设施及配套管网,固体废物的收集、运输和处置等环境卫生设施,危险废物集中处置设施、场所以及其他环境保护公共设施,并保障其正常运行。

第五十二条　国家鼓励投保环境污染责任保险。

第五章　信息公开和公众参与

第五十三条　公民、法人和其他组织依法享有获取环境信息、参与和监督环境保护的权利。

各级人民政府环境保护主管部门和其他负有环境保护监督管理职责的部门,应当依法公开环境信息、完善公众参与程序,为公民、法人和其他组织参与和监督环境保护提供便利。

第五十四条 国务院环境保护主管部门统一发布国家环境质量、重点污染源监测信息及其他重大环境信息。省级以上人民政府环境保护主管部门定期发布环境状况公报。

县级以上人民政府环境保护主管部门和其他负有环境保护监督管理职责的部门,应当依法公开环境质量、环境监测、突发环境事件以及环境行政许可、行政处罚、排污费的征收和使用情况等信息。

县级以上地方人民政府环境保护主管部门和其他负有环境保护监督管理职责的部门,应当将企业事业单位和其他生产经营者的环境违法信息记入社会诚信档案,及时向社会公布违法者名单。

第五十五条 重点排污单位应当如实向社会公开其主要污染物的名称、排放方式、排放浓度和总量、超标排放情况,以及防治污染设施的建设和运行情况,接受社会监督。

第五十六条 对依法应当编制环境影响报告书的建设项目,建设单位应当在编制时向可能受影响的公众说明情况,充分征求意见。

负责审批建设项目环境影响评价文件的部门在收到建设项目环境影响报告书后,除涉及国家秘密和商业秘密的事项外,应当全文公开;发现建设项目未充分征求公众意见的,应当责成建设单位征求公众意见。

第五十七条 公民、法人和其他组织发现任何单位和个人有污染环境和破坏生态行为的,有权向环境保护主管部门或者其他负有环境保护监督管理职责的部门举报。

公民、法人和其他组织发现地方各级人民政府、县级以上人民政府环境保护主管部门和其他负有环境保护监督管理职责的部门不依法履行职责的,有权向其上级机关或者监察机关举报。

接受举报的机关应当对举报人的相关信息予以保密,保护举报人的合法权益。

第五十八条 对污染环境、破坏生态,损害社会公共利益的行为,符合下列条件的社会组织可以向人民法院提起诉讼:

(一)依法在设区的市级以上人民政府民政部门登记;

(二)专门从事环境保护公益活动连续五年以上且无违法记录。

符合前款规定的社会组织向人民法院提起诉讼,人民法院应当依法受理。

提起诉讼的社会组织不得通过诉讼牟取经济利益。

第六章 法 律 责 任

第五十九条 企业事业单位和其他生产经营者违法排放污染物,受到罚款处罚,被责令改正,拒不改正的,依法作出处罚决定的行政机关可以自责令改正之日的次日起,按照原处罚数额按日连续处罚。

前款规定的罚款处罚,依照有关法律法规按照防治污染设施的运行成本、违法行为造成的直接损失或者违法所得等因素确定的规定执行。

地方性法规可以根据环境保护的实际需要,增加第一款规定的按日连续处罚的违法行为的种类。

第六十条 企业事业单位和其他生产经营者超过污染物排放标准或者超过重点污染物排放总量控制指标排放污染物的,县级以上人民政府环境保护主管部门可以责令其采取限制生产、停产整治等措施;情节严重的,报经有批准权的人民政府批准,责令停业、关闭。

第六十一条 建设单位未依法提交建设项目环境影响评价文件或者环境影响评价文件未经批准,擅自开工建设的,由负有环境保护监督管理职责的部门责令停止建设,处以罚款,并可以责令恢复原状。

第六十二条 违反本法规定,重点排污单位不公开或者不如实公开环境信息的,由县级以上地方人民政府环境保护主管部门责令公开,处以罚款,并予以公告。

第六十三条 企业事业单位和其他生产经营者有下列行为之一,尚不构成犯罪的,除依照有关法律法规规定予以处罚外,由县级以上人民政府环境保护主管部门或者其他有关部门将案件移送公安机关,对其直接负责的主管人员和其他直接责任人员,处十日以上十五日以下拘留;情节较轻的,处五日以上十日以下拘留:

(一)建设项目未依法进行环境影响评价,被责令停止建设,拒不执行的;

(二)违反法律规定,未取得排污许可证排放污染物,被责令停止排污,拒不执行的;

(三)通过暗管、渗井、渗坑、灌注或者篡改、伪造监测数据,或者不正常运行防治污染设施等逃避监管的方式违法排放污染物的;

(四)生产、使用国家明令禁止生产、使用的农药,被责令改正,拒不改正的。

第六十四条 因污染环境和破坏生态造成损害的,应当依照《中华人民共和国侵权责任法》的有关规定承担侵权责任。

第六十五条 环境影响评价机构、环境监测机构以及从事环境监测设备和防治污染设施维护、运营的机构,在有关环境服务活动中弄虚作假,对造成的环境污染和生态破坏负有责任的,除依照有关法律法规规定予以处罚外,还应当与造成环境污染和生态破坏的其他责任者承担连带责任。

第六十六条 提起环境损害赔偿诉讼的时效期间为三年,从当事人知道或者应当知道其受到损害时起计算。

第六十七条　上级人民政府及其环境保护主管部门应当加强对下级人民政府及其有关部门环境保护工作的监督。发现有关工作人员有违法行为,依法应当给予处分的,应当向其任免机关或者监察机关提出处分建议。

依法应当给予行政处罚,而有关环境保护主管部门不给予行政处罚的,上级人民政府环境保护主管部门可以直接作出行政处罚的决定。

第六十八条　地方各级人民政府、县级以上人民政府环境保护主管部门和其他负有环境保护监督管理职责的部门有下列行为之一的,对直接负责的主管人员和其他直接责任人员给予记过、记大过或者降级处分;造成严重后果的,给予撤职或者开除处分,其主要负责人应当引咎辞职:

(一)不符合行政许可条件准予行政许可的;

(二)对环境违法行为进行包庇的;

(三)依法应当作出责令停业、关闭的决定而未作出的;

(四)对超标排放污染物、采用逃避监管的方式排放污染物、造成环境事故以及不落实生态保护措施造成生态破坏等行为,发现或者接到举报未及时查处的;

(五)违反本法规定,查封、扣押企业事业单位和其他生产经营者的设施、设备的;

(六)篡改、伪造或者指使篡改、伪造监测数据的;

(七)应当依法公开环境信息而未公开的;

(八)将征收的排污费截留、挤占或者挪作他用的;

(九)法律法规规定的其他违法行为。

第六十九条　违反本法规定,构成犯罪的,依法追究刑事责任。

第七章　附　　则

第七十条　本法自 2015 年 1 月 1 日起施行。

12. 中华人民共和国环境影响评价法

（2002年10月28日第九届全国人民代表大会常务委员会第三十次会议通过，根据2016年7月2日第十二届全国人民代表大会常务委员会第二十一次会议《关于修改〈中华人民共和国节约能源法〉等六部法律的决定》第一次修正，根据2018年12月29日第十三届全国人民代表大会常务委员会第七次会议《关于修改〈中华人民共和国劳动法〉等七部法律的决定》第二次修正）

第一章 总 则

第一条 为了实施可持续发展战略，预防因规划和建设项目实施后对环境造成不良影响，促进经济、社会和环境的协调发展，制定本法。

第二条 本法所称环境影响评价，是指对规划和建设项目实施后可能造成的环境影响进行分析、预测和评估，提出预防或者减轻不良环境影响的对策和措施，进行跟踪监测的方法与制度。

第三条 编制本法第九条所规定的范围内的规划，在中华人民共和国领域和中华人民共和国管辖的其他海域内建设对环境有影响的项目，应当依照本法进行环境影响评价。

第四条 环境影响评价必须客观、公开、公正，综合考虑规划或者建设项目实施后对各种环境因素及其所构成的生态系统可能造成的影响，为决策提供科学依据。

第五条 国家鼓励有关单位、专家和公众以适当方式参与环境影响评价。

第六条 国家加强环境影响评价的基础数据库和评价指标体系建设，鼓励和支持对环境影响评价的方法、技术规范进行科学研究，建立必要的环境影响评价信息共享制度，提高环境影响评价的科学性。

国务院生态环境主管部门应当会同国务院有关部门，组织建立和完善环境影响评价的基础数据库和评价指标体系。

第二章 规划的环境影响评价

第七条 国务院有关部门、设区的市级以上地方人民政府及其有关部门，对其组织编制的土地利用的有关规划，区域、流域、海域的建设、开发利用规划，应当在规划编制过程中组织进行环境影响评价，编写该规划有关环境影响的篇章或者说明。

规划有关环境影响的篇章或者说明，应当对规划实施后可能造成的环境影响作出分析、预测和评估，提出预防或者减轻不良环境影响的对策和措施，作为规划草案的组成部分一并报送规划审批机关。

未编写有关环境影响的篇章或者说明的规划草案，审批机关不予审批。

第八条 国务院有关部门、设区的市级以上地方人民政府及其有关部门，对其组织编制的工业、农业、畜牧业、林业、能源、水利、交通、城市建设、旅游、自然资源开发的有关专项规划（以下简称专项规划），应当在该专项规划草案上报审批前，组织进行环境影响评价，并向审批该专项规划的机关提出环境影响报告书。

前款所列专项规划中的指导性规划，按照本法第七条的规定进行环境影响评价。

第九条 依照本法第七条、第八条的规定进行环境影响评价的规划的具体范围，由国务院生态环境主管部门会同国务院有关部门规定，报国务院批准。

第十条 专项规划的环境影响报告书应当包括下列内容：

（一）实施该规划对环境可能造成影响的分析、预测和评估；

（二）预防或者减轻不良环境影响的对策和措施；

（三）环境影响评价的结论。

第十一条 专项规划的编制机关对可能造成不良环境影响并直接涉及公众环境权益的规划，应当在该规划草案报送审批前，举行论证会、听证会，或者采取其他形式，征求有关单位、专家和公众对环境影响报告书草案的意见。但是，国家规定需要保密的情形除外。

编制机关应当认真考虑有关单位、专家和公众对环境影响报告书草案的意见，并应当在报送审查的环境影响报告书中附具对意见采纳或者不采纳的说明。

第十二条 专项规划的编制机关在报批规划草案时，应当将环境影响报告书一并附送审批机关审查；未附送环境影响报告书的，审批机关不予审批。

第十三条 设区的市级以上人民政府在审批专项规划草案，作出决策前，应当先由人民政府指定的生态环境主管部门或者其他部门召集有关部门代表和专家组成审查小组，对环境影响报告书进行审查。审查小组应当提出书面审查意见。

参加前款规定的审查小组的专家，应当从按照国务院生态环境主管部门的规定设立的专家库内的相关专业的专家名单中，以随机抽取的方式确定。

由省级以上人民政府有关部门负责审批的专项规划，其环境影响报告书的审查办法，由国务院生态环境主管部门会同国务院有关部门制定。

第十四条 审查小组提出修改意见的，专项规划的编制机关应当根据环境影响报告书结论和审查意见对规划草案进行修改完善，并对环境影响报告书结论和审查意见的采纳情况作出说明；不采纳的，应当说明理由。

设区的市级以上人民政府或者省级以上人民政府有关部门在审批专项规划草案时，应当将环境影响报告书结论以及审查意见作为决策的重要依据。

在审批中未采纳环境影响报告书结论以及审查意见

的,应当作出说明,并存档备查。

第十五条 对环境有重大影响的规划实施后,编制机关应当及时组织环境影响的跟踪评价,并将评价结果报告审批机关;发现有明显不良环境影响的,应当及时提出改进措施。

第三章 建设项目的环境影响评价

第十六条 国家根据建设项目对环境的影响程度,对建设项目的环境影响评价实行分类管理。建设单位应当按照下列规定组织编制环境影响报告书、环境影响报告表或者填报环境影响登记表(以下统称环境影响评价文件):

(一)可能造成重大环境影响的,应当编制环境影响报告书,对产生的环境影响进行全面评价;

(二)可能造成轻度环境影响的,应当编制环境影响报告表,对产生的环境影响进行分析或者专项评价;

(三)对环境影响很小、不需要进行环境影响评价的,应当填报环境影响登记表。

建设项目的环境影响评价分类管理名录,由国务院生态环境主管部门制定并公布。

第十七条 建设项目的环境影响报告书应当包括下列内容:

(一)建设项目概况;

(二)建设项目周围环境现状;

(三)建设项目对环境可能造成影响的分析、预测和评估;

(四)建设项目环境保护措施及其技术、经济论证;

(五)建设项目对环境影响的经济损益分析;

(六)对建设项目实施环境监测的建议;

(七)环境影响评价的结论。

环境影响报告表和环境影响登记表的内容和格式,由国务院生态环境主管部门制定。

第十八条 建设项目的环境影响评价,应当避免与规划的环境影响评价相重复。

作为一项整体建设项目的规划,按照建设项目进行环境影响评价,不进行规划的环境影响评价。

已经进行了环境影响评价的规划包含具体建设项目的,规划的环境影响评价结论应当作为建设项目环境影响评价的重要依据,建设项目环境影响评价的内容应当根据规划的环境影响评价审查意见予以简化。

第十九条 建设单位可以委托技术单位对其建设项目开展环境影响评价,编制建设项目环境影响报告书、环境影响报告表;建设单位具备环境影响评价技术能力的,可以自行对其建设项目开展环境影响评价,编制建设项目环境影响报告书、环境影响报告表。

编制建设项目环境影响报告书、环境影响报告表应当遵守国家有关环境影响评价标准、技术规范等规定。

国务院生态环境主管部门应当制定建设项目环境影响报告书、环境影响报告表编制的能力建设指南和监管办法。

接受委托为建设单位编制建设项目环境影响报告书、环境影响报告表的技术单位,不得与负责审批建设项目环境影响报告书、环境影响报告表的生态环境主管部门或者其他有关审批部门存在任何利益关系。

第二十条 建设单位应当对建设项目环境影响报告书、环境影响报告表的内容和结论负责,接受委托编制建设项目环境影响报告书、环境影响报告表的技术单位对其编制的建设项目环境影响报告书、环境影响报告表承担相应责任。

设区的市级以上人民政府生态环境主管部门应当加强对建设项目环境影响报告书、环境影响报告表编制单位的监督管理和质量考核。

负责审批建设项目环境影响报告书、环境影响报告表的生态环境主管部门应当将编制单位、编制主持人和主要编制人员的相关违法信息记入社会诚信档案,并纳入全国信用信息共享平台和国家企业信用信息公示系统向社会公布。

任何单位和个人不得为建设单位指定编制建设项目环境影响报告书、环境影响报告表的技术单位。

第二十一条 除国家规定需要保密的情形外,对环境可能造成重大影响、应当编制环境影响报告书的建设项目,建设单位应当在报批建设项目环境影响报告书前,举行论证会、听证会,或者采取其他形式,征求有关单位、专家和公众的意见。

建设单位报批的环境影响报告书应当附具对有关单位、专家和公众的意见采纳或者不采纳的说明。

第二十二条 建设项目的环境影响报告书、报告表,由建设单位按照国务院的规定报有审批权的生态环境主管部门审批。

海洋工程建设项目的海洋环境影响报告书的审批,依照《中华人民共和国海洋环境保护法》的规定办理。

审批部门应当自收到环境影响报告书之日起六十日内,收到环境影响报告表之日起三十日内,分别作出审批决定并书面通知建设单位。

国家对环境影响登记表实行备案管理。

审核、审批建设项目环境影响报告书、报告表以及备案环境影响登记表,不得收取任何费用。

第二十三条 国务院生态环境主管部门负责审批下列建设项目的环境影响评价文件:

(一)核设施、绝密工程等特殊性质的建设项目;

(二)跨省、自治区、直辖市行政区域的建设项目;

(三)由国务院审批的或者由国务院授权有关部门审批的建设项目。

前款规定以外的建设项目的环境影响评价文件的审批权限,由省、自治区、直辖市人民政府规定。

建设项目可能造成跨行政区域的不良环境影响,有关生态环境主管部门对该项目的环境影响评价结论有争议的,其环境影响评价文件由共同的上一级生态环境主管部门审批。

第二十四条 建设项目的环境影响评价文件经批准

后,建设项目的性质、规模、地点、采用的生产工艺或者防治污染、防止生态破坏的措施发生重大变动的,建设单位应当重新报批建设项目的环境影响评价文件。

建设项目的环境影响评价文件自批准之日起超过五年,方决定该项目开工建设的,其环境影响评价文件应当报原审批部门重新审核;原审批部门应当自收到建设项目环境影响评价文件之日起十日内,将审核意见书面通知建设单位。

第二十五条 建设项目的环境影响评价文件未依法经审批部门审查或者审查后未予批准的,建设单位不得开工建设。

第二十六条 建设项目建设过程中,建设单位应当同时实施环境影响报告书、环境影响报告表以及环境影响评价文件审批部门审批意见中提出的环境保护对策措施。

第二十七条 在项目建设、运行过程中产生不符合经审批的环境影响评价文件的情形的,建设单位应当组织环境影响的后评价,采取改进措施,并报原环境影响评价文件审批部门和建设项目审批部门备案;原环境影响评价文件审批部门也可以责成建设单位进行环境影响的后评价,采取改进措施。

第二十八条 生态环境主管部门应当对建设项目投入生产或者使用后所产生的环境影响进行跟踪检查,对造成严重环境污染或者生态破坏的,应当查清原因、查明责任。对属于建设项目环境影响报告书、环境影响报告表存在基础资料明显不实,内容存在重大缺陷、遗漏或者虚假,环境影响评价结论不正确或者不合理等严重质量问题的,依照本法第三十二条的规定追究建设单位及其相关责任人员和接受委托编制建设项目环境影响报告书、环境影响报告表的技术单位及其相关人员的法律责任;属于审批部门工作人员失职、渎职,对依法不应批准的建设项目环境影响报告书、环境影响报告表予以批准的,依照本法第三十四条的规定追究其法律责任。

第四章 法 律 责 任

第二十九条 规划编制机关违反本法规定,未组织环境影响评价,或者组织环境影响评价时弄虚作假或者有失职行为,造成环境影响评价严重失实的,对直接负责的主管人员和其他直接责任人员,由上级机关或者监察机关依法给予行政处分。

第三十条 规划审批机关对依法应当编写有关环境影响的篇章或者说明而未编写的规划草案,依法应当附送环境影响报告书而未附送的专项规划草案,违法予以批准的,对直接负责的主管人员和其他直接责任人员,由上级机关或者监察机关依法给予行政处分。

第三十一条 建设单位未依法报批建设项目环境影响报告书、报告表,或者未依照本法第二十四条的规定重新报批或者报请重新审核环境影响报告书、报告表,擅自开工建设的,由县级以上生态环境主管部门责令停止建设,根据违法情节和危害后果,处建设项目总投资额百分之一以上百分之五以下的罚款,并可以责令恢复原状;对建设单位直接负责的主管人员和其他直接责任人员,依法给予行政处分。

建设项目环境影响报告书、报告表未经批准或者未经原审批部门重新审核同意,建设单位擅自开工建设的,依照前款的规定处罚、处分。

建设单位未依法备案建设项目环境影响登记表的,由县级以上生态环境主管部门责令备案,处五万元以下的罚款。

海洋工程建设项目的建设单位有本条所列违法行为的,依照《中华人民共和国海洋环境保护法》的规定处罚。

第三十二条 建设项目环境影响报告书、环境影响报告表存在基础资料明显不实,内容存在重大缺陷、遗漏或者虚假,环境影响评价结论不正确或者不合理等严重质量问题的,由设区的市级以上人民政府生态环境主管部门对建设单位处五十万元以上二百万元以下的罚款,并对建设单位的法定代表人、主要负责人、直接负责的主管人员和其他直接责任人员,处五万元以上二十万元以下的罚款。

接受委托编制建设项目环境影响报告书、环境影响报告表的技术单位违反国家有关环境影响评价标准和技术规范等规定,致使其编制的建设项目环境影响报告书、环境影响报告表存在基础资料明显不实,内容存在重大缺陷、遗漏或者虚假,环境影响评价结论不正确或者不合理等严重质量问题的,由设区的市级以上人民政府生态环境主管部门对技术单位处所收费用三倍以上五倍以下的罚款;情节严重的,禁止从事环境影响报告书、环境影响报告表编制工作;有违法所得的,没收违法所得。

编制单位有本条第一款、第二款规定的违法行为的,编制主持人和主要编制人员五年内禁止从事环境影响报告书、环境影响报告表编制工作;构成犯罪的,依法追究刑事责任,并终身禁止从事环境影响报告书、环境影响报告表编制工作。

第三十三条 负责审核、审批、备案建设项目环境影响评价文件的部门在审批、备案中收取费用的,由其上级机关或者监察机关责令退还;情节严重的,对直接负责的主管人员和其他直接责任人员依法给予行政处分。

第三十四条 生态环境主管部门或者其他部门的工作人员徇私舞弊,滥用职权,玩忽职守,违法批准建设项目环境影响评价文件的,依法给予行政处分;构成犯罪的,依法追究刑事责任。

第五章 附 则

第三十五条 省、自治区、直辖市人民政府可以根据本地的实际情况,要求对本辖区的县级人民政府编制的规划进行环境影响评价。具体办法由省、自治区、直辖市参照本法第二章的规定制定。

第三十六条 军事设施建设项目的环境影响评价办法,由中央军事委员会依照本法的原则制定。

第三十七条 本法自2003年9月1日起施行。

13. 建设工程质量管理条例

（2000年1月30日中华人民共和国国务院令第279号发布，根据2017年10月7日《国务院关于修改部分行政法规的决定》第一次修订，根据2019年4月23日《国务院关于修改部分行政法规的决定》第二次修订）

第一章 总 则

第一条 为了加强对建设工程质量的管理，保证建设工程质量，保护人民生命和财产安全，根据《中华人民共和国建筑法》，制定本条例。

第二条 凡在中华人民共和国境内从事建设工程的新建、扩建、改建等有关活动及实施对建设工程质量监督管理的，必须遵守本条例。本条例所称建设工程，是指土木工程、建筑工程、线路管道和设备安装工程及装修工程。

第三条 建设单位、勘察单位、设计单位、施工单位、工程监理单位依法对建设工程质量负责。

第四条 县级以上人民政府建设行政主管部门和其他有关部门应当加强对建设工程质量的监督管理。

第五条 从事建设工程活动，必须严格执行基本建设程序，坚持先勘察、后设计、再施工的原则。

县级以上人民政府及其有关部门不得超越权限审批建设项目或者擅自简化基本建设程序。

第六条 国家鼓励采用先进的科学技术和管理方法，提高建设工程质量。

第二章 建设单位的质量责任和义务

第七条 建设单位应当将工程发包给具有相应资质等级的单位。

建设单位不得将建设工程肢解发包。

第八条 建设单位应当依法对工程建设项目的勘察、设计、施工、监理以及与工程建设有关的重要设备、材料等的采购进行招标。

第九条 建设单位必须向有关的勘察、设计、施工、工程监理等单位提供与建设工程有关的原始资料。

原始资料必须真实、准确、齐全。

第十条 建设工程发包单位不得迫使承包方以低于成本的价格竞标，不得任意压缩合理工期。

建设单位不得明示或者暗示设计单位或者施工单位违反工程建设强制性标准，降低建设工程质量。

第十一条 施工图设计文件审查的具体办法，由国务院建设行政主管部门、国务院其他有关部门制定。

施工图设计文件未经审查批准的，不得使用。

第十二条 实行监理的建设工程，建设单位应当委托具有相应资质等级的工程监理单位进行监理，也可以委托具有工程监理相应资质等级并与被监理工程的施工承包单位没有隶属关系或者其他利害关系的该工程的设计单位进行监理。

下列建设工程必须实行监理：

（一）国家重点建设工程；

（二）大中型公用事业工程；

（三）成片开发建设的住宅小区工程；

（四）利用外国政府或者国际组织贷款、援助资金的工程；

（五）国家规定必须实行监理的其他工程。

第十三条 建设单位在开工前，应当按照国家有关规定办理工程质量监督手续，工程质量监督手续可以与施工许可证或者开工报告合并办理。

第十四条 按照合同约定，由建设单位采购建筑材料、建筑构配件和设备的，建设单位应当保证建筑材料、建筑构配件和设备符合设计文件和合同要求。

建设单位不得明示或者暗示施工单位使用不合格的建筑材料、建筑构配件和设备。

第十五条 涉及建筑主体和承重结构变动的装修工程，建设单位应当在施工前委托原设计单位或者具有相应资质等级的设计单位提出设计方案；没有设计方案的，不得施工。

房屋建筑使用者在装修过程中，不得擅自变动房屋建筑主体和承重结构。

第十六条 建设单位收到建设工程竣工报告后，应当组织设计、施工、工程监理等有关单位进行竣工验收。

建设工程竣工验收应当具备下列条件：

（一）完成建设工程设计和合同约定的各项内容；

（二）有完整的技术档案和施工管理资料；

（三）有工程使用的主要建筑材料、建筑构配件和设备的进场试验报告；

（四）有勘察、设计、施工、工程监理等单位分别签署的质量合格文件；

（五）有施工单位签署的工程保修书。

建设工程经验收合格的，方可交付使用。

第十七条 建设单位应当严格按照国家有关档案管理的规定，及时收集、整理建设项目各环节的文件资料，建立、健全建设项目档案，并在建设工程竣工验收后，及时向建设行政主管部门或者其他有关部门移交建设项目档案。

第三章 勘察、设计单位的质量责任和义务

第十八条 从事建设工程勘察、设计的单位应当依法取得相应等级的资质证书，并在其资质等级许可的范围内承揽工程。

禁止勘察、设计单位超越其资质等级许可的范围或者以其他勘察、设计单位的名义承揽工程。禁止勘察、设计单位允许其他单位或者个人以本单位的名义承揽

工程。

勘察、设计单位不得转包或者违法分包所承揽的工程。

第十九条 勘察、设计单位必须按照工程建设强制性标准进行勘察、设计,并对其勘察、设计的质量负责。

注册建筑师、注册结构工程师等注册执业人员应当在设计文件上签字,对设计文件负责。

第二十条 勘察单位提供的地质、测量、水文等勘察成果必须真实、准确。

第二十一条 设计单位应当根据勘察成果文件进行建设工程设计。

设计文件应当符合国家规定的设计深度要求,注明工程合理使用年限。

第二十二条 设计单位在设计文件中选用的建筑材料、建筑构配件和设备,应当注明规格、型号、性能等技术指标,其质量要求必须符合国家规定的标准。

除有特殊要求的建筑材料、专用设备、工艺生产线等外,设计单位不得指定生产厂、供应商。

第二十三条 设计单位应当就审查合格的施工图设计文件向施工单位作出详细说明。

第二十四条 设计单位应当参与建设工程质量事故分析,并对因设计造成的质量事故,提出相应的技术处理方案。

第四章 施工单位的质量责任和义务

第二十五条 施工单位应当依法取得相应等级的资质证书,并在其资质等级许可的范围内承揽工程。

禁止施工单位超越本单位资质等级许可的业务范围或者以其他施工单位的名义承揽工程。禁止施工单位允许其他单位或者个人以本单位的名义承揽工程。

施工单位不得转包或者违法分包工程。

第二十六条 施工单位对建设工程的施工质量负责。

施工单位应当建立质量责任制,确定工程项目的项目经理、技术负责人和施工管理负责人。

建设工程实行总承包的,总承包单位应当对全部建设工程质量负责;建设工程勘察、设计、施工、设备采购的一项或者多项实行总承包的,总承包单位应当对其承包的建设工程或者采购的设备的质量负责。

第二十七条 总承包单位依法将建设工程分包给其他单位的,分包单位应当按照分包合同的约定对其分包工程的质量向总承包单位负责,总承包单位与分包单位对分包工程的质量承担连带责任。

第二十八条 施工单位必须按照工程设计图纸和施工技术标准施工,不得擅自修改工程设计,不得偷工减料。

施工单位在施工过程中发现设计文件和图纸有差错的,应当及时提出意见和建议。

第二十九条 施工单位必须按照工程设计要求、施工技术标准和合同约定,对建筑材料、建筑构配件、设备和商品混凝土进行检验,检验应当有书面记录和专人签字;未经检验或者检验不合格的,不得使用。

第三十条 施工单位必须建立、健全施工质量的检验制度,严格工序管理,作好隐蔽工程的质量检查和记录。隐蔽工程在隐蔽前,施工单位应当通知建设单位和建设工程质量监督机构。

第三十一条 施工人员对涉及结构安全的试块、试件以及有关材料,应当在建设单位或者工程监理单位监督下现场取样,并送具有相应资质等级的质量检测单位进行检测。

第三十二条 施工单位对施工中出现质量问题的建设工程或者竣工验收不合格的建设工程,应当负责返修。

第三十三条 施工单位应当建立、健全教育培训制度,加强对职工的教育培训;未经教育培训或者考核不合格的人员,不得上岗作业。

第五章 工程监理单位的质量责任和义务

第三十四条 工程监理单位应当依法取得相应等级的资质证书,并在其资质等级许可的范围内承担工程监理业务。

禁止工程监理单位超越本单位资质等级许可的范围或者以其他工程监理单位的名义承担工程监理业务。禁止工程监理单位允许其他单位或者个人以本单位的名义承担工程监理业务。

工程监理单位不得转让工程监理业务。

第三十五条 工程监理单位与被监理工程的施工承包单位以及建筑材料、建筑构配件和设备供应单位有隶属关系或者其他利害关系的,不得承担该项建设工程的监理业务。

第三十六条 工程监理单位应当依照法律、法规以及有关技术标准、设计文件和建设工程承包合同,代表建设单位对施工质量实施监理,并对施工质量承担监理责任。

第三十七条 工程监理单位应当选派具备相应资格的总监理工程师和监理工程师进驻施工现场。

未经监理工程师签字,建筑材料、建筑构配件和设备不得在工程上使用或者安装,施工单位不得进行下一道工序的施工。未经总监理工程师签字,建设单位不拨付工程款,不进行竣工验收。

第三十八条 监理工程师应当按照工程监理规范的要求,采取旁站、巡视和平行检验等形式,对建设工程实施监理。

第六章 建设工程质量保修

第三十九条 建设工程实行质量保修制度。

建设工程承包单位在向建设单位提交工程竣工验收报告时,应当向建设单位出具质量保修书。质量保修书中应当明确建设工程的保修范围、保修期限和保修责任等。

第四十条 在正常使用条件下,建设工程的最低保修期限为:

（一）基础设施工程、房屋建筑的地基基础工程和主体结构工程,为设计文件规定的该工程的合理使用年限;

（二）屋面防水工程,有防水要求的卫生间、房间和外墙面的防渗漏,为5年;

（三）供热与供冷系统,为2个采暖期、供冷期;

（四）电气管线、给排水管道、设备安装和装修工程,为2年。

其他项目的保修期限由发包方与承包方约定。

建设工程的保修期,自竣工验收合格之日起计算。

第四十一条 建设工程在保修范围和保修期限内发生质量问题的,施工单位应当履行保修义务,并对造成的损失承担赔偿责任。

第四十二条 建设工程在超过合理使用年限后需要继续使用的,产权所有人应当委托具有相应资质等级的勘察、设计单位鉴定,并根据鉴定结果采取加固、维修等措施,重新界定使用期。

第七章 监督管理

第四十三条 国家实行建设工程质量监督管理制度。

国务院建设行政主管部门对全国的建设工程质量实施统一监督管理。国务院铁路、交通、水利等有关部门按照国务院规定的职责分工,负责对全国的有关专业建设工程质量的监督管理。

县级以上地方人民政府建设行政主管部门对本行政区域内的建设工程质量实施监督管理。县级以上地方人民政府交通、水利等有关部门在各自的职责范围内,负责对本行政区域内的专业建设工程质量的监督管理。

第四十四条 国务院建设行政主管部门和国务院铁路、交通、水利等有关部门应当加强对有关建设工程质量的法律、法规和强制性标准执行情况的监督检查。

第四十五条 国务院发展计划部门按照国务院规定的职责,组织稽查特派员,对国家出资的重大建设项目实施监督检查。

国务院经济贸易主管部门按照国务院规定的职责,对国家重大技术改造项目实施监督检查。

第四十六条 建设工程质量监督管理,可以由建设行政主管部门或者其他有关部门委托的建设工程质量监督机构具体实施。

从事房屋建筑工程和市政基础设施工程质量监督的机构,必须按照国家有关规定经国务院建设行政主管部门或者省、自治区、直辖市人民政府建设行政主管部门考核;从事专业建设工程质量监督的机构,必须按照国家有关规定经国务院有关部门或者省、自治区、直辖市人民政府有关部门考核。经考核合格后,方可实施质量监督。

第四十七条 县级以上地方人民政府建设行政主管部门和其他有关部门应当加强对有关建设工程质量的法律、法规和强制性标准执行情况的监督检查。

第四十八条 县级以上人民政府建设行政主管部门和其他有关部门履行监督检查职责时,有权采取下列措施:

（一）要求被检查的单位提供有关工程质量的文件和资料;

（二）进入被检查单位的施工现场进行检查;

（三）发现有影响工程质量的问题时,责令改正。

第四十九条 建设单位应当自建设工程竣工验收合格之日起15日内,将建设工程竣工验收报告和规划、公安消防、环保等部门出具的认可文件或者准许使用文件报建设行政主管部门或者其他有关部门备案。

建设行政主管部门或者其他有关部门发现建设单位在竣工验收过程中有违反国家有关建设工程质量管理规定行为的,责令停止使用,重新组织竣工验收。

第五十条 有关单位和个人对县级以上人民政府建设行政主管部门和其他有关部门进行的监督检查应当支持与配合,不得拒绝或者阻碍建设工程质量监督检查人员依法执行职务。

第五十一条 供水、供电、供气、公安消防等部门或者单位不得明示或者暗示建设单位、施工单位购买其指定的生产供应单位的建筑材料、建筑构配件和设备。

第五十二条 建设工程发生质量事故,有关单位应当在24小时内向当地建设行政主管部门和其他有关部门报告。对重大质量事故,事故发生地的建设行政主管部门和其他有关部门应当按照事故类别和等级向当地人民政府和上级建设行政主管部门和其他有关部门报告。

特别重大质量事故的调查程序按照国务院有关规定办理。

第五十三条 任何单位和个人对建设工程的质量事故、质量缺陷都有权检举、控告、投诉。

第八章 罚 则

第五十四条 违反本条例规定,建设单位将建设工程发包给不具有相应资质等级的勘察、设计、施工单位或者委托给不具有相应资质等级的工程监理单位的,责令改正,处50万元以上100万元以下的罚款。

第五十五条 违反本条例规定,建设单位将建设工程肢解发包的,责令改正,处工程合同价款百分之零点五以上百分之一以下的罚款;对全部或者部分使用国有资金的项目,并可以暂停项目执行或者暂停资金拨付。

第五十六条 违反本条例规定,建设单位有下列行为之一的,责令改正,处20万元以上50万元以下的罚款:

（一）迫使承包方以低于成本的价格竞标的;

（二）任意压缩合理工期的;

（三）明示或者暗示设计单位或者施工单位违反工程建设强制性标准,降低工程质量的;

（四）施工图设计文件未经审查或者审查不合格,擅

自施工的;

(五)建设项目必须实行工程监理而未实行工程监理的;

(六)未按照国家规定办理工程质量监督手续的;

(七)明示或者暗示施工单位使用不合格的建筑材料、建筑构配件和设备的;

(八)未按照国家规定将竣工验收报告、有关认可文件或者准许使用文件报送备案的。

第五十七条 违反本条例规定,建设单位未取得施工许可证或者开工报告未经批准,擅自施工的,责令停止施工,限期改正,处工程合同价款百分之一以上百分之二以下的罚款。

第五十八条 违反本条例规定,建设单位有下列行为之一的,责令改正,处工程合同价款百分之二以上百分之四以下的罚款;造成损失的,依法承担赔偿责任:

(一)未组织竣工验收,擅自交付使用的;

(二)验收不合格,擅自交付使用的;

(三)对不合格的建设工程按照合格工程验收的。

第五十九条 违反本条例规定,建设工程竣工验收后,建设单位未向建设行政主管部门或者其他有关部门移交建设项目档案的,责令改正,处1万元以上10万元以下的罚款。

第六十条 违反本条例规定,勘察、设计、施工、工程监理单位超越本单位资质等级承揽工程的,责令停止违法行为,对勘察、设计单位或者工程监理单位处合同约定的勘察费、设计费或者监理酬金1倍以上2倍以下的罚款;对施工单位处工程合同价款百分之二以上百分之四以下的罚款,可以责令停业整顿,降低资质等级;情节严重的,吊销资质证书;有违法所得的,予以没收。

未取得资质证书承揽工程的,予以取缔,依照前款规定处以罚款;有违法所得的,予以没收。

以欺骗手段取得资质证书承揽工程的,吊销资质证书,依照本条第一款规定处以罚款;有违法所得的,予以没收。

第六十一条 违反本条例规定,勘察、设计、施工、工程监理单位允许其他单位或个人以本单位名义承揽工程的,责令改正,没收违法所得,对勘察、设计单位和工程监理单位处合同约定的勘察费、设计费和监理酬金1倍以上2倍以下的罚款;对施工单位处工程合同价款百分之二以上百分之四以下的罚款;可以责令停业整顿,降低资质等级;情节严重的,吊销资质证书。

第六十二条 违反本条例规定,承包单位将承包的工程转包或者违法分包的,责令改正,没收违法所得,对勘察、设计单位处合同约定的勘察费、设计费百分之二十五以上百分之五十以下的罚款;对施工单位处工程合同价款百分之零点五以上百分之一以下的罚款;可以责令停业整顿,降低资质等级;情节严重的,吊销资质证书。

工程监理单位转让工程监理业务的,责令改正,没收违法所得,处合同约定的监理酬金百分之二十五以上百分之五十以下的罚款;可以责令停业整顿,降低资质等级;情节严重的,吊销资质证书。

第六十三条 违反本条例规定,有下列行为之一的,责令改正,处10万元以上30万元以下的罚款:

(一)勘察单位未按照工程建设强制性标准进行勘察的;

(二)设计单位未根据勘察成果文件进行工程设计的;

(三)设计单位指定建筑材料、建筑构配件的生产厂、供应商的;

(四)设计单位未按照工程建设强制性标准进行设计的。

有前款所列行为,造成工程质量事故的,责令停业整顿,降低资质等级;情节严重的,吊销资质证书;造成损失的,依法承担赔偿责任。

第六十四条 违反本条例规定,施工单位在施工中偷工减料的,使用不合格的建筑材料、建筑构配件和设备的,或者有不按照工程设计图纸或者施工技术标准施工的其他行为的,责令改正,处工程合同价款百分之二以上百分之四以下的罚款;造成建设工程质量不符合规定的质量标准的,负责返工、修理,并赔偿因此造成的损失;情节严重的,责令停业整顿,降低资质等级或吊销资质证书。

第六十五条 违反本条例规定,施工单位未对建筑材料、建筑构配件、设备和商品混凝土进行检验,或者未对涉及结构安全的试块、试件以及有关材料取样检测的,责令改正,处10万元以上20万元以下的罚款;情节严重的,责令停业整顿,降低资质等级或者吊销资质证书;造成损失的,依法承担赔偿责任。

第六十六条 违反本条例规定,施工单位不履行保修义务或者拖延履行保修义务的,责令改正,处10万元以上20万元以下的罚款,并对在保修期内因质量缺陷造成的损失承担赔偿责任。

第六十七条 工程监理单位有下列行为之一的,责令改正,处50万元以上100万元以下的罚款,降低资质等级或者吊销资质证书;有违法所得的,予以没收;造成损失的,承担连带赔偿责任:

(一)与建设单位或者施工单位串通,弄虚作假、降低工程质量的;

(二)将不合格的建设工程、建筑材料、建筑构配件和设备按照合格签字的。

第六十八条 违反本条例规定,工程监理单位与被监理工程的施工承包单位以及建筑材料、建筑构配件和设备供应单位有隶属关系或者其他利害关系承担该项建设工程的监理业务的,责令改正,处5万元以上10万元以下的罚款,降低资质等级或者吊销资质证书;有违法所得的,予以没收。

第六十九条 违反本条例规定,涉及建筑主体或者承重结构变动的装修工程,没有设计方案擅自施工的,责令改正,处 50 万元以上 100 万元以下的罚款;房屋建筑使用者在装修过程中擅自变动房屋建筑主体和承重结构的,责令改正,处 5 万元以上 10 万元以下的罚款。

有前款所列行为,造成损失的,依法承担赔偿责任。

第七十条 发生重大工程质量事故隐瞒不报、谎报或者拖延报告期限的,对直接负责的主管人员和其他责任人员依法给予行政处分。

第七十一条 违反本条例规定,供水、供电、供气、公安消防等部门或者单位明示或者暗示建设单位或者施工单位购买其指定的生产供应单位的建筑材料、建筑构配件和设备的,责令改正。

第七十二条 违反本条例规定,注册建筑师、注册结构工程师、监理工程师等注册执业人员因过错造成质量事故的,责令停止执业 1 年;造成重大质量事故的,吊销执业资格证书,5 年以内不予注册;情节特别恶劣的,终身不予注册。

第七十三条 依照本条例规定,给予单位罚款处罚的,对单位直接负责的主管人员和其他直接责任人员处单位罚款数额百分之五以上百分之十以下的罚款。

第七十四条 建设单位、设计单位、施工单位、工程监理单位违反国家规定,降低工程质量标准,造成重大安全事故,构成犯罪的,对直接责任人员依法追究刑事责任。

第七十五条 本条例规定的责令停业整顿,降低资质等级和吊销资质证书的行政处罚,由颁发资质证书的机关决定;其他行政处罚,由建设行政主管部门或者其他有关部门依照法定职权决定。

依照本条例规定被吊销资质证书的,由工商行政管理部门吊销其营业执照。

第七十六条 国家机关工作人员在建设工程质量监督管理工作中玩忽职守、滥用职权、徇私舞弊的,依法追究刑事责任;尚不构成犯罪的,依法给予行政处分。

第七十七条 建设、勘察、设计、施工、工程监理单位的工作人员因调动工作、退休等原因离开该单位后,被发现在该单位工作期间违反国家有关建设工程质量管理规定,造成重大工程质量事故的,仍应当依法追究法律责任。

第九章 附 则

第七十八条 本条例所称肢解发包,是指建设单位将应当由一个承包单位完成的建设工程分解成若干部分发包给不同的承包单位的行为。

本条例所称违法分包,是指下列行为:

(一)总承包单位将建设工程分包给不具备相应资质条件的单位的;

(二)建设工程总承包合同中未有约定,又未经建设单位认可,承包单位将其承包的部分建设工程交由其他单位完成的;

(三)施工总承包单位将建设工程主体结构的施工分包给其他单位的;

(四)分包单位将其承包的建设工程再分包的。

本条例所称转包,是指承包单位承包建设工程后,不履行合同约定的责任和义务,将其承包的全部建设工程转给他人或者将其承包的全部建设工程肢解以后以分包的名义分别转给其他单位承包的行为。

第七十九条 本条例规定的罚款和没收的违法所得,必须全部上缴国库。

第八十条 抢险救灾及其他临时性房屋建筑和农民自建低层住宅的建设活动,不适用本条例。

第八十一条 军事建设工程的管理,按照中央军事委员会的有关规定执行。

第八十二条 本条例自发布之日起施行。

附刑法有关条款 第一百三十七条 建设单位、设计单位、施工单位、工程监理单位违反国家规定,降低工程质量标准,造成重大安全事故的,对直接责任人员处五年以下有期徒刑或者拘役,并处罚金;后果特别严重的,处五年以上十年以下有期徒刑,并处罚金。

14. 中华人民共和国安全生产法

（2002年6月29日第九届全国人民代表大会常务委员会第二十八次会议通过，根据2009年8月27日第十一届全国人民代表大会常务委员会第十次会议《关于修改部分法律的决定》第一次修正，根据2014年8月31日第十二届全国人民代表大会常务委员会第十次会议《关于修改〈中华人民共和国安全生产法〉的决定》第二次修正，根据2021年6月10日第十三届全国人民代表大会常务委员会第二十九次会议《关于修改〈中华人民共和国安全生产法〉的决定》第三次修正）

第一章 总 则

第一条 为了加强安全生产工作，防止和减少生产安全事故，保障人民群众生命和财产安全，促进经济社会持续健康发展，制定本法。

第二条 在中华人民共和国领域内从事生产经营活动的单位（以下统称生产经营单位）的安全生产，适用本法；有关法律、行政法规对消防安全和道路交通安全、铁路交通安全、水上交通安全、民用航空安全以及核与辐射安全、特种设备安全另有规定的，适用其规定。

第三条 安全生产工作坚持中国共产党的领导。

安全生产工作应当以人为本，坚持人民至上、生命至上，把保护人民生命安全摆在首位，树牢安全发展理念，坚持安全第一、预防为主、综合治理的方针，从源头上防范化解重大安全风险。

安全生产工作实行管行业必须管安全、管业务必须管安全、管生产经营必须管安全，强化和落实生产经营单位主体责任与政府监管责任，建立生产经营单位负责、职工参与、政府监管、行业自律和社会监督的机制。

第四条 生产经营单位必须遵守本法和其他有关安全生产的法律、法规，加强安全生产管理，建立健全全员安全生产责任制和安全生产规章制度，加大对安全生产资金、物资、技术、人员的投入保障力度，改善安全生产条件，加强安全生产标准化、信息化建设，构建安全风险分级管控和隐患排查治理双重预防机制，健全风险防范化解机制，提高安全生产水平，确保安全生产。

平台经济等新兴行业、领域的生产经营单位应当根据本行业、领域的特点，建立健全并落实全员安全生产责任制，加强从业人员安全生产教育和培训，履行本法和其他法律、法规规定的有关安全生产义务。

第五条 生产经营单位的主要负责人是本单位安全生产第一责任人，对本单位的安全生产工作全面负责。其他负责人对职责范围内的安全生产工作负责。

第六条 生产经营单位的从业人员有依法获得安全生产保障的权利，并应当依法履行安全生产方面的义务。

第七条 工会依法对安全生产工作进行监督。

生产经营单位的工会依法组织职工参加本单位安全生产工作的民主管理和民主监督，维护职工在安全生产方面的合法权益。生产经营单位制定或者修改有关安全生产的规章制度，应当听取工会的意见。

第八条 国务院和县级以上地方各级人民政府应当根据国民经济和社会发展规划制定安全生产规划，并组织实施。安全生产规划应当与国土空间规划等相关规划相衔接。

各级人民政府应当加强安全生产基础设施建设和安全生产监管能力建设，所需经费列入本级预算。

县级以上地方各级人民政府应当组织有关部门建立完善安全风险评估与论证机制，按照安全风险管控要求，进行产业规划和空间布局，并对位置相邻、行业相近、业态相似的生产经营单位实施重大安全风险联防联控。

第九条 国务院和县级以上地方各级人民政府应当加强对安全生产工作的领导，建立健全安全生产工作协调机制，支持、督促各有关部门依法履行安全生产监督管理职责，及时协调、解决安全生产监督管理中存在的重大问题。

乡镇人民政府和街道办事处，以及开发区、工业园区、港区、风景区等应当明确负责安全生产监督管理的有关工作机构及其职责，加强安全生产监管力量建设，按照职责对本行政区域或者管理区域内生产经营单位安全生产状况进行监督检查，协助人民政府有关部门或者按照授权依法履行安全生产监督管理职责。

第十条 国务院应急管理部门依照本法，对全国安全生产工作实施综合监督管理；县级以上地方各级人民政府应急管理部门依照本法，对本行政区域内安全生产工作实施综合监督管理。

国务院交通运输、住房和城乡建设、水利、民航等有关部门依照本法和其他有关法律、行政法规的规定，在各自的职责范围内对有关行业、领域的安全生产工作实施监督管理；县级以上地方各级人民政府有关部门依照本法和其他有关法律、法规的规定，在各自的职责范围内对有关行业、领域的安全生产工作实施监督管理。对新兴行业、领域的安全生产监督管理职责不明确的，由县级以上地方各级人民政府按照业务相近的原则确定监督管理部门。

应急管理部门和对有关行业、领域的安全生产工作实施监督管理的部门，统称负有安全生产监督管理职责的部门。负有安全生产监督管理职责的部门应当相互配合、齐抓共管、信息共享、资源共用，依法加强安全生产监督管理工作。

第十一条 国务院有关部门应当按照保障安全生产的要求，依法及时制定有关的国家标准或者行业标准，并根据科技进步和经济发展适时修订。

生产经营单位必须执行依法制定的保障安全生产的

国家标准或者行业标准。

第十二条 国务院有关部门按照职责分工负责安全生产强制性国家标准的项目提出、组织起草、征求意见、技术审查。国务院应急管理部门统筹提出安全生产强制性国家标准的立项计划。国务院标准化行政主管部门负责安全生产强制性国家标准的立项、编号、对外通报和授权批准发布工作。国务院标准化行政主管部门、有关部门依据法定职责对安全生产强制性国家标准的实施进行监督检查。

第十三条 各级人民政府及其有关部门应当采取多种形式，加强对有关安全生产的法律、法规和安全生产知识的宣传，增强全社会的安全生产意识。

第十四条 有关协会组织依照法律、行政法规和章程，为生产经营单位提供安全生产方面的信息、培训等服务，发挥自律作用，促进生产经营单位加强安全生产管理。

第十五条 依法设立的为安全生产提供技术、管理服务的机构，依照法律、行政法规和执业准则，接受生产经营单位的委托为其安全生产工作提供技术、管理服务。

生产经营单位委托前款规定的机构提供安全生产技术、管理服务的，保证安全生产的责任仍由本单位负责。

第十六条 国家实行生产安全事故责任追究制度，依照本法和有关法律、法规的规定，追究生产安全事故责任单位和责任人员的法律责任。

第十七条 县级以上各级人民政府应当组织负有安全生产监督管理职责的部门依法编制安全生产权力和责任清单，公开并接受社会监督。

第十八条 国家鼓励和支持安全生产科学技术研究和安全生产先进技术的推广应用，提高安全生产水平。

第十九条 国家对在改善安全生产条件、防止生产安全事故、参加抢险救护等方面取得显著成绩的单位和个人，给予奖励。

第二章 生产经营单位的安全生产保障

第二十条 生产经营单位应当具备本法和有关法律、行政法规和国家标准或者行业标准规定的安全生产条件；不具备安全生产条件的，不得从事生产经营活动。

第二十一条 生产经营单位的主要负责人对本单位安全生产工作负有下列职责：

（一）建立健全并落实本单位全员安全生产责任制，加强安全生产标准化建设；

（二）组织制定并实施本单位安全生产规章制度和操作规程；

（三）组织制定并实施本单位安全生产教育和培训计划；

（四）保证本单位安全生产投入的有效实施；

（五）组织建立并落实安全风险分级管控和隐患排查治理双重预防工作机制，督促、检查本单位的安全生产工作，及时消除生产安全事故隐患；

（六）组织制定并实施本单位的生产安全事故应急救援预案；

（七）及时、如实报告生产安全事故。

第二十二条 生产经营单位的全员安全生产责任制应当明确各岗位的责任人员、责任范围和考核标准等内容。

生产经营单位应当建立相应的机制，加强对全员安全生产责任制落实情况的监督考核，保证全员安全生产责任制的落实。

第二十三条 生产经营单位应当具备的安全生产条件所必需的资金投入，由生产经营单位的决策机构、主要负责人或者个人经营的投资人予以保证，并对由于安全生产所必需的资金投入不足导致的后果承担责任。

有关生产经营单位应当按照规定提取和使用安全生产费用，专门用于改善安全生产条件。安全生产费用在成本中据实列支。安全生产费用提取、使用和监督管理的具体办法由国务院财政部门会同国务院应急管理部门征求国务院有关部门意见后制定。

第二十四条 矿山、金属冶炼、建筑施工、运输单位和危险物品的生产、经营、储存、装卸单位，应当设置安全生产管理机构或者配备专职安全生产管理人员。

前款规定以外的其他生产经营单位，从业人员超过一百人的，应当设置安全生产管理机构或者配备专职安全生产管理人员；从业人员在一百人以下的，应当配备专职或者兼职的安全生产管理人员。

第二十五条 生产经营单位的安全生产管理机构以及安全生产管理人员履行下列职责：

（一）组织或者参与拟订本单位安全生产规章制度、操作规程和生产安全事故应急救援预案；

（二）组织或者参与本单位安全生产教育和培训，如实记录安全生产教育和培训情况；

（三）组织开展危险源辨识和评估，督促落实本单位重大危险源的安全管理措施；

（四）组织或者参与本单位应急救援演练；

（五）检查本单位的安全生产状况，及时排查生产安全事故隐患，提出改进安全生产管理的建议；

（六）制止和纠正违章指挥、强令冒险作业、违反操作规程的行为；

（七）督促落实本单位安全生产整改措施。

生产经营单位可以设置专职安全生产分管负责人，协助本单位主要负责人履行安全生产管理职责。

第二十六条 生产经营单位的安全生产管理机构以及安全生产管理人员应当恪尽职守，依法履行职责。

生产经营单位作出涉及安全生产的经营决策，应当听取安全生产管理机构以及安全生产管理人员的意见。

生产经营单位不得因安全生产管理人员依法履行职责而降低其工资、福利等待遇或者解除与其订立的劳动合同。

危险物品的生产、储存单位以及矿山、金属冶炼单位的安全生产管理人员的任免,应当告知主管的负有安全生产监督管理职责的部门。

第二十七条 生产经营单位的主要负责人和安全生产管理人员必须具备与本单位所从事的生产经营活动相应的安全生产知识和管理能力。

危险物品的生产、经营、储存、装卸单位以及矿山、金属冶炼、建筑施工、运输单位的主要负责人和安全生产管理人员,应当由主管的负有安全生产监督管理职责的部门对其安全生产知识和管理能力考核合格。考核不得收费。

危险物品的生产、储存、装卸单位以及矿山、金属冶炼单位应当有注册安全工程师从事安全生产管理工作。鼓励其他生产经营单位聘用注册安全工程师从事安全生产管理工作。注册安全工程师按专业分类管理,具体办法由国务院人力资源和社会保障部门、国务院应急管理部门会同国务院有关部门制定。

第二十八条 生产经营单位应当对从业人员进行安全生产教育和培训,保证从业人员具备必要的安全生产知识,熟悉有关的安全生产规章制度和安全操作规程,掌握本岗位的安全操作技能,了解事故应急处理措施,知悉自身在安全生产方面的权利和义务。未经安全生产教育和培训合格的从业人员,不得上岗作业。

生产经营单位使用被派遣劳动者的,应当将被派遣劳动者纳入本单位从业人员统一管理,对被派遣劳动者进行岗位安全操作规程和安全操作技能的教育和培训。劳务派遣单位应当对被派遣劳动者进行必要的安全生产教育和培训。

生产经营单位接收中等职业学校、高等学校学生实习的,应当对实习学生进行相应的安全生产教育和培训,提供必要的劳动防护用品。学校应当协助生产经营单位对实习学生进行安全生产教育和培训。

生产经营单位应当建立安全生产教育和培训档案,如实记录安全生产教育和培训的时间、内容、参加人员以及考核结果等情况。

第二十九条 生产经营单位采用新工艺、新技术、新材料或者使用新设备,必须了解、掌握其安全技术特性,采取有效的安全防护措施,并对从业人员进行专门的安全生产教育和培训。

第三十条 生产经营单位的特种作业人员必须按照国家有关规定经专门的安全作业培训,取得相应资格,方可上岗作业。

特种作业人员的范围由国务院应急管理部门会同国务院有关部门确定。

第三十一条 生产经营单位新建、改建、扩建工程项目(以下统称建设项目)的安全设施,必须与主体工程同时设计、同时施工、同时投入生产和使用。安全设施投资应当纳入建设项目概算。

第三十二条 矿山、金属冶炼建设项目和用于生产、储存、装卸危险物品的建设项目,应当按照国家有关规定进行安全评价。

第三十三条 建设项目安全设施的设计人、设计单位应当对安全设施设计负责。

矿山、金属冶炼建设项目和用于生产、储存、装卸危险物品的建设项目的安全设施设计应当按照国家有关规定报经有关部门审查,审查部门及其负责审查的人员对审查结果负责。

第三十四条 矿山、金属冶炼建设项目和用于生产、储存、装卸危险物品的建设项目的施工单位必须按照批准的安全设施设计施工,并对安全设施的工程质量负责。

矿山、金属冶炼建设项目和用于生产、储存、装卸危险物品的建设项目竣工投入生产或者使用前,应当由建设单位负责组织对安全设施进行验收;验收合格后,方可投入生产和使用。负有安全生产监督管理职责的部门应当加强对建设单位验收活动和验收结果的监督核查。

第三十五条 生产经营单位应当在有较大危险因素的生产经营场所和有关设施、设备上,设置明显的安全警示标志。

第三十六条 安全设备的设计、制造、安装、使用、检测、维修、改造和报废,应当符合国家标准或者行业标准。

生产经营单位必须对安全设备进行经常性维护、保养,并定期检测,保证正常运转。维护、保养、检测应当作好记录,并由有关人员签字。

生产经营单位不得关闭、破坏直接关系生产安全的监控、报警、防护、救生设备、设施,或者篡改、隐瞒、销毁其相关数据、信息。

餐饮等行业的生产经营单位使用燃气的,应当安装可燃气体报警装置,并保障其正常使用。

第三十七条 生产经营单位使用的危险物品的容器、运输工具,以及涉及人身安全、危险性较大的海洋石油开采特种设备和矿山井下特种设备,必须按照国家有关规定,由专业生产单位生产,并经具有专业资质的检测、检验机构检测、检验合格,取得安全使用证或者安全标志,方可投入使用。检测、检验机构对检测、检验结果负责。

第三十八条 国家对严重危及生产安全的工艺、设备实行淘汰制度,具体目录由国务院应急管理部门会同国务院有关部门制定并公布。法律、行政法规对目录的制定另有规定的,适用其规定。

省、自治区、直辖市人民政府可以根据本地区实际情况制定并公布具体目录,对前款规定以外的危及生产安全的工艺、设备予以淘汰。

生产经营单位不得使用应当淘汰的危及生产安全的工艺、设备。

第三十九条 生产、经营、运输、储存、使用危险物品或者处置废弃危险物品的,由有关主管部门依照有关法律、法规的规定和国家标准或者行业标准审批并实施监督管理。

生产经营单位生产、经营、运输、储存、使用危险物品或者处置废弃危险物品,必须执行有关法律、法规和国家标准或者行业标准,建立专门的安全管理制度,采取可靠的安全措施,接受有关主管部门依法实施的监督管理。

第四十条　生产经营单位对重大危险源应当登记建档,进行定期检测、评估、监控,并制定应急预案,告知从业人员和相关人员在紧急情况下应当采取的应急措施。

生产经营单位应当按照国家有关规定将本单位重大危险源及有关安全措施、应急措施报有关地方人民政府应急管理部门和有关部门备案。有关地方人民政府应急管理部门和有关部门应当通过相关信息系统实现信息共享。

第四十一条　生产经营单位应当建立安全风险分级管控制度,按照安全风险分级采取相应的管控措施。

生产经营单位应当建立健全并落实生产安全事故隐患排查治理制度,采取技术、管理措施,及时发现并消除事故隐患。事故隐患排查治理情况应当如实记录,并通过职工大会或者职工代表大会、信息公示栏等方式向从业人员通报。其中,重大事故隐患排查治理情况应当及时向负有安全生产监督管理职责的部门和职工大会或者职工代表大会报告。

县级以上地方各级人民政府负有安全生产监督管理职责的部门应当将重大事故隐患纳入相关信息系统,建立健全重大事故隐患治理督办制度,督促生产经营单位消除重大事故隐患。

第四十二条　生产、经营、储存、使用危险物品的车间、商店、仓库不得与员工宿舍在同一座建筑物内,并应当与员工宿舍保持安全距离。

生产经营场所和员工宿舍应当设有符合紧急疏散要求、标志明显、保持畅通的出口、疏散通道。禁止占用、锁闭、封堵生产经营场所或者员工宿舍的出口、疏散通道。

第四十三条　生产经营单位进行爆破、吊装、动火、临时用电以及国务院应急管理部门会同国务院有关部门规定的其他危险作业,应当安排专门人员进行现场安全管理,确保操作规程的遵守和安全措施的落实。

第四十四条　生产经营单位应当教育和督促从业人员严格执行本单位的安全生产规章制度和安全操作规程;并向从业人员如实告知作业场所和工作岗位存在的危险因素、防范措施以及事故应急措施。

生产经营单位应当关注从业人员的身体、心理状况和行为习惯,加强对从业人员的心理疏导、精神慰藉,严格落实岗位安全生产责任,防范从业人员行为异常导致事故发生。

第四十五条　生产经营单位必须为从业人员提供符合国家标准或者行业标准的劳动防护用品,并监督、教育从业人员按照使用规则佩戴、使用。

第四十六条　生产经营单位的安全生产管理人员应当根据本单位的生产经营特点,对安全生产状况进行经常性检查;对检查中发现的安全问题,应当立即处理;不能处理的,应当及时报告本单位有关负责人,有关负责人应当及时处理。检查及处理情况应当如实记录在案。

生产经营单位的安全生产管理人员在检查中发现重大事故隐患,依照前款规定向本单位有关负责人报告,有关负责人不及时处理的,安全生产管理人员可以向主管的负有安全生产监督管理职责的部门报告,接到报告的部门应当依法及时处理。

第四十七条　生产经营单位应当安排用于配备劳动防护用品、进行安全生产培训的经费。

第四十八条　两个以上生产经营单位在同一作业区域内进行生产经营活动,可能危及对方生产安全的,应当签订安全生产管理协议,明确各自的安全生产管理职责和应当采取的安全措施,并指定专职安全生产管理人员进行安全检查与协调。

第四十九条　生产经营单位不得将生产经营项目、场所、设备发包或者出租给不具备安全生产条件或者相应资质的单位或者个人。

生产经营项目、场所发包或者出租给其他单位的,生产经营单位应当与承包单位、承租单位签订专门的安全生产管理协议,或者在承包合同、租赁合同中约定各自的安全生产管理职责;生产经营单位对承包单位、承租单位的安全生产工作统一协调、管理,定期进行安全检查,发现安全问题的,应当及时督促整改。

矿山、金属冶炼建设项目和用于生产、储存、装卸危险物品的建设项目的施工单位应当加强对施工项目的安全管理,不得倒卖、出租、出借、挂靠或者以其他形式非法转让施工资质,不得将其承包的全部建设工程转包给第三人或者将其承包的全部建设工程支解以后以分包的名义分别转包给第三人,不得将工程分包给不具备相应资质条件的单位。

第五十条　生产经营单位发生生产安全事故时,单位的主要负责人应当立即组织抢救,并不得在事故调查处理期间擅离职守。

第五十一条　生产经营单位必须依法参加工伤保险,为从业人员缴纳保险费。

国家鼓励生产经营单位投保安全生产责任保险;属于国家规定的高危行业、领域的生产经营单位,应当投保安全生产责任保险。具体范围和实施办法由国务院应急管理部门会同国务院财政部门、国务院保险监督管理机构和相关行业主管部门制定。

第三章　从业人员的安全生产权利义务

第五十二条　生产经营单位与从业人员订立的劳动合同,应当载明有关保障从业人员劳动安全、防止职业危害的事项,以及依法为从业人员办理工伤保险的事项。

生产经营单位不得以任何形式与从业人员订立协议,免除或者减轻其对从业人员因生产安全事故伤亡依法应承担的责任。

第五十三条　生产经营单位的从业人员有权了解其作业场所和工作岗位存在的危险因素、防范措施及事故应急措施,有权对本单位的安全生产工作提出建议。

第五十四条 从业人员有权对本单位安全生产工作中存在的问题提出批评、检举、控告;有权拒绝违章指挥和强令冒险作业。

生产经营单位不得因从业人员对本单位安全生产工作提出批评、检举、控告或者拒绝违章指挥、强令冒险作业而降低其工资、福利等待遇或者解除与其订立的劳动合同。

第五十五条 从业人员发现直接危及人身安全的紧急情况时,有权停止作业或者在采取可能的应急措施后撤离作业场所。

生产经营单位不得因从业人员在前款紧急情况下停止作业或者采取紧急撤离措施而降低其工资、福利等待遇或者解除与其订立的劳动合同。

第五十六条 生产经营单位发生生产安全事故后,应当及时采取措施救治有关人员。

因生产安全事故受到损害的从业人员,除依法享有工伤保险外,依照有关民事法律尚有获得赔偿的权利的,有权提出赔偿要求。

第五十七条 从业人员在作业过程中,应当严格落实岗位安全责任,遵守本单位的安全生产规章制度和操作规程,服从管理,正确佩戴和使用劳动防护用品。

第五十八条 从业人员应当接受安全生产教育和培训,掌握本职工作所需的安全生产知识,提高安全生产技能,增强事故预防和应急处理能力。

第五十九条 从业人员发现事故隐患或者其他不安全因素,应当立即向现场安全生产管理人员或者本单位负责人报告;接到报告的人员应当及时予以处理。

第六十条 工会有权对建设项目的安全设施与主体工程同时设计、同时施工、同时投入生产和使用进行监督,提出意见。

工会对生产经营单位违反安全生产法律、法规,侵犯从业人员合法权益的行为,有权要求纠正;发现生产经营单位违章指挥、强令冒险作业或者发现事故隐患时,有权提出解决的建议,生产经营单位应当及时研究答复;发现危及从业人员生命安全的情况时,有权向生产经营单位建议组织从业人员撤离危险场所,生产经营单位必须立即作出处理。

工会有权依法参加事故调查,向有关部门提出处理意见,并要求追究有关人员的责任。

第六十一条 生产经营单位使用被派遣劳动者的,被派遣劳动者享有本法规定的从业人员的权利,并应当履行本法规定的从业人员的义务。

第四章 安全生产的监督管理

第六十二条 县级以上地方各级人民政府应当根据本行政区域内的安全生产状况,组织有关部门按照职责分工,对本行政区域内容易发生重大生产安全事故的生产经营单位进行严格检查。

应急管理部门应当按照分类分级监督管理的要求,制定安全生产年度监督检查计划,并按照年度监督检查计划进行监督检查,发现事故隐患,应当及时处理。

第六十三条 负有安全生产监督管理职责的部门依照有关法律、法规的规定,对涉及安全生产的事项需要审查批准(包括批准、核准、许可、注册、认证、颁发证照等,下同)或者验收的,必须严格依照有关法律、法规和国家标准或者行业标准规定的安全生产条件和程序进行审查;不符合有关法律、法规和国家标准或者行业标准规定的安全生产条件的,不得批准或者验收通过。对未依法取得批准或者验收合格的单位擅自从事有关活动的,负责行政审批的部门发现或者接到举报后应当立即予以取缔,并依法予以处理。对已经依法取得批准的单位,负责行政审批的部门发现其不再具备安全生产条件的,应当撤销原批准。

第六十四条 负有安全生产监督管理职责的部门对涉及安全生产的事项进行审查、验收,不得收取费用;不得要求接受审查、验收的单位购买其指定品牌或者指定生产、销售单位的安全设备、器材或者其他产品。

第六十五条 应急管理部门和其他负有安全生产监督管理职责的部门依法开展安全生产行政执法工作,对生产经营单位执行有关安全生产的法律、法规和国家标准或者行业标准的情况进行监督检查,行使以下职权:

(一)进入生产经营单位进行检查,调阅有关资料,向有关单位和人员了解情况;

(二)对检查中发现的安全生产违法行为,当场予以纠正或者要求限期改正;对依法应当给予行政处罚的行为,依照本法和其他有关法律、行政法规的规定作出行政处罚决定;

(三)对检查中发现的事故隐患,应当责令立即排除;重大事故隐患排除前或者排除过程中无法保证安全的,应当责令从危险区域内撤出作业人员,责令暂时停产停业或者停止使用相关设施、设备;重大事故隐患排除后,经审查同意,方可恢复生产经营和使用;

(四)对有根据认为不符合保障安全生产的国家标准或者行业标准的设施、设备、器材以及违法生产、储存、使用、经营、运输的危险物品予以查封或者扣押,对违法生产、储存、使用、经营危险物品的作业场所予以查封,并依法作出处理决定。

监督检查不得影响被检查单位的正常生产经营活动。

第六十六条 生产经营单位对负有安全生产监督管理职责的部门的监督检查人员(以下统称安全生产监督检查人员)依法履行监督检查职责,应当予以配合,不得拒绝、阻挠。

第六十七条 安全生产监督检查人员应当忠于职守,坚持原则,秉公执法。

安全生产监督检查人员执行监督检查任务时,必须出示有效的行政执法证件;对涉及被检查单位的技术秘密和业务秘密,应当为其保密。

第六十八条 安全生产监督检查人员应当将检查的时间、地点、内容、发现的问题及其处理情况,作出书面记录,并由检查人员和被检查单位的负责人签字;被检查单位的负责人拒绝签字的,检查人员应当将情况记录在案,并向负有安全生产监督管理职责的部门报告。

第六十九条 负有安全生产监督管理职责的部门在监督检查中,应当互相配合,实行联合检查;确需分别进行检查的,应当互通情况,发现存在的安全问题应当由其他有关部门进行处理的,应当及时移送其他有关部门并形成记录备查,接受移送的部门应当及时进行处理。

第七十条 负有安全生产监督管理职责的部门依法对存在重大事故隐患的生产经营单位作出停产停业、停止施工、停止使用相关设施或者设备的决定,生产经营单位应当依法执行,及时消除事故隐患。生产经营单位拒不执行,有发生生产安全事故的现实危险的,在保证安全的前提下,经本部门主要负责人批准,负有安全生产监督管理职责的部门可以采取通知有关单位停止供电、停止供应民用爆炸物品等措施,强制生产经营单位履行决定。通知应当采用书面形式,有关单位应当予以配合。

负有安全生产监督管理职责的部门依照前款规定采取停止供电措施,除有危及生产安全的紧急情形外,应当提前二十四小时通知生产经营单位。生产经营单位依法履行行政决定、采取相应措施消除事故隐患的,负有安全生产监督管理职责的部门应当及时解除前款规定的措施。

第七十一条 监察机关依照监察法的规定,对负有安全生产监督管理职责的部门及其工作人员履行安全生产监督管理职责实施监察。

第七十二条 承担安全评价、认证、检测、检验职责的机构应当具备国家规定的资质条件,并对其作出的安全评价、认证、检测、检验结果的合法性、真实性负责。资质条件由国务院应急管理部门会同国务院有关部门制定。

承担安全评价、认证、检测、检验职责的机构应当建立并实施服务公开和报告公开制度,不得租借资质、挂靠、出具虚假报告。

第七十三条 负有安全生产监督管理职责的部门应当建立举报制度,公开举报电话、信箱或者电子邮件地址等网络举报平台,受理有关安全生产的举报;受理的举报事项经调查核实后,应当形成书面材料;需要落实整改措施的,报经有关负责人签字并督促落实。对不属于本部门职责,需要由其他有关部门进行调查处理的,转交其他有关部门处理。

涉及人员死亡的举报事项,应当由县级以上人民政府组织核查处理。

第七十四条 任何单位或者个人对事故隐患或者安全生产违法行为,均有权向负有安全生产监督管理职责的部门报告或者举报。

因安全生产违法行为造成重大事故隐患或者导致重大事故,致使国家利益或者社会公共利益受到侵害的,人民检察院可以根据民事诉讼法、行政诉讼法的相关规定提起公益诉讼。

第七十五条 居民委员会、村民委员会发现其所在区域内的生产经营单位存在事故隐患或者安全生产违法行为时,应当向当地人民政府或者有关部门报告。

第七十六条 县级以上各级人民政府及其有关部门对报告重大事故隐患或者举报安全生产违法行为的有功人员,给予奖励。具体奖励办法由国务院应急管理部门会同国务院财政部门制定。

第七十七条 新闻、出版、广播、电影、电视等单位有进行安全生产公益宣传教育的义务,有对违反安全生产法律、法规的行为进行舆论监督的权利。

第七十八条 负有安全生产监督管理职责的部门应当建立安全生产违法行为信息库,如实记录生产经营单位及其有关从业人员的安全生产违法行为信息;对违法行为情节严重的生产经营单位及其有关从业人员,应当及时向社会公告,并通报行业主管部门、投资主管部门、自然资源主管部门、生态环境主管部门、证券监督管理机构以及有关金融机构。有关部门和机构应当对存在失信行为的生产经营单位及其有关从业人员采取加大执法检查频次、暂停项目审批、上调有关保险费率、行业或者职业禁入等联合惩戒措施,并向社会公示。

负有安全生产监督管理职责的部门应当加强对生产经营单位行政处罚信息的及时归集、共享、应用和公开,对生产经营单位作出处罚决定后七个工作日内在监督管理部门公示系统予以公开曝光,强化对违法失信生产经营单位及其有关从业人员的社会监督,提高全社会安全生产诚信水平。

第五章 生产安全事故的应急救援与调查处理

第七十九条 国家加强生产安全事故应急能力建设,在重点行业、领域建立应急救援基地和应急救援队伍,并由国家安全生产应急救援机构统一协调指挥;鼓励生产经营单位和其他社会力量建立应急救援队伍,配备相应的应急救援装备和物资,提高应急救援的专业化水平。

国务院应急管理部门牵头建立全国统一的生产安全事故应急救援信息系统,国务院交通运输、住房和城乡建设、水利、民航等有关部门和县级以上地方人民政府建立健全相关行业、领域、地区的生产安全事故应急救援信息系统,实现互联互通、信息共享,通过推行网上安全信息采集、安全监管和监测预警,提升监管的精准化、智能化水平。

第八十条 县级以上地方各级人民政府应当组织有关部门制定本行政区域内生产安全事故应急救援预案,建立应急救援体系。

乡镇人民政府和街道办事处,以及开发区、工业园区、港区、风景区等应当制定相应的生产安全事故应急救援预案,协助人民政府有关部门或者按照授权依法履行生产安全事故应急救援工作职责。

第八十一条 生产经营单位应当制定本单位生产安全事故应急救援预案,与所在地县级以上地方人民政府组织制定的生产安全事故应急救援预案相衔接,并定期组织演练。

第八十二条 危险物品的生产、经营、储存单位以及矿山、金属冶炼、城市轨道交通运营、建筑施工单位应当建立应急救援组织;生产经营规模较小的,可以不建立应急救援组织,但应当指定兼职的应急救援人员。

危险物品的生产、经营、储存、运输单位以及矿山、金属冶炼、城市轨道交通运营、建筑施工单位应当配备必要的应急救援器材、设备和物资,并进行经常性维护、保养,保证正常运转。

第八十三条 生产经营单位发生生产安全事故后,事故现场有关人员应当立即报告本单位负责人。

单位负责人接到事故报告后,应当迅速采取有效措施,组织抢救,防止事故扩大,减少人员伤亡和财产损失,并按照国家有关规定立即如实报告当地负有安全生产监督管理职责的部门,不得隐瞒不报、谎报或者迟报,不得故意破坏事故现场、毁灭有关证据。

第八十四条 负有安全生产监督管理职责的部门接到事故报告后,应当立即按照国家有关规定上报事故情况。负有安全生产监督管理职责的部门和有关地方人民政府对事故情况不得隐瞒不报、谎报或者迟报。

第八十五条 有关地方人民政府和负有安全生产监督管理职责的部门的负责人接到生产安全事故报告后,应当按照生产安全事故应急救援预案的要求立即赶到事故现场,组织事故抢救。

参与事故抢救的部门和单位应当服从统一指挥,加强协同联动,采取有效的应急救援措施,并根据事故救援的需要采取警戒、疏散等措施,防止事故扩大和次生灾害的发生,减少人员伤亡和财产损失。

事故抢救过程中应当采取必要措施,避免或者减少对环境造成的危害。

任何单位和个人都应当支持、配合事故抢救,并提供一切便利条件。

第八十六条 事故调查处理应当按照科学严谨、依法依规、实事求是、注重实效的原则,及时、准确地查清事故原因,查明事故性质和责任,评估应急处置工作,总结事故教训,提出整改措施,并对事故责任单位和人员提出处理建议。事故调查报告应当依法及时向社会公布。事故调查和处理的具体办法由国务院制定。

事故发生单位应当及时全面落实整改措施,负有安全生产监督管理职责的部门应当加强监督检查。

负责事故调查处理的国务院有关部门和地方人民政府应当在批复事故调查报告后一年内,组织有关部门对事故整改和防范措施落实情况进行评估,并及时向社会公开评估结果;对不履行职责导致事故整改和防范措施没有落实的有关单位和人员,应当按照有关规定追究责任。

第八十七条 生产经营单位发生生产安全事故,经调查确定为责任事故的,除了应当查明事故单位的责任并依法予以追究外,还应当查明对安全生产的有关事项负有审查批准和监督职责的行政部门的责任,对有失职、渎职行为的,依照本法第九十条的规定追究法律责任。

第八十八条 任何单位和个人不得阻挠和干涉对事故的依法调查处理。

第八十九条 县级以上地方各级人民政府应急管理部门应当定期统计分析本行政区域内发生生产安全事故的情况,并定期向社会公布。

第六章　法　律　责　任

第九十条 负有安全生产监督管理职责的部门的工作人员,有下列行为之一的,给予降级或者撤职的处分;构成犯罪的,依照刑法有关规定追究刑事责任:

(一)对不符合法定安全生产条件的涉及安全生产的事项予以批准或者验收通过的;

(二)发现未依法取得批准、验收的单位擅自从事有关活动或者接到举报后不予取缔或者不依法予以处理的;

(三)对已经依法取得批准的单位不履行监督管理职责,发现其不再具备安全生产条件而不撤销原批准或者发现安全生产违法行为不予查处的;

(四)在监督检查中发现重大事故隐患,不依法及时处理的。

负有安全生产监督管理职责的部门的工作人员有前款规定以外的滥用职权、玩忽职守、徇私舞弊行为的,依法给予处分;构成犯罪的,依照刑法有关规定追究刑事责任。

第九十一条 负有安全生产监督管理职责的部门,要求被审查、验收的单位购买其指定的安全设备、器材或者其他产品的,在对安全生产事项的审查、验收中收取费用的,由其上级机关或者监察机关责令改正,责令退还收取的费用;情节严重的,对直接负责的主管人员和其他直接责任人员依法给予处分。

第九十二条 承担安全评价、认证、检测、检验职责的机构出具失实报告的,责令停业整顿,并处三万元以上十万元以下的罚款;给他人造成损害的,依法承担赔偿责任。

承担安全评价、认证、检测、检验职责的机构租借资质、挂靠、出具虚假报告的,没收违法所得;违法所得在十万元以上的,并处违法所得二倍以上五倍以下的罚款,没有违法所得或者违法所得不足十万元的,单处或者并处十万元以上二十万元以下的罚款;对其直接负责的主管人员和其他直接责任人员处五万元以上十万元以下的罚款;给他人造成损害的,与生产经营单位承担连带赔偿责任;构成犯罪的,依照刑法有关规定追究刑事责任。

对有前款违法行为的机构及其直接责任人员,吊销其相应资质和资格,五年内不得从事安全评价、认证、检测、检验等工作;情节严重的,实行终身行业和职业禁入。

第九十三条 生产经营单位的决策机构、主要负责人或者个人经营的投资人不依照本法规定保证安全生产所必需的资金投入,致使生产经营单位不具备安全生产条件的,责令限期改正,提供必需的资金;逾期未改正的,责令生产经营单位停产停业整顿。

有前款违法行为,导致发生生产安全事故的,对生产经营单位的主要负责人给予撤职处分,对个人经营的投资人处二万元以上二十万元以下的罚款;构成犯罪的,依照刑法有关规定追究刑事责任。

第九十四条 生产经营单位的主要负责人未履行本法规定的安全生产管理职责的,责令限期改正,处二万元以上五万元以下的罚款;逾期未改正的,处五万元以上十万元以下的罚款,责令生产经营单位停产停业整顿。

生产经营单位的主要负责人有前款违法行为,导致发生生产安全事故的,给予撤职处分;构成犯罪的,依照刑法有关规定追究刑事责任。

生产经营单位的主要负责人依照前款规定受刑事处罚或者撤职处分的,自刑罚执行完毕或者受处分之日起,五年内不得担任任何生产经营单位的主要负责人;对重大、特别重大生产安全事故负有责任的,终身不得担任本行业生产经营单位的主要负责人。

第九十五条 生产经营单位的主要负责人未履行本法规定的安全生产管理职责,导致发生生产安全事故的,由应急管理部门依照下列规定处以罚款:

(一)发生一般事故的,处上一年年收入百分之四十的罚款;

(二)发生较大事故的,处上一年年收入百分之六十的罚款;

(三)发生重大事故的,处上一年年收入百分之八十的罚款;

(四)发生特别重大事故的,处上一年年收入百分之一百的罚款。

第九十六条 生产经营单位的其他负责人和安全生产管理人员未履行本法规定的安全生产管理职责的,责令限期改正,处一万元以上三万元以下的罚款;导致发生生产安全事故的,暂停或者吊销其与安全生产有关的资格,并处上一年年收入百分之二十以上百分之五十以下的罚款;构成犯罪的,依照刑法有关规定追究刑事责任。

第九十七条 生产经营单位有下列行为之一的,责令限期改正,处十万元以下的罚款;逾期未改正的,责令停产停业整顿,并处十万元以上二十万元以下的罚款,对其直接负责的主管人员和其他直接责任人员处二万元以上五万元以下的罚款:

(一)未按照规定设置安全生产管理机构或者配备安全生产管理人员、注册安全工程师的;

(二)危险物品的生产、经营、储存、装卸单位以及矿山、金属冶炼、建筑施工、运输单位的主要负责人和安全生产管理人员未按照规定经考核合格的;

(三)未按照规定对从业人员、被派遣劳动者、实习学生进行安全生产教育和培训,或者未按照规定如实告知有关的安全生产事项的;

(四)未如实记录安全生产教育和培训情况的;

(五)未将事故隐患排查治理情况如实记录或者未向从业人员通报的;

(六)未按照规定制定生产安全事故应急救援预案或者未定期组织演练的;

(七)特种作业人员未按照规定经专门的安全作业培训并取得相应资格,上岗作业的。

第九十八条 生产经营单位有下列行为之一的,责令停止建设或者停产停业整顿,限期改正,并处十万元以上五十万元以下的罚款,对其直接负责的主管人员和其他直接责任人员处二万元以上五万元以下的罚款;逾期未改正的,处五十万元以上一百万元以下的罚款,对其直接负责的主管人员和其他直接责任人员处五万元以上十万元以下的罚款;构成犯罪的,依照刑法有关规定追究刑事责任:

(一)未按照规定对矿山、金属冶炼建设项目或者用于生产、储存、装卸危险物品的建设项目进行安全评价的;

(二)矿山、金属冶炼建设项目或者用于生产、储存、装卸危险物品的建设项目没有安全设施设计或者安全设施设计未按照规定报经有关部门审查同意的;

(三)矿山、金属冶炼建设项目或者用于生产、储存、装卸危险物品的建设项目的施工单位未按照批准的安全设施设计施工的;

(四)矿山、金属冶炼建设项目或者用于生产、储存、装卸危险物品的建设项目竣工投入生产或者使用前,安全设施未经验收合格的。

第九十九条 生产经营单位有下列行为之一的,责令限期改正,处五万元以下的罚款,逾期未改正的,处五万元以上二十万元以下的罚款,对其直接负责的主管人员和其他直接责任人员处一万元以上二万元以下的罚款;情节严重的,责令停产停业整顿;构成犯罪的,依照刑法有关规定追究刑事责任:

(一)未在有较大危险因素的生产经营场所和有关设施、设备上设置明显的安全警示标志的;

(二)安全设备的安装、使用、检测、改造和报废不符合国家标准或者行业标准的;

(三)未对安全设备进行经常性维护、保养和定期检测的;

(四)关闭、破坏直接关系生产安全的监控、报警、防护、救生设备、设施,或者篡改、隐瞒、销毁其相关数据、信息的;

(五)未为从业人员提供符合国家标准或者行业标准

的劳动防护用品的；

（六）危险物品的容器、运输工具，以及涉及人身安全、危险性较大的海洋石油开采特种设备和矿山井下特种设备未经具有专业资质的机构检测、检验合格，取得安全使用证或者安全标志，投入使用的；

（七）使用应当淘汰的危及生产安全的工艺、设备的；

（八）餐饮等行业的生产经营单位使用燃气未安装可燃气体报警装置的。

第一百条 未经依法批准，擅自生产、经营、运输、储存、使用危险物品或者处置废弃危险物品的，依照有关危险物品安全管理的法律、行政法规的规定予以处罚；构成犯罪的，依照刑法有关规定追究刑事责任。

第一百零一条 生产经营单位有下列行为之一的，责令限期改正，处十万元以下的罚款；逾期未改正的，责令停产停业整顿，并处十万元以上二十万元以下的罚款，对其直接负责的主管人员和其他直接责任人员处二万元以上五万元以下的罚款；构成犯罪的，依照刑法有关规定追究刑事责任：

（一）生产、经营、运输、储存、使用危险物品或者处置废弃危险物品，未建立专门安全管理制度、未采取可靠的安全措施的；

（二）对重大危险源未登记建档，未进行定期检测、评估、监控，未制定应急预案，或者未告知应急措施的；

（三）进行爆破、吊装、动火、临时用电以及国务院应急管理部门会同国务院有关部门规定的其他危险作业，未安排专门人员进行现场安全管理的；

（四）未建立安全风险分级管控制度或者未按照安全风险分级采取相应管控措施的；

（五）未建立事故隐患排查治理制度，或者重大事故隐患排查治理情况未按照规定报告的。

第一百零二条 生产经营单位未采取措施消除事故隐患的，责令立即消除或者限期消除，处五万元以下的罚款；生产经营单位拒不执行的，责令停产停业整顿，对其直接负责的主管人员和其他直接责任人员处五万元以上十万元以下的罚款；构成犯罪的，依照刑法有关规定追究刑事责任。

第一百零三条 生产经营单位将生产经营项目、场所、设备发包或者出租给不具备安全生产条件或者相应资质的单位或者个人的，责令限期改正，没收违法所得；违法所得十万元以上的，并处违法所得二倍以上五倍以下的罚款；没有违法所得或者违法所得不足十万元的，单处或者并处十万元以上二十万元以下的罚款；对其直接负责的主管人员和其他直接责任人员处一万元以上二万元以下的罚款；导致发生生产安全事故给他人造成损害的，与承包方、承租方承担连带赔偿责任。

生产经营单位未与承包单位、承租单位签订专门的安全生产管理协议或者未在承包合同、租赁合同中明确各自的安全生产管理职责，或者未对承包单位、承租单位的安全生产统一协调、管理的，责令限期改正，处五万元以下的罚款，对其直接负责的主管人员和其他直接责任人员处一万元以下的罚款；逾期未改正的，责令停产停业整顿。

矿山、金属冶炼建设项目和用于生产、储存、装卸危险物品的建设项目的施工单位未按照规定对施工项目进行安全管理的，责令限期改正，处十万元以下的罚款，对其直接负责的主管人员和其他直接责任人员处二万元以下的罚款；逾期未改正的，责令停产停业整顿。以上施工单位倒卖、出租、出借、挂靠或者以其他形式非法转让施工资质的，责令停产停业整顿，吊销资质证书，没收违法所得；违法所得十万元以上的，并处违法所得二倍以上五倍以下的罚款，没有违法所得或者违法所得不足十万元的，单处或者并处十万元以上二十万元以下的罚款；对其直接负责的主管人员和其他直接责任人员处五万元以上十万元以下的罚款；构成犯罪的，依照刑法有关规定追究刑事责任。

第一百零四条 两个以上生产经营单位在同一作业区域内进行可能危及对方安全生产的生产经营活动，未签订安全生产管理协议或者未指定专职安全生产管理人员进行安全检查与协调的，责令限期改正，处五万元以下的罚款，对其直接负责的主管人员和其他直接责任人员处一万元以下的罚款；逾期未改正的，责令停产停业。

第一百零五条 生产经营单位有下列行为之一的，责令限期改正，处五万元以下的罚款，对其直接负责的主管人员和其他直接责任人员处一万元以下的罚款；逾期未改正的，责令停产停业整顿；构成犯罪的，依照刑法有关规定追究刑事责任：

（一）生产、经营、储存、使用危险物品的车间、商店、仓库与员工宿舍在同一座建筑内，或者与员工宿舍的距离不符合安全要求的；

（二）生产经营场所和员工宿舍未设有符合紧急疏散需要、标志明显、保持畅通的出口、疏散通道，或者占用、锁闭、封堵生产经营场所或者员工宿舍出口、疏散通道的。

第一百零六条 生产经营单位与从业人员订立协议，免除或者减轻其对从业人员因生产安全事故伤亡依法应承担的责任的，该协议无效；对生产经营单位的主要负责人、个人经营的投资人处二万元以上十万元以下的罚款。

第一百零七条 生产经营单位的从业人员不落实岗位安全责任，不服从管理，违反安全生产规章制度或者操作规程的，由生产经营单位给予批评教育，依照有关规章制度给予处分；构成犯罪的，依照刑法有关规定追究刑事责任。

第一百零八条 违反本法规定，生产经营单位拒绝、阻碍负有安全生产监督管理职责的部门依法实施监督检查的，责令改正；拒不改正的，处二万元以上二十万元以下的罚款，对其直接负责的主管人员和其他直接责任人员处一万元以上二万元以下的罚款；构成犯罪的，依照刑法有关规定追究刑事责任。

第一百零九条 高危行业、领域的生产经营单位未按照国家规定投保安全生产责任保险的,责令限期改正,处五万元以上十万元以下的罚款;逾期未改正的,处十万元以上二十万元以下的罚款。

第一百一十条 生产经营单位的主要负责人在本单位发生生产安全事故时,不立即组织抢救或者在事故调查处理期间擅离职守或者逃匿的,给予降级、撤职的处分,并由应急管理部门处上一年年收入百分之六十至百分之一百的罚款;对逃匿的处十五日以下拘留;构成犯罪的,依照刑法有关规定追究刑事责任。

生产经营单位的主要负责人对生产安全事故隐瞒不报、谎报或者迟报的,依照前款规定处罚。

第一百一十一条 有关地方人民政府、负有安全生产监督管理职责的部门,对生产安全事故隐瞒不报、谎报或者迟报的,对直接负责的主管人员和其他直接责任人员依法给予处分;构成犯罪的,依照刑法有关规定追究刑事责任。

第一百一十二条 生产经营单位违反本法规定,被责令改正且受到罚款处罚,拒不改正的,负有安全生产监督管理职责的部门可以自作出责令改正之日起的次日起,按照原处罚数额按日连续处罚。

第一百一十三条 生产经营单位存在下列情形之一的,负有安全生产监督管理职责的部门应当提请地方人民政府予以关闭,有关部门应当依法吊销其有关证照。生产经营单位主要负责人五年内不得担任任何生产经营单位的主要负责人;情节严重的,终身不得担任本行业生产经营单位的主要负责人:

(一)存在重大事故隐患,一百八十日内三次或者一年内四次受到本法规定的行政处罚的;

(二)经停产停业整顿,仍不具备法律、行政法规和国家标准或者行业标准规定的安全生产条件的;

(三)不具备法律、行政法规和国家标准或者行业标准规定的安全生产条件,导致发生重大、特别重大生产安全事故的;

(四)拒不执行负有安全生产监督管理职责的部门作出的停产停业整顿决定的。

第一百一十四条 发生生产安全事故,对负有责任的生产经营单位除要求其依法承担相应的赔偿等责任外,由应急管理部门依照下列规定处以罚款:

(一)发生一般事故的,处三十万元以上一百万元以下的罚款;

(二)发生较大事故的,处一百万元以上二百万元以下的罚款;

(三)发生重大事故的,处二百万元以上一千万元以下的罚款;

(四)发生特别重大事故的,处一千万元以上二千万元以下的罚款。

发生生产安全事故,情节特别严重、影响特别恶劣的,应急管理部门可以按照前款罚款数额的二倍以上五倍以下对负有责任的生产经营单位处以罚款。

第一百一十五条 本法规定的行政处罚,由应急管理部门和其他负有安全生产监督管理职责的部门按照职责分工决定;其中,根据本法第九十五条、第一百一十条、第一百一十四条的规定应当给予民航、铁路、电力行业的生产经营单位及其主要负责人行政处罚的,也可以由主管的负有安全生产监督管理职责的部门进行处罚。予以关闭的行政处罚,由负有安全生产监督管理职责的部门报请县级以上人民政府按照国务院规定的权限决定;给予拘留的行政处罚,由公安机关依照治安管理处罚的规定决定。

第一百一十六条 生产经营单位发生生产安全事故造成人员伤亡、他人财产损失的,应当依法承担赔偿责任;拒不承担或者其负责人逃匿的,由人民法院依法强制执行。

生产安全事故的责任人未依法承担赔偿责任,经人民法院依法采取执行措施后,仍不能对受害人给予足额赔偿的,应当继续履行赔偿义务;受害人发现责任人有其他财产的,可以随时请求人民法院执行。

第七章 附 则

第一百一十七条 本法下列用语的含义:

危险物品,是指易燃易爆物品、危险化学品、放射性物品等能够危及人身安全和财产安全的物品。

重大危险源,是指长期地或者临时地生产、搬运、使用或者储存危险物品,且危险物品的数量等于或者超过临界量的单元(包括场所和设施)。

第一百一十八条 本法规定的生产安全一般事故、较大事故、重大事故、特别重大事故的划分标准由国务院规定。

国务院应急管理部门和其他负有安全生产监督管理职责的部门应当根据各自的职责分工,制定相关行业、领域重大危险源的辨识标准和重大事故隐患的判定标准。

第一百一十九条 本法自2002年11月1日起施行。

15. 中华人民共和国水土保持法

（1991年6月29日第七届全国人民代表大会常务委员会第二十次会议通过，2010年12月25日第十一届全国人民代表大会常务委员会第十八次会议修订）

第一章 总 则

第一条 为了预防和治理水土流失，保护和合理利用水土资源，减轻水、旱、风沙灾害，改善生态环境，保障经济社会可持续发展，制定本法。

第二条 在中华人民共和国境内从事水土保持活动，应当遵守本法。

本法所称水土保持，是指对自然因素和人为活动造成水土流失所采取的预防和治理措施。

第三条 水土保持工作实行预防为主、保护优先、全面规划、综合治理、因地制宜、突出重点、科学管理、注重效益的方针。

第四条 县级以上人民政府应当加强对水土保持工作的统一领导，将水土保持工作纳入本级国民经济和社会发展规划，对水土保持规划确定的任务，安排专项资金，并组织实施。

国家在水土流失重点预防区和重点治理区，实行地方各级人民政府水土保持目标责任制和考核奖惩制度。

第五条 国务院水行政主管部门主管全国的水土保持工作。

国务院水行政主管部门在国家确定的重要江河、湖泊设立的流域管理机构（以下简称流域管理机构），在所管辖范围内依法承担水土保持监督管理职责。

县级以上地方人民政府水行政主管部门主管本行政区域的水土保持工作。

县级以上人民政府林业、农业、国土资源等有关部门按照各自职责，做好有关的水土流失预防和治理工作。

第六条 各级人民政府及其有关部门应当加强水土保持宣传和教育工作，普及水土保持科学知识，增强公众的水土保持意识。

第七条 国家鼓励和支持水土保持科学技术研究，提高水土保持科学技术水平，推广先进的水土保持技术，培养水土保持科学技术人才。

第八条 任何单位和个人都有保护水土资源、预防和治理水土流失的义务，并有权对破坏水土资源、造成水土流失的行为进行举报。

第九条 国家鼓励和支持社会力量参与水土保持工作。

对水土保持工作中成绩显著的单位和个人，由县级以上人民政府给予表彰和奖励。

第二章 规 划

第十条 水土保持规划应当在水土流失调查结果及水土流失重点预防区和重点治理区划定的基础上，遵循统筹协调、分类指导的原则编制。

第十一条 国务院水行政主管部门应当定期组织全国水土流失调查并公告调查结果。

省、自治区、直辖市人民政府水行政主管部门负责本行政区域的水土流失调查并公告调查结果，公告前应当将调查结果报国务院水行政主管部门备案。

第十二条 县级以上人民政府应当依据水土流失调查结果划定并公告水土流失重点预防区和重点治理区。

对水土流失潜在危险较大的区域，应当划定为水土流失重点预防区；对水土流失严重的区域，应当划定为水土流失重点治理区。

第十三条 水土保持规划的内容应当包括水土流失状况、水土流失类型区划分、水土流失防治目标、任务和措施等。

水土保持规划包括对流域或者区域预防和治理水土流失、保护和合理利用水土资源作出的整体部署，以及根据整体部署对水土保持专项工作或者特定区域预防和治理水土流失作出的专项部署。

水土保持规划应当与土地利用总体规划、水资源规划、城乡规划和环境保护规划等相协调。

编制水土保持规划，应当征求专家和公众的意见。

第十四条 县级以上人民政府水行政主管部门会同同级人民政府有关部门编制水土保持规划，报本级人民政府或者其授权的部门批准后，由水行政主管部门组织实施。

水土保持规划一经批准，应当严格执行；经批准的规划根据实际情况需要修改的，应当按照规划编制程序报原批准机关批准。

第十五条 有关基础设施建设、矿产资源开发、城镇建设、公共服务设施建设等方面的规划，在实施过程中可能造成水土流失的，规划的组织编制机关应当在规划中提出水土流失预防和治理的对策和措施，并在规划报请审批前征求本级人民政府水行政主管部门的意见。

第三章 预 防

第十六条 地方各级人民政府应当按照水土保持规划，采取封育保护、自然修复等措施，组织单位和个人植树种草，扩大林草覆盖面积，涵养水源，预防和减轻水土流失。

第十七条 地方各级人民政府应当加强对取土、挖砂、采石等活动的管理，预防和减轻水土流失。

禁止在崩塌、滑坡危险区和泥石流易发区从事取土、挖砂、采石等可能造成水土流失的活动。崩塌、滑坡危险区和泥石流易发区的范围，由县级以上地方人民政府划定并公告。崩塌、滑坡危险区和泥石流易发区的划定，应当与地质灾害防治规划确定的地质灾害易发区、重点防治区相衔接。

第十八条 水土流失严重、生态脆弱的地区,应当限制或者禁止可能造成水土流失的生产建设活动,严格保护植物、沙壳、结皮、地衣等。

在侵蚀沟的沟坡和沟岸、河流的两岸以及湖泊和水库的周边,土地所有权人、使用权人或者有关管理单位应当营造植物保护带。禁止开垦、开发植物保护带。

第十九条 水土保持设施的所有权人或者使用权人应当加强对水土保持设施的管理与维护,落实管护责任,保障其功能正常发挥。

第二十条 禁止在二十五度以上陡坡地开垦种植农作物。在二十五度以上陡坡地种植经济林的,应当科学选择树种,合理确定规模,采取水土保持措施,防止造成水土流失。

省、自治区、直辖市根据本行政区域的实际情况,可以规定小于二十五度的禁止开垦坡度。禁止开垦的陡坡地的范围由当地县级人民政府划定并公告。

第二十一条 禁止毁林、毁草开垦和采集发菜。禁止在水土流失重点预防区和重点治理区铲草皮、挖树兜或者滥挖虫草、甘草、麻黄等。

第二十二条 林木采伐应当采用合理方式,严格控制皆伐;对水源涵养林、水土保持林、防风固沙林等防护林只能进行抚育和更新性质的采伐;对采伐区和集材道应当采取防止水土流失的措施,并在采伐后及时更新造林。

在林区采伐林木的,采伐方案中应当有水土保持措施。采伐方案经林业主管部门批准后,由林业主管部门和水行政主管部门监督实施。

第二十三条 在五度以上坡地植树造林、抚育幼林、种植中药材等,应当采取水土保持措施。

在禁止开垦坡度以下、五度以上的荒坡地开垦种植农作物,应当采取水土保持措施。具体办法由省、自治区、直辖市根据本行政区域的实际情况规定。

第二十四条 生产建设项目选址、选线应当避让水土流失重点预防区和重点治理区;无法避让的,应当提高防治标准,优化施工工艺,减少地表扰动和植被损坏范围,有效控制可能造成的水土流失。

第二十五条 在山区、丘陵区、风沙区以及水土保持规划确定的容易发生水土流失的其他区域开办可能造成水土流失的生产建设项目,生产建设单位应当编制水土保持方案,报县级以上人民政府水行政主管部门审批,并按照经批准的水土保持方案,采取水土流失预防和治理措施。没有能力编制水土保持方案的,应当委托具备相应技术条件的机构编制。

水土保持方案应当包括水土流失预防和治理的范围、目标、措施和投资等内容。

水土保持方案经批准后,生产建设项目的地点、规模发生重大变化的,应当补充或者修改水土保持方案并报原审批机关批准。水土保持方案实施过程中,水土保持措施需要作出重大变更的,应当经原审批机关批准。

生产建设项目水土保持方案的编制和审批办法,由国务院水行政主管部门制定。

第二十六条 依法应当编制水土保持方案的生产建设项目,生产建设单位未编制水土保持方案或者水土保持方案未经水行政主管部门批准的,生产建设项目不得开工建设。

第二十七条 依法应当编制水土保持方案的生产建设项目中的水土保持设施,应当与主体工程同时设计、同时施工、同时投产使用;生产建设项目竣工验收,应当验收水土保持设施;水土保持设施未经验收或者验收不合格的,生产建设项目不得投产使用。

第二十八条 依法应当编制水土保持方案的生产建设项目,其生产建设活动中排弃的砂、石、土、矸石、尾矿、废渣等应当综合利用;不能综合利用,确需废弃的,应当堆放在水土保持方案确定的专门存放地,并采取措施保证不产生新的危害。

第二十九条 县级以上人民政府水行政主管部门、流域管理机构,应当对生产建设项目水土保持方案的实施情况进行跟踪检查,发现问题及时处理。

第四章 治　理

第三十条 国家加强水土流失重点预防区和重点治理区的坡耕地改梯田、淤地坝等水土保持重点工程建设,加大生态修复力度。

县级以上人民政府水行政主管部门应当加强对水土保持重点工程的建设管理,建立和完善运行管护制度。

第三十一条 国家加强江河源头区、饮用水水源保护区和水源涵养区水土流失的预防和治理工作,多渠道筹集资金,将水土保持生态效益补偿纳入国家建立的生态效益补偿制度。

第三十二条 开办生产建设项目或者从事其他生产建设活动造成水土流失的,应当进行治理。

在山区、丘陵区、风沙区以及水土保持规划确定的容易发生水土流失的其他区域开办生产建设项目或者从事其他生产建设活动,损坏水土保持设施、地貌植被,不能恢复原有水土保持功能的,应当缴纳水土保持补偿费,专项用于水土流失预防和治理。专项水土流失预防和治理由水行政主管部门负责组织实施。水土保持补偿费的收取使用管理办法由国务院财政部门、国务院价格主管部门会同国务院水行政主管部门制定。

生产建设项目在建设过程中和生产过程中发生的水土保持费用,按照国家统一的财务会计制度处理。

第三十三条 国家鼓励单位和个人按照水土保持规划参与水土流失治理,并在资金、技术、税收等方面予以扶持。

第三十四条 国家鼓励和支持承包治理荒山、荒沟、荒丘、荒滩,防治水土流失,保护和改善生态环境,促进土地资源的合理开发和可持续利用,并依法保护土地承包合同当事人的合法权益。

承包治理荒山、荒沟、荒丘、荒滩和承包水土流失严重地区农村土地的,在依法签订的土地承包合同中应当包括预防和治理水土流失责任的内容。

第三十五条 在水力侵蚀地区,地方各级人民政府及其有关部门应当组织单位和个人,以天然沟壑及其两侧山坡地形成的小流域为单元,因地制宜地采取工程措施、植物措施和保护性耕作等措施,进行坡耕地和沟道水土流失综合治理。

在风力侵蚀地区,地方各级人民政府及其有关部门应当组织单位和个人,因地制宜地采取轮封轮牧、植树种草、设置人工沙障和网格林带等措施,建立防风固沙防护体系。

在重力侵蚀地区,地方各级人民政府及其有关部门应当组织单位和个人,采取监测、径流排导、削坡减载、支挡固坡、修建拦挡工程等措施,建立监测、预报、预警体系。

第三十六条 在饮用水水源保护区,地方各级人民政府及其有关部门应当组织单位和个人,采取预防保护、自然修复和综合治理措施,配套建设植物过滤带,积极推广沼气,开展清洁小流域建设,严格控制化肥和农药的使用,减少水土流失引起的面源污染,保护饮用水水源。

第三十七条 已在禁止开垦的陡坡地上开垦种植农作物的,应当按照国家有关规定退耕,植树种草;耕地短缺、退耕确有困难的,应当修建梯田或者采取其他水土保持措施。

在禁止开垦坡度以下的坡耕地上开垦种植农作物的,应当根据不同情况,采取修建梯田、坡面水系整治、蓄水保土耕作或者退耕等措施。

第三十八条 对生产建设活动所占用土地的地表土应当进行分层剥离、保存和利用,做到土石方挖填平衡,减少地表扰动范围;对废弃的砂、石、土、矸石、尾矿、废渣等存放地,应当采取拦挡、坡面防护、防洪排导等措施。生产建设活动结束后,应当及时在取土场、开挖面和存放地的裸露土地上植树种草、恢复植被,对闭库的尾矿库进行复垦。

在干旱缺水地区从事生产建设活动,应当采取防止风力侵蚀措施,设置降水蓄渗设施,充分利用降水资源。

第三十九条 国家鼓励和支持在山区、丘陵区、风沙区以及容易发生水土流失的其他区域,采取下列有利于水土保持的措施:

(一)免耕、等高耕作、轮耕轮作、草田轮作、间作套种等;

(二)封禁抚育、轮封轮牧、舍饲圈养;

(三)发展沼气、节柴灶,利用太阳能、风能和水能,以煤、电、气代替薪柴等;

(四)从生态脆弱地区向外移民;

(五)其他有利于水土保持的措施。

第五章 监测和监督

第四十条 县级以上人民政府水行政主管部门应当加强水土保持监测工作,发挥水土保持监测工作在政府决策、经济社会发展和社会公众服务中的作用。县级以上人民政府应当保障水土保持监测工作经费。

国务院水行政主管部门应当完善全国水土保持监测网络,对全国水土流失进行动态监测。

第四十一条 对可能造成严重水土流失的大中型生产建设项目,生产建设单位应当自行或者委托具备水土保持监测资质的机构,对生产建设活动造成的水土流失进行监测,并将监测情况定期上报当地水行政主管部门。

从事水土保持监测活动应当遵守国家有关技术标准、规范和规程,保证监测质量。

第四十二条 国务院水行政主管部门和省、自治区、直辖市人民政府水行政主管部门应当根据水土保持监测情况,定期对下列事项进行公告:

(一)水土流失类型、面积、强度、分布状况和变化趋势;

(二)水土流失造成的危害;

(三)水土流失预防和治理情况。

第四十三条 县级以上人民政府水行政主管部门负责对水土保持情况进行监督检查。流域管理机构在其管辖范围内可以行使国务院水行政主管部门的监督检查职权。

第四十四条 水政监督检查人员依法履行监督检查职责时,有权采取下列措施:

(一)要求被检查单位或者个人提供有关文件、证照、资料;

(二)要求被检查单位或者个人就预防和治理水土流失的有关情况作出说明;

(三)进入现场进行调查、取证。

被检查单位或者个人拒不停止违法行为,造成严重水土流失的,报经水行政主管部门批准,可以查封、扣押实施违法行为的工具及施工机械、设备等。

第四十五条 水政监督检查人员依法履行监督检查职责时,应当出示执法证件。被检查单位或者个人对水土保持监督检查工作应当给予配合,如实报告情况,提供有关文件、证照、资料;不得拒绝或者阻碍水政监督检查人员依法执行公务。

第四十六条 不同行政区域之间发生水土流失纠纷应当协商解决;协商不成的,由共同的上一级人民政府裁决。

第六章 法律责任

第四十七条 水行政主管部门或者其他依照本法规定行使监督管理权的部门,不依法作出行政许可决定或者办理批准文件的,发现违法行为或者接到对违法行为的举报不予查处的,或者有其他未依照本法规定履行职责的行为的,对直接负责的主管人员和其他直接责任人员依法给予处分。

第四十八条 违反本法规定,在崩塌、滑坡危险区或者泥石流易发区从事取土、挖砂、采石等可能造成水土流失的活动的,由县级以上地方人民政府水行政主管部门责令停止违法行为,没收违法所得,对个人处一千元以上一万元以下的罚款,对单位处二万元以上二十万元以下的罚款。

第四十九条 违反本法规定,在禁止开垦坡度以上陡坡地开垦种植农作物,或者在禁止开垦、开发的植物保护带内开垦、开发的,由县级以上地方人民政府水行政主管部门责令停止违法行为,采取退耕、恢复植被等补救措施;按照开垦或者开发面积,可以对个人处每平方米二元以下的罚款、对单位处每平方米十元以下的罚款。

第五十条 违反本法规定,毁林、毁草开垦的,依照《中华人民共和国森林法》、《中华人民共和国草原法》的有关规定处罚。

第五十一条 违反本法规定,采集发菜,或者在水土流失重点预防区和重点治理区铲草皮、挖树兜、滥挖虫草、甘草、麻黄等的,由县级以上地方人民政府水行政主管部门责令停止违法行为,采取补救措施,没收违法所得,并处违法所得一倍以上五倍以下的罚款;没有违法所得的,可以处五万元以下的罚款。

在草原地区有前款规定违法行为的,依照《中华人民共和国草原法》的有关规定处罚。

第五十二条 在林区采伐林木不依法采取防止水土流失措施的,由县级以上地方人民政府林业主管部门、水行政主管部门责令限期改正,采取补救措施;造成水土流失的,由水行政主管部门按照造成水土流失的面积处每平方米二元以上十元以下的罚款。

第五十三条 违反本法规定,有下列行为之一的,由县级以上人民政府水行政主管部门责令停止违法行为,限期补办手续;逾期不补办手续的,处五万元以上五十万元以下的罚款;对生产建设单位直接负责的主管人员和其他直接责任人员依法给予处分:

(一)依法应当编制水土保持方案的生产建设项目,未编制水土保持方案或者编制的水土保持方案未经批准而开工建设的;

(二)生产建设项目的地点、规模发生重大变化,未补充、修改水土保持方案或者补充、修改的水土保持方案未经原审批机关批准的;

(三)水土保持方案实施过程中,未经原审批机关批准,对水土保持措施作出重大变更的。

第五十四条 违反本法规定,水土保持设施未经验收或者验收不合格将生产建设项目投产使用的,由县级以上人民政府水行政主管部门责令停止生产或者使用,直至验收合格,并处五万元以上五十万元以下的罚款。

第五十五条 违反本法规定,在水土保持方案确定的专门存放地以外的区域倾倒砂、石、土、矸石、尾矿、废渣等的,由县级以上地方人民政府水行政主管部门责令停止违法行为,限期清理,按照倾倒数量处每立方米十元以上二十元以下的罚款;逾期仍不清理的,县级以上地方人民政府水行政主管部门可以指定有清理能力的单位代为清理,所需费用由违法行为人承担。

第五十六条 违反本法规定,开办生产建设项目或者从事其他生产建设活动造成水土流失,不进行治理的,由县级以上人民政府水行政主管部门责令限期治理;逾期仍不治理的,县级以上人民政府水行政主管部门可以指定有治理能力的单位代为治理,所需费用由违法行为人承担。

第五十七条 违反本法规定,拒不缴纳水土保持补偿费的,由县级以上人民政府水行政主管部门责令限期缴纳;逾期不缴纳的,自滞纳之日起按日加收滞纳部分万分之五的滞纳金,可以处应缴水土保持补偿费三倍以下的罚款。

第五十八条 违反本法规定,造成水土流失危害的,依法承担民事责任;构成违反治安管理行为的,由公安机关依法给予治安管理处罚;构成犯罪的,依法追究刑事责任。

第七章 附 则

第五十九条 县级以上地方人民政府根据当地实际情况确定的负责水土保持工作的机构,行使本法规定的水行政主管部门水土保持工作的职责。

第六十条 本法自2011年3月1日起施行。

16.中华人民共和国水土保持法实施条例

(1993年8月1日中华人民共和国国务院令第120号发布,根据2011年1月8日《国务院关于废止和修改部分行政法规的决定》修订)

第一章 总 则

第一条 根据《中华人民共和国水土保持法》(以下简称《水土保持法》)的规定,制定本条例。

第二条 一切单位和个人都有权对有下列破坏水土资源、造成水土流失的行为之一的单位和个人,向县级以上人民政府水行政主管部门或者其他有关部门进行检举:

(一)违法毁林或者毁草场开荒,破坏植被的;

(二)违法开垦荒坡地的;

(三)向江河、湖泊、水库和专门存放地以外的沟渠倾倒废弃砂、石、土或者尾矿废渣的;

(四)破坏水土保持设施的;

(五)有破坏水土资源、造成水土流失的其他行为的。

第三条 水土流失防治区的地方人民政府应当实行水土流失防治目标责任制。

第四条 地方人民政府根据当地实际情况设立的水土保持机构,可以行使《水土保持法》和本条例规定的水行政主管部门对水土保持工作的职权。

第五条 县级以上人民政府应当将批准的水土保持规划确定的任务,纳入国民经济和社会发展计划,安排专项资金,组织实施,并可以按照有关规定,安排水土流失地区的部分扶贫资金、以工代赈资金和农业发展基金等资金,用于水土保持。

第六条 水土流失重点防治区按国家、省、县三级划分,具体范围由县级以上人民政府水行政主管部门提出,报同级人民政府批准并公告。

水土流失重点防治区可以分为重点预防保护区、重点监督区和重点治理区。

第七条 水土流失严重的省、自治区、直辖市,可以根据需要,设置水土保持中等专业学校或者在有关院校开设水土保持专业。中小学的有关课程,应当包含水土保持方面的内容。

第二章 预 防

第八条 山区、丘陵区、风沙区的地方人民政府,对从事挖药材、养柞蚕、烧木炭、烧砖瓦等副业生产的单位和个人,必须根据水土保持的要求,加强管理,采取水土保持措施,防止水土流失和生态环境恶化。

第九条 在水土流失严重、草场少的地区,地方人民政府及其有关主管部门应当采取措施,推行舍饲,改变野外放牧习惯。

第十条 地方人民政府及其有关主管部门应当因地制宜,组织营造薪炭林,发展小水电、风力发电,发展沼气,利用太阳能,推广节能灶。

第十一条 《水土保持法》施行前已在禁止开垦的陡坡地上开垦种植农作物的,应当在平地或者缓坡地建设基本农田,提高单位面积产量,将已开垦的陡坡耕地逐步退耕,植树种草;退耕确有困难的,由县级人民政府限期修成梯田,或者采取其他水土保持措施。

第十二条 依法申请开垦荒坡地的,必须同时提出防止水土流失的措施,报县级人民政府水行政主管部门或者其所属的水土保持监督管理机构批准。

第十三条 在林区采伐林木的,采伐方案中必须有采伐区水土保持措施。林业行政主管部门批准采伐方案后,应当将采伐方案抄送水行政主管部门,共同监督实施采伐区水土保持措施。

第十四条 在山区、丘陵区、风沙区修建铁路、公路、水工程,开办矿山企业、电力企业和其他大中型工业企业,其环境影响报告书中的水土保持方案,必须先经水行政主管部门审查同意。

在山区、丘陵区、风沙区依法开办乡镇集体矿山企业和个体申请采矿,必须填写"水土保持方案报告表",经县级以上地方人民政府水行政主管部门批准后,方可申请办理采矿批准手续。

建设工程中的水土保持设施竣工验收,应当有水行政主管部门参加并签署意见。水土保持设施经验收不合格的,建设工程不得投产使用。

水土保持方案的具体报批办法,由国务院水行政主管部门会同国务院有关主管部门制定。

第十五条 《水土保持法》施行前已建或者在建并造成水土流失的生产建设项目,生产建设单位必须向县级以上地方人民政府水行政主管部门提出水土流失防治措施。

第三章 治 理

第十六条 县级以上地方人民政府应当组织国有农场、林场、牧场和农业集体经济组织及农民,在禁止开垦坡度以下的坡耕地,按照水土保持规划,修筑水平梯田和蓄水保土工程,整治排水系统,治理水土流失。

第十七条 水土流失地区的集体所有的土地承包给个人使用的,应当将治理水土流失的责任列入承包合同。当地乡、民族乡、镇的人民政府和农业集体经济组织应当监督承包合同的履行。

第十八条 荒山、荒沟、荒丘、荒滩的水土流失,可以由农民个人、联户或者专业队承包治理,也可以由企业事业单位或者个人投资投劳入股治理。

实行承包治理的,发包方和承包方应当签订承包治理合同。在承包期内,承包方经发包方同意,可以将承包治理合同转让给第三者。

第十九条 企业事业单位在建设和生产过程中造成水土流失的,应当负责治理。因技术等原因无力自行治理的,可以交纳防治费,由水行政主管部门组织治理。防治费的收取标准和使用管理办法由省级以上人民政府财政部门、主管物价的部门会同水行政主管部门制定。

第二十条 对水行政主管部门投资营造的水土保持林、水源涵养林和防风固沙林进行抚育和更新性质的采伐时,所提取的育林基金应当用于营造水土保持林、水源涵养林和防风固沙林。

第二十一条 建成的水土保持设施和种植的林草,应当按照国家技术标准进行检查验收;验收合格的,应当建立档案,设立标志,落实管护责任制。

任何单位和个人不得破坏或者侵占水土保持设施。企业事业单位在建设和生产过程中损坏水土保持设施的,应当给予补偿。

第四章 监 督

第二十二条 《水土保持法》第二十九条所称水土保持监测网络,是指全国水土保持监测中心,大江大河流域水土保持中心站,省、自治区、直辖市水土保持监测站以及省、自治区、直辖市重点防治区水土保持监测分站。

水土保持监测网络的具体管理办法,由国务院水行政主管部门制定。

第二十三条 国务院水行政主管部门和省、自治区、直辖市人民政府水行政主管部门应当定期分别公告水土保持监测情况。公告应当包括下列事项:

(一)水土流失的面积、分布状况和流失程度;

(二)水土流失造成的危害及其发展趋势;

(三)水土流失防治情况及其效益。

第二十四条 有水土流失防治任务的企业事业单位,应当定期向县级以上地方人民政府水行政主管部门通报本单位水土流失防治工作的情况。

第二十五条 县级以上地方人民政府水行政主管部门及其所属的水土保持监督管理机构,应当对《水土保持法》和本条例的执行情况实施监督检查。水土保持监督人员依法执行公务时,应当持有县级以上人民政府颁发的水土保持监督检查证件。

第五章 法 律 责 任

第二十六条 依照《水土保持法》第三十二条的规定处以罚款的,罚款幅度为非法开垦的陡坡地每平方米一元至二元。

第二十七条 依照《水土保持法》第三十三条的规定处以罚款的,罚款幅度为擅自开垦的荒坡地每平方米零点五元至一元。

第二十八条 依照《水土保持法》第三十四条的规定处以罚款的,罚款幅度为五百元以上、五千元以下。

第二十九条 依照《水土保持法》第三十五条的规定处以罚款的,罚款幅度为造成的水土流失面积每平方米二元至五元。

第三十条 依照《水土保持法》第三十六条的规定处以罚款的,罚款幅度为一千元以上、一万元以下。

第三十一条 破坏水土保持设施,尚不够刑事处罚的,由公安机关依照《中华人民共和国治安管理处罚法》的有关规定予以处罚。

第三十二条 依照《水土保持法》第三十九条第二款的规定,请求水行政主管部门处理赔偿责任和赔偿金额纠纷的,应当提出申请报告。申请报告应当包括下列事项:

(一)当事人的基本情况;

(二)受到水土流失危害的时间、地点、范围;

(三)损失清单;

(四)证据。

第三十三条 由于发生不可抗拒的自然灾害而造成水土流失时,有关单位和个人应当向水行政主管部门报告不可抗拒的自然灾害的种类、程度、时间和已采取的措施等情况,经水行政主管部门查实并作出"不能避免造成水土流失危害"认定的,免予承担责任。

第六章 附 则

第三十四条 本条例由国务院水行政主管部门负责解释。

第三十五条 本条例自发布之日起施行。

17. 中华人民共和国消防法

(1998年4月29日第九届全国人民代表大会常务委员会第二次会议通过,2008年10月28日第十一届全国人民代表大会常务委员会第五次会议修订,根据2019年4月23日第十三届全国人民代表大会常务委员会第十次会议《关于修改〈中华人民共和国建筑法〉等八部法律的决定》第一次修正,根据2021年4月29日第十三届全国人民代表大会常务委员会第二十八次会议《关于修改〈中华人民共和国道路交通安全法〉等八部法律的决定》第二次修正)

第一章 总 则

第一条 为了预防火灾和减少火灾危害,加强应急救援工作,保护人身、财产安全,维护公共安全,制定本法。

第二条 消防工作贯彻预防为主、防消结合的方针,按照政府统一领导、部门依法监管、单位全面负责、公民积极参与的原则,实行消防安全责任制,建立健全社会化的消防工作网络。

第三条 国务院领导全国的消防工作。地方各级人民政府负责本行政区域内的消防工作。

各级人民政府应当将消防工作纳入国民经济和社会发展计划,保障消防工作与经济社会发展相适应。

第四条 国务院公安部门对全国的消防工作实施监督管理。县级以上地方人民政府公安机关对本行政区域内的消防工作实施监督管理,并由本级人民政府公安机关消防机构负责实施。军事设施的消防工作,由其主管单位监督管理,公安机关消防机构协助;矿井地下部分、核电厂、海上石油天然气设施的消防工作,由其主管单位监督管理。

县级以上人民政府其他有关部门在各自的职责范围内,依照本法和其他相关法律、法规的规定做好消防工作。

法律、行政法规对森林、草原的消防工作另有规定的,从其规定。

第五条 任何单位和个人都有维护消防安全、保护消防设施、预防火灾、报告火警的义务。任何单位和成年人都有参加有组织的灭火工作的义务。

第六条 各级人民政府应当组织开展经常性的消防宣传教育,提高公民的消防安全意识。

机关、团体、企业、事业等单位,应当加强对本单位人员的消防宣传教育。

公安机关及其消防机构应当加强消防法律、法规的宣传,并督促、指导、协助有关单位做好消防宣传教育工作。

教育、人力资源行政主管部门和学校、有关职业培训机构应当将消防知识纳入教育、教学、培训的内容。

新闻、广播、电视等有关单位,应当有针对性地面向社会进行消防宣传教育。

工会、共产主义青年团、妇女联合会等团体应当结合各自工作对象的特点,组织开展消防宣传教育。

村民委员会、居民委员会应当协助人民政府以及公安机关等部门,加强消防宣传教育。

第七条 国家鼓励、支持消防科学研究和技术创新,推广使用先进的消防和应急救援技术、设备;鼓励、支持社会力量开展消防公益活动。

对在消防工作中有突出贡献的单位和个人,应当按照国家有关规定给予表彰和奖励。

第二章 火灾预防

第八条 地方各级人民政府应当将包括消防安全布局、消防站、消防供水、消防通信、消防车通道、消防装备等内容的消防规划纳入城乡规划,并负责组织实施。

城乡消防安全布局不符合消防安全要求的,应当调整、完善;公共消防设施、消防装备不足或者不适应实际需要的,应当增建、改建、配置或者进行技术改造。

第九条 建设工程的消防设计、施工必须符合国家工程建设消防技术标准。建设、设计、施工、工程监理等单位依法对建设工程的消防设计、施工质量负责。

第十条 按照国家工程建设消防技术标准需要进行消防设计的建设工程,除本法第十一条另有规定的外,建设单位应当自依法取得施工许可之日起七个工作日内,将消防设计文件报公安机关消防机构备案,公安机关消防机构应当进行抽查。

第十一条 国务院公安部门规定的大型的人员密集场所和其他特殊建设工程,建设单位应当将消防设计文件报送公安机关消防机构审核。公安机关消防机构依法对审核的结果负责。

第十二条 依法应当经公安机关消防机构进行消防设计审核的建设工程,未经依法审核或者审核不合格的,负责审批该工程施工许可的部门不得给予施工许可,建设单位、施工单位不得施工;其他建设工程取得施工许可后经依法抽查不合格的,应当停止施工。

第十三条 按照国家工程建设消防技术标准需要进行消防设计的建设工程竣工,依照下列规定进行消防验收、备案:

(一)本法第十一条规定的建设工程,建设单位应当向公安机关消防机构申请消防验收;

(二)其他建设工程,建设单位在验收后应当报公安机关消防机构备案,公安机关消防机构应当进行抽查。

依法应当进行消防验收的建设工程,未经消防验收或者消防验收不合格的,禁止投入使用;其他建设工程经依法抽查不合格的,应当停止使用。

第十四条 建设工程消防设计审核、消防验收、备案和抽查的具体办法,由国务院公安部门规定。

第十五条 公众聚集场所在投入使用、营业前,建设单位或者使用单位应当向场所所在地的县级以上地方人民政府公安机关消防机构申请消防安全检查。

公安机关消防机构应当自受理申请之日起十个工作日内,根据消防技术标准和管理规定,对该场所进行消防安全检查。未经消防安全检查或者经检查不符合消防安全要求的,不得投入使用、营业。

第十六条 机关、团体、企业、事业等单位应当履行下列消防安全职责:

(一)落实消防安全责任制,制定本单位的消防安全制度、消防安全操作规程,制定灭火和应急疏散预案;

(二)按照国家标准、行业标准配置消防设施、器材,设置消防安全标志,并定期组织检验、维修,确保完好有效;

(三)对建筑消防设施每年至少进行一次全面检测,确保完好有效,检测记录应当完整准确,存档备查;

(四)保障疏散通道、安全出口、消防车通道畅通,保证防火防烟分区、防火间距符合消防技术标准;

(五)组织防火检查,及时消除火灾隐患;

(六)组织进行有针对性的消防演练;

(七)法律、法规规定的其他消防安全职责。

单位的主要负责人是本单位的消防安全责任人。

第十七条 县级以上地方人民政府公安机关消防机构应当将发生火灾可能性较大以及发生火灾可能造成重大的人身伤亡或者财产损失的单位,确定为本行政区域内的消防安全重点单位,并由公安机关报本级人民政府备案。

消防安全重点单位除应当履行本法第十六条规定的职责外,还应当履行下列消防安全职责:

(一)确定消防安全管理人,组织实施本单位的消防安全管理工作;

(二)建立消防档案,确定消防安全重点部位,设置防火标志,实行严格管理;

(三)实行每日防火巡查,并建立巡查记录;

(四)对职工进行岗前消防安全培训,定期组织消防安全培训和消防演练。

第十八条 同一建筑物由两个以上单位管理或者使用的,应当明确各方的消防安全责任,并确定责任人对共用的疏散通道、安全出口、建筑消防设施和消防车通道进行统一管理。

住宅区的物业服务企业应当对管理区域内的共用消防设施进行维护管理,提供消防安全防范服务。

第十九条 生产、储存、经营易燃易爆危险品的场所不得与居住场所设置在同一建筑物内,并应当与居住场所保持安全距离。

生产、储存、经营其他物品的场所与居住场所设置在同一建筑物内的,应当符合国家工程建设消防技术标准。

第二十条 举办大型群众性活动,承办人应当依法向公安机关申请安全许可,制定灭火和应急疏散预案并组织演练,明确消防安全责任分工,确定消防安全管理人员,保持消防设施和消防器材配置齐全、完好有效,保证疏散通道、安全出口、疏散指示标志、应急照明和消防车通道符合消防技术标准和管理规定。

第二十一条 禁止在具有火灾、爆炸危险的场所吸烟、使用明火。因施工等特殊情况需要使用明火作业的,应当按照规定事先办理审批手续,采取相应的消防安全措施;作业人员应当遵守消防安全规定。

进行电焊、气焊等具有火灾危险作业的人员和自动消防系统的操作人员,必须持证上岗,并遵守消防安全操作规程。

第二十二条 生产、储存、装卸易燃易爆危险品的工厂、仓库和专用车站、码头的设置,应当符合消防技术标准。易燃易爆气体和液体的充装站、供应站、调压站,应当设置在符合消防安全要求的位置,并符合防火防爆要求。

已经设置的生产、储存、装卸易燃易爆危险品的工厂、仓库和专用车站、码头,易燃易爆气体和液体的充装站、供应站、调压站,不再符合前款规定的,地方人民政府应当组织、协调有关部门、单位限期解决,消除安全隐患。

第二十三条 生产、储存、运输、销售、使用、销毁易燃易爆危险品,必须执行消防技术标准和管理规定。

进入生产、储存易燃易爆危险品的场所,必须执行消防安全规定。禁止非法携带易燃易爆危险品进入公共场所或者乘坐公共交通工具。

储存可燃物资仓库的管理,必须执行消防技术标准和管理规定。

第二十四条 消防产品必须符合国家标准;没有国家标准的,必须符合行业标准。禁止生产、销售或者使用不合格的消防产品以及国家明令淘汰的消防产品。

依法实行强制性产品认证的消防产品,由具有法定资质的认证机构按国家标准、行业标准的强制性要求认证合格后,方可生产、销售、使用。实行强制性产品认证的消防产品目录,由国务院产品质量监督部门会同国务院公安部门制定并公布。

新研制的尚未制定国家标准、行业标准的消防产品,应当按照国务院产品质量监督部门会同国务院公安部门规定的办法,经技术鉴定符合消防安全要求的,方可生产、销售、使用。

依照本条规定经强制性产品认证合格或者技术鉴定合格的消防产品,国务院公安部门消防机构应当予以公布。

第二十五条 产品质量监督部门、工商行政管理部门、公安机关消防机构应当按照各自职责加强对消防产品质量的监督检查。

第二十六条 建筑构件、建筑材料和室内装修、装饰材料的防火性能必须符合国家标准;没有国家标准的,必须符合行业标准。

人员密集场所室内装修、装饰,应当按照消防技术标准的要求,使用不燃、难燃材料。

第二十七条 电器产品、燃气用具的产品标准,应当符合消防安全的要求。

电器产品、燃气用具的安装、使用及其线路、管路的设计、敷设、维护保养、检测,必须符合消防技术标准和管理规定。

第二十八条 任何单位、个人不得损坏、挪用或者擅自拆除、停用消防设施、器材,不得埋压、圈占、遮挡消火栓或者占用防火间距,不得占用、堵塞、封闭疏散通道、安全出口、消防车通道。人员密集场所的门窗不得设置影响逃生和灭火救援的障碍物。

第二十九条 负责公共消防设施维护管理的单位,应当保持消防供水、消防通信、消防车通道等公共消防设施的完好有效。在修建道路以及停电、停水、截断通信线路时有可能影响消防队灭火救援的,有关单位必须事先通知当地公安机关消防机构。

第三十条 地方各级人民政府应当加强对农村消防工作的领导,采取措施加强公共消防设施建设,组织建立和督促落实消防安全责任制。

第三十一条 在农业收获季节、森林和草原防火期间、重大节假日期间以及火灾多发季节,地方各级人民政府应当组织开展有针对性的消防宣传教育,采取防火措施,进行消防安全检查。

第三十二条 乡镇人民政府、城市街道办事处应当指导、支持和帮助村民委员会、居民委员会开展群众性的消防工作。村民委员会、居民委员会应当确定消防安全管理人,组织制定防火安全公约,进行防火安全检查。

第三十三条 国家鼓励、引导公众聚集场所和生产、储存、运输、销售易燃易爆危险品的企业投保火灾公众责任保险;鼓励保险公司承保火灾公众责任保险。

第三十四条 消防产品质量认证、消防设施检测、消防安全监测等消防技术服务机构和执业人员,应当依法获得相应的资质、资格;依照法律、行政法规、国家标准、行业标准和执业准则,接受委托提供消防技术服务,并对服务质量负责。

第三章 消防组织

第三十五条 各级人民政府应当加强消防组织建设,根据经济社会发展的需要,建立多种形式的消防组织,加强消防技术人才培养,增强火灾预防、扑救和应急救援的能力。

第三十六条 县级以上地方人民政府应当按照国家规定建立公安消防队、专职消防队,并按照国家标准配备消防装备,承担火灾扑救工作。

乡镇人民政府应当根据当地经济发展和消防工作的需要,建立专职消防队、志愿消防队,承担火灾扑救工作。

第三十七条 公安消防队、专职消防队按照国家规定承担重大灾害事故和其他以抢救人员生命为主的应急救援工作。

第三十八条 公安消防队、专职消防队应当充分发挥火灾扑救和应急救援专业力量的骨干作用;按照国家规定,组织实施专业技能训练,配备并维护保养装备器材,提高火灾扑救和应急救援的能力。

第三十九条 下列单位应当建立单位专职消防队,承担本单位的火灾扑救工作:

(一)大型核设施单位、大型发电厂、民用机场、主要港口;

(二)生产、储存易燃易爆危险品的大型企业;

(三)储备可燃的重要物资的大型仓库、基地;

(四)第一项、第二项、第三项规定以外的火灾危险性较大,距离公安消防队较远的其他大型企业;

(五)距离公安消防队较远,被列为全国重点文物保护单位的古建筑群的管理单位。

第四十条 专职消防队的建立,应当符合国家有关规定,并报当地公安机关消防机构验收。

专职消防队的队员依法享受社会保险和福利待遇。

第四十一条 机关、团体、企业、事业等单位以及村民委员会、居民委员会根据需要,建立志愿消防队等多种形式的消防组织,开展群众性自防自救工作。

第四十二条 公安机关消防机构应当对专职消防队、志愿消防队等消防组织进行业务指导;根据扑救火灾的需要,可以调动指挥专职消防队参加火灾扑救工作。

第四章 灭火救援

第四十三条 县级以上地方人民政府应当组织有关部门针对本行政区域内的火灾特点制定应急预案,建立应急反应和处置机制,为火灾扑救和应急救援工作提供人员、装备等保障。

第四十四条 任何人发现火灾都应当立即报警。任何单位、个人都应当无偿为报警提供便利,不得阻拦报警。严禁谎报火警。

人员密集场所发生火灾,该场所的现场工作人员应当立即组织、引导在场人员疏散。

任何单位发生火灾,必须立即组织力量扑救。邻近单位应当给予支援。

消防队接到火警,必须立即赶赴火灾现场,救助遇险人员,排除险情,扑灭火灾。

第四十五条 公安机关消防机构统一组织和指挥火灾现场扑救,应当优先保障遇险人员的生命安全。

火灾现场总指挥根据扑救火灾的需要,有权决定下列事项:

(一)使用各种水源;

(二)截断电力、可燃气体和可燃液体的输送,限制用火用电;

(三)划定警戒区,实行局部交通管制;

(四)利用临近建筑物和有关设施;

(五)为了抢救人员和重要物资,防止火势蔓延,拆除或者破损毗邻火灾现场的建筑物、构筑物或者设施等；

（六）调动供水、供电、供气、通信、医疗救护、交通运输、环境保护等有关单位协助灭火救援。

根据扑救火灾的紧急需要，有关地方人民政府应当组织人员、调集所需物资支援灭火。

第四十六条　公安消防队、专职消防队参加火灾以外的其他重大灾害事故的应急救援工作，由县级以上人民政府统一领导。

第四十七条　消防车、消防艇前往执行火灾扑救或者应急救援任务，在确保安全的前提下，不受行驶速度、行驶路线、行驶方向和指挥信号的限制，其他车辆、船舶以及行人应当让行，不得穿插超越；收费公路、桥梁免收车辆通行费。交通管理指挥人员应当保证消防车、消防艇迅速通行。

赶赴火灾现场或者应急救援现场的消防人员和调集的消防装备、物资，需要铁路、水路或者航空运输的，有关单位应当优先运输。

第四十八条　消防车、消防艇以及消防器材、装备和设施，不得用于与消防和应急救援工作无关的事项。

第四十九条　公安消防队、专职消防队扑救火灾、应急救援，不得收取任何费用。

单位专职消防队、志愿消防队参加扑救外单位火灾所损耗的燃料、灭火剂和器材、装备等，由火灾发生地的人民政府给予补偿。

第五十条　对因参加扑救火灾或者应急救援受伤、致残或者死亡的人员，按照国家有关规定给予医疗、抚恤。

第五十一条　公安机关消防机构有权根据需要封闭火灾现场，负责调查火灾原因，统计火灾损失。

火灾扑灭后，发生火灾的单位和相关人员应当按照公安机关消防机构的要求保护现场，接受事故调查，如实提供与火灾有关的情况。

公安机关消防机构根据火灾现场勘验、调查情况和有关的检验、鉴定意见，及时制作火灾事故认定书，作为处理火灾事故的证据。

第五章　监督检查

第五十二条　地方各级人民政府应当落实消防工作责任制，对本级人民政府有关部门履行消防安全职责的情况进行监督检查。

县级以上地方人民政府有关部门应当根据本系统的特点，有针对性地开展消防安全检查，及时督促整改火灾隐患。

第五十三条　公安机关消防机构应当对机关、团体、企业、事业等单位遵守消防法律、法规的情况依法进行监督检查。公安派出所可以负责日常消防监督检查、开展消防宣传教育，具体办法由国务院公安部门规定。

公安机关消防机构、公安派出所的工作人员进行消防监督检查，应当出示证件。

第五十四条　公安机关消防机构在消防监督检查中发现火灾隐患的，应当通知有关单位或者个人立即采取措施消除隐患；不及时消除隐患可能严重威胁公共安全的，公安机关消防机构应当依照规定对危险部位或者场所采取临时查封措施。

第五十五条　公安机关消防机构在消防监督检查中发现城乡消防安全布局、公共消防设施不符合消防安全要求，或者发现本地区存在影响公共安全的重大火灾隐患的，应当由公安机关书面报告本级人民政府。

接到报告的人民政府应当及时核实情况，组织或者责成有关部门、单位采取措施，予以整改。

第五十六条　公安机关消防机构及其工作人员应当按照法定的职权和程序进行消防设计审核、消防验收和消防安全检查，做到公正、严格、文明、高效。

公安机关消防机构及其工作人员进行消防设计审核、消防验收和消防安全检查等，不得收取费用，不得利用消防设计审核、消防验收和消防安全检查谋取利益。公安机关消防机构及其工作人员不得利用职务为用户、建设单位指定或者变相指定消防产品的品牌、销售单位或者消防技术服务机构、消防设施施工单位。

第五十七条　公安机关消防机构及其工作人员执行职务，应当自觉接受社会和公民的监督。

任何单位和个人都有权对公安机关消防机构及其工作人员在执法中的违法行为进行检举、控告。收到检举、控告的机关，应当按照职责及时查处。

第六章　法律责任

第五十八条　违反本法规定，有下列行为之一的，责令停止施工、停止使用或者停产停业，并处三万元以上三十万元以下罚款：

（一）依法应当经公安机关消防机构进行消防设计审核的建设工程，未经依法审核或者审核不合格，擅自施工的；

（二）消防设计经公安机关消防机构依法抽查不合格，不停止施工的；

（三）依法应当进行消防验收的建设工程，未经消防验收或者消防验收不合格，擅自投入使用的；

（四）建设工程投入使用后经公安机关消防机构依法抽查不合格，不停止使用的；

（五）公众聚集场所未经消防安全检查或者经检查不符合消防安全要求，擅自投入使用、营业的。

建设单位未依照本法规定将消防设计文件报公安机关消防机构备案，或者在竣工后未依照本法规定报公安机关消防机构备案的，责令限期改正，处五千元以下罚款。

第五十九条　违反本法规定，有下列行为之一的，责令改正或者停止施工，并处一万元以上十万元以下罚款：

（一）建设单位要求建筑设计单位或者建筑施工企业降低消防技术标准设计、施工的；

(二)建筑设计单位不按照消防技术标准强制性要求进行消防设计的;

(三)建筑施工企业不按照消防设计文件和消防技术标准施工,降低消防施工质量的;

(四)工程监理单位与建设单位或者建筑施工企业串通,弄虚作假,降低消防施工质量的。

第六十条 单位违反本法规定,有下列行为之一的,责令改正,处五千元以上五万元以下罚款:

(一)消防设施、器材或者消防安全标志的配置、设置不符合国家标准、行业标准,或者未保持完好有效的;

(二)损坏、挪用或者擅自拆除、停用消防设施、器材的;

(三)占用、堵塞、封闭疏散通道、安全出口或者有其他妨碍安全疏散行为的;

(四)埋压、圈占、遮挡消火栓或者占用防火间距的;

(五)占用、堵塞、封闭消防车通道,妨碍消防车通行的;

(六)人员密集场所在门窗上设置影响逃生和灭火救援的障碍物的;

(七)对火灾隐患经公安机关消防机构通知后不及时采取措施消除的。

个人有前款第二项、第三项、第四项、第五项行为之一的,处警告或者五百元以下罚款。

有本条第一款第三项、第四项、第五项、第六项行为,经责令改正拒不改正的,强制执行,所需费用由违法行为人承担。

第六十一条 生产、储存、经营易燃易爆危险品的场所与居住场所设置在同一建筑物内,或者未与居住场所保持安全距离的,责令停产停业,并处五千元以上五万元以下罚款。

生产、储存、经营其他物品的场所与居住场所设置在同一建筑物内,不符合消防技术标准的,依照前款规定处罚。

第六十二条 有下列行为之一的,依照《中华人民共和国治安管理处罚法》的规定处罚:

(一)违反有关消防技术标准和管理规定生产、储存、运输、销售、使用、销毁易燃易爆危险品的;

(二)非法携带易燃易爆危险品进入公共场所或者乘坐公共交通工具的;

(三)谎报火警的;

(四)阻碍消防车、消防艇执行任务的;

(五)阻碍公安机关消防机构的工作人员依法执行职务的。

第六十三条 违反本法规定,有下列行为之一的,处警告或者五百元以下罚款;情节严重的,处五日以下拘留:

(一)违反消防安全规定进入生产、储存易燃易爆危险品场所的;

(二)违反规定使用明火作业或者在具有火灾、爆炸危险的场所吸烟、使用明火的。

第六十四条 违反本法规定,有下列行为之一,尚不构成犯罪的,处十日以上十五日以下拘留,可以并处五百元以下罚款;情节较轻的,处警告或者五百元以下罚款:

(一)指使或者强令他人违反消防安全规定,冒险作业的;

(二)过失引起火灾的;

(三)在火灾发生后阻拦报警,或者负有报告职责的人员不及时报警的;

(四)扰乱火灾现场秩序,或者拒不执行火灾现场指挥员指挥,影响灭火救援的;

(五)故意破坏或者伪造火灾现场的;

(六)擅自拆封或者使用被公安机关消防机构查封的场所、部位的。

第六十五条 违反本法规定,生产、销售不合格的消防产品或者国家明令淘汰的消防产品的,由产品质量监督部门或者工商行政管理部门依照《中华人民共和国产品质量法》的规定从重处罚。

人员密集场所使用不合格的消防产品或者国家明令淘汰的消防产品的,责令限期改正;逾期不改正的,处五千元以上五万元以下罚款,并对其直接负责的主管人员和其他直接责任人员处五百元以上二千元以下罚款;情节严重的,责令停产停业。

公安机关消防机构对于本条第二款规定的情形,除依法对使用者予以处罚外,应当将发现不合格的消防产品和国家明令淘汰的消防产品的情况通报产品质量监督部门、工商行政管理部门。产品质量监督部门、工商行政管理部门应当对生产者、销售者依法及时查处。

第六十六条 电器产品、燃气用具的安装、使用及其线路、管路的设计、敷设、维护保养、检测不符合消防技术标准和管理规定的,责令限期改正;逾期不改正的,责令停止使用,可以并处一千元以上五千元以下罚款。

第六十七条 机关、团体、企业、事业等单位违反本法第十六条、第十七条、第十八条、第二十一条第二款规定的,责令限期改正;逾期不改正的,对其直接负责的主管人员和其他直接责任人员依法给予处分或者给予警告处罚。

第六十八条 人员密集场所发生火灾,该场所的现场工作人员不履行组织、引导在场人员疏散的义务,情节严重,尚不构成犯罪的,处五日以上十日以下拘留。

第六十九条 消防产品质量认证、消防设施检测等消防技术服务机构出具虚假文件的,责令改正,处五万元以上十万元以下罚款,并对直接负责的主管人员和其他直接责任人员处一万元以上五万元以下罚款;有违法所得的,并处没收违法所得;给他人造成损失的,依法承担赔偿责任;情节严重的,由原许可机关依法责令停止执业或者吊销相应资质、资格。

前款规定的机构出具失实文件,给他人造成损失的,依法承担赔偿责任;造成重大损失的,由原许可机关依法责令停止执业或者吊销相应资质、资格。

第七十条 本法规定的行政处罚,除本法另有规定的外,由公安机关消防机构决定;其中拘留处罚由县级以上公安机关依照《中华人民共和国治安管理处罚法》的有关规定决定。

公安机关消防机构需要传唤消防安全违法行为人的,依照《中华人民共和国治安管理处罚法》的有关规定执行。

被责令停止施工、停止使用、停产停业的,应当在整改后向公安机关消防机构报告,经公安机关消防机构检查合格,方可恢复施工、使用、生产、经营。

当事人逾期不执行停产停业、停止使用、停止施工决定的,由作出决定的公安机关消防机构强制执行。

责令停产停业,对经济和社会生活影响较大的,由公安机关消防机构提出意见,并由公安机关报请本级人民政府依法决定。本级人民政府组织公安机关等部门实施。

第七十一条 公安机关消防机构的工作人员滥用职权、玩忽职守、徇私舞弊,有下列行为之一,尚不构成犯罪的,依法给予处分:

(一)对不符合消防安全要求的消防设计文件、建设工程、场所准予审核合格、消防验收合格、消防安全检查合格的;

(二)无故拖延消防设计审核、消防验收、消防安全检查,不在法定期限内履行职责的;

(三)发现火灾隐患不及时通知有关单位或者个人整改的;

(四)利用职务为用户、建设单位指定或者变相指定消防产品的品牌、销售单位或者消防技术服务机构、消防设施施工单位的;

(五)将消防车、消防艇以及消防器材、装备和设施用于与消防和应急救援无关的事项的;

(六)其他滥用职权、玩忽职守、徇私舞弊的行为。

建设、产品质量监督、工商行政管理等其他有关行政主管部门的工作人员在消防工作中滥用职权、玩忽职守、徇私舞弊,尚不构成犯罪的,依法给予处分。

第七十二条 违反本法规定,构成犯罪的,依法追究刑事责任。

第七章 附 则

第七十三条 本法下列用语的含义:

(一)消防设施,是指火灾自动报警系统、自动灭火系统、消火栓系统、防烟排烟系统以及应急广播和应急照明、安全疏散设施等。

(二)消防产品,是指专门用于火灾预防、灭火救援和火灾防护、避难、逃生的产品。

(三)公众聚集场所,是指宾馆、饭店、商场、集贸市场、客运车站候车室、客运码头候船厅、民用机场航站楼、体育场馆、会堂以及公共娱乐场所等。

(四)人员密集场所,是指公众聚集场所,医院的门诊楼、病房楼,学校的教学楼、图书馆、食堂和集体宿舍,养老院,福利院,托儿所,幼儿园,公共图书馆的阅览室,公共展览馆、博物馆的展示厅,劳动密集型企业的生产加工车间和员工集体宿舍,旅游、宗教活动场所等。

第七十四条 本法自 2009 年 5 月 1 日起施行。

18. 中华人民共和国防洪法

（1997年8月29日第八届全国人民代表大会常务委员会第二十七次会议通过，根据2009年8月27日第十一届全国人民代表大会常务委员会第十次会议《关于修改部分法律的决定》第一次修正，根据2015年4月24日第十二届全国人民代表大会常务委员会第十四次会议《关于修改〈中华人民共和国港口法〉等七部法律的决定》第二次修正，根据2016年7月2日第十二届全国人民代表大会常务委员会第二十一次会议《关于修改〈中华人民共和国节约能源法〉等六部法律的决定》第三次修正）

第一章 总 则

第一条 为了防治洪水，防御、减轻洪涝灾害，维护人民的生命和财产安全，保障社会主义现代化建设顺利进行，制定本法。

第二条 防洪工作实行全面规划、统筹兼顾、预防为主、综合治理、局部利益服从全局利益的原则。

第三条 防洪工程设施建设，应当纳入国民经济和社会发展计划。

防洪费用按照政府投入同受益者合理承担相结合的原则筹集。

第四条 开发利用和保护水资源，应当服从防洪总体安排，实行兴利与除害相结合的原则。

江河、湖泊治理以及防洪工程设施建设，应当符合流域综合规划，与流域水资源的综合开发相结合。

本法所称综合规划是指开发利用水资源和防治水害的综合规划。

第五条 防洪工作按照流域或者区域实行统一规划、分级实施和流域管理与行政区域管理相结合的制度。

第六条 任何单位和个人都有保护防洪工程设施和依法参加防汛抗洪的义务。

第七条 各级人民政府应当加强对防洪工作的统一领导，组织有关部门、单位，动员社会力量，依靠科技进步，有计划地进行江河、湖泊治理，采取措施加强防洪工程设施建设，巩固、提高防洪能力。

各级人民政府应当组织有关部门、单位，动员社会力量，做好防汛抗洪和洪涝灾害后的恢复与救济工作。

各级人民政府应当对蓄滞洪区予以扶持；蓄滞洪后，应当依照国家规定予以补偿或者救助。

第八条 国务院水行政主管部门在国务院的领导下，负责全国防洪的组织、协调、监督、指导等日常工作。国务院水行政主管部门在国家确定的重要江河、湖泊设立的流域管理机构，在所管辖的范围内行使法律、行政法规规定和国务院水行政主管部门授权的防洪协调和监督管理职责。

国务院建设行政主管部门和其他有关部门在国务院的领导下，按照各自的职责，负责有关的防洪工作。

县级以上地方人民政府水行政主管部门在本级人民政府的领导下，负责本行政区域内防洪的组织、协调、监督、指导等日常工作。县级以上地方人民政府建设行政主管部门和其他有关部门在本级人民政府的领导下，按照各自的职责，负责有关的防洪工作。

第二章 防洪规划

第九条 防洪规划是指为防治某一流域、河段或者区域的洪涝灾害而制定的总体部署，包括国家确定的重要江河、湖泊的流域防洪规划，其他江河、河段、湖泊的防洪规划以及区域防洪规划。

防洪规划应当服从所在流域、区域的综合规划；区域防洪规划应当服从所在流域的流域防洪规划。

防洪规划是江河、湖泊治理和防洪工程设施建设的基本依据。

第十条 国家确定的重要江河、湖泊的防洪规划，由国务院水行政主管部门依据该江河、湖泊的流域综合规划，会同有关部门和有关省、自治区、直辖市人民政府编制，报国务院批准。

其他江河、河段、湖泊的防洪规划或者区域防洪规划，由县级以上地方人民政府水行政主管部门分别依据流域综合规划、区域综合规划，会同有关部门和有关地区编制，报本级人民政府批准，并报上一级人民政府水行政主管部门备案；跨省、自治区、直辖市的江河、河段、湖泊的防洪规划由有关流域管理机构会同江河、河段、湖泊所在地的省、自治区、直辖市人民政府水行政主管部门、有关主管部门拟定，分别经有关省、自治区、直辖市人民政府审查提出意见后，报国务院水行政主管部门批准。

城市防洪规划，由城市人民政府组织水行政主管部门、建设行政主管部门和其他有关部门依据流域防洪规划、上一级人民政府区域防洪规划编制，按照国务院规定的审批程序批准后纳入城市总体规划。

修改防洪规划，应当报经原批准机关批准。

第十一条 编制防洪规划，应当遵循确保重点、兼顾一般，以及防汛和抗旱相结合、工程措施和非工程措施相结合的原则，充分考虑洪涝规律和上下游、左右岸的关系以及国民经济对防洪的要求，并与国土规划和土地利用总体规划相协调。

防洪规划应当确定防护对象、治理目标和任务、防洪措施和实施方案，划定洪泛区、蓄滞洪区和防洪保护区的范围，规定蓄滞洪区的使用原则。

第十二条 受风暴潮威胁的沿海地区的县级以上地方人民政府，应当把防御风暴潮纳入本地区的防洪规划，加强海堤（海塘）、挡潮闸和沿海防护林等防御风暴潮工程体系建设，监督建筑物、构筑物的设计和施工符合防御风暴潮的需要。

第十三条 山洪可能诱发山体滑坡、崩塌和泥石流的地区以及其他山洪多发区的县级以上地方人民政府,应当组织负责地质矿产管理工作的部门、水行政主管部门和其他有关部门对山体滑坡、崩塌和泥石流隐患进行全面调查,划定重点防治区,采取防治措施。

城市、村镇和其他居民点以及工厂、矿山、铁路和公路干线的布局,应当避开山洪威胁;已经建在受山洪威胁的地方的,应当采取防御措施。

第十四条 平原、洼地、水网圩区、山谷、盆地等易涝地区的有关地方人民政府,应当制定除涝治涝规划,组织有关部门、单位采取相应的治理措施,完善排水系统,发展耐涝农作物种类和品种,开展洪涝、干旱、盐碱综合治理。

城市人民政府应当加强对城区排涝管网、泵站的建设和管理。

第十五条 国务院水行政主管部门应当会同有关部门和省、自治区、直辖市人民政府制定长江、黄河、珠江、辽河、淮河、海河入海河口的整治规划。

在前款入海河口围海造地,应当符合河口整治规划。

第十六条 防洪规划确定的河道整治计划用地和规划建设的堤防用地范围内的土地,经土地管理部门和水行政主管部门会同有关地区核定,报经县级以上人民政府按照国务院规定的权限批准后,可以划定为规划保留区;该规划保留区范围内的土地涉及其他项目用地的,有关土地管理部门和水行政主管部门核定时,应当征求有关部门的意见。

规划保留区依照前款规定划定后,应当公告。

前款规划保留区内不得建设与防洪无关的工矿工程设施;在特殊情况下,国家工矿建设项目确需占用前款规划保留区内的土地的,应当按照国家规定的基本建设程序报请批准,并征求有关水行政主管部门的意见。

防洪规划确定的扩大或者开辟的人工排洪道用地范围内的土地,经省级以上人民政府土地管理部门和水行政主管部门会同有关部门、有关地区核定,报省级以上人民政府按照国务院规定的权限批准后,可以划定为规划保留区,适用前款规定。

第十七条 在江河、湖泊上建设防洪工程和其他水工程、水电站等,应当符合防洪规划的要求;水库应当按照防洪规划的要求留足防洪库容。

前款规定的防洪工程和其他水工程、水电站未取得有关水行政主管部门签署的符合防洪规划要求的规划同意书的,建设单位不得开工建设。

第三章 治理与防护

第十八条 防治江河洪水,应当蓄泄兼施,充分发挥河道行洪能力和水库、洼淀、湖泊调蓄洪水的功能,加强河道防护,因地制宜地采取定期清淤疏浚等措施,保持行洪畅通。

防治江河洪水,应当保护、扩大流域林草植被,涵养水源,加强流域水土保持综合治理。

第十九条 整治河道和修建控制引导河水流向、保护堤岸等工程,应当兼顾上下游、左右岸的关系,按照规划治导线实施,不得任意改变河水流向。

国家确定的重要江河的规划治导线由流域管理机构拟定,报国务院水行政主管部门批准。

其他江河、河段的规划治导线由县级以上地方人民政府水行政主管部门拟定,报本级人民政府批准;跨省、自治区、直辖市的江河、河段和省、自治区、直辖市之间的省界河道的规划治导线由有关流域管理机构组织江河、河段所在地的省、自治区、直辖市人民政府水行政主管部门拟定,经有关省、自治区、直辖市人民政府审查提出意见后,报国务院水行政主管部门批准。

第二十条 整治河道、湖泊,涉及航道的,应当兼顾航运需要,并事先征求交通主管部门的意见。整治航道,应当符合江河、湖泊防洪安全要求,并事先征求水行政主管部门的意见。

在竹木流放的河流和渔业水域整治河道的,应当兼顾竹木水运和渔业发展的需要,并事先征求林业、渔业行政主管部门的意见。在河道中流放竹木,不得影响行洪和防洪工程设施的安全。

第二十一条 河道、湖泊管理实行按水系统一管理和分级管理相结合的原则,加强防护,确保畅通。

国家确定的重要江河、湖泊的主要河段,跨省、自治区、直辖市的重要河段、湖泊,省、自治区、直辖市之间的省界河道、湖泊以及国(边)界河道、湖泊,由流域管理机构和江河、湖泊所在地的省、自治区、直辖市人民政府水行政主管部门按照国务院水行政主管部门的划定依法实施管理。其他河道、湖泊,由县级以上地方人民政府水行政主管部门按照国务院水行政主管部门或者国务院水行政主管部门授权的机构的划定依法实施管理。

有堤防的河道、湖泊,其管理范围为两岸堤防之间的水域、沙洲、滩地、行洪区和堤防及护堤地;无堤防的河道、湖泊,其管理范围为历史最高洪水位或者设计洪水位之间的水域、沙洲、滩地和行洪区。

流域管理机构直接管理的河道、湖泊管理范围,由流域管理机构会同有关县级以上地方人民政府依照前款规定界定;其他河道、湖泊管理范围,由有关县级以上地方人民政府依照前款规定界定。

第二十二条 河道、湖泊管理范围内的土地和岸线的利用,应当符合行洪、输水的要求。

禁止在河道、湖泊管理范围内建设妨碍行洪的建筑物、构筑物,倾倒垃圾、渣土,从事影响河势稳定、危害河岸堤防安全和其他妨碍河道行洪的活动。

禁止在行洪河道内种植阻碍行洪的林木和高秆作物。

在船舶航行可能危及堤岸安全的河段,应当限定航速。限定航速的标志,由交通主管部门与水行政主管部门商定后设置。

第二十三条 禁止围湖造地。已经围垦的,应当按照国家规定的防洪标准进行治理,有计划地退地还湖。

禁止围垦河道。确需围垦的,应当进行科学论证,经水行政主管部门确认不妨碍行洪、输水后,报省级以上人民政府批准。

第二十四条 对居住在行洪河道内的居民,当地人民政府应当有计划地组织外迁。

第二十五条 护堤护岸的林木,由河道、湖泊管理机构组织营造和管理。护堤护岸林木,不得任意砍伐。采伐护堤护岸林木的,应当依法办理采伐许可手续,并完成规定的更新补种任务。

第二十六条 对壅水、阻水严重的桥梁、引道、码头和其他跨河工程设施,根据防洪标准,有关水行政主管部门可以报请县级以上人民政府按照国务院规定的权限责令建设单位限期改建或者拆除。

第二十七条 建设跨河、穿河、穿堤、临河的桥梁、码头、道路、渡口、管道、缆线、取水、排水等工程设施,应当符合防洪标准、岸线规划、航运要求和其他技术要求,不得危害堤防安全、影响河势稳定、妨碍行洪畅通;其工程建设方案未经有关水行政主管部门根据前述防洪要求审查同意的,建设单位不得开工建设。

前款工程设施需要占用河道、湖泊管理范围内土地,跨越河道、湖泊空间或者穿越河床的,建设单位应当经有关水行政主管部门对该工程设施建设的位置和界限审查批准后,方可依法办理开工手续;安排施工时,应当按照水行政主管部门审查批准的位置和界限进行。

第二十八条 对于河道、湖泊管理范围内依照本法规定建设的工程设施,水行政主管部门有权依法检查;水行政主管部门检查时,被检查者应当如实提供有关的情况和资料。

前款规定的工程设施竣工验收时,应当有水行政主管部门参加。

第四章 防洪区和防洪工程设施的管理

第二十九条 防洪区是指洪水泛滥可能淹及的地区,分为洪泛区、蓄滞洪区和防洪保护区。

洪泛区是指尚无工程设施保护的洪水泛滥所及的地区。

蓄滞洪区是指包括分洪口在内的河堤背水面以外临时贮存洪水的低洼地区及湖泊等。

防洪保护区是指在防洪标准内受防洪工程设施保护的地区。

洪泛区、蓄滞洪区和防洪保护区的范围,在防洪规划或者防御洪水方案中划定,并报请省级以上人民政府按照国务院规定的权限批准后予以公告。

第三十条 各级人民政府应当按照防洪规划对防洪区内的土地利用实行分区管理。

第三十一条 地方各级人民政府应当加强对防洪区安全建设工作的领导,组织有关部门、单位对防洪区内的单位和居民进行防洪教育,普及防洪知识,提高水患意识;按照防洪规划和防御洪水方案建立并完善防洪体系和水文、气象、通信、预警以及洪涝灾害监测系统,提高防御洪水能力;组织防洪区内的单位和居民积极参加防洪工作,因地制宜地采取防洪避洪措施。

第三十二条 洪泛区、蓄滞洪区所在地的省、自治区、直辖市人民政府应当组织有关地区和部门,按照防洪规划的要求,制定洪泛区、蓄滞洪区安全建设计划,控制蓄滞洪区人口增长,对居住在经常使用的蓄滞洪区的居民,有计划地组织外迁,并采取其他必要的安全保护措施。

因蓄滞洪区而直接受益的地区和单位,应当对蓄滞洪区承担国家规定的补偿、救助义务。国务院和有关的省、自治区、直辖市人民政府应当建立对蓄滞洪区的扶持和补偿、救助制度。

国务院和有关的省、自治区、直辖市人民政府可以制定洪泛区、蓄滞洪区安全建设管理办法以及对蓄滞洪区的扶持和补偿、救助办法。

第三十三条 在洪泛区、蓄滞洪区内建设非防洪建设项目,应当就洪水对建设项目可能产生的影响和建设项目对防洪可能产生的影响作出评价,编制洪水影响评价报告,提出防御措施。洪水影响评价报告未经有关水行政主管部门审查批准的,建设单位不得开工建设。

在蓄滞洪区内建设的油田、铁路、公路、矿山、电厂、电信设施和管道,其洪水影响评价报告应当包括建设单位自行安排的防洪避洪方案。建设项目投入生产或者使用时,其防洪工程设施应当经水行政主管部门验收。

在蓄滞洪区内建造房屋应当采用平顶式结构。

第三十四条 大中城市,重要的铁路、公路干线,大型骨干企业,应当列为防洪重点,确保安全。

受洪水威胁的城市、经济开发区、工矿区和国家重要的农业生产基地等,应当重点保护,建设必要的防洪工程设施。

城市建设不得擅自填堵原有河道沟叉、贮水湖塘洼淀和废除原有防洪围堤。确需填堵或者废除的,应当经城市人民政府批准。

第三十五条 属于国家所有的防洪工程设施,应当按照经批准的设计,在竣工验收前由县级以上人民政府按照国家规定,划定管理和保护范围。

属于集体所有的防洪工程设施,应当按照省、自治区、直辖市人民政府的规定,划定保护范围。

在防洪工程设施保护范围内,禁止进行爆破、打井、采石、取土等危害防洪工程设施安全的活动。

第三十六条 各级人民政府应当组织有关部门加强对水库大坝的定期检查和监督管理。对未达到设计洪水标准、抗震设防要求或者有严重质量缺陷的险坝,大坝主管部门应当组织有关单位采取除险加固措施,限期消除危险或者重建,有关人民政府应当优先安排所需资金。对可能出现垮坝的水库,应当事先制定应急抢险和居民临时撤离方案。

各级人民政府和有关主管部门应当加强对尾矿坝的监督管理,采取措施,避免因洪水导致垮坝。

第三十七条 任何单位和个人不得破坏、侵占、毁损水库大坝、堤防、水闸、护岸、抽水站、排水渠系等防洪工程和水文、通信设施以及防汛备用的器材、物料等。

第五章 防汛抗洪

第三十八条 防汛抗洪工作实行各级人民政府行政首长负责制,统一指挥、分级分部门负责。

第三十九条 国务院设立国家防汛指挥机构,负责领导、组织全国的防汛抗洪工作,其办事机构设在国务院水行政主管部门。

在国家确定的重要江河、湖泊可以设立由有关省、自治区、直辖市人民政府和该江河、湖泊的流域管理机构负责人等组成的防汛指挥机构,指挥所管辖范围内的防汛抗洪工作,其办事机构设在流域管理机构。

有防汛抗洪任务的县级以上地方人民政府设立由有关部门、当地驻军、人民武装部负责人等组成的防汛指挥机构,在上级防汛指挥机构和本级人民政府的领导下,指挥本地区的防汛抗洪工作,其办事机构设在同级水行政主管部门;必要时,经城市人民政府决定,防汛指挥机构也可以在建设行政主管部门设城市市区办事机构,在防汛指挥机构的统一领导下,负责城市市区的防汛抗洪日常工作。

第四十条 有防汛抗洪任务的县级以上地方人民政府根据流域综合规划、防洪工程实际状况和国家规定的防洪标准,制定防御洪水方案(包括对特大洪水的处置措施)。

长江、黄河、淮河、海河的防御洪水方案,由国家防汛指挥机构制定,报国务院批准;跨省、自治区、直辖市的其他江河的防御洪水方案,由有关流域管理机构会同有关省、自治区、直辖市人民政府制定,报国务院或者国务院授权的有关部门批准。防御洪水方案经批准后,有关地方人民政府必须执行。

各级防汛指挥机构和承担防汛抗洪任务的部门和单位,必须根据防御洪水方案做好防汛抗洪准备工作。

第四十一条 省、自治区、直辖市人民政府防汛指挥机构根据当地的洪水规律,规定汛期起止日期。

当江河、湖泊的水情接近保证水位或者安全流量,水库水位接近设计洪水位,或者防洪工程设施发生重大险情时,有关县级以上人民政府防汛指挥机构可以宣布进入紧急防汛期。

第四十二条 对河道、湖泊范围内阻碍行洪的障碍物,按照谁设障、谁清除的原则,由防汛指挥机构责令限期清除;逾期不清除的,由防汛指挥机构组织强行清除,所需费用由设障者承担。

在紧急防汛期,国家防汛指挥机构或者其授权的流域、省、自治区、直辖市防汛指挥机构有权对壅水、阻水严重的桥梁、引道、码头和其他跨河工程设施作出紧急处置。

第四十三条 在汛期,气象、水文、海洋等有关部门应当按照各自的职责,及时向有关防汛指挥机构提供天气、水文等实时信息和风暴潮预报;电信部门应当优先提供防汛抗洪通信的服务;运输、电力、物资材料供应等有关部门应当优先为防汛抗洪服务。

中国人民解放军、中国人民武装警察部队和民兵应当执行国家赋予的抗洪抢险任务。

第四十四条 在汛期,水库、闸坝和其他水工程设施的运用,必须服从有关的防汛指挥机构的调度指挥和监督。

在汛期,水库不得擅自在汛期限制水位以上蓄水,其汛期限制水位以上的防洪库容的运用,必须服从防汛指挥机构的调度指挥和监督。

在凌汛期,有防凌汛任务的江河的上游水库的下泄水量必须征得有关防汛指挥机构的同意,并接受其监督。

第四十五条 在紧急防汛期,防汛指挥机构根据防汛抗洪的需要,有权在其管辖范围内调用物资、设备、交通运输工具和人力,决定采取取土占地、砍伐林木、清除阻水障碍物和其他必要的紧急措施;必要时,公安、交通等有关部门按照防汛指挥机构的决定,依法实施陆地和水面交通管制。

依照前款规定调用的物资、设备、交通运输工具等,在汛期结束后应当及时归还;造成损坏或者无法归还的,按照国务院有关规定给予适当补偿或者作其他处理。取土占地、砍伐林木的,在汛期结束后依法向有关部门补办手续;有关地方人民政府对取土后的土地组织复垦,对砍伐的林木组织补种。

第四十六条 江河、湖泊水位或者流量达到国家规定的分洪标准,需要启用蓄滞洪区时,国务院、国家防汛指挥机构、流域防汛指挥机构、省、自治区、直辖市人民政府、省、自治区、直辖市防汛指挥机构,按照依法经批准的防御洪水方案中规定的启用条件和批准程序,决定启用蓄滞洪区。依法启用蓄滞洪区,任何单位和个人不得阻拦、拖延;遇到阻拦、拖延时,由有关县级以上地方人民政府强制实施。

第四十七条 发生洪涝灾害后,有关人民政府应当组织有关部门、单位做好灾区的生活供给、卫生防疫、救灾物资供应、治安管理、学校复课、恢复生产和重建家园等救灾工作以及所管辖地区的各项水毁工程设施修复工作。水毁防洪工程设施的修复,应当优先列入有关部门的年度建设计划。

国家鼓励、扶持开展洪水保险。

第六章 保障措施

第四十八条 各级人民政府应当采取措施,提高防洪投入的总体水平。

第四十九条 江河、湖泊的治理和防洪工程设施的建设和维护所需投资,按照事权和财权相统一的原则,分级负责,由中央和地方财政承担。城市防洪工程设施的建设和维护所需投资,由城市人民政府承担。

受洪水威胁地区的油田、管道、铁路、公路、矿山、电力、电信等企业、事业单位应当自筹资金,兴建必要的防洪自保工程。

第五十条 中央财政应当安排资金,用于国家确定的重要江河、湖泊的堤坝遭受特大洪涝灾害时的抗洪抢险和水毁防洪工程修复。省、自治区、直辖市人民政府应当在本级财政预算中安排资金,用于本行政区域内遭受特大洪涝灾害地区的抗洪抢险和水毁防洪工程修复。

第五十一条 国家设立水利建设基金,用于防洪工程和水利工程的维护和建设。具体办法由国务院规定。

受洪水威胁的省、自治区、直辖市为加强本行政区域内防洪工程设施建设,提高防御洪水能力,按照国务院的有关规定,可以规定在防洪保护区范围内征收河道工程修建维护管理费。

第五十二条 任何单位和个人不得截留、挪用防洪、救灾资金和物资。

各级人民政府审计机关应当加强对防洪、救灾资金使用情况的审计监督。

第七章 法律责任

第五十三条 违反本法第十七条规定,未经水行政主管部门签署规划同意书,擅自在江河、湖泊上建设防洪工程和其他水工程、水电站的,责令停止违法行为,补办规划同意书手续;违反规划同意书的要求,严重影响防洪的,责令限期拆除;违反规划同意书的要求,影响防洪但尚可采取补救措施的,责令限期采取补救措施,可以处一万元以上十万元以下的罚款。

第五十四条 违反本法第十九条规定,未按照规划治导线整治河道和修建控制引导河水流向、保护堤岸等工程,影响防洪的,责令停止违法行为,恢复原状或者采取其他补救措施,可以处一万元以上十万元以下的罚款。

第五十五条 违反本法第二十二条第二款、第三款规定,有下列行为之一的,责令停止违法行为,排除阻碍或者采取其他补救措施,可以处五万元以下的罚款:

(一)在河道、湖泊管理范围内建设妨碍行洪的建筑物、构筑物的;

(二)在河道、湖泊管理范围内倾倒垃圾、渣土,从事影响河势稳定、危害河岸堤防安全和其他妨碍河道行洪的活动的;

(三)在行洪河道内种植阻碍行洪的林木和高秆作物的。

第五十六条 违反本法第十五条第二款、第二十三条规定,围海造地、围湖造地、围垦河道的,责令停止违法行为,恢复原状或者采取其他补救措施,可以处五万元以下的罚款;既不恢复原状也不采取其他补救措施的,代为恢复原状或者采取其他补救措施,所需费用由违法者承担。

第五十七条 违反本法第二十七条规定,未经水行政主管部门对其工程建设方案审查同意或者未按照有关水行政主管部门审查批准的位置、界限,在河道、湖泊管理范围内从事工程设施建设活动的,责令停止违法行为,补办审查同意或者审查批准手续;工程设施建设严重影响防洪的,责令限期拆除,逾期不拆除的,强行拆除,所需费用由建设单位承担;影响行洪但尚可采取补救措施的,责令限期采取补救措施,可以处一万元以上十万元以下的罚款。

第五十八条 违反本法第三十三条第一款规定,在洪泛区、蓄滞洪区内建设非防洪建设项目,未编制洪水影响评价报告或者洪水影响评价报告未经审查批准开工建设的,责令限期改正;逾期不改正的,处五万元以下的罚款。

违反本法第三十三条第二款规定,防洪工程设施未经验收,即将建设项目投入生产或者使用的,责令停止生产或者使用,限期验收防洪工程设施,可以处五万元以下的罚款。

第五十九条 违反本法第三十四条规定,因城市建设擅自填堵原有河道沟叉、贮水湖塘洼淀和废除原有防洪围堤的,城市人民政府应当责令停止违法行为,限期恢复原状或者采取其他补救措施。

第六十条 违反本法规定,破坏、侵占、毁损堤防、水闸、护岸、抽水站、排水渠系等防洪工程和水文、通信设施以及防汛备用的器材、物料的,责令停止违法行为,采取补救措施,可以处五万元以下的罚款;造成损坏的,依法承担民事责任;应当给予治安管理处罚的,依照治安管理处罚法的规定处罚;构成犯罪的,依法追究刑事责任。

第六十一条 阻碍、威胁防汛指挥机构、水行政主管部门或者流域管理机构的工作人员依法执行职务,构成犯罪的,依法追究刑事责任;尚不构成犯罪,应当给予治安管理处罚的,依照治安管理处罚法的规定处罚。

第六十二条 截留、挪用防洪、救灾资金和物资,构成犯罪的,依法追究刑事责任;尚不构成犯罪的,给予行政处分。

第六十三条 除本法第五十九条的规定外,本章规定的行政处罚和行政措施,由县级以上人民政府水行政主管部门决定,或者由流域管理机构按照国务院水行政主管部门规定的权限决定。但是,本法第六十条、第六十一条规定的治安管理处罚的决定机关,按照治安管理处罚法的规定执行。

第六十四条 国家工作人员,有下列行为之一,构成犯罪的,依法追究刑事责任;尚不构成犯罪的,给予行政处分:

(一)违反本法第十七条、第十九条、第二十二条第二款、第二十二条第三款、第二十七条或者第三十四条规定,严重影响防洪的;

(二)滥用职权,玩忽职守,徇私舞弊,致使防汛抗洪工作遭受重大损失的;

(三)拒不执行防御洪水方案、防汛抢险指令或者蓄滞洪方案、措施、汛期调度运用计划等防汛调度方案的;

(四)违反本法规定,导致或者加重毗邻地区或者其他单位洪灾损失的。

第八章 附 则

第六十五条 本法自1998年1月1日起施行。

19. 政府投资条例

(2018年12月5日国务院第33次常务会议通过,2019年4月14日中华人民共和国国务院令第712号公布)

第一章 总 则

第一条 为了充分发挥政府投资作用,提高政府投资效益,规范政府投资行为,激发社会投资活力,制定本条例。

第二条 本条例所称政府投资,是指在中国境内使用预算安排的资金进行固定资产投资建设活动,包括新建、扩建、改建、技术改造等。

第三条 政府投资资金应当投向市场不能有效配置资源的社会公益服务、公共基础设施、农业农村、生态环境保护、重大科技进步、社会管理、国家安全等公共领域的项目,以非经营性项目为主。

国家完善有关政策措施,发挥政府投资资金的引导和带动作用,鼓励社会资金投向前款规定的领域。

国家建立政府投资范围定期评估调整机制,不断优化政府投资方向和结构。

第四条 政府投资应当遵循科学决策、规范管理、注重绩效、公开透明的原则。

第五条 政府投资应当与经济社会发展水平和财政收支状况相适应。

国家加强对政府投资资金的预算约束。政府及其有关部门不得违法违规举借债务筹措政府投资资金。

第六条 政府投资资金按项目安排,以直接投资方式为主;对确需支持的经营性项目,主要采取资本金注入方式,也可以适当采取投资补助、贷款贴息等方式。

安排政府投资资金,应当符合推进中央与地方财政事权和支出责任划分改革的有关要求,并平等对待各类投资主体,不得设置歧视性条件。

国家通过建立项目库等方式,加强对使用政府投资资金项目的储备。

第七条 国务院投资主管部门依照本条例和国务院的规定,履行政府投资综合管理职责。国务院其他有关部门依照本条例和国务院规定的职责分工,履行相应的政府投资管理职责。

县级以上地方人民政府投资主管部门和其他有关部门依照本条例和本级人民政府规定的职责分工,履行相应的政府投资管理职责。

第二章 政府投资决策

第八条 县级以上人民政府应当根据国民经济和社会发展规划、中期财政规划和国家宏观调控政策,结合财政收支状况,统筹安排使用政府投资资金的项目,规范使用各类政府投资资金。

第九条 政府采取直接投资方式、资本金注入方式投资的项目(以下统称政府投资项目),项目单位应当编制项目建议书、可行性研究报告、初步设计,按照政府投资管理权限和规定的程序,报投资主管部门或者其他有关部门审批。

项目单位应当加强政府投资项目的前期工作,保证前期工作的深度达到规定的要求,并对项目建议书、可行性研究报告、初步设计以及依法应当附具的其他文件的真实性负责。

第十条 除涉及国家秘密的项目外,投资主管部门和其他有关部门应当通过投资项目在线审批监管平台(以下简称在线平台),使用在线平台生成的项目代码办理政府投资项目审批手续。

投资主管部门和其他有关部门应当通过在线平台列明与政府投资有关的规划、产业政策等,公开政府投资项目审批的办理流程、办理时限等,并为项目单位提供相关咨询服务。

第十一条 投资主管部门或者其他有关部门应当根据国民经济和社会发展规划、相关领域专项规划、产业政策等,从下列方面对政府投资项目进行审查,作出是否批准的决定:

(一)项目建议书提出的项目建设的必要性;

(二)可行性研究报告分析的项目的技术经济可行性、社会效益以及项目资金等主要建设条件的落实情况;

(三)初步设计及其提出的投资概算是否符合可行性研究报告批复以及国家有关标准和规范的要求;

(四)依照法律、行政法规和国家有关规定应当审查的其他事项。

投资主管部门或者其他有关部门对政府投资项目不予批准的,应当书面通知项目单位并说明理由。

对经济社会发展、社会公众利益有重大影响或者投资规模较大的政府投资项目,投资主管部门或者有关部门应当在中介服务机构评估、公众参与、专家评议、风险评估的基础上作出是否批准的决定。

第十二条 经投资主管部门或者其他有关部门核定的投资概算是控制政府投资项目总投资的依据。

初步设计提出的投资概算超过经批准的可行性研究报告提出的投资估算10%的,项目单位应当向投资主管部门或者其他有关部门报告,投资主管部门或者其他有关部门可以要求项目单位重新报送可行性研究报告。

第十三条 对下列政府投资项目,可以按照国家有关规定简化需要报批的文件和审批程序:

(一)相关规划中已经明确的项目;

(二)部分扩建、改建项目;

(三)建设内容单一、投资规模较小、技术方案简单的项目;

(四)为应对自然灾害、事故灾难、公共卫生事件、社会安全事件等突发事件需要紧急建设的项目。

前款第三项所列项目的具体范围,由国务院投资主管部门会同国务院其他有关部门规定。

第十四条 采取投资补助、贷款贴息等方式安排政府投资资金的,项目单位应当按照国家有关规定办理手续。

第三章 政府投资年度计划

第十五条 国务院投资主管部门对其负责安排的政府投资编制政府投资年度计划,国务院其他有关部门对其负责安排的本行业、本领域的政府投资编制政府投资年度计划。

县级以上地方人民政府有关部门按照本级人民政府的规定,编制政府投资年度计划。

第十六条 政府投资年度计划应当明确项目名称、建设内容及规模、建设工期、项目总投资、年度投资额及资金来源等事项。

第十七条 列入政府投资年度计划的项目应当符合下列条件:

(一)采取直接投资方式、资本金注入方式的,可行性研究报告已经批准或者投资概算已经核定;

(二)采取投资补助、贷款贴息等方式的,已经按照国家有关规定办理手续;

(三)县级以上人民政府有关部门规定的其他条件。

第十八条 政府投资年度计划应当和本级预算相衔接。

第十九条 财政部门应当根据经批准的预算,按照法律、行政法规和国库管理的有关规定,及时、足额办理政府投资资金拨付。

第四章 政府投资项目实施

第二十条 政府投资项目开工建设,应当符合本条例和有关法律、行政法规规定的建设条件;不符合规定的建设条件的,不得开工建设。

国务院规定应当审批开工报告的重大政府投资项目,按照规定办理开工报告审批手续后方可开工建设。

第二十一条 政府投资项目应当按照投资主管部门或者其他有关部门批准的建设地点、建设规模和建设内容实施;拟变更建设地点或者拟对建设规模、建设内容等作较大变更的,应当按照规定的程序报原审批部门审批。

第二十二条 政府投资项目所需资金应当按照国家有关规定确保落实到位。

政府投资项目不得由施工单位垫资建设。

第二十三条 政府投资项目建设投资原则上不得超过经核定的投资概算。

因国家政策调整、价格上涨、地质条件发生重大变化等原因确需增加投资概算的,项目单位应当提出调整方案及资金来源,按照规定的程序报原初步设计审批部门或者投资概算核定部门核定;涉及预算调整或者调剂的,依照有关预算的法律、行政法规和国家有关规定办理。

第二十四条 政府投资项目应当按照国家有关规定合理确定并严格执行建设工期,任何单位和个人不得非法干预。

第二十五条 政府投资项目建成后,应当按照国家有关规定进行竣工验收,并在竣工验收合格后及时办理竣工财务决算。

政府投资项目结余的财政资金,应当按照国家有关规定缴回国库。

第二十六条 投资主管部门或者其他有关部门应当按照国家有关规定选择有代表性的已建成政府投资项目,委托中介服务机构对所选项目进行后评价。后评价应当根据项目建成后的实际效果,对项目审批和实施进行全面评价并提出明确意见。

第五章 监督管理

第二十七条 投资主管部门和依法对政府投资项目负有监督管理职责的其他部门应当采取在线监测、现场核查等方式,加强对政府投资项目实施情况的监督检查。

项目单位应当通过在线平台如实报送政府投资项目开工建设、建设进度、竣工的基本信息。

第二十八条 投资主管部门和依法对政府投资项目负有监督管理职责的其他部门应当建立政府投资项目信息共享机制,通过在线平台实现信息共享。

第二十九条 项目单位应当按照国家有关规定加强政府投资项目档案管理,将项目审批和实施过程中的有关文件、资料存档备查。

第三十条 政府投资年度计划、政府投资项目审批和实施以及监督检查的信息应当依法公开。

第三十一条 政府投资项目的绩效管理、建设工程质量管理、安全生产管理等事项,依照有关法律、行政法规和国家有关规定执行。

第六章 法律责任

第三十二条 有下列情形之一的,责令改正,对负有责任的领导人员和直接责任人员依法给予处分:

(一)超越审批权限审批政府投资项目;

(二)对不符合规定的政府投资项目予以批准;

(三)未按照规定核定或者调整政府投资项目的投资概算;

(四)为不符合规定的项目安排投资补助、贷款贴息等政府投资资金;

(五)履行政府投资管理职责中其他玩忽职守、滥用职权、徇私舞弊的情形。

第三十三条 有下列情形之一的,依照有关预算的法律、行政法规和国家有关规定追究法律责任:

(一)政府及其有关部门违法违规举借债务筹措政府投资资金;

（二）未按照规定及时、足额办理政府投资资金拨付；

（三）转移、侵占、挪用政府投资资金。

第三十四条　项目单位有下列情形之一的，责令改正，根据具体情况，暂停、停止拨付资金或者收回已拨付的资金，暂停或者停止建设活动，对负有责任的领导人员和直接责任人员依法给予处分：

（一）未经批准或者不符合规定的建设条件开工建设政府投资项目；

（二）弄虚作假骗取政府投资项目审批或者投资补助、贷款贴息等政府投资资金；

（三）未经批准变更政府投资项目的建设地点或者对建设规模、建设内容等作较大变更；

（四）擅自增加投资概算；

（五）要求施工单位对政府投资项目垫资建设；

（六）无正当理由不实施或者不按照建设工期实施已批准的政府投资项目。

第三十五条　项目单位未按照规定将政府投资项目审批和实施过程中的有关文件、资料存档备查，或者转移、隐匿、篡改、毁弃项目有关文件、资料的，责令改正，对负有责任的领导人员和直接责任人员依法给予处分。

第三十六条　违反本条例规定，构成犯罪的，依法追究刑事责任。

第七章　附　　则

第三十七条　国防科技工业领域政府投资的管理办法，由国务院国防科技工业管理部门根据本条例规定的原则另行制定。

第三十八条　中国人民解放军和中国人民武装警察部队的固定资产投资管理，按照中央军事委员会的规定执行。

第三十九条　本条例自2019年7月1日起施行。

20.中华人民共和国预算法实施条例

(1995年11月22日中华人民共和国国务院令第186号发布,2020年8月3日中华人民共和国国务院令第729号修订)

第一章 总 则

第一条 根据《中华人民共和国预算法》(以下简称预算法),制定本条例。

第二条 县级以上地方政府的派出机关根据本级政府授权进行预算管理活动,不作为一级预算,其收支纳入本级预算。

第三条 社会保险基金预算应当在精算平衡的基础上实现可持续运行,一般公共预算可以根据需要和财力适当安排资金补充社会保险基金预算。

第四条 预算法第六条第二款所称各部门,是指与本级政府财政部门直接发生预算缴拨款关系的国家机关、军队、政党组织、事业单位、社会团体和其他单位。

第五条 各部门预算应当反映一般公共预算、政府性基金预算、国有资本经营预算安排给本部门及其所属各单位的所有预算资金。

各部门预算收入包括本级财政安排给本部门及其所属各单位的预算拨款收入和其他收入。各部门预算支出为与部门预算收入相对应的支出,包括基本支出和项目支出。

本条第二款所称基本支出,是指各部门、各单位为保障其机构正常运转、完成日常工作任务所发生的支出,包括人员经费和公用经费;所称项目支出,是指各部门、各单位为完成其特定的工作任务和事业发展目标所发生的支出。

各部门及其所属各单位的本级预算拨款收入和其相对应的支出,应当在部门预算中单独反映。

部门预算编制、执行的具体办法,由本级政府财政部门依法作出规定。

第六条 一般性转移支付向社会公开应当细化到地区。专项转移支付向社会公开应当细化到地区和项目。

政府债务、机关运行经费、政府采购、财政专户资金等情况,按照有关规定向社会公开。

部门预算、决算应当公开基本支出和项目支出。部门预算、决算支出按其功能分类应当公开到项;按其经济性质分类,基本支出应当公开到款。

各部门所属单位的预算、决算及报表,应当在部门批复后20日内由单位向社会公开。单位预算、决算应当公开基本支出和项目支出。单位预算、决算支出按其功能分类应当公开到项;按其经济性质分类,基本支出应公开到款。

第七条 预算法第十五条所称中央和地方分税制,是指在划分中央与地方事权的基础上,确定中央与地方财政支出范围,并按税种划分中央与地方预算收入的财政管理体制。

分税制财政管理体制的具体内容和实施办法,按照国务院的有关规定执行。

第八条 县级以上地方各级政府应当根据中央和地方分税制的原则和上级政府的有关规定,确定本级政府对下级政府的财政管理体制。

第九条 预算法第十六条第二款所称一般性转移支付,包括:

(一)均衡性转移支付;

(二)对革命老区、民族地区、边疆地区、贫困地区的财力补助;

(三)其他一般性转移支付。

第十条 预算法第十六条第三款所称专项转移支付,是指上级政府为了实现特定的经济和社会发展目标给予下级政府,并由下级政府按照上级政府规定的用途安排使用的预算资金。

县级以上各级政府财政部门应当会同有关部门建立健全专项转移支付定期评估和退出机制。对评估后的专项转移支付,按照下列情形分别予以处理:

(一)符合法律、行政法规和国务院规定,有必要继续执行的,可以继续执行;

(二)设立的有关要求变更,或者实际绩效与目标差距较大、管理不够完善的,应当予以调整;

(三)设立依据失效或者废止的,应当予以取消。

第十一条 预算收入和预算支出以人民币元为计算单位。预算收支以人民币以外的货币收纳和支付的,应当折合成人民币计算。

第二章 预算收支范围

第十二条 预算法第二十七条第一款所称行政事业性收费收入,是指国家机关、事业单位等依照法律法规规定,按照国务院规定的程序批准,在实施社会公共管理以及在向公民、法人和其他组织提供特定公共服务过程中,按照规定标准向特定对象收取费用形成的收入。

预算法第二十七条第一款所称国有资源(资产)有偿使用收入,是指矿藏、水流、海域、无居民海岛以及法律规定属于国家所有的森林、草原等国有资源有偿使用收入,按照规定纳入一般公共预算管理的国有资产收入等。

预算法第二十七条第一款所称转移性收入,是指上级税收返还和转移支付、下级上解收入、调入资金以及按照财政部规定列入转移性收入的无隶属关系政府的无偿援助。

第十三条 转移性支出包括上解上级支出、对下级的税收返还和转移支付、调出资金以及按照财政部规定列入转移性支出的给予无隶属关系政府的无偿援助。

第十四条 政府性基金预算收入包括政府性基金各项目收入和转移性收入。

政府性基金预算支出包括与政府性基金预算收入相对应的各项目支出和转移性支出。

第十五条 国有资本经营预算收入包括依照法律、行政法规和国务院规定应当纳入国有资本经营预算的国有独资企业和国有独资公司按照规定上缴国家的利润收入、从国有资本控股和参股公司获得的股息红利收入、国有产权转让收入、清算收入和其他收入。

国有资本经营预算支出包括资本性支出、费用性支出、向一般公共预算调出资金等转移性支出和其他支出。

第十六条 社会保险基金预算收入包括各项社会保险费收入、利息收入、投资收益、一般公共预算补助收入、集体补助收入、转移收入、上级补助收入、下级上解收入和其他收入。

社会保险基金预算支出包括各项社会保险待遇支出、转移支出、补助下级支出、上解上级支出和其他支出。

第十七条 地方各级预算上下级之间有关收入和支出项目的划分以及上解、返还或者转移支付的具体办法，由上级地方政府规定，报本级人民代表大会常务委员会备案。

第十八条 地方各级社会保险基金预算上下级之间有关收入和支出项目的划分以及上解、补助的具体办法，按照统筹层次由上级地方政府规定，报本级人民代表大会常务委员会备案。

第三章 预 算 编 制

第十九条 预算法第三十一条所称预算草案，是指各级政府、各部门、各单位编制的未经法定程序审查和批准的预算。

第二十条 预算法第三十二条第一款所称绩效评价，是指根据设定的绩效目标，依据规范的程序，对预算资金的投入、使用过程、产出与效果进行系统和客观的评价。

绩效评价结果应当按照规定作为改进管理和编制以后年度预算的依据。

第二十一条 预算法第三十二条第三款所称预算支出标准，是指对预算事项合理分类并分别规定的支出预算编制标准，包括基本支出标准和项目支出标准。

地方各级政府财政部门应当根据财政部制定的预算支出标准，结合本地区经济社会发展水平、财力状况等，制定本地区或者本级的预算支出标准。

第二十二条 财政部于每年6月15日前部署编制下一年度预算草案的具体事项，规定报表格式、编报方法、报送期限等。

第二十三条 中央各部门应当按照国务院的要求和财政部的部署，结合本部门的具体情况，组织编制本部门及其所属各单位的预算草案。

中央各部门负责本部门所属各单位预算草案的审核，并汇总编制本部门的预算草案，按照规定报财政部审核。

第二十四条 财政部审核中央各部门的预算草案，具体编制中央预算草案；汇总地方预算草案或者地方预算，汇编中央和地方预算草案。

第二十五条 省、自治区、直辖市政府按照国务院的要求和财政部的部署，结合本地区的具体情况，提出本行政区域编制预算草案的要求。

县级以上地方各级政府财政部门应当于每年6月30日前部署本行政区域编制下一年度预算草案的具体事项，规定有关报表格式、编报方法、报送期限等。

第二十六条 县级以上地方各级政府各部门应当根据本级政府的要求和本级政府财政部门的部署，结合本部门的具体情况，组织编制本部门及其所属各单位的预算草案，按照规定报本级政府财政部门审核。

第二十七条 县级以上地方各级政府财政部门审核本级各部门的预算草案，具体编制本级预算草案，汇编本级总预算草案，经本级政府审定后，按照规定期限报上一级政府财政部门。

省、自治区、直辖市政府财政部门汇总的本级总预算草案或者本级总预算，应当于下一年度1月10日前报财政部。

第二十八条 县级以上各级政府财政部门审核本级各部门的预算草案时，发现不符合编制预算要求的，应当予以纠正；汇编本级总预算草案时，发现下级预算草案不符合上级政府或者本级政府编制预算要求的，应当及时向本级政府报告，由本级政府予以纠正。

第二十九条 各级政府财政部门编制收入预算草案时，应当征求税务、海关等预算收入征收部门和单位的意见。

预算收入征收部门和单位应当按照财政部门的要求提供下一年度预算收入征收预测情况。

第三十条 财政部门会同社会保险行政部门部署编制下一年度社会保险基金预算草案的具体事项。

社会保险经办机构具体编制下一年度社会保险基金预算草案，报本级社会保险行政部门审核汇总。社会保险基金收入预算草案由社会保险经办机构会同社会保险费征收机构具体编制。财政部门负责审核并汇总编制社会保险基金预算草案。

第三十一条 各级政府财政部门应当依照预算法和本条例规定，制定本级预算草案编制规程。

第三十二条 各部门、各单位在编制预算草案时，应当根据资产配置标准，结合存量资产情况编制相关支出预算。

第三十三条 中央一般公共预算收入编制内容包括本级一般公共预算收入、从国有资本经营预算调入资金、地方上解收入、从预算稳定调节基金调入资金、其他调入资金。

中央一般公共预算支出编制内容包括本级一般公共

预算支出、对地方的税收返还和转移支付、补充预算稳定调节基金。

中央政府债务余额的限额应当在本级预算中单列示。

第三十四条 地方各级一般公共预算收入编制内容包括本级一般公共预算收入、从国有资本经营预算调入资金、上级税收返还和转移支付、下级上解收入、从预算稳定调节基金调入资金、其他调入资金。

地方各级一般公共预算支出编制内容包括本级一般公共预算支出、上解上级支出、对下级的税收返还和转移支付、补充预算稳定调节基金。

第三十五条 中央政府性基金预算收入编制内容包括本级政府性基金各项目收入、上一年度结余、地方上解收入。

中央政府性基金预算支出编制内容包括本级政府性基金各项目支出、对地方的转移支付、调出资金。

第三十六条 地方政府性基金预算收入编制内容包括本级政府性基金各项目收入、上一年度结余、下级上解收入、上级转移支付。

地方政府性基金预算支出编制内容包括本级政府性基金各项目支出、上解上级支出、对下级的转移支付、调出资金。

第三十七条 中央国有资本经营预算收入编制内容包括本级收入、上一年度结余、地方上解收入。

中央国有资本经营预算支出编制内容包括本级支出、向一般公共预算调出资金、对地方特定事项的转移支付。

第三十八条 地方国有资本经营预算收入编制内容包括本级收入、上一年度结余、上级对特定事项的转移支付、下级上解收入。

地方国有资本经营预算支出编制内容包括本级支出、向一般公共预算调出资金、对下级特定事项的转移支付、上解上级支出。

第三十九条 中央和地方社会保险基金预算收入、支出编制内容包括本条例第十六条规定的各项收入和支出。

第四十条 各部门、各单位预算收入编制内容包括本级预算拨款收入、预算拨款结转和其他收入。

各部门、各单位预算支出编制内容包括基本支出和项目支出。

各部门、各单位的预算支出，按其功能分类应当编列到项，按其经济性质分类应当编列到款。

第四十一条 各级政府应当加强项目支出管理。各级政府财政部门应当建立和完善项目支出预算评审制度。各部门、各单位应当按照本级政府财政部门的规定开展预算评审。

项目支出实行项目库管理，并建立健全项目入库评审机制和项目滚动管理机制。

第四十二条 预算法第三十四条第二款所称余额管理，是指国务院在全国人民代表大会批准的中央一般公共预算债务的余额限额内，决定发债规模、品种、期限和时点的管理方式；所称余额，是指中央一般公共预算中举借债务未偿还的本金。

第四十三条 地方政府债务余额实行限额管理。各省、自治区、直辖市的政府债务限额，由财政部在全国人民代表大会或者其常务委员会批准的总限额内，根据各地区债务风险、财力状况等因素，并考虑国家宏观调控政策等需要，提出方案报国务院批准。

各省、自治区、直辖市的政府债务余额不得突破国务院批准的限额。

第四十四条 预算法第三十五条第二款所称举借债务的规模，是指各地方政府债务余额限额的总和，包括一般债务限额和专项债务限额。一般债务是指列入一般公共预算用于公益性事业发展的一般债券、地方政府负有偿还责任的外国政府和国际经济组织贷款转贷债务；专项债务是指列入政府性基金预算用于有收益的公益性事业发展的专项债券。

第四十五条 省、自治区、直辖市政府财政部门依照国务院下达的本地区地方政府债务限额，提出本级和转贷给下级政府的债务限额安排方案，报本级政府批准后，将增加举借的债务列入本级预算调整方案，报本级人民代表大会常务委员会批准。

接受转贷并向下级政府转贷的政府应当将转贷债务纳入本级预算管理。使用转贷并负有直接偿还责任的政府，应当将转贷债务列入本级预算调整方案，报本级人民代表大会常务委员会批准。

地方各级政府财政部门负责统一管理本地区政府债务。

第四十六条 国务院可以将举借的外国政府和国际经济组织贷款转贷给省、自治区、直辖市政府。

国务院向省、自治区、直辖市政府转贷的外国政府和国际经济组织贷款，省、自治区、直辖市政府负有直接偿还责任的，应当纳入本级预算管理。省、自治区、直辖市政府未能按时履行还款义务的，国务院可以相应抵扣对该地区的税收返还等资金。

省、自治区、直辖市政府可以将国务院转贷的外国政府和国际经济组织贷款再转贷给下级政府。

第四十七条 财政部和省、自治区、直辖市政府财政部门应当建立健全地方政府债务风险评估指标体系，组织评估地方政府债务风险状况，对债务高风险地区提出预警，并监督化解债务风险。

第四十八条 县级以上各级政府应当按照本年度转移支付预计执行数的一定比例将下一年度转移支付预计数提前下达至下一级政府，具体下达事宜由本级政府财政部门办理。

除据实结算等特殊项目的转移支付外，提前下达的一般性转移支付预计数的比例一般不低于90%；提前下达的专项转移支付预计数的比例一般不低于70%。其中,按照项目法管理分配的专项转移支付,应当一并明确下一年度组织实施的项目。

第四十九条 经本级政府批准,各级政府财政部门可以设置预算周转金,额度不得超过本级一般公共预算支出总额的1%。年度终了时,各级政府财政部门可以将预算周转金收回并用于补充预算稳定调节基金。

第五十条 预算法第四十二条第一款所称结转资金,是指预算安排项目的支出年度终了时尚未执行完毕,或者因故未执行但下一年度需要按原用途继续使用的资金;连续两年未用完的结转资金,是指预算安排项目的支出在下一年度终了时仍未用完的资金。

预算法第四十二条第一款所称结余资金,是指年度预算执行终了时,预算收入实际完成数扣除预算支出实际完成数和结转资金后剩余的资金。

第四章 预算执行

第五十一条 预算执行中,政府财政部门的主要职责:

(一)研究和落实财政税收政策措施,支持经济社会健康发展;

(二)制定组织预算收入、管理预算支出以及相关财务、会计、内部控制、监督等制度和办法;

(三)督促各预算收入征收部门和单位依法履行职责,征缴预算收入;

(四)根据年度支出预算和用款计划,合理调度、拨付预算资金,监督各部门、各单位预算资金使用管理情况;

(五)统一管理政府债务的举借、支出与偿还,监督债务资金使用情况;

(六)指导和监督各部门、各单位建立健全财务制度和会计核算体系,规范账户管理,健全内部控制机制,按照规定使用预算资金;

(七)汇总、编报分期的预算执行数据,分析预算执行情况,按照本级人民代表大会常务委员会、本级政府和上一级政府财政部门的要求定期报告预算执行情况,并提出相关政策建议;

(八)组织和指导预算资金绩效监控、绩效评价;

(九)协调预算收入征收部门和单位、国库以及其他有关部门的业务工作。

第五十二条 预算法第五十六条第二款所称财政专户,是指财政部门为履行财政管理职能,根据法律规定或者经国务院批准开设的用于管理核算特定专用资金的银行结算账户;所称特定专用资金,包括法律规定可以设立财政专户的资金,外国政府和国际经济组织的贷款、赠款,按照规定存储的人民币以外的货币,财政部会同有关部门报国务院批准的其他特定专用资金。

开设、变更财政专户应当经财政部核准,撤销财政专户应当报财政部备案,中国人民银行应当加强对银行业金融机构开户的核准、管理和监督工作。

财政专户资金由本级政府财政部门管理。除法律另有规定外,未经本级政府财政部门同意,任何部门、单位和个人都无权冻结、动用财政专户资金。

财政专户资金应当由本级政府财政部门纳入统一的会计核算,并在预算执行情况、决算和政府综合财务报告中单独反映。

第五十三条 预算执行中,各部门、各单位的主要职责:

(一)制定本部门、本单位预算执行制度,建立健全内部控制机制;

(二)依法组织收入,严格支出管理,实施绩效监控,开展绩效评价,提高资金使用效益;

(三)对单位的各项经济业务进行会计核算;

(四)汇总本部门、本单位的预算执行情况,定期向本级政府财政部门报送预算执行情况报告和绩效评价报告。

第五十四条 财政部门会同社会保险行政部门、社会保险费征收机构制定社会保险基金预算的收入、支出以及财务管理的具体办法。

社会保险基金预算由社会保险费征收机构和社会保险经办机构具体执行,并按照规定向本级政府财政部门和社会保险行政部门报告执行情况。

第五十五条 各级政府财政部门和税务、海关等预算收入征收部门和单位必须依法组织预算收入,按照财政管理体制、征收管理制度和国库集中缴纳制度的规定征收预算收入,除依法缴入财政专户的社会保险基金等预算收入外,应当及时将预算收入缴入国库。

第五十六条 除依法缴入财政专户的社会保险基金等预算收入外,一切有预算收入上缴义务的部门和单位,必须将应当上缴的预算收入,按照规定的预算级次、政府收支分类科目、缴库方式和期限缴入国库,任何部门、单位和个人不得截留、占用、挪用或者拖欠。

第五十七条 各级政府财政部门应当加强对预算资金拨付的管理,并遵循下列原则:

(一)按照预算拨付,即按照批准的年度预算和用款计划拨付资金。除预算法第五十四条规定的在预算草案批准前可以安排支出的情形外,不得办理无预算、无用款计划、超预算或者超计划的资金拨付,不得擅自改变支出用途;

(二)按照规定的预算级次和程序拨付,即根据用款单位的申请,按照用款单位的预算级次、审定的用款计划和财政部门规定的预算资金拨付程序拨付资金;

(三)按照进度拨付,即根据用款单位的实际用款进度拨付资金。

第五十八条 财政部应当根据全国人民代表大会批准的中央政府债务余额限额,合理安排发行国债的品种、结构、期限和时点。

省、自治区、直辖市政府财政部门应当根据国务院批准的本地区政府债务限额,合理安排发行本地区政府债券的结构、期限和时点。

第五十九条　转移支付预算下达和资金拨付应当由财政部门办理,其他部门和单位不得对下级政府部门和单位下达转移支付预算或者拨付转移支付资金。

第六十条　各级政府、各部门、各单位应当加强对预算支出的管理,严格执行预算,遵守财政制度,强化预算约束,不得擅自扩大支出范围、提高开支标准;严格按照预算规定的支出用途使用资金,合理安排支出进度。

第六十一条　财政部负责制定与预算执行有关的财务规则、会计准则和会计制度。各部门、各单位应当按照本级政府财政部门的要求建立健全财务制度,加强会计核算。

第六十二条　国库是办理预算收入的收纳、划分、留解、退付和库款支拨的专门机构。国库分为中央国库和地方国库。

中央国库业务由中国人民银行经理。未设中国人民银行分支机构的地区,由中国人民银行商财政部后,委托有关银行业金融机构办理。

地方国库业务由中国人民银行分支机构经理。未设中国人民银行分支机构的地区,由上级中国人民银行分支机构商有关地方政府财政部门后,委托有关银行业金融机构办理。

具备条件的乡、民族乡、镇,应当设立国库。具体条件和标准由省、自治区、直辖市政府财政部门确定。

第六十三条　中央国库业务应当接受财政部的指导和监督,对中央财政负责。

地方国库业务应当接受本级政府财政部门的指导和监督,对地方财政负责。

省、自治区、直辖市制定的地方国库业务规程应当报财政部和中国人民银行备案。

第六十四条　各级国库应当及时向本级政府财政部门编报预算收入入库、解库、库款拨付以及库款余额情况的日报、旬报、月报和年报。

第六十五条　各级国库应当依照有关法律、行政法规、国务院以及财政部、中国人民银行的有关规定,加强对国库业务的管理,及时准确地办理预算收入的收纳、划分、留解、退付和预算支出的拨付。

各级国库和有关银行业金融机构必须遵守国家有关预算收入缴库的规定,不得延解、占压应当缴入国库的预算收入和国库库款。

第六十六条　各级国库必须凭本级政府财政部门签发的拨款凭证或者支付清算指令于当日办理资金拨付,并及时将款项转入收款单位的账户或者清算资金。

各级国库和有关银行业金融机构不得占压财政部门拨付的预算资金。

第六十七条　各级政府财政部门、预算收入征收部门和单位、国库应当建立健全相互之间的预算收入对账制度,在预算执行中按月、按年核对预算收入的收纳以及库款拨付情况,保证预算收入的征收入库、库款拨付和库存金额准确无误。

第六十八条　中央预算收入、中央和地方预算共享收入退库的办法,由财政部制定。地方预算收入退库的办法,由省、自治区、直辖市政府财政部门制定。

各级预算收入退库的审批权属于本级政府财政部门。中央预算收入、中央和地方预算共享收入的退库,由财政部或者财政部授权的机构批准。地方预算收入的退库,由地方政府财政部门或者其授权的机构批准。具体退库程序按照财政部的有关规定办理。

办理预算收入退库,应当直接退给申请单位或者申请个人,按照国家规定用途使用。任何部门、单位和个人不得截留、挪用退库款项。

第六十九条　各级政府应当加强对本级国库的管理和监督,各级政府财政部门负责协调本级预算收入征收部门和单位与国库的业务工作。

第七十条　国务院各部门制定的规章、文件,凡涉及减免应缴预算收入、设立和改变收入项目和标准、罚没财物处理、经费开支标准和范围、国有资产处置和收益分配以及会计核算等事项的,应当符合国家统一的规定;凡涉及增加或者减少财政收入或者支出的,应当征求财政部意见。

第七十一条　地方政府依据法定权限制定的规章和规定的行政措施,不得涉及减免中央预算收入、中央和地方预算共享收入,不得影响中央预算收入、中央和地方预算共享收入的征收;违反规定的,有关预算收入征收部门和单位有权拒绝执行,并应当向上级预算收入征收部门和单位以及财政部报告。

第七十二条　各级政府应当加强对预算执行工作的领导,定期听取财政部门有关预算执行情况的汇报,研究解决预算执行中出现的问题。

第七十三条　各级政府财政部门有权监督本级各部门及其所属各单位的预算管理有关工作,对各部门的预算执行情况和绩效进行评价、考核。

各级政府财政部门有权对与本级各预算收入相关的征收部门和单位征收本级预算收入的情况进行监督,对违反法律、行政法规规定多征、提前征收、减征、免征、缓征或者退还预算收入的,责令改正。

第七十四条　各级政府财政部门应当每月向本级政府报告预算执行情况,具体报告内容、方式和期限由本级政府规定。

第七十五条　地方各级政府财政部门应当定期向上一级政府财政部门报送本行政区域预算执行情况,包括预算执行旬报、月报、季报,政府债务余额统计报告,国库库款报告以及相关文字说明材料。具体报送内容、方式和期限由上一级政府财政部门规定。

第七十六条　各级税务、海关等预算收入征收部门和单位应当按照财政部门规定的期限和要求,向财政部门和上级主管部门报送有关预算收入征收情况,并附文字说明材料。

各级税务、海关等预算收入征收部门和单位应当与相关财政部门建立收入征管信息共享机制。

第七十七条 各部门应当按照本级政府财政部门规定的期限和要求,向本级政府财政部门报送本部门及其所属各单位的预算收支情况等报表和文字说明材料。

第七十八条 预算法第六十六条第一款所称超收收入,是指年度本级一般公共预算收入的实际完成数超过经本级人民代表大会或者其常务委员会批准的预算收入数的部分。

预算法第六十六条第三款所称短收,是指年度本级一般公共预算收入的实际完成数小于经本级人民代表大会或者其常务委员会批准的预算收入数的情形。

前两款所称实际完成数和预算收入数,不包括转移性收入和政府债务收入。

省、自治区、直辖市政府依照预算法第六十六条第三款规定增列的赤字,可以通过在国务院下达的本地区政府债务限额内发行地方政府一般债券予以平衡。

设区的市、自治州以下各级一般公共预算年度执行中出现短收的,应当通过调入预算稳定调节基金或者其他预算资金、减少支出等方式实现收支平衡;采取上述措施仍不能实现收支平衡的,可以通过申请上级政府临时救助平衡当年预算,并在下一年度预算中安排资金归还。

各级一般公共预算年度执行中厉行节约、节约开支,造成本级预算支出实际执行数小于预算总支出的,不属于预算调整的情形。

各级政府性基金预算年度执行中有超收收入的,应当在下一年度安排使用并优先用于偿还相应的专项债务;出现短收的,应当通过减少支出实现收支平衡。国务院另有规定的除外。

各级国有资本经营预算年度执行中有超收收入的,应当在下一年度安排使用;出现短收的,应当通过减少支出实现收支平衡。国务院另有规定的除外。

第七十九条 年度预算确定后,部门、单位改变隶属关系引起预算级次或者预算关系变化的,应当在改变财务关系的同时,相应办理预算、资产划转。

第五章 决 算

第八十条 预算法第七十四条所称决算草案,是指各级政府、各部门、各单位编制的未经法定程序审查和批准的预算收支和结余的年度执行结果。

第八十一条 财政部应当在每年第四季度部署编制决算草案的原则、要求、方法和报送期限,制发中央各部门决算、地方决算以及其他有关决算的报表格式。

省、自治区、直辖市政府按照国务院的要求和财政部的部署,结合本地区的具体情况,提出本行政区域编制决算草案的要求。

县级以上地方政府财政部门根据财政部的部署和省、自治区、直辖市政府的要求,部署编制本级政府各部门和下级政府决算草案的原则、要求、方法和报送期限,制发本级政府各部门决算、下级政府决算以及其他有关决算的报表格式。

第八十二条 地方政府财政部门根据上级政府财政部门的部署,制定本行政区域决算草案和本级各部门决算草案的具体编制办法。

各部门根据本级政府财政部门的部署,制定所属各单位决算草案的具体编制办法。

第八十三条 各级政府财政部门、各部门、各单位在每一预算年度终了时,应当清理核实全年预算收入、支出数据和往来款项,做好决算数据对账工作。

决算各项数据应当以经核实的各级政府、各部门、各单位会计数据为准,不得以估计数据替代,不得弄虚作假。

各部门、各单位决算应当列示结转、结余资金。

第八十四条 各单位应当按照主管部门的布置,认真编制本单位决算草案,在规定期限内上报。

各部门在审核汇总所属各单位决算草案基础上,连同本部门自身的决算收入和支出数据,汇编成本部门决算草案并附详细说明,经部门负责人签章后,在规定期限内报本级政府财政部门审核。

第八十五条 各级预算收入征收部门和单位应当按照财政部门的要求,及时编制收入年报以及有关资料并报送财政部门。

第八十六条 各级政府财政部门应当根据本级预算、预算会计核算数据等相关资料编制本级决算草案。

第八十七条 年度预算执行终了,对于上下级财政之间按照规定需要清算的事项,应当在决算时办理结算。

县级以上各级政府财政部门编制的决算草案应当及时报送本级政府审计部门审计。

第八十八条 县级以上地方各级政府应当自本级决算经批准之日起30日内,将本级决算以及下一级政府上报备案的决算汇总,报上一级政府备案;将下一级政府报送备案的决算汇总,报本级人民代表大会常务委员会备案。

乡、民族乡、镇政府应当自本级决算经批准之日起30日内,将本级决算报上一级政府备案。

第六章 监 督

第八十九条 县级以上各级政府应当接受本级和上级人民代表大会及其常务委员会对预算执行情况和决算的监督;乡、民族乡、镇政府应当接受本级人民代表大会和上级人民代表大会及其常务委员会对预算执行情况和决算的监督;按照本级人民代表大会或者其常务委员会的要求,报告预算执行情况;认真研究处理本级人民代表大会代表或者其常务委员会组成人员有关改进预算管理的建议、批评和意见,并及时答复。

第九十条 各级政府应当加强对下级政府预算执行情况的监督,对下级政府在预算执行中违反预算法、本条例和国家方针政策的行为,依法予以制止和纠正;对本级预算执行中出现的问题,及时采取处理措施。

下级政府应当接受上级政府对预算执行情况的监督;根据上级政府的要求,及时提供资料,如实反映情况,不得隐瞒、虚报;严格执行上级政府作出的有关决定,并将执行结果及时上报。

第九十一条 各部门及其所属各单位应当接受本级政府财政部门对预算管理有关工作的监督。

财政部派出机构根据职责和财政部的授权,依法开展工作。

第九十二条 各级政府审计部门应当依法对本级预算执行情况和决算草案,本级各部门、各单位和下级政府的预算执行情况和决算,进行审计监督。

第七章 法律责任

第九十三条 预算法第九十三条第六项所称违反本法规定冻结、动用国库库款或者以其他方式支配已入国库库款,是指:

(一)未经有关政府财政部门同意,冻结、动用国库库款;

(二)预算收入征收部门和单位违反规定将所收税款和其他预算收入存入国库之外的其他账户;

(三)未经有关政府财政部门或者财政部门授权的机构同意,办理资金拨付和退付;

(四)将国库库款挪作他用;

(五)延解、占压国库库款;

(六)占压政府财政部门拨付的预算资金。

第九十四条 各级政府、有关部门和单位有下列行为之一的,责令改正;对负有直接责任的主管人员和其他直接责任人员,依法给予处分:

(一)突破一般债务限额或者专项债务限额举借债务;

(二)违反本条例规定下达转移支付预算或者拨付转移支付资金;

(三)擅自开设、变更账户。

第八章 附 则

第九十五条 预算法第九十七条所称政府综合财务报告,是指以权责发生制为基础编制的反映各级政府整体财务状况、运行情况和财政中长期可持续性的报告。政府综合财务报告包括政府资产负债表、收入费用表等财务报表和报表附注,以及以此为基础进行的综合分析等。

第九十六条 政府投资年度计划应当和本级预算相衔接。政府投资决策、项目实施和监督管理按照政府投资有关行政法规执行。

第九十七条 本条例自 2020 年 10 月 1 日起施行。

21. 建设工程勘察设计管理条例

(2000年9月25日中华人民共和国国务院令第293号公布,根据2015年6月12日《国务院关于修改〈建设工程勘察设计管理条例〉的决定》第一次修订,根据2017年10月7日《国务院关于修改部分行政法规的决定》第二次修订)

第一章 总 则

第一条 为了加强对建设工程勘察、设计活动的管理,保证建设工程勘察、设计质量,保护人民生命和财产安全,制定本条例。

第二条 从事建设工程勘察、设计活动,必须遵守本条例。

本条例所称建设工程勘察,是指根据建设工程的要求,查明、分析、评价建设场地的地质地理环境特征和岩土工程条件,编制建设工程勘察文件的活动。

本条例所称建设工程设计,是指根据建设工程的要求,对建设工程所需的技术、经济、资源、环境等条件进行综合分析、论证,编制建设工程设计文件的活动。

第三条 建设工程勘察、设计应当与社会、经济发展水平相适应,做到经济效益、社会效益和环境效益相统一。

第四条 从事建设工程勘察、设计活动,应当坚持先勘察、后设计、再施工的原则。

第五条 县级以上人民政府建设行政主管部门和交通、水利等有关部门应当依照本条例的规定,加强对建设工程勘察、设计活动的监督管理。

建设工程勘察、设计单位必须依法进行建设工程勘察、设计,严格执行工程建设强制性标准,并对建设工程勘察、设计的质量负责。

第六条 国家鼓励在建设工程勘察、设计活动中采用先进技术、先进工艺、先进设备、新型材料和现代管理方法。

第二章 资质资格管理

第七条 国家对从事建设工程勘察、设计活动的单位,实行资质管理制度。具体办法由国务院建设行政主管部门商国务院有关部门制定。

第八条 建设工程勘察、设计单位应当在其资质等级许可的范围内承揽建设工程勘察、设计业务。

禁止建设工程勘察、设计单位超越其资质等级许可的范围或者以其他建设工程勘察、设计单位的名义承揽建设工程勘察、设计业务。禁止建设工程勘察、设计单位允许其他单位或者个人以本单位的名义承揽建设工程勘察、设计业务。

第九条 国家对从事建设工程勘察、设计活动的专业技术人员,实行执业资格注册管理制度。

未经注册的建设工程勘察、设计人员,不得以注册执业人员的名义从事建设工程勘察、设计活动。

第十条 建设工程勘察、设计注册执业人员和其他专业技术人员只能受聘于一个建设工程勘察、设计单位;未受聘于建设工程勘察、设计单位的,不得从事建设工程的勘察、设计活动。

第十一条 建设工程勘察、设计单位资质证书和执业人员注册证书,由国务院建设行政主管部门统一制作。

第三章 建设工程勘察设计发包与承包

第十二条 建设工程勘察、设计发包依法实行招标发包或者直接发包。

第十三条 建设工程勘察、设计应当依照《中华人民共和国招标投标法》的规定,实行招标发包。

第十四条 建设工程勘察、设计方案评标,应当以投标人的业绩、信誉和勘察、设计人员的能力以及勘察、设计方案的优劣为依据,进行综合评定。

第十五条 建设工程勘察、设计的招标人应当在评标委员会推荐的候选方案中确定中标方案。但是,建设工程勘察、设计的招标人认为评标委员会推荐的候选方案不能最大限度满足招标文件规定的要求的,应当依法重新招标。

第十六条 下列建设工程的勘察、设计,经有关主管部门批准,可以直接发包:

(一)采用特定的专利或者专有技术的;

(二)建筑艺术造型有特殊要求的;

(三)国务院规定的其他建设工程的勘察、设计。

第十七条 发包方不得将建设工程勘察、设计业务发包给不具有相应勘察、设计资质等级的建设工程勘察、设计单位。

第十八条 发包方可以将整个建设工程的勘察、设计发包给一个勘察、设计单位;也可以将建设工程的勘察、设计分别发包给几个勘察、设计单位。

第十九条 除建设工程主体部分的勘察、设计外,经发包方书面同意,承包方可以将建设工程其他部分的勘察、设计再分包给其他具有相应资质等级的建设工程勘察、设计单位。

第二十条 建设工程勘察、设计单位不得将所承揽的建设工程勘察、设计转包。

第二十一条 承包方必须在建设工程勘察、设计资质证书规定的资质等级和业务范围内承揽建设工程的勘察、设计业务。

第二十二条 建设工程勘察、设计的发包方与承包方,应当执行国家规定的建设工程勘察、设计程序。

第二十三条 建设工程勘察、设计的发包方与承包方应当签订建设工程勘察、设计合同。

第二十四条 建设工程勘察、设计发包方与承包方应当执行国家有关建设工程勘察费、设计费的管理规定。

第四章　建设工程勘察设计文件的编制与实施

第二十五条　编制建设工程勘察、设计文件，应当以下列规定为依据：

（一）项目批准文件；

（二）城乡规划；

（三）工程建设强制性标准；

（四）国家规定的建设工程勘察、设计深度要求。

铁路、交通、水利等专业建设工程，还应当以专业规划的要求为依据。

第二十六条　编制建设工程勘察文件，应当真实、准确，满足建设工程规划、选址、设计、岩土治理和施工的需要。

编制方案设计文件，应当满足编制初步设计文件和控制概算的需要。

编制初步设计文件，应当满足编制施工招标文件、主要设备材料订货和编制施工图设计文件的需要。

编制施工图设计文件，应当满足设备材料采购、非标准设备制作和施工的需要，并注明建设工程合理使用年限。

第二十七条　设计文件中选用的材料、构配件、设备，应当注明其规格、型号、性能等技术指标，其质量要求必须符合国家规定的标准。

除有特殊要求的建筑材料、专用设备和工艺生产线等外，设计单位不得指定生产厂、供应商。

第二十八条　建设单位、施工单位、监理单位不得修改建设工程勘察、设计文件；确需修改建设工程勘察、设计文件的，应当由原建设工程勘察、设计单位修改。经原建设工程勘察、设计单位书面同意，建设单位也可以委托其他具有相应资质的建设工程勘察、设计单位修改。修改单位对修改的勘察、设计文件承担相应责任。

施工单位、监理单位发现建设工程勘察、设计文件不符合工程建设强制性标准、合同约定的质量要求的，应当报告建设单位，建设单位有权要求建设工程勘察、设计单位对建设工程勘察、设计文件进行补充、修改。

建设工程勘察、设计文件内容需要作重大修改的，建设单位应当报经原审批机关批准后，方可修改。

第二十九条　建设工程勘察、设计文件中规定采用的新技术、新材料，可能影响建设工程质量和安全，又没有国家技术标准的，应当由国家认可的检测机构进行试验、论证，出具检测报告，并经国务院有关部门或者省、自治区、直辖市人民政府有关部门组织的建设工程技术专家委员会审定后，方可使用。

第三十条　建设工程勘察、设计单位应当在建设工程施工前，向施工单位和监理单位说明建设工程勘察、设计意图，解释建设工程勘察、设计文件。

建设工程勘察、设计单位应当及时解决施工中出现的勘察、设计问题。

第五章　监督管理

第三十一条　国务院建设行政主管部门对全国的建设工程勘察、设计活动实施统一监督管理。国务院铁路、交通、水利等有关部门按照国务院规定的职责分工，负责对全国的有关专业建设工程勘察、设计活动的监督管理。

县级以上地方人民政府建设行政主管部门对本行政区域内的建设工程勘察、设计活动实施监督管理。县级以上地方人民政府交通、水利等有关部门在各自的职责范围内，负责对本行政区域内的有关专业建设工程勘察、设计活动的监督管理。

第三十二条　建设工程勘察、设计单位在建设工程勘察、设计资质证书规定的业务范围内跨部门、跨地区承揽勘察、设计业务的，有关地方人民政府及其所属部门不得设置障碍，不得违反国家规定收取任何费用。

第三十三条　施工图设计文件审查机构应当对房屋建筑工程、市政基础设施工程施工图设计文件中涉及公共利益、公众安全、工程建设强制性标准的内容进行审查。县级以上人民政府交通运输等有关部门应当按照职责对施工图设计文件中涉及公共利益、公众安全、工程建设强制性标准的内容进行审查。

施工图设计文件未经审查批准的，不得使用。

第三十四条　任何单位和个人对建设工程勘察、设计活动中的违法行为都有权检举、控告、投诉。

第六章　罚　　则

第三十五条　违反本条例第八条规定的，责令停止违法行为，处合同约定的勘察费、设计费1倍以上2倍以下的罚款，有违法所得的，予以没收；可以责令停业整顿，降低资质等级；情节严重的，吊销资质证书。

未取得资质证书承揽工程的，予以取缔，依照前款规定处以罚款；有违法所得的，予以没收。

以欺骗手段取得资质证书承揽工程的，吊销资质证书，依照本条第一款规定处以罚款；有违法所得的，予以没收。

第三十六条　违反本条例规定，未经注册，擅自以注册建设工程勘察、设计人员的名义从事建设工程勘察、设计活动的，责令停止违法行为，没收违法所得，处违法所得2倍以上5倍以下罚款；给他人造成损失的，依法承担赔偿责任。

第三十七条　违反本条例规定，建设工程勘察、设计注册执业人员和其他专业技术人员未受聘于一个建设工程勘察、设计单位或者同时受聘于两个以上建设工程勘察、设计单位，从事建设工程勘察、设计活动的，责令停止违法行为，没收违法所得，处违法所得2倍以上5倍以下的罚款；情节严重的，可以责令停止执行业务或者吊销资格证书；给他人造成损失的，依法承担赔偿责任。

第三十八条　违反本条例规定，发包方将建设工程勘察、设计业务发包给不具有相应资质等级的建设工程勘察、设计单位的,责令改正,处50万元以上100万元以下的罚款。

第三十九条 违反本条例规定,建设工程勘察、设计单位将所承揽的建设工程勘察、设计转包的,责令改正,没收违法所得,处合同约定的勘察费、设计费25%以上50%以下的罚款,可以责令停业整顿,降低资质等级;情节严重的,吊销资质证书。

第四十条 违反本条例规定,勘察、设计单位未依据项目批准文件,城乡规划及专业规划,国家规定的建设工程勘察、设计深度要求编制建设工程勘察、设计文件的,责令限期改正;逾期不改正的,处10万元以上30万元以下的罚款;造成工程质量事故或者环境污染和生态破坏的,责令停业整顿,降低资质等级;情节严重的,吊销资质证书;造成损失的,依法承担赔偿责任。

第四十一条 违反本条例规定,有下列行为之一的,依照《建设工程质量管理条例》第六十三条的规定给予处罚:

(一)勘察单位未按照工程建设强制性标准进行勘察的;

(二)设计单位未根据勘察成果文件进行工程设计的;

(三)设计单位指定建筑材料、建筑构配件的生产厂、供应商的;

(四)设计单位未按照工程建设强制性标准进行设计的。

第四十二条 本条例规定的责令停业整顿、降低资质等级和吊销资质证书、资格证书的行政处罚,由颁发资质证书、资格证书的机关决定;其他行政处罚,由建设行政主管部门或者其他有关部门依据法定职权范围决定。

依照本条例规定被吊销资质证书的,由工商行政管理部门吊销其营业执照。

第四十三条 国家机关工作人员在建设工程勘察、设计活动的监督管理工作中玩忽职守、滥用职权、徇私舞弊,构成犯罪的,依法追究刑事责任;尚不构成犯罪的,依法给予行政处分。

第七章 附 则

第四十四条 抢险救灾及其他临时性建筑和农民自建两层以下住宅的勘察、设计活动,不适用本条例。

第四十五条 军事建设工程勘察、设计的管理,按照中央军事委员会的有关规定执行。

第四十六条 本条例自公布之日起施行。

22. 建设项目环境保护管理条例

(1998年11月29日中华人民共和国国务院令第253号发布,根据2017年7月16日《国务院关于修改〈建设项目环境保护管理条例〉的决定》修订)

第一章 总 则

第一条 为了防止建设项目产生新的污染、破坏生态环境,制定本条例。

第二条 在中华人民共和国领域和中华人民共和国管辖的其他海域内建设对环境有影响的建设项目,适用本条例。

第三条 建设产生污染的建设项目,必须遵守污染物排放的国家标准和地方标准;在实施重点污染物排放总量控制的区域内,还必须符合重点污染物排放总量控制的要求。

第四条 工业建设项目应当采用能耗物耗小、污染物产生量少的清洁生产工艺,合理利用自然资源,防止环境污染和生态破坏。

第五条 改建、扩建项目和技术改造项目必须采取措施,治理与该项目有关的原有环境污染和生态破坏。

第二章 环境影响评价

第六条 国家实行建设项目环境影响评价制度。

第七条 国家根据建设项目对环境的影响程度,按照下列规定对建设项目的环境保护实行分类管理:

(一)建设项目对环境可能造成重大影响的,应当编制环境影响报告书,对建设项目产生的污染和对环境的影响进行全面、详细的评价;

(二)建设项目对环境可能造成轻度影响的,应当编制环境影响报告表,对建设项目产生的污染和对环境的影响进行分析或者专项评价;

(三)建设项目对环境影响很小,不需要进行环境影响评价的,应当填报环境影响登记表。

建设项目环境影响评价分类管理名录,由国务院环境保护行政主管部门在组织专家进行论证和征求有关部门、行业协会、企事业单位、公众等意见的基础上制定并公布。

第八条 建设项目环境影响报告书,应当包括下列内容:

(一)建设项目概况;

(二)建设项目周围环境现状;

(三)建设项目对环境可能造成影响的分析和预测;

(四)环境保护措施及其经济、技术论证;

(五)环境影响经济损益分析;

(六)对建设项目实施环境监测的建议;

(七)环境影响评价结论。

建设项目环境影响报告表、环境影响登记表的内容和格式,由国务院环境保护行政主管部门规定。

第九条 依法应当编制环境影响报告书、环境影响报告表的建设项目,建设单位应当在开工建设前将环境影响报告书、环境影响报告表报有审批权的环境保护行政主管部门审批;建设项目的环境影响评价文件未依法经审批部门审查或者审查后未予批准的,建设单位不得开工建设。

环境保护行政主管部门审批环境影响报告书、环境影响报告表,应当重点审查建设项目的环境可行性、环境影响分析预测评估的可靠性、环境保护措施的有效性、环境影响评价结论的科学性等,并分别自收到环境影响报告书之日起60日内、收到环境影响报告表之日起30日内,作出审批决定并书面通知建设单位。

环境保护行政主管部门可以组织技术机构对建设项目环境影响报告书、环境影响报告表进行技术评估,并承担相应费用;技术机构应当对其提出的技术评估意见负责,不得向建设单位、从事环境影响评价工作的单位收取任何费用。

依法应当填报环境影响登记表的建设项目,建设单位应当按照国务院环境保护行政主管部门的规定将环境影响登记表报建设项目所在地县级环境保护行政主管部门备案。

环境保护行政主管部门应当开展环境影响评价文件网上审批、备案和信息公开。

第十条 国务院环境保护行政主管部门负责审批下列建设项目环境影响报告书、环境影响报告表:

(一)核设施、绝密工程等特殊性质的建设项目;

(二)跨省、自治区、直辖市行政区域的建设项目;

(三)国务院审批的或者国务院授权有关部门审批的建设项目。

前款规定以外的建设项目环境影响报告书、环境影响报告表的审批权限,由省、自治区、直辖市人民政府规定。

建设项目造成跨行政区域影响,有关环境保护行政主管部门对环境影响评价结论有争议的,其环境影响报告书或者环境影响报告表由共同上一级环境保护行政主管部门审批。

第十一条 建设项目有下列情形之一的,环境保护行政主管部门应当对环境影响报告书、环境影响报告表作出不予批准的决定:

(一)建设项目类型及其选址、布局、规模等不符合环境保护法律法规和相关法定规划;

(二)所在区域环境质量未达到国家或者地方环境质量标准,且建设项目拟采取的措施不能满足区域环境质量改善目标管理要求;

(三)建设项目采取的污染防治措施无法确保污染物排放达到国家和地方排放标准,或者未采取必要措施预防和控制生态破坏;

(四)改建、扩建和技术改造项目,未针对项目原有环境污染和生态破坏提出有效防治措施;

(五)建设项目的环境影响报告书、环境影响报告表的基础资料数据明显不实,内容存在重大缺陷、遗漏,或者环境影响评价结论不明确、不合理。

第十二条 建设项目环境影响报告书、环境影响报告表经批准后,建设项目的性质、规模、地点、采用的生产工艺或者防治污染、防止生态破坏的措施发生重大变动的,建设单位应当重新报批建设项目环境影响报告书、环境影响报告表。

建设项目环境影响报告书、环境影响报告表自批准之日起满5年,建设项目方开工建设的,其环境影响报告书、环境影响报告表应当报原审批部门重新审核。原审批部门应当自收到建设项目环境影响报告书、环境影响报告表之日起10日内,将审核意见书面通知建设单位;逾期未通知的,视为审核同意。

审核、审批建设项目环境影响报告书、环境影响报告表及备案环境影响登记表,不得收取任何费用。

第十三条 建设单位可以采取公开招标的方式,选择从事环境影响评价工作的单位,对建设项目进行环境影响评价。

任何行政机关不得为建设单位指定从事环境影响评价工作的单位,进行环境影响评价。

第十四条 建设单位编制环境影响报告书,应当依照有关法律规定,征求建设项目所在地有关单位和居民的意见。

第三章 环境保护设施建设

第十五条 建设项目需要配套建设的环境保护设施,必须与主体工程同时设计、同时施工、同时投产使用。

第十六条 建设项目的初步设计,应当按照环境保护设计规范的要求,编制环境保护篇章,落实防治环境污染和生态破坏的措施以及环境保护设施投资概算。

建设单位应当将环境保护设施建设纳入施工合同,保证环境保护设施建设进度和资金,并在项目建设过程中同时组织实施环境影响报告书、环境影响报告表及其审批部门审批决定中提出的环境保护对策措施。

第十七条 编制环境影响报告书、环境影响报告表的建设项目竣工后,建设单位应当按照国务院环境保护行政主管部门规定的标准和程序,对配套建设的环境保护设施进行验收,编制验收报告。

建设单位在环境保护设施验收过程中,应当如实查验、监测、记载建设项目环境保护设施的建设和调试情况,不得弄虚作假。

除按照国家规定需要保密的情形外,建设单位应当依法向社会公开验收报告。

第十八条 分期建设、分期投入生产或者使用的建设项目,其相应的环境保护设施应当分期验收。

第十九条 编制环境影响报告书、环境影响报告表的建设项目,其配套建设的环境保护设施经验收合格,方可投入生产或者使用;未经验收或者验收不合格的,不得投入生产或者使用。

前款规定的建设项目投入生产或使用后,应当按照国务院环境保护行政主管部门的规定开展环境影响后评价。

第二十条 环境保护行政主管部门应当对建设项目环境保护设施设计、施工、验收、投入生产或者使用情况,以及有关环境影响评价文件确定的其他环境保护措施的落实情况,进行监督检查。

环境保护行政主管部门应当将建设项目有关环境违法信息记入社会诚信档案,及时向社会公开违法者名单。

第四章 法律责任

第二十一条 建设单位有下列行为之一的,依照《中华人民共和国环境影响评价法》的规定处罚:

(一)建设项目环境影响报告书、环境影响报告表未依法报批或者报请重新审核,擅自开工建设;

(二)建设项目环境影响报告书、环境影响报告表未经批准或者重新审核同意,擅自开工建设;

(三)建设项目环境影响登记表未依法备案。

第二十二条 违反本条例规定,建设单位编制建设项目初步设计未落实防治环境污染和生态破坏的措施以及环境保护设施投资概算,未将环境保护设施建设纳入施工合同,或者未依法开展环境影响后评价的,由建设项目所在地县级以上环境保护行政主管部门责令限期改正,处5万元以上20万元以下的罚款;逾期不改正的,处20万元以上100万元以下的罚款。

违反本条例规定,建设单位在项目建设过程中未同时组织实施环境影响报告书、环境影响报告表及其审批部门审批决定中提出的环境保护对策措施的,由建设项目所在地县级以上环境保护行政主管部门责令限期改正,处20万元以上100万元以下的罚款;逾期不改正的,责令停止建设。

第二十三条 违反本条例规定,需要配套建设的环境保护设施未建成、未经验收或者验收不合格,建设项目即投入生产或者使用,或者在环境保护设施验收中弄虚作假的,由县级以上环境保护行政主管部门责令限期改正,处20万元以上100万元以下的罚款;逾期不改正的,处100万元以上200万元以下的罚款;对直接负责的主管人员和其他责任人员,处5万元以上20万元以下的罚款;造成重大环境污染或者生态破坏的,责令停止生产或者使用,或者报经有批准权的人民政府批准,责令关闭。

违反本条例规定,建设单位未依法向社会公开环境保护设施验收报告的,由县级以上环境保护行政主管部门责令公开,处5万元以上20万元以下的罚款,并予以公告。

第二十四条 违反本条例规定,技术机构向建设单位、从事环境影响评价工作的单位收取费用的,由县级以上环境保护行政主管部门责令退还所收费用,处所收费用1倍以上3倍以下的罚款。

第二十五条 从事建设项目环境影响评价工作的单位,在环境影响评价工作中弄虚作假的,由县级以上环境保护行政主管部门处所收费用1倍以上3倍以下的罚款。

第二十六条 环境保护行政主管部门的工作人员徇私舞弊、滥用职权、玩忽职守,构成犯罪的,依法追究刑事责任;尚不构成犯罪的,依法给予行政处分。

第五章 附 则

第二十七条 流域开发、开发区建设、城市新区建设和旧区改建等区域性开发,编制建设规划时,应当进行环境影响评价。具体办法由国务院环境保护行政主管部门会同国务院有关部门另行规定。

第二十八条 海洋工程建设项目的环境保护管理,按照国务院关于海洋工程环境保护管理的规定执行。

第二十九条 军事设施建设项目的环境保护管理,按照中央军事委员会的有关规定执行。

第三十条 本条例自发布之日起施行。

23. 安全生产许可证条例

(2004年1月13日中华人民共和国国务院令第397号公布,根据2013年7月18日《国务院关于废止和修改部分行政法规的决定》第一次修订,根据2014年7月29日《国务院关于修改部分行政法规的决定》第二次修订)

第一条 为了严格规范安全生产条件,进一步加强安全生产监督管理,防止和减少生产安全事故,根据《中华人民共和国安全生产法》的有关规定,制定本条例。

第二条 国家对矿山企业、建筑施工企业和危险化学品、烟花爆竹、民用爆炸物品生产企业(以下统称企业)实行安全生产许可制度。

企业未取得安全生产许可证的,不得从事生产活动。

第三条 国务院安全生产监督管理部门负责中央管理的非煤矿矿山企业和危险化学品、烟花爆竹生产企业安全生产许可证的颁发和管理。

省、自治区、直辖市人民政府安全生产监督管理部门负责前款规定以外的非煤矿矿山企业和危险化学品、烟花爆竹生产企业安全生产许可证的颁发和管理,并接受国务院安全生产监督管理部门的指导和监督。

国家煤矿安全监察机构负责中央管理的煤矿企业安全生产许可证的颁发和管理。

在省、自治区、直辖市设立的煤矿安全监察机构负责前款规定以外的其他煤矿企业安全生产许可证的颁发和管理,并接受国家煤矿安全监察机构的指导和监督。

第四条 省、自治区、直辖市人民政府建设主管部门负责建筑施工企业安全生产许可证的颁发和管理,并接受国务院建设主管部门的指导和监督。

第五条 省、自治区、直辖市人民政府民用爆炸物品行业主管部门负责民用爆炸物品生产企业安全生产许可证的颁发和管理,并接受国务院民用爆炸物品行业主管部门的指导和监督。

第六条 企业取得安全生产许可证,应当具备下列安全生产条件:

(一)建立、健全安全生产责任制,制定完备的安全生产规章制度和操作规程;

(二)安全投入符合安全生产要求;

(三)设置安全生产管理机构,配备专职安全生产管理人员;

(四)主要负责人和安全生产管理人员经考核合格;

(五)特种作业人员经有关业务主管部门考核合格,取得特种作业操作资格证书;

(六)从业人员经安全生产教育和培训合格;

(七)依法参加工伤保险,为从业人员缴纳保险费;

(八)厂房、作业场所和安全设施、设备、工艺符合有关安全生产法律、法规、标准和规程的要求;

(九)有职业危害防治措施,并为从业人员配备符合国家标准或者行业标准的劳动防护用品;

(十)依法进行安全评价;

(十一)有重大危险源检测、评估、监控措施和应急预案;

(十二)有生产安全事故应急救援预案、应急救援组织或者应急救援人员,配备必要的应急救援器材、设备;

(十三)法律、法规规定的其他条件。

第七条 企业进行生产前,应当依照本条例的规定向安全生产许可证颁发管理机关申请领取安全生产许可证,并提供本条例第六条规定的相关文件、资料。安全生产许可证颁发管理机关应当自收到申请之日起45日内审查完毕,经审查符合本条例规定的安全生产条件的,颁发安全生产许可证;不符合本条例规定的安全生产条件的,不予颁发安全生产许可证,书面通知企业并说明理由。

煤矿企业应当以矿(井)为单位,依照本条例的规定取得安全生产许可证。

第八条 安全生产许可证由国务院安全生产监督管理部门规定统一的式样。

第九条 安全生产许可证的有效期为3年。安全生产许可证有效期满需要延期的,企业应当于期满前3个月向原安全生产许可证颁发管理机关办理延期手续。

企业在安全生产许可证有效期内,严格遵守有关安全生产的法律法规,未发生死亡事故的,安全生产许可证有效期届满时,经原安全生产许可证颁发管理机关同意,不再审查,安全生产许可证有效期延期3年。

第十条 安全生产许可证颁发管理机关应当建立、健全安全生产许可证档案管理制度,并定期向社会公布企业取得安全生产许可证的情况。

第十一条 煤矿企业安全生产许可证颁发管理机关、建筑施工企业安全生产许可证颁发管理机关、民用爆炸物品生产企业安全生产许可证颁发管理机关,应当每年向同级安全生产监督管理部门通报其安全生产许可证颁发和管理情况。

第十二条 国务院安全生产监督管理部门和省、自治区、直辖市人民政府安全生产监督管理部门对建筑施工企业、民用爆炸物品生产企业、煤矿企业取得安全生产许可证的情况进行监督。

第十三条 企业不得转让、冒用安全生产许可证或者使用伪造的安全生产许可证。

第十四条 企业取得安全生产许可证后,不得降低安全生产条件,并应当加强日常安全生产管理,接受安全生产许可证颁发管理机关的监督检查。

安全生产许可证颁发管理机关应当加强对取得安全生产许可证的企业的监督检查,发现其不再具备本条例规定的安全生产条件的,应当暂扣或者吊销安全生产许可证。

第十五条 安全生产许可证颁发管理机关工作人员在安全生产许可证颁发、管理和监督检查工作中,不得索取或者接受企业的财物,不得谋取其他利益。

第十六条 监察机关依照《中华人民共和国行政监察法》的规定,对安全生产许可证颁发管理机关及其工作人员履行本条例规定的职责实施监察。

第十七条 任何单位或者个人对违反本条例规定的行为,有权向安全生产许可证颁发管理机关或者监察机关等有关部门举报。

第十八条 安全生产许可证颁发管理机关工作人员有下列行为之一的,给予降级或者撤职的行政处分;构成犯罪的,依法追究刑事责任:

(一)向不符合本条例规定的安全生产条件的企业颁发安全生产许可证的;

(二)发现企业未依法取得安全生产许可证擅自从事生产活动,不依法处理的;

(三)发现取得安全生产许可证的企业不再具备本条例规定的安全生产条件,不依法处理的;

(四)接到对违反本条例规定行为的举报后,不及时处理的;

(五)在安全生产许可证颁发、管理和监督检查工作中,索取或者接受企业的财物,或者谋取其他利益的。

第十九条 违反本条例规定,未取得安全生产许可证擅自进行生产的,责令停止生产,没收违法所得,并处10万元以上50万元以下的罚款;造成重大事故或者其他严重后果,构成犯罪的,依法追究刑事责任。

第二十条 违反本条例规定,安全生产许可证有效期满未办理延期手续,继续进行生产的,责令停止生产,限期补办延期手续,没收违法所得,并处5万元以上10万元以下的罚款;逾期仍不办理延期手续,继续进行生产的,依照本条例第十九条的规定处罚。

第二十一条 违反本条例规定,转让安全生产许可证的,没收违法所得,处10万元以上50万元以下的罚款,并吊销其安全生产许可证;构成犯罪的,依法追究刑事责任;接受转让的,依照本条例第十九条的规定处罚。

冒用安全生产许可证或者使用伪造的安全生产许可证的,依照本条例第十九条的规定处罚。

第二十二条 本条例施行前已经进行生产的企业,应当自本条例施行之日起1年内,依照本条例的规定向安全生产许可证颁发管理机关申请办理安全生产许可证;逾期不办理安全生产许可证,或者经审查不符合本条例规定的安全生产条件,未取得安全生产许可证,继续进行生产的,依照本条例第十九条的规定处罚。

第二十三条 本条例规定的行政处罚,由安全生产许可证颁发管理机关决定。

第二十四条 本条例自公布之日起施行。

24. 地震安全性评价管理条例

(2001年11月15日中华人民共和国国务院令第323号公布,根据2017年3月1日《国务院关于修改和废止部分行政法规的决定》第一次修订,根据2019年3月2日《国务院关于修改部分行政法规的决定》第二次修订)

第一章 总 则

第一条 为了加强对地震安全性评价的管理,防御与减轻地震灾害,保护人民生命和财产安全,根据《中华人民共和国防震减灾法》的有关规定,制定本条例。

第二条 在中华人民共和国境内从事地震安全性评价活动,必须遵守本条例。

第三条 新建、扩建、改建建设工程,依照《中华人民共和国防震减灾法》和本条例的规定,需要进行地震安全性评价的,必须严格执行国家地震安全性评价的技术规范,确保地震安全性评价的质量。

第四条 国务院地震工作主管部门负责全国的地震安全性评价的监督管理工作。

县级以上地方人民政府负责管理地震工作的部门或者机构负责本行政区域内的地震安全性评价的监督管理工作。

第五条 国家鼓励、扶持有关地震安全性评价的科技研究,推广应用先进的科技成果,提高地震安全性评价的科技水平。

第二章 地震安全性评价单位

第六条 从事地震安全性评价的单位应当具备下列条件:

(一)有与从事地震安全性评价相适应的地震学、地震地质学、工程地震学方面的专业技术人员;

(二)有从事地震安全性评价的技术条件。

第七条 禁止地震安全性评价单位以其他地震安全性评价单位的名义承揽地震安全性评价业务。禁止地震安全性评价单位允许其他单位以本单位的名义承揽地震安全性评价业务。

第三章 地震安全性评价的范围和要求

第八条 下列建设工程必须进行地震安全性评价:

(一)国家重大建设工程;

(二)受地震破坏后可能引发水灾、火灾、爆炸、剧毒或者强腐蚀性物质大量泄露或者其他严重次生灾害的建设工程,包括水库大坝、堤防和贮油、贮气、贮存易燃易爆、剧毒或者强腐蚀性物质的设施以及其他可能发生严重次生灾害的建设工程;

(三)受地震破坏后可能引发放射性污染的核电站和核设施建设工程;

(四)省、自治区、直辖市认为对本行政区域有重大价值或者有重大影响的其他建设工程。

第九条 地震安全性评价单位对建设工程进行地震安全性评价后,应当编制该建设工程的地震安全性评价报告。

地震安全性评价报告应当包括下列内容:

(一)工程概况和地震安全性评价的技术要求;

(二)地震活动环境评价;

(三)地震地质构造评价;

(四)设防烈度或者设计地震动参数;

(五)地震地质灾害评价;

(六)其他有关技术资料。

第四章 地震安全性评价报告的审定

第十条 国务院地震工作主管部门负责下列地震安全性评价报告的审定:

(一)国家重大建设工程;

(二)跨省、自治区、直辖市行政区域的建设工程;

(三)核电站和核设施建设工程。

省、自治区、直辖市人民政府负责管理地震工作的部门或者机构负责除前款规定以外的建设工程地震安全性评价报告的审定。

第十一条 国务院地震工作主管部门和省、自治区、直辖市人民政府负责管理地震工作的部门或者机构,应当自收到地震安全性评价报告之日起15日内进行审定,确定建设工程的抗震设防要求。

第十二条 国务院地震工作主管部门或者省、自治区、直辖市人民政府负责管理地震工作的部门或者机构,在确定建设工程抗震设防要求后,应当以书面形式通知建设单位,并告知建设工程所在地的市、县人民政府负责管理地震工作的部门或者机构。

省、自治区、直辖市人民政府负责管理地震工作的部门或者机构应当将其确定的建设工程抗震设防要求报国务院地震工作主管部门备案。

第五章 监 督 管 理

第十三条 县级以上人民政府负责项目审批的部门,应当将抗震设防要求纳入建设工程可行性研究报告的审查内容。对可行性研究报告中未包含抗震设防要求的项目,不予批准。

第十四条 国务院建设行政主管部门和国务院铁路、交通、民用航空、水利和其他有关专业主管部门制定的抗震设计规范,应当明确规定按照抗震设防要求进行抗震设计的方法和措施。

第十五条 建设工程设计单位应当按照抗震设防要求和抗震设计规范,进行抗震设计。

第十六条 国务院地震工作主管部门和县级以上地方人民政府负责管理地震工作的部门或者机构,应当会同有关专业主管部门,加强对地震安全性评价工作的监督检查。

第六章 罚 则

第十七条 违反本条例的规定,地震安全性评价单位有下列行为之一的,由国务院地震工作主管部门或者县级以上地方人民政府负责管理地震工作的部门或者机构依据职权,责令改正,没收违法所得,并处1万元以上5万元以下的罚款:

(一)以其他地震安全性评价单位的名义承揽地震安全性评价业务的;

(二)允许其他单位以本单位名义承揽地震安全性评价业务的。

第十八条 违反本条例的规定,国务院地震工作主管部门或者省、自治区、直辖市人民政府负责管理地震工作的部门或者机构不履行审定地震安全性评价报告职责,国务院地震工作主管部门或者县级以上地方人民政府负责管理地震工作的部门或者机构不履行监督管理职责,或者发现违法行为不予查处,致使公共财产、国家和人民利益遭受重大损失的,依法追究有关责任人的刑事责任;没有造成严重后果,尚不构成犯罪的,对部门或者机构负有责任的主管人员和其他直接责任人员给予降级或者撤职的处分。

第七章 附 则

第十九条 本条例自2002年1月1日起施行。

25. 生产安全事故报告和调查处理条例

(2007年3月28日国务院第172次常务会议通过,2007年4月9日中华人民共和国国务院令第493号公布)

第一章 总 则

第一条 为了规范生产安全事故的报告和调查处理,落实生产安全事故责任追究制度,防止和减少生产安全事故,根据《中华人民共和国安全生产法》和有关法律,制定本条例。

第二条 生产经营活动中发生的造成人身伤亡或者直接经济损失的生产安全事故的报告和调查处理,适用本条例;环境污染事故、核设施事故、国防科研生产事故的报告和调查处理不适用本条例。

第三条 根据生产安全事故(以下简称事故)造成的人员伤亡或者直接经济损失,事故一般分为以下等级:

(一)特别重大事故,是指造成30人以上死亡,或者100人以上重伤(包括急性工业中毒,下同),或者1亿元以上直接经济损失的事故;

(二)重大事故,是指造成10人以上30人以下死亡,或者50人以上100人以下重伤,或者5000万元以上1亿元以下直接经济损失的事故;

(三)较大事故,是指造成3人以上10人以下死亡,或者10人以上50人以下重伤,或者1000万元以上5000万元以下直接经济损失的事故;

(四)一般事故,是指造成3人以下死亡,或者10人以下重伤,或者1000万元以下直接经济损失的事故。

国务院安全生产监督管理部门可以会同国务院有关部门,制定事故等级划分的补充性规定。

本条第一款所称的"以上"包括本数,所称的"以下"不包括本数。

第四条 事故报告应当及时、准确、完整,任何单位和个人对事故不得迟报、漏报、谎报或者瞒报。

事故调查处理应当坚持实事求是、尊重科学的原则,及时、准确地查清事故经过、事故原因和事故损失,查明事故性质,认定事故责任,总结事故教训,提出整改措施,并对事故责任者依法追究责任。

第五条 县级以上人民政府应当依照本条例的规定,严格履行职责,及时、准确地完成事故调查处理工作。

事故发生地有关地方人民政府应当支持、配合上级人民政府或者有关部门的事故调查处理工作,并提供必要的便利条件。

参加事故调查处理的部门和单位应当互相配合,提高事故调查处理工作的效率。

第六条 工会依法参加事故调查处理,有权向有关部门提出处理意见。

第七条 任何单位和个人不得阻挠和干涉对事故的报告和依法调查处理。

第八条 对事故报告和调查处理中的违法行为,任何单位和个人有权向安全生产监督管理部门、监察机关或者其他有关部门举报,接到举报的部门应当依法及时处理。

第二章 事故报告

第九条 事故发生后,事故现场有关人员应当立即向本单位负责人报告;单位负责人接到报告后,应当于1小时内向事故发生地县级以上人民政府安全生产监督管理部门和负有安全生产监督管理职责的有关部门报告。

情况紧急时,事故现场有关人员可以直接向事故发生地县级以上人民政府安全生产监督管理部门和负有安全生产监督管理职责的有关部门报告。

第十条 安全生产监督管理部门和负有安全生产监督管理职责的有关部门接到事故报告后,应当依照下列规定上报事故情况,并通知公安机关、劳动保障行政部门、工会和人民检察院:

(一)特别重大事故、重大事故逐级上报至国务院安全生产监督管理部门和负有安全生产监督管理职责的有关部门;

(二)较大事故逐级上报至省、自治区、直辖市人民政府安全生产监督管理部门和负有安全生产监督管理职责的有关部门;

(三)一般事故上报至设区的市级人民政府安全生产监督管理部门和负有安全生产监督管理职责的有关部门。

安全生产监督管理部门和负有安全生产监督管理职责的有关部门依照前款规定上报事故情况,应当同时报告本级人民政府。国务院安全生产监督管理部门和负有安全生产监督管理职责的有关部门以及省级人民政府接到发生特别重大事故、重大事故的报告后,应当立即报告国务院。

必要时,安全生产监督管理部门和负有安全生产监督管理职责的有关部门可以越级上报事故情况。

第十一条 安全生产监督管理部门和负有安全生产监督管理职责的有关部门逐级上报事故情况,每级上报的时间不得超过2小时。

第十二条 报告事故应当包括下列内容:

(一)事故发生单位概况;

(二)事故发生的时间、地点以及事故现场情况;

(三)事故的简要经过;

(四)事故已经造成或者可能造成的伤亡人数(包括下落不明的人数)和初步估计的直接经济损失;

(五)已经采取的措施;

（六）其他应当报告的情况。

第十三条 事故报告后出现新情况的,应当及时补报。

自事故发生之日起 30 日内,事故造成的伤亡人数发生变化的,应当及时补报。道路交通事故、火灾事故自发生之日起 7 日内,事故造成的伤亡人数发生变化的,应当及时补报。

第十四条 事故发生单位负责人接到事故报告后,应当立即启动事故相应应急预案,或者采取有效措施,组织抢救,防止事故扩大,减少人员伤亡和财产损失。

第十五条 事故发生地有关地方人民政府、安全生产监督管理部门和负有安全生产监督管理职责的有关部门接到事故报告后,其负责人应当立即赶赴事故现场,组织事故救援。

第十六条 事故发生后,有关单位和人员应当妥善保护事故现场以及相关证据,任何单位和个人不得破坏事故现场、毁灭相关证据。

因抢救人员、防止事故扩大以及疏通交通等原因,需要移动事故现场物件的,应当做出标志,绘制现场简图并做出书面记录,妥善保存现场重要痕迹、物证。

第十七条 事故发生地公安机关根据事故的情况,对涉嫌犯罪的,应当依法立案侦查,采取强制措施和侦查措施。犯罪嫌疑人逃匿的,公安机关应当迅速追捕归案。

第十八条 安全生产监督管理部门和负有安全生产监督管理职责的有关部门应当建立值班制度,并向社会公布值班电话,受理事故报告和举报。

第三章 事故调查

第十九条 特别重大事故由国务院或者国务院授权有关部门组织事故调查组进行调查。

重大事故、较大事故、一般事故分别由事故发生地省级人民政府、设区的市级人民政府、县级人民政府负责调查。省级人民政府、设区的市级人民政府、县级人民政府可以直接组织事故调查组进行调查,也可以授权或者委托有关部门组织事故调查组进行调查。

未造成人员伤亡的一般事故,县级人民政府也可以委托事故发生单位组织事故调查组进行调查。

第二十条 上级人民政府认为必要时,可以调查由下级人民政府负责调查的事故。

自事故发生之日起 30 日内(道路交通事故、火灾事故自发生之日起 7 日内),因事故伤亡人数变化导致事故等级发生变化,依照本条例规定应当由上级人民政府负责调查的,上级人民政府可以另行组织事故调查组进行调查。

第二十一条 特别重大事故以下等级事故,事故发生地与事故发生单位不在同一个县级以上行政区域的,由事故发生地人民政府负责调查,事故发生单位所在地人民政府应当派人参加。

第二十二条 事故调查组的组成应当遵循精简、效能的原则。

根据事故的具体情况,事故调查组由有关人民政府、安全生产监督管理部门、负有安全生产监督管理职责的有关部门、监察机关、公安机关以及工会派人组成,并应当邀请人民检察院派人参加。

事故调查组可以聘请有关专家参与调查。

第二十三条 事故调查组成员应当具有事故调查所需要的知识和专长,并与所调查的事故没有直接利害关系。

第二十四条 事故调查组组长由负责事故调查的人民政府指定。事故调查组组长主持事故调查组的工作。

第二十五条 事故调查组履行下列职责:

（一）查明事故发生的经过、原因、人员伤亡情况及直接经济损失;

（二）认定事故的性质和事故责任;

（三）提出对事故责任者的处理建议;

（四）总结事故教训,提出防范和整改措施;

（五）提交事故调查报告。

第二十六条 事故调查组有权向有关单位和个人了解与事故有关的情况,并要求其提供相关文件、资料,有关单位和个人不得拒绝。

事故发生单位的负责人和有关人员在事故调查期间不得擅离职守,并应当随时接受事故调查组的询问,如实提供有关情况。

事故调查中发现涉嫌犯罪的,事故调查组应当及时将有关材料或者其复印件移交司法机关处理。

第二十七条 事故调查中需要进行技术鉴定的,事故调查组应当委托具有国家规定资质的单位进行技术鉴定。必要时,事故调查组可以直接组织专家进行技术鉴定。技术鉴定所需时间不计入事故调查期限。

第二十八条 事故调查组成员在事故调查工作中应当诚信公正、恪尽职守,遵守事故调查组的纪律,保守事故调查的秘密。

未经事故调查组组长允许,事故调查组成员不得擅自发布有关事故的信息。

第二十九条 事故调查组应当自事故发生之日起 60 日内提交事故调查报告;特殊情况下,经负责事故调查的人民政府批准,提交事故调查报告的期限可以适当延长,但延长的期限最长不超过 60 日。

第三十条 事故调查报告应当包括下列内容:

（一）事故发生单位概况;

（二）事故发生经过和事故救援情况;

（三）事故造成的人员伤亡和直接经济损失;

（四）事故发生的原因和事故性质;

（五）事故责任的认定以及对事故责任者的处理建议;

（六）事故防范和整改措施。

事故调查报告应当附具有关证据材料。事故调查组成员应当在事故调查报告上签名。

第三十一条 事故调查报告报送负责事故调查的人民政府后,事故调查工作即告结束。事故调查的有关资料应当归档保存。

第四章 事故处理

第三十二条 重大事故、较大事故、一般事故,负责事故调查的人民政府应当自收到事故调查报告之日起15日内做出批复;特别重大事故,30日内做出批复,特殊情况下,批复时间可以适当延长,但延长的时间最长不超过30日。

有关机关应当按照人民政府的批复,依照法律、行政法规规定的权限和程序,对事故发生单位和有关人员进行行政处罚,对负有事故责任的国家工作人员进行处分。

事故发生单位应当按照负责事故调查的人民政府的批复,对本单位负有事故责任的人员进行处理。

负有事故责任的人员涉嫌犯罪的,依法追究刑事责任。

第三十三条 事故发生单位应当认真吸取事故教训,落实防范和整改措施,防止事故再次发生。防范和整改措施的落实情况应当接受工会和职工的监督。

安全生产监督管理部门和负有安全生产监督管理职责的有关部门应当对事故发生单位落实防范和整改措施的情况进行监督检查。

第三十四条 事故处理的情况由负责事故调查的人民政府或者其授权的有关部门、机构向社会公布,依法应当保密的除外。

第五章 法律责任

第三十五条 事故发生单位主要负责人有下列行为之一的,处上一年年收入40%至80%的罚款;属于国家工作人员的,并依法给予处分;构成犯罪的,依法追究刑事责任:

(一)不立即组织事故抢救的;

(二)迟报或者漏报事故的;

(三)在事故调查处理期间擅离职守的。

第三十六条 事故发生单位及其有关人员有下列行为之一的,对事故发生单位处100万元以上500万元以下的罚款;对主要负责人、直接负责的主管人员和其他直接责任人员处上一年年收入60%至100%的罚款;属于国家工作人员的,并依法给予处分;构成违反治安管理行为的,由公安机关依法给予治安管理处罚;构成犯罪的,依法追究刑事责任:

(一)谎报或者瞒报事故的;

(二)伪造或者故意破坏事故现场的;

(三)转移、隐匿资金、财产,或者销毁有关证据、资料的;

(四)拒绝接受调查或者拒绝提供有关情况和资料的;

(五)在事故调查中作伪证或者指使他人作伪证的;

(六)事故发生后逃匿的。

第三十七条 事故发生单位对事故发生负有责任的,依照下列规定处以罚款:

(一)发生一般事故的,处10万元以上20万元以下的罚款;

(二)发生较大事故的,处20万元以上50万元以下的罚款;

(三)发生重大事故的,处50万元以上200万元以下的罚款;

(四)发生特别重大事故的,处200万元以上500万元以下的罚款。

第三十八条 事故发生单位主要负责人未依法履行安全生产管理职责,导致事故发生的,依照下列规定处以罚款;属于国家工作人员的,并依法给予处分;构成犯罪的,依法追究刑事责任:

(一)发生一般事故的,处上一年年收入30%的罚款;

(二)发生较大事故的,处上一年年收入40%的罚款;

(三)发生重大事故的,处上一年年收入60%的罚款;

(四)发生特别重大事故的,处上一年年收入80%的罚款。

第三十九条 有关地方人民政府、安全生产监督管理部门和负有安全生产监督管理职责的有关部门有下列行为之一的,对直接负责的主管人员和其他直接责任人员依法给予处分;构成犯罪的,依法追究刑事责任:

(一)不立即组织事故抢救的;

(二)迟报、漏报、谎报或者瞒报事故的;

(三)阻碍、干涉事故调查工作的;

(四)在事故调查中作伪证或者指使他人作伪证的。

第四十条 事故发生单位对事故发生负有责任的,由有关部门依法暂扣或者吊销其有关证照;对事故发生单位负有事故责任的有关人员,依法暂停或者撤销其与安全生产有关的执业资格、岗位证书;事故发生单位主要负责人受到刑事处罚或者撤职处分的,自刑罚执行完毕或者受处分之日起,5年内不得担任任何生产经营单位的主要负责人。

为发生事故的单位提供虚假证明的中介机构,由有关部门依法暂扣或者吊销其有关证照及其相关人员的执业资格;构成犯罪的,依法追究刑事责任。

第四十一条 参与事故调查的人员在事故调查中有下列行为之一的,依法给予处分;构成犯罪的,依法追究刑事责任:

(一)对事故调查工作不负责任,致使事故调查工作有重大疏漏的;

(二)包庇、袒护负有事故责任的人员或者借机打击报复的。

第四十二条 违反本条例规定,有关地方人民政府或者有关部门故意拖延或者拒绝落实经批复的对事故责任人的处理意见的,由监察机关对有关责任人员依法给予处分。

第四十三条 本条例规定的罚款的行政处罚,由安全生产监督管理部门决定。法律、行政法规对行政处罚的种类、幅度和决定机关另有规定的,依照其规定。

第六章 附 则

第四十四条 没有造成人员伤亡,但是社会影响恶劣的事故,国务院或者有关地方人民政府认为需要调查处理的,依照本条例的有关规定执行。

国家机关、事业单位、人民团体发生的事故的报告和调查处理,参照本条例的规定执行。

第四十五条 特别重大事故以下等级事故的报告和调查处理,有关法律、行政法规或者国务院另有规定的,依照其规定。

第四十六条 本条例自2007年6月1日起施行。国务院1989年3月29日公布的《特别重大事故调查程序暂行规定》和1991年2月22日公布的《企业职工伤亡事故报告和处理规定》同时废止。

26. 建设工程安全生产管理条例

(2003年11月12日国务院第28次常务会议通过,2003年11月24日中华人民共和国国务院令第393号公布)

第一章 总 则

第一条 为了加强建设工程安全生产监督管理,保障人民群众生命和财产安全,根据《中华人民共和国建筑法》、《中华人民共和国安全生产法》,制定本条例。

第二条 在中华人民共和国境内从事建设工程的新建、扩建、改建和拆除等有关活动及实施对建设工程安全生产的监督管理,必须遵守本条例。

本条例所称建设工程,是指土木工程、建筑工程、线路管道和设备安装工程及装修工程。

第三条 建设工程安全生产管理,坚持安全第一、预防为主的方针。

第四条 建设单位、勘察单位、设计单位、施工单位、工程监理单位及其他与建设工程安全生产有关的单位,必须遵守安全生产法律、法规的规定,保证建设工程安全生产,依法承担建设工程安全生产责任。

第五条 国家鼓励建设工程安全生产的科学技术研究和先进技术的推广应用,推进建设工程安全生产的科学管理。

第二章 建设单位的安全责任

第六条 建设单位应当向施工单位提供施工现场及毗邻区域内供水、排水、供电、供气、供热、通信、广播电视等地下管线资料,气象和水文观测资料,相邻建筑物和构筑物、地下工程的有关资料,并保证资料的真实、准确、完整。

建设单位因建设工程需要,向有关部门或者单位查询前款规定的资料时,有关部门或者单位应当及时提供。

第七条 建设单位不得对勘察、设计、施工、工程监理等单位提出不符合建设工程安全生产法律、法规和强制性标准规定的要求,不得压缩合同约定的工期。

第八条 建设单位在编制工程概算时,应当确定建设工程安全作业环境及安全施工措施所需费用。

第九条 建设单位不得明示或者暗示施工单位购买、租赁、使用不符合安全施工要求的安全防护用具、机械设备、施工机具及配件、消防设施和器材。

第十条 建设单位在申请领取施工许可证时,应当提供建设工程有关安全施工措施的资料。

依法批准开工报告的建设工程,建设单位应当自开工报告批准之日起15日内,将保证安全施工的措施报送建设工程所在地的县级以上地方人民政府建设行政主管部门或者其他有关部门备案。

第十一条 建设单位应当将拆除工程发包给具有相应资质等级的施工单位。

建设单位应当在拆除工程施工15日前,将下列资料报送建设工程所在地的县级以上地方人民政府建设行政主管部门或者其他有关部门备案:

(一)施工单位资质等级证明;

(二)拟拆除建筑物、构筑物及可能危及毗邻建筑的说明;

(三)拆除施工组织方案;

(四)堆放、清除废弃物的措施。

实施爆破作业的,应当遵守国家有关民用爆炸物品管理的规定。

第三章 勘察、设计、工程监理及其他有关单位的安全责任

第十二条 勘察单位应当按照法律、法规和工程建设强制性标准进行勘察,提供的勘察文件应当真实、准确,满足建设工程安全生产的需要。

勘察单位在勘察作业时,应当严格执行操作规程,采取措施保证各类管线、设施和周边建筑物、构筑物的安全。

第十三条 设计单位应当按照法律、法规和工程建设强制性标准进行设计,防止因设计不合理导致生产安全事故的发生。

设计单位应当考虑施工安全操作和防护的需要,对涉及施工安全的重点部位和环节在设计文件中注明,并对防范生产安全事故提出指导意见。

采用新结构、新材料、新工艺的建设工程和特殊结构的建设工程,设计单位应当在设计中提出保障施工作业人员安全和预防生产安全事故的措施建议。

设计单位和注册建筑师等注册执业人员应当对其设计负责。

第十四条 工程监理单位应当审查施工组织设计中的安全技术措施或者专项施工方案是否符合工程建设强制性标准。

工程监理单位在实施监理过程中,发现存在安全事故隐患的,应当要求施工单位整改;情况严重的,应当要求施工单位暂时停止施工,并及时报告建设单位。施工单位拒不整改或者不停止施工的,工程监理单位应当及时向有关主管部门报告。

工程监理单位和监理工程师应当按照法律、法规和工程建设强制性标准实施监理,并对建设工程安全生产承担监理责任。

第十五条 为建设工程提供机械设备和配件的单位,应当按照安全施工的要求配备齐全有效的保险、限位等安全设施和装置。

第十六条 出租的机械设备和施工机具及配件,应

当具有生产(制造)许可证、产品合格证。

出租单位应当对出租的机械设备和施工机具及配件的安全性能进行检测,在签订租赁协议时,应当出具检测合格证明。

禁止出租检测不合格的机械设备和施工机具及配件。

第十七条 在施工现场安装、拆卸施工起重机械和整体提升脚手架、模板等自升式架设设施,必须由具有相应资质的单位承担。

安装、拆卸施工起重机械和整体提升脚手架、模板等自升式架设设施,应当编制拆装方案、制定安全施工措施,并由专业技术人员现场监督。

施工起重机械和整体提升脚手架、模板等自升式架设设施安装完毕后,安装单位应当自检,出具自检合格证明,并向施工单位进行安全使用说明,办理验收手续并签字。

第十八条 施工起重机械和整体提升脚手架、模板等自升式架设设施的使用达到国家规定的检验检测期限的,必须经具有专业资质的检验检测机构检测。经检测不合格的,不得继续使用。

第十九条 检验检测机构对检测合格的施工起重机械和整体提升脚手架、模板等自升式架设设施,应当出具安全合格证明文件,并对检测结果负责。

第四章 施工单位的安全责任

第二十条 施工单位从事建设工程的新建、扩建、改建和拆除等活动,应当具备国家规定的注册资本、专业技术人员、技术装备和安全生产等条件,依法取得相应等级的资质证书,并在其资质等级许可的范围内承揽工程。

第二十一条 施工单位主要负责人依法对本单位的安全生产工作全面负责。施工单位应当建立健全安全生产责任制度和安全生产教育培训制度,制定安全生产规章制度和操作规程,保证本单位安全生产条件所需资金的投入,对所承担的建设工程进行定期和专项安全检查,并做好安全检查记录。

施工单位的项目负责人应当由取得相应执业资格的人员担任,对建设工程项目的安全施工负责,落实安全生产责任制度、安全生产规章制度和操作规程,确保安全生产费用的有效使用,并根据工程的特点组织制定安全施工措施,消除安全事故隐患,及时、如实报告生产安全事故。

第二十二条 施工单位对列入建设工程概算的安全作业环境及安全施工措施所需费用,应当用于施工安全防护用具及设施的采购和更新、安全施工措施的落实、安全生产条件的改善,不得挪作他用。

第二十三条 施工单位应当设立安全生产管理机构,配备专职安全生产管理人员。

专职安全生产管理人员负责对安全生产进行现场监督检查。发现安全事故隐患,应当及时向项目负责人和安全生产管理机构报告;对违章指挥、违章操作的,应当立即制止。

专职安全生产管理人员的配备办法由国务院建设行政主管部门会同国务院其他有关部门制定。

第二十四条 建设工程实行施工总承包的,由总承包单位对施工现场的安全生产负总责。

总承包单位应当自行完成建设工程主体结构的施工。

总承包单位依法将建设工程分包给其他单位的,分包合同中应当明确各自的安全生产方面的权利、义务。总承包单位和分包单位对分包工程的安全生产承担连带责任。

分包单位应当服从总承包单位的安全生产管理,分包单位不服从管理导致生产安全事故的,由分包单位承担主要责任。

第二十五条 垂直运输机械作业人员、安装拆卸工、爆破作业人员、起重信号工、登高架设作业人员等特种作业人员,必须按照国家有关规定经过专门的安全作业培训,并取得特种作业操作资格证书后,方可上岗作业。

第二十六条 施工单位应当在施工组织设计中编制安全技术措施和施工现场临时用电方案,对下列达到一定规模的危险性较大的分部分项工程编制专项施工方案,并附具安全验算结果,经施工单位技术负责人、总监理工程师签字后实施,由专职安全生产管理人员进行现场监督:

(一)基坑支护与降水工程;

(二)土方开挖工程;

(三)模板工程;

(四)起重吊装工程;

(五)脚手架工程;

(六)拆除、爆破工程;

(七)国务院建设行政主管部门或者其他有关部门规定的其他危险性较大的工程。

对前款所列工程中涉及深基坑、地下暗挖工程、高大模板工程的专项施工方案,施工单位还应当组织专家进行论证、审查。

本条第一款规定的达到一定规模的危险性较大工程的标准,由国务院建设行政主管部门会同国务院其他有关部门制定。

第二十七条 建设工程施工前,施工单位负责项目管理的技术人员应当对有关安全施工的技术要求向施工作业班组、作业人员作出详细说明,并由双方签字确认。

第二十八条 施工单位应当在施工现场入口处、施工起重机械、临时用电设施、脚手架、出入通道口、楼梯口、电梯井口、孔洞口、桥梁口、隧道口、基坑边沿、爆破物及有害危险气体和液体存放处等危险部位,设置明显的安全警示标志。安全警示标志必须符合国家标准。

施工单位应当根据不同施工阶段和周围环境及季节、气候的变化,在施工现场采取相应的安全施工措施。

施工现场暂时停止施工的,施工单位应当做好现场防护,所需费用由责任方承担,或者按照合同约定执行。

第二十九条 施工单位应当将施工现场的办公、生活区与作业区分开设置,并保持安全距离;办公、生活区的选址应当符合安全性要求。职工的膳食、饮水、休息场所等应当符合卫生标准。施工单位不得在尚未竣工的建筑物内设置员工集体宿舍。

施工现场临时搭建的建筑物应当符合安全使用要求。施工现场使用的装配式活动房屋应当具有产品合格证。

第三十条 施工单位对因建设工程施工可能造成损害的毗邻建筑物、构筑物和地下管线等,应当采取专项防护措施。

施工单位应当遵守有关环境保护法律、法规的规定,在施工现场采取措施,防止或者减少粉尘、废气、废水、固体废物、噪声、振动和施工照明对人和环境的危害和污染。

在城市市区内的建设工程,施工单位应当对施工现场实行封闭围挡。

第三十一条 施工单位应当在施工现场建立消防安全责任制度,确定消防安全责任人,制定用火、用电、使用易燃易爆材料等各项消防安全管理制度和操作规程,设置消防通道、消防水源,配备消防设施和灭火器材,并在施工现场入口处设置明显标志。

第三十二条 施工单位应当向作业人员提供安全防护用具和安全防护服装,并书面告知危险岗位的操作规程和违章操作的危害。

作业人员有权对施工现场的作业条件、作业程序和作业方式中存在的安全问题提出批评、检举和控告,有权拒绝违章指挥和强令冒险作业。

在施工中发生危及人身安全的紧急情况时,作业人员有权立即停止作业或者在采取必要的应急措施后撤离危险区域。

第三十三条 作业人员应当遵守安全施工的强制性标准、规章制度和操作规程,正确使用安全防护用具、机械设备等。

第三十四条 施工单位采购、租赁的安全防护用具、机械设备、施工机具及配件,应当具有生产(制造)许可证、产品合格证,并在进入施工现场前进行查验。

施工现场的安全防护用具、机械设备、施工机具及配件必须由专人管理,定期进行检查、维修和保养,建立相应的资料档案,并按照国家有关规定及时报废。

第三十五条 施工单位在使用施工起重机械和整体提升脚手架、模板等自升式架设设施前,应当组织有关单位进行验收,也可以委托具有相应资质的检验检测机构进行验收;使用承租的机械设备和施工机具及配件的,由施工总承包单位、分包单位、出租单位和安装单位共同进行验收。验收合格的方可使用。

《特种设备安全监察条例》规定的施工起重机械,在验收前应当经有相应资质的检验检测机构监督检验合格。

施工单位应当自施工起重机械和整体提升脚手架、模板等自升式架设设施验收合格之日起30日内,向建设行政主管部门或其他有关部门登记。登记标志应当置于或者附着于该设备的显著位置。

第三十六条 施工单位的主要负责人、项目负责人、专职安全生产管理人员应当经建设行政主管部门或者其他有关部门考核合格后方可任职。

施工单位应当对管理人员和作业人员每年至少进行一次安全生产教育培训,其教育培训情况记入个人工作档案。安全生产教育培训考核不合格的人员,不得上岗。

第三十七条 作业人员进入新的岗位或者新的施工现场前,应当接受安全生产教育培训。未经教育培训或者教育培训考核不合格的人员,不得上岗作业。

施工单位在采用新技术、新工艺、新设备、新材料时,应当对作业人员进行相应的安全生产教育培训。

第三十八条 施工单位应当为施工现场从事危险作业的人员办理意外伤害保险。

意外伤害保险费由施工单位支付。实行施工总承包的,由总承包单位支付意外伤害保险费。意外伤害保险期限自建设工程开工之日起至竣工验收合格止。

第五章 监督管理

第三十九条 国务院负责安全生产监督管理的部门依照《中华人民共和国安全生产法》的规定,对全国建设工程安全生产工作实施综合监督管理。

县级以上地方人民政府负责安全生产监督管理的部门依照《中华人民共和国安全生产法》的规定,对本行政区域内建设工程安全生产工作实施综合监督管理。

第四十条 国务院建设行政主管部门对全国的建设工程安全生产实施监督管理。国务院铁路、交通、水利等有关部门按照国务院规定的职责分工,负责有关专业建设工程安全生产的监督管理。

县级以上地方人民政府建设行政主管部门对本行政区域内的建设工程安全生产实施监督管理。县级以上地方人民政府交通、水利等有关部门在各自的职责范围内,负责本行政区域内的专业建设工程安全生产的监督管理。

第四十一条 建设行政主管部门和其他有关部门应当将本条例第十条、第十一条规定的有关资料的主要内容抄送同级负责安全生产监督管理的部门。

第四十二条 建设行政主管部门在审核发放施工许可证时,应当对建设工程是否有安全施工措施进行审查,对没有安全施工措施的,不得颁发施工许可证。

建设行政主管部门或者其他有关部门对建设工程是否有安全施工措施进行审查时,不得收取费用。

第四十三条 县级以上人民政府负有建设工程安全生产监督管理职责的部门在各自的职责范围内履行安全

监督检查职责时,有权采取下列措施:

（一）要求被检查单位提供有关建设工程安全生产的文件和资料；

（二）进入被检查单位施工现场进行检查；

（三）纠正施工中违反安全生产要求的行为；

（四）对检查中发现的安全事故隐患,责令立即排除；重大安全事故隐患排除前或者排除过程中无法保证安全的,责令从危险区域内撤出作业人员或者暂时停止施工。

第四十四条　建设行政主管部门或者其他有关部门可以将施工现场的监督检查委托给建设工程安全监督机构具体实施。

第四十五条　国家对严重危及施工安全的工艺、设备、材料实行淘汰制度。具体目录由国务院建设行政主管部门会同国务院其他有关部门制定并公布。

第四十六条　县级以上人民政府建设行政主管部门和其他有关部门应当及时受理对建设工程生产安全事故及安全事故隐患的检举、控告和投诉。

第六章　生产安全事故的应急救援和调查处理

第四十七条　县级以上地方人民政府建设行政主管部门应当根据本级人民政府的要求,制定本行政区域内建设工程特大生产安全事故应急救援预案。

第四十八条　施工单位应当制定本单位生产安全事故应急救援预案,建立应急救援组织或者配备应急救援人员,配备必要的应急救援器材、设备,并定期组织演练。

第四十九条　施工单位应当根据建设工程施工的特点、范围,对施工现场易发生重大事故的部位、环节进行监控,制定施工现场生产安全事故应急救援预案。实行施工总承包的,由总承包单位统一组织编制建设工程生产安全事故应急救援预案,工程总承包单位和分包单位按照应急救援预案,各自建立应急救援组织或者配备应急救援人员,配备救援器材、设备,并定期组织演练。

第五十条　施工单位发生生产安全事故,应当按照国家有关伤亡事故报告和调查处理的规定,及时、如实地向负责安全生产监督管理的部门、建设行政主管部门或者其他有关部门报告；特种设备发生事故的,还应当同时向特种设备安全监督管理部门报告。接到报告的部门应当按照国家有关规定,如实上报。

实行施工总承包的建设工程,由总承包单位负责上报事故。

第五十一条　发生生产安全事故后,施工单位应当采取措施防止事故扩大,保护事故现场。需要移动现场物品时,应当做出标记和书面记录,妥善保管有关证物。

第五十二条　建设工程生产安全事故的调查、对事故责任单位和责任人的处罚与处理,按照有关法律、法规的规定执行。

第七章　法律责任

第五十三条　违反本条例的规定,县级以上人民政府建设行政主管部门或者其他有关行政管理部门的工作人员,有下列行为之一的,给予降级或者撤职的行政处分；构成犯罪的,依照刑法有关规定追究刑事责任：

（一）对不具备安全生产条件的施工单位颁发资质证书的；

（二）对没有安全施工措施的建设工程颁发施工许可证的；

（三）发现违法行为不予查处的；

（四）不依法履行监督管理职责的其他行为。

第五十四条　违反本条例的规定,建设单位未提供建设工程安全生产作业环境及安全施工措施所需费用的,责令限期改正；逾期未改正的,责令该建设工程停止施工。

建设单位未将保证安全施工的措施或者拆除工程的有关资料报送有关部门备案的,责令限期改正,给予警告。

第五十五条　违反本条例的规定,建设单位有下列行为之一的,责令限期改正,处20万元以上50万元以下的罚款；造成重大安全事故,构成犯罪的,对直接责任人员,依照刑法有关规定追究刑事责任；造成损失的,依法承担赔偿责任：

（一）对勘察、设计、施工、工程监理等单位提出不符合安全生产法律、法规和强制性标准规定的要求的；

（二）要求施工单位压缩合同约定的工期的；

（三）将拆除工程发包给不具有相应资质等级的施工单位的。

第五十六条　违反本条例的规定,勘察单位、设计单位有下列行为之一的,责令限期改正,处10万元以上30万元以下的罚款；情节严重的,责令停业整顿,降低资质等级,直至吊销资质证书；造成重大安全事故,构成犯罪的,对直接责任人员,依照刑法有关规定追究刑事责任；造成损失的,依法承担赔偿责任：

（一）未按照法律、法规和工程建设强制性标准进行勘察、设计的；

（二）采用新结构、新材料、新工艺的建设工程和特殊结构的建设工程,设计单位未在设计中提出保障施工作业人员安全和预防生产安全事故的措施建议的。

第五十七条　违反本条例的规定,工程监理单位有下列行为之一的,责令限期改正；逾期未改正的,责令停业整顿,并处10万元以上30万元以下的罚款；情节严重的,降低资质等级,直至吊销资质证书；造成重大安全事故,构成犯罪的,对直接责任人员,依照刑法有关规定追究刑事责任；造成损失的,依法承担赔偿责任：

（一）未对施工组织设计中的安全技术措施或者专项施工方案进行审查的；

（二）发现安全事故隐患未及时要求施工单位整改或者暂时停止施工的；

（三）施工单位拒不整改或者不停止施工,未及时向有关主管部门报告的；

（四）未依照法律、法规和工程建设强制性标准实施监理的。

第五十八条 注册执业人员未执行法律、法规和工程建设强制性标准的,责令停止执业3个月以上1年以下;情节严重的,吊销执业资格证书,5年内不予注册;造成重大安全事故的,终身不予注册;构成犯罪的,依照刑法有关规定追究刑事责任。

第五十九条 违反本条例的规定,为建设工程提供机械设备和配件的单位,未按照安全施工的要求配备齐全有效的保险、限位等安全设施和装置的,责令限期改正,处合同价款1倍以上3倍以下的罚款;造成损失的,依法承担赔偿责任。

第六十条 违反本条例的规定,出租单位出租未经安全性能检测或者经检测不合格的机械设备和施工机具及配件的,责令停业整顿,并处5万元以上10万元以下的罚款;造成损失的,依法承担赔偿责任。

第六十一条 违反本条例的规定,施工起重机械和整体提升脚手架、模板等自升式架设设施安装、拆卸单位有下列行为之一的,责令限期改正,处5万元以上10万元以下的罚款;情节严重的,责令停业整顿,降低资质等级,直至吊销资质证书;造成损失的,依法承担赔偿责任:

（一）未编制拆装方案、制定安全施工措施的;

（二）未由专业技术人员现场监督的;

（三）未出具自检合格证明或者出具虚假证明的;

（四）未向施工单位进行安全使用说明,办理移交手续的。

施工起重机械和整体提升脚手架、模板等自升式架设设施安装、拆卸单位有前款规定的第（一）项、第（三）项行为,经有关部门或者单位职工提出后,对事故隐患仍不采取措施,因而发生重大伤亡事故或者造成其他严重后果,构成犯罪的,对直接责任人员,依照刑法有关规定追究刑事责任。

第六十二条 违反本条例的规定,施工单位有下列行为之一的,责令限期改正;逾期未改正的,责令停业整顿,依照《中华人民共和国安全生产法》的有关规定处以罚款;造成重大安全事故,构成犯罪的,对直接责任人员,依照刑法有关规定追究刑事责任:

（一）未设立安全生产管理机构、配备专职安全生产管理人员或者分部分项工程施工时无专职安全生产管理人员现场监督的;

（二）施工单位的主要负责人、项目负责人、专职安全生产管理人员、作业人员或者特种作业人员,未经安全教育培训或者经考核不合格即从事相关工作的;

（三）未在施工现场的危险部位设置明显的安全警示标志,或者未按照国家有关规定在施工现场设置消防通道、消防水源、配备消防设施和灭火器材的;

（四）未向作业人员提供安全防护用具和安全防护服装的;

（五）未按照规定在施工起重机械和整体提升脚手架、模板等自升式架设设施验收合格后登记的;

（六）使用国家明令淘汰、禁止使用的危及施工安全的工艺、设备、材料的。

第六十三条 违反本条例的规定,施工单位挪用列入建设工程概算的安全生产作业环境及安全施工措施所需费用的,责令限期改正,处挪用费用20%以上50%以下的罚款;造成损失的,依法承担赔偿责任。

第六十四条 违反本条例的规定,施工单位有下列行为之一的,责令限期改正;逾期未改正的,责令停业整顿,并处5万元以上10万元以下的罚款;造成重大安全事故,构成犯罪的,对直接责任人员,依照刑法有关规定追究刑事责任:

（一）施工前未对有关安全施工的技术要求作出详细说明的;

（二）未根据不同施工阶段和周围环境及季节、气候的变化,在施工现场采取相应的安全施工措施,或者在城市市区内的建设工程的施工现场未实行封闭围挡的;

（三）在尚未竣工的建筑物内设置员工集体宿舍的;

（四）施工现场临时搭建的建筑物不符合安全使用要求的;

（五）未对因建设工程施工可能造成损害的毗邻建筑物、构筑物和地下管线等采取专项防护措施的。

施工单位有前款规定第（四）项、第（五）项行为,造成损失的,依法承担赔偿责任。

第六十五条 违反本条例的规定,施工单位有下列行为之一的,责令限期改正;逾期未改正的,责令停业整顿,并处10万元以上30万元以下的罚款;情节严重的,降低资质等级,直至吊销资质证书;造成重大安全事故,构成犯罪的,对直接责任人员,依照刑法有关规定追究刑事责任;造成损失的,依法承担赔偿责任:

（一）安全防护用具、机械设备、施工机具及配件在进入施工现场前未经查验或者查验不合格即投入使用的;

（二）使用未经验收或者验收不合格的施工起重机械和整体提升脚手架、模板等自升式架设设施的;

（三）委托不具有相应资质的单位承担施工现场安装、拆卸施工起重机械和整体提升脚手架、模板等自升式架设设施的;

（四）在施工组织设计中未编制安全技术措施、施工现场临时用电方案或者专项施工方案的。

第六十六条 违反本条例的规定,施工单位的主要负责人、项目负责人未履行安全生产管理职责的,责令限期改正;逾期未改正的,责令施工单位停业整顿;造成重大安全事故、重大伤亡事故或者其他严重后果,构成犯罪的,依照刑法有关规定追究刑事责任。

作业人员不服管理、违反规章制度和操作规程冒险作业造成重大伤亡事故或者其他严重后果,构成犯罪的,依照刑法有关规定追究刑事责任。

施工单位的主要负责人、项目负责人有前款违法行为,尚不够刑事处罚的,处2万元以上20万元以下的罚款或者按照管理权限给予撤职处分;自刑罚执行完毕或者受处分之日起,5年内不得担任任何施工单位的主要负责人、项目负责人。

第六十七条 施工单位取得资质证书后,降低安全生产条件的,责令限期改正;经整改仍未达到与其资质等级相适应的安全生产条件的,责令停业整顿,降低其资质等级直至吊销资质证书。

第六十八条 本条例规定的行政处罚,由建设行政主管部门或者其他有关部门依照法定职权决定。

违反消防安全管理规定的行为,由公安消防机构依法处罚。

有关法律、行政法规对建设工程安全生产违法行为的行政处罚决定机关另有规定的,从其规定。

第八章 附 则

第六十九条 抢险救灾和农民自建低层住宅的安全生产管理,不适用本条例。

第七十条 军事建设工程的安全生产管理,按照中央军事委员会的有关规定执行。

第七十一条 本条例自2004年2月1日起施行。

27. 中华人民共和国档案法

（1987年9月5日第六届全国人民代表大会常务委员会第二十二次会议通过，根据1996年7月5日第八届全国人民代表大会常务委员会第二十次会议《关于修改〈中华人民共和国档案法〉的决定》第一次修正，根据2016年11月7日第十二届全国人民代表大会常务委员会第二十四次会议《关于修改〈中华人民共和国对外贸易法〉等十二部法律的决定》第二次修正，2020年6月20日第十三届全国人民代表大会常务委员会第十九次会议修订）

第一章 总 则

第一条 为了加强档案管理，规范档案收集、整理工作，有效保护和利用档案，提高档案信息化建设水平，推进国家治理体系和治理能力现代化，为中国特色社会主义事业服务，制定本法。

第二条 从事档案收集、整理、保护、利用及其监督管理活动，适用本法。

本法所称档案，是指过去和现在的机关、团体、企业事业单位和其他组织以及个人从事经济、政治、文化、社会、生态文明、军事、外事、科技等方面活动直接形成的对国家和社会具有保存价值的各种文字、图表、声像等不同形式的历史记录。

第三条 坚持中国共产党对档案工作的领导。各级人民政府应当加强档案工作，把档案事业纳入国民经济和社会发展规划，将档案事业发展经费列入政府预算，确保档案事业发展与国民经济和社会发展水平相适应。

第四条 档案工作实行统一领导、分级管理的原则，维护档案完整与安全，便于社会各方面的利用。

第五条 一切国家机关、武装力量、政党、团体、企业事业单位和公民都有保护档案的义务，享有依法利用档案的权利。

第六条 国家鼓励和支持档案科学研究和技术创新，促进科技成果在档案收集、整理、保护、利用等方面的转化和应用，推动档案科技进步。

国家采取措施，加强档案宣传教育，增强全社会档案意识。

国家鼓励和支持在档案领域开展国际交流与合作。

第七条 国家鼓励社会力量参与和支持档案事业的发展。

对在档案收集、整理、保护、利用等方面做出突出贡献的单位和个人，按照国家有关规定给予表彰、奖励。

第二章 档案机构及其职责

第八条 国家档案主管部门主管全国的档案工作，负责全国档案事业的统筹规划和组织协调，建立统一制度，实行监督和指导。

县级以上地方档案主管部门主管本行政区域内的档案工作，对本行政区域内机关、团体、企业事业单位和其他组织的档案工作实行监督和指导。

乡镇人民政府应当指定人员负责管理本机关的档案，并对所属单位、基层群众性自治组织等的档案工作实行监督和指导。

第九条 机关、团体、企业事业单位和其他组织应当确定档案机构或者档案工作人员负责管理本单位的档案，并对所属单位的档案工作实行监督和指导。

中央国家机关根据档案管理需要，在职责范围内指导本系统的档案业务工作。

第十条 中央和县级以上地方各级各类档案馆，是集中管理档案的文化事业机构，负责收集、整理、保管和提供利用各自分管范围内的档案。

第十一条 国家加强档案工作人才培养和队伍建设，提高档案工作人员业务素质。

档案工作人员应当忠于职守，遵纪守法，具备相应的专业知识与技能，其中档案专业人员可以按照国家有关规定评定专业技术职称。

第三章 档案的管理

第十二条 按照国家规定应当形成档案的机关、团体、企业事业单位和其他组织，应当建立档案工作责任制，依法健全档案管理制度。

第十三条 直接形成的对国家和社会具有保存价值的下列材料，应当纳入归档范围：

（一）反映机关、团体组织沿革和主要职能活动的；

（二）反映国有企业事业单位主要研发、建设、生产、经营和服务活动，以及维护国有企业事业单位权益和职工权益的；

（三）反映基层群众性自治组织城乡社区治理、服务活动的；

（四）反映历史上各时期国家治理活动、经济科技发展、社会历史面貌、文化习俗、生态环境的；

（五）法律、行政法规规定应当归档的。

非国有企业、社会服务机构等单位依照前款第二项所列范围保存本单位相关材料。

第十四条 应当归档的材料，按照国家有关规定定期向本单位档案机构或者档案工作人员移交，集中管理，任何个人不得拒绝归档或者据为己有。

国家规定不得归档的材料，禁止擅自归档。

第十五条 机关、团体、企业事业单位和其他组织应当按照国家有关规定，定期向档案馆移交档案，档案馆不得拒绝接收。

经档案馆同意，提前将档案交档案馆保管的，在国家规定的移交期限届满前，该档案所涉及政府信息公开事项仍由原制作或者保存政府信息的单位办理。移交期限届满的,涉及政府信息公开事项的档案按照档案利用规定办理。

第十六条 机关、团体、企业事业单位和其他组织发生机构变动或者撤销、合并等情形时,应当按照规定向有关单位或者档案馆移交档案。

第十七条 档案馆除按照国家有关规定接收移交的档案外,还可以通过接受捐献、购买、代存等方式收集档案。

第十八条 博物馆、图书馆、纪念馆等单位保存的文物、文献信息同时是档案的,依照有关法律、行政法规的规定,可以由上述单位自行管理。

档案馆与前款所列单位应当在档案的利用方面互相协作,可以相互交换重复件、复制件或者目录,联合举办展览,共同研究、编辑出版有关史料。

第十九条 档案馆以及机关、团体、企业事业单位和其他组织的档案机构应当建立科学的管理制度,便于对档案的利用;按照国家有关规定配置适宜档案保存的库房和必要的设施、设备,确保档案的安全;采用先进技术,实现档案管理的现代化。

档案馆和机关、团体、企业事业单位以及其他组织应当建立健全档案安全工作机制,加强档案安全风险管理,提高档案安全应急处置能力。

第二十条 涉及国家秘密的档案的管理和利用,密级的变更和解密,应当依照有关保守国家秘密的法律、行政法规规定办理。

第二十一条 鉴定档案保存价值的原则、保管期限的标准以及销毁档案的程序和办法,由国家档案主管部门制定。

禁止篡改、损毁、伪造档案。禁止擅自销毁档案。

第二十二条 非国有企业、社会服务机构等单位和个人形成的档案,对国家和社会具有重要保存价值或者应当保密的,档案所有者应当妥善保管。对保管条件不符合要求或者存在其他原因可能导致档案严重损毁和不安全的,省级以上档案主管部门可以给予帮助,或者经协商采取指定档案馆代为保管等确保档案完整和安全的措施;必要时,可以依法收购或者征购。

前款所列档案,档案所有者可以向国家档案馆寄存或者转让。严禁出卖、赠送给外国人或者外国组织。

向国家捐献重要、珍贵档案的,国家档案馆应当按照国家有关规定给予奖励。

第二十三条 禁止买卖属于国家所有的档案。

国有企业事业单位资产转让时,转让有关档案的具体办法,由国家档案主管部门制定。

档案复制件的交换、转让,按照国家有关规定办理。

第二十四条 档案馆和机关、团体、企业事业单位以及其他组织委托档案整理、寄存、开发利用和数字化等服务的,应当与符合条件的档案服务企业签订委托协议,约定服务的范围、质量和技术标准等内容,并对受托方进行监督。

受托方应当建立档案服务管理制度,遵守有关安全保密规定,确保档案的安全。

第二十五条 属于国家所有的档案和本法第二十二条规定的档案及其复制件,禁止擅自运送、邮寄、携带出境或者通过互联网传输出境。确需出境的,按照国家有关规定办理审批手续。

第二十六条 国家档案主管部门应当建立健全突发事件应对活动相关档案收集、整理、保护、利用工作机制。

档案馆应当加强对突发事件应对活动相关档案的研究整理和开发利用,为突发事件应对活动提供文献参考和决策支持。

第四章 档案的利用和公布

第二十七条 县级以上各级档案馆的档案,应当自形成之日起满二十五年向社会开放。经济、教育、科技、文化等类档案,可以少于二十五年向社会开放;涉及国家安全或者重大利益以及其他到期不宜开放的档案,可以多于二十五年向社会开放。国家鼓励和支持其他档案馆向社会开放档案。档案开放的具体办法由国家档案主管部门制定,报国务院批准。

第二十八条 档案馆应当通过其网站或者其他方式定期公布开放档案的目录,不断完善利用规则,创新服务形式,强化服务功能,提高服务水平,积极为档案的利用创造条件,简化手续,提供便利。

单位和个人持有合法证明,可以利用已经开放的档案。档案馆不按规定开放利用的,单位和个人可以向档案主管部门投诉,接到投诉的档案主管部门应当及时调查处理并将处理结果告知投诉人。

利用档案涉及知识产权、个人信息的,应当遵守有关法律、行政法规的规定。

第二十九条 机关、团体、企业事业单位和其他组织以及公民根据经济建设、国防建设、教学科研和其他工作的需要,可以按照国家有关规定,利用档案馆未开放的档案以及有关机关、团体、企业事业单位和其他组织保存的档案。

第三十条 馆藏档案的开放审核,由档案馆会同档案形成单位或者移交单位共同负责。尚未移交进馆档案的开放审核,由档案形成单位或者保管单位负责,并在移交时附具意见。

第三十一条 向档案馆移交、捐献、寄存档案的单位和个人,可以优先利用该档案,并可以对档案中不宜向社会开放的部分提出限制利用的意见,档案馆应当予以支持,提供便利。

第三十二条 属于国家所有的档案,由国家授权的档案馆或者有关机关公布;未经档案馆或者有关机关同意,任何单位和个人无权公布。非国有企业、社会服务机构等单位和个人形成的档案,档案所有者有权公布。

公布档案应当遵守有关法律、行政法规的规定,不得损害国家安全和利益,不得侵犯他人的合法权益。

第三十三条 档案馆应当根据自身条件,为国家机关制定法律、法规、政策和开展有关问题研究,提供支持和便利。

档案馆应当配备研究人员,加强对档案的研究整理,有计划地组织编辑出版档案材料,在不同范围内发行。

档案研究人员研究整理档案,应当遵守档案管理的规定。

第三十四条 国家鼓励档案馆开发利用馆藏档案,通过开展专题展览、公益讲座、媒体宣传等活动,进行爱国主义、集体主义、中国特色社会主义教育,传承发展中华优秀传统文化,继承革命文化,发展社会主义先进文化,增强文化自信,弘扬社会主义核心价值观。

第五章 档案信息化建设

第三十五条 各级人民政府应当将档案信息化纳入信息化发展规划,保障电子档案、传统载体档案数字化成果等档案数字资源的安全保存和有效利用。

档案馆和机关、团体、企业事业单位以及其他组织应当加强档案信息化建设,并采取措施保障档案信息安全。

第三十六条 机关、团体、企业事业单位和其他组织应当积极推进电子档案管理信息系统建设,与办公自动化系统、业务系统等相互衔接。

第三十七条 电子档案应当来源可靠、程序规范、要素合规。

电子档案与传统载体档案具有同等效力,可以以电子形式作为凭证使用。

电子档案管理办法由国家档案主管部门会同有关部门制定。

第三十八条 国家鼓励和支持档案馆和机关、团体、企业事业单位以及其他组织推进传统载体档案数字化。已经实现数字化的,应当对档案原件妥善保管。

第三十九条 电子档案应当通过符合安全管理要求的网络或者存储介质向档案馆移交。

档案馆应当对接收的电子档案进行检测,确保电子档案的真实性、完整性、可用性和安全性。

档案馆可以对重要电子档案进行异地备份保管。

第四十条 档案馆负责档案数字资源的收集、保存和提供利用。有条件的档案馆应当建设数字档案馆。

第四十一条 国家推进档案信息资源共享服务平台建设,推动档案数字资源跨区域、跨部门共享利用。

第六章 监督检查

第四十二条 档案主管部门依照法律、行政法规有关档案管理的规定,可以对档案馆和机关、团体、企业事业单位以及其他组织的下列情况进行检查:

(一)档案工作责任制和管理制度落实情况;

(二)档案库房、设施、设备配置使用情况;

(三)档案工作人员管理情况;

(四)档案收集、整理、保管、提供利用等情况;

(五)档案信息化建设和信息安全保障情况;

(六)对所属单位等的档案工作监督和指导情况。

第四十三条 档案主管部门根据违法线索进行检查时,在符合安全保密要求的前提下,可以检查有关库房、设施、设备,查阅有关材料,询问有关人员,记录有关情况,有关单位和个人应当配合。

第四十四条 档案馆和机关、团体、企业事业单位以及其他组织发现本单位存在档案安全隐患的,应当及时采取补救措施,消除档案安全隐患。发生档案损毁、信息泄露等情形的,应当及时向档案主管部门报告。

第四十五条 档案主管部门发现档案馆和机关、团体、企业事业单位以及其他组织存在档案安全隐患的,应当责令限期整改,消除档案安全隐患。

第四十六条 任何单位和个人对档案违法行为,有权向档案主管部门和有关机关举报。

接到举报的档案主管部门或者有关机关应当及时依法处理。

第四十七条 档案主管部门及其工作人员应当按照法定的职权和程序开展监督检查工作,做到科学、公正、严格、高效,不得利用职权牟取利益,不得泄露履职过程中知悉的国家秘密、商业秘密或者个人隐私。

第七章 法律责任

第四十八条 单位或者个人有下列行为之一,由县级以上档案主管部门、有关机关对直接负责的主管人员和其他直接责任人员依法给予处分:

(一)丢失属于国家所有的档案的;

(二)擅自提供、抄录、复制、公布属于国家所有的档案的;

(三)买卖或者非法转让属于国家所有的档案的;

(四)篡改、损毁、伪造档案或者擅自销毁档案的;

(五)将档案出卖、赠送给外国人或者外国组织的;

(六)不按规定归档或者不按期移交档案,被责令改正而拒不改正的;

(七)不按规定向社会开放、提供利用档案的;

(八)明知存在档案安全隐患而不采取补救措施,造成档案损毁、灭失,或者存在档案安全隐患被责令限期整改而逾期未整改的;

(九)发生档案安全事故后,不采取抢救措施或者隐瞒不报、拒绝调查的;

(十)档案工作人员玩忽职守,造成档案损毁、灭失的。

第四十九条 利用档案馆的档案,有本法第四十八条第一项、第二项、第四项违法行为之一的,由县级以上档案主管部门给予警告,并对单位处一万元以上十万元以下的罚款,对个人处五百元以上五千元以下的罚款。

档案服务企业在服务过程中有本法第四十八条第一项、第二项、第四项违法行为之一的,由县级以上档案主管部门给予警告,并处二万元以上二十万元以下的罚款。

单位或者个人有本法第四十八条第三项、第五项违法行为之一的,由县级以上档案主管部门给予警告,没收违法所得,并对单位处一万元以上十万元以下的罚款,对个人处五百元以上五千元以下的罚款;并可以依照本法第二十二条的规定征购所出卖或者赠送的档案。

第五十条　违反本法规定,擅自运送、邮寄、携带或者通过互联网传输禁止出境的档案或者其复制件出境的,由海关或者有关部门予以没收、阻断传输,并对单位处一万元以上十万元以下的罚款,对个人处五百元以上五千元以下的罚款;并将没收、阻断传输的档案或者其复制件移交档案主管部门。

第五十一条　违反本法规定,构成犯罪的,依法追究刑事责任;造成财产损失或者其他损害的,依法承担民事责任。

第八章　附　则

第五十二条　中国人民解放军和中国人民武装警察部队的档案工作,由中央军事委员会依照本法制定管理办法。

第五十三条　本法自2021年1月1日起施行。

28. 中华人民共和国河道管理条例

(1988年6月10日中华人民共和国国务院令第3号发布,根据2011年1月8日《国务院关于废止和修改部分行政法规的决定》第一次修订,根据2017年3月1日《国务院关于修改和废止部分行政法规的决定》第二次修订,根据2017年10月7日《国务院关于修改部分行政法规的决定》第三次修订,根据2018年3月19日《国务院关于修改和废止部分行政法规的决定》第四次修订)

第一章 总 则

第一条 为加强河道管理,保障防洪安全,发挥江河湖泊的综合效益,根据《中华人民共和国水法》,制定本条例。

第二条 本条例适用于中华人民共和国领域内的河道(包括湖泊、人工水道、行洪区、蓄洪区、滞洪区)。河道内的航道,同时适用《中华人民共和国航道管理条例》。

第三条 开发利用江河湖泊水资源和防治水害,应当全面规划、统筹兼顾、综合利用、讲求效益,服从防洪的总体安排,促进各项事业的发展。

第四条 国务院水利行政主管部门是全国河道的主管机关。

各省、自治区、直辖市的水利行政主管部门是该行政区域的河道主管机关。

第五条 国家对河道实行按水系统一管理和分级管理相结合的原则。

长江、黄河、淮河、海河、珠江、松花江、辽河等大江大河的主要河段,跨省、自治区、直辖市的重要河段,省、自治区、直辖市之间的边界河道以及国境边界河道,由国家授权的江河流域管理机构实施管理,或者由上述江河所在省、自治区、直辖市的河道主管机关根据流域统一规划实施管理。其他河道由省、自治区、直辖市或者市、县的河道主管机关实施管理。

第六条 河道划分等级。河道等级标准由国务院水利行政主管部门制定。

第七条 河道防汛和清障工作实行地方人民政府行政首长负责制。

第八条 各级人民政府河道主管机关以及河道监理人员,必须按照国家法律、法规,加强河道管理,执行供水计划和防洪调度命令,维护水工程和人民生命财产安全。

第九条 一切单位和个人都有保护河道堤防安全和参加防汛抢险的义务。

第二章 河道整治与建设

第十条 河道的整治与建设,应当服从流域综合规划,符合国家规定的防洪标准、通航标准和其他有关技术要求,维护堤防安全,保持河势稳定和行洪、航运通畅。

第十一条 修建开发水利、防治水害、整治河道的各类工程和跨河、穿河、穿堤、临河的桥梁、码头、道路、渡口、管道、缆线等建筑物及设施,建设单位必须按照河道管理权限,将工程建设方案报送河道主管机关审查同意。未经河道主管机关审查同意的,建设单位不得开工建设。

建设项目经批准后,建设单位应当将施工安排告知河道主管机关。

第十二条 修建桥梁、码头和其他设施,必须按照国家规定的防洪标准所确定的河宽进行,不得缩窄行洪通道。

桥梁和栈桥的梁底必须高于设计洪水位,并按照防洪和航运的要求,留有一定的超高。设计洪水位由河道主管机关根据防洪规划确定。

跨越河道的管道、线路的净空高度必须符合防洪和航运的要求。

第十三条 交通部门进行航道整治,应当符合防洪安全要求,并事先征求河道主管机关对有关设计和计划的意见。

水利部门进行河道整治,涉及航道的,应当兼顾航运的需要,并事先征求交通部门对有关设计和计划的意见。

在国家规定可以流放竹木的河流和重要的渔业水域进行河道、航道整治,建设单位应当兼顾竹木水运和渔业发展的需要,并事先将有关设计和计划送同级林业、渔业主管部门征求意见。

第十四条 堤防上已修建的涵闸、泵站和埋设的穿堤管道、缆线等建筑物及设施,河道主管机关应当定期检查,对不符合工程安全要求的,限期改建。

在堤防上新建前款所指建筑物及设施,应当服从河道主管机关的安全管理。

第十五条 确需利用堤顶或者戗台兼做公路的,须经县级以上地方人民政府河道主管机关批准。堤身和堤顶公路的管理和维护办法,由河道主管机关商交通部门制定。

第十六条 城镇建设和发展不得占用河道滩地。城镇规划的临河界限,由河道主管机关会同城镇规划等有关部门确定。沿河城镇在编制和审查城镇规划时,应当事先征求河道主管机关的意见。

第十七条 河道岸线的利用和建设,应当服从河道整治规划和航道整治规划。计划部门在审批利用河道岸线的建设项目时,应当事先征求河道主管机关的意见。

河道岸线的界限,由河道主管机关会同交通等有关部门报县级以上地方人民政府划定。

第十八条 河道清淤和加固堤防取土以及按照防洪规划进行河道整治需要占用的土地,由当地人民政府调剂解决。

因修建水库、整治河道所增加的可利用土地,属于国家所有,可以由县级以上人民政府用于移民安置和河整治工程。

第十九条 省、自治区、直辖市以河道为边界的,在河道两岸外侧各 10 公里之内,以及跨省、自治区、直辖市的河道,未经有关各方达成协议或者国务院水利行政主管部门批准,禁止单方面修建排水、阻水、引水、蓄水工程以及河道整治工程。

第三章 河道保护

第二十条 有堤防的河道,其管理范围为两岸堤防之间的水域、沙洲、滩地(包括可耕地)、行洪区,两岸堤防及护堤地。

无堤防的河道,其管理范围根据历史最高洪水位或者设计洪水位确定。

河道的具体管理范围,由县级以上地方人民政府负责划定。

第二十一条 在河道管理范围内,水域和土地的利用应当符合江河行洪、输水和航运的要求;滩地的利用,应当由河道主管机关会同土地管理等有关部门制定规划,报县级以上地方人民政府批准后实施。

第二十二条 禁止损毁堤防、护岸、闸坝等水工程建筑物和防汛设施、水文监测和测量设施、河岸地质监测设施以及通信照明等设施。

在防汛抢险期间,无关人员和车辆不得上堤。

因降雨雪等造成堤顶泥泞期间,禁止车辆通行,但防汛抢险车辆除外。

第二十三条 禁止非管理人员操作河道上的涵闸闸门,禁止任何组织和个人干扰河道管理单位的正常工作。

第二十四条 在河道管理范围内,禁止修建围堤、阻水渠道、阻水道路;种植高杆农作物、芦苇、杞柳、荻柴和树木(堤防防护林除外);设置拦河渔具;弃置矿渣、石渣、煤灰、泥土、垃圾等。

在堤防和护堤地,禁止建房、放牧、开渠、打井、挖窖、葬坟、晒粮、存放物料、开采地下资源、进行考古发掘以及开展集市贸易活动。

第二十五条 在河道管理范围内进行下列活动,必须报经河道主管机关批准;涉及其他部门的,由河道主管机关会同有关部门批准:

(一)采砂、取土、淘金、弃置砂石或者淤泥;

(二)爆破、钻探、挖筑鱼塘;

(三)在河道滩地存放物料、修建厂房或者其他建筑设施;

(四)在河道滩地开采地下资源及进行考古发掘。

第二十六条 根据堤防的重要程度、堤基土质条件等,河道主管机关报经县级以上人民政府批准,可以在河道管理范围的相连地域划定堤防安全保护区。在堤防安全保护区内,禁止进行打井、钻探、爆破、挖筑鱼塘、采石、取土等危害堤防安全的活动。

第二十七条 禁止围湖造田。已经围垦的,应当按照国家规定的防洪标准进行治理,逐步退田还湖。湖泊的开发利用规划必须经河道主管机关审查同意。

禁止围垦河流,确需围垦的,必须经过科学论证,并经省级以上人民政府批准。

第二十八条 加强河道滩地、堤防和河岸的水土保持工作,防止水土流失、河道淤积。

第二十九条 江河的故道、旧堤、原有工程设施等,不得擅自填堵、占用或者拆毁。

第三十条 护堤护岸林木,由河道管理单位组织营造和管理,其他任何单位和个人不得侵占、砍伐或者破坏。

河道管理单位对护堤护岸林木进行抚育和更新性质的采伐及用于防汛抢险的采伐,根据国家有关规定免交育林基金。

第三十一条 在为保证堤岸安全需要限制航速的河段,河道主管机关应当会同交通部门设立限制航速的标志,通行的船舶不得超速行驶。

在汛期,船舶的行驶和停靠必须遵守防汛指挥部的规定。

第三十二条 山区河道有山体滑坡、崩岸、泥石流等自然灾害的河段,河道主管机关应当会同地质、交通等部门加强监测。在上述河段,禁止从事开山采石、采矿、开荒等危及山体稳定的活动。

第三十三条 在河道中流放竹木,不得影响行洪、航运和水工程安全,并服从当地河道主管机关的安全管理。

在汛期,河道主管机关有权对河道上的竹木和其他漂流物进行紧急处置。

第三十四条 向河道、湖泊排污的排污口的设置和扩大,排污单位在向环境保护部门申报之前,应当征得河道主管机关的同意。

第三十五条 在河道管理范围内,禁止堆放、倾倒、掩埋、排放污染水体的物体。禁止在河道内清洗装贮过油类或者有毒污染物的车辆、容器。

河道主管机关应当开展河道水质监测工作,协同环境保护部门对水污染防治实施监督管理。

第四章 河道清障

第三十六条 对河道管理范围内的阻水障碍物,按照"谁设障,谁清除"的原则,由河道主管机关提出清障计划和实施方案,由防汛指挥部责令设障者在规定的期限内清除。逾期不清除的,由防汛指挥部组织强行清除,并由设障者负担全部清障费用。

第三十七条 对壅水、阻水严重的桥梁、引道、码头和其他跨河工程设施,根据国家规定的防洪标准,由河道主管机关提出意见并报经人民政府批准,责成原建设单位在规定的期限内改建或者拆除。汛期影响防洪安全的,必须服从防汛指挥部的紧急处理决定。

第五章 经 费

第三十八条 河道堤防的防汛岁修费,按照分级管理的原则,分别由中央财政和地方财政负担,列入中央和地方年度财政预算。

第三十九条 受益范围明确的堤防、护岸、水闸、圩垸、海塘和排涝工程设施,河道主管机关可以向受益的工商企业等单位和农户收取河道工程修建维护管理费,其标准应当根据工程修建和维护管理费用确定。收费的具体标准和计收办法由省、自治区、直辖市人民政府制定。

第四十条 在河道管理范围内采砂、取土、淘金,必须按照经批准的范围和作业方式进行,并向河道主管机关缴纳管理费。收费的标准和计收办法由国务院水利行政主管部门会同国务院财政主管部门制定。

第四十一条 任何单位和个人,凡对堤防、护岸和其他水工程设施造成损坏或者造成河道淤积的,由责任者负责修复、清淤或者承担维修费用。

第四十二条 河道主管机关收取的各项费用,用于河道堤防工程的建设、管理、维修和设施的更新改造。结余资金可以连年结转使用,任何部门不得截取或者挪用。

第四十三条 河道两岸的城镇和农村,当地县级以上人民政府可以在汛期组织堤防保护区域内的单位和个人义务出工,对河道堤防工程进行维修和加固。

第六章 罚 则

第四十四条 违反本条例规定,有下列行为之一的,县级以上地方人民政府河道主管机关除责令其纠正违法行为、采取补救措施外,可以并处警告、罚款、没收非法所得;对有关责任人员,由其所在单位或者上级主管机关给予行政处分;构成犯罪的,依法追究刑事责任:

(一)在河道管理范围内弃置、堆放阻碍行洪物体的;种植阻碍行洪的林木或者高杆植物的;修建围堤、阻水渠道、阻水道路的;

(二)在堤防、护堤地建房、放牧、开渠、打井、挖窖、葬坟、晒粮、存放物料、开采地下资源、进行考古发掘以及开展集市贸易活动的;

(三)未经批准或者不按照国家规定的防洪标准、工程安全标准整治河道或者修建水工程建筑物和其他设施的;

(四)未经批准或者不按照河道主管机关的规定在河道管理范围内采砂、取土、淘金、弃置砂石或者淤泥、爆破、钻探、挖筑鱼塘的;

(五)未经批准在河道滩地存放物料、修建厂房或者其他建筑设施,以及开采地下资源或者进行考古发掘的;

(六)违反本条例第二十七条的规定,围垦湖泊、河流的;

(七)擅自砍伐护堤护岸林木的;

(八)汛期违反防汛指挥部的规定或者指令的。

第四十五条 违反本条例规定,有下列行为之一的,县级以上地方人民政府河道主管机关除责令其纠正违法行为、赔偿损失、采取补救措施外,可以并处警告、罚款;应当给予治安管理处罚的,按照《中华人民共和国治安管理处罚法》的规定处罚;构成犯罪的,依法追究刑事责任:

(一)损毁堤防、护岸、闸坝、水工程建筑物,损毁防汛设施、水文监测和测量设施、河岸地质监测设施以及通信照明等设施;

(二)在堤防安全保护区内进行打井、钻探、爆破、挖筑鱼塘、采石、取土等危害堤防安全的活动的;

(三)非管理人员操作河道上的涵闸闸门或者干扰河道管理单位正常工作的。

第四十六条 当事人对行政处罚决定不服的,可以在接到处罚通知之日起15日内,向作出处罚决定的机关的上一级机关申请复议,对复议决定不服的,可以在接到复议决定之日起15日内,向人民法院起诉。当事人也可以在接到处罚通知之日起15日内,直接向人民法院起诉。当事人逾期不申请复议或者不向人民法院起诉又不履行处罚决定的,由作出处罚决定的机关申请人民法院强制执行。对治安管理处罚不服的,按照《中华人民共和国治安管理处罚法》的规定办理。

第四十七条 对违反本条例规定,造成国家、集体、个人经济损失的,受害方可以请求县级以上河道主管机关处理。受害方也可以直接向人民法院起诉。

当事人对河道主管机关的处理决定不服的,可以在接到通知之日起,15日内向人民法院起诉。

第四十八条 河道主管机关的工作人员以及河道监理人员玩忽职守、滥用职权、徇私舞弊的,由其所在单位或者上级主管机关给予行政处分;对公共财产、国家和人民利益造成重大损失的,依法追究刑事责任。

第七章 附 则

第四十九条 各省、自治区、直辖市人民政府,可以根据本条例的规定,结合本地区的实际情况,制定实施办法。

第五十条 本条例由国务院水利行政主管部门负责解释。

第五十一条 本条例自发布之日起施行。

29. 气象灾害防御条例

(2010年1月27日中华人民共和国国务院令第570号公布,根据2017年10月7日《国务院关于修改部分行政法规的决定》修订)

第一章 总 则

第一条 为了加强气象灾害的防御,避免、减轻气象灾害造成的损失,保障人民生命财产安全,根据《中华人民共和国气象法》,制定本条例。

第二条 在中华人民共和国领域和中华人民共和国管辖的其他海域内从事气象灾害防御活动的,应当遵守本条例。

本条例所称气象灾害,是指台风、暴雨(雪)、寒潮、大风(沙尘暴)、低温、高温、干旱、雷电、冰雹、霜冻和大雾等所造成的灾害。

水旱灾害、地质灾害、海洋灾害、森林草原火灾等因气象因素引发的衍生、次生灾害的防御工作,适用有关法律、行政法规的规定。

第三条 气象灾害防御工作实行以人为本、科学防御、部门联动、社会参与的原则。

第四条 县级以上人民政府应当加强对气象灾害防御工作的组织、领导和协调,将气象灾害的防御纳入本级国民经济和社会发展规划,所需经费纳入本级财政预算。

第五条 国务院气象主管机构和国务院有关部门应当按照职责分工,共同做好全国气象灾害防御工作。

地方各级气象主管机构和县级以上地方人民政府有关部门应当按照职责分工,共同做好本行政区域的气象灾害防御工作。

第六条 气象灾害防御工作涉及两个以上行政区域的,有关地方人民政府、有关部门应当建立联防制度,加强信息沟通和监督检查。

第七条 地方各级人民政府、有关部门应当采取多种形式,向社会宣传普及气象灾害防御知识,提高公众的防灾减灾意识和能力。

学校应当把气象灾害防御知识纳入有关课程和课外教育内容,培养和提高学生的气象灾害防范意识和自救互救能力。教育、气象等部门应当对学校开展的气象灾害防御教育进行指导和监督。

第八条 国家鼓励开展气象灾害防御的科学技术研究,支持气象灾害防御先进技术的推广和应用,加强国际合作与交流,提高气象灾害防御的科技水平。

第九条 公民、法人和其他组织有义务参与气象灾害防御工作,在气象灾害发生后开展自救互救。

对在气象灾害防御工作中做出突出贡献的组织和个人,按照国家有关规定给予表彰和奖励。

第二章 预 防

第十条 县级以上地方人民政府应当组织气象等有关部门对本行政区域内发生的气象灾害的种类、次数、强度和造成的损失等情况开展气象灾害普查,建立气象灾害数据库,按照气象灾害的种类进行气象灾害风险评估,并根据气象灾害分布情况和气象灾害风险评估结果,划定气象灾害风险区域。

第十一条 国务院气象主管机构应当会同国务院有关部门,根据气象灾害风险评估结果和气象灾害风险区域,编制国家气象灾害防御规划,报国务院批准后组织实施。

县级以上地方人民政府应当组织有关部门,根据上一级人民政府的气象灾害防御规划,结合本地气象灾害特点,编制本行政区域的气象灾害防御规划。

第十二条 气象灾害防御规划应当包括气象灾害发生发展规律和现状、防御原则和目标、易发区和易发时段、防御设施建设和管理以及防御措施等内容。

第十三条 国务院有关部门和县级以上地方人民政府应当按照气象灾害防御规划,加强气象灾害防御设施建设,做好气象灾害防御工作。

第十四条 国务院有关部门制定电力、通信等基础设施的工程建设标准,应当考虑气象灾害的影响。

第十五条 国务院气象主管机构应当会同国务院有关部门,根据气象灾害防御需要,编制国家气象灾害应急预案,报国务院批准。

县级以上地方人民政府、有关部门应当根据气象灾害防御规划,结合本地气象灾害的特点和可能造成的危害,组织制定本行政区域的气象灾害应急预案,报上一级人民政府、有关部门备案。

第十六条 气象灾害应急预案应当包括应急预案启动标准、应急组织指挥体系与职责、预防与预警机制、应急处置措施和保障措施等内容。

第十七条 地方各级人民政府应当根据本地气象灾害特点,组织开展气象灾害应急演练,提高应急救援能力。居民委员会、村民委员会、企业事业单位应当协助本地人民政府做好气象灾害防御知识的宣传和气象灾害应急演练工作。

第十八条 大风(沙尘暴)、龙卷风多发区域的地方各级人民政府、有关部门应当加强防护林和紧急避难场所等建设,并定期组织开展建(构)筑物防风避险的监督检查。

台风多发区域的地方各级人民政府、有关部门应当加强海塘、堤防、避风港、防护林、避风锚地、紧急避难场所等建设,并根据台风情况做好人员转移等准备工作。

第十九条 地方各级人民政府、有关部门和单位应当根据本地降雨情况,定期组织开展各种排水设施检查,及时疏通河道和排水管网,加固病险水库,加强对地质灾害易发区和堤防等重要险段的巡查。

第二十条 地方各级人民政府、有关部门和单位应当根据本地降雪、冰冻发生情况,加强电力、通信线路的巡查,做好交通疏导、积雪(冰)清除、线路维护等准备工作。

有关单位和个人应当根据本地降雪情况,做好危旧房屋加固、粮草储备、牲畜转移等准备工作。

第二十一条 地方各级人民政府、有关部门和单位应当在高温来临前做好供电、供水和防暑医药供应的准备工作,并合理调整工作时间。

第二十二条 大雾、霾多发区域的地方各级人民政府、有关部门和单位应当加强对机场、港口、高速公路、航道、渔场等重要场所和交通要道的大雾、霾的监测设施建设,做好交通疏导、调度和防护等准备工作。

第二十三条 各类建(构)筑物、场所和设施安装雷电防护装置应当符合国家有关防雷标准的规定。新建、改建、扩建建(构)筑物、场所和设施的雷电防护装置应当与主体工程同时设计、同时施工、同时投入使用。

新建、改建、扩建建设工程雷电防护装置的设计、施工,可以由取得相应建设、公路、水路、铁路、民航、水利、电力、核电、通信等专业工程设计、施工资质的单位承担。

油库、气库、弹药库、化学品仓库和烟花爆竹、石化等易燃易爆建设工程和场所,雷电易发区内的矿区、旅游景点或者投入使用的建(构)筑物、设施等需要单独安装雷电防护装置的场所,以及雷电风险高且没有防雷标准规范、需要进行特殊论证的大型项目,其雷电防护装置的设计审核和竣工验收由县级以上地方气象主管机构负责。未经设计审核或者设计审核不合格的,不得施工;未经竣工验收或者竣工验收不合格的,不得交付使用。

房屋建筑、市政基础设施、公路、水路、铁路、民航、水利、电力、核电、通信等建设工程的主管部门,负责相应领域内建设工程的防雷管理。

第二十四条 从事雷电防护装置检测的单位应当具备下列条件,取得国务院气象主管机构或者省、自治区、直辖市气象主管机构颁发的资质证:

(一)有法人资格;
(二)有固定的办公场所和必要的设备、设施;
(三)有相应的专业技术人员;
(四)有完备的技术和质量管理制度;
(五)国务院气象主管机构规定的其他条件。

第二十五条 地方各级人民政府、有关部门应当根据本地气象灾害发生情况,加强农村地区气象灾害预防、监测、信息传播等基础设施建设,采取综合措施,做好农村气象灾害防御工作。

第二十六条 各级气象主管机构应当在本级人民政府的领导和协调下,根据实际情况组织开展人工影响天气工作,减轻气象灾害的影响。

第二十七条 县级以上人民政府有关部门在国家重大建设工程、重大区域性经济开发项目和大型太阳能、风能等气候资源开发利用项目以及城乡规划编制中,应当统筹考虑气候可行性和气象灾害的风险性,避免、减轻气象灾害的影响。

第三章 监测、预报和预警

第二十八条 县级以上地方人民政府应当根据气象灾害防御的需要,建设应急移动气象灾害监测设施,健全应急监测队伍,完善气象灾害监测体系。

县级以上人民政府应当整合完善气象灾害监测信息网络,实现信息资源共享。

第二十九条 各级气象主管机构及其所属的气象台站应当完善灾害性天气的预报系统,提高灾害性天气预报、警报的准确率和时效性。

各级气象主管机构所属的气象台站、其他有关部门所属的气象台站和与灾害性天气监测、预报有关的单位应当根据气象灾害防御的需要,按照职责开展灾害性天气的监测工作,并及时向气象主管机构和有关灾害防御、救助部门提供雨情、水情、风情、旱情等监测信息。

各级气象主管机构应当根据气象灾害防御的需要组织开展跨地区、跨部门的气象灾害联合监测,并将人口密集区、农业主产区、地质灾害易发区域、重要江河流域、森林、草原、渔场作为气象灾害监测的重点区域。

第三十条 各级气象主管机构所属的气象台站应当按照职责向社会统一发布灾害性天气警报和气象灾害预警信号,并及时向有关灾害防御、救助部门通报;其他组织和个人不得向社会发布灾害性天气警报和气象灾害预警信号。

气象灾害预警信号的种类和级别,由国务院气象主管机构规定。

第三十一条 广播、电视、报纸、电信等媒体应当及时向社会播发或者刊登当地气象主管机构所属的气象台站提供的适时灾害性天气警报、气象灾害预警信号,并根据当地气象台站的要求及时增播、插播或者刊登。

第三十二条 县级以上地方人民政府应当建立和完善气象灾害预警信息发布系统,并根据气象灾害防御的需要,在交通枢纽、公共活动场所等人口密集区域和气象灾害易发区域建立灾害性天气警报、气象灾害预警信号接收和播发设施,并保证设施的正常运转。

乡(镇)人民政府、街道办事处应当确定人员,协助气象主管机构、民政部门开展气象灾害防御知识宣传、应急联络、信息传递、灾害报告和灾情调查等工作。

第三十三条 各级气象主管机构应当做好太阳风暴、地球空间暴等空间天气灾害的监测、预报和预警工作。

第四章 应急处置

第三十四条 各级气象主管机构所属的气象台站应当及时向本级人民政府和有关部门报告灾害性天气预报、警报情况和气象灾害预警信息。

县级以上地方人民政府、有关部门应当根据灾害性天气警报、气象灾害预警信号和气象灾害应急预案启动标准，及时作出启动相应应急预案的决定，向社会公布，并报告上一级人民政府；必要时，可以越级上报，并向当地驻军和可能受到危害的毗邻地区的人民政府通报。

发生跨省、自治区、直辖市大范围的气象灾害，并造成较大危害时，由国务院决定启动国家气象灾害应急预案。

第三十五条　县级以上地方人民政府应当根据灾害性天气影响范围、强度，将可能造成人员伤亡或者重大财产损失的区域临时确定为气象灾害危险区，并及时予以公告。

第三十六条　县级以上地方人民政府、有关部门应当根据气象灾害发生情况，依照《中华人民共和国突发事件应对法》的规定及时采取应急处置措施；情况紧急时，及时动员、组织受到灾害威胁的人员转移、疏散，开展自救互救。

对当地人民政府、有关部门采取的气象灾害应急处置措施，任何单位和个人应当配合实施，不得妨碍气象灾害救助活动。

第三十七条　气象灾害应急预案启动后，各级气象主管机构应当组织所属的气象台站加强对气象灾害的监测和评估，启用应急移动气象灾害监测设施，开展现场气象服务，及时向本级人民政府、有关部门报告灾害性天气实况、变化趋势和评估结果，为本级人民政府组织防御气象灾害提供决策依据。

第三十八条　县级以上人民政府有关部门应当按照各自职责，做好相应的应急工作。

民政部门应当设置避难场所和救济物资供应点，开展受灾群众救助工作，并按照规定职责核查灾情、发布灾情信息。

卫生主管部门应当组织医疗救治、卫生防疫等卫生应急工作。

交通运输、铁路等部门应当优先运送救灾物资、设备、药物、食品，及时抢修被毁的道路交通设施。

住房城乡建设部门应当保障供水、供气、供热等市政公用设施的安全运行。

电力、通信主管部门应当组织做好电力、通信应急保障工作。

国土资源部门应当组织开展地质灾害监测、预防工作。

农业主管部门应当组织开展农业抗灾救灾和农业生产技术指导工作。

水利主管部门应当统筹协调主要河流、水库的水量调度，组织开展防汛抗旱工作。

公安部门应当负责灾区的社会治安和道路交通秩序维护工作，协助组织灾区群众进行紧急转移。

第三十九条　气象、水利、国土资源、农业、林业、海洋等部门应当根据气象灾害发生的情况，加强对气象因素引发的衍生、次生灾害的联合监测，并根据相应的应急预案，做好各项应急处置工作。

第四十条　广播、电视、报纸、电信等媒体应当及时、准确地向社会传播气象灾害的发生、发展和应急处置情况。

第四十一条　县级以上人民政府及其有关部门应当根据气象主管机构提供的灾害性天气发生、发展趋势信息以及灾情发展情况，按照有关规定适时调整气象灾害级别或者作出解除气象灾害应急措施的决定。

第四十二条　气象灾害应急处置工作结束后，地方各级人民政府应当组织有关部门对气象灾害造成的损失进行调查，制定恢复重建计划，并向上一级人民政府报告。

第五章　法律责任

第四十三条　违反本条例规定，地方各级人民政府、各级气象主管机构和其他有关部门及其工作人员，有下列行为之一的，由其上级机关或者监察机关责令改正；情节严重的，对直接负责的主管人员和其他直接责任人员依法给予处分；构成犯罪的，依法追究刑事责任：

（一）未按照规定编制气象灾害防御规划或者气象灾害应急预案的；

（二）未按照规定采取气象灾害预防措施的；

（三）向不符合条件的单位颁发雷电防护装置检测资质证的；

（四）隐瞒、谎报或者由于玩忽职守导致重大漏报、错报灾害性天气警报、气象灾害预警信号的；

（五）未及时采取气象灾害应急措施的；

（六）不依法履行职责的其他行为。

第四十四条　违反本条例规定，有下列行为之一的，由县级以上地方人民政府或者有关部门责令改正；构成违反治安管理行为的，由公安机关依法给予处罚；构成犯罪的，依法追究刑事责任：

（一）未按照规定采取气象灾害预防措施的；

（二）不服从所在地人民政府及其有关部门发布的气象灾害应急处置决定、命令，或者不配合实施其依法采取的气象灾害应急措施的。

第四十五条　违反本条例规定，有下列行为之一的，由县级以上气象主管机构或者其他有关部门按照权限责令停止违法行为，处5万元以上10万元以下的罚款；有违法所得的，没收违法所得；给他人造成损失的，依法承担赔偿责任：

（一）无资质或者超越资质许可范围从事雷电防护装置检测的；

（二）在雷电防护装置设计、施工、检测中弄虚作假的；

（三）违反本条例第二十三条第三款的规定，雷电防护装置未经设计审核或者设计审核不合格施工的，未经竣工验收或者竣工验收不合格交付使用的。

第四十六条 违反本条例规定,有下列行为之一的,由县级以上气象主管机构责令改正,给予警告,可以处 5 万元以下的罚款;构成违反治安管理行为的,由公安机关依法给予处罚:

(一)擅自向社会发布灾害性天气警报、气象灾害预警信号的;

(二)广播、电视、报纸、电信等媒体未按照要求播发、刊登灾害性天气警报和气象灾害预警信号的;

(三)传播虚假的或者通过非法渠道获取的灾害性天气信息和气象灾害灾情的。

第六章 附 则

第四十七条 中国人民解放军的气象灾害防御活动,按照中央军事委员会的规定执行。

第四十八条 本条例自 2010 年 4 月 1 日起施行。

30. 保障农民工工资支付条例

(2019年12月4日国务院第73次常务会议通过,2019年12月30日中华人民共和国国务院令第724号公布)

第一章 总 则

第一条 为了规范农民工工资支付行为,保障农民工按时足额获得工资,根据《中华人民共和国劳动法》及有关法律规定,制定本条例。

第二条 保障农民工工资支付,适用本条例。

本条例所称农民工,是指为用人单位提供劳动的农村居民。

本条例所称工资,是指农民工为用人单位提供劳动后应当获得的劳动报酬。

第三条 农民工有按时足额获得工资的权利。任何单位和个人不得拖欠农民工工资。

农民工应当遵守劳动纪律和职业道德,执行劳动安全卫生规程,完成劳动任务。

第四条 县级以上地方人民政府对本行政区域内保障农民工工资支付工作负责,建立保障农民工工资支付工作协调机制,加强监管能力建设,健全保障农民工工资支付工作目标责任制,并纳入对本级人民政府有关部门和下级人民政府进行考核和监督的内容。

乡镇人民政府、街道办事处应当加强对拖欠农民工工资矛盾的排查和调处工作,防范和化解矛盾,及时调解纠纷。

第五条 保障农民工工资支付,应当坚持市场主体负责、政府依法监管、社会协同监督,按照源头治理、预防为主、防治结合、标本兼治的要求,依法根治拖欠农民工工资问题。

第六条 用人单位实行农民工劳动用工实名制管理,与招用的农民工书面约定或者通过依法制定的规章制度规定工资支付标准、支付时间、支付方式等内容。

第七条 人力资源社会保障行政部门负责保障农民工工资支付工作的组织协调、管理指导和农民工工资支付情况的监督检查,查处有关拖欠农民工工资案件。

住房城乡建设、交通运输、水利等相关行业工程建设主管部门按照职责履行行业监管责任,督办因违法发包、转包、违法分包、挂靠、拖欠工程款等导致的拖欠农民工工资案件。

发展改革等部门按照职责负责政府投资项目的审批管理,依法审查政府投资项目的资金来源和筹措方式,按规定及时安排政府投资,加强社会信用体系建设,组织对拖欠农民工工资失信联合惩戒对象依法依规予以限制和惩戒。

财政部门负责政府投资资金的预算管理,根据经批准的预算按规定及时足额拨付政府投资资金。

公安机关负责及时受理、侦办涉嫌拒不支付劳动报酬刑事案件,依法处置因农民工工资拖欠引发的社会治安案件。

司法行政、自然资源、人民银行、审计、国有资产管理、税务、市场监管、金融监管等部门,按照职责做好与保障农民工工资支付相关的工作。

第八条 工会、共产主义青年团、妇女联合会、残疾人联合会等组织按照职责依法维护农民工获得工资的权利。

第九条 新闻媒体应当开展保障农民工工资支付法律法规政策的公益宣传和先进典型的报道,依法加强对拖欠农民工工资违法行为的舆论监督,引导用人单位增强依法用工、按时足额支付工资的法律意识,引导农民工依法维权。

第十条 被拖欠工资的农民工有权依法投诉,或者申请劳动争议调解仲裁和提起诉讼。

任何单位和个人对拖欠农民工工资的行为,有权向人力资源社会保障行政部门或者其他有关部门举报。

人力资源社会保障行政部门和其他有关部门应当公开举报投诉电话、网站等渠道,依法接受对拖欠农民工工资行为的举报、投诉。对于举报、投诉的处理实行首问负责制,属于本部门受理的,应当依法及时处理;不属于本部门受理的,应当及时转送相关部门,相关部门应当依法及时处理,并将处理结果告知举报、投诉人。

第二章 工资支付形式与周期

第十一条 农民工工资应当以货币形式,通过银行转账或者现金支付给农民工本人,不得以实物或者有价证券等其他形式替代。

第十二条 用人单位应当按照与农民工书面约定或者依法制定的规章制度规定的工资支付周期和具体支付日期足额支付工资。

第十三条 实行月、周、日、小时工资制的,按照月、周、日、小时为周期支付工资;实行计件工资制的,工资支付周期由双方依法约定。

第十四条 用人单位与农民工书面约定或者依法制定的规章制度规定的具体支付日期,可以在农民工提供劳动的当期或者次期。具体支付日期遇法定节假日或者休息日的,应当在法定节假日或者休息日前支付。

用人单位因不可抗力未能在支付日期支付工资的,应当在不可抗力消除后及时支付。

第十五条 用人单位应当按照工资支付周期编制书面工资支付台账,并至少保存3年。

书面工资支付台账应当包括用人单位名称,支付周期,支付日期,支付对象姓名、身份证号码、联系方式,工作时间,应发工资项目及数额,代扣、代缴、扣除项目和数额,实发工资数额,银行代发工资凭证或者农民工签字等内容。

用人单位向农民工支付工资时,应当提供农民工本人的工资清单。

第三章　工资清偿

第十六条　用人单位拖欠农民工工资的,应当依法予以清偿。

第十七条　不具备合法经营资格的单位招用农民工,农民工已经付出劳动而未获得工资的,依照有关法律规定执行。

第十八条　用工单位使用个人、不具备合法经营资格的单位或者未依法取得劳务派遣许可证的单位派遣的农民工,拖欠农民工工资的,由用工单位清偿,并可以依法进行追偿。

第十九条　用人单位将工作任务发包给个人或者不具备合法经营资格的单位,导致拖欠所招用农民工工资的,依照有关法律规定执行。

用人单位允许个人、不具备合法经营资格或者未取得相应资质的单位以用人单位的名义对外经营,导致拖欠所招用农民工工资的,由用人单位清偿,并可以依法进行追偿。

第二十条　合伙企业、个人独资企业、个体经济组织等用人单位拖欠农民工工资的,应当依法予以清偿;不清偿的,由出资人依法清偿。

第二十一条　用人单位合并或者分立时,应当在实施合并或者分立前依法清偿拖欠的农民工工资;经与农民工书面协商一致的,可以由合并或者分立后承继其权利和义务的用人单位清偿。

第二十二条　用人单位被依法吊销营业执照或者登记证书、被责令关闭、被撤销或者依法解散的,应当在申请注销登记前依法清偿拖欠的农民工工资。

未依据前款规定清偿农民工工资的用人单位主要出资人,应当在注册新用人单位前清偿拖欠的农民工工资。

第四章　工程建设领域特别规定

第二十三条　建设单位应当有满足施工所需要的资金安排。没有满足施工所需要的资金安排的,工程建设项目不得开工建设;依法需要办理施工许可证的,相关行业工程建设主管部门不予颁发施工许可证。

政府投资项目所需资金,应当按照国家有关规定落实到位,不得由施工单位垫资建设。

第二十四条　建设单位应当向施工单位提供工程款支付担保。

建设单位与施工总承包单位依法订立书面工程施工合同,应当约定工程款计量周期、工程款进度结算办法以及人工费用拨付周期,并按照保障农民工工资按时足额支付的要求约定人工费用。人工费用拨付周期不得超过1个月。

建设单位与施工总承包单位应当将工程施工合同保存备查。

第二十五条　施工总承包单位与分包单位依法订立书面分包合同,应当约定工程款计量周期、工程款进度结算办法。

第二十六条　施工总承包单位应当按照有关规定开设农民工工资专用账户,专项用于支付该工程建设项目农民工工资。

开设、使用农民工工资专用账户有关资料应当由施工总承包单位妥善保存备查。

第二十七条　金融机构应当优化农民工工资专用账户开设服务流程,做好农民工工资专用账户的日常管理工作;发现资金未按约定拨付等情况的,及时通知施工总承包单位,由施工总承包单位报告人力资源社会保障行政部门和相关行业工程建设主管部门,并纳入欠薪预警系统。

工程完工且未拖欠农民工工资的,施工总承包单位公示30日后,可以申请注销农民工工资专用账户,账户内余额归施工总承包单位所有。

第二十八条　施工总承包单位或者分包单位应当依法与所招用的农民工订立劳动合同并进行用工实名登记,具备条件的行业应当通过相应的管理服务信息平台进行用工实名登记、管理。未与施工总承包单位或者分包单位订立劳动合同并进行用工实名登记的人员,不得进入项目现场施工。

施工总承包单位应当在工程项目部配备劳资专管员,对分包单位劳动用工实施监督管理,掌握施工现场用工、考勤、工资支付等情况,审核分包单位编制的农民工工资支付表,分包单位应当予以配合。

施工总承包单位、分包单位应当建立用工管理台账,并保存至工程完工且工资全部结清后至少3年。

第二十九条　建设单位应当按照合同约定及时拨付工程款,并将人工费用及时足额拨付至农民工工资专用账户,加强对施工总承包单位按时足额支付农民工工资的监督。

因建设单位未按照合同约定及时拨付工程款导致农民工工资拖欠的,建设单位应当以未结清的工程款为限先行垫付被拖欠的农民工工资。

建设单位应当以项目为单位建立保障农民工工资支付协调机制和工资拖欠预防机制,督促施工总承包单位加强劳动用工管理,妥善处理与农民工工资支付相关的矛盾纠纷。发生农民工集体讨薪事件的,建设单位应当会同施工总承包单位及时处理,并向项目所在地人力资源社会保障行政部门和相关行业工程建设主管部门报告有关情况。

第三十条　分包单位对所招用农民工的实名制管理和工资支付负直接责任。

施工总承包单位对分包单位劳动用工和工资发放等情况进行监督。

分包单位拖欠农民工工资的,由施工总承包单位先行清偿,再依法进行追偿。

工程建设项目转包,拖欠农民工工资的,由施工总承包单位先行清偿,再依法进行追偿。

第三十一条 工程建设领域推行分包单位农民工工资委托施工总承包单位代发制度。

分包单位应当按月考核农民工工作量并编制工资支付表,经农民工本人签字确认后,与当月工程进度等情况一并交施工总承包单位。

施工总承包单位根据分包单位编制的工资支付表,通过农民工工资专用账户直接将工资支付到农民工本人的银行账户,并向分包单位提供代发工资凭证。

用于支付农民工工资的银行账户所绑定的农民工本人社会保障卡或者银行卡,用人单位或者其他人员不得以任何理由扣押或者变相扣押。

第三十二条 施工总承包单位应当按照有关规定存储工资保证金,专项用于支付为所承包工程提供劳动的农民工被拖欠的工资。

工资保证金实行差异化存储办法,对一定时期内未发生工资拖欠的单位实行减免措施,对发生工资拖欠的单位适当提高存储比例。工资保证金可以用金融机构保函替代。

工资保证金的存储比例、存储形式、减免措施等具体办法,由国务院人力资源社会保障行政部门会同有关部门制定。

第三十三条 除法律另有规定外,农民工工资专用账户资金和工资保证金不得因支付为本项目提供劳动的农民工工资之外的原因被查封、冻结或者划拨。

第三十四条 施工总承包单位应当在施工现场醒目位置设立维权信息告示牌,明示下列事项:

(一)建设单位、施工总承包单位及所在项目部、分包单位、相关行业工程建设主管部门、劳资专管员等基本信息;

(二)当地最低工资标准、工资支付日期等基本信息;

(三)相关行业工程建设主管部门和劳动保障监察投诉举报电话、劳动争议调解仲裁申请渠道、法律援助申请渠道、公共法律服务热线等信息。

第三十五条 建设单位与施工总承包单位或者承包单位与分包单位因工程数量、质量、造价等产生争议的,建设单位不得因争议不按照本条例第二十四条的规定拨付工程款中的人工费用,施工总承包单位也不得因争议不按照规定代发工资。

第三十六条 建设单位或者施工总承包单位将建设工程发包或者分包给个人或者不具备合法经营资格的单位,导致拖欠农民工工资的,由建设单位或者施工总承包单位清偿。

施工单位允许其他单位和个人以施工单位的名义对外承揽建设工程,导致拖欠农民工工资的,由施工单位清偿。

第三十七条 工程建设项目违反国土空间规划、工程建设等法律法规,导致拖欠农民工工资的,由建设单位清偿。

第五章 监督检查

第三十八条 县级以上地方人民政府应当建立农民工工资支付监控预警平台,实现人力资源社会保障、发展改革、司法行政、财政、住房城乡建设、交通运输、水利等部门的工程项目审批、资金落实、施工许可、劳动用工、工资支付等信息及时共享。

人力资源社会保障行政部门根据水电燃气供应、物业管理、信贷、税收等反映企业生产经营相关指标的变化情况,及时监控和预警工资支付隐患并做好防范工作,市场监管、金融监管、税务等部门应当予以配合。

第三十九条 人力资源社会保障行政部门、相关行业工程建设主管部门和其他有关部门应当按照职责,加强对用人单位与农民工签订劳动合同、工资支付以及工程建设项目实行农民工实名制管理、农民工工资专用账户管理、施工总承包单位代发工资、工资保证金存储、维权信息公示等情况的监督检查,预防和减少拖欠农民工工资行为的发生。

第四十条 人力资源社会保障行政部门在查处拖欠农民工工资案件时,需要依法查询相关单位金融账户和相关当事人拥有房产、车辆等情况的,应当经设区的市级以上地方人民政府人力资源社会保障行政部门负责人批准,有关金融机构和登记部门应当予以配合。

第四十一条 人力资源社会保障行政部门在查处拖欠农民工工资案件时,发生用人单位拒不配合调查、清偿责任主体及相关当事人无法联系等情形的,可以请求公安机关和其他有关部门协助处理。

人力资源社会保障行政部门发现拖欠农民工工资的违法行为涉嫌构成拒不支付劳动报酬罪的,应当按照有关规定及时移送公安机关审查并作出决定。

第四十二条 人力资源社会保障行政部门作出责令支付被拖欠的农民工工资的决定,相关单位不支付的,可以依法申请人民法院强制执行。

第四十三条 相关行业工程建设主管部门应当依法规范本领域建设市场秩序,对违法发包、转包、违法分包、挂靠等行为进行查处,并对导致拖欠农民工工资的违法行为及时予以制止、纠正。

第四十四条 财政部门、审计机关和相关行业工程建设主管部门按照职责,依法对政府投资项目建设单位按照工程施工合同约定向农民工工资专用账户拨付资金情况进行监督。

第四十五条 司法行政部门和法律援助机构应当将农民工列为法律援助的重点对象,并依法为请求支付工资的农民工提供便捷的法律援助。

公共法律服务相关机构应当积极参与相关诉讼、咨询、调解等活动,帮助解决拖欠农民工工资问题。

第四十六条 人力资源社会保障行政部门、相关行业工程建设主管部门和其他有关部门应当按照"谁执法谁普法"普法责任制的要求,通过以案释法等多种形式,加大对保障农民工工资支付相关法律法规的普及宣传。

第四十七条 人力资源社会保障行政部门应当建立用人单位及相关责任人劳动保障守法诚信档案,对用人单位开展守法诚信等级评价。

用人单位有严重拖欠农民工工资违法行为的,由人力资源社会保障行政部门向社会公布,必要时可以通过召开新闻发布会等形式向媒体公开曝光。

第四十八条 用人单位拖欠农民工工资,情节严重或者造成严重不良社会影响的,有关部门应当将该用人单位及其法定代表人或者主要负责人、直接负责的主管人员和其他直接责任人员列入拖欠农民工工资失信联合惩戒对象名单,在政府资金支持、政府采购、招投标、融资贷款、市场准入、税收优惠、评优评先、交通出行等方面依法依规予以限制。

拖欠农民工工资需要列入失信联合惩戒名单的具体情形,由国务院人力资源社会保障行政部门规定。

第四十九条 建设单位未依法提供工程款支付担保或者政府投资项目拖欠工程款,导致拖欠农民工工资的,县级以上地方人民政府应当限制其新建项目,并记入信用记录,纳入国家信用信息系统进行公示。

第五十条 农民工与用人单位就拖欠工资存在争议,用人单位应当提供依法由其保存的劳动合同、职工名册、工资支付台账和清单等材料;不提供的,依法承担不利后果。

第五十一条 工会依法维护农民工工资权益,对用人单位工资支付情况进行监督;发现拖欠农民工工资的,可以要求用人单位改正,拒不改正的,可以请求人力资源社会保障行政部门和其他有关部门依法处理。

第五十二条 单位或者个人编造虚假事实或者采取非法手段讨要农民工工资,或者以拖欠农民工工资为名讨要工程款的,依法予以处理。

第六章 法律责任

第五十三条 违反本条例规定拖欠农民工工资的,依照有关法律规定执行。

第五十四条 有下列情形之一的,由人力资源社会保障行政部门责令限期改正;逾期不改正的,对单位处 2 万元以上 5 万元以下的罚款,对法定代表人或者主要负责人、直接负责的主管人员和其他直接责任人员处 1 万元以上 3 万元以下的罚款:

(一)以实物、有价证券等形式代替货币支付农民工工资;

(二)未编制工资支付台账并依法保存,或者未向农民工提供工资清单;

(三)扣押或者变相扣押用于支付农民工工资的银行账户所绑定的农民工本人社会保障卡或者银行卡。

第五十五条 有下列情形之一的,由人力资源社会保障行政部门、相关行业工程建设主管部门按照职责责令限期改正;逾期不改正的,责令项目停工,并处 5 万元以上 10 万元以下的罚款;情节严重的,给予施工单位限制承接新工程、降低资质等级、吊销资质证书等处罚:

(一)施工总承包单位未按规定开设或者使用农民工工资专用账户;

(二)施工总承包单位未按规定存储工资保证金或者未提供金融机构保函;

(三)施工总承包单位、分包单位未实行劳动用工实名制管理。

第五十六条 有下列情形之一的,由人力资源社会保障行政部门、相关行业工程建设主管部门按照职责责令限期改正;逾期不改正的,处 5 万元以上 10 万元以下的罚款:

(一)分包单位未按月考核农民工工作量、编制工资支付表并经农民工本人签字确认;

(二)施工总承包单位未对分包单位劳动用工实施监督管理;

(三)分包单位未配合施工总承包单位对其劳动用工进行监督管理;

(四)施工总承包单位未实行施工现场维权信息公示制度。

第五十七条 有下列情形之一的,由人力资源社会保障行政部门、相关行业工程建设主管部门按照职责责令限期改正;逾期不改正的,责令项目停工,并处 5 万元以上 10 万元以下的罚款:

(一)建设单位未依法提供工程款支付担保;

(二)建设单位未按约定及时足额向农民工工资专用账户拨付工程款中的人工费用;

(三)建设单位或者施工总承包单位拒不提供或者无法提供工程施工合同、农民工工资专用账户有关资料。

第五十八条 不依法配合人力资源社会保障行政部门查询相关单位金融账户的,由金融监管部门责令改正;拒不改正的,处 2 万元以上 5 万元以下的罚款。

第五十九条 政府投资项目政府投资资金不到位拖欠农民工工资的,由人力资源社会保障行政部门报本级人民政府批准,责令限期足额拨付所拖欠的资金;逾期不拨付的,由上一级人民政府人力资源社会保障行政部门约谈直接责任部门和相关监管部门负责人,必要时进行通报,约谈地方人民政府负责人。情节严重的,对地方人民政府及其有关部门负责人、直接负责的主管人员和其他直接责任人员依法依规给予处分。

第六十条 政府投资项目建设单位未经批准立项建设、擅自扩大建设规模、擅自增加投资概算、未及时拨付工程款等导致拖欠农民工工资的,除依法承担责任外,由人力资源社会保障行政部门、其他有关部门按职责约谈建设单位负责人,并作为其业绩考核、薪酬分配、评优评先、职务晋升等的重要依据。

第六十一条 对于建设资金不到位、违法违规开工建设的社会投资工程建设项目拖欠农民工工资的,由人力资源社会保障行政部门、其他有关部门按照职责依法对建设单位进行处罚;对建设单位负责人依法依规给予处分。相关部门工作人员未依法履行职责的,由有关机关依法依规给予处分。

第六十二条 县级以上地方人民政府人力资源社会保障、发展改革、财政、公安等部门和相关行业工程建设主管部门工作人员,在履行农民工工资支付监督管理职责过程中滥用职权、玩忽职守、徇私舞弊的,依法依规给予处分;构成犯罪的,依法追究刑事责任。

第七章 附 则

第六十三条 用人单位一时难以支付拖欠的农民工工资或者拖欠农民工工资逃匿的,县级以上地方人民政府可以动用应急周转金,先行垫付用人单位拖欠的农民工部分工资或者基本生活费。对已经垫付的应急周转金,应当依法向拖欠农民工工资的用人单位进行追偿。

第六十四条 本条例自2020年5月1日起施行。

31. 建设工程抗震管理条例

(2021年5月12日国务院第135次常务会议通过，2021年7月19日中华人民共和国国务院令第744号公布)

第一章 总 则

第一条 为了提高建设工程抗震防灾能力，降低地震灾害风险，保障人民生命财产安全，根据《中华人民共和国建筑法》《中华人民共和国防震减灾法》等法律，制定本条例。

第二条 在中华人民共和国境内从事建设工程抗震的勘察、设计、施工、鉴定、加固、维护等活动及其监督管理，适用本条例。

第三条 建设工程抗震应当坚持以人为本、全面设防、突出重点的原则。

第四条 国务院住房和城乡建设主管部门对全国的建设工程抗震实施统一监督管理。国务院交通运输、水利、工业和信息化、能源等有关部门按照职责分工，负责对全国有关专业建设工程抗震的监督管理。

县级以上地方人民政府住房和城乡建设主管部门对本行政区域内的建设工程抗震实施监督管理。县级以上地方人民政府交通运输、水利、工业和信息化、能源等有关部门在各自职责范围内，负责对本行政区域内有关专业建设工程抗震的监督管理。

县级以上人民政府其他有关部门应当依照本条例和其他有关法律、法规的规定，在各自职责范围内负责建设工程抗震相关工作。

第五条 从事建设工程抗震相关活动的单位和人员，应当依法对建设工程抗震负责。

第六条 国家鼓励和支持建设工程抗震技术的研究、开发和应用。

各级人民政府应当组织开展建设工程抗震知识宣传普及，提高社会公众抗震防灾意识。

第七条 国家建立建设工程抗震调查制度。

县级以上人民政府应当组织有关部门对建设工程抗震性能、抗震技术应用、产业发展等进行调查，全面掌握建设工程抗震基本情况，促进建设工程抗震管理水平提高和科学决策。

第八条 建设工程应当避开抗震防灾专项规划确定的危险地段。确实无法避开的，应当采取符合建设工程使用功能要求和适应地震效应的抗震设防措施。

第二章 勘察、设计和施工

第九条 新建、扩建、改建建设工程，应当符合抗震设防强制性标准。

国务院有关部门和国务院标准化行政主管部门依据职责依法制定和发布抗震设防强制性标准。

第十条 建设单位应当对建设工程勘察、设计和施工全过程负责，在勘察、设计和施工合同中明确拟采用的抗震设防强制性标准，按照合同要求对勘察设计成果文件进行核验，组织工程验收，确保建设工程符合抗震设防强制性标准。

建设单位不得明示或者暗示勘察、设计、施工等单位和从业人员违反抗震设防强制性标准，降低工程抗震性能。

第十一条 建设工程勘察文件中应当说明抗震场地类别，对场地地震效应进行分析，并提出工程选址、不良地质处置等建议。

建设工程设计文件中应当说明抗震设防烈度、抗震设防类别以及拟采用的抗震设防措施。采用隔震减震技术的建设工程，设计文件中应当对隔震减震装置技术性能、检验检测、施工安装和使用维护等提出明确要求。

第十二条 对位于高烈度设防地区、地震重点监视防御区的下列建设工程，设计单位应当在初步设计阶段按照国家有关规定编制建设工程抗震设防专篇，并作为设计文件组成部分：

（一）重大建设工程；

（二）地震时可能发生严重次生灾害的建设工程；

（三）地震时使用功能不能中断或者需要尽快恢复的建设工程。

第十三条 对超限高层建筑工程，设计单位应当在设计文件中予以说明，建设单位应当在初步设计阶段将设计文件等材料报送省、自治区、直辖市人民政府住房和城乡建设主管部门进行抗震设防审批。住房和城乡建设主管部门应当组织专家审查，对采取的抗震设防措施合理可行的，予以批准。超限高层建筑工程抗震设防审批意见应当作为施工图设计和审查的依据。

前款所称超限高层建筑工程，是指超出国家现行标准所规定的适用高度和适用结构类型的高层建筑工程以及体型特别不规则的高层建筑工程。

第十四条 工程总承包单位、施工单位及工程监理单位应当建立建设工程质量责任制度，加强对建设工程抗震设防措施施工质量的管理。

国家鼓励工程总承包单位、施工单位采用信息化手段采集、留存隐蔽工程施工质量信息。

施工单位应当按照抗震设防强制性标准进行施工。

第十五条 建设单位应当将建筑的设计使用年限、结构体系、抗震设防烈度、抗震设防类别等具体情况和使用维护要求记入使用说明书，并将使用说明书交付使用人或者买受人。

第十六条 建筑工程根据使用功能以及在抗震救灾中的作用等因素，分为特殊设防类、重点设防类、标准设防类和适度设防类。学校、幼儿园、医院、养老机构、儿童福利机构、应急指挥中心、应急避难场所、广播电视等建筑,应当按照不低于重点设防类的要求采取抗震设防措施。

位于高烈度设防地区、地震重点监视防御区的新建学校、幼儿园、医院、养老机构、儿童福利机构、应急指挥中心、应急避难场所、广播电视等建筑应当按照国家有关规定采用隔震减震等技术,保证发生本区域设防地震时能够满足正常使用要求。

国家鼓励在除前款规定以外的建设工程中采用隔震减震等技术,提高抗震性能。

第十七条 国务院有关部门和国务院标准化行政主管部门应当依据各自职责推动隔震减震装置相关技术标准的制定,明确通用技术要求。鼓励隔震减震装置生产企业制定严于国家标准、行业标准的企业标准。

隔震减震装置生产经营企业应当建立唯一编码制度和产品检验合格印鉴制度,采集、存储隔震减震装置生产、经营、检测等信息,确保隔震减震装置质量信息可追溯。隔震减震装置质量应当符合有关产品质量法律、法规和国家相关技术标准的规定。

建设单位应当组织勘察、设计、施工、工程监理单位建立隔震减震工程质量可追溯制度,利用信息化手段对隔震减震装置采购、勘察、设计、进场检测、安装施工、竣工验收等全过程的信息资料进行采集和存储,并纳入建设项目档案。

第十八条 隔震减震装置用于建设工程前,施工单位应当在建设单位或者工程监理单位监督下进行取样,送建设单位委托的具有相应建设工程质量检测资质的机构进行检测。禁止使用不合格的隔震减震装置。

实行施工总承包的,隔震减震装置属于建设工程主体结构的施工,应当由总承包单位自行完成。

工程质量检测机构应当建立建设工程过程数据和结果数据、检测影像资料及检测报告记录与留存制度,对检测数据和检测报告的真实性、准确性负责,不得出具虚假的检测数据和检测报告。

第三章 鉴定、加固和维护

第十九条 国家实行建设工程抗震性能鉴定制度。

按照《中华人民共和国防震减灾法》第三十九条规定应当进行抗震性能鉴定的建设工程,由所有权人委托具有相应技术条件和技术能力的机构进行鉴定。

国家鼓励对除前款规定以外的未采取抗震设防措施或者未达到抗震设防强制性标准的已经建成的建设工程进行抗震性能鉴定。

第二十条 抗震性能鉴定结果应当对建设工程是否存在严重抗震安全隐患以及是否需要进行抗震加固作出判定。

抗震性能鉴定结果应当真实、客观、准确。

第二十一条 建设工程所有权人应当对存在严重抗震安全隐患的建设工程进行安全监测,并在加固前采取停止或者限制使用等措施。

对抗震性能鉴定结果判定需要进行抗震加固且具备加固价值的已经建成的建设工程,所有权人应当进行抗震加固。

位于高烈度设防地区、地震重点监视防御区的学校、幼儿园、医院、养老机构、儿童福利机构、应急指挥中心、应急避难场所、广播电视等已经建成的建筑进行抗震加固时,应当经充分论证后采用隔震减震等技术,保证其抗震性能符合抗震设防强制性标准。

第二十二条 抗震加固应当依照《建设工程质量管理条例》等规定执行,并符合抗震设防强制性标准。

竣工验收合格后,应当通过信息化手段或者在建设工程显著部位设置永久性标牌等方式,公示抗震加固时间、后续使用年限等信息。

第二十三条 建设工程所有权人应当按照规定对建设工程抗震构件、隔震沟、隔震缝、隔震减震装置及隔震标识进行检查、修缮和维护,及时排除安全隐患。

任何单位和个人不得擅自变动、损坏或者拆除建设工程抗震构件、隔震沟、隔震缝、隔震减震装置及隔震标识。

任何单位和个人发现擅自变动、损坏或者拆除建设工程抗震构件、隔震沟、隔震缝、隔震减震装置及隔震标识的行为,有权予以制止,并向住房和城乡建设主管部门或者其他有关监督管理部门报告。

第四章 农村建设工程抗震设防

第二十四条 各级人民政府和有关部门应当加强对农村建设工程抗震设防的管理,提高农村建设工程抗震性能。

第二十五条 县级以上人民政府对经抗震性能鉴定未达到抗震设防强制性标准的农村村民住宅和乡村公共设施建设工程抗震加固给予必要的政策支持。

实施农村危房改造、移民搬迁、灾后恢复重建等,应当保证建设工程达到抗震设防强制性标准。

第二十六条 县级以上地方人民政府应当编制、发放适合农村的实用抗震技术图集。

农村村民住宅建设可以选用抗震技术图集,也可以委托设计单位进行设计,并根据图集或者设计的要求进行施工。

第二十七条 县级以上地方人民政府应当加强对农村村民住宅和乡村公共设施建设工程抗震的指导和服务,加强技术培训,组织建设抗震示范住房,推广应用抗震性能好的结构形式及建造方法。

第五章 保障措施

第二十八条 县级以上人民政府应当加强对建设工程抗震管理工作的组织领导,建立建设工程抗震管理工作机制,将相关工作纳入本级国民经济和社会发展规划。

县级以上人民政府应当将建设工程抗震工作所需经

费列入本级预算。

县级以上地方人民政府应当组织有关部门,结合本地区实际开展地震风险分析,并按照风险程度实行分类管理。

第二十九条 县级以上地方人民政府对未采取抗震设防措施或者未达到抗震设防强制性标准的老旧房屋抗震加固给予必要的政策支持。

国家鼓励建设工程所有权人结合电梯加装、节能改造等开展抗震加固,提升老旧房屋抗震性能。

第三十条 国家鼓励金融机构开发、提供金融产品和服务,促进建设工程抗震防灾能力提高,支持建设工程抗震相关产业发展和新技术应用。

县级以上地方人民政府鼓励和引导社会力量参与抗震性能鉴定、抗震加固。

第三十一条 国家鼓励科研教育机构设立建设工程抗震技术实验室和人才实训基地。

县级以上人民政府应当依法对建设工程抗震新技术产业化项目用地、融资等给予政策支持。

第三十二条 县级以上人民政府住房和城乡建设主管部门或者其他有关监督管理部门应当制定建设工程抗震新技术推广目录,加强对建设工程抗震管理和技术人员的培训。

第三十三条 地震灾害发生后,县级以上人民政府住房和城乡建设主管部门或者其他有关监督管理部门应当开展建设工程安全应急评估和建设工程震害调查,收集、保存相关资料。

第六章 监督管理

第三十四条 县级以上人民政府住房和城乡建设主管部门和其他有关监督管理部门应当按照职责分工,加强对建设工程抗震设防强制性标准执行情况的监督检查。

县级以上人民政府住房和城乡建设主管部门应当会同有关部门建立完善建设工程抗震设防数据信息库,并与应急管理、地震等部门实时共享数据。

第三十五条 县级以上人民政府住房和城乡建设主管部门或者其他有关监督管理部门履行建设工程抗震监督管理职责时,有权采取以下措施:

(一)对建设工程或者施工现场进行监督检查;

(二)向有关单位和人员调查了解相关情况;

(三)查阅、复制被检查单位有关建设工程抗震的文件和资料;

(四)对抗震结构材料、构件和隔震减震装置实施抽样检测;

(五)查封涉嫌违反抗震设防强制性标准的施工现场;

(六)发现可能影响抗震质量的问题时,责令相关单位进行必要的检测、鉴定。

第三十六条 县级以上人民政府住房和城乡建设主管部门或者其他有关监督管理部门开展监督检查时,可以委托专业机构进行抽样检测、抗震性能鉴定等技术支持工作。

第三十七条 县级以上人民政府住房和城乡建设主管部门或者其他有关监督管理部门应当建立建设工程抗震责任企业及从业人员信用记录制度,将相关信用记录纳入全国信用信息共享平台。

第三十八条 任何单位和个人对违反本条例规定的违法行为,有权进行举报。

接到举报的住房和城乡建设主管部门或者其他有关监督管理部门应当进行调查,依法处理,并为举报人保密。

第七章 法律责任

第三十九条 违反本条例规定,住房和城乡建设主管部门或者其他有关监督管理部门工作人员在监督管理工作中玩忽职守、滥用职权、徇私舞弊的,依法给予处分。

第四十条 违反本条例规定,建设单位明示或者暗示勘察、设计、施工等单位和从业人员违反抗震设防强制性标准,降低工程抗震性能的,责令改正,处20万元以上50万元以下的罚款;情节严重的,处50万元以上500万元以下的罚款;造成损失的,依法承担赔偿责任。

违反本条例规定,建设单位未经超限高层建筑工程抗震设防审批进行施工的,责令停止施工,限期改正,处20万元以上100万元以下的罚款;造成损失的,依法承担赔偿责任。

违反本条例规定,建设单位未组织勘察、设计、施工、工程监理单位建立隔震减震工程质量可追溯制度的,或者未对隔震减震装置采购、勘察、设计、进场检测、安装施工、竣工验收等全过程的信息资料进行采集和存储,并纳入建设项目档案的,责令改正,处10万元以上30万元以下的罚款;造成损失的,依法承担赔偿责任。

第四十一条 违反本条例规定,设计单位有下列行为之一的,责令改正,处10万元以上30万元以下的罚款;情节严重的,责令停业整顿,降低资质等级或者吊销资质证书;造成损失的,依法承担赔偿责任:

(一)未按照超限高层建筑工程抗震设防审批意见进行施工图设计;

(二)未在初步设计阶段将建设工程抗震设防专篇作为设计文件组成部分;

(三)未按照抗震设防强制性标准进行设计。

第四十二条 违反本条例规定,施工单位在施工中未按照抗震设防强制性标准进行施工的,责令改正,处工程合同价款2%以上4%以下的罚款;造成建设工程不符合抗震设防强制性标准的,负责返工、加固,并赔偿因此造成的损失;情节严重的,责令停业整顿,降低资质等级或者吊销资质证书。

第四十三条 违反本条例规定,施工单位未对隔震减震装置取样送检或者使用不合格隔震减震装置的,责令改正,处 10 万元以上 20 万元以下的罚款;情节严重的,责令停业整顿,并处 20 万元以上 50 万元以下的罚款,降低资质等级或者吊销资质证书;造成损失的,依法承担赔偿责任。

第四十四条 违反本条例规定,工程质量检测机构未建立建设工程过程数据和结果数据、检测影像资料及检测报告记录与留存制度的,责令改正,处 10 万元以上 30 万元以下的罚款;情节严重的,吊销资质证书;造成损失的,依法承担赔偿责任。

违反本条例规定,工程质量检测机构出具虚假的检测数据或者检测报告的,责令改正,处 10 万元以上 30 万元以下的罚款;情节严重的,吊销资质证书和负有直接责任的注册执业人员的执业资格证书,其直接负责的主管人员和其他直接责任人员终身禁止从事工程质量检测业务;造成损失的,依法承担赔偿责任。

第四十五条 违反本条例规定,抗震性能鉴定机构未按照抗震设防强制性标准进行抗震性能鉴定的,责令改正,处 10 万元以上 30 万元以下的罚款;情节严重的,责令停业整顿,并处 30 万元以上 50 万元以下的罚款;造成损失的,依法承担赔偿责任。

违反本条例规定,抗震性能鉴定机构出具虚假鉴定结果的,责令改正,处 10 万元以上 30 万元以下的罚款;情节严重的,责令停业整顿,并处 30 万元以上 50 万元以下的罚款,吊销负有直接责任的注册执业人员的执业资格证书,其直接负责的主管人员和其他直接责任人员终身禁止从事抗震性能鉴定业务;造成损失的,依法承担赔偿责任。

第四十六条 违反本条例规定,擅自变动、损坏或者拆除建设工程抗震构件、隔震沟、隔震缝、隔震减震装置及隔震标识的,责令停止违法行为,恢复原状或者采取其他补救措施,对个人处 5 万元以上 10 万元以下的罚款,对单位处 10 万元以上 30 万元以下的罚款;造成损失的,依法承担赔偿责任。

第四十七条 依照本条例规定,给予单位罚款处罚的,对其直接负责的主管人员和其他直接责任人员处单位罚款数额 5% 以上 10% 以下的罚款。

本条例规定的降低资质等级或者吊销资质证书的行政处罚,由颁发资质证书的机关决定;其他行政处罚,由住房和城乡建设主管部门或者其他有关监督管理部门依照法定职权决定。

第四十八条 违反本条例规定,构成犯罪的,依法追究刑事责任。

第八章 附 则

第四十九条 本条例下列用语的含义:

(一)建设工程:主要包括土木工程、建筑工程、线路管道和设备安装工程等。

(二)抗震设防强制性标准:是指包括抗震设防类别、抗震性能要求和抗震设防措施等内容的工程建设强制性标准。

(三)地震时使用功能不能中断或者需要尽快恢复的建设工程:是指发生地震后提供应急医疗、供水、供电、交通、通信等保障或者应急指挥、避难疏散功能的建设工程。

(四)高烈度设防地区:是指抗震设防烈度为 8 度及以上的地区。

(五)地震重点监视防御区:是指未来 5 至 10 年内存在发生破坏性地震危险或者受破坏性地震影响,可能造成严重的地震灾害损失的地区和城市。

第五十条 抢险救灾及其他临时性建设工程不适用本条例。

军事建设工程的抗震管理,中央军事委员会另有规定的,适用有关规定。

第五十一条 本条例自 2021 年 9 月 1 日起施行。

32. 中共中央 国务院印发《交通强国建设纲要》

(2019年9月)

近日,中共中央、国务院印发了《交通强国建设纲要》,并发出通知,要求各地区各部门结合实际认真贯彻落实。

《交通强国建设纲要》全文如下。

建设交通强国是以习近平同志为核心的党中央立足国情、着眼全局、面向未来作出的重大战略决策,是建设现代化经济体系的先行领域,是全面建成社会主义现代化强国的重要支撑,是新时代做好交通工作的总抓手。为统筹推进交通强国建设,制定本纲要。

一、总体要求

(一)指导思想。以习近平新时代中国特色社会主义思想为指导,深入贯彻党的十九大精神,紧紧围绕统筹推进"五位一体"总体布局和协调推进"四个全面"战略布局,坚持稳中求进工作总基调,坚持新发展理念,坚持推动高质量发展,坚持以供给侧结构性改革为主线,坚持以人民为中心的发展思想,牢牢把握交通"先行官"定位,适度超前,进一步解放思想、开拓进取,推动交通发展由追求速度规模向更加注重质量效益转变,由各种交通方式相对独立发展向更加注重一体化融合发展转变,由依靠传统要素驱动向更加注重创新驱动转变,构建安全、便捷、高效、绿色、经济的现代化综合交通体系,打造一流设施、一流技术、一流管理、一流服务,建成人民满意、保障有力、世界前列的交通强国,为全面建成社会主义现代化强国、实现中华民族伟大复兴中国梦提供坚强支撑。

(二)发展目标

到2020年,完成决胜全面建成小康社会交通建设任务和"十三五"现代综合交通运输体系发展规划各项任务,为交通强国建设奠定坚实基础。

从2021年到本世纪中叶,分两个阶段推进交通强国建设。

到2035年,基本建成交通强国。现代化综合交通体系基本形成,人民满意度明显提高,支撑国家现代化建设能力显著增强;拥有发达的快速网、完善的干线网、广泛的基础网,城乡区域交通协调发展达到新高度;基本形成"全国123出行交通圈"(都市区1小时通勤、城市群2小时通达、全国主要城市3小时覆盖)和"全球123快货物流圈"(国内1天送达、周边国家2天送达、全球主要城市3天送达),旅客联程运输便捷顺畅,货物多式联运高效经济;智能、平安、绿色、共享交通发展水平明显提高,城市交通拥堵基本缓解,无障碍出行服务体系基本完善;交通科技创新体系基本建成,交通关键装备先进安全,人才队伍精良,市场环境优良;基本实现交通治理体系和治理能力现代化;交通国际竞争力和影响力显著提升。

到本世纪中叶,全面建成人民满意、保障有力、世界前列的交通强国。基础设施规模质量、技术装备、科技创新能力、智能化与绿色化水平位居世界前列,交通安全水平、治理能力、文明程度、国际竞争力及影响力达到国际先进水平,全面服务和保障社会主义现代化强国建设,人民享有美好交通服务。

二、基础设施布局完善、立体互联

(一)建设现代化高质量综合立体交通网络。以国家发展规划为依据,发挥国土空间规划的指导和约束作用,统筹铁路、公路、水运、民航、管道、邮政等基础设施规划建设,以多中心、网络化为主形态,完善多层次网络布局,优化存量资源配置,扩大优质增量供给,实现立体互联,增强系统弹性。强化西部地区补短板,推进东北地区提质改造,推动中部地区大通道大枢纽建设,加速东部地区优化升级,形成区域交通协调发展新格局。

(二)构建便捷顺畅的城市(群)交通网。建设城市群一体化交通网,推进干线铁路、城际铁路、市域(郊)铁路、城市轨道交通融合发展,完善城市群快速公路网络,加强公路与城市道路衔接。尊重城市发展规律,立足促进城市的整体性、系统性、生长性,统筹安排城市功能和用地布局,科学制定和实施城市综合交通体系规划。推进城市公共交通设施建设,强化城市轨道交通与其他交通方式衔接,完善快速路、主次干路、支路级配和结构合理的城市道路网,打通道路微循环,提高道路通达性,完善城市步行和非机动车交通系统,提升步行、自行车等出行品质,完善无障碍设施。科学规划建设城市停车设施,加强充电、加氢、加气和公交站点等设施建设。全面提升城市交通基础设施智能化水平。

(三)形成广覆盖的农村交通基础设施网。全面推进"四好农村路"建设,加快实施通村组硬化路建设,建立规范化可持续管护机制。促进交通建设与农村地区资源开发、产业发展有机融合,加强特色农产品优势区与旅游资源富集区交通建设。大力推进革命老区、民族地区、边疆地区、贫困地区、垦区林区交通发展,实现以交通便利带动脱贫减贫,深度贫困地区交通建设项目尽量向进村入户倾斜。推动资源丰富和人口相对密集贫困地区开发性铁路建设,在有条件的地区推进具备旅游、农业作业、应急救援等功能的通用机场建设,加强农村邮政等基础设施建设。

(四)构筑多层级、一体化的综合交通枢纽体系。依托京津冀、长三角、粤港澳大湾区等世界级城市群,打造具有全球竞争力的国际海港枢纽、航空枢纽和邮政快递核心枢纽,建设一批全国性、区域性交通枢纽,推进综合交通枢纽一体化规划建设,提高换乘换装水平,完善集疏运体系。大力发展枢纽经济。

三、交通装备先进适用、完备可控

(一)加强新型载运工具研发。实现3万吨级重载列车、时速250公里级高速轮轨货运列车等方面的重大突破。加强智能网联汽车(智能汽车、自动驾驶、车路协同)研发,形成自主可控完整的产业链。强化大中型邮轮、大型液化天然气船、极地航行船舶、智能船舶、新能源船舶等自主设计建造能力。完善民用飞机产品谱系,在大型民用飞机、重型直升机、通用航空器等方面取得显著进展。

(二)加强特种装备研发。推进隧道工程、整跨吊运安装设备等工程机械装备研发。研发水下机器人、深潜水装备、大型溢油回收船、大型深远海多功能救助船等新型装备。

(三)推进装备技术升级。推广新能源、清洁能源、智能化、数字化、轻量化、环保型交通装备及成套技术装备。广泛应用智能高铁、智能道路、智能航运、自动化码头、数字管网、智能仓储和分拣系统等新型装备设施,开发新一代智能交通管理系统。提升国产飞机和发动机技术水平,加强民用航空器、发动机研发制造和适航审定体系建设。推广应用交通装备的智能检测监测和运维技术。加速淘汰落后技术和高耗低效交通装备。

四、运输服务便捷舒适、经济高效

(一)推进出行服务快速化、便捷化。构筑以高铁、航空为主体的大容量、高效率区际快速客运服务,提升主要通道旅客运输能力。完善航空服务网络,逐步加密机场网建设,大力发展支线航空,推进干支有效衔接,提高航空服务能力和品质。提高城市群内轨道交通通勤化水平,推广城际道路客运公交化运行模式,打造旅客联程运输系统。加强城市交通拥堵综合治理,优先发展城市公共交通,鼓励引导绿色公交出行,合理引导个体机动化出行。推进城乡客运服务一体化,提升公共服务均等化水平,保障城乡居民行有所乘。

(二)打造绿色高效的现代物流系统。优化运输结构,加快推进港口集疏运铁路、物流园区及大型工矿企业铁路专用线等"公转铁"重点项目建设,推进大宗货物及中长距离货物运输向铁路和水运有序转移。推动铁水、公铁、公水、空陆等联运发展,推广跨方式快速换装转运标准化设施设备,形成统一的多式联运标准和规则。发挥公路货运"门到门"优势。完善航空物流网络,提升航空货运效率。推进电商物流、冷链物流、大件运输、危险品物流等专业化物流发展,促进城际干线运输和城市末端配送有机衔接,鼓励发展集约化配送模式。综合利用多种资源,完善农村配送网络,促进城乡双向流通。落实减税降费政策,优化物流组织模式,提高物流效率,降低物流成本。

(三)加速新业态新模式发展。深化交通运输与旅游融合发展,推动旅游专列、旅游风景道、旅游航道、自驾车房车营地、游艇旅游、低空飞行旅游等发展,完善客运枢纽、高速公路服务区等交通设施旅游服务功能。大力发展共享交通,打造基于移动智能终端技术的服务系统,实现出行即服务。发展"互联网+"高效物流,创新智慧物流营运模式。培育充满活力的通用航空及市域(郊)铁路市场,完善政府购买服务政策,稳步扩大短途运输、公益服务、航空消费等市场规模。建立通达全球的寄递服务体系,推动邮政普遍服务升级换代。加快快递扩容增效和数字化转型,壮大供应链服务、冷链快递、即时直递等新业态新模式,推进智能收投终端和末端公共服务平台建设。积极发展无人机(车)物流递送、城市地下物流配送等。

五、科技创新富有活力、智慧引领

(一)强化前沿关键科技研发。瞄准新一代信息技术、人工智能、智能制造、新材料、新能源等世界科技前沿,加强对可能引发交通产业变革的前瞻性、颠覆性技术研究。强化汽车、民用飞行器、船舶等装备动力传动系统研发,突破高效率、大推力/大功率发动机装备设备关键技术。加强区域综合交通网络协调运营与服务技术、城市综合交通协同管控技术、基于船岸协同的内河航运安全管控与应急搜救技术等研发。合理统筹安排时速600公里级高速磁悬浮系统、时速400公里级高速轮轨(含可变轨距)客运列车系统、低真空管(隧)道高速列车等技术储备研发。

(二)大力发展智慧交通。推动大数据、互联网、人工智能、区块链、超级计算等新技术与交通行业深度融合。推进数据资源赋能交通发展,加速交通基础设施网、运输服务网、能源网与信息网络融合发展,构建泛在先进的交通信息基础设施。构建综合交通大数据中心体系,深化交通公共服务和电子政务发展。推进北斗卫星导航系统应用。

(三)完善科技创新机制。建立以企业为主体、产学研用深度融合的技术创新机制,鼓励交通行业各类创新主体建立创新联盟,建立关键核心技术攻关机制。建设一批具有国际影响力的实验室、试验基地、技术创新中心等创新平台,加大资源开放共享力度,优化科研资金投入机制。构建适应交通高质量发展的标准体系,加强重点领域标准有效供给。

六、安全保障完善可靠、反应快速

(一)提升本质安全水平。完善交通基础设施安全技术标准规范,持续加大基础设施安全防护投入,提升关键基础设施安全防护能力。构建现代化工程建设质量管理体系,推进精品建造和精细管理。强化交通基础设施养护,加强基础设施运行监测检测,提高养护专业化、信息化水平,增强设施耐久性和可靠性。强化载运工具质量治理,保障运输装备安全。

(二)完善交通安全生产体系。完善依法治理体系,健全交通安全生产法规制度和标准规范。完善安全责任体系,强化企业主体责任,明确部门监管责任。完善预防控制体系,有效防控系统性风险,建立交通装备、工程第三方认证制度。强化安全生产事故调查评估。完善网络安全保障体系,增强科技兴安能力,加强交通信息基础设施安全保护。完善支撑保障体系,加强安全设施建设。

建立自然灾害交通防治体系,提高交通防灾抗灾能力。加强交通安全综合治理,切实提高交通安全水平。

(三)强化交通应急救援能力。建立健全综合交通应急管理体制机制、法规制度和预案体系,加强应急救援专业装备、设施、队伍建设,积极参与国际应急救援合作。强化应急救援社会协同能力,完善征用补偿机制。

七、绿色发展节约集约、低碳环保

(一)促进资源节约集约利用。加强土地、海域、无居民海岛、岸线、空域等资源节约集约利用,提升用地用海用岛效率。加强老旧设施更新利用,推广施工材料、废旧材料再生和综合利用,推进邮件快件包装绿色化、减量化,提高资源再利用和循环利用水平,推进交通资源循环利用产业发展。

(二)强化节能减排和污染防治。优化交通能源结构,推进新能源、清洁能源应用,促进公路货运节能减排,推动城市公共交通工具和城市物流配送车辆全部实现电动化、新能源化和清洁化。打好柴油货车污染治理攻坚战,统筹油、路、车治理,有效防治公路运输大气污染。严格执行国家和地方污染物控制标准及船舶排放区要求,推进船舶、港口污染防治。降低交通沿线噪声、振动,妥善处理好大型机场噪声影响。开展绿色出行行动,倡导绿色低碳出行理念。

(三)强化交通生态环境保护修复。严守生态保护红线,严格落实生态保护和水土保持措施,严格实施生态修复、地质环境治理恢复与土地复垦,将生态环保理念贯穿交通基础设施规划、建设、运营和养护全过程。推进生态选线选址,强化生态环保设计,避让耕地、林地、湿地等具有重要生态功能的国土空间。建设绿色交通廊道。

八、开放合作面向全球、互利共赢

(一)构建互联互通、面向全球的交通网络。以丝绸之路经济带六大国际经济合作走廊为主体,推进与周边国家铁路、公路、航道、油气管道等基础设施互联互通。提高海运、民航的全球连接度,建设世界一流的国际航运中心,推进21世纪海上丝绸之路建设。拓展国际航运物流,发展铁路国际班列,推进跨境道路运输便利化,大力发展航空物流枢纽,构建国际寄递物流供应链体系,打造陆海新通道。维护国际海运重要通道安全与畅通。

(二)加大对外开放力度。吸引外资进入交通领域,全面落实准入前国民待遇加负面清单管理制度。协同推进自由贸易试验区、中国特色自由贸易港建设。鼓励国内交通企业积极参与"一带一路"沿线交通基础设施建设和国际运输市场合作,打造世界一流交通企业。

(三)深化交通国际合作。提升国际合作深度与广度,形成国家、社会、企业多层次合作渠道。拓展国际合作平台,积极打造交通新平台,吸引重要交通国际组织来华落驻。积极推动全球交通治理体系建设与变革,促进交通运输政策、规则、制度、技术、标准"引进来"和"走出去",积极参与交通国际组织事务框架下规则、标准制定修订。提升交通国际话语权和影响力。

九、人才队伍精良专业、创新奉献

(一)培育高水平交通科技人才。坚持高精尖缺导向,培养一批具有国际水平的战略科技人才、科技领军人才、青年科技人才和创新团队,培育交通一线创新人才,支持各领域各学科人才进入交通相关产业行业。推进交通高端智库建设,完善专家工作体系。

(二)打造素质优良的交通劳动者大军。弘扬劳模精神和工匠精神,造就一支素质优良的知识型、技能型、创新型劳动者大军。大力培养支撑中国制造、中国创造的交通技术技能人才队伍,构建适应交通发展需要的现代职业教育体系。

(三)建设高素质专业化交通干部队伍。落实建设高素质专业化干部队伍要求,打造一支忠诚干净担当的高素质干部队伍。注重专业能力培养,增强干部队伍适应现代综合交通运输发展要求的能力。加强优秀年轻干部队伍建设,加强国际交通组织人才培养。

十、完善治理体系,提升治理能力

(一)深化行业改革。坚持法治引领,完善综合交通法规体系,推动重点领域法律法规制定修订。不断深化铁路、公路、航道、空域管理体制改革,建立健全适应综合交通一体化发展的体制机制。推动国家铁路企业股份制改造,邮政企业混合所有制改革,支持民营企业健康发展。统筹制定交通发展战略、规划和政策,加快建设现代化综合交通体系。强化规划协同,实现"多规合一""多规融合"。

(二)优化营商环境。健全市场治理规则,深入推进简政放权,破除区域壁垒,防止市场垄断,完善运输价格形成机制,构建统一开放、竞争有序的现代交通市场体系。全面实施市场准入负面清单制度,构建以信用为基础的新型监管机制。

(三)扩大社会参与。健全公共决策机制,实行依法决策、民主决策。鼓励交通行业组织积极参与行业治理,引导社会组织依法自治、规范自律,拓宽公众参与交通治理渠道。推动政府信息公开,建立健全公共监督机制。

(四)培育交通文明。推进优秀交通文化传承创新,加强重要交通遗迹遗存、现代交通重大工程的保护利用和精神挖掘,讲好中国交通故事。弘扬以"两路"精神、青藏铁路精神、民航英雄机组等为代表的交通精神,增强行业凝聚力和战斗力。全方位提升交通参与者文明素养,引导文明出行,营造文明交通环境,推动全社会交通文明程度大幅提升。

十一、保障措施

(一)加强党的领导。坚持党的全面领导,充分发挥党总揽全局、协调各方的作用。建立统筹协调的交通强国建设实施工作机制,强化部门协同、上下联动、军地互动,整体有序推进交通强国建设工作。

(二)加强资金保障。深化交通投融资改革,增强可持续发展能力,完善政府主导、分级负责、多元筹资、风险可控的资金保障和运行管理体制。建立健全中央和地方各级财政投入保障制度,鼓励采用多元化市场融资方式拓宽融资渠道,积极引导社会资本参与交通强国建设,强化风险防控机制建设。

(三)加强实施管理。各地区各部门要提高对交通强国建设重大意义的认识,科学制定配套政策和配置公共资源,促进自然资源、环保、财税、金融、投资、产业、贸易等政策与交通强国建设相关政策协同,部署若干重大工程、重大项目,合理规划交通强国建设进程。鼓励有条件的地方和企业在交通强国建设中先行先试。交通运输部要会同有关部门加强跟踪分析和督促指导,建立交通强国评价指标体系,重大事项及时向党中央、国务院报告。

33. 中共中央 国务院印发《国家综合立体交通网规划纲要》

(2021年2月)

近日,中共中央、国务院印发了《国家综合立体交通网规划纲要》,并发出通知,要求各地区各部门结合实际认真贯彻落实。

《国家综合立体交通网规划纲要》全文如下。

为加快建设交通强国,构建现代化高质量国家综合立体交通网,支撑现代化经济体系和社会主义现代化强国建设,编制本规划纲要。规划期为2021至2035年,远景展望到本世纪中叶。

一、规划基础

(一)发展现状

改革开放特别是党的十八大以来,在以习近平同志为核心的党中央坚强领导下,我国交通运输发展取得了举世瞩目的成就。基础设施网络基本形成,综合交通运输体系不断完善;运输服务能力和水平大幅提升,人民群众获得感明显增强;科技创新成效显著,设施建造、运输装备技术水平大幅提升;交通运输建设现代化加快推进,安全智慧绿色发展水平持续提高;交通运输对外开放持续扩大,走出去步伐不断加快。交通运输发展有效促进国土空间开发保护、城乡区域协调发展、生产力布局优化,为经济社会发展充分发挥基础性、先导性、战略性和服务性作用,为决胜全面建成小康社会提供了有力支撑。

与此同时,我国交通运输发展还存在一些短板,不平衡不充分问题仍然突出。综合交通网络布局仍需完善,结构有待优化,互联互通和网络韧性还需增强;综合交通统筹融合亟待加强,资源集约利用水平有待提高,交通运输与相关产业协同融合尚需深化,全产业链支撑能力仍需提升;综合交通发展质量效率和服务水平不高,现代物流体系有待完善,科技创新能力、安全智慧绿色发展水平还要进一步提高;交通运输重点领域关键环节改革任务仍然艰巨。

(二)形势要求

当前和今后一个时期,我国发展仍处于重要战略机遇期,但机遇和挑战都有新的发展变化。当今世界正经历百年未有之大变局,新一轮科技革命和产业变革深入发展,国际力量对比深刻调整,和平与发展仍是时代主题,人类命运共同体理念深入人心。同时国际环境日趋复杂,不稳定性不确定性明显增加,新冠肺炎疫情影响广泛深远,经济全球化遭遇逆流,世界进入动荡变革期。我国已转向高质量发展阶段,制度优势显著,经济长期向好,市场空间广阔,发展韧性增强,社会大局稳定,全面建设社会主义现代化国家新征程开启,但发展不平衡不充分问题仍然突出。

国内国际新形势对加快建设交通强国、构建现代化高质量国家综合立体交通网提出了新的更高要求,必须更加突出创新的核心地位,注重交通运输创新驱动和智慧发展;更加突出统筹协调,注重各种运输方式融合发展和城乡区域交通运输协调发展;更加突出绿色发展,注重国土空间开发和生态环境保护;更加突出高水平对外开放,注重对外互联互通和国际供应链开放、安全、稳定;更加突出共享发展,注重建设人民满意交通,满足人民日益增长的美好生活需要。要着力推动交通运输更高质量、更有效率、更加公平、更可持续、更为安全的发展,发挥交通运输在国民经济扩大循环规模、提高循环效率、增强循环动能、降低循环成本、保障循环安全中的重要作用,为全面建设社会主义现代化国家提供有力支撑。

(三)运输需求

旅客出行需求稳步增长,高品质、多样化、个性化的需求不断增强。预计2021至2035年旅客出行量(含小汽车出行量)年均增速为3.2%左右。高铁、民航、小汽车出行占比不断提升,国际旅客出行以及城市群旅客出行需求更加旺盛。东部地区仍将是我国出行需求最为集中的区域,中西部地区出行需求增速加快。

货物运输需求稳中有升,高价值、小批量、时效强的需求快速攀升。预计2021至2035年全社会货运量年均增速为2%左右,邮政快递业务量年均增速为6.3%左右。外贸货物运输保持长期增长态势,大宗散货运量未来一段时期保持高位运行状态。东部地区货运需求仍保持较大规模,中西部地区增速将快于东部地区。

二、总体要求

(一)指导思想

以习近平新时代中国特色社会主义思想为指导,深入贯彻党的十九大和十九届二中、三中、四中、五中全会精神,统筹推进"五位一体"总体布局,协调推进"四个全面"战略布局,坚持稳中求进工作总基调,立足新发展阶段,贯彻新发展理念,构建新发展格局,以推动高质量发展为主题,以深化供给侧结构性改革为主线,以改革创新为根本动力,以满足人民日益增长的美好生活需要为根本目的,统筹发展和安全,充分发挥中央和地方两个积极性,更加注重质量效益、一体化融合、创新驱动,打造一流设施、技术、管理、服务,构建便捷顺畅、经济高效、绿色集约、智能先进、安全可靠的现代化高质量国家综合立体交通网,加快建设交通强国,为全面建设社会主义现代化国家当好先行。

(二)工作原则

——服务大局、服务人民。立足全面建设社会主义现代化国家大局,坚持适度超前,推进交通与国土空间开发保护、产业发展、新型城镇化协调发展,促进军民融合发展,有效支撑国家重大战略。立足扩大内需战略基点,拓展投资空间,有效促进国民经济良性循环。坚持以人民为中心,建设人民满意交通,不断增强人民群众的获得感、幸福感、安全感。

——立足国情、改革开放。准确把握新发展阶段要求和资源禀赋气候特征,加强资源节约集约利用,探索中国特色交通运输现代化发展模式和路径。充分发挥市场在资源配置中的决定性作用,更好发挥政府作用,深化交通运输体系改革,破除制约高质量发展的体制机制障碍,构建统一开放竞争有序的交通运输市场。服务"一带一路"建设,加强国际互联互通,深化交通运输开放合作,提高全球运输网络和物流供应链体系安全性、开放性、可靠性。

——优化结构、统筹融合。坚持系统观念,加强前瞻性思考、全局性谋划、战略性布局、整体性推进。加强规划统筹,优化网络布局,创新运输组织,调整运输结构,实现供给和需求更高水平的动态平衡。推动融合发展,加强交通运输资源整合和集约利用,促进交通运输与相关产业深度融合。强化衔接联通,提升设施网络化和运输服务一体化水平,提升综合交通运输整体效率。

——创新智慧、安全绿色。坚持创新核心地位,注重科技赋能,促进交通运输提效能、扩功能、增动能。推进交通基础设施数字化、网联化,提升交通运输智慧发展水平。统筹发展和安全,加强交通运输安全与应急保障能力建设。加快推进绿色低碳发展,交通领域二氧化碳排放尽早达峰,降低污染物及温室气体排放强度,注重生态环境保护修复,促进交通与自然和谐发展。

(三)发展目标

到2035年,基本建成便捷顺畅、经济高效、绿色集约、智能先进、安全可靠的现代化高质量国家综合立体交通网,实现国际国内互联互通、全国主要城市立体畅达、县级节点有效覆盖,有力支撑"全国123出行交通圈"(都市区1小时通勤、城市群2小时通达、全国主要城市3小时覆盖)和"全球123快货物流圈"(国内1天送达、周边国家2天送达、全球主要城市3天送达)。交通基础设施质量、智能化与绿色化水平居世界前列。交通运输全面适应人民日益增长的美好生活需要,有力保障国家安全,支撑我国基本实现社会主义现代化。

专栏一:2035年发展目标

便捷顺畅。享受快速交通服务的人口比重大幅提升,除部分边远地区外,基本实现全国县级行政中心15分钟上国道、30分钟上高速公路、60分钟上铁路,市地级行政中心45分钟上高速铁路、60分钟到机场。基本实现地级市之间当天可达。中心城区至综合客运枢纽半小时到达,中心城区综合客运枢纽之间公共交通转换时间不超过1小时。交通基础设施无障碍化率大幅提升,旅客出行全链条便捷程度显著提高,基本实现"全国123出行交通圈"。

经济高效。国家综合立体交通网设施利用更加高效,多式联运占比、换装效率显著提高,运输结构更加优化,物流成本进一步降低,交通枢纽基本具备寄递功能,实现与寄递枢纽的无缝衔接,基本实现"全球123快货物流圈"。

绿色集约。综合运输通道资源利用的集约化、综合化水平大幅提高。基本实现交通基础设施建设全过程、全周期绿色化。单位运输周转量能耗不断降低,二氧化碳排放强度比2020年显著下降,交通污染防治达到世界先进水平。

智能先进。基本实现国家综合立体交通网基础设施全要素全周期数字化。基本建成泛在先进的交通信息基础设施,实现北斗时空信息服务、交通运输感知全覆盖。智能列车、智能网联汽车(智能汽车、自动驾驶、车路协同)、智能化通用航空器、智能船舶及邮政快递设施的技术达到世界先进水平。

安全可靠。交通基础设施耐久性和有效性显著增强,设施安全隐患防治能力大幅提升。交通网络韧性和应对各类重大风险能力显著提升,重要物资运输高效可靠。基本建成陆海空天立体协同的交通安全监管和救助体系。交通安全水平达到世界前列,有效保障人民生命财产和国家总体安全。

国家综合立体交通网2035年主要指标表

序号	指标		目标值
1	便捷顺畅	享受1小时内快速交通服务的人口占比	80%以上
2		中心城区至综合客运枢纽半小时可达率	90%以上
3	经济高效	多式联运换装1小时完成率	90%以上
4		国家综合立体交通网主骨架能力利用率	60%~85%
5	绿色集约	主要通道新增交通基础设施多方式国土空间综合利用率提高比例	80%
6		交通基础设施绿色化建设比例	95%
7	智能先进	交通基础设施数字化率	90%
8	安全可靠	重点区域多路径连接比率	95%以上
9		国家综合立体交通网安全设施完好率	95%以上

到本世纪中叶,全面建成现代化高质量国家综合立体交通网,拥有世界一流的交通基础设施体系,交通运输供需有效平衡、服务优质均等、安全有力保障。新技术广泛应用,实现数字化、网络化、智能化、绿色化。出行安全便捷舒适,物流高效经济可靠,实现"人享其行、物优其流",全面建成交通强国,为全面建成社会主义现代化强国当好先行。

三、优化国家综合立体交通布局

（一）构建完善的国家综合立体交通网

国家综合立体交通网连接全国所有县级及以上行政区、边境口岸、国防设施、主要景区等。以统筹融合为导向,着力补短板、重衔接、优网络、提效能,更加注重存量资源优化利用和增量供给质量提升。完善铁路、公路、水运、民航、邮政快递等基础设施网络,构建以铁路为主干,以公路为基础,水运、民航比较优势充分发挥的国家综合立体交通网。

到2035年,国家综合立体交通网实体线网总规模合计70万公里左右（不含国际陆路通道境外段、空中及海上航路、邮路里程）。其中铁路20万公里左右,公路46万公里左右,高等级航道2.5万公里左右。沿海主要港口27个,内河主要港口36个,民用运输机场400个左右,邮政快递枢纽80个左右。

专栏二：国家综合立体交通网布局

1. 铁路。国家铁路网包括高速铁路、普速铁路。其中,高速铁路7万公里（含部分城际铁路）,普速铁路13万公里（含部分市域铁路）,合计20万公里左右。形成由"八纵八横"高速铁路主通道为骨架、区域性高速铁路衔接的高速铁路网；由若干条纵横普速铁路主通道为骨架、区域性普速铁路衔接的普速铁路网；京津冀、长三角、粤港澳大湾区、成渝地区双城经济圈等重点城市群率先建成城际铁路网,其他城市群城际铁路逐步成网。研究推进超大城市间高速磁悬浮通道布局和试验线路建设。

2. 公路。包括国家高速公路网、普通国道网,合计46万公里左右。其中,国家高速公路网16万公里左右,由7条首都放射线、11条纵线、18条横线及若干条地区环线、都市圈环线、城市绕城环线、联络线、并行线组成；普通国道30万公里左右,由12条首都放射线、47条纵线、60条横线及若干联络线组成。

3. 水运。包括国家航道网和全国主要港口。国家航道网由国家高等级航道和国境国际通航河流航道组成。其中,"四纵四横两网"的国家高等级航道2.5万公里左右；国境国际通航河流主要包括黑龙江、额尔古纳河、鸭绿江、图们江、瑞丽江、澜沧江、红河等。全国主要港口合计63个,其中沿海主要港口27个,内河主要港口36个。

4. 民航。包括国家民用运输机场和国家航路网。国家民用运输机场合计400个左右,基本建成以世界级机场群、国际航空（货运）枢纽为核心,区域枢纽为骨干,非枢纽机场和通用机场为重要补充的国家综合机场体系。按照突出枢纽、辐射区域、分层衔接、立体布局,先进导航技术为主、传统导航技术为辅的要求,加快繁忙地区终端管制区建设,加快构建结构清晰、衔接顺畅的国际航路航线网络；构建基于大容量通道、平行航路、单向循环等先进运行方式的高空航路航线网络；构建基于性能导航为主、传统导航为辅的适应各类航空用户需求的中低空航路航线网络。

5. 邮政快递。包括国家邮政快递枢纽和邮路。国家邮政快递枢纽主要由北京天津雄安、上海南京杭州、武汉（鄂州）郑州长沙、广州深圳、成都重庆西安等5个全球性国际邮政快递枢纽集群,20个左右区域性国际邮政快递枢纽,45个左右全国性邮政快递枢纽组成。依托国家综合立体交通网,布局航空邮路、铁路邮路、公路邮路、水运邮路。

（二）加快建设高效率国家综合立体交通网主骨架

国家综合立体交通网主骨架由国家综合立体交通网中最为关键的线网构成,是我国区域间、城市群间、省际间以及连通国际运输的主动脉,是支撑国土空间开发保护的主轴线,也是各种运输方式资源配置效率最高、运输强度最大的骨干网络。

依据国家区域发展战略和国土空间开发保护格局,结合未来交通运输发展和空间分布特点,将重点区域按照交通运输需求量级划分为3类。京津冀、长三角、粤港澳大湾区和成渝地区双城经济圈4个地区作为极,长江中游、山东半岛、海峡西岸、中原地区、哈长、辽中南、北部湾和关中平原8个地区作为组群,呼包鄂榆、黔中、滇中、山西中部、天山北坡、兰西、宁夏沿黄、拉萨和喀什9个地区作为组团。按照极、组群、组团之间交通联系强度,打造由主轴、走廊、通道组成的国家综合立体交通网主骨架。国家综合立体交通网主骨架实体线网里程29万公里左右,其中国家高速铁路5.6万公里、普速铁路7.1万公里；国家高速公路6.1万公里、普通国道7.2万公里；国家高等级航道2.5万公里。

加快构建6条主轴。加强京津冀、长三角、粤港澳大湾区、成渝地区双城经济圈4极之间联系,建设综合性、多通道、立体化、大容量、快速化的交通主轴。拓展4极辐射空间和交通资源配置能力,打造我国综合立体交通协同发展和国内国际交通衔接转换的关键平台,充分发挥促进全国区域发展南北互动、东西交融的重要作用。

加快构建7条走廊。强化京津冀、长三角、粤港澳大湾区、成渝地区双城经济圈4极的辐射作用,加强极与组群和组团之间联系,建设京哈、京藏、大陆桥、西部陆海、沪昆、成渝昆、广昆等多方式、多通道、便捷化的交通走廊,优化完善多中心、网络化的主骨架结构。

加快构建8条通道。强化主轴与走廊之间的衔接协调,加强组群与组群之间、组团与组团之间联系,加强资源产业集聚地、重要口岸的连接覆盖,建设绥满、京延、沿边、福银、二湛、川藏、湘桂、厦蓉等交通通道,促进内外连通、通边达海,扩大中西部和东北地区交通网络覆盖。

专栏三:国家综合立体交通网主骨架布局

6条主轴：

京津冀—长三角主轴。路径1:北京经天津、沧州、青岛至杭州。路径2:北京经天津、沧州、济南、蚌埠至上海。路径3:北京经天津、潍坊、淮安至上海。路径4:天津港至上海港沿海海上路径。

京津冀—粤港澳主轴。路径1:北京经雄安、衡水、阜阳、九江、赣州至香港(澳门)。支线:阜阳经黄山、福州至台北。路径2:北京经石家庄、郑州、武汉、长沙、广州至深圳。

京津冀—成渝主轴。路径1:北京经石家庄、太原、西安至成都。路径2:北京经太原、延安、西安至重庆。

长三角—粤港澳主轴。路径1:上海经宁波、福州至深圳。路径2:上海经杭州、南平至广州。路径3:上海港至湛江港沿海海上路径。

长三角—成渝主轴。路径1:上海经南京、合肥、武汉、万州至重庆。路径2:上海经九江、武汉、重庆至成都。

粤港澳—成渝主轴。路径1:广州经桂林、贵阳至成都。路径2:广州经永州、怀化至重庆。

7条走廊：

京哈走廊。路径1:北京经沈阳、长春至哈尔滨。路径2:北京经承德、沈阳、长春至哈尔滨。支线1:沈阳经大连至青岛。支线2:沈阳至丹东。

京藏走廊。路径1:北京经呼和浩特、包头、银川、兰州、格尔木、拉萨至亚东。支线:秦皇岛经大同至鄂尔多斯。路径2:青岛经济南、石家庄、太原、银川、西宁至拉萨。支线:黄骅经忻州至包头。

大陆桥走廊。路径1:连云港经郑州、西安、西宁、乌鲁木齐至霍尔果斯/阿拉山口。路径2:上海经南京、合肥、南阳至西安。支线:南京经平顶山至洛阳。

西部陆海走廊。路径1:西宁经兰州、成都/重庆、贵阳、南宁、湛江至三亚。路径2:甘其毛都经银川、宝鸡、重庆、毕节、百色至南宁。

沪昆走廊。路径1:上海经杭州、上饶、南昌、长沙、怀化、贵阳、昆明至瑞丽。路径2:上海经杭州、景德镇、南昌、长沙、吉首、遵义至昆明。

成渝昆走廊。路径1:成都经攀枝花、昆明至磨憨/河口。路径2:重庆经昭通至昆明。

广昆走廊。路径1:深圳经广州、梧州、南宁、兴义、昆明至瑞丽。路径2:深圳经湛江、南宁、文山至昆明。

8条通道：

绥满通道。绥芬河经哈尔滨至满洲里。支线1:哈尔滨至同江。支线2:哈尔滨至黑河。

京延通道。北京经承德、通辽、长春至珲春。

沿边通道。黑河经齐齐哈尔、乌兰浩特、呼和浩特、临河、哈密、乌鲁木齐、库尔勒、喀什、阿里至拉萨。支线1:喀什至红其拉甫。支线2:喀什至吐尔尕特。

福银通道。福州经南昌、武汉、西安至银川。支线:西安经延安至包头。

二湛通道。二连浩特经大同、太原、洛阳、南阳、宜昌、怀化、桂林至湛江。

川藏通道。成都经林芝至樟木。

湘桂通道。长沙经桂林、南宁至凭祥。

厦蓉通道。厦门经赣州、长沙、黔江、重庆至成都。

(三)建设多层级一体化国家综合交通枢纽系统

建设综合交通枢纽集群、枢纽城市及枢纽港站"三位一体"的国家综合交通枢纽系统。建设面向世界的京津冀、长三角、粤港澳大湾区、成渝地区双城经济圈4大国际性综合交通枢纽集群。加快建设20个左右国际性综合交通枢纽城市以及80个左右全国性综合交通枢纽城市。推进一批国际性枢纽港站、全国性枢纽港站建设。

专栏四:国际性综合交通枢纽

1.国际性综合交通枢纽集群

形成以北京、天津为中心联动石家庄、雄安等城市的京津冀枢纽集群,以上海、杭州、南京为中心联动合肥、宁波等城市的长三角枢纽集群,以广州、深圳、香港为核心联动珠海、澳门等城市的粤港澳大湾区枢纽集群,以成都、重庆为中心的成渝地区双城经济圈枢纽集群。

2.国际性综合交通枢纽城市

建设北京、天津、上海、南京、杭州、广州、深圳、成都、重庆、沈阳、大连、哈尔滨、青岛、厦门、郑州、武汉、海口、昆明、西安、乌鲁木齐等20个左右国际性综合交通枢纽城市。

3.国际性综合交通枢纽港站

——国际铁路枢纽和场站:在北京、上海、广州、重庆、成都、西安、郑州、武汉、长沙、乌鲁木齐、义乌、苏州、哈尔滨等城市以及满洲里、绥芬河、二连浩特、阿拉山口、霍尔果斯等口岸建设具有较强国际运输服务功能的铁路枢纽场站。

——国际枢纽海港：发挥上海港、大连港、天津港、青岛港、连云港港、宁波舟山港、厦门港、深圳港、广州港、北部湾港、洋浦港等国际枢纽海港作用，巩固提升上海国际航运中心地位，加快建设辐射全球的航运枢纽，推进天津北方、厦门东南、大连东北亚等国际航运中心建设。

——国际航空（货运）枢纽：巩固北京、上海、广州、成都、昆明、深圳、重庆、西安、乌鲁木齐、哈尔滨等国际航空枢纽地位，推进郑州、天津、合肥、鄂州等国际航空货运枢纽建设。

——国际邮政快递处理中心：在国际邮政快递枢纽城市和口岸城市，依托国际航空枢纽、国际铁路枢纽、国际枢纽海港、公路口岸等建设40个左右国际邮政快递处理中心。

（四）完善面向全球的运输网络

围绕陆海内外联动、东西双向互济的开放格局，着力形成功能完备、立体互联、陆海空统筹的运输网络。发展多元化国际运输通道，重点打造新亚欧大陆桥、中蒙俄、中国—中亚—西亚、中国—中南半岛、中巴、中尼印和孟中印缅等7条陆路国际运输通道。发展以中欧班列为重点的国际货运班列，促进国际道路运输便利化。强化国际航运中心辐射能力，完善经日韩跨太平洋至美洲，经东南亚至大洋洲，经东南亚、南亚跨印度洋至欧洲和非洲，跨北冰洋的冰上丝绸之路等4条海上国际运输通道，保障原油、铁矿石、粮食、液化天然气等国家重点物资国际运输，拓展国际海运物流网络，加快发展邮轮经济。依托国际航空枢纽，构建四通八达、覆盖全球的空中客货运输网络。建设覆盖五洲、连通全球、互利共赢、协同高效的国际干线邮路网。

四、推进综合交通统筹融合发展

（一）推进各种运输方式统筹融合发展

统筹综合交通通道规划建设。强化国土空间规划对基础设施规划建设的指导约束作用，加强与相关规划的衔接协调。节约集约利用通道线位资源、岸线资源、土地资源、空域资源、水域资源，促进交通通道由单一向综合、由平面向立体发展，减少对空间的分割，提高国土空间利用效率。统筹考虑多种运输方式规划建设协同和新型运输方式探索应用，实现陆水空多种运输方式相互协同、深度融合。用好用足既有交通通道，加强过江、跨海、穿越环境敏感区通道基础设施建设方案论证，推动铁路、公路等线性基础设施的线位统筹和断面空间整合。加强综合交通通道与通信、能源、水利等基础设施统筹，提高通道资源利用效率。

推进综合交通枢纽一体化规划建设。推进综合交通枢纽及邮政快递枢纽统一规划、统一设计、统一建设、协同管理。推动新建综合客运枢纽各种运输方式集中布局，实现空间共享、立体或同台换乘，打造全天候、一体化换乘环境。推动既有综合客运枢纽整合交通设施、共享服务功能空间。加快综合货运枢纽多式联运换装设施与集疏运体系建设，统筹转运、口岸、保税、邮政快递等功能，提升多式联运效率与物流综合服务水平。按照站城一体、产城融合、开放共享原则，做好枢纽发展空间预留、用地功能管控、开发时序协调。

专栏五：综合交通枢纽一体化规划建设要求

1. 综合客运枢纽

综合客运枢纽内各种运输方式间换乘便捷、公共换乘设施完备，客流量大的客运枢纽应考虑安全缓冲。加强干线铁路、城际铁路、市域（郊）铁路、城市轨道交通规划与机场布局规划的衔接，国际航空枢纽基本实现2条以上轨道交通衔接。全国性铁路综合客运枢纽基本实现2条以上市域（郊）铁路或城市轨道衔接。国际性和全国性综合交通枢纽城市内轨道交通规划建设优先衔接贯通所在城市的综合客运枢纽，不同综合客运枢纽间换乘次数不超过2次。铁路综合客运枢纽与城市轨道交通站点应一体设计、同步建设、同期运营。

2. 综合货运枢纽

综合货运枢纽与国家综合立体交通网顺畅衔接。千万标箱港口规划建设综合货运通道与内陆港系统。全国沿海、内河主要港口的集装箱、大宗干散货规模化港区积极推动铁路直通港区，重要港区新建集装箱、大宗干散货作业区原则上同步规划建设进港铁路，推进港铁协同管理。提高机场的航空快件保障能力和处理效率，国际航空货运枢纽在更大空间范围内统筹集疏运体系规划，建设快速货运通道。

推动城市内外交通有效衔接。推动干线铁路、城际铁路、市域（郊）铁路融合建设，并做好与城市轨道交通衔接协调，构建运营管理和服务"一张网"，实现设施互联、票制互通、安检互认、信息共享、支付兼容。加强城市周边区域公路与城市道路高效对接，系统优化进出城道路网络，推动规划建设统筹和管理协同，减少对城市的分割和干扰。完善城市物流配送系统，加强城际干线运输与城市末端配送有机衔接。加强铁路、公路客运枢纽及机场与城市公交网络系统有机整合，引导城市沿大容量公共交通廊道合理、有序发展。

（二）推进交通基础设施网与运输服务网、信息网、能源网融合发展

推进交通基础设施网与运输服务网融合发展。推进基础设施、装备、标准、信息与管理的有机衔接，提高交通运输网动态运行管理服务智能化水平，打造以全链条快速化为导向的便捷运输服务网，构建空中、水上、地面与地下融合协同的多式联运网络，完善供应链服务体系。

推进交通基础设施网与信息网融合发展。加强交通基

础设施与信息基础设施统筹布局、协同建设,推动车联网部署和应用,强化与新型基础设施建设统筹,加强载运工具、通信、智能交通、交通管理相关标准跨行业协同。

推进交通基础设施网与能源网融合发展。推进交通基础设施与能源设施统筹布局规划建设,充分考虑煤炭、油气、电力等各种能源输送特点,强化交通与能源基础设施共建共享,提高设施利用效率,减少能源资源消耗。促进交通基础设施网与智能电网融合,适应新能源发展要求。

(三)推进区域交通运输协调发展

推进重点区域交通运输统筹发展。建设"轨道上的京津冀",加快推进京津冀地区交通一体化,建设世界一流交通体系,高标准、高质量建设雄安新区综合交通运输体系。建设"轨道上的长三角"、辐射全球的航运枢纽,打造交通高质量发展先行区,提升整体竞争力和影响力。粤港澳大湾区实现高水平互联互通,打造西江黄金水道,巩固提升港口群、机场群的国际竞争力和辐射带动力,建成具有全球影响力的交通枢纽集群。成渝地区双城经济圈以提升对外连通水平为导向,强化门户枢纽功能,构建一体化综合交通运输体系。建设东西畅通、南北辐射、有效覆盖、立体互联的长江经济带现代化综合立体交通走廊。支持海南自由贸易港建设,推动西部陆海新通道国际航运枢纽和航空枢纽建设,加快构建现代综合交通运输体系。统筹黄河流域生态环境保护与交通运输高质量发展,优化交通基础设施空间布局。

推进东部、中部、西部和东北地区交通运输协调发展。加速东部地区优化升级,提高人口、经济密集地区交通承载力,强化对外开放国际运输服务功能。推进中部地区大通道大枢纽建设,更好发挥承东启西、连南接北功能。强化西部地区交通基础设施布局,推进西部陆海新通道建设,打造东西双向互济对外开放通道网络。优化枢纽布局,完善枢纽体系,发展通用航空,改善偏远地区居民出行条件。推动东北地区交通运输发展提质增效,强化与京津冀等地区通道能力建设,打造面向东北亚对外开放的交通枢纽。支持革命老区、民族地区、边疆地区交通运输发展,推进沿边沿江沿海交通建设。

推进城市群内部交通运输一体化发展。构建便捷高效的城际交通网,加快城市群轨道交通网络化,完善城市群快速公路网络,加强城市交界地区道路和轨道顺畅连通,基本实现城市群内部2小时交通圈。加强城市群内部重要港口、站场、机场的路网连通性,促进城市群内港口群、机场群统筹资源利用、信息共享、分工协作、互利共赢,提高城市群交通枢纽体系整体效率和国际竞争力。统筹城际网络、运力与运输组织,提高运输服务效率。研究布局综合性通用机场,疏解繁忙机场的通用航空活动,发展城市直升机运输服务,构建城市群内部快速空中交通网络。建立健全城市群内交通运输协同发展体制机制,推动相关政策、法规、标准等一体化。

推进都市圈交通运输一体化发展。建设中心城区连接卫星城、新城的大容量、快速化轨道交通网络,推进公交化运营,加强道路交通衔接,打造1小时"门到门"通勤圈。推动城市道路网结构优化,形成级配合理、接入顺畅的路网系统。有序发展共享交通,加强城市步行和自行车等慢行交通系统建设,合理配置停车设施,开展人行道净化行动,因地制宜建设自行车专用道,鼓励公众绿色出行。深入实施公交优先发展战略,构建以城市轨道交通为骨干、常规公交为主体的城市公共交通系统,推进以公共交通为导向的城市土地开发模式,提高城市绿色交通分担率。超大城市充分利用轨道交通地下空间和建筑,优化客流疏散。

推进城乡交通运输一体化发展。统筹规划地方高速公路网,加强与国道、农村公路以及其他运输方式的衔接协调,构建功能明确、布局合理、规模适当的省道网。加快推动乡村交通基础设施提档升级,全面推进"四好农村路"建设,实现城乡交通基础设施一体化规划、建设、管护。畅通城乡交通运输连接,推进县乡村(户)道路连通、城乡客运一体化,解决好群众出行"最后一公里"问题。提高城乡交通运输公共服务均等化水平,巩固拓展交通运输脱贫攻坚成果同乡村振兴有效衔接。

(四)推进交通与相关产业融合发展

推进交通与邮政快递融合发展。推动在铁路、机场、城市轨道等交通场站建设邮政快递专用处理场所、运输通道、装卸设施。在重要交通枢纽实现邮件快件集中安检、集中上机(车),发展航空、铁路、水运快递专用运载设施设备。推动不同运输方式之间邮件快件装卸标准、跟踪数据等有效衔接,实现信息共享。发展航空快递、高铁快递,推动邮件快件多式联运,实现跨领域、跨区域和跨运输方式顺畅衔接,推进全程运输透明化。推进乡村邮政快递网点、综合服务站、汽车站等设施资源整合共享。

推进交通与现代物流融合发展。加强现代物流体系建设,优化国家物流大通道和枢纽布局,加强国家物流枢纽应急、冷链、分拣处理等功能区建设,完善与口岸衔接,畅通物流大通道与城市配送网络交通线网连接,提高干支衔接能力和转运分拨效率。加快构建农村物流基础设施骨干网络和末端网络。发展高铁快运,推动双层集装箱铁路运输发展。加快航空物流发展,加强国际航空货运能力建设。培育壮大一批具有国际竞争力的现代物流企业,鼓励企业积极参与全球供应链重构与升级,依托综合交通枢纽城市建设全球供应链服务中心,打造开放、安全、稳定的全球物流供应链体系。

推进交通与旅游融合发展。充分发挥交通促进全域旅游发展的基础性作用,加快国家旅游风景道、旅游交通体系等规划建设,打造具有广泛影响力的自然风景线。强化交通网"快进慢游"功能,加强交通干线与重要旅游景区衔接。完善公路沿线、服务区、客运枢纽、邮轮游轮游艇码头等旅游服务设施功能,支持红色旅游、乡村旅游、度假休闲旅游、自驾游等相关交通基础设施建设,推进通用航空与旅游融合发展。健全重点旅游景区交通集散体系,鼓励发展定制化旅游运输服务,丰富邮轮旅游服务,形成交通带动旅游、旅游促进交通发展的良性互动格局。

推进交通与装备制造等相关产业融合发展。加强交通运输与现代农业、生产制造、商贸金融等跨行业合作,发展交通运输平台经济、枢纽经济、通道经济、低空经济。支持交通装备制造业延伸服务链条,促进现代装备在交通运输领域应用,带动国产航空装备的产业化、商业化应用,强化交通运输与现代装备制造业的相互支撑。推动交通运输与生产制造、流通环节资源整合,鼓励物流组织模式与业态创新。推进智能交通产业化。

五、推进综合交通高质量发展

(一)推进安全发展

提升安全保障能力。加强交通运输安全风险预警、防控机制和能力建设。加快推进城市群、重点地区、重要口岸、主要产业及能源基地、自然灾害多发地区多通道、多方式、多路径建设,提升交通网络系统韧性和安全性。健全粮食、能源等战略物资运输保障体系,提升产业链、供应链安全保障水平。加强通道安全保障、海上巡航搜救打捞、远洋深海极地救援能力建设,健全交通安全监管体系和搜寻救助系统。健全关键信息基础设施安全保护体系,提升车联网、船联网等重要融合基础设施安全保障能力,加强交通信息系统安全防护,加强关键技术创新力度,提升自主可控能力。提升交通运输装备安全水平。健全安全宣传教育体系,强化全民安全意识和法治意识。

提高交通基础设施安全水平。建立完善现代化工程建设和运行质量全寿命周期安全管理体系,健全交通安全生产法规制度和标准规范。强化交通基础设施预防性养护维护、安全评估,加强长期性能观测,完善数据采集、检测诊断、维修处治技术体系,加大病害治理力度,及时消除安全隐患。推广使用新材料新技术新工艺,提高交通基础设施质量和使用寿命。完善安全责任体系,创新安全管理模式,强化重点交通基础设施建设、运行安全风险防控,全面改善交通设施安全水平。

完善交通运输应急保障体系。建立健全多部门联动、多方式协同、多主体参与的综合交通应急运输管理协调机制,完善科学协调的综合交通应急运输保障预案体系。构建应急运输大数据中心,推动信息互联共享。构建快速通达、衔接有力、功能适配、安全可靠的综合交通应急运输网络。提升应急运输装备现代化、专业化和智能化水平,推动应急运输标准化、模块化和高效化。统筹陆域、水域和航空应急救援能力建设,建设多层级的综合运输应急装备物资和运力储备体系。科学规划布局应急救援基地、消防救援站等,加强重要通道应急装备、应急通信、物资储运、防灾防疫、污染应急处置等配套设施建设,提高设施快速修复能力和应对突发事件能力。建立健全行业系统安全风险和重点安全风险监测防控体系,强化危险货物运输全过程、全网络监测预警。

(二)推进智慧发展

提升智慧发展水平。加快提升交通运输科技创新能力,推进交通基础设施数字化、网联化。推动卫星通信技术、新一代通信技术、高分遥感卫星、人工智能等行业应用,打造全覆盖、可替代、保安全的行业北斗高精度基础服务网,推动行业北斗终端规模化应用。构建高精度交通地理信息平台,加快各领域建筑信息模型技术自主创新应用。全方位布局交通感知系统,与交通基础设施同步规划建设,部署关键部位主动预警设施,提升多维监测、精准管控、协同服务能力。加强智能化载运工具和关键专用装备研发,推进智能网联汽车(智能汽车、自动驾驶、车路协同)、智能化通用航空器应用。鼓励物流园区、港口、机场、货运场站广泛应用物联网、自动化等技术,推广应用自动化立体仓库,引导运输车、智能输送分拣和装卸设备。构建综合交通大数据中心体系,完善综合交通运输信息平台。完善科技资源开放共享机制,建设一批具有国际影响力的创新平台。

加快既有设施智能化。利用新技术赋能交通基础设施发展,加强既有交通基础设施提质升级,提高设施利用效率和服务水平。运用现代控制技术提升铁路全路网列车调度指挥和运输管理智能化水平。推动公路路网管理和出行信息服务智能化,完善道路交通监控设备及配套网络。加强内河高等级航道运行状态在线监测,推动船岸协同、自动化码头和堆场发展。发展新一代空管系统,推进空中交通服务、流量管理和空域管理智能化,推进各方信息共享。推动智能网联汽车与智慧城市协同发展,建设城市道路、建筑、公共设施融合感知体系,打造基于城市信息模型平台、集城市动态静态数据于一体的智慧出行平台。

(三)推进绿色发展和人文建设

推进绿色低碳发展。促进交通基础设施与生态空间协调,最大限度保护重要生态功能区、避让生态环境敏感区,加强永久基本农田保护。实施交通生态修复提升工程,构建生态化交通网络。加强科研攻关,改进施工工艺,从源头减少交通噪声、污染物、二氧化碳等排放。加大交通污染监测和综合治理力度,加强交通环境风险防控,落实生态补偿机制。优化调整运输结构,推进多式联运型物流园区、铁路专用线建设,形成以铁路、水运为主的大宗货物和集装箱中长距离运输格局。加大可再生能源、新能源、清洁能源装备设施更新利用和废旧建材再生利用,促进交通能源动力系统清洁化、低碳化、高效化发展,推进快递包装绿色化、减量化、可循环。

加强交通运输人文建设。完善交通基础设施、运输装备功能配置和运输服务标准规范体系,满足不同群体出行多样化、个性化要求。加强无障碍设施建设,完善无障碍装备设备,提高特殊人群出行便利程度和服务水平。健全老年人交通运输服务体系,满足老龄化社会交通需求。创新服务模式,提升运输服务人性化、精细化水平。加强交通文明宣传教育,弘扬优秀交通文化,提高交通参与者守法意识和道德水平。

(四)提升治理能力

深化交通运输行业改革。深化简政放权、放管结合、优化服务改革,持续优化营商环境,形成统一开放竞争有序的交通运输市场。建立健全适应国家综合立体交通高质量发展的体制机制,完善综合交通运输发展战略规划政策体系。推进铁路行业竞争性环节市场化改革，深化国家空管体制改革，实现邮政普遍服务业务与竞争性业务分业经营。完善交通运输与国土空间开发、城乡建设、生态环境保护等政策协商机制，推进多规融合，提高政策统一性、规则一致性和执行协同性。加快制定综合交通枢纽、多式联运、新业态新模式等标准规范，加强不同运输方式标准统筹协调，构建符合高质量发展的标准体系。加强交通国际交流合作，积极参与国际交通组织，推动标准国际互认，提升中国标准的国际化水平。以大数据、信用信息共享为基础，构建综合交通运输新型治理机制。

加强交通运输法治建设。坚持法治引领，深化交通运输法治政府部门建设。推动综合交通等重点立法项目制定修订进程，促进不同运输方式法律制度的有效衔接，完善综合交通法规体系。全面加强规范化建设，提升交通运输执法队伍能力和水平，严格规范公正文明执法。落实普法责任制，营造行业良好法治环境，把法治要求贯穿于综合交通运输规划、建设、管理、运营服务、安全生产各环节全过程。

加强交通运输人才队伍建设。优化人才队伍结构，加强跨学科科研队伍建设，造就一批有影响力的交通科技领军人才和创新团队。弘扬劳模精神、工匠精神，完善人才引进、培养、使用、评价、流动、激励体制机制和以社会主义核心价值观引领行业文化建设的治理机制。加强创新型、应用型、技能型人才培养，建设忠诚干净担当的高素质干部队伍，造就一支素质优良的劳动者大军。

六、保障措施

（一）加强党的领导

坚持和加强党的全面领导，增强"四个意识"、坚定"四个自信"、做到"两个维护"，充分发挥党总揽全局、协调各方的领导核心作用，始终把党的领导贯穿到加快建设交通强国全过程，充分发挥各级党组织在推进国家综合立体交通网建设发展中的作用，激励干部担当作为，全面调动各级干部干事创业的积极性、主动性和创造性，不断提高贯彻新发展理念、构建新发展格局、推动高质量发展能力和水平，为实现本规划纲要目标任务提供根本保证。

（二）加强组织协调

加强本规划纲要实施组织保障体系建设，建立健全实施协调推进机制，强化部门协同和上下联动，推动各类交通基础设施统筹规划、协同建设。财政、自然资源、住房城乡建设、生态环境等部门要细化完善财政、用地、用海、城乡建设、环保等配套政策及标准规范。健全本规划纲要与各类各级规划衔接机制。

（三）加强资源支撑

加强国家综合立体交通网规划项目土地等资源供给，规划、建设过程严格用地控制，突出立体、集约、节约思维，提高交通用地复合程度，盘活闲置交通用地资源，完善公共交通引导土地开发的相关政策。建立国土空间规划等相关规划与交通规划协调机制和动态调整管理政策。

（四）加强资金保障

建立完善与交通运输发展阶段特征相适应的资金保障制度，落实中央与地方在交通运输领域的财政事权和支出责任，确保各交通专项资金支持交通发展。创新投融资政策，健全与项目资金需求和期限相匹配的长期资金筹措渠道。构建形成效益增长与风险防控可持续发展的投资机制，防范化解债务风险。健全公益性基础设施建设运营支持政策体系，加大对欠发达地区和边境地区支持力度。进一步调整完善支持邮政、水运等发展的资金政策。支持各类金融机构依法合规为市场化运作的交通发展提供融资，引导社会资本积极参与交通基础设施建设。

（五）加强实施管理

建立综合交通规划管理制度。本规划纲要实施过程中要加强与国民经济和社会发展、国土空间、区域发展、流域等相关规划衔接，与城乡建设发展相统筹。各地在编制交通运输相关规划中，要与本规划纲要做好衔接，有关项目纳入国土空间规划和相关专项规划。交通运输部要会同有关部门加强本规划纲要实施动态监测与评估，组织开展交通强国建设试点工作，在通道、枢纽、技术创新、安全绿色低碳等方面科学论证并组织实施一批重大工程，强化本规划纲要实施进展统计与监测工作，定期开展规划评估，依据国家发展规划进行动态调整或修订。重大事项及时向党中央、国务院报告。

附件：国家综合立体交通网主骨架布局示意图（略）

市场管理

综合管理

1. 公路建设市场管理办法

（2004年12月21日交通部发布，根据2011年11月30日交通运输部《关于修改〈公路建设市场管理办法〉的决定》第一次修正，根据2015年6月26日交通运输部《关于修改〈公路建设市场管理办法〉的决定》第二次修正）

第一章 总 则

第一条 为加强公路建设市场管理，规范公路建设市场秩序，保证公路工程质量，促进公路建设市场健康发展，根据《中华人民共和国公路法》、《中华人民共和国招标投标法》、《建设工程质量管理条例》，制定本办法。

第二条 本办法适用于各级交通运输主管部门对公路建设市场的监督管理活动。

第三条 公路建设市场遵循公平、公正、公开、诚信的原则。

第四条 国家建立和完善统一、开放、竞争、有序的公路建设市场，禁止任何形式的地区封锁。

第五条 本办法中下列用语的含义是指：

公路建设市场主体是指公路建设的从业单位和从业人员。

从业单位是指从事公路建设的项目法人、项目建设管理单位，咨询、勘察、设计、施工、监理、试验检测单位，提供相关服务的社会中介机构以及设备和材料的供应单位。

从业人员是指从事公路建设活动的人员。

第二章 管理职责

第六条 公路建设市场管理实行统一管理、分级负责。

第七条 国务院交通运输主管部门负责全国公路建设市场的监督管理工作，主要职责是：

（一）贯彻执行国家有关法律、法规，制定全国公路建设市场管理的规章制度；

（二）组织制定和监督执行公路建设的技术标准、规范和规程；

（三）依法实施公路建设市场准入管理、市场动态管理，并依法对全国公路建设市场进行监督检查；

（四）建立公路建设行业评标专家库，加强评标专家管理；

（五）发布全国公路建设市场信息；

（六）指导和监督省级地方人民政府交通运输主管部门的公路建设市场管理工作；

（七）依法受理举报和投诉，依法查处公路建设市场违法行为；

（八）法律、行政法规规定的其他职责。

第八条 省级人民政府交通运输主管部门负责本行政区域内公路建设市场的监督管理工作，主要职责是：

（一）贯彻执行国家有关法律、法规、规章和公路建设技术标准、规范和规程，结合本行政区域内的实际情况，制定具体的管理制度；

（二）依法实施公路建设市场准入管理，对本行政区域内公路建设市场实施动态管理和监督检查；

（三）建立本地区公路建设招标评标专家库，加强评标专家管理；

（四）发布本行政区域公路建设市场信息，并按规定向国务院交通运输主管部门报送本行政区域公路建设市场的信息；

（五）指导和监督下级交通运输主管部门的公路建设市场管理工作；

（六）依法受理举报和投诉，依法查处本行政区域内公路建设市场违法行为；

（七）法律、法规、规章规定的其他职责。

第九条 省级以下地方人民政府交通运输主管部门负责本行政区域内公路建设市场的监督管理工作，主要职责是：

（一）贯彻执行国家有关法律、法规、规章和公路建设技术标准、规范和规程；

（二）配合省级地方人民政府交通运输主管部门进行公路建设市场准入管理和动态管理；

（三）对本行政区域内公路建设市场进行监督检查；

（四）依法受理举报和投诉，依法查处本行政区域内公路建设市场违法行为；

（五）法律、法规、规章规定的其他职责。

第三章 市场准入管理

第十条 凡符合法律、法规规定的市场准入条件的从业单位和从业人员均可进入公路建设市场，任何单位和个人不得对公路建设市场实行地方保护，不得对符合市场准入条件的从业单位和从业人员实行歧视待遇。

第十一条 公路建设项目依法实行项目法人负责制。项目法人可自行管理公路建设项目，也可委托具备法人资格的项目建设管理单位进行项目管理。

项目法人或者其委托的项目建设管理单位的组织机构、主要负责人的技术和管理能力应当满足拟建项目的管理需要，符合国务院交通运输主管部门有关规定的要求。

第十二条 收费公路建设项目法人和项目建设管理单位进入公路建设市场实行备案制度。

收费公路建设项目可行性研究报告批准或依法核

准后,项目投资主体应当成立或者明确项目法人。项目法人应当按照项目管理的隶属关系将其或者其委托的项目建设管理单位的有关情况报交通运输主管部门备案。

对不符合规定要求的项目法人或者项目建设管理单位,交通运输主管部门应当提出整改要求。

第十三条　公路工程勘察、设计、施工、监理、试验检测等从业单位应当按照法律、法规的规定,取得有关管理部门颁发的相应资质后,方可进入公路建设市场。

第十四条　法律、法规对公路建设从业人员的执业资格作出规定的,从业人员应当依法取得相应的执业资格后,方可进入公路建设市场。

第四章　市场主体行为管理

第十五条　公路建设从业单位和从业人员在公路建设市场中必须严格遵守国家有关法律、法规和规章,严格执行公路建设行业的强制性标准、各类技术规范及规程的要求。

第十六条　公路建设项目法人必须严格执行国家规定的基本建设程序,不得违反或者擅自简化基本建设程序。

第十七条　公路建设项目法人负责组织有关专家或者委托有相应工程咨询或者设计资质的单位,对施工图设计文件进行审查。施工图设计文件审查的主要内容包括:

(一)是否采纳工程可行性研究报告、初步设计批复意见;

(二)是否符合公路工程强制性标准、有关技术规范和规程要求;

(三)施工图设计文件是否齐全,是否达到规定的技术深度要求;

(四)工程结构设计是否符合安全和稳定性要求。

第十八条　公路建设项目法人应当按照项目管理隶属关系将施工图设计文件报交通运输主管部门审批。施工图设计文件未经审批的,不得使用。

第十九条　申请施工图设计文件审批应当向相关的交通运输主管部门提交以下材料:

(一)施工图设计的全套文件;

(二)专家或者委托的审查单位对施工图设计文件的审查意见;

(三)项目法人认为需要提交的其他说明材料。

第二十条　交通运输主管部门应当自收到完整齐备的申请材料之日起 20 日内审查完毕。经审查合格的,批准使用,并将许可决定及时通知申请人。审查不合格的,不予批准使用,应当书面通知申请人并说明理由。

第二十一条　公路建设项目法人应当按照公开、公平、公正的原则,依法组织公路建设项目的招标投标工作。不得规避招标,不得对潜在投标人和投标人实行歧视政策,不得实行地方保护和暗箱操作。

第二十二条　公路工程的勘察、设计、施工、监理单位和设备、材料供应单位应当依法投标,不得弄虚作假,不得串通投标,不得以行贿等不合法手段谋取中标。

第二十三条　公路建设项目法人与中标人应当根据招标文件和投标文件签订合同,不得附加不合理、不公正条款,不得签订虚假合同。

国家投资的公路建设项目,项目法人与施工、监理单位应当按照国务院交通运输主管部门的规定,签订廉政合同。

第二十四条　公路建设项目依法实行施工许可制度。国家和国务院交通运输主管部门确定的重点公路建设项目的施工许可由省级人民政府交通运输主管部门实施,其他公路建设项目的施工许可按照项目管理权限由县级以上地方人民政府交通运输主管部门实施。

第二十五条　项目施工应当具备以下条件:

(一)项目已列入公路建设年度计划;

(二)施工图设计文件已经完成并经审批同意;

(三)建设资金已经落实,并经交通运输主管部门审计;

(四)征地手续已办理,拆迁基本完成;

(五)施工、监理单位已依法确定;

(六)已办理质量监督手续,已落实保证质量和安全的措施。

第二十六条　项目法人在申请施工许可时应当向相关的交通运输主管部门提交以下材料:

(一)施工图设计文件批复;

(二)交通运输主管部门对建设资金落实情况的审计意见;

(三)国土资源部门关于征地的批复或者控制性用地的批复;

(四)建设项目各合同段的施工单位和监理单位名单、合同价情况;

(五)应当报备的资格预审报告、招标文件和评标报告;

(六)已办理的质量监督手续材料;

(七)保证工程质量和安全措施的材料。

第二十七条　交通运输主管部门应当自收到完整齐备的申请材料之日起 20 日内作出行政许可决定。予以许可的,应当将许可决定及时通知申请人;不予许可的,应当书面通知申请人并说明理由。

第二十八条　公路建设从业单位应当按照合同约定全面履行义务:

(一)项目法人应当按照合同约定履行相应的职责,为项目实施创造良好的条件;

(二)勘察、设计单位应当按照合同约定,按期提供勘察设计资料和设计文件。工程实施过程中,应当按照合同约定派驻设计代表,提供设计后续服务;

(三)施工单位应当按照合同约定组织施工,管理和技术人员及施工设备应当及时到位,以满足工程需要。

要均衡组织生产,加强现场管理,确保工程质量和进度,做到文明施工和安全生产;

(四)监理单位应当按照合同约定配备人员和设备,建立相应的现场监理机构,健全监理管理制度,保持监理人员稳定,确保对工程的有效监理;

(五)设备和材料供应单位应当按照合同约定,确保供货质量和时间,做好售后服务工作;

(六)试验检测单位应当按照试验规程和合同约定进行取样、试验和检测,提供真实、完整的试验检测资料。

第二十九条 公路工程实行政府监督、法人管理、社会监理、企业自检的质量保证体系。交通运输主管部门及其所属的质量监督机构对工程质量负监督责任,项目法人对工程质量负管理责任,勘察设计单位对勘察设计质量负责,施工单位对施工质量负责,监理单位对工程质量负现场管理责任,试验检测单位对试验检测结果负责,其他从业单位和从业人员按照有关规定对其产品或者服务质量负相应责任。

第三十条 各级交通运输主管部门及其所属的质量监督机构对工程建设项目进行监督检查时,公路建设从业单位和从业人员应当积极配合,不得拒绝和阻挠。

第三十一条 公路建设从业单位和从业人员应当严格执行国家有关安全生产的法律、法规、国家标准及行业标准,建立健全安全生产的各项规章制度,明确安全责任,落实安全措施,履行安全管理的职责。

第三十二条 发生工程质量、安全事故后,从业单位应当按照有关规定及时报有关主管部门,不得拖延和隐瞒。

第三十三条 公路建设项目法人应当合理确定建设工期,严格按照合同工期组织项目建设。项目法人不得随意要求更改合同工期。如遇特殊情况,确需缩短合同工期的,经合同双方协商一致,可以缩短合同工期,但应当采取措施,确保工程质量,并按照合同规定给予经济补偿。

第三十四条 公路建设项目法人应当按照国家有关规定管理和使用公路建设资金,做到专款专用,专户储存;按照工程进度,及时支付工程款;按规定的期限及时退还保证金,办理工程结算。不得拖欠工程款和征地拆迁款,不得挤占挪用建设资金。

施工单位应当加强工程款管理,做到专款专用,不得拖欠分包人的工程款和农民工工资;项目法人对工程款使用情况进行监督检查时,施工单位应当积极配合,不得阻挠和拒绝。

第三十五条 公路建设从业单位和从业人员应当严格执行国家和地方有关环境保护和土地管理的规定,采取有效措施保护环境和节约用地。

第三十六条 公路建设项目法人、监理单位和施工单位对勘察设计中存在的问题应当及时提出设计变更的意见,并依法履行审批手续。设计变更应当符合国家制定的技术标准和设计规范要求。

任何单位和个人不得借设计变更虚报工程量或者提高单价。

重大工程变更设计应当按有关规定报原初步设计审批部门批准。

第三十七条 勘察、设计单位经项目法人批准,可以将工程设计中跨专业或者有特殊要求的勘察、设计工作委托给有相应资质条件的单位,但不得转包或者二次分包。

监理工作不得分包或者转包。

第三十八条 施工单位可以将非关键性工程或者适合专业化队伍施工的工程分包给具有相应资格条件的单位,并对分包工程负连带责任。允许分包的工程范围应当在招标文件中规定。分包工程不得再次分包,严禁转包。

任何单位和个人不得违反规定指定分包、指定采购或者分割工程。

项目法人应当加强对施工单位工程分包的管理,所有分包合同须经监理审查,并报项目法人备案。

第三十九条 施工单位可以直接招用农民工或者将劳务作业发包给具有劳务分包资质的劳务分包人。施工单位招用农民工的,应当依法签订劳动合同,并将劳动合同报项目监理工程师和项目法人备案。

施工单位和劳务分包人应当按照合同按时支付劳务工资,落实各项劳动保护措施,确保农民工安全。

劳务分包人应当接受施工单位的管理,按照技术规范要求进行劳务作业。劳务分包人不得将其分包的劳务作业再次分包。

第四十条 项目法人和监理单位应当加强对施工单位使用农民工的管理,对不签订劳动合同、非法使用农民工的,或者拖延和克扣农民工工资的,要予以纠正。拒不纠正的,项目法人要及时将有关情况报交通运输主管部门调查处理。

第四十一条 项目法人应当按照交通部《公路工程竣(交)工验收办法》的规定及时组织项目的交工验收,并报请交通运输主管部门进行竣工验收。

第五章 动态管理

第四十二条 各级交通运输主管部门应当加强对公路建设从业单位和从业人员的市场行为的动态管理。应当建立举报投诉制度,查处违法行为,对有关责任单位和责任人依法进行处理。

第四十三条 国务院交通运输主管部门和省级地方人民政府交通运输主管部门应当建立公路建设市场的信用管理体系,对进入公路建设市场的从业单位和主要从业人员在招投标活动、签订合同和履行合同中的信用情况进行记录并向社会公布。

第四十四条 公路工程勘察、设计、施工、监理等从业单位应当按照项目管理的隶属关系,向交通运输主管部门提供本单位的基本情况、承接任务情况和其他动态信息,并对所提供信息的真实性、准确性和完整性负责。项目法人应当将其他从业单位在建设项目中的履约情况,按照项目管理的隶属关系报交通运输主管部门,由交通运输主管部门核实后记入从业单位信用记录中。

第四十五条 从业单位和主要从业人员的信用记录应当作为公路建设项目招标资格审查和评标工作的重要依据。

第六章 法 律 责 任

第四十六条 对公路建设从业单位和从业人员违反本办法规定进行的处罚,国家有关法律、法规和交通运输部规章已有规定的,适用其规定;没有规定的,由交通运输主管部门根据各自的职责按照本办法规定进行处罚。

第四十七条 项目法人违反本办法规定,实行地方保护的或者对公路建设从业单位和从业人员实行歧视待遇的,由交通运输主管部门责令改正。

第四十八条 从业单位违反本办法规定,在申请公路建设从业许可时,隐瞒有关情况或者提供虚假材料的,行政机关不予受理或者不予行政许可,并予警告;行政许可申请人在1年内不得再次申请该行政许可。

被许可人以欺骗、贿赂等不正当手段取得从业许可的,行政机关应当依照法律、法规给予行政处罚;申请人在3年内不得再次申请该行政许可;构成犯罪的,依法追究刑事责任。

第四十九条 投标人相互串通投标或者与招标人串通投标的,投标人以向招标人或者评标委员会成员行贿的手段谋取中标的,中标无效,处中标项目金额0.5%以上1%以下的罚款,对单位直接负责的主管人员和其他直接责任人员处单位罚款数额5%以上10%以下的罚款;有违法所得的,并处没收违法所得;情节严重的,取消其1年至2年内参加依法必须进行招标的项目的投标资格并予以公告;构成犯罪的,依法追究刑事责任。给他人造成损失的,依法承担赔偿责任。

第五十条 投标人以他人名义投标或者以其他方式弄虚作假,骗取中标的,中标无效,给招标人造成损失的,依法承担赔偿责任;构成犯罪的,依法追究刑事责任。

依法必须进行招标的项目的投标人有前款所列行为尚未构成犯罪的,处中标项目金额0.5%以上1%以下的罚款,对单位直接负责的主管人员和其他直接责任人员处单位罚款数额5%以上10%以下的罚款;有违法所得的,并处没收违法所得;情节严重的,取消其1年至3年内参加依法必须进行招标的项目的投标资格并予以公告。

第五十一条 项目法人违反本办法规定,拖欠工程款和征地拆迁款的,由交通运输主管部门责令改正,并由有关部门依法对有关责任人员给予行政处分。

第五十二条 除因不可抗力不能履行合同的,中标人不按照与招标人订立的合同履行施工质量、施工工期等义务,造成重大或者特大质量和安全事故,或者造成工期延误的,取消其2年至5年内参加依法必须进行招标的项目的投标资格并予以公告。

第五十三条 施工单位有以下违法违规行为的,由交通运输主管部门责令改正,并由有关部门依法对有关责任人员给予行政处分:

(一)违反本办法规定,拖欠分包人工程款和农民工工资的;

(二)违反本办法规定,造成生态环境破坏和乱占土地的;

(三)违反本办法规定,在变更设计中弄虚作假的;

(四)违反本办法规定,不按规定签订劳动合同的。

第五十四条 违反本办法规定,承包单位将承包的工程转让或者违法分包的,责令改正,没收违法所得,对勘察、设计单位处合同约定的勘察费、设计费25%以上50%以下的罚款;对施工单位处工程合同价款0.5%以上1%以下的罚款;可以责令停业整顿,降低资质等级;情节严重的,吊销资质证书。

工程监理单位转让工程监理业务的,责令改正,没收违法所得,处合同约定的监理酬金25%以上50%以下的罚款;可以责令停业整顿,降低资质等级;情节严重的,吊销资质证书。

第五十五条 公路建设从业单位违反本办法规定,在向交通运输主管部门填报有关市场信息时弄虚作假的,由交通运输主管部门责令改正。

第五十六条 各级交通运输主管部门和其所属的质量监督机构的工作人员违反本办法规定,在建设市场管理中徇私舞弊、滥用职权或者玩忽职守的,按照国家有关规定处理。构成犯罪的,由司法部门依法追究刑事责任。

第七章 附 则

第五十七条 本办法由交通运输部负责解释。

第五十八条 本办法自2005年3月1日起施行。交通部1996年7月11日公布的《公路建设市场管理办法》同时废止。

2. 交通运输部关于修订《公路工程施工分包管理办法》的通知

(交公路规〔2021〕5号)

各省、自治区、直辖市、新疆生产建设兵团交通运输厅(局、委):

根据新颁布的《中华人民共和国行政处罚法》有关规定,交通运输部决定对《公路工程施工分包管理办法》(交公路发〔2011〕685号)作如下修订:

将第二十三条修改为"发包人、承包人或者分包人违反本办法有关条款规定的,依照有关法律、行政法规、部门规章的规定执行"。

本通知自印发之日起施行。

《公路工程施工分包管理办法》根据本通知作相应修改,重新发布。

交通运输部
2021年7月27日

公路工程施工分包管理办法

第一章 总 则

第一条 为规范公路工程施工分包活动,加强公路建设市场管理,保证工程质量,保障施工安全,根据《中华人民共和国公路法》《中华人民共和国招标投标法》《建设工程质量管理条例》《建设工程安全生产管理条例》等法律、法规,结合公路工程建设实际情况,制定本办法。

第二条 在中华人民共和国境内从事新建、改(扩)建的国省道公路工程施工分包活动,适用本办法。

第三条 公路工程施工分包活动实行统一管理、分级负责。

第四条 鼓励公路工程施工进行专业化分包,但必须依法进行。禁止承包人以劳务合作的名义进行施工分包。

第二章 管理职责

第五条 国务院交通运输主管部门负责制定全国公路工程施工分包管理的规章制度,对省级人民政府交通运输主管部门的公路工程施工分包活动进行指导和监督检查。

第六条 省级人民政府交通运输主管部门负责本行政区域内公路工程施工分包活动的监督与管理工作;制定本行政区域公路工程施工分包管理的实施细则、分包专项类别以及相应的资格条件、统一的分包合同格式和劳务合作合同格式等。

第七条 发包人应当按照本办法规定和合同约定加强对施工分包活动的管理,建立健全分包管理制度,负责对分包的合同签订与履行、质量与安全管理、计量支付等活动监督检查,并建立台账,及时制止承包人的违法分包行为。

第八条 除承包人设定的项目管理机构外,分包人也应当分别设立项目管理机构,对所承包或者分包工程的施工活动实施管理。

项目管理机构应当具有与承包或者分包工程的规模、技术复杂程度相适应的技术、经济管理人员,其中项目负责人和技术、财务、计量、质量、安全等主要管理人员必须是本单位人员。

第三章 分包条件

第九条 承包人可以将适合专业化队伍施工的专项工程分包给具有相应资格的单位。不得分包的专项工程,发包人应当在招标文件中予以明确。

分包人不得将承接的分包工程再进行分包。

第十条 分包人应当具备如下条件:

(一)具有经工商登记的法人资格;

(二)具有与分包工程相适应的注册资金;

(三)具有从事类似工程经验的管理与技术人员;

(四)具有(自有或租赁)分包工程所需的施工设备。

第十一条 承包人对拟分包的专项工程及规模,应当在投标文件中予以明确。

未列入投标文件的专项工程,承包人不得分包。但因工程变更增加了有特殊性技术要求、特殊工艺或者涉及专利保护等的专项工程,且按规定无须再进行招标的,由承包人提出书面申请,经发包人书面同意,可以分包。

第四章 合同管理

第十二条 承包人有权依据承包合同自主选择符合资格的分包人。任何单位和个人不得违规指定分包。

第十三条 承包人和分包人应当按照交通运输主管部门制定的统一格式依法签订分包合同,并履行合同约定的义务。分包合同必须遵循承包合同的各项原则,满足承包合同中的质量、安全、进度、环保以及其他技术、经济等要求。承包人应在工程实施前,将经监理审查同意后的分包合同报发包人备案。

第十四条 承包人应当建立健全相关分包管理制度和台账,对分包工程的质量、安全、进度和分包人的行为等实施全过程管理,按照本办法规定和合同约定对分包工程的实施向发包人负责,并承担赔偿责任。分包合同不免除承包合同中规定的承包人的责任或者义务。

第十五条 分包人应当依据分包合同的约定,组织分包工程的施工,并对分包工程的质量、安全和进度等实施有效控制。分包人对其分包的工程向承包人负责,并就所分包的工程向发包人承担连带责任。

第五章 行为管理

第十六条 禁止将承包的公路工程进行转包。

承包人未在施工现场设立项目管理机构和派驻相应人员对分包工程的施工活动实施有效管理,并且有下列情形之一的,属于转包:

(一)承包人将承包的全部工程发包给他人的;

(二)承包人将承包的全部工程肢解后以分包的名义分别发包给他人的;

(三)法律、法规规定的其他转包行为。

第十七条 禁止违法分包公路工程。

有下列情形之一的,属于违法分包:

(一)承包人未在施工现场设立项目管理机构和派驻相应人员对分包工程的施工活动实施有效管理的;

(二)承包人将工程分包给不具备相应资格的企业或者个人的;

(三)分包人以他人名义承揽分包工程的;

(四)承包人将合同文件中明确不得分包的专项工程进行分包的;

(五)承包人未与分包人依法签订分包合同或者分包合同未遵循承包合同的各项原则,不满足承包合同中相应要求的;

(六)分包合同未报发包人备案的;

(七)分包人将分包工程再进行分包的;

(八)法律、法规规定的其他违法分包行为。

第十八条 按照信用评价的有关规定,承包人和分包人应当互相开展信用评价,并向发包人提交信用评价结果。

发包人应当对承包人和分包人提交的信用评价结果进行核定,并且报送相关交通运输主管部门。

交通运输主管部门应当将发包人报送的承包人和分包人的信用评价结果纳入信用评价体系,对其进行信用管理。

第十九条 发包人应当在招标文件中明确统一采购的主要材料及构、配件等的采购主体及方式。承包人授权分包人进行相关采购时,必须经发包人书面同意。

第二十条 为确保分包合同的履行,承包人可以要求分包人提供履约担保。分包人提供担保后,如要求承包人同时提供分包工程付款担保的,承包人也应当予以提供。

第二十一条 承包人与分包人应当依法纳税。承包人因为税收抵扣向发包人申请出具相关手续的,发包人应当予以办理。

第二十二条 分包人有权与承包人共同享有分包工程业绩。分包人业绩证明由分包人与发包人共同出具。

分包人以分包业绩证明承接工程的,发包人应当予以认可。分包人以分包业绩证明申报资质的,相关交通运输主管部门应当予以认可。

劳务合作不属于施工分包。劳务合作企业以分包人名义申请业绩证明的,承包人与发包人不得出具。

第六章 附 则

第二十三条 发包人、承包人或者分包人违反本办法有关条款规定的,依照有关法律、行政法规、部门规章的规定执行。

第二十四条 本办法所称施工分包,是指承包人将其所承包工程中的专项工程发包给其他专业施工企业完成的活动。

本办法所称发包人,是指公路工程建设的项目法人或者受其委托的建设管理单位。

本办法所称监理人,是指受发包人委托对发包工程实施监理的法人或者其他组织。

本办法所称承包人,是指由发包人授标,并与发包人签署正式合同的施工企业。

本办法所称分包人,是指从承包人处分包专项工程的专业施工企业。

本办法所称本单位人员,是指与本单位签订了合法的劳动合同,并为其办理了人事、工资及社会保险关系的人员。

本办法所称专项工程是指省级人民政府交通运输主管部门制定的分包资格中的相应工程内容。

第二十五条 除施工分包以外,承包人与他人合作完成的其他以劳务活动为主的施工活动统称为劳务合作。

第二十六条 承包人应当按照合同约定对劳务合作企业的劳务作业人员进行管理。承包人对其所管理的劳务作业人员行为向发包人承担全部责任。劳务作业人员应当具备相应资格,经培训后上岗。

第二十七条 本办法由交通运输部负责解释。

第二十八条 本办法自发布之日起施行。

3. 收费公路权益转让办法

(2008年8月20日 交通运输部 国家发展和改革委员会 财政部令第11号)

第一章 总 则

第一条 为了规范收费公路权益转让行为,维护转让方、受让方以及使用者的合法权益,促进公路事业发展,根据《中华人民共和国公路法》(以下简称《公路法》)、《收费公路管理条例》(以下简称《收费条例》)制定本办法。

第二条 在中华人民共和国境内转让收费公路权益,应当遵守本办法。

第三条 本办法下列用语的含义是:

(一)收费公路,是指按照《公路法》和《收费条例》规定,经批准依法收取车辆通行费的公路(含桥梁和隧道)。收费公路包括政府还贷公路和经营性公路。

政府还贷公路,是指县级以上地方人民政府交通运输主管部门利用贷款或者向企业、个人有偿集资建成的收费公路。

经营性公路,是指国内外经济组织依法投资建设或者依法受让政府还贷公路收费权的收费公路。

(二)收费公路权益,是指收费公路的收费权、广告经营权、服务设施经营权。

(三)收费公路权益转让,是指收费公路建成通车后,转让方将其合法取得的收费公路权益有偿转让给受让方的交易活动。

转让方是指将合法取得的收费公路权益依法有偿转让给受让方的国内外经济组织,包括不以营利为目的的专门建设和管理政府还贷公路的法人组织和投资建设经营经营性公路的国内外经济组织。

受让方是指依法从转让方有偿取得收费公路权益的国内外经济组织。

第四条 国家允许依法转让收费公路权益,同时对收费公路权益的转让进行严格控制。

国家在综合考虑转让必要性、合理性、社会承受力等因素的基础上,严格限制政府还贷公路转让为经营性公路。

收费公路权益转让活动,应当遵守相关法律、法规、规章的规定,应当遵循公开、公平、公正和诚实信用的原则。

第五条 国务院交通运输主管部门主管全国收费公路权益的转让工作。国务院发展改革部门和财政主管部门依据各自职责,负责收费公路权益转让的相关管理工作。

第二章 收费公路权益转让条件

第六条 转让收费权的公路,应当符合《收费条例》第十八条规定的技术等级和规模。

第七条 有下列情形之一的,收费公路权益中的收费权不得转让:

(一)长度小于1 000米的二车道独立桥梁和隧道;

(二)二级公路;

(三)收费时间已超过批准收费期限2/3。

第八条 同一个收费公路项目的收费权、广告经营权、服务设施经营权,可以合并转让,也可以单独转让。

第九条 转让收费公路权益,不得有下列行为:

(一)将一个依法批准的收费公路项目分成若干段转让收费权;

(二)将收费公路权益项目与非收费公路权益项目捆绑转让;

(三)受让方没有全部承继转让方原对政府和社会公众承担的责任、义务;

(四)将政府还贷公路权益无偿划转给企业法人。

第十条 转让尚未偿清国际金融组织或者外国政府贷款的收费公路权益的,应当按照国家相关规定在申请转让审批前经原利用国外贷款审批部门同意。

收费公路权益转让的受让方应当按照国家有关投资管理的相关规定,在申请转让审批前将投资项目申请报告报有相应管理权限的投资主管部门核准。申请核准时应当同时提交收费公路权益转让合同。

第十一条 转让公路收费权,应当征得下列利害关系人同意:

(一)该公路的债权人;

(二)该公路收费权的质权人;

(三)该公路的所有投资人;

(四)公路的投资建设合同和转让公路收费权合同中约定转让及再转让时要征得其同意的人。

第十二条 公路收费权的受让方应当具备下列条件:

(一)财务状况良好,企业所有者权益不低于受让项目实际造价的35%;

(二)商业信誉良好,在经济活动中无重大违法违规行为;

(三)法律、法规规定的其他条件。

单独转让公路广告经营权、服务设施经营权时,其受让方应当具备的条件,按照地方性法规和省级人民政府规章执行。

第十三条 转让政府还贷公路收费权,可以向省级人民政府申请延长收费期限,但延长的期限不得超过5年,且累计收费期限的总和最长不得超过20年。国家确定的中西部省、自治区、直辖市政府还贷公路累计收费期限的总和,最长不得超过25年。

转让经营性公路收费权,不得延长收费期限,且累计收费期限的总和最长不得超过 25 年。国家确定的中西部省、自治区、直辖市经营性公路累计收费期限的总和，最长不得超过 30 年。

不得以转让公路收费权为由提高车辆通行费标准。

第三章　收费公路权益转让程序

第十四条　转让公路收费权，在办理转让审批前，转让方可以先向审批机关提出转让立项申请。

提出转让立项申请的，需要提交以下材料：

（一）转让收费权的公路概况，包括公路建设年限、技术等级和规模、投资来源和投资额、通车收费时间、近三年该收费公路的收支情况等；

（二）转让的原因和目的；

（三）转让政府还贷公路所得收入的投向；

（四）本办法第十一条规定的利害关系人同意转让的书面意见；

（五）转让尚未偿清国际金融组织或者外国政府贷款的收费公路权益的，出具原利用国外贷款审批部门的书面同意意见；

（六）省级人民政府批准收取车辆通行费的文件；

（七）经审计机关或者有资格的会计师事务所审计的上一年度会计报告；

（八）首次转让公路收费权的，提供该收费公路竣工财务决算和竣工审计报告；

（九）转让经营性公路收费权的，提供公司章程；

（十）再次转让公路收费权的，提供原转让协议；

（十一）审批机关认为需要提供的其他文件。

第十五条　审批机关收到转让立项申请后，应当对申请转让的收费权是否符合转让条件进行初步审查，并出具转让立项审查意见。

转让立项审查意见可以作为转让方在作转让前期准备工作时证明拟转让的公路收费权符合转让条件的依据。

转让立项审查意见自出具之日起一年内有效。

第十六条　转让下列收费公路的收费权，转让方应当委托符合条件的资产评估机构，对收费权价值进行评估：

（一）政府还贷公路；

（二）有财政性资金投入的经营性公路；

（三）使用国有资本金投资的公路。

资产评估机构出具的评估报告，是确定前款规定收费公路的收费权转让最低成交价的依据。

转让方对资产评估机构出具的资产评估报告，应当按照国家有关资产评估的规定，报有关部门核准或者备案。

第十七条　转让方按照第十六条规定进行收费权价值评估的，应当委托符合下列条件的资产评估机构：

（一）具有法律、行政法规规定的资产评估资质；

（二）评估机构的人员具备与公路收费权价值评估相适应的专业知识和经验；

（三）评估机构和人员近三年未发生违规行为，未有违规不良记录。

第十八条　转让收费公路权益进行收费权价值评估，评估方法应当采用收益现值法，所涉及的收益期限由转让方与资产评估机构在批准的收费期限内约定。

第十九条　转让政府还贷公路收费权益和有财政性资金投入的经营性公路收费权益，应当采用公开招标的方式，公平、公正、公开选择受让方。

第二十条　收费公路权益转让的招标投标活动，应当严格执行《中华人民共和国招标投标法》等有关规定。

省级人民政府交通运输主管部门负责对收费公路权益转让招标投标全过程的监督管理。省级人民政府发展改革部门、财政主管部门依据各自职责，负责招标投标活动的监督。

第二十一条　进行收费公路权益转让招标的，转让方应当通过国家指定的报刊、信息网络或者其他媒介，发布招标公告。公告期不得少于 20 日。

第二十二条　转让政府还贷公路权益和有财政性资金投入以及使用国有资本金投资的经营性公路权益进行招标的，应当实行有底价招标。其中转让收费权的招标底价不得低于有关部门核准或者确认的收费权价值评估价。

第二十三条　转让方应当依法编制招标文件。招标文件应当包括下列内容：

（一）招标项目的基本情况，包括项目建设年限、通车时间、技术等级和规模、投资来源和投资额、近年收支情况等；

（二）受让方应当具备的条件及有关资格和资信要求。转让政府还贷公路权益和有财政性资金投入的经营性公路权益的，应当要求受让方承诺所成立的公路经营企业不对外提供担保，包括为受让方债务提供任何形式的担保，不承担受让方的债务；

（三）受让方的权利和义务；

（四）转让金的支付形式、期限（最长不超过合同生效后 6 个月）及担保要求；

（五）经营期间公路养护、绿化及水土保持要求；

（六）经营终结后解散和清算的程序，公路权益移交时公路及公路附属设施、服务设施的标准；

（七）受让方或其设立的公路经营企业破产、终止、解除转让协议的条件；

（八）政府终止收费公路权益转让协议的条件；

（九）投标文件的编制要求及其送达方式、地点和截止时间；

（十）开标地点及开标和评标的时间安排；

（十一）评标标准、评标办法、评标程序、确定废标的因素；

（十二）签订的转让合同的主要条款；

（十三）职工安置方案；

(十四)债权债务处理方案;
(十五)其他需要说明的问题。

第二十四条 受让方确定后,转让方和受让方应当依法订立收费公路权益转让合同。

转让合同应当包括下列条款:

(一)转让方与受让方的名称与住所;
(二)项目名称和经营内容;
(三)经营范围和转让期限;
(四)转让价格及支付价款的时间(最长不超过合同生效后6个月)和方式;
(五)有关资产交割事项;
(六)转让方涉及的职工安置方案;
(七)转让方的权利和义务;
(八)受让方的权利和义务;
(九)公路养护和服务质量保障措施(包括建立养护维修保证金等);
(十)经营风险的承担责任;
(十一)公路养护责任;
(十二)公路移交的方式和时间;
(十三)争议的解决方式;
(十四)各方的违约责任;
(十五)合同变更和解除的条件;
(十六)转让合同期满后公路收费权的归属和移交事项;
(十七)转让和受让双方认为必要的其他条款。

第二十五条 公路收费权益转让合同自公路收费权转让批准之日起生效。

第二十六条 转让国道(包括国道主干线和国家高速公路网项目,下同)收费权,应当经国务院交通运输主管部门批准。转让国道以外的其他公路收费权,应当经省级交通运输主管部门审核同意,报省级人民政府批准。

将公路广告经营权、服务设施经营权与公路收费权合并转让的,由具有审批公路收费权权限的审批机关批准。

单独转让公路广告经营权、服务设施经营权的审批,按照地方性法规和省级人民政府规章执行。

第二十七条 申请转让公路收费权的,转让方应当向审批机关提交申请文件,内容应当包括:

(一)提出过立项申请的,需提交转让立项审查意见;未提出过立项申请的,需提交第十四条规定的相关材料;
(二)转让前期按照规定进行收费权价值评估的有关材料和资产评估报告的核准或者备案文件等;
(三)转让前期招标投标情况和受让方的确定情况;
(四)审计部门或者会计师事务所出具的受让方上年度会计报告和受让方的法人营业执照副本;
(五)按照第十条规定办理的相关手续和书面同意意见;
(六)转让收入的具体投向;
(七)公路收费权益管理情况;

(八)转让方、受让方签订的公路收费权益转让合同;
(九)审批机关认为需要提供的其他文件。

第二十八条 审批机关应当按照《行政许可法》和相关规定的要求,办理公路收费权转让审批。

审批机关在审查收费公路权益转让申请时,应当综合考虑维护国家利益、社会公共利益的因素。

同意转让公路收费权的,审批机关应当出具公路收费权转让批准文件。

第二十九条 由省级人民政府批准转让公路收费权的,转让方自批准之日起30日内,应当将省级交通运输主管部门审核意见、省级人民政府批准文件和转让合同报国务院交通运输主管部门备案。

第三十条 国务院交通运输主管部门应当自批准公路收费权转让之日起30日内,将批准文件抄送国务院发展改革主管部门和财政主管部门。

第三十一条 转让方应当对所提交申请材料的真实性、合法性负责。

第四章 转让收入使用管理

第三十二条 转让政府还贷公路权益的收入,除用于偿还公路建设贷款和有偿集资款外,应当全部用于公路建设。任何单位不得将转让政府还贷公路权益的收入用于公路建设以外的其他项目。

转让有财政性资金投入的经营性公路权益取得的收入中与财政性资金投入份额相应的收入部分,除用于偿还公路建设贷款外,主要用于公路建设。

第三十三条 转让全部由社会资金投入的经营性公路权益取得的收入,由投资者自行决定转让收入使用方向。

国家有关部门应当鼓励投资者将这部分收入继续投入公路建设项目。

第三十四条 转让政府还贷公路权益和转让有财政性资金投入的经营性公路权益取得的收入中与财政性资金投入份额相应的收入部分,纳入预算管理。转让方应当在取得上述转让收入的3个工作日内,按照规定的预算级次上缴财政。实行非税收入收缴管理制度改革的,按照改革的相关规定执行。财政主管部门应当将转让收入纳入当年财政收支预算,资金拨付按照财政国库管理制度有关规定执行。

第五章 收费公路权益转让后续管理及收回

第三十五条 受让方依法拥有转让期限内的公路收费权益,转让收费公路权益的公路、公路附属设施的所有权仍归国家所有。

第三十六条 收费公路权益转让合同约定的转让期限届满,转让收费公路权益的公路、公路附属设施以及服务设施应当处于良好的技术状态,由国家无偿收回,由交通运输主管部门管理。

收费公路权益转让期限未满,因社会公共利益需要等原因国家提前收回转让的收费公路权益的,接收收费公路权益的交通运输主管部门依法给予受让方补偿。最高补偿额按照原转让价格和提前收回的期限占原批准转让期限的比例计算确定。

第三十七条 收费公路权益转让后,该公路路政管理的职责仍然由县级以上地方人民政府交通运输主管部门或者公路管理机构的派出机构、人员行使。

第三十八条 受让方在依法取得收费公路权益后,依法成立的公路经营企业应当按照国家规定的标准和规范要求,做好公路养护管理、绿化以及公路用地范围内的水土保持工作,并对收费公路及沿线设施进行日常检查、检测、维护,保证收费公路处于良好的技术状态。

公路经营企业应当根据交通运输主管部门要求,定期提供公路技术状况检测报告。

第三十九条 公路经营企业应当接受国务院交通运输主管部门和省、自治区、直辖市人民政府交通运输主管部门的行业管理,按要求实行联网收费,并遵守路网的其他统一要求,及时提供统计资料和有关经营情况。

第四十条 收费公路权益转让后,省、自治区、直辖市交通运输主管部门应当对该收费公路的收费管理和养护情况实施监督检查。

收费公路权益转让合同约定的转让期限届满前6个月,省、自治区、直辖市人民政府交通运输主管部门应当对转让权益的收费公路进行鉴定和验收。经鉴定和验收,公路符合收费公路权益转让时核定的技术等级和标准的,公路经营企业方可按照国家有关规定,在转让期限届满时向交通运输主管部门办理公路移交手续;不符合转让收费公路权益时核定的技术等级和标准的,公路经营企业应当在交通运输主管部门确定的期限内进行养护,达到要求后,方可按照规定办理公路移交手续。转让期限届满仍未达到要求的,交通运输主管部门应当收回公路收费权,办理公路移交手续,指定其他单位进行养护,养护费用由原公路经营企业承担。

第六章 法律责任

第四十一条 违反本办法的规定,擅自批准收费公路权益转让的,按《收费条例》第四十七条的规定查处。

第四十二条 违反本办法第九条的规定,由国务院交通运输主管部门或者省级交通运输主管部门依据职权,责令改正;对负有责任的主管人员和其他直接责任人员依法给予行政处分;构成犯罪的,依法追究刑事责任。

第四十三条 违反本办法的规定,转让方应当通过招标选择受让方而未进行招标,或者招标的程序、内容不符合本办法的规定,按照《中华人民共和国招标投标法》的有关规定查处。

第四十四条 违反本办法的规定,社会中介机构在对收费公路权益转让项目进行审计或者评估时弄虚作假,或者出具的会计报告和评估报告严重失实的,根据其情节轻重,由有关机构按照国家有关法律、法规的规定处罚。

第四十五条 违反本办法的规定,有下列行为之一的,按照《收费条例》第五十二条的规定查处:

(一)转让方未将转让政府还贷公路权益的收入和转让有财政性资金投入的经营性公路权益取得的收入中与财政性资金投入份额相应的收入部分全额缴入国库的;

(二)交通运输主管部门、财政主管部门将转让政府还贷公路权益的收入和转让有财政性资金投入的经营性公路权益取得的收入中与财政性资金投入份额相应的收入部分,未用于偿还贷款或者偿还有偿集资款及未用于公路建设,将转让收入挪作他用的。

第四十六条 违反本办法的规定,受让方未履行公路养护、绿化和公路用地范围内的水土保持义务,按照《收费条例》第五十四条和第五十五条的规定查处。

第四十七条 违反本办法的规定,审批机关及其工作人员有下列情形之一的,按照《中华人民共和国行政许可法》第七十二条和第七十四条的规定查处:

(一)不在本办法规定的期限内出具审批意见的;

(二)对不符合法定条件和程序的收费公路权益转让申请予以批准,或者超越法定职权予以审批的;

(三)在受理、审查过程中,未向转让方一次告知必须补正的全部内容的。

第四十八条 审批机关工作人员在办理收费公路权益转让审批过程中,索取或者收受他人财物或者谋取其他利益,按照《中华人民共和国行政许可法》第七十三条的规定查处。

第七章 附 则

第四十九条 本办法规定的时限以工作日计算,不含法定节假日。

第五十条 本办法自2008年10月1日起施行。交通部于1996年10月9日以交通部第9号令发布的《公路经营权有偿转让管理办法》同时废止。

4. 公共资源交易平台管理暂行办法

(2016年6月24日 国家发展和改革委员会 工业和信息化部 财政部 国土资源部 环境保护部 住房和城乡建设部 交通运输部 水利部 商务部 国家卫生和计划生育委员会 国务院国有资产监督管理委员会 国家税务总局 国家林业局 国家机关事务管理局令第39号)

第一章 总 则

第一条 为规范公共资源交易平台运行,提高公共资源配置效率和效益,加强对权力运行的监督制约,维护国家利益、社会公共利益和交易当事人的合法权益,根据有关法律法规和《国务院办公厅关于印发整合建立统一的公共资源交易平台工作方案的通知》(国办发〔2015〕63号),制定本办法。

第二条 本办法适用于公共资源交易平台的运行、服务和监督管理。

第三条 本办法所称公共资源交易平台是指实施统一的制度和标准、具备开放共享的公共资源交易电子服务系统和规范透明的运行机制,为市场主体、社会公众、行政监督管理部门等提供公共资源交易综合服务的体系。

公共资源交易是指涉及公共利益、公众安全的具有公有性、公益性的资源交易活动。

第四条 公共资源交易平台应当立足公共服务职能定位,坚持电子化平台的发展方向,遵循开放透明、资源共享、高效便民、守法诚信的运行服务原则。

第五条 公共资源交易平台要利用信息网络推进交易电子化,实现全流程透明化管理。

第六条 国务院发展改革部门会同国务院有关部门统筹指导和协调全国公共资源交易平台相关工作。

设区的市级以上地方人民政府发展改革部门或政府指定的部门会同有关部门负责本行政区域的公共资源交易平台指导和协调等相关工作。

各级招标投标、财政、国土资源、国有资产等行政监督管理部门按照规定的职责分工,负责公共资源交易活动的监督管理。

第二章 平 台 运 行

第七条 公共资源交易平台的运行应当遵循相关法律法规和国务院有关部门制定的各领域统一的交易规则,以及省级人民政府颁布的平台服务管理细则。

第八条 依法必须招标的工程建设项目招标投标、国有土地使用权和矿业权出让、国有产权交易、政府采购等应当纳入公共资源交易平台。

国务院有关部门和地方人民政府结合实际,推进其他各类公共资源交易纳入统一平台。纳入平台交易的公共资源项目,应当公开听取意见,并向社会公布。

第九条 公共资源交易平台应当按照国家统一的技术标准和数据规范,建立公共资源交易电子服务系统,开放对接各类主体依法建设的公共资源电子交易系统和政府有关部门的电子监管系统。

第十条 公共资源交易项目的实施主体根据交易标的专业特性,选择使用依法建设和运行的电子交易系统。

第十一条 公共资源交易项目依法需要评标、评审的,应当按照全国统一的专家专业分类标准,从依法建立的综合评标、政府采购评审等专家库中随机抽取专家,法律法规另有规定的除外。

有关行政监督管理部门按照规定的职责分工,对专家实施监督管理。

鼓励有条件的地方跨区域选择使用专家资源。

第十二条 公共资源交易平台应当按照省级人民政府规定的场所设施标准,充分利用已有的各类场所资源,为公共资源交易活动提供必要的现场服务设施。

市场主体依法建设的交易场所符合省级人民政府规定标准的,可以在现有场所办理业务。

第十三条 公共资源交易平台应当建立健全网络信息安全制度,落实安全保护技术措施,保障平台平稳运行。

第三章 平 台 服 务

第十四条 公共资源交易平台的服务内容、服务流程、工作规范、收费标准和监督渠道应当按照法定要求确定,并通过公共资源交易电子服务系统向社会公布。

第十五条 公共资源交易平台应当推行网上预约和服务事项办理。确需在现场办理的,实行窗口集中,简化流程,限时办结。

第十六条 公共资源交易平台应当将公共资源交易公告、资格审查结果、交易过程信息、成交信息、履约信息等,通过公共资源交易电子服务系统依法及时向社会公开。涉及国家秘密、商业秘密、个人隐私以及其他依法应当保密的信息除外。

公共资源交易平台应当无偿提供依法必须公开的信息。

第十七条 交易服务过程中产生的电子文档、纸质资料以及音视频等,应当按照规定的期限归档保存。

第十八条 公共资源交易平台运行服务机构及其工作人员不得从事以下活动:

(一)行使任何审批、备案、监管、处罚等行政监督管理职能;

(二)违法从事或强制指定招标、拍卖、政府采购代理、工程造价等中介服务;

(三)强制非公共资源交易项目进入平台交易;

（四）干涉市场主体选择依法建设和运行的公共资源电子交易系统；

（五）非法扣押企业和人员的相关证照资料；

（六）通过设置注册登记、设立分支机构、资质验证、投标（竞买）许可、强制担保等限制性条件阻碍或者排斥其他地区市场主体进入本地区公共资源交易市场；

（七）违法要求企业法定代表人到场办理相关手续；

（八）其他违反法律法规规定的情形。

第十九条　公共资源交易平台运行服务机构提供公共服务确需收费的，不得以营利为目的。根据平台运行服务机构的性质，其收费分别纳入行政事业性收费和经营服务性收费管理，具体收费项目和收费标准按照有关规定执行。属于行政事业性收费的，按照本级政府非税收入管理的有关规定执行。

第二十条　公共资源交易平台运行服务机构发现公共资源交易活动中有违法违规行为的，应当保留相关证据并及时向有关行政监督管理部门报告。

第四章　信息资源共享

第二十一条　各级行政监督管理部门应当将公共资源交易活动当事人资质资格、信用奖惩、项目审批和违法违规处罚等信息，自作出行政决定之日起 7 个工作日内上网公开，并通过相关电子监管系统交换至公共资源交易电子服务系统。

第二十二条　各级公共资源交易平台应当依托统一的社会信用代码，记录公共资源交易过程中产生的市场主体和专家信用信息，并通过国家公共资源交易电子服务系统实现信用信息交换共享和动态更新。

第二十三条　国务院发展改革部门牵头建立国家公共资源交易电子服务系统，与省级公共资源交易电子服务系统和有关部门建立的电子系统互联互通，实现市场主体信息、交易信息、行政监管信息的集中交换和同步共享。

第二十四条　省级人民政府应当搭建全行政区域统一、终端覆盖市县的公共资源交易电子服务系统，对接国家公共资源交易电子服务系统和有关部门建立的电子系统，按照有关规定交换共享信息。有关电子招标投标、政府采购等系统应当分别与国家电子招标投标公共服务系统、政府采购管理交易系统对接和交换信息。

第二十五条　公共资源交易电子服务系统应当分别与投资项目在线审批监管系统、信用信息共享系统对接，交换共享公共资源交易相关信息、项目审批核准信息和信用信息。

第二十六条　市场主体已经在公共资源电子交易系统登记注册，并通过公共资源交易电子服务系统实现信息共享的，有关行政监督管理部门和公共资源交易平台运行服务机构不得强制要求其重复登记、备案和验证。

第二十七条　公共资源交易电子服务系统应当支持不同电子认证数字证书的兼容互认。

第二十八条　公共资源交易平台和有关行政监督管理部门在公共资源交易数据采集、汇总、传输、存储、公开、使用过程中，应加强数据安全管理。涉密数据的管理，按照有关法律规定执行。

第五章　监　督　管　理

第二十九条　各级行政监督管理部门按照规定的职责分工，加强对公共资源交易活动的事中事后监管，依法查处违法违规行为。

对利用职权违规干预和插手公共资源交易活动的国家机关或国有企事业单位工作人员，依纪依法予以处理。

各级审计部门应当对公共资源交易平台运行依法开展审计监督。

第三十条　设区的市级以上地方人民政府应当推动建立公共资源交易电子监管系统，实现对项目登记，公告发布，开标评标或评审、竞价，成交公示，交易结果确认，投诉举报，交易履约等交易全过程监控。

公共资源交易电子服务系统和其对接的公共资源电子交易系统应当实时向监管系统推送数据。

第三十一条　建立市场主体公共资源交易活动事前信用承诺制度，要求市场主体以规范格式向社会作出公开承诺，并纳入交易主体信用记录，接受社会监督。

第三十二条　各级行政监督管理部门应当将公共资源交易主体信用信息作为市场准入、项目审批、资质资格审核的重要依据。

建立行政监督管理部门、司法机关等部门联合惩戒机制，对在公共资源交易活动中有不良行为记录的市场主体，依法限制或禁止其参加招标投标、国有土地使用权出让和矿业权出让、国有产权交易、政府采购等公共资源交易活动。建立公共资源交易相关信息与同级税务机关共享机制，推进税收协作。

第三十三条　各级行政监督管理部门应当运用大数据技术，建立公共资源交易数据关联比对分析机制，开展监测预警，定期进行效果评估，及时调整监管重点。

第三十四条　各级行政监督管理部门应当建立联合抽查机制，对有效投诉举报多或有违法违规记录情况的市场主体，加大随机抽查力度。

行政监督管理部门履行监督管理职责过程中，有权查阅、复制公共资源交易活动有关文件、资料和数据。公共资源交易平台运行服务机构应当如实提供相关情况。

第三十五条　建立由市场主体以及第三方参与的社会评价机制，对所辖行政区域公共资源交易平台运行服务机构提供公共服务情况进行评价。

第三十六条　市场主体或社会公众认为公共资源交易平台运行服务机构及其工作人员存在违法违规行为的，可以依法向政府有关部门投诉、举报。

第三十七条　公共资源交易领域的行业协会应当发挥行业组织作用，加强自律管理和服务。

第六章 法律责任

第三十八条 公共资源交易平台运行服务机构未公开服务内容、服务流程、工作规范、收费标准和监督渠道，由政府有关部门责令限期改正。拒不改正的，予以通报批评。

第三十九条 公共资源交易平台运行服务机构及其工作人员违反本办法第十八条禁止性规定的，由政府有关部门责令限期改正，并予以通报批评。情节严重的，依法追究直接责任人和有关领导的责任。构成犯罪的，依法追究刑事责任。

第四十条 公共资源交易平台运行服务机构违反本办法第十九条规定收取费用的，由同级价格主管部门会同有关部门责令限期改正。拒不改正的，依照《中华人民共和国价格法》、《价格违法行为行政处罚规定》等给予处罚，并予以公示。

第四十一条 公共资源交易平台运行服务机构未按照本办法规定在公共资源交易电子服务系统公开、交换、共享信息的，由政府有关部门责令限期改正。拒不改正的，对直接负责的主管人员和其他直接责任人员依法给予处分，并予以通报。

第四十二条 公共资源交易平台运行服务机构限制市场主体建设的公共资源电子交易系统对接公共资源交易电子服务系统的，由政府有关部门责令限期改正。拒不改正的，对直接负责的主管人员和其他直接责任人员依法给予处分，并予以通报。

第四十三条 公共资源交易平台运行服务机构及其工作人员向他人透露依法应当保密的公共资源交易信息的，由政府有关部门责令限期改正，并予以通报批评。情节严重的，依法追究直接责任人和有关领导的责任。构成犯罪的，依法追究刑事责任。

第四十四条 有关行政监督管理部门、公共资源交易平台运行服务机构及其工作人员徇私舞弊、滥用职权、弄虚作假、玩忽职守，未依法履行职责的，依法给予处分；构成犯罪的，依法追究刑事责任。

第七章 附　则

第四十五条 公共资源电子交易系统是根据工程建设项目招标投标、土地使用权和矿业权出让、国有产权交易、政府采购等各类交易特点，按照有关规定建设、对接和运行，以数据电文形式完成公共资源交易活动的信息系统。

公共资源交易电子监管系统是指政府有关部门在线监督公共资源交易活动的信息系统。

公共资源交易电子服务系统是指联通公共资源电子交易系统、监管系统和其他电子系统，实现公共资源交易信息数据交换共享，并提供公共服务的枢纽。

第四十六条 公共资源交易平台运行服务机构是指由政府推动设立或政府通过购买服务等方式确定的，通过资源整合共享方式，为公共资源交易相关市场主体、社会公众、行政监督管理部门等提供公共服务的单位。

第四十七条 本办法由国务院发展改革部门会同国务院有关部门负责解释。

第四十八条 本办法自2016年8月1日起实施。

5. 公路工程营业税改征增值税计价依据调整方案

(交办公路〔2016〕66号)

一、适用范围

2016年5月1日起,执行《公路工程基本建设项目投资估算编制办法》(JTG M20—2011)(以下简称《投资估算办法》)、《公路工程估算指标》(JTG/T M21—2011)(以下简称《指标》)、《公路工程基本建设项目概算预算编制办法》(JTG B06—2007)、《关于公布公路工程基本建设项目概算预算编制办法局部修订的公告》(交通运输部公告2011年第83号)(以下统称《概预算办法》)、《公路工程概算定额》(JTG/T B06-01—2007)、《公路工程预算定额》(JTG/T B06-02—2007)(以下统称《定额》)以及《公路工程机械台班费用定额》(JTG/T B06-03—2007)等公路工程计价依据,对新建和改建的公路工程基本建设项目投资估算、概算、预算的编制和管理,应按本方案执行。

二、关于《投资估算办法》和《概预算办法》

(一)费用项目组成。

营业税改征增值税(以下简称营改增)后,投资估算、概算和预算费用组成作以下调整,其他与现行《投资估算办法》和《概预算办法》的内容一致。

1. 企业管理费中的税金系指企业按规定缴纳的房产税、车船使用税、土地使用税、印花税、城市维护建设税及教育费附加等。城市维护建设税及教育费附加已含在调整后的企业管理费基本费用费率中,不另行计算。

2. 建筑安装工程费用的税金是指国家税法规定应计入建筑安装工程造价的增值税销项税额。

(二)营改增后建筑安装工程费的计算。

营改增后,公路工程建筑安装工程费按"价税分离"计价规则计算,具体要素价格适用增值税税率执行财税部门的相关规定。建筑安装工程费按以下公式计算:

建筑安装工程费=税前工程造价×(1+建筑业增值税税率)

式中:税前工程造价=直接费+间接费+利润

直接费=直接工程费(含人工费、材料费、施工机械使用费)+其他工程费

间接费=规费+企业管理费

建筑业增值税税率为11%。

以上各项费用均以不含增值税(可抵扣进项税额)的价格(费率)进行计算。

(三)费用标准和计算方式。

1. 人工费,不作调整。

2. 材料费。

材料预算价格由材料原价、运杂费、场外运输损耗、采购及仓库保管费组成,其中材料原价、运杂费按不含增值税(可抵扣进项税额)的价格确定。

材料采购及保管费,以材料的原价加运杂费及场外运输损耗的合计数为基数,乘以采购及保管费率计算。材料的采购及保管费率为2.67%。

外购的构件、成品及半成品的预算价格,其计算方法与材料相同,但构件(如外购的钢桁梁、钢筋混凝土构件及加工钢材等半成品)的采购及保管费率为1.07%。

3. 施工机械使用费。

按《公路工程机械台班费用定额》(JTG/T B06-03—2007)中数值乘以表1对应的调整系数计算,结果取2位小数。

4. 其他工程费。

其他工程费的各项费率按《投资估算办法》和《概预算办法》中数值乘以表2对应的调整系数计算,结果取2位小数。

5. 企业管理费。

企业管理费的费率按《投资估算办法》和《概预算办法》中数值乘以表3对应的调整系数计算,结果取2位小数。

营改增施工机械台班费用定额调整系数　　表1

序号	费用构成项目	系数	备注
1	不变费用		
(1)	折旧费	0.855	
(2)	大修理费	0.884	
(3)	经常修理费	0.898	
(4)	安装拆卸及辅助设施费	—	不作调整
2	可变费用		
(1)	人工	—	不作调整
(2)	动力燃料费		以不含进项税额的动力燃料预算价格进行计算
(3)	车船使用税	—	不作调整

营改增其他工程费费率调整系数

表 2

工程类别	其他工程费									
	冬季施工增加费	雨季施工增加费	夜间施工增加费	特殊地区施工增加费			行车干扰工程施工增加费	施工标准化与安全措施费	临时设施费	施工辅助费	工地转移费
				高原地区施工增加费	风沙地区施工增加费	沿海地区施工增加费					
人工土方	1.074	1.082	—	1.068	1.081	—	1.077	1.058	1.045	1.051	1.020
机械土方	1.197	1.207	—	1.192	1.207	—	1.202	1.180	1.165	1.172	1.137
汽车运输	1.214	1.224	—	1.208	1.223	—	1.218	1.197	1.181	1.188	1.153
人工石方	1.074	1.082	—	1.068	—	—	1.077	1.058	1.045	1.051	1.020
机械石方	1.191	1.201	—	1.177	—	—	1.187	1.175	1.159	1.166	1.132
高级路面	1.220	1.230	—	1.177	1.191	—	1.187	1.202	1.188	1.195	1.159
其他路面	1.148	1.158	—	1.158	1.173	—	1.168	1.132	1.118	1.124	1.091
构造物Ⅰ	1.144	1.153	—	1.080	1.093	—	1.089	1.128	1.113	1.119	1.086
构造物Ⅱ	1.177	1.187	1.194	1.133	—	1.179	1.143	1.161	1.146	1.152	1.119
构造物Ⅲ	1.189	1.199	1.205	1.181	—	1.190	1.191	1.172	1.157	1.164	1.130
技术复杂大桥	1.195	1.205	1.211	1.155	—	1.196	—	1.178	1.163	1.169	1.135
隧道	1.172	—	—	1.126	—	—	—	—	1.155	1.141	1.146	1.113
钢材及钢结构	1.235	—	1.252	1.097	1.110	1.236	—	1.218	1.202	1.209	1.174

营改增企业管理费费率调整系数

表 3

工程类别	企业管理费				
	基本费用	主副食运费补贴	职工探亲路费	职工取暖补贴	财务费用
人工土方	1.113	1.013	1.087	1.068	1.075
机械土方	1.236	1.124	1.207	1.186	1.194
汽车运输	1.259	1.146	1.229	1.208	1.216
人工石方	1.113	1.013	1.087	1.068	1.075
机械石方	1.233	1.122	1.203	1.183	1.190
高级路面	1.259	1.146	1.230	1.209	1.217
其他路面	1.189	1.082	1.161	1.141	1.148
构造物Ⅰ	1.185	1.078	1.156	1.136	1.144
构造物Ⅱ	1.218	1.109	1.189	1.168	1.176
构造物Ⅲ	1.231	1.120	1.201	1.180	1.188
技术复杂大桥	1.235	1.124	1.207	1.186	1.192
隧道	1.212	1.103	1.184	1.163	1.170
钢材及钢结构	1.274	1.159	1.244	1.223	1.231

6.规费,不作调整。

7.利润。

利润＝(直接费+间接费-规费)×7.42%

8.税金。

税金＝(直接费+间接费+利润)×11%

三、关于《指标》和《定额》

1.《指标》和《定额》除其他材料费、设备摊销费、小型机具使用费需调整外,其余均不作调整。

2.其他材料费、设备摊销费、小型机具使用费消耗量按《指标》和《定额》中数值乘以表4对应的调整系数计算,结果取1位小数。

营改增工、料、机消耗量调整系数　　　表 4

序号	代号	名称	单位	系数	备注
1	996	其他材料费	元	0.971	
2	997	设备摊销费	元	0.855	金属设备摊销标准由原 90 元/t·月调整为 76.95 元/t·月
3	1998	小型机具使用费	元	0.890	

四、其他

(一)调整后的上述计价依据请登录交通运输部网站公路局子站"公路工程标准规范信息平台"或交通运输部路网监测与应急处置中心网站 www.hmrc.net.cn 查询。

(二)各省级交通运输主管部门可结合本地区实际情况,按照财税部门对营改增的相关要求调整本地区有关公路工程的计价依据。

(三)2016 年 4 月 30 日(含)前,已审批(核准)的公路工程基本建设项目的投资估算、概算、预算,不再重新审批(核准)。2016 年 5 月 1 日起,审批(核准)的公路工程基本建设项目的投资估算、概算、预算按本方案执行。

(四)各公路工程造价软件公司应按照本方案对造价软件进行相应调整,确保计价的准确性。

(五)请各有关单位在执行过程中,将发现的问题和意见,函告交通运输部路网监测与应急处置中心。联系电话,(010)65299193,邮箱:lwzxzj@163.com。

6. 交通运输部关于印发公路建设市场督查工作规则的通知

(交公路发〔2015〕59号)

各省、自治区、直辖市、新疆生产建设兵团交通运输厅(局、委):

为进一步加强公路建设市场管理,提高公路建设市场监督检查工作的科学性和有效性,交通运输部组织修订了《公路建设市场督查工作规则》,现印发你们,请遵照执行。原《公路建设市场督查工作规则》(交公路发〔2012〕210号)同时废止。

附件:1. 公路建设市场督查考评表及评分方法
　　　2. 公路建设市场督查工作程序

交通运输部
2015年4月20日

公路建设市场督查工作规则

第一章　总　则

第一条　为加强公路建设市场管理,建设统一开放、竞争有序的公路建设市场环境,维护公平、公正、诚信的公路建设市场,保护国家、社会公共利益和从业者合法权益,根据《中华人民共和国公路法》、《公路建设市场管理办法》等法律、规章,制定本规则。

第二条　本规则适用于交通运输部及各省级交通运输主管部门依法组织的公路建设市场监督检查活动。

公路建设、设计、施工、监理、咨询和检测等市场从业单位和有关人员应依法接受监督检查。

第三条　督查工作实行统一组织、分级管理、部省联动、专家参与的工作方式。

交通运输部负责制定全国公路建设市场督查工作制度,建立部级督查专家库,编制督查工作计划,组织实施全国公路建设市场重点督查,指导省级交通运输主管部门开展公路建设市场督查工作。

省级交通运输主管部门负责制定本辖区公路建设市场督查工作规则,建立省级督查专家库,编制年度督查计划并组织实施,组织本辖区公路建设市场督查工作;根据交通运输部制定的全国公路建设市场督查计划,配合部督查工作组开展督查工作。

第四条　督查依据和标准:
(一)公路建设管理相关法律、法规、规章;
(二)国家及行业的技术标准和规范;
(三)工程项目的相关批复文件、设计文件、招标投标文件及合同文件;
(四)国家及行业其他相关规定。

第五条　督查工作应遵循公平公正、科学规范、严肃认真、廉洁高效的原则。

第二章　督查内容与方式

第六条　督查包括以下专项内容:
(一)市场准入管理;
(二)建设程序执行;
(三)招标投标管理;
(四)信用体系建设;
(五)合同履约管理;
(六)其他相关工作。
(具体内容见附件1公路建设市场督查考评表及评分方法)

第七条　督查工作采取综合督查与专项督查相结合的方式进行。

综合督查是对所有督查专项内容和相关项目执行情况进行的全面督查。

专项督查是对部分督查专项内容和相关项目执行情况进行的详细督查。

第八条　督查工作实行督查工作组负责制,由交通运输主管部门根据督查内容和项目特点,在督查专家库中选调相关方面专家组成工作组,组长由交通运输主管部门选派,或委托下级交通运输主管部门作为组长单位派出。

第九条　督查工作一般按照下达督查通知、组成督查工作组、听取工作介绍、现场督查、交换督查意见、提交督查报告的工作程序组织进行(具体工作流程见附件2)。必要时,也可采取随机抽查、暗访、委托取样试验等辅助形式。

第三章　督查工作要求

第十条　交通运输部根据全国公路建设市场总体情况,在每年第一季度制订年度督查工作计划,明确督查省份和相关要求,统一部署全国公路建设市场督查工作。

省级交通运输主管部门根据本地情况,确定年度督查地区、重点项目和具体要求,制定督查计划并组织实施。

第十一条　督查项目由督查工作组根据督查内容在赴现场前确定。

交通运输部重点督查国家高速公路网等重点建设项目,也可选择其他高速公路或国、省干线公路项目。原则上每省(区、市)选取2个项目,每个项目抽查的合同段一般不少于3个,合同段总数少于3个时选取全部合同段。

第十二条　省级交通运输主管部门应建立督查专家库,并实行动态管理。综合督查工作组专家不宜少于5

名;专项督查工作组专家不宜少于3名。对督查专家的选择实行回避制度。督查专家应严格遵守有关规定,执行督查标准,对督查工作负责。

第十三条 督查工作组完成现场督查后,应按照《公路建设市场督查考评表》(详见附件1)对督查内容进行督查评价,督查评价包括行业管理和项目管理两部分内容。

综合督查以被督查地区行业管理和项目管理为评价对象,分别对每个单项工作进行评分,再进行加权综合评价。

专项督查以单项工作为评价对象,分别对行业管理和项目管理进行评价,再进行加权综合评价。

第十四条 督查结束后一周内形成督查报告,交通运输主管部门根据督查报告,形成督查意见书。督查意见书应指出督查中发现的问题,提出问题处理意见及整改要求;对存在重大问题的,应进一步调查核实,依法处理。

第十五条 督查人员应严格遵守中央八项规定、廉政准则和工作纪律,认真执行督查程序和标准。

被督查地区和单位应严格遵守有关规定,不得以任何名义超标准接待,严格控制会议规模和陪检人员、车辆数量等。

第四章 结果处理

第十六条 被督查地区交通运输主管部门负责组织相关单位按督查意见书(或通报)提出的整改要求,在接到督查通报后一个月内,向组织督查的交通运输主管部门提交书面报告。组织督查的交通运输主管部门根据整改情况可适时组织复查,直至达到整改要求。

第十七条 根据督查结果,对管理严格、市场秩序规范、项目实施良好的可给予表扬;对发现的严重违法违规行为,按管理权限依法给予相应处罚。

第十八条 交通运输主管部门应将市场督查所涉及从业单位和人员的相关信息纳入信用管理,在公路建设市场信用信息管理系统中予以记录,并纳入年度信用评价。

第十九条 交通运输主管部门应建立公路建设市场督查情况通报制度,将全年公路建设市场各类督查情况进行通报,对行业管理和项目管理好的经验和做法予以推广,对督查中发现问题多、性质严重的地区、项目和有关从业单位给予通报批评。各省级交通运输主管部门应将年度督查工作情况报交通运输部。

第二十条 交通运输主管部门将年度督查情况,以及在督查中发现的违法违规行为和处理结果等相关信息,通过信用信息平台或媒体向社会公开。

第五章 附 则

第二十一条 各省级交通运输主管部门应根据督查工作需要,落实责任单位、人员和工作经费,确保督查工作效果。

第二十二条 各省级交通运输主管部门可依照本规则,制定本地区公路建设市场督查工作规则。

第二十三条 本规则由交通运输部负责解释。

第二十四条 本规则自发布之日起施行,原《公路建设市场督查工作规则》(交公路发〔2012〕210号)同时废止。

附件1

公路建设市场督查考评表

（　　　　）省（区、市）

考评总分：_____

督查工作组负责人：_____

填表时间：____年____月____日

中华人民共和国交通运输部　印制

建设市场管理考评表

项目名称：_____ 主管部门：_____ 项目法人：_____ 填表人：_____ 日期：_____

表1-1

序号	考评对象	考评子项	考评内容	分值	评分标准	得分	备注
1	行业管理（基准分100分，实得分：____）	市场主体资格（40分）	是否执行国家、部设定的统一市场准入条件。市场准入条件设置是否带有地方保护性质，是否对符合准入条件的从业单位和人员有歧视政策或行为。	20	未执行国家、部设定的统一市场准入条件扣5分/项。发现地方保护性条款或其他不公平条款扣5分/项。		
2			项目法人是否符合标准，是否将项目法人组织管理机构等情况进行备案管理。	10	项目法人不符合标准扣5分，未将项目法人组织机构情况进行备案扣5分/项。		
3			是否通过信用信息管理系统对市场主体实施动态监管。	10	未使用信用信息系统进行管理扣10分，信息录入、发布不及时、不准确扣2分/项。		
4		动态监管（60分）	是否按要求制定市场管理规章制度。	15	未按国家部有关规定建立健全市场准入、招标投标、信用体系、分包管理等相关制度的扣3分/项。		
5			是否整改落实近2年部、省督查对违规行为的处理意见。	15	未进行整改落实、无具体落实报告扣5分/项次；整改不到位扣3分/项次。		
6			是否依法实行公路建设市场退出机制。	10	未按规定被处罚从业单位限制在本地区的从业活动5分/家。		
7			对2年出现的工程转包、违法分包、出借资质、围标串标等违规行为是否依法查处。	20	未按规定处查的扣4分/项次。		
8	项目管理（基准分100分，实得分：____）	从业单位资格（15分）	是否对从业单位资质资格进行严格检查。	15	从业单位不具备相应资质资格扣10分/家。		
9		从业人员资格（35分）	是否对从业人员资格进行严格检查。	35	从业人员不具备相应资格扣10分/人。		
10		从业行为管理（50分）	是否建立健全从业单位管理相关规章制度。	15	未按国家、部有关规定项目合同约定建立健全相关制度扣5分/项。		
11			是否对从业违规行为按合同约定进行处罚。	15	未按合同约定对违规行为进行处罚扣5分/项次。		
12			对上级有关部门和监督执法检查发现的市场管理问题是否整改落实。	20	未按检查相关问题无整改落实报告扣5分/项次。		

— 178 —

建设程序执行考评表

表 1-2

项目名称：_____　主管部门：_____　项目法人：_____　填表人：_____　日期：_____

序号	考评对象	考评子项	考评内容	分值	评分标准	得分	备注
1	行业管理（基准分100分，实得分：___）	基本建设程序履行（30分）	是否严格执行可行性研究、初步设计、施工图设计、施工许可等程序及土地、环保等报批手续程序，是否对项目法人的建设程序进行严格监督。	30	项目开工前基本建设程序缺少任一项扣5分，缺少土地、环保等报批手续任一项扣5分；未对项目基本建设程序进行监督检查的扣10分。		
2		标准执行（20分）	设计批复、施工许可、验收是否符合国家和行业标准规定；项目是否严格执行公路工程技术标准。	20	各环节不符合有关强制性标准规定的扣5分/项；项目未严格执行有关强制性标准规定的扣5分/项。		
3		施工图设计审批（10分）	是否按管理权限及时对施工图设计文件进行审查。	10	未及时对施工图设计文件进行审查扣5分/项。		
4		设计变更和造价管理（20分）	是否制定严格的设计变更文件的审查、批复、上报程序；是否严格执行造价管理规范；是否存在借设计变更虚报、增加工程量，用设计变更掩盖质量问题。	15	未制定设计变更相关规定扣5分/项，未严格执行设计变更程序扣2分/项，未按规定制定造价管理制度扣2分/项；存在借设计变更虚报、增加工程量，用设计变更掩盖工程质量问题扣5分/项。		
5			是否对项目法人设计变更进行检查并督促整改有关问题。	5	未对项目法人进行检查扣5分；发现有关问题未督促整改落实到位扣2分/项。		
6		项目验收（20分）	是否按规定及时组织或报请项目验收。	20	未按规定及时组织验收的扣5分/项，未按规定报请验收的扣10分/项；未验收即通车运营的扣20分。		
7	项目管理（基准分100分，实得分：___）	项目管理机构（10分）	项目管理机构及人员配备是否符合规定，责任明确，建立了相关管理制度。	10	机构设置不健全扣3分/项，人员配备不足扣5分/项，管理制度不健全扣2分/项。		
8		基本建设程序履行（20分）	是否严格执行可行性研究、初步设计、施工图设计批复、施工许可批复的程序。	20	缺项或未批先建扣20分，任一环节顺序倒置扣10分。		

续上表

序号	考评对象	考评子项	考评内容	分值	评分标准	得分	备注
9	项目管理（基准分100分）	标准执行（20分）	设计批复、施工许可、验收等是否符合国家和行业标准规定；项目是否严格执行公路工程技术标准。	20	各环节不符合有关标准规定的扣4分/项；项目未严格执行有关标准要求的扣4分/项。		
10		施工图设计审查（10分）	是否组织对施工图设计文件进行审查。	5	未组织有关专家或者委托有相应工程咨询或设计资质的单位对施工图文件按规定进行审查扣2分/项。		
11			是否按照项目管理隶属关系将施工图设计文件报交通运输主管部门审批。	5	未将施工图文件上报交通运输主管部门审批扣5分。		
12		施工许可办理（10分）	建设资金是否已经落实，并经交通运输主管部门审计；征地手续是否已批准、拆迁基本完成；施工、监理单位是否已依法确定；是否存在未经批准先实施质量和安全的保障措施。	10	未履行任一环节进行施工的5分/项。		
13		设计变更和造价管理（15分）	是否建立了设计变更管理台账；是否按照规定权限、条件和程序审查批准一般变更或报批较大、重大设计变更，是否存在未经批准先实施变更。	10	未建立设计变更管理台账扣5分；未按照规定权限、条件和程序审查批准一般变更或报批较大、重大变更，或未按批准先实施规避审批扣3分/项次；存在未经批准变更先实施变更扣3分/项。		
14			造价管理是否严格规范；是否存在虚列变更项目或虚报工程量、多结算工程款，或用设计变更掩盖施工质量问题。	5	未按规定建立造价管理台账，未实行有效造价管理的扣2分/项；存在虚列变更项目或虚报工程量、多结算工程款，或用设计变更掩盖施工质量问题的扣3分/项。		
15		交竣工验收（15分）	是否按照部《公路工程竣（交）工验收办法》的规定及时组织项目的交竣工验收。	10	未及时组织项目交工验收扣5分/项，未通过交工验收扣2分/项，未通过交工验收试运行的扣10分。		
16			缺陷责任期后，是否及时报上级交通运输主管部门进行竣工验收。	5	未及时上报上级交通运输主管部门进行竣工验收扣2分/项。		

— 180 —

招标投标管理考评表

表 1-3

项目名称：____ 主管部门：____ 项目法人：____ 填表人：____ 日期：____

序号	考评对象	考评子项	考评内容	分值	评分标准	得分	备注
1	行业管理（基准分100分，实得分：___）	行为监管（60分）	是否建立健全招标投标管理制度；是否对投标人或潜在投标人实行歧视政策，是否实行地方保护。	20	未建立招投标管理制度扣10分；招投标过程中存在歧视政策或实行地方保护和暗箱操作的扣10分/项。		
2			是否对招投标中存在的弄虚作假、串通投标或行贿等以不合法手段谋取中标等行为有效监管。	20	对弄虚作假，串通投标或行贿等以不合法手段谋取中标等行为没有履行监管职责扣10分/项。		
4			对招投标过程是否存在行政干预及有关投诉是否有效及时处理。	20	存在行政干预投标行为扣10分/项；未对投诉进行及时有效处理扣5分/项。		
5		程序监督（40分）	招投标资料备案监督是否到位。	20	未对投标资料备案进行监督的扣10分/项；不符合国家招投标政策的扣10分/项。		
6			对评标专家的管理及抽取监督是否到位。	20	未对评标专家进行资格审核、专家培训及动态管理的扣5分/项；专家抽取未进行监督的扣5分/项。		
8		核准事项（5分）	是否执行核准的招标范围、招标组织形式和招标方式；是否存在规避招标或经审批未经审批邀请招标。	5	未按核准事项严格执行的扣2.5分/项；存在规避招标或经审批未经审批邀请招标的扣5分。		
9	项目管理（基准分100分，实得分：___）	招标条件（5分）	招标时是否已具备规定的条件。	5	尚未具备条件即开始招标的扣5分。		
10		招标程序（25分）	是否按规定将资格预审结果、招标文件和评标报告报备。	3	未按规定报备的扣5分。		
11			是否在指定媒介发布招标公告。	3	未在指定媒介发布公告的扣3分。		
12			资审文件或招标文件出售的时间是否符合规定。	3			
13			对资审文件或招标文件澄清或修改的时间是否符合规定。	3	存在问题扣1.5分/项次。		
14			提交资审申请文件或投标文件的时间是否符合规定。	3			

续上表

序号	考评对象	考评子项	考评内容	分值	评分标准	得分	备注
15	项目管理（基准分100分）	招标程序（25分）	开标时间是否符合规定。	2	存在问题扣1分/项次。		
16			评标时间是否合理。	2	存在问题扣1分/项次。		
17			评标结果公示时间是否合规定。	2	存在问题扣1分/项次。		
18			签订合同时间是否合规定。	2	存在问题扣1分/项次。		
19		资格预审文件和招标文件编制（25分）	是否按规定执行标准招标文件。	5	未执行的扣2.5分/项次。		
20			是否详细列明全部审查因素和标准、废标条款明确。	4	存在任何一项问题的该考评子项得分为0。		
21			是否以不合理条款或者限制或者排斥潜在投标人。	4	存在任何一项问题的该考评子项得分为0。		
22			是否合理设置资质、人员、业绩等条件。	4	存在任何一项问题的该考评子项得分为0。		
23			评标办法分值设置是否合规定。	4	存在任何一项问题的该考评子项得分为0。		
24			是否存在其他问题。	4	存在问题酌情扣1~4分。		
25		清单评标（25分）	清单评审是否有倾向性、不公正、遗漏和重大偏差。	5	存在问题酌情扣1~4分。		
26			是否按照资审文件或招标文件规定的标准和方法进行评审。	4	存在任何一项问题的该考评子项得分为0。		
27			资审评审委员会或评标委员会组建及人员组成是否合规定。	4	存在任何一项问题的该考评子项得分为0。		
28			评委打分是否公正。	4	存在任何一项问题的该考评子项得分为0。		
29			资审评审或评标评审是否有遗漏和重大偏差。	4	存在问题扣2分/项次。		
30			是否存在其他问题。	4	存在问题扣2分/项次。		
31		定标	是否在评标委员会推荐的中标候选人以外确定中标人。	5	未按规定确定中标人的本表总分为0。		
32		签订合同（5分）	是否按招标文件和投标文件订立合同。	5	未按规定订立合同扣5分。		
33		招标代理监管（5分）	是否对招标代理进行了有效监督、管理。	5	招标代理资质、合同订立存在问题每项扣1分，过程管理及评价措施不到位每项扣1.5分。		
34		投诉及问题处理（5分）	是否对招投标过程中的投诉及反映的问题进行及时有效处理。	5	未及时进行处理的，扣2分/项。		
35		其他	有违反招投标相关法规的其他内容。		酌情扣1~10分。		

信用建设管理考评表

表 1-4

项目名称：_____ 项目法人：_____ 主管部门：_____ 填表人：_____ 日期：_____

序号	考评对象	考评子项	考评内容	分值	评分标准	得分	备注
1	行业管理（基准分100分，实得分：___）	制度体系（20分）	是否按照部信用信息管理办法和评价规则制定实施办法或细则等配套制度。	8	无配套管理办法扣8分，管理办法操作性不强扣4分。		
2			管理制度是否符合统一原则和框架。	4	与统一原则不符扣4分。		
3			是否建立公路建设市场的信用管理体系，涵盖设计、施工、监理等单位信用评价。	8	管理体系缺少设计、施工、监理扣4分/项。		
4		信用监管与应用（35分）	是否落实信用管理专门机构、专职人员；信用管理记录是否齐备、完善。	10	未设置信用管理专门机构的扣5分，专职人员不能满足工作要求扣2分；信用管理记录资料缺失扣5分，资料不全、不完善扣2分/项次。		
5			是否严格落实信用评价公示、复议制度。	10	未落实信用评价公示、复议制度扣5分/项。		
6			是否将信用评价结果在资审或评标中应用。	15	未将信用记录应用于公路建设项目招标资格审查和评标工作。		
7					未将信用评价结果在资审或评标中应用的扣15分，信用记录应用不合理扣3分/项。		
8			部级平台企业信息录入与变更审核。	6	未进行企业信息录入与变更审核扣3分/项；录入或审核不及时扣1分/项次。		
9		平台建设与维护（15分）	建立省级平台并运行。	4	未建立省级平台扣4分。		
10			省级平台信息维护。	2	省级平台信息更新、发布等维护不及时扣2分。		
11			与部级平台联互通。	3	未与部级平台联互通扣3分。		
12		信用台账管理（15分）	建立信用管理台账。	4	未建立信用管理台账扣4分；台账信息不准确、不全面扣1分/项次。		
13			信用台账及时更新。	3	台账更新不及时扣3分。		
14			实行电子化管理台账。	4	未实行电子化管理台账扣4分。		
15			台账情况及时将公示公告知相关主体。	4	未及时将台账公示公告或通知相关媒体扣4分。		
16			评价基础信息全面、准确。	4	基础信息不准确、不全面扣1分/次。		
17		信用评价工作（15分）	正确运用评价规则。	3	评价规则运用不规范扣1分/次。		
18			按时完成信用评价工作。	4	未按时完成信用评价工作扣2分/次。		
19			执行公示、公告制度。	4	未执行公示、公告扣4分。		
20		加分项	对招标代理、项目法人、代建单位、咨询单位等进行信用管理。		有的每项加4分。		

续上表

序号	考评对象	考评子项	考评内容	分值	评分标准	得分	备注
21	项目管理（基准分100分，实得分：____）	机构人员（10分）	设置专职人员。	5	未设置专职人员扣5分。		
22			工作人员业务水平。	5	工作人员业务水平不熟练扣5分/人。		
23		平台维护（15分）	部、省平台项目信息录入及维护。	15	未按照规定时间或未在一周内录入维护扣3分/项次。		
24			建立信用管理台账。	10	未建立台账扣10分。		
25			台账及时更新。	5	一周内未及时更新的扣1分/项次。		
26		台账管理（25分）	实行电子化管理台账。	5	未实现电子台账管理扣3分；实现简单电脑登记管理的扣2分；以具备统计汇总功能软件管理的扣1分；实现与部省平台实时链接的不扣分。		
27			台账情况及时公示或告知相关主体。	5	未按照规定时间或未在一周内公示或告知的扣1分/项次。		
28			基础信息全面、准确。	10	基础信息错漏的扣1分/项次。		
29		评价工作（30分）	正确运用评价规则。	15	未正确运用评价规则（如与部单位评分规则、评价标准不一致等）扣3分/项次，对不同从业单位评价标准不一致扣3分/项次。		
30			按照规定时间完成信评工作。	5	未按规定时间完成信评工作扣5分。		
31		结果应用（20分）	评价结果在项目招投标、履约监管等方面得以应用。	20	未应用的扣20分。信用记录应用不准确、不全面，应用不合理扣3分/项次。		

表 1-5

合同履约管理考评表

项目名称：_____ 参建单位：_____ 填表人：_____ 日期：_____

项目法人：_____

序号	考评对象	考评项目	考评内容	分值	评分标准	得分	备注
1	项目法人（基准分100分，实得分：___）	组织管理（10分）	派驻现场的建管机构，管理人员是否符合有关要求。	8	未按要求建立管理机构的扣5分，管理人员不符合要求扣1分/人。		
2		履约能力（10分）	是否及时向行业主管部门上报组织机构、管理人员等。	2	未上报扣2分。		
3			主要管理人员是否履行约定。	10	人员履约率低于70%扣5分/项，管理人员不履行变更手续扣2分/人。		
4		施工工期计划（12分）	项目法人应当合理确定建设工期并报主管部门备案，严格按照合同工期组织项目建设。	4	合同工期未经主管部门备案的扣4分。		
5			除特殊情况外，项目法人不得随意要求变更合同工期，合同工期更改需报主管部门审批。	8	任意压缩拖延合同工期扣4分，合同工期更改未经审批扣8分。		
6		设计变更管理（16分）	是否建立工程变更管理台账对变更进行有效管理。	3	没有台账扣3分，管理混乱扣2分。		
7			设计变更方案是否合理，是否存在虚列变更项目或虚报工程量、多结算工程款，或利用设计变更掩盖施工质量问题。	10	设计变更方案不合理扣4分/项；存在虚列变更项目或虚报工程量、多结算工程款，或利用设计变更掩盖施工质量问题扣4分/项。		
8			造价控制是否合理、有效。	3	造价未控制在规定范围内扣3分。		
9		分包管理（5分）	对合法的分包申请进行审核备案。	5	没有对分包申请进行审核的扣5分，没有对分包进行备案的扣5分；存在转包和违法分包扣5分/家。		
10		标准化管理（5分）	是否制定并执行施工标准化考核评价制度。	5	未制定扣3分，未开展考核评价工作扣3分。		
11		质量安全管理（12分）	是否按规定建立落实质量安全生产的责任制度，并督促施工、监理单位就管理制度。	4	未建立落实质量保证体系、质量管理制度、安全生产管理制度和应急预案，扣4分/项。		
12			是否对工程质量安全工作进行检查、整改。	4	未进行质量安全检查工作扣4分，督促质量安全问题整改不到位扣1分/项。		
13			是否发生过工程质量与安全生产事故，事故后是否有针对性措施防范类似问题。	4	发生重大及以上质量安全事故扣4分，发生较大或一般安全事故扣3分/次，发生一般质量事故扣2分；事故后未建立针对性措施预防范类似问题本项得分0。		
14		资金拨付（10分）	是否按照合同约定的期限及时支付工程进度及支付工程款，是否拖欠保证金、办理工程结算。	5	超前或未及时支付工程款扣3分/次，未及时办理工程结算扣3分/次。		
15			是否按照规定的期限及时退还保证金、办理工程结算。	5	拖欠保证金扣5分/次，未及时支付征地拆迁费用扣2分/次。		

续上表

序号	考评对象	考评项目	考评内容	分值	评分标准	得分	备注
16	项目法人（基准分100分）/100分	财务管理（10分）	是否建立健全财务管理机构和财务管理制度。	5	财务管理机构和财务管理制度不健全扣5分。		
17			对农民工工资支付是否监管。	5	对农民工工资支付无监管办法扣5分，监管不到位扣3分。		
18		项目审计（5分）	是否按要求开展项目审计工作，及时处理审计问题。	5	未按要求开展项目审计工作扣5分，审计问题未处理扣3分/项。		
19		信息公开（5分）	是否按照信息公开要求及时公开项目建设相关信息。	5	未及时公开项目建设信息扣1分/项/次。		
20		履约能力（20分）	是否按照合同约定组织施工，管理和技术人员及施工设备及时到位，以满足工期需要。	15	人员履约率低于70%扣8分，主要管理和技术人员、主要设备不符合同约定扣2分/人、台。		
21			主要管理人员变更是否履行规定的变更手续。	5	未履行变更手续扣2分/人。		
22		工期计划（10分）	除特殊情况外，施工单位应按照合同约定工期完成工程项目。	10	无故拖延合同工期扣10分。		
23		工程变更及造价控制（25分）	设计变更方案、工程量、造价是否合理，是否虚列变更项目，是否掩盖施工质量问题。	15	设计变更不合理扣5分/项；虚列变更项目或掩盖施工质量问题扣5分/项次；多算变更工程款、多结算工程量、多算报工程量扣5分/项次。		
24			设计变更上报是否及时，是否未批先实施。	5	设计变更上报不及时，未批先干扣3分/项。		
25			造价控制是否控制在规定范围内。	5	造价控制未控制在规定范围内扣3分/项。		
26	施工单位（基准分100分）/100分	分包管理（20分）	分包工程项目和分包队伍的选择应符合该合同要求和有关规定，禁止再次分包转包。	15	分包的工程项目不符合规定扣10分/次，分包队伍不符合规定5分/次，二次分包转包扣本项得分为0。		
27			分包工程是否按规定报监理业主批准、备案。	5	分包工程和分包队伍未报监理业主审批扣5分。		
28		标准化管理（5分）	是否推行了标准化工地建设。	5	标准化建设没有推行扣5分，不合格扣1分/处。		
29		质量安全管理（10分）	是否按规定建立落实质量安全生产的责任制度、管理制度。	4	未建立落实安全保证体系、使用、管理、质量管理制度、安全生产管理制度，质量管理不符合规定扣1分/项/次。		
30			现场安全生产管理及防护是否符合规定。	3	特种设备检测、危险物品安全管理措施不到位，部位、危险作业、危险部位、现场安全防护性措施防范存在安全隐患扣1分/项/次。		
31			是否发生过工程质量与安全生产事故，事故后是否有针对性措施防范类似问题。	3	发生重大以上质量事故扣3分；发生较大或一般安全事故扣2分；事故后未建立针对性措施防范类似问题扣1分/项/次。		
32		资金拨付（10分）	施工单位是否按规定支付分包队伍工程款、农民工工资。	10	未按时支付分包队伍工程款扣2分/项，未按时支付农民工工资扣1分/人。		

续上表

序号	考评对象	考评项目	考评内容	分值	评分标准	得分	备注
33	项目管理（基准分100分）实得分：____	监理单位	履约能力（20分）	是否按照合同约定配备监理人员和设备，建立相应的现场监理机构。	15	监理机构设置不合理扣5分；人员履约率低于70%扣8分，人员、设备不按合同及时到位扣2分/人、台。		
34			现场监管（30分）	现场监理人员变更是否履行规定的变更手续。	5	未履行变更手续扣2分。		
35				抽检、试验频率是否符合合同要求。	8	抽检、试验频率未达到合同要求扣4分/次。		
36				监理是否存在超前计量及提前计量现象。	7	监理提前计量或超前计量扣4分/次。		
37				监理人员是否按监理规范要求进行旁站。	8	一般工程未进行旁站扣2分/项，关键工程及隐蔽工程未进行旁站扣4分/项。		
38				监理日志记录是否规范。	7	未记录监理日志扣4分/人，监理日志记录不规范扣2分/人。		
39			质量安全管理（10分）	是否按规定落实质量和安全生产的责任制度、管理制度。	4	未落实质量保证体系、质量管理制度、安全生产管理制度，扣2分/项/次。		
40				现场安全质量检查是否符合规定。	3	未按规定进行现场安全生产监管1分/项/次。		
41				是否发生过工程质量和安全生产事故，事故后是否有针对性措施防范类似问题。	3	发生重大及以上质量事故扣3分；发生较大或一般安全事故扣3分；发生较大或一般一般安全事故扣2分，事故后未建立未建针对性措施防范类似问题本项得分为0。		
42			工程设计变更（15分）	是否建立工程变更管理台账对变更进行有效管理。	5	没有台账扣5分，管理混乱扣3分。		
43				设计变更方案、工程量、造价审核是否合理。	10	设计变更审核不合理扣3分。		
44			分包管理（25分）	监理单位是否有分包行为。	15	监理分包扣15分。		
45				监理单位是否对施工单位提出的分包队伍进行审查。	10	未审批或审批不当扣5分/次。		
46		设计单位	履约能力（60分）	是否按合同约定，按期提供勘察设计资料和设计文件。工程实施过程中，是否能按合同约定派驻设计代表，提供设计后续服务。	40	未按期提供勘察设计资料和设计文件扣10分/次，未派驻设计代表扣10分/次。		
47				现场设计代表变更是否履行变更手续。	20	未履行变更手续扣5分/人。		
48			工程设计变更（40分）	设计变更应符合变更程序，且符合国家制定的技术标准和设计规范要求。	20	因设计原因造成的违规变更扣10分/次，质量较大及以上设计变更扣10分/项。		
49				是否由于设计缺陷造成设计变更。	20	原设计与现场严重不符、发生较大及以上设计变更扣10分/项，发生较大以下设计变更扣5分/项。		

注：项目管理权值分配项目法人权值为3，施工单位为4，监理单位为2，设计单位为1。

公路建设市场督查综合评分方法

督查工作组应按照现场督查情况,依据如下公式计算被督查省份及项目的得分,具体为:

一、行业监管得分

$$Y = [\sum_{i=1}^{n} y_i \times \alpha_i] / \sum_{i=1}^{n} \alpha_i$$

式中:Y——行业主管部门的行业管理得分;

y_i——第 i 个考评指标得分(详见附表);

α_i——第 i 个考评指标的权值(建设市场管理权值为2,建设程序执行权值为2,招标投标管理权值为3,信用建设管理权值为4);

n——考评指标数。

二、被督查项目得分

$$X = [\sum_{i=1}^{n} x_i \times \beta_i] / \sum_{i=1}^{n} \beta_i$$

式中:X——被督查项目得分;

x_i——第 i 个考评指标得分(详见附表);

β_i——第 i 个考评指标的权值(建设市场管理权值为2,建设程序执行权值为2,招标投标管理权值为3,信用建设管理权值为3,合同履约管理权值为4);

n——考评指标数。

三、被督查省份得分

$$Z = Y \times 0.4 + [\sum_{j=1}^{n} X_j / n] \times 0.6$$

式中:Z——被督查省份得分;

Y——行业主管部门的行业管理得分;

X_j——第 j 个被督查项目得分;

n——督查项目数。

附件2

公路建设市场督查工作程序

一、交通运输主管部门根据年度督查工作计划和各地区公路建设进展情况,确定具体督查地区、工程项目、检查内容、行程安排,向被督查地区下达督查通知,选调督查专家组成督查工作组。

二、被督查地区交通运输主管部门和项目建设单位接到通知后,应准备以下基础资料。

(一)综合督查。

1. 被督查地区交通运输主管部门应提供的资料。

a. 公路建设总体情况;

b. 公路建设法律法规执行情况和配套规章制度建设情况;

c. 基本建设程序履行情况;

d. 市场准入管理和动态监管情况;

e. 信用体系建设及应用情况;

f. 招标投标监管情况;

g. 建设项目监管和违法违规查处情况;

h. 以往检查中发现的有关问题及整改落实总体情况;

i. 行业监管存在问题及好的经验做法。

2. 项目建设单位应提供的资料。

a. 项目概况,包括项目在本省的地理位置图及路线布置图(比例尺1:100000～1:500000)等;

b. 设计、施工、监理等标段划分情况,包括建设、设计、施工与监理等驻地位置、主要工程量、重要结构物位置及名称、构件预制场及拌和场位置等资料(应列表或标于平面图上);

c. 基本建设程序执行情况;

d. 项目招标投标情况;

e. 项目信用管理情况;

f. 项目合同履约情况(含质量安全部分);

g. 项目管理制度、办法和资料文件等情况;

h. 项目存在的问题及整改落实情况与好的经验做法。

(二)专项督查。

1. 被督查地区交通运输主管部门针对专项督查内容应提供的资料。

a. 相关工作总体情况;

b. 有关问题及整改落实情况;

c. 行业监管存在问题及好的经验做法。

2. 项目建设单位针对专项督查内容应提供的资料。

a. 项目概况,包括项目在本省的地理位置图及路线布置图(比例尺1:100000～1:500000),设计、施工、监理标段划分情况等;

b. 项目相关工作开展情况及经验做法;

c. 项目存在的问题及整改落实情况。

三、督查工作组到达被督查地区后,应组织召开督查工作预备会议,确定抽查合同段、督查内容和时间安排,划分督查工作小组、明确督查工作组成员工作分工,宣布督查工作纪律和廉政要求。被督查地区交通运输主管部门和项目法人应按照通知要求内容,向督查工作组介绍公路建设市场监管情况和项目建设总体情况,明确督查工作协调负责人,做好相关准备。

四、督查工作组应按照督查内容和要求,采取查阅资料、询问核查、巡视现场等方式进行分组检查。必要时,部分工作内容可采取随机抽查、暗访、委托取样试验等形式。

督查工作组成员对被督查省份及项目进行检查记录,在相关督查工作记录表格署名。督查过程中应对存在问题的工程实体和资料进行拍照记录。

五、督查工作组组长召集内部评议会议,各督查小组汇报检查情况和主要问题,并对被督查省份及项目形成初步评价意见。

六、督查工作组应组织召开督查工作反馈会议,与被督查地区交通运输主管部门及相关单位交换意见,被督查地区提出异议的,督查工作组应根据具体情况进行复核,形成最终综合督查意见。

七、督查工作组应在督查结束后10个工作日内,向负责组织督查的交通运输主管部门提交书面督查报告及考评表。

7. 交通运输部办公厅关于切实做好清理规范公路水运工程建设领域保证金有关工作的通知

(交办公路〔2016〕108号)

各省、自治区、直辖市、新疆生产建设兵团交通运输厅(局、委):

为深入贯彻落实《国务院办公厅关于清理规范工程建设领域保证金的通知》(国办发〔2016〕49号),全面清理规范公路水运工程建设领域保证金,切实减轻企业负担,经交通运输部同意,现将有关事项通知如下:

一、全面清理各类保证金。各省级交通运输主管部门要按照国务院统一部署,配合住房城乡建设和财政等有关部门,切实开展公路、水运工程建设领域保证金清理工作。对建筑业企业在公路、水运工程建设中需缴纳的保证金,应严格限定在依法依规设立的投标保证金、履约保证金、工程质量保证金和农民工工资保证金(以下统称四项保证金)的范围内。其他保证金一律取消,停止收取。

二、转变保证金缴纳方式。对依法保留的投标保证金、履约保证金,从事公路、水运建设的工程企业可以银行保函的方式缴纳,相关行业管理机构、招标人、建设管理单位等不得强制规定或约定以现金形式缴纳。

三、按时返还保证金。各省级交通运输主管部门要指导公路、水运建设项目管理单位,全面排查和清理已建和在建公路、水运项目的保证金收取和返还情况。除依法保留的四项保证金外,各地收取的其他保证金,必须在2016年9月底前全部退还到位。对依法保留的保证金,要严格按照相关规定,按期足额返还;逾期未返还的以及超额收取的部分,要制定具体办法,于2016年底前足额退还相关企业,并按约定支付逾期返还违约金。

四、严格工程履约和质量保证金管理。履约保证金不得超过中标合同金额的10%,质量保证金不得超过工程价款结算总额的5%。在公路、水运工程项目交工验收合格后,应及时退还工程履约保证金。建设单位应在约定的缺陷责任期满后,及时组织质量鉴定,鉴定合格的应及时返还工程质量保证金。

五、加强督导检查。各省级交通运输主管部门要组织有关单位,深入开展保证金专项清理工作督导检查,按期汇总本省(区、市)取消保证金的种类、形式、金额、返还情况,于2016年12月底前将清理工作情况书面专题报部。部将结合市场督查、举报受理等工作情况,对重点省份开展专项督查。对清理工作不力,以及违规收取、拖延返还保证金的单位和有关责任人员,将严格按照有关规定处理。

六、加强宣传引导。各省级交通运输主管部门要组织有关单位,加快推进工程建设领域保证金信息公开,公开设立投诉举报电话、电子信箱,鼓励社会公众监督。要健全完善举报投诉查处机制,对公众举报投诉及时进行复核检查。发现违规收取和拖延返还保证金的典型案例,除按照有关规定严肃处理外,要予以集中曝光。

七、完善保证金管理制度。各省级交通运输主管部门要认真总结这次清理中发现的问题及原因,按照《招标投标法实施条例》《公路工程建设项目招标投标管理办法》《水运工程建设项目招标投标管理办法》等国家法律法规规定,加快制修订本省(区、市)保证金管理的具体办法,进一步规范公路、水运工程建设项目保证金收取,切实发挥保证金在招标投标、合同履约、质量控制、农民工工资支付等方面的监督管理作用。

交通运输部办公厅
2016年8月12日

8. 关于完善建设工程价款结算有关办法的通知

(财建〔2022〕183号)

党中央有关部门,国务院各部委、各直属机构,全国人大常委会办公厅,全国政协办公厅,最高人民法院,最高人民检察院,各民主党派中央,有关人民团体,各中央管理企业,各省、自治区、直辖市、计划单列市财政厅(局)、住房和城乡建设厅(委、管委、局),新疆生产建设兵团财政局、住房和城乡建设局:

为进一步完善建设工程价款结算有关办法,维护建设市场秩序,减轻建筑企业负担,保障农民工权益,根据《基本建设财务规则》(财政部令第81号)、《建设工程价款结算暂行办法》(财建〔2004〕369号)等有关规定,现就有关工作通知如下:

一、提高建设工程进度款支付比例。政府机关、事业单位、国有企业建设工程进度款支付应不低于已完成工程价款的80%;同时,在确保不超出工程总概(预)算以及工程决(结)算工作顺利开展的前提下,除按合同约定保留不超过工程价款总额3%的质量保证金外,进度款支付比例可由发承包双方根据项目实际情况自行确定。在结算过程中,若发生进度款支付超出实际已完成工程价款的情况,承包单位应按规定在结算后30日内向发包单位返还多收到的工程进度款。

二、当年开工、当年不能竣工的新开工项目可以推行过程结算。发承包双方通过合同约定,将施工过程按时间或进度节点划分施工周期,对周期内已完成且无争议的工程量(含变更、签证、索赔等)进行价款计算、确认和支付,支付金额不得超出已完工部分对应的批复概(预)算。经双方确认的过程结算文件作为竣工结算文件的组成部分,竣工后原则上不再重复审核。

三、本通知自2022年8月1日起施行。自此日期起签订的工程合同应按照本通知执行。除本通知所规范事项外,其他有关事项继续按照《建设工程价款结算暂行办法》(财建〔2004〕369号)执行。

财政部 住房城乡建设部
2022年6月14日

9. 交通运输部办公厅关于进一步支持公路建设领域中小企业发展的通知

(交办公路〔2022〕59号)

各省、自治区、直辖市、新疆生产建设兵团交通运输厅(局、委):

为深入贯彻落实《中共中央国务院关于加快建设全国统一大市场的意见》《国务院办公厅关于进一步优化营商环境降低市场主体制度性交易成本的意见》等精神,持续优化营商环境,保障中小企业公平参与市场竞争,维护中小企业合法权益,激发中小企业发展活力,推动公路交通行业高质量发展,现就进一步支持公路建设领域中小企业发展有关事项通知如下:

一、进一步破除中小企业进入市场的隐形门槛

(一)完善市场准入机制,严禁私设清单。严格落实"全国一张清单"管理模式,严禁各地自行发布具有市场准入性质的负面清单,严禁排斥、限制中小企业进入公路建设市场,严禁在公路建设市场准入环节设置无法律法规依据的行政审批、许可、确认等,严禁通过备案方式实施行政许可,以及要求中小企业接受第三方服务、提供第三方证明等前置中介事项。加快清理废除妨碍统一市场和公平竞争的各种规定和做法,确保所有市场主体"非禁即入"。

(二)改善市场投资环境,严禁区别对待。积极吸引中小企业参与公路基础设施投资、建设、运营,保障中小企业公平参与政府和社会资本合作(PPP)项目权益,严禁以不合理条件对中小企业实行差别待遇或歧视性政策。对于PPP项目,鼓励大型企业和中小企业组成联合体共同投标,研究大型企业牵头、中小企业参与,共同投资公路建设项目的利益分配和风险分担机制,促进企业间优势互补、资源融合。保障中小企业投资项目在征地拆迁等方面享受与政府投资项目同等待遇。

(三)优化涉企服务举措,严禁急政懒政。鼓励各地依托门户网站,建立涉企政策"一站式"发布平台,为中小企业提供"找得到、看得懂、用得上"的政策信息服务。畅通中小企业信息沟通渠道,鼓励开展"大调研、大走访"活动,深入了解中小企业发展中的难点堵点问题,加大交通运输领域助企纾困政策宣传解读力度,搭建银企合作平台,引导中小企业加强人才培养。畅通投诉举报渠道,及时处理排斥、限制中小企业进入公路建设市场等违法违规行为,切实保障中小企业合法权益。

二、进一步打破中小企业获取项目的围墙壁垒

(四)规范投标条件设定,严禁明招暗定。鼓励参照《公平竞争审查制度实施细则》(国市监反垄规〔2021〕2号),建立依法必须招标公路建设项目招标文件公平竞争审查机制。加强对招投标环节的全链条监管,督促招标人严格按照有关规定合理设定投标人资格条件,严禁以任何形式对中小企业设置附加条件,严禁设定明显超出招标项目具体特点和实际需要的过高技术、商务条件或者资质、规模、业绩、奖项要求,严禁在企业股权结构、经营年限、荣誉奖励等方面对中小企业实行差别待遇或者歧视待遇,严禁限制中小企业以联合体形式参加投标,严格落实资格预审文件和招标文件关键内容公开制度,接受社会公众监督。积极推行全流程电子招投标,推进远程异地开标评标。

(五)鼓励项目合法分包,严禁违规限制。完善制度规定,调整不合理限制要求,鼓励大型国有企业依法依规将中标的总承包项目在同等条件下优先分包给中小企业。引导中小企业创新发展,不断提升核心竞争力,走"专精特新"发展道路,积极参与公路工程分包项目。优化公路建设市场信用信息管理系统分包业绩录入和审核功能,规范分包业绩录入,加强分包业绩审核,强化分包业绩的数据共享和应用。

三、进一步降低中小企业履行合同的从业风险

(六)降低企业交易成本,严禁违规收费。严格落实有关要求,严禁限制保证金形式,不得禁止以保函(保险)替代现金缴纳投标保证金、履约保证金、工程质量保证金、农民工工资保证金,不得指定出具保函(保险)的金融机构或担保机构,减轻中小企业现金流压力。鼓励出台相关政策,积极发挥信用激励惩戒作用,对信用评价高的中小企业,减免投标保证金、履约保证金、工程质量保证金等。督促相关招标人、招标代理机构等及时清退应退未退的沉淀保证金,引导建设单位尽量压缩项目结算审核周期,提高中小企业资金回笼速度。

(七)公平合理制定合同,严禁转嫁风险。严格招标文件合同条款审查,严禁设置有失公允、增加承包人特别是中小企业风险和费用的内容,临时用地的费用、责任、义务等应纳入合同条款,降低中小企业征用临时用地风险。发现已签订合同显失公平的,要指导督促建设单位实事求是、合规合理调整相应费用。

(八)按期支付企业款项,严禁拖延欠付。认真贯彻落实党中央、国务院有关部署,对照《保障农民工工资支付条例》等规定,进一步规范公路建设领域工程款支付工作,推动落实工程款支付担保制度,切实减轻中小企业负担。建立健全工程款支付投诉处理以及监督评价机制,督促建设单位及时支付中小企业款项,严禁降低中期支付比例、延长支付周期和以各种理由拖延支付。指导市(县)级交通

运输主管部门建立拖欠中小企业账款台账,限期清零,并杜绝新增拖欠账款。

各地要充分认识进一步支持公路建设领域中小企业发展的重要意义,切实提高政治站位,加强组织领导,明确职责分工,结合实际制定具体工作方案,认真组织实施,强化监督指导,积极推动将落实情况纳入相关绩效考评范畴,确保各项措施落地见效。推进落实中好的做法、工作成效及遇到的问题,请及时报部。

交通运输部办公厅
2022 年 9 月 26 日

10. 交通运输部关于加快建立健全现代公路工程标准体系的意见

(交公路发〔2023〕132号)

各省、自治区、直辖市、新疆生产建设兵团交通运输厅(局、委)，各有关单位：

为贯彻落实《交通强国建设纲要》《国家综合立体交通网规划纲要》，强化工程技术支撑，加快建立健全现代公路工程标准体系，推动公路交通高质量发展，现提出以下意见。

一、总体要求

以习近平新时代中国特色社会主义思想为指导，深入贯彻党的二十大精神，围绕加快建设交通强国，坚持服务大局、强化标准供给，坚持分级管理、整合提升，坚持先进适用、创新引领，坚持开放融通、共建共享，结合交通强国试点等工作，加快推进公路工程技术创新和技术应用，不断建立健全贯彻新发展理念、体现高质量要求、适应数字化发展的现代公路工程标准体系，提升公路工程技术标准适用性、创新性、引领性，推动中国公路工程技术和标准进入世界前列，为建设安全、便捷、高效、绿色、经济的公路交通提供有力支撑。

二、着力建立健全现代公路工程标准体系

(一)建设高质量的公路工程通用标准。

1. 强化基础标准。以基础设施"硬联通"和制度规则"软联通"为导向，强化公路基础设施、勘察设计、施工、检测、验收、养护、运营、管理等基础性标准制定，提炼并加强总体性和共性技术要求，不断完善公路工程基础标准。

2. 强化公路工程质量和安全标准供给。以现代工程技术理论为支撑，以公路全生命周期理念为指引，不断完善技术标准，提升公路工程质量、安全耐久水平以及公路网的韧性。深入推进先进的智能化、标准化现代工程设计施工，加大高性能材料、现代化装备以及施工技术的工程应用。提高公路路面、桥梁结构等建造制造质量和安全耐久水平，促进公路建造制造工业化产业化发展。

3. 推进公路生态环保和绿色发展标准制定。坚持生态优先、节约集约、绿色低碳发展理念，推进公路生态环保和绿色发展相关技术标准研制。加大公路路域环境保护、生态脆弱区和环境敏感区生态修复与恢复、路面降噪等技术标准制定。促进公路节约集约高效利用土地资源，推动通道及线位科学合理布设、综合利用相关技术标准制定。推进废旧材料循环利用、绿色低碳服务区建设运营等技术标准制定。

4. 大力发展公路数字化标准。加大北斗等新一代通信信息技术与现代公路工程技术的融合应用。以安全、高效、智慧、融合为主线，统一数据技术要求，实现由设计到施工、管理、养护、运营的数字化和数据流转，推进公路数字模型和数字孪生应用，推动智慧公路发展，推进行业标准数字化、国际化共享。

(二)加强与综合交通设施标准统筹协调。推动公路与城市道路、轨道交通、机场等交通运输形式的统筹布局和科学衔接，保障通道资源共享、基础设施顺畅连接共建、运行管理有效协同、应急保障协作有序。加强公路基础设施网与运输服务网、通信信息网、能源网融合技术标准制定。

(三)加大标准对重大战略重大工程的支撑和有效供给。以服务支撑京津冀协同发展、长江经济带发展、长三角一体化发展、成渝地区双城经济圈建设、粤港澳大湾区建设等重大战略和出疆入藏等重大工程建设需求为导向，加大多交通荷载复杂立体工程、大断面复合公路通道、地下高速公路、八车道及以上公路、穿山越岭特长隧道、跨江跨海通道的桥梁隧道、长大下坡等复杂路段和高原冻土特殊地形地貌地区高速公路等技术标准(含定额)的研究制定。

(四)推进工程管理标准化现代化。总结现代工程管理经验成果，提升管理理念、管理技术和管理方法，制定和完善工程项目管理标准。结合投融资模式转变，深化工程管理专业化、标准化、精细化转型提升，注重数字化赋能，创新监管方式。完善代建制、设计施工总承包等建设管理方式，优化管理流程。加强工程项目的全过程造价要素管理，推进造价信息清单化、数字化和造价管理标准化，做好大数据分析应用和定额标准动态更新，有效控制工程造价。

(五)完善可持续公路养护标准。以养护作业专业化、养护决策科学化、养护技术现代化为重点，提升在役公路基础设施维护养护，安全耐久和防灾抗灾水平，强化桥隧等结构承载力评定与检测、加固等技术标准制定。加强跨江海跨峡谷、高寒高海拔、荒漠戈壁、软弱地质等复杂环境公路结构物监测技术及维修养护标准制定。完善预防性、智能化、快速养护以及养护施工作业区、主要易损构件等重要领域养护技术标准制定。

(六)加强公路运营标准制定。依法制定公路运营管理标准，加强公路桥梁、隧道等设施限载、限尺寸相关标准以及大件运输承载限制指标条件和公路运行监测技术等运营管理标准的制定，提升交通基础设施运行效率、安全水平。建立健全山区、陡坡、冰雪、高原等复杂环境下及地震、泥石流、崩塌、洪水等自然灾害防治技术标准。

(七)严格规范路政管理标准。以推动公路管理规范化、专业化、便利化为导向，补充完善路产保护、涉路施工、大件运输、违法超限运输治理、执法程序、执法站所装备、公路路域环境综合评价等管理技术标准，提升公路路政管理服务水平。

三、着力加强公路工程标准管理

(一)加强标准的编制管理。

1. 强化行业强制性标准编制。以保障人身健康和生命财产安全、国家安全、生态环境安全及满足经济社会管理基本需要为重点,进一步精简优化公路工程强制性行业标准,突出关键强制性指标和技术要求,体现强制性、基础性、统一性。地方交通运输主管部门可依法制定高于国家和公路工程行业强制性标准要求的公路工程地方强制性标准。鼓励各单位积极牵头和参加行业强制性标准的制修订工作。

2.优化推荐性标准供给。及时了解行业公路工程技术创新成果,跟踪总结交通强国试点应用情况,不断完善和丰富公路工程推荐性标准,突出系统性、专业性、操作性和技术引领作用,鼓励地方和行业学会、协会等社会组织及产业技术联盟等,聚焦新技术、新工艺、新材料以及新产业、新业态、新模式,制定满足地方需求以及市场和创新需要的推荐性地方标准及团体标准或技术指南,推动区域和产业高质量发展。鼓励交通领域企事业单位强化企业主体责任,发挥创新能动性,制定和实施公路工程企业标准。

(二)加强标准的使用管理。

公路工程行业标准使用者应严格执行有关强制性标准,积极采用行业推荐性标准。各地各单位要及时对标准使用情况进行反馈,对出现的问题及时告知相关部门和主编单位。相关部门和主编单位应加强对公路工程行业标准使用的监测评估,建立相应机制,及时评估和修订相关标准,可采用局部修订等方式,完善相应条款。交通运输主管部门应依法开展标准实施检查监督,重点加强强制性标准的实施监督。

四、保障措施

(一)加强统筹协调。部加强统筹协调,充分发挥部标准化管理委员会的组织领导和统筹协调作用,部公路局加强公路工程标准的拟订和监督实施,与省级交通运输主管部门、标准编制团队和专家等共同发挥作用。各有关单位结合交通强国建设等示范试点和既有工程,加大技术研发力度,加强成果共享和转化应用,协调解决重大工程技术难题,及时将成熟适用的工程技术成果纳入相关标准。

(二)加强实施保障。各级交通运输主管部门要加大政策支持,积极创造有利条件,充分调动企事业单位和广大工程技术人员积极性、主动性和创造性,吸引更多机构和专家参与公路工程技术研发及标准制定。要依托重大工程,鼓励创新主体积极争取政府财政资金,引导社会资本开展技术攻关和标准制定工作。部组织开展公路工程行业标准制修订专项行动,推动实现阶段性目标。

(三)加强人才储备。各有关单位要高度重视技术人才队伍建设,加大公路工程建设、养护及运营管理实践中工程技术、管理人才的培养和使用,提升解决重大工程技术问题的能力和水平。加大各专业技术领域人才培养和储备,培养更多应用型、复合型技术人才。建立技术标准专家智库,在项目立项、研发、成果验收和推广应用等环节发挥积极作用,加大标准编制成果在各类人才评价等方面的应用。

(四)加强国际合作。依托国内大市场,联通国际市场,推进双边、多边公路工程技术合作与交流,推动"一带一路"基础设施"硬联通"和与各国先进技术成果、标准共享"软联通",推动双边多边标准互认或标准统一。深化与相关国际组织合作,总结国内外经验和运用新理念,加大新技术研发及标准制定。健全多语种公路工程技术标准体系,提升国际化水平。鼓励举办国际论坛、技术研讨、合作交流等活动,开展国际合作研究和标准制定。

交通运输部
2023 年 9 月 12 日

信用管理

11. 交通运输部关于修订《公路建设市场信用信息管理办法（试行）》的通知

(交公路规〔2021〕3号)

各省、自治区、直辖市、新疆生产建设兵团交通运输厅（局、委）：

根据新颁布的《中华人民共和国行政处罚法》有关规定，交通运输部决定对《公路建设市场信用信息管理办法（试行）》（交公路发〔2009〕731号）作如下修订：

将第二十九条修改为"省级及以上交通运输主管部门在动态管理中，发现勘察、设计、施工、监理、试验检测等单位的人员、业绩等指标低于相关资质、资格标准要求的，依照有关法律、行政法规、部门规章的规定执行"。

本通知自印发之日起施行。

《公路建设市场信用信息管理办法（试行）》根据本通知作相应修改，重新发布。

交通运输部
2021年7月27日

公路建设市场信用信息管理办法（试行）

第一章 总 则

第一条 为加强公路建设市场信用信息管理，规范公路建设从业单位和从业人员的市场行为，营造诚实守信的市场环境，根据《中华人民共和国政府信息公开条例》《公路建设市场管理办法》《公路建设监督管理办法》《关于建立公路建设市场信用体系的指导意见》，制定本办法。

第二条 公路建设从业单位及从业人员信用信息的征集、更新、发布、管理等活动适用于本办法。

第三条 本办法所称公路建设市场信用信息，是指各级交通运输主管部门、公路建设管理有关部门或单位、公路行业社团组织、司法机关在履行职责过程中，以及从业单位和从业人员在工作过程中产生、记录、归集的能够反映公路建设从业单位和从业人员基本情况、市场表现等信用状况的各类信息。

第四条 信用信息管理应遵循客观、公正的原则，确保信用信息的真实性、完整性、及时性和准确性。

第二章 管 理 职 责

第五条 公路建设市场信用信息管理实行统一管理、分级负责。

第六条 国务院交通运输主管部门负责全国公路建设市场信用信息的管理工作。主要职责是：

（一）组织制定全国公路建设市场信用信息管理的规章制度；

（二）建立和完善全国公路建设市场信用信息管理系统，发布由国务院有关部门许可的公路工程从业单位的基本情况、奖惩记录、信用评价结果，以及国家审批或核准的重点公路建设项目信息等；

（三）指导省级交通运输主管部门的公路建设市场信用信息管理工作。

第七条 省级交通运输主管部门负责本行政区域内的公路建设市场信用信息的管理工作。主要职责是：

（一）结合本行政区域的实际情况，制定公路建设市场信用信息管理实施细则和管理制度并组织实施；

（二）建立和完善省级公路建设市场信用信息管理系统；

（三）发布以下信息：

1. 本行政区域内公路建设从业单位基本情况（由国务院交通运输主管部门负责发布的除外）；

2. 本行政区域内从业单位的奖惩记录和信用评价结果；

3. 公路建设项目信息；

4. 其他与公路建设市场有关的信息。

（四）向国务院交通运输主管部门报送从业单位奖惩信息、信用评价结果、重点公路建设项目信息、其他与公路建设市场有关的信息。

第三章 信用信息内容

第八条 公路建设市场信用信息包括公路建设从业单位基本信息、表彰奖励类良好行为信息、不良行为信息和信用评价信息。

第九条 从业单位基本信息是区分从业单位身份、反映从业单位状况的信息，主要有：

（一）从业单位名称、法定代表人、注册登记基本情况及社会信用代码；

（二）基本财务指标、在金融机构开立基本账户情况；

（三）资质、资格情况；

（四）主要经济、管理和工程技术从业人员的职称及执业资格基本状况；

（五）自有设备基本状况；

（六）近5年主要业绩及全部在建的公路项目情况等。

第十条 从业单位表彰奖励类良好行为信息主要有：

（一）模范履约、诚信经营，受到市级及以上交通运输主管部门、与公路建设有关的政府监督部门或机构表彰和奖励的信息；

（二）被省级及以上交通运输主管部门评价为最高信用等级（AA级）的记录。

第十一条 从业单位不良行为信息主要有：

（一）从业单位在从事公路建设活动以及信用信息填报过程中违反有关法律、法规、标准等要求，受到市级及以上交通运输主管部门、与公路建设有关的政府监督部门或机构行政处罚及通报批评的信息；

（二）司法机关、审计部门认定的违法违规信息；

（三）被省级及以上交通运输主管部门评价为最低信用等级（D级）的记录。

第十二条 信用评价信息是省级及以上交通运输主管部门或其委托机构按照国务院交通运输主管部门制定的公路勘察设计、施工、监理、试验检测等企业信用评价规则，对公路建设从业单位从业行为状况的评价结果。

第四章 信用信息征集与更新

第十三条 公路建设市场信用信息按以下方式征集，由省级交通运输主管部门汇总录入：

（一）基本信息由从业单位按规定自行登录填报，对真实性负责；

（二）表彰奖励类良好行为信息由市级及以上交通运输主管部门、与公路建设有关的单位或涉及的从业单位提供。从业单位自主提供的，需附相关表彰奖励确认文件；

（三）不良行为信息由市级及以上地方交通运输主管部门、与公路建设有关的单位提供；

（四）信用评价信息由国务院和省级交通运输主管部门分别录入。

第十四条 公路建设项目法人或建设管理单位应及时将在建项目情况及从业单位承担项目情况、履约情况，按项目管理权限报相关地方交通运输主管部门，由省级交通运输主管部门复核后记入公路建设市场信用信息管理系统。

第十五条 省级交通运输主管部门应当加强与其他政府监督部门、司法机关、金融机构的联系，逐步建立信用信息互联互通、资源共享的渠道，保证从业单位信用信息征集及时、完整、准确。

第十六条 工程所在地省级交通运输主管部门对从业单位主要业绩和在建项目信息真实性进行动态审核，并负责受理举报。从业单位注册所在地省级交通运输主管部门对其他基本信息进行动态审核，并负责受理举报。

各级交通运输主管部门均可对从业单位基本信息进行复核、调查。

第十七条 从业单位基本信息在公路建设市场信用信息管理系统中处于锁定状态，发生变化的，应于10个工作日内向负责公布相应信息的交通运输主管部门提出申请后予以更新。

公路建设市场其他信用信息按照随时报送、随时复核、随时更新的原则，实现动态更新。

第十八条 省级及以上交通运输主管部门应当建立健全公路建设市场信用信息管理工作制度，指定专人或委托专门机构负责信用信息管理工作，保证公路建设市场信用信息及时更新。

第五章 信用信息发布与管理

第十九条 省级及以上交通运输主管部门应通过公路建设市场信用信息管理系统及时发布公路建设市场信用信息。

第二十条 公路建设市场信用信息管理系统按照部、省两级建立。省级公路建设市场信用信息管理系统应按国务院交通运输主管部门公布的接口标准与全国公路建设市场信用信息管理系统对接，做到互联互通。

第二十一条 信用信息发布应保守从业单位商业秘密和从业人员个人隐私，不得侵犯其合法权益。从业单位基本账户等商业信息仅供交通运输主管部门市场管理用，不对外公布。

第二十二条 信用信息发布期限按照下列规定设定：

（一）从业单位基本信息公布期限为长期；

（二）表彰奖励类良好行为信息、不良行为信息公布期限为2年，信用评价信息公布期限为1年，期满后系统自动解除公布，转为系统档案信息。

行政处罚期未满的不良行为信息将延长至行政处罚期满。

上述期限均自认定相应行为或作出相应决定之日起计算。

第二十三条 公路建设市场信用信息接受社会监督，任何单位和个人发现从业单位基本信息虚假的，均可向负责公布从业单位基本信息的交通运输主管部门举报。

第二十四条 省级及以上交通运输主管部门查实从业单位填报信息虚假的，即列入不良行为信息，并按相关评价规则扣减其信用评价得分。

第二十五条 从业单位认为公布的信用信息与事实不符的，应及时向负责公布相应信息的交通运输主管部门提出变更申请，负责公布信用信息的交通运输主管部门应在10个工作日内做出处理，并告知申请人。

第二十六条 全国公路建设市场信用信息管理系统发布的从业单位基本信息是由国务院交通运输主管部门负责审查、审批资质企业进入公路建设市场的基础资料，企业参与公路工程资格审查和投标时，可不再提交有关业绩、主要人员资历证明材料的复印件，可查阅全国公路建设市场信用信息管理系统中的相关信息。

未记录在全国公路建设市场信用信息管理系统中的从业单位、业绩和主要工程技术人员,参与公路建设项目投标时可不予认定。

上述具体要求由招标人在招标文件中规定。

第二十七条 省级公路建设市场信用信息管理系统应用的规定由省级交通运输主管部门确定。

第二十八条 各级交通运输主管部门应充分利用公路建设市场信用信息管理系统,建立激励机制。对信用好的从业单位在参与投标数量、资格审查、履约担保金额、质量保证金额等方面给予优惠和奖励,对信用等级低和不良行为较多的从业单位要重点监管,根据不同情节提出限制条件。

第二十九条 省级及以上交通运输主管部门在动态管理中,发现勘察、设计、施工、监理、试验检测等单位的人员、业绩等指标低于相关资质、资格标准要求的,依照有关法律、行政法规、部门规章的规定执行。

第六章 附 则

第三十条 公路建设市场中实行执业资格制度的各类从业人员信用信息管理,可参照本办法执行。

第三十一条 本办法由交通运输部负责解释。

第三十二条 本办法自发布之日起施行。

12. 交通运输部关于修订《公路施工企业信用评价规则(试行)》的通知

(交公路规〔2021〕4号)

各省、自治区、直辖市、新疆生产建设兵团交通运输厅(局、委):

根据新颁布的《中华人民共和国行政处罚法》有关规定,交通运输部决定对《公路施工企业信用评价规则(试行)》(交公路发〔2009〕733号)作如下修订:

将第二十条修改为"公路建设项目的招标人和项目法人应当建立公路施工企业信用管理台账,及时、客观、公正地对公路施工企业进行信用评价,不得徇私舞弊,不得设置市场壁垒"。

本通知自印发之日起施行。

《公路施工企业信用评价规则(试行)》根据本通知作相应修改,重新发布。

交通运输部
2021年7月27日

公路施工企业信用评价规则(试行)

第一条 为规范公路施工企业信用评价工作,统一方法和标准,根据《中华人民共和国公路法》、《建设工程质量管理条例》、《公路建设市场管理办法》、《公路建设监督管理办法》和《关于建立公路建设市场信用体系的指导意见》,制定本规则。

第二条 本规则所称公路施工企业信用评价是指省级及以上交通运输主管部门或其委托机构依据有关法律法规、标准规范、合同文件等,通过量化方式对具有公路施工资质的企业在公路建设市场从业行为的评价。

第三条 公路施工企业信用评价遵循公平、公正、公开的原则,评价结果实行签认和公示、公告制度。

第四条 信用评价管理工作实行统一管理、分级负责。

第五条 国务院交通运输主管部门负责全国公路施工企业信用评价的监督管理工作。主要职责是:

(一)制定全国公路施工企业信用行为评价标准;
(二)指导省级交通运输主管部门的信用评价管理工作;
(三)对国务院有关部门许可资质的公路施工企业进行全国综合评价。

第六条 省级交通运输主管部门负责本行政区域内公路施工企业的信用评价管理工作。主要职责是:

(一)制定本行政区域公路施工企业信用评价实施细则并组织实施;
(二)对在本行政区域内从业的公路施工企业进行省级综合评价。

第七条 公路施工企业信用评价工作实行定期评价和动态评价相结合的方式。

第八条 定期评价工作每年开展一次,对公路施工企业上一年度(1月1日至12月31日期间)的信用行为进行评价。

省级交通运输主管部门应在2月底前组织完成对上年度本行政区域公路施工企业的综合评价,并于3月底前将由国务院交通运输主管部门评价的施工企业的评价结果上报。

国务院交通运输主管部门应当在4月底前完成由国务院有关部门许可资质的公路施工企业的全国综合评价。

第九条 公路施工企业信用评价等级分为AA、A、B、C、D五个等级,各信用等级对应的企业评分X分别为:

AA级:$95\text{ 分} \leqslant X \leqslant 100\text{ 分}$,信用好;
A级:$85\text{ 分} \leqslant X < 95\text{ 分}$,信用较好;
B级:$75\text{ 分} \leqslant X < 85\text{ 分}$,信用一般;
C级:$60\text{ 分} \leqslant X < 75\text{ 分}$,信用较差;
D级:$X < 60\text{ 分}$,信用差。

第十条 评价内容由公路施工企业投标行为、履约行为和其他行为构成,具体见《公路施工企业信用行为评定标准》(附件1)。

投标行为以公路施工企业单次投标为评价单元,履约行为以单个施工合同段为评价单元。

第十一条 投标行为和履约行为初始分值为100分,实行累计扣分制。若有其他行为的,从企业信用评价总得分中扣除。具体的评分计算见《公路施工企业信用行为评价计算方法》(附件2)。

第十二条 公路施工企业投标行为由招标人负责评价,履约行为由项目法人负责评价,其他行为由负责项目监管的相应地方人民政府交通运输主管部门负责评价。

招标人、项目法人、负责项目监管的相应地方人民政府交通运输主管部门等评价人对评价结果签认负责。

第十三条 公路施工企业信用评价的依据为:

(一)交通运输主管部门及其公路管理机构、质量监督机构、造价管理机构督查、检查结果或奖罚通报、决定;
(二)招标人、项目法人管理工作中的正式文件;
(三)举报、投诉或质量、安全事故调查处理结果;
(四)司法机关做出的司法认定及审计部门的审计意见;
(五)其他可以认定不良行为的有关资料。

第十四条 公路施工企业的信用评价程序为:

(一)投标行为评价。招标人完成每次招标工作后,仅对存在不良投标行为的公路施工企业进行投标行为评价。联合体有不良投标行为的,其各方均按相应标准扣分。

(二)履约行为评价。结合日常建设管理情况,项目法人对参与项目建设的公路施工企业当年度的履约行为实时记录并进行评价。对当年组织交工验收的工程项目,项目法人应在交工验收时完成有关公路施工企业本年度的履约行为评价。

联合体有不良履约行为的,其各方均按相应标准扣分。

(三)其他行为评价。负责项目监管的相应地方人民政府交通运输主管部门对公路施工企业其他行为进行评价。

(四)省级综合评价。省级交通运输主管部门或其委托机构对本行政区域公路施工企业信用行为进行评价,确定其得分及信用等级,并公示、公告信用评价结果。公示期不少于10个工作日。

(五)全国综合评价。国务院交通运输主管部门根据各省级交通运输主管部门上报的公路施工企业信用评价结果,在汇总分析的基础上,对施工企业的信用行为进行综合评价并公示、公告。

第十五条 公路施工企业对信用评价结果有异议的,可在公示期限内向公示部门提出申诉。

第十六条 对信用行为直接定为D级的施工企业实行动态评价,自省级交通运输主管部门认定之日起,企业在该省一年内信用评价等级为D级。对实施行政处罚的施工企业,评价为D级的时间不低于行政处罚期限。

被1个省级交通运输主管部门直接认定为D级的企业,其全国综合评价直接定为C级;被2个及以上省级交通运输主管部门直接认定为D级以及被国务院交通运输主管部门行政处罚的公路施工企业,其全国综合评价直接定为D级。

第十七条 公路施工企业资质升级的,其信用评价等级不变。企业分立的,按照新设立企业确定信用评价等级,但不得高于原评价等级。企业合并的,按照信用评价等级较低企业的等级确定合并后企业。

第十八条 公路施工企业信用评价结果按以下原则应用:

(一)公路施工企业的省级综合评价结果应用于本行政区域。

(二)国务院有关部门许可资质的公路施工企业初次进入某省级行政区域时,其等级按照全国综合评价结果确定。尚无全国综合评价的企业,若无不良信用记录,可按A级对待。若有不良信用记录,视其严重程度按B级及以下对待。

(三)其他施工企业(国务院有关部门许可资质的除外)初次进入某省级行政区域时,其等级参照注册地省级综合评价结果确定。

(四)联合体参与投标的,其信用等级按照联合体中最低等级方认定。

第十九条 公路施工企业信用评价结果有效期1年,下一年度公路施工企业在该省份无信用评价结果的,其在该省份信用评价等级可延续1年。延续1年后仍无信用评价结果的,按照初次进入该省份确定,但不得高于其在该省原评价等级的上一等级。

第二十条 公路建设项目的招标人和项目法人应当建立公路施工企业信用管理台账,及时、客观、公正地对公路施工企业进行信用评价,不得徇私舞弊,不得设置市场壁垒。

第二十一条 省级交通运输主管部门应当建立对招标人、项目法人评价工作的考核、处罚机制,确保公路施工企业信用评价工作客观、公正。

第二十二条 省级及以上交通运输主管部门应当建立健全信用评价工作机制和监督举报制度,结合督查工作不定期对公路施工企业的从业行为进行抽查,当招标人或项目法人对施工企业的评价与实际情况不符的,应当责令招标人或项目法人重新评价或直接予以调整。

任何单位和个人均可对公路施工企业的不良行为,以及信用评价工作中的违纪、违规行为进行投诉举报。

第二十三条 省级交通运输主管部门可依据本规则制定本行政区域公路施工企业信用评价实施细则,对履约行为检查的频率、组织方式等作出具体要求。信用评价实施细则报国务院交通运输主管部门备案。

第二十四条 本规则由国务院交通运输主管部门负责解释。

第二十五条 本规则自发布之日起施行。

附件1

公路施工企业信用行为评定标准

评定内容	行为代码	不良行为	行为等级和扣分标准	条文说明
投标行为(满分100,扣完为止。行为代码GLSG1)	GLSG1-1	超越资质等级承揽工程	直接定为D级	
	GLSG1-2	出借资质,允许其他单位或个人以本单位名义承揽工程	直接定为D级	
	GLSG1-3	借用他人资质证书承揽工程	直接定为D级	
	GLSG1-4	与招标人或其他投标人串通投标	直接定为D级	
	GLSG1-5	投标中有行贿行为	直接定为D级	
	GLSG1-6	因违反法律、法规、规章被禁止投标后,在禁止期内仍参与投标	D级延期半年/次	

续上表

评定内容		行为代码	不良行为	行为等级和扣分标准	条文说明
投标行为(满分100,扣完为止。行为代码GLSG1)		GLSG1-7	资审材料或投标文件虚假骗取中标	40分/次	
		GLSG1-8	资审材料或投标文件虚假未中标	30分/次	
		GLSG1-9	虚假投诉举报	20分/次	
		GLSG1-10	中标后无正当理由放弃中标	20分/次	因评标时间过长,材料价格上涨过快造成成本价发生较大变化的除外
		GLSG1-11	对同一合同段递交多份资格预审申请文件或投标文件	5分/次	
		GLSG1-12	非招标人或招标文件原因放弃投标,未提前书面告知招标人	6分/次	
		GLSG1-13	未按时确认补遗书等招标人发出的通知	1分/次	
		GLSG1-14	不及时反馈评标澄清	1分/次	
		GLSG1-15	无正当理由拖延合同签订时间	2分/次	因合同谈判原因的除外
		GLSG1-16	其他被认为失信的投标行为	1~10分	由省级交通运输主管部门根据本地实际情况在实施细则中增加
履约行为(满分100,扣完为止。GLSG2)	严重不良行为(行为代码GLSG2-1)	GLSG2-1-1	将中标合同转让	直接定为D级	
		GLSG2-1-2	将合同段全部工作内容肢解后分别分包	直接定为D级	
		GLSG2-1-3	发生重大质量或重大及以上安全生产责任事故	直接定为D级	
		GLSG2-1-4	经质监机构鉴定合同段工程质量不合格,或施工管理综合评价为差	直接定为D级	
		GLSG2-1-5	造成生态环境破坏或乱占土地,造成较大影响	20分/次	
		GLSG2-1-6	发生较大安全生产责任事故	20分/次	
		GLSG2-1-7	将承包工程违法分包	30分/次	
		GLSG2-1-8	承包人疏于管理,分包工程再次分包	20分/次	不含劳务分包
		GLSG2-1-9	违反公路工程建设强制性标准	30分/次	
	人员、设备到位(满分10,扣完为止。行为代码GLSG2-2)	GLSG2-2-1	签订合同后无正当理由不按投标文件承诺时间进场	2分/延迟十日	
		GLSG2-2-2	项目经理未按投标承诺到位,或在施工期间所更换项目经理资格降低,或未经批准擅自更换	4分/人次	
		GLSG2-2-3	项目经理在施工期间不低于原资格更换	0.5分/人次	项目法人要求更换的除外
		GLSG2-2-4	技术负责人未按投标承诺到位,或在施工期间更换人员资格降低,或未经批准擅自更换	3分/人次	
		GLSG2-2-5	技术负责人在施工期间不低于原人员资格更换	0.3分/人次	项目法人要求更换的除外
		GLSG2-2-6	安全员或其他注册执业人员未按投标承诺到位,或无正当理由更换	0.5分/人次	项目法人要求更换的除外

续上表

评定内容		行为代码	不良行为	行为等级和扣分标准	条文说明
履约行为（满分100，扣完为止。GLSG2）	人员、设备到位（满分10，扣完为止。行为代码GLSG2-2）	GLSG2-2-7	主要工程管理、技术人员未按投标承诺到位	0.2分/人次	
		GLSG2-2-8	主要施工机械、试验检测设备未按投标承诺或工程需要到位	0.5～1分/台套	
		GLSG2-2-9	有关人员未按要求持证上岗	1分/人次	按照有关管理文件、招标文件要求检查
		GLSG2-2-10	未按规定签订劳务用工合同	2分/次	
	质量管理、进度管理（满分50，扣完为止。行为代码GLSG2-3）	GLSG2-3-1	拒绝或阻碍依法进行公路建设监督检查工作	8分/次	
		GLSG2-3-2	未对职工进行专项教育和培训	0.5分/人次	
		GLSG2-3-3	质量保证体系或质量保证措施不健全	3分	
		GLSG2-3-4	特殊季节施工预防措施不健全	2分/次	对季节性施工有特殊预防要求的，如雨季、冬季施工，应有相应预防措施
		GLSG2-3-5	未建立工程质量责任登记制度	8分	
		GLSG2-3-6	使用不合格的建筑材料、建筑构配件和设备	10分/次	
		GLSG2-3-7	不按设计图纸施工	8分/次	
		GLSG2-3-8	不按施工技术标准、规范施工	5分/次	
		GLSG2-3-9	未经监理签认进入下道工序或分项工程	3分/次	
		GLSG2-3-10	未经监理签认将建筑材料、建筑构配件和设备在工程上使用或安装	3分/次	
		GLSG2-3-11	监理下达停工指令拒不执行	5分/次	
		GLSG2-3-12	未对建筑材料、建筑构配件、设备和商品混凝土进行检验，或者未对涉及结构安全的试块、试件以及有关材料取样检测直接使用	5分/次	
		GLSG2-3-13	施工过程中偷工减料	5分/次	
		GLSG2-3-14	原材料堆放混乱，对使用质量造成影响	3分/次	如砂石材料堆放未分界、场地未硬化、未采取防雨防潮措施等
		GLSG2-3-15	工程检查中抽测实体质量不合格	6分/次	指交通主管部门组织的督查或项目法人组织的正式检查
		GLSG2-3-16	因施工原因出现质量问题，对工程实体质量影响不大	2分/次	如水泥混凝土表面蜂窝麻面、砌筑砂浆不饱满、钢筋混凝土保护层不够等
		GLSG2-3-17	因施工原因发生一般质量责任事故	15分/次	
		GLSG2-3-18	出现质量问题经整改仍达不到要求的	5分/次	被项目法人或交通主管部门发现有质量问题并要求整改，整改不合格的

续上表

评定内容		行为代码	不良行为	行为等级和扣分标准	条文说明
履约行为(满分100,扣完为止。GLSG2)	质量管理、进度管理(满分50,扣完为止。行为代码 GLSG2-3)	GLSG2-3-19	施工现场管理混乱	2分/次	
		GLSG2-3-20	内业资料不全或不规范	1~2分	
		GLSG2-3-21	工地试验室不符合要求	1~3分	
		GLSG2-3-22	试验检测数据或内业资料虚假	5分/次	
		GLSG2-3-23	因施工单位原因造成工程进度滞后计划工期或合同工期	1分/延迟十日	
		GLSG2-3-24	未达到合同约定的质量标准	10分	
		GLSG2-3-25	不配合业主进行交工验收	3分/次	
		GLSG2-3-26	不履行保修义务或者拖延履行保修义务	10分	
	财务管理(满分10,扣完为止。行为代码 GLSG2-4)	GLSG2-4-1	财务管理制度不健全	5分/次	
		GLSG2-4-2	财务管理混乱,管理台账不完备	5分/次	
		GLSG2-4-3	工程变更弄虚作假	6分/次	
		GLSG2-4-4	虚假计量	5分/次	
		GLSG2-4-5	流动资金不能满足工程建设	5分/次	
		GLSG2-4-6	挪用工程款,造成管理混乱、进度滞后等不良影响	10分/次	
		GLSG2-4-7	因施工企业原因拖欠工程款、农民工工资、材料款,尚未造成影响	0.5分/次	
	安全生产(满分20,扣完为止。行为代码 GLSG2-5)	GLSG2-5-1	因施工企业原因未签订安全生产合同	3分	
		GLSG2-5-2	未建立健全安全生产规章制度、操作规程或安全生产保证体系	1~3分	
		GLSG2-5-3	项目负责人、专职安全生产管理人员、作业人员或者特种作业人员,未经安全教育培训或考核不合格即从事相关工作	3分/次	
		GLSG2-5-4	未对职工进行安全生产教育和培训,或者未如实告知有关安全生产事项	2分/次	
		GLSG2-5-5	未在施工现场的危险部位设置明显的安全警示标志和安全防护,或者未按照国家有关规定在施工现场设置消防通道、消防水源、配备消防设施和灭火器材	2分/次	
		GLSG2-5-6	未向作业人员提供安全防护用具和安全防护服装	1分/次	
		GLSG2-5-7	特种设备未经具有专业资质的机构检测、检验合格,取得安全使用证或者安全标志,投入使用。或使用未经验收或者验收不合格的施工起重机械和整体提升脚手架、模板等自升式架设施	5分/次	
		GLSG2-5-8	使用国家明令淘汰、禁止使用的危及生产安全的工艺、设备	6分/次	
		GLSG2-5-9	储存、使用危险物品,未建立专门安全管理制度、未采取可靠的安全措施或者不接受有关主管部门依法实施的监督管理	4分/次	

续上表

评定内容		行为代码	不良行为	行为等级和扣分标准	条文说明
履约行为(满分100,扣完为止。GLSG2)	安全生产(满分20,扣完为止。行为代码GLSG2-5)	GLSG2-5-10	对重大危险源未登记建档,或者未进行评估、监控,或者未制定应急预案	4分/次	
		GLSG2-5-11	进行爆破、吊装等危险作业,未安排专门管理人员进行现场安全管理	3分/次	
		GLSG2-5-12	两个以上单位在同一作业区域内进行可能危及对方安全生产的生产经营活动,因自身原因未签订安全生产管理协议或者未指定专职安全生产管理人员进行安全检查与协调	3分/次	
		GLSG2-5-13	储存、使用危险物品的车间、仓库与员工宿舍在同一座建筑内,或者与员工宿舍的距离不符合安全要求;施工现场和员工宿舍未设有符合紧急疏散需要、标志明显、保持畅通的出口,或者封闭、堵塞施工现场或者员工宿舍出口	3分/次	
		GLSG2-5-14	从业人员不服从管理,违反安全生产规章制度或者操作规程	2分/次	
		GLSG2-5-15	未及时、如实报告生产安全事故	5分/次	
		GLSG2-5-16	主要负责人在本单位发生重大生产安全事故时,不立即组织抢救或者在事故调查处理期间擅离职守或者逃匿	15分/次	
		GLSG2-5-17	挪用列入建设工程概算的安全生产作业环境及安全施工措施所需费用	2分/次	
		GLSG2-5-18	每项工程实施前,未进行安全生产技术交底	2分/次	
		GLSG2-5-19	未根据不同施工阶段和周围环境及季节、气候的变化,在施工现场采取相应的安全施工措施	1分/次	
		GLSG2-5-20	施工现场临时搭建的建筑物不符合安全使用要求	3分/次	
		GLSG2-5-21	对危险性较大的工程未编制专项施工方案并附安全验算结果	2分/次	
		GLSG2-5-22	未对因建设工程施工可能造成损害的毗邻建筑物、构筑物和地下管线等采取专项防护措施	2分/次	
		GLSG2-5-23	安全防护具、机械设备、施工机具及配件在进入施工现场前未经查验或者查验不合格即投入使用	2分/次	
		GLSG2-5-24	委托不具有相应资质的单位承担施工现场安装、拆卸施工起重机械和整体提升脚手架、模板等自升式架设施	10分/次	
		GLSG2-5-25	未取得安全生产许可证擅自进行生产,安全生产许可证有效期满未办理延期手续,继续进行生产;逾期仍不办理延期手续,继续进行生产	15分/次	
		GLSG2-5-26	使用伪造的安全生产许可证	15分/次	

续上表

评定内容		行为代码	不良行为	行为等级和扣分标准	条文说明
履约行为(满分100,扣完为止。GLSG2)	安全生产(满分20,扣完为止。行为代码GLSG2-5)	GLSG2-5-27	多次整改仍然存在安全问题;对存在重大安全事故隐患但拒绝整改或者整改效果不明显	10分/次	被项目法人或交通主管部门发现有安全生产问题并要求整改,整改不合格的
		GLSG2-5-28	在沿海水域进行水上水下施工以及划定相应的安全作业区,未报经主管机关核准公告;施工单位擅自扩大安全作业区范围	4分/次	
		GLSG2-5-29	施工现场防护不到位,存在安全隐患	1分/次	
		GLSG2-5-30	未编制安全生产应急预案并落实人员、器材,组织演练	2分	
		GLSG2-5-31	发生一般安全生产责任事故	10分/次	
		GLSG2-5-32	未办理施工现场人员人身意外伤害保险	5分/次	
	社会责任(满分10,扣完为止。行为代码GLSG2-6)	GLSG2-6-1	在崩塌滑坡危险区、泥石流易发区范围内取土、挖砂或者采石	8分/次	
		GLSG2-6-2	施工产生的废渣随意堆放或丢弃,废水随意排放	2分/次	
		GLSG2-6-3	施工中破坏生态环境	3分/次	
		GLSG2-6-4	施工过程中造成水土流失,不进行治理	4分/次	
		GLSG2-6-5	生活区、办公区设置杂乱,卫生环境差	3分/次	
		GLSG2-6-6	建设项目出现突发事件,拒不执行应急或救援任务	10分/次	
		GLSG2-6-7	乱占土地、草场	3分/次	
		GLSG2-6-8	临时占用农田、林地等未及时复垦或恢复原状	5分/次	
		GLSG2-6-9	未按要求签订廉政合同	5分/次	
		GLSG2-6-10	违反廉政合同	5分/人次	
		GLSG2-7	其他被认为失信的履约行为	1~10分	由省级交通运输主管部门根据本地实际情况在实施细则中增加
其他行为(行为代码GLSG3)		GLSG3-1	被司法机关认定有行贿、受贿行为,并构成犯罪	直接定为D级	
		GLSG3-2	省级及以上交通运输主管部门要求企业填报向社会公布的信息,存在虚假的	3分/次(在企业总分中扣除)	
		GLSG3-3	信用评价弄虚作假或以不正当手段取较高信用等级	4分/次(在企业总分中扣除)	
		GLSG3-4	恶意拖欠工程款、农民工工资、材料款被司法机关强制执行,或因拖欠问题造成群体事件或不良社会影响	5分/次(在企业总分中扣除)	

续上表

评定内容	行为代码	不良行为	行为等级和扣分标准	条文说明
其他行为(行为代码 GLSG3)	GLSG3-5	拒绝参与交通运输主管部门组织的应急抢险任务	2分/次(在企业总分中扣除)	
	GLSG3-6	被设区的市级交通运输主管部门通报批评	2分/次(在企业总分扣除)	
	GLSG3-7	被省级交通运输主管部门通报批评	3分/次(在企业总分扣除)	
	GLSG3-8	被国务院交通运输主管部门通报批评	5分/次(在企业总分扣除)	
	GLSG3-9	其他被认为失信的行为	1~10分	由省级交通运输主管部门根据本地实际情况在实施细则中增加

备注:履约行为检查一般每半年开展一次,一种行为在同次检查中原则上不重复扣分。检查结果以正式书面文件为准。

附件2

公路施工企业信用行为评价计算公式

一、单项评价

企业投标行为评价得分:$T=100-\sum_{i=1}^{n}A_i$,其中,i 为不良投标行为数量,A_i 为不良投标行为对应的扣分标准。

企业履约行为信用评价得分:$L=100-\sum_{i=1}^{n}B_i$,其中,i 为不良履约行为数量,B_i 为不良履约行为对应的扣分标准。

二、省级综合评价

企业在某省份投标行为评价得分和履约行为评价得分计算公式(倒权重计分法)为:

投标行为评价得分:

$$T=\sum_{i=1}^{n}iT_i/\sum_{i=1}^{n}i$$

(i 为企业在不同合同段投标行为信用评价得分名次,$i=1,2,\cdots,n$,T_i 为施工企业在某合同段投标行为信用评价得分,且 $T_1\geq T_2\geq\cdots\geq T_n$)

算例:企业6次投标行为评价分为 90、90、95、85、98、99,则:企业投标行为分 $T=(1\times99+2\times98+3\times95+4\times90+5\times90+6\times85)/(1+2+3+4+5+6)=90.5$。

履约行为评价得分:

$$L=\sum_{i=1}^{n}iL_i/\sum_{i=1}^{n}i$$

(L_i 为施工企业在某合同段履约行为信用评价得分值,i 为企业在不同合同段履约行为信用评价得分名次,$i=1,2,\cdots,n$,且 $L_1\geq L_2\geq\cdots\geq L_n$)

算例:企业共有4个合同项目,履约行为分分别为 100、90、100、80,则:企业履约评价分 $L=(1\times100+2\times100+3\times90+4\times80)/(1+2+3+4)=89.00$

施工企业在从业省份综合评分:

$$X=aT+bL-\sum_{i=1}^{n}Q_i$$

(企业投标行为评价得分为 T,企业履约行为评价得分为 L,Q_i 为其他行为对应扣分标准。a、b 为评分系数,当评价周期内企业在某省只存在投标行为评价时,$a=1$,$b=0$;当企业在某省只存在履约行为评价时,$a=0$,$b=1$;当企业在某省同时存在投标行为评价和履约行为评价时,$a=0.2$,$b=0.8$)

三、全国综合评价

$$X=a\sum_{i=1}^{m}T_i/m+b\sum_{j=1}^{n}L_jF_j/\sum_{j=1}^{n}F_j-\sum_{k=1}^{p}Q_k/G$$

(T_i 为施工企业在某省份投标行为评分。L_j 为施工企业在某省份履约行为评分,且 $L_1\geq L_2\geq\cdots\geq L_J$。$Q_k$ 为企业在某省其他行为评价的扣分分值。F_j 为企业在该省份参与履约行为评价的项目数量。i、j、k 分别为对企业进行投标信用评价、履约信用评价和其他行为评价的省份数量,G 为对企业进行信用评价的全部省份数量。a、b 为评分系数,当评价周期内企业只存在投标行为评价时,$a=1$,$b=0$;当企业只存在履约行为评价时,$a=0$,$b=1$;当企业同时存在投标行为评价和履约行为评价时,$a=0.2$,$b=0.8$)。

各省级交通运输主管部门上报本区企业评价结果时,应同时上报 T_i、L_j、Q_k、F_j 等数值。

13. 交通运输部关于印发《公路水运工程试验检测信用评价办法》的通知

(交安监发〔2018〕78号)

各省、自治区、直辖市、新疆生产建设兵团交通运输厅(局、委),长江航务管理局:

现将修订后的《公路水运工程试验检测信用评价办法》印发给你们,请遵照执行。

附件:1.公路水运工程试验检测机构信用评价标准
   2.公路水运工程工地试验室及现场检测项目信用评价标准
   3.公路水运工程试验检测人员信用评价标准
   4.试验检测机构信用评价综合得分计算公式
   5.____年度试验检测机构信用评价表(略)
   6.____年度工地试验室及现场检测项目信用评价表(略)
   7.试验检测人员信用评价表(略)

交通运输部
2018年6月15日

公路水运工程试验检测信用评价办法

第一章 总 则

第一条 为加强公路水运工程试验检测管理和信用体系建设,增强试验检测机构和人员诚信意识,促进试验检测市场健康有序发展,营造诚信守法的检测市场环境,依据《建设工程质量管理条例》《港口工程建设管理规定》《航道建设管理规定》《公路建设市场管理办法》《水运建设市场监督管理办法》和《公路水运工程试验检测管理办法》,制定本办法。

第二条 本办法所称信用评价是指交通运输主管部门对持有公路水运工程试验检测师或助理试验检测师(试验检测工程师或试验检测员)资格证书的试验检测从业人员(以下简称检测人员)和取得公路水运工程试验检测等级证书并承担公路水运工程试验、检测及监测业务的试验检测机构的从业承诺履行状况等诚信行为的综合评价。

第三条 信用评价应遵循公开、客观、公正、科学的原则。

第四条 交通运输部负责公路水运工程试验检测机构和人员信用评价工作的统一管理。负责持有试验检测师(试验检测工程师)资格证书的检测人员和取得公路水运甲级(专项)等级证书并承担高速公路、独立特大桥、长大隧道及大中型水运工程试验、检测及监测业务试验检测机构的信用评价和信用评价结果的发布。交通运输部工程质量监督机构(以下简称部质监机构)负责信用评价的具体组织实施工作。

省级交通运输主管部门负责在本行政区域内从事公路水运工程试验检测业务的持有助理试验检测师(试验检测员)资格证书的检测人员和乙级、丙级试验检测机构信用评价工作的管理。省级交通运输主管部门所属的质量监督机构(以下简称省级交通质监机构)负责信用评价的具体组织实施工作。

上一级质监机构应当对下一级质监机构信用评价工作进行监督检查。

第五条 信用评价周期为1年,评价的时间段从1月1日至12月31日。评价结果定期公示、公布。

第二章 试验检测机构信用评价

第六条 试验检测机构的信用评价实行综合评分制。试验检测机构设立的公路水运工程工地试验室(以下简称工地试验室)及单独签订合同承担的工程试验、检测及监测等现场试验检测项目(以下简称现场检测项目)的信用评价,是信用评价的组成部分。

评价标准见《公路水运工程试验检测机构信用评价标准》(附件1)和《公路水运工程工地试验室及现场检测项目信用评价标准》(附件2)。

第七条 试验检测机构、工地试验室及现场检测项目的信用评价基准分为100分。试验检测机构的综合得分按附件4的公式计算。

第八条 试验检测机构信用评价分为AA、A、B、C、D五个等级,评分对应的信用等级分别为:

AA级:信用评分≥95分,信用好;
A级:85分≤信用评分<95分,信用较好;
B级:70分≤信用评分<85分,信用一般;
C级:60分≤信用评分<70分,信用较差;
D级:信用评分<60分或直接确定为D级,信用差。

被评为D级的试验检测机构直接列入黑名单,并按《公路水运工程试验检测管理办法》等相关规定予以处理。

对被直接确定为D级的试验检测机构应当及时公布。

第九条 试验检测机构信用评价程序:

(一)试验检测机构应于次年1月中旬完成信用评价自评,并将自评表(附件5)报其注册地的省级交通质监机构。

(二)工地试验室及现场检测项目,未完工的应于当年12月底前、已完工的应于项目完工时完成信用评价自评,并将自评表(附件6)报项目业主;项目业主根据项目管理过程中所掌握的情况提出评价意见,于次年1月中旬将工地试验室、现场检测项目的评价意见和扣分依据材料以及发现的母体试验检测机构的失信行为以文件形式报负责该项目监督的质监机构,项目业主应对评价意见的客观性负责;负责项目监督的质监机构根据业主评价意见结合日常监督情况进行评价,评价结果于1月底前报省级交通质监机构。

(三)省级交通质监机构对工地试验室和现场检测项目信用评价结果进行复核评价。工地试验室和现场检测项目的授权机构或母体试验检测机构为外省区注册的,信用评价结果于2月上旬前转送其注册地省级交通质监机构。

省级交通质监机构对在本省注册的试验检测机构信用进行综合评分。属交通运输部发布范围的试验检测机构信用评价结果及相关资料,经省级交通运输主管部门审核后于3月中旬前报送部质监机构。属本省发布范围的试验检测机构的信用评价结果,由省级交通运输主管部门审定后于4月底前完成公示、公布。

(四)属交通运输部发布范围的试验检测机构信用评价结果,由部质监机构在汇总各省信用评价结果的基础上,结合掌握的相关信用信息进行复核评价,于4月底前在"信用交通"网站等交通运输主管部门指定的渠道向社会统一公示、公布。

第十条 质监机构用于复核评价的不良信用信息采集每年至少1次且要覆盖到评价标准的所有项。评价依据包括:

1. 检测机构自评情况;
2. 各级交通运输主管部门、质监机构开展事中事后监管活动中和建设单位、监理单位在工程建设管理中发现的失信行为;
3. 投诉举报查实的违规行为;
4. 交通运输主管部门或质监机构通报批评或行政处罚的失信行为;
5. 等级评定、换证复核中发现的失信行为;
6. 检测机构及其设立的工地试验室在各级质监机构、行业组织开展的比对试验活动中出现的失信行为;
7. 相关交通运输管理部门在公共信用信息服务平台中发布的有关行政处罚行为。

第三章 试验检测人员信用评价

第十一条 试验检测人员信用评价实行累计扣分制,评价标准见《公路水运工程试验检测人员信用评价标准》(附件3),评价表见《试验检测人员信用评价表》(附件7)。

第十二条 评价周期内累计扣分分值大于等于20分,小于40分的试验检测人员信用等级为信用较差;扣分分值大于等于40分的试验检测人员信用等级为信用差。

连续2年信用等级被评为信用较差的试验检测人员,其当年信用等级为信用差。

被确定为信用差的试验检测人员列入黑名单。

第十三条 在评价周期内,试验检测人员在不同项目和不同工作阶段发生的违规行为累计扣分。一个具体行为涉及两项以上违规行为的,以扣分标准高者为准。

第十四条 各省级交通质监机构负责对在本省从业的试验检测人员进行信用评价。

试验检测师(试验检测工程师)的信用评价结果及相关资料经省级交通运输主管部门审核后于3月中旬前报送部质监机构。

跨省从业的助理试验检测师(试验检测员)的信用评价结果及相关资料于2月上旬前转送其注册地省级交通质监机构。

在本省注册的助理试验检测师(试验检测员)的信用评价结果,由省级交通运输主管部门审定后于4月底前完成公示、公布。

部质监机构对试验检测师(试验检测工程师)在全国范围内的扣分进行累加评价,于4月底前在"信用交通"网站等交通运输主管部门指定的渠道向社会统一公示、公布。

第四章 信用评价管理

第十五条 信用评价结果公布前应予以公示,公示期为10个工作日,最终确定的信用评价结果自正式公布之日起5年内,向社会提供公开查询。

第十六条 质监机构应指定专人负责试验检测机构和试验检测人员信用评价工作,及时完成相关信用信息的数据录入、整理、资料归档等工作。

第十七条 信用评价实行评价人员及评价机构负责人签认负责制,并接受上级部门及社会各界的监督。发现评价结果不符合实际情况的应予以纠正;发现在评价工作中徇私舞弊、打击报复、谋取私利的,按有关规定追究相关人员的责任。

第五章 附则

第十八条 省级交通运输主管部门可根据本省实际情况,参照本办法制定实施细则。实施细则报交通运输部备案。

第十九条 本办法自2018年7月1日起施行,有效期5年。交通运输部于2009年6月25日发布的《公路水运工程试验检测信用评价办法(试行)》(交质监发〔2009〕318号)同时废止。

第二十条 本办法由交通运输部负责解释。

附件1

公路水运工程试验检测机构信用评价标准

序号	行为代码	失信行为	扣分标准	备注
1	JJC201001	租供试验检测等级证书承揽试验检测业务的	直接确定为D级	
2	JJC201002	以弄虚作假或其他违法形式骗取等级证书或承接业务的，伪造、涂改、转让等级证书的	直接确定为D级	
3	JJC201003	出具虚假数据报告并造成质量安全事故或质量标准降低的	直接确定为D级	
4	JC201004	所设立的工地试验室及现场检测项目总得分为0分的	直接确定为D级	
5	JJC201005	存在虚假数据报告及其他虚假资料扣10分/份，单次扣分不超过50分		
6	JJC201006	在《等级证书》注明的项目范围外出具试验检测报告且使用专用标识章的	扣5分/参数	
7	JC201007	未对设立的工地试验室及现场检测项目有效监管的	扣10分/个	
8	JC201008	聘用重复执业的检测人员从事试验检测工作的，或所聘用的试验检测人员被评为信用差的	扣10分/人	
9	JJC201009	报告签字人不具备资格；试验记录、报告存在代签事实的	扣2分/份，单次扣分不超过10分	
10	JC201010	试验检测机构的变更未在规定期限内办理变更手续	理变更手续扣5分/次	
11	JJC201011	评价期内，持证人员数量达不到相应等级标准要求	扣5分/试验检测师·次、扣3分/助理试验检测师·次	
12	JC201012	评价期内，试验检测机构技术负责人、质量负责人上岗资格达不到相应等级要求	扣10分/人	
13	JC201013	评价期内，试验检测设备配备不满足等级标准要求	必选设备扣10分/台；可选设备扣5分/台	
14	JJC201014	试验检测设备未按规定检定校准的	扣2分/台，单次扣分不超过20分	
15	JJC201015	试验检测环境达不到技术标准规定要求的	扣4分/处，单次扣分不超过20分	
16	JJC201016	试验检测记录或报告不规范，格式未做统一要求的，相关内容不完整的	扣3分/类，单次扣分不超过15分	
17	JJC201017	无故不参加质监机构组织的比对试验等能力验证活动的	扣10分/次	
18	JJC201018	存在严重失信行为，作为责任单位被部、省级交通运输及以上有关部门行政处罚的	直接确定为D级	
19	JJC201019	使用已过期的.等级证书.和专用标识章出具报告的	扣20分	
20	JJC201020	试验检测结论表述不正确的	扣5分/份	
21	JJC201021	试验检测记录报告使用标准不正确的	扣5分/类	
22	JJC201022	参加质监机构组织的比对试验等能力验证活动，结果为不满意的	扣5分/次	
23	JJC201023	参加质监机构组织的比对试验等能力验证时，无故遮挡或未显示试验数据的	扣15分/次	
24	JJC201024	对各级交通运输主管部门及质监机构提出的意见整改未闭合的	扣10分/次	

注：对失信行为的监督复查中，若仍存在同样问题应再次扣分。

附件 2

公路水运工程工地试验室及现场检测项目信用评价标准

序号	行为代码	失信行为	扣分标准	备注
1	JJC202001	出虚假数据报告造成质量安全事故或质量标准降低的	扣 100 分	
2	JJC202002	存在虚假数据和报告及其他虚假资料的	扣 10 分/份,单次扣分不超过 30 分	
3	JC202003	聘用重复执业试验检测人员从事试验检测工作的,或所聘用的试验检测人员被评为信用差的	扣 10 分/人	
4	JJC202004	工地试验室或授权负责人未经母体机构有效授权	扣 20 分	▲
5	JJC202005	授权负责人不是母体机构派出人员或长期不在岗的	扣 10 分	▲
6	JC202006	超出授权范围开展业务	扣 5 分/参数	▲
7	JC202007	未按规定或合同配备相应条件的试验检测人员或擅自变更试验检测人员	扣 5 分/试验检测师·次、3 分/助理试验检测师·次	
8	JJC202008	未按规定或合同配备满足要求的仪器设备、设备未按规定检定校准的	扣 2 分/台,单次扣分不超过 20 分	
9	JJC202009	试验检测环境达不到技术标准规定要求的	扣 2 分/处,单次扣分不超过 10 分	
10	JC202010	报告签字人不具备资格;试验记录、报告存在代签事实的	扣 2 分/份,单次扣分不超过 10 分	
11	JC202011	试验检测原始记录信息及数据记录不全,结论不准确,试验检测报告不完整(含漏签、漏盖及错盖章),试验检测频率不满足规范或合同要求	扣 3 分/类	
12	JJC202012	未按规定上报发现的试验检测不合格事项或不合格报告	扣 10 分/次	
13	JJC202013	对各级监督部门提出的检查意见整改未闭合的或监督部门认定的监理工程师、项目业主提出的检查意见整改未闭合的	扣 10 分/项	
14	JJC202015	严重违反试验检测技术规程操作的	扣 10 分/项	
15	JJC202016	工地试验室未履行合同擅自撤离工地的	扣 100 分	
16	JJC202017	存在严重失信行为,作为责任单位被部、省级交通运输及以上有关部门通报批评或行政处罚的	扣 20 分/次	
17	JJC202018	未按规定参加信用评价的	扣 40 分	
18	JJC202019	试验样品管理存在人为选择性取样、样品流转工作失控、样品保管条件不满足要求、未按规定留样等不规范行为的	扣 5 分/项	
19	JC202020	试验检测档案管理不规范	扣 5 分/项	

注:在对失信行为进行监督复查时,若仍存在同样问题应再次扣分。▲ 仅适用于工地试验室。

附件3

公路水运工程试验检测人员信用评价标准

序号	行为代码	失信行为	扣分标准	备注
1	JJC203001	有关试验检测工作被司法部门认定构成犯罪的	扣40分	
2	JJC203002	出具虚假数据报告造成质量安全事故或质量标准降低的	扣40分	
3	JJC203003	出现JJC201001～JJC201006、JJC201018及JJC201019项行为对相应负责人的处理	JJC201001、JJC201002行为扣40分，JJC201003～JJC201006、JJC201018及JJC201019行为扣20分	
4	JJC203004	同时受聘于两个或两个以上试验检测机构的	扣20分	
5	JJC203005	授权检测工地人员资料虚假；出借试验检测人员资格证书的	扣40分/次	
6	JJC203006	在试验检测工作中，有徇私舞弊、吃拿卡要行为	扣20分/次	
7	JJC203007	利用工作之便推销建筑材料、构配件和设备的	扣20分/次	
8	JJC203009	出现JJC201007、JJC201014及JJC201015项行为的对技术或质量负责人的处理，出现JJC201008、JJC201010～JJC201013、JJC201017、JJC201023及JJC202005项行为的对行政负责人的处理	扣5分/项	
9	JJC203010	未按相关标准、规范、试验规程等要求开展试验检测工作，试验检测数据失真的	扣5分/次	
10	JJC203011	超出《等级证书》中规定项目范围进行试验检测活动并使用专用标识章的	扣5分/项	
11	JJC203012	出具虚假数据和报告的	扣10分/份	
12	JJC203013	越权签发、代签、漏签试验检测报告的	扣5分/类	
13	JJC203014	工地试验室信用评价得分＜70分时对其授权负责人的处理	扣20分	
14	JJC203015	工地试验室有JJC202002、JJC202003、JJC202006、JJC202012、JJC202015项行为时对其授权负责人的处理	JJC202002、JJC202003行为扣5分/项，JJC202006、JJC202012、JJC202015行为扣4分/项	

附件 4

试验检测机构信用评价综合得分计算公式

试验检测机构信用评价综合得分计算公式为：

$$W = W'(1-\gamma) + \frac{\gamma}{n} \cdot \sum_{i=1}^{n} W''_i$$

式中：W——试验检测机构信用评价综合得分；
W'——母体机构得分；
W''——工地试验室及现场检测项目得分；
n——工地试验室及现场检测项目数；
γ——权重。

$n=0$ 时	$\gamma=0$
$n=1\sim3$ 时	$\gamma=0.3$
$n=4\sim6$ 时	$\gamma=0.4$
$n=7\sim10$ 时	$\gamma=0.6$
$n>10$ 时	$\gamma=0.7$

14. 交通运输部办公厅关于界定和激励公路水运工程建设领域守信典型企业有关事项的通知

(交办水〔2018〕11号)

各省、自治区、直辖市、新疆生产建设兵团及计划单列市、经济特区交通运输厅(局、委),长江航务管理局,珠江航务管理局,中国水运建设行业协会,中国公路建设行业协会,中国交通建设监理协会:

根据《国务院关于印发社会信用体系建设规划纲要(2014—2020年)的通知》(国发〔2014〕21号)、《国务院关于建立完善守信联合激励和失信联合惩戒制度加快推进社会诚信建设的指导意见》(国发〔2016〕33号)等文件关于"褒扬诚信、惩戒失信"的总体要求,为进一步建立健全公路水运工程建设领域的诚信激励机制,经交通运输部同意,在现有公路水运工程建设领域信用评价管理的基础上,建立界定和激励公路水运工程建设领域守信典型企业制度。现就有关事项通知如下:

一、公路水运工程建设领域守信典型企业的界定

公路水运工程建设领域守信典型企业应同时满足下列三个条件:

(一)水运工程建设领域的,连续两年全国综合信用评价等级为AA级;公路工程建设领域的,连续三年全国综合信用评价等级为AA级或者连续两年全国综合信用评价等级为AA级且每年信用评价的省份数量不低于2个。

(二)近5年在公路水运工程建设领域内,无省级及以上交通运输主管部门的行政处罚等不良信用记录,且无严重不良行为记录(信用评价直接定为D级)。

(三)未列入其他领域的黑名单,主要指列入全国信用信息共享平台的其他领域失信企业名单。

二、交通运输领域的主要激励措施

在交通运输领域,我部及各省、市级交通运输主管部门在法律法规和自身职权范围内对公路水运工程建设领域守信典型企业采取的主要激励措施如下:

(一)在办理公路水运建设市场及工程建设等行政审批过程中,优先或加快办理。

(二)在公路水运建设市场及工程建设等行政检查过程中,适度减少检查频次。

(三)在政府投资交通运输项目、政府和社会资本合作交通运输项目的招标或竞争性谈判过程中,给予降低保证金比例、提高工程预付款比例、信用奖励等优惠,同等条件优先考虑。

(四)在道路运输企业审验、确定经营范围、线路投标等方面给予一定优惠措施。

(五)对守信典型企业给予重点支持,出台优惠政策、便利化服务措施时,优先选择试点。

(六)优先推荐公路水运交通优质工程奖等国家和地方相关奖项,将守信典型企业的信用状况作为各部门在本行业、本领域内颁发荣誉证书、嘉奖和表彰等荣誉性称号的重要参考,优先给予奖励和表彰。

(七)在"信用交通"网站及主流媒体上公布和宣传守信典型企业守信状况,进一步增强社会影响力。

(八)支持地方交通运输主管部门在本行业、本领域内采取更多的激励措施。

(九)在企业投资的交通运输工程建设项目招投标、工程发包和市场交易中,鼓励招标人和项目单位给予投标、履约、质量保证金减免、提高工程预付款比例、信用奖励等优惠,同等条件优先考虑。

(十)鼓励铁路、公路、水路、民航等运输服务企业给予一定便利和优惠措施。

三、公路水运工程建设领域守信典型企业目录的定期发布

(一)公路水运工程建设领域守信典型企业目录每两年发布一次,有效期为两年。我部对公路水运工程建设领域守信典型企业目录进行公示、公告,公示期不少于10日。

(二)我部在"信用中国"网站、"信用交通"网站、中国交通报等媒体及时公布公路水运工程建设领域守信典型企业目录,并向全国信用信息共享平台提供公路水运工程建设领域守信典型企业目录。

(三)各省、市级交通运输主管部门通过信用管理系统等媒介及时转载公路水运工程建设领域守信典型企业目录。

四、公路水运工程建设领域守信典型企业的动态管理

我部及各省、市级交通运输主管部门持续监测公路水运工程建设领域守信典型企业的诚信守法情况,一经发现其不再满足界定条件的,取消其守信典型企业资格,及时停止相应的激励措施,并通过全国信用信息共享平台及时更新相关信用信息。

交通运输部办公厅
2018年1月19日

15.公路设计企业信用评价规则
（试行）

(交公路发〔2013〕636号)

第一条 为规范公路设计企业信用评价工作,统一评定方法和标准,增强公路设计企业诚信履约意识,促进行业自律,根据《中华人民共和国公路法》、《建设工程质量管理条例》、《公路建设市场管理办法》、《公路建设监督管理办法》和《关于建立公路建设市场信用体系的指导意见》,制定本规则。

第二条 本规则所称公路设计企业信用评价是指省级及以上交通运输主管部门或其委托机构依据有关法律法规、标准规范、合同文件等,按照评定标准对具有公路设计资质的企业在公路建设市场中的从业行为所进行的评价。

第三条 公路设计企业信用评价遵循公平、公正、公开的原则,评价结果实行签认和公示公告制度。

第四条 信用评价管理工作实行统一管理,分级负责。

第五条 国务院交通运输主管部门负责全国公路设计企业信用评价的监督管理工作。主要职责是：

（一）制定全国公路设计企业信用评定标准；

（二）指导省级交通运输主管部门的信用评价管理工作；

（三）对具有国务院有关部门许可资质的公路设计企业的从业行为进行全国综合评价。

第六条 省级交通运输主管部门负责本行政区域内公路设计企业的信用评价管理工作。主要职责是：

（一）制定本行政区域公路设计企业信用评价实施细则并组织实施；

（二）对在本行政区域内从业的公路设计企业进行省级综合评价；

（三）指导本行政区域内公路设计企业信用评价相关部门、机构的管理工作。

第七条 公路设计企业信用评价等级分为AA、A、B、C、D五个等级。各信用等级对应的企业信用评分 X 分别为：

AA级：95分≤X≤100分,信用好；

A级：85分≤X＜95分,信用较好；

B级：75分≤X＜85分,信用一般；

C级：60分≤X＜75分,信用较差；

D级：X＜60分,或存在严重失信行为,信用差。

第八条 公路设计企业信用评价的依据为：

（一）交通运输主管部门及其公路管理、质量监督、造价管理等机构评审、督查、检查结果或奖罚通报、决定；

（二）招标人、项目建设管理单位管理工作中的正式文件；

（三）举报、投诉或质量、安全事故调查处理结果；

（四）司法机关做出的司法认定及审计部门的审计意见；

（五）其他可以认定不良信用行为的有关资料。

第九条 评价内容由公路设计企业投标行为、履约行为和其他行为构成,具体见《公路设计企业信用行为评定标准》（附件1）。

第十条 公路设计企业信用评价工作实行动态评价与定期评价相结合的方式：

（一）动态评价是企业发生严重失信行为时,省级以上交通运输主管部门直接确定公路设计企业信用等级为D级的信用评价工作。

被交通运输主管部门动态评价为D级的企业,自认定之日起,在相应行政区域一年内信用评价等级为D级。因受到行政处罚被直接认定为D级的企业,其评价为D级的时间不得低于该行政处罚期限。

（二）定期评价是省级及以上交通运输主管部门对公路设计企业在上一年度（1月1日至12月31日）的信用行为进行的周期性评价,一般每年开展一次。

对于由国务院交通运输主管部门评价从业行为的公路设计企业,其评价结果应由省级交通运输主管部门于3月31日前报送。

国务院交通运输主管部门应当在4月底前完成全国综合评价。

第十一条 投标行为和履约行为初始分值为100分,以单个勘察设计合同段为评价单元,实行累计扣分制。若有《公路设计企业信用行为评定标准》（附件1）所列其他行为的,从企业信用评价总得分中扣除。具体的评分计算方法见《公路设计企业信用行为评价计算方法》（附件2）。

第十二条 公路设计企业定期评价程序为：

（一）投标行为评价。招标人完成每次招标工作后,仅对存在不良投标行为的公路设计企业进行投标行为评价,经签认后记入信用管理台账,写入评标报告以向主管部门备案。被投诉举报并经查实投标过程中存在失信行为的,应追溯进行投标行为评价。

（二）履约行为评价。合同有效期内,项目建设管理单位对参与项目勘察设计的公路设计企业的履约行为实时记入信用管理台账进行评价,经签认及时公示。

（三）其他行为评价。负责项目监管的相应地方人民政府交通运输主管部门或其委托机构对公路设计企业其他行为进行评价,签认后予以公示。其他行为被省级主管部门认定通报的从省级综合评价得分中扣除相应分数；被国务院行政主管部门认定通报的从全国综合评价得分中扣除相应分数。

（四）省级综合评价。省级交通运输主管部门或其委托机构对在本行政区域从业的公路设计企业信用行为进行评价,计算其省级综合评价得分,根据得分确定信用等级。省级综合评价结果应公示、公告,公示期不少于10个工作日。

(五)全国综合评价。具有公路行业甲级资质、公路专业甲级资质企业承担投资额2亿元以上,或具有公路专业乙级资质企业承担投资额1亿元以上国、省道干线公路新建、改扩建或大修工程勘察设计时,应进行全国综合评价。国务院交通运输主管部门根据省级交通运输主管部门上报的省级综合评价结果,在核查汇总的基础上,计算出全国综合评价得分,并根据掌握的其他行为予以扣分后,确定信用等级。被1个省级交通运输主管部门动态评价为D级的企业,其全国综合评价直接定为C级;被2个及以上省级交通运输主管部门动态评价为D级或被国务院交通运输主管部门行政处罚的企业,其全国综合评价直接定为D级。全国综合评价结果应进行公示、公告,公示期不少于10个工作日。

第十三条 对于设计联合体,当信用评价过程中有不良行为的,评价人应按相应标准对联合体各组成企业分别予以扣分,并记入信用管理台账,确定信用等级。

第十四条 公路设计企业资质升级的,其信用评价等级不变。企业分立的,按照新设立企业确定信用评价等级,但不得高于原评价等级。企业合并的,按照信用评价等级较低企业的等级确定合并后企业信用等级。

第十五条 企业对信用评价结果有异议的,可在公示期限内依法向公示部门提出申诉。任何单位或个人可对公路设计企业的失信行为,以及信用评价工作中的违纪、违规行为等进行投诉或举报。申诉、投诉或举报时应提交书面材料。

第十六条 交通运输主管部门收到申诉、投诉或举报书面材料后,应及时组织调查、核查,在30个工作日内将处理结果告知申诉人、投诉人或举报人。

第十七条 企业信用评价结果有效期1年,下一年度企业在某省份或全国无信用评价结果的,其信用评价等级可延续1年。延续1年后仍无信用评价结果的,按照初次进入确定,但不得高于其原评价等级的上一等级。

第十八条 企业信用评价结果按以下原则应用:

(一)企业的全国综合评价结果应用于全国公路建设市场;省级综合评价结果可应用于本行政区域公路建设市场,具体应用办法由省级交通运输主管部门在相关实施细则中明确。

(二)具有国务院有关部门许可资质的公路设计企业初次进入某省级行政区域从业时,其信用等级按照全国综合评价结果确定。尚无全国综合评价结果的公路设计企业,若无不良信用记录,可按A级对待。若有不良信用记录,视其严重程度按B级或以下等级对待。

(三)企业组成的联合体参与投标的,其信用等级按照联合体成员中最低信用等级方认定。

第十九条 省级交通运输主管部门应建立激励机制,对评为AA级或连续3年评为A级的守法诚信企业,在招投标、履约保证金、质量保证金等方面给予一定的优惠和奖励。

第二十条 各级交通运输主管部门和项目建设管理单位,对信用评价等级为C级或D级的企业,要加强资质条件动态审核和投标资格审查,并对其履约行为进行重点监管。

第二十一条 省级交通运输主管部门应制定并向部报备实施细则,明确组织机构、评价程序、台账管理、签认机制、结果应用等方面的具体内容。建立对项目建设管理单位、省级交通运输部门委托机构评价工作的考核、处罚机制,确保公路设计企业信用评价工作客观、公正。

省级交通运输部门及其委托机构、项目建设管理单位应当建立公路设计企业信用管理台账,及时、客观、公正地记录企业不良行为,并按照标准进行扣分,及时告知相应从业企业,或在局域网络、互联网络、行业媒体公示。

项目建设管理单位不得徇私舞弊,不得随意扣分或规避扣分。省级交通运输主管部门应于每年年初对上年度信用评价日常管理工作组织开展年度检查,重点对信用管理台账真实性和完整性、扣分标准准确性、告知或签认程序完备性等进行监督检查。

第二十二条 本规则由国务院交通运输主管部门负责解释。

第二十三条 本规则自2013年12月1日起施行。

附件1

公路设计企业信用行为评定标准

评定内容		行为代码	失信行为	行为等级和扣分标准	备注
投标行为（满分100，扣完为止。行为代码GLSJ1）	严重失信行为（行为代码GLSJ1-1）	GLSJ1-1-1	超越资质等级许可范围承揽工程	直接定为D级	
		GLSJ1-1-2	出借资质，允许以本单位名义投标	直接定为D级	
		GLSJ1-1-3	受让或租借资质，以他人名义投标	直接定为D级	
		GLSJ1-1-4	与招标人或其他投标人串通投标	直接定为D级	
		GLSJ1-1-5	资审申请文件或投标文件虚假	直接定为D级	
		GLSJ1-1-6	因违反法律、法规、规章被禁止投标后，在禁止期内仍参与投标	直接定为D级；已为D级的，D级延期半年	
	其他失信行为（行为代码GLSJ1-2）	GLSJ1-2-1	中标人拒不按照招标文件要求提交履约保证金	20分/次	
		GLSJ1-2-2	中标后无正当理由放弃中标	20分/次	
		GLSJ1-2-3	未按时确认补遗书等招标人发出的通知	10分/次	
		GLSJ1-2-4	无正当理由未在规定时间内签订合同	10分/次	
		GLSJ1-2-5	其他被认为失信的投标行为	6～10分	由省级交通运输主管部门根据本地实际情况在实施细则中增加，行为代码可顺延
履约行为（满分100，扣完为止。行为代码GLSJ2）	严重失信行为（行为代码GLSJ2-1）	GLSJ2-1-1	因勘察设计原因造成重大质量或重大及以上安全事故	直接定为D级	
		GLSJ2-1-2	将中标合同转包或违法分包	直接定为D级	
	人员到位（满分25，扣完为止。行为代码GLSJ2-2）	GLSJ2-2-1	投标书承诺的项目负责人未经同意更换	12分/人次	
		GLSJ2-2-2	投标书承诺的其他专业负责人未经同意更换	6分/人次	
		GLSJ2-2-3	设计人员不具备相应执业资格条件	5分/人次	
		GLSJ2-2-4	投标书承诺的施工期设计代表未经同意更换	6分/人次	
		GLSJ2-2-5	施工期设计代表因自身过失原因被更换	12分/人次	
	进度管理（满分15，扣完为止。行为代码GLSJ2-3）	GLSJ2-3-1	因勘察设计原因未按合同约定时间提交设计文件成果	12分/次	
		GLSJ2-3-2	因自身原因未按合同约定开展外业工作或因自身原因提交外业成果的时间不满足合同规定或设计要求	10分/次	
		GLSJ2-3-3	因勘察设计进度原因，引起项目推迟开工	10分/次	
		GLSJ2-3-4	因后期服务原因，引起工期延误	10分/次	
		GLSJ2-3-5	因自身原因未按时参加交（竣）工验收或工程质量事故分析	6分/次	
	成果质量（满分30，扣完为止。行为代码GLSJ2-4）	GLSJ2-4-1	因勘察设计原因引起一般质量事故或较大安全事故	20分/次	
		GLSJ2-4-2	因勘察设计原因引起一般质量问题或一般安全事故	13分/次	
		GLSJ2-4-3	因设计原因，项目各阶段设计投资额度超过上一阶段批准投资额的允许偏差范围	10分/次	

续上表

评定内容		行为代码	失信行为	行为等级和扣分标准	备注
履约行为（满分100，扣完为止。行为代码GLSJ2）	成果质量（满分30，扣完为止。行为代码GLSJ2-4）	GLSJ2-4-4	成果文件不满足有关主管部门批复意见和强制性标准要求	10分/项次	
		GLSJ2-4-5	成果文件不满足勘察设计深度要求	5分/项次	单次审查、验收或检查为一次
		GLSJ2-4-6	签章不全、未授权代签或借用他人资格签章	5分/项次	
		GLSJ2-4-7	对批复意见或审查意见的技术方案未落实	5分/项次	
		GLSJ2-4-8	因勘察设计原因，引起重大设计变更	20分/项次	
		GLSJ2-4-9	因勘察设计原因，引起较大设计变更	13分/次	
	其他失信行为（满分30，扣完为止。行为代码GLSJ2-5）	GLSJ2-5-1	在设计或设计变更中，违规谋取非法利益	30分/次	
		GLSJ2-5-2	未按合同规定进行地质勘察	30分/次	
		GLSJ2-5-3	地质勘察时间滞后，地质勘察成果未利用	20分/次	
		GLSJ2-5-4	地质勘察深度不足	20分/次	单次审查、验收或检查为一次
		GLSJ2-5-5	设计单位指定建筑材料生产厂家、供应商	10分/次	
		GLSJ2-5-6	提供虚假地质勘察资料的	10分/项次	
		GLSJ2-5-7	发生廉政事件但未触犯刑事法律	8分/次	
		GLSJ2-5-8	勘察设计工作大纲及实施细则未落实	6分/项次	
其他行为（行为代码GLSJ3）	严重失信行为（行为代码GLSJ3-1）	GLSJ3-1	被司法机关认定有单位行贿、受贿行为，并构成犯罪	直接定为D级	
	其他失信行为（行为代码GLSJ3-2）	GLSJ3-2-1	进行虚假投诉	20分/次	单个合同段单次投诉举报为1次
		GLSJ3-2-2	信用评价弄虚作假或以不正当手段骗取较高信用等级	15分/次	
		GLSJ3-2-3	在资质申报、延续、变更等过程中弄虚作假	10分/项次	省级部门认定的，在相应省份省级综合评价中扣除；国务院行业主管部门认定的，在全国综合评价中扣除；单个人员、设备、业绩等信息为1项
		GLSJ3-2-4	省级及以上交通运输主管部门要求企业填报向社会公布的信息，存在虚假的	10分/项次	在相应省份省级综合评价中扣除，单个人员、设备、业绩等信息为1项
		GLSJ3-2-5	被国务院交通运输主管部门通报批评	15分/次	在全国综合评价中扣除
		GLSJ3-2-6	被省级交通运输主管部门通报批评	10分/次	在相应省份省级综合评价中扣除
		GLSJ3-2-7	被设区的市级交通运输主管部门通报批评	5分/次	在相应省份省级综合评价中扣除
		GLSJ3-2-8	其他被认为失信的行为	2—10分	由省级交通运输主管部门根据本地实际情况在实施细则中增加，行为代码可顺延

备注：履约行为检查一般每半年开展一次，检查结果以正式书面文件为准。除以项次扣分的行为外，一种行为在单个合同段的同次检查中原则上不重复扣分。

附件2

公路设计企业信用行为评价计算方法

一、单项评价（以合同段为评价单元）

企业投标行为信用评价得分：$T=100-\sum_{i=1}^{n}A_i$，其中，i 为不良投标行为数量，A_i 为不良投标行为对应的扣分标准。

企业履约行为信用评价得分：$L=100-\sum_{i=1}^{n}B_i$，其中，i 为不良履约行为数量，B_i 为不良履约行为对应的扣分标准。

二、省级评价

企业在某省份投标行为评价得分和履约行为评价得分计算公式为：

投标行为评价得分：

$$T=\sum_{i=1}^{n}T_i/n$$

（i 为企业在某省份被进行投标行为评价的合同段数量，$i=1,2,\cdots n$，T_i 为企业在某合同段投标行为信用评价得分）

履约行为评价得分：

$$L=\sum_{i=1}^{n}(L_iC_i)/\sum_{i=1}^{n}C_i$$

（i 为企业在某省份被进行履约行为评价的合同段数量，$i=1,2,\cdots n$，L_i 为企业在某合同段履约行为信用评价得分，C_i 为企业所履约合同段的标价）

设计企业在从业省份综合评分：

$$X=aT+bL-\sum_{i=1}^{n}Q_i$$

（设计企业投标行为评价得分为 T，履约行为评价得分为 L，Q_i 为其他行为对应扣分标准。a、b 为评分系数，当评价周期内企业在某省只存在投标行为评价时，$a=1$，$b=0$；当评价周期内企业在某省只存在履约行为评价时，$a=0$，$b=1$；当企业在某省同时存在投标行为评价和履约行为评价时，$a=0.2$，$b=0.8$）

三、全国综合评价

$$X=a\sum_{i=1}^{m}A_i/m+b\sum_{j=1}^{n}(L_jC_j)/\sum_{j=1}^{n}C_j-\sum_{k=1}^{p}Q_k/G-\sum_{l=1}^{y}R_l$$

（T_i 为设计企业在某省份投标行为评分。L_j 为设计企业在某省份履约行为评分。Q_k 为企业在某省其他行为评价的扣分分值。C_j 为企业在该省份参与履约行为评价合同段的标价总额。i、j、k 分别为对企业进行投标信用评价、履约信用评价和其他行为评价的省份数量，G 为对企业进行信用评价的全部省份数量。l 为部级层面认定的不良行为数量，R_l 为部级层面认定的不良行为对应的扣分标准。a、b 为评分系数，当评价周期内企业只存在投标行为评价时，$a=1$，$b=0$；当企业只存在履约行为评价时，$a=0$，$b=1$；当企业同时存在投标行为评价和履约行为评价时，$a=0.2$，$b=0.8$）。

各省级交通运输主管部门应按时向部上报 T_i、L_j、C_j、Q_k 等数值。

16. 公路水运工程监理信用评价办法

(交质监发〔2012〕774号)

第一章 总 则

第一条 为加强公路水运工程监理市场管理，维护公平有序竞争的市场秩序，增强监理企业和监理工程师诚信意识，推动诚信体系的建设，根据《中华人民共和国招标投标法》《中华人民共和国安全生产法》《建设工程质量管理条例》《建设工程安全生产管理条例》等法律法规，制定本办法。

第二条 本办法所称信用评价是指交通运输主管部门依据有关法律法规和合同文件等，对监理企业和监理工程师从业承诺履行状况的评定。

监理企业和监理工程师在工程项目监理过程中的行为，监理企业在资质许可、定期检验、资质复查、资质变更、投标活动以及履行监理合同等过程中的行为，监理工程师在岗位登记、业绩填报、履行合同等过程中的行为，属于从业承诺履行行为。

第三条 本办法所称监理企业是指依法取得交通运输部颁发的甲、乙级及专项监理资质证书的企业。

本办法所称监理工程师是指具有交通运输部核准的监理工程师或专业监理工程师资格的人员。

第四条 本办法第二条第二款中的工程项目，是指列入交通运输质量监督机构监督范围、监理合同额50万元（含）以上的公路水运工程项目。其中公路工程项目还应满足以下条件：合同工期大于等于3个月的二级（含）以上项目。

第五条 不属于第四条规定的工程项目范围，但属于下列情形之一的，纳入信用评价范围：

（一）在交通运输主管部门或其质量监督机构受理的举报事件中查实存在违法违规问题的监理企业和监理工程师；

（二）在重大质量事故中涉及的监理企业和监理工程师；

（三）在较大以上等级安全生产责任事故中涉及的监理企业和监理工程师；

（四）从业过程中有本办法附件1中"直接定为D级"行为的监理企业。

第六条 信用评价应遵循公开、公平、公正的原则。

第七条 信用评价工作实行评价人签认负责制度和评价结果公示、公告制度。

第八条 信用评价工作实行统一管理、分级负责。

交通运输部负责全国范围内从业的监理企业和监理工程师的信用评价管理工作，交通运输部质量监督机构负责对具体信用评价工作进行指导并负责综合信用评价。

省级交通运输主管部门负责在本地区从业的监理企业和监理工程师的信用评价管理工作，省级交通运输质量监督机构负责本地区信用评价的具体工作。

项目业主负责本项目监理企业和监理工程师的信用评价初评工作。

监理企业负责本企业信用评价申报以及相关基本信息录入工作。

第九条 下列资料可以作为信用评价采信的基础资料：

（一）交通运输主管部门及其质量监督机构文件（含督查、检查、通报文件）和执法文书；

（二）质量监督机构发出的监督意见通知书、停工通知书、质量安全问题整改通知单；

（三）工程其他监管部门稽查、督查（察）、检查等活动中形成的检查文件；

（四）举报投诉调查处理的相关文件和专家鉴定意见；

（五）质量、安全事故调查处理及责任认定相关文件；

（六）项目业主有关现场监理机构和监理人员履约、质量和安全问题的处理意见；

（七）总监办、项目监理部、驻地办有关质量安全问题的处理意见；

（八）项目业主向质量监督机构提供的项目监理人员履约情况（包括合同规定监理人员、实际到位人员及人员变更情况等内容）。

第十条 项目业主、项目交通运输质量监督机构、省级交通运输质量监督机构及省级交通运输主管部门应对收集的基础资料进行分析、确认，对有疑问或证据不充分的资料应查证后作为评价依据。

项目交通运输质量监督机构应对纳入信用评价范围的工程项目每年不少于1次进行现场检查评价。

第十一条 监理企业信用评价周期为1年，从每年1月1日起，至当年12月31日止。

监理工程师信用评价周期为3年，从第1年1月1日起，至第3年12月31日止。

第十二条 监理企业负责组织项目监理机构于每年1月10日前将上一年度项目监理情况向项目业主提出信用评价申报，并将项目监理机构和扣分监理工程师的相关信用自评信息录入部信用信息数据库。项目业主应于每年1月底前将上一年度对监理企业和监理工程师的初评结果、扣分依据等相关资料报项目交通运输质量监督机构，同时将初评结果抄送相关监理企业。监理企业如有异议可于收到初评结果后5个工作日内向项目交通运输质量监督机构申诉。项目交通运输质量监督机构根据现场检查评价情况、申诉调查结论等对项目业主的初评结果进行核实，将核实后的初评结果报省级交通运输质量监督机构。

省级交通运输质量监督机构根据项目交通运输质量监督机构核实后的初评结果,并结合收集的其他资料进行审核和综合评分后,将评价结论报省级交通运输主管部门审定。

第十三条 省级交通运输主管部门应于每年3月底前将审定后的评价结果委托省级交通运输质量监督机构录入部信用信息数据库,并同时将书面文件报部。

交通运输部质量监督机构在汇总各省评分的基础上,结合掌握的相关企业和个人的信用情况,对监理企业和监理工程师进行综合评价。

第二章 监理企业信用评价

第十四条 监理企业信用评价实行信用综合评分制。监理企业信用评分的基准分为100分,以每个单独签订合同的公路水运工程监理合同段为一评价单元进行扣分,具体扣分标准按照附件1执行。对有多个监理合同段的企业,按照监理合同额进行加权,计算其综合评分。

联合体在工程监理过程中的失信行为,对联合体各方均按照扣分标准进行扣分或确定信用等级。合同额不进行拆分。

第十五条 项目业主对监理企业的初评评分按附件3中的公式(四)计算。

监理企业在从业省份及全国范围内的信用综合评分按附件3中的公式(一)、(二)分别计算。

第十六条 对于评价当年交工验收的工程项目,除按照本办法规定对监理企业当年的从业承诺履行状况进行评价外,还应对监理企业在该工程项目建设期间的从业承诺履行状况进行总体评价。

监理企业在工程项目建设期间的信用总体评价的评分按附件3中的公式(三)计算。

第十七条 监理企业信用评价分为AA、A、B、C、D五个等级。评分对应的信用等级分别为:

AA级:95分<评分≤100分,信用好;
A级:85分<评分≤95分,信用较好;
B级:70分<评分≤85分,信用一般;
C级:60分≤评分≤70分,信用较差;
D级:评分<60分,信用很差。

第十八条 监理企业首次参与监理信用评价的,当年全国信用评价等级最高为A级。

任1年内,水运工程监理企业仅在1个省从业的,当年全国信用评价等级最高为A级。

第十九条 对信用行为"直接定为D级"的监理企业实行动态评价,自省级交通运输主管部门认定之日起,企业在该省和全国范围内当年的信用等级定为D级,且定为D级的时间为1年。

第二十条 监理企业在工程项目建设期间,任1年在该工程项目上发生"直接定为D级"行为之一的,其在该项目上的总体信用评价等级最高为B级。

第二十一条 监理企业有本办法附件1中第35项行为的,在任1年内每发生一次,其在全国当年的信用等级降低一级,直至降到D级。

第三章 监理工程师信用评价

第二十二条 监理工程师信用评价实行累计扣分制,具体扣分标准按照附件2执行。

第二十三条 评价周期内,对监理工程师失信行为扣分进行累加。

第二十四条 对评价周期内累计扣分分值大于等于12分、但小于24分的监理工程师,在其数据库资料中标注"评价周期内从业承诺履行状况较差"。

对评价周期内累计扣分分值大于等于24分的监理工程师,在其数据库资料中标注"评价周期内从业承诺履行状况很差"。

第四章 信用评价管理

第二十五条 交通运输主管部门应将评价结果公示,公示时间不应少于10个工作日。交通运输主管部门应将最终确定的评价结果向社会公告。

第二十六条 监理企业的信用评价结果自正式公告之日起4年内,向社会提供公开查询。

"评价周期内从业承诺履行状况较差"和"评价周期内从业承诺履行状况很差"监理工程师的扣分情况,向社会提供公开查询。

第二十七条 交通运输主管部门应将信用评价等级为D级的企业、累计扣分大于等于24分的监理工程师列入"信用不良的重点监管对象"加强管理。

第二十八条 省级交通运输质量监督机构应指定专人负责信用评价资料的整理和归档等工作。录入交通运输部数据库的信用数据资料应经省级交通运输质量监督机构负责人签认。

第二十九条 交通运输部质量监督机构负责信用评价数据库的管理和维护。省级交通运输质量监督机构负责本地区监理企业和监理工程师信用评价资料的管理。

监理企业信用评价纸质资料及信用评(扣)分、信用等级等的电子数据资料保存期限应不少于5年。监理工程师的信用评价资料应不少于6年。

第三十条 监理企业或监理工程师对省级交通运输主管部门的信用评价公示结果有异议的,应按时向省级交通运输主管部门申诉;如对省级交通运输主管部门申诉处理结果有异议的,可向上一级交通运输主管部门再次申诉。

第三十一条 交通运输部不定期组织对全国信用评价情况进行监督检查。

第五章 附 则

第三十二条 在本办法第四条规定范围以外的其他项目上从业的甲、乙级及专项监理资质企业和监理工程师的信用评价工作,由省级交通运输主管部门参照本办法制定评价办法。

第三十三条 本办法自印发之日起施行。

第三十四条 本办法由交通运输部负责解释。

附件：1.公路水运工程监理企业信用评价标准
2.公路水运工程监理工程师信用评价标准
3.公路水运工程监理信用评价相关计算公式

附件1

公路水运工程监理企业信用评价标准

评价内容		失信行为代码	失信行为	信用等级或扣分标准
投标行为		JJX101001	出借监理企业资质的	直接定为D级
		JJX101002	以他人名义或弄虚作假进行投标的，以向招标人或评标委员会成员行贿的手段谋取中标的，或串标、围标的	直接定为D级
		JJX101003	监理企业中标后无正当理由放弃中标的	在全国信用评价总分中扣5分/次
履约行为	严重不良行为	JJX101004	分包、转包工程监理工作的	直接定为D级
		JJX101005	弄虚作假，故意降低工程质量标准的	直接定为D级
		JJX101006	在重大质量事故或较大及以上等级安全生产责任事故中，监理企业负有主要责任的	直接定为D级
		JJX101007	在重大质量事故或较大及以上等级安全生产责任事故中，监理企业负有责任的	20分/次
	质量、安全生产、环保监理	JJX101008	将不合格的单位、分部、分项工程、工序按照合格签字的	15分/次
		JJX101009	将不合格的建筑材料、建筑构配件或设备按照合格签字的	10分/次
		JJX101010	在环保事件中负有责任的	10分/次
		JJX101011	在一般质量事故或安全生产责任事故中，监理企业负有责任的	10分/次
		JJX101012	工程项目出现重大安全生产事故隐患，监理企业负有责任的	6分/次
		JJX101013	工程项目出现质量问题，监理企业负有责任的	5分/次
		JJX101014	对交通运输主管部门或质量监督机构检查(督查)提出的监理问题未整改，整改不及时或经整改达不到要求的	5分/次
		JJX101015	未按规定对施工组织设计、专项施工方案等进行审批的，或监理计划(规划)、监理实施细则未按规定审批的	5分/次
		JJX101016	未按规定进行隐蔽工程验收或进行中间交工验收和质量评定的	5分/次
		JJX101017	存在假数据、假资料问题的	5分/类·次
		JJX101018	对施工现场发现的质量问题、安全隐患、环保问题，未及时提出书面指令督促施工单位整改的	3分/项·次
		JJX101019	未按规定频率进行抽检和质量检验(评定)的	3分/次
		JJX101020	监理日志、巡视、旁站记录中重要内容未记录的	2分/项·次
	费用监理	JJX101021	工程量计量不真实的	5分/次
	进度监理	JJX101022	由于施工单位原因导致工期滞后，监理未及时提出书面指令督促施工单位整改的	3分/次
	人员设备到位	JJX101023	企业所属监理人员冒用他人证书从事监理工作的	10分/人次
		JJX101024	监理人员使用假证书从事监理工作的	5分/人次
		JJX101025	监理人员有吃拿卡要行为的	5分/人次
		JJX101026	未按投标承诺的条件配备总监、副总监、驻地监理、总监代表的	5分/人次
		JJX101027	派驻到工程建设项目上的总监、副总监、驻地监理、总监代表未在中标监理企业从业登记的	5分/人次
		JJX101028	派驻到工程建设项目上的监理工程师在中标监理企业从业登记的人数不足合同约定监理工程师总人数50%的	每少1人，扣5分/人次
		JJX101029	未经业主许可调换总监、副总监、驻地监理、总监代表的	5分/人次
		JJX101030	实际到岗监理工程师不足合同约定70%的	3分/次
		JJX101031	监理工地试验室未经质量监督机构备案审核或实际工作中不满足备案要求的	3分/次
		JJX101032	监理工程师同时在两个及以上高速公路或大型水运工程项目中从业的	2分/人次

续上表

评价内容	失信行为代码	失信行为	信用等级或扣分标准
其他行为	JJX101033	监理企业应申请评价而拒绝申请评价的	直接定为D级
	JJX101034	被交通运输部通报批评的	直接定为D级
	JJX101035	在申请资质许可、定期检验、资质复查及变更等过程中存在企业业绩弄虚作假的	发现一次,在全国信用等级降一级
	JJX101036	监理企业在资质许可、资质复查、定期检验等过程中,存在监理工程师业绩等虚假的	在全国信用评价总分中扣2分/人次
	JJX101037	监理企业根据交通运输主管部门要求填报向社会公布的信息存在虚假的	在全国信用评价总分中扣3分/次
	JJX101038	被省级交通运输主管部门、质量监督机构或省级其他行政主管部门通报批评或行政处罚的	15分/次
	JJX101039	被地(市)级交通运输主管部门、质量监督机构或地(市)级其他行政主管部门通报批评或行政处罚的	5分/次

注:1. JJX101006、JJX101007、JJX101010、JJX101011、JJX101013,应根据事故调查组《事故认定或结案报告》,对监理责任认定情况及事故等级或程度进行相应扣分。质量事故、安全事故、质量问题等级划分标准见《公路工程质量事故等级划分及事故报告》(交公路发〔1999〕90号)、《水运工程质量事故等级划分及事故报告》(交通部水运质监字〔1999〕404号)、《生产安全事故报告和调查处理条例》(国务院第493号令)、《安全生产事故隐患排查治理暂行规定》(安监总局2007年第16号令)等文件。质量问题还包括被交通运输主管部门或质量监督机构责令返工、报废处理,或结构物加固补强造成永久性质量缺陷等情况。

JJX101012,安全事故隐患的分级情况见《2008年交通基础设施建设安全生产隐患排查治理工作实施意见》(厅质监字〔2008〕48号)的有关规定。本标准中的重大安全生产事故隐患(简称重大隐患)指列入各级交通运输主管部门挂牌督办范围的重大隐患。

2. JJX101015,"未按规定对施工组织设计、专项施工方案等进行审批的,或监理计划(规划)、监理实施细则未按规定审批的",是指监理未对施工单位提交的施工组织设计进行审批,包括安全技术措施、环保技术措施、施工现场临时用电方案、专项施工方案等,或者监理计划(规划)、监理实施细则未按规定审批的,扣5分/次。

3. JJX101017,"存在假数据、假资料问题的",主要扣分情况分以下几类:
(1)监理企业抽检数据不真实或出现严重偏差的;
(2)巡视、旁站、监理日志等记录不真实,与实际施工情况或监理事项不符;
(3)质量安全问题处理复查记录存在编造或不属实;
(4)标准试验、配合比设计验证审批资料虚假;
(5)其他监理文件和资料存在编造或不属实的;
(6)监理资料中存在违规代签现象的。
以上各类情况发现一次扣5分/类,多类同时发现的累加扣分。

4. JJX101018,"对施工现场发现的质量问题、安全隐患、环保问题,未及时提出书面指令督促施工单位整改的":指工程现场发生质量问题、安全隐患或环保问题时,监理应及时向施工单位发出书面监理指令,督促施工单位整改,并对整改情况予以验收和书面确认。未按上述程序实施的,扣3分/项·次,"项"指的是按照质量问题、安全隐患、环保问题分项。

5. JJX101020,监理日志、巡视、旁站记录中重要内容未记录的,扣2分/项·次。"项"指的是按照监理日志、巡视和旁站分项。

6. JJX101026,"未按投标承诺的条件配备总监、副总监、驻地监理工程师、总监代表的":指监理企业派驻现场关键人的岗位能力不满足合同要求,如主要业绩、职称、专业、资格要求等。主要扣分情况分以下几类:
(1)派驻关键人条件有降低的,即使有履行变更手续经业主同意的情形,或关键人到岗时间不足合同约定时间的2/3,扣5分/人次;
(2)关键人条件无降低,但每一个关键人岗位在施工监理期内累计变更次数达到两次(含)以上的,从第二次变更起,施工监理期每变更一次扣2分/人次(只变更一次不扣分);
(3)关键人条件有降低,且每一个岗位在施工监理期内累计变更次数超过两次(含)以上,应按照上述第(2)和(3)条累加扣分。

7. JJX101028,"派驻到工程建设项目上的监理工程师在中标监理企业从业登记的人数不足合同约定监理工程师总人数50%的":指监理工程师在中标企业从业登记人数少于合同约定监理工程师总人数的50%时,每少1人扣5分/次,不够1人按1人扣分计算。登记在中标企业监理工程师人数大于等于总人数50%时不扣分。

8. JJX101032,"监理工程师同时在两个及以上高速公路或大型水运工程项目中从业的":指监理工程师同时在两个及以上高速公路或大型水运工程项目中兼职的,扣2分/人次,但其中有暂停施工的项目除外。

9. JJX101037,"监理企业根据交通运输主管部门要求填报向社会公布的信息存在虚假的":监理企业向社会公布的信息包括企业基本信息、企业业绩、主要从业人员信息、人员业绩等,经查实,存在虚假的,在全国信用评价总分上扣3分/次。

10. JJX101038和JJX101039,被省级或地(市)级交通运输主管部门、质量监督机构、省级或地(市)级其他行政主管部门通报批评或行政处罚的:当通报批评或行政处罚涉及到标准中其他具体失信行为时,原则上不重复扣分,应按"就高不就低"原则进行扣分。

11. 关于监理企业在项目实施中发生失信行为扣分的"次",作如下解释:有关主管部门在检查中发现的监理企业存在失信行为,依据标准进行相应扣分,并要求监理企业在一定时限内整改,整改期内不重复扣分。整改期后,相关主管部门仍发现同一失信行为时,可进行下一次扣分。

附件 2

公路水运工程监理工程师信用评价标准

序号	失信行为代码	失信行为	扣分标准
1	JJX102001	监理工作中,有吃拿卡要等行为的	24 分/次
2	JJX102002	使用假监理工程师或专业监理工程师资格证书的	24 分/次
3	JJX102003	被交通运输部通报批评的	24 分/次
4	JJX102004	在重大质量事故或较大及以上等级安全生产责任事故中负有主要责任的	24 分/次
5	JJX102005	将不合格的单位、分部、分项工程按合格签字的	20 分/次
6	JJX102006	将不合格的工序、建筑材料、建筑配件和设备按照合格签字的	16 分/次
7	JJX102007	在环保事件中负有责任的	6~12 分/次（视责任程度扣）
8	JJX102008	监理工程师存在造假行为的	12 分/次
9	JJX102009	被省级交通运输主管部门、质量监督机构或省级其他行政主管部门通报批评或行政处罚的	12 分/次
10	JJX102010	在重大质量事故或较大及以上等级安全生产责任事故中负有责任的	12 分/次
11	JJX102011	在一般质量事故或安全生产责任事故中负有责任的	8 分/次
12	JJX102012	在重大安全生产事故隐患中负有责任的	8 分/次
13	JJX102013	在质量问题中负有责任的	6 分/次
14	JJX102014	被地(市)级交通运输主管部门、质量监督机构或地(市)级其他行政主管部门通报批评或行政处罚的	6 分/次
15	JJX102015	出借资格证书的	6 分/次
16	JJX102016	无正当理由,不履行劳动合同的	6 分/次
17	JJX102017	从事监理工作未进行从业登记或业绩登记的	6 分/次
18	JJX102018	违规代签监理资料的	3 分/次
19	JJX102019	现场监理工程师无正当理由不到岗、不出勤的	2 分/次

注:1. JJX102004、JJX102010 至 JJX102013 的相关说明参见《公路水运工程监理企业信用评价标准》注 1。
2. JJX102008,"监理工程师存在造假行为的":包括编造、伪造试验资料或监理资料,以及在从业登记和业绩登记中提供虚假资料,扣 12 分/次。
3. JJX102009、JJX102014,"被省级或地(市)级及以上交通运输主管部门、质量监督机构、省级或地(市)级其他行政主管部门通报批评的":当通报批评涉及到标准中其他失信行为时,原则上不重复扣分,应按"就高不就低"原则进行扣分。
4. JJX102015,"出借资格证书的":是指监理工程师与监理企业无劳动关系,仅将其资格证书信息登记在该企业,并提供证书供企业投标、办理资质许可相关事宜的行为,应扣 6 分/次。
5. JJX102017,"从事监理工作未进行从业登记或业绩登记的":是指监理工程师未按规定在交通运输部质量监督局网站"监理工程师岗位登记系统"中进行了从业登记和业绩登记。
6. 关于监理工程师在项目实施中发生失信行为扣分的"次",作如下解释:有关主管部门在检查中发现的监理工程师存在失信行为,依据标准进行相应扣分,并要求监理工程师在一定时限内整改,整改期内不重复扣分。整改后,相关主管部门仍发现同一失信行为时,可进行下一次扣分。

附件3

公路水运工程监理信用评价相关计算公式

（一）监理企业在从业省份的信用综合评分计算公式。

$$S=\sum_{i=1}^{n}(F_i \cdot H_i)/\sum_{i=1}^{n}H_i$$

式中：S——企业在某省的信用综合评分；

F_i——企业在某省内某一合同段的信用评分；

H_i——企业在某省内某一合同段的合同额；

n——企业在某省内从业的监理合同段总数。

（二）监理企业在全国范围内的信用综合评分计算公式。

$$G=\sum_{j=1}^{m}(S_j \cdot I_j)/\sum_{j=1}^{m}I_j$$

式中：G——企业在全国范围内的信用综合评分；

S_j——企业在某省的信用综合评分；

I_j——企业在某省的合同总额；

m——企业从业的省份总数。

（三）监理企业在工程项目建设期间的信用总体评价的评分计算公式。

$$X=\sum_{i=1}^{k}N_i/k$$

式中：X——企业在工程项目建设期间的信用总体评分；

N_i——企业在工程项目建设期间某一年的信用综合评分，按公式（四）计算；

k——企业在工程项目上的从业年份数量。

（四）监理企业在工程项目建设期间某一年的信用综合评分计算公式。

$$N=\sum_{i=1}^{n}(F_i \cdot H_i)/\sum_{i=1}^{n}H_i$$

式中：F_i——企业在工程项目某一合同段的信用评分；

H_i——企业在工程项目上某一合同段的合同额；

n——企业在工程项目上的合同段总数。

资质资格管理

17. 公路水运工程监理企业资质管理规定

(交通运输部令2022年第12号)

第一章 总 则

第一条 为加强公路、水运工程监理企业的资质管理,规范公路、水运建设市场秩序,保证公路、水运工程建设质量,根据《建设工程质量管理条例》,制定本规定。

第二条 公路、水运工程监理企业资质的取得及监督管理,适用本规定。

第三条 从事公路、水运工程监理活动,应当按照本规定取得相应的公路工程监理企业资质、水运工程监理企业资质,并在业务范围内开展监理业务。

第四条 交通运输部负责全国公路、水运工程监理企业资质监督管理工作。

县级以上地方人民政府交通运输主管部门根据职责负责本行政区域内公路、水运工程监理企业资质监督管理工作。

第二章 资质等级分类、业务范围和申请条件

第五条 公路、水运工程监理企业资质均分为甲级、乙级和机电专项。

第六条 公路工程监理企业资质的业务范围分为:

(一)甲级资质可在全国范围内从事一、二、三类公路工程的监理业务;

(二)乙级资质可在全国范围内从事二、三类公路工程的监理业务;

(三)机电专项资质可在全国范围内从事各类型公路机电工程的监理业务。

水运工程监理企业资质的业务范围分为:

(一)甲级资质可在全国范围内从事大、中、小型水运工程的监理业务;

(二)乙级资质可在全国范围内从事中、小型水运工程的监理业务;

(三)机电专项资质可在全国范围内从事各类型水运机电工程的监理业务。

公路、水运工程监理业务的分类标准见附件1。

第七条 申请公路、水运工程监理企业资质的单位,应当是经依法登记注册的企业法人,并具备第八条至第十三条规定的相应资质条件。

申请人作为工程质量安全事故当事人的,应当经有关主管部门认定无责任,或者虽受相关行政处罚但已履行完毕。

第八条 申请公路工程甲级监理企业资质的单位,应当具备下列条件:

(一)人员同时满足下列要求:

1.企业负责人中不少于1人具备10年及以上公路工程建设经历,具备监理工程师资格;技术负责人中不少于1人具备15年及以上公路工程建设经历,具备一类公路工程监理业绩的总监理工程师经历,具备公路或者相关专业高级技术职称和监理工程师资格。上述人员与企业签订的劳动合同期限均不少于3年。

2.企业拥有中级及以上技术职称专业技术人员不少于50人,其中持监理工程师资格证书的人员不少于30人,工程系列高级技术职称人员不少于10人,经济师、会计师或者造价工程师不少于3人。上述各类人员中,与企业签订3年及以上劳动合同的人数均不低于70%。

(二)业绩满足下列要求之一:

1.企业具备不少于5项二类公路工程监理业绩,其中桥梁、隧道工程监理业绩不超过2项。持监理工程师资格证书的人员中,不少于10人具备2项一类公路工程监理业绩,不少于3人具备一类公路工程监理业绩的总监理工程师或者驻地监理工程师经历,上述人员与企业签订的劳动合同期限均不少于3年。

2.企业具备1项一类和不少于2项二类公路工程监理业绩。

3.企业具备不少于2项一类公路工程监理业绩。

(三)拥有与业务范围相适应的试验检测仪器设备(见附件2)。

(四)企业信誉良好。有两期及以上公路建设市场全国综合信用评价结果的,最近两期评价等级均不低于B级且其中一期不低于A级;只有一期评价结果的,评价等级不低于B级且申请前一年内未发现存在严重不良行为;无评价结果的,申请前一年内未发现存在严重不良行为。

第九条 申请公路工程乙级监理企业资质的单位,应当具备下列条件:

(一)人员同时满足下列要求:

1.企业负责人中不少于1人具备5年及以上公路工程建设经历,具备监理工程师资格;技术负责人中不少于1人具备8年及以上公路工程建设经历,具备公路工程监理业绩的总监理工程师经历,具备监理工程师资格。上述人员与企业签订的劳动合同期限均不少于3年。

2.企业拥有中级及以上技术职称专业技术人员不少于20人,其中持监理工程师资格证书的人员不少于10人,工程系列高级技术职称人员不少于3人,经济师、会计师或者造价工程师不少于1人。上述各类人员中,与企业签订3年及以上劳动合同的人数均不低于70%。

(二)业绩满足下列要求之一:

1.持监理工程师资格证书的人员中,不少于4人具备2项公路工程监理业绩,且与企业签订的劳动合同期限不少于3年。

2.企业具备不少于1项二类公路工程监理业绩或者不少于2项三类公路工程监理业绩。

(三)拥有与业务范围相适应的试验检测仪器设备(见附件2)。

(四)企业信誉良好。有两期及以上公路建设市场全国综合信用评价结果的,最近两期评价等级均不低于B级;只有一期评价结果的,评价等级不低于B级且申请前一年内未发现存在严重不良行为;无评价结果的,申请前一年内或者企业成立至申请前未发现存在严重不良行为。

第十条 申请公路工程机电专项监理企业资质的单位,应当具备下列条件:

(一)人员同时满足下列要求:

1.企业负责人中不少于1人具备10年及以上公路机电工程建设经历,具备监理工程师资格;技术负责人中不少于1人具备15年及以上公路机电工程建设经历,具备公路机电工程监理业绩的总监理工程师经历,具备机电专业高级技术职称和监理工程师资格。上述人员与企业签订的劳动合同期限均不少于3年。

2.企业拥有中级及以上技术职称专业技术人员不少于30人,其中持监理工程师资格证书的人员不少于12人,工程系列高级技术职称人员不少于10人,经济师、会计师或者造价工程师不少于2人。上述各类人员中,与企业签订3年及以上劳动合同的人数均不低于70%。

(二)业绩满足下列要求之一:

1.持监理工程师资格证书的人员中,不少于6人具备公路机电工程监理业绩,不少于3人具备公路机电工程监理业绩的总监理工程师或者驻地监理工程师经历,上述人员与企业签订的劳动合同期限均不少于3年。

2.企业具备不少于2项公路机电工程监理业绩。

(三)拥有与业务范围相适应的试验检测仪器设备(见附件2)。

(四)企业信誉良好。有两期及以上公路建设市场全国综合信用评价结果的,最近两期评价等级均不低于B级;只有一期评价结果的,评价等级不低于B级且申请前一年内未发现存在严重不良行为;无评价结果的,申请前一年内或者企业成立至申请前未发现存在严重不良行为。

第十一条 申请水运工程甲级监理企业资质的单位,应当具备下列条件:

(一)人员同时满足下列要求:

1.企业负责人中不少于1人具备10年及以上水运工程建设经历,具备监理工程师资格;技术负责人中不少于1人具备15年及以上水运工程建设经历,具备大型水运工程监理业绩的总监理工程师经历,具备水运或者相关专业高级技术职称和监理工程师资格。上述人员与企业签订的劳动合同期限均不少于3年。

2.企业拥有中级及以上技术职称专业技术人员不少于40人,其中持监理工程师资格证书的人员不少于25人,工程系列高级技术职称人员不少于10人,经济师、会计师或者造价工程师不少于2人。上述各类人员中,与企业签订3年及以上劳动合同的人数均不低于70%。

(二)业绩满足下列要求之一:

1.企业具备不少于5项中型水运工程监理业绩。持监理工程师资格证书的人员中,不少于9人具备大型水运工程监理业绩,不少于3人具备大型水运工程监理业绩的总监理工程师或者总监理工程师代表经历,上述人员与企业签订的劳动合同期限均不少于3年。

2.企业具备1项大型和不少于2项中型水运工程监理业绩。

3.企业具备不少于2项大型水运工程监理业绩。

(三)拥有与业务范围相适应的试验检测仪器设备(见附件2)。

(四)企业信誉良好。有两期及以上水运建设市场全国综合信用评价结果的,最近两期评价等级均不低于B级且其中一期不低于A级;只有一期评价结果的,评价等级不低于B级且申请前一年内未发现存在严重不良行为;无评价结果的,申请前一年内未发现存在严重不良行为。

第十二条 申请水运工程乙级监理企业资质的单位,应当具备下列条件:

(一)人员同时满足下列要求:

1.企业负责人中不少于1人具备5年及以上水运工程建设经历,具备监理工程师资格;技术负责人中不少于1人具备8年及以上水运工程建设经历,具备水运工程监理业绩的总监理工程师经历,具备监理工程师资格。上述人员与企业签订的劳动合同期限均不少于3年。

2.企业拥有中级及以上技术职称专业技术人员不少于20人,其中持监理工程师资格证书的人员不少于10人,工程系列高级技术职称人员不少于3人,经济师、会计师或者造价工程师不少于1人。上述各类人员中,与企业签订3年及以上劳动合同的人数均不低于70%。

(二)业绩满足下列要求之一:

1.持监理工程师资格证书的人员中,不少于4人具备水运工程监理业绩,不少于2人具备水运工程监理业绩的总监理工程师或者总监理工程师代表经历,不少于1人具备中型及以上水运工程监理业绩的总监理工程师或者总监理工程师代表经历。上述人员与企业签订的劳动合同期限均不少于3年。

2.企业具备不少于1项中型水运工程监理业绩或者不少于2项小型水运工程监理业绩。

(三)拥有与业务范围相适应的试验检测仪器设备(见附件2)。

(四)企业信誉良好。有两期及以上水运建设市场全国综合信用评价结果的,最近两期评价等级均不低于B

级;只有一期评价结果的,评价等级不低于B级且申请前一年内未发现存在严重不良行为;无评价结果的,申请前一年内或者企业成立至申请前未发现存在严重不良行为。

第十三条 申请水运工程机电专项监理企业资质的单位,应当具备下列条件:

(一)人员同时满足下列要求:

1. 企业负责人中不少于1人具备10年及以上水运机电工程建设经历,具备监理工程师资格;技术负责人中不少于1人具备15年及以上水运机电工程建设经历,具备水运机电工程监理业绩的总监理工程师经历,具备机电专业高级技术职称和监理工程师资格。上述人员与企业签订的劳动合同期限均不少于3年。

2. 企业拥有中级及以上技术职称专业技术人员不少于25人,其中持监理工程师资格证书的人员不少于12人,工程系列高级技术职称人员不少于10人,经济师、会计师或者造价工程师不少于2人。上述各类人员中,与企业签订3年及以上劳动合同的人数均不低于70%。

(二)业绩满足下列要求之一:

1. 持监理工程师资格证书的人员中,不少于6人具备水运机电工程监理业绩,不少于3人具备水运机电工程监理业绩的总监理工程师或者总监理工程师代表经历,上述人员与企业签订的劳动合同期限均不少于3年。

2. 企业具备不少于2项水运机电工程监理业绩。

(三)拥有与业务范围相适应的试验检测仪器设备(见附件2)。

(四)企业信誉良好。有两期及以上水运建设市场全国综合信用评价结果的,最近两期评价等级均不低于B级;只有一期评价结果的,评价等级不低于B级且申请前一年内未发现存在严重不良行为;无评价结果的,申请前一年内或者企业成立至申请前未发现存在严重不良行为。

第三章 申请与许可

第十四条 交通运输部负责公路工程甲级和机电专项监理企业资质的行政许可工作。

申请人注册地的省级人民政府交通运输主管部门负责公路工程乙级监理企业资质,水运工程甲级、乙级和机电专项监理企业资质的行政许可工作。

第十五条 申请人申请公路、水运工程监理企业资质,应当向第十四条规定的许可机关提交下列申请材料或者信息:

(一)公路水运工程监理企业资质申请表;

(二)企业统一社会信用代码;

(三)相关的企业负责人、技术负责人以及专业技术人员名单;

(四)企业、人员从业业绩清单;

(五)试验检测仪器设备清单。

申请人应当通过全国公路、水运相关管理系统在线申请,将前款规定的材料或者信息相应录入系统,并对其提交材料或者信息的真实性负责。

全国公路、水运相关管理系统应当向社会公开,接受社会监督。

第十六条 许可机关应当按照《交通行政许可实施程序规定》开展许可工作。准予许可的,颁发相应的公路、水运工程监理企业资质纸质证书和电子证书。

电子证书与纸质证书全国通用,具有同等法律效力。

第十七条 许可机关在作出行政许可决定的过程中可以聘请专家对申请材料进行评审,并且将评审结果向社会公示。

专家评审的时间不计算在许可期限内,但应当将专家评审需要的时间告知申请人。专家评审的时间最长不得超过三十日。

第十八条 许可机关应当组建资质评审专家库,做好专家库的维护、使用和监督管理工作。

许可机关聘请的评审专家应当从其建立的资质评审专家库中选定,并符合回避要求。因回避等原因资质评审专家库难以满足需要的,许可机关可以从其他资质评审专家库中确定评审专家。

参与评审的专家应当履行公正评审、保守企业商业秘密的义务。

第十九条 许可机关作出的准予许可决定,应当向社会公开,公众有权查阅。

第二十条 资质证书有效期为五年。

资质证书有效期届满,企业拟继续从事监理业务的,应当在资质证书有效期届满六十日前,向许可机关提出延续申请。

第二十一条 许可机关对提出资质证书延续申请企业的各项条件进行审查,自收到申请之日起二十个工作日内作出是否准予延续的决定。符合资质条件的,许可机关准予资质证书延续五年。

第二十二条 监理企业在领取新的资质证书时,应当将原资质证书交回许可机关。

第二十三条 公路工程乙级监理企业资质、水运工程乙级监理企业资质、水运工程机电专项监理企业资质实行告知承诺制,许可机关制作并公布告知承诺书格式文本,申请人可自主选择是否采用告知承诺制方式办理。

申请人自愿承诺符合资质条件并按要求提交材料的,许可机关应当场作出许可决定。

申请人不愿承诺或者无法承诺的,按照本章规定的一般程序办理。

第二十四条 许可机关以告知承诺方式作出许可决定的,应当及时组织对申请人履行承诺情况进行检查。

发现申请人违反承诺的,许可机关应当责令限期整改。逾期不整改或者整改后仍不符合承诺的资质条件的,应当依照《中华人民共和国行政许可法》撤销其资质许可。

第四章 监督检查

第二十五条 各级人民政府交通运输主管部门根据职责对监理企业实施监督检查,强化动态核查,原则上采取随机抽取检查对象、检查人员的方式,通过信息化手段加强事中事后监管,监督检查结果及时向社会公布。

交通运输主管部门进行监督检查时,相关单位和个人应当配合。

第二十六条 已取得资质许可的监理企业不再符合相应资质条件的,许可机关应当责令其限期整改,并将整改要求、整改结果等相关情况向社会公布。

第二十七条 有下列情形之一的,监理企业应当及时将纸质证书交回许可机关,许可机关应当一并注销纸质证书和电子证书,并向社会公开:

(一)未按照规定期限申请延续或者延续申请未获批准的;

(二)企业依法终止的;

(三)资质许可依法被撤销、撤回或者资质证书依法被吊销的;

(四)法律、法规规定的应当注销资质许可的其他情形。

第二十八条 监理企业遗失资质证书,应当在公开媒体和许可机关指定的网站上声明作废,并向许可机关申请办理补证手续。

第二十九条 监理企业的名称、住所、法定代表人等一般事项发生变更的,应当在变更事项发生后十日内向许可机关申请签注变更。

监理企业发生合并、分立、重组、改制等情形需要承继原资质证书的,应当在十日内向许可机关申请重大事项变更。许可机关受理申请后,应当对申请人是否符合原资质条件进行核定,符合原资质条件的,可以承继原资质证书,但不得超过注明的有效期;不符合原资质条件的,应当重新提交资质申请。不再承继原资质证书的,应当及时办理注销手续。

第三十条 监理企业违反本规定,由交通运输主管部门依照《建设工程质量管理条例》及有关规定给予相应处罚。申请人在资质申请过程中的违法违规行为,纳入信用管理。

第三十一条 交通运输主管部门工作人员在资质许可和监督管理工作中玩忽职守、滥用职权、徇私舞弊等严重失职的,由所在单位或者其上级机关依照国家有关规定给予行政处分;构成犯罪的,依法追究刑事责任。

第五章 附 则

第三十二条 纸质证书由许可机关按照交通运输部规定的统一格式制作,电子证书的制作、使用和管理按照交通运输部有关规定执行。

第三十三条 本规定自 2022 年 6 月 1 日起施行。2018 年 5 月 17 日以交通运输部令 2018 年第 7 号发布的《公路水运工程监理企业资质管理规定》、2019 年 11 月 28 日以交通运输部令 2019 年第 37 号发布的《关于修改〈公路水运工程监理企业资质管理规定〉的决定》同时废止。

18. 公路水运工程质量检测管理办法

(交通运输部令 2023 年第 9 号)

第一章 总 则

第一条 为了加强公路水运工程质量检测管理,保证公路水运工程质量及人民生命和财产安全,根据《建设工程质量管理条例》,制定本办法。

第二条 公路水运工程质量检测机构、质量检测活动及监督管理,适用本办法。

第三条 本办法所称公路水运工程质量检测,是指按照本办法规定取得公路水运工程质量检测机构资质的公路水运工程质量检测机构(以下简称检测机构),根据国家有关法律、法规的规定,依据相关技术标准、规范、规程,对公路水运工程所用材料、构件、工程制品、工程实体等进行的质量检测活动。

第四条 公路水运工程质量检测活动应当遵循科学、客观、严谨、公正的原则。

第五条 交通运输部负责全国公路水运工程质量检测活动的监督管理。

县级以上地方人民政府交通运输主管部门按照职责负责本行政区域内的公路水运工程质量检测活动的监督管理。

第二章 检测机构资质管理

第六条 检测机构从事公路水运工程质量检测(以下简称质量检测)活动,应当按照资质等级对应的许可范围承担相应的质量检测业务。

第七条 检测机构资质分为公路工程和水运工程专业。

公路工程专业设甲级、乙级、丙级资质和交通工程专项、桥梁隧道工程专项资质。

水运工程专业分为材料类和结构类。水运工程材料类设甲级、乙级、丙级资质。水运工程结构类设甲级、乙级资质。

第八条 申请公路工程甲级、交通工程专项,水运工程材料类甲级、结构类甲级检测机构资质的,应当按照本办法规定向交通运输部提交申请。

申请公路工程乙级和丙级、桥梁隧道工程专项,水运工程材料类乙级和丙级、结构类乙级检测机构资质的,应当按照本办法规定向注册地的省级人民政府交通运输主管部门提交申请。

第九条 申请检测机构资质的检测机构(以下简称申请人)应当具备以下条件:

(一)依法成立的法人;

(二)具有一定数量的具备公路水运工程试验检测专业技术能力的人员(以下简称检测人员);

(三)拥有与申请资质相适应的质量检测仪器设备和设施;

(四)具备固定的质量检测场所,且环境条件满足质量检测要求;

(五)具有有效运行的质量保证体系。

第十条 申请人可以同时申请不同专业、不同等级的检测机构资质。

第十一条 申请人应当按照本办法规定向许可机关提交以下申请材料:

(一)检测机构资质申请书;

(二)检测人员、仪器设备和设施、质量检测场所证明材料;

(三)质量保证体系文件。

申请人应当通过公路水运工程质量检测管理信息系统提交申请材料,并对其申请材料实质内容的真实性负责。许可机关不得要求申请人提交与其申请资质无关的技术资料和其他材料。

第十二条 许可机关受理申请后,应当组织开展专家技术评审。

专家技术评审由技术评审专家组(以下简称专家组)承担,实行专家组组长负责制。

参与评审的专家应当由许可机关从其建立的质量检测专家库中随机抽取,并符合回避要求。

专家应当客观、独立、公正开展评审,保守申请人商业秘密。

第十三条 专家技术评审包括书面审查和现场核查两个阶段,所用时间不计算在行政许可期限内,但许可机关应当将专家技术评审时间安排书面告知申请人。专家技术评审的时间最长不得超过 60 个工作日。

第十四条 专家技术评审应当对申请人提交的全部材料进行书面审查,并对实际状况与申请材料的符合性、申请人完成质量检测项目的实际能力、质量保证体系运行等情况进行现场核查。

第十五条 专家组应当在专家技术评审时限内向许可机关报送专家技术评审报告。

专家技术评审报告应当包括对申请人资质条件等事项的核查抽查情况和存在问题,是否存在实际状况与申请材料严重不符、伪造质量检测报告、出具虚假数据等严重违法违规问题,以及评审总体意见等。

许可机关可以将专家技术评审情况向社会公示。

第十六条 许可机关应当自受理申请之日起 20 个工作日内作出是否准予行政许可的决定。

许可机关准予行政许可的,应当向申请人颁发检测机构资质证书;不予行政许可的,应当作出书面决定并说明理由。

第十七条 检测机构资质证书由正本和副本组成。

正本上应当注明机构名称、发证机关、资质专业、类别、等级、发证日期、有效期、证书编号、检测资质标识等；副本上还应当注明注册地址、检测场所地址、机构性质、法定代表人、行政负责人、技术负责人、质量负责人、检测项目及参数、资质延续记录、变更记录等。

检测机构资质证书分为纸质证书和电子证书。纸质证书与电子证书全国通用，具有同等效力。

第十八条 检测机构资质证书有效期为5年。

有效期满拟继续从事质量检测业务的，检测机构应当提前90个工作日向许可机关提出资质延续申请。

第十九条 申请人申请资质延续审批的，应当符合第九条规定的条件。

第二十条 申请人应当按照本办法第十一条规定，提交资质延续审批申请材料。

第二十一条 许可机关应当对申请资质延续审批的申请人进行专家技术评审，并在检测机构资质证书有效期满前，作出是否准予延续的决定。

符合资质条件的，许可机关准予检测机构资质证书延续5年。

第二十二条 资质延续审批中的专家技术评审以专家组书面审查为主，但申请人存在本办法第四十八条第三项、第五十二条、第五十三条第五项和第五十五条规定的违法行为，以及许可机关认为需要核查的情形的，应当进行现场核查。

第二十三条 检测机构的名称、注册地址、检测场所地址、法定代表人、行政负责人、技术负责人和质量负责人等事项发生变更的，检测机构应当在完成变更后10个工作日内向原许可机关申请变更。

发生检测场所地址变更的，许可机关应当选派2名以上专家进行现场核查，并在15个工作日内办理完毕；其他变更事项许可机关应当在5个工作日内办理完毕。

检测机构发生合并、分立、重组、改制等情形的，应当按照本办法的规定重新提交资质申请。

第二十四条 检测机构需要终止经营的，应当在终止经营之日15日前告知许可机关，并按照规定办理有关注销手续。

第二十五条 许可机关开展检测机构资质行政许可和专家技术评审不得收费。

第二十六条 检测机构资质证书遗失或者污损的，可以向许可机关申请补发。

第三章 检测活动管理

第二十七条 取得资质的检测机构应当根据需要设立公路水运工程质量检测工地试验室（以下简称工地试验室）。

工地试验室是检测机构设置在公路水运工程施工现场，提供设备、派驻人员，承担相应质量检测业务的临时工作场所。

负有工程建设项目质量监督管理责任的交通运输主管部门应当对工地试验室进行监督管理。

第二十八条 检测机构和检测人员应当独立开展检测工作，不受任何干扰和影响，保证检测数据客观、公正、准确。

第二十九条 检测机构应当保证质量保证体系有效运行。

检测机构应当按照有关规定对仪器设备进行正常维护，定期检定与校准。

第三十条 检测机构应当建立样品管理制度，提倡盲样管理。

第三十一条 检测机构应当建立健全档案制度，原始记录和质量检测报告内容必须清晰、完整、规范，保证档案齐备和检测数据可追溯。

第三十二条 检测机构应当重视科技进步，及时更新质量检测仪器设备和设施。

检测机构应当加强公路水运工程质量检测信息化建设，不断提升质量检测信息化水平。

第三十三条 检测机构出具的质量检测报告应当符合规范要求，包括检测项目、参数数量（批次）、检测依据、检测场所地址、检测数据、检测结果等相关信息。

检测机构不得出具虚假检测报告，不得篡改或者伪造检测报告。

第三十四条 检测机构在同一公路水运工程项目标段中不得同时接受建设、监理、施工等多方的质量检测委托。

第三十五条 检测机构依据合同承担公路水运工程质量检测业务，不得转包、违规分包。

第三十六条 在检测过程中发现检测项目不合格且涉及工程主体结构安全的，检测机构应当及时向负有工程建设项目质量监督管理责任的交通运输主管部门报告。

第三十七条 检测机构的技术负责人和质量负责人应当由公路水运工程试验检测师担任。

质量检测报告应当由公路水运工程试验检测师审核、签发。

第三十八条 检测机构应当加强检测人员培训，不断提高质量检测业务水平。

第三十九条 检测人员不得同时在两家或者两家以上检测机构从事检测活动，不得借工作之便推销建设材料、构配件和设备。

第四十条 检测机构资质证书不得转让、出租。

第四章 监督管理

第四十一条 县级以上人民政府交通运输主管部门（以下简称交通运输主管部门）应当加强对质量检测工作的监督检查，及时纠正、查处违反本办法的行为。

第四十二条 交通运输主管部门开展监督检查工作，主要包括下列内容：

（一）检测机构资质证书使用的规范性，有无转包、违规分包、超许可范围承揽业务、涂改和租借资质证书等行为；

（二）检测机构能力的符合性，工地试验室设立和施工现场检测情况；

（三）原始记录、质量检测报告的真实性、规范性和完整性；

（四）采用的技术标准、规范和规程是否合法有效，样品的管理是否符合要求；

（五）仪器设备的运行、检定和校准情况；

（六）质量保证体系运行的有效性；

（七）检测机构和检测人员质量检测活动的规范性、合法性和真实性；

（八）依据职责应当监督检查的其他内容。

第四十三条　交通运输主管部门实施监督检查时，有权采取以下措施：

（一）要求被检查的检测机构或者有关单位提供相关文件和资料；

（二）查阅、记录、录音、录像、照相和复制与检查相关的事项和资料；

（三）进入检测机构的检测工作场地进行抽查；

（四）发现有不符合有关标准、规范、规程和本办法的质量检测行为，责令立即改正或者限期整改。

检测机构应当予以配合，如实说明情况和提供相关资料。

第四十四条　交通运输部、省级人民政府交通运输主管部门应当组织比对试验，验证检测机构的能力，比对试验情况录入公路水运工程质量检测管理信息系统。

检测机构应当按照前款规定参加比对试验并按照要求提供相关资料。

第四十五条　任何单位和个人都有权向交通运输主管部门投诉或者举报违法违规的质量检测行为。

交通运输主管部门收到投诉或者举报后，应当及时核实处理。

第四十六条　交通运输部建立健全质量检测信用管理制度。

质量检测信用管理实行统一领导，分级负责。各级交通运输主管部门依据职责定期对检测机构和检测人员的从业行为开展信用管理，并向社会公开。

第四十七条　检测机构取得资质后，不再符合相应资质条件的，许可机关应当责令其限期整改并向社会公开。检测机构完成整改后，应当向许可机关提出资质重新核定申请。

第五章　法律责任

第四十八条　检测机构违反本办法规定，有下列行为之一的，其检测报告无效，由交通运输主管部门处1万元以上3万元以下罚款；造成危害后果的，处3万元以上10万元以下罚款；构成犯罪的，依法追究刑事责任：

（一）未取得相应资质从事质量检测活动的；

（二）资质证书已过有效期从事质量检测活动的；

（三）超出资质许可范围从事质量检测活动的。

第四十九条　检测机构隐瞒有关情况或者提供虚假材料申请资质的，许可机关不予受理或者不予行政许可，并给予警告；检测机构1年内不得再次申请该资质。

第五十条　检测机构以欺骗、贿赂等不正当手段取得资质证书的，由许可机关予以撤销；检测机构3年内不得再次申请该资质；构成犯罪的，依法追究刑事责任。

第五十一条　检测机构未按照本办法第二十三条规定申请变更的，由交通运输主管部门责令限期办理；逾期未办理的，给予警告或者通报批评。

第五十二条　检测机构违反本办法规定，有下列行为之一的，由交通运输主管部门责令改正，处1万元以上3万元以下罚款；造成危害后果的，处3万元以上10万元以下罚款；构成犯罪的，依法追究刑事责任：

（一）出具虚假检测报告，篡改、伪造检测报告的；

（二）将检测业务转包、违规分包的。

第五十三条　检测机构违反本办法规定，有下列行为之一的，由交通运输主管部门责令改正，处5000元以上1万元以下罚款：

（一）质量保证体系未有效运行的，或者未按照有关规定对仪器设备进行正常维护的；

（二）未按规定进行档案管理，造成检测数据无法追溯的；

（三）在同一工程项目标段中同时接受建设、监理、施工等多方的质量检测委托的；

（四）未按规定报告在检测过程中发现检测项目不合格且涉及工程主体结构安全的；

（五）接受监督检查时不如实提供有关资料，或者拒绝、阻碍监督检查的。

第五十四条　检测机构或者检测人员违反本办法规定，有下列行为之一的，由交通运输主管部门责令改正，给予警告或者通报批评：

（一）未按规定进行样品管理的；

（二）同时在两家或者两家以上检测机构从事检测活动的；

（三）借工作之便推销建设材料、构配件和设备的；

（四）不按照要求参加比对试验的。

第五十五条　检测机构违反本办法规定，转让、出租检测机构资质证书的，由交通运输主管部门责令停止违法行为，收缴有关证件，处5000元以下罚款。

第五十六条　交通运输主管部门工作人员在质量检测管理工作中，有下列情形之一的，依法给予处分；构成犯罪的，依法追究刑事责任：

（一）对不符合法定条件的申请人颁发资质证书的；

（二）对符合法定条件的申请人不予颁发资质证书的；

（三）对符合法定条件的申请人未在法定期限内颁发资质证书的；

（四）利用职务上的便利，索取、收受他人财物或者谋取其他利益的；

（五）不依法履行监督职责或者监督不力，造成严重后果的。

第六章 附 则

第五十七条 检测机构资质等级条件、专家技术评审工作程序由交通运输部另行制定。

第五十八条 检测机构资质证书由许可机关按照交通运输部规定的统一格式制作。

第五十九条 本办法自2023年10月1日起施行。交通部2005年10月19日公布的《公路水运工程试验检测管理办法》（交通部令2005年第12号），交通运输部2016年12月10日公布的《交通运输部关于修改〈公路水运工程试验检测管理办法〉的决定》（交通运输部令2016年第80号），2019年11月28日公布的《交通运输部关于修改〈公路水运工程试验检测管理办法〉的决定》（交通运输部令2019年第38号）同时废止。

19. 建设工程勘察设计资质管理规定

(建设部令 2007 年第 160 号)

第一章 总 则

第一条 为了加强对建设工程勘察、设计活动的监督管理，保证建设工程勘察、设计质量，根据《中华人民共和国行政许可法》、《中华人民共和国建筑法》、《建设工程质量管理条例》和《建设工程勘察设计管理条例》等法律、行政法规，制定本规定。

第二条 在中华人民共和国境内申请建设工程勘察、工程设计资质，实施对建设工程勘察、工程设计资质的监督管理，适用本规定。

第三条 从事建设工程勘察、工程设计活动的企业，应当按照其拥有的注册资本、专业技术人员、技术装备和勘察设计业绩等条件申请资质，经审查合格，取得建设工程勘察、工程设计资质证书后，方可在资质许可的范围内从事建设工程勘察、工程设计活动。

第四条 国务院建设主管部门负责全国建设工程勘察、工程设计资质的统一监督管理。国务院铁路、交通、水利、信息产业、民航等有关部门配合国务院建设主管部门实施相应行业的建设工程勘察、工程设计资质管理工作。

省、自治区、直辖市人民政府建设主管部门负责本行政区域内建设工程勘察、工程设计资质的统一监督管理。省、自治区、直辖市人民政府交通、水利、信息产业等有关部门配合同级建设主管部门实施本行政区域内相应行业的建设工程勘察、工程设计资质管理工作。

第二章 资质分类和分级

第五条 工程勘察资质分为工程勘察综合资质、工程勘察专业资质、工程勘察劳务资质。

工程勘察综合资质只设甲级；工程勘察专业资质设甲级、乙级，根据工程性质和技术特点，部分专业可以设丙级；工程勘察劳务资质不分等级。

取得工程勘察综合资质的企业，可以承接各专业（海洋工程勘察除外）、各等级工程勘察业务；取得工程勘察专业资质的企业，可以承接相应等级相应专业的工程勘察业务；取得工程勘察劳务资质的企业，可以承接岩土工程治理、工程钻探、凿井等勘察劳务业务。

第六条 工程设计资质分为工程设计综合资质、工程设计行业资质、工程设计专业资质和工程设计专项资质。

工程设计综合资质只设甲级；工程设计行业资质、工程设计专业资质、工程设计专项资质设甲级、乙级。

根据工程性质和技术特点，个别行业、专业、专项资质可以设丙级，建筑工程专业资质可以设丁级。

取得工程设计综合资质的企业，可以承接各行业、各等级的建设工程设计业务；取得工程设计行业资质的企业，可以承接相应行业相应等级的工程设计业务及本行业范围内同级别的相应专业、专项（设计施工一体化资质除外）工程设计业务；取得工程设计专业资质的企业，可以承接本专业相应等级的专业工程设计业务及同级别的相应专项工程设计业务（设计施工一体化资质除外）；取得工程设计专项资质的企业，可以承接本专项相应等级的专项工程设计业务。

第七条 建设工程勘察、工程设计资质标准和各资质类别、级别企业承担工程的具体范围由国务院建设主管部门商国务院有关部门制定。

第三章 资质申请和审批

第八条 申请工程勘察甲级资质、工程设计甲级资质，以及涉及铁路、交通、水利、信息产业、民航等方面的工程设计乙级资质的，应当向企业工商注册所在地的省、自治区、直辖市人民政府建设主管部门提出申请。其中，国务院国资委管理的企业应当向国务院建设主管部门提出申请；国务院国资委管理的企业下属一层级的企业申请资质，应当由国务院国资委管理的企业向国务院建设主管部门提出申请。

省、自治区、直辖市人民政府建设主管部门应当自受理申请之日起 20 日内初审完毕，将初审意见和申请材料报国务院建设主管部门。

国务院建设主管部门应当自省、自治区、直辖市人民政府建设主管部门受理申请材料之日起 60 日内完成审查，公示审查意见，公示时间为 10 日。其中，涉及铁路、交通、水利、信息产业、民航等方面的工程设计资质，由国务院建设主管部门送国务院有关部门审核，国务院有关部门在 20 日内审核完毕，并将审核意见送国务院建设主管部门。

第九条 工程勘察乙级及以下资质、劳务资质、工程设计乙级（涉及铁路、交通、水利、信息产业、民航等方面的工程设计乙级资质除外）及以下资质许可由省、自治区、直辖市人民政府建设主管部门实施。具体实施程序由省、自治区、直辖市人民政府建设主管部门依法确定。

省、自治区、直辖市人民政府建设主管部门应当自作出决定之日起 30 日内，将准予资质许可的决定报国务院建设主管部门备案。

第十条 工程勘察、工程设计资质证书分为正本和副本，正本一份，副本六份，由国务院建设主管部门统一印制，正、副本具备同等法律效力。资质证书有效期为 5 年。

第十一条 企业首次申请工程勘察、工程设计资质，应当提供以下材料：

（一）工程勘察、工程设计资质申请表；

（二）企业法人、合伙企业营业执照副本复印件；

（三）企业章程或合伙人协议；

（四）企业法定代表人、合伙人的身份证明；

（五）企业负责人、技术负责人的身份证明、任职文件、毕业证书、职称证书及相关资质标准要求提供的材料；

（六）工程勘察、工程设计资质申请表中所列注册执业人员的身份证明、注册执业证书；

（七）工程勘察、工程设计资质标准要求的非注册专业技术人员的职称证书、毕业证书、身份证明及个人业绩材料；

（八）工程勘察、工程设计资质标准要求的注册执业人员、其他专业技术人员与原聘用单位解除聘用劳动合同的证明及新单位的聘用劳动合同；

（九）资质标准要求的其他有关材料。

第十二条　企业申请资质升级应当提交以下材料：

（一）本规定第十一条第（一）、（二）、（五）、（六）、（七）、（九）项所列资料；

（二）工程勘察、工程设计资质标准要求的非注册专业技术人员与本单位签定的劳动合同及社保证明；

（三）原工程勘察、工程设计资质证书副本复印件；

（四）满足资质标准要求的企业工程业绩和个人工程业绩。

第十三条　企业增项申请工程勘察、工程设计资质，应当提交下列材料：

（一）本规定第十一条所列（一）、（二）、（五）、（六）、（七）、（九）的资料；

（二）工程勘察、工程设计资质标准要求的非注册专业技术人员与本单位签定的劳动合同及社保证明；

（三）原资质证书正、副本复印件；

（四）满足相应资质标准要求的个人工程业绩证明。

第十四条　资质有效期届满，企业需要延续资质证书有效期的，应当在资质证书有效期届满60日前，向原资质许可机关提出资质延续申请。

对在资质有效期内遵守有关法律、法规、规章、技术标准，信用档案中无不良行为记录，且专业技术人员满足资质标准要求的企业，经资质许可机关同意，有效期延续5年。

第十五条　企业在资质证书有效期内名称、地址、注册资本、法定代表人等发生变更的，应当在工商部门办理变更手续后30日内办理资质证书变更手续。

取得工程勘察甲级资质、工程设计甲级资质，以及涉及铁路、交通、水利、信息产业、民航等方面的工程设计乙级资质的企业，在资质证书有效期内发生企业名称变更的，应当向企业工商注册所在地省、自治区、直辖市人民政府建设主管部门提出变更申请，省、自治区、直辖市人民政府建设主管部门应当自受理申请之日起2日内将有关变更证明材料报国务院建设主管部门，由国务院建设主管部门在2日内办理变更手续。

前款规定以外的资质证书变更手续，由企业工商注册所在地的省、自治区、直辖市人民政府建设主管部门负责办理。省、自治区、直辖市人民政府建设主管部门应当自受理申请之日起2日内办理变更手续，并在办理资质证书变更手续后15日内将变更结果报国务院建设主管部门备案。

涉及铁路、交通、水利、信息产业、民航等方面的工程设计资质的变更，国务院建设主管部门应当将企业资质变更情况告知国务院有关部门。

第十六条　企业申请资质证书变更，应当提交以下材料：

（一）资质证书变更申请；

（二）企业法人、合伙企业营业执照副本复印件；

（三）资质证书正、副本原件；

（四）与资质变更事项有关的证明材料。

企业改制的，除提供前款规定资料外，还应当提供改制重组方案、上级资产管理部门或者股东大会的批准决定、企业职工代表大会同意改制重组的决议。

第十七条　企业首次申请、增项申请工程勘察、工程设计资质，其申请资质等级最高不超过乙级，且不考核企业工程勘察、工程设计业绩。

已具备施工资质的企业首次申请同类别或相近类别的工程勘察、工程设计资质的，可以将相应规模的工程总承包业绩作为工程业绩予以申报。其申请资质等级最高不超过其现有施工资质等级。

第十八条　企业合并的，合并后存续或者新设立的企业可以承继合并前各方中较高的资质等级，但应当符合相应的资质标准条件。

企业分立的，分立后企业的资质按照资质标准及本规定的审批程序核定。

企业改制的，改制后不再符合资质标准的，应按其实际达到的资质标准及本规定重新核定；资质条件不发生变化的，按本规定第十六条办理。

第十九条　从事建设工程勘察、设计活动的企业，申请资质升级、资质增项，在申请之日起前一年内有下列情形之一的，资质许可机关不予批准企业的资质升级申请和增项申请：

（一）企业相互串通投标或者与招标人串通投标承揽工程勘察、工程设计业务的；

（二）将承揽的工程勘察、工程设计业务转包或违法分包的；

（三）注册执业人员未按照规定在勘察设计文件上签字的；

（四）违反国家工程建设强制性标准的；

（五）因勘察设计原因造成过重大生产安全事故的；

（六）设计单位未根据勘察成果文件进行工程设计的；

（七）设计单位违反规定指定建筑材料、建筑构配件的生产厂、供应商的；

（八）无工程勘察、工程设计资质或者超越资质等级范围承揽工程勘察、工程设计业务的；

（九）涂改、倒卖、出租、出借或者以其他形式非法转让资质证书的；

（十）允许其他单位、个人以本单位名义承揽建设工程勘察、设计业务的；

（十一）其他违反法律、法规行为的。

第二十条　企业在领取新的工程勘察、工程设计资质证书的同时，应当将原资质证书交回原发证机关予以注销。

企业需增补（含增加、更换、遗失补办）工程勘察、工程设计资质证书的，应当持资质证书增补申请等材料向资质许可机关申请办理。遗失资质证书的，在申请补办前应当在公众媒体上刊登遗失声明。资质许可机关应当在2日内办理完毕。

第四章　监督与管理

第二十一条　国务院建设主管部门对全国的建设工程勘察、设计资质实施统一的监督管理。国务院铁路、交通、水利、信息产业、民航等有关部门配合国务院建设主管部门对相应的行业资质进行监督管理。

县级以上地方人民政府建设主管部门负责对本行政区域内的建设工程勘察、设计资质实施监督管理。县级以上人民政府交通、水利、信息产业等有关部门配合同级建设主管部门对相应的行业资质进行监督管理。

上级建设主管部门应当加强对下级建设主管部门资质管理工作的监督检查，及时纠正资质管理中的违法行为。

第二十二条　建设主管部门、有关部门履行监督检查职责时，有权采取下列措施：

（一）要求被检查单位提供工程勘察、设计资质证书、注册执业人员的注册执业证书，有关工程勘察、设计业务的文档，有关质量管理、安全生产管理、档案管理、财务管理等企业内部管理制度的文件；

（二）进入被检查单位进行检查，查阅相关资料；

（三）纠正违反有关法律、法规和本规定及有关规范和标准的行为。

建设主管部门、有关部门依法对企业从事行政许可事项的活动进行监督检查时，应当将监督检查情况和处理结果予以记录，由监督检查人员签字后归档。

第二十三条　建设主管部门、有关部门在实施监督检查时，应当有两名以上监督检查人员参加，并出示执法证件，不得妨碍企业正常的生产经营活动，不得索取或者收受企业的财物，不得谋取其他利益。

有关单位和个人对依法进行的监督检查应当协助与配合，不得拒绝或者阻挠。

监督检查机关应当将监督检查的处理结果向社会公布。

第二十四条　企业违法从事工程勘察、工程设计活动的，其违法行为发生地的建设主管部门应当依法将企业的违法事实、处理结果或处理建议告知该企业的资质许可机关。

第二十五条　企业取得工程勘察、设计资质后，不再符合相应资质条件的，建设主管部门、有关部门根据利害关系人的请求或者依据职权，可以责令其限期改正；逾期不改的，资质许可机关可以撤回其资质。

第二十六条　有下列情形之一的，资质许可机关或者其上级机关，根据利害关系人的请求或者依据职权，可以撤销工程勘察、工程设计资质：

（一）资质许可机关工作人员滥用职权、玩忽职守作出准予工程勘察、工程设计资质许可的；

（二）超越法定职权作出准予工程勘察、工程设计资质许可；

（三）违反资质审批程序作出准予工程勘察、工程设计资质许可的；

（四）对不符合许可条件的申请人作出工程勘察、工程设计资质许可的；

（五）依法可以撤销资质证书的其他情形。

以欺骗、贿赂等不正当手段取得工程勘察、工程设计资质证书的，应当予以撤销。

第二十七条　有下列情形之一的，企业应当及时向资质许可机关提出注销资质的申请，交回资质证书，许可机关应当办理注销手续，公告其资质证书作废：

（一）资质证书有效期届满未依法申请延续的；

（二）企业依法终止的；

（三）资质证书依法被撤销、撤回，或者吊销的；

（四）法律、法规规定的应当注销资质的其他情形。

第二十八条　有关部门应当将监督检查情况和处理意见及时告知建设主管部门。资质许可机关应当将涉及铁路、交通、水利、信息产业、民航等方面的资质被撤回、撤销和注销的情况及时告知有关部门。

第二十九条　企业应当按照有关规定，向资质许可机关提供真实、准确、完整的企业信用档案信息。

企业的信用档案应当包括企业基本情况、业绩、工程质量和安全、合同违约等情况。被投诉举报和处理、行政处罚等情况应当作为不良行为记入其信用档案。

企业的信用档案信息按照有关规定向社会公示。

第五章　法律责任

第三十条　企业隐瞒有关情况或者提供虚假材料申请资质的，资质许可机关不予受理或者不予行政许可，并给予警告，该企业在1年内不得再次申请该资质。

第三十一条　企业以欺骗、贿赂等不正当手段取得资质证书的，由县级以上地方人民政府建设主管部门或者有关部门给予警告，并依法处以罚款；该企业在3年内不得再次申请该资质。

第三十二条　企业不及时办理资质证书变更手续

的,由资质许可机关责令限期办理;逾期不办理的,可处以 1000 元以上 1 万元以下的罚款。

第三十三条 企业未按照规定提供信用档案信息的,由县级以上地方人民政府建设主管部门给予警告,责令限期改正;逾期未改正的,处以 1000 元以上 1 万元以下的罚款。

第三十四条 涂改、倒卖、出租、出借或者以其他形式非法转让资质证书的,由县级以上地方人民政府建设主管部门或者有关部门给予警告,责令改正,并处以 1 万元以上 3 万元以下的罚款;造成损失的,依法承担赔偿责任;构成犯罪的,依法追究刑事责任。

第三十五条 县级以上地方人民政府建设主管部门依法给予工程勘察、设计企业行政处罚的,应当将行政处罚决定以及给予行政处罚的事实、理由和依据,报国务院建设主管部门备案。

第三十六条 建设主管部门及其工作人员,违反本规定,有下列情形之一的,由其上级行政机关或者监察机关责令改正;情节严重的,对直接负责的主管人员和其他直接责任人员,依法给予行政处分:

(一)对不符合条件的申请人准予工程勘察、设计资质许可的;

(二)对符合条件的申请人不予工程勘察、设计资质许可或者未在法定期限内作出许可决定的;

(三)对符合条件的申请不予受理或者未在法定期限内初审完毕的;

(四)利用职务上的便利,收受他人财物或者其他好处的;

(五)不依法履行监督职责或者监督不力,造成严重后果的。

第六章 附 则

第三十七条 本规定所称建设工程勘察包括建设工程项目的岩土工程、水文地质、工程测量、海洋工程勘察等。

第三十八条 本规定所称建设工程设计是指:

(一)建设工程项目的主体工程和配套工程(含厂(矿)区内的自备电站、道路、专用铁路、通信、各种管网管线和配套的建筑物等全部配套工程)以及与主体工程、配套工程相关的工艺、土木、建筑、环境保护、水土保持、消防、安全、卫生、节能、防雷、抗震、照明工程等的设计。

(二)建筑工程建设用地规划许可证范围内的室外工程设计、建筑物构筑物设计、民用建筑修建的地下工程设计及住宅小区、工厂厂前区、工厂生活区、小区规划设计及单体设计等,以及上述建筑工程所包含的相关专业的设计内容(包括总平面布置、竖向设计、各类管网管线设计、景观设计、室内外环境设计及建筑装饰、道路、消防、安保、通信、防雷、人防、供配电、照明、废水治理、空调设施、抗震加固等)。

第三十九条 取得工程勘察、工程设计资质证书的企业,可以从事资质证书许可范围内相应的建设工程总承包业务,可以从事工程项目管理和相关的技术与管理服务。

第四十条 本规定自 2007 年 9 月 1 日起实施。2001 年 7 月 25 日建设部颁布的《建设工程勘察设计企业资质管理规定》(建设部令第 93 号)同时废止。

本文件发布后修改情况:

1.2015 年 5 月 4 日,《住房和城乡建设部关于修改〈房地产开发企业资质管理规定〉等部门规章的决定》中规定:

将《建设工程勘察设计资质管理规定》(建设部令第 160 号)第三条中的"注册资本"修改为"资产"。

2.2016 年 9 月 13 日,《住房城乡建设部关于修改〈勘察设计注册工程师管理规定〉等 11 个部门规章的决定》中规定:

将《建设工程勘察设计资质管理规定》(建设部令第 160 号)第四条第一款中的"建设主管部门"修改为"住房城乡建设主管部门"。其余条款依此修改。

将第八条修改为:"申请工程勘察甲级资质、工程设计甲级资质,以及涉及铁路、交通、水利、信息产业、民航等方面的工程设计乙级资质的,可以向企业工商注册所在地的省、自治区、直辖市人民政府住房城乡建设主管部门提交申请材料。

省、自治区、直辖市人民政府住房城乡建设主管部门收到申请材料后,应当在 5 日内将全部申请材料报审批部门。

国务院住房城乡建设主管部门在收到申请材料后,应当依法作出是否受理的决定,并出具凭证;申请材料不齐全或者不符合法定形式的,应当在 5 日内一次性告知申请人需要补正的全部内容。逾期不告知的,自收到申请材料之日起即为受理。

国务院住房城乡建设主管部门应当自受理之日起 20 日内完成审查。自作出决定之日起 10 日内公告审批结果。其中,涉及铁路、交通、水利、信息产业、民航等方面的工程设计资质,由国务院住房城乡建设主管部门送国务院有关部门审核,国务院有关部门应当在 15 日内审核完毕,并将审核意见送国务院住房城乡建设主管部门。

组织专家评审所需时间不计算在上述时限内,但应当明确告知申请人。"

3.2018 年 12 月 22 日,《住房城乡建设部关于修改〈建筑业企业资质管理规定〉等部门规章的决定》中规定:

将《建设工程勘察设计资质管理规定》(建设部令第 160 号,根据住房城乡建设部令第 24 号、住房城乡建设部令第 32 号修正)第十一条修改为:"企业申请工程勘察、工程设计资质,应在资质许可机关的官方网站或审批平台上提出申请,提交资金、专业技术人员、技术装备和已完成的业绩等电子材料"。删去第十二条和第十三条,对相关条文顺序作相应调整。

20. 建筑业企业资质管理规定

(住房城乡建设部令 2015 年第 22 号)

第一章 总 则

第一条 为了加强对建筑活动的监督管理,维护公共利益和规范建筑市场秩序,保证建设工程质量安全,促进建筑业的健康发展,根据《中华人民共和国建筑法》、《中华人民共和国行政许可法》、《建设工程质量管理条例》、《建设工程安全生产管理条例》等法律、行政法规,制定本规定。

第二条 在中华人民共和国境内申请建筑业企业资质,实施对建筑业企业资质监督管理,适用本规定。

本规定所称建筑业企业,是指从事土木工程、建筑工程、线路管道设备安装工程的新建、扩建、改建等施工活动的企业。

第三条 企业应当按照其拥有的资产、主要人员、已完成的工程业绩和技术装备等条件申请建筑业企业资质,经审查合格,取得建筑业企业资质证书后,方可在资质许可的范围内从事建筑施工活动。

第四条 国务院住房城乡建设主管部门负责全国建筑业企业资质的统一监督管理。国务院交通运输、水利、工业信息化等有关部门配合国务院住房城乡建设主管部门实施相关资质类别建筑业企业资质的管理工作。

省、自治区、直辖市人民政府住房城乡建设主管部门负责本行政区域内建筑业企业资质的统一监督管理。省、自治区、直辖市人民政府交通运输、水利、通信等有关部门配合同级住房城乡建设主管部门实施本行政区域内相关资质类别建筑业企业资质的管理工作。

第五条 建筑业企业资质分为施工总承包资质、专业承包资质、施工劳务资质三个序列。

施工总承包资质、专业承包资质按照工程性质和技术特点分别划分为若干资质类别,各资质类别按照规定的条件划分为若干资质等级。施工劳务资质不分类别与等级。

第六条 建筑业企业资质标准和取得相应资质的企业可以承担工程的具体范围,由国务院住房城乡建设主管部门会同国务院有关部门制定。

第七条 国家鼓励取得施工总承包资质的企业拥有全资或者控股的劳务企业。

建筑业企业应当加强技术创新和人员培训,使用先进的建造技术、建筑材料,开展绿色施工。

第二章 申请与许可

第八条 企业可以申请一项或多项建筑业企业资质。

企业首次申请或增项申请资质,应当申请最低等级资质。

第九条 下列建筑业企业资质,由国务院住房城乡建设主管部门许可:

(一)施工总承包资质序列特级资质、一级资质及铁路工程施工总承包二级资质;

(二)专业承包资质序列公路、水运、水利、铁路、民航方面的专业承包一级资质及铁路、民航方面的专业承包二级资质;涉及多个专业的专业承包一级资质。

第十条 下列建筑业企业资质,由企业工商注册所在地省、自治区、直辖市人民政府住房城乡建设主管部门许可:

(一)施工总承包资质序列二级资质及铁路、通信工程施工总承包三级资质;

(二)专业承包资质序列一级资质(不含公路、水运、水利、铁路、民航方面的专业承包一级资质及涉及多个专业的专业承包一级资质);

(三)专业承包资质序列二级资质(不含铁路、民航方面的专业承包二级资质);铁路方面专业承包三级资质;特种工程专业承包资质。

第十一条 下列建筑业企业资质,由企业工商注册所在地设区的市人民政府住房城乡建设主管部门许可:

(一)施工总承包资质序列三级资质(不含铁路、通信工程施工总承包三级资质);

(二)专业承包资质序列三级资质(不含铁路方面专业承包资质)及预拌混凝土、模板脚手架专业承包资质;

(三)施工劳务资质;

(四)燃气燃烧器具安装、维修企业资质。

第十二条 申请本规定第九条所列资质的,应当向企业工商注册所在地省、自治区、直辖市人民政府住房城乡建设主管部门提出申请。其中,国务院国有资产管理部门直接监管的建筑企业及其下属一层级的企业,可以由国务院国有资产管理部门直接监管的建筑企业向国务院住房城乡建设主管部门提出申请。

省、自治区、直辖市人民政府住房城乡建设主管部门应当自受理申请之日起 20 个工作日内初审完毕,并将初审意见和申请材料报国务院住房城乡建设主管部门。

国务院住房城乡建设主管部门应当自省、自治区、直辖市人民政府住房城乡建设主管部门受理申请材料之日起 60 个工作日内完成审查,公示审查意见,公示时间为 10 个工作日。其中,涉及公路、水运、水利、通信、铁路、民航等方面资质的,由国务院住房城乡建设主管部门会同国务院有关部门审查。

第十三条 本规定第十条规定的资质许可程序由省、自治区、直辖市人民政府住房城乡建设主管部门依法确定,并向社会公布。

本规定第十一条规定的资质许可程序由设区的市人民政府住房城乡建设主管部门依法确定,并向社会公布。

第十四条 企业申请建筑业企业资质,应当提交以下材料:

(一)建筑业企业资质申请表及相应的电子文档;

(二)企业营业执照正副本复印件;

(三)企业章程复印件;

(四)企业资产证明文件复印件;

(五)企业主要人员证明文件复印件;

(六)企业资质标准要求的技术装备的相应证明文件复印件;

(七)企业安全生产条件有关材料复印件;

(八)按照国家有关规定应提交的其他材料。

第十五条 企业申请建筑业企业资质,应当如实提交有关申请材料。资质许可机关收到申请材料后,应当按照《中华人民共和国行政许可法》的规定办理受理手续。

第十六条 资质许可机关应当及时将资质许可决定向社会公开,并为公众查询提供便利。

第十七条 建筑业企业资质证书分为正本和副本,由国务院住房城乡建设主管部门统一制印,正、副本具备同等法律效力。资质证书有效期为5年。

第三章 延续与变更

第十八条 建筑业企业资质证书有效期届满,企业继续从事建筑施工活动的,应当于资质证书有效期届满3个月前,向原资质许可机关提出延续申请。

资质许可机关应当在建筑业企业资质证书有效期届满前做出是否准予延续的决定;逾期未做出决定的,视为准予延续。

第十九条 企业在建筑业企业资质证书有效期内名称、地址、注册资本、法定代表人等发生变更的,应当在工商部门办理变更手续后1个月内办理资质证书变更手续。

第二十条 由国务院住房城乡建设主管部门颁发的建筑业企业资质证书的变更,企业应当向企业工商注册所在地省、自治区、直辖市人民政府住房城乡建设主管部门提出变更申请,省、自治区、直辖市人民政府住房城乡建设主管部门应当自受理申请之日起2日内将有关变更证明材料报国务院住房城乡建设主管部门,由国务院住房城乡建设主管部门在2日内办理变更手续。

前款规定以外的资质证书的变更,由企业工商注册所在地的省、自治区、直辖市人民政府住房城乡建设主管部门或者设区的市人民政府住房城乡建设主管部门依法另行规定。变更结果应当在资质证书变更后15日内,报国务院住房城乡建设主管部门备案。

涉及公路、水运、铁路、水利、通信、民航等方面的建筑业企业资质证书的变更,办理变更手续的住房城乡建设主管部门应当将建筑业企业资质证书变更情况告知同级有关部门。

第二十一条 企业发生合并、分立、重组以及改制等事项,需承继原建筑业企业资质的,应当申请重新核定建筑业企业资质等级。

第二十二条 企业需更换、遗失补办建筑业企业资质证书的,应当持建筑业企业资质证书更换、遗失补办申请等材料向资质许可机关申请办理。资质许可机关应当在2个工作日内办理完毕。

企业遗失建筑业企业资质证书的,在申请补办前应当在公众媒体上刊登遗失声明。

第二十三条 企业申请建筑业企业资质升级、资质增项,在申请之日起前一年至资质许可决定作出前,有下列情形之一的,资质许可机关不予批准其建筑业企业资质升级申请和增项申请:

(一)超越本企业资质等级或以其他企业的名义承揽工程,或允许其他企业或个人以本企业的名义承揽工程的;

(二)与建设单位或企业之间相互串通投标,或以行贿等不正当手段谋取中标的;

(三)未取得施工许可证擅自施工的;

(四)将承包的工程转包或违法分包的;

(五)违反国家工程建设强制性标准施工的;

(六)恶意拖欠分包企业工程款或者劳务人员工资的;

(七)隐瞒或谎报、拖延报告工程质量安全事故,破坏事故现场、阻碍对事故调查的;

(八)按照国家法律、法规和标准规定需要持证上岗的现场管理人员和技术工种作业人员未取得证书上岗的;

(九)未依法履行工程质量保修义务或拖延履行保修义务的;

(十)伪造、变造、倒卖、出租、出借或者以其他形式非法转让建筑业企业资质证书的;

(十一)发生过较大以上质量安全事故或者发生过两起以上一般质量安全事故的;

(十二)其他违反法律、法规的行为。

第四章 监督管理

第二十四条 县级以上人民政府住房城乡建设主管部门和其他有关部门应当依照有关法律、法规和本规定,加强对企业取得建筑业企业资质后是否满足资质标准和市场行为的监督管理。

上级住房城乡建设主管部门应当加强对下级住房城乡建设主管部门资质管理工作的监督检查,及时纠正建筑业企业资质管理中的违法行为。

第二十五条 住房城乡建设主管部门、其他有关部门的监督检查人员履行监督检查职责时,有权采取下列措施:

(一)要求被检查企业提供建筑业企业资质证书、企业有关人员的注册执业证书、职称证书、岗位证书和考核或者培训合格证书,有关施工业务的文档,有关质量管理、安全生产管理、合同管理、档案管理、财务管理等企业内部管理制度的文件;

(二)进入被检查企业进行检查,查阅相关资料;

(三)纠正违反有关法律、法规和本规定及有关规范和标准的行为。

监督检查人员应当将监督检查情况和处理结果予以记录,由监督检查人员和被检查企业的有关人员签字确认后归档。

第二十六条 住房城乡建设主管部门、其他有关部门的监督检查人员在实施监督检查时,应当出示证件,并要有两名以上人员参加。

监督检查人员应当为被检查企业保守商业秘密,不得索取或者收受企业的财物,不得谋取其他利益。

有关企业和个人对依法进行的监督检查应当协助与配合,不得拒绝或者阻挠。

监督检查机关应当将监督检查的处理结果向社会公布。

第二十七条 企业违法从事建筑活动的,违法行为发生地的县级以上地方人民政府住房城乡建设主管部门或者其他有关部门应当依法查处,并将违法事实、处理结果或者处理建议及时告知该建筑业企业资质的许可机关。

对取得国务院住房城乡建设主管部门颁发的建筑业企业资质证书的企业需要处以停业整顿、降低资质等级、吊销资质证书行政处罚的,县级以上地方人民政府住房城乡建设主管部门或者其他有关部门,应当通过省、自治区、直辖市人民政府住房城乡建设主管部门或者国务院有关部门,将违法事实、处理建议及时报送国务院住房城乡建设主管部门。

第二十八条 取得建筑业企业资质证书的企业,应当保持资产、主要人员、技术装备等方面满足相应建筑业企业资质标准要求的条件。

企业不再符合相应建筑业企业资质标准要求条件的,县级以上地方人民政府住房城乡建设主管部门、其他有关部门,应当责令其限期改正并向社会公告,整改期限最长不超过3个月;企业整改期间不得申请建筑业企业资质的升级、增项,不能承揽新的工程;逾期仍未达到建筑业企业资质标准要求条件的,资质许可机关可以撤回其建筑业企业资质证书。

被撤回建筑业企业资质证书的企业,可以在资质被撤回后3个月内,向资质许可机关提出核定低于原等级同类别资质的申请。

第二十九条 有下列情形之一的,资质许可机关应当撤销建筑业企业资质:

(一)资质许可机关工作人员滥用职权、玩忽职守准予资质许可的;

(二)超越法定职权准予资质许可的;

(三)违反法定程序准予资质许可的;

(四)对不符合资质标准条件的申请企业准予资质许可的;

(五)依法可以撤销资质许可的其他情形。

以欺骗、贿赂等不正当手段取得资质许可的,应当予以撤销。

第三十条 有下列情形之一的,资质许可机关应当依法注销建筑业企业资质,并向社会公布其建筑业企业资质证书作废,企业应当及时将建筑业企业资质证书交回资质许可机关:

(一)资质证书有效期届满,未依法申请延续的;

(二)企业依法终止的;

(三)资质证书依法被撤回、撤销或吊销的;

(四)企业提出注销申请的;

(五)法律、法规规定的应当注销建筑业企业资质的其他情形。

第三十一条 有关部门应当将监督检查情况和处理意见及时告知资质许可机关。资质许可机关应当将涉及有关公路、水运、水利、通信、铁路、民航等方面的建筑业企业资质许可被撤回、撤销、吊销和注销的情况告知同级有关部门。

第三十二条 资质许可机关应当建立、健全建筑业企业信用档案管理制度。建筑业企业信用档案应当包括企业基本情况、资质、业绩、工程质量和安全、合同履约、社会投诉和违法行为等情况。

企业的信用档案信息按照有关规定向社会公开。

取得建筑业企业资质的企业应当按照有关规定,向资质许可机关提供真实、准确、完整的企业信用档案信息。

第三十三条 县级以上地方人民政府住房城乡建设主管部门或其他有关部门依法给予企业行政处罚的,应当将行政处罚决定以及给予行政处罚的事实、理由和依据,通过省、自治区、直辖市人民政府住房城乡建设主管部门或者国务院有关部门报国务院住房城乡建设主管部门备案。

第三十四条 资质许可机关应当推行建筑业企业资质许可电子化,建立建筑业企业资质管理信息系统。

第五章 法律责任

第三十五条 申请企业隐瞒有关真实情况或者提供虚假材料申请建筑业企业资质的,资质许可机关不予许可,并给予警告,申请企业在1年内不得再次申请建筑业企业资质。

第三十六条 企业以欺骗、贿赂等不正当手段取得建筑业企业资质的,由原资质许可机关予以撤销;由县级以上地方人民政府住房城乡建设主管部门或者其他有关部门给予警告,并处3万元的罚款;申请企业3年内不得再次申请建筑业企业资质。

第三十七条 企业有本规定第二十三条行为之一,《中华人民共和国建筑法》、《建设工程质量管理条例》和其他有关法律、法规对处罚机关和处罚方式有规定的,依照法律、法规的规定执行;法律、法规未作规定的,由县级以上地方人民政府住房城乡建设主管部门或者其他有关部门给予警告,责令改正,并处1万元以上3万元以下的罚款。

第三十八条 企业未按照本规定及时办理建筑业企业资质证书变更手续的,由县级以上地方人民政府住房城乡建设主管部门责令限期办理;逾期不办理的,可处以1000元以上1万元以下的罚款。

第三十九条 企业在接受监督检查时,不如实提供有关材料,或者拒绝、阻碍监督检查的,由县级以上地方人民政府住房城乡建设主管部门责令限期改正,并可以处3万元以下罚款。

第四十条 企业未按照本规定要求提供企业信用档案信息的,由县级以上地方人民政府住房城乡建设主管部门或者其他有关部门给予警告,责令限期改正;逾期未改正的,可处以1000元以上1万元以下的罚款。

第四十一条 县级以上人民政府住房城乡建设主管部门及其工作人员,违反本规定,有下列情形之一的,由其上级行政机关或者监察机关责令改正;对直接负责的主管人员和其他直接责任人员,依法给予行政处分;直接负责的主管人员和其他直接责任人员构成犯罪的,依法追究刑事责任:

(一)对不符合资质标准规定条件的申请企业准予资质许可的;

(二)对符合受理条件的申请企业不予受理或者未在法定期限内初审完毕的;

(三)对符合资质标准规定条件的申请企业不予许可或者不在法定期限内准予资质许可的;

(四)发现违反本规定规定的行为不予查处,或者接到举报后不依法处理的;

(五)在企业资质许可和监督管理中,利用职务上的便利,收受他人财物或者其他好处,以及有其他违法行为的。

第六章 附 则

第四十二条 本规定自2015年3月1日起施行。2007年6月26日建设部颁布的《建筑业企业资质管理规定》(建设部令第159号)同时废止。

本文件发布后修改情况:

1.2016年9月13日,《住房城乡建设部关于修改〈勘察设计注册工程师管理规定〉等11个部门规章的决定》中规定:

将《建筑业企业资质管理规定》(住房城乡建设部令第22号)第十二条修改为:"申请本规定第九条所列资质的,可以向企业工商注册所在地省、自治区、直辖市人民政府住房城乡建设主管部门提交申请材料。

省、自治区、直辖市人民政府住房城乡建设主管部门收到申请材料后,应当在5日内将全部申请材料报审批部门。

国务院住房城乡建设主管部门在收到申请材料后,应当依法作出是否受理的决定,并出具凭证;申请材料不齐全或者不符合法定形式的,应当在5日内一次性告知申请人需要补正的全部内容。逾期不告知的,自收到申请材料之日起即为受理。

国务院住房城乡建设主管部门应当自受理之日起20个工作日内完成审查。自作出决定之日起10日内公告审批结果。其中,涉及公路、水运、水利、通信、铁路、民航等方面资质的,由国务院住房城乡建设主管部门会同国务院有关部门审查"。

2.2018年12月22日,《住房城乡建设部关于修改〈建筑业企业资质管理规定〉等部门规章的决定》中规定:

将《建筑业企业资质管理规定》(住房城乡建设部令第22号,根据住房城乡建设部令第32号修正)第十四条修改为:"企业申请建筑业企业资质,在资质许可机关的网站或审批平台提出申请事项,提交资金、专业技术人员、技术装备和已完成业绩等电子材料"。

21. 住房城乡建设部关于简化建筑业企业资质标准部分指标的通知

(建市〔2016〕226号)

各省、自治区住房城乡建设厅,直辖市建委,新疆生产建设兵团建设局,国务院有关部门建设司(局),中央管理的有关企业:

为进一步推进简政放权、放管结合、优化服务改革,经研究,决定简化《建筑业企业资质标准》(建市〔2014〕159号)中部分指标。现将有关事项通知如下:

一、除各类别最低等级资质外,取消关于注册建造师、中级以上职称人员、持有岗位证书的现场管理人员、技术工人的指标考核。

二、取消通信工程施工总承包三级资质标准中关于注册建造师的指标考核。

三、调整建筑工程施工总承包一级及以下资质的建筑面积考核指标,具体内容详见附件。

四、对申请建筑工程、市政公用工程施工总承包特级、一级资质的企业,未进入全国建筑市场监管与诚信信息发布平台的企业业绩,不作为有效业绩认定。省级住房城乡建设主管部门要加强本地区工程项目数据库建设,完善数据补录办法,使真实有效的企业业绩及时进入全国建筑市场监管与诚信信息发布平台。

各级住房城乡建设主管部门要进一步加强事中事后监管,加强对施工现场主要管理人员在岗履职的监督检查,重点加强对项目经理是否持注册建造师证书上岗、在岗执业履职等行为的监督检查。对有违法违规行为的企业,依法给予罚款、停业整顿、降低资质等级、吊销资质证书等行政处罚;对有违法违规行为的注册建造师,依法给予罚款、暂停执业、吊销注册执业资格证书等行政处罚;要将企业和个人不良行为记入信用档案并向社会公布,切实规范建筑市场秩序,保障工程质量安全。

本通知自2016年11月1日起实施。

附件:建筑工程施工总承包一级及以下资质建筑面积指标修订内容

中华人民共和国住房和城乡建设部
2016年10月14日

附件

建筑工程施工总承包一级及以下资质建筑面积指标修订内容

一、将"1.1.3 企业工程业绩(3)建筑面积3万平方米以上的单体工业、民用建筑工程1项或建筑面积2万-3万平方米(不含)的单体工业、民用建筑工程2项"修改为"1.1.3 企业工程业绩(3)建筑面积12万平方米以上的建筑工程1项或建筑面积10万平方米以上的建筑工程2项"。

二、将"1.2.3 企业工程业绩(3)建筑面积1万平方米以上的单体工业、民用建筑工程1项或建筑面积0.6万-1万平方米(不含)的单体工业、民用建筑工程2项"修改为"1.2.3 企业工程业绩(3)建筑面积6万平方米以上的建筑工程1项或建筑面积5万平方米以上的建筑工程2项"。

三、将"1.4.2 二级资质(3)建筑面积4万平方米以下的单体工业、民用建筑工程"修改为"1.4.2 二级资质(3)建筑面积15万平方米以下的建筑工程"。

四、将"1.4.3 三级资质(3)建筑面积1.2万平方米以下的单体工业、民用建筑工程"修改为"1.4.3 三级资质(3)建筑面积8万平方米以下的建筑工程"。

22. 施工总承包企业特级资质标准

(建市〔2007〕72号)

申请特级资质,必须具备以下条件:

一、企业资信能力

1. 企业注册资本金3亿元以上。
2. 企业净资产3.6亿元以上。
3. 企业近三年上缴建筑业营业税均在5000万元以上。
4. 企业银行授信额度近三年均在5亿元以上。

二、企业主要管理人员和专业技术人员要求

1. 企业经理具有10年以上从事工程管理工作经历。
2. 技术负责人具有15年以上从事工程技术管理工作经历,且具有工程序列高级职称及一级注册建造师或注册工程师执业资格;主持完成过两项及以上施工总承包一级资质要求的代表工程的技术工作或甲级设计资质要求的代表工程或合同额2亿元以上的工程总承包项目。
3. 财务负责人具有高级会计师职称及注册会计师资格。
4. 企业具有注册一级建造师(一级项目经理)50人以上。
5. 企业具有本类别相关的行业工程设计甲级资质标准要求的专业技术人员。

三、科技进步水平

1. 企业具有省部级(或相当于省部级水平)及以上的企业技术中心。
2. 企业近三年科技活动经费支出平均达到营业额的0.5%以上。
3. 企业具有国家级工法3项以上;近五年具有与工程建设相关的,能够推动企业技术进步的专利3项以上,累计有效专利8项以上,其中至少有一项发明专利。
4. 企业近十年获得过国家级科技进步奖项或主编过工程建设国家或行业标准。
5. 企业已建立内部局域网或管理信息平台,实现了内部办公、信息发布、数据交换的网络化;已建立并开通了企业外部网站;使用了综合项目管理信息系统和人事管理系统、工程设计相关软件,实现了档案管理和设计文档管理。

四、代表工程业绩(见附件1)

(一)房屋建筑工程(附件1-1)
(二)公路工程(附件1-2)
(三)铁路工程(附件1-3)
(四)港口与航道工程(附件1-4)
(五)水利水电工程(附件1-5)
(六)电力工程(附件1-6)
(七)矿山工程(附件1-7)
(八)冶炼工程(附件1-8)
(九)石油化工工程(附件1-9)
(十)市政公用工程(附件1-10)

承包范围

1. 取得施工总承包特级资质的企业可承担本类别各等级工程施工总承包、设计及开展工程总承包和项目管理业务;
2. 取得房屋建筑、公路、铁路、市政公用、港口与航道、水利水电等专业中任意1项施工总承包特级资质和其中2项施工总承包一级资质,即可承接上述各专业工程的施工总承包、工程总承包和项目管理业务,及开展相应设计主导专业人员齐备的施工图设计业务。
3. 取得房屋建筑、矿山、冶炼、石油化工、电力等专业中任意1项施工总承包特级资质和其中2项施工总承包一级资质,即可承接上述各专业工程的施工总承包、工程总承包和项目管理业务,及开展相应设计主导专业人员齐备的施工图设计业务。
4. 特级资质的企业,限承担施工单项合同额3000万元以上的房屋建筑工程。

附件 1-1

房屋建筑工程施工总承包企业特级资质标准代表工程业绩

近5年承担过下列5项工程总承包或施工总承包项目中的3项,工程质量合格。
1. 高度100米以上的建筑物;
2. 28层以上的房屋建筑工程;
3. 单体建筑面积5万平方米以上房屋建筑工程;
4. 钢筋混凝土结构单跨30米以上的建筑工程或钢结构单跨36米以上房屋建筑工程;
5. 单项建安合同额2亿元以上的房屋建筑工程。

附件 1-2

公路工程施工总承包企业特级资质标准代表工程业绩

近10年承担过下列4项中的3项以上工程的工程总承包、施工总承包或主体工程承包,工程质量合格。
1. 累计修建一级以上公路路基100公里以上;
2. 累计修建高级路面400万平方米以上;
3. 累计修建单座桥长≥500米或单跨跨度≥100米的公路特大桥6座以上;
4. 单项合同额2亿元以上的公路工程3个以上。

附件 1-3

铁路工程施工总承包企业特级资质标准代表工程业绩

近10年承担一级铁路干线综合工程300公里以上或铁路客运专线综合工程100公里以上,并承担下列4项中的2项以上工程的工程总承包、施工总承包或主体工程承包,工程质量合格。
1. 长度3000米以上隧道2座;
2. 长度500米以上特大桥3座,或长度1000米以上特大桥1座;
3. 编组站1个;
4. 单项合同额5亿元以上铁路工程2个。

附件 1-4

港口与航道工程施工总承包企业特级资质标准代表工程业绩

近5年承担过下列11项中的6项以上工程的工程总承包、施工总承包或主体工程承包,工程质量合格。
1. 沿海3万吨或内河5000吨级以上码头;
2. 5万吨级以上船坞;
3. 水深>5米的防波堤600米以上;
4. 沿海5万吨或内河1000吨级以上航道工程;
5. 1000吨级以上船闸或300吨级以上升船机;
6. 500万立方米以上疏浚工程;
7. 400万立方米以上吹填造地工程;
8. 15万平方米以上港区堆场工程;
9. 1000米以上围堤护岸工程;
10. 3万立方米以上水下炸礁、清礁工程;
11. 单项合同额沿海2亿元以上或内河8000万元以上的港口与航道工程。

附件 1-5

水利水电工程施工总承包企业特级资质标准代表工程业绩

近10年承担过下列6项中的3项以上工程的工程总承包、施工总承包或主体工程承包,其中至少有1项是1、2中的工程,工程质量合格。
1. 库容10亿立方米以上或坝高80米以上大坝1座,或库容1亿立方米以上或坝高60米以上大坝2座;
2. 过闸流量>3000立方米/秒的拦河闸1座,或过闸流量>1000立方米/米的拦河闸2座;
3. 总装机容量300MW以上水电站1座,或总装机容量100MW以上水电站2座;
4. 总装机容量10MW以上灌溉、排水泵站1座,或总装机容量5MW瓦以上灌溉、排水泵站2座;
5. 洞径>8米、长度>3000米的水工隧洞1个,或洞径>6米、长度>2000米的水工隧洞2个;
6. 年完成水工混凝土浇筑50万立方米以上或坝体土石方填筑120万立方米以上或岩基灌浆12万米以上或防渗墙成墙8万平方米以上。

附件 1-6

电力工程施工总承包企业特级资质标准代表工程业绩

近5年承担过下列5项中的2项以上工程的工程总承包、施工总承包或主体工程承包,工程质量合格。
1. 累计电站装机容量500万千瓦以上;
2. 单机容量60万千瓦机组,或2台单机容量30万千瓦机组,或4台单机容量20万千瓦机组整体工程;
3. 单机容量90万千瓦以上核电站核岛或常规岛整体工程;

4. 330 千伏以上送电线路 500 公里；
5. 330 千伏以上电压等级变电站 4 座。

附件 1-7

矿山工程施工总承包企业特级资质标准代表工程业绩

近 10 年承担过下列 7 项中的 3 项以上或 1～5 项中某一项的 3 倍以上规模工程的工程总承包、施工总承包或主体工程承包，工程质量合格。

1. 100 万吨/年以上铁矿采、选工程；
2. 100 万吨/年以上有色砂矿或 60 万吨/年以上有色脉矿采、选工程；
3. 120 万吨/年以上煤矿或 300 万吨/年以上洗煤工程；
4. 60 万吨/年以上磷矿、硫铁矿或 30 万吨/年以上铀矿工程；
5. 20 万吨/年以上石膏矿、石英矿或 70 万吨/年以上石灰石矿等建材矿山工程；
6. 10000 米以上巷道工程及 100 万吨以上尾矿库工程；
7. 单项合同额 3000 万元以上矿山主体工程。

附件 1-8

冶炼工程施工总承包企业特级资质标准代表工程业绩

近 10 年承担过下列 11 项中的 4 项以上工程的工程总承包、施工总承包或主体工程承包，工程质量合格。

1. 年产 100 万吨以上炼钢或连铸工程（或单座容量 120 吨以上转炉，90 吨以上电炉）；
2. 年产 80 万吨以上轧钢工程；
3. 年产 100 万吨以上炼铁工程（或单座容积 1200 立方米以上高炉）或烧结机使用面积 180 平方米以上烧结工程；
4. 年产 90 万吨以上炼焦工程（炭化室高度 6 米以上焦炉）；
5. 小时制氧 10000 立方米以上制氧工程；
6. 年产 30 万吨以上氧化铝加工工程；
7. 年产 20 万吨以上铜、铝或 10 万吨以上铅、锌、镍等有色金属冶炼、电解工程；
8. 年产 5 万吨以上有色金属加工工程或生产 5000 吨以上金属箔材工程；
9. 日产 2000 吨以上窑外分解水泥工程；
10. 日产 2000 吨以上预热器系统或水泥烧成系统工程；
11. 日熔量 400 吨以上浮法玻璃工程。

附件 1-9

石油化工工程施工总承包企业特级资质标准代表工程业绩

近 5 年承担过 3 项以上大型石油化工工程的工程总承包、施工总承包或主体工程承包，工程质量合格。

附件 1-10

市政公用工程施工总承包企业特级资质标准代表工程业绩

近十年承担过下列 7 项中的 4 项市政公用工程的施工总承包或主体工程承包，工程质量合格。

1. 累计修建城市道路（含城市主干道、城市快速路、城市环路，不含城际间公路）长度 30 公里以上；或累计修建城市道路面积 200 万平方米以上；
2. 累计修建直径 1 米以上的供、排、中水管道（含净宽 1 米以上方沟）工程 30 公里以上，或累计修建直径 0.3 米以上的中、高压燃气管道 30 公里以上，或累计修建直径 0.5 米以上的热力管道工程 30 公里以上；
3. 累计修建内径 5 米以上地铁隧道工程 5 公里以上，或累计修建地下交通 3 万平米以上，或修建合同额 6000 万元以上的地铁车站工程 3 项以上；
4. 累计修建城市桥梁工程的桥梁面积 15 万平方米以上；或累计修建单跨 40 米以上的城市桥梁 5 座以上；
5. 修建日处理 30 万吨以上的污水处理厂工程 3 座以上，或日供水 50 万吨以上的供水厂工程 2 座以上；
6. 修建合同额 5000 万元以上的城市生活垃圾处理工程 3 项以上；
7. 合同额 8000 万元以上的市政综合工程（含城市道路、桥梁、供水、排水、中水、燃气、热力、电力、通信等管线）总承包项目 5 项以上，或合同额为 2000 万美元以上的国（境）外市政公用工程项目 1 项以上。

23. 施工总承包企业特级资质标准实施办法

(建市〔2010〕210号)

一、资质申请及审核

(一)《施工总承包企业特级资质标准》(建市〔2007〕72号,以下简称新《特级标准》)实施前取得特级资质的企业(以下简称原特级企业),以及符合新《特级标准》条件的施工总承包一级资质企业可按新《特级标准》申请特级资质。

(二)原特级企业应在2011年12月31日之前提出特级资质申请;经审核未达到新《特级标准》要求的,2012年3月13日前保留其原特级资质。

原特级企业2012年3月13日之前未提出特级资质申请的,2012年3月13日后其特级资质自动失效,我部将注销其特级资质并予以公布。

(三)申请多类特级资质的,其企业"注册资本金"、"净资产"、"银行授信额度"、"科技进步水平"中的各项指标及企业应具有的一级注册建造师总数不需叠加计算;每增加一类特级资质申请,企业建筑业营业税增加5000万元;企业代表工程业绩应分别满足各类资质标准要求;相关的行业工程设计甲级资质标准要求的设计专业技术人员和个人代表工程业绩应分别满足相应设计资质标准要求。

(四)自《施工总承包企业特级资质标准实施办法》(以下简称《实施办法》)实施之日起,原特级企业因企业分立而申请资质的,应按照当时有效的资质标准对原特级企业的全部资质进行重新核定。

(五)施工总承包企业特级资质的许可实行实地核查制度。由住房和城乡建设部组织实地核查,其中涉及铁路、交通和水利的,由其行业主管部门组织实地核查。

二、指标说明

(一)资信能力

1. 企业注册资本金指企业工商注册的实收资本,以企业工商营业执照为准。

2. 企业净资产以企业申请资质前一年度或当期经审计的财务报表为准。

3. 企业近3年上缴建筑业营业税以企业提供的建筑业营业税票为准;以境外工程项目申报的,可按结算当期(日)汇率,将境外工程项目的结算收入折算成国内工程结算收入,再按国内税率计算建筑业营业税。企业应同时提供境外工程结算资料、工程所在地国家(地区)的当期(日)汇率及工程所在地使领馆经商处的相关证明或合同及业主证明。资料为外文的,应附中文译稿。

4. 企业银行授信额度以企业与银行签订的年度授信协议书为准。多家银行的年度授信额度不能累加计算,以其中的最高额度为准。

(二)企业主要管理人员和专业技术人员

1. 企业经理工作经历以企业提供的《建筑业企业资质申请表》中企业经理简历为准。

2. 技术负责人从事工程技术管理经历以企业填报的《建筑业企业资质申请表》中企业技术负责人简历为准。

职务、职称及注册资格以企业提供的任职文件、职称证书、身份证、养老保险证明和加盖执业印章的注册执业资格证书为准。

个人业绩证明以任命文件、施工或设计工程项目合同、图纸及竣工证明资料为准。

3. 财务负责人指主管财务工作的负责人,可为企业总会计师、副总会计师或财务主管。以企业提供的任职文件、职称证书、身份证、养老保险证明和注册会计师全国统一考试全科考试合格证书为准。

4. 企业具有与申报类别相对应专业的注册建造师数量不得少于该类别总承包一级资质标准对注册建造师数量的要求,且企业具有一级注册建造师50人以上。

以企业提供的一级注册建造师身份证、养老保险证明和加盖执业印章的注册执业资格证书为准。

5. 工程设计人员

(1) 新《特级标准》中的"本类别相关的行业工程设计甲级资质标准要求的专业技术人员"应满足《施工总承包企业特级资质类别对应工程设计资质所需设计类型对照表》(见附件1)中的"设计行业"甲级资质或"设计专业"各专业甲级资质标准所要求的主要专业技术人员配备要求。

(2) 企业申请特级资质及工程设计资质,需要办理注册执业人员变更的,应提供原注册企业和申请资质企业以及原省级执业注册管理部门出具已申请变更的证明材料;已取得执业资格尚未注册的人员,应提供执业资格证书复印件和省级执业注册管理部门出具的已申请初始注册的证明材料;调入本企业的专业技术人员及注册执业人员均需提供原聘用单位解聘证明,离退休人员应提供离退休证明。

(3) 工程设计人员按照《建设工程勘察设计企业资质管理规定》(建设部令第160号)、《工程设计资质标准》(建市〔2007〕86号)及《建设工程勘察设计资质管理规定实施意见》(建市〔2007〕202号)等文件中的相关要求考核。

(三)科技进步水平

1. 企业技术中心是指国家级企业技术中心(含分中心)或省部级企业技术中心。

国家级企业技术中心(含分中心)为符合《国家认定企业技术中心管理办法》(国家发展改革委、科学技术部、财政部、海关总署、国家税务总局令第53号)规定的认定标准,并经认定的企业技术中心(含分中心)。

省部级企业技术中心为省级相关主管部门按照《国家认定企业技术中心管理办法》制定相应政策和程序认

定的企业技术中心。

以企业提供的批准文件或认定证书为准。

2.科技活动经费包括科技开发经费（一般包括新产品设计费、工艺规程制定费、设备调整费、各类试验费、技术资料购置费、研究机构人员工资以及科技研究有关的其他经费或委托其他单位进行科研试制的费用）、信息化建设经费、科技培训经费和科技开发奖励经费。企业近3年科技活动经费每年不低于800万元，以企业财务报表中"科技活动经费支出"栏目或科技经费专项审计报告为准。

3.国家级工法指根据《工程建设工法管理办法》（建质〔2005〕145号），由住房和城乡建设部审定和公布的与工程建设相关的工法，工法不受企业资质申报专业的限制。工法的第一或第二完成者为资质申报企业。以企业提供的国家级工法批准文件或证书为准。

4.专利指与工程建设相关的专利。专利的所有权人应与申报企业名称一致。共有的专利权人予以认可。经受让获得的专利，受让满2年后予以认可。以企业提供的专利批准文件或证书为准；受让专利的，以企业提供的受让专利转让确认书、专利证书、专利转让备案等为准。

5.科技进步奖以企业提供的国家级科技进步奖项批准文件或获奖证书为准。

6.主持编制过国家或行业标准以企业提供的主持编制工程建设国家或行业标准的发布通知（或发布令）、封面、目次、前言和引言等资料为准。

7.信息化考评按《施工总承包企业特级资质标准信息化考评表》（见附件2）执行。企业的信息化以应用为主，功能为辅进行考评，不限定任何软件和实现形式。偏远地区、境外工程和3000万元以下的工程，可不纳入信息化考评范围。

三、资质证书及承包范围

（一）对工程设计人员符合本《实施办法》要求，且其他条件符合新《特级标准》的企业，经核定后颁发新版施工总承包特级资质证书，并注明施工总承包业务范围，同时颁发相应的工程设计甲级资质证书。

符合前款的企业取得房屋建筑、公路、铁路、市政公用、港口与航道、水利水电等类别中任意1类施工总承包特级资质和其中2类施工总承包一级资质，即可承接房屋建筑、公路、铁路、市政公用、港口与航道、水利水电各类别工程的施工总承包、工程总承包和项目管理业务；取得房屋建筑、矿山、冶炼、石油化工、电力等类别中任意1类施工总承包特级资质和其中2类施工总承包一级资质，即可承接房屋建筑、矿山、冶炼、石油化工、电力各类别工程的施工总承包、工程总承包和项目管理业务。

（二）工程设计人员暂不满足本《实施办法》要求，但其他条件符合新《特级标准》要求的原特级企业，经核定后颁发新版施工总承包特级资质证书，并注明施工总承包业务范围。

符合前款的企业满足本类别对应设计行业中相关设计专业甲级资质标准中要求的设计技术人员，颁发相应的工程设计专业甲级资质证书。

（三）申请特级资质企业经审核后达到标准要求的，其设计注册执业人员尚未办结注册手续的，应在公告后3个月内办结相关手续，企业在提交加盖执业印章的注册执业证书后，方可领取新版特级资质证书和相应的工程设计甲级资质证书；3个月内未完成上述注册执业人员注册手续的，不颁发相应的工程设计甲级资质证书，并重新公告。

四、材料清单及填报要求

（一）综合资料卷

1.目录；

2.企业法人营业执照正、副本复印件（含年检记录）；

3.企业资质证书正、副本复印件；

4.企业章程复印件；

5.企业近3年建筑业行业统计报表复印件；

6.企业近3年财务审计报告复印件（含报表附注）；

7.企业安全生产许可证复印件；

8.近3年企业与银行签订的年度授信协议书复印件；

9.近3年上缴的建筑业营业税税票复印件，以境外工程项目申报的，应提供工程所在地使领馆经商处的相关证明或合同及业主证明的复印件；

10.省部级及以上企业技术中心（含分中心）认证的证书或有效核准文件复印件；

11.国家级工法的批准文件或证书复印件；

12.专利的批准文件或证书复印件。受让专利的，应提供受让专利转让确认书、专利证书、专利转让备案等受让文件复印件；

13.国家科学技术进步奖批准文件或获奖证书复印件；

14.主持编制的工程建设国家或行业标准的发布通知（或发布令）、封面、目次、前言和引言等资料复印件。

（二）人员资料卷

1.目录；

2.一级注册建造师的身份证、养老保险证明复印件和加盖执业印章的注册执业资格证书复印件；

3.企业技术负责人的任职文件、职称证书、身份证、养老保险证明和加盖执业印章的注册执业资格证书复印件。能够证明本人主持完成的代表工程业绩证明资料复印件，包括：项目经理、项目技术负责人或总设计师等任命文件，施工或设计工程项目合同、图纸及竣工证明资料；

4.财务负责人的任职文件、职称证书、身份证、养老保险证明和注册会计师全国统一考试全科考试合格证书复印件；

5.工程设计专业技术人员中注册执业人员的身份证、养老保险证明复印件，以及加盖执业印章的注册执业资格证书复印件或未完成注册变更手续的原注册企业、申请资质企业及原省级执业注册管理部门出具的已申请变更的证明材料,或已取得执业资格尚未注册人员的执业资格证书复印件及省级执业注册管理部门出具的已申请初始注册的证明材料;

非注册执业人员的身份证、学历证、职称证书和养老保险证明复印件;主导专业人员的《专业技术人员基本情况及业绩表》;

调入本企业的专业技术人员及注册执业人员的原聘用单位解聘证明;

离退休人员的离退休证明。

(三)工程业绩卷

1.目录;

2.工程中标通知书复印件;

3.工程合同复印件;

4.工程竣工报告或有关部门出具的工程质量鉴定书复印件(需包含参与验收的单位及人员、验收的内容、验收的结论、验收的时间等内容);境外工程需出具符合国际惯例的工程竣工文件复印件;

5.涉及到单体(单项、单位)、跨度、长度、高度、结构类型等指标,应提供能反映该项技术指标的图纸;

6.涉及到单项合同额、造价等指标的,应提供工程结算单。

(四)企业信息化资料卷

企业信息化基本情况介绍材料。

凡过去文件规定与本《实施办法》不一致的,以本《实施办法》为准。

附件1

施工总承包企业特级资质类别对应工程设计资质所需设计类型对照表

序号	特级资质类别	工程设计甲级资质类型	
		设计行业	设计专业
一	房屋建筑工程	建筑	建筑工程、人防工程
二	公路工程	公路	公路、特大桥梁、特长隧道、交通工程
三	铁路工程	铁道	甲(Ⅰ)或甲(Ⅱ)
四	港口与航道工程	水运	港口工程、航道工程、通航建筑工程、修造船厂水工工程四个专业类型中的任意两个
五	水利水电工程	水利	水库枢纽以及引调水、灌溉排涝、河道整治、城市防洪、围垦、水土保持、水文设施七个专业类型中的任意两个
		电力	风力发电、水力发电(含抽水蓄能、潮汐)
六	电力工程	电力	送电工程、火力发电(含核电站常规岛设计)
			送电工程、水力发电
七	矿山工程	煤炭	矿井、选煤厂
			露天矿、选煤厂
		冶金	金属冶炼工程、金属材料工程、焦化和耐火材料工程、冶金矿山工程四个专业类型中的任意两个
		建材	水泥工程、玻璃/陶瓷/耐火材料工程、新型建筑材料工程、非金属矿及原料制备工程、无机非金属材料及制品工程五个专业类型中的任意两个
		核工业	反应堆工程设计(含核电站反应堆工程)、核燃料加工制造及处理工程、铀矿山及选冶工程、核设施退役及放射性三废处理处置工程、核技术及同位素应用工程五个专业类型中的任意两个
		化工石化医药	炼油工程、化工工程、石油及化工产品储运、化工矿山、生化/生物药、化学原料药、中成药、药物制剂、医疗器械(含药品内包装)九个专业类型中的任意三个
八	冶炼工程	冶金	金属冶炼工程、金属材料工程、焦化和耐火材料工程、冶金矿山工程四个专业类型中的任意两个
		建材	水泥工程、玻璃/陶瓷/耐火材料工程、新型建筑材料工程、非金属矿及原料制备工程、无机非金属材料及制品工程五个专业类型中的任意两个
九	化工石油工程	化工石化医药	炼油工程、化工工程、石油及化工产品储运、化工矿山、生化/生物药、化学原料药、中成药、药物制剂、医疗器械(含药品内包装)九个专业类型中的任意三个

续上表

序号	特级资质类别	工程设计甲级资质类型	
		设计行业	设计专业
九	化工石油工程	石油天然气（海洋石油）	管道输送、油田地面
			管道输送、气田地面
			管道输送、海洋石油
十	市政公用工程	市政	桥梁工程、城镇燃气工程、轨道交通工程、给水工程
			桥梁工程、城镇燃气工程、轨道交通工程、排水工程
			城市隧道工程、城镇燃气工程、轨道交通工程、给水工程
			城市隧道工程、城镇燃气工程、轨道交通工程、排水工程

附件 2

施工总承包企业特级资质信息化考评表

一、考评原则

1. 应用为主。企业可根据自身的实际情况自主选择软件产品。不过多追求系统功能，信息化考评重在考察企业信息系统的应用情况。对于不具备上网条件的偏远地区、境外工程，企业可根据自身需要，自行确定数据的填报方式及录入时间。

2. 强调效果。企业应重视信息化建设规划以及标准体系建设，重点考察企业信息化应用成效、系统功能和工作效率、管理水平等方面。

3. 遵守诚信。企业必须按照考评要求，如实提供企业信息化资料。

二、考评范围

档案管理只对近两年（以申报日期往前推算）的竣工项目进行考评，项目管理只对在建项目进行考评。对于偏远地区、境外工程、3000 万以下的工程，可不纳入信息化考评范围。

三、考评内容

序号	考核项	考核内容	标准分值
1	基础设施建设	硬件设施、网络环境、安全保障、制度保障、企业门户网站	20
2	项目管理	具备综合项目管理协同平台，并实现项目管理相应功能的集成	10
		具备招投标管理、进度管理、成本管理、合同管理、物资管理、设备管理、竣工管理、风险管理的功能	36
		具备质量管理、安全管理的功能	14

续上表

序号	考核项	考核内容	标准分值
3	人力资源管理	具备组织机构管理、人事管理、合同管理、薪资管理、社保管理、培训管理、员工绩效管理、招聘管理的功能	5
4	档案管理	具备文书档案、工程档案的功能	5
5	财务管理	具备财务账务、成本核算和管理的功能	5
6	办公管理	具备公文流转、收发文管理、邮件管理、信息发布的功能	5
	保证性指标总分		100
7	加分项	具备电子商务、知识管理、商业智能的功能	5
	总分		105

四、得分计算

1. 信息化考评指标的第 1 至 6 项为保证性指标项，满分为 100 分。

2. 信息化考评指标的第 7 项为加分项，企业满足指标要求给予加分，满分为 5 分。

3. 项目管理为信息化考评的核心指标。

4. 合格判定：信息化考评指标的最终得分大于等于 60 分，且第 2 项"项目管理"指标项的得分必须大于等于 30 分。

本文件发布后修改情况：

2015 年 11 月 9 日，《住房城乡建设部关于调整建筑业企业资质标准中净资产指标考核有关问题的通知》（建市〔2015〕177 号）中规定：

将《施工总承包企业特级资质标准实施办法》（建市〔2010〕210 号）中第二部分指标说明"（一）资信能力"中第 2 条"企业净资产以企业申请资质前一年度或当期经审计的财务报表中为准"修改为"企业净资产以企业申请资质前一年度或当期合法的财务报表为准"。

24. 住房城乡建设部关于建筑业企业资质管理有关问题的通知

(建市〔2015〕154号)

各省、自治区住房城乡建设厅,直辖市建委,新疆生产建设兵团建设局,国务院有关部门建设司,总后基建营房部工程管理局:

为充分发挥市场配置资源的决定性作用,进一步简政放权,促进建筑业发展,现就建筑业企业资质有关问题通知如下:

一、取消《施工总承包企业特级资质标准》(建市〔2007〕72号)中关于国家级工法、专利、国家级科技进步奖项、工程建设国家或行业标准等考核指标要求。对于申请施工总承包特级资质的企业,不再考核上述指标。

二、取消《建筑业企业资质标准》(建市〔2014〕159号)中建筑工程施工总承包一级资质企业可承担单项合同额3000万元以上建筑工程的限制。取消《建筑业企业资质管理规定和资质标准实施意见》(建市〔2015〕20号)特级资质企业限承担施工单项合同额6000万元以上建筑工程的限制以及《施工总承包企业特级资质标准》(建市〔2007〕72号)特级资质企业限承担施工单项合同额3000万元以上房屋建筑工程的限制。

三、将《建筑业企业资质标准》(建市〔2014〕159号)中钢结构工程专业承包一级资质承包工程范围修改为:可承担各类钢结构工程的施工。

四、将《建筑业企业资质管理规定和资质标准实施意见》(建市〔2015〕20号)规定的资质换证调整为简单换证,资质许可机关取消对企业资产、主要人员、技术装备指标的考核,企业按照《建筑业企业资质管理规定》(住房城乡建设部令第22号)确定的审批权限以及建市〔2015〕20号文件规定的对应换证类别和等级要求,持旧版建筑业企业资质证书到资质许可机关直接申请换发新版建筑业企业资质证书(具体换证要求另行通知)。将过渡期调整至2016年6月30日,2016年7月1日起,旧版建筑业企业资质证书失效。

五、取消《建筑业企业资质管理规定和资质标准实施意见》(建市〔2015〕20号)第二十八条"企业申请资质升级(含一级升特级)、资质增项的,资质许可机关应对其既有全部建筑业企业资质要求的资产和主要人员是否满足标准要求进行检查"的规定;取消第四十二条关于"企业最多只能选择5个类别的专业承包资质换证,超过5个类别的其他专业承包资质按资质增项要求提出申请"的规定。

六、劳务分包(脚手架作业分包和模板作业分包除外)企业资质暂不换证。

各地要认真组织好建筑业企业资质换证工作,加强事中事后监管,适时对本地区取得建筑业企业资质的企业是否满足资质标准条件进行动态核查。

本通知自发布之日起施行。

中华人民共和国住房和城乡建设部
2015年10月9日

25. 住房城乡建设部关于建设工程企业发生重组、合并、分立等情况资质核定有关问题的通知

(建市〔2014〕79号)

各省、自治区住房城乡建设厅,直辖市建委(建设交通委),北京市规委,新疆生产建设兵团建设局,国务院有关部门建设司(局),总后营房部工程管理局,国资委管理的有关企业:

为贯彻落实《国务院关于进一步优化企业兼并重组市场环境的意见》(国发〔2014〕14号),进一步明确工程勘察、设计、施工、监理企业及招标代理机构(简称建设工程企业)重组、合并、分立后涉及资质重新核定办理的有关要求,简化办理程序,方便服务企业,现将建设工程企业发生重组、合并、分立等情况后涉及资质办理的有关事项通知如下:

一、根据有关法律法规和企业资质管理规定,下列类型的建设工程企业发生重组、合并、分立等情况申请资质证书的,可按照有关规定简化审批手续,经审核注册资本金和注册人员等指标满足资质标准要求的,直接进行证书变更。有关具体申报材料和程序按照《关于建设部批准的建设工程企业办理资质证书变更和增补有关事项的通知》(建市函〔2005〕375号)等要求办理。

1.企业吸收合并,即一个企业吸收另一个企业,被吸收企业已办理工商注销登记并提出资质证书注销申请,企业申请被吸收企业资质的。

2.企业新设合并,即有资质的几家企业,合并重组为一个新企业,原有企业已办理工商注销登记并提出资质证书注销申请,新企业申请承继原有企业资质的。

3.企业合并(吸收合并及新设合并),被吸收企业或原企业短期内无法办理工商注销登记的,在提出资质注销申请后,合并后企业可取得有效期1年的资质证书。有效期内完成工商注销登记的,可按规定换发有效期5年的资质证书;逾期未提出申请的,其资质证书作废,企业相关资质按有关规定重新核定。

4.企业全资子公司间重组、分立,即由于经营结构调整,在企业与其全资子公司之间或各全资子公司间进行主营业务资产、人员转移,在资质总量不增加的情况下,企业申请资质全部或部分转移的。

5.国有企业改制重组、分立,即经国有资产监管部门批准,几家国有企业之间进行主营业务资产、人员转移,企业申请资质转移且资质总量不增加的。

6.企业外资退出,即外商投资企业(含外资企业、中外合资企业、中外合作企业)外国投资者退出,经商务主管部门注销外商投资批准证书后,工商营业执照已变更为内资,变更后新企业申请承继原企业资质的。

7.企业跨省变更,即企业申请办理工商注册地跨省变更的,可简化审批手续,发放有效期1年的证书。企业应在有效期内将有关人员变更到位,并按规定申请重新核定。

在重组、合并、分立等过程中,所涉企业如果注册在两个或以上省(自治区、直辖市)的,经资质转出企业所在省级住房城乡建设行政主管部门同意后,由资质转入企业所在省级住房城乡建设行政主管部门负责初审。

二、上述情形以外的建设工程企业重组、合并、分立,企业申请办理资质的,按照有关规定重新进行核定。企业重组、分立后,一家企业承继原企业某项资质的,其他企业同时申请该项资质时按首次申请办理。

三、内资企业被外商投资企业(含外资企业、中外合资企业、中外合作企业)整体收购或收购部分股权的,按照《外商投资建筑业企业管理规定》(建设部、外经贸部令第113号)、《外商投资建设工程设计企业管理规定》(建设部、外经贸部令第114号)、《外商投资建设工程服务企业管理规定》(建设部、商务部令第155号)及《外商投资建设工程设计企业管理规定实施细则》(建市〔2007〕18号)等有关规定核定,变更后的新企业申请原企业原有资质可不提交代表工程业绩材料。

四、发生重组、合并、分立等情况后的企业在申请资质时应提交原企业法律承续或分割情况的说明材料。

五、企业重组、合并、分立等涉及注册资本与实收资本变更的,按照实收资本考核。

六、重组、分立后的企业再申请资质的,应申报重组、分立后承接的工程项目作为代表工程业绩;合并后的新企业再申请资质的,原企业在合并前承接的工程项目可作为代表工程业绩申报。

七、本通知自印发之日起执行。《关于建设工程企业发生改制、重组、分立等情况资质核定有关问题的通知》(建市〔2007〕229号)同时废止。

中华人民共和国住房和城乡建设部
2014年5月28日

26. 建设工程勘察设计资质管理规定实施意见

(建市〔2007〕202号)

为实施《建设工程勘察设计资质管理规定》(建设部令第160号)(以下简称新《规定》)和《工程设计资质标准》(建市〔2007〕86号)(以下简称新《标准》),制定本实施意见。

一、资质申请条件

(一)凡在中华人民共和国境内,依法取得工商行政管理部门颁发的企业法人营业执照的企业,均可申请建设工程勘察、工程设计资质。依法取得合伙企业营业执照的企业,只可申请建筑工程设计事务所资质。

(二)因建设工程勘察未对外开放,资质审批部门不受理外商投资企业(含新成立、改制、重组、合并、并购等)申请建设工程勘察资质。

(三)工程设计综合资质涵盖所有工程设计行业、专业和专项资质。凡具有工程设计综合资质的企业不需单独申请工程设计行业、专业或专项资质证书。

工程设计行业资质涵盖该行业资质标准中的全部设计类型的设计资质。凡具有工程设计某行业资质的企业不需单独申请该行业内的各专业资质证书。

(四)具备建筑工程行业或专业设计资质的企业,可承担相应范围相应等级的建筑装饰工程设计、建筑幕墙工程设计、轻型钢结构工程设计、建筑智能化系统设计、照明工程设计和消防设施工程设计等专项工程设计业务,不需单独申请以上专项工程设计资质。

(五)有下列资质情形之一的,资质审批部门按照升级申请办理:

1. 具有工程设计行业、专业、专项乙级资质的企业,申请与其行业、专业、专项资质对应的甲级资质的;

2. 具有工程设计行业乙级资质或专业乙级资质的企业,申请现有资质范围内的一个或多个专业甲级资质的;

3. 具有工程设计某行业或专业甲、乙级资质的企业,其本行业和本专业工程设计内容中包含了某专项工程设计内容,申请相应的专项甲级资质的;

4. 具有丙级、丁级资质的企业,直接申请乙级资质的。

(六)新设置的分级别的工程勘察资质,自正式设置起,设立两年过渡期。在过渡期内,允许企业根据实际达到的条件申请资质等级,不受最高不超过乙级申请的限制,且申报材料不需提供企业业绩。

(七)具有一级及以上施工总承包资质的企业可直接申请同类或相近类别的工程设计甲级资质。具有一级及以上施工总承包资质的企业申请不同类别的工程设计资质的,应从乙级资质开始申请(不设乙级的除外)。

(八)企业的专业技术人员、工程业绩、技术装备等资质条件,均是以独立企业法人为审核单位。企业(集团)的母、子公司在申请资质时,各项指标不得重复计算。

(九)允许每个大专院校有一家所属勘察设计企业可以聘请本校在职教师和科研人员作为企业的主要专业技术人员,但是其人数不得大于资质标准中要求的专业技术人员总数的三分之一,且聘期不得少于2年。在职教师和科研人员作为非注册人员考核时,其职称应满足讲师/助理研究员及以上要求,从事相应专业的教学、科研和设计时间10年及以上。

二、申报材料

(十)因《工程勘察资质标准》未修订,除本实施意见另有规定外,工程勘察资质的有关申报材料要求仍按建办市函〔2006〕274号文办理。

(十一)首次申请工程设计资质,需提交以下材料:

1. 工程设计资质申请表及电子文档(见附件1);

2. 企业法人、合伙企业营业执照副本复印件;

3. 企业章程或合伙人协议文本复印件;

4. 企业法定代表人、合伙人的身份证明复印件;

5. 企业负责人、主要技术负责人或总工程师的身份证明、任职文件、毕业证书、职称证书等复印件,主要技术负责人或总工程师提供"专业技术人员基本情况及业绩表";

6. 工程设计资质申请表中所列注册执业人员的身份证明复印件、企业注册所在地省级注册管理部门盖章的注册变更表或初始注册表;

7. 工程设计资质标准要求的非注册专业技术人员的身份证明、职称证书、毕业证书等复印件,主导专业的非注册人员还需提供"专业技术人员基本情况及业绩表";

8. 工程设计资质标准要求的主要专业技术人员(注册、非注册)与企业依法签订的劳动合同主要页(包括合同双方名称、聘用起止时间、签字盖章、生效日期)、与原聘用单位解除聘用劳动合同的证明或近一个月的社保证明复印件;其中,对军队或高校从事工程设计的事业编制的主要专业技术人员不需提供社保证明,但需提供所在单位上级人事主管部门的人事证明材料;

9. 办公场所证明,属于自有产权的出具产权证复印件;属于租用或借用的,出具出租(借)方产权证和双方租赁合同或借用协议的复印件。

(十二)申请工程设计资质升级,需提交以下材料:

1. 工程设计资质申请表及电子文档(见附件1);

2. 企业法人、合伙企业营业执照副本复印件;

3. 原工程设计资质证书副本复印件;

4. 企业负责人、主要技术负责人或总工程师的身份证明、任职文件、毕业证书、职称证书等复印件,主要技术负责人或总工程师提供"专业技术人员基本情况及业绩表";

5. 工程设计资质申请表中所列注册执业人员的身份

证明复印件、加盖执业印章的注册证书复印件；

6.工程设计资质标准要求的非注册专业技术人员的身份证明、职称证书、毕业证书等复印件，主导专业的非注册人员还需提供"专业技术人员基本情况及业绩表"；

7.工程设计资质标准要求的非注册专业技术人员与企业依法签订的劳动合同主要页（包括合同双方名称、聘用起止时间、签字盖章、生效日期）及近一个月的社保证明复印件；其中，对军队或高校从事工程设计的事业编制的非注册专业技术人员不需提供社保证明，但需提供所在单位上级人事主管部门的人事证明材料；

8.满足工程设计资质标准要求的企业业绩证明材料，包括：工程设计合同主要页的复印件；建设单位（业主）出具的工程竣工、移交、试运行证明文件，或工程竣工验收文件的复印件。

（十三）申请工程设计资质增项，需提交以下材料：

1.工程设计资质申请表及电子文档（见附件1）；

2.企业法人、合伙企业营业执照副本复印件；

3.原工程设计资质证书副本复印件；

4.企业负责人、主要技术负责人或总工程师的身份证明、任职文件、毕业证书、职称证书等复印件，主要技术负责人或总工程师提供"专业技术人员基本情况及业绩表"；

5.工程设计资质申请表中所列注册执业人员的身份证明复印件、加盖执业印章的注册证书复印件；

6.工程设计资质标准要求的非注册专业技术人员的身份证明、职称证书、毕业证书等复印件，主导专业的非注册人员还需提供"专业技术人员基本情况及业绩表"；

7.工程设计资质标准要求的非注册专业技术人员与企业依法签订的劳动合同主要页（包括合同双方名称、聘用起止时间、签字盖章、生效日期）及近一个月的社保证明复印件；其中，对军队或高校从事工程设计的事业编制的非注册专业技术人员不需提供社保证明，但需提供所在单位上级主管部门人事部门的人事证明材料。

（十四）申请设计综合资质的，需提交以下材料：

1.工程设计资质申请表及电子文档（见附件1）；

2.企业法人营业执照副本复印件；

3.企业法定代表人基本情况表、任职文件、身份证明复印件；

4.企业主要技术负责人或总工程师的任职文件、毕业证书、职称证书或注册执业证书、身份证明等复印件及"专业技术人员基本情况及业绩表"；

5.甲级工程设计资质证书正、副本复印件；

6.大型建设项目工程设计合同，试运行或竣工验收证明复印件；

7.企业相应年度财务报表（资产负债表、损益表）、年度审计报告复印件；

8.注册执业人员的注册执业证书（加盖执业印章）、身份证明复印件；

9.专业技术人员初级以上职称证书、身份证明复印件；

10.工程勘察、工程设计、科技进步奖证书复印件；

11.国家、行业工程建设标准、规范发布批准文件及出版物主要页（包括出版物名称、批准部门、主编或参编单位名称、出版社名称）复印件；

12.专利证书、专有技术发布（批准）文件或工艺包认可、认定、鉴定证书复印件；

13.ISO 9001标准质量体系认证证书复印件；

14.办公场所证明，属于自有产权的出具产权证复印件；属于租用或借用的，出具出租（借）方产权证和双方租赁合同或借用协议的复印件。

（十五）延续工程设计资质，需提交以下材料：

1.工程设计资质申请表及电子文档（见附件1）；

2.企业法人、合伙企业营业执照副本复印件；

3.原工程设计资质证书副本复印件；

4.工程设计资质申请表中所列注册执业人员的身份证明复印件、加盖执业印章的注册证书复印件；

5.工程设计资质标准要求的非注册专业技术人员的身份证明、职称证书、毕业证书等复印件，主导专业的非注册人员还需提供"专业技术人员基本情况及业绩表"；

6.工程设计资质标准要求的非注册专业技术人员近一个月的社保证明复印件；其中，对军队或高校从事工程设计的事业编制的非注册专业技术人员不需提供社保证明，但需提供所在单位上级主管部门人事部门的人事证明材料。

（十六）已具备施工资质的企业首次申请同类别或相近类别的工程勘察、工程设计资质的，其申报材料除应提供首次申请所列全部材料外，申请甲级勘察设计资质的，还应提供相应规模的工程勘察、设计业绩或工程总承包业绩证明材料，包括：工程勘察、工程设计或工程总承包合同主要页的复印件；建设单位（业主）出具的工程竣工、移交、试运行证明文件，或工程竣工验收文件的复印件。

（十七）企业因注册名称、注册资本、法定代表人或执行合伙企业事务的合伙人、注册地址等发生变化需变更资质证书内容的，由企业提出变更理由及变更事项，并提交以下材料：

1.企业出具由法定代表人、执行合伙企业事务的合伙人签署的资质证书变更申请；

2.企业法人、合伙企业营业执照副本复印件；

3.资质证书正、副本原件；

4.建设工程企业资质证书变更审核表；

5.与资质变更事项有关的证明材料：

（1）企业名称、注册资本变更的，提供变更后的工商营业执照副本复印件；

（2）法定代表人或执行合伙企业事务的合伙人变更的，提供企业法定代表人或执行合伙企业事务的合伙人的身份证明；

（3）地址变更的提交新的办公场地的自有产权证明或租赁（借）合同和所租（借）场地的产权证明。

具有工程勘察甲级、工程设计甲级以及涉及铁路、交通、水利、信息产业、民航等方面的工程设计乙级资质的企业变更注册名称的,企业应向工商注册所在地的省级人民政府建设主管部门提出申请,由建设部负责办理。其他所有资质变更手续由企业工商注册所在地省级建设主管部门负责办理。但其中涉及企业资质证书编号发生变化的,省级人民政府建设主管部门需报建设部核准后,方可办理。

(十八)企业合并、分立、改制、重组后,需重新核定资质的,应提交下列材料:

1. 企业合并、分立、改制情况报告,包括新企业与原企业的产权关系、资本构成及资产负债情况,人员、内部组织机构的分立与合并、工程勘察设计业绩的分割、合并等情况;

2. 本实施意见第(十一)条所列的全部材料;

3. 原资质证书正、副本复印件;

4. 改制(重组)方案,上级行政主管部门及国有资产管理部门的批复文件,企业职工代表大会的决议;或股东(代表)大会、董事会的决议。

(十九)具有工程勘察甲级、工程设计甲级以及涉及铁路、交通、水利、信息产业、民航等方面的工程设计乙级资质的企业申请工商注册地跨省、自治区、直辖市变更,除提供本实施意见第(十一)条所列材料外,还应提交下列材料:

1. 企业原工商注册所在地省级建设主管部门同意资质变更的书面意见;

2. 资质变更前原企业工商注册登记注销证明及资质变更后新企业法人营业执照正、副本复印件。

其中涉及到资质证书中企业名称变更的,省级人民政府建设主管部门应将受理的申请材料报建设部办理。

乙级及以下资质(涉及铁路、交通、水利、信息产业、民航等方面的工程设计乙级资质除外)的工程勘察设计企业申请工商注册地跨省、自治区、直辖市变更,由各省级人民政府建设主管部门参照上述程序依法制定。

(二十)材料要求

1. 申请设计综合资质的,申请表一式二份,附件材料一份;申请一个行业的设计资质,申请表一式二份,附件材料一份,每增加一个行业的设计资质,增加一份申请表和一份附件材料;涉及铁道、交通、水利、信息产业、民航等行业的,需另增加一份申请表和一份附件材料。专项设计资质申请表及附件材料份数要求同上。

2. 附件材料采用A4纸装订成册,并有目录和分类编号;技术人员证明材料应按人整理并依照申请表所列技术人员顺序装订。需要核实原件的,由资质受理部门进行审查核实,并在初审部门审查意见表中由核验人签字。其中资质证书正、副本须全部复印,不得有缺页。复印件应加盖企业公章,注册执业人员应加盖个人执业印章(非注册人员除外)。材料中要求加盖公章或印鉴的,复印无效。

3. 企业申请工程勘察设计资质要如实填报《工程勘察、工程设计资质申请表》,企业法定代表人须在申请表上签名,对其真实性负责。申报材料要清楚、齐全,出现数据不全、字迹潦草、印鉴不清、难以辨认的,资质受理部门可不予受理。

三、资质受理审查程序

(二十一)资质受理部门应在规定时限内对工程勘察、工程设计提出的资质申请做出是否受理的决定。

(二十二)依据新《规定》第八条,各有关资质初审部门应当对申请甲级资质以及涉及铁路、交通、水利、信息产业、民航等方面的工程设计乙级资质企业所提交的材料是否齐全、是否与原件相符、是否具有不良行为记录以及个人业绩材料等进行核查,提出初审意见,并填写初审部门审查意见表。各有关资质初审部门应在规定初审时限内,将初审部门审查意见表、《工程勘察、工程设计资质申请表》、附件材料和报送公函一并报国务院建设主管部门。

对具有下列情况的申请人,不予受理资质申请材料:

1. 材料不齐全,或不符合法定形式的;

2. 按照新《规定》第十九条、第三十条、第三十一条规定,不予受理的。

国务院建设主管部门对收到各有关资质初审部门的初审材料、直接受理的企业资质申请材料组织审查或转国务院有关部门审核,并将审核意见予以公示。对于准予建设工程勘察、设计资质许可的申请,在建设部网站发布公告,并颁发资质证书。

(二十三)工程勘察设计企业应于资质证书有效期届满60日前,向原资质许可机关提出资质延续申请。逾期不申请资质延续的,有效期届满后,其资质证书自动失效。如需开展工程勘察设计业务,应按首次申请办理。

(二十四)对企业改制、分立、重组、合并设立的工程勘察设计企业,资质审批程序按以下规定执行:

1. 整体改制的企业,按本实施意见第(十七)条资质变更程序办理。

2. 重组、合并后的工程勘察设计企业可以承继重组、合并前各方中较高资质等级和范围。重组、合并后不涉及资质升级和增项的,按本实施意见第(十七)条资质变更程序办理;涉及资质升级或增项的,按照160号部令中的审批程序核定。

3. 企业分立成两个以上工程勘察设计企业时,分立后的企业应分别按其实际达到的资质条件重新核定资质。

(二十五)省级人民政府建设主管部门对负责实施审批的建设工程勘察、工程设计资质许可,其资质受理审批程序由各省级人民政府建设主管部门研究确定。

省级人民政府建设主管部门应当自决定之日起30日内,将准予资质许可的决定报国务院建设主管部门备案,备案材料包括:准予资质许可的批准文件,批准企业的工程勘察、工程设计资质基本信息的电子文档。

(二十六)国务院国资委管理的企业及其下属一层级的企业申请工程勘察甲级资质、工程设计甲级资质,以及涉及铁路、交通、水利、信息产业、民航等方面的工程设计乙级资质的,应向国务院建设主管部门提出申请。国务院国资委管理的企业及其下属一层级的企业按规定程序申请获得甲级资质或涉及铁路、交通、水利、信息产业、民航等方面的工程设计乙级资质证书后30日内应将准予许可的公告、资质证书正副本复印件及工程勘察、工程设计资质基本信息的电子文档,向其工商注册所在地省级人民政府建设主管部门告知性备案。

教育部直属高校所属勘察设计企业参考上述规定办理。

四、资质证书

(二十七)建设工程勘察、工程设计资质证书由国务院建设主管部门统一印制,统一管理,由审批部门负责颁发,并加盖审批部门公章。

国务院建设主管部门统一制定资质证书编号规则。

(二十八)各序列、各级别建设工程勘察、工程设计资质证书全国通用,各地不得以任何名义设置审批性准入条件、收取费用。

(二十九)建设工程勘察、工程设计资质证书有效期为五年。建设工程勘察、工程设计资质证书分为正本和副本。

(三十)企业需遗失补办工程勘察、工程设计资质证书的,应当持下列材料,经其资质初审机关签署意见,报资质许可机关办理。企业在申请补办前应在全国性建筑行业报刊或省级以上(含省级)综合类报刊上刊登遗失作废的声明。资质许可机关应当在2日内办理完毕。

1. 由企业法定代表人、执行合伙企业事务的合伙人签署的申请补办证书的申请;

2. 《建设工程企业资质证书变更审核表》及电子文档;

3. 全国性建筑行业报刊或省级以上(含省级)综合类报刊上刊登遗失作废的声明。

五、监督管理

(三十一)地方各级建设主管部门和有关部门对本辖区内从事工程勘察、工程设计的企业资质实施动态监督管理。按照新《规定》对企业的市场行为以及满足相应资质标准条件等方面加强检查,并将检查和处理结果记入企业信用档案。

具体抽查企业的数量和比例由各级建设主管部门和有关部门根据实际情况研究决定。

监督检查可以采取下列形式:

1. 集中监督检查。由建设主管部门或有关部门统一部署的监督检查。

2. 抽查和巡查。各级建设主管部门或有关部门随机进行的监督检查。

(三十二)实施监督检查时应当按以下程序进行:

1. 制定监督检查方案,其中集中监督检查方案应予以公布。

2. 检查应出具相应的检查文件或证件。

3. 上级部门实施监督检查时,当地建设主管部门和有关部门应当配合。

4. 实施检查时,应首先明确监督检查内容,被检单位应如实提供相关文件资料;对弄虚作假的,予以通报,并对其工程勘察设计资质重新核定,不符合相应资质标准要求的,资质许可机关可以撤回其工程勘察设计资质;对拒不提供被检资料的,予以通报,并责令其限期提供被检资料。

5. 检查人员应当将检查情况予以记录,并由被检单位负责人和检查人员签字确认。

6. 在监督检查中发现被检单位专业技术人员达不到资质标准要求或者发现其他违法行为和重大质量安全问题的,应当进行核实,依法提出行政处理或者行政处罚的建议。

7. 检查人员应当将检查情况汇总,连同有关行政处理或者行政处罚建议,向派出机关报告,并书面告知当地建设行政主管部门。

(三十三)企业违法从事工程勘察、工程设计活动的,其违法行为发生地的建设主管部门应当依法将企业的违法事实、处理结果或处理建议告知该企业的资质许可机关,同时告知企业工商注册所在地建设主管部门。

六、关于《工程设计资质标准》的有关说明

(三十四)资历和信誉

1. 企业排名

综合资质中工程勘察设计营业收入、企业营业税金及附加排名,是指经建设部业务主管部门依据企业年度报表,对各申报企业同期的年度工程勘察设计营业收入或企业营业税金及附加额从大到小的顺序排名;年度勘察设计营业收入、企业营业税金及附加,其数额以财政主管部门认可的审计机构出具的申报企业同期年度审计报告为准。

2. 注册资本

新《标准》中的注册资本,是指企业办理工商注册登记时的实收资本。

(三十五)技术条件

1. 企业主要技术负责人

新《标准》中所称企业主要技术负责人,是指企业中对所申请行业的工程设计在技术上负总责的人员。

2. 专业技术负责人

新《标准》中所称专业技术负责人,是指企业中对某一设计类型中的某个专业工程设计负总责的人员。

3. 非注册人员

新《标准》中所称非注册人员是指:

(1)经考核认定或考试取得了某个专业注册工程师资格证书,但还没有启动该专业注册的人员;

(2)在本标准"专业设置"范围内还没有建立对应专业的注册工程师执业资格制度的专业技术人员;

(3)在本标准"专业设置"范围内,某专业已经实施注册了,但该专业不需要配备具有注册执业资格的人员,只配备对应该专业的技术人员;或配备一部分注册执业资格人员,一部分对应该专业的技术人员(例如,某行业"专业设置"中"建筑"专业的技术岗位设置了二列,其中"注册专业"为"建筑"的一列是对注册人员数量的考核,"注册专业"为空白的一列则是对"建筑"专业非注册技术人员数量的考核。)。

4.专业技术职称

新《标准》中所称专业技术职称,是指经国务院人事主管部门授权的部门、行业或中央企业、省级专业技术职称评审机构评审的工程系列专业技术职称。

具有教学、研究系列职称的人员从事工程设计时,讲师、助理研究员可等同于工程系列的中级职称;副教授、副研究员可等同于工程系列的高级职称;教授、研究员可等同于工程系列的正高级职称。

5.专业设置

新《标准》"各行业工程设计主要专业技术人员配备表"专业设置栏目中的专业,是指为完成某工程设计所设置的专业技术岗位(以下简称岗位),其称谓即为岗位的称谓。

在新《标准》中,将高等教育所学的且能够直接胜任岗位工程设计的学历专业称为本专业,与本专业同属于一个高等教育工学学科(如地矿类、土建类、电气信息类、机械类等工学学科)中的某些专业称为相近专业。本专业、相近专业的具体范围另行规定。岗位对人员所学专业和技术职称的考核要求为:学历专业为本专业,职称证书专业范围与岗位称谓相符。

在确定主要专业技术人员为有效专业人员时,除具备有效劳动关系以外,主要专业技术人员中的非注册人员学历专业、职称证书的专业范围,应与岗位要求的本专业和称谓一致和相符。符合下列条件之一的,也可作为有效专业人员认定:

(1)学历专业与岗位要求的本专业不一致,职称证书专业范围与岗位称谓相符,个人资历和业绩符合资质标准对主导专业非注册人员的资历和业绩要求的;

(2)学历专业与岗位要求的本专业一致,职称证书专业范围空缺或与岗位称谓不相符,个人资历和业绩符合资质标准对主导专业非注册人员的资历和业绩要求的;

(3)学历专业为相近专业,职称证书专业范围与岗位称谓相近,个人资历和业绩符合资质标准对主导专业非注册人员的资历和业绩要求的;

(4)学历专业、职称证书专业范围均与岗位要求的不一致,但取得高等院校一年以上本专业学习结业证书,从事工程设计10年及以上,个人资历和业绩符合资质标准对主导专业非注册人员的资历和业绩要求的。

6.个人业绩

企业主要技术负责人或总工程师的个人业绩是指,作为所申请行业某一个大型项目的工程设计的项目技术总负责人(设总)所完成的项目业绩;主导专业的非注册人员的个人业绩是指,作为所申请行业某个大、中型项目工程设计中某个专业的技术负责人所完成的业绩。

建筑、结构专业的非注册人员业绩,也可是作为所申请行业某个大、中型项目工程设计中建筑、结构专业的主要设计人所完成的业绩。

工程设计专项资质标准中的非注册人员,均须按新《标准》规定的对主导专业的非注册人员需考核业绩的要求,按相应专项资质标准对个人业绩规定的考核条件考核个人业绩。

7.企业业绩

(1)申请乙级、丙级资质的,不考核企业的业绩;

(2)申请乙级升甲级资质的,企业业绩应为其取得相应乙级资质后所完成的中型项目的业绩,其数量以甲级资质标准中中型项目考核指标为准;

(3)除综合资质外,只设甲级资质的,企业申请该资质时不考核企业业绩;

(4)以工程总承包业绩为企业业绩申请设计资质的,企业的有效业绩为工程总承包业绩中的工程设计业绩;

(5)申请专项资质的,企业业绩应是独立签定专项工程设计合同的业绩。行业配套工程中符合专项工程设计规模标准,但未独立签定专项工程设计合同的业绩,不作为申请专项资质时的有效专项工程设计业绩。

8.专有技术、工艺包(软件包)

本标准中的专有技术是指企业自主开发、申报,经所在行业的业务主管部门或所在行业的全国性专业社团组织等认定并对外发布的某项技术。本标准中的工艺包是指企业引进或自主开发的,用于工程设计关键技术或核心技术,经所在行业的业务主管部门或所在行业的全国性专业社团组织等认可的工艺包(软件包)。

9.承担业务范围

取得工程设计综合资质的企业可以承担各行业的工程项目设计、工程项目管理和相关的技术、咨询与管理服务业务;其同时具有一级施工总承包(施工专业承包)资质的,可以自行承担相应类别工程项目的工程总承包业务(包括设计和施工)及相应的工程施工总承包(施工专业承包)业务;其不具有一级施工总承包(施工专业承包)资质的企业,可以承担该项目的工程总承包业务,但应将施工业务分包给具有相应施工资质的企业。

取得工程设计行业、专业、专项资质的企业可以承担资质证书许可范围内的工程项目设计、工程总承包、工程项目管理和相关的技术、咨询与管理业务。承担工程总承包业务时,应将工程施工业务分包给具有工程施工资质的企业。

(三十六)对于申请工程设计综合资质的,在已启动的工程勘察设计系列(造价系列)的注册专业数量未达到五个专业前,已启动注册工程师考试但未启动注册的专业可视为有效注册专业,已取得该专业执业资格证书的人员可视为有效注册人员。在申请资质时需提供这些人员的注册申请表或本人同意在该企业注册的声明、执业资格证书、劳动合同及身份证明复印件。

工程勘察设计系列(造价系列)的注册专业数量达到或超过五个专业后,申请工程设计综合资质时,需提供注册人员的注册执业证书、执业印章印鉴、身份证明复印件。

(三十七)工程设计综合资质标准中所称具有初级以上专业技术职称且从事工程设计的人员;行业、专业、专项资质标准中所称企业主要技术负责人或总工程师以及结构设计、机电设计事务所资质标准中的合伙人,年龄限制在60周岁及以下。

(三十八)新《标准》中的注册人员具有二个及以上注册执业资格,作为注册人员考核时只认定其一个专业的注册执业资格,其他注册执业资格不再作为相关专业的注册人员予以认定。

(三十九)持原《工程设计资质证书》的,其承接业务范围,以原《工程设计资质分级标准》(建设〔2001〕22号,以下简称原《标准》)规定的承接业务范围为准。持新《工程设计资质证书》的,其承接业务范围,以新《标准》规定的承接业务范围为准。

(四十)申请各专项资质的,企业主要技术负责人或总设计师、总工程师,以及主要专业技术人员中的非注册人员的资格条件以相应专项资质标准规定的考核条件为准。其中企业主要专业技术人员中的非注册人员的学历、职称条件在专项资质标准未作规定的,按大专以上学历、中级以上专业技术职称确定。

申请建筑工程设计丁级的,专业技术人员的学历和从业年限以建筑工程设计专业丁级资质标准规定的考核条件为准。

(四十一)对于新《标准》新设置的军工(地面设备工程、运载火箭制造工程、地面制导弹工程)、机械(金属制品业工程、热加工、表面处理、检测、物料搬运及仓储)、铁道(轨道)、水运(港口装卸工艺)、民航(供油工程)、水利(水土保持、水文设施)、农林(种植业工程)等工程设计专业资质和照明工程设计专项资质,在2009年3月31日以前,企业可根据实际达到的资质条件申请不同级别的资质。2009年4月1日以后,企业新申请以上类别工程设计专业或专项资质的最高等级为乙级(不设乙级的除外)。

七、过渡期有关规定

(四十二)自新《标准》发布之日起,新申请资质、申请增项资质、申请资质升级的企业应按新《标准》提出申请。各地区、各部门按原《标准》已经受理的申请材料报送国家建设主管部门的截止日期为2007年8月31日。

(四十三)为确保新旧资质证书的平稳过渡,按照"简单、便捷、高效"的原则,对已经取得行业设计资质、行业部分设计资质、专业事务所资质(暂定级除外)的企业,在2010年3月31日以前,在满足原《标准》的条件下,其资质证书继续有效。2010年3月31日以前,企业只需满足新《标准》中主要专业技术人员等基本标准条件,即可按照新旧设计类型对照关系换领有效期为5年的新资质证书,具体换领工作安排另行通知。自2010年4月1日起,原资质证书作废。

已经取得工程设计专项资质(暂定级除外)的企业,应在2008年3月31日前达到新《标准》规定的相应资质标准条件,从2008年4月1日起,我部将按照新《标准》开展换证工作,具体换证工作安排另行通知。

已经取得主导工艺设计资质、综合事务所资质的企业,应在2010年1月31日前按照新《标准》提出资质重新核定申请,并换发新资质证书,核定后证书有效期为5年。其现有资质证书有效期至2010年3月31日,过期作废。

(四十四)按原《标准》取得暂定级设计资质证书的企业,应在其暂定级届满前60日提出转正申请,对符合新《标准》的,给予转正,证书有效期为5年;对符合原《标准》的,给予转正,证书有效期至2010年3月31日,证书到期后需按新《标准》重新核定,核定后证书有效期为5年;对既不符合新《标准》也不符合原《标准》的,按新《标准》重新核定,核定后证书有效期为5年。

企业按新《标准》申请资质转正所需提交的申报材料,按本实施意见第(十二)条申请资质升级所应提交的申报材料要求办理。企业按原《标准》申请资质转正所需提交的申报材料,仍按建办市函〔2006〕274号文相应要求办理。

(四十五)企业如因证书变更等换领证书(专项资质除外)的,符合新《标准》设置要求的,且满足新《标准》中主要专业技术人员等基本标准条件,即可按照新旧设计类型对照关系换领有效期为5年的新资质证书。不符合新《标准》设置要求或不满足新《标准》中主要专业技术人员等基本标准条件的,换领有效期至2010年3月31日的资质证书。

(四十六)原已取得市政行业风景园林专业资质的企业,可直接换领新标准中相应等级的风景园林专项资质。

本文件发布后修改情况:

2016年6月16日,《住房城乡建设部关于建设工程企业资质管理资产考核有关问题的通知》(建市〔2016〕122号)中规定:

将《关于印发〈建设工程勘察设计资质管理规定实施意见〉的通知》(建市〔2007〕202号)中的"注册资本"统一修改为"净资产"。

将第六条第三十四款第二项修改为"2.净资产《标准》中的净资产以企业申请资质前一年度或当期合法的财务报表中净资产指标为准考核"。

27. 交通运输部关于公布《公路水运工程试验检测机构等级标准》及《公路水运工程试验检测机构等级评定及换证复核工作程序》的通知

(交安监发〔2017〕113号)

各省、自治区、直辖市、新疆生产建设兵团交通运输厅(局、委),长江航务管理局:

为贯彻落实《公路水运工程试验检测管理办法》(交通运输部令2016年第80号),适应新形势下公路水运工程试验检测工作发展的需要,进一步提高公路水运工程试验检测行业工作质量和管理水平,我部对原《公路水运工程试验检测机构等级标准》及《公路水运工程试验检测机构等级评定程序》进行了修订,现将修订后的《公路水运工程试验检测机构等级标准》及《公路水运工程试验检测机构等级评定及换证复核工作程序》予以公布,自印发之日起施行。

原《公路水运工程试验检测机构等级标准》及《公路水运工程试验检测机构等级评定程序》(交质监发〔2008〕274号)同时废止。

中华人民共和国交通运输部
2017年8月2日

公路水运工程试验检测机构等级标准

一、公路工程试验检测机构等级标准

人员配备要求

表 1

项目	综合甲级	综合乙级	综合丙级	交通工程专项	桥梁隧道工程专项
持试验检测人员证书总人数	≥50	≥23	≥9	≥28	≥30
持试验检测师证书人数	≥20	≥8	≥4	≥13	≥15
持试验检测师证书专业配置	道路工程≥10人 桥梁隧道工程≥7人 交通工程≥3人	道路工程≥6人 桥梁隧道工程≥2人	道路工程≥3人 桥梁隧道工程≥1人	交通工程≥13人	道路工程≥3人 桥梁隧道工程≥12人
相关专业高级职称（持试验检测师证书）人数及专业配置	≥12 道路工程≥6人 桥梁隧道工程≥5人 交通工程≥1人	≥3 道路工程≥2人 桥梁隧道工程≥1人	—	≥8 交通工程≥8人	≥8 道路工程≥1人 桥梁隧道工程≥7人
技术负责人	1.相关专业高级职称； 2.持试验检测师证书； 3.8年以上试验检测工作经历	1.相关专业高级职称； 2.持试验检测师证书； 3.5年以上试验检测工作经历	1.相关专业中级职称； 2.持试验检测师证书； 3.5年以上试验检测工作经历	1.相关交通工程试验检测师证书； 2.持试验检测师证书； 3.8年以上试验检测工作经历	1.相关专业高级职称； 2.持试验检测师证书； 3.8年以上试验检测工作经历
质量负责人	1.相关专业高级职称； 2.持试验检测师证书； 3.8年以上试验检测工作经历	1.相关专业高级职称； 2.持试验检测师证书； 3.5年以上试验检测工作经历	1.相关专业中级职称； 2.持试验检测师证书； 3.5年以上试验检测工作经历	1.相关专业高级职称； 2.持试验检测师证书； 3.8年以上试验检测工作经历	1.相关专业高级职称； 2.持试验检测师证书； 3.8年以上试验检测工作经历

注：1.表中黑体字为强制性要求，一项不满足视为不通过。非黑体字为非强制性要求，不满足扣分处理。
2.试验检测人员证书名称及专业遵循国家设立的公路水运工程试验检测专业技术人员职业资格制度相关规定。

表 2-1

试验检测能力基本要求及主要仪器设备（综合甲级）

序号	试验检测项目	主要试验检测参数	仪器设备配置
1	土	含水率，密度，相对密度，颗粒级配，界限含水率，天然稠度，击实试验（最大干密度，最佳含水率），承载比（CBR），粗粒土和巨粒土最大干密度，回弹模量，自由膨胀率，压缩模量，压缩指数，固结系数，固结试验，烧失量，有机质含量，易溶盐含量，酸碱度，砂的相对密度	烘箱，天平，电子秤，环刀，储水筒，灌砂仪，砂浴，标准筛，摇筛机，密度计，量筒，液塑限联合测定仪，收缩皿，密度瓶，恒温水槽，恒温水浴，CBR试验装置（路面材料强度仪或其他加载装置），表面振动压实仪（或振动台），脱模器，杠杆压力仪，千分表，承载板，固结仪，压缩模量测定仪，应变控制式直剪仪或三轴仪，百分表（或位移传感器），自由膨胀率测定仪，高温炉，油浴锅，酸度计，电动振荡器，水浴锅，瓷蒸发皿，相对密度仪
2	集料	(1)粗集料：颗粒级配，密度，吸水率，含水率，含泥量，泥块含量，针片状颗粒含量，坚固性，压碎值，洛杉矶磨耗损失，磨光值，棱角性，硫化物及硫酸盐含量，有机物含量，轻物质含量，云母含量，碱活性，压碎指标，砂当量，亚甲蓝值，氯化物含量，棱角性，碱活性，硫化物及硫酸盐含量，云母含量，轻物质含量，贝壳含量，破碎砾石含量 (2)细集料：颗粒级配，密度，吸水率，含水率，含泥量，泥块含量，坚固性，压碎指标，砂当量，亚甲蓝值，氯化物含量，棱角性，液塑限流动时间测定，细集料流动时间测定（含秒表），放大镜 (3)矿粉：颗粒级配，密度，含水率，亲水系数，塑性指数，加热安定性	标准筛，摇筛机，磨平机，天平，电子秤，温流水槽，容量筒，容量瓶，烘箱，针片状规准仪，片状规准仪，摆式摩擦系数测定仪，烧杯，压碎值试验仪，压力试验模，洛杉矶磨耗试验机，加速磨光试验机，钢板尺，李氏比重瓶，恒温水箱，恒温水浴，细集料压碎值试验模，砂当量试验仪，储存板尺（或试验筛），液塑限联合测定仪（含秒表），蒸发皿（或坩埚），测长器，百分表，高温炉，软秒表，放大镜
3	岩石	单轴抗压强度，含水率，密度，毛体积密度，吸水率，磨光性，抗冻性，坚固性	压力试验机，切石机，磨平机，烘箱，恒温水槽，容量筒，量筒，干燥器，煮沸水箱，低温试验箱，放大镜，密度计
4	水泥	密度，细度（筛余值，比表面积），标准稠度用水量，含气量，凝结时间，安定性，抗压强度，胶砂流动度，胶砂强度，烧失量，三氧化硫含量，氯化镁含量，氧化钙含量，氯离子含量	天平，李氏密度瓶，恒温水槽，烘箱，负压筛析仪（含试验筛），比表面积仪，秒表，维卡仪，水泥净浆搅拌机，雷氏夹及其膨胀测定仪，沸煮箱，湿气养护箱，水泥胶砂搅拌机，振实台，抗折试验机，恒应力压力试验机，水泥胶砂流动度测试仪，滴定装置，抽气过滤装置，磁力搅拌器，测氯装置，铂皿，火焰光度计，原子吸收光谱仪，高温炉，蒸汽水浴
5	水泥混凝土、砂浆	(1)水泥混凝土：稠度，配合比设计，含气量，表观密度，凝结时间，抗压强度，劈裂抗拉强度，抗弯拉强度，抗压弹性模量，抗弯拉弹性模量，干缩性，扩展度及扩展度经时损失，耐磨性，耐久性，电通量，氯离子扩散系数，保水性，配合比设计，抗冻性，抗渗性 (2)砂浆：稠度，密度，扩展度，立方体抗压强度，分层度，抗冻性	坍落度仪，维勃稠度仪，振动台，秒表，含气量测定仪，贯入阻力仪，标准筛，压力试验机，微变形测量仪，劈裂夹具，抗弯拉装置，抗渗仪，砂浆稠度仪，烘箱，天平，标准养护室，混凝土搅拌机，冻融试验机，游标卡尺，砂浆保水率测定仪，干缩仪，砂浆拉力计，真空泵，真空容器，电通量测定仪，RCM试验装置，试验槽，砂浆凝结时间测定仪，砂浆分层度测定仪
6	水	pH值，氯离子含量，硫酸根（SO_4^{2-}）含量，碱含量，不溶物含量，可溶物含量	酸度计，滴定器，箱式电阻炉，铂皿，火焰光度计，离子浓度计，全玻璃微孔滤膜过滤器

续上表

序号	试验检测项目	主要试验检测参数	仪器设备配置
7	外加剂	pH值，氯离子含量，总碱量，总固体含量，含水量，减水率，泌水率比，抗压强度比，收缩率比，经时变化量，干缩率比，相对耐久性，含固量，含气量，水泥净浆流动度，坍落度，透水压力比，渗透高度比，限制膨胀率	酸度计，天平，滴定设备，火焰光度计，混凝土搅拌机，坍落度仪，电子秤，量筒，压力试验机，收缩膨胀仪，干缩试验箱，贯入阻力仪，含气量测定仪，混凝土动弹性模量测定仪，离子色谱仪，原子吸收光谱仪，试验箱，电热恒温干燥箱，冻融试验机，恒温水浴，液体比重天平，波美比重计，精密密度计，箱式电阻炉，水泥净浆搅拌机，混凝土抗渗仪，砂浆抗渗仪，限制膨胀率测定仪
8	掺和料	密度，比表面积，需水量比，流动度比，烧失量，含水率，三氧化硫含量，游离氧化钙，氯离子含量，氧化镁含量，细度，活性指数，二氧化硅含量，碱含量，吸铵值系数，五氧化二磷含量，火焰光度计值	李氏比重瓶，天平，恒温水槽，烘箱，负压筛析仪，雷氏夹及其膨胀测定仪，水泥胶砂流动度测定仪，水泥胶砂搅拌机，雷氏夹压力试验机，沸煮箱，水泥净浆搅拌机，湿气养护箱，压蒸釜，振实台，恒应力压力试验机，高温炉，滴定设备，电动离心机，游离氧化钙测定仪，抽气过滤装置，测氯蒸馏装置，蒸汽水浴，分光光度计，铂坩埚，瓷坩埚，比表面积仪，打杆压力仪，氧化铝，铂，铂皿，火焰光度计
9	无机结合料稳定材料	(1)石灰：有效氧化钙和氧化镁含量，氧化镁含量，未消化残渣含量，含水率，细度 (2)粉煤灰（路基，基层；底基层）：烧失量，细度，$(SiO_2+Al_2O_3+Fe_2O_3)$总含量，比表面积，含水率 (3)无机结合料稳定材料：最大干密度，最佳含水率，水泥或石灰剂量，配合比设计，无侧限抗压强度，延迟时间，间接抗拉强度，弯拉强度，抗压回弹模量	天平，滴定设备，高温炉，烘箱，恒温水槽，负压筛析仪（含试验筛），标准养护室，击实仪，振动压实仪，电子秤，路面材料强度试验机，脱模器，生石灰消化仪，5mm圆孔筛，方孔筛，带盖具夹具，变形测量装置，打杆压力仪
10	沥青	密度，针入度，针入度指数，延度，软化点，溶解度，蜡含量，与粗集料的黏附性，残留物针入度比，软化点增值，60℃黏度，动力黏度，标准黏度，老化指数，老化应力，恩格拉黏度，布氏旋转黏度，沥青化学组分（四组分），黏韧性，韧性，断裂性能（破坏应变，破坏应力），沥青抗剥落剂溶化性能评价（沥青与粗集料的黏附性），浸水残留稳定度，冻融劈裂模量，相对密度，黏韧度，沥青乳液稳定性，弯曲梁流变仪，动态剪切流变仪，直接拉伸试验，压力老化强度比 (1)乳化沥青：蒸发残留物含量，筛上残留物（含量）（离析或48h软化度比），破乳速度，与矿料拌和试验 (2)聚合物改性沥青：储存稳定性（离析或48h软化点差），弹性恢复率	沥青密度瓶，天平，克利夫兰开口杯闪点仪，延度仪，软化点试验仪，烘箱，薄膜（或旋转薄膜）加热烘箱，克利夫兰开口杯闪点仪，蜡含量标准黏度计，毛细管黏度计，布洛克非尔德黏度计，真空减压毛细管黏度计，蜡含量标准黏度计，道路沥青离子电荷试验装置，沥青乳液稳定性测定装置，弯曲梁流变仪，动态剪切流变仪，直接拉伸试验，压力老化试验 沥青筛(1.18mm)，乳化沥青微粒离子电荷，与粗集料的黏附性，与矿料拌和试验 抽提仪，高温炉，黏韧性测定仪，软化点试验仪

续上表

序号	试验检测项目	主要试验检测参数	仪器设备配置
11	沥青混合料	配合比设计，密度，空隙率，矿料间隙率，饱和度，马歇尔稳定度，流值，动稳定度，沥青含量，矿料级配，渗水系数，弯曲试验，理论最大相对密度，动态模量，劈裂抗拉强度，磨耗量，冻融劈裂抗拉强度比，谢伦堡沥青析漏损失，肯塔堡飞散损失，最大弯拉应变，弯曲劲度模量，劈裂混合料：抗弯拉强度，破乳值，黏聚力，黏附砂量，车辙变形（宽度变形率、车辙深度）。（1）稀浆混合料：稠度，拌和试验，可拌和时间，不可施工时间，配伍性能等级（2）木质素纤维：长度，灰分，吸水率，含水率，耐热性	沥青混合料拌和机，烘箱，浸水天平，天平，控温溢流水箱，恒温冰箱，脱模器，马歇尔试验仪，恒温水槽，理论最大相对密度仪，轮碾成型机，车辙试验机，沥青抽提仪（或燃烧炉），标准筛，摇筛机，路面渗水仪，万能材料试验机，LVDT位移传感器，环境箱，沥青混合料板块切割机，冻融劈裂专用夹具和压条，洛杉矶磨耗仪，乳化沥青稀浆封层混合料稠度仪，拌和试验仪，湿轮磨耗仪，环形试模，负荷车轮试验仪，旋转瓶磨耗仪，显微镜，pH试纸，吸油率测定仪，高温炉，旋转薄膜烘箱
12	土工合成材料	厚度，单位面积质量，几何尺寸，拉伸强度，延伸率，CBR顶破强力，梯形撕裂强度，刺破强力，节点/焊点强度，孔径，垂直渗透系数，有效孔径，淤塔，耐静水压，直接剪切摩擦，拉拔摩擦	土工布厚度仪，天平，钢尺，电子万能试验机（含夹具），游标卡尺，垂直渗透系数测定仪，试验筛，标准振筛机，标准颗粒材料，梯度比渗透仪，土工合成材料直剪拉拔试验仪
13	压浆材料	氯离子含量，凝结时间，流动度，抗压强度，抗折强度，泌水率，压力泌水率，充盈度，三氧化硫含量，比表面积	天平，滴定设备，调速搅拌机，维卡仪，恒温恒湿养护箱，流动度测试仪，恒应力抗折抗压试验机，浆液泌水和膨胀率试验容器，压力泌水试验容器，充盈度试验仪，管式电阻炉，勃氏透气仪，电热恒温干燥箱
14	防水材料	（1）防水板：拉伸强度，断裂伸长率，撕裂强度，低温弯折性，不透水性，加热伸缩量，外观质量（2）止水带：尺寸公差，外形尺寸（长度、厚度、宽度），硬度（邵度变化部尔，拉伸强度，扯断伸长率，撕裂强度，拉断伸长率，反复浸水试验，低温弯折，外观质量，热空气老化（3）止水条：直径、宽度、高度，可溶物含量，硬度，高温流淌性，低温试验（4）防水卷材：厚度，接缝剥离强度，热老化试验，低温弯折性，钉杆撕裂强度，低温柔性，抗静态荷载（拉力保持率、延伸率保持率），外观，面积，单位面积质量，抗静尺寸变化率，质量损失，不透水性，最大拉力保持率，拉伸强度保持率，卷材低温下表面沥青涂层厚度，耐化学性（外观，最大拉力保持率，拉伸强度保持率，拉伸时伸长率保持率，断裂伸长率变化率，低温弯折性，低温弯折）	电子万能试验机（含配件），低温试验箱，弯折仪，透水仪，钢直尺，测厚仪，橡胶硬度计，撕裂试验机，静水压力试验机，抗静态荷载试验机，老化试验箱，邵氏硬度计，拉力试验机，低温柔性试验仪，恒温养护试验机，天平，电热干燥箱，耐热性试验仪，接缝剥离试验仪，弯折板，放大镜，不透水仪，电热恒温试验仪，游标卡尺，伸长率测定仪，充盈度仪
15	钢材与连接接头	质量偏差，尺寸偏差，抗拉强度，屈服强度，断后伸长率，最大力总伸长率，弯曲性能，反向弯曲，钢筋焊接网的抗剪力，单向拉伸弯余变形	天平，钢直尺，伺服万能试验机，引伸仪，标距打点机，弯曲装置（含弯头），反向弯曲装置（含弯头），专用抗剪力夹具

— 261 —

续上表

序号	试验检测项目	主要试验检测参数	仪器设备配置
16	预应力用钢材及锚具、夹具、连接器	最大力,最大力总伸长率,屈服力,总伸长率,松弛率,摩擦系数,抗剪粘结性能,摩擦系能,断面收缩率,弹性模量,硬度(洛氏,布氏),松弛率,锚固性能,静载锚固性能(锚具效率系数,总伸长率),硬度,反复弯曲,扭转,疲劳荷载性能,周期荷载试验	伺服万能试验机,电子引伸计,游标卡尺,静载锚固性能测试系统(试验力≥5000kN),硬度计(洛氏,布氏),松弛试验机,弯曲装置,反复弯曲装置(含弯头),扭转试验机,疲劳试验机
17	桥梁支座	外形尺寸,外观质量,内在质量,极限抗压强度,抗压弹性模量,抗剪性横量,抗剪刚度,抗剪粘结性能,摩擦系数,竖向承载力(竖向压缩变形,盆环径向变形,大变形剪切性能),竖向压缩刚度,屈服后刚度,等效阻尼比,最大水平位移	钢直尺,游标卡尺,厚度塞尺,压剪试验机,压剪万能试验机(含配件,压力≥20000kN),动态加载试验系统,电子万能试验机(压力≥5000kN),变形测量装置,老化箱,支座
18	桥梁伸缩装置	外形尺寸。尺寸偏差,焊接质量,表面涂装质量(涂层厚度,涂层附着力,涂层厚度),装配公差,橡胶密封带夹持性能,变形性能,防水性能,承载性能	钢直尺,游标卡尺,平整度仪,水准仪,金属超声波探伤仪,漆膜划格器,附着力测定仪,磁阻法测厚仪,大型试验台座合件,X射线探伤机
19	预应力波纹管	外观,尺寸,环刚度,局部横向荷载,柔韧性,拉伸性能,纵向荷载,径向刚度,抗冲击性,灰分,抗老化性能,抗渗漏性,氧化诱导时间,拉拔力,密封性	π尺,游标卡尺,钢卷尺,螺旋千分尺,压缩试验机(具测量试样内径变形功能),万能试验机,柔韧性测定弧形模板,塞规,落锤冲击仪,天平,箱式电阻炉,烘箱,差示扫描热仪,拉力计(或砝码),真空泵
20	路基路面	几何尺寸(纵断高程,中线偏位,宽度,横坡,渗水系数,边坡,厚度),压实度,平整度,基层芯样完整性,透层油渗透,弯沉,摩擦系数,构造深度,层间粘结,接缝传荷能力,板底脱空,支挡结构变形,锚杆预应力	钢卷尺,钢直尺(或深度尺),水准仪,全站仪,路面取芯钻机,地质雷达,灌砂仪,天平,环刀,3m直尺,楔型塞尺(或深度尺),激光平整度仪,贝克曼梁(含百分表),路基温度计,落锤式弯沉仪(或自动弯沉仪),或激光式高速测定仪,摆式摩擦系数测定仪,单轮式横向力系数测试车(或双轮式),承载板试验,铺砂法,激光式构造深度测试仪,专用拉拔仪,激光弯沉测定仪,或激光式车辙仪,扭剪试验仪,核子密度仪,核子密度湿度仪,连续式平整度仪,电动铺砂仪,标准贯入,拉伸仪,直剪仪,颗粒累积仪,手推断面尺,手持式回弹仪,动态旋转式摩擦系数检测仪,路面视频检测系统,地表型沉降计(沉降板),测斜仪,钻孔机,土压力计传感器,应变计
21	混凝土结构	混凝土强度,碳化深度,钢筋位置,钢筋保护层厚度,表观缺陷,内部缺陷,裂缝(长度,宽度,深度等),钢筋锈蚀电位,混凝土氯离子含量,混凝土电阻率	混凝土回弹仪,取芯机,芯样切割机,压力试验机,钢直尺,游标卡尺,非金属超声波检测仪,碳化深度测量仪,裂缝宽度测定仪,钢筋锈蚀测试仪,混凝土电阻率测量仪,滴定设备,钢筋探测仪,天平,烘箱,混凝土氯离子含量测定仪

续上表

序号	试验检测项目	主要试验检测参数	仪器设备配置
22	基坑、地基与基桩	地基承载力，基桩完整性，基桩承载力，锚杆(索)承载力，地基变形，地表沉降，分层沉降，水平位移，深层水平位移，锚杆(索)承载力，土钉承载力，土钉变形，立柱变形，模态振型(阻尼比)，承载能力，结构线形，成孔质量(孔径、孔深、垂直度等)，地下水位，渗水压力，孔隙水压力，土压力	承载板，荷载加载装置(含测力装置)，基准梁，位移测试装置(含数据自动采集系统)，动力触探仪，静力触探仪，位移测试感应器，基桩动测仪，超声波检测仪，标准贯入仪，精密水准仪，分层沉降仪，测斜仪，全站仪，测缝计，锚杆拉力仪，应变数据采集仪，振弦式钢筋应力计，振弦式频率采集仪，成孔质量检测仪(含附件)，高应变检测系统
23	桥梁结构	位移，静态应变，动态应变(应力)，动态挠度，冲击系数，模态参数(阻尼比)，承载能力，结构线形，索力、温度，风速，桥梁支座紧固轴力，高强度螺栓连接副扭矩系数，高强度螺栓连接副抗滑移系数，钢结构几何尺寸，钢材厚度，高强度焊缝无损检测，涂层厚度，加速度，钢丝直径，速度，保护电位，表面粗糙度，钢筋网格尺寸，衬砌内钢筋间距(主筋钢筋间距)，锚杆(钢管)长度，锚杆(钢管)锚固密实度，周围外观察，不良地质条件，防腐层附着力，表面清洁度，高强度螺栓楔负载	机电百(千)分表，位移计及数据采集系统，精密水准仪，全站仪，桥梁挠度仪，且总通道数不得少于200个，电阻式动态应变测量设备(至少配置两种原理设备，且总通道数不得少于8通道)，动态应变测量，采集信号与分析设备(不少于16通道)，测振传感器(不少于12个传感器，不少于4个水平传感器，温度传感器，桥梁检测车，静力水准仪，GPS/BD兼容测量系统，光纤光栅，维氏、洛氏硬度计，电压电极、参比电极、粗糙度仪，漆膜附着力测试仪，金属超声波探伤仪，磁粉探伤仪，轴力计，万能试验机，激光测厚仪，索力动测仪，钢尺，游标卡尺，超声波测厚仪，超声检测仪，射线探伤仪，高应变检测系统
24	隧道	断面尺寸，锚杆拨力，钢构件防腐层厚度，支护(衬砌)背后的空洞(衬砌)厚度，支护(衬砌)背后的空洞，墙面平整度，钢支撑面质量，钢筋网格尺寸，衬砌内钢筋间距(主筋钢筋间距)，仰拱填充质量，仰拱厚度，两层钢筋间距，锚杆(钢管)长度，锚杆(钢管)锚固密实度，周围外观察，不良地质条件，防腐层附着力，锚杆轴力，围岩内部位移，围岩压力，地下水流量，渗水压力，地下水位，围岩压力，支护(衬砌)压力，锚杆支护内力，支护(衬砌)内压，气密性，围岩内部位移，水流量，水位，防腐层附着力，照度，爆破振动，噪声，风速，CO浓度，CO$_2$浓度，SO$_2$浓度，NO浓度，NO$_2$浓度，O$_2$浓度，硫化氢浓度，瓦斯浓度，烟尘浓度	隧道激光断面仪或全站仪，锚杆拉拨仪，地质雷达，2m直尺和塞尺，精密水准仪，锚杆质量检测仪，位移计及数据采集系统，地质罗盘仪，收敛计，量筒，秒表，地震波探测仪，土压力盒及采集分析系统，应变片式和埋入式反张计及采集仪和分析系统，水压计及采集分析系统，流量计，水位计，孔隙水压力计，爆破检测仪(或量筒秒表)，噪声测试仪，风速仪，照度计，CO检测仪，能见度检测仪
25	交通安全设施	(1)交通标志：结构尺寸，反光膜附着性能，色度性能，反光膜耐盐雾腐蚀性能，反光膜耐高低温性能 (2)路面标线涂料：色度性能，软化点，抗压强度，耐磨性，耐候性能 (3)波形梁钢梁护栏：外形尺寸，材料力学性能，拼接螺栓连接副整体抗拉荷载，防腐层厚度，镀锌附着量，防腐层附着性能，防腐层耐盐雾腐蚀性能 (4)突起路标：结构尺寸，色度性能，反光膜附着性能，逆反射性能，抗冲击荷载，耐温性能，耐盐雾腐蚀性能 (5)隔离栅：结构尺寸，钢丝直径，抗压荷载，抗变形能力，防腐层附着性能，防腐层耐盐雾腐蚀性能 (6)防眩板：结构尺寸，抗弯曲性能，抗风荷载，防腐层附着性能，防腐层耐盐雾腐蚀性能 (7)轮廓标：外形尺寸，色度性能，光度性能，密封性能，耐温性能，耐低温性能，耐盐雾腐蚀性能 (8)安装施工质量，标志抗风性能，安装高度，安装距离，立柱垂直度，标线抗滑滑	直尺，卷尺，卡尺，板厚下分仪，万能角尺，塞尺，锤线，试验夹具，色彩色差仪，试验筛，盐雾试验箱，耐候性测试仪，电涡流仪，电子万能材料试验机及试验夹具，超声波测厚仪，逆反射标志测量仪，高低温试验箱，防腐层附着性能测试仪，突起路标耐冲击测试仪，标线涂层厚度测量仪，软化点测试仪，制样器，涂层磨耗器，天平，烘箱，化学试验盒，防腐层附着性能测试仪，防腐板抗冲击性能试验仪，色度性能，涂层耐盐雾腐蚀性能，涂层耐温性能，耐盐雾腐蚀性能 弯曲性能测试仪，漆膜耐冲击性能试验仪，恒温恒湿试验箱，恒温恒湿试验仪，轮廓标密封性能测试装置，全站仪，逆反射标线测量系统，逆反射测量标准装置 射标线测量仪，摆式摩擦系数测量仪，立柱埋深测量尺

试验检测能力基本要求及主要仪器设备（综合乙级）

表 2-2

序号	试验检测项目	主要试验检测参数	仪器设备配置
1	土	含水率，密度，颗粒组成，界限含水率，击实验室（最大干密度，最佳含水率），承载比(CBR)，相对密度，天然稠度，粗粒土和巨粒土最大干密度，回弹模量，自由膨胀率，有机质含量，易溶盐含量，砂的相对密度	烘箱，天平，电子秤，环刀，储水筒，灌砂仪，标准筛，摇筛机，密度计，标准击实仪，脱模器，CBR试验装置（路面材料强度试验仪或其他强度测定仪，标准击实仪，砂浴，表面振动压实仪（或表面振动压实台），杠杆压力仪，干分表，承载板，自由膨胀率测定仪，高温炉，油浴锅，水浴锅，瓷蒸发皿，相对密度仪，收缩皿，液塑限联合测定仪，量筒，液塑限联合测定仪，密度瓶，自由膨胀率测定仪
2	集料	(1)粗集料：颗粒级配，密度，吸水率，含水率，含泥量，泥块含量，针片状颗粒含量，压碎值，洛杉矶磨耗损失，磨光值，破碎砾石含量，有机物含量，坚固性，软弱颗粒含量，砂当量，烧失量，碱活性 (2)细集料：颗粒级配，密度，吸水率，含水率，含泥量，泥块含量，砂当量，胶砂流动度，压碎指标，亚甲蓝值，胶角性 (3)矿粉：颗粒级配，密度，含水率，亲水系数，塑性指数，加热安定性	标准筛，摇筛机，天平，溢流水槽，容量瓶，烘箱，容量筒，针状规准仪，片状规准仪，游标卡尺，量筒，压碎值试验，压力试验机，洛杉矶磨耗试验机，加速磨光试验机，摆式摩擦系数测定仪，饱和面干试模，烧杯，标准漏斗，砂当量试验仪，李氏比重瓶，恒温水槽，叶轮搅拌器，移液管，比重计，细集料流动时间测定仪（砂浆流动，软弱颗粒测定装置（含砂表），蒸发皿（或甘埚）
3	岩石	单轴抗压强度，含水率，密度，毛体积密度，吸水率，抗冻性	压力试验机，切石机，磨平机，游标卡尺，角尺，烘箱，天平，油气设备，煮沸水槽，密度瓶，砂浴，恒温水浴，破碎研磨设备，低温试验箱
4	水泥	密度，细度（筛余量，比表面积），标准稠度用水量，凝结时间，安定性，抗压强度，抗折强度，胶砂强度，胶砂流动度，测氯离子含量，碱含量，烧失量	天平，李氏比重瓶，恒温水槽，烘箱，负压筛析仪（含试验筛），比表面积仪，秒表，维卡仪，水泥净浆搅拌机，雷氏夹其膨胀测定仪，沸煮箱，湿气养护箱，水泥胶砂搅拌机，振实台，抗折试验机，恒应力压力试验机，微变形测量仪，抗弯拉试验机，容量筒，测长仪，铂皿，火焰光度计，高温炉
5	水泥混凝土，砂浆	(1)水泥混凝土：稠度，表观密度，含气量，凝结时间，抗压强度，抗压弹性模量，抗弯拉强度，抗弯拉弹性模量，劈裂抗拉强度，泌水率，干缩率，保水性，配合比设计，凝结时间，分层度 (2)砂浆：稠度，密度，立方体抗压强度，配合比设计，不溶物含量	坍落度仪，维勃稠度仪，振动台，电子秤，试样筒，含气量测定仪，贯入阻力仪，标准筛，压力试验机，烘箱，含气量测定仪，抗弯拉仪，水泥混凝土渗透仪，烘箱，天平，标准养护室，混凝土搅拌机，砂浆稠度仪，铂皿，容量筒，测长仪，砂浆分层度仪，砂浆保水性测定仪，干缩箱，扩展度测定仪，砂浆搅拌机，劈裂夹具
6	水	pH值，氯离子含量，硫酸根(SO_4^{2-})含量，不溶物含量，可溶物含量	酸度计，滴定设备，天平，烘箱，箱式电炉，全玻璃微孔滤膜过滤器

续上表

序号	试验检测项目	主要试验检测参数	仪器设备配置
7	外加剂	pH值,氯离子含量,减水率,泌水率比,抗压强度比,硫酸钠含量,凝结时间差,含气量	酸度计,天平,滴定设备,混凝土搅拌机,坍落度仪,电子秤,量筒,压力试验机,贯入阻力仪,含气量测定仪,箱式电阻炉
8	掺和料	细度,比表面积,需水量比,流动度比,活性指数,安定性,烧失量,密度,含水率,三氧化硫含量,游离氧化钙,碱含量,吸铵值	天平,烘箱,负压筛析仪(含试验筛),比表面积仪,秒表,水泥胶砂流动度测试仪,水泥胶砂搅拌机,雷氏夹及雷氏夹膨胀测定仪,沸煮箱,水泥净浆搅拌机,湿气养护箱,振实台,压力试验机,高温炉,压蒸釜,李氏比重瓶,恒温水槽,恒温恒湿养护室,铂皿,火焰光度计,磁力搅拌器,滴定设备,电动离心机,游离氧化钙测定仪
9	无机结合料稳定材料	(1)石灰:有效氧化钙和氧化镁含量,氧化镁含量,未消化残渣含量,含水率 (2)粉煤灰(路基、基层):烧失量、比表面积、含水率 (3)无机结合料稳定材料:最大干密度、最佳含水率,水泥或石灰剂量,无侧限抗压强度,延迟时间,配合比设计	天平,滴定设备,烘箱,标准养护室,击实仪,脱模器,电子秤,路面材料强度试验仪,振动压实仪,生石灰消化器,砂浴锅,高温炉,负压筛析仪(含试验筛),比表面积仪,压力试验机,5mm圆孔筛
10	沥青	密度,针入度,针入度指数,延度,薄膜或旋转薄膜加热试验(质量变化,残留物针入度比,软化点增值,60℃黏度比、老化指数、老化后延度),动力黏度,闪点,燃点,软化点,蜡含量,溶解度,聚合物改性沥青弹性恢复率,溶解度,标准黏度,恩格拉黏度计,聚合物改性沥青储存稳定性(离析48h软化点差),集料的黏附性,乳化沥青蒸发残留物含量,乳化沥青与粗集料的黏附性,乳化沥青微粒离子电荷,乳化沥青存储稳定性,乳化沥青破乳速度,乳化沥青与矿料拌和试验(筛上残留物含量),乳化沥青液稳定性设计	沥青密度瓶,天平,恒温水槽,针入度仪,延度仪,软化点试验仪,薄膜(或旋转薄膜)加热烘箱,道路沥青标准黏度计,真空减压毛细管黏度计,真空减压抽滤装置,克利夫兰开口杯闪点试验仪,烘箱,标准筛,滤筛(1.18mm)乳化沥青微粒离子电荷试验装置,沥青乳液稳定性试验管
11	沥青混合料	密度,空隙率,矿料间隙率,饱和度,马歇尔稳定度,流值,沥青含量,矿料级配,理论最大相对密度,动稳定度,渗水系数	沥青混合料拌和机,烘箱,浸水天平,天平,控温流水养护箱,恒温水槽,马歇尔试验仪,恒温水槽,沥青抽提仪(或燃烧炉),标准筛,摇筛机,理论最大相对密度仪,轮碾成型机,车辙试验机,路面渗水仪
12	钢材与连接接头	质量偏差,尺寸偏差,抗拉强度,屈服强度,引伸率,断后伸长率,最大力总伸长率,弯曲性能,反向弯曲,钢筋焊接网的抗剪力	天平,钢直尺(含弯头),伺服万能试验机,引伸仪,游标卡尺,标距打点机,弯曲装置(含弯头),反向弯曲装置,专用抗剪力夹具

续上表

序号	试验检测项目	主要试验检测参数	仪器设备配置
13	路基路面	几何尺寸(纵断高程,中线偏位,宽度,横坡,边坡,相邻板高差,纵、横缝顺直度,厚度,压实度,平整度,弯沉,摩擦系数,构造深度,渗水系数,水泥混凝土路面强度,车辙,回弹模量,渗层油修渗透深度,层间黏结,基层芯样完整性	钢卷尺,钢直尺,游标卡尺,水准仪,全站仪,路面取芯钻机,灌砂仪,3m直尺,楔型塞尺(或深度尺),贝克曼梁,秒表,环刀,人工铺砂仪,路面渗水仪,摆式摩擦系数测定仪,或激光平整度仪,压力试验机,地质雷达,连续式平整度仪,自动弯沉仪,落锤式弯沉仪,单轮纵向弯沉系数测试车,双轮式横向力系数测试车,激光车辙仪,标准量筒,激光路面断面仪,路面横断面仪,核子密度仪,无核子密度湿度仪,超声波检测仪,混凝土回弹仪,专用拉拔仪,拉伸仪,直剪试验仪,恒温箱
14	混凝土结构	混凝土强度,碳化深度,钢筋位置,钢筋保护层厚度,碳化深度,表观缺陷,内部缺陷,裂缝(长度、宽度、深度等)	混凝土回弹仪,取芯机,芯样切割机,压力试验机,钢直尺,钢卷尺,游标卡尺,裂缝宽度测量装置,钢筋探测仪,非金属超声波检测仪,碳化深度测试仪,裂缝宽度测量仪
15	基坑、地基与基桩	地基承载力,地表沉降,基桩完整性,基桩动测,成孔质量(孔径,孔深,垂直度等)	承载板,荷载加载装置(含测力装置),基准梁,位移测试装置,精密水准仪,标准贯入仪,基桩动测仪,基桩静力触探仪,静力触探仪,基桩动力触探仪,超声波检测仪,十字板剪切仪,成孔质量测试仪
16	交通安全设施	外形尺寸,安装高度,安装距离,安装角度,立柱竖直度,立柱埋深,防腐层厚度,标线标志光度性能,标线抗滑值,标线逆反射测量值	直尺,卷尺,卡尺,万能角尺,塞尺,锤线,板厚千分尺,超声波测厚仪,全站仪,标线涂层厚度测试仪,摆式摩擦系数测试仪,竖直度尺,标线逆反射测量仪,涂镀层测厚仪(磁性、电涡流),标线逆反射测量仪,线逆反射测量仪,立柱埋深测量仪

表2-3

试验检测能力基本要求及主要仪器设备(综合丙级)

序号	试验检测项目	主要试验检测参数	仪器设备配置
1	土	含水率,密度,颗粒组成,界限含水率,击实试验(最大干密度、最佳含水率),承载比(CBR),相对密度,天然稠度,有机质含量,易溶盐总量	烘箱,天平,电子秤,环刀,储水筒,灌砂仪,标准筛,摇筛机,密度计,量筒,液塑限联合测定仪,标准击实仪,脱模器,收销皿,CBR试验装置(路面材料强度仪或其他仪器),密度瓶,恒温浴,砂浴,油浴,恒温水槽,水浴锅,瓷蒸发皿
2	集料	(1)粗集料:颗粒级配,含水率,含泥量,泥块含量,针片状颗粒含量,压碎值,密度,吸水率 (2)细集料:颗粒级配,含水率,含泥量,泥块含量,密度,吸水率 (3)矿粉:颗粒级配,密度,亲水系数	标准筛,摇筛机,天平,烘箱,针状规准仪,片状规准仪,游标卡尺,量筒,容量筒,压力试验机,李氏比重瓶,溢流水槽,恒温水槽,烧杯,容量瓶

续上表

序号	试验检测项目	主要试验检测参数	仪器设备配置
3	水泥	标准稠度用水量,凝结时间,安定性,胶砂抗压强度,胶砂流动度,密度,细度(筛余值,比表面积)	天平,维卡仪,水泥净浆搅拌机,沸煮箱,湿气养护箱,雷氏夹及其膨胀测定仪,水泥胶砂搅拌机,振实台,抗折试验机,恒应力压力试验机,恒温水槽,烘箱,负压筛析仪(含试验筛),比表面积仪,李氏比重瓶,恒温温湿流水箱
4	水泥混凝土、砂浆	(1)水泥混凝土:稠度,抗压强度,抗弯拉强度,胶砂流动度,配合比设计,表观密度,含气量,凝结时间,劈裂抗拉强度,抗渗性 (2)砂浆:立方体抗压强度,配合比设计,保水性,稠度,分层度	坍落度仪,维勃稠度仪,天平,秒表,试样筒,电子秤,压力试验机,微变形测量仪,抗弯拉试验装置,混凝土搅拌机,砂浆搅拌机,砂浆保水性试验装置,砂浆稠度仪,贯入阻力仪,标准筛,水泥胶砂搅拌机,劈裂夹具,水泥混凝土渗透仪,砂浆分层度仪,含气量测定,振动台,标准养护室,烘箱
5	外加剂	pH值,氯离子含量,减水率,抗压强度比,泌水率比,硫酸钠含量,凝结时间差,含气量	酸度计,天平,滴定设备,烘箱,混凝土搅拌机,坍落度仪,电子秤,压力试验机,试样筒,贯入阻力仪,含气量测定仪,箱式电阻炉
6	掺和料	细度,比表面积,需水量比,流动度比,活性指数,烧失量,含水率	天平,烘箱,负压筛析仪(含试验筛),比表面积仪,秒表,水泥胶砂搅拌机,水泥净浆搅拌机,沸煮箱,雷氏夹及其膨胀测定仪,压力试验机,压蒸釜,高温炉
7	无机结合料稳定材料	(1)石灰:有效氧化钙和氧化镁含量,氧化镁含量,最大干密度,最佳含水率,无侧限抗压强度,水泥或石灰剂量 (2)无机结合料稳定材料:未消化残渣含量	天平,滴定设备,烘箱,恒温恒湿养护室(箱),击实仪,压力试验机,烘箱,恒温水槽,水泥胶砂搅拌机,湿气养护箱,湿气养护箱,路面材料强度试验仪,振动压实仪,脱模器,生石灰消化器,5mm圆孔筛
8	沥青	密度,针入度,针如度指数,延度,软化点,48h软化点),聚合物改性沥青储存稳定性(离析),与粗集料的黏附性,聚合物改性沥青弹性恢复率	沥青密度瓶,天平,温水槽,烘箱,浸水天平,针入度仪,延度仪,软化点试验仪,烘箱,恒温水槽,恒温冰箱,控温温流水箱,沥青抽提仪,高温炉
9	沥青混合料	密度,空隙率,矿料间隙率,饱和度,流值,马歇尔稳定度,沥青含量,矿料级配,理论最大相对密度	沥青混合料拌和机,烘箱,马歇尔试验仪,恒温冰箱,恒温水箱,马歇尔击实仪,脱模器,马歇尔自动击实仪,温度计,恒温水槽,标准筛,摇筛机,沥青抽提仪(或燃烧炉),理论最大相对密度仪

续上表

序号	试验检测项目	主要试验检测参数	仪器设备配置
10	钢材与连接头	重量偏差,尺寸偏差,抗拉强度,屈服强度,断后伸长率,最大力总伸长率,弯曲性能	天平,钢直尺,伺服万能试验机,引伸仪,游标卡尺,标距打点机,弯曲装置(含弯头)
11	路基路面	厚度,压实度,平整度,弯沉,几何尺寸,中线偏位,宽度,横坡,边坡,相邻板高差、纵、横缝顺直度,摩擦系数,构造深度,渗水系数,水泥混凝土路面断面差,回弹模量	游标卡尺,钢直尺,灌砂筒,天平,3m直尺,楔型塞尺(或深度尺),贝克曼梁(含百分表),路表温度计,钢卷尺,水准仪,摆式摩擦系数测定仪,人工铺砂仪,标准砂,路面渗水仪,承载板测试仪,千斤顶,落锤式回弹模量测试仪(或连续式平整度仪),秒表,落锤式弯沉仪,或激光平整度仪,无核密度仪,连续式平整度仪,压力试验机,混凝土回弹仪
12	混凝土结构	混凝土强度,碳化深度,表观缺陷,裂缝(长度、宽度、深度等),钢筋位置,钢筋保护层厚度	混凝土回弹仪,取芯机,芯样切割机,压力试验机,碳化深度测量装置,钢直尺,钢卷尺,游标卡尺,裂缝宽度测试仪,钢筋探测仪,非金属超声波检测仪

表2-4

试验检测能力基本要求及主要仪器设备(交通工程专项)

序号	试验检测项目	主要试验检测参数	仪器设备配置
1	交通安全设施	(1)交通标志及反光膜:色度性能,结构尺寸,钢构件防腐层厚度,材料力学性能,标志板面色度性能,耐碱性,密度,人工加速耐候性,不粘胎干燥时间,反光膜附着性能,反光膜抗冲击性能,标志板抗弯耐盐雾腐蚀性能,反光膜耐溶剂性能,收缩性,反光膜耐高低温性能,反光膜耐高低温附着性能,反光膜抗拉荷载,反光膜耐曲性能,反光膜耐候性,反光膜防粘纸可剥离性能,反光膜耐候性	游标卡尺,钢直尺,钢板尺,钢卷尺,涂镀层测厚仪(磁性、电涡流),超声波测厚仪,电子万能材料试验机及试验夹具,漆膜耗耗仪,色彩色差仪,逆反射标志测试仪(多角度),全站仪,反光膜性能测试仪,高低温试验箱,高低温性能测试仪,反光膜防粘纸可剥离性能测试仪,反光膜耐冲击性能测试仪,反光膜耐弯曲性能测试仪,不粘胎时间测定仪,标准布,标准筛,氙弧灯试验箱
		(2)路面标线涂料及玻璃珠:色度性能,软化点,抗压强度,耐磨性,预混玻璃珠含量,耐水性,耐酸碱性,密度,漆膜耗耗,人工加速耐候性,涂层低温抗裂性,加热稳定性,流动度,耐热变形性,总有机物含量,涂料耐流动度测试仪,马弗炉,涂料耐老化试验箱,电子秒表,五倍放大镜,玻璃珠径分布,玻璃珠成圆率,玻璃珠折射率,玻璃珠磁性颗粒分含量	色彩色差仪,钢卷尺,钢板尺,涂镀层测厚仪(磁性、电涡流),超声波测厚仪,电子万能材料试验机及试验夹具,软化点测试仪,小型高低温试验箱,化学试验器皿,电子万能试验机,制样器,烘箱,天平,色差仪,盐雾试验箱,不粘胎时间测定仪,涂料流动度测试仪,马弗炉,涂料耐老化试验箱,电子秒表,五倍放大镜,涂料流动性能测试仪,盐雾试验箱,反光膜防粘纸可剥离性能测试仪,反光膜耐曲性能测试仪,显微镜,磁性颗粒分选机
		(3)波形梁钢护栏:外形尺寸,材料力学性能,拼接螺栓连接副整体抗拉荷载,防腐层厚度,镀锌附着量,防腐层附着性,防腐层耐盐雾腐蚀性能,防腐层耐湿热性能,防腐层抗弯曲性	一级平台,游标卡尺,板厚千分尺,壁厚千分尺,钢板尺,塞尺,万能角尺,电子万能材料试验机及试验夹具,钢材试验机,涂镀层测厚仪(磁性、电涡流),超声波测厚仪,盐雾腐蚀试验装置,盐雾腐蚀试验箱,恒温恒湿试验箱,防腐层抗弯曲试验装置

续上表

序号	试验检测项目	主要试验检测参数	仪器设备配置
1	交通安全设施	(4)隔离栅:结构尺寸,钢丝直径,钢丝抗拉强度,焊点抗拉应力,防腐层附着性能,防腐层抗弯性能,防腐层耐盐雾腐蚀性能,防腐层厚度,防腐层附着性能,涂层耐高低温冲击性能,涂层耐湿热性能,涂层耐温变性能,涂层耐温湿变性能,涂层耐湿冷变性能,立柱弯曲	游标卡尺,钢板尺,钢卷尺,壁厚千分尺,涂镀层测厚仪(磁性,电涡流),电子万能材料试验机试验夹具,天平,防腐层附着装置,涂镀层测厚装置,盐雾腐蚀试验箱,涂层冲击性能试验装置,恒温恒湿试验箱,温度交变试验箱
		(5)防眩板:结构尺寸,色度性能,抗风荷载,抗变形量,抗冲击性能,耐低温坠落性能,耐盐雾腐蚀性能,逆反射冲击性能,纵向弯曲强度,耐磨损性能,金属反射附着性能,环境适应性能,密度,巴柯尔硬度,氧指数	一级平台,游标卡尺,钢板尺,钢卷尺,板厚千分尺,塞尺,万能角尺,涂镀层测厚仪(磁性,电涡流),电子万能材料试验机及试验夹具,冲击试验钢球,抗冲击性能试验箱,高低温试验箱,天平,巴氏硬度计,材料阻燃性能分析仪
		(6)突起路标:结构尺寸,色度性能,逆反射性能,整体抗冲击性能,抗荷载,耐温度循环性能,耐盐雾腐蚀性能,逆反射冲击性能,逆反射抗冲击性能,耐高低温性能,耐高温反射附着性能	游标卡尺,色彩色差仪,逆反射色测试夹具,突起路标色测量系统,突起路标测厚仪,电子万能材料试验机及试验夹具,高低温试验箱,盐雾腐蚀试验箱,突起路标耐密封测试仪,突起路标耐磨损性能测试仪,氙弧灯老化试验箱
		(7)轮廓标:外形尺寸,光度性能,色度性能,密封性能,耐高低温性能,耐候性能,反光膜对底或柱体的附着性能	游标卡尺,钢板尺,钢卷尺,板厚千分尺,塞尺,涂镀层测厚仪(磁性,电涡流),色彩色差仪,逆反射色差仪,盐雾试验箱(多角度),逆反射测色测量仪,逆反射测量仪,立柱埋深测量仪
		(8)安装施工工程:立柱竖直度,安装角度,安装距离,安装高度,立柱埋深,防腐层厚度,标线光度性能,标线抗滑值	直尺,卷尺,卡尺,万能角尺,塞尺,锤线,涂镀层测厚仪(磁性,电涡流),标准涂层测试仪,逆反射标志测量仪,摆式摩擦系数测试仪,全站仪,竖直度尺,立柱埋深测量仪
2	监控设施	(1)车辆检测器产品:外观质量,结构要求,功能要求,软件要求,车速相对误差,车流量相对误差,抗串扰,电感适应范围,电气安全性能,防水与防尘,耐低温性能,耐高温性能,耐湿热性能,耐盐雾腐蚀性能,可靠性,耐机械振动性能,耐候性能,电磁兼容性	步入式环境试验箱,高低温试验箱,恒温恒湿试验箱,接地导通电阻测试仪,耐电压测试仪,程控变频电源,沙尘试验箱,喷淋试验箱,超声波测厚仪,几何测量仪(刃)具,计数器,接地电阻测试仪,绝缘电阻测试仪,全站仪,数据传输测试仪,电磁兼容测试系统,电感兼容测量系统
		(2)车辆检测器工程:立柱防腐涂层厚度,立柱竖直度,绝缘电阻,安全接地电阻,防雷接地电阻,复原功能,自检功能,逻辑识别功能,数据传输性能,平均车速计数精度,基础尺寸,机箱,立柱,法兰和地脚几何尺寸,法兰和地脚尺寸,安全接地电阻,防雷接地电阻,复原功能,自检功能,本地操作与可维护性	振动试验台,氙弧灯老化试验箱

— 269 —

续上表

序号	试验检测项目	主要试验检测参数	仪器设备配置
2	监控设施	(3)气象检测器产品:外观质量,结构要求,检测精度,电气安全性能,耐低温性能,耐高温性能,耐湿热性能,耐盐雾腐蚀性能,温度误差,湿度误差,能见度误差,风速误差,传感器抗压荷载,杂光兼容性,电磁兼容性	步入式环境试验箱,高低温试验箱,恒温恒湿试验箱,盐雾腐蚀试验箱,程控变频电源,绝缘电阻测试仪,接地导通电阻测试仪,耐电压测试仪,测厚仪(磁性,电涡流),超声波测厚仪,高精度温湿度计,标准风速风向计,涂镀层测厚仪,数据传输测试仪,能见度仪,抗压荷载测试装置,电磁兼容测试系统
		(4)气象检测器工程:立柱竖直度,立柱,法兰和地脚几何尺寸,基础尺寸,机箱,立柱,法兰和地脚接地电阻,结绝缘电阻,防雷接地电阻,涂镀层厚度,温度误差,湿度误差,能见度误差,风速误差,数据传输性能	
		(5)闭路电视监视系统产品:外观质量,材料要求,接口要求,视频传输性能参数,主观评价,电气安全性能,耐低温性能,耐高温性能,耐高温度交变性能,耐盐雾腐蚀性能,耐湿热性能,耐机械振动性能,电磁兼容性能,外壳防护等级	步入式环境试验箱,高低温试验箱,恒温恒湿试验箱,盐雾腐蚀试验箱,沙尘试验装置,程控变频电源,绝缘电阻测试仪,接地导通电阻测试仪,全站仪,接地电阻测试仪,耐电压测试仪,涂镀层测厚仪,声级计,超声波测厚仪,模拟信号发生器,数字视频信号发生器,低弧灯老化试验箱,电磁兼容试验台,电磁振动试验机
		(6)闭路电视监视系统工程:立柱竖直度,立柱,法兰和地脚几何尺寸,基础尺寸,机箱,立柱,法兰和地脚接地电阻,结绝缘电阻,防雷接地电阻,通信接口规程,传输通道指标,监视器画面指标,监视范围,外场摄像机安装稳定性,功能测试	
		(7)可变标志产品:外观质量,材料要求,结构尺寸,功能要求,视认性能,色度性能,电气安全性能,耐低温性能,耐高温性能,外壳防护等级,耐温度交变性能,耐湿热性能,耐盐雾腐蚀性能,耐机械振动性能,机械力学性能,通信接口规程,可靠性,耐候性 (8)可变标志工程:立柱竖直度,立柱,法兰和地脚几何尺寸,基础尺寸,机箱,立柱,法兰和地脚接地电阻,结绝缘电阻,防雷接地电阻,避雷针(接闪器)法兰和地脚几何尺寸,强电端子对机壳绝缘电阻,安全接地电阻,显示屏发光均匀性,显示屏平均亮度,显示屏发光单元色度坐标,视认距离,视认性能,自检功能,显示屏内容一致性,亮度调节功能	步入式环境试验箱,高低温试验箱,恒温恒湿试验箱,盐雾腐蚀试验箱,沙尘试验装置,程控变频电源,绝缘电阻测试仪,接地导通电阻测试仪,耐电压测试仪,涂镀层测厚仪,全站仪,几何量测量(刀)具,LED发光强度测试仪,接地电阻测试仪,色度/亮度测量仪(磁性,电涡流),数据传输测试仪,腐蚀试验箱,色度计,声级计,喷淋试验箱,沙尘试验装置,盐雾试验箱,电磁振动试验台,低弧灯老化试验箱

— 270 —

续上表

序号	试验检测项目	主要试验检测参数	仪器设备配置
2	监控设施	(9)监控中心设备安装及系统调测工程：监控室内温度,监控室内湿度,监控室内噪声,监控室内新风系统功能,监控室内防尘措施,工作室内工作环境照度,强电端接地电阻,防雷接地电阻,安全接地电阻,监控室对机壳接地绝缘电阻,监控中心联合接地电阻,工作接地电阻的实时性和可靠性,设备的通信轮询周期,与下端设备交换数据功能,图像监视功能,与外场设备交换数据功能,系统工作状况监视功能,交通阻塞告警,恶劣气候告警,图像告警,信息发布数据功能,系统自诊,打印报表功能,数据备份,存储功能,加电自诊断功能,监控软件控制功能,监控软件稳定性和可靠性 (10)大屏幕投影系统工程：拼接缝,亮度,亮度不均匀度,图像显示,窗口缩放,对视窗显示 (11)地板工程：整板尺寸,垂直度,平整度,可变标志内容显示,电源导线绝缘电阻,静态显示,交通状态显示,设备工作状态显示,交通量,气象参数,时间,日期显示,发光单元亮度,自检功能,紧急电话呼入显示 (12)监控系统计算机网络工程：布线长度,近端串扰与衰减比,远端串扰,环路阻抗,远方近端串扰,回波衰减,相邻线对综合串扰,近端串扰与衰减比,综合远端串扰,光纤衰耗,光纤接头衰耗,光纤接头回损,网络维护衰测试,传输时延,线对传输时延差,同轴电缆性能性能	网线认证测试仪,数据网络性能测试仪,网络协议分析仪,光时域反射计,几何测量量(刃)具,绝缘电阻测试仪,亮度计,温湿度计,照度计,声级计,秒表,接地电阻测试仪,软件压力测试系统,电桥或特性阻抗测量仪
		(13)监控设施光电缆线路工程：光纤护层绝缘电阻,光纤接头损耗平均值,低速误码率,同轴电缆内外导体绝缘电阻,电力电缆绝缘电阻,光电缆埋深,同轴电缆衰耗	绝缘电阻测试仪,光时域放射计(OTDR),数据传输测试仪,衰耗测试仪
3	通信设施	(1)通信管道产品：外观质量,结构尺寸,外壁硬度,内壁摩擦系数,拉伸强度,断裂伸长率,最大牵引负荷,冷弯曲半径,环刚度,扁平试验,复原率,耐落锤冲击性能,抗裂强度,管接头连接性,连接密封性,纵向收缩率,压缩强度,弯曲强度,巴柯尔硬度,弯曲度,坠落热应力开裂,耐化学介质腐蚀,热变形温度,氧指数,耐水性能,耐汽油性能,耐热湿性能,耐低温试验,维卡软化温度,熔体流动速率,熔体流动速率测定装置,低温脆化试验,热变形维卡软化点试验,材料阻燃性能分析仪,化学试验皿,动态摩擦系数测定装置,低温冲击性能,耐候性能	游标卡尺,壁厚千分尺,钢板尺,电子万能材料试验机,落锤冲击试验机,邵氏硬度计,管材耐压爆破试验机,管道弯曲测试仪,静摩擦系数测定仪,恒温恒湿试验箱,工业塑料冰柜,电热鼓风干燥箱,低温脆化试验箱,耐环境应力开裂试验机(-75℃),耐环境应力开裂试验机,塑料摆锤冲击试验机,巴柯尔硬度计,热变形维卡软化点试验机,材料阻燃性能分析仪,化学试验皿,动态摩擦系数测定装置,熔体流动速率测定装置,氙弧灯老化试验箱

续上表

序号	试验检测项目	主要试验检测参数	仪器设备配置
3	通信设施	(2)通信管道与光电缆线路工程：管道地基，管道铺设，回土夯实，人手孔的位置，分叉形式及内部尺寸，通信管道的横向位置，人手孔及管道掩埋，人手孔试通试验，管孔封堵，人手孔接地电阻，主管道孔试通质量，硅芯塑料管试通试验，积水罐安装质量，光纤护层绝缘电阻，中继段光纤总衰耗，光纤接头损耗平均值，同轴电缆内外导体绝缘电阻，音频电缆绝缘电阻，信号电缆绝缘电阻，信息电缆直流电阻，同轴电缆传输误码率，信号传输误码率，电缆衰耗	几何测量量（刃）具，绝缘电阻测试仪，光时域反射计，电缆分析测试仪，数据传输测试仪，衰耗测试仪
		(3)光传输系统工程：系统设备安装联接的可靠性，接地连接的可靠性，系统接收光功率，平均发送光功率，光接收灵敏度，误码指标（2M 电口），电ংpas允许比特容差，输入抖动容限，输出抖动，2M 支路口漂移指标，安全管理功能，自动保护倒换功能，远端接入功能，配置功能，公务电话功能，告警功能，激光器自动关断功能，网络监视功能，故障定位功能，IP 网络接口平均发送光功率，IP 网络接口接收光功率，IP 网络接口接收光灵敏度，IP 网络接口误码特性测试，IP 网络接口半(全)双工自动协商功能，IP 网络 1000BASE-T 直通(交叉)自动协商功能，IP 网络流量控制功能，IP 网络故障报警功能，IP 网络安全管理功能，IP 网络端口禁止功能，IP 网络管查询和配置功能，IP 网络主、备系统处理器切换功能，IP 网络吞吐功能，IP 网络丢包率，IP 网络闭塞端口功能，IP 网络故障诊断与定位功能，IP 网络时延，IP 网络 VLAN 功能，音频电路特性测试数据电路测试	光功率计，光源，可变光衰减器，时基铷钟，通信性能分析仪，数据网络性能测试仪，数字万用表，数据传输测试仪，PCM 话路特性测试仪
		(4)数字程控及软交换系统工程：工作电压，系统再启动功能，修改用户号码功能，修改单个用户的号码属性，修改用户绝缘电阻，修改用户数据，计费功能，话务管理功能，故障诊断与告警，系统交换功能，指令电话功能，局内障碍率，接通率，处理能力（BHCA）	数字万用表，模拟呼叫器
		(5)紧急电话系统工程：音量，分机安装竖直度，防雷接地电阻，MTC 距基础平台的高度，喇叭高度，控制台绝缘电阻，话音质量，呼叫功能，按键提示，振铃提示功能，录音功能，故障报告功能，取消呼叫排队功能，地址码显示功能，振铃音响应，通话提示功能，通话报告功能，加自恢复功能，呼叫功能，指令呼叫功能，打印报告功能，定时报告功能，手动自检功能，加自恢复功能	几何测量量（刃）具，接地电阻测试仪，绝缘电阻测试仪，声级计

续上表

序号	试验检测项目	主要试验检测参数	仪器设备配置
3	通信设施	（6）通信电源工程：设备、列架的绝缘电阻，开关电源的主输出电压，开关电源输出杂音，电源组供电特性，电源系统报警功能，远端维护管理功能，不间断电源响应时间，通信电源系统防雷，通信电源接地，设备安装水平度，设备安装垂直度	绝缘电阻测试仪，数字万用表，杂波表，接地电阻测试仪，几何测量（刃）具
4	收费设施	（1）收费车道控制标产品：外观质量，材料要求，外形尺寸，LED 半强角，LED 发光强度，结构尺寸，色度性能，视认性能，电气安全性能，耐低温性能，耐高温性能，耐湿湿热性能，耐盐雾腐蚀性能，机械力学性能，防护等级，防撞性能，故障处理功能，电气安全性能，金属构架防腐蚀性能，耐高温性能，耐湿度交变性能，耐盐雾腐蚀性能，耐湿热性能，耐候性能，可靠性，机械振动性能，耐候性能，电磁兼容性能	步入环境试验箱，高低温试验箱，恒温恒湿试验箱，接地导通电阻测试仪，耐电压测试仪，绝缘电阻测试仪，程控变频电源，LED 发光强度测试仪，几何测量（长/宽/高度计，色度/亮度计，照沙尘试验箱，沙袋模拟试验装置，测速雷达，涂镀层测厚仪，标准清晰测试卡（磁性、电涡流、材料燃性能分析仪，秒表，声级计，电感测量仪，耐机械振动试验，电磁兼容测试台，电磁振动试验系统，氙弧灯老化试验箱
		（2）电动栏杆产品：外观质量，结构尺寸，终点位置，耐温度交变性能，耐高温性能，耐湿度交变性能，耐候性能，耐盐雾腐蚀性能，电磁兼容性能	
		（3）汽车号牌识别系统产品：外观质量，电气和结构，功能和构，功能要求，图像分辨率，号牌识别正确率，号牌识别时间，通信接口，防护等级，电气安全性能，耐低温性能，耐高温性能，耐湿容性能，耐湿热性能，耐盐雾腐蚀性能，可靠性，耐机械振动性能，电磁兼容性能	
		（4）收费亭产品：产品标志，外观质量，结构尺寸允许偏差，结构及设置要求，结构力学性能，钢构件防腐蚀性能，玻璃钢物化性能，内饰材料阻燃性能，工作台照度，电气安全性能，防水密封性能	

续上表

序号	试验检测项目	主要试验检测参数	仪器设备配置
4	收费设施	(5)费额显示器产品:形状和尺寸,材料及外观,功能特性,发光亮度,视认性能,声学特性,通信接口,防护等级,电气安全性能,耐低温性能,耐高温性能,耐湿度交变性能,耐湿热性能,耐盐雾腐蚀性能,耐机械振动性能,电磁兼容性能	
		(6)自动发卡机产品:材料要求,外观质量,功能要求,配置要求,防护等级 性能,耐高温性能,耐温度交变性能,耐盐雾腐蚀性能,耐湿热性能,耐低温	
		(7)车道控制机产品:外观结构要求,功能要求,性能要求,电气安全性能,耐低温性能,耐高温性能,耐温度交变性能,耐湿热性能,耐盐雾腐蚀性能,防护等级,耐机械振动性能,电磁兼容性能,耐候性能	步入式环境试验箱,高低温试验箱,恒温恒湿试验箱,程控变频电源,LED发光强度测试仪,标准清晰测试卡,沙尘试验箱,沙袋模拟试验装置,电感测量仪,测速雷达,电感测量仪,秒表,声级计,电感测量仪,温度交变试验箱,电磁振动试验台,电磁兼容测试系统,氙弧灯老化试验箱,接地导通电阻测试仪,耐电压测试仪,耐电压测量(刀)具,照度计,色度/亮度计,几何测量卡,沙尘试验装置,涂镀层测厚仪(磁性、电涡流),材料阻燃性能分析仪
		(8)票据打印机产品:外观和结构要求,功能要求,性能要求,电气安全性能,耐低温性能,耐高温性能,耐温度交变性能,耐湿热性能,耐盐雾腐蚀性能,耐机械振动性能,电磁兼容性能	
		(9)出入口车道设备工程:设备机壳防腐涂层及厚度,车道控制器强电端子对机壳绝缘电阻,车道设备联合接地电阻,收费亭防雷接地电阻,收费信号灯色度和亮度,收费车道通行信号灯色度和亮度,车道信号灯动作,电动栏杆起落总时间,电动栏杆机动作响应,车道车辆检测器计数精度,自动收卡机性能,自动发卡机性能,费额显示器功能,专用键盘性能,闪光报警器功能,自动发卡机性能,票据打印机打印信息,车道初始状态,车道打开动作,出入口车道控制处理流程,车道设备状态检测功能,断网测试,图像抓拍,号牌识别率,断数据完整性测试,	
		(10)计重收费工程:计重承载器与收费亭中心线间距,计重承载器安装尺寸偏差,控制机器,称台护罩,车辆分离器护罩防腐涂层厚度,计重承载器电感量,收尾线圈电感量,收尾线圈检测范围,车辆分离器最小分辨物尺寸,车型检测器判断正确率,胎型检测器判断正确率,收尾线圈判断正确率,自检功能,自诊断功能,自动复位功能,校准功能,收尾线圈切换功能,绝缘电阻,联合接地电阻,计重软件功能与性能,计重精度	几何测量量(刀)具,涂镀层测厚仪(磁性、电涡流),电感测量仪,绝缘电阻测试仪,接地电阻测试仪,接地电阻测试仪,计数器

续上表

序号	试验检测项目	主要试验检测参数	仪器设备配置
4	收费设施	(11)电子不停车收费车道路侧设备工程:入/出口正常交易流程,RSU兼容性测试,ETC交易处理时间,防拆卸识别功能,RSU通信区域,车道基本控制逻辑,数据传输,频率容限,等效全向辐射功率,占用带宽,前导码,接收带宽,接收机误码率	场强仪,示波器,频谱分析仪,矢量信息分析仪,矢量信息发生器,功率计
		(12)收费站设备及软件工程:强电端子对机壳绝缘电阻,对车道设备的实时监视功能,原始数据查询统计功能,图像核查管理功能,报表打印功能,费率表查看功能,与车道控制机的数据通信功能,数据备份功能,与收费中心的通信功能,断网数据上传功能,报警录像功能,主监视器切换显示各车道及收费亭摄像机功能,查看特殊事件报表并打印功能,数据完整性测试	
		(13)内部有线对讲及紧急报警系统工程:主机全呼分机,分机单呼主机,主机对某个分机,分机呼叫主机,分级之间的串音抑制,主机对分机的侦听功能,扬声器音质量,话音调节,按钮状态指示灯,手动/脚踏报警器,报警器自检功能,语音侦听信号,报警器自检功能,语音侦听	几何测量量(刀)具,光时域反射计,电缆分析测试仪,钳形电流表,数据传输测试仪,模拟视频信号发生器,模拟视频测试仪,数字视频信号发生器,数字视频测量仪,标准清晰度测试卡
		(14)收费站闭路电视监视系统工程:立柱垂直度,立柱,避雷针(接闪器),法兰和地脚几何尺寸,基础尺寸,机箱,立柱,法兰和主柱绝缘电阻,安全接地电阻,防雷接地电阻,电力电缆绝缘电阻,电力电缆埋深,同轴电缆内外导体绝缘电阻,电力电缆绝缘电阻,光电缆埋深,同轴电缆内外导体绝缘电阻,电力电缆绝缘电阻,光电缆埋深稳定性,功能测试,摄像机清晰度	
		(15)收费站电缆及塑料管道工程:光纤护层绝缘电阻,光纤接头损耗,低速误码率,同轴电缆内外导体绝缘电阻,电力电缆绝缘电阻,光电缆埋深,同轴电缆	
		(16)收费中心设备及软件工程:收费中心配电箱强电端子对机壳绝缘电阻,综合接地电阻,与收费站间的数据传输功能,报表统计打印功能,费率表,车型分类参数的设置与变更,系统时间设定功能,图像查看功能,与监控中心的计算机通信功能,双机热备份功能,通行卡管理功能,对各站及车道CCTV图像切换及控制功能,数据完整性测试,通行费拆分,数据核查功能	绝缘电阻测试仪,接地电阻测试仪,软件压力测试系统
		(17)IC卡发卡编码系统工程:发卡设备安全性测试,兼容性测试,发放身份IC卡,发放公务IC卡,发放预付IC卡,预付卡业务查询,统计打印与打印,防冲突功能	

续上表

序号	试验检测项目	主要试验检测参数	仪器设备配置
5	配电设施	(1)中心(站)内低压配电设备工程:室内设备,列架的绝缘电阻,设备安装的水平度,设备安装的垂直度,发电机组控制柜绝缘电阻,联合接地电阻,发电机组相序,发电机组输出电压稳定性,自动发电机组自启动及启动时间,发电机组启动及自动转换功能测试,发电机组供电切换对机系统的影响,电源至接地装置的施工质量的检查,1kV以下电压等级配电装置和馈电线路,低压电器,低压配电系统功率因数,电能质量	几何测量量(刀)具,绝缘电阻测试仪,接地电阻测试仪,万用表,相序指示器试仪,电能质量分析仪,耐电压测试仪
		(2)外场设备电力电缆线路工程:配电箱基础尺寸及高程,配电箱涂层厚度,直埋电缆配深,电源箱,配电箱,分线箱安全保护接地电阻,配线架对配电箱绝缘电阻,接线端子绝缘电阻,相线对绝缘护套的绝缘电阻,线芯直径	几何测量量(刀)具,全站仪(或测距加经纬仪),绝缘电阻测试仪,接地电阻测试仪,镀层测厚仪(磁性、电涡流)
6	照明设施	(1)升降式高杆照明灯具产品:防腐性能,线路与线缆,焊接质量,线路直线度误差,灯杆截面形状误差,灯杆直线度误差,接插性能,灯杆安装后垂直度,灯盘直径,灯盘结构,灯具结构,升降系统结构,防雷接地装置,升降体系功能,配电及控制设备功能,出厂可靠性验证,灯具防尘防水性能,绝缘电阻,介电强度,安全接地,电源电压,耐高温性能,耐低湿热性能,耐盐雾腐蚀性能,灯具光学性能	步入式环境试验箱,高低温试验箱,程控变频电源,恒温恒湿试验箱,恒温恒湿试验箱,沙尘试验箱,喷淋试验装置,超声波测厚仪,C型分布式光度性能测试系统,3m积分球测试系统,电磁振动试验台,电磁兼容测试系统,低弧灯老化试验箱
		(2)LED照明灯具产品:结构尺寸,外观质量,噪声,机械力学性能,绝缘电阻,电气强度,接触电阻,接插性能,电源,功能测试,防护性能,耐低温性能,耐高温性能,耐湿热性能,电磁兼容性能,耐盐雾试验,灯具防炫性能,灯具防振性能,灯具初始光效,灯具初始光通量,灯具光学性能,耐候性能	几何测量量(刀)具,全站仪(或测距仪和经纬仪),涂镀层测厚仪(磁性、电涡流)
		(3)照明设施工程:灯杆基础防腐涂层厚度,灯杆壁厚,灯杆,灯杆垂直度,灯杆横纵向偏差,灯盘升降功能测试,收费广场照度及均匀度,高杆灯灯盘分升降方式控制功能,自动两种方式控制全部或部分照明的开闭,亮度传感器与照明器的联动功能,定时控制功能,定时控制照度及均匀度,总均匀度及纵向均匀度	几何测量量(刀)具,全站仪(或测距仪和经纬仪),涂镀层测厚仪(磁性、电涡流),接地电阻测试仪,照度计,超声波测厚仪,亮度计

续上表

序号	试验检测项目	主要试验检测参数	仪器设备配置
7	隧道机电设施	(1)隧道环境检测设备工程:传感器安装位置偏差,绝缘电阻,安全保护接地电阻,防雷接地电阻,数据传输性能,数据采样周期,信号输出偏差,与风机、消防、报警、可变标志、控制计算机的联动功能,CO传感器精度偏差,照明、烟雾传感器精度偏差,风速传感器精度偏差,风向传感器精度偏差	几何测量量(刃)具,全站仪(或经纬仪),绝缘电阻测试仪,接地电阻测试仪,数据传输测试仪,数字存储示波器,CO测试仪,能见度仪,烟雾发生器,风速风向计
		(2)报警与诱导设施工程:报警按钮的位置和高度偏差,警报器的位置和高度偏差,诱导设施的位置和角度,诱导设施的亮度,绝缘电阻,安全保护接地电阻,防雷接地电阻,数据传输性能,报警信号输出,报警按钮与警报器的联动功能 (3)隧道紧急电话与有线广播系统工程:分机音量,分机绝缘电阻,防雷接地电阻,MIC距基础平台的安装竖直度,喇叭高度,地址码显示功能,按键提示,呼叫功能,话音质量,振铃响应,录音功能,声抑制,通话呼叫功能,呼叫排队功能,打印报告功能,语音提示功能,加电自检功能,故障报告功能,取消呼叫功能,定时自检功能,手动自检功能,广播实时录音功能,音区切换功能,广播节目源选择功能,循环广播功能,广播功能,音量调节功能,广播自诊断功能,广播效果	几何测量量(刃)具,全站仪(或经纬仪),绝缘电阻测试仪,接地电阻测试仪,数据传输测试仪,声级计,色度/亮度计
		(4)射流风机工程:净空高度,风机运转时隧道运转时模式,风机全速运转时风速,风阀启闭时间,风机运行时间,运行方式,本地控制模式,远程控制模式,风速调节功能,叶片角度和控制功能,风道开关功能 (5)轴流风机工程:净空高度,风机运转时隧道断面平均风速,风机全速运转时风速,风阀启闭时间,风机运行时间,运行方式,本地控制模式,远程控制模式,风速调节功能,叶片角度和控制功能,风道开关功能	几何测量量(刃)具,经纬仪(或全站仪),涂镀层测厚仪,恒温恒湿试验箱,接地电阻测试仪,风速风向仪,全站仪(或经纬仪),亮度计,声级计,秒表
		(6)隧道照明设施产品:结构尺寸,外观质量,噪声,机械力学性能,电气安全性能,耐电压测试,耐低温性能,耐高温性能,耐温度交变性能,耐盐雾腐蚀性能,外壳防护等级,电磁兼容性能,耐机械振动性能,灯具效率,光度性能 (7)隧道照明设施工程:灯具的安装方式,绝缘电阻,安全保护接地电阻,控制柜安全保护接地电阻,灯具启动时间的可调性,启动、停止方式,应急照明,(入口段、过渡段、中间段、出口段)亮度、(入口段、过渡段、中间段、出口段)照度均匀度,总均匀度,纵向均匀度	步入式环境试验箱,高低温试验箱,恒温恒湿试验箱,耐电压测试仪,耐电压试验装置,照度计,盐雾腐蚀试验箱,程控变频电源,沙尘试验箱,沙尘试验装置,喷淋试验装置,接地电阻测试仪,接地导通电阻测试仪,接地模拟试验装置,接地距离和经纬仪,C型分布式光度性能测试系统,3m积分球测试系统,电磁振动试验台,电磁兼容测试系统

— 277 —

续上表

序号	试验检测项目	主要试验检测参数	仪器设备配置
7	隧道机电设施	(8)隧道消防设施工程:火灾探测器安装位置,消防控制器安装位置,灭火器安装位置,消防控制器安装位置,加压送气电阻,控制器安全保护接地电阻,火灾探测器自动报警响应时间,火灾探测器灵敏度,火灾报警器报警功能,其他灭火设施与自动灭火设施的联合测试,消火栓的功能,消火器材的功能,火灾探测器与自动灭火设施的联合测试	几何测量量(刃)具,全站仪(或测距仪和经纬仪),绝缘电阻测试仪,接地电阻测试仪
		(9)隧道本地控制器工程:基础尺寸,安装水平度,竖直度,机箱、铸具和地脚的防腐涂层厚度,强电端子对机壳绝缘电阻,安全保护接地电阻,数据传输性能,与计算机通信功能,本地控制功能	几何测量量(刃)具,涂镀层测厚仪(磁性、电涡流),绝缘电阻测试仪,接地电阻测试仪,数据传输测试仪
		(10)隧道监控中心设备及软件工程:系统设备安装接线的可靠性,接地连接的可靠性,强电端子对机壳绝缘电阻,与本地控制器的通信功能,与监控中心计算机联合接地电阻,强电端子对机壳绝缘电阻,与本地控制器的通信功能,与监控中心计算机通信功能,服务器功能,中央管理计算机功能,交通控制计算机功能,通风照明计算机功能,火灾报警功能,图像控制计算机功能,紧急电话控制台功能,大屏幕的安装质量和功能,地图板的安装质量和打印功能,数据统计打印功能,双机热备份功能,报表统计功能,监控软件稳定性可靠性,数据完整性测试	万用表,接地电阻测试仪,绝缘电阻测试仪,软件压力测试系统

表 2-5 试验检测能力基本要求及主要仪器设备(桥梁隧道工程专项)

序号	试验检测项目	主要试验检测参数	仪器设备配置
1	防水材料	(1)防水板:拉伸强度,断裂伸长率,撕裂强度,低温弯折,不透水性,加热伸缩量,外观质量,外形尺寸(长度、厚度) (2)止水带:尺寸公差,外观质量,拉断强度,拉断伸长率,撕裂强度,热空气老化(硬度变化邵尔,拉断强度,拉断伸长率),脆性温度 (3)止水条:拉断强度,拉断伸长率,体积膨胀率,反复浸水试验,尺寸公差,宽度,直径,高度),硬度,可溶物含量,高温流淌性,耐热性,拉力,延伸率,延伸力保持率,低温柔性,钉杆撕裂强度,低温弯折性,抗静态荷载,接缝剥离强度,热老化处理(拉力保持率,不透水性,最大拉力时伸长率,卷材浸水后质量,面积,单位面积质量,尺寸变化率,质量损失),耐化学性(外观,最大拉力,最大拉力时伸长率,拉伸强度保持率,最大拉力时伸长率保持率),青涂层厚度,断裂伸长率,钢筋焊接网的抗剪力,钢筋焊接网的抗剪强度,单向拉伸残余变形	电子万能试验机(含配件),低温试验箱,弯折仪,透水仪,老化试验箱,弯直尺,测厚仪,邵氏硬度计,橡胶脆性温度试验机,静态天平,电热干燥箱,耐热性试验仪,拉力试验机,低温养护温度试验仪,抗静态荷载试验仪,低温柔性/低温弯折性,弯折板,弯折仪,放大镜,不透水仪,镜式游标卡尺,厚度计
2	钢材与连接接头	重量偏差,尺寸偏差,抗拉强度,屈服强度,断后伸长率,最大力总伸长率,弯曲性能,反向弯曲,钢筋焊接网的抗剪力,专用抗剪力夹具	天平,钢直尺,伺服万能试验机,引伸仪,游标卡尺,标距打点机,弯曲装置(含管头),反向弯曲装置(含管头),专用抗剪力夹具

续上表

序号	试验检测项目	主要试验检测参数	仪器设备配置
3	预应力用钢材及锚具、夹具、连接器	最大力,最大力总伸长率,屈服力,断面收缩率,屈服强度,弹性模量,静载锚固性能(锚具效率系数、总伸长率),硬度,抗池率,松弛率,弯曲,反复弯曲,扭转,疲劳荷载性能,周期荷载试验	伺服万能试验机,电子引伸计,游标卡尺,静载锚固性能测试系统(试验力≥5000kN),硬度计(洛氏、布氏),松弛试验机,弯曲装置(含弯头),反复弯曲装置,扭转试验机,疲劳试验机,动态加载试验系统,压剪试验机(压力≥20000kN)
4	桥梁支座	外形尺寸,外观质量,内在质量,极限抗压强度,抗压弹性模量,抗剪弹性模量,抗剪老化,抗剪黏结性能,摩擦系数,屈服后刚度,等效剪切刚度,竖向承载力(竖向压缩变形),盆环径向变形,大变形剪切性能,压缩位移,水平等效刚度,水平等效阻尼比,最大水平位移	钢卷尺,钢直尺,游标卡尺,厚度塞尺,压剪试验机(压力≥5000kN),变形测量装置,老化箱,支座
5	桥梁伸缩装置	外观质量,尺寸偏差,焊接质量,表面涂装质量(涂层附着力、涂层厚度),装配公差,橡胶密封带夹持性能,变形性能,抗渗漏性,防水性能,承载性能	钢卷尺,钢直尺,游标卡尺,平整度仪,电子万能试验机(含配件),大型试验台座装置,老化箱,附着力测定,磁铁法测定弧形模板,漆膜划格器,漆膜附着力测定仪,X射线探伤机
6	预应力波纹管	外观,尺寸,环刚度,局部横向荷载,柔韧性,纵向荷载,拉伸性能,径向刚度,抗冲击性,灰分,抗老化性能,氧化诱导时间,密封性	π尺,游标卡尺,钢卷尺,螺旋千分尺,压缩试验机,万能试验机内径变形功能,万能试验机(或成坡机),柔韧性电阻炉,烘箱,落锤冲击仪,差示扫描量热仪,拉力计(或成坡机),真空泵
7	混凝土结构	混凝土强度,碳化深度,钢筋位置,钢筋保护层厚度,钢筋锈蚀电位,混凝土氯离子含量,混凝土电阻率,深度、裂缝(长度、宽度),表观缺陷,内部缺陷	混凝土回弹仪,取芯机,芯样切割机,压力机,非金属超声波检测仪,碳化深度测量装置,水准仪,钢筋探测仪,钢直尺,游标卡尺,裂缝宽度测试仪,钢筋锈蚀电位测定仪,滴定设备,烘箱,天平,混凝土电阻率测量仪,参比电极,电压表,磁性测厚仪,粗糙度仪,漆膜附着力测试仪,射线探伤仪,超声测力计
8	钢结构	高强度螺栓连接副紧固轴力,高强度螺栓连接副扭矩系数,高强度螺栓、螺母及垫圈硬度,高强度螺母保证载荷,钢材及焊缝无损检测,保护层厚度,涂层粗糙度,表面清洁度,高强度螺栓终拧扭矩,高强度螺栓楔负载	轴力计,万能试验机,钢直尺,游标卡尺,维氏、洛氏硬度计,硬度计(洛、布氏、维氏),金属超声波探伤仪,扭矩扳手,全站仪(或测距仪),钢尺,超声波测厚仪,几何尺寸,磁粉探伤仪,测厚仪,粗糙度仪,漆膜附着力测试仪,表面清洁度测试仪,射线探伤仪,超声测力计
9	基坑、地基与基桩	地基承载力,基桩完整性,基桩承载力,锚杆(索)承载力,土钉承载力,土钉变形,立柱变形,地表沉降,水平位移,深层水平位移,分层沉降,锚杆(索)变形,土钉变形,成孔质量(孔径、孔深、垂直度等),地下水位,孔隙水压力,土压力	承载板,荷载加载装置(含测力仪),静力触探仪,加载能力≥20000kN,基准梁,位移测试装置(含数据自动采集系统),动力触探仪,荷重传感器(或测压力表),钻机,十字板剪切仪,标准贯入仪,水准仪,测斜仪,锚杆拉力计,位移传感器,精密水准仪,分层沉降仪,测数据采集仪,振弦式数据采集仪,静载试验仪,混凝土应变率采集仪,成孔质量测量装置,水位计,应变片,压力计及数据采集仪,土压力计及数据采集仪,百米钻机(含附件),高应变检测系统

续上表

序号	试验检测项目	主要试验检测参数	仪器设备配置
10	桥梁结构	位移,静态挠度,静态应变(应力),动态应变(应力),动态挠度,冲击系数,振型,阻尼比,承载能力,结构线形,竖直度,结构尺寸,索力,温度,加速度,速度,风速,桥梁技术状况	机电百(千)分表,位移计及数据采集系统,精密水准仪,全站仪,桥梁挠度仪,倾角计,静态应变测量与采集设备(至少配置两种原理设备),振动信号采集与分析设备(不得少于200个),电阻式动态应变测量与采集设备(不少于8通道),振动信号采集与分析仪器(不少于12个竖向传感器,不少于4个水平传感器,桥梁结构计算分析软件),测振传感器(不少于16通道),钢直尺,激光测距仪,桥梁动测车,索力检测仪,桥梁防水板焊缝气密性检测设备,经纬仪,钢卷尺及数据采集系统(含测振仪),温度传感器,测力传感器,静力水准仪,GPS/BD兼容测量系统,光纤式静态应变测量与采集设备,风速仪
11	隧道主体结构	断面尺寸,锚杆拔力,衬砌(支护)厚度,支护(衬砌)背后的空洞,墙面平整度,钢支撑间距,钢筋网格尺寸,衬砌内钢筋间距(主筋间距),仰拱填充质量,仰拱厚度,搭接宽度,固定点间距,锚杆(钢管)长度,锚杆(钢管)锚固密实度,防水层施工质量(含钢筋焊件,气密性)	隧道激光断面仪或全站仪,锚杆拉拔仪,地质雷达,2m直尺和塞尺,精密水准仪,锚杆质量检测仪,隧道防水板焊缝气密性密度检测仪
12	隧道监控量测	洞内外观察,周边位移,拱顶下沉,地表下沉,围岩内部位移,支护(衬砌)内应力,渗水压力,水流量,水下水位,爆破振动	地质罗盘,收敛计,精密水准仪,全站仪,位移计及采集系统,钢筋应力计,位移计及采集分析系统,土压力盒及采集分析系统,应变计及采集分析系统,钢支撑应变(表贴式和埋入式)及采集分析系统,水压计及采集分析系统,爆破测振仪,流量计及采集分析系统(或量筒和秒表),水位计及采集分析系统
13	隧道环境	照度,噪声,风速,CO浓度,NO₂浓度,CO₂浓度,SO₂浓度,O₂浓度,NO浓度,瓦斯浓度,硫化氢浓度,烟尘浓度	照度检测仪,噪声检测仪,风速仪,气体检测仪(含相应气体传感器),能见度检测仪
14	隧道超前地质预报	地质观察,前方地质条件,不良地质体的分布及性质	地质罗盘,钢卷尺,量筒,秒表,地质雷达,地震波探测仪

注：1. 所列的仪器设备功能、量程、准确性,以及配套设备设施为必须满足所测参数现行依据标准的要求。
2. 表中黑体(非黑体)标注的参数和仪器申请数量应不低于本等级可选参数总量的60%。
3. 可选参数(非黑体)的申请数量应满足所开展检测参数要求,任意一项不满足视为不通过。

表3 试验检测环境要求

项目	甲级	乙级	丙级	交通工程专项	桥梁隧道工程专项
试验检测用房使用面积(不含办公面积)(m²)	≥1300	≥700	≥400	≥900	≥900
	试验检测环境应满足所开展检测参数要求,布局合理,干净整洁				

注：此表内容为强制性要求。

二、水运工程试验检测机构等级标准

表1

人员配备要求

项目	材料甲级	材料乙级	材料丙级	结构(地基)甲级	结构(地基)乙级
持试验检测人员证书总人数	≥26人	≥11人	≥7人	≥22人	≥9人
持试验检测师证书人数	≥10人	≥4人	≥2人	≥8人	≥3人
持试验检测证书专业配置	水运材料≥10人	水运材料≥4人	水运材料≥2人	水运结构与地基≥8人	水运结构与地基≥3人
相关专业高级职称(持试验检测师证书)人数及专业配置	≥5人 水运材料≥5人	≥2人 水运材料≥2人	—	≥4人 水运结构与地基≥4人	≥1人 水运结构与地基≥1人
技术负责人	1. 相关专业高级职称; 2. 持水运材料试验检测证书; 3. 8年以上试验检测工作经历	1. 相关专业高级职称; 2. 持试验检测师证书; 3. 5年以上试验检测工作经历	1. 相关专业中级职称; 2. 持水运材料试验检测证书; 3. 5年以上试验检测工作经历	1. 相关专业高级职称; 2. 持水运结构与地基试验检测师证书; 3. 8年以上试验检测工作经历	1. 相关专业高级职称; 2. 持试验检测师证书; 3. 5年以上试验检测工作经历
质量负责人	1. 相关专业高级职称; 2. 持试验检测师证书; 3. 8年以上试验检测工作经历	1. 相关专业高级职称; 2. 持试验检测师证书; 3. 5年以上试验检测工作经历	1. 相关专业中级职称; 2. 持试验检测师证书; 3. 5年以上试验检测工作经历	1. 相关专业高级职称; 2. 持试验检测师证书; 3. 8年以上试验检测工作经历	1. 相关专业高级职称; 2. 持试验检测师证书; 3. 5年以上试验检测工作经历

注:1. 表中黑体字为强制性要求,一项不满足视为不通过。非黑体字为非强制性要求,不满足按扣分处理。
2. 试验检测人员证书名称及专业遵循国家设立的公路水运工程专业技术人员职业资格制度相关规定。

表2-1

试验检测能力基本要求及主要仪器设备(材料甲级)

序号	试验检测项目	主要试验检测参数	仪器设备配置
1	土	颗粒组成,界限含水率(液限、塑限),击实试验(最大干密度、最优含水率),天然含水率,天然密度,无侧限抗压强度,内摩擦角,黏聚力,相对密度,承载比(CBR),有机质含量,压实度,渗透系数,附着力,固结试验(压缩系数、压缩模量、压缩指数、固结系数),休止角	土工筛,烘箱,天平,液塑限联合测定仪,击实仪,应变控制式无侧限抗压强度仪,百分表,三轴仪,直剪仪,环刀,灌砂筒,密度瓶,密度计,承载比贯入仪,电动脱模器,渗透仪,固结仪,弹簧秤附着力仪,休止角测定仪

续上表

序号	试验检测项目	主要试验检测参数	仪器设备配置
2	集料	颗粒级配，含泥量（石粉含量），泥块含量，表观密度，堆积密度（松散，紧密），坚固性，吸水率，硫化物及硫酸盐含量，有机物含量，含水率 (1)粗集料：针片状颗粒含量，岩石抗压强度，压碎指标，软弱颗粒含量，山皮水锈颗粒含量，碱活性 (2)细集料：轻物质，氯化物含量，云母含量，亚甲蓝值，贝壳含量	砂筛、石筛，摇筛机，电子秤，天平，容量筒，容量瓶，烘箱，滴定设备，测长仪，碱骨料试验箱，水泥胶砂搅拌机，压力试验机，针、片状规准仪，压碎指标测定仪，浸水天平，高温炉，密度计，百分表，叶轮搅拌器
3	岩石	单轴抗压强度，块体密度，吸水率，含水率，岩块声速测试，点荷载强度	钻石机，锯石机，磨石机，压力试验机，砂轮机，游标卡尺，角尺，岩石超声波参数测定仪，点荷载试验仪
4	水泥	胶砂强度，安定性，凝结时间，标准稠度用水量，胶砂流动度，密度，氯离子含量，碱含量，烧失量，三氧化硫，氧化镁，比表面积，细度，水化热	水泥胶砂搅拌机，水泥胶砂振实台，水泥胶砂抗折抗压试验机，水泥胶砂抗折强度试验机，天平，烘箱，标准恒温恒湿养护箱，维卡仪，雷氏夹膨胀测定仪，沸煮箱，水泥胶砂流动度测定仪，密度瓶，勃氏比表面积测定仪，水泥水化热测定仪，高温炉，胶砂试模（含试验筛），秒表，原子吸收光谱仪（或分光光度计），压筛析仪
5	水泥混凝土、砂浆	(1)水泥混凝土：配合比设计，稠度，表观密度，泌水率，含气量，凝结时间，立方体抗压强度，轴心抗压强度，混凝土中钢筋握裹力，静力受压弹性模量，收缩率，抗渗等级，抗折强度，砂浆中阳极铜极化性能，混凝土与钢筋极化性能，电通量，氯离子总含量，水溶性氯离子含量，拌和物中氯离子含量（硬化），劈裂抗拉强度，劈裂抗拉强度，抗冻性，抗冻标号为动弹性模量 (2)砂浆：配合比设计，稠度，表观密度，含气量，泌水率，立方体抗压强度，抗渗压力值，抗冻性，保水性，凝结时间，拉伸粘结强度，自然干燥粘结强度，吸水率，凝结时间，抗压强度 (3)灌浆材料：流动度，膨胀率，泌水率，水泥凝结时间差，水泥胶砂强度比	混凝土搅拌机，混凝土试模，振动台，标准养护室，维勃稠度仪，贯入阻力仪，坍落度仪，含气量测量仪，容量筒，压力试验装置，抗渗试验装置，混凝土弹性模量试验机，混凝土率测定装置，干分表，天平，滴定设备，混凝土与钢筋握裹力试验装置，抗渗仪，阳极铜极化仪，铜-硫酸铜电极，直流稳压电源，电流表，电子秤，电迁移法试验合物氯离子测定装置，砂浆搅拌机，砂浆稠度测定仪，膨胀率测定仪，拉力试验机，电通量试验装置，电压力表，钢直尺，秒表，调速搅拌机，抗渗试模，冻融设备，动弹性模量测定仪，砂浆收缩仪，砂浆渗透仪，抗冻试模，冻融设备，动弹性模量测定仪，拉力试验机，胶砂搅拌机，砂浆抗压抗折试验机
6	水	pH值，氯化物，不溶物，可溶物，硫酸盐，碱含量，水泥凝结时间，水泥胶砂强度比	酸度计，天平，滴定设备，高温炉，全玻璃微孔滤膜过滤器，烘箱，火焰光度计，铂皿，维卡仪，水泥胶砂抗折强度机，水泥胶砂抗压强度试验机

续上表

序号	试验检测项目	主要试验检测参数	仪器设备配置
7	外加剂	减水率,泌水率比,压力泌水率比,安定性,含气量及经时变化率,抗压强度比,胶砂,水泥净浆),凝结时间差,泌水率比,压力泌水率,水泥胶砂,坍落度,水泥净浆),限制膨胀率,抗压强度比,抗压强度,水泥胶砂,坍落扩展度,抗渗高度比,吸水量,透水压力比,盐水浸烘试验后的锈蚀含量,含水率,密度,细度,pH值,电化学综合防锈性能,盐水浸烘试验后的锈蚀含量,总固含量,总碱量,氧化镁,氧化钙,氯离子含量,总碱量,氧化镁,相容性,水泥净浆流动度	混凝土搅拌机,标准振动台,标准养护室,贯入阻力仪,坍落度仪,泌水率筒,压力泌水率测定仪,混凝土含气量,含气量测定仪,坍落度筒,沸煮箱,秒表,试验筛,烘箱,天平,电子秤,比长仪,砂浆抗渗仪,维卡仪,雷氏夹膨胀值测定仪,沸煮箱,阳极铜电极,铜-硫酸铜电极,饱和甘汞参比电极,膨胀剂限制膨胀率测定仪,测长仪,混凝土收缩仪或接触法引伸仪,钢直尺,电子秤,电解池,钢筋锈蚀测量仪,砂浆搅拌机,水泥胶砂振实台,砂浆稠度测定仪,膨胀率测量仪,千分表,电解池试验装置,密度计,高温炉,火焰光度计,水泥胶砂流动度测定仪,砂浆扩展度筒,水泥净浆搅拌机,滴定设备
8	掺和料	细度及均匀性,烧失量,需水量比,三氧化硫,含水率,比表面积,流动度比,活性指数,氯离子含量,游离氧化钙,碱活性,密度及均匀性,二氧化硅	负压筛析仪,烘箱,高温炉,天平,砂浆搅拌机,沸煮箱,滴定设备,密度瓶,铂坩埚,火焰光度计,游离氧化钙测定仪,维卡仪,雷氏夹膨胀值测定仪,胶砂流动度测定仪,勃氏比表面积测定仪,标准恒温恒湿养护箱
9	无机结构料稳定材料	配合比设计,无侧限抗压强度及延迟时间,水泥或石灰剂量,压实度,石灰有效氧化钙氧化镁含量,石灰细度,石灰未消化残渣,石灰浆渣测定仪,含水率	路面材料强度仪,摇筛机,集料筛,天平,烘箱,击实仪,灌砂法装置,电动脱模器,生石灰浆渣测定仪,直读式测钙仪
10	沥青	软化点,延度,针入度	软化点仪,延度仪,针入度仪,恒温水槽
11	修补加固材料	混凝土坍落流动度,500mm坍落流出时间,混凝土V型仪流动时间,L型仪流动高度比值,新老混凝土黏结抗压强度,喷射混凝土抗压强度试件成型专用模具,修补砂浆抗折强度,修补混凝土坍落扩展度,修补砂浆抗压强度,修补砂浆的干缩,修补砂浆与基材的正拉黏结强度,修补砂浆抗压强度,水陆抗压强度比,水下成型试件抗压强度	拉力试验机,压力试验机,恒温恒湿箱,坍落度仪,混凝土V型仪,混凝土L型仪,喷射混凝土抗压强度试件专用模具,混凝土试模,三联试模,正拉黏结强度试验装置,三联抗折强度试验装置,干缩仪或比长仪或弓形螺旋测微计
12	土工合成材料	(1)塑料排水板:滤膜抗拉强度,复合体抗拉强度,纵向通水量,滤膜渗透系数,滤膜等效孔径,几何尺寸,压屈强度 (2)土工布(膜):断裂强度,伸长率,梯形撕裂强力,CBR顶破强度,刺破强力,垂直渗透系数,剥离强度,缝制或拼接强度,动态穿孔,耐静水压,抗紫外线性能,2%伸长率下的强度,5%伸长率下的强度,标称伸长率 (3)塑料土工格栅:拉伸强度,抗紫外线实验性能	拉力试验机,CBR顶破试验装置,刺破试验装置,测厚仪,天平,游标卡尺,固结仪,动态穿孔试验仪,纵向通水量试验仪,耐静水压试验装置,动态穿孔试验装置(或荧光紫外线实验装置),抗氧化烘箱,标准粒料,弧灯试验装置,摇筛机,标准砂,渗透仪

续上表

序号	试验检测项目	主要试验检测参数	仪器设备配置
13	预应力波纹管	外观,尺寸,环刚度,局部横向荷载,柔韧性,拉伸性能,径向刚度,抗冲击性,抗渗漏性,氧化诱导时间,拉拔力,密封性,灰分,抗老化性能	π尺,游标卡尺,钢卷尺,螺旋千分尺,压缩试验机,柔韧性测定弧形模板,塞规,落锤冲击仪,万能试验机,天平,箱式电阻炉,烘箱,差示扫描量热仪,真空泵(或砝码)
14	钢材与连接接头	尺寸,重量偏差,屈服强度,抗拉强度,断后伸长率,弯曲性能,最大力总伸长率,最大力下拉伸残余变形,焊缝质量,化学指标(碳,硫,锰,硅,磷含量),硬度,洛氏硬度,布氏硬度,高强螺栓连接副扭矩系数,着色渗透探伤,扭矩力,抗滑移系数,高强螺栓实物最小载荷,诱导预拉力,连接副摩擦面抗滑移系数,普通螺栓最小拉力载荷,反向弯曲,反复弯曲性能	拉力试验机,弯曲试验机(或压力试验机),引伸计,冷弯冲头,标准打点机,游标卡尺,钢直尺,X光焊缝探伤仪,化学指标分析仪,超声焊缝探伤仪,洛氏硬度计,布氏硬度计,扭矩力计,抗滑移系数测定仪,专用螺栓抗拉夹具,电动反向弯曲试验机,磁粉探伤仪,着色渗透探伤仪,轴力计,扭矩扳手
15	钢绞线与锚具,夹具,连接器	静载锚固性能(效率系数,总伸长率),硬度,整根钢绞线最大力,抗拉强度,0.2%屈服力,最大力总伸长率,直径偏差,弹性模量,应力松弛性能	拉力试验机,洛式硬度计,布氏硬度计,游标卡尺,钢直尺,引伸计,静载锚固试验机,松弛试验机
16	砖	外观质量,尺寸偏差,抗压强度,抗折强度,吸水率,抗冻性,耐磨性	砖用卡尺,钢直尺,压力试验机,抗折机,冷冻设备,烘箱,天平,耐磨试验机
17	混凝土与钢筋表面防腐	(1)混凝土表面涂层:涂层抗氯离子渗透性,涂层耐碱性,涂层与混凝土的黏结力,涂层干膜厚度 (2)混凝土表面硅烷浸渍:吸水率,硅烷浸渍深度 (3)环氧钢筋:涂层钢筋与混凝土黏结强度,涂层柔韧性,涂层厚度,涂层连续性,涂层可弯性	涂层抗氯离子渗透试验装置,拉脱式涂层黏结力测定仪,湿膜厚度规,游标卡尺,钢直尺,压力试验机,抗折机,取芯机,切割机,端面磨平设备,压力试验机,滴定设备,涂层测厚仪,涂层试验机(超声波,显微镜式),取芯机,气相色谱仪,热裂解仪,研磨设备,钢筋摩擦力试验机,拉力试验机,专用绝缘测厚仪,低海绵绝缘测厚仪,钢筋检验仪,钢筋弯曲测试仪,磁吸附脱离测定仪(或感应导磁通量测定仪)或涡流测厚仪
18	混凝土结构	混凝土强度,碳化深度,构件尺寸,钢筋位置,钢筋保护层厚度,钢材厚度,混凝土缺陷,钢筋锈蚀状况	回弹仪,非金属超声波检测仪,取芯机,钢筋位置测定仪,钢筋保护层测定仪,钢筋锈蚀仪,碳化深度测定仪,钢板超声波测厚仪,钢筋磁性测厚仪,游标卡尺,钢直尺,压力试验机,裂缝宽度测试仪
19	钢结构防腐	自然腐蚀电位,保护电位,涂层厚度,钢材厚度,表面粗糙度,涂层附着力	参比电极,高内阻万用表,涂层厚度测定仪,涂层磁性测厚仪,钢板超声波测厚仪,粗糙度仪,划格器,涂层附着力拉拔试验装置,拉力试验机

— 284 —

表 2-2

试验检测能力基本要求及主要仪器设备（材料乙级）

序号	试验检测项目	主要试验检测参数	仪器设备配置
1	土	颗粒组成，界限含水率（液限，塑限），击实试验（最大干密度，最优含水率），天然含水率，天然密度，无侧限抗压强度，相对密度，压实度，有机质含量，承载比（CBR）	土工筛，烘箱，天平，液塑限联合测定仪，击实仪，应变控制式无侧限抗压强度仪，百分表，环刀，灌砂筒，密度计，密度瓶，电动脱模器，承载比贯入仪
2	集料	颗粒级配，含泥量（石粉含量），泥块含量，表观密度，堆积密度（松散，紧密），坚固性，含水率，有机物及硫化物及硫酸盐含量，碱活性 (1) 粗集料：针片状颗粒含量，压碎指标，岩石抗压强度，软弱颗粒含量 (2) 细集料：氯化物含量，云母含量，轻物质，亚甲蓝值	砂筛，石筛，摇筛机，电子秤，天平，容量瓶，烘箱，滴定设备，压力试验机，针片状规准仪，压碎指标测定仪，浸水天平，测长仪，碱骨料养护箱，水泥胶砂搅拌机，针片密度计，百分表，叶轮搅拌器
3	岩石	单轴抗压强度	钻石机，锯石机，磨石机，压力试验机，砂轮机，游标卡尺，角尺
4	水泥	胶砂强度，安定性，凝结时间，标准稠度用水量，氯离子含量，抗折强度，抗渗等级，拌合物弹性模量，胶砂流动度，细度，比表面积，密度	水泥胶砂搅拌机，水泥胶砂振实台，水泥净浆搅拌机，天平，标准养护室，标准恒温恒湿养护箱，维卡仪，雷氏夹膨胀值测定仪，水泥胶砂抗压强度试验机，水泥胶砂抗折强度试验机，沸煮箱，水泥胶砂流动度测定仪，秒表，滴定装置，负压筛析仪（含试验筛），比表面积测定仪，密度瓶，烘箱
5	水泥混凝土、砂浆	(1) 水泥混凝土：配比设计，拌合物稠度，表观密度，含气量，凝结时间，立方体抗压强度，抗折强度，抗渗强度，抗冻等级，轴心抗压强度，静力受压弹性模量，抗拉强度，劈裂抗拉强度，泌水率，胶砂流动度，立方体抗压强度，表观密度，凝结时间，冷冻系数，动弹性模量 (2) 砂浆：配合比设计，保水性，稠度，泌水率，立方体抗压强度，凝结时间，抗冻性	混凝土搅拌机，混凝土试模，振动台，维勃稠度仪，贯入阻力仪，坍落度仪，含气量测定仪，圆环试模，压力试验机，混凝土抗压强度试验机，电子秤，量筒，砂浆搅拌机，砂浆稠度测定仪，砂浆凝结时间测定仪，压力表，拌和物氯离子测定装置，钢筋尺，秒表，冷冻设备，动弹性模量测定仪，混凝土弹性模量测定仪，干分表
6	水	pH值，氯化物，不溶物，可溶物，硫酸盐	酸度计，天平，滴定管，高温炉，铂皿，烘箱
7	外加剂	pH值，氯离子含量，减水率，泌水率比，抗压强度比，硫酸钠含量，凝结时间差，含气量，钢筋锈蚀试验	酸度计，天平，滴定管，混凝土搅拌机，坍落度仪，电子秤，压力试验机，贯入阻力仪，含气量测定仪，箱式电阻炉，钢筋锈蚀测量仪
8	掺和料	细度及均匀性，烧失量，需水量比，流动度比，含水率，三氧化硫，游离氧化钙，比表面积，活性指数，氯离子含量，密度及均匀性	负压筛析仪，烘箱，高温炉，天平，游标卡尺，水泥胶砂搅拌机，振动设备，压力试验机，滴定设备，标准恒温恒湿养护箱，游离氧化钙测定仪，比重瓶，比表面积测定仪，秒表，维卡仪，沸煮箱，雷氏夹膨胀值测定仪
9	无机结合料稳定材料	无侧限抗压强度，劈裂抗拉强度，断后伸长率，抗压强度，配合比设计，压实度，石灰或水泥石灰剂量，石灰有效氧化钙和氧化镁含量	路面材料强度仪，滴定设备，天平，烘箱，击实仪，灌砂法装置，集料筛，摇筛机，电动脱模器，直读式测钙仪
10	钢材与连接接头	尺寸，重量偏差，屈服强度，抗拉强度，断后伸长率，最大力总伸长率，弯曲性能	拉力试验机，弯曲试验机（或压力试验机），引伸计，冷弯冲头，天平，标准打点机，游标卡尺，钢直尺

续上表

序号	试验检测项目	主要试验检测参数	仪器设备配置
11	砖	外观质量,尺寸偏差,抗压强度,抗折强度,吸水率	砖用卡尺尺寸,钢直尺,压力试验机,抗折装置,烘箱,天平
12	混凝土结构	混凝土强度,碳化深度,构件尺寸,钢筋位置,钢筋保护层厚度,混凝土缺陷	回弹仪,非金属超声波检测仪,取芯机,切割机,端面磨平设备,压力试验机,钢直尺,钢筋保护层测定仪,碳化深度测定仪,裂缝宽度测试仪

表 2-3

试验检测能力基本要求及主要仪器设备（材料丙级）

序号	试验检查项目	主要试验检测参数	仪器设备配置
1	土	颗粒组成,击实试验(最大干密度,最优含水率),天然含水率,界限含水率(液限、塑限),无侧限抗压强度	环刀,灌砂筒,烘箱,天平,电子秤,标准筛,击实仪,密度计,电动脱模仪,液塑限联合测定仪,应变控制式无侧限抗压强度仪
2	集材	颗粒级配,含泥量(石粉含量),泥块含量,含水率,表观密度,堆积密度(松散、紧密),坚固性 (1)粗集料:针片状颗粒含量,压碎指标 (2)细集料:氯化物含量,亚甲蓝值	砂筛,石筛,摇筛机,电子秤,天平,烘箱,针、片状规准仪,容量筒,容量瓶,压碎指标测定仪,压力试验机,叶轮搅拌器
3	水泥	胶砂强度,安定性,凝结时间,标准稠度用水量,细度,比表面积,胶砂流动度,密度	水泥胶砂搅拌机,水泥胶砂振实台,水泥净浆搅拌机,天平,标准恒温恒湿养护箱,维卡仪,雷氏夹膨胀值测定仪,沸煮箱,水泥胶砂抗压强度试验机,水泥抗折试验机,水泥胶砂抗折强度试验机,烘箱,负压筛析仪(含试验筛),比表面积测定仪,秒表,密度瓶,胶砂流动度测定仪
4	水泥混凝土、砂浆	(1)水泥混凝土:稠度,立方体抗压强度,表观密度,抗折强度,泌水率,普通混凝土配合比设计 (2)砂浆:稠度,保水性,立方体抗压强度,表观密度,泌水率,劈裂抗拉强度,配合比设计	混凝土搅拌机,振动机,标准养护室,维勃稠度测定仪,坍落度,圆环试模,混凝土抗折试验机,电子秤,容量筒,砂浆稠度仪,砂浆搅拌机,砂浆密度测定仪,压力试验机,钢直尺,烘箱
5	无机结合料稳定材料	水泥或石灰剂量	天平,滴定设备(或直读式测钙仪),集料筛
6	钢材与连接接头	尺寸,质量偏差,屈服强度,抗拉强度,断后伸长率,最大力总伸长率,弯曲性能	拉力试验机,弯曲试验机(或压力试验机),引伸计,冷弯冲头,天平,标准打点机,游标卡尺,钢直尺
7	混凝土结构	强度,碳化深度,钢筋保护层厚度	回弹仪,碳化深度测定仪,钢筋保护层测定仪

286

表 2-4

试验检测能力基本要求及主要仪器设备[结构（地基）甲级]

序号	试验检测项目	主要试验检查参数	仪器设备配置
1	混凝土结构	混凝土强度，碳化深度，构件尺寸，钢筋位置，保护层厚度，混凝土缺陷，钢筋锈蚀状况，抗氯离子渗透，混凝土氯离子含量，抗冻等级及动弹性模量	回弹仪，碳化深度测定仪，游标卡尺，钢直尺，钢筋位置测定仪，钢筋保护层测定仪，非金属超声波检测仪，取芯机，切割机，端面磨平设备，压力机，渗透设备，电通量测定仪或氯离子扩散系数测定仪，取芯机，切割机，抗氯离子渗透试验装置，塞尺或裂缝宽度测定仪，电位测量仪（酸度计或电位计），滴定设备，天平，电子秤，快速冻融设备，动弹性模量测量仪
2	混凝土与钢筋表面防腐	（1）混凝土表面涂层：涂层抗氯离子渗透性，涂层耐碱性，涂层与混凝土的黏结力，涂层干膜厚度 （2）混凝土表面硅烷浸渍：吸水率，硅烷浸渍深度，氯化物降低效果 （3）环氧钢筋，涂层与混凝土黏结强度，涂层厚度，涂层连续性，涂层柔韧性，涂层可弯性	涂层抗氯离子渗透试验装置，涂层测厚仪（超声波或显微镜式），拉拔式附着力测定仪，拉碱性试验机，抗碱性试验机，取芯机，烘箱，天平，游标卡尺，气相色谱仪，湿膜厚度规，切割机，湿棉握裹试验装置，专用试模，湿棉针孔漏点检测仪，钢筋弯曲试验机，拉力试验机，干分表，或专用或磁通量测定仪，或涡流测厚仪，磁吸力脱离测量仪（或诱导磁性测厚仪）
3	钢结构与钢结构防腐	强度，钢结构件尺寸，钢结构锈蚀状况，自然腐蚀电位，保护电位，涂层厚度，表面粗糙度，涂膜附着力，焊缝质量，高强螺栓终拧扭矩	万能试验机，游标卡尺，钢直尺，参比电极，高内阻万用表，磁性测厚仪，超声波测厚仪，粗糙度仪，划格器，涂膜附着力测定仪，焊缝量规，射线探伤仪，金属超声波探伤仪，磁粉探伤仪，扭矩扳手
4	结构与构件	承载能力，结构与构件尺寸，静应力（应变），静位移，动应力（应变），动位移，动力挠度，振动频率，振型，振幅，变形监测（水平与竖向位移），冲击系数，阻尼比，转角，水深（断面），大体积混凝土温度	液压千斤顶，反力架，油泵，荷重传感器（或压力传感器，或压力表），千分表，百分表，静力水准仪，激光挠度仪，测斜仪或测斜仪，GPS，水深测量仪，测温仪
5	基桩与地下连续墙	基桩承载力，桩身混凝土无侧限抗压强度，基桩水平位移，地下连续墙身强度与桩身完整性，钢筋笼质量，振动频率，基桩完整性，钻孔灌注桩成孔质量，地下连续墙成槽质量，钢筋笼长度	液压千斤顶，反力架（≥8000kN），油泵，荷重传感器（或压力传感器，或压力表），基桩高应变测试仪，基桩低应变检测仪，位移计，百分表，静态应变测试仪，静态应变测试仪，基桩动力触探仪，液压千斤顶，反力架，液压油泵，变频控制式测定装置，钻机，压力机，加速度传感器（或全站仪），应变控制式应变测定装置，灌砂法测定仪，钢筋笼质量检测仪，高应变锤击装置，测温仪
6	地基与基坑	地基承载力，表层水平位移，深层水平位移，分层沉降，表层沉降，空隙水压力，土压力，水位，复合地基中桩身应力应变，桩身与地基静载荷试验，压实度，十字板剪切试验，地基系数 K_{30}，变形模量 E_{v2}，岩块回弹模量，基坑回弹，基底回弹应力，应变，轴力，基床系数，贝克曼梁，度，岩块声波测试，点荷载试验，土无侧限抗压强度	静力荷载测试仪，荷重传感器（或压力传感器，或压力表），百分表，位移计，承载板，钻机，标准贯入仪，静力触探仪，动力触探仪，水准仪，经纬仪（或全站仪），反力千斤顶，液压油泵，液压控制式测定装置，应变控制式测定装置，分层沉降仪，测斜尺，水位计，水准仪，经纬仪，压力机，加速度传感器，灌砂法测定装置，灌砂法测定仪，路面弯沉测试仪，贝克曼梁，K_{30} 承压板，钢卷尺，基床检查仪，砂轮机，十字板剪切试验仪，环刀，十字板剪切装置，真空度测定仪，岩石点荷载试验仪，岩石切割机，磨石机，压力机，岩石声波测试仪，岩石点荷载仪

— 287 —

表 2-5

试验检测能力基本要求及主要仪器设备[结构（地基）乙级]

序号	试验检测项目	主要试验检测参数	仪器设备配置
1	混凝土结构	混凝土强度，碳化深度，构件尺寸，钢筋位置，保护层厚度，混凝土缺陷，钢筋锈蚀状况，混凝土氯离子含量	回弹仪，碳化深度测定仪，游标卡尺，钢直尺，非金属超声波检测仪，取芯机，切割机，端面磨平设备，压力机，钢筋位置测定仪，钢筋保护层测试仪，裂缝宽度测定仪，满定电位计，电位测量仪（酸度计或电位计），天平，电子秤
2	混凝土与钢筋表面防腐	混凝土防腐涂层干膜厚度，涂层黏结力	涂层测厚仪（超声波或显微镜式），拉拔式附着力测定仪
3	钢结构与钢构防腐	钢构件尺寸，自然腐蚀电位，保护电位，涂层厚度，钢材厚度，涂膜附着力，表面粗糙度	游标卡尺，钢直尺，参比电极，高内阻万用表，磁性测厚仪，超声波测厚仪，涂膜厚度，涂膜附着力测试仪，划格器，粗糙度仪
4	结构与构件	承载能力，结身与构件尺寸，静应力（应变），静位移（应变），动位移、动挠度	液压千斤顶，反力架，游标卡尺，钢直尺，静态电阻应变测量仪表，经纬仪或全站仪，千分表，百分表，水准仪，动态电阻应变测量仪，激光挠度仪
5	基桩与地下连续墙	基桩承载力，桩身混凝土无侧限抗压强度，基桩完整性，钻孔灌注桩成孔质量，地下连续墙成槽质量	液压千斤顶，反力架（≥5000kN），油泵，荷重传感器（或压力传感器，或压力表），位移计，百分表，静载测试仪，基桩低应变检测仪，非金属超声波检测仪或并径仪，角尺，钢卷尺，超声波成孔质量检测仪，钻机，液压油泵，标准贯入仪，游标卡尺，磨石机，角尺
6	地基与基坑	地基承载力，复合地基中桩身完整性，复合地基中桩身无侧限抗压强度，岩石的单轴抗压强度	静力荷载测试仪，荷重传感器（或压力传感器，或压力表），位移计，百分表，承载板，反力架，基准梁，静压测试仪，基桩低应变测试仪，钻机，压力机，标准贯入仪，动力触探仪，基桩低应变检测仪，压力机，钻石机，磨石机，角尺

注：1. 所列的仪器设备功能、量程、准确性，以及配套设备设施均应符合所测参数现行依据标准的要求。
2. 表中黑体字标注的参数和仪器设备为必须满足的要求，任何一项不满足视为不通过。
3. 可选参数（非黑体）的申请数量应不低于开展检测参数总量的60%。

试验检测环境要求

表 3

项目	材料丙级	材料乙级	材料甲级	结构（地基）乙级	结构（地基）甲级	结构（地基）乙级
试验检测用房使用面积（不含办公面积）(m²)	≥200	≥600	≥900	≥200	≥500	≥200
	试验检测环境应满足所开展检测参数要求、布局合理、干净整洁					

注：此表内容为强制性要求。

28. 交通运输工程造价工程师注册管理办法

(交通运输部令 2023 年第 2 号)

第一条 为了加强和规范交通运输工程造价工程师注册管理,维护交通运输工程建设市场秩序,根据《中华人民共和国建筑法》等法律、行政法规,制定本办法。

第二条 交通运输工程造价工程师的注册及监督管理,适用本办法。

前款所称交通运输工程造价工程师,是指通过交通运输工程造价工程师职业资格考试,经依法注册后从事交通运输工程相关造价活动的专业技术人员。

第三条 交通运输部负责全国交通运输工程造价工程师注册的监督管理。

县级以上地方人民政府交通运输主管部门根据职责负责本行政区域内交通运输工程造价工程师注册的监督管理。

第四条 交通运输工程造价工程师分为公路、水运工程两个类别。每个类别均分为一级造价工程师和二级造价工程师。

一级造价工程师执业范围为交通运输工程建设项目全过程的造价管理与咨询等,具体包括:

(一)项目建议书、可行性研究投资估算编制与审核,项目评价造价分析;

(二)工程设计概算、施工预算编制与审核;

(三)工程招标投标文件工程量和造价的编制与审核;

(四)工程合同价款、结算价款、竣工决算价款的编制与管理;

(五)工程审计、仲裁、诉讼、保险中的造价鉴定,工程造价纠纷调解;

(六)工程计价依据、造价指标的编制与管理。

二级造价工程师主要协助一级造价工程师开展相关工作,并可独立开展以下具体工作:

(一)工程工料分析、计划、组织与成本管理,施工图预算、设计概算编制;

(二)工程量清单、最高投标限价、投标报价编制;

(三)工程合同价款、结算价款、竣工决算价款的编制。

第五条 交通运输工程造价工程师实行执业注册管理制度。通过交通运输工程造价工程师职业资格考试且拟从事工程造价相关工作的人员,经注册后方可以造价工程师名义执业。

第六条 申请注册交通运输工程造价工程师的人员,应当具备下列条件:

(一)通过相应类别、等级的造价工程师职业资格考试;

(二)受聘于一家工程造价咨询企业或者从事交通运输工程相关业务的企业、事业单位;

(三)未受刑事处罚,或者刑事处罚已执行完毕。

第七条 交通运输部负责交通运输工程一级造价工程师的注册工作。

省级人民政府交通运输主管部门负责交通运输工程二级造价工程师的注册工作。

第八条 申请人应当自取得交通运输工程造价工程师职业资格考试合格证明之日起 1 年内,向第七条规定的许可机关申请注册。逾期未申请的,应当在符合本办法规定的继续教育要求后方可申请。

申请人在申请注册时,应当提交下列材料或者信息:

(一)申请人身份证明;

(二)注册申请表;

(三)职业资格考试合格证明;

(四)与聘用单位签订的劳动合同或者劳务合同;

(五)逾期申请的,还应当提供符合继续教育要求的相关材料。

第九条 交通运输部、省级人民政府交通运输主管部门应当通过全国交通运输工程造价工程师相关管理系统,在线办理造价工程师注册申请、受理、审批等相关工作。

申请人通过全国交通运输工程造价工程师相关管理系统在线申请造价工程师注册的,应当将第八条规定的材料或者信息录入系统,并对提交材料或者信息的真实性负责。

第十条 许可机关应当按照《交通行政许可实施程序规定》开展许可工作。准予许可的,颁发电子或者纸质造价工程师注册证书。电子证书与纸质证书具有同等法律效力,式样由交通运输部统一规定。

注册证书有效期 4 年,在全国范围内适用。

第十一条 交通运输工程造价工程师可以在注册证书有效期届满 3 个月之前,向原许可机关提交延续申请,并提交以下材料:

(一)延续申请;

(二)与聘用单位签订的劳动合同或者劳务合同;

(三)符合本办法第十八条规定的继续教育相关材料。

第十二条 许可机关收到延续申请后,应当在交通运输工程造价工程师注册许可有效期届满前,对造价工程师是否符合本办法规定的资格条件进行审查。符合条件的,许可机关应当作出准予延续的决定;不符合条件的,应当责令限期整改,整改后仍不符合条件的,许可机关应当作出不予延续的决定。

第十三条 交通运输工程造价工程师的执业单位发生变更的,应当自变更之日起 60 日内向原许可机关申请变更注册。

第十四条 交通运输工程造价工程师申请注销注册证书或者有《中华人民共和国行政许可法》第七十条规定情形的,原许可机关应当依法办理注销手续并予以公告。

第十五条 交通运输工程造价工程师应当在注册证书明确的等级及执业范围内进行执业。

第十六条 交通运输工程造价工程师应当在本人形成的工程造价成果文件上签字并加盖执业印章。

执业印章由交通运输工程造价工程师按照国家有关规定自行制作。

第十七条 交通运输工程造价工程师不得同时受聘于两个或者两个以上单位执业,不得允许他人以本人名义执业。

第十八条 交通运输工程造价工程师在执业期间,应当按照国家有关规定接受继续教育,更新专业知识,提高专业水平。

交通运输工程造价工程师参加继续教育的方式按照人力资源和社会保障部门有关规定执行。

第十九条 县级以上人民政府交通运输主管部门应当依照职责,加强对交通运输工程造价工程师注册活动的监督管理。

县级以上人民政府交通运输主管部门实施监督检查时,可以询问当事人,向造价工程师所在的执业单位或者相关人员了解情况,查阅、复制工程造价成果文件等有关资料。

第二十条 交通运输工程造价工程师违反本办法有关规定的,县级以上人民政府交通运输主管部门应当责令改正,并给予警告或者通报批评。

第二十一条 县级以上人民政府交通运输主管部门应当对交通运输工程造价工程师实施信用管理,并按照规定将有关信息纳入信用信息共享平台。

第二十二条 本办法自2023年8月1日起施行。

招标投标管理

综合管理

1. 国家发展改革委办公厅关于进一步做好《必须招标的工程项目规定》和《必须招标的基础设施和公用事业项目范围规定》实施工作的通知

(发改办法规〔2020〕770号)

各省、自治区、直辖市、新疆生产建设兵团发展改革委、公共资源交易平台整合牵头部门：

为加强政策指导，进一步做好《必须招标的工程项目规定》(国家发展改革委2018年第16号令，以下简称"16号令")和《必须招标的基础设施和公用事业项目范围规定》(发改法规〔2018〕843号，以下简称"843号文")实施工作，现就有关事项通知如下：

一、准确理解依法必须招标的工程建设项目范围

(一)关于使用国有资金的项目。16号令第二条第(一)项中"预算资金"，是指《预算法》规定的预算资金，包括一般公共预算资金、政府性基金预算资金、国有资本经营预算资金、社会保险基金预算资金。第(二)项中"占控股或者主导地位"，参照《公司法》第二百一十六条关于控股股东和实际控制人的理解执行，即"其出资额占有限责任公司资本总额百分之五十以上或者其持有的股份占股份有限公司股本总额百分之五十以上的股东；出资额或者持有股份的比例虽然不足百分之五十，但依其出资额或者持有的股份所享有的表决权已足以对股东会、股东大会的决议产生重大影响的股东"；国有企业事业单位通过投资关系、协议或者其他安排，能够实际支配项目建设的，也属于占控股或者主导地位。项目中国有资金的比例，应当按照项目资金来源中所有国有资金之和计算。

(二)关于项目与单项采购的关系。16号令第二条至第四条及843号文第二条规定范围的项目，其勘察、设计、施工、监理以及与工程建设有关的重要设备、材料等的单项采购分别达到16号令第五条规定的相应单项合同价估算标准的，该单项采购必须招标；该项目中未达到前述相应标准的单项采购，不属于16号令规定的必须招标范畴。

(三)关于招标范围列举事项。依法必须招标的工程建设项目范围和规模标准，应当严格执行《招标投标法》第三条和16号令、843号文规定；法律、行政法规或者国务院对必须进行招标的其他项目范围有规定的，依照其规定。没有法律、行政法规或者国务院规定依据的，对16号令第五条第一款第(三)项中没有明确列举规定的服务事项、843号文第二条中没有明确列举规定的项目，不得强制要求招标。

(四)关于同一项目中的合并采购。16号令第五条规定的"同一项目中可以合并进行的勘察、设计、施工、监理以及与工程建设有关的重要设备、材料等的采购，合同估算价合计达到前款规定标准的，必须招标"，目的是防止发包方通过化整为零方式规避招标。其中"同一项目中可以合并进行"，是指根据项目实际，以及行业标准或行业惯例，符合科学性、经济性、可操作性要求，同一项目中适宜放在一起进行采购的同类采购项目。

(五)关于总承包招标的规模标准。对于16号令第二条至第四条规定范围内的项目，发包人依法对工程以及与工程建设有关的货物、服务全部或者部分实行总承包发包的，总承包中施工、货物、服务等各部分的估算价中，只要有一项达到16号令第五条规定相应标准，即施工部分估算价达到400万元以上，或者货物部分达到200万元以上，或者服务部分达到100万元以上，则整个总承包发包应当招标。

二、规范规模标准以下工程建设项目的采购

16号令第二条至第四条及843号文第二条规定范围的项目，其施工、货物、服务采购的单项合同估算价未达到16号令第五条规定规模标准的，该单项采购由采购人依法自主选择采购方式，任何单位和个人不得违法干涉；其中，涉及政府采购的，按照政府采购法律法规规定执行。国有企业可以结合实际，建立健全规模标准以下工程建设项目采购制度，推进采购活动公开透明。

三、严格执行依法必须招标制度

各地方应当严格执行16号令和843号文规定的范围和规模标准，不得另行制定必须进行招标的范围和规模标准，也不得作出与16号令、843号文和本通知相抵触的规定，持续深化招标投标领域"放管服"改革，努力营造良好市场环境。

国家发展改革委办公厅
2020年10月19日

2. 必须招标的工程项目规定

(国家发展和改革委员会令 2018 年第 16 号)

第一条 为了确定必须招标的工程项目,规范招标投标活动,提高工作效率、降低企业成本、预防腐败,根据《中华人民共和国招标投标法》第三条的规定,制定本规定。

第二条 全部或者部分使用国有资金投资或者国家融资的项目包括:

(一)使用预算资金 200 万元人民币以上,并且该资金占投资额 10% 以上的项目;

(二)使用国有企业事业单位资金,并且该资金占控股或者主导地位的项目。

第三条 使用国际组织或者外国政府贷款、援助资金的项目包括:

(一)使用世界银行、亚洲开发银行等国际组织贷款、援助资金的项目;

(二)使用外国政府及其机构贷款、援助资金的项目。

第四条 不属于本规定第二条、第三条规定情形的大型基础设施、公用事业等关系社会公共利益、公众安全的项目,必须招标的具体范围由国务院发展改革部门会同国务院有关部门按照确有必要、严格限定的原则制订,报国务院批准。

第五条 本规定第二条至第四条规定范围内的项目,其勘察、设计、施工、监理以及与工程建设有关的重要设备、材料等的采购达到下列标准之一的,必须招标:

(一)施工单项合同估算价在 400 万元人民币以上;

(二)重要设备、材料等货物的采购,单项合同估算价在 200 万元人民币以上;

(三)勘察、设计、监理等服务的采购,单项合同估算价在 100 万元人民币以上。

同一项目中可以合并进行的勘察、设计、施工、监理以及与工程建设有关的重要设备、材料等的采购,合同估算价合计达到前款规定标准的,必须招标。

第六条 本规定自 2018 年 6 月 1 日起施行。

3. 必须招标的基础设施和公用事业项目范围规定

(发改法规规〔2018〕843号)

第一条 为明确必须招标的大型基础设施和公用事业项目范围,根据《中华人民共和国招标投标法》和《必须招标的工程项目规定》,制定本规定。

第二条 不属于《必须招标的工程项目规定》第二条、第三条规定情形的大型基础设施、公用事业等关系社会公共利益、公众安全的项目,必须招标的具体范围包括:

(一)煤炭、石油、天然气、电力、新能源等能源基础设施项目;

(二)铁路、公路、管道、水运,以及公共航空和A1级通用机场等交通运输基础设施项目;

(三)电信枢纽、通信信息网络等通信基础设施项目;

(四)防洪、灌溉、排涝、引(供)水等水利基础设施项目;

(五)城市轨道交通等城建项目。

第三条 本规定自2018年6月6日起施行。

4. 公路工程建设项目招标投标管理办法

(交通运输部令 2015 年第 24 号)

第一章 总 则

第一条 为规范公路工程建设项目招标投标活动,完善公路工程建设市场管理体系,根据《中华人民共和国公路法》《中华人民共和国招标投标法》《中华人民共和国招标投标法实施条例》等法律、行政法规,制定本办法。

第二条 在中华人民共和国境内从事公路工程建设项目勘察设计、施工、施工监理等的招标投标活动,适用本办法。

第三条 交通运输部负责全国公路工程建设项目招标投标活动的监督管理工作。

省级人民政府交通运输主管部门负责本行政区域内公路工程建设项目招标投标活动的监督管理工作。

第四条 各级交通运输主管部门应当按照国家有关规定,推进公路工程建设项目招标投标活动进入统一的公共资源交易平台进行。

第五条 各级交通运输主管部门应当按照国家有关规定,推进公路工程建设项目电子招标投标工作。招标投标活动信息应当公开,接受社会公众监督。

第六条 公路工程建设项目的招标人或者其指定机构应当对资格审查、开标、评标等过程录音录像并存档备查。

第二章 招 标

第七条 公路工程建设项目招标人是提出招标项目、进行招标的项目法人或者其他组织。

第八条 对于按照国家有关规定需要履行项目审批、核准手续的依法必须进行招标的公路工程建设项目,招标人应当按照项目审批、核准部门确定的招标范围、招标方式、招标组织形式开展招标。

公路工程建设项目履行项目审批或者核准手续后,方可开展勘察设计招标;初步设计文件批准后,方可开展施工监理、设计施工总承包招标;施工图设计文件批准后,方可开展施工招标。

施工招标采用资格预审方式的,在初步设计文件批准后,可以进行资格预审。

第九条 有下列情形之一的公路工程建设项目,可以不进行招标:

(一)涉及国家安全、国家秘密、抢险救灾或者属于利用扶贫资金实行以工代赈、需要使用农民工等特殊情况;

(二)需要采用不可替代的专利或者专有技术;

(三)采购人自身具有工程施工或者提供服务的资格和能力,且符合法定要求;

(四)已通过招标方式选定的特许经营项目投资人依法能够自行施工或者提供服务;

(五)需要向原中标人采购工程或者服务,否则将影响施工或者功能配套要求;

(六)国家规定的其他特殊情形。

招标人不得为适用前款规定弄虚作假,规避招标。

第十条 公路工程建设项目采用公开招标方式的,原则上采用资格后审办法对投标人进行资格审查。

第十一条 公路工程建设项目采用资格预审方式公开招标的,应当按照下列程序进行:

(一)编制资格预审文件;

(二)发布资格预审公告,发售资格预审文件,公开资格预审文件关键内容;

(三)接收资格预审申请文件;

(四)组建资格审查委员会对资格预审申请人进行资格审查,资格审查委员会编写资格审查报告;

(五)根据资格审查结果,向通过资格预审的申请人发出投标邀请书;向未通过资格预审的申请人发出资格预审结果通知书,告知未通过的依据和原因;

(六)编制招标文件;

(七)发售招标文件,公开招标文件的关键内容;

(八)需要时,组织潜在投标人踏勘项目现场,召开投标预备会;

(九)接收投标文件,公开开标;

(十)组建评标委员会评标,评标委员会编写评标报告、推荐中标候选人;

(十一)公示中标候选人相关信息;

(十二)确定中标人;

(十三)编制招标投标情况的书面报告;

(十四)向中标人发出中标通知书,同时将中标结果通知所有未中标的投标人;

(十五)与中标人订立合同。

采用资格后审方式公开招标的,在完成招标文件编制并发布招标公告后,按照前款程序第(七)项至第(十五)项进行。

采用邀请招标的,在完成招标文件编制并发出投标邀请书后,按照前款程序第(七)项至第(十五)项进行。

第十二条 国有资金占控股或者主导地位的依法必须进行招标的公路工程建设项目,采用资格预审的,招标人应当按照有关规定组建资格审查委员会审查资格预审申请文件。资格审查委员会的专家抽取以及资格审查工作要求,应当适用本办法关于评标委员会的规定。

第十三条 资格预审审查办法原则上采用合格制。

资格预审审查办法采用合格制的,符合资格预审文件规定审查标准的申请人均应当通过资格预审。

第十四条 资格预审审查工作结束后,资格审查委员会应当编制资格审查报告。资格审查报告应当载明下列内容：

（一）招标项目基本情况；

（二）资格审查委员会成员名单；

（三）监督人员名单；

（四）资格预审申请文件递交情况；

（五）通过资格审查的申请人名单；

（六）未通过资格审查的申请人名单以及未通过审查的理由；

（七）评分情况；

（八）澄清、说明事项纪要；

（九）需要说明的其他事项；

（十）资格审查附表。

除前款规定的第（一）、（三）、（四）项内容外，资格审查委员会所有成员应当在资格审查报告上逐页签字。

第十五条 资格预审申请人对资格预审审查结果有异议的，应当自收到资格预审结果通知书后3日内提出。招标人应当自收到异议之日起3日内作出答复；作出答复前，应当暂停招标投标活动。

招标人未收到异议或者收到异议并已作出答复的，应当及时向通过资格预审的申请人发出投标邀请书。未通过资格预审的申请人不具有投标资格。

第十六条 对依法必须进行招标的公路工程建设项目，招标人应当根据交通运输部制定的标准文本，结合招标项目具体特点和实际需要，编制资格预审文件和招标文件。

资格预审文件和招标文件应当载明详细的评审程序、标准和方法，招标人不得另行制定评审细则。

第十七条 招标人应当按照省级人民政府交通运输主管部门的规定，将资格预审文件及其澄清、修改，招标文件及其澄清、修改报相应的交通运输主管部门备案。

第十八条 招标人应当自资格预审文件或者招标文件开始发售之日起，将其关键内容上传至具有招标监督职责的交通运输主管部门政府网站或者其指定的其他网站上进行公开，公开内容包括项目概况、对申请人或者投标人的资格条件要求、资格审查办法、评标办法、招标人联系方式等，公开时间至提交资格预审申请文件截止时间2日前或者投标截止时间10日前结束。

招标人发出的资格预审文件或者招标文件的澄清或者修改涉及到前款规定的公开内容的，招标人应当在向交通运输主管部门备案的同时，将澄清或者修改的内容上传至前款规定的网站。

第十九条 潜在投标人或者其他利害关系人可以按照国家有关规定对资格预审文件或者招标文件提出异议。招标人应当对异议作出书面答复。未在规定时间内作出书面答复的，应当顺延提交资格预审申请文件截止时间或者投标截止时间。

招标人书面答复内容涉及影响资格预审申请文件或者投标文件编制的，应当按照有关澄清或者修改的规定，调整提交资格预审申请文件截止时间或者投标截止时间，并以书面形式通知所有获取资格预审文件或者招标文件的潜在投标人。

第二十条 招标人应当合理划分标段、确定工期，提出质量、安全目标要求，并在招标文件中载明。标段的划分应当有利于项目组织和施工管理、各专业的衔接与配合，不得利用划分标段规避招标、限制或者排斥潜在投标人。

招标人可以实行设计施工总承包招标、施工总承包招标或者分专业招标。

第二十一条 招标人结合招标项目的具体特点和实际需要，设定潜在投标人或者投标人的资质、业绩、主要人员、财务能力、履约信誉等资格条件，不得以不合理的条件限制、排斥潜在投标人或者投标人。

除《中华人民共和国招标投标法实施条例》第三十二条规定的情形外，招标人有下列行为之一的，属于以不合理的条件限制、排斥潜在投标人或者投标人：

（一）设定的资质、业绩、主要人员、财务能力、履约信誉等资格、技术、商务条件与招标项目的具体特点和实际需要不相适应或者与合同履行无关；

（二）强制要求潜在投标人或者投标人的法定代表人、企业负责人、技术负责人等特定人员亲自购买资格预审文件、招标文件或者参与开标活动；

（三）通过设置备案、登记、注册、设立分支机构等无法律、行政法规依据的不合理条件，限制潜在投标人或者投标人进入项目所在地进行投标。

第二十二条 招标人应当根据国家有关规定，结合招标项目的具体特点和实际需要，合理确定对投标人主要人员以及其他管理和技术人员的数量和资格要求。投标人拟投入的主要人员应当在投标文件中进行填报，其他管理和技术人员的具体人选由招标人和中标人在合同谈判阶段确定。对于特别复杂的特大桥梁和特长隧道项目主体工程和其他有特殊要求的工程，招标人可以要求投标人在投标文件中填报其他管理和技术人员。

本办法所称主要人员是指设计负责人、总监理工程师、项目经理和项目总工程师等项目管理和技术负责人。

第二十三条 招标人可以自行决定是否编制标底或者设置最高投标限价。招标人不得规定最低投标限价。

接受委托编制标底或者最高投标限价的中介机构不得参加该项目的投标，也不得为该项目的投标人编制投标文件或者提供咨询。

第二十四条 招标人应当严格遵守有关法律、行政法规关于各类保证金收取的规定，在招标文件中载明保证金收取的形式、金额以及返还时间。

招标人不得以任何名义增设或者变相增设保证金或者随意更改招标文件载明的保证金收取形式、金额以及返还时间。招标人不得在资格预审期间收取任何形式的保证金。

第二十五条 招标人在招标文件中要求投标人提交

投标保证金的,投标保证金不得超过招标标段估算价的2%。投标保证金有效期应当与投标有效期一致。

依法必须进行招标的公路工程建设项目的投标人,以现金或者支票形式提交投标保证金的,应当从其基本账户转出。投标人提交的投标保证金不符合招标文件要求的,应当否决其投标。

招标人不得挪用投标保证金。

第二十六条 招标人应当按照国家有关法律法规规定,在招标文件中明确允许分包的或者不得分包的工程和服务,分包人应当满足的资格条件以及对分包实施的管理要求。

招标人不得在招标文件中设置对分包的歧视性条款。

招标人有下列行为之一的,属于前款所称的歧视性条款:

(一)以分包的工作量规模作为否决投标的条件;

(二)对投标人符合法律法规以及招标文件规定的分包计划设定扣分条款;

(三)按照分包的工作量规模对投标人进行区别评分;

(四)以其他不合理条件限制投标人进行分包的行为。

第二十七条 招标人应当在招标文件中合理划分双方风险,不得设置将应由招标人承担的风险转嫁给勘察设计、施工、监理等投标人的不合理条款。招标文件应当设置合理的价格调整条款,明确约定合同价款支付期限、利息计付标准和日期,确保双方主体地位平等。

第二十八条 招标人应当根据招标项目的具体特点以及本办法的相关规定,在招标文件中合理设定评标标准和方法。评标标准和方法中不得含有倾向或者排斥潜在投标人的内容,不得妨碍或者限制投标人之间的竞争。禁止采用抽签、摇号等博彩性方式直接确定中标候选人。

第二十九条 以暂估价形式包括在招标项目范围内的工程、货物、服务,属于依法必须进行招标的项目范围且达到国家规定规模标准的,应当依法进行招标。招标项目的合同条款中应当约定负责实施暂估价项目招标的主体以及相应的招标程序。

第三章 投 标

第三十条 投标人是响应招标、参加投标竞争的法人或者其他组织。

投标人应当具备招标文件规定的资格条件,具有承担所投标项目的相应能力。

第三十一条 投标人在投标文件中填报的资质、业绩、主要人员资历和目前在岗情况、信用等级等信息,应当与其在交通运输主管部门公路建设市场信用信息管理系统上填报并发布的相关信息一致。

第三十二条 投标人应当按照招标文件要求装订、密封投标文件,并按照招标文件规定的时间、地点和方式将投标文件送达招标人。

公路工程勘察设计和施工监理招标的投标文件应当以双信封形式密封,第一信封内为商务文件和技术文件,第二信封内为报价文件。

对公路工程施工招标,招标人采用资格预审方式进行招标且评标方法为技术评分最低标价法的,或者采用资格后审方式进行招标的,投标文件应当以双信封形式密封,第一信封内为商务文件和技术文件,第二信封内为报价文件。

第三十三条 投标文件按照要求送达后,在招标文件规定的投标截止时间前,投标人修改或者撤回投标文件的,应当以书面函件形式通知招标人。

修改投标文件的函件是投标文件的组成部分,其编制形式、密封方式、送达时间等,适用对投标文件的规定。

投标人在投标截止时间前撤回投标文件且招标人已收取投标保证金的,招标人应当自收到投标人书面撤回通知之日起5日内退还其投标保证金。

投标截止后投标人撤销投标文件的,招标人可以不退还投标保证金。

第三十四条 投标人根据招标文件有关分包的规定,拟在中标后将中标项目的部分工作进行分包的,应当在投标文件中载明。

投标人在投标文件中未列入分包计划的工程或者服务,中标后不得分包,法律法规或者招标文件另有规定的除外。

第四章 开标、评标和中标

第三十五条 开标应当在招标文件确定的提交投标文件截止时间的同一时间公开进行;开标地点应当为招标文件中预先确定的地点。

投标人少于3个的,不得开标,投标文件应当当场退还给投标人;招标人应当重新招标。

第三十六条 开标由招标人主持,邀请所有投标人参加。开标过程应当记录,并存档备查。投标人对开标有异议的,应当在开标现场提出,招标人应当当场作出答复,并制作记录。未参加开标的投标人,视为对开标过程无异议。

第三十七条 投标文件按照招标文件规定采用双信封形式密封的,开标分两个步骤公开进行:

第一步骤对第一信封内的商务文件和技术文件进行开标,对第二信封不予拆封并由招标人予以封存;

第二步骤宣布通过商务文件和技术文件评审的投标人名单,对其第二信封内的报价文件进行开标,宣读投标报价。未通过商务文件和技术文件评审的,对其第二信封不予拆封,并当场退还投标人;投标人未参加第二信封开标的,招标人应当在评标结束后及时将第二信封原封退还投标人。

第三十八条 招标人应当按照国家有关规定组建评标委员会负责评标工作。

国家审批或者核准的高速公路、一级公路、独立桥梁和独立隧道项目，评标委员会专家应当由招标人从国家重点公路工程建设项目评标专家库相关专业中随机抽取；其他公路工程建设项目的评标委员会专家可以从省级公路工程建设项目评标专家库相关专业中随机抽取，也可以从国家重点公路工程建设项目评标专家库相关专业中随机抽取。

对于技术复杂、专业性强或者国家有特殊要求，采取随机抽取方式确定的评标专家难以保证胜任评标工作的特殊招标项目，可以由招标人直接确定。

第三十九条 交通运输部负责国家重点公路工程建设项目评标专家库的管理工作。

省级人民政府交通运输主管部门负责本行政区域公路工程建设项目评标专家库的管理工作。

第四十条 评标委员会应当民主推荐一名主任委员，负责组织评标委员会成员开展评标工作。评标委员会主任委员与评标委员会的其他成员享有同等权利和义务。

第四十一条 招标人应当向评标委员会提供评标所必需的信息，但不得明示或者暗示其倾向或者排斥特定投标人。

评标所必需的信息主要包括招标文件、招标文件的澄清或者修改、开标记录、投标文件、资格预审文件。招标人可以协助评标委员会开展下列工作并提供相关信息：

（一）根据招标文件，编制评标使用的相应表格；

（二）对投标报价进行算术性校核；

（三）以评标标准和方法为依据，列出投标文件相对于招标文件的所有偏差，并进行归类汇总；

（四）查询公路建设市场信用信息管理系统，对投标人的资质、业绩、主要人员资历和目前在岗情况、信用等级进行核实。

招标人不得对投标文件作出任何评价，不得故意遗漏或者片面摘录，不得在评标委员会对所有偏差定性之前透露存有偏差的投标人名称。

评标委员会应当根据招标文件规定，全面、独立评审所有投标文件，并对招标人提供的上述相关信息进行核查，发现错误或者遗漏的，应当进行修正。

第四十二条 评标委员会应当按照招标文件确定的评标标准和方法进行评标。招标文件没有规定的评标标准和方法不得作为评标的依据。

第四十三条 公路工程勘察设计和施工监理招标，应当采用综合评估法进行评标，对投标人的商务文件、技术文件和报价文件进行评分，按照综合得分由高到低排序，推荐中标候选人。评标价的评分权重不宜超过10%，评标价得分应根据评标价与评标基准价的偏离程度进行计算。

第四十四条 公路工程施工招标，评标采用综合评估法或者经评审的最低投标价法。综合评估法包括合理低价法、技术评分最低标价法和综合评分法。

合理低价法，是指对通过初步评审的投标人，不再对其施工组织设计、项目管理机构、技术能力等因素进行评分，仅依据评标基准价对评标价进行评分，按照得分由高到低排序，推荐中标候选人的评标方法。

技术评分最低标价法，是指对通过初步评审的投标人的施工组织设计、项目管理机构、技术能力等因素进行评分，按照得分由高到低排序，对排名在招标文件规定数量以内的投标人的报价文件进行评审，按照评标价由低到高的顺序推荐中标候选人的评标方法。招标人在招标文件中规定的参与报价文件评审的投标人数量不得少于3个。

综合评分法，是指对通过初步评审的投标人的评标价、施工组织设计、项目管理机构、技术能力等因素进行评分，按照综合得分由高到低排序，推荐中标候选人的评标方法。其中评标价的评分权重不得低于50%。

经评审的最低投标价法，是指对通过初步评审的投标人，按照评标价由低到高排序，推荐中标候选人的评标方法。

公路工程施工招标评标，一般采用合理低价法或者技术评分最低标价法。技术特别复杂的特大桥梁和特长隧道项目主体工程，可以采用综合评分法。工程规模较小、技术含量较低的工程，可以采用经评审的最低投标价法。

第四十五条 实行设计施工总承包招标的，招标人应当根据工程地质条件、技术特点和施工难度确定评标办法。

设计施工总承包招标的评标采用综合评分法的，评分因素包括评标价、项目管理机构、技术能力、设计文件的优化建议、设计施工总承包管理方案、施工组织设计等因素，评标价的评分权重不得低于50%。

第四十六条 评标委员会成员应当客观、公正、审慎地履行职责，遵守职业道德。评标委员会成员应当依据评标办法规定的评审顺序和内容逐项完成评标工作，对本人提出的评审意见以及评分的公正性、客观性、准确性负责。

除评标价和履约信誉评分项外，评标委员会成员对投标人商务和技术各项因素的评分一般不得低于招标文件规定该因素满分值的60%；评分低于满分值60%的，评标委员会成员应当在评标报告中作出说明。

招标人应当对评标委员会成员在评标活动中的职责履行情况予以记录，并在招标投标情况的书面报告中载明。

第四十七条 招标人应当根据项目规模、技术复杂程度、投标文件数量和评标方法等因素合理确定评标时间。超过三分之一的评标委员会成员认为评标时间不够的，招标人应当适当延长。

评标过程中，评标委员会成员有回避事由、擅离职守或者因健康等原因不能继续评标的，应当及时更换。被更换的评标委员会成员作出的评审结论无效,由更换后的评标委员会成员重新进行评审。

根据前款规定被更换的评标委员会成员如为评标专家库专家,招标人应当从原评标专家库中按照原方式抽取更换后的评标委员会成员,或者在符合法律规定的前提下相应减少评标委员会中招标人代表数量。

第四十八条 评标委员会应当查询交通运输主管部门的公路建设市场信用信息管理系统,对投标人的资质、业绩、主要人员资历和目前在岗情况、信用等级等信息进行核实。若投标文件载明的信息与公路建设市场信用信息管理系统发布的信息不符,使得投标人的资格条件不符合招标文件规定的,评标委员会应当否决其投标。

第四十九条 评标委员会发现投标人的投标报价明显低于其他投标人报价或者在设有标底时明显低于标底的,应当要求该投标人对相应投标报价作出书面说明,并提供相关证明材料。

投标人不能证明可以按照其报价以及招标文件规定的质量标准和履行期限完成招标项目的,评标委员会应当认定该投标人以低于成本价竞标,并否决其投标。

第五十条 评标委员会应当根据《中华人民共和国招标投标法实施条例》第三十九条、第四十条、第四十一条的有关规定,对在评标过程中发现的投标人与投标人之间、投标人与招标人之间存在的串通投标的情形进行评审和认定。

第五十一条 评标委员会对投标文件进行评审后,因有效投标不足3个使得投标明显缺乏竞争的,可以否决全部投标。未否决全部投标的,评标委员会应当在评标报告中阐明理由并推荐中标候选人。

投标文件按照招标文件规定采用双信封形式密封的,通过第一信封商务文件和技术文件评审的投标人在3个以上的,招标人应当按照本办法第三十七条规定的程序进行第二信封报价文件开标;在对报价文件进行评审后,有效投标不足3个的,评标委员会应当按照本条第一款规定执行。

通过第一信封商务文件和技术文件评审的投标人少于3个的,评标委员会可以否决全部投标;未否决全部投标的,评标委员会应当在评标报告中阐明理由,招标人应当按照本办法第三十七条规定的程序进行第二信封报价文件开标,但评标委员会在进行报价文件评审时仍有权否决全部投标;评标委员会未在报价文件评审时否决全部投标的,应当在评标报告中阐明理由并推荐中标候选人。

第五十二条 评标完成后,评标委员会应当向招标人提交书面评标报告。评标报告中推荐的中标候选人应当不超过3个,并标明排序。

评标报告应当载明下列内容:

(一)招标项目基本情况;
(二)评标委员会成员名单;
(三)监督人员名单;
(四)开标记录;
(五)符合要求的投标人名单;
(六)否决的投标人名单以及否决理由;
(七)串通投标情形的评审情况说明;
(八)评分情况;
(九)经评审的投标人排序;
(十)中标候选人名单;
(十一)澄清、说明事项纪要;
(十二)需要说明的其他事项;
(十三)评标附表。

对评标监督人员或者招标人代表干预正常评标活动,以及对招标投标活动的其他不正当言行,评标委员会应当在评标报告第(十二)项内容中如实记录。

除第二款规定的第(一)、(三)、(四)项内容外,评标委员会所有成员应当在评标报告上逐页签字。对评标结果有不同意见的评标委员会成员应当以书面形式说明其不同意见和理由,评标报告应当注明该不同意见。评标委员会成员拒绝在评标报告上签字又不书面说明其不同意见和理由的,视为同意评标结果。

第五十三条 依法必须进行招标的公路工程建设项目,招标人应当自收到评标报告之日起3日内,在对该项目具有招标监督职责的交通运输主管部门政府网站或者其指定的其他网站上公示中标候选人,公示期不得少于3日,公示内容包括:

(一)中标候选人排序、名称、投标报价;
(二)中标候选人在投标文件中承诺的主要人员姓名、个人业绩、相关证书编号;
(三)中标候选人在投标文件中填报的项目业绩;
(四)被否决投标的投标人名称、否决依据和原因;
(五)招标文件规定公示的其他内容。

投标人或者其他利害关系人对依法必须进行招标的公路工程建设项目的评标结果有异议的,应当在中标候选人公示期间提出。招标人应当自收到异议之日起3日内作出答复;作出答复前,应当暂停招标投标活动。

第五十四条 除招标人授权评标委员会直接确定中标人外,招标人应当根据评标委员会提出的书面评标报告和推荐的中标候选人确定中标人。国有资金占控股或者主导地位的依法必须进行招标的公路工程建设项目,招标人应当确定排名第一的中标候选人为中标人。排名第一的中标候选人放弃中标、因不可抗力不能履行合同、不按照招标文件要求提交履约保证金,或者被查实存在影响中标结果的违法行为等情形,不符合中标条件的,招标人可以按照评标委员会提出的中标候选人名单排序依次确定其他中标候选人为中标人,也可以重新招标。

第五十五条 依法必须进行招标的公路工程建设项目,招标人应当自确定中标人之日起15日内,将招标投标情况的书面报告报对该项目具有招标监督职责的交通运输主管部门备案。

前款所称书面报告至少应当包括下列内容:

（一）招标项目基本情况；
（二）招标过程简述；
（三）评标情况说明；
（四）中标候选人公示情况；
（五）中标结果；
（六）附件，包括评标报告、评标委员会成员履职情况说明等。

有资格预审情况说明、异议及投诉处理情况和资格审查报告的，也应当包括在书面报告中。

第五十六条 招标人应当及时向中标人发出中标通知书，同时将中标结果通知所有未中标的投标人。

第五十七条 招标人和中标人应当自中标通知书发出之日起30日内，按照招标文件和中标人的投标文件订立书面合同，合同的标的、价格、质量、安全、履行期限、主要人员等主要条款应当与上述文件的内容一致。招标人和中标人不得再行订立背离合同实质性内容的其他协议。

招标人最迟应当在中标通知书发出后5日内向中标候选人以外的其他投标人退还投标保证金，与中标人签订书面合同后5日内向中标人和其他中标候选人退还投标保证金。以现金或者支票形式提交的投标保证金，招标人应当同时退还投标保证金的银行同期活期存款利息，且退还至投标人的基本账户。

第五十八条 招标文件要求中标人提交履约保证金的，中标人应当按照招标文件的要求提交。履约保证金不得超过中标合同金额的10%。招标人不得指定或者变相指定履约保证金的支付形式，由中标人自主选择银行保函或者现金、支票等支付形式。

第五十九条 招标人应当加强对合同履行的管理，建立对中标人主要人员的到位率考核制度。

省级人民政府交通运输主管部门应当定期组织开展合同履约评价工作的监督检查，将检查情况向社会公示，同时将检查结果记入中标人单位以及主要人员个人的信用档案。

第六十条 依法必须进行招标的公路工程建设项目，有下列情形之一的，招标人在分析招标失败的原因并采取相应措施后，应当依照本办法重新招标：

（一）通过资格预审的申请人少于3个的；
（二）投标人少于3个的；
（三）所有投标均被否决的；
（四）中标候选人均未与招标人订立书面合同的。

重新招标的，资格预审文件、招标文件和招标投标情况的书面报告应当按照本办法的规定重新报交通运输主管部门备案。

重新招标后投标人仍少于3个的，属于按照国家有关规定需要履行项目审批、核准手续的依法必须进行招标的公路工程建设项目，报经项目审批、核准部门批准后可以不再进行招标；其他项目可由招标人自行决定不再进行招标。

依照本条规定不再进行招标的，招标人可以邀请已提交资格预审申请文件的申请人或者已提交投标文件的投标人进行谈判，确定项目承担单位，并将谈判报告报对该项目具有招标监督职责的交通运输主管部门备案。

第五章 监督管理

第六十一条 各级交通运输主管部门应当按照《中华人民共和国招标投标法》《中华人民共和国招标投标法实施条例》等法律法规、规章以及招标投标活动行政监督职责分工，加强对公路工程建设项目招标投标活动的监督管理。

第六十二条 各级交通运输主管部门应当建立健全公路工程建设项目招标投标信用体系，加强信用评价工作的监督管理，维护公平公正的市场竞争秩序。

招标人应当将交通运输主管部门的信用评价结果应用于公路工程建设项目招标。鼓励和支持招标人优先选择信用等级高的从业企业。

招标人对信用等级高的资格预审申请人、投标人或者中标人，可以给予增加参与投标的标段数量，减免投标保证金，减少履约保证金、质量保证金等优惠措施。优惠措施以及信用评价结果的认定条件应当在资格预审文件和招标文件中载明。

资格预审申请人或者投标人的信用评价结果可以作为资格审查或者评标中履约信誉项的评分因素，各信用评价等级的对应得分应当符合省级人民政府交通运输主管部门有关规定，并在资格预审文件或者招标文件中载明。

第六十三条 投标人或者其他利害关系人认为招标投标活动不符合法律、行政法规规定的，可以自知道或者应当知道之日起10日内向交通运输主管部门投诉。

就本办法第十五条、第十九条、第三十六条、第五十三条规定事项投诉的，应当先向招标人提出异议，异议答复期间不计算在前款规定的期限内。

第六十四条 投诉人投诉时，应当提交投诉书。投诉书应当包括下列内容：

（一）投诉人的名称、地址及有效联系方式；
（二）被投诉人的名称、地址及有效联系方式；
（三）投诉事项的基本事实；
（四）异议的提出及招标人答复情况；
（五）相关请求及主张；
（六）有效线索和相关证明材料。

对本办法规定应先提出异议的事项进行投诉的，应当提交已提出异议的证明文件。未按规定提出异议或者未提交已提出异议的证明文件的投诉，交通运输主管部门可以不予受理。

第六十五条 投诉人就同一事项向两个以上交通运输主管部门投诉的，由具体承担该项目招标投标活动监督管理职责的交通运输主管部门负责处理。

交通运输主管部门应当自收到投诉之日起3个工作

日内决定是否受理投诉,并自受理投诉之日起 30 个工作日内作出书面处理决定;需要检验、检测、鉴定、专家评审的,所需时间不计算在内。

投诉人缺乏事实根据或者法律依据进行投诉的,或者有证据表明投诉人捏造事实、伪造材料的,或者投诉人以非法手段取得证明材料进行投诉的,交通运输主管部门应当予以驳回,并对恶意投诉按照有关规定追究投诉人责任。

第六十六条 交通运输主管部门处理投诉,有权查阅、复制有关文件、资料,调查有关情况,相关单位和人员应当予以配合。必要时,交通运输主管部门可以责令暂停招标投标活动。

交通运输主管部门的工作人员对监督检查过程中知悉的国家秘密、商业秘密,应当依法予以保密。

第六十七条 交通运输主管部门对投诉事项作出的处理决定,应当在对该项目具有招标监督职责的交通运输主管部门政府网站上进行公告,包括投诉的事由、调查结果、处理决定、处罚依据以及处罚意见等内容。

第六章 法律责任

第六十八条 招标人有下列情形之一的,由交通运输主管部门责令改正,可以处三万元以下的罚款:

(一)不满足本办法第八条规定的条件而进行招标的;

(二)不按照本办法规定将资格预审文件、招标文件和招标投标情况的书面报告备案的;

(三)邀请招标不依法发出投标邀请书的;

(四)不按照项目审批、核准部门确定的招标范围、招标方式、招标组织形式进行招标的;

(五)不按照本办法规定编制资格预审文件或者招标文件的;

(六)由于招标人原因导致资格审查报告存在重大偏差且影响资格预审结果的;

(七)挪用投标保证金,增设或者变相增设保证金的;

(八)投标人数量不符合法定要求不重新招标的;

(九)向评标委员会提供的评标信息不符合本办法规定的;

(十)不按照本办法规定公示中标候选人的;

(十一)招标文件中规定的履约保证金的金额、支付形式不符合本办法规定的。

第六十九条 投标人在投标过程中存在弄虚作假、与招标人或者其他投标人串通投标、以行贿谋取中标、无正当理由放弃中标以及进行恶意投诉等投标不良行为的,除依照有关法律、法规进行处罚外,省级交通运输主管部门还可以扣减其年度信用评价分数或者降低年度信用评价等级。

第七十条 评标委员会成员未对招标人根据本办法第四十一条第二款(一)至(四)项规定提供的相关信息进行认真核查,导致评标出现疏漏或者错误的,由交通运输主管部门责令改正。

第七十一条 交通运输主管部门应当依法公告对公路工程建设项目招标投标活动中招标人、招标代理机构、投标人以及评标委员会成员等的违法违规或者恶意投诉等行为的行政处理决定,并将其作为招标投标不良行为信息记入相应当事人的信用档案。

第七章 附 则

第七十二条 使用国际组织或者外国政府贷款、援助资金的项目进行招标,贷款方、资金提供方对招标投标的具体条件和程序有不同规定的,可以适用其规定,但违背中华人民共和国的社会公共利益的除外。

第七十三条 采用电子招标投标的,应当按照本办法和国家有关电子招标投标的规定执行。

第七十四条 本办法自 2016 年 2 月 1 日起施行。《公路工程施工招标投标管理办法》(交通部令 2006 年第 7 号)、《公路工程施工监理招标投标管理办法》(交通部令 2006 年第 5 号)、《公路工程勘察设计招标投标管理办法》(交通部令 2001 年第 6 号)和《关于修改〈公路工程勘察设计招标投标管理办法〉的决定》(交通运输部令 2013 年第 3 号)、《关于贯彻国务院办公厅关于进一步规范招投标活动的若干意见的通知》(交公路发〔2004〕688 号)、《关于公路建设项目货物招标严禁指定材料产地的通知》(厅公路字〔2007〕224 号)、《公路工程施工招标资格预审办法》(交公路发〔2006〕57 号)、《关于加强公路工程评标专家管理工作的通知》(交公路发〔2003〕464 号)、《关于进一步加强公路工程施工招标评标管理工作的通知》(交公路发〔2008〕261 号)、《关于进一步加强公路工程施工招标资格审查工作的通知》(交公路发〔2009〕123 号)、《关于改革使用国际金融组织或者外国政府贷款公路建设项目施工招标管理制度的通知》(厅公路字〔2008〕40 号)、《公路工程勘察设计招标评标办法》(交公路发〔2001〕582 号)、《关于认真贯彻执行公路工程勘察设计招标投标管理办法的通知》(交公路发〔2002〕303 号)同时废止。

5. 评标委员会和评标方法暂行规定

（2001年7月5日国家计委等七部委令第12号发布，根据2013年3月11日国家发展改革委等九部委令第23号修改）

第一章 总 则

第一条 为了规范评标活动，保证评标的公平、公正，维护招标投标活动当事人的合法权益，依照《中华人民共和国招标投标法》《中华人民共和国招标投标法实施条例》，制定本规定。

第二条 本规定适用于依法必须招标项目的评标活动。

第三条 评标活动遵循公平、公正、科学、择优的原则。

第四条 评标活动依法进行，任何单位和个人不得非法干预或者影响评标过程和结果。

第五条 招标人应当采取必要措施，保证评标活动在严格保密的情况下进行。

第六条 评标活动及其当事人应当接受依法实施的监督。

有关行政监督部门依照国务院或者地方政府的职责分工，对评标活动实施监督，依法查处评标活动中的违法行为。

第二章 评标委员会

第七条 评标委员会依法组建，负责评标活动，向招标人推荐中标候选人或者根据招标人的授权直接确定中标人。

第八条 评标委员会由招标人负责组建。

评标委员会成员名单一般应于开标前确定。评标委员会成员名单在中标结果确定前应当保密。

第九条 评标委员会由招标人或其委托的招标代理机构熟悉相关业务的代表，以及有关技术、经济等方面的专家组成，成员人数为五人以上单数，其中技术、经济等方面的专家不得少于成员总数的三分之二。

评标委员会设负责人的，评标委员会负责人由评标委员会成员推举产生或者由招标人确定。评标委员会负责人与评标委员会的其他成员有同等的表决权。

第十条 评标委员会的专家成员应当从依法组建的专家库内的相关专家名单中确定。

按前款规定确定评标专家，可以采取随机抽取或者直接确定的方式。一般项目，可以采取随机抽取的方式；技术复杂、专业性强或者国家有特殊要求的招标项目，采取随机抽取方式确定的专家难以保证胜任的，可以由招标人直接确定。

第十一条 评标专家应符合下列条件：

（一）从事相关专业领域工作满八年并具有高级职称或者同等专业水平；

（二）熟悉有关招标投标的法律法规，并具有与招标项目相关的实践经验；

（三）能够认真、公正、诚实、廉洁地履行职责。

第十二条 有下列情形之一的，不得担任评标委员会成员：

（一）投标人或者投标人主要负责人的近亲属；

（二）项目主管部门或者行政监督部门的人员；

（三）与投标人有经济利益关系，可能影响对投标公正评审的；

（四）曾因在招标、评标以及其他与招标投标有关活动中从事违法行为而受过行政处罚或刑事处罚的。评标委员会成员有前款规定情形之一的，应当主动提出回避。

第十三条 评标委员会成员应当客观、公正地履行职责，遵守职业道德，对所提出的评审意见承担个人责任。

评标委员会成员不得与任何投标人或者与招标结果有利害关系的人进行私下接触，不得收受投标人、中介人、其他利害关系人的财物或者其他好处，不得向招标人征询其确定中标人的意向，不得接受任何单位或者个人明示或者暗示提出的倾向或者排斥特定投标人的要求，不得有其他不客观、不公正履行职务的行为。

第十四条 评标委员会成员和与评标活动有关的工作人员不得透露对投标文件的评审和比较、中标候选人的推荐情况以及与评标有关的其他情况。

前款所称与评标活动有关的工作人员，是指评标委员会成员以外的因参与评标监督工作或者事务性工作而知悉有关评标情况的所有人员。

第三章 评标的准备与初步评审

第十五条 评标委员会成员应当编制供评标使用的相应表格，认真研究招标文件，至少应了解和熟悉以下内容：

（一）招标的目标；

（二）招标项目的范围和性质；

（三）招标文件中规定的主要技术要求、标准和商务条款；

（四）招标文件规定的评标标准、评标方法和在评标过程中考虑的相关因素。

第十六条 招标人或者其委托的招标代理机构应当向评标委员会提供评标所需的重要信息和数据，但不得带有明示或者暗示倾向或者排斥特定投标人的信息。

招标人设有标底的，标底在开标前应当保密，并在评标时作为参考。

第十七条 评标委员会应当根据招标文件规定的评标标准和方法，对投标文件进行系统地评审和比较。招标文件中没有规定的标准和方法不得作为评标的依据。

招标文件中规定的评标标准和评标方法应当合理，不得含有倾向或者排斥潜在投标人的内容，不得妨碍或者限制投标人之间的竞争。

第十八条 评标委员会应当按照投标报价的高低或者招标文件规定的其他方法对投标文件排序。以多种货币报价的，应当按照中国银行在开标日公布的汇率中间价换算成人民币。

招标文件应当对汇率标准和汇率风险作出规定。未作规定的，汇率风险由投标人承担。

第十九条 评标委员会可以书面方式要求投标人对投标文件中含义不明确、对同类问题表述不一致或者有明显文字和计算错误的内容作必要的澄清、说明或者补正。澄清、说明或者补正应以书面方式进行并不得超出投标文件的范围或者改变投标文件的实质性内容。

投标文件中的大写金额和小写金额不一致的，以大写金额为准；总价金额与单价金额不一致的，以单价金额为准，但单价金额小数点有明显错误的除外；对不同文字文本投标文件的解释发生异议的，以中文文本为准。

第二十条 在评标过程中，评标委员会发现投标人以他人的名义投标、串通投标、以行贿手段谋取中标或者以其他弄虚作假方式投标的，应当否决该投标人的投标。

第二十一条 在评标过程中，评标委员会发现投标人的报价明显低于其他投标报价或者在设有标底时明显低于标底，使得其投标报价可能低于其个别成本的，应当要求该投标人作出书面说明并提供相关证明材料。投标人不能合理说明或者不能提供相关证明材料的，由评标委员会认定该投标人以低于成本报价竞标，应当否决其投标。

第二十二条 投标人资格条件不符合国家有关规定和招标文件要求的，或者拒不按照要求对投标文件进行澄清、说明或者补正的，评标委员会可以否决其投标。

第二十三条 评标委员会应当审查每一投标文件是否对招标文件提出的所有实质性要求和条件作出响应。未能在实质上响应的投标，应当予以否决。

第二十四条 评标委员会应当根据招标文件，审查并逐项列出投标文件的全部投标偏差。

投标偏差分为重大偏差和细微偏差。

第二十五条 下列情况属于重大偏差：

（一）没有按照招标文件要求提供投标担保或者所提供的投标担保有瑕疵；

（二）投标文件没有投标人授权代表签字和加盖公章；

（三）投标文件载明的招标项目完成期限超过招标文件规定的期限；

（四）明显不符合技术规格、技术标准的要求；

（五）投标文件载明的货物包装方式、检验标准和方法等不符合招标文件的要求；

（六）投标文件附有招标人不能接受的条件；

（七）不符合招标文件中规定的其他实质性要求。

投标文件有上述情形之一的，为未能对招标文件作出实质性响应，并按本规定第二十三条规定作否决投标处理。招标文件对重大偏差另有规定的，从其规定。

第二十六条 细微偏差是指投标文件在实质上响应招标文件要求，但在个别地方存在漏项或者提供了不完整的技术信息和数据等情况，并且补正这些遗漏或者不完整不会对其他投标人造成不公平的结果。细微偏差不影响投标文件的有效性。

评标委员会应当书面要求存在细微偏差的投标人在评标结束前予以补正。拒不补正的，在详细评审时可以对细微偏差作不利于该投标人的量化，量化标准应当在招标文件中规定。

第二十七条 评标委员会根据本规定第二十条、第二十一条、第二十二条、第二十三条、第二十五条的规定否决不合格投标后，因有效投标不足三个使得投标明显缺乏竞争的，评标委员会可以否决全部投标。

投标人少于三个或者所有投标被否决的，招标人在分析招标失败的原因并采取相应措施后，应当依法重新招标。

第四章 详 细 评 审

第二十八条 经初步评审合格的投标文件，评标委员会应当根据招标文件确定的评标标准和方法，对其技术部分和商务部分作进一步评审、比较。

第二十九条 评标方法包括经评审的最低投标价法、综合评估法或者法律、行政法规允许的其他评标方法。

第三十条 经评审的最低投标价法一般适用于具有通用技术、性能标准或者招标人对其技术、性能没有特殊要求的招标项目。

第三十一条 根据经评审的最低投标价法，能够满足招标文件的实质性要求，并且经评审的最低投标价的投标，应当推荐为中标候选人。

第三十二条 采用经评审的最低投标价法的，评标委员会应当根据招标文件中规定的评标价格调整方法，以所有投标人的投标报价以及投标文件的商务部分作必要的价格调整。

采用经评审的最低投标价法的，中标人的投标应当符合招标文件规定的技术要求和标准，但评标委员会无需对投标文件的技术部分进行价格折算。

第三十三条 根据经评审的最低投标价法完成详细评审后，评标委员会应当拟定一份"标价比较表"，连同书面评标报告提交招标人。"标价比较表"应当载明投标人的投标报价，对商务偏差的价格调整和说明以及经评审的最终投标价。

第三十四条 不宜采用经评审的最低投标价法的招标项目，一般应当采取综合评估法进行评审。

第三十五条 根据综合评估法，最大限度地满足招标文件中规定的各项综合评价标准的投标,应当推荐为中标候选人。

衡量投标文件是否最大限度地满足招标文件中规定的各项评价标准,可以采取折算为货币的方法、打分的方法或者其他方法。需量化的因素及其权重应当在招标文件中明确规定。

第三十六条 评标委员会对各个评审因素进行量化时,应当将量化指标建立在同一基础或者同一标准上,使各投标文件具有可比性。

对技术部分和商务部分进行量化后,评标委员会应当对这两部分的量化结果进行加权,计算出每一投标的综合评估价或者综合评估分。

第三十七条 根据综合评估法完成评标后,评标委员会应当拟定一份"综合评估比较表",连同书面评标报告提交招标人。"综合评估比较表"应当载明投标人的投标报价、所作的任何修正、对商务偏差的调整、对技术偏差的调整、对各评审因素的评估以及对每一投标的最终评审结果。

第三十八条 根据招标文件的规定,允许投标人投备选标的,评标委员会可以对中标人所投的备选标进行评审,以决定是否采纳备选标。不符合中标条件的投标人的备选标不予考虑。

第三十九条 对于划分有多个单项合同的招标项目,招标文件允许投标人为获得整个项目合同而提出优惠的,评标委员会可以对投标人提出的优惠进行审查,以决定是否将招标项目作为一个整体合同授予中标人。将招标项目作为一个整体合同授予的,整体合同中标人的投标应当最有利于招标人。

第四十条 评标和定标应当在投标有效期内完成。不能在投标有效期结束日30个工作日前完成评标和定标的,招标人应当通知所有投标人延长投标有效期。拒绝延长投标有效期的投标人有权收回投标保证金。同意延长投标有效期的投标人应当相应延长其投标担保的有效期,但不得修改投标文件的实质性内容。因延长投标有效期造成投标人损失的,招标人应当给予补偿,但因不可抗力需延长投标有效期的除外。

招标文件应当载明投标有效期。投标有效期从提交投标文件截止日起计算。

第五章 推荐中标候选人与定标

第四十一条 评标委员会在评标过程中发现的问题,应当及时作出处理或者向招标人提出处理建议,并作书面记录。

第四十二条 评标委员会完成评标后,应当向招标人提出书面评标报告,并抄送有关行政监督部门。评标报告应当如实记载以下内容:

(一)基本情况和数据表;
(二)评标委员会成员名单;
(三)开标记录;
(四)符合要求的投标一览表;
(五)否决投标的情况说明;
(六)评标标准、评标方法或者评标因素一览表;
(七)经评审的价格或者评分比较一览表;
(八)经评审的投标人排序;
(九)推荐的中标候选人名单与签订合同前要处理的事宜;
(十)澄清、说明、补正事项纪要。

第四十三条 评标报告由评标委员会全体成员签字。对评标结论持有异议的评标委员会成员可以书面方式阐述其不同意见和理由。评标委员会成员拒绝在评标报告上签字且不陈述其不同意见和理由的,视为同意评标结论。评标委员会应当对此作出书面说明并记录在案。

第四十四条 向招标人提交书面评标报告后,评标委员会应将评标过程中使用的文件、表格以及其他资料应当即时归还招标人。

第四十五条 评标委员会推荐的中标候选人应当限定在一至三人,并标明排列顺序。

第四十六条 中标人的投标应当符合下列条件之一:

(一)能够最大限度满足招标文件中规定的各项综合评价标准;

(二)能够满足招标文件的实质性要求,并且经评审的投标价格最低;但是投标价格低于成本的除外。

第四十七条 招标人不得与投标人就投标价格、投标方案等实质性内容进行谈判。

第四十八条 国有资金占控股或者主导地位的项目,招标人应当确定排名第一的中标候选人为中标人。排名第一的中标候选人放弃中标、因不可抗力提出不能履行合同,或者招标文件规定应当提交履约保证金而在规定的期限内未能提交,或者被查实存在影响中标结果的违法行为等情形,不符合中标条件的,招标人可以按照评标委员会提出的中标候选人名单排序依次确定其他中标候选人为中标人。依次确定其他中标候选人与招标人预期差距较大,或者对招标人明显不利的,招标人可以重新招标。

招标人可以授权评标委员会直接确定中标人。

国务院对中标人的确定另有规定的,从其规定。

第四十九条 中标人确定后,招标人应当向中标人发出中标通知书,同时通知未中标人,并与中标人在投标有效期内以及中标通知书发出之日起30日之内签订合同。

第五十条 中标通知书对招标人和中标人具有法律约束力。中标通知书发出后,招标人改变中标结果或者中标人放弃中标的,应当承担法律责任。

第五十一条 招标人应当与中标人按照招标文件和中标人的投标文件订立书面合同。招标人与中标人不得再行订立背离合同实质性内容的其他协议。

第五十二条　招标人与中标人签订合同后5日内,应当向中标人和未中标的投标人退还投标保证金。

第六章　罚　则

第五十三条　评标委员会成员有下列行为之一的,由有关行政监督部门责令改正;情节严重的,禁止其在一定期限内参加依法必须进行招标的项目的评标;情节特别严重的,取消其担任评标委员会成员的资格:

(一)应当回避而不回避;
(二)擅离职守;
(三)不按照招标文件规定的评标标准和方法评标;
(四)私下接触投标人;
(五)向招标人征询确定中标人的意向或者接受任何单位或者个人明示或者暗示提出的倾向或者排斥特定投标人的要求;
(六)对依法应当否决的投标不提出否决意见;
(七)暗示或者诱导投标人作出澄清、说明或者接受投标人主动提出的澄清、说明;
(八)其他不客观、不公正履行职务的行为。

第五十四条　评标委员会成员收受投标人的财物或者其他好处的,评标委员会成员或者与评标活动有关的工作人员向他人透露对投标文件的评审和比较、中标候选人的推荐以及与评标有关的其他情况的,给予警告,没收收受的财物,可以并处三千元以上五万元以下的罚款;对有所列违法行为的评标委员会成员取消担任评标委员会成员的资格,不得再参加任何依法必须进行招标项目的评标;构成犯罪的,依法追究刑事责任。

第五十五条　招标人有下列情形之一的,责令改正,可以处中标项目金额千分之十以下的罚款;给他人造成损失的,依法承担赔偿责任;对单位直接负责的主管人员和其他直接责任人员依法给予处分:

(一)无正当理由不发出中标通知书;
(二)不按照规定确定中标人;
(三)中标通知书发出后无正当理由改变中标结果;
(四)无正当理由不与中标人订立合同;
(五)在订立合同时向中标人提出附加条件。

第五十六条　招标人与中标人不按照招标文件和中标人的投标文件订立合同的,合同的主要条款与招标文件、中标人的投标文件的内容不一致,或者招标人、中标人订立背离合同实质性内容的协议的,由有关行政监督部门责令改正,可以处中标项目金额千分之五以上千分之十以下的罚款。

第五十七条　中标人无正当理由不与招标人订立合同,在签订合同时向招标人提出附加条件,或者不按照招标文件要求提交履约保证金的,取消其中标资格,投标保证金不予退还。对依法必须进行招标的项目的中标人,由有关行政监督部门责令改正,可以处中标项目金额10‰以下的罚款。

第七章　附　则

第五十八条　依法必须招标项目以外的评标活动,参照本规定执行。

第五十九条　使用国际组织或者外国政府贷款、援助资金的招标项目的评标活动,贷款方、资金提供方对评标委员会与评标方法另有规定的,适用其规定,但违背中华人民共和国的社会公共利益的除外。

第六十条　本规定颁布前有关评标机构和评标方法的规定与本规定不一致的,以本规定为准。法律或者行政法规另有规定的,从其规定。

第六十一条　本规定由国家发展改革委会同有关部门负责解释。

第六十二条　本规定自发布之日起施行。

6. 工程建设项目自行招标试行办法

（2000年7月1日国家发展计划委员会令第5号发布，根据2013年3月11日国家发展改革委等九部委令第23号修改）

第一条 为了规范工程建设项目招标人自行招标行为，加强对招标投标活动的监督，根据《中华人民共和国招标投标法》（以下简称招标投标法）、《中华人民共和国招标投标法实施条例》（以下简称招标投标法实施条例）和《国务院办公厅印发国务院有关部门实施招标投标活动行政监督的职责分工意见的通知》（国办发〔2000〕34号），制定本办法。

第二条 本办法适用于经国家发展改革委审批、核准（含经国家发展改革委初审后报国务院审批）依法必须进行招标的工程建设项目的自行招标活动。

前款工程建设项目的招标范围和规模标准，适用《工程建设项目招标范围和规模标准规定》（国家发展改革委第3号令）。

第三条 招标人是指依照法律规定进行工程建设项目的勘察、设计、施工、监理以及与工程建设有关的重要设备、材料等招标的法人。

第四条 招标人自行办理招标事宜，应当具有编制招标文件和组织评标的能力，具体包括：

（一）具有项目法人资格（或者法人资格）；

（二）具有与招标项目规模和复杂程度相适应的工程技术、概预算、财物和工程管理等方面专业技术力量；

（三）有从事同类工程建设项目招标的经验；

（四）拥有3名以上取得招标职业资格的专职招标业务人员；

（五）熟悉和掌握招标投标法及有关法规规章。

第五条 招标人自行招标的，项目法人或者组建中的项目法人应当在向国家发展改革委上报项目可行性研究报告或者资金申请报告、项目申请报告时，一并报送符合本办法第四条规定的书面材料。

书面材料应当至少包括：

（一）项目法人营业执照、法人证书或者项目法人组建文件；

（二）与招标项目相适应的专业技术力量情况；

（三）取得招标职业资格的专职招标业务人员的基本情况；

（四）拟使用的专家库情况；

（五）以往编制的同类工程建设项目招标文件和评标报告，以及招标业绩的证明材料；

（六）其他材料。

在报送可行性研究报告或者资金申请报告、项目申请报告前，招标人确需通过招标方式或者其他方式确定勘察、设计单位开展前期工作的，应当在前款规定的书面材料中说明。

第六条 国家发展改革委审查招标人报送的书面材料，核准招标人符合本办法规定的自行招标条件的，招标人可以自行办理招标事宜。任何单位和个人不得限制其自行办理招标事宜，也不得拒绝办理工程建设有关手续。

第七条 国家发展改革委审查招标人报送的书面材料，认定招标人不符合本办法规定的自行招标条件的，在批复、核准可行性研究报告或者资金申请报告、项目申请报告时，要求招标人委托招标代理机构办理招标事宜。

第八条 一次核准手续仅适用于一个工程建设项目。

第九条 招标人不具备自行招标条件，不影响国家发展改革委对项目的审批或者核准。

第十条 招标人自行招标的，应当自确定中标人之日起十五日内，向国家发展改革委提交招标投标情况的书面报告。书面报告至少应包括下列内容：

（一）招标方式和发布资格预审公告、招标公告的媒介；

（二）招标文件中投标人须知、技术规格、评标标准和方法、合同主要条款等内容；

（三）评标委员会的组成和评标报告；

（四）中标结果。

第十一条 招标人不按本办法规定要求履行自行招标核准手续的或者报送的书面材料有遗漏的，国家发展改革委要求其补正；不及时补正的，视同不具备自行招标条件。

招标人履行核准手续中有弄虚作假情况的，视同不具备自行招标条件。

第十二条 招标人不按本办法提交招标投标情况的书面报告的，国家发展改革委要求补正；拒不补正的，给予警告，并视并视招标人是否有招标投标法第五章以及招标投标法实施条例第六章规定的违法行为，给予相应的处罚。

第十三条 任何单位和个人非法强制招标人委托招标代理机构或者其他组织办理招标事宜的，非法拒绝办理工程建设有关手续的，或者以其他任何方式非法干预招标人自行招标活动的，由国家发展改革委依据招标投标法以及招标投标法实施条例的有关规定处罚或者向有关行政监督部门提出处理建议。

第十四条 本办法自发布之日起施行。

7. 电子招标投标办法

(2013年2月4日 国家发展和改革委员会 工业和信息化部 监察部 住房和城乡建设部 交通运输部 铁道部 水利部 商务部令第20号)

第一章 总 则

第一条 为了规范电子招标投标活动,促进电子招标投标健康发展,根据《中华人民共和国招标投标法》、《中华人民共和国招标投标法实施条例》(以下分别简称招标投标法、招标投标法实施条例),制定本办法。

第二条 在中华人民共和国境内进行电子招标投标活动,适用本办法。

本办法所称电子招标投标活动是指以数据电文形式,依托电子招标投标系统完成的全部或者部分招标投标交易、公共服务和行政监督活动。

数据电文形式与纸质形式的招标投标活动具有同等法律效力。

第三条 电子招标投标系统根据功能的不同,分为交易平台、公共服务平台和行政监督平台。

交易平台是以数据电文形式完成招标投标交易活动的信息平台。公共服务平台是满足交易平台之间信息交换、资源共享需要,并为市场主体、行政监督部门和社会公众提供信息服务的信息平台。行政监督平台是行政监督部门和监察机关在线监督电子招标投标活动的信息平台。

电子招标投标系统的开发、检测、认证、运营应当遵守本办法及所附《电子招标投标系统技术规范》(以下简称技术规范)。

第四条 国务院发展改革部门负责指导协调全国电子招标投标活动,各级地方人民政府发展改革部门负责指导协调本行政区域内电子招标投标活动。各级人民政府发展改革、工业和信息化、住房城乡建设、交通运输、铁道、水利、商务等部门,按照规定的职责分工,对电子招标投标活动实施监督,依法查处电子招标投标活动中的违法行为。

依法设立的招标投标交易场所的监管机构负责督促、指导招标投标交易场所推进电子招标投标工作,配合有关部门对电子招标投标活动实施监督。

省级以上人民政府有关部门对本行政区域内电子招标投标系统的建设、运营,以及相关检测、认证活动实施监督。

监察机关依法对与电子招标投标活动有关的监察对象实施监察。

第二章 电子招标投标交易平台

第五条 电子招标投标交易平台按照标准统一、互联互通、公开透明、安全高效的原则以及市场化、专业化、集约化方向建设和运营。

第六条 依法设立的招标投标交易场所、招标人、招标代理机构以及其他依法设立的法人组织可以按行业、专业类别,建设和运营电子招标投标交易平台。国家鼓励电子招标投标交易平台平等竞争。

第七条 电子招标投标交易平台应当按照本办法和技术规范规定,具备下列主要功能:

(一)在线完成招标投标全部交易过程;

(二)编辑、生成、对接、交换和发布有关招标投标数据信息;

(三)提供行政监督部门和监察机关依法实施监督和受理投诉所需的监督通道;

(四)本办法和技术规范规定的其他功能。

第八条 电子招标投标交易平台应当按照技术规范规定,执行统一的信息分类和编码标准,为各类电子招标投标信息的互联互通和交换共享开放数据接口、公布接口要求。

电子招标投标交易平台接口应当保持技术中立,与各类需要分离开发的工具软件相兼容对接,不得限制或者排斥符合技术规范规定的工具软件与其对接。

第九条 电子招标投标交易平台应当允许社会公众、市场主体免费注册登录和获取依法公开的招标投标信息,为招标投标活动当事人、行政监督部门和监察机关按各自职责和注册权限登录使用交易平台提供必要条件。

第十条 电子招标投标交易平台应当依照《中华人民共和国认证认可条例》等有关规定进行检测、认证,通过检测、认证的电子招标投标交易平台应当在省级以上电子招标投标公共服务平台上公布。

电子招标投标交易平台服务器应当设在中华人民共和国境内。

第十一条 电子招标投标交易平台运营机构应当是依法成立的法人,拥有一定数量的专职信息技术、招标专业人员。

第十二条 电子招标投标交易平台运营机构应当根据国家有关法律法规及技术规范,建立健全电子招标投标交易平台规范运行和安全管理制度,加强监控、检测,及时发现和排除隐患。

第十三条 电子招标投标交易平台运营机构应当采用可靠的身份识别、权限控制、加密、病毒防范等技术,防范非授权操作,保证交易平台的安全、稳定、可靠。

第十四条 电子招标投标交易平台运营机构应当采取有效措施,验证初始录入信息的真实性,并确保数据电文不被篡改、不遗漏和可追溯。

第十五条 电子招标投标交易平台运营机构不得以

任何手段限制或者排斥潜在投标人,不得泄露依法应当保密的信息,不得弄虚作假、串通投标或者为弄虚作假、串通投标提供便利。

第三章 电子招标

第十六条 招标人或者其委托的招标代理机构应当在其使用的电子招标投标交易平台注册登记,选择使用除招标人或招标代理机构之外第三方运营的电子招标投标交易平台的,还应当与电子招标投标交易平台运营机构签订使用合同,明确服务内容、服务质量、服务费用等权利和义务,并对服务过程中相关信息的产权归属、保密责任、存档等依法作出约定。

电子招标投标交易平台运营机构不得以技术和数据接口配套为由,要求潜在投标人购买指定的工具软件。

第十七条 招标人或者其委托的招标代理机构应当在资格预审公告、招标公告或者投标邀请书中载明潜在投标人访问电子招标投标交易平台的网络地址和方法。依法必须进行公开招标项目的上述相关公告应当在电子招标投标交易平台和国家指定的招标公告媒介同步发布。

第十八条 招标人或者其委托的招标代理机构应当及时将数据电文形式的资格预审文件、招标文件加载至电子招标投标交易平台,供潜在投标人下载或者查阅。

第十九条 数据电文形式的资格预审公告、招标公告、资格预审文件、招标文件等应当标准化、格式化,并符合有关法律法规以及国家有关部门颁发的标准文本的要求。

第二十条 除本办法和技术规范规定的注册登记外,任何单位和个人不得在招标投标活动中设置注册登记、投标报名等前置条件限制潜在投标人下载资格预审文件或者招标文件。

第二十一条 在投标截止时间前,电子招标投标交易平台运营机构不得向招标人或者其委托的招标代理机构以外的任何单位和个人泄露下载资格预审文件、招标文件的潜在投标人名称、数量以及可能影响公平竞争的其他信息。

第二十二条 招标人对资格预审文件、招标文件进行澄清或者修改的,应当通过电子招标投标交易平台以醒目的方式公告澄清或者修改的内容,并以有效方式通知所有已下载资格预审文件或者招标文件的潜在投标人。

第四章 电子投标

第二十三条 电子招标投标交易平台的运营机构,以及与该机构有控股或者管理关系可能影响招标公正性的任何单位和个人,不得在该交易平台进行的招标项目中投标和代理投标。

第二十四条 投标人应当在资格预审公告、招标公告或者投标邀请书载明的电子招标投标交易平台注册登记,如实递交有关信息,并经电子招标投标交易平台运营机构验证。

第二十五条 投标人应当通过资格预审公告、招标公告或者投标邀请书载明的电子招标投标交易平台递交数据电文形式的资格预审申请文件或者投标文件。

第二十六条 电子招标投标交易平台应当允许投标人离线编制投标文件,并且具备分段或者整体加密、解密功能。

投标人应当按照招标文件和电子招标投标交易平台的要求编制并加密投标文件。

投标人未按规定加密的投标文件,电子招标投标交易平台应当拒收并提示。

第二十七条 投标人应当在投标截止时间前完成投标文件的传输递交,并可以补充、修改或者撤回投标文件。投标截止时间前未完成投标文件传输的,视为撤回投标文件。投标截止时间后送达的投标文件,电子招标投标交易平台应当拒收。

电子招标投标交易平台收到投标人送达的投标文件,应当即时向投标人发出确认回执通知,并妥善保存投标文件。在投标截止时间前,除投标人补充、修改或者撤回投标文件外,任何单位和个人不得解密、提取投标文件。

第二十八条 资格预审申请文件的编制、加密、递交、传输、接收确认等,适用本办法关于投标文件的规定。

第五章 电子开标、评标和中标

第二十九条 电子开标应当按照招标文件确定的时间,在电子招标投标交易平台上公开进行,所有投标人均应当准时在线参加开标。

第三十条 开标时,电子招标投标交易平台自动提取所有投标文件,提示招标人和投标人按招标文件规定方式按时在线解密。解密全部完成后,应当向所有投标人公布投标人名称、投标价格和招标文件规定的其他内容。

第三十一条 因投标人原因造成投标文件未解密的,视为撤销其投标文件;因投标人之外的原因造成投标文件未解密的,视为撤回其投标文件,投标人有权要求责任方赔偿因此遭受的直接损失。部分投标文件未解密的,其他投标文件的开标可以继续进行。

招标人可以在招标文件中明确投标文件解密失败的补救方案,投标文件应按照招标文件的要求作出响应。

第三十二条 电子招标投标交易平台应当生成开标记录并向社会公众公布,但依法应当保密的除外。

第三十三条 电子评标应当在有效监控和保密的环境下在线进行。

根据国家规定应当进入依法设立的招标投标交易场所的招标项目,评标委员会成员应当在依法设立的招标投标交易场所登录招标项目所使用的电子招标投标交易平台进行评标。

评标中需要投标人对投标文件澄清或者说明的,招标人和投标人应当通过电子招标投标交易平台交换数据电文。

第三十四条 评标委员会完成评标后,应当通过电子招标投标交易平台向招标人提交数据电文形式的评标报告。

第三十五条 依法必须进行招标的项目中标候选人和中标结果应当在电子招标投标交易平台进行公示和公布。

第三十六条 招标人确定中标人后,应当通过电子招标投标交易平台以数据电文形式向中标人发出中标通知书,并向未中标人发出中标结果通知书。

招标人应当通过电子招标投标交易平台,以数据电文形式与中标人签订合同。

第三十七条 鼓励招标人、中标人等相关主体及时通过电子招标投标交易平台递交和公布中标合同履行情况的信息。

第三十八条 资格预审申请文件的解密、开启、评审、发出结果通知书等,适用本办法关于投标文件的规定。

第三十九条 投标人或者其他利害关系人依法对资格预审文件、招标文件、开标和评标结果提出异议,以及招标人答复,均应当通过电子招标投标交易平台进行。

第四十条 招标投标活动中的下列数据电文应当按照《中华人民共和国电子签名法》和招标文件的要求进行电子签名并进行电子存档:

(一)资格预审公告、招标公告或者投标邀请书;
(二)资格预审文件、招标文件及其澄清、补充和修改;
(三)资格预审申请文件、投标文件及其澄清和说明;
(四)资格审查报告、评标报告;
(五)资格预审结果通知书和中标通知书;
(六)合同;
(七)国家规定的其他文件。

第六章 信息共享与公共服务

第四十一条 电子招标投标交易平台应当依法及时公布下列主要信息:

(一)招标人名称、地址、联系人及联系方式;
(二)招标项目名称、内容范围、规模、资金来源和主要技术要求;
(三)招标代理机构名称、资格、项目负责人及联系方式;
(四)投标人名称、资质和许可范围、项目负责人;
(五)中标人名称、中标金额、签约时间、合同期限;
(六)国家规定的公告、公示和技术规范规定公布和交换的其他信息。

鼓励招标投标活动当事人通过电子招标投标交易平台公布项目完成质量、期限、结算金额等合同履行情况。

第四十二条 各级人民政府有关部门应当按照《中华人民共和国政府信息公开条例》等规定,在本部门网站及时公布并允许下载下列信息:

(一)有关法律法规规章及规范性文件;
(二)取得相关工程、服务资质证书或货物生产、经营许可证的单位名称、营业范围及年检情况;
(三)取得有关职称、职业资格的从业人员的姓名、电子证书编号;
(四)对有关违法行为作出的行政处理决定和招标投标活动的投诉处理情况;
(五)依法公开的工商、税务、海关、金融等相关信息。

第四十三条 设区的市级以上人民政府发展改革部门会同有关部门,按照政府主导、共建共享、公益服务的原则,推动建立本地区统一的电子招标投标公共服务平台,为电子招标投标交易平台、招标投标活动当事人、社会公众和行政监督部门、监察机关提供信息服务。

第四十四条 电子招标投标公共服务平台应当按照本办法和技术规范规定,具备下列主要功能:

(一)链接各级人民政府及其部门网站,收集、整合和发布有关法律法规规章及规范性文件、行政许可、行政处理决定、市场监管和服务的相关信息;
(二)连接电子招标投标交易平台、国家规定的公告媒介,交换、整合和发布本办法第四十一条规定的信息;
(三)连接依法设立的评标专家库,实现专家资源共享;
(四)支持不同电子认证服务机构数字证书的兼容互认;
(五)提供行政监督部门和监察机关依法实施监督、监察所需的监督通道;
(六)整合分析相关数据信息,动态反映招标投标市场运行状况、相关市场主体业绩和信用情况。

属于依法必须公开的信息,公共服务平台应当无偿提供。

公共服务平台应同时遵守本办法第八条至第十五条规定。

第四十五条 电子招标投标交易平台应当按照本办法和技术规范规定,在任一电子招标投标公共服务平台注册登记,并向电子招标投标公共服务平台及时提供本办法第四十一条规定的信息,以及双方协商确定的其他信息。

电子招标投标公共服务平台应当按照本办法和技术规范规定,开放数据接口,公布接口要求,与电子招标投标交易平台及时交换招标投标活动所必需的信息,以及双方协商确定的其他信息。

电子招标投标公共服务平台应当按照本办法和技术规范规定,开放数据接口,公布接口要求,与上一层级电子招标投标公共服务平台连接并注册登记,及时交换本办法第四十四条规定的信息,以及双方协商确定的其他信息。

电子招标投标公共服务平台应当允许社会公众、市场主体免费注册登录和获取依法公开的招标投标信息,为招标人、投标人、行政监督部门和监察机关按各自职责和注册权限登录使用公共服务平台提供必要条件。

第七章 监督管理

第四十六条 电子招标投标活动及相关主体应当自

觉接受行政监督部门、监察机关依法实施的监督、监察。

第四十七条 行政监督部门、监察机关结合电子政务建设,提升电子招标投标监督能力,依法设置并公布有关法律法规规章、行政监督的依据、职责权限、监督环节、程序和时限、信息交换要求和联系方式等相关内容。

第四十八条 电子招标投标交易平台和公共服务平台应当按照本办法和技术规范规定,向行政监督平台开放数据接口、公布接口要求,按有关规定及时对接交换和公布有关招标投标信息。

行政监督平台应当开放数据接口,公布数据接口要求,不得限制和排斥已通过检测认证的电子招标投标交易平台和公共服务平台与其对接交换信息,并参照执行本办法第八条至第十五条的有关规定。

第四十九条 电子招标投标交易平台应当依法设置电子招标投标工作人员的职责权限,如实记录招标投标过程、数据信息来源,以及每一操作环节的时间、网络地址和工作人员,并具备电子归档功能。

电子招标投标公共服务平台应当记录和公布相关交换数据信息的来源、时间并进行电子归档备份。

任何单位和个人不得伪造、篡改或者损毁电子招标投标活动信息。

第五十条 行政监督部门、监察机关及其工作人员,除依法履行职责外,不得干预电子招标投标活动,并遵守有关信息保密的规定。

第五十一条 投标人或者其他利害关系人认为电子招标投标活动不符合有关规定的,通过相关行政监督平台进行投诉。

第五十二条 行政监督部门和监察机关在依法监督检查招标投标活动或者处理投诉时,通过其平台发出的行政监督或者行政监察指令,招标投标活动当事人和电子招标投标交易平台、公共服务平台的运营机构应当执行,并如实提供相关信息,协助调查处理。

第八章 法律责任

第五十三条 电子招标投标系统有下列情形的,责令改正;拒不改正的,不得交付使用,已经运营的应当停止运营。

(一)不具备本办法及技术规范规定的主要功能;
(二)不向行政监督部门和监察机关提供监督通道;
(三)不执行统一的信息分类和编码标准;
(四)不开放数据接口、不公布接口要求;
(五)不按照规定注册登记、对接、交换、公布信息;
(六)不满足规定的技术和安全保障要求;
(七)未按照规定通过检测和认证。

第五十四条 招标人或者电子招标投标系统运营机构存在以下情形的,视为限制或者排斥潜在投标人,依照招标投标法第五十一条规定处罚。

(一)利用技术手段对享有相同权限的市场主体提供有差别的信息;
(二)拒绝或者限制社会公众、市场主体免费注册并获取依法必须公开的招标投标信息;
(三)违规设置注册登记、投标报名等前置条件;
(四)故意与各类需要分离开发并符合技术规范规定的工具软件不兼容对接;
(五)故意对递交或者解密投标文件设置障碍。

第五十五条 电子招标投标交易平台运营机构有下列情形的,责令改正,并按照有关规定处罚。

(一)违反规定要求投标人注册登记、收取费用;
(二)要求投标人购买指定的工具软件;
(三)其他侵犯招标投标活动当事人合法权益的情形。

第五十六条 电子招标投标系统运营机构向他人透露已获取招标文件的潜在投标人的名称、数量、投标文件内容或者对投标文件的评审和比较以及其他可能影响公平竞争的招标投标信息,参照招标投标法第五十二条关于招标人泄密的规定予以处罚。

第五十七条 招标投标活动当事人和电子招标投标系统运营机构协助招标人、投标人串通投标的,依照招标投标法第五十三条和招标投标法实施条例第六十七条规定处罚。

第五十八条 招标投标活动当事人和电子招标投标系统运营机构伪造、篡改、损毁招标投标信息,或者以其他方式弄虚作假的,依照招标投标法第五十四条和招标投标法实施条例第六十八条规定处罚。

第五十九条 电子招标投标系统运营机构未按照本办法和技术规范规定履行初始录入信息验证义务,造成招标投标活动当事人损失的,应当承担相应的赔偿责任。

第六十条 有关行政监督部门及其工作人员不履行职责,或者利用职务便利非法干涉电子招标投标活动的,依照有关法律法规处理。

第九章 附 则

第六十一条 招标投标协会应当按照有关规定,加强电子招标投标活动的自律管理和服务。

第六十二条 电子招标投标某些环节需要同时使用纸质文件的,应当在招标文件中明确约定;当纸质文件与数据电文不一致时,除招标文件特别约定外,以数据电文为准。

第六十三条 本办法未尽事宜,按照有关法律、法规、规章执行。

第六十四条 本办法由国家发展和改革委员会会同有关部门负责解释。

第六十五条 技术规范作为本办法的附件,与本办法具有同等效力。

第六十六条 本办法自 2013 年 5 月 1 日起施行。

附件:《电子招标投标系统技术规范—第 1 部分》(略)

8. 交通运输部办公厅关于加快推行公路建设项目电子招标投标的指导意见

(交办公路〔2016〕116号)

各省、自治区、直辖市、新疆生产建设兵团交通运输厅(局、委):

实行电子招标投标,是规范工程建设招标投标、增加招标投标透明度的重要方式,对于节约交易成本、提高工作效率、促进政府职能转变等具有十分重要的意义。为贯彻落实国家发展改革委会同我部等6部委联合印发的《电子招标投标办法》(发改委令〔2013〕20号)和《关于扎实开展国家电子招标投标试点工作的通知》(发改法规〔2015〕1544号)要求,现就公路建设项目中加快推行电子招标投标工作,提出如下意见:

一、总体要求

(一)深入贯彻落实国务院关于简政放权、强化事中事后监管、创新监督管理方式的要求,按照国家关于工程建设领域招标投标工作的总体部署,以大数据、信息化、网络化为手段,在全国公路建设项目中全面推行电子招标投标。

(二)公路建设项目电子招标投标坚持标准统一、互联互通、公开透明、安全高效的原则。

(三)各省级交通运输主管部门要积极会同发展改革等有关部门,加快建设并运行包括交易平台、公共服务平台和行政监督平台在内的电子招标投标系统,尽快实现所有公路建设项目招标投标活动在平台上进行,接受全过程监督。

二、重点任务

(一)完善公路建设市场信用信息数据库。按照统一、标准、互联的要求,部负责管理全国公路建设市场信用信息管理系统,完善公路建设市场信用信息数据库;各省级交通运输主管部门负责所在省域内信息管理系统的信息录入和核备工作,逐步扩展信用信息数据量,逐步涵盖全部公路建设从业企业及主要人员信息,为行业提供统一的公路建设从业企业和主要人员基本信息、资质资格信息、业绩信息等。进入公路建设市场的企业,均应主动在全国公路建设市场信用信息管理系统中录入信息并对信息的真实性负责。各省(自治区、直辖市)根据电子招标投标工作需要建设的省级公路建设市场信用信息管理系统,应按照部统一标准实现与部信用信息管理系统的对接,保持与部系统信息的一致性。

(二)建立公路建设行业电子招标投标交易平台。各省级交通运输主管部门应按照国家统一部署,按照市场化、专业化、集约化的原则,建设公路建设行业电子招标投标交易平台,并依照国家和行业有关标准,做好平台的检测验收等工作。

(三)充分利用行政监督平台加强对招标投标工作的监管。各级交通运输主管部门要转变传统的监管方式,主动进入电子招标投标行政监督平台,按照公路建设项目招标投标管理的有关规定,加强行业监管,确保招标投标工作依法、规范、有序进行。

(四)完善配套制度。各省级交通运输主管部门应结合本地实际,制定推进电子招标投标工作的具体措施,研究推行随机分配投标标段、随机确定评标基准价计算公式、随机确定相关系数、远程评标、自动比对等机制,完善相关管理办法和技术标准,贯彻落实《公路工程建设项目招标投标管理办法》"五公开""三记录"等要求,防范围标串标和非法干预招标投标活动等违法违规行为。

(五)推进工作试点。根据国家发展改革委等6部委《关于扎实开展国家电子招标投标试点工作的通知》(发改法规〔2015〕1544号),部决定在江苏、江西、山东3省开展公路建设市场电子招标投标试点工作,试点工作时间为2016年9月1日至2017年9月1日。试点省份应充分利用自身优势,大胆探索,及时总结,形成可复制、可推广的成套经验。其他各省(自治区、直辖市)可根据自身实际组织开展试点工作,有关情况及时报部。

(六)稳步扩大应用。各地可按照"先高速公路后普通公路,先施工类招标后其他类招标,先主体工程后附属工程"的顺序,在试点的基础上,逐步探索、扩大行业电子招标投标的应用范围,有序推进电子招标投标应用。

三、保障措施

(一)组织领导。各省级交通运输主管部门要高度重视电子招标投标工作,加强组织领导,落实责任机构和人员,明确工作措施和工作时限,加快推进电子招标投标试点和应用工作。

(二)投入保障。各地要充分利用国家、地方和行业开展信用体系建设、实现政务电子化等有关政策,积极筹措资金,为行业推行电子招标投标提供基础条件。

(三)宣传引导。利用各种方式,积极宣传电子招标投标的意义、目的、效果等,为不断推动公路建设行业电子招标投标工作创造良好的外部环境。

交通运输部办公厅
2016年8月29日

9. 评标专家和评标专家库管理暂行办法

（2003年2月22日国家发展计划委员会令第29号发布，根据2013年3月11日国家发展改革委等九部委令第23号修改）

第一条 为加强对评标专家的监督管理，健全评标专家库制度，保证评标活动的公平、公正，提高评标质量，根据《中华人民共和国招标投标法》（简称为《招标投标法》）、《中华人民共和国招标投标法实施条例》（简称《招标投标法实施条例》），制定本办法。

第二条 本办法适用于评标专家的资格认定、入库及评标专家库的组建、使用、管理活动。

第三条 评标专家库由省级（含，下同）以上人民政府有关部门或者依法成立的招标代理机构依照《招标投标法》、《招标投标法实施条例》以及国家统一的评标专家专业分类标准和管理办法的规定自主组建。

评标专家库的组建活动应当公开，接受公众监督。

第四条 省级人民政府、省级以上人民政府有关部门、招标代理机构应当加强对其所建评标专家库及评标专家的管理，但不得以任何名义非法控制、干预或者影响评标专家的具体评标活动。

第五条 政府投资项目的评标专家，必须从政府或者政府有关部门组建的评标专家库中抽取。

第六条 省级人民政府、省级以上人民政府有关部门组建评标专家库，应当有利于打破地区封锁，实现评标专家资源共享。

省级人民政府和国务院有关部门应当组建跨部门、跨地区的综合评标专家库。

第七条 入选评标专家库的专家，必须具备如下条件：

（一）从事相关专业领域工作满八年并具有高级职称或同等专业水平；

（二）熟悉有关招标投标的法律法规；

（三）能够认真、公正、诚实、廉洁地履行职责；

（四）身体健康，能够承担评标工作；

（五）法规规章规定的其他条件。

第八条 评标专家库应当具备下列条件：

（一）具有符合本办法第七条规定条件的评标专家，专家总数不得少于500人；

（二）有满足评标需要的专业分类；

（三）有满足异地抽取、随机抽取评标专家需要的必要设施和条件；

（四）有负责日常维护管理的专门机构和人员。

第九条 专家入选评标专家库，采取个人申请和单位推荐两种方式。采取单位推荐方式的，应事先征得被推荐人同意。

个人申请书或单位推荐书应当存档备查。个人申请书或单位推荐书应当附有符合本办法第七条规定条件的证明材料。

第十条 组建评标专家库的省级人民政府、政府部门或者招标代理机构，应当对申请人或被推荐人进行评审，决定是否接受申请或者推荐，并向符合本办法第七条规定条件的申请人或被推荐人颁发评标专家证书。

评审过程及结果应做成书面记录，并存档备查。

组建评标专家库的政府部门，可以对申请人或者被推荐人进行必要的招标投标业务和法律知识培训。

第十一条 组建评标专家库的省级人民政府、政府部门或者招标代理机构，应当为每位入选专家建立档案，详细记载评标专家评标的具体情况。

第十二条 组建评标专家库的省级人民政府、政府部门或者招标代理机构，应当建立年度考核制度，对每位入选专家进行考核。评标专家因身体健康、业务能力及信誉等原因不能胜任评标工作的，停止担任评标专家，并从评标专家库中除名。

第十三条 评标专家享有下列权利：

（一）接受招标人或其招标代理机构聘请，担任评标委员会成员；

（二）依法对投标文件进行独立评审，提出评审意见，不受任何单位或者个人的干预；

（三）接受参加评标活动的劳务报酬；

（四）国家规定的其他权利。

第十四条 评标专家负有下列义务：

（一）有《招标投标法》第三十七条、《招标投标法实施条例》第四十六条和《评标委员会和评标方法暂行规定》第十二条规定情形之一的，应当主动提出回避；

（二）遵守评标工作纪律，不得私下接触投标人，不得收受投标人或者其他利害关系人的财物或者其他好处，不得透露对投标文件的评审和比较、中标候选人的推荐情况以及与评标有关的其他情况；

（三）客观公正地进行评标；

（四）协助、配合有关行政监督部门的监督、检查；

（五）国家规定的其他义务。

第十五条 评标专家有下列情形之一的，由有关行政监督部门责令改正；情节严重的，禁止其在一定期限内参加依法必须进行招标的项目的评标；情节特别严重的，取消其担任评标委员会成员的资格：

（一）应当回避而不回避；

（二）擅离职守；

（三）不按照招标文件规定的评标标准和方法评标；

（四）私下接触投标人；

（五）向招标人征询确定中标人的意向或者接受任何单位或个人明示或者暗示提出的倾向或者排斥特定投标人的要求；

（六）对依法应当否决的投标不提出否决意见；

（七）暗示或者诱导投标人作出澄清、说明或者接受投标人主动提出的澄清、说明；

（八）其他不客观、不公正履行职务的行为。

评标委员会成员收受投标人的财物或者其他好处的，评标委员会成员或者与评标活动有关的工作人员向他人透露对投标文件的评审和比较、中标候选人的推荐以及与评标有关的其他情况的，给予警告，没收收受的财物，可以并处三千元以上五万元以下的罚款；对有所列违法行为的评标委员会成员取消担任评标委员会成员的资格，不得再参加任何依法必须进行招标项目的评标；构成犯罪的，依法追究刑事责任。

第十六条 组建评标专家库的政府部门或者招标代理机构有下列情形之一的，由有关行政监督部门给予警告；情节严重的，暂停直至取消招标代理机构相应的招标代理资格：

（一）组建的评标专家库不具备本办法规定条件的；

（二）未按本办法规定建立评标专家档案或对评标专家档案作虚假记载的；

（三）以管理为名，非法干预评标专家的评标活动的。

法律法规对前款规定的行为处罚另有规定的，从其规定。

第十七条 依法必须进行招标的项目的招标人不按照规定组建评标委员会，或者确定、更换评标委员会成员违反《招标投标法》和《招标投标法实施条例》规定的，由有关行政监督部门责令改正，可以处十万元以下的罚款，对单位直接负责的主管人员和其他直接责任人员依法给予处分；违法确定或者更换的评标委员会成员作出的评审结论无效，依法重新进行评审。

政府投资项目的招标人或其委托的招标代理机构不遵守本办法第五条的规定，不从政府或者政府有关部门组建的评标专家库中抽取专家的，评标无效；情节严重的，由政府有关部门依法给予警告。

第十八条 本办法由国家发展改革委负责解释。

第十九条 本办法自 2003 年 4 月 1 日起实施。

10. 交通运输部关于印发公路建设项目评标专家库管理办法的通知

(交公路发〔2011〕797号)

各省、自治区、直辖市、新疆生产建设兵团交通运输厅(局、委),天津市市政公路管理局,部属各单位,部管各社团,有关交通运输企业:

为加强对公路建设项目评标专家和评标专家库的管理,保证评标活动的公平、公正,部对《公路建设项目评标专家库管理办法》进行了修订,现予印发,请遵照执行。

交通运输部
2011年12月29日

公路建设项目评标专家库管理办法

第一条 为加强对公路建设项目评标专家和评标专家库的管理,保证评标活动的公平、公正,根据《中华人民共和国招标投标法》《评标委员会和评标方法暂行规定》以及《公路建设市场管理办法》等规定,制定本办法。

第二条 本办法适用于公路建设项目评标专家库的更新、维护、使用、管理等活动。

第三条 公路建设项目评标专家库管理实行统一管理、分级负责。

第四条 国务院交通运输主管部门负责全国公路建设项目评标专家库的监督管理工作,主要职责是:

(一)贯彻执行国家有关法律、法规,制定全国公路建设项目评标专家库管理的规章制度;

(二)更新、维护并管理国家公路建设项目评标专家库及专家库管理系统;

(三)指导和监督省级公路建设项目评标专家库管理工作;

(四)依法受理投诉,查处相关违法行为;

(五)法律、法规、规章规定的其他职责。

第五条 省级交通运输主管部门负责本行政区域内公路建设项目评标专家库的监督管理工作,主要职责是:

(一)贯彻执行国家有关法律、法规、规章,结合实际情况,制定本行政区域内公路建设项目评标专家库管理制度,并报国务院交通运输主管部门备案;

(二)更新、维护并管理省级公路建设项目评标专家库及专家库管理系统;

(三)监督管理国家公路建设项目评标专家库的专家抽取活动;

(四)依法受理投诉,查处本行政区域内相关违法行为;

(五)法律、法规、规章规定的其他职责。

第六条 国家公路建设项目评标专家库专业分类标准如下:

类别	设计类(A04)	监理类(A05)	施工类(A08)	货物类(B)
专业	路线(A040301)	路基路面(A050301)	路基路面(A080301)	机械设备(B01)
	路基路面(A040302)	桥梁(A050302)	桥梁(A080302)	建筑材料(B07)
	桥梁(A040303)	隧道(A050303)	隧道(A080303)	商务合同(B10)
	隧道(A040304)	公路机电工程(A050304)	公路机电工程(A080304)	
	交通工程(A040305)	公路安全设施(A050305)	公路安全设施(A080305)	
	概预算(A040306)	商务合同(A050306)	商务合同(A080306)	
	勘察(A040307)		房建(A080307)	
	商务合同(A040308)		环保(含绿化等)(A080308)	

省级交通运输主管部门可根据实际需要,对省级公路建设项目评标专家库的专业分类进行补充和细化。

第七条 国家公路建设项目评标专家采用个人申请、单位推荐、国务院交通运输主管部门审查的方式确定,其程序为:

(一)申请人填写"公路建设项目评标专家库评标专家申报表"(见附件),报申请人所在工作单位。

(二)申请人所在工作单位同意推荐后报有关单位初审。

(三)推荐单位所在地省级交通运输主管部门对申报材料进行初审;推荐单位为部属事业单位或中央管理企业及其所属单位的,由部属事业单位或中央管理企业负责初审。

(四)省级交通运输主管部门和部属事业单位或中央管理企业通过"全国公路建设市场信用信息管理系统"将初审合格的人员报国务院交通运输主管部门。

(五)国务院交通运输主管部门组织对申报材料进行审查,符合条件的,经培训考核合格后,纳入国家公路建设项目评标专家库。

省级公路建设项目评标专家库申报程序由省级交通

运输主管部门确定。

第八条 推荐的公路建设项目评标专家应具备下列基本条件：

（一）具有良好的政治素质和职业道德，能够依法履行职责，维护招投标双方的合法权益；

（二）熟悉有关公路建设招标投标的法律、法规和规章；

（三）从事公路行业相关专业领域工作且满 8 年，具有高级职称或同等专业水平；

（四）年龄不超过 65 周岁，身体健康状况能够胜任评标工作；

（五）未曾受到刑事处罚或行政处罚；

（六）省级交通运输主管部门报送的申报国家公路建设项目评标专家库人员一般应为省级公路建设项目评标专家库专家。

第九条 评标专家的主要权利：

（一）接受招标人聘请，担任招标项目评标委员会成员；

（二）依法独立评标，不受任何单位和个人的非法干预和影响；

（三）向交通运输主管部门举报评标活动存在的违法、违规或不公正行为；

（四）依法获取劳动报酬；

（五）法律、法规、规章规定的其他权利。

第十条 评标专家的主要义务：

（一）准时参加评标活动；

（二）遵守职业道德，依法履行职责；

（三）接受交通运输主管部门的监督管理，协助配合有关投诉处理；

（四）国家公路建设项目评标专家库评标专家，及时登录"全国公路建设市场信用信息管理系统"维护个人信息；

（五）法律、法规、规章规定的其他义务。

第十一条 评标专家所在单位应当对评标专家参加评标活动和继续教育的培训给予支持。

第十二条 国家公路建设项目评标专家库评标专家，因故无法参加某一时段评标时，可事先登录"全国公路建设市场信用信息管理系统"进行自主屏蔽，1 年之内自主屏蔽次数不得超过 5 次，总时间不得超过 30 天。

第十三条 国家审批（核准）公路建设项目的勘察、设计、施工、监理以及与工程建设有关的重要设备、材料采购等依法必须招标的，应当从国家公路建设项目评标专家库中确定资格审查委员会和评标委员会专家；其他公路招标项目，从省级公路建设项目评标专家库或国家公路建设项目评标专家库中确定资格审查委员会和评标委员会专家。

第十四条 评标专家的确定，应当采取随机抽取方式。对于技术复杂、专业性强，采取随机抽取方式确定的评标专家难以胜任评标工作的特殊招标项目，可以由招标人采取人工选择方式直接确定，并按照项目管理权限报交通运输主管部门备案。

第十五条 招标人应按照资格审查或评标项目招标类型和所含专业确定评标专家类别和专业，商务合同专业和招标所含主要专业均需抽取至少 1 名专家，不得抽取项目招标类型和所含专业以外的专家。施工招标可根据工程特点和评标需要，从设计类概预算专业抽取 1 名专家，房建或环保（含绿化等）工程单独开展设计或监理招标的，所含专业专家从施工类相应专业中抽取。

第十六条 有下列情形之一的，不得担任资格审查委员会和评标委员会成员：

（一）投标人的工作人员或退休人员；

（二）投标人主要负责人和具体负责人的近亲属；

（三）负责招标项目监督管理的交通运输主管部门的工作人员；

（四）其他与投标人有利害关系、可能影响评标活动公正性的人员。

招标人应按前款规定设定回避条件，禁止以其他各种理由排斥或限制评标专家参加评标。评标专家有前款规定情形之一的，应当主动提出回避；未提出回避的，招标人或者有关交通运输主管部门发现后，应当立即停止其参加评标。

第十七条 国家公路建设项目评标专家库抽取使用程序如下：

（一）招标人向省级交通运输主管部门提出书面申请，明确抽取方式、类别、专业、数量和回避条件；

（二）在省级交通运输主管部门监督下，招标人通过"全国公路建设市场信用信息管理系统"抽取评标专家；

（三）省级交通运输主管部门登录"全国公路建设市场信用信息管理系统"确认评标结束；

（四）招标人和评标专家登录"全国公路建设市场信用信息管理系统"进行相互评价。

省级公路建设项目评标专家库抽取使用程序由省级交通运输主管部门确定。

第十八条 评标专家确定后，发生不能到场或需要回避等特殊情况的，应当从原评标专家库中按原抽取方式补选确定，也可在符合规定的前提下相应减少招标人代表数量。

第十九条 评标专家有下列情形之一的，注销其评标专家资格：

（一）本人申请不再担任；

（二）健康等原因不能胜任；

（三）工作调动不再适宜继续担任；

（四）年龄超过 70 周岁（不含院士、勘察设计大师）。

第二十条 评标专家有下列情形之一的，暂停其评标专家资格半年：

（一）连续 5 次被抽中均未参加；

（二）1 年之内被抽中 3 次以上，参加次数少于被抽中次数 2/3；

(三)承诺参加但没有参加;

(四)有关行政监督部门依法对投诉进行调查时,不予配合;

(五)国家公路建设项目评标专家库专家,在评标结束一周内未对招标人进行评价,或未及时维护个人信息。

第二十一条 评标专家有下列情形之一的,取消其评标专家资格:

(一)以虚假材料骗取评标专家资格;

(二)未按要求参加培训或考核不合格;

(三)评标出现重大疏漏或错误;

(四)被暂停评标专家资格的处罚期满后,再次出现本办法第二十条规定情形之一;

(五)受到刑事处罚或行政处罚;

(六)违反招标投标法律、法规和规章。

被取消评标专家资格的,5年内不得再次申请入选公路建设项目评标专家库,有违法违规行为的,终身不得入选公路建设项目评标专家库。

第二十二条 公路建设项目评标专家库实行动态管理。评标专家有违反招标投标法律、法规、规章和本办法规定行为,以及存在其他不适宜继续担任专家情形的,交通运输主管部门应当及时作出处理,暂停、取消或注销其评标专家资格。根据需要,可适时补充评标专家。

第二十三条 本办法由交通运输部负责解释。

第二十四条 本办法自发布之日起施行,2001年6月11日实施的《公路建设项目评标专家库管理办法》(交公路发〔2001〕300号)同时废止。

11. 交通运输部关于修订《公路工程建设项目评标工作细则》的通知

(交公路规〔2022〕8号)

各省、自治区、直辖市、新疆生产建设兵团交通运输厅(局、委):

为进一步规范公路工程建设项目评标活动,交通运输部决定对2017年发布的《公路工程建设项目评标工作细则》作如下修订:

一、将第十二条中"招标人及其子公司"修改为"招标人及其子公司、招标人下属单位"。

二、将第二十二条第二款中"有权"修改为"应当"。

三、将第四十五条修改为"本细则自2022年10月1日起施行,有效期5年。《交通运输部关于发布〈公路工程建设项目评标工作细则〉的通知》(交公路发〔2017〕142号)同时废止。"

《公路工程建设项目评标工作细则》根据本通知作相应修改,重新发布。

交通运输部
2022年9月30日

公路工程建设项目评标工作细则

第一章 总 则

第一条 为规范公路工程建设项目评标工作,维护招标投标活动当事人的合法权益,依据《中华人民共和国招标投标法》《中华人民共和国招标投标法实施条例》、交通运输部《公路工程建设项目招标投标管理办法》及国家有关法律法规,制定本细则。

第二条 依法必须进行招标的公路工程建设项目,其评标活动适用本细则;国有资金占控股或者主导地位的依法必须进行招标的公路工程建设项目,采用资格预审的,其资格审查活动适用本细则;其他项目的评标及资格审查活动可参照本细则执行。

第三条 公路工程建设项目评标工作是指招标人依法组建的评标委员会根据国家有关法律、法规和招标文件,对投标文件进行评审,推荐中标候选人或者由招标人授权直接确定中标人的工作过程。

采用资格预审的公路工程建设项目,招标人应当按照有关规定组建资格审查委员会审查资格预审申请文件。资格审查委员会的专家抽取以及资格审查工作要求,应当适用本细则关于评标委员会以及评标工作的规定。

第四条 评标工作应当遵循公平、公正、科学、择优的原则。任何单位和个人不得非法干预或者影响评标过程和结果。

第五条 招标人应当采取必要措施,保证评标工作在严格保密的情况下进行,所有参与评标活动的人员均不得泄露评标的有关信息。

第六条 公路工程建设项目的招标人或者其指定机构应当对评标过程录音录像并存档备查。

第二章 职责分工

第七条 招标人负责组织评标工作并履行下列职责:

(一)按照国家有关规定组建评标委员会;办理评标专家的抽取、通知等事宜;为参与评标工作的招标人代表提供授权函;

(二)向评标委员会提供评标所必需的工作环境、资料和信息以及必要的服务;

(三)向评标委员会成员发放合理的评标劳务报酬;

(四)在招标投标情况书面报告中载明评标委员会成员在评标活动中的履职情况;

(五)保障评标工作的安全性和保密性。

公路工程建设项目实行委托招标的,招标代理机构应当在招标人委托的范围内组织评标工作,且遵守本细则关于招标人的规定。

第八条 评标委员会负责评标工作并履行下列职责:

(一)审查、评价投标文件是否符合招标文件的实质性要求;

(二)要求投标人对投标文件有关事项作出澄清或者说明(如需要);

(三)对投标文件进行比较和评价;

(四)撰写评标报告,推荐中标候选人,或者根据招标人授权直接确定中标人;

(五)在评标报告中记录评标监督人员、招标人代表或者其他工作人员有无干预正常评标活动或者其他不正当言行;

(六)向交通运输主管部门报告评标过程中发现的其他违法违规行为。

第九条 交通运输主管部门负责监督评标工作并履行下列职责:

(一)按照规定的招标监督职责分工,对评标委员会成员的确定方式、评标专家的抽取和评标活动进行监督;

(二)对评标程序、评标委员会使用的评标标准和方法进行监督;

(三)对招标人代表、评标专家和其他参加评标活动工作人员的不当言论或者违法违规行为及时制止和纠正;

（四）对招标人、招标代理机构、投标人以及评标委员会成员等当事人在评标活动中的违法违规行为进行行政处理并依法公告，同时将上述违法违规行为记入相应当事人的信用档案。

第三章 评标工作的组织与准备

第十条 评标由招标人依法组建的评标委员会负责。

评标委员会由评标专家和招标人代表共同组成，人数为五人以上单数。其中，评标专家人数不得少于成员总数的三分之二。评标专家由招标人按照交通运输部有关规定从评标专家库相关专业中随机抽取。

对于技术复杂、专业性强或者国家有特殊要求，采取随机抽取方式确定的评标专家难以保证胜任评标工作的特殊招标项目，招标人可以直接确定相应专业领域的评标专家。

投标文件采用双信封形式密封的，招标人不得组建两个评标委员会分别负责第一信封（商务文件和技术文件）和第二信封（报价文件）的评标工作。

第十一条 在评标委员会开始评标工作之前，招标人应当准备评标所必需的信息，主要包括招标文件、招标文件的澄清或者修改、开标记录、投标文件、资格预审文件。

第十二条 招标人协助评标委员会评标的，应当选派熟悉招标工作、政治素质高的人员，具体数量由招标人视工作量确定。评标委员会成员和招标人选派的协助评标人员应当实行回避制度。

属于下列情况之一的人员，不得进入评标委员会或者协助评标：

（一）负责招标项目监督管理的交通运输主管部门的工作人员；

（二）与投标人法定代表人或者授权参与投标的代理人有近亲属关系的人员；

（三）投标人的工作人员或者退休人员；

（四）与投标人有其他利害关系，可能影响评标活动公正性的人员；

（五）在与招标投标有关的活动中有过违法违规行为，曾受过行政处罚或者刑事处罚的人员。

招标人及其子公司、招标人下属单位、招标人的上级主管部门或者控股公司、招标代理机构的工作人员或者退休人员不得以专家身份参与本单位招标或者招标代理项目的评标。

第十三条 招标人协助评标的，应当在评标委员会开始评标工作的同时或者之前进行评标的协助工作。协助评标工作应当以招标文件规定的评标标准和方法为依据，主要内容包括：

（一）编制评标使用的相应表格；

（二）对投标报价进行算术性校核；

（三）列出投标文件相对于招标文件的所有偏差，并进行归类汇总；

（四）查询公路建设市场信用信息管理系统，对投标人的资质、业绩、主要人员资历和目前在岗情况、信用等级进行核实；

（五）通过相关网站对各类注册资格证书、安全生产考核合格证等证件进行查询核实；

（六）在评标过程中，对评标委员会各成员的评分表进行复核，统计汇总；对评标过程资料进行整理。

第十四条 招标人协助评标工作应当客观、准确，如实反映投标文件对招标文件规定的响应情况；不得故意遗漏或者片面摘录，不得对投标文件作出任何评价，不得在评标委员会对所有偏差定性之前透露存有偏差的投标人名称；不得明示或者暗示其倾向或者排斥特定投标人。

第四章 评标工作的实施

第十五条 评标工作现场应当处于通讯屏蔽状态，或者将评标委员会成员及现场工作人员的手机、电脑、录音录像等电子设备统一集中保管。

第十六条 评标工作应当按照以下程序进行：

（一）招标人代表出示加盖招标人单位公章的授权函及身份证，向评标委员会其他成员表明身份；

（二）招标人代表核对评标委员会其他成员的身份证；

（三）招标人代表宣布评标纪律；

（四）招标人代表公布已开标的投标人名单，并询问评标委员会成员有否回避的情形；评标委员会成员存在应当回避情形的，应当主动提出回避；

（五）招标人代表与评标委员会其他成员共同推选主任委员；

（六）评标委员会主任委员主持会议，要求招标人介绍项目概况、招标文件中与评标相关的关键内容及协助评标工作（如有）相关情况；

（七）评标委员会评标，完成并签署评标报告，将评标报告提交给招标人代表；

（八）招标人代表对评标报告进行形式检查，有本细则第三十三条规定情形的，提请评标委员会进行修改完善；

（九）评标报告经形式检查无误后，评标委员会主任委员宣布评标工作结束。

第十七条 投标文件采用双信封形式密封的，招标人应当合理安排第二信封（报价文件）公开开标的时间和地点，保证与第一信封（商务文件和技术文件）的评审工作有序衔接，避免泄露评标工作信息。

第十八条 评标过程中，评标委员会成员有回避事由、擅离职守或者因健康等原因不能继续评标的，应当及时更换。被更换的评标委员会成员作出的评审结论无效，由更换后的评标委员会成员重新进行评审。更换评标委员会成员的情况应当在评标报告中予以记录。

被更换的评标委员会成员如为评标专家库专家，招标人应当从原评标专家库中按照原方式抽取更换后的评标委员会成员，或者在符合法律规定的前提下相应减少评标委员会中招标人代表数量。

无法及时更换评标委员会成员导致评标委员会构成不满足法定要求的，评标委员会应当停止评标活动，已作出的评审结论无效。招标人封存所有投标文件和开标、评标资料，依法重新组建评标委员会进行评标。招标人应当将重新组建评标委员会的情况在招标投标情况书面报告中予以说明。

第十九条 评标委员会应当民主推荐一名主任委员，负责组织评标委员会成员开展评标工作。评标委员会主任委员与评标委员会的其他成员享有同等权利与义务。评标委员会应当保证各成员对所有投标文件的全面、客观、独立评审，确保评标工作质量。

第二十条 评标委员会应当首先听取招标人关于招标项目概况的介绍和协助评标工作内容（如有）的说明，并认真阅读招标文件，获取评标所需的重要信息和数据，主要包括以下内容：

（一）招标项目建设规模、技术标准和工程特点；

（二）招标文件规定的评标标准和方法；

（三）其他与评标有关的内容。

第二十一条 招标人协助评标的，评标委员会应当根据招标文件规定，对投标文件相对于招标文件的所有偏差依法逐类进行定性，对招标人提供的评标工作用表和评标内容进行认真核对，对与招标文件不一致、存在错误或者遗漏的内容要进行修正。

评标委员会应当对全部投标文件进行认真审查，招标人提供的协助评标工作内容及信息仅作为评标的参考。评标委员会不得以招标人在协助评标过程中未发现投标文件存有偏差或者招标人协助评标工作存在疏忽为由规避评标责任。

第二十二条 评标委员会应当按照招标文件规定的评标标准和方法，对投标文件进行评审和比较。招标文件没有规定的评标标准和方法不得作为评标的依据。

对于招标文件规定的评标标准和方法，评标委员会认为其违反法律、行政法规的强制性规定，违反公开、公平、公正和诚实信用原则，影响潜在投标人投标的，评标委员会应当停止评标工作并向招标人书面说明情况，招标人应当修改招标文件后重新招标。

评标委员会发现招标文件规定的评标标准和方法存在明显文字错误，且修改后不会影响评标结果的，评标委员会可以对其进行修改，并在评标报告说明修改的内容和修改原因。除此之外，评标委员会不得以任何理由修改评标标准和方法。

第二十三条 对于投标文件存在的偏差，评标委员会应当根据招标文件规定的评标标准和方法进行评审，依法判定其属于重大偏差还是细微偏差。凡属于招标文件评标标准和方法中规定的重大偏差，或者招标文件评标标准和方法中未做强制性规定，但出现了法律、行政法规规定的否决投标情形的，评标委员会应当否决投标人的投标文件。

由于评标标准和方法前后内容不一致或者部分条款存在易引起歧义、模糊的文字，导致难以界定投标文件偏差的性质，评标委员会应当按照有利于投标人的原则进行处理。

第二十四条 评标委员会应当根据《中华人民共和国招标投标法实施条例》第三十九条、第四十条、第四十一条的有关规定，对在评标过程中发现的投标人与投标人之间、投标人与招标人之间存在的串通投标的情形进行评审和认定；存在串通投标情形的，评标委员会应当否决其投标。

投标人以他人名义投标、以行贿手段谋取中标，或者投标弄虚作假的，评标委员会应当否决其投标。

第二十五条 评标过程中，投标文件中存在下列情形之一且评标委员会认为需要投标人作出必要澄清、说明的，应当书面通知该投标人进行澄清或者说明：

（一）投标文件中有含义不明确的内容或者明显文字错误；

（二）投标报价有算术性错误；

（三）投标报价可能低于成本价；

（四）招标文件规定的细微偏差。

评标委员会应当给予投标人合理的澄清、说明时间。

投标人的澄清、说明应当采用书面形式，按照招标文件规定的格式签署盖章，且不得超出投标文件的范围或者改变投标文件的实质性内容。投标人的澄清或者说明内容将视为投标文件的组成部分。投标标的、投标函文字报价、质量标准、履行期限均视为投标文件的实质性内容，评标委员会不得要求投标人进行澄清。

评标委员会不得暗示或者诱导投标人作出澄清、说明，不得接受投标人主动提出的澄清、说明。

第二十六条 投标报价有算术性错误的，评标委员会应当按照招标文件规定的原则对投标报价进行修正。对算术性修正结果，评标委员会应当按照本细则第二十五条规定的程序要求投标人进行书面澄清。投标人对修正结果进行书面确认的，修正结果对投标人具有约束力，其投标文件可继续参加评审。

投标人对算术性修正结果存有不同意见或者未做书面确认的，评标委员会应当重新复核修正结果。如果确认修正结果无误且投标人拒不按照要求对修正结果进行确认的，应当否决该投标人的投标；如果发现修正结果存在差错，应当及时作出调整并重新进行书面澄清。

第二十七条 评标委员会发现投标人的投标报价明显低于其他投标人报价或者在设有标底时明显低于标底的，应当按照本细则第二十五条规定的程序要求该投标人对相应投标报价作出书面说明，并提供相关证明材料。

如果投标人不能提供相关证明材料，或者提交的相关材料无法证明投标人可以按照其报价以及招标文件规定的质量标准和履行期限完成招标项目的,评标委员会应当认定该投标人以低于成本价竞标,并否决其投标。

第二十八条 除评标价和履约信誉评分项外,评标委员会成员对投标人商务和技术各因素的评分一般不得低于招标文件规定该因素满分值的60%;评分低于满分值60%的,评标委员会成员应当在评标报告中作出说明。投标文件各项评分因素得分应以评标委员会各成员的打分平均值确定,评标委员会成员总数为七人以上时,该平均值以去掉一个最高分和一个最低分后计算。

第二十九条 在评标过程中,如有效投标不足3个,评标委员会应当对有效投标是否仍具有竞争性进行评审。评标委员会一致认为有效投标仍具有竞争性的,应当继续推荐中标候选人,并在评标报告中予以说明。评标委员会对有效投标是否仍具有竞争性无法达成一致意见的,应当否决全部投标。

第三十条 评标委员会成员对需要共同认定的事项存在争议的,应当按照少数服从多数的原则作出结论。持不同意见的评标委员会成员应当在评标报告上以书面形式说明其不同意见和理由并签字确认。评标委员会成员拒绝在评标报告上签字又不书面说明其不同意见和理由的,视为同意评标结果。

第三十一条 评审完成后,评标委员会主任委员应当组织编写书面评标报告。评标报告中推荐的中标候选人应当不超过3个,并标明排序。

第三十二条 评标报告应当载明下列内容:
(一)招标项目基本情况;
(二)评标委员会成员名单;
(三)监督人员名单;
(四)开标记录;
(五)符合要求的投标人名单;
(六)否决的投标人名单以及否决理由;
(七)串通投标情形的评审情况说明;
(八)评分情况;
(九)经评审的投标人排序;
(十)中标候选人名单;
(十一)澄清、说明事项纪要;
(十二)需要说明的其他事项;
(十三)评标附表。

对评标监督人员、招标人代表或者其他工作人员干预正常评标活动,以及对招标投标活动的其他不正当言行,评标委员会应当在评标报告第(十二)项内容中如实记录。

除第一款规定的第(一)、(三)、(四)项内容外,评标委员会所有成员应当在评标报告上逐页签字。

第三十三条 招标人代表收到评标委员会完成的评标报告后,应当对评标报告内容进行形式检查,发现问题应当及时告知评标委员会进行必要的修改完善。形式检查仅限于以下内容:
(一)评标报告正文以及所附文件、表格是否完整、清晰;
(二)报告正文和附表等内容是否有涂改,涂改处是否有做出涂改的评标委员会成员签名;
(三)投标报价修正和评分计算是否有算术性错误;
(四)评标委员会成员对客观评审因素评分是否一致;
(五)投标文件各项评分因素得分是否符合本细则第二十八条相关要求;
(六)评标委员会成员签字是否齐全。

形式检查并不免除评标委员会对评标工作应负的责任。

第三十四条 评标报告经形式检查无误后,评标委员会主任委员宣布评标工作结束。

第三十五条 评标结束后,如招标人发现提供给评标委员会的信息、数据有误或者不完整,或者由于评标委员会的原因导致评标结果出现重大偏差,招标人应当及时邀请原评标委员会成员按照招标文件规定的评标标准和方法对评标报告内容进行审查确认,并形成书面审查确认报告。

投标人或者其他利害关系人对招标项目的评标结果提出异议或者投诉的,评标委员会成员有义务针对异议或者投诉的事项进行审查确认,并形成书面审查确认报告。

审查确认过程应当接受交通运输主管部门的监督。审查确认改变评标结果的,招标人应当公示评标委员会重新推荐的中标候选人,并将审查确认报告作为招标投标情况书面报告的组成部分,报具有招标监督职责的交通运输主管部门备案。

第五章 纪 律

第三十六条 评标委员会成员应当客观、公正、审慎地履行职责,遵守职业道德;应当依据评标办法规定的评审顺序和内容逐项完成评标工作,对本人提出的评审意见以及评分的公正性、客观性、准确性负责。

评标委员会成员不得对主观评审因素协商评分。

招标人不得向评标委员会作倾向性、误导性的解释或者说明。

第三十七条 评标委员会成员有依法获取劳务报酬的权利,但不得向招标人索取或者报销与评标工作无关的其他费用。

第三十八条 评标委员会向招标人提交书面评标报告后自动解散。评标工作中使用的文件、表格以及其他资料应当同时归还招标人。评标委员会成员不得记录、复制或者从评标现场带离任何评标资料。

第三十九条 评标委员会成员和其他参加评标活动的工作人员不得与任何投标人或者与投标人有利害关系的人进行私下接触,不得收受投标人和其他与投标有利害关系的人的财物或者其他好处。

在评标期间,评标委员会成员和其他参加评标活动的工作人员不得发表有倾向性或者诱导、影响其他评审成员的言论,不得对不同投标人采取不同的审查标准。

第四十条 评标委员会成员和其他参加评标活动的工作人员,不得向他人透露对投标文件的评审、中标候选人的推荐情况以及与评标有关的其他情况,且对在评标过程中获悉的国家秘密、商业秘密负有保密责任。

第四十一条 省级以上人民政府交通运输主管部门应当对评标专家实行动态监管,建立评标专家准入、诚勉、清退制度,健全对评标专家的评价机制,对评标专家的工作态度、业务水平、职业道德等进行全面考核。

第六章 附 则

第四十二条 本细则由交通运输部负责解释。

第四十三条 使用国际组织或者外国政府贷款、援助资金的项目,贷款方、资金提供方对评标工作和程序有不同规定的,可以适用其规定,但违背中华人民共和国的社会公共利益的除外。

第四十四条 在公共资源交易平台开展评标工作的,评标职责分工、评标工作的准备与实施等均应当遵守本细则规定。

采用电子评标的,应当按照本细则和国家有关电子评标的规定执行。

第四十五条 本细则自 2022 年 10 月 1 日起施行,有效期 5 年。《交通运输部关于发布〈公路工程建设项目评标工作细则〉的通知》(交公路发〔2017〕142 号)同时废止。

12. 招标公告和公示信息发布管理办法

（国家发展和改革委员会令 2017 年第 10 号）

第一条 为规范招标公告和公示信息发布活动，保证各类市场主体和社会公众平等、便捷、准确地获取招标信息，根据《中华人民共和国招标投标法》《中华人民共和国招标投标法实施条例》等有关法律法规规定，制定本办法。

第二条 本办法所称招标公告和公示信息，是指招标项目的资格预审公告、招标公告、中标候选人公示、中标结果公示等信息。

第三条 依法必须招标项目的招标公告和公示信息，除依法需要保密或者涉及商业秘密的内容外，应当按照公益服务、公开透明、高效便捷、集中共享的原则，依法向社会公开。

第四条 国家发展改革委根据招标投标法律法规规定，对依法必须招标项目招标公告和公示信息发布媒介的信息发布活动进行监督管理。

省级发展改革部门对本行政区域内招标公告和公示信息发布活动依法进行监督管理。省级人民政府另有规定的，从其规定。

第五条 依法必须招标项目的资格预审公告和招标公告，应当载明以下内容：

（一）招标项目名称、内容、范围、规模、资金来源；

（二）投标资格能力要求，以及是否接受联合体投标；

（三）获取资格预审文件或招标文件的时间、方式；

（四）递交资格预审文件或投标文件的截止时间、方式；

（五）招标人及其招标代理机构的名称、地址、联系人及联系方式；

（六）采用电子招标投标方式的，潜在投标人访问电子招标投标交易平台的网址和方法；

（七）其他依法应当载明的内容。

第六条 依法必须招标项目的中标候选人公示应当载明以下内容：

（一）中标候选人排序、名称、投标报价、质量、工期（交货期），以及评标情况；

（二）中标候选人按照招标文件要求承诺的项目负责人姓名及其相关证书名称和编号；

（三）中标候选人响应招标文件要求的资格能力条件；

（四）提出异议的渠道和方式；

（五）招标文件规定公示的其他内容。

依法必须招标项目的中标结果公示应当载明中标人名称。

第七条 依法必须招标项目的招标公告和公示信息应当根据招标投标法律法规，以及国家发展改革委会同有关部门制定的标准文件编制，实现标准化、格式化。

第八条 依法必须招标项目的招标公告和公示信息应当在"中国招标投标公共服务平台"或者项目所在地省级电子招标投标公共服务平台（以下统一简称"发布媒介"）发布。

第九条 省级电子招标投标公共服务平台应当与"中国招标投标公共服务平台"对接，按规定同步交互招标公告和公示信息。对依法必须招标项目的招标公告和公示信息，发布媒介应当与相应的公共资源交易平台实现信息共享。

"中国招标投标公共服务平台"应当汇总公开全国招标公告和公示信息，以及本办法第八条规定的发布媒介名称、网址、办公场所、联系方式等基本信息，及时维护更新，与全国公共资源交易平台共享，并归集至全国信用信息共享平台，按规定通过"信用中国"网站向社会公开。

第十条 拟发布的招标公告和公示信息文本应当由招标人或其招标代理机构盖章，并由主要负责人或其授权的项目负责人签名。采用数据电文形式的，应当按规定进行电子签名。

招标人或其招标代理机构发布招标公告和公示信息，应当遵守招标投标法律法规关于时限的规定。

第十一条 依法必须招标项目的招标公告和公示信息鼓励通过电子招标投标交易平台录入后交互至发布媒介核验发布，也可以直接通过发布媒介录入并核验发布。

按照电子招标投标有关数据规范要求交互招标公告和公示信息文本的，发布媒介应当自收到起 12 小时内发布。采用电子邮件、电子介质、传真、纸质文本等其他形式提交或者直接录入招标公告和公示信息文本的，发布媒介应当自核验确认起 1 个工作日内发布。核验确认最长不得超过 3 个工作日。

招标人或其招标代理机构应当对其提供的招标公告和公示信息的真实性、准确性、合法性负责。发布媒介和电子招标投标交易平台应当对所发布的招标公告和公示信息的及时性、完整性负责。

发布媒介应当按照规定采取有效措施，确保发布招标公告和公示信息的数据电文不被篡改、不遗漏和至少 10 年内可追溯。

第十二条 发布媒介应当免费提供依法必须招标项目的招标公告和公示信息发布服务，并允许社会公众和市场主体免费、及时查阅前述招标公告和公示的完整信息。

第十三条 发布媒介应当通过专门栏目发布招标公告和公示信息，并免费提供信息归类和检索服务，对新发布的招标公告和公示信息作醒目标识，方便市场主体和社会公众查阅。

发布媒介应当设置专门栏目，方便市场主体和社会公众就其招标公告和公示信息发布工作反映情况、提出意见,并及时反馈。

第十四条 发布媒介应当实时统计本媒介招标公告和公示信息发布情况,及时向社会公布,并定期报送相应的省级以上发展改革部门或省级以上人民政府规定的其他部门。

第十五条 依法必须招标项目的招标公告和公示信息除在发布媒介发布外,招标人或其招标代理机构也可以同步在其他媒介公开,并确保内容一致。

其他媒介可以依法全文转载依法必须招标项目的招标公告和公示信息,但不得改变其内容,同时必须注明信息来源。

第十六条 依法必须招标项目的招标公告和公示信息有下列情形之一的,潜在投标人或者投标人可以要求招标人或其招标代理机构予以澄清、改正、补充或调整:

(一)资格预审公告、招标公告载明的事项不符合本办法第五条规定,中标候选人公示载明的事项不符合本办法第六条规定;

(二)在两家以上媒介发布的同一招标项目的招标公告和公示信息内容不一致;

(三)招标公告和公示信息内容不符合法律法规规定。

招标人或其招标代理机构应当认真核查,及时处理,并将处理结果告知提出意见的潜在投标人或者投标人。

第十七条 任何单位和个人认为招标人或其招标代理机构在招标公告和公示信息发布活动中存在违法违规行为的,可以依法向有关行政监督部门投诉、举报;认为发布媒介在招标公告和公示信息发布活动中存在违法违规行为的,根据有关规定可以向相应的省级以上发展改革部门或其他有关部门投诉、举报。

第十八条 招标人或其招标代理机构有下列行为之一的,由有关行政监督部门责令改正,并视情形依照《中华人民共和国招标投标法》第四十九条、第五十一条及有关规定处罚:

(一)依法必须公开招标的项目不按照规定在发布媒介发布招标公告和公示信息;

(二)在不同媒介发布的同一招标项目的资格预审公告或者招标公告的内容不一致,影响潜在投标人申请资格预审或者投标;

(三)资格预审公告或者招标公告中有关获取资格预审文件或者招标文件的时限不符合招标投标法律法规规定;

(四)资格预审公告或者招标公告中以不合理的条件限制或者排斥潜在投标人。

第十九条 发布媒介在发布依法必须招标项目的招标公告和公示信息活动中有下列情形之一的,由相应的省级以上发展改革部门或其他有关部门根据有关法律法规规定,责令改正;情节严重的,可以处1万元以下罚款:

(一)违法收取费用;

(二)无正当理由拒绝发布或者拒不按规定交互信息;

(三)无正当理由延误发布时间;

(四)因故意或重大过失导致发布的招标公告和公示信息发生遗漏、错误;

(五)违反本办法的其他行为。

其他媒介违规发布或转载依法必须招标项目的招标公告和公示信息的,由相应的省级以上发展改革部门或其他有关部门根据有关法律法规规定,责令改正;情节严重的,可以处1万元以下罚款。

第二十条 对依法必须招标项目的招标公告和公示信息进行澄清、修改,或者暂停、终止招标活动,采取公告形式向社会公布的,参照本办法执行。

第二十一条 使用国际组织或者外国政府贷款、援助资金的招标项目,贷款方、资金提供方对招标公告和公示信息的发布另有规定的,适用其规定。

第二十二条 本办法所称以上、以下包含本级或本数。

第二十三条 本办法由国家发展改革委负责解释。

第二十四条 本办法自2018年1月1日起施行。《招标公告发布暂行办法》(国家发展计划委第4号令)和《国家计委关于指定发布依法必须招标项目招标公告的媒介的通知》(计政策〔2000〕868号)同时废止。

13. 工程建设项目招标投标活动投诉处理办法

(2004年6月21日国家发展改革委等七部委令第11号发布,根据2013年3月11日国家发展改革委等九部委令第23号修改)

为建立公正、高效的招投标投诉处理机制,规范招投标活动,保护国家利益、社会公共利益和招投标当事人的合法权益,依据《中华人民共和国招标投标法》,特制定《工程建设项目招标投标活动投诉处理办法》,现予以公布

第一条 为保护国家利益、社会公共利益和招投标当事人的合法权益,建立公平、高效的工程建设项目招标投标活动投诉处理机制,根据《中华人民共和国招标投标法》、《中华人民共和国招标投标法实施条例》,制定本办法。

第二条 本办法适用于工程建设项目招标投标活动的投诉及其处理活动。

前款所称招标投标活动,包括招标、投标、开标、评标、中标以及签订合同等各阶段。

第三条 投标人或者其他利害关系人认为招标投标活动不符合法律、法规和规章规定的,有权依法向有关行政监督部门投诉。

前款所称其他利害关系人是指投标人以外的,与招标项目或者招标活动有直接和间接利益关系的法人、其他组织和自然人。

第四条 各级发展改革、工业和信息化、住房城乡建设、水利、交通运输、铁道、商务、民航等招标投标活动行政监督部门,依照《国务院办公厅印发国务院有关部门实施招标投标活动行政监督的职责分工的意见的通知》(国办发〔2000〕34号)和地方各级人民政府规定的职责分工,受理投诉并依法做出处理决定。

对国家重大建设项目(含工业项目)招标投标活动的投诉,由国家发展改革委受理并依法做出处理决定。对国家重大建设项目招标投标活动的投诉,有关行业行政监督部门已经收到的,应当通报国家发展改革委,国家发展改革委不再受理。

第五条 行政监督部门处理投诉时,应当坚持公平、公正、高效原则,维持国家利益、社会公共利益和招标投标当事人的合法权益。

第六条 行政监督部门应当确定本部门内部负责受理投诉的机构及其电话、传真、电子信箱和通讯地址,并向社会公布。

第七条 投诉人投诉时,应当提交投诉书。投诉书应当包括下列内容:

(一)投诉人的名称、地址及有效联系方式;

(二)被投诉人的名称、地址及有效联系方式;

(三)投诉事项的基本事实;

(四)相关请求及主张;

(五)有效线索和相关证明材料。

对招标投标法实施条例规定应先提出异议的事项进行投诉的,应当附提出异议的证明文件。已向有关行政监督部门投诉的,应当一并说明。

投诉人是法人的,投诉书必须由其法定代表人或者授权代表签字并盖章;其他组织或者自然人投诉的,投诉书必须由其主要负责人或者投诉人本人签字,并附有效身份证明复印件。

投诉书有关材料是外文的,投诉人应当同时提供其中文译本。

第八条 投诉人不得以投诉为名排挤竞争对手,不得进行虚假、恶意投诉,阻碍招标投标活动的正常进行。

第九条 投诉人认为招标投标活动不符合法律行政法规规定的,可以在知道或者应当知道之日起十日内提出书面投诉。依照有关行政法规提出异议的,异议答复期间不计算在内。

第十条 投诉人可以自己直接投诉,也可以委托代理人办理投诉事务。代理人办理投诉事务时,应将授权委托书连同投诉书一并提交给行政监督部门。授权委托书应当明确有关委托代理权限和事项。

第十一条 行政监督部门收到投诉书后,应当在三个工作日内进行审查,视情况分别做出以下处理决定:

(一)不符合投诉处理条件的,决定不予受理,并将不予受理的理由书面告知投诉人;

(二)对符合投诉处理条件,但不属于本部门受理的投诉,书面告知投诉人向其他行政监督部门提出投诉;

对于符合投诉处理条件并决定受理的,收到投诉书之日即为正式受理。

第十二条 有下列情形之一的投诉,不予受理:

(一)投诉人不是所投诉招标投标活动的参与者,或者与投诉项目无任何利害关系;

(二)投诉事项不具体,且未提供有效线索,难以查证的;

(三)投诉书未署具投诉人真实姓名、签字和有效联系方式的;以法人名义投诉的,投诉书未经法定代表人签字并加盖公章的;

(四)超过投诉时效的;

(五)已经作出处理决定,并且投诉人没有提出新的证据;

(六)投诉事项应先提出异议没有提出异议、已进入行政复议或行政诉讼程序的。

第十三条 行政监督部门负责投诉处理的工作人员,有下列情形之一的,应当主动回避:

(一)近亲属是被投诉人、投诉人,或者是被投诉人、投诉人的主要负责人;

(二)在近三年内本人曾经在被投诉人单位担任高级

管理职务；

（三）与被投诉人、投诉人有其他利害关系，可能影响对投诉事项公正处理的。

第十四条 行政监督部门受理投诉后，应当调取、查阅有关文件，调查、核实有关情况。

对情况复杂、涉及面广的重大投诉事项，有权受理投诉的行政监督部门可以会同其他有关的行政监督部门进行联合调查，共同研究后由受理部门做出处理决定。

第十五条 行政监督部门调查取证时，应当由两名以上行政执法人员进行，并做笔录，交被调查人签字确认。

第十六条 在投诉处理过程中，行政监督部门应当听取被投诉人的陈述和申辩，必要时可通知投诉人和被投诉人进行质证。

第十七条 行政监督部门负责处理投诉的人员应当严格遵守保密规定，对于在投诉处理过程中所接触到的国家秘密、商业秘密应当予以保密，也不得将投诉事项透露给与投诉无关的其他单位和个人。

第十八条 行政监督部门处理投诉，有权查阅、复制有关文件、资料，调查有关情况，相关单位和人员应当予以配合。必要时，行政监督部门可以责令暂停招标投标活动。

对行政监督部门依法进行的调查，投诉人、被投诉人以及评标委员会成员等与投诉事项有关的当事人应当予以配合，如实提供有关资料及情况，不得拒绝、隐匿或者伪报。

第十九条 投诉处理决定做出前，投诉人要求撤回投诉的，应当以书面形式提出并说明理由，由行政监督部门视以下情况，决定是否准予撤回：

（一）投诉缺乏事实根据或者法律依据的，或者投诉人捏造事实、伪造材料或者以非法手段取得证明材料进行投诉的，驳回投诉；

（二）撤回投诉不损害国家利益、社会公共利益或者其他当事人合法权益的，应当准予撤回，投诉处理过程终止。投诉人不得以同一事实和理由再提出投诉。

第二十条 行政监督部门应当根据调查和取证情况，对投诉事项进行审查，按照下列规定做出处理决定：

（一）投诉缺乏事实根据或者法律依据的，驳回投诉；

（二）投诉情况属实，招标投标活动确实存在违法行为的，依据《中华人民共和国招标投标法》、《中华人民共和国招标投标法实施条例》及其他有关法规、规章做出处罚。

第二十一条 负责受理投诉的行政监督部门应当自受理投诉之日起三十个工作日内，对投诉事项做出处理决定，并以书面形式通知投诉人、被投诉人和其他与投诉处理结果有关的当事人。需要检验、检测、鉴定、专家评审的，所需时间不计算在内。

第二十二条 投诉处理决定应当包括下列主要内容：

（一）投诉人和被投诉人的名称、住址；

（二）投诉人的投诉事项及主张；

（三）被投诉人的答辩及请求；

（四）调查认定的基本事实；

（五）行政监督部门的处理意见及依据。

第二十三条 行政监督部门应当建立投诉处理档案，并做好保存和管理工作，接受有关方面的监督检查。

第二十四条 行政监督部门在处理投诉过程中，发现被投诉人单位直接负责的主管人员和其他直接责任人员有违法、违规或者违纪行为的，应当建议其行政主管机关、纪检监察部门给予处分；情节严重构成犯罪的，移送司法机关处理。

对招标代理机构有违法行为，且情节严重的，依法暂停直至取消招标代理资格。

第二十五条 当事人对行政监督部门的投诉处理决定不服或者行政监督部门逾期未做处理的，可以依法申请行政复议或者向人民法院提起行政诉讼。

第二十六条 投诉人故意捏造事实、伪造证明材料或者以非法手段取得证明材料进行投诉，给他人造成损失的，依法承担赔偿责任。

第二十七条 行政监督部门工作人员在处理投诉过程中徇私舞弊、滥用职权或者玩忽职守，对投诉人打击报复的，依法给予行政处分；构成犯罪的，依法追究刑事责任。

第二十八条 行政监督部门在处理投诉过程中，不得向投诉人和被投诉人收取任何费用。

第二十九条 对于性质恶劣、情节严重的投诉事项，行政监督部门可以将投诉处理结果在有关媒体上公布，接受舆论和公众监督。

第三十条 本办法由国家发展改革委会同国务院有关部门解释。

第三十一条 本办法自 2004 年 8 月 1 日起施行。

14. 招标投标违法行为记录公告暂行办法

(发改法规〔2008〕1531号)

第一章 总　　则

第一条　为贯彻《国务院办公厅关于进一步规范招投标活动的若干意见》(国办发〔2004〕56号),促进招标投标信用体系建设,健全招标投标失信惩戒机制,规范招标投标当事人行为,根据《招标投标法》等相关法律规定,制定本办法。

第二条　对招标投标活动当事人的招标投标违法行为记录进行公告,适用本办法。

本办法所称招标投标活动当事人是指招标人、投标人、招标代理机构以及评标委员会成员。

本办法所称招标投标违法行为记录,是指有关行政主管部门在依法履行职责过程中,对招标投标当事人违法行为所作行政处理决定的记录。

第三条　国务院有关行政主管部门按照规定的职责分工,建立各自的招标投标违法行为记录公告平台,并负责公告平台的日常维护。国家发展改革委会同国务院其他有关行政主管部门制定公告平台管理方面的综合性政策和相关规定。

省级人民政府有关行政主管部门按照规定的职责分工,建立招标投标违法行为记录公告平台,并负责公告平台的日常维护。

第四条　招标投标违法行为记录的公告应坚持准确、及时、客观的原则。

第五条　招标投标违法行为记录公告不得公开涉及国家秘密、商业秘密、个人隐私的记录。但是,经权利人同意公开或者行政机关认为不公开可能对公共利益造成重大影响的涉及商业秘密、个人隐私的违法行为记录,可以公开。

第二章　违法行为记录的公告

第六条　国务院有关行政主管部门和省级人民政府有关行政主管部门(以下简称"公告部门")应自招标投标违法行为行政处理决定作出之日起20个工作日内对外进行记录公告。

省级人民政府有关行政主管部门公告的招标投标违法行为行政处理决定应同时抄报相应国务院行政主管部门。

第七条　对招标投标违法行为所作出的以下行政处理决定应给予公告:

(一)警告;
(二)罚款;
(三)没收违法所得;
(四)暂停或者取消招标代理资格;
(五)取消在一定时期内参加依法必须进行招标的项目的投标资格;
(六)取消担任评标委员会成员的资格;
(七)暂停项目执行或追回已拨付资金;
(八)暂停安排国家建设资金;
(九)暂停建设项目的审查批准;
(十)行政主管部门依法作出的其他行政处理决定。

第八条　违法行为记录公告的基本内容为:被处理的招标投标当事人名称(或姓名)、违法行为、处理依据、处理决定、处理时间和处理机关等。

公告部门可将招标投标违法行为行政处理决定书直接进行公告。

第九条　违法行为记录公告期限为六个月。公告期满后,转入后台保存。

依法限制招标投标当事人资质(资格)等方面的行政处理决定,所认定的限制期限长于六个月的,公告期限从其决定。

第十条　公告部门负责建立公告平台信息系统,对记录信息数据进行追加、修改、更新,并保证公告的违法行为记录与行政处理决定的相关内容一致。

公告平台信息系统应具备历史公告记录查询功能。

第十一条　公告部门应对公告记录所依据的招标投标违法行为行政处理决定书等材料妥善保管、留档备查。

第十二条　被公告的招标投标当事人认为公告记录与行政处理决定的相关内容不符的,可向公告部门提出书面更正申请,并提供相关证据。

公告部门接到书面申请后,应在5个工作日内进行核对。公告的记录与行政处理决定的相关内容不一致的,应当给予更正并告知申请人;公告的记录与行政处理决定的相关内容一致的,应当告知申请人。

公告部门在作出答复前不停止对违法行为记录的公告。

第十三条　行政处理决定在被行政复议或行政诉讼期间,公告部门依法不停止对违法行为记录的公告,但行政处理决定被依法停止执行的除外。

第十四条　原行政处理决定被依法变更或撤销的,公告部门应当及时对公告记录予以变更或撤销,并在公告平台上予以声明。

第三章　监督管理

第十五条　有关行政主管部门应依法加强对招标投标违法行为记录被公告当事人的监督管理。

第十六条　招标投标违法行为记录公告应逐步实现互联互通、互认共用,条件成熟时建立统一的招标投标违法行为记录公告平台。

第十七条 公告的招标投标违法行为记录应当作为招标代理机构资格认定,依法必须招标项目资质审查、招标代理机构选择、中标人推荐和确定、评标委员会成员确定和评标专家考核等活动的重要参考。

第十八条 有关行政主管部门及其工作人员在违法行为记录的提供、收集和公告等工作中有玩忽职守、弄虚作假或者徇私舞弊等行为的,由其所在单位或者上级主管机关予以通报批评,并依纪依法追究直接责任人和有关领导的责任;构成犯罪的,移送司法机关依法追究刑事责任。

第四章 附 则

第十九条 各省、自治区、直辖市发展改革部门可会同有关部门根据本办法制定具体实施办法。

第二十条 本办法由国家发展改革委会同国务院有关部门负责解释。

第二十一条 本办法自2009年1月1日起施行。

勘察设计、监理招标投标

15. 工程建设项目勘察设计招标投标办法

（2003年6月12日国家发展改革委等八部委令第2号发布，根据2013年3月11日国家发展改革委等九部委令第23号修改）

第一章 总 则

第一条 为规范工程建设项目勘察设计招标投标活动，提高投资效益，保证工程质量，根据《中华人民共和国招标投标法》《中华人民共和国招标投标法实施条例》制定本办法。

第二条 在中华人民共和国境内进行工程建设项目勘察设计招标投标活动，适用本办法。

第三条 工程建设项目符合《工程建设项目招标范围和规模标准规定》（国家计委令第3号）规定的范围和标准的，必须依据本办法进行招标。

任何单位和个人不得将依法必须进行招标的项目化整为零或者以其他任何方式规避招标。

第四条 按照国家规定需要履行项目审批、核准手续的依法必须进行招标的项目，有下列情形之一的，经项目审批、核准部门审批、核准，项目的勘察设计可以不进行招标：

（一）涉及国家安全、国家秘密、抢险救灾或者属于利用扶贫资金实行以工代赈、需要使用农民工等特殊情况，不适宜进行招标；

（二）主要工艺、技术采用不可替代的专利或者专有技术，或者其建筑艺术造型有特殊要求；

（三）采购人依法能够自行勘察、设计；

（四）已通过招标方式选定的特许经营项目投资人依法能够自行勘察、设计；

（五）技术复杂或专业性强，能够满足条件的勘察设计单位少于三家，不能形成有效竞争；

（六）已建成项目需要改、扩建或者技术改造，由其他单位进行设计影响项目功能配套性；

（七）国家规定其他特殊情形。

第五条 勘察设计招标工作由招标人负责。任何单位和个人不得以任何方式非法干涉招标投标活动。

第六条 各级发展改革、工业和信息化、住房城乡建设、交通运输、铁道、水利、商务、广电、民航等部门依照《国务院办公厅印发国务院有关部门实施招标投标活动行政监督的职责分工意见的通知》（国办发〔2000〕34号）和各地规定的职责分工，对工程建设项目勘察设计招标投标活动实施监督，依法查处招标投标活动中的违法行为。

第二章 招 标

第七条 招标人可以依据工程建设项目的不同特点，实行勘察设计一次性总体招标；也可以在保证项目完整性、连续性的前提下，按照技术要求实行分段或分项招标。

招标人不得利用前款规定限制或者排斥潜在投标人或者投标。依法必须进行招标的项目的招标人不得利用前款规定规避招标。

第八条 依法必须招标的工程建设项目，招标人可以对项目的勘察、设计、施工以及与工程建设有关的重要设备、材料的采购，实行总承包招标。

第九条 依法必须进行勘察设计招标的工程建设项目，在招标时应当具备下列条件：

（一）招标人已经依法成立；

（二）按照国家有关规定需要履行项目审批、核准或者备案手续的，已经审批、核准或者备案；

（三）勘察设计有相应资金或者资金来源已经落实；

（四）所必需的勘察设计基础资料已经收集完成；

（五）法律法规规定的其他条件。

第十条 工程建设项目勘察设计招标分为公开招标和邀请招标。

国有资金投资占控股或者主导地位的工程建设项目，以及国务院发展和改革部门确定的国家重点项目和省、自治区、直辖市人民政府确定的地方重点项目，除符合本办法第十一条规定条件并依法获得批准外，应当公开招标。

第十一条 依法必须进行公开招标的项目，在下列情况下可以进行邀请招标：

（一）技术复杂、有特殊要求或者受自然环境限制，只有少量潜在投标人可供选择；

（二）采用公开招标方式的费用占项目合同金额的比例过大。

有前款第二项所列情形，属于按照国家有关规定需要履行项目审批、核准手续的项目，由项目审批、核准部门在审批、核准项目时作出认定；其他项目由招标人申请有关行政监督部门作出认定。

招标人采用邀请招标方式的，应保证有三个以上具备承担招标项目勘察设计的能力，并具有相应资质的特定法人或者其他组织参加投标。

第十二条 招标人应当按照资格预审公告、招标公告或者投标邀请书规定的时间、地点出售招标文件或者资格预审文件。自招标文件或者资格预审文件出售之日起至停止出售之日止，最短不得少于五日。

第十三条 进行资格预审的，招标人只向资格预审合格的潜在投标人发售招标文件，并同时向资格预审不合格的潜在投标人告知资格预审结果。

第十四条 凡是资格预审合格的潜在投标人都应被

允许参加投标。

招标人不得以抽签、摇号等不合理条件限制或者排斥资格预审合格的潜在投标人参加投标。

第十五条 招标人应当根据招标项目的特点和需要编制招标文件。

勘察设计招标文件应当包括下列内容：

（一）投标须知；

（二）投标文件格式及主要合同条款；

（三）项目说明书，包括资金来源情况；

（四）勘察设计范围，对勘察设计进度、阶段和深度要求；

（五）勘察设计基础资料；

（六）勘察设计费用支付方式，对未中标人是否给予补偿及补偿标准；

（七）投标报价要求；

（八）对投标人资格审查的标准；

（九）评标标准和方法；

（十）投标有效期。

投标有效期，从提交投标文件截止日起计算。

对招标文件的收费应仅限于补偿印刷、邮寄的成本支出，招标人不得通过出售招标文件谋取利益。

第十六条 招标人负责提供与招标项目有关的基础资料，并保证所提供资料的真实性、完整性。涉及国家秘密的除外。

第十七条 对于潜在投标人在阅读招标文件和现场踏勘中提出的疑问，招标人可以书面形式或召开投标预备会的方式解答，但需同时将解答以书面方式通知所有招标文件收受人。该解答的内容为招标文件的组成部分。

第十八条 招标人可以要求投标人在提交符合招标文件规定要求的投标文件外，提交备选投标文件，但应当在招标文件中做出说明，并提出相应的评审和比较办法。

第十九条 招标人应当确定潜在投标人编制投标文件所需要的合理时间。

依法必须进行勘察设计招标的项目，自招标文件开始发出之日起至投标人提交投标文件截止之日止，最短不得少于二十日。

第二十条 除不可抗力原因外，招标人在发布招标公告或者发出投标邀请书后不得终止招标，也不得在出售招标文件后终止招标。

第三章 投 标

第二十一条 投标人是响应招标、参加投标竞争的法人或者其他组织。

在其本国注册登记，从事建筑、工程服务的国外设计企业参加投标的，必须符合中华人民共和国缔结或者参加的国际条约、协定中所作的市场准入承诺以及有关勘察设计市场准入的管理规定。

投标人应当符合国家规定的资质条件。

第二十二条 投标人应当按照招标文件或者投标邀请书的要求编制投标文件。投标文件中的勘察设计收费报价，应当符合国务院价格主管部门制定的工程勘察设计收费标准。

第二十三条 投标人在投标文件有关技术方案和要求中不得指定与工程建设项目有关的重要设备、材料的生产供应者，或者含有倾向或者排斥特定生产供应者的内容。

第二十四条 招标文件要求投标人提交投标保证金的，保证金数额不得超过勘察设计估算费用的百分之二，最多不超过十万元人民币。

依法必须进行招标的项目的境内投标单位，以现金或者支票形式提交的投标保证金应当从其基本账户转出。

第二十五条 在提交投标文件截止时间后到招标文件规定的投标有效期终止之前，投标人不得撤销其投标文件，否则招标人可以不退还投标保证金。

第二十六条 投标人在投标截止时间前提交的投标文件，补充、修改或撤回投标文件的通知，备选投标文件等，都必须加盖所在单位公章，并由其法定代表人或授权代表签字，但招标文件另有规定的除外。

招标人在接收上述材料时，应检查其密封或签章是否完好，并向投标人出具标明签收人和签收时间的回执。

第二十七条 以联合体形式投标的，联合体各方应签订共同投标协议，连同投标文件一并提交招标人。

联合体各方不得再单独以自己名义，或者参加另外的联合体投同一个标。

招标人接受联合体投标并进行资格预审的，联合体应当在提交资格预审申请文件前组成。资格预审后联合体增减、更换成员的，其投标无效。

第二十八条 联合体中标的，应指定牵头人或代表，授权其代表所有联合体成员与招标人签订合同，负责整个合同实施阶段的协调工作。但是，需要向招标人提交由所有联合体成员法定代表人签署的授权委托书。

第二十九条 投标人不得以他人名义投标，也不得利用伪造、转让、无效或者租借的资质证书参加投标，或者以任何方式请其他单位在自己编制的投标文件代为签字盖章，损害国家利益、社会公共利益和招标人的合法权益。

第三十条 投标人不得通过故意压低投资额、降低施工技术要求、减少占地面积，或者缩短工期等手段弄虚作假，骗取中标。

第四章 开标、评标和中标

第三十一条 开标应当在招标文件确定的提交投标文件截止时间的同一时间公开进行；除不可抗力原因外，招标人不得以任何理由拖延开标，或者拒绝开标。

投标人对开标有异议的，应当在开标现场提出，招标人应当当场作出答复，并制作记录。

第三十二条 评标工作由评标委员会负责。评标委员会的组成方式及要求，按《中华人民共和国招标投标法》、《中华人民共和国招标投标法实施条例》及《评标委员会和评标方法暂行规定》(国家计委等七部委联合令第12号)的有关规定执行。

第三十三条 勘察设计评标一般采取综合评估法进行。评标委员会应当按照招标文件确定的评标标准和方法,结合经批准的项目建议书、可行性研究报告或者上阶段设计批复文件,对投标人的业绩、信誉和勘察设计人员的能力以及勘察设计方案的优劣进行综合评定。

招标文件中没有规定的标准和方法,不得作为评标的依据。

第三十四条 评标委员会可以要求投标人对其技术文件进行必要的说明或介绍,但不得提出带有暗示性或诱导性的问题,也不得明确指出其投标文件中的遗漏和错误。

第三十五条 根据招标文件的规定,允许投标人投备选标的,评标委员会可以对中标人所提交的备选标进行评审,以决定是否采纳备选标。不符合中标条件的投标人的备选标不予考虑。

第三十六条 投标文件有下列情况之一的,评标委员会应当否决其投标:
(一)未经投标单位盖章和单位负责人签字;
(二)投标报价不符合国家颁布的勘察设计取费标准,或者低于成本,或者高于招标文件设定的最高投标限价;
(三)未响应招标文件的实质性要求和条件。

第三十七条 投标人有下列情况之一的,评标委员会应当否决其投标:
(一)不符合国家或者招标文件规定的资格条件;
(二)与其他投标人或者与招标人串通投标;
(三)以他人名义投标,或者以其他方式弄虚作假;
(四)以向招标人或者评标委员会成员行贿的手段谋取中标;
(五)以联合体形式投标,未提交共同投标协议;
(六)提交两个以上不同的投标文件或者投标报价,但招标文件要求提交备选投标的除外。

第三十八条 评标委员会完成评标后,应当向招标人提出书面评标报告,推荐合格的中标候选人。

评标报告的内容应当符合《评标委员会和评标方法暂行规定》第四十二条的规定。但是,评标委员会决定否决所有投标的,应在评标报告中详细说明理由。

第三十九条 评标委员会推荐的中标候选人应当限定在一至三人,并标明排列顺序。

能够最大限度地满足招标文件中规定的各项综合评价标准的投标人,应当推荐为中标候选人。

第四十条 国有资金占控股或者主导地位的依法必须招标的项目,招标人应当确定排名第一的中标候选人为中标人。

排名第一的中标候选人放弃中标、因不可抗力提出不能履行合同,不按照招标文件要求提交履约保证金,或者被查实存在影响中标结果的违法行为等情形,不符合中标条件的,招标人可以按照评标委员会提出的中标候选人名单排序依次确定其他中标候选人为中标人。依次确定其他中标候选人与招标人预期差距较大,或者对招标人明显不利的,招标人可以重新招标。

招标人可以授权评标委员会直接确定中标人。

国务院对中标人的确定另有规定的,从其规定。

第四十一条 招标人应在接到评标委员会的书面评标报告之日起三日内公示中标候选人,公示期不少于三日。

第四十二条 招标人和中标人应当在投标有效期内并在自中标通知书发出之日起三十日内,按照招标文件和中标人的投标文件订立书面合同。

中标人履行合同应当遵守《合同法》以及《建设工程勘察设计管理条例》中勘察设计文件编制实施的有关规定。

第四十三条 招标人不得以压低勘察设计费、增加工作量、缩短勘察设计周期等作为发出中标通知书的条件,也不得与中标人再行订立背离合同实质性内容的其他协议。

第四十四条 招标人与中标人签订合同后五日内,应当向中标人和未中标人一次性退还投标保证金及银行同期存款利息。招标文件中规定给予未中标人经济补偿的,也应在此期限内一并给付。

招标文件要求中标人提交履约保证金的,中标人应当提交;经中标人同意,可将其投标保证金抵作履约保证金。

第四十五条 招标人或者中标人采用其他未中标人投标文件中技术方案的,应当征得未中标人的书面同意,并支付合理的使用费。

第四十六条 评标定标工作应当在投标有效期内完成,不能如期完成的,招标人应当通知所有投标人延长投标有效期。

同意延长投标有效期的投标人应当相应延长其投标担保的有效期,但不得修改投标文件的实质性内容。

拒绝延长投标有效期的投标人有权收回投标保证金。招标文件中规定给予未中标补偿的,拒绝延长的投标人有权获得补偿。

第四十七条 依法必须进行勘察设计招标的项目,招标人应当在确定中标人之日起十五日内,向有关行政监督部门提交招标投标情况的书面报告。

书面报告一般应包括以下内容:
(一)招标项目基本情况;
(二)投标人情况;
(三)评标委员会成员名单;
(四)开标情况;
(五)评标标准和方法;
(六)否决投标情况;
(七)评标委员会推荐的经排序的中标候选人名单;
(八)中标结果;
(九)未确定排名第一的中标候选人为中标人的

原因；

（十）其他需说明的问题。

第四十八条 在下列情况下，依法必须招标项目的招标人在分析招标失败的原因并采取相应措施后，应当依照本办法重新招标：

（一）资格预审合格的潜在投标人不足三个的；

（二）在投标截止时间前提交投标文件的投标人少于三个的；

（三）所有投标均被否决的；

（四）评标委员会否决不合格投标后，因有效投标不足三个使得投标明显缺乏竞争，评标委员会决定否决全部投标的；

（五）根据第四十六条规定，同意延长投标有效期的投标人少于三个的。

第四十九条 招标人重新招标后，发生本办法第四十八条情形之一的，属于按照国家规定需要政府审批、核准的项目，报经原项目审批、核准部门审批、核准后可以不再进行招标；其他工程建设项目，招标人可自行决定不再进行招标。

第五章　罚　则

第五十条 招标人有下列限制或者排斥潜在投标人行为之一的，由有关行政监督部门依照招标投标法第五十一条的规定处罚；其中，构成依法必须进行勘察设计招标的项目的招标人规避招标的，依照招标投标法第四十九条的规定处罚：

（一）依法必须公开招标的项目不按照规定在指定媒介发布资格预审公告或者招标公告；

（二）在不同媒介发布的同一招标项目的资格预审公告或者招标公告的内容不一致，影响潜在投标人申请资格预审或者投标。

第五十一条 招标人有下列情形之一的，由有关行政监督部门责令改正，可以处10万元以下的罚款：

（一）依法应当公开招标而采用邀请招标；

（二）招标文件、资格预审文件的发售、澄清、修改的时限，或者确定的提交资格预审申请文件、投标文件的时限不符合招标投标法和招标投标法实施条例规定；

（三）接受未通过资格预审的单位或者个人参加投标；

（四）接受应当拒收的投标文件。招标人有前款第一项、第三项、第四项所列行为之一的，对单位直接负责的主管人员和其他直接责任人员依法给予处分。

第五十二条 依法必须进行招标的项目的投标人以他人名义投标，利用伪造、转让、租借、无效的资质证书参加投标，或者请其他单位在自己编制的投标文件上代为签字盖章，弄虚作假，骗取中标的，中标无效。尚未构成犯罪的，处中标项目金额千分之五以上千分之十以下的罚款，对单位直接负责的主管人员和其他直接责任人员处单位罚款数额百分之五以上百分之十以下的罚款；有违法所得的，并处没收违法所得；情节严重的，取消其一年至三年内参加依法必须进行招标的项目的投标资格并予以公告，直至由工商行政管理机关吊销营业执照。

第五十三条 招标人以抽签、摇号等不合理的条件限制或者排斥资格预审合格的潜在投标人参加投标，对潜在投标人实行歧视待遇的，强制要求投标人组成联合体共同投标的，或者限制投标人之间竞争的，责令改正，可以处一万元以上五万元以下的罚款。

依法必须进行招标的项目的招标人不按照规定组建评标委员会，或者确定、更换评标委员会成员违反招标投标法和招标投标法实施条例规定的，由有关行政监督部门责令改正，可以处10万元以下的罚款，对单位直接负责的主管人员和其他直接责任人员依法给予处分；违法确定或者更换的评标委员会成员作出的评审结论无效，依法重新进行评审。

第五十四条 评标委员会成员有下列行为之一的，由有关行政监督部门责令改正；情节严重的，禁止其在一定期限内参加依法必须进行招标的项目的评标；情节特别严重的，取消其担任评标委员会成员的资格：

（一）不按照招标文件规定的评标标准和方法评标；

（二）应当回避而不回避；

（三）擅离职守；

（四）私下接触投标人；

（五）向招标人征询确定中标人的意向或者接受任何单位或者个人明示或者暗示提出的倾向或者排斥特定投标人的要求；

（六）对依法应当否决的投标不提出否决意见；

（七）暗示或者诱导投标人作出澄清、说明或者接受投标人主动提出的澄清、说明；

（八）其他不客观、不公正履行职务的行为。

第五十五条 招标人与中标人不按照招标文件和中标人的投标文件订立合同，责令改正，可以处中标项目金额千分之五以上千分之十以下的罚款。

第五十六条 本办法对违法行为及其处罚措施未做规定的，依据《中华人民共和国招标投标法》、《中华人民共和国招标投标法实施条例》和有关法律、行政法规的规定执行。

第六章　附　则

第五十七条 使用国际组织或者外国政府贷款、援助资金的项目进行招标，贷款方、资金提供方对工程勘察设计招标投标活动的条件和程序另有规定的，可以适用其规定，但违背中华人民共和国社会公共利益的除外。

第五十八条 本办法发布之前有关勘察设计招标投标的规定与本办法不一致的，以本办法为准。法律或者行政法规另有规定的，从其规定。

第五十九条 本办法由国家发展和改革委员会会同有关部门负责解释。

第六十条 本办法自2003年8月1日起施行。

16. 交通运输部关于发布公路工程标准勘察设计招标文件及公路工程标准勘察设计招标资格预审文件2018年版的公告

(交通运输部公告2018年第26号)

为加强公路工程勘察设计招标管理,规范招标文件及资格预审文件编制工作,依照《中华人民共和国招标投标法》《中华人民共和国招标投标法实施条例》等法律法规,按照《公路工程建设项目招标投标管理办法》(交通运输部令2015年第24号),在国家发展改革委牵头编制的《标准勘察招标文件》和《标准设计招标文件》基础上,结合公路工程勘察设计招标特点和管理需要,交通运输部组织制定了《公路工程标准勘察设计招标文件》(2018年版)及《公路工程标准勘察设计招标资格预审文件》(2018年版)(以下简称《公路工程标准文件》),现予发布。

《公路工程标准文件》(2018年版)自2018年5月1日起施行,原《公路工程标准文件》(交公路发〔2010〕742号)同时废止,之前根据《公路工程标准文件》(2011年版)完成招标工作的项目仍按原合同执行。

自施行之日起,依法必须进行招标的公路工程应当使用《公路工程标准文件》(2018年版),其他公路项目可参照执行。在具体项目招标过程中,招标人可根据项目实际情况,编制项目专用文件,与《公路工程标准文件》(2018年版)共同使用,但不得违反国家有关规定。

《公路工程标准文件》电子文本可在交通运输部网站(www.mot.gov.cn)"下载中心"下载。

请各省级交通运输主管部门加强对《公路工程标准文件》(2018年版)贯彻落实情况的监督检查,注意收集有关意见和建议,并及时反馈部公路局。

中华人民共和国交通运输部
2018年2月14日

17. 交通运输部关于发布公路工程标准施工监理招标文件及公路工程标准施工监理招标资格预审文件2018年版的公告

(交通运输部公告2018年第25号)

为加强公路工程施工监理招标管理,规范招标文件及资格预审文件编制工作,依照《中华人民共和国招标投标法》《中华人民共和国招标投标法实施条例》等法律法规,按照《公路工程建设项目招标投标管理办法》(交通运输部令2015年第24号),在国家发展改革委牵头编制的《标准监理招标文件》(以下简称《标准文件》)基础上,结合公路工程施工监理招标特点和管理需要,交通运输部组织制定了《公路工程标准施工监理招标文件》(2018年版)及《公路工程标准施工监理招标资格预审文件》(2018年版)(以下简称《公路工程标准文件》),现予发布。

《公路工程标准文件》(2018年版)自2018年5月1日起施行,《公路工程施工监理招标文件范本》(2008年版)同时废止,之前根据《公路工程施工监理招标文件范本》(2008年版)完成招标工作的项目仍按原合同执行。

自施行之日起,依法必须进行招标的公路工程应当使用《公路工程标准文件》(2018年版),其他公路项目可参照执行。在具体项目招标过程中,招标人可根据项目实际情况,编制项目专用文件,与《公路工程标准文件》(2018年版)共同使用,但不得违反国家有关规定。

《公路工程标准文件》(2018年版)中"投标人须知""评标办法"和"通用合同条款"等部分,与《标准文件》内容相同的只保留条目号,具体内容见《标准文件》。《公路工程标准文件》电子文本可在交通运输部网站(www.mot.gov.cn)"下载中心"下载。

请各省级交通运输主管部门加强对《公路工程标准文件》(2018年版)贯彻落实情况的监督检查,注意收集有关意见和建议,并及时反馈部公路局。

中华人民共和国交通运输部
2018年2月14日

施工招标投标

18. 工程建设项目施工招标投标办法

（2003年3月8日国家发展改革委等七部委令第30号发布，根据2013年3月11日国家发展改革委等九部委令第23号修改）

第一章 总 则

第一条 为规范工程建设项目施工（以下简称工程施工）招标投标活动，根据《中华人民共和国招标投标法》、《中华人民共和国招标投标法实施条例》和国务院有关部门的职责分工，制定本办法。

第二条 在中华人民共和国境内进行工程施工招标投标活动，适用本办法。

第三条 工程建设项目符合《工程建设项目招标范围和规模标准规定》（国家计委令第3号）规定的范围和标准的，必须通过招标选择施工单位。

任何单位和个人不得将依法必须进行招标的项目化整为零或者以其他任何方式规避招标。

第四条 工程施工招标投标活动应当遵循公开、公平、公正和诚实信用的原则。

第五条 工程施工招标投标活动，依法由招标人负责。任何单位和个人不得以任何方式非法干涉工程施工招标投标活动。

施工招标投标活动不受地区或者部门的限制。

第六条 各级发展改革、工业和信息化、住房城乡建设、交通运输、铁道、水利、商务、民航等部门依照《国务院办公厅印发国务院有关部门实施招标投标活动行政监督的职责分工意见的通知》（国办发〔2000〕34号）和各地规定的职责分工，对工程施工招标投标活动实施监督，依法查处工程施工招标投标活动中的违法行为。

第二章 招 标

第七条 工程施工招标人是依法提出施工招标项目、进行招标的法人或者其他组织。

第八条 依法必须招标的工程建设项目，应当具备下列条件才能进行施工招标：

（一）招标人已经依法成立；

（二）初步设计及概算应当履行审批手续的，已经批准；

（三）有相应资金或资金来源已经落实；

（四）有招标所需的设计图纸及技术资料。

第九条 工程施工招标分为公开招标和邀请招标。

第十条 按照国家有关规定需要履行项目审批、核准手续的依法必须进行施工招标的工程建设项目，其招标范围、招标方式、招标组织形式应当报项目审批部门审批、核准。项目审批、核准部门应当及时将审批、核准确定的招标内容通报有关行政监督部门。

第十一条 依法必须进行公开招标的项目，有下列情形之一的，可以邀请招标：

（一）项目技术复杂或有特殊要求，或者受自然地域环境限制，只有少量潜在投标人可供选择；

（二）涉及国家安全、国家秘密或者抢险救灾，适宜招标但不宜公开招标；

（三）采用公开招标方式的费用占项目合同金额的比例过大。

有前款第二项所列情形，属于本办法第十条规定的项目，由项目审批、核准部门在审批、核准项目时作出认定；其他项目由招标人申请有关行政监督部门作出认定。

全部使用国有资金投资或者国有资金投资占控股或者主导地位的并需要审批的工程建设项目的邀请招标，应当经项目审批部门批准，但项目审批部门只审批立项的，由有关行政监督部门批准。

第十二条 依法必须进行施工招标的工程建设项目有下列情形之一的，可以不进行施工招标：

（一）涉及国家安全、国家秘密、抢险救灾或者属于利用扶贫资金实行以工代赈需要使用农民工等特殊情况，不适宜进行招标；

（二）施工主要技术采用不可替代的专利或者专有技术；

（三）已通过招标方式选定的特许经营项目投资人依法能够自行建设；

（四）采购人依法能够自行建设；

（五）在建工程追加的附属小型工程或者主体加层工程，原中标人仍具备承包能力，并且其他人承担将影响施工或者功能配套要求；

（六）国家规定的其他情形。

第十三条 采用公开招标方式的，招标人应当发布招标公告，邀请不特定的法人或者其他组织投标。依法必须进行施工招标项目的招标公告，应当在国家指定的报刊和信息网络上发布。

采用邀请招标方式的，招标人应当向三家以上具备承担施工招标项目的能力、资信良好的特定的法人或者其他组织发出投标邀请书。

第十四条 招标公告或者投标邀请书应当至少载明下列内容：

（一）招标人的名称和地址；

（二）招标项目的内容、规模、资金来源；

（三）招标项目的实施地点和工期；

（四）获取招标文件或者资格预审文件的地点和时间；

（五）对招标文件或者资格预审文件收取的费用；

（六）对招标人的资质等级的要求。

第十五条 招标人应当按招标公告或者投标邀请书规定的时间、地点出售招标文件或资格预审文件。自招标文件或者资格预审文件出售之日起至停止出售之日止，最短不得少于五日。

招标人可以通过信息网络或者其他媒介发布招标文件，通过信息网络或者其他媒介发布的招标文件与书面招标文件具有同等法律效力，出现不一致时以书面招标文件为准，国家另有规定的除外。

对招标文件或者资格预审文件的收费应当限于补偿印刷、邮寄的成本支出，不得以营利为目的。对于所附的设计文件，招标人可以向投标人酌收押金；对于开标后投标人退还设计文件的，招标人应当向投标人退还押金。

招标文件或者资格预审文件售出后，不予退还。除不可抗力原因外，招标人在发布招标公告、发出投标邀请书后或者售出招标文件或资格预审文件后不得终止招标。

第十六条 招标人可以根据招标项目本身的特点和需要，要求潜在投标人或者投标人提供满足其资格要求的文件，对潜在投标人或者投标人进行资格审查；国家对潜在投标人或者投标人的资格条件有规定的，依照其规定。

第十七条 资格审查分为资格预审和资格后审。

资格预审，是指在投标前对潜在投标人进行的资格审查。

资格后审，是指在开标后对投标人进行的资格审查。

进行资格预审的，一般不再进行资格后审，但招标文件另有规定的除外。

第十八条 采取资格预审的，招标人应当发布资格预审公告。资格预审公告适用本办法第十三条、第十四条有关招标公告的规定。

采取资格预审的，招标人应当在资格预审文件中载明资格预审的条件、标准和方法；采取资格后审的，招标人应当在招标文件中载明对投标人资格要求的条件、标准和方法。

招标人不得改变载明的资格条件或者以没有载明的资格条件对潜在投标人或者投标人进行资格审查。

第十九条 经资格预审后，招标人应当向资格预审合格的潜在投标人发出资格预审合格通知书，告知获取招标文件的时间、地点和方法，并同时向资格预审不合格的潜在投标人告知资格预审结果。资格预审不合格的潜在投标人不得参加投标。

经资格后审不合格的投标人的投标应予否决。

第二十条 资格审查应主要审查潜在投标人或者投标人是否符合下列条件：

（一）具有独立订立合同的权利；

（二）具有履行合同的能力，包括专业、技术资格和能力，资金、设备和其他物质设施状况，管理能力，经验、信誉和相应的从业人员；

（三）没有处于被责令停业，投标资格被取消，财产被接管、冻结，破产状态；

（四）在最近三年内没有骗取中标和严重违约及重大工程质量问题；

（五）国家规定的其他资格条件。

资格审查时，招标人不得以不合理的条件限制、排斥潜在投标人或者投标人，不得对潜在投标人或者投标人实行歧视待遇。任何单位和个人不得以行政手段或者其他不合理方式限制投标人的数量。

第二十一条 招标人符合法律规定的自行招标条件的，可以自行办理招标事宜。任何单位和个人不得强制其委托招标代理机构办理招标事宜。

第二十二条 招标代理机构应当在招标人委托的范围内承担招标事宜。招标代理机构可以在其资格等级范围内承担下列招标事宜：

（一）拟订招标方案，编制和出售招标文件、资格预审文件；

（二）审查投标人资格；

（三）编制标底；

（四）组织投标人踏勘现场；

（五）组织开标、评标，协助招标人定标；

（六）草拟合同；

（七）招标人委托的其他事项。

招标代理机构不得无权代理、越权代理，不得明知委托事项违法而进行代理。

招标代理机构不得在所代理的招标项目中投标或者代理投标，也不得为所代理的招标项目的投标人提供咨询；未经招标人同意，不得转让招标代理业务。

第二十三条 工程招标代理机构与招标人应当签订书面委托合同，并按双方约定的标准收取代理费；国家对收费标准有规定的，依照其规定。

第二十四条 招标人根据施工招标项目的特点和需要编制招标文件。招标文件一般包括下列内容：

（一）招标公告或投标邀请书；

（二）投标人须知；

（三）合同主要条款；

（四）投标文件格式；

（五）采用工程量清单招标的，应当提供工程量清单；

（六）技术条款；

（七）设计图纸；

（八）评标标准和方法；

（九）投标辅助材料。

招标人应当在招标文件中规定实质性要求和条件，并用醒目的方式标明。

第二十五条 招标人可以要求投标人在提交符合招标文件规定要求的投标文件外，提交备选投标方案，但应当在招标文件中做出说明，并提出相应的评审和比较办法。

第二十六条　招标文件规定的各项技术标准应符合国家强制性标准。

招标文件中规定的各项技术标准均不得要求或标明某一特定的专利、商标、名称、设计、原产地或生产供应者,不得含有倾向或者排斥潜在投标人的其他内容。如果必须引用某一生产供应者的技术标准才能准确或清楚地说明拟招标项目的技术标准时,则应当在参照后面加上"或相当于"的字样。

第二十七条　施工招标项目需要划分标段、确定工期的,招标人应当合理划分标段、确定工期,并在招标文件中载明。对工程技术上紧密相连、不可分割的单位工程不得分割标段。

招标人不得以不合理的标段或工期限制或者排斥潜在投标人或者投标人。依法必须进行施工招标的项目的招标人不得利用划分标段规避招标。

第二十八条　招标文件应当明确规定的所有评标因素,以及如何将这些因素量化或者据以进行评估。

在评标过程中,不得改变招标文件中规定的评标标准、方法和中标条件。

第二十九条　招标文件应当规定一个适当的投标有效期,以保证招标人有足够的时间完成评标和与中标人签订合同。投标有效期从投标人提交投标文件截止之日起计算。

在原投标有效期结束前,出现特殊情况的,招标人可以书面形式要求所有投标人延长投标有效期。投标人同意延长的,不得要求或被允许修改其投标文件的实质性内容,但应当相应延长其投标保证金的有效期;投标人拒绝延长的,其投标失效,但投标人有权收回其投标保证金。因延长投标有效期造成投标人损失的,招标人应当给予补偿,但因不可抗力需要延长投标有效期的除外。

第三十条　施工招标项目工期较长的,招标文件中可以规定工程造价指数体系、价格调整因素和调整方法。

第三十一条　招标人应当确定投标人编制投标文件所需要的合理时间;但是,依法必须进行招标的项目,自招标文件开始发出之日起至投标人提交投标文件截止之日止,最短不得少于二十日。

第三十二条　招标人根据招标项目的具体情况,可以组织潜在投标人踏勘项目现场,向其介绍工程场地和相关环境的有关情况。潜在投标人依据招标人介绍情况作出的判断和决策,由投标人自行负责。

招标人不得单独或者分别组织任何一个投标人进行现场踏勘。

第三十三条　对于潜在投标人在阅读招标文件和现场踏勘中提出的疑问,招标人可以书面形式或召开投标预备会的方式解答,但需同时将解答以书面方式通知所有购买招标文件的潜在投标人。该解答的内容为招标文件的组成部分。

第三十四条　招标人可根据项目特点决定是否编制标底。编制标底的,标底编制过程和标底在开标前必须保密。

招标项目编制标底的,应根据批准的初步设计、投资概算,依据有关计价办法,参照有关工程定额,结合市场供求状况,综合考虑投资、工期和质量等方面的因素合理确定。

标底由招标人自行编制或委托中介机构编制。一个工程只能编制一个标底。

任何单位和个人不得强制招标人编制或报审标底,或干预其确定标底。

招标项目可以不设标底,进行无标底招标。

招标人设有最高投标限价的,应当在招标文件中明确最高投标限价或者最高投标限价的计算方法。招标人不得规定最低投标限价。

第三章　投　　标

第三十五条　投标人是响应招标、参加投标竞争的法人或者其他组织。招标人的任何不具独立法人资格的附属机构(单位),或者为招标项目的前期准备或者监理工作提供设计、咨询服务的任何法人及其任何附属机构(单位),都无资格参加该招标项目的投标。

第三十六条　投标人应当按照招标文件的要求编制投标文件。投标文件应当对招标文件提出的实质性要求和条件作出响应。

投标文件一般包括下列内容:

(一)投标函;

(二)投标报价;

(三)施工组织设计;

(四)商务和技术偏差表。

投标人根据招标文件载明的项目实际情况,拟在中标后将中标项目的部分非主体、非关键性工作进行分包的,应当在投标文件中载明。

第三十七条　招标人可以在招标文件中要求投标人提交投标保证金。投标保证金除现金外,可以是银行出具的银行保函、兑票支票、银行汇票或现金支票。

投标保证金不得超过项目估算价的百分之二,但最高不得超过八十万元人民币。投标保证金有效期应当与投标有效期一致。

投标人应当按照招标文件要求的方式和金额,将投标保证金随投标文件提交给招标人或其委托的招标代理机构。

"依法必须进行施工招标的项目的境内投标单位,以现金或者支票形式提交的投标保证金应当从其基本账户转出。

第三十八条　投标人应当在招标文件要求提交投标文件的截止时间前,将投标文件密封送达投标地点。招标人收到投标文件后,应当向投标人出具标明签收人和签收时间的凭证,在开标前任何单位和个人不得开启投标文件。

在招标文件要求提交投标文件的截止时间后送达的

投标文件,招标人应当拒收。

依法必须进行施工招标的项目提交投标文件的投标人人少于三个的,招标人在分析招标失败的原因并采取相应措施后,应当依法重新招标。重新招标后投标人仍少于三个的,属于必须审批、核准的工程建设项目,报经原审批、核准部门审批、核准后可以不再进行招标;其他工程建设项目,招标人可自行决定不再进行招标。

第三十九条 投标人在招标文件要求提交投标文件的截止时间前,可以补充、修改、替代或者撤回已提交的投标文件,并书面通知招标人。补充、修改的内容为投标文件的组成部分。

第四十条 在提交投标文件截止时间后到招标文件规定的投标有效期终止之前,投标人不得撤销其投标文件,否则招标人可以不退还其投标保证金。

第四十一条 在开标前,招标人应妥善保管好已接收的投标文件、修改或撤回通知、备选投标方案等投标资料。

第四十二条 两个以上法人或者其他组织可以组成一个联合体,以一个投标人的身份共同投标。

联合体各方签订共同投标协议后,不得再以自己名义单独投标,也不得组成新的联合体或参加其他联合体在同一项目中投标。

第四十三条 招标人接受联合体投标并进行资格预审的,联合体应当在提交资格预审申请文件前组成。资格预审后联合体增减、更换成员的,其投标无效。

第四十四条 联合体各方应当指定牵头人,授权其代表所有联合体成员负责投标和合同实施阶段的主办、协调工作,并应当向招标人提交由所有联合体成员法定代表人签署的授权书。

第四十五条 联合体投标的,应当以联合体各方或者联合体中牵头人的名义提交投标保证金。以联合体中牵头人名义提交的投标保证金,对联合体各成员具有约束力。

第四十六条 下列行为均属投标人串通投标报价:

(一)投标人之间相互约定抬高或压低投标报价;

(二)投标人之间相互约定,在招标项目中分别以高、中、低价位报价;

(三)投标人之间先进行内部竞价,内定中标人,然后再参加投标;

(四)投标人之间其他串通投标报价的行为。

第四十七条 下列行为均属招标人与投标人串通投标:

(一)招标人在开标前开启投标文件并将有关信息泄露给其他投标人,或者授意投标人撤换、修改投标文件;

(二)招标人向投标人泄露标底、评标委员会成员等信息;

(三)招标人明示或者暗示投标人压低或抬高投标报价;

(四)招标人明示或者暗示投标人为特定投标人中标提供方便;

(五)招标人与投标人为谋求特定中标人中标而采取的其他串通行为。

第四十八条 投标人不得以他人名义投标。

前款所称以他人名义投标,指投标人挂靠其他施工单位,或从其他单位通过受让或租借的方式获取资格或资质证书,或者由其他单位及其法定代表人在自己编制的投标文件上加盖印章和签字等行为。

第四章 开标、评标和定标

第四十九条 开标应当在招标文件确定的提交投标文件截止时间的同一时间公开进行;开标地点应当为招标文件中确定的地点。

投标人对开标有异议的,应当在开标现场提出,招标人应当当场作出答复,并制作记录。

第五十条 投标文件有下列情形之一的,招标人应当拒收:

(一)逾期送达;

(二)未按招标文件要求密封。

有下列情形之一的,评标委员会应当否决其投标:

(一)投标文件未经投标单位盖章和单位负责人签字;

(二)投标联合体没有提交共同投标协议;

(三)投标人不符合国家或者招标文件规定的资格条件;

(四)同一投标人提交两个以上不同的投标文件或者投标报价,但招标文件要求提交备选投标的除外;

(五)投标报价低于成本或者高于招标文件设定的最高投标限价;

(六)投标文件没有对招标文件的实质性要求和条件作出响应;

(七)投标人有串通投标、弄虚作假、行贿等违法行为。

第五十一条 评标委员会可以书面方式要求投标人对投标文件中含义不明确、对同类问题表述不一致或者有明显文字和计算错误的内容作必要的澄清、说明或补正。评标委员会不得向投标人提出带有暗示性或诱导性的问题,或向其明确投标文件中的遗漏和错误。

第五十二条 投标文件不响应招标文件的实质性要求和条件的,评标委员会不得允许投标人通过修正或撤销其不符合要求的差异或保留,使之成为具有响应性的投标。

第五十三条 评标委员会在对实质上响应招标文件要求的投标进行报价评估时,除招标文件另有约定外,应当按下述原则进行修正:

(一)用数字表示的数额与用文字表示的数额不一致时,以文字数额为准;

(二)单价与工程量的乘积与总价之间不一致时,以单价为准。若单价有明显的小数点错位,应以总价为准,并修改单价。

按前款规定调整后的报价经投标人确认后产生约束力。

投标文件中没有列入的价格和优惠条件在评标时不予考虑。

第五十四条 对于投标人提交的优越于招标文件中技术标准的备选投标方案所产生的附加收益,不得考虑进评标价中。符合招标文件的基本技术要求且评标价最低或综合评分最高的投标人,其所提交的备选方案方可予以考虑。

第五十五条 招标人设有标底的,标底在评标中应当作为参考,但不得作为评标的唯一依据。

第五十六条 评标委员会完成评标后,应向招标人提出书面评标报告。评标报告由评标委员会全体成员签字。

依法必须进行招标的项目,招标人应当自收到评标报告之日起三日内公示中标候选人,公示期不得少于三日。

中标通知书由招标人发出。

第五十七条 评标委员会推荐的中标候选人应当限定在一至三人,并标明排列顺序。招标人应当接受评标委员会推荐的中标候选人,不得在评标委员会推荐的中标候选人之外确定中标人。

第五十八条 国有资金占控股或者主导地位的依法必须进行招标的项目,招标人应当确定排名第一的中标候选人为中标人。排名第一的中标候选人放弃中标、因不可抗力提出不能履行合同、不按照招标文件的要求提交履约保证金,或者被查实存在影响中标结果的违法行为等情形,不符合中标条件的,招标人可以按照评标委员会提出的中标候选人名单排序依次确定其他中标候选人为中标人。依次确定其他中标候选人与招标人预期差距较大,或者对招标人明显不利的,招标人可以重新招标。

招标人可以授权评标委员会直接确定中标人。

国务院对中标人的确定另有规定的,从其规定。

第五十九条 招标人不得向中标人提出压低报价、增加工作量、缩短工期或其他违背中标人意愿的要求,以此作为发出中标通知书和签订合同的条件。

第六十条 中标通知书对招标人和中标人具有法律效力。中标通知书发出后,招标人改变中标结果的,或者中标人放弃中标项目的,应当依法承担法律责任。

第六十一条 招标人全部或者部分使用非中标单位投标文件中的技术成果或技术方案时,需征得其书面同意,并给予一定的经济补偿。

第六十二条 招标人和中标人应当在投标有效期内并在自中标通知书发出之日起三十日内,按照招标文件和中标人的投标文件订立书面合同。招标人和中标人不得再行订立背离合同实质性内容的其他协议。

招标人要求中标人提供履约保证金或其他形式履约担保的,招标人应当同时向中标人提供工程款支付担保。

招标人不得擅自提高履约保证金,不得强制要求中标人垫付中标项目建设资金。

第六十三条 招标人最迟应当在与中标人签订合同后五日内,向中标人和未中标的投标人退还投标保证金及银行同期存款利息。

第六十四条 合同中确定的建设规模、建设标准、建设内容、合同价格应当控制在批准的初步设计及概算文件范围内;确需超出规定范围的,应当在中标合同签订前,报原项目审批部门审查同意。凡应报经审查而未报的,在初步设计及概算调整时,原项目审批部门一律不予承认。

第六十五条 依法必须进行施工招标的项目,招标人应当自发出中标通知书之日起十五日内,向有关行政监督部门提交招标投标情况的书面报告。

前款所称书面报告至少应包括下列内容:

(一)招标范围;

(二)招标方式和发布招标公告的媒介;

(三)招标文件中投标人须知、技术条款、评标标准和方法、合同主要条款等内容;

(四)评标委员会的组成和评标报告;

(五)中标结果。

第六十六条 招标人不得直接指定分包人。

第六十七条 对于不具备分包条件或者不符合分包规定的,招标人有权在签订合同或者中标人提出分包要求时予以拒绝。发现中标人转包或违法分包时,可要求其改正;拒不改正的,可终止合同,并报请有关行政监督部门查处。

监理人员和有关行政部门发现中标人违反合同约定进行转包或违法分包的,应当要求中标人改正,或者告知招标人要求其改正;对于拒不改正的,应当报请有关行政监督部门查处。

第五章 法律责任

第六十八条 依法必须进行招标的项目而不招标的,将必须进行招标的项目化整为零或者以其他任何方式规避招标的,有关行政监督部门责令限期改正,可以处项目合同金额千分之五以上千分之十以下的罚款;对全部或者部分使用国有资金的项目,项目审批部门可以暂停项目执行或者暂停资金拨付;对单位直接负责的主管人员和其他直接责任人员依法给予处分。

第六十九条 招标代理机构违法泄露应当保密的与招标投标活动有关的情况和资料的,或者与招标人、投标人串通损害国家利益、社会公共利益或者他人合法权益的,由有关行政监督部门处五万元以上二十五万元以下罚款,对单位直接负责的主管人员和其他直接责任人员处单位罚款数额百分之五以上百分之十以下罚款;有违法所得的,并处没收违法所得;情节严重的,有关行政监督部门可停止其一定时期内参与相关领域的招标代理业务,资格认定部门可暂停直至取消招标代理资格;构成犯罪的,由司法部门依法追究刑事责任。给他人造成损失的,依法承担赔偿责任。

前款所列行为影响中标结果,并且中标人为前款所列行为的受益人的,中标无效。

第七十条 招标人以不合理的条件限制或者排斥潜在投标人的,对潜在投标人实行歧视待遇的,强制要求投标人组成联合体共同投标的,或者限制投标人之间竞争的,有关行政监督部门责令改正,可处一万元以上五万元以下罚款。

第七十一条 依法必须进行招标项目的招标人向他人透露已获取招标文件的潜在投标人的名称、数量或者可能影响公平竞争的有关招标投标的其他情况的,或者泄露标底的,有关行政监督部门给予警告,可以并处一万元以上十万元以下的罚款;对单位直接负责的主管人员和其他直接责任人员依法给予处分;构成犯罪的,依法追究刑事责任。

前款所列行为影响中标结果的,中标无效。

第七十二条 招标人在发布招标公告、发出投标邀请书或者售出招标文件或资格预审文件后终止招标的,应当及时退还所收取的资格预审文件、招标文件的费用,以及所收取的投标保证金及银行同期存款利息。给潜在投标人或者投标人造成损失的,应当赔偿损失。

第七十三条 招标人有下列限制或者排斥潜在投标人行为之一的,由有关行政监督部门依照招标投标法第五十一条的规定处罚;其中,构成依法必须进行施工招标的项目的招标人规避招标的,依照招标投标法第四十九条的规定处罚。

招标人有前款第一项、第三项、第四项所列行为之一的,对单位直接负责的主管人员和其他直接责任人员依法给予处分。

(一)依法应当公开招标的项目不按照规定在指定媒介发布资格预审公告或者招标公告;

(二)在不同媒介发布的同一招标项目的资格预审公告或者招标公告的内容不一致,影响潜在投标人申请资格预审或者投标。

招标人有下列情形之一的,由有关行政监督部门责令改正,可以处10万元以下的罚款:

(一)依法应当公开招标而采用邀请招标;

(二)招标文件、资格预审文件的发售、澄清、修改的时限,或者确定的提交资格预审申请文件、投标文件的时限不符合招标投标法和招标投标法实施条例规定;

(三)接受未通过资格预审的单位或者个人参加投标;

(四)接受应当拒收的投标文件。

第七十四条 投标人相互串通投标或者与招标人串通投标的,投标人以向招标人或者评标委员会成员行贿的手段谋取中标的,中标无效,由有关行政监督部门处中标项目金额千分之五以上千分之十以下的罚款,对单位直接负责的主管人员和其他直接责任人员处单位罚款数额百分之五以上百分之十以下的罚款;有违法所得的,并处没收违法所得;情节严重的,取消其一至二年的投标资格,并予以公告,直至由工商行政管理机关吊销营业执照;构成犯罪的,依法追究刑事责任。给他人造成损失的,依法承担赔偿责任。投标人未中标的,对单位的罚款金额按照招标项目合同金额依照招标投标法规定的比例计算。

第七十五条 投标人以他人名义投标或者以其他方式弄虚作假,骗取中标的,中标无效,给招标人造成损失的,依法承担赔偿责任;构成犯罪的,依法追究刑事责任。

依法必须进行招标项目的投标人有前款所列行为尚未构成犯罪的,有关行政监督部门处中标项目金额千分之五以上千分之十以下的罚款,对单位直接负责的主管人员和其他直接责任人员处单位罚款数额百分之五以上百分之十以下的罚款;有违法所得的,并处没收违法所得;情节严重的,取消其一至三年投标资格,并予以公告,直至由工商行政管理机关吊销营业执照。投标人未中标的,对单位的罚款金额按照招标项目合同金额依照招标投标法规定的比例计算。

第七十六条 依法必须进行招标的项目,招标人违法与投标人就投标价格、投标方案等实质性内容进行谈判的,有关行政监督部门给予警告,对单位直接负责的主管人员和其他直接责任人员依法给予处分。

前款所列行为影响中标结果的,中标无效。

第七十七条 评标委员会成员收受投标人的财物或者其他好处的,没收收受的财物,可以并处三千元以上五万元以下的罚款,取消担任评标委员会成员的资格并予以公告,不得再参加依法必须进行招标的项目的评标;构成犯罪的,依法追究刑事责任。

第七十八条 评标委员会成员应当回避而不回避,擅离职守,不按照招标文件规定的评标标准和方法评标,私下接触投标人,向招标人征询确定中标人的意向或者接受任何单位或者个人明示或者暗示提出的倾向或者排斥特定投标人的要求,对依法应当否决的投标不提出否决意见,暗示或者诱导投标人作出澄清、说明或者接受投标人主动提出的澄清、说明,或者有其他不能客观公正地履行职责行为的,有关行政监督部门责令改正;情节严重的,禁止其在一定期限内参加依法必须进行招标的项目的评标;情节特别严重的,取消其担任评标委员会成员的资格。

第七十九条 依法必须进行招标的项目的招标人不按照规定组建评标委员会,或者确定、更换评标委员会成员违反招标投标法和招标投标法实施条例规定的,由有关行政监督部门责令改正,可以处10万元以下的罚款,对单位直接负责的主管人员和其他直接责任人员依法给予处分;违法确定或者更换的评标委员会成员作出的评审决定无效,依法重新进行评审"。

第八十条 依法必须进行招标的项目的招标人有下列情形之一的,由有关行政监督部门责令改正,可以处中标项目金额千分之十以下的罚款;给他人造成损失的,依法承担赔偿责任;对单位直接负责的主管人员和其他直接责任人员依法给予处分:

(一)无正当理由不发出中标通知书;

(二)不按照规定确定中标人;

(三)中标通知书发出后无正当理由改变中标结果;

(四)无正当理由不与中标人订立合同;

(五)在订立合同时向中标人提出附加条件。

第八十一条 中标通知书发出后,中标人放弃中标项目的,无正当理由不与招标人签订合同的,在签订合同时向招标人提出附加条件或者更改合同实质性内容的,或者拒不提交所要求的履约保证金的,取消其中标资格,投标保证金不予退还;给招标人的损失超过投标保证金数额的,中标人应当对超过部分予以赔偿;没有提交投标保证金的,应当对招标人的损失承担赔偿责任。对依法必须进行施工招标的项目的中标人,由有关行政监督部门责令改正,可以处中标金额千分之十以下罚款。

第八十二条 中标人将中标项目转让给他人的,将中标项目肢解后分别转让给他人的,违法将中标项目的部分主体、关键性工作分包给他人的,或者分包人再次分包的,转让、分包无效,有关行政监督部门处转让、分包项目金额千分之五以上千分之十以下的罚款;有违法所得的,并处没收违法所得;可以责令停业整顿;情节严重的,由工商行政管理机关吊销营业执照。

第八十三条 招标人与中标人不按照招标文件和中标人的投标文件订立合同的,合同的主要条款与招标文件、中标人的投标文件的内容不一致,或者招标人、中标人订立背离合同实质性内容的协议的,或者招标人擅自提高履约保证金或强制要求中标人垫付中标项目建设资金的,有关行政监督部门责令改正,可以处中标项目金额千分之五以上千分之十以下的罚款。

第八十四条 中标人不履行与招标人订立的合同的,履约保证金不予退还,给招标人造成的损失超过履约保证金数额的,还应当对超过部分予以赔偿;没有提交履约保证金的,应当对招标人的损失承担赔偿责任。

中标人不按照与招标人订立的合同履行义务,情节严重的,有关行政监督部门取消其二至五年参加招标项目的投标资格并予以公告,直至由工商行政管理机关吊销营业执照。

因不可抗力不能履行合同的,不适用前两款规定。

第八十五条 招标人不履行与中标人订立的合同的,应当返还中标人的履约保证金,并承担相应的赔偿责任;没有提交履约保证金的,应当对中标人的损失承担赔偿责任。

因不可抗力不能履行合同的,不适用前款规定。

第八十六条 依法必须进行施工招标的项目违反法律规定,中标无效的,应当依照法律规定的中标条件从其余投标人中重新确定中标人或者依法重新进行招标。

中标无效的,发出的中标通知书和签订的合同自始没有法律约束力,但不影响合同中独立存在的有关解决争议方法的条款的效力。

第八十七条 任何单位违法限制或者排斥本地区、本系统以外的法人或者其他组织参加投标的,为招标人指定招标代理机构的,强制招标人委托招标代理机构办理招标事宜的,或者以其他方式干涉招标投标活动的,有关行政监督部门责令改正;对单位直接负责的主管人员和其他直接责任人员依法给予警告、记过、记大过的处分,情节较重的,依法给予降级、撤职、开除的处分。

个人利用职权进行前款违法行为的,依照前款规定追究责任。

第八十八条 对招标投标活动依法负有行政监督职责的国家机关工作人员徇私舞弊、滥用职权或者玩忽职守,构成犯罪的,依法追究刑事责任;不构成犯罪的,依法给予行政处分。

第八十九条 投标人或者其他利害关系人认为工程建设项目施工招标投标活动不符合国家规定的,可以自知道或者应当知道之日起 10 日内向有关行政监督部门投诉。投诉应当有明确的请求和必要的证明材料。

第六章 附 则

第九十条 使用国际组织或者外国政府贷款、援助资金的项目进行招标,贷款方、资金提供方对工程施工招标投标活动的条件和程序有不同规定的,可以适用其规定,但违背中华人民共和国社会公共利益的除外。

第九十一条 本办法由国家发展改革委员会会同有关部门负责解释。

第九十二条 本办法自 2013 年 5 月 1 日起施行。

19.《标准施工招标资格预审文件》和《标准施工招标文件》试行规定

(2007年11月1日国家发展改革委等九部委令第56号发布,根据2013年3月11日国家发展改革委等九部委令第23号修改)

第一条 为了规范施工招标资格预审文件、招标文件编制活动,提高资格预审文件、招标文件编制质量,促进招标投标活动的公开、公平和公正,国家发展和改革委员会、财政部、建设部、铁道部、交通部、信息产业部、水利部、民用航空总局、广播电影电视总局联合编制了《标准施工招标资格预审文件》和《标准施工招标文件》(以下如无特别说明,统一简称为《标准文件》)。

第二条 本《标准文件》适用于依法必须招标的工程建设项目。

第三条 国务院有关行业主管部门可根据《标准施工招标文件》并结合本行业施工招标特点和管理需要,编制行业标准施工招标文件。行业标准施工招标文件重点对"专用合同条款"、"工程量清单"、"图纸"、"技术标准和要求"作出具体规定。

第四条 招标人应根据《标准文件》和行业标准施工招标文件(如有),结合招标项目具体特点和实际需要,按照公开、公平、公正和诚实信用原则编写施工招标资格预审文件或施工招标文件,并按规定执行政府采购政策。

第五条 行业标准施工招标文件和招标人编制的施工招标资格预审文件、施工招标文件,应不加修改地引用《标准施工招标资格预审文件》中的"申请人须知"(申请人须知前附表除外)、"资格审查办法"(资格审查办法前附表除外),以及《标准施工招标文件》中的"投标人须知"(投标人须知前附表和其他附表除外)、"评标办法"(评标办法前附表除外)、"通用合同条款"。《标准文件》中的其他内容,供招标人参考。

第六条 行业标准施工招标文件中的"专用合同条款"可对《标准施工招标文件》中的"通用合同条款"进行补充、细化,除"通用合同条款"明确"专用合同条款"可作出不同约定外,补充和细化的内容不得与"通用合同条款"强制性规定相抵触,否则抵触内容无效。

第七条 "申请人须知前附表"和"投标人须知前附表"用于进一步明确"申请人须知"和"投标人须知"正文中的未尽事宜,招标人应结合招标项目具体特点和实际需要编制和填写,但不得与"申请人须知"和"投标人须知"正文内容相抵触,否则抵触内容无效。

第八条 "资格审查办法前附表"和"评标办法前附表"用于明确资格审查和评标的方法、因素、标准和程序。招标人应根据招标项目具体特点和实际需要,详细列明全部审查或评审因素、标准,没有列明的因素和标准不得作为资格审查或评标的依据。

第九条 招标人编制招标文件中的"专用合同条款"可根据招标项目的具体特点和实际需要,对《标准施工招标文件》中的"通用合同条款"进行补充、细化和修改,但不得违反法律、行政法规的强制性规定和平等、自愿、公平和诚实信用原则。

第十条 招标人编制的资格预审文件和招标文件不得违反公开、公平、公正、平等、自愿和诚实信用原则。

第十一条 国务院有关部门和地方人民政府有关部门应加强对招标人使用《标准文件》的指导和监督检查,及时总结经验和发现问题。

第十二条 需要就如何适用《标准文件》中不加修改地引用的内容作出解释的,按照国务院和地方人民政府部门职责分工,分别由选择有关部门负责。

第十三条 因出现新情况,需要对《标准文件》中不加修改地引用的内容作出解释或调整的,由国家发展和改革委员会会同国务院有关部门作出解释或调整。该解释和调整与《标准文件》具有同等效力。

第十四条 《标准文件》作为本规定的附件,与本规定同时发布施行。

20. 交通运输部关于发布公路工程标准施工招标文件及公路工程标准施工招标资格预审文件 2018 年版的公告

(交通运输部公告 2017 年第 51 号)

为加强公路工程施工招标管理,规范招标文件及资格预审文件编制工作,依照《中华人民共和国招标投标法》《中华人民共和国招标投标法实施条例》等法律法规,按照《公路工程建设项目招标投标管理办法》(交通运输部令 2015 年第 24 号),在国家发展改革委牵头编制的《标准施工招标文件》及《标准施工招标资格预审文件》(以下简称《标准文件》)基础上,结合公路工程施工招标特点和管理需要,交通运输部组织制定了《公路工程标准施工招标文件》(2018 年版)及《公路工程标准施工招标资格预审文件》(2018 年版)(以下简称《公路工程标准文件》),现予发布。

《公路工程标准文件》(2018 年版)自 2018 年 3 月 1 日起施行,原《公路工程标准文件》(交公路发〔2009〕221 号)同时废止,之前根据《公路工程标准文件》(2009 年版)完成招标工作的项目仍按原合同执行。

自施行之日起,依法必须进行招标的公路工程应当使用《公路工程标准文件》(2018 年版),其他公路项目可参照执行。在具体项目招标过程中,招标人可根据项目实际情况,编制项目专用文件,与《公路工程标准文件》(2018 年版)共同使用,但不得违反国家有关规定。

《公路工程标准文件》(2018 年版)中"申请人须知""资格审查办法""投标人须知""评标办法"和"通用合同条款"等部分,与《标准文件》内容相同的只保留条目号,具体内容见《标准文件》。《公路工程标准文件》电子文本可在交通运输部网站(www.mot.gov.cn)"下载中心"下载。

请各省级交通运输主管部门加强对《公路工程标准文件》(2018 年版)贯彻落实情况的监督检查,注意收集有关意见和建议,及时反馈。

中华人民共和国交通运输部
2017 年 11 月 30 日

投资人招标投标

21. 关于修改《经营性公路建设项目投资人招标投标管理规定》的决定

(交通运输部令 2015 年第 13 号)

交通运输部决定对《经营性公路建设项目投资人招标投标管理规定》(交通部令 2007 年第 8 号)作如下修改：

将第十九条第一款第（一）项中"注册资本一亿元人民币以上，"删除。

本决定自 2015 年 6 月 24 日起施行。

《经营性公路建设项目投资人招标投标管理规定》根据本决定作相应修正，重新发布。

经营性公路建设项目投资人招标投标管理规定

第一章 总 则

第一条 为规范经营性公路建设项目投资人招标投标活动，根据《中华人民共和国公路法》、《中华人民共和国招标投标法》和《收费公路管理条例》，制定本规定。

第二条 在中华人民共和国境内的经营性公路建设项目投资人招标投标活动，适用本规定。

本规定所称经营性公路是指符合《收费公路管理条例》的规定，由国内外经济组织投资建设，经批准依法收取车辆通行费的公路（含桥梁和隧道）。

第三条 经营性公路建设项目投资人招标投标活动应当遵循公开、公平、公正、诚信、择优的原则。

任何单位和个人不得非法干涉招标投标活动。

第四条 国务院交通主管部门负责全国经营性公路建设项目投资人招标投标活动的监督管理工作。主要职责是：

（一）根据有关法律、行政法规，制定相关规章和制度，规范和指导全国经营性公路建设项目投资人招标投标活动；

（二）监督全国经营性公路建设项目投资人招标投标活动，依法受理举报和投诉，查处招标投标活动中的违法行为；

（三）对全国经营性公路建设项目投资人进行动态管理，定期公布投资人信用情况。

第五条 省级人民政府交通主管部门负责本行政区域内经营性公路建设项目投资人招标投标活动的监督管理工作。主要职责是：

（一）贯彻执行有关法律、行政法规、规章，结合本行政区域内的实际情况，制定具体管理制度；

（二）确定下级人民政府交通主管部门对经营性公路建设项目投资人招标投标活动的监督管理职责；

（三）发布本行政区域内经营性公路建设项目投资人招标信息；

（四）负责组织对列入国家高速公路网规划和省级人民政府确定的重点经营性公路建设项目的投资人招标工作；

（五）指导和监督本行政区域内的经营性公路建设项目投资人招标投标活动，依法受理举报和投诉，查处招标投标活动中的违法行为。

第六条 省级以下人民政府交通主管部门的主要职责是：

（一）贯彻执行有关法律、行政法规、规章和相关制度；

（二）负责组织本行政区域内除第五条第（四）项规定以外的经营性公路建设项目投资人招标工作；

（三）按照省级人民政府交通主管部门的规定，对本行政区域内的经营性公路建设项目投资人招标投标活动进行监督管理。

第二章 招 标

第七条 需要进行投资人招标的经营性公路建设项目应当符合下列条件：

（一）符合国家和省、自治区、直辖市公路发展规划；

（二）符合《收费公路管理条例》第十八条规定的技术等级和规模；

（三）已经编制项目可行性研究报告。

第八条 招标人是依照本规定提出经营性公路建设项目、组织投资人招标工作的交通主管部门。

招标人可以自行组织招标或委托具有相应资格的招标代理机构代理有关招标事宜。

第九条 经营性公路建设项目投资人招标应当采用公开招标方式。

第十条 经营性公路建设项目投资人招标实行资格审查制度。资格审查方式采取资格预审或资格后审。

资格预审，是指招标人在投标前对潜在投标人进行资格审查。

资格后审，是指招标人在开标后对投标人进行资格审查。

实行资格预审的，一般不再进行资格后审，但招标文件另有规定的除外。

第十一条 资格审查的基本内容应当包括投标人的财务状况、注册资本、净资产、投融资能力、初步融资方案、从业经验和商业信誉等情况。

第十二条 经营性公路建设项目招标工作应当按照以下程序进行：

（一）发布招标公告；

（二）潜在投标人提出投资意向；

（三）招标人向提出投资意向的潜在投标人推介投资项目；

（四）潜在投标人提出投资申请；

（五）招标人向提出投资申请的潜在投标人详细介绍项目情况，可以组织潜在投标人踏勘项目现场并解答有关问题；

（六）实行资格预审的，由招标人向提出投资申请的潜在投标人发售资格预审文件；实行资格后审的，由招标人向提出投资申请的投标人发售招标文件；

（七）实行资格预审的，潜在投标人编制资格预审申请文件，并递交招标人；招标人应当对递交资格预审申请文件的潜在投标人进行资格审查，并向资格预审合格的潜在投标人发售招标文件；

（八）投标人编制投标文件，并提交招标人；

（九）招标人组织开标，组建评标委员会；

（十）实行资格后审的，评标委员会应当在开标后首先对投标人进行资格审查；

（十一）评标委员会进行评标，推荐中标候选人；

（十二）招标人确定中标人，并发出中标通知书；

（十三）招标人与中标人签订投资协议。

第十三条　招标人应通过国家指定的全国性报刊、信息网络等媒介发布招标公告。

采用国际招标的，应通过相关国际媒介发布招标公告。

第十四条　招标人应当参照国务院交通主管部门制定的经营性公路建设项目投资人招标资格预审文件范本编制资格预审文件，并结合项目特点和需要确定资格审查标准。

招标人应当组建资格预审委员会对递交资格预审申请文件的潜在投标人进行资格审查。资格预审委员会由招标人代表和公路、财务、金融等方面的专家组成，成员人数为七人以上单数。

第十五条　招标人应当参照国务院交通主管部门制定的经营性公路建设项目投资人招标文件范本，并结合项目特点和需要编制招标文件。

招标人编制招标文件时，应当充分考虑项目投资回收能力和预期收益的不确定性，合理分配项目的各类风险，并对特许权内容、最长收费期限、相关政策等予以说明。招标人编制的可行性研究报告应当作为招标文件的组成部分。

第十六条　招标人应当合理确定资格预审申请文件和投标文件的编制时间。

编制资格预审申请文件时间，自资格预审文件开始发售之日起至潜在投标人提交资格预审申请文件截止之日止，不得少于三十个工作日。

编制投标文件的时间，自招标文件开始发售之日起至投标人提交投标文件截止之日止，不得少于四十五个工作日。

第十七条　列入国家高速公路网规划和需经国务院投资主管部门核准的经营性公路建设项目投资人招标投标活动，应当按照招标工作程序，及时将招标文件、资格预审结果、评标报告报国务院交通主管部门备案。国务院交通主管部门应当在收到备案文件七个工作日内，对不符合法律、法规规定的内容提出处理意见，及时行使监督职责。

其他经营性公路建设项目投资人招标投标活动的备案工作按照省级人民政府交通主管部门的有关规定执行。

第三章　投　　标

第十八条　投标人是响应招标、参加投标竞争的国内外经济组织。

采用资格预审方式招标的，潜在投标人通过资格预审后，方可参加投标。

第十九条　投标人应当具备以下基本条件：

（一）总资产六亿元人民币以上，净资产二亿五千万元人民币以上；

（二）最近连续三年每年均为盈利，且年度财务报告应当经具有法定资格的中介机构审计；

（三）具有不低于项目估算的投融资能力，其中净资产不低于项目估算投资的百分之三十五；

（四）商业信誉良好，无重大违法行为。

招标人可以根据招标项目的实际情况，提高对投标人的条件要求。

第二十条　两个以上的国内外经济组织可以组成一个联合体，以一个投标人的身份共同投标。联合体各方均应符合招标人对投标人的资格审查标准。

以联合体形式参加投标的，应提交联合体各方签订的共同投标协议。共同投标协议应当明确约定联合体各方的出资比例、相互关系、拟承担的工作和责任。联合体中标的，联合体各方应共同与招标人签订项目投资协议，并向招标人承担连带责任。

联合体的控股方为联合体主办人。

第二十一条　投标人应当按照招标文件的要求编制投标文件，投标文件应当对招标文件提出的实质性要求和条件作出响应。

第二十二条　招标文件明确要求提交投标担保的，投标人应按照招标文件要求的额度、期限和形式提交投标担保。投标人未按照招标文件的要求提交投标担保的，其提交的投标文件为废标。

投标担保的额度一般为项目投资的千分之三，但最高不得超过五百万元人民币。

第二十三条　投标人参加投标，不得弄虚作假，不得与其他投标人串通投标，不得采取商业贿赂以及其他不正当手段谋取中标，不得妨碍其他投标人投标。

第四章　开标与评标

第二十四条　开标应当在招标文件确定的提交投标文件截止时间的同一时间公开进行。

开标由招标人主持,邀请所有投标人代表参加。招标人对开标过程应当记录,并存档备查。

第二十五条　评标由招标人依法组建的评标委员会负责。评标委员会由招标人代表和公路、财务、金融等方面的专家组成,成员人数为七人以上单数。招标人代表的人数不得超过评标委员会总人数的三分之一。

与投标人有利害关系以及其他可能影响公正评标的人员不得进入相关项目的评标委员会,已经进入的应当更换。

评标委员会成员的名单在中标结果确定前应当保密。

第二十六条　评标委员会可以直接或者通过招标人以书面方式要求投标人对投标文件中含义不明确、对同类问题表述不一致或者有明显文字错误的内容作出必要的澄清或者说明,但是澄清或者说明不得超出或者改变投标文件的范围或者改变投标文件的实质性内容。

第二十七条　经营性公路建设项目投资人招标的评标办法应当采用综合评估或者最短收费期限法。

采用综合评估法的,应当在招标文件中载明对收费期限、融资能力、资金筹措方案、融资经验、项目建设方案、项目运营、移交方案等评价内容的评分权重,根据综合得分由高到低推荐中标候选人。

采用最短收费期限法的,应当在投标人实质性响应招标文件的前提下,推荐经评审的收费期限最短的投标人为中标候选人,但收费期限不得违反国家有关法规的规定。

第二十八条　评标委员会完成评标后,应当向招标人提出书面评标报告,推荐一至三名中标候选人,并标明排名顺序。

评标报告需要由评标委员会全体成员签字。

第五章　中标与协议的签订

第二十九条　招标人应当确定排名第一的中标候选人为中标人。招标人也可以授权评标委员会直接确定中标人。

排名第一的中标候选人有下列情形之一的,招标人可以确定排名第二的中标候选人为中标人:

(一)自动放弃中标;

(二)因不可抗力提出不能履行合同;

(三)不能按照招标文件要求提交履约保证金;

(四)存在违法行为被有关部门依法查处,且其违法行为影响中标结果的。

如果排名第二的中标候选人存在上述情形之一,招标人可以确定排名第三的中标候选人为中标人。

三个中标候选人都存在本条第二款所列情形的,招标人应当依法重新招标。

招标人不得在评标委员会推荐的中标候选人之外确定中标人。

第三十条　提交投标文件的投标人少于三个或者因其他原因导致招标失败的,招标人应当依法重新招标。重新招标前,应当根据前次的招标情况,对招标文件进行适当调整。

第三十一条　招标人确定中标人后,应当在十五个工作日内向中标人发出中标通知书,同时通知所有未中标的投标人。

第三十二条　招标文件要求中标人提供履约担保的,中标人应当提供。担保的金额一般为项目资本金出资额的百分之十。

履约保证金应当在中标人履行项目投资协议后三十日内予以退还。其他形式的履约担保,应当在中标人履行项目投资协议后三十日内予以撤销。

第三十三条　招标人和中标人应当自中标通知书发出之日起三十个工作日内按照招标文件和中标人的投标文件订立书面投资协议。投资协议应包括以下内容:

(一)招标人与中标人的权利义务;

(二)履约担保的有关要求;

(三)违约责任;

(四)免责事由;

(五)争议的解决方式;

(六)双方认为应当规定的其他事项。

招标人应当在与中标人签订投资协议后五个工作日内向所有投标人退回投标担保。

第三十四条　中标人应在签订项目投资协议后九十日内到工商行政管理部门办理项目法人的工商登记手续,完成项目法人组建。

第三十五条　招标人与项目法人应当在完成项目核准手续后签订项目特许权协议。特许权协议应当参照国务院交通主管部门制定的特许权协议示范文本并结合项目的特点和需要制定。特许权协议应当包括以下内容:

(一)特许权的内容及期限;

(二)双方的权利及义务;

(三)项目建设要求;

(四)项目运营管理要求;

(五)有关担保要求;

(六)特许权益转让要求;

(七)违约责任;

(八)协议的终止;

(九)争议的解决;

(十)双方认为应规定的其他事项。

第六章　附　则

第三十六条　对招投标活动中的违法行为,应当按照国家有关法律、法规的规定予以处罚。

第三十七条　招标人违反本办法规定,以不合理的条件限制或者排斥潜在投标人,对潜在投标人实行歧视待遇的,由上级交通主管部门责令改正。

第三十八条　本规定自2008年1月1日起施行。

22. 关于发布《经营性公路建设项目投资人招标资格预审文件示范文本》和《经营性公路建设项目投资人招标文件示范文本》的通知

(交公路发〔2011〕135号)

各省、自治区、直辖市、新疆生产建设兵团交通运输厅(局、委),天津市市政公路管理局,各有关单位:

为加强经营性公路建设项目投资人招标管理,规范资格预审文件和招标文件编制工作,部组织制定了《经营性公路建设项目投资人招标资格预审文件示范文本》和《经营性公路建设项目投资人招标文件示范文本》(以下统称示范文本),现予发布。示范文本自2011年5月1日起施行,推荐使用。

示范文本的管理权和解释权归交通运输部。

2011年3月28日

货物招标投标

23. 政府采购货物和服务招标投标管理办法

(2004年8月11日财政部令第18号发布,根据2017年7月11日财政部令第87号修正)

第一章 总 则

第一条 为了规范政府采购当事人的采购行为,加强对政府采购货物和服务招标投标活动的监督管理,维护国家利益、社会公共利益和政府采购招标投标活动当事人的合法权益,依据《中华人民共和国政府采购法》(以下简称政府采购法)、《中华人民共和国政府采购法实施条例》(以下简称政府采购法实施条例)和其他有关法律法规规定,制定本办法。

第二条 本办法适用于在中华人民共和国境内开展政府采购货物和服务(以下简称货物服务)招标投标活动。

第三条 货物服务招标分为公开招标和邀请招标。

公开招标,是指采购人依法以招标公告的方式邀请非特定的供应商参加投标的采购方式。

邀请招标,是指采购人依法从符合相应资格条件的供应商中随机抽取3家以上供应商,并以投标邀请书的方式邀请其参加投标的采购方式。

第四条 属于地方预算的政府采购项目,省、自治区、直辖市人民政府根据实际情况,可以确定分别适用于本行政区域省级、设区的市级、县级公开招标数额标准。

第五条 采购人应当在货物服务招标投标活动中落实节约能源、保护环境、扶持不发达地区和少数民族地区、促进中小企业发展等政府采购政策。

第六条 采购人应当按照行政事业单位内部控制规范要求,建立健全本单位政府采购内部控制制度,在编制政府采购预算和实施计划、确定采购需求、组织采购活动、履约验收、答复询问质疑、配合投诉处理及监督检查等重点环节加强内部控制管理。

采购人不得向供应商索要或者接受其给予的赠品、回扣或者与采购无关的其他商品、服务。

第七条 采购人应当按照财政部制定的《政府采购品目分类目录》确定采购项目属性。按照《政府采购品目分类目录》无法确定的,按照有利于采购项目实施的原则确定。

第八条 采购人委托采购代理机构代理招标的,采购代理机构应当在采购人委托的范围内依法开展采购活动。

采购代理机构及其分支机构不得在所代理的采购项目中投标或者代理投标,不得为所代理的采购项目的投标人参加本项目提供投标咨询。

第二章 招 标

第九条 未纳入集中采购目录的政府采购项目,采购人可以自行招标,也可以委托采购代理机构在委托的范围内代理招标。

采购人自行组织开展招标活动的,应当符合下列条件:

(一)有编制招标文件、组织招标的能力和条件;

(二)有与采购项目专业性相适应的专业人员。

第十条 采购人应当对采购标的的市场技术或者服务水平、供应、价格等情况进行市场调查,根据调查情况、资产配置标准等科学、合理地确定采购需求,进行价格测算。

第十一条 采购需求应当完整、明确,包括以下内容:

(一)采购标的需实现的功能或者目标,以及为落实政府采购政策需满足的要求;

(二)采购标的需执行的国家相关标准、行业标准、地方标准或者其他标准、规范;

(三)采购标的需满足的质量、安全、技术规格、物理特性等要求;

(四)采购标的的数量、采购项目交付或者实施的时间和地点;

(五)采购标的需满足的服务标准、期限、效率等要求;

(六)采购标的的验收标准;

(七)采购标的的其他技术、服务等要求。

第十二条 采购人根据价格测算情况,可以在采购预算额度内合理设定最高限价,但不得设定最低限价。

第十三条 公开招标公告应当包括以下主要内容:

(一)采购人及其委托的采购代理机构的名称、地址和联系方法;

(二)采购项目的名称、预算金额,设定最高限价的,还应当公开最高限价;

(三)采购人的采购需求;

(四)投标人的资格要求;

(五)获取招标文件的时间期限、地点、方式及招标文件售价;

(六)公告期限;

(七)投标截止时间、开标时间及地点;

(八)采购项目联系人姓名和电话。

第十四条 采用邀请招标方式的,采购人或者采购代理机构应当通过以下方式产生符合资格条件的供应商名单,并从中随机抽取3家以上供应商向其发出投标邀请书：

（一）发布资格预审公告征集；

（二）从省级以上人民政府财政部门（以下简称财政部门）建立的供应商库中选取；

（三）采购人书面推荐。

采用前款第一项方式产生符合资格条件供应商名单的，采购人或者采购代理机构应当按照资格预审文件载明的标准和方法，对潜在投标人进行资格预审。

采用第一款第二项或者第三项方式产生符合资格条件供应商名单的，备选的符合资格条件供应商总数不得少于拟随机抽取供应商总数的2倍。

随机抽取是指通过抽签等能够保证所有符合资格条件供应商机会均等的方式选定供应商。随机抽取供应商时，应当有不少于2名采购人工作人员在场监督，并形成书面记录，随采购文件一并存档。

投标邀请书应当同时向所有受邀请的供应商发出。

第十五条 资格预审公告应当包括以下主要内容：

（一）本办法第十三条第一至四项、第六项和第八项内容；

（二）获取资格预审文件的时间期限、地点、方式；

（三）提交资格预审申请文件的截止时间、地点及资格预审日期。

第十六条 招标公告、资格预审公告的公告期限为5个工作日。公告内容应当以省级以上财政部门指定媒体发布的公告为准。公告期限自省级以上财政部门指定媒体最先发布公告之日起算。

第十七条 采购人、采购代理机构不得将投标人的注册资本、资产总额、营业收入、从业人员、利润、纳税额等规模条件作为资格要求或者评审因素，也不得通过将除进口货物以外的生产厂家授权、承诺、证明、背书等作为资格要求，对投标人实行差别待遇或者歧视待遇。

第十八条 采购人或者采购代理机构应当按照招标公告、资格预审公告或者投标邀请书规定的时间、地点提供招标文件或者资格预审文件，提供期限自招标公告、资格预审公告发布之日起计算不得少于5个工作日。提供期限届满后，获取招标文件或者资格预审文件的潜在投标人不足3家的，可以顺延提供期限，并予公告。

公开招标进行资格预审的，招标公告和资格预审公告可以合并发布，招标文件应当向所有通过资格预审的供应商提供。

第十九条 采购人或者采购代理机构应当根据采购项目的实施要求，在招标公告、资格预审公告或者投标邀请书中载明是否接受联合体投标。如未载明，不得拒绝联合体投标。

第二十条 采购人或者采购代理机构应当根据采购项目的特点和采购需求编制招标文件。招标文件应当包括以下主要内容：

（一）投标邀请；

（二）投标人须知（包括投标文件的密封、签署、盖章要求等）；

（三）投标人应当提交的资格、资信证明文件；

（四）为落实政府采购政策，采购标的需满足的要求，以及投标人须提供的证明材料；

（五）投标文件编制要求、投标报价要求和投标保证金交纳、退还方式以及不予退还投标保证金的情形；

（六）采购项目预算金额，设定最高限价的，还应当公开最高限价；

（七）采购项目的技术规格、数量、服务标准、验收等要求，包括附件、图纸等；

（八）拟签订的合同文本；

（九）货物、服务提供的时间、地点、方式；

（十）采购资金的支付方式、时间、条件；

（十一）评标方法、评标标准和投标无效情形；

（十二）投标有效期；

（十三）投标截止时间、开标时间及地点；

（十四）采购代理机构代理费用的收取标准和方式；

（十五）投标人信用信息查询渠道及截止时点、信用信息查询记录和证据留存的具体方式、信用信息的使用规则等；

（十六）省级以上财政部门规定的其他事项。

对于不允许偏离的实质性要求和条件，采购人或者采购代理机构应当在招标文件中规定，并以醒目的方式标明。

第二十一条 采购人或者采购代理机构应当根据采购项目的特点和采购需求编制资格预审文件。资格预审文件应当包括以下主要内容：

（一）资格预审邀请；

（二）申请人须知；

（三）申请人的资格要求；

（四）资格审核标准和方法；

（五）申请人应当提供的资格预审申请文件的内容和格式；

（六）提交资格预审申请文件的方式、截止时间、地点及资格审核日期；

（七）申请人信用信息查询渠道及截止时点、信用信息查询记录和证据留存的具体方式、信用信息的使用规则等内容；

（八）省级以上财政部门规定的其他事项。

资格预审文件应当免费提供。

第二十二条 采购人、采购代理机构一般不得要求投标人提供样品，仅凭书面方式不能准确描述采购需求或者需要对样品进行主观判断以确认是否满足采购需求等特殊情况除外。

要求投标人提供样品的，应当在招标文件中明确规定样品制作的标准和要求、是否需要随样品提交相关检测报告、样品的评审方法以及评审标准。需要随样品提交检测报告的，还应当规定检测机构的要求、检测内容等。

采购活动结束后,对于未中标人提供的样品,应当及时退还或者经未中标人同意后自行处理;对于中标人提供的样品,应当按照招标文件的规定进行保管、封存,并作为履约验收的参考。

第二十三条 投标有效期从提交投标文件的截止之日起算。投标文件中承诺的投标有效期应当不少于招标文件中载明的投标有效期。投标有效期内投标人撤销投标文件的,采购人或者采购代理机构可以不退还投标保证金。

第二十四条 招标文件售价应当按照弥补制作、邮寄成本的原则确定,不得以营利为目的,不得以招标采购金额作为确定招标文件售价的依据。

第二十五条 招标文件、资格预审文件的内容不得违反法律、行政法规、强制性标准、政府采购政策,或者违反公开透明、公平竞争、公正和诚实信用原则。

有前款规定情形,影响潜在投标人投标或者资格预审结果的,采购人或者采购代理机构应当修改招标文件或者资格预审文件后重新招标。

第二十六条 采购人或者采购代理机构可以在招标文件提供期限截止后,组织已获取招标文件的潜在投标人现场考察或者召开开标前答疑会。

组织现场考察或者召开答疑会的,应当在招标文件中载明,或者在招标文件提供期限截止后以书面形式通知所有获取招标文件的潜在投标人。

第二十七条 采购人或者采购代理机构可以对已发出的招标文件、资格预审文件、投标邀请书进行必要的澄清或者修改,但不得改变采购标的和资格条件。澄清或者修改应当在原公告发布媒体上发布澄清公告。澄清或者修改的内容为招标文件、资格预审文件、投标邀请书的组成部分。

澄清或者修改的内容可能影响投标文件编制的,采购人或者采购代理机构应当在投标截止时间至少15日前,以书面形式通知所有获取招标文件的潜在投标人;不足15日的,采购人或者采购代理机构应当顺延提交投标文件的截止时间。

澄清或者修改的内容可能影响资格预审文件编制的,采购人或者采购代理机构应当在提交资格预审申请文件截止时间至少3日前,以书面形式通知所有获取资格预审申请文件的潜在投标人;不足3日的,采购人或者采购代理机构应当顺延提交资格预审申请文件的截止时间。

第二十八条 投标截止时间前,采购人、采购代理机构和有关人员不得向他人透露已获取招标文件的潜在投标人的名称、数量以及可能影响公平竞争的有关招标投标的其他情况。

第二十九条 采购人、采购代理机构在发布招标公告、资格预审公告或者发出投标邀请书后,除因重大变故采购任务取消情况外,不得擅自终止招标活动。

终止招标的,采购人或者采购代理机构应当及时在原公告发布媒体上发布终止公告,以书面形式通知已经获取招标文件、资格预审文件或者被邀请的潜在投标人,并将项目实施情况和采购任务取消原因报告本级财政部门。已经收取招标文件费用或者投标保证金的,采购人或者采购代理机构应当在终止采购活动后5个工作日内,退还所收取的招标文件费用和所收取的投标保证金及其在银行产生的孳息。

第三章 投 标

第三十条 投标人,是指响应招标、参加投标竞争的法人、其他组织或者自然人。

第三十一条 采用最低评标价法的采购项目,提供相同品牌产品的不同投标人参加同一合同项下投标的,以其中通过资格审查、符合性审查且报价最低的参加评标;报价相同的,由采购人或者采购人委托评标委员会按照招标文件规定的方式确定1个参加评标的投标人,招标文件未规定的采取随机抽取方式确定,其他投标无效。

使用综合评分法的采购项目,提供相同品牌产品且通过资格审查、符合性审查的不同投标人参加同一合同项下投标的,按1家投标人计算,评审后得分最高的同品牌投标人获得中标人推荐资格;评审得分相同的,由采购人或者采购人委托评标委员会按照招标文件规定的方式确定1个投标人获得中标人推荐资格,招标文件未规定的采取随机抽取方式确定,其他同品牌投标人不作为中标候选人。

非单一产品采购项目,采购人应当根据采购项目技术构成、产品价格比重等合理确定核心产品,并在招标文件中载明。多家投标人提供的核心产品品牌相同的,按前两款规定处理。

第三十二条 投标人应当按照招标文件的要求编制投标文件。投标文件应当对招标文件提出的要求和条件作出明确响应。

第三十三条 投标人应当在招标文件要求提交投标文件的截止时间前,将投标文件密封送达投标地点。采购人或者采购代理机构收到投标文件后,应当如实记载投标文件的送达时间和密封情况,签收保存,并向投标人出具签收回执。任何单位和个人不得在开标前开启投标文件。

逾期送达或者未按照招标文件要求密封的投标文件,采购人、采购代理机构应当拒收。

第三十四条 投标人在投标截止时间前,可以对所递交的投标文件进行补充、修改或者撤回,并书面通知采购人或者采购代理机构。补充、修改的内容应当按照招标文件要求签署、盖章、密封后,作为投标文件的组成部分。

第三十五条 投标人根据招标文件的规定和采购项目的实际情况,拟在中标后将中标项目的非主体、非关键性工作分包的,应当在投标文件中载明分包承担主体,分包承担主体应当具备相应资质条件且不得再次分包。

第三十六条 投标人应当遵循公平竞争的原则,不得恶意串通,不得妨碍其他投标人的竞争行为,不得损害采购人或者其他投标人的合法权益。

在评标过程中发现投标人有上述情形的,评标委员会应当认定其投标无效,并书面报告本级财政部门。

第三十七条 有下列情形之一的,视为投标人串通投标,其投标无效:

(一)不同投标人的投标文件由同一单位或者个人编制;

(二)不同投标人委托同一单位或者个人办理投标事宜;

(三)不同投标人的投标文件载明的项目管理成员或者联系人员为同一人;

(四)不同投标人的投标文件异常一致或者投标报价呈规律性差异;

(五)不同投标人的投标文件相互混装;

(六)不同投标人的投标保证金从同一单位或者个人的账户转出。

第三十八条 投标人在投标截止时间前撤回已提交的投标文件的,采购人或者采购代理机构应当自收到投标人书面撤回通知之日起5个工作日内,退还已收取的投标保证金,但因投标人自身原因导致无法及时退还的除外。

采购人或者采购代理机构应当自中标通知书发出之日起5个工作日内退还未中标人的投标保证金,自采购合同签订之日起5个工作日内退还中标人的投标保证金或者转为中标人的履约保证金。

采购人或者采购代理机构逾期退还投标保证金的,除应当退还投标保证金本金外,还应当按中国人民银行同期贷款基准利率上浮20%后的利率支付超期资金占用费,但因投标人自身原因导致无法及时退还的除外。

第四章 开标、评标

第三十九条 开标应当在招标文件确定的提交投标文件截止时间的同一时间进行。开标地点应当为招标文件中预先确定的地点。

采购人或者采购代理机构应当对开标、评标现场活动进行全程录音录像。录音录像应当清晰可辨,音像资料作为采购文件一并存档。

第四十条 开标由采购人或者采购代理机构主持,邀请投标人参加。评标委员会成员不得参加开标活动。

第四十一条 开标时,应当由投标人或者其推选的代表检查投标文件的密封情况;经确认无误后,由采购人或者采购代理机构工作人员当众拆封,宣布投标人名称、投标价格和招标文件规定的需要宣布的其他内容。

投标人不足3家的,不得开标。

第四十二条 开标过程应当由采购人或者采购代理机构负责记录,由参加开标的各投标人代表和相关工作人员签字确认后随采购文件一并存档。

投标人代表对开标过程和开标记录有疑义,以及认为采购人、采购代理机构相关工作人员有需要回避的情形的,应当场提出询问或者回避申请。采购人、采购代理机构对投标人代表提出的询问或者回避申请应当及时处理。

投标人未参加开标的,视同认可开标结果。

第四十三条 公开招标数额标准以上的采购项目,投标截止后投标人不足3家或者通过资格审查或符合性审查的投标人不足3家的,除采购任务取消情形外,按照以下方式处理:

(一)招标文件存在不合理条款或者招标程序不符合规定的,采购人、采购代理机构改正后依法重新招标;

(二)招标文件没有不合理条款,招标程序符合规定,需要采用其他采购方式采购的,采购人应当依法报财政部门批准。

第四十四条 公开招标采购项目开标结束后,采购人或者采购代理机构应当依法对投标人的资格进行审查。

合格投标人不足3家的,不得评标。

第四十五条 采购人或者采购代理机构负责组织评标工作,并履行下列职责:

(一)核对评审专家身份和采购人代表授权函,对评审专家在政府采购活动中的职责履行情况予以记录,并及时将有关违法违规行为向财政部门报告;

(二)宣布评标纪律;

(三)公布投标人名单,告知评审专家应当回避的情形;

(四)组织评标委员会推选评标组长,采购人代表不得担任组长;

(五)在评标期间采取必要的通讯管理措施,保证评标活动不受外界干扰;

(六)根据评标委员会的要求介绍政府采购相关政策法规、招标文件;

(七)维护评标秩序,监督评标委员会依照招标文件规定的评标程序、方法和标准进行独立评审,及时制止和纠正采购人代表、评审专家的倾向性言论或者违法违规行为;

(八)核对评标结果,有本办法第六十四条规定情形的,要求评标委员会复核或者书面说明理由,评标委员会拒绝的,应予记录并向本级财政部门报告;

(九)评审工作完成后,按照规定向评审专家支付劳务报酬和异地评审差旅费,不得向评审专家以外的其他人员支付评审劳务报酬;

(十)处理与评标有关的其他事项。

采购人可以在评标前说明项目背景和采购需求,说明内容不得含有歧视性、倾向性意见,不得超出招标文件所述范围。说明应当提交书面材料,并随采购文件一并存档。

第四十六条 评标委员会负责具体评标事务,并独立履行下列职责：

（一）审查、评价投标文件是否符合招标文件的商务、技术等实质性要求；

（二）要求投标人对投标文件有关事项作出澄清或者说明；

（三）对投标文件进行比较和评价；

（四）确定中标候选人名单，以及根据采购人委托直接确定中标人；

（五）向采购人、采购代理机构或者有关部门报告评标中发现的违法行为。

第四十七条 评标委员会由采购人代表和评审专家组成，成员人数应当为5人以上单数，其中评审专家不得少于成员总数的2/3。

采购项目符合下列情形之一的，评标委员会成员人数应当为7人以上单数：

（一）采购预算金额在1000万元以上；

（二）技术复杂；

（三）社会影响较大。

评审专家对本单位的采购项目只能作为采购人代表参与评标，本办法第四十八条第二款规定情形除外。采购代理机构工作人员不得参加由本机构代理的政府采购项目的评标。

评标委员会成员名单在评标结果公告前应当保密。

第四十八条 采购人或者采购代理机构应当从省级以上财政部门设立的政府采购评审专家库中，通过随机方式抽取评审专家。

对技术复杂、专业性强的采购项目，通过随机方式难以确定合适评审专家的，经主管预算单位同意，采购人可以自行选定相应专业领域的评审专家。

第四十九条 评标中因评标委员会成员缺席、回避或者健康等特殊原因导致评标委员会组成不符合本办法规定的，采购人或者采购代理机构应当依法补足后继续评标。被更换的评标委员会成员所作出的评标意见无效。

无法及时补足评标委员会成员的，采购人或者采购代理机构应当停止评标活动，封存所有投标文件和开标、评标资料，依法重新组建评标委员会进行评标。原评标委员会所作出的评标意见无效。

采购人或者采购代理机构应当将变更、重新组建评标委员会的情况予以记录，并随采购文件一并存档。

第五十条 评标委员会应当对符合资格的投标人的投标文件进行符合性审查，以确定其是否满足招标文件的实质性要求。

第五十一条 对于投标文件中含义不明确、同类问题表述不一致或者有明显文字和计算错误的内容，评标委员会应当以书面形式要求投标人作出必要的澄清、说明或者补正。

投标人的澄清、说明或者补正应当采用书面形式，并加盖公章，或者由法定代表人或其授权的代表签字。投标人的澄清、说明或者补正不得超出投标文件的范围或者改变投标文件的实质性内容。

第五十二条 评标委员会应当按照招标文件中规定的评标方法和标准，对符合性审查合格的投标文件进行商务和技术评估，综合比较与评价。

第五十三条 评标方法分为最低评标价法和综合评分法。

第五十四条 最低评标价法，是指投标文件满足招标文件全部实质性要求，且投标报价最低的投标人为中标候选人的评标方法。

技术、服务等标准统一的货物服务项目，应当采用最低评标价法。

采用最低评标价法评标时，除了算术修正和落实政府采购政策需进行的价格扣除外，不能对投标人的投标价格进行任何调整。

第五十五条 综合评分法，是指投标文件满足招标文件全部实质性要求，且按照评审因素的量化指标评审得分最高的投标人为中标候选人的评标方法。

评审因素的设定应当与投标人所提供货物服务的质量相关，包括投标报价、技术或者服务水平、履约能力、售后服务等。资格条件不得作为评审因素。评审因素应当在招标文件中规定。

评审因素应当细化和量化，且与相应的商务条件和采购需求对应。商务条件和采购需求指标有区间规定的，评审因素应当量化到相应区间，并设置各区间对应的不同分值。

评标时，评标委员会各成员应当独立对每个投标人的投标文件进行评价，并汇总每个投标人的得分。

货物项目的价格分值占总分值的比重不得低于30%；服务项目的价格分值占总分值的比重不得低于10%。执行国家统一定价标准和采用固定价格采购的项目，其价格不列为评审因素。

价格分应当采用低价优先法计算，即满足招标文件要求且投标价格最低的投标报价为评标基准价，其价格分为满分。其他投标人的价格分统一按照下列公式计算：

投标报价得分＝（评标基准价/投标报价）×100

评标总得分＝$F_1 \times A_1 + F_2 \times A_2 + \cdots\cdots + F_n \times A_n$

F_1、F_2……F_n 分别为各项评审因素的得分；

A_1、A_2……A_n 分别为各项评审因素所占的权重（$A_1 + A_2 + \cdots\cdots + A_n = 1$）。

评标过程中，不得去掉报价中的最高报价和最低报价。

因落实政府采购政策进行价格调整的，以调整后的价格计算评标基准价和投标报价。

第五十六条 采用最低评标价法的，评标结果按投标报价由低到高顺序排列。投标报价相同的并列。投标文件满足招标文件全部实质性要求且投标报价最低的投标人为排名第一的中标候选人。

第五十七条 采用综合评分法的,评标结果按评审后得分由高到低顺序排列。得分相同的,按投标报价由低到高顺序排列。得分且投标报价相同的并列。投标文件满足招标文件全部实质性要求,且按照评审因素的量化指标评审得分最高的投标人为排名第一的中标候选人。

第五十八条 评标委员会根据全体评标成员签字的原始评标记录和评标结果编写评标报告。评标报告应当包括以下内容:

(一)招标公告刊登的媒体名称、开标日期和地点;
(二)投标人名单和评标委员会成员名单;
(三)评标方法和标准;
(四)开标记录和评标情况及说明,包括无效投标人名单及原因;
(五)评标结果,确定的中标候选人名单或者经采购人委托直接确定的中标人;
(六)其他需要说明的情况,包括评标过程中投标人根据评标委员会要求进行的澄清、说明或者补正,评标委员会成员的更换等。

第五十九条 投标文件报价出现前后不一致的,除招标文件另有规定外,按下列规定修正:

(一)投标文件中开标一览表(报价表)内容与投标文件中相应内容不一致的,以开标一览表(报价表)为准;
(二)大写金额和小写金额不一致的,以大写金额为准;
(三)单价金额小数点或者百分比有明显错位的,以开标一览表的总价为准,并修改单价;
(四)总价金额与按单价汇总金额不一致的,以单价金额计算结果为准。

同时出现2种以上不一致的,按照前款规定的顺序修正。修正后的报价按照本办法第五十一条第二款的规定经投标人确认后产生约束力,投标人不确认的,其投标无效。

第六十条 评标委员会认为投标人的报价明显低于其他通过符合性审查投标人的报价,有可能影响产品质量或者不能诚信履约的,应当要求其在评标现场合理的时间内提供书面说明,必要时提交相关证明材料;投标人不能证明其报价合理性的,评标委员会应当将其作为无效投标处理。

第六十一条 评标委员会成员对需要共同认定的事项存在争议的,应当按照少数服从多数的原则作出结论。持不同意见的评标委员会成员应当在评标报告上签署不同意见及理由,否则视为同意评标报告。

第六十二条 评标委员会及其成员不得有下列行为:

(一)确定参与评标至评标结束前私自接触投标人;
(二)接受投标人提出的与投标文件不一致的澄清或者说明,本办法第五十一条规定的情形除外;
(三)违反评标纪律发表倾向性意见或者征询采购人的倾向性意见;
(四)对需要专业判断的主观评审因素协商评分;
(五)在评标过程中擅离职守,影响评标程序正常进行的;
(六)记录、复制或者带走任何评标资料;
(七)其他不遵守评标纪律的行为。

评标委员会成员有前款第一至五项行为之一的,其评审意见无效,并不得获取评审劳务报酬和报销异地评审差旅费。

第六十三条 投标人存在下列情况之一的,投标无效:

(一)未按照招标文件的规定提交投标保证金的;
(二)投标文件未按招标文件要求签署、盖章的;
(三)不具备招标文件中规定的资格要求的;
(四)报价超过招标文件中规定的预算金额或者最高限价的;
(五)投标文件含有采购人不能接受的附加条件的;
(六)法律、法规和招标文件规定的其他无效情形。

第六十四条 评标结果汇总完成后,除下列情形外,任何人不得修改评标结果:

(一)分值汇总计算错误的;
(二)分项评分超出评分标准范围的;
(三)评标委员会成员对客观评审因素评分不一致的;
(四)经评标委员会认定评分畸高、畸低的。

评标报告签署前,经复核发现存在以上情形之一的,评标委员会应当当场修改评标结果,并在评标报告中记载;评标报告签署后,采购人或者采购代理机构发现存在以上情形之一的,应当组织原评标委员会进行重新评审,重新评审改变评标结果的,书面报告本级财政部门。

投标人对本条第一款情形提出质疑的,采购人或者采购代理机构可以组织原评标委员会进行重新评审,重新评审改变评标结果的,应当书面报告本级财政部门。

第六十五条 评标委员会发现招标文件存在歧义、重大缺陷导致评标工作无法进行,或者招标文件内容违反国家有关强制性规定的,应当停止评标工作,与采购人或者采购代理机构沟通并作书面记录。采购人或者采购代理机构确认后,应当修改招标文件,重新组织采购活动。

第六十六条 采购人、采购代理机构应当采取必要措施,保证评标在严格保密的情况下进行。除采购人代表、评标现场组织人员外,采购人的其他工作人员以及与评标工作无关的人员不得进入评标现场。

有关人员对评标情况以及在评标过程中获悉的国家秘密、商业秘密负有保密责任。

第六十七条 评标委员会或者其成员存在下列情形导致评标结果无效的,采购人、采购代理机构可以重新组建评标委员会进行评标,并书面报告本级财政部门,但采购合同已经履行的除外:

（一）评标委员会组成不符合本办法规定的；
（二）有本办法第六十二条第一至五项情形的；
（三）评标委员会及其成员独立评标受到非法干预的；
（四）有政府采购法实施条例第七十五条规定的违法行为的。

有违法违规行为的原评标委员会成员不得参加重新组建的评标委员会。

第五章 中标和合同

第六十八条 采购代理机构应当在评标结束后2个工作日内将评标报告送采购人。

采购人应当自收到评标报告之日起5个工作日内，在评标报告确定的中标候选人名单中按顺序确定中标人。中标候选人并列的，由采购人或者采购人委托评标委员会按照招标文件规定的方式确定中标人；招标文件未规定的，采取随机抽取的方式确定。

采购人自行组织招标的，应当在评标结束后5个工作日内确定中标人。

采购人在收到评标报告5个工作日内未按评标报告推荐的中标候选人顺序确定中标人，又不能说明合法理由的，视同按评标报告推荐的顺序确定排名第一的中标候选人为中标人。

第六十九条 采购人或者采购代理机构应当自中标人确定之日起2个工作日内，在省级以上财政部门指定的媒体上公告中标结果，招标文件应当随中标结果同时公告。

中标结果公告内容应当包括采购人及其委托的采购代理机构的名称、地址、联系方式，项目名称和项目编号，中标人名称、地址和中标金额，主要中标标的的名称、规格型号、数量、单价、服务要求，中标公告期限以及评审专家名单。

中标公告期限为1个工作日。

邀请招标采购人采用书面推荐方式产生符合资格条件的潜在投标人的，还应当将所有被推荐供应商名单和推荐理由随中标结果同时公告。

在公告中标结果的同时，采购人或者采购代理机构应当向中标人发出中标通知书；对未通过资格审查的投标人，应当告知其未通过的原因；采用综合评分法评审的，还应当告知未中标人本人的评审得分与排序。

第七十条 中标通知书发出后，采购人不得违法改变中标结果，中标人无正当理由不得放弃中标。

第七十一条 采购人应当自中标通知书发出之日起30日内，按照招标文件和中标人投标文件的规定，与中标人签订书面合同。所签订的合同不得对招标文件确定的事项和中标人投标文件作实质性修改。

采购人不得向中标人提出任何不合理的要求作为签订合同的条件。

第七十二条 政府采购合同应当包括采购人与中标人的名称和住所、标的、数量、质量、价款或者报酬、履行期限及地点和方式、验收要求、违约责任、解决争议的方法等内容。

第七十三条 采购人与中标人应当根据合同的约定依法履行合同义务。

政府采购合同的履行、违约责任和解决争议的方法等适用《中华人民共和国合同法》。

第七十四条 采购人应当及时对采购项目进行验收。采购人可以邀请参加本项目的其他投标人或者第三方机构参与验收。参与验收的投标人或者第三方机构的意见作为验收书的参考资料一并存档。

第七十五条 采购人应当加强对中标人的履约管理，并按照采购合同约定，及时向中标人支付采购资金。对于中标人违反采购合同约定的行为，采购人应当及时处理，依法追究其违约责任。

第七十六条 采购人、采购代理机构应当建立真实完整的招标采购档案，妥善保存每项采购活动的采购文件。

第六章 法律责任

第七十七条 采购人有下列情形之一的，由财政部门责令限期改正；情节严重的，给予警告，对直接负责的主管人员和其他直接责任人员由其行政主管部门或者有关机关依法给予处分，并予以通报；涉嫌犯罪的，移送司法机关处理：

（一）未按照本办法的规定编制采购需求的；
（二）违反本办法第六条第二款规定的；
（三）未在规定时间内确定中标人的；
（四）向中标人提出不合理要求作为签订合同条件的。

第七十八条 采购人、采购代理机构有下列情形之一的，由财政部门责令限期改正，情节严重的，给予警告，对直接负责的主管人员和其他直接责任人员，由其行政主管部门或者有关机关给予处分，并予通报；采购代理机构有违法所得的，没收违法所得，并可以处以不超过违法所得3倍、最高不超过3万元的罚款，没有违法所得的，可以处以1万元以下的罚款：

（一）违反本办法第八条第二款规定的；
（二）设定最低限价的；
（三）未按照规定进行资格预审或者资格审查的；
（四）违反本办法规定确定招标文件售价的；
（五）未按规定对开标、评标活动进行全程录音录像的；
（六）擅自终止招标活动的；
（七）未按照规定进行开标和组织评标的；
（八）未按照规定退还投标保证金的；
（九）违反本办法规定进行重新评审或者重新组建评标委员会进行评标的；
（十）开标前泄露已获取招标文件的潜在投标人的名

称、数量或者其他可能影响公平竞争的有关招标投标情况的；

（十一）未妥善保存采购文件的；

（十二）其他违反本办法规定的情形。

第七十九条 有本办法第七十七条、第七十八条规定的违法行为之一，经改正后仍然影响或者可能影响中标结果的，依照政府采购法实施条例第七十一条规定处理。

第八十条 政府采购当事人违反本办法规定，给他人造成损失的，依法承担民事责任。

第八十一条 评标委员会成员有本办法第六十二条所列行为之一的，由财政部门责令限期改正；情节严重的，给予警告，并对其不良行为予以记录。

第八十二条 财政部门应当依法履行政府采购监督管理职责。财政部门及其工作人员在履行监督管理职责中存在懒政怠政、滥用职权、玩忽职守、徇私舞弊等违法违纪行为的，依照政府采购法、《中华人民共和国公务员法》、《中华人民共和国行政监察法》、政府采购法实施条例等国家有关规定追究相应责任；涉嫌犯罪的，移送司法机关处理。

第七章　附　则

第八十三条 政府采购货物服务电子招标投标、政府采购货物中的进口机电产品招标投标有关特殊事宜，由财政部另行规定。

第八十四条 本办法所称主管预算单位是指负有编制部门预算职责，向本级财政部门申报预算的国家机关、事业单位和团体组织。

第八十五条 本办法规定按日计算期间的，开始当天不计入，从次日开始计算。期限的最后一日是国家法定节假日的，顺延到节假日后的次日为期限的最后一日。

第八十六条 本办法所称的"以上"、"以下"、"内"、"以内"，包括本数；所称的"不足"，不包括本数。

第八十七条 各省、自治区、直辖市财政部门可以根据本办法制定具体实施办法。

第八十八条 本办法自 2017 年 10 月 1 日起施行。财政部 2004 年 8 月 11 日发布的《政府采购货物和服务招标投标管理办法》（财政部令第 18 号）同时废止。

24. 工程建设项目货物招标投标办法

（2005年1月18日国家发展改革委等七部委令第27号发布，根据2013年3月11日国家发展改革委等九部委令第23号修正）

第一章 总 则

第一条 为规范工程建设项目的货物招标投标活动，保护国家利益、社会公共利益和招标投标活动当事人的合法权益，保证工程质量，提高投资效益，根据《中华人民共和国招标投标法》、《中华人民共和国招标投标法实施条例》和国务院有关部门的职责分工，制定本办法。

第二条 本办法适用于在中华人民共和国境内工程建设项目货物招标投标活动。

第三条 工程建设项目符合《工程建设项目招标范围和规模标准规定》（原国家计委令第3号）规定的范围和标准的，必须通过招标选择货物供应单位。

任何单位和个人不得将依法必须进行招标的项目化整为零或者以其他任何方式规避招标。

第四条 工程建设项目货物招标投标活动应当遵循公开、公平、公正和诚实信用的原则。货物招标投标活动不受地区或者部门的限制。

第五条 工程建设项目货物招标投标活动，依法由招标人负责。

工程建设项目招标人对项目实行总承包招标时，未包括在总承包范围内的货物属于依法必须进行招标的项目范围且达到国家规定规模标准的，应当由工程建设项目招标人依法组织招标。

工程建设项目实行总承包招标时，以暂估价形式包括在总承包范围内的货物属于依法必须进行招标的项目范围且达到国家规定规模标准的，应当依法组织招标。

第六条 各级发展改革、工业和信息化、住房城乡建设、交通运输、铁道、水利、民航等部门依照国务院和地方各级人民政府关于工程建设项目行政监督的职责分工，对工程建设项目中所包括的货物招标投标活动实施监督，依法查处货物招标投标活动中的违法行为。

第二章 招 标

第七条 工程建设项目招标人是依法提出招标项目、进行招标的法人或者其他组织。本办法第五条总承包中标人单独或者共同招标时，也为招标人。

第八条 依法必须招标的工程建设项目，应当具备下列条件才能进行货物招标：

（一）招标人已经依法成立；

（二）按照国家有关规定应当履行项目审批、核准或者备案手续的，已经审批、核准或者备案；

（三）有相应资金或者资金来源已经落实；

（四）能够提出货物的使用与技术要求。

第九条 依法必须进行招标的工程建设项目，按国家有关规定需要履行审批、核准手续的，招标人应当在报送的可行性研究报告、资金申请报告或者项目申请报告中将货物招标范围、招标方式（公开招标或邀请招标）、招标组织形式（自行招标或委托招标）等有关招标内容报项目审批、核准部门审批、核准。项目审批、核准部门应当将审批、核准的招标内容通报有关行政监督部门。

第十条 货物招标分为公开招标和邀请招标。

第十一条 依法应当公开招标的项目，有下列情形之一的，可以邀请招标：

（一）技术复杂、有特殊要求或者受自然环境限制，只有少量潜在投标人可供选择；

（二）采用公开招标方式的费用占项目合同金额的比例过大；

（三）涉及国家安全、国家秘密或者抢险救灾，适宜招标但不宜公开招标。

有前款第二项所列情形，属于按照国家有关规定需要履行项目审批、核准手续的依法必须进行招标的项目，由项目审批、核准部门认定；其他项目由招标人申请有关行政监督部门作出认定。

第十二条 采用公开招标方式的，招标人应当发布资格预审公告或者招标公告。依法必须进行货物招标的招标公告，应当在国家指定的报刊或者信息网络上发布。

采用邀请招标方式的，招标人应当向三家以上具备货物供应的能力、资信良好的特定的法人或者其他组织发出投标邀请书。

第十三条 招标公告或者投标邀请书应当载明下列内容：

（一）招标人的名称和地址；

（二）招标货物的名称、数量、技术规格、资金来源；

（三）交货的地点和时间；

（四）获取招标文件或者资格预审文件的地点和时间；

（五）对招标文件或者资格预审文件收取的费用；

（六）提交资格预审申请书或者投标文件的地点和截止日期；

（七）对投标人的资格要求。

第十四条 招标人应当按照资格预审公告、招标公告或者投标邀请书规定的时间、地点发售招标文件或者资格预审文件。自招标文件或者资格预审文件发售之日起至停止发售之日止，最短不得少于五日。

招标人可以通过信息网络或者其他媒介发布招标文件，通过信息网络或者其他媒介发布的招标文件与书面招标文件具有同等法律效力，出现不一致时以书面招标文件为准，但国家另有规定的除外。

对招标文件或者资格预审文件的收费应当限于补偿

印刷、邮寄的成本支出,不得以营利为目的。

除不可抗力原因外,招标文件或者资格预审文件发出后,不予退还;招标人在发布招标公告、发出投标邀请书后或者发出招标文件或资格预审文件后不得终止招标。招标人终止招标的,应当及时发布公告,或者以书面形式通知被邀请的或者已经获取资格预审文件、招标文件的潜在投标人。已经发售资格预审文件、招标文件或者已经收取投标保证金的,招标人应当及时退还所收取的资格预审文件、招标文件的费用,以及所收取的投标保证金及银行同期存款利息。

第十五条 招标人可以根据招标货物的特点和需要,对潜在投标人或者投标人进行资格审查;国家对潜在投标人或者投标人的资格条件有规定的,依照其规定。

第十六条 资格审查分为资格预审和资格后审。

资格预审,是指招标人出售招标文件或者发出投标邀请书前对潜在投标人进行的资格审查。资格预审一般适用于潜在投标人较多或者大型、技术复杂货物的招标。

资格后审,是指在开标后对投标人进行的资格审查。资格后审一般在评标过程中的初步评审开始时进行。

第十七条 采取资格预审的,招标人应当发布资格预审公告。资格预审公告适用本办法第十二条、第十三条有关招标公告的规定。

第十八条 资格预审文件一般包括下列内容:

(一)资格预审公告;

(二)申请人须知;

(三)资格要求;

(四)其他业绩要求;

(五)资格审查标准和方法;

(六)资格预审结果的通知方式。

第十九条 采取资格预审的,招标人应当在资格预审文件中详细规定资格审查的标准和方法;采取资格后审的,招标人应当在招标文件中详细规定资格审查的标准和方法。

招标人在进行资格审查时,不得改变或补充载明的资格审查标准和方法或者以没有载明的资格审查标准和方法对潜在投标人或者投标人进行资格审查。

第二十条 经资格预审后,招标人应当向资格预审合格的潜在投标人发出资格预审合格通知书,告知获取招标文件的时间、地点和方法,并同时向资格预审不合格的潜在投标人告知资格预审结果。依法必须招标的项目通过资格预审的申请人不足三个的,招标人在分析招标失败的原因并采取相应措施后,应当重新招标。

对资格后审不合格的投标人,评标委员会应当否决其投标。

第二十一条 招标文件一般包括下列内容:

(一)招标公告或者投标邀请书;

(二)投标人须知;

(三)国家对招标货物的技术、标准、质量等有规定的,招标人应当按照其规定在招标文件中提出相应要求;

(四)技术规格、参数及其他要求;

(五)评标标准和方法;

(六)合同主要条款。

招标人应当在招标文件中规定实质性要求和条件,说明不满足其中任何一项实质性要求和条件的投标将被拒绝,并用醒目的方式标明;没有标明的要求和条件在评标时不得作为实质性要求和条件。对于非实质性要求和条件,应规定允许偏差的最大范围、最高项数,以及对这些偏差进行调整的方法。

国家对招标货物的技术、标准、质量等有特殊要求的,招标人应当在招标文件中提出相应特殊要求,并将其作为实质性要求和条件。

第二十二条 招标货物需要划分标包的,招标人应合理划分标包,确定各标包的交货期,并在招标文件中如实载明。

招标人不得以不合理的标包限制或者排斥潜在投标人或者投标人。依法必须进行招标的项目的招标人不得利用标包划分规避招标。

第二十三条 设备、材料或者供货合同。

除招标文件要求不得改变标准货物的供应商外,中标人经招标人同意改变标准货物的供应商的,不应视为转包和违法分包。

第二十四条 招标人可以要求投标人在提交符合招标文件规定要求的投标文件外,提交备选投标方案,但应当在招标文件中作出说明。不符合中标条件的投标人的备选投标方案不予考虑。

第二十五条 招标文件规定的各项技术规格应当符合国家技术法规的规定。

招标文件中规定的各项技术规格均不得要求或标明某一特定的专利技术、商标、名称、设计、原产地或供应者等,不得含有倾向或者排斥潜在投标人的其他内容。如果必须引用某一供应者的技术规格才能准确或清楚地说明拟招标货物的技术规格时,则应当在参照后面加上"或相当于"的字样。

第二十六条 招标文件应当明确规定评标时包含价格在内的所有评标因素,以及据此进行评估的方法。

在评标过程中,不得改变招标文件中规定的评标标准、方法和中标条件。

第二十七条 招标人可以在招标文件中要求投标人以自己的名义提交投标保证金。投标保证金除现金外,可以是银行出具的银行保函、保兑支票、银行汇票或现金支票,也可以是招标人认可的其他合法担保形式。依法必须进行招标的项目的境内投标单位,以现金或者支票形式提交的投标保证金应当从其基本账户转出。

投标保证金不得超过项目估算价的百分之二,但最高不得超过八十万元人民币。投标保证金有效期应当与投标有效期一致。

投标人应当按照招标文件要求的方式和金额,在提交投标文件截止时间前将投标保证金提交给招标人或其委托的招标代理机构。

第二十八条 招标文件应当规定一个适当的投标有效期,以保证招标人有足够的时间完成评标和与中标人签订合同。投标有效期从招标文件规定的提交投标文件截止之日起计算。

在原投标有效期结束前,出现特殊情况的,招标人可以书面形式要求所有投标人延长投标有效期。投标人同意延长的,不得要求或被允许修改其投标文件的实质性内容,但应当相应延长其投标保证金的有效期;投标人拒绝延长的,其投标失效,但投标人有权收回其投标保证金及银行同期存款利息。

依法必须进行招标的项目同意延长投标有效期的投标人少于三个的,招标人在分析招标失败的原因并采取相应措施后,应当重新招标。

第二十九条 对于潜在投标人在阅读招标文件中提出的疑问,招标人应当以书面形式、投标预备会方式或者通过电子网络解答,但需同时将解答以书面方式通知所有购买招标文件的潜在投标人。该解答的内容为招标文件的组成部分。

除招标文件明确要求外,出席投标预备会不是强制性的,由潜在投标人自行决定,并自行承担由此可能产生的风险。

第三十条 招标人应当确定投标人编制投标文件所需的合理时间。依法必须进行招标的货物,自招标文件开始发出之日起至投标人提交投标文件截止之日止,最短不得少于二十日。

第三十一条 对无法精确拟定其技术规格的货物,招标人可以采用两阶段招标程序。

在第一阶段,招标人可以首先要求潜在投标人提交技术建议,详细阐明货物的技术规格、质量和其他特性。招标人可以与投标人就其建议的内容进行协商和讨论,达成一个统一的技术规格后编制招标文件。

在第二阶段,招标人应当向第一阶段提交了技术建议的投标人提供包含统一技术规格的正式招标文件,投标人根据正式招标文件的要求提交包括价格在内的最后投标文件。

招标人要求投标人提交投标保证金的,应当在第二阶段提出。

第三章 投 标

第三十二条 投标人是响应招标、参加投标竞争的法人或者其他组织。

法定代表人为同一个人的两个及两个以上法人,母公司、全资子公司及其控股公司,都不得在同一货物招标中同时投标。

违反前两款规定的,相关投标均无效。

一个制造商对同一品牌同一型号的货物,仅能委托一个代理商参加投标。

第三十三条 投标人应当按照招标文件的要求编制投标文件。投标文件应当对招标文件提出的实质性要求和条件作出响应。

投标文件一般包括下列内容:
（一）投标函;
（二）投标一览表;
（三）技术性能参数的详细描述;
（四）商务和技术偏差表;
（五）投标保证金;
（六）有关资格证明文件;
（七）招标文件要求的其他内容。

投标人根据招标文件载明的货物实际情况,拟在中标后将供货合同中的非主要部分进行分包的,应当在投标文件中载明。

第三十四条 投标人应当在招标文件要求提交投标文件的截止时间前,将投标文件密封送达招标文件中规定的地点。招标人收到投标文件后,应当向投标人出具标明签收人和签收时间的凭证,在开标前任何单位和个人不得开启投标文件。

在招标文件要求提交投标文件的截止时间后送达的投标文件,招标人应当拒收。

依法必须进行招标的项目,提交投标文件的投标人少于三个的,招标人在分析招标失败的原因并采取相应措施后,应当重新招标。重新招标后投标人仍少于三个,按国家有关规定需要履行审批、核准手续的依法必须进行招标的项目,报项目审批、核准部门审批、核准后可以不再进行招标。

第三十五条 投标人在招标文件要求提交投标文件的截止时间前,可以补充、修改、替代或者撤回已提交的投标文件,并书面通知招标人。补充、修改的内容为投标文件的组成部分。

第三十六条 在提交投标文件截止时间后,投标人不得撤销其投标文件,否则招标人可以不退还其投标保证金。

第三十七条 招标人应妥善保管好已接收的投标文件、修改或撤回通知、备选投标方案等投标资料,并严格保密。

第三十八条 两个以上法人或者其他组织可以组成一个联合体,以一个投标人的身份共同投标。

联合体各方签订共同投标协议后,不得再以自己名义单独投标,也不得组成或参加其他联合体在同一项目中投标;否则相关投标均无效。

联合体中标的,应当指定牵头人或代表,授权其代表所有联合体成员与招标人签订合同,负责整个合同实施阶段的协调工作。但是,需要向招标人提交由所有联合体成员法定代表人签署的授权委托书。

第三十九条 招标人接受联合体投标并进行资格预审的,联合体应当在提交资格预审申请文件前组成。资格预审后联合体增减、更换成员的,其投标无效。

招标人不得强制资格预审合格的投标人组成联合体。

第四章 开标、评标和定标

第四十条 开标应当在招标文件确定的提交投标文件截止时间的同一时间公开进行；开标地点应当为招标文件中确定的地点。

投标人或其授权代表有权出席开标会，也可以自主决定不参加开标会。

投标人对开标有异议的，应当在开标现场提出，招标人应当当场作出答复，并制作记录。

第四十一条 投标文件有下列情形之一的，招标人应当拒收：

（一）逾期送达；

（二）未按招标文件要求密封。

有下列情形之一的，评标委员会应当否决其投标：

（一）投标文件未经投标单位盖章和单位负责人签字；

（二）投标联合体没有提交共同投标协议；

（三）投标人不符合国家或者招标文件规定的资格条件；

（四）同一投标人提交两个以上不同的投标文件或者投标报价，但招标文件要求提交备选投标的除外；

（五）投标报价低于成本或者高于招标文件设定的最高投标限价；

（六）投标文件没有对招标文件的实质性要求和条件作出响应；

（七）投标人有串通投标、弄虚作假、行贿等违法行为。

依法必须招标的项目评标委员会否决所有投标的，或者评标委员会否决一部分投标后其他有效投标不足三个使得投标明显缺乏竞争，决定否决全部投标的，招标人在分析招标失败的原因并采取相应措施后，应当重新招标。

第四十二条 评标委员会可以书面方式要求投标人对投标文件中含义不明确、对同类问题表述不一致或者有明显文字和计算错误的内容作必要的澄清、说明或补正。评标委员会不得向投标人提出带有暗示性或诱导性的问题，或向其明确投标文件中的遗漏和错误。

第四十三条 投标文件不响应招标文件的实质性要求和条件的，评标委员会不得允许投标人通过修正或撤销其不符合要求的差异或保留，使之成为具有响应性的投标。

第四十四条 技术简单或技术规格、性能、制作工艺要求统一的货物，一般采用经评审的最低投标价法进行评标。技术复杂或技术规格、性能、制作工艺要求难以统一的货物，一般采用综合评估法进行评标。

第四十五条 符合招标文件要求且评标价最低或综合评分最高而被推荐为中标候选人的投标人，其所提交的备选投标方案方可予以考虑。

第四十六条 评标委员会完成评标后，应当向招标人提出书面评标报告。评标报告由评标委员会全体成员签字。

第四十七条 评标委员会在书面评标报告中推荐的中标候选人应当限定在一至三人，并标明排列顺序。招标人应当接受评标委员会推荐的中标候选人，不得在评标委员会推荐的中标候选人之外确定中标人。

依法必须进行招标的项目，招标人应当自收到评标报告之日起三日内公示中标候选人，公示期不得少于三日。

第四十八条 国有资金占控股或者主导地位的依法必须进行招标的项目，招标人应当确定排名第一的中标候选人为中标人。排名第一的中标候选人放弃中标、因不可抗力提出不能履行合同、不按照招标文件要求提交履约保证金，或者被查实存在影响中标结果的违法行为等情形，不符合中标条件的，招标人可以按照评标委员会提出的中标候选人名单排序依次确定其他中标候选人为中标人。依次确定其他中标候选人与招标人预期差距较大，或者对招标人明显不利的，招标人可以重新招标。

招标人可以授权评标委员会直接确定中标人。

国务院对中标人的确定另有规定的，从其规定。

第四十九条 招标人不得向中标人提出压低报价、增加配件或者售后服务量以及其他超出招标文件规定的违背中标人意愿的要求，以此作为发出中标通知书和签订合同的条件。

第五十条 中标通知书对招标人和中标人具有法律效力。中标通知书发出后，招标人改变中标结果的，或者中标人放弃中标项目的，应当依法承担法律责任。

中标通知书由招标人发出，也可以委托其招标代理机构发出。

第五十一条 招标人和中标人应当在投标有效期内并在自中标通知书发出之日起三十日内，按照招标文件和中标人的投标文件订立书面合同。招标人和中标人不得再行订立背离合同实质性内容的其他协议。

招标文件要求中标人提交履约保证金或者其他形式履约担保的，中标人应当提交；拒绝提交的，视为放弃中标项目。招标人要求中标人提供履约保证金或其他形式履约担保的，招标人应当同时向中标人提供货物款支付担保。

履约保证金不得超过中标合同金额的10%。

第五十二条 招标人最迟应当在书面合同签订后五日内，向中标人和未中标的投标人一次性退还投标保证金及银行同期存款利息。

第五十三条 必须审批的工程建设项目，货物合同价格应当控制在批准的概算投资范围内；确需超出范围的，应当在中标合同签订前，报原项目审批部门审查同意。项目审批部门应当根据招标的实际情况，及时作出批准或者不予批准的决定；项目审批部门不予批准的，招标人应当自行平衡超出的概算。

— 359 —

第五十四条 依法必须进行货物招标的项目，招标人应当自确定中标人之日起十五日内，向有关行政监督部门提交招标投标情况的书面报告。

前款所称书面报告至少应包括下列内容：

（一）招标货物基本情况；

（二）招标方式和发布招标公告或者资格预审公告的媒介；

（三）招标文件中投标人须知、技术条款、评标标准和方法、合同主要条款等内容；

（四）评标委员会的组成和评标报告；

（五）中标结果。

第五章 罚 则

第五十五条 招标人有下列限制或者排斥潜在投标行为之一的，由有关行政监督部门依照招标投标法第五十一条的规定处罚；其中，构成依法必须进行招标的项目的招标人规避招标的，依照招标投标法第四十九条的规定处罚：

（一）依法应当公开招标的项目不按照规定在指定媒介发布资格预审公告或者招标公告；

（二）在不同媒介发布的同一招标项目的资格预审公告或者招标公告内容不一致，影响潜在投标人申请资格预审或者投标。

第五十六条 招标人有下列情形之一的，由有关行政监督部门责令改正，可以处10万元以下的罚款：

（一）依法应当公开招标而采用邀请招标；

（二）招标文件、资格预审文件的发售、澄清、修改的时限，或者确定的提交资格预审申请文件、投标文件的时限不符合招标投标法和招标投标法实施条例规定；

（三）接受未通过资格预审的单位或者个人参加投标；

（四）接受应当拒收的投标文件。招标人有前款第一项、第三项、第四项所列行为之一的，对单位直接负责的主管人员和其他直接责任人员依法给予处分。

第五十七条 评标委员会成员有下列行为之一的，由有关行政监督部门责令改正；情节严重的，禁止其在一定期限内参加依法必须进行招标的项目的评标；情节特别严重的，取消其担任评标委员会成员的资格：

（一）应当回避而不回避；

（二）擅离职守；

（三）不按招标文件规定的评标标准和方法评标；

（四）私下接触投标人；

（五）向招标人征询确定中标人的意向或者接受任何单位或者个人明示或者暗示提出的倾向或者排斥特定投标人的要求；

（六）对依法应当否决的投标不提出否决意见；

（七）暗示或者诱导投标人作出澄清、说明或者接受投标人主动提出的澄清、说明；

（八）其他不客观、不公正履行职务的行为。

第五十八条 依法必须进行招标的项目的招标人有下列情形之一的，由有关行政监督部门责令改正，可以处中标项目金额千分之十以下的罚款；给他人造成损失的，依法承担赔偿责任；对单位直接负责的主管人员和其他直接责任人员依法给予处分：

（一）无正当理由不发出中标通知书；

（二）不按照规定确定中标人；

（三）中标通知书发出后无正当理由改变中标结果；

（四）无正当理由不与中标人订立合同；

（五）在订立合同时向中标人提出附加条件。

中标通知书发出后，中标人放弃中标项目的，无正当理由不与招标人签订合同的，在签订合同时向招标人提出附加条件或者更改合同实质性内容的，或者拒不提交所要求的履约保证金的，取消其中标资格，投标保证金不予退还；给招标人的损失超过投标保证金数额的，中标人应当对超过部分予以赔偿；没有提交投标保证金的，应当对招标人的损失承担赔偿责任。对依法必须进行招标的项目的中标人，由有关行政监督部门责令改正，可以处中标金额千分之十以下罚款。

第五十九条 招标人不履行与中标人订立的合同的，应当返还中标人的履约保证金，并承担相应的赔偿责任；没有提交履约保证金的，应当对中标人的损失承担赔偿责任。

因不可抗力不能履行合同的，不适用前款规定。

第六十条 中标无效的，发出的中标通知书和签订的合同自始没有法律约束力，但不影响合同中独立存在的有关解决争议方法的条款的效力。

第六章 附 则

第六十一条 不属于工程建设项目，但属于固定资产投资的货物招标投标活动，参照本办法执行。

第六十二条 使用国际组织或者外国政府贷款、援助资金的项目进行招标，贷款方、资金提供方对货物招标投标活动的条件和程序有不同规定的，可以适用其规定，但违背中华人民共和国社会公共利益的除外。

第六十三条 本办法由国家发展和改革委员会会同有关部门负责解释。

第六十四条 本办法自2005年3月1日起施行。

第四部分

项目管理

综合管理

1. 公路建设监督管理办法

(2006年6月8日交通部发布,根据2021年8月11日交通运输部《关于修改〈公路建设监督管理办法〉的决定》修正)

第一章 总 则

第一条 为促进公路事业持续、快速、健康发展,加强公路建设监督管理,维护公路建设市场秩序,根据《中华人民共和国公路法》《建设工程质量管理条例》和国家有关法律、法规,制定本办法。

第二条 在中华人民共和国境内从事公路建设的单位和人员必须遵守本办法。

本办法所称公路建设是指公路、桥梁、隧道、交通工程及沿线设施和公路渡口的项目建议书、可行性研究、勘察、设计、施工、竣(交)工验收和后评价全过程的活动。

第三条 公路建设监督管理实行统一领导,分级管理。

交通部主管全国公路建设监督管理;县级以上地方人民政府交通主管部门主管本行政区域内公路建设监督管理。

第四条 县级以上人民政府交通主管部门必须依照法律、法规及本办法的规定对公路建设实施监督管理。

有关单位和个人应当接受县级以上人民政府交通主管部门依法进行的公路建设监督检查,并给予支持与配合,不得拒绝或阻碍。

第二章 监督部门的职责与权限

第五条 公路建设监督管理的职责包括:

(一)监督国家有关公路建设工作方针、政策和法律、法规、规章、强制性技术标准的执行;

(二)监督公路建设项目建设程序的履行;

(三)监督公路建设市场秩序;

(四)监督公路工程质量和工程安全;

(五)监督公路建设资金的使用;

(六)指导、检查下级人民政府交通主管部门的监督管理工作;

(七)依法查处公路建设违法行为。

第六条 交通部对全国公路建设项目进行监督管理,依据职责负责国家高速公路网建设项目和交通部确定的其他重点公路建设项目前期工作、施工许可、招标投标、工程质量、工程进度、资金、安全管理的监督和竣工验收工作。

除应当由交通部实施的监督管理职责外,省级人民政府交通主管部门依据职责负责本行政区域内公路建设项目的监督管理,具体负责本行政区域内的国家高速公路网建设项目、交通部和省级人民政府确定的其他重点公路建设项目的监督管理。

设区的市和县级人民政府交通主管部门按照有关规定负责本行政区域内公路建设项目的监督管理。

第七条 县级以上人民政府交通主管部门在履行公路建设监督管理职责时,有权要求:

(一)被检查单位提供有关公路建设的文件和资料;

(二)进入被检查单位的工作现场进行检查;

(三)对发现的工程质量和安全问题以及其他违法行为依法处理。

第三章 建设程序的监督管理

第八条 公路建设应当按照国家规定的建设程序和有关规定进行。

政府投资公路建设项目实行审批制,企业投资公路建设项目实行核准制。县级以上人民政府交通主管部门应当按职责权限审批或核准公路建设项目,不得越权审批、核准项目或擅自简化建设程序。

第九条 政府投资公路建设项目的实施,应当按照下列程序进行:

(一)根据规划,编制项目建议书;

(二)根据批准的项目建议书,进行工程可行性研究,编制可行性研究报告;

(三)根据批准的可行性研究报告,编制初步设计文件;

(四)根据批准的初步设计文件,编制施工图设计文件;

(五)根据批准的施工图设计文件,组织项目招标;

(六)根据国家有关规定,进行征地拆迁等施工前准备工作,并向交通主管部门申报施工许可;

(七)根据批准的项目施工许可,组织项目实施;

(八)项目完工后,编制竣工图表、工程决算和竣工财务决算,办理项交、竣工验收和财产移交手续;

(九)竣工验收合格后,组织项目后评价。

国务院对政府投资公路建设项目建设程序另有简化规定的,依照其规定执行。

第十条 企业投资公路建设项目的实施,应当按照下列程序进行:

(一)根据规划,编制工程可行性研究报告;

(二)组织投资人招标工作,依法确定投资人;

(三)投资人编制项目申请报告,按规定报项目审批部门核准;

(四)根据核准的项目申请报告,编制初步设计文件,其中涉及公共利益、公众安全、工程建设强制性标准的内容应当按项目隶属关系报交通主管部门审查；

（五）根据初步设计文件编制施工图设计文件；

（六）根据批准的施工图设计文件组织项目招标；

（七）根据国家有关规定，进行征地拆迁等施工前准备工作，并向交通主管部门申报施工许可；

（八）根据批准的项目施工许可，组织项目实施；

（九）项目完工后，编制竣工图表、工程决算和竣工财务决算，办理项目交、竣工验收；

（十）竣工验收合格后，组织项目后评价。

第十一条 县级以上人民政府交通主管部门根据国家有关规定，按照职责权限负责组织公路建设项目的项目建议书、工程可行性研究工作、编制设计文件、经营性项目的投资人招标、竣工验收和项目后评价工作。

公路建设项目的项目建议书、工程可行性研究报告、设计文件、招标文件、项目申请报告等应按照国家颁发的编制办法或有关规定编制，并符合国家规定的工作质量和深度要求。

第十二条 公路建设项目法人应当依法选择勘察、设计、施工、咨询、监理单位，采购与工程建设有关的重要设备、材料，办理施工许可，组织项目实施，组织项目交工验收，准备项目竣工验收和后评价。

第十三条 公路建设项目应当按照国家有关规定实行项目法人责任制度、招标投标制度、工程监理制度和合同管理制度。

第十四条 公路建设项目必须符合公路工程技术标准。施工单位必须按批准的设计文件施工，任何单位和人员不得擅自修改工程设计。

已批准的公路工程设计，原则上不得变更。确需设计变更的，应当按照交通部制定的《公路工程设计变更管理办法》的规定履行审批手续。

第十五条 公路建设项目验收分为交工验收和竣工验收两个阶段。项目法人负责组织对各合同段进行交工验收，并完成项目交工验收报告报交通主管部门备案。交通主管部门在15天内没有对备案项目的交工验收报告提出异议，项目法人可开放交通进入试运营期。试运营期不得超过3年。

通车试运营2年后，交通主管部门应组织竣工验收，经竣工验收合格的项目可转为正式运营。对未进行交工验收、交工验收不合格或没有备案的工程开放交通进行试运营的，由交通主管部门责令停止试运营。

公路建设项目验收工作应当符合交通部制定的《公路工程竣(交)工验收办法》的规定。

第四章 建设市场的监督管理

第十六条 县级以上人民政府交通主管部门依据职责，负责对公路建设市场的监督管理，查处建设市场中的违法行为。对经营性公路建设项目投资人、公路建设从业单位和主要从业人员的信用情况应进行记录并及时向社会公布。

第十七条 公路建设市场依法实行准入管理。公路建设项目法人或其委托的项目建设管理单位的项目建设管理机构、主要负责人的技术和管理能力应当满足拟建项目的管理需要，符合交通部有关规定的要求。公路工程勘察、设计、施工、监理、试验检测等从业单位应当依法取得有关部门许可的相应资质后，方可进入公路建设市场。

公路建设市场必须开放，任何单位和个人不得对公路建设市场实行地方保护，不得限制符合市场准入条件的从业单位和从业人员依法进入公路建设市场。

第十八条 公路建设从业单位从事公路建设活动，必须遵守国家有关法律、法规、规章和公路工程技术标准，不得损害社会公共利益和他人合法权益。

第十九条 公路建设项目法人应当承担公路建设相关责任和义务，对建设项目质量、投资和工期负责。

公路建设项目法人必须依法开展招标活动，不得接受投标人低于成本价的投标，不得随意压缩建设工期，禁止指定分包和指定采购。

第二十条 公路建设从业单位应当依法取得公路工程资质证书并按照资质管理有关规定，在其核定的业务范围内承揽工程，禁止无证或越级承揽工程。

公路建设从业单位必须按合同规定履行其义务，禁止转包或违法分包。

第五章 质量与安全的监督管理

第二十一条 县级以上人民政府交通主管部门应当加强对公路建设从业单位的质量与安全生产管理机构的建立、规章制度落实情况的监督检查。

第二十二条 公路建设实行工程质量监督管理制度。公路工程质量监督机构应当根据交通主管部门的委托依法实施工程质量监督，并对监督工作质量负责。

第二十三条 公路建设项目实施过程中，监理单位应当依照法律、法规、规章以及有关技术标准、设计文件、合同文件和监理规范的要求，采用旁站、巡视和平行检验形式对工程实施监理，对不符合工程质量与安全要求的工程应当责令施工单位返工。

未经监理工程师签认，施工单位不得将建筑材料、构件和设备在工程上使用或安装，不得进行下一道工序施工。

第二十四条 公路工程质量监督机构应当具备与质量监督工作相适应的试验检测条件，根据国家有关工程质量的法律、法规、规章和交通部制定的技术标准、规范、规程以及质量检验评定标准等，对工程质量进行监督、检查和鉴定。任何单位和个人不得干预或阻挠质量监督机构的质量鉴定工作。

第二十五条 公路建设从业单位应当对工程质量和安全负责。工程实施中应当加强对职工的教育与培训，按照国家有关规定建立健全质量和安全保证体系，落实质量和安全生产责任制，保证工程质量和工程安全。

第二十六条 公路建设项目发生工程质量事故,项目法人应在24小时内按项目管理隶属关系向交通主管部门报告,工程质量事故同时报公路工程质量监督机构。

省级人民政府交通主管部门或受委托的公路工程质量监督机构负责调查处理一般工程质量事故;交通部会同省级人民政府交通主管部门负责调查处理重大工程质量事故;特别重大工程质量事故和安全事故的调查处理按照国家有关规定办理。

第六章 建设资金的监督管理

第二十七条 对于使用财政性资金安排的公路建设项目,县级以上人民政府交通主管部门必须对公路建设资金的筹集、使用和管理实行全过程监督检查,确保建设资金的安全。

公路建设项目法人必须按照国家有关法律、法规、规章的规定,合理安排和使用公路建设资金。

第二十八条 对于企业投资公路建设项目,县级以上人民政府交通主管部门要依法对资金到位情况、使用情况进行监督检查。

第二十九条 公路建设资金监督管理的主要内容:

(一)是否严格执行建设资金专款专用、专户存储、不准侵占、挪用等有关管理规定;

(二)是否严格执行概预算管理规定,有无将建设资金用于计划外工程;

(三)资金来源是否符合国家有关规定,配套资金是否落实、及时到位;

(四)是否按合同规定拨付工程进度款,有无高估冒算、虚报冒领情况,工程预备费使用是否符合有关规定;

(五)是否在控制额度内按规定使用建设管理费,按规定的比例预留工程质量保证金,有无非法扩大建设成本的问题;

(六)是否按规定编制项目竣工财务决算,办理财产移交手续,形成的资产是否及时登记入账管理;

(七)财会机构是否建立健全,并配备相适应的财会人员。各项原始记录、统计台账、凭证账册、会计核算、财务报告、内部控制制度等基础性工作是否健全、规范。

第三十条 县级以上人民政府交通主管部门对公路建设资金监督管理的主要职责:

(一)制定公路建设资金管理制度;

(二)按规定审核、汇总、编报、批复年度公路建设支出预算、财务决算和竣工财务决算;

(三)合理安排资金,及时调度、拨付和使用公路建设资金;

(四)监督管理建设项目工程概预算、年度投资计划安排与调整、财务决算;

(五)监督检查公路建设项目资金筹集、使用和管理,及时纠正违法问题,对重大问题提出意见报上级交通主管部门;

(六)收集、汇总、报送公路建设资金管理信息,审查、编报公路建设项目投资效益分析报告;

(七)督促项目法人及时编报工程财务决算,做好竣工验收准备工作;

(八)督促项目法人及时按规定办理财产移交手续,规范资产管理。

第七章 社会监督

第三十一条 县级以上人民政府交通主管部门应定期向社会公开发布公路建设市场管理、工程进展、工程质量情况、工程质量和安全事故处理等信息,接受社会监督。

第三十二条 公路建设施工现场实行标示牌管理。标示牌应当标明该项工程的作业内容,项目法人、勘察、设计、施工、监理单位名称和主要负责人姓名,接受社会监督。

第三十三条 公路建设实行工程质量举报制度,任何单位和个人对公路建设中违反国家法律、法规的行为,工程质量事故和质量缺陷都有权向县级以上人民政府交通主管部门或质量监督机构检举和投诉。

第三十四条 县级以上人民政府交通主管部门可聘请社会监督员对公路建设活动和工程质量进行监督。

第三十五条 对举报内容属实的单位和个人,县级以上人民政府交通主管部门可予以表彰或奖励。

第八章 罚 则

第三十六条 违反本办法第四条规定,拒绝或阻碍依法进行公路建设监督检查工作的,责令改正,构成犯罪的,依法追究刑事责任。

第三十七条 违反本办法第八条规定,越权审批、核准或擅自简化基本建设程序的,责令限期补办手续,可给予警告处罚;造成严重后果的,对全部或部分使用财政性资金的项目,可暂停项目执行或暂缓资金拨付,对直接责任人依法给予行政处分。

第三十八条 违反本办法第十二条规定,项目法人将工程发包给不具有相应资质等级的勘察、设计、施工和监理单位的,责令改正,处50万元以上100万元以下的罚款;未按规定办理施工许可擅自施工的,责令停止施工、限期改正,视情节可处工程合同价款1%以上2%以下罚款。

第三十九条 违反本办法第十四条规定,未经批准擅自修改工程设计,责令限期改正,可给予警告处罚;情节严重的,对全部或部分使用财政性资金的项目,可暂停项目执行或暂缓资金拨付。

第四十条 违反本办法第十五条规定,未组织项目交工验收或验收不合格擅自交付使用的,责令改正并停止使用,处工程合同价款2%以上4%以下的罚款;对收费公路项目应当停止收费。

第四十一条 违反本办法第十九条规定,项目法人随意压缩工期,侵犯他人合法权益的,责令限期改正,可处 20 万元以上 50 万元以下的罚款；造成严重后果的，对全部或部分使用财政性资金的项目，可暂停项目执行或暂缓资金拨付。

第四十二条 违反本办法第二十条规定，承包单位弄虚作假、无证或越级承揽工程任务的，责令停止违法行为，对勘察、设计单位或工程监理单位处合同约定的勘察费、设计费或监理酬金 1 倍以上 2 倍以下的罚款；对施工单位处工程合同价款 2% 以上 4% 以下的罚款，可以责令停业整顿，降低资质等级；情节严重的，吊销资质证书；有违法所得的，予以没收。承包单位转包或违法分包工程的，责令改正，没收违法所得，对勘察、设计、监理单位处合同约定的勘察费、设计费、监理酬金的 25% 以上 50% 以下的罚款；对施工单位处工程合同价款 0.5% 以上 1% 以下的罚款。

第四十三条 违反本办法第二十二条规定，公路工程质量监督机构不履行公路工程质量监督职责，不承担质量监督责任的，由交通主管部门视情节轻重，责令整改或者给予警告。公路工程质量监督机构工作人员在公路工程质量监督管理工作中玩忽职守、滥用职权、徇私舞弊的，由交通主管部门或者公路工程质量监督机构依法给予行政处分；构成犯罪的，依法追究刑事责任。

第四十四条 违反本办法第二十三条规定，监理单位将不合格的工程、建筑材料、构件和设备按合格予以签认的，责令改正，可给予警告处罚，情节严重的，处 50 万元以上 100 万元以下的罚款；施工单位在工程上使用或安装未经监理签认的建筑材料、构件和设备的，责令改正，可给予警告处罚，情节严重的，处工程合同价款 2% 以上 4% 以下的罚款。

第四十五条 违反本办法第二十五条规定，公路建设从业单位忽视工程质量和安全管理，造成质量或安全事故的，对项目法人给予警告、限期整改，情节严重的，暂停资金拨付；对勘察、设计、施工和监理等单位给予警告；对情节严重的监理单位，还可给予责令停业整顿、降低资质等级和吊销资质证书的处罚。

第四十六条 违反本办法第二十六条规定，项目法人对工程质量事故隐瞒不报、谎报或拖延报告期限的，给予警告处罚，对直接责任人依法给予行政处分。

第四十七条 违反本办法第二十九条规定，项目法人侵占、挪用公路建设资金，非法扩大建设成本，责令限期整改，可给予警告处罚；情节严重的，对全部或部分使用财政性资金的项目，可暂停项目执行或暂缓资金拨付，对直接责任人依法给予行政处分。

第四十八条 公路建设从业单位有关人员，具有行贿、索贿、受贿行为，损害国家、单位合法权益，构成犯罪的，依法追究刑事责任。

第四十九条 政府交通主管部门工作人员玩忽职守、滥用职权、徇私舞弊的，依法给予行政处分；构成犯罪的，依法追究刑事责任。

第九章 附　则

第五十条 本办法由交通部负责解释。

第五十一条 本办法自 2006 年 8 月 1 日起施行。交通部 2000 年 8 月 28 日公布的《公路建设监督管理办法》（交通部令 2000 年第 8 号）同时废止。

2. 公路工程竣(交)工验收办法

(交通部令 2004 年第 3 号)

第一章 总 则

第一条 为规范公路工程竣(交)工验收工作,保障公路安全有效运营,根据《中华人民共和国公路法》,制定本办法。

第二条 本办法适用于中华人民共和国境内新建和改建的公路工程竣(交)工验收活动。

第三条 公路工程应按本办法进行竣(交)工验收,未经验收或者验收不合格的,不得交付使用。

第四条 公路工程验收分为交工验收和竣工验收两个阶段。

交工验收是检查施工合同的执行情况,评价工程质量是否符合技术标准及设计要求,是否可以移交下一阶段施工或是否满足通车要求,对各参建单位工作进行初步评价。

竣工验收是综合评价工程建设成果,对工程质量、参建单位和建设项目进行综合评价。

第五条 公路工程竣(交)工验收的依据是:

(一)批准的工程可行性研究报告;

(二)批准的工程初步设计、施工图设计及变更设计文件;

(三)批准的招标文件及合同文本;

(四)行政主管部门的有关批复、批示文件;

(五)交通部颁布的公路工程技术标准、规范、规程及国家有关部门的相关规定。

第六条 交工验收由项目法人负责。

竣工验收由交通主管部门按项目管理权限负责。交通部负责国家、部重点公路工程项目中 100 公里以上的高速公路、独立特大型桥梁和特长隧道工程的竣工验收工作;其他公路工程建设项目,由省级人民政府交通主管部门确定的相应交通主管部门负责竣工验收工作。

第七条 公路工程竣(交)工验收工作应当做到公正、真实和科学。

第二章 交 工 验 收

第八条 公路工程(合同段)进行交工验收应具备以下条件:

(一)合同约定的各项内容已完成;

(二)施工单位按交通部制定的《公路工程质量检验评定标准》及相关规定的要求对工程质量自检合格;

(三)监理工程师对工程质量的评定合格;

(四)质量监督机构按交通部规定的公路工程质量鉴定办法对工程质量进行检测(必要时可委托相应资质的检测机构承担检测任务),并出具检测意见;

(五)竣工文件已按交通部规定的内容编制完成;

(六)施工单位、监理单位已完成本合同段的工作总结。

第九条 公路工程各合同段符合交工验收条件后,经监理工程师同意,由施工单位向项目法人提出申请,项目法人应及时组织对该合同段进行交工验收。

第十条 交工验收的主要工作内容是:

(一)检查合同执行情况;

(二)检查施工自检报告、施工总结报告及施工资料;

(三)检查监理单位独立抽检资料、监理工作报告及质量评定资料;

(四)检查工程实体,审查有关资料,包括主要产品质量的抽(检)测报告;

(五)核查工程完工数量是否与批准的设计文件相符,是否与工程计量数量一致;

(六)对合同是否全面执行、工程质量是否合格作出结论,按交通主管部门规定的格式签署合同段交工验收证书;

(七)按交通部规定的办法对设计单位、监理单位、施工单位的工作进行初步评价。

第十一条 项目法人负责组织公路工程各合同段的设计、监理、施工等单位参加交工验收。拟交付使用的工程,应邀请运营、养护管理单位参加。参加验收单位的主要职责是:

项目法人负责组织各合同段参建单位完成交工验收工作的各项内容,总结合同执行过程中的经验,对工程质量是否合格作出结论;

设计单位负责检查已完成的工程是否与设计相符,是否满足设计要求;

监理单位负责完成监理资料的汇总、整理,协助项目法人检查施工单位的合同执行情况,核对工程数量,科学公正地对工程质量进行评定;

施工单位负责提交竣工资料,完成交工验收准备工作。

第十二条 项目法人组织监理单位按《公路工程质量检验评定标准》的要求对各合同段的工程质量进行评定。

监理单位根据独立抽检资料对工程质量进行评定,当监理按规定完成的独立抽检资料不能满足评定要求时,可以采用经监理确认的施工自检资料。

项目法人根据对工程质量的检查及平时掌握的情况,对监理单位所做的工程质量评定进行审定。

第十三条 各合同段工程质量评分采用所含各单位工程质量评分的加权平均值。即:

工程各合同段交工验收结束后,由项目法人对整个工程项目进行工程质量评定,工程质量评分采用各合同段工程质量评分的加权平均值。即：

工程质量等级评定分为合格和不合格,工程质量评分值大于等于75分的为合格,小于75分的为不合格。

第十四条 公路工程各合同段验收合格后,项目法人应按交通部规定的要求及时完成项目交工验收报告,并向交通主管部门备案。国家、部重点公路工程项目中100公里以上的高速公路、独立特大型桥梁和特长隧道工程向省级人民政府交通主管部门备案,其他公路工程按省级人民政府交通主管部门的规定向相应的交通主管部门备案。

公路工程各合同段验收合格后,质量监督机构应向交通主管部门提交项目的检测报告。交通主管部门在15天内未对备案的项目交工验收报告提出异议,项目法人可开放交通进入试运营期。试运营期不得超过3年。

第十五条 交工验收提出的工程质量缺陷等遗留问题,由施工单位限期完成。

第三章 竣 工 验 收

第十六条 公路工程进行竣工验收应具备以下条件：

（一）通车试运营2年后；

（二）交工验收提出的工程质量缺陷等遗留问题已处理完毕,并经项目法人验收合格；

（三）工程决算已按交通部规定的办法编制完成,竣工决算已经审计,并经交通主管部门或其授权单位认定；

（四）竣工文件已按交通部规定的内容完成；

（五）对需进行档案、环保等单项验收的项目,已经有关部门验收合格；

（六）各参建单位已按交通部规定的内容完成各自的工作报告；

（七）质量监督机构已按交通部规定的公路工程质量鉴定办法对工程质量检测鉴定合格,并形成工程质量鉴定报告。

第十七条 公路工程符合竣工验收条件后,项目法人应按照项目管理权限及时向交通主管部门申请验收。交通主管部门应当自收到申请之日起30日内,对申请人递交的材料进行审查,对于不符合竣工验收条件的,应当及时退回并告知理由；对于符合验收条件的,应自收到申请文件之日起3个月内组织竣工验收。

第十八条 竣工验收的主要工作内容是：

（一）成立竣工验收委员会；

（二）听取项目法人、设计单位、施工单位、监理单位的工作报告；

（三）听取质量监督机构的工作报告及工程质量鉴定报告；

（四）检查工程实体质量、审查有关资料；

（五）按交通部规定的办法对工程质量进行评分,并确定工程质量等级；

（六）按交通部规定的办法对参建单位进行综合评价；

（七）对建设项目进行综合评价；

（八）形成并通过竣工验收鉴定书。

第十九条 竣工验收委员会由交通主管部门、公路管理机构、质量监督机构、造价管理机构等单位代表组成。大中型项目及技术复杂工程,应邀请有关专家参加。国防公路应邀请军队代表参加。

项目法人、设计单位、监理单位、施工单位、接管养护等单位参加竣工验收工作。

第二十条 参加竣工验收工作各方的主要职责是：

竣工验收委员会负责对工程实体质量及建设情况进行全面检查。按交通部规定的办法对工程质量进行评分,对各参建单位进行综合评价,对建设项目进行综合评价,确定工程质量和建设项目等级,形成工程竣工验收鉴定书。

项目法人负责提交项目执行报告及验收所需资料,协助竣工验收委员会开展工作；

设计单位负责提交设计工作报告,配合竣工验收检查工作；

监理单位负责提交监理工作报告,提供工程监理资料,配合竣工验收检查工作；

施工单位负责提交施工总结报告,提供各种资料,配合竣工验收检查工作。

第二十一条 竣工验收工程质量评分采取加权平均法计算,其中交工验收工程质量得分权值为0.2,质量监督机构工程质量鉴定得分权值为0.6,竣工验收委员会对工程质量评定得分权值为0.2。

工程质量评定得分大于等于90分为优良,小于90分且大于等于75分为合格,小于75分为不合格。

第二十二条 竣工验收委员会按交通部规定的办法对参建单位的工作进行综合评价。

评定得分大于等于90分且工程质量等级优良的为好,大于等于75分为中,小于75分为差。

第二十三条 竣工验收建设项目综合评分采取加权平均法计算,其中竣工验收工程质量得分权值为0.7,参建单位工作评价得分权值为0.3(项目法人占0.15,设计、施工、监理各占0.05)。

评定得分大于等于90分且工程质量等级优良的为优良,大于等于75分为合格,小于75分为不合格。

第二十四条 负责组织竣工验收的交通主管部门对通过验收的建设项目按交通部规定的要求签发《公路工程竣工验收鉴定书》。

通过竣工验收的工程,由质量监督机构依据竣工验收结论,按照交通部规定的格式对各参建单位签发工作综合评价等级证书。

第四章 罚 则

第二十五条 项目法人违反本办法规定,对不具备交工验收条件的公路工程组织交工验收,交工验收无效,由交通主管部门责令改正。

第二十六条 项目法人违反本办法规定,对未进行交工验收、交工验收不合格或未备案的工程开放交通进行试运营的,由交通主管部门责令停止试运营,并予以警告处罚。

第二十七条 项目法人对试运营期超过3年的公路工程不申请组织竣工验收的,由交通主管部门责令改正。对责令改正后仍不申请组织竣工验收的,由交通主管部门责令停止试运营。

第二十八条 质量监督机构人员在验收工作中滥用职权、玩忽职守、徇私舞弊的,依法给予行政处分,构成犯罪的,依法追究刑事责任。

第五章 附 则

第二十九条 公路工程建设项目建成后,施工单位、监理单位、项目法人应负责编制工程竣工文件、图表、资料,并装订成册,其编制费用分别由施工单位、监理单位、项目法人承担。

各合同段交工验收工作所需的费用由施工单位承担。整个建设项目竣(交)工验收期间质量监督机构进行工程质量检测所需的费用由项目法人承担。

第三十条 对通过验收的工程,由项目法人按照国家规定,分别向档案管理部门和公路管理机构、接管养护单位办理有关档案资料和资产移交手续。

第三十一条 对于规模较小、等级较低的小型项目,可将交工验收和竣工验收合并进行。规模较小、等级较低的小型项目的具体标准由省级人民政府交通主管部门结合本地区的具体情况制订。

第三十二条 本办法由交通部负责解释。

第三十三条 本办法自2004年10月1日起施行。交通部颁布的《公路工程竣工验收办法》(交公路发〔1995〕1081号)同时废止。

3. 公路工程竣(交)工验收办法实施细则

(交公路发〔2010〕65号)

第一章 总 则

第一条 为进一步规范和完善公路工程竣(交)工验收工作,根据《公路工程竣(交)工验收办法》(交通部令2004年第3号),制定本细则。

第二条 公路工程验收分为交工验收和竣工验收两个阶段。

交工验收阶段,其主要工作是:检查施工合同的执行情况,评价工程质量,对各参建单位工作进行初步评价。

竣工验收阶段,其主要工作是:对工程质量、参建单位和建设项目进行综合评价,并对工程建设项目作出整体性综合评价。

第三条 公路工程竣(交)工验收的依据是:

(一)批准的项目建议书、工程可行性研究报告。

(二)批准的工程初步设计、施工图设计及设计变更文件。

(三)施工许可。

(四)招标文件及合同文本。

(五)行政主管部门的有关批复、批示文件。

(六)公路工程技术标准、规范、规程及国家有关部门的相关规定。

第二章 交 工 验 收

第四条 公路工程交工验收工作一般按合同段进行,并应具备以下条件:

(一)合同约定的各项内容已全部完成。各方就合同变更的内容达成书面一致意见。

(二)施工单位按《公路工程质量检验评定标准》及相关规定对工程质量自检合格。

(三)监理单位对工程质量评定合格。

(四)质量监督机构按"公路工程质量鉴定办法"(见附件1)对工程质量进行检测,并出具检测意见。检测意见中需整改的问题已经处理完毕。

(五)竣工文件按公路工程档案管理的有关要求,完成"公路工程项目文件归档范围"(见附件2)第三、四、五部分(不含缺陷责任期资料)内容的收集、整理及归档工作。

(六)施工单位、监理单位完成本合同段的工作总结报告。

第五条 交工验收程序:

(一)施工单位完成合同约定的全部工程内容,且经施工自检和监理检验评定均合格后,提出合同段交工验收申请报监理单位审查。交工验收申请应附自检评定资料和施工总结报告。

(二)监理单位根据工程实际情况、抽检资料以及对合同段工程质量评定结果,对施工单位交工验收申请及其所附资料进行审查并签署意见。监理单位审查同意后,应同时向项目法人提交独立抽检资料、质量评定资料和监理工作报告。

(三)项目法人对施工单位的交工验收申请、监理单位的质量评定资料进行核查,必要时可委托有相应资质的检测机构进行重点抽查检测,认为合同段满足交工验收条件时应及时组织交工验收。

(四)对若干合同段完工时间相近的,项目法人可合并组织交工验收。对分段通车的项目,项目法人可按合同约定分段组织交工验收。

(五)通过交工验收的合同段,项目法人应及时颁发"公路工程交工验收证书"(见附件3)。

(六)各合同段全部验收合格后,项目法人应及时完成"公路工程交工验收报告"(见附件4)。

第六条 交工验收的主要工作内容:

(一)检查合同执行情况。

(二)检查施工自检报告、施工总结报告及施工资料。

(三)检查监理单位独立抽检资料、监理工作报告及质量评定资料。

(四)检查工程实体,审查有关资料,包括主要产品的质量抽(检)测报告。

(五)核查工程完工数量是否与批准的设计文件相符,是否与工程计量数量一致。

(六)对合同是否全面执行、工程质量是否合格做出结论。

(七)按合同段分别对设计、监理、施工等单位进行初步评价(评价表见附件6-2~6-4)。

第七条 各合同段的设计、施工、监理等单位参加交工验收工作,由项目法人负责组织。路基工程作为单独合同段进行交工验收时,应邀请路面施工单位参加。拟交付使用的工程,应邀请运营、养护管理等相关单位参加。交通运输主管部门、公路管理机构、质量监督机构视情况参加交工验收。

第八条 合同段工程质量评分采用所含各单位工程质量评分的加权平均值。即:

合同段工程质量评分值＝
$$\frac{\sum(单位工程质量评分值 \times 该单位工程投资额)}{\sum 单位工程投资额}$$

工程各合同段交工验收结束后,由项目法人对整个工程项目进行工程质量评定,工程质量评分采用各合同段工程质量评分的加权平均值。即:

工程项目质量评分值＝
$$\frac{\sum(合同段工程质量评分值 \times 该合同段投资额)}{\sum 合同段投资额}$$

投资额原则使用结算价,当结算价暂时未确定时,可使用招标合同价,但在评分计算时应统一。

第九条 交工验收工程质量等级评定分为合格和不合格,工程质量评分值大于等于 75 分的为合格,小于 75 分的为不合格。

第十条 交工验收不合格的工程应返工整改,直至合格。

交工验收提出的工程质量缺陷等遗留问题,由项目法人责成施工单位限期完成整改。

第十一条 对通过交工验收工程,应及时安排养护管理。

第三章 竣 工 验 收

第十二条 按照公路工程管理权限,各级交通运输主管部门应于年初制定年度竣工验收计划,并按计划组织竣工验收工作。列入竣工验收计划的项目,项目法人应提前完成竣工验收前的准备工作。

第十三条 公路工程竣工验收应具备以下条件:

(一)通车试运营 2 年以上。

(二)交工验收提出的工程质量缺陷等遗留问题已全部处理完毕,并经项目法人验收合格。

(三)工程决算编制完成,竣工决算已经审计,并经交通运输主管部门或其授权单位认定。

(四)竣工文件已完成"公路工程项目文件归档范围"的全部内容。

(五)档案、环保等单项验收合格,土地使用手续已办理。

(六)各参建单位完成工作总结报告。

(七)质量监督机构对工程质量检测鉴定合格,并形成工程质量鉴定报告。

第十四条 竣工验收准备工作程序:

(一)公路工程符合竣工验收条件后,项目法人应按照公路工程管理权限及时向相关交通运输主管部门提出验收申请,其主要内容包括:

1. 交工验收报告。

2. 项目执行报告、设计工作报告、施工总结报告和监理工作报告。

3. 项目基本建设程序的有关批复文件。

4. 档案、环保等单项验收意见。

5. 土地使用证或建设用地批复文件。

6. 竣工决算的核备意见、审计报告及认定意见。

(二)相关交通运输主管部门对验收申请进行审查,必要时可组织现场核查。审查同意后报负责竣工验收的交通运输主管部门。

(三)以上文件齐全且符合条件的项目,由负责竣工验收的交通运输主管部门通知所属的质量监督机构开展质量鉴定工作。

(四)质量监督机构按要求完成质量鉴定工作,出具工程质量鉴定报告,并审核交工验收对设计、施工、监理初步评价结果,报送交通运输主管部门。

(五)工程质量鉴定等级为合格及以上的项目,负责竣工验收的交通运输主管部门及时组织竣工验收。

第十五条 竣工验收主要工作内容:

(一)成立竣工验收委员会。

(二)听取公路工程项目执行报告、设计工作报告、施工总结报告、监理工作报告及接管养护单位项目使用情况报告。(见附件 5"公路工程参建单位工作总结报告")

(三)听取公路工程质量监督报告及工程质量鉴定报告。

(四)竣工验收委员会成立专业检查组检查工程实体质量,审阅有关资料,形成书面检查意见。

(五)对项目法人建设管理工作进行综合评价。审定交工验收对设计单位、施工单位、监理单位的初步评价。(见附件 6"公路工程参建单位工作综合评价表")

(六)对工程质量进行评分,确定工程质量等级,并综合评价建设项目。(见附件 7"公路工程竣工验收评价表")

(七)形成并通过《公路工程竣工验收鉴定书》(见附件 8)。

(八)负责竣工验收的交通运输主管部门印发《公路工程竣工验收鉴定书》。

(九)质量监督机构依据竣工验收结论,对各参建单位签发"公路工程参建单位工作综合评价等级证书"(见附件 9)。

第十六条 竣工验收委员会由交通运输主管部门、公路管理机构、质量监督机构、造价管理机构等单位代表组成。国防公路应邀请军队代表参加。大中型项目及技术复杂工程,应邀请有关专家参加。

项目法人、设计、施工、监理、接管养护等单位代表参加竣工验收工作,但不作为竣工验收委员会成员。

第十七条 参加竣工验收工作各方的主要职责是:

竣工验收委员会负责对工程实体质量及建设情况进行全面检查。对工程质量进行评分,对各参建单位及建设项目进行综合评价,确定工程质量和建设项目等级,形成工程竣工验收鉴定书。

项目法人负责提交项目执行报告及验收工作所需资料,协助竣工验收委员会开展工作。

设计单位负责提交设计工作报告,配合竣工验收检查工作。

施工单位负责提交施工总结报告,提供各种资料,配合竣工验收检查工作。

监理单位负责提交监理工作报告,提供工程监理资料,配合竣工验收检查工作。

接管养护单位负责提交项目使用情况报告,配合竣工验收检查工作。

公路建设项目设计、施工、监理、接管养护等有多家单位的,项目法人应组织汇总设计工作报告、施工总结报告、监理工作报告、项目使用情况报告。竣工验收时选派代表向竣工验收委员会汇报。

第十八条 竣工验收工程质量评分采取加权平均法

计算,其中交工验收工程质量得分权值为0.2,质量监督机构工程质量鉴定得分权值为0.6,竣工验收委员会对工程质量的评分权值为0.2。

对于交工验收和竣工验收合并进行的小型项目,质量监督机构工程质量鉴定得分权值为0.6,监理单位对工程质量评定得分权值为0.1,竣工验收委员会对工程质量的评分权值为0.3。

工程质量评分大于等于90分为优良,小于90分且大于等于75分为合格,小于75分为不合格。

第十九条 对建设项目出现以下特别严重问题的合同段,整改合格后,合同段工程质量不得评为优良,质量鉴定得分按照整改前的鉴定得分,超出75分的按75分,不足75分的按原得分;建设项目竣工验收工程质量等级和综合评定等级直接确定为合格。

(一)路基工程的大段落路基沉陷、大面积高边坡失稳。

(二)路面工程车辙深度大于10mm的路段累计长度超过该合同段车道总长度的5%。

(三)特大桥梁主要受力结构需要或进行过加固、补强。

(四)隧道工程渗漏水经处治效果不明显,衬砌出现影响结构安全裂缝,衬砌厚度合格率小于90%或有小于设计厚度二分之一的部位,空洞累计长度超过隧道长度的3%或单个空洞面积大于3m²。

(五)重大质量事故或严重质量缺陷,造成历史性缺陷的工程。

第二十条 对建设项目出现以下严重问题的合同段,整改合格后,合同段工程质量不得评为优良,质量鉴定得分按75分计算;并视对建设项目的影响,由竣工验收委员会决定建设项目工程质量是否评为优良。

(一)路基工程的重要支挡工程严重变形。

(二)路面工程出现修补、唧浆、推移、网裂等病害路段累计长度超过路线的3%或累计面积大于总面积的1.5%;竣工验收复测路面弯沉合格率小于90%。

(三)大桥、中桥主要受力结构需要或进行过加固、补强。

第二十一条 竣工验收委员会对项目法人及设计、施工、监理单位工作进行综合评价。评定得分大于等于90分且工程质量等级优良的为好,小于90分大于等于75分为中,小于75分为差。

第二十二条 竣工验收建设项目综合评分采取加权平均法计算,其中竣工验收工程质量得分权值为0.7,参建单位工作评价得分权值为0.3(项目法人占0.15,设计、施工、监理各占0.05)。

评定得分大于等于90分且工程质量等级优良的为优良,小于90分且大于等于75分为合格,小于75分为不合格。

第二十三条 发生过重大及以上生产安全事故的建设项目综合评定等级不得评为优良。

第二十四条 根据《国务院关于促进节约用地的通知》(国发〔2008〕3号)要求,竣工验收时需要核验建设项目依法用地和履行土地出让合同、划拨等情况。

第四章 附 则

第二十五条 各合同段交工验收工作所需的费用由施工单位承担。整个建设项目竣(交)工验收期间质量监督机构进行工程质量检测所需的费用由项目法人承担。

质量监督机构可委托有相应资质的检测机构承担竣(交)工验收的检测工作。

第二十六条 本细则自2010年5月1日起施行。《关于贯彻执行公路工程竣交工验收办法有关事宜的通知》(交公路发〔2004〕446号)同时废止。

附件1

公路工程质量鉴定办法

一、质量鉴定要求

(一)基本要求。

1.公路工程质量鉴定由该建设项目的质量监督机构或竣工验收单位指定的质量监督机构负责组织。

2.公路工程质量鉴定工作包括工程实体检测、外观检查和内业资料审查。

3.公路工程质量鉴定依据质量监督机构在交工验收前和竣工验收前的工程质量检测资料,同时可结合监督过程中的检查资料进行评定(必要时工程质量检测工作可委托有相应资质的检测机构承担)。

(二)单位工程和分部工程的划分。

1.单位工程。

每个合同段范围内的路基工程、路面工程、交通安全设施、机电工程、房屋建筑工程分别作为一个单位工程;特大桥、大桥、中桥、隧道以每座作为一个单位工程(特大桥、大桥、特长隧道、长隧道分为多个合同段施工时,以每个合同段作为一个单位工程);互通式立体交叉的路基、路面、交通安全设施按合同段纳入相应单位工程,桥梁工程按特大桥、大桥、中桥分别作为一个单位工程。

2.分部工程。

每个合同段的路基土石方、排水、小桥、涵洞、支挡、路面面层、标志、标线、防护栏等分别作为一个分部工程;桥梁上部、下部、桥面系分别作为一个分部工程;隧道衬砌、总体、路面分别作为一个分部工程;机电工程监控、通信、收费系统分别作为一个分部工程;房屋建筑工程按其专业工程质量检验评定标准评定。

(三)鉴定方法。

1.分部工程质量鉴定方法。

工程实体检测以本办法规定的抽查项目及频率为基础,按抽查项目的合格率加权平均乘100作为分部工程实测得分;外观检查发现的缺陷,在分部工程实测得分的基础上采用扣分制,扣分累计不得超过15分。

$$\text{分部工程实测得分} = \frac{\sum[\text{抽查项目合格率} \times \text{权值}]}{\sum \text{权值}} \times 100$$

分部工程得分＝分部工程实测得分－外观扣分

2. 单位工程、合同段、建设项目工程质量鉴定方法。

根据分部工程得分采用加权平均值计算单位工程得分,再逐级加权计算合同段工程质量得分。内业资料审查发现的问题,在合同段工程质量得分的基础上采用扣分制,扣分累计不得超过 5 分;合同段工程质量得分减去内业资料扣分为该合同段工程质量鉴定得分。采用加权平均值计算建设项目工程质量鉴定得分。

$$\text{单位工程得分} = \frac{\sum[\text{分部工程得分} \times \text{权值}]}{\sum \text{权值}}$$

合同段工程质量得分
$$= \frac{\sum[\text{单位工程得分} \times \text{单位工程投资额}]}{\sum \text{单位工程投资额}} - \text{内业资料扣分}$$

建设项目工程质量鉴定得分
$$= \frac{\sum[\text{合同段工程质量鉴定得分} \times \text{合同段工程投资额}]}{\sum \text{合同段工程投资额}}$$

公式中的投资额原则使用结算价,当结算价暂时无法确定时,可使用招标合同价。但无论采用结算价还是招标合同价,计算时各单位工程或合同段均应统一。

(四)工程质量等级鉴定。

1. 总体要求。

路基整体稳定;路面无严重缺陷;桥梁、隧道等构造物结构安全稳定,混凝土强度、桩基检测、预应力构件的张拉应力、桥梁承载力等均符合设计要求;工程质量经施工自检和监理评定均合格,并经项目法人确认。不满足上述要求的工程质量鉴定不予通过。

2. 工程质量等级划分。

工程质量等级应按分部工程、单位工程、合同段、建设项目逐级进行评定,分部工程质量等级分为合格、不合格两个等级;单位工程、合同段、建设项目工程质量等级分为优良、合格、不合格三个等级。

分部工程得分大于或等于 75 分,则分部工程质量为合格,否则为不合格。

单位工程所含各分部工程均合格,且单位工程得分大于或等于 90 分,质量等级为优良;所含各分部工程均合格且得分大于或等于 75 分,小于 90 分,质量等级为合格;否则为不合格。

合同段(建设项目)所含单位工程(合同段)均合格,且工程质量鉴定得分大于或等于 90 分,工程质量鉴定等级为优良;所含单位工程均合格,且得分大于或等于 75 分、小于 90 分,工程质量鉴定等级为合格;否则为不合格。

不合格分部工程经整修、加固、补强或返工后可重新进行鉴定,直至合格。

二、工程实体检测

(一)抽查频率。

1. 路基工程压实度、边坡每公里抽查不少于一处,每个合同段路基压实度检查点数不少于 10 个。路基弯沉检测,高速、一级公路以每半幅每公里为评定单元,其他等级公路以每公里为评定单元。

2. 排水工程的断面尺寸每公里抽查 2~3 处,铺砌厚度按合同段抽查不少于 3 处。

3. 小桥抽查不少于总数的 20% 且每种类型抽查不少于 1 座。

4. 涵洞抽查不少于总数的 10% 且每种类型抽查不少于 1 道。

5. 支挡工程抽查不少于总数的 10% 且每种类型抽查不少于 1 处。

6. 路面工程的弯沉、平整度检测,高速、一级公路以每半幅每公里为评定单元,其他等级公路以每公里为评定单元。其他抽查项目每公里不少于 1 处。

7. 特大桥、大桥逐座检查;中桥抽查不少于总数的 30% 且每种桥型抽查不少于 1 座。

桥梁下部工程抽查不少于墩台总数的 20% 且不少于 5 个,墩台数量少于 5 个时全部检测。每种结构形式抽查不少于 1 个。

桥梁上部工程抽查不少于总孔数的 20% 且不少于 5 个,孔数少于 5 个时全部检测。每种结构形式抽查不少于 1 个。

8. 隧道逐座检查。

9. 交通安全设施中防护栏、标线每公里抽查不少于 1 处;标志抽查不少于总数的 10%。

10. 机电工程各类设施抽查不少于 10%,每类设施少于 3 个时全部检测。

11. 房屋建筑工程逐处检查。

(二)抽查项目。

公路工程质量鉴定抽查项目

单位工程	分部工程类别	抽查项目	权值	备注	权值
路基工程	路基土石方	压实度	3	每处每车道不少于1点。	3
		弯沉	3	每评定单元检测不少于40点各车道交替检测。	
		边坡	1	每处两侧各测不少于两个坡面。	
	排水工程	断面尺寸	1	每处抽不少于两个断面。	1
		铺砌厚度	3	每处开挖检查不少于1个断面。	

续上表

单位工程	分部工程类别	抽查项目	权值	备注	权值
路基工程	小桥	混凝土强度	3	每座用回弹仪或超声波测上、下部结构各不少于10个测区。	2
		主要结构尺寸	1	每座抽10~20个。	
	涵洞	混凝土强度	3	每处用回弹仪或超声波测不少于10个测区。	1
		结构尺寸	2	每道5~10个。	
	支挡工程	混凝土强度	3	每处用回弹仪或超声波测不少于10个测区。	2
		断面尺寸	3	每处开挖检查不少于1个断面。	
路面工程	路面面层	沥青路面压实度	3	每处不少于1点。	1
		沥青路面弯沉*	3	每评定单元检测不少于40点,各车道交替检测。	
		沥青路面车辙*	1	允许偏差:≤10mm;每处每车道至少测1个断面。	
		沥青路面渗水系数	2	每处不少于1点。	
		混凝土路面强度	3	每处不少于1点。	
		混凝土路面相邻板高差*	1	每处测膨胀缝位置相邻板高差不少于3点。	
		平整度*	2	高速、一级公路连续检测。	
		抗滑*	2	高速、一级公路检测摩擦系数、构造深度。	
		厚度	3	每处不少于1点。	
		横坡	1	每处1~2个断面。	
桥梁(不含小桥)	下部	墩台混凝土强度	3	每墩台用回弹仪或超声波测不少于2个测区,测区总数不少于10个。	2
		主要结构尺寸	1	每个墩台测不少于2点。	
		钢筋保护层厚度	1	每墩台测2~4处。	
		墩台垂直度	1	每个墩台测两个方向。	
	上部	混凝土强度	3	抽查主要承重构件,每孔用回弹仪或超声波测不少于10个测区。	3
		主要结构尺寸	2	每座桥测10~20点。	
		钢筋保护层厚度	1	每孔测2~4处。	
	桥面系	伸缩缝与桥面高差*	1	逐条缝检测。	2
		桥面铺装平整度*	1	每联>100m时用连续式平整度仪分车道检测;不足100m时每联用三米直尺测3处,每处3尺,最大间隙h;高速、一级公路允许偏差3mm,其他公路允许偏差5mm。	
		横坡	1	每100m测不少于3个断面。	
		桥面抗滑*	2	每200m测不少于3处。	
隧道工程	衬砌	衬砌强度	3	用回弹仪或超声波每座中、短隧道不少于10个测区,特长、长隧道测不少于20个测区。	3
		衬砌厚度	3	用高频地质雷达连续检测拱顶、拱腰三条线或钻孔检查。	
		大面平整度	1	衬砌平整度实测每座中、短隧道测5~10处,长隧道测10~20处,特长隧道测20处以上。	

续上表

单位工程	分部工程类别	抽查项目	权值	备注	权值
隧道工程	总体	宽度	1	每座中、短隧道测5～10点,长隧道测10～20点,特长隧道测不少于20点。	1
		净空	2	每座中、短隧道测5～10点,长隧道测10～20点,特长隧道测不少于20点。	
	隧道路面	面层		按照路面要求。	2
交通安全设施	标志	立柱竖直度	1	每柱测两个方向。	1
		标志板净空	2	取不利点。	
		标志板厚度	1	每块测不少于2点。	
		标志面反光膜等级及逆射光系数	2	每块测不少于2点。	
	标线	反光标线逆反射系数	2	每处测不少于5点。	1
		标线厚度	2	每处测不少于5点。	
	防护栏	波形梁板基底金属厚度	2	每处不少于5点。	2
		波形梁钢护栏立柱壁厚	2	每处不少于5点。	
		波形梁钢护栏立柱埋入深度	2	每处不少于1根。	
		波形梁钢护栏横梁中心高度	1	每处不少于5点。	
		混凝土护栏强度	2	用回弹仪或超声波每处不少于2个测区,测区总数不少于10个。	
		混凝土护栏断面尺寸	2	每处不少于5点。	
机电工程	监控系统	闭路电视监视系统传输通道指标	1	测点数不少于3个,少于3个时全部检测。	1
		可变标志显示屏平均亮度	1	测点数不少于3个,少于3个时全部检测。	
		计算机网健康测试	1	测点数不少于3个,少于3个时全部检测。	
		接地电阻、绝缘电阻	1	测点数不少于3个,少于3个时全部检测。	
	通信系统	光纤接头损耗平均值	1	测点数不少于3个,少于3个时全部检测。	1
		光纤数字传输误码指标	1	测点数不少于3个,少于3个时全部检测。	
		数字程控交换接通率	1	测点数不少于3个,少于3个时全部检测。	
	收费系统	车道设备各车种处理流程	1	测点数不少于3个,少于3个时全部检测。	1
		接地电阻、绝缘电阻	1	测点数不少于3个,少于3个时全部检测。	
房屋建筑工程	（按其专业工程质量检验评定标准评定）				

注：表中"支挡工程"指挡土墙、抗滑桩、铺砌式坡面防护、喷锚等防护工程。

（三）抽查要求。

1. 本办法规定的抽查项目均应在合同段交工验收前完成检测。竣工验收前,应对带"﹡"的抽查项目进行复测,复测结果和其他抽查项目在交工验收时的检测结果,作为竣工验收质量评定的依据。沥青路面弯沉、平整度、抗滑等复测指标的质量评定标准根据相关规范及当地实际情况确定。

2. 本办法未列出的检查项目、竣工验收复测项目以及技术复杂的悬索桥、斜拉桥等工程,质量监督机构均可根据工程实际情况增加检测、复测项目。

3. 本办法未明确规定抽查项目的规定值或允许偏差的,按照《公路工程质量检验评定标准》执行。

4. 对弯沉、路面厚度、平整度、摩擦系数、隧道衬砌混凝土强度及厚度等抽查项目优先采用自动化检测（或无损检测）设备进行检测,也可采用常规方法进行检测。采用无测试规程的自动化检测（或无损检测）结果有争议时,由交通运输主管部门组织有关专家确定。

5. 竣工验收前复测的沥青路面弯沉值评定方法：采用数理统计方法评定,以每评定单元计算实测弯沉代表值,可采用3倍标准差方法对特异数据进行一次性舍弃;若计算实测弯沉代表值满足设计要求该评定单元为合格,否则为不合格;以合同段内合格的评定单元数与总的评定单元数比值为该合同段内竣工验收复测路面弯沉合格率。对于大于3倍标准差的舍弃点及不合格单元要加强观察。

三、外观检查

（一）基本要求。

1. 由该项目工程质量鉴定的质量监督机构或其委托

的有资质的检测单位负责在交工验收前和竣工验收前对工程外观进行全面检查。

2. 工程外观存在严重缺陷、安全隐患或已降低服务水平的建设项目不予验收,经整修达到设计要求后方可组织验收。

3. 项目交工验收前应对桥梁、隧道、重点支挡工程、高边坡等涉及安全运营的重要工程部位进行详细检查。

(二)检查内容及扣分标准。

公路工程质量鉴定外观检查

单位工程	分部工程类别	检查内容及扣分标准	备注
路基工程	路基土石方	1. 路基边坡坡面平顺、稳定,曲线圆滑,不得亏坡,不符合要求时,单向累计长度每50米扣1~2分。 2. 路基沉陷、开裂,每处扣2~5分。	按每公里累计扣分的平均值扣分
	排水工程	1. 排水沟内侧及沟底应平顺,无阻水现象,外侧无脱空,不符合要求时,每处扣1~2分。 2. 砌体坚实,勾缝牢固,不符合要求时,每5米扣1分。	按每公里累计扣分的平均值扣分
	小桥	1. 混凝土表面粗糙,模板接缝处不平顺,有漏浆现象,扣1~3分。 2. 梁板及接缝渗、漏水,每处扣1分。 3. 混凝土表面蜂窝麻面面积不得超过该部位面积的0.5%,不符合要求时,每超过0.5%扣3分。 4. 桥梁的内外轮廓线条应顺滑清晰,栏杆、护栏应牢固、直顺、美观,不符合要求时扣1~3分。 5. 桥头路面平顺,无跳车现象,不符合要求时扣2~4分。 6. 桥下施工弃料应清理干净,不符合要求时扣1~3分。	按每座累计扣分的平均值扣分
	涵洞	1. 涵洞进出口不顺适,洞身不直顺,帽石、八字墙、一字墙不平直,存在翘曲现象,洞内有杂物、淤泥、阻水现象时,每种病害扣1~3分。 2. 台身、涵底铺砌、拱圈、盖板有裂缝时,每道裂缝扣1~3分。 3. 涵洞处路面平顺,无跳车现象,不符合要求时扣2~4分。	按每道累计扣分的平均值扣分
	支挡工程	1. 砌体表面平整,砌缝完好,无开裂现象,勾缝平顺,无脱落现象,不符合要求时扣1~3分。 2. 沉降缝垂直、整齐,上下贯通,不符合要求时,扣1~3分。 3. 泄水孔坡度向外,无阻塞现象,不符合要求时扣1~3分。 4. 混凝土表面的蜂窝麻面不得超过该部位面积的0.5%,不符合要求时,每超过0.5%扣3分。 5. 墙身裂缝,局部破损,每处扣3分。	按每处累计扣分值的平均值扣分
	面层	水泥混凝土路面: 1. 混凝土板的断裂块数,高速公路和一级公路不得超过0.2%;其他公路不得超过0.4%,每超过0.1%扣2分。 2. 混凝土板表面的脱皮、印痕、裂纹、石子外露和缺边掉角等病害现象,高速公路和一级公路不得超过受检面积的0.2%;其他公路不得超过0.3%,不符合要求时,每超过0.1%扣2分。对于连续配筋的混凝土路面和钢筋混凝土路面,因干缩、温缩产生的裂缝,可不扣分。 3. 路面侧石应直顺,曲线圆滑,越位20mm以上者,每处扣1~2分。 4. 接缝填筑应饱满密实,不污染路面。不符合要求时,累计长度每100米扣2分。 5. 胀缝有明显缺陷时,每条扣1~2分。 沥青混凝土面层、沥青碎石面层: 1. 面层有修补现象,每处扣1~3分; 2. 表面应平整密实,不应有泛油、松散、裂缝和明显离析等现象,对于高速公路和一级公路,有上述缺陷的面积(凡属单条的裂缝,则按其实际长度乘以0.2米宽度,折算成面积)之和不得超过受检面积的0.03%,其他公路不得超过0.05%。不符合要求时每超过0.03%或0.05%扣2分;半刚性基层的反射裂缝可不计施工缺陷,但应及时进行灌缝处理。 3. 搭接处应紧密、平顺,烫缝不应枯焦。不符合要求时,累计每10米长扣1分。	按每公里累计扣分的平均值扣分

续上表

单位工程	分部工程类别	检查内容及扣分标准	备注
路基工程	面层	4.面层与路缘石及其他构筑物应密贴接顺,不得有积水或漏水现象,不符合要求时,每处扣1～2分。 沥青表面处治: 1.表面应平整密实,不应有松散、油包、波浪、泛油、封面料明显散失等现象,有上述缺陷的面积之和不得超过受检面积的0.2%,不符合要求时每超0.2%扣2分。 2.无明显碾压轮迹。不符合要求时,每处扣1分。 3.面层与路缘石及其他构筑物应密贴接顺,不得有积水现象。不符合要求时,每处扣1～2分。	按每公里累计扣分的平均值扣分
桥梁工程 (不含小桥)	下部工程、上部工程及桥面系	基本要求: 1.混凝土表面平滑,模板接缝处平顺,无漏浆现象,不符合要求时扣1～3分。 2.混凝土表面蜂窝麻面面积不得超过该部位面积的0.5%,不符合要求时,每超过0.5%扣3分。 3.混凝土表面出现非受力裂缝,减1～3分;结构出现受力裂缝宽度超过设计规定或设计未规定时,超过0.15mm,每条扣2～3分,项目法人应对其是否影响结构承载力组织分析论证。 4.混凝土结构有空洞或钢筋外露,每处扣2～5分,并应进行处理。 5.施工临时预埋件、设施及建筑垃圾、杂物等未清除处理时扣1～2分。 下部结构要求: 1.支座位置应准确,不得有偏歪、不均匀受力、脱空及非正常变形现象,不符合要求时每个扣1分。 2.锥、护坡按路基工程的支挡工程标准检查扣分,若沉陷,每处扣1～3分,并进行处理。 上部结构要求: 1.预制构件安装应平整,不符合要求时每处扣1分。 2.悬臂浇筑的各梁段之间应接缝平顺,色泽一致,无明显错台,不符合要求时每处扣2～5分。 3.主体钢结构外露部分的涂装和钢缆的防护防蚀层必须保护完好,不符合要求时扣1～2分,并应及时处理。 4.拱桥主拱圈线形圆滑无局部凹凸,不符合要求时扣2～5分,拱圈无裂缝,不符合要求时扣2～5分,并对其是否影响结构承载力进行分析论证。 5.梁板及接缝渗、漏水,每处扣1分。	基本要求同时适用于下部结构、上部结构和桥面系
		桥面系要求: 1.桥梁的内外轮廓线应顺滑清晰,不符合要求时,扣1～3分。 2.栏杆、护栏应牢固、直顺、美观,不符合要求时,扣1～2分。 3.桥面铺装沥青混凝土表面应平整密实,不应有泛油、松散、裂缝、明显离析等现象,有上述缺陷的面积(凡属单条的裂缝,则按其实际长度乘以0.2米宽度,折算成面积)之和不得超过受检面积的0.03%,不符合要求时每超过0.03%扣1分。 4.伸缩缝无阻塞、变形、开裂现象,不符合要求时减1～3分;桥头有跳车现象,每处扣2～4分。 5.泄水管安装不阻水,桥面无低凹,排水良好,不符合要求时扣3～5分。	

续上表

单位工程	分部工程类别	检查内容及扣分标准	备注
隧道工程	衬砌	1.混凝土衬砌表面密实,任一延米的隧道面积中,蜂窝麻面和气泡面积不超过0.5%,不符合要求时,每超过0.5%扣0.5～1分;蜂窝麻面深度超过5mm时不论面积大小,每处扣1分。 2.施工缝平顺无错台,不符合要求时每处扣1～2分。 3.隧道衬砌混凝土表面出现裂缝,每条裂缝扣0.5～2分;出现受力裂缝时,钢筋混凝土结构裂缝宽度大于0.2mm的或混凝土结构裂缝宽度大于0.4mm的,每条扣2～5分,项目法人应对其是否影响结构安全组织分析论证。	
	总体	1.洞内没有渗漏水现象,不符合要求时,高速公路、一级公路扣5～10分,其他公路隧道扣1～5分。冻融地区存在渗漏现象时扣分取高限。 2.洞内排水系统应畅通、无阻塞,不符合要求时扣2～5分,并应查明原因进行处理。 3.隧道洞门按支挡工程的要求检查扣分。	
	隧道路面	按路面工程的扣分标准检查扣分。	
交通安全设施	标志	1.金属构件镀锌面不得有划痕、擦伤等损伤,不符合要求时,每一构件扣2分。 2.标志板面不得有划痕、较大气泡和颜色不均匀等表面缺陷,不符合要求时,每块板扣2分。	标志按每块累计扣分的平均值扣分
	标线	1.标线施工污染路面应及时清理,每处污染面积不超过10cm²,不符合要求时,每处减1分。 2.标线线形应流畅,与道路线形相协调,曲线圆滑,不允许出现折线,不符合要求时,每处扣2分。 3.反光标线玻璃珠应撒布均匀,附着牢固,反光均匀,不符合要求时,每处扣2分。 4.标线表面不应出现网状裂缝、断裂裂缝、起泡现象,不符合要求时,每处扣1分。	按每公里累计扣分的平均值扣分
	防护栏	1.波形梁线形顺适,色泽一致,不符合要求时,每处扣1～2分。 2.立柱顶部应无明显塌边、变形、开裂等现象,不符合要求时,每处扣2分。 3.混凝土护栏预制块不得有断裂现象,不符合要求时每处扣1分;掉边、掉角长度每处不得超过2cm,否则每块混凝土构件扣1分;混凝土表面蜂窝、麻面、裂缝、脱皮等缺陷面积不超过该构件面积的0.5%,不符合要求时,每超过0.5%扣2分。	按每公里累计扣分的平均值扣分
机电工程	监控、通信、收费系统	1.各系统基本功能齐全,运行稳定,满足设计和管理要求,每一个系统不符合要求时扣2～4分; 2.机电设施布置安装合理,方便操作、维护;各设备表面光泽一致,保护措施得当,无明显划伤、剥落、锈蚀、积水现象;部件排列整齐、有序,牢固可靠,标识正确、清楚;不符合要求时每处扣0.5～1分。	按每系统累计扣分
房屋建筑工程		(按其专业工程质量检验评定标准扣分)	

四、内业资料审查

内业资料主要审查以下质量保证资料:

1.所用原材料、半成品和成品质量检验结果。

2.材料配比、拌和加工控制检验和试验数据。

3.地基处理、隐蔽工程施工记录和大桥、隧道施工监控资料。

4.各项质量控制指标的试验记录和质量检验汇总图表。

5.施工过程中遇到的非正常情况记录及其对工程质量影响分析。

6.施工过程中如发生质量事故,经处理补救后,达到设计要求的认可证明文件。

7.中间交工验收资料。

8.施工过程各方指出较大质量问题、交工验收遗留问题及试运营期出现的质量问题处理情况资料。

分部工程、单位工程、合同段工程和建设项目质量鉴定表分别见表1-1至表1-4。

内业资料要求及扣分标准如下：

1. 质量保证资料及最基本的数据、资料齐全后方可组织鉴定。
2. 资料应真实、可靠，应有施工过程中的原始记录、原始资料(原件)，不应有涂改现象，有欠缺时扣2～4分。
3. 资料应齐全、完整，有欠缺时扣1～3分。
4. 资料应系统、客观，反映出检查项目、频率、质量指标满足有关标准、规范要求，有欠缺时扣1～3分。
5. 资料记录应字迹清晰、内容详细、计算准确，整理应分类编排、装订整齐，有欠缺时扣1～2分。
6. 基本数据(原材料、标准试验、工艺试验等)、检验评定数据有严重不真实或伪造现象的，在合同段扣5分。

五、工程质量检测意见、项目检测报告、质量鉴定报告内容

质量监督机构的检测意见、项目检测报告、质量鉴定报告应在对检测结果分析的基础上提出。

工程质量检测意见主要包括：检测工作是否完成，指出工程质量存在的缺陷，交工验收前需完善的问题，主要意见。

项目检测报告主要包括：检测结果及工程质量的基本评价，工程质量存在的主要问题和缺陷，工程质量是否具备试运营条件。

质量鉴定报告主要包括：鉴定工作依据，抽查项目检测数据、外观检查、内业资料审查及复测部分指标情况，交工验收提出的质量问题、质量监督机构指出的问题及试运营期间出现的质量缺陷等的处理情况，鉴定评分及质量等级。

分部工程质量鉴定表　　　　　　　　　　　　　　　表1-1

合 同 段：　　　　　　分部工程名称：　　　　　　所属建设项目：
工程部位：　　　　　　施 工 单 位：　　　　　　监 理 单 位：
(桩号、墩台号、孔号)

	项次	抽查项目	规定值或允许偏差	实测值或实测偏差值										质量评定		
				1	2	3	4	5	6	7	8	9	10	合格率(%)	权值	加权得分
实测项目																
	合计															
实测得分			外观扣分			分部工程得分								质量等级		

鉴定负责人：　　　检测：　　　记录：　　　复核：　　　年　月　日

单位工程质量鉴定表　　　　　　　　　　　　　　　表1-2

单位工程名称：　　　　　　　　　　　　所属建设项目：
路线名称：　　　　　　　　　　　　　　工程地点、桩号：
施工单位：　　　　　　　　　　　　　　监理单位：

合同段	分部工程				备注
	工程名称	质量评定			
		实得分数	权值	加权得分	
	合计				
单位工程得分				质量等级	

鉴定负责人：　　　计算：　　　复核：　　　年　月　日

合同段工程质量鉴定表

表 1-3

合同段名称：　　　　　　　　　　　　　　　　所属建设项目：
施 工 单 位：　　　　　　　　　　　　　　　　监 理 单 位：

单位工程名称	实得分	投资额	实得分×投资额	质量等级	备注
合计					
合同段实测得分		内业资料扣分			
合同段鉴定得分		质量等级			

鉴定负责人：　　　　　　　计算：　　　　　　　复核：　　　　　　　年　月　日

建设项目质量鉴定表

表 1-4

项目名称：　　　　　　　　　　　　　　　　　路线名称：
起讫桩号：　　　　　　　　　　　　　　　　　完工日期：

合同段	实得分	投资额	实得分×投资额	质量等级	备注
合计					
鉴定得分		质量等级			

鉴定负责人：　　　　　　　计算：　　　　　　　复核：　　　　　　　年　月　日

附件 2

公路工程项目文件归档范围

第一部分 综合文件

一、竣(交)工验收文件

(一)竣工验收文件(附件 6、7、8 相关内容及竣工验收委员会各专业检查组意见)。

(二)交工验收文件(附件 3、4 相关内容)。

(三)工程单项验收文件(环保、档案等)。

(四)各参建单位总结报告。

(五)接管养护单位项目使用情况报告。

二、建设依据及上级有关指示

(一)项目建议书及批准文件。

(二)工程可行性研究报告及批准文件。

(三)水土保持批准文件。

(四)环境影响评价及批准文件。

(五)文物调查、保护等文件。

(六)初步设计文件及批准文件。

(七)施工图设计文件及批准文件。

(八)设计变更文件及批准文件。

(九)设计中重大技术问题往来文件、会议纪要。

(十)施工许可批准文件。

(十一)上级单位有关指示。

三、征地拆迁资料

(一)征地拆迁合同协议。

(二)征地批文。

(三)征用土地数量一览表。

(四)占地图及土地使用证。

(五)拆迁数量一览表。

四、工程管理文件

(一)招标文件。

(二)投标文件、评标报告。

(三)合同书、协议书。

(四)技术文件及补充文件。

(五)建设单位往来文件。

(六)工程质量责任登记表。

(七)其他文件及资料。

第二部分 决算和审计文件

一、支付报表

二、财务决算文件

三、工程决算文件

四、项目审计文件

五、其他文件

第三部分 监理资料

一、监理管理文件

二、工程质量控制文件

(一)质量控制措施、规定及往来文件。

(二)监理独立抽检资料(注:编排顺序参照第四部分)。

(三)交工验收工程质量评定资料。

三、工程进度计划管理文件

四、工程合同管理文件

五、其他文件

六、其他资料

监理日志,会议记录、纪要,工程照片,音像资料。

监理机构及人员情况,各级监理人员的工作范围、责任划分、工作制度。

第四部分 施工资料

一、竣工图表

(一)变更设计一览表。

(二)变更图纸。

(三)工程竣工图。

二、工程管理文件

施工组织机构及人员,岗位责任划分,施工组织设计,技术交底文件,会议纪要等。

三、施工质量控制文件

(一)工程质量管理文件。

1.工程质量往来文件(质量保证体系,专项技术方案等)。

2.工程质量自检报告及工程质量检验评定资料。

3.工程质量事故及处理情况报告、补救后达到要求的认可证明文件。

4.桥梁荷载试验报告。

5.桥梁基础检验汇总资料。

6.施工中遇到的非正常情况记录、处理方案、施工工艺、质量检测记录及观察记录、对工程质量影响分析。

7.交工验收施工单位的自检评定资料。

(二)材料及标准试验。

1.原材料、外购成品、半成品抽检试验报告及资料。

2.外购材料(产品)出厂合格证书、检验报告及质量鉴定报告。

3.各种标准试验、配合比设计报告。

(三)施工工序资料。

1.路基工程。

(1)路基土石方工程。

Ⅰ.地表处理资料。

Ⅱ.不良地质处理方案、施工资料、检测资料。

Ⅲ.分层压实资料。

Ⅳ.路基检测、验收资料。

Ⅴ.分段资料汇总。

(2)防护工程。
Ⅰ.基坑放样、开挖处理、试验检测资料。
Ⅱ.各工序施工记录、检测、试验资料。
Ⅲ.成品检测资料。
Ⅳ.砂浆(混凝土)强度试验资料。
(3)小桥工程
Ⅰ.基坑放样、开挖处理、试验检测资料。
Ⅱ.基础施工检查、试验资料,桩基检测资料。
Ⅲ.各分项施工工序检查、成品检测资料。
Ⅳ.砂浆强度、混凝土强度、台背回填压实度等试验报告及汇总表。
(4)排水工程。
Ⅰ.基坑放样、开挖处理、试验检测资料。
Ⅱ.各施工工序检查、成品检测资料。
Ⅲ.砂浆、混凝土强度试验资料。
(5)涵洞工程。
Ⅰ.基坑放样、开挖处理、试验检测资料。
Ⅱ.各施工工序检查、成品检测资料。
Ⅲ.砂浆强度、混凝土强度、台背回填压实度等试验报告及汇总表。
2.路面工程。
(1)施工工序检查资料。
(2)材料配合比抽检(油石比、马歇尔试验等)资料。
(3)压实度、弯沉、强度等试验检测报告及汇总资料。
3.桥梁工程。
(1)基坑放样、开挖处理、试验检测资料。
(2)基础施工检查、试验资料,桩基检测资料。
(3)墩台、现浇构件、预制构件、预应力等施工工序检查、成品检测资料。
(4)各工序施工、检测记录。
(5)砂浆强度、混凝土强度、台背回填压实度等试验报告及汇总表。
(6)引道工程施工检测、试验资料。
4.隧道工程。
(1)洞身开挖施工、检查资料。
(2)衬砌施工、检验资料。
(3)隧道路面工程施工、检查资料。
(4)照明、通风、消防设施工、检查资料。
(5)洞口施工检查资料。
(6)各种附属设施检验施工资料。
(7)各环节工序检查、验收资料。

(8)隧道衬砌厚度、混凝土(砂浆)强度试验检测资料。
5.交通安全设施。
(1)各种标志牌制作安装检查记录。
(2)标线检查资料、施工记录。
(3)防撞护栏、隔离栅及附属设施施工、检查资料。
(4)照明系统施工、检测资料。
(5)各中间环节检测资料。
(6)成品检测资料。
6.房屋建筑工程。
按建筑部门有关法规、资料编制办法管理、汇总。
7.机电工程。
8.绿化工程。
(四)缺陷责任期资料。
四、施工安全及文明施工文件
(一)安全生产的有关文件。
安全组织机构及人员、岗位责任、安全保证体系、施工专项技术方案、技术交底文件等。
(二)安全事故的调查处理文件。
(三)文明施工的有关文件。
五、进度控制文件
(一)进度计划(文件、图表)、批准文件。
(二)进度执行情况(文件、图表)。
(三)有关进度的往来文件。
六、计量支付文件
七、合同管理文件
八、施工原始记录
(一)施工日志。
(二)天气、温度及自然灾害记录。
(三)测量原始记录。
(四)各工序施工原始记录(未汇入施工质量控制文件的部分)。
(五)会议记录、纪要。
(六)施工照片、音像资料。
(七)其他原始记录。

第五部分 科研、新技术资料

一、科研资料
二、新技术应用资料
(批准的所有科研、新技术资料均要整理归档)。

附件 3

公路工程交工验收证书

交工验收时间： 　　　　　　　　　　　　　　　　　　　合同段交工验收证书第　　号

工程名称：			合同段名称及编号：	
项目法人：			设计单位：	
施工单位：			监理单位：	
本合同段主要工程量：				
本合同段价款	原合同		实际	
本合同段工期	原合同		实际	
对工程质量、合同执行情况的评价、遗留问题、缺陷的处理意见及有关决定(内容较多时,可用附件)				
(施工单位的意见) 　　　　　　　　　　　　施工单位法人代表或授权人(签字)　　　单位盖章 　　　　　　　　　　　　　　　　　　　　　　　　　年　　月　　日				
(合同段监理单位对有关问题的意见) 　　　　　　　　　合同段监理单位法人代表或授权人(签字)　　　单位盖章 　　　　　　　　　　　　　　　　　　　　　　　　　年　　月　　日				
(设计单位的意见) 　　　　　　　　　　　　设计单位法人代表或授权人(签字)　　　单位盖章 　　　　　　　　　　　　　　　　　　　　　　　　　年　　月　　日				
(项目法人的意见) 　　　　　　　　　　　　项目法人代表或授权人(签字)　　　单位盖章 　　　　　　　　　　　　　　　　　　　　　　　　　年　　月　　日				

(注:表中内容较多时,可用附件。)

附件 4

公路工程交工验收报告

一	工程名称	
二	工程地点及主要控制点	
三	建设依据	
四	技术标准与主要指标	
五	建设规模及性质	
六	开工日期	年　　月　　日
	完工日期	年　　月　　日
七	批准概算	
八	工程建设主要内容	
九	实际征用土地数（亩）	
十	建设项目工程质量交工验收结论	
十一	存在问题处理措施	
十二	附件	1.公路工程交工验收合同段工程质量评分一览表 2.公路工程交工验收证书（见附件3）

公路工程交工验收合同段工程质量评分一览表

项目名称：

施工合同段号	实得分	监理合同段号	设计合同段号	备注
...				
工程项目质量评分				

计算：　　　　　　　　复核：　　　　　　　　　　年　　月　　日

附件5

公路工程参建单位工作总结报告

第一部分 公路工程项目执行报告

一、概况
（一）建设依据。
（二）建设规模及主要技术指标。
（三）工程进度。
（四）项目投资及来源。
（五）主要工程数量。
（六）主要参建单位,包括设计、施工、监理等单位一览表。

二、建设管理情况
（一）前期工作。
1. 设计单位招标。
2. 施工单位招标。
3. 监理单位招标。
（二）征地拆迁。
（三）项目管理。
1. 项目管理机构设置及职能。
2. 质量控制措施与效果（包括发生重大及以上质量事故及处理情况）。
3. 安全生产（包括发生重大及以上生产安全事故及处理情况）。
4. 进度管理。
5. 工程变更。
6. 工程造价控制（包括工程决算、工程款支付）。
7. 廉政建设（包括措施建设和执行,有无人员违法、违纪,以及因不廉政被处分或被起诉）。
8. 其他情况。

三、交工验收及相关问题
（一）各合同段交工验收、存在主要问题及处理情况。
（二）交工验收、工程质量鉴定提出的及缺陷责任期、试运营期间出现的质量问题处理结果。
（三）档案、环保等单项验收及竣工决算审计。

四、科研和新技术应用

五、对各参与单位的总体评价
（一）对设计单位的评价。
（二）对施工单位的评价。
（三）对监理单位的评价。

六、对工程质量的总体评价

七、项目管理体会

注：对建设规模、标准、工程数量、造价等有较大变更或变更较多的,应增加附表与批复情况对比,并说明理由。

第二部分 公路工程设计工作报告

一、概况
（一）任务来源及依据。
（二）沿线自然地理概况。
（三）主要技术指标的运用情况。

二、设计要点
（一）路线设计。
（二）路基路面及防护工程设计。
（三）桥梁、涵洞、通道设计。
（四）隧道设计。
（五）立体交叉工程设计。
（六）环保、景观等工程设计。
（七）交通工程及沿线设施设计。
（八）房建等其他工程设计。

三、施工期间设计服务情况

四、设计变更情况
（一）重大设计变更理由。
（二）设计中存在问题的变更。
（三）设计变更一览表（与原设计工程量和造价比较）。

五、设计体会

第三部分 公路工程施工总结报告

一、工程概况
合同段工程起止时间、主要工程内容。

二、机构组成
主要人员、设备投入情况、管理机构设置。

三、质量管理情况
质量控制措施；施工中工程质量自检情况及工程质量问题的处理情况；对完工质量的评价。

四、施工进度控制

五、施工安全与文明施工情况

六、环境保护与节约用地措施

七、施工中新技术、新材料、新工艺的应用情况

八、工程款支付情况
承认工程款全部支付到位,一切劳务、机械、材料等债务纠纷与建设单位无关。

九、施工体会

第四部分 公路工程监理工作报告

一、监理工作概况
合同段监理组织形式、管理结构、人员投入情况。

二、工程质量管理
质量管理措施；施工过程中质量检查情况汇总；质量问题和事故处理情况总结；工程质量评定情况。

三、计量支付、工程进度和合同管理情况

四、设计变更情况

五、交工验收中存在问题及处理情况

六、监理工作体会

第五部分　公路工程质量监督报告

一、质量监督概况
二、质量保证体系监督检查
（一）建设单位质量管理。
（二）施工单位自检体系。
（三）监理单位抽检体系。
（四）动态管理。
三、监理工作监督检查
四、施工过程质量监督（工程实体质量、质量行为、存在问题处理结果及对工程质量的意见）
五、交工验收前工程质量检测

六、对设计单位、施工单位、监理单位的评价
七、对建设单位管理情况的评价
八、监督工作体会

第六部分　接管养护单位使用情况报告

一、试运营期间养护管理情况
二、运营交通量、收费、运营安全状况
三、项目总体使用情况（设施使用性能、功能满足情况）
四、修复完善和养护状况（包括维修费用）
五、存在的问题及建议

附件 6

公路工程参建单位工作综合评价表

公路工程建设管理工作综合评价表　　　　　　　　　　　　表 6-1

工程名称：　　　　　　　　　　　　　　　项目法人：

序号	项目	评定方法	应得分	实得分
一	建设程序	应依法办理的项目建议书、可行性研究、初步设计、施工图设计、施工许可等批复情况，每缺一项扣 2 分。	10	
二	执行法规	未按规定招标选择设计、施工、监理单位，一个方面有问题扣 2 分，未按规定申请质量监督扣 2 分，未落实质量与安全责任扣 2 分，未按批准规模、标准组织建设扣 2 分，其他方面未执行有关法规的，每一项扣 2 分。	10	
三	履行合同	拖欠应支付款时，按合同约定每欠一个单位一期计量工程款扣 1 分，其他方面视情节轻重酌情扣分。	10	
四	工程进度	按合同工期每拖延一个月扣 2 分，随意提前工期每三个月扣 2 分。	10	
五	投资控制	每超概算（或批准的调整概算）1% 扣 1 分。	10	
六	安全环保	每发生一起发生重大安全事故扣 5 分，每发生一起较大安全事故扣 3 分，每发生一起一般安全事故扣 1 分。环境保护出现问题的扣 1～5 分。	10	
七	廉政建设	措施不健全扣 2 分，有廉政问题的扣 5 分，有被起诉的扣 10 分。	10	
八	工程质量	以工程质量鉴定得分乘以 30%，作为本项得分。	30	
	合计		100	
	评定等级			

注：竣工验收委员会根据项目执行报告和有关资料对一至七项进行综合评价，最终实得分以竣工验收委员会委员得分的平均值计。

公路工程设计工作综合评价表　　　　　　　　　　　　　　　　　　　　　　　表 6-2

工 程 名 称：
设计段编号：　　　　　　　　　　　　　　　设计单位：

序号	项目	评定方法	应得分	实得分
一	设计方案	总体方案是否经济合理,存在不足扣 2～10 分。 不符合有关标准、规范,每处问题扣 2～5 分。 设计深度不足,设计变更较多的扣 2～5 分。	20	
二	设计文件	未按编制办法编制扣 2～10 分。 错、漏严重的扣 10 分,一般扣 2～5 分。 因设计失误造成质量安全事故,较大事故扣 30 分,一般事故每起扣 2～10 分。 因设计原因造成环境问题的扣 2～10 分。 设计变更造成工程费用的变化,每增加合同价的 1% 扣 2 分。	30	
三	设计服务	未按合同协议派驻设计代表每缺 1 人或 1 人不称职扣 1～5 分。 服务不及时扣 2～5 分。	20	
四	工程质量	以所设计的各施工合同段工程质量鉴定得分按合同段投资额加权平均后,乘以 30%,作为本项得分。	30	
合计			100	
质量监督机构审查意见				
竣工验收委员会审定意见			评定等级：	

注:交工验收时,项目法人按照本表内容(工程质量除外)对设计单位进行初步评价,不定等级;竣工验收时,项目法人填写完善表格,经质量监督机构审查后提交验收委员会审定。

公路工程监理工作综合评价表　　　　　　　　　　　　　　　　　　　　　　　表 6-3

工 程 名 称：
监理段编号：　　　　　　　　　　　　　　　监理单位：

序号	项目	评定方法	应得分	实得分
一	人员机构	监理工程师未按要求持证上岗,每 1 人扣 1 分。 监理工程师未按合同进场,每 1 人扣 1 分,其他人员未按合同进场,每 1 人扣 0.5 分。 监理工程师自行更换,每 1 人扣 1 分。 监理工程师被清退,每 1 人扣 2 分。 内部管理制度不健全、工作责任不明确,或落实不到位扣 3～5 分。 试验仪器、交通工具、办公设备未按合同要求配备扣 1～3 分。	10	
二	质量控制	独立抽检频率达不到合同要求的扣 1～5 分,工地巡查、重要工序旁站不足扣 2～5 分,资料签认不规范扣 1～3 分,发生重大质量事故扣 5 分,每发生一起较大质量事故扣 3 分,每发生一起一般质量事故扣 1 分。扣完为止。	10	
三	进度控制	拖延工期每月扣 1 分。	5	
四	投资控制	根据计量支付和设计变更工作情况酌情扣分。	5	
五	安全生产	发生重大安全事故扣 5 分,每发生一起较大安全事故扣 3 分,每发生一起一般安全事故扣 1 分。	5	
六	环境保护	出现环境保护问题的扣 1～5 分。	5	
七	监理资料	不符合竣工验收要求时扣 1～5 分。	5	
八	廉政建设	措施不健全扣 2 分,因不廉政被清退或处分每人次扣 5 分,有被起诉的,每人次扣 5 分。	5	
九	工程质量	以所监理的各施工合同段工程质量鉴定得分按合同段投资额加权平均后,乘以 50%,作为本项得分。	50	
合计			100	
质量监督机构审查意见				
竣工验收委员会审定意见			评定等级：	

注:交工验收时,项目法人按照本表内容(工程质量除外)对监理单位进行初步评价,不定等级;竣工验收时,项目法人填写完善表格,经质量监督机构审查后提交验收委员会审定。

公路工程施工管理综合评价表

表 6-4

工 程 名 称：
合同段编号：　　　　　　　　　　　　施工单位：

序号	项目	评定方法	应得分	实得分
一	工期进度	每拖延一个月扣2分。 生产组织不均衡扣1分。	10	
二	履行合同	项目经理、总工程师每更换1人次或1人不称职扣2分，专业工程师每更换1人次扣1分，主要机械不足或性能不良扣1分，进场不及时或未经许可撤离，扣0.5分，试验室达不到要求扣2~5分，有拖欠分包人工程款和劳务人员工资的，扣2~5分。	15	
三	竣工文件	竣工图与竣工工程不符每处扣1分；施工原始记录、自检资料不齐全扣2~4分；资料的真实可信度有问题扣2~4分。	5	
四	安全生产	发生重大安全事故扣10分，每发生一起较大安全事故扣5分，每发生一起一般安全事故扣2分。	10	
五	文明施工	规章制度不健全扣1~2分，文明工地建设差扣2~3分 出现破坏环境和乱占土地等问题的，扣3~5分。	5	
六	廉政建设	措施不健全扣1分，因不廉政被清退或处分每人次扣2分，有被起诉的，每人次扣5分。	5	
七	工程质量	竣工验收时本合同段工程质量鉴定得分乘以50%，作为本项得分。	50	
		合计	100	
质量监督机构审查意见				
竣工验收委员会审定意见			评定等级：	

注：交工验收时项目法人按照本表内容（工程质量除外）对施工单位进行初步评价，不定等级；竣工验收时，项目法人填写完善表格，经质量监督机构审查后提交验收委员会审定。

附件 7

公路工程竣工验收评价表

公路工程竣工验收委员会工程质量评分表

表 7-1

项目名称：

序号	项目	评定内容	分值	实得分
一	主体工程质量	路基边线直顺度、路基沉陷、亏坡、松石、涵洞及排水系统完善状况，支挡工程外观和稳定情况。 路面平整度、裂缝、脱皮、石子外露、沉陷、车辙、桥头（台背）跳车现象、泛油、碾压痕迹等。 桥面平整度、栏杆扶手、灯柱、伸缩缝、混凝土外观状况。 隧道渗漏、松石、排水、通风、照明以及衬砌外观状况。 交通安全设施及交叉工程的外观及使用效果等。	70	
二	沿线服务设施	房屋及机电系统等功能和外观；其他设施，如加油站、食宿服务等设施的使用效果及外观。	10	
三	环境保护工程	绿化工程、隔音消声屏等，是否符合设计要求。施工现场清理及还耕情况。与自然环境、景观的协调情况。	10	
四	竣工图表	内容齐全，书写打印清晰，装订整齐，符合相关要求。	10	
		合计	100	

注：1. 缺二、三项时，应得分仍按100分计。例如：缺项目二时，实得分应除以0.9；项目二、三均缺时，实得分应除以0.8，依次类推。
　　2. 主体工程评定内容缺项时，其应得分仍按70分计。
　　3. 工程质量评分以各委员打分的平均值计。

公路工程竣工验收工程质量评分表

表 7-2

项目名称：

名称	实得分	权值	加权得分	备注
交工验收工程质量				
质量监督机构工程质量鉴定				
竣工验收委员会工程质量				
合计		1.0		
加权平均分			质量等级	

公路工程竣工验收建设项目综合评价表

表 7-3

项目名称：

名称	实得分	权值	加权得分	备注
竣工验收工程质量		0.7		
项目建设管理工作综合评价		0.15		
项目设计工作综合评价		0.05		
项目监理工作综合评价		0.05		
项目施工管理综合评价		0.05		
合计		1.0		
加权平均分			建设项目综合评价等级	

公路工程合同段工程质量鉴定评分一览表

表 7-4

项目名称：

施工合同段号	工程质量		监理合同段号	设计合同段号	备注
	评分	等级			
工程项目质量评分：			工程项目质量等级：		

注：由项目法人填写质量监督机构对施工各合同段的质量鉴定评分和等级，提交竣工验收委员会。

公路工程参建单位工作综合评价一览表

表 7-5

项目名称：

工作内容	合同段号	参建单位名称	竣工验收		备注
			得分	等级	
建设管理					
设计					
施工					
监理					

注：由项目法人填写经质量监督机构审定的设计、施工、监理单位工作综合评分和等级，提交竣工验收委员会。

附件 8

公路工程竣工验收鉴定书

(项目名称)

(组织竣工验收机关盖章)

年　　月

公路工程竣工验收鉴定书

一	工程名称	
二	工程地点及主要控制点	
三	建设依据	
四	技术标准与主要指标	1.公路等级： 2.设计行车速度： 3.桥涵设计荷载： 4.设计洪水频率： 5.路基宽度： 6.最大纵坡： 7.最小平曲线半径： ……
五	建设规模及性质	
六	开工日期	年　　月　　日
	完工日期	年　　月　　日
七	原批准概算	
	调整概算	
	竣工决算	竣工决算：　　　其中 建筑安装工程投资： 设备及工具器具购置费用： 其他基本建设费：
八	工程建设主要内容	1. 2. 3. ……
九	主要材料实际消耗	
十	实际征用土地数（亩）	
十一	建设项目工程质量鉴定结论及质量评价	（交工验收基本情况） （竣工验收前,质量监督机构鉴定情况） （竣工验收鉴定结论及质量评价）
十二	对建设、设计、施工、监理单位的综合评价	对建设单位综合评价： 对设计单位综合评价： 对施工单位综合评价： 对监理单位综合评价：
十三	建设项目综合评价及等级	（竣工验收委员会评价意见） 经竣工验收委员会综合评定和审议,对参建单位及建设项目综合评分如下： 　建设管理综合评分：分 　设计工作综合评分：分 　监理工作综合评分：分 　施工管理综合评分：分 　建设项目综合评分：分 　该工程建设项目综合评价等级为。
十四	有关问题的决定和建议	

附表：1.公路工程竣工验收委员会名单
　　　2.公路工程交接单位代表签名表

公路工程竣工验收委员会名单

	姓名	所在单位	职务或职称	签名
主任委员				
副主任委员				
委员				

公路工程交接单位代表签名表

	姓名	所在单位	职务或职称	签名
主管部门				
监督单位				
公路管理单位				
项目法人				
设计单位				
监理单位				
施工单位				
接养单位				

附件 9

公路工程参建单位工作综合评价等级证书

工程名称：
单位名称：
承担工程的内容：
竣工验收结论：

项目质量监督机构负责人（签字）　　　　　　　　　　盖章（项目质量监督机构）

　　　　　　　　　　　　　　　　　　　　　　　　　　　年　月　日

注：1.项目参建单位包括项目法人、设计单位、施工单位、监理单位。
　　2.竣工验收结论根据《公路工程竣工验收鉴定书》，填写参建单位承担任务的工程质量评定得分、等级和工作综合评价得分、等级。

4. 公路工程造价管理暂行办法

(交通运输部令 2016 年第 67 号)

第一章 总 则

第一条 为加强公路工程造价管理，规范造价行为，合理控制建设成本，保障公路工程质量和安全，根据《中华人民共和国公路法》等法律、行政法规，制定本办法。

第二条 在中华人民共和国境内的公路新建、改建、扩建工程(以下统称公路工程)的造价活动，适用本办法。

本办法所称公路工程造价活动，是指公路工程建设项目从筹建到竣工验收交付使用所需全部费用的确定与控制，包括投资估算、设计概算、施工图预算、标底或者最高投标限价、合同价、变更费用、竣工决算等费用的确定与控制。

第三条 公路工程造价活动应当遵循客观科学、公平合理、诚实信用、厉行节约的原则。

第四条 交通运输部负责全国公路工程造价的监督管理。

省级交通运输主管部门负责本行政区域内公路工程造价的监督管理。

第二章 造价依据

第五条 交通运输部制定公路工程造价依据。省级交通运输主管部门可以根据交通运输部发布的公路工程造价依据，结合本地实际，组织制定补充性造价依据。

前款所称造价依据，是指用于编制各阶段造价文件所依据的办法、规则、定额、费用标准、造价指标以及其他相关的计价标准。

第六条 交通运输部对通用性强、技术成熟的建设工艺，编制统一的公路工程定额。

省级交通运输主管部门对公路工程定额中缺项的，或者地域性强且技术成熟的建设工艺，可以编制补充性定额规定。

第七条 对交通运输主管部门制定的公路工程造价依据中未涵盖但公路工程需要的造价依据，公路工程建设单位应当根据该工程施工工艺要求等因素组织开展成本分析。

第八条 交通运输主管部门应当及时组织造价依据的编制和修订工作，促进造价依据与公路技术进步相适应。公路工程建设、勘察设计、监理、施工、造价咨询等单位应当给予支持和配合。

第九条 编制造价文件使用的造价软件，应当符合公路工程造价依据，满足造价文件编制需要。

第三章 造价确定和控制

第十条 公路工程造价应当针对公路工程建设的不同阶段，根据项目的建设方案、工程规模、质量和安全等建设目标，结合建设条件等因素，按照相应的造价依据进行合理确定和有效控制。

第十一条 建设单位承担公路工程造价控制的主体责任，在设计、施工等过程中，履行以下职责，接受交通运输主管部门的监督检查：

(一)严格履行基本建设程序，负责组织项目投资估算、设计概算、施工图预算、标底或者最高投标限价、变更费用、工程结算、竣工决算的编制；

(二)对造价进行全过程管理和控制，建立公路工程造价管理台账，实现设计概算控制目标；

(三)负责公路工程造价信息的收集、分析和报送；

(四)依法应当履行的其他职责。

第十二条 勘察设计单位应当综合分析项目建设条件，结合项目使用功能，注重设计方案的技术经济比选，充分考虑工程质量、施工安全和运营养护需要，科学确定设计方案，合理计算工程造价。

勘察设计单位应当对其编制的造价文件的质量负责，做好前后阶段的造价对比，重点加强对设计概算超投资估算、施工图预算超设计概算等的预控。

第十三条 施工单位应当按照合同约定，编制工程计量与支付、工程结算等造价文件。

第十四条 从事公路工程造价活动的人员应当具备相应的专业技术技能。鼓励从事公路工程造价活动的人员参加继续教育，不断提升职业素质。

从事公路工程造价活动的人员应当对其编制的造价文件的质量和真实性负责。

第十五条 公路工程建设项目立项阶段，投资估算应当按照《公路工程基本建设项目投资估算编制办法》等规定编制。

第十六条 公路工程建设项目设计阶段，设计概算和施工图预算应当按照《公路工程基本建设项目概算预算编制办法》等规定编制。

初步设计概算的静态投资部分不得超过经审批或者核准的投资估算的静态投资部分的110%。

施工图预算不得超过经批准的初步设计概算。

第十七条 公路工程建设项目实行招标的，应当在招标文件中载明工程计量计价事项。

设有标底或者最高投标限价的，标底或者最高投标限价应当根据造价依据并结合市场因素进行编制，并不得超出经批准的设计概算或者施工图预算对应部分。建设单位应当进行标底或者最高投标限价与设计概算或者施工图预算的对比分析，合理控制建设项目造价。

投标报价由投标人根据市场及企业经营状况编制，不得低于工程成本。

第十八条 国家重点公路工程项目和省级人民政府

相关部门批准初步设计的公路工程项目的建设单位应当在施工阶段,将施工合同的工程量清单报省级交通运输主管部门备案。

第十九条 勘察设计单位应当保证承担的公路工程建设项目符合国家规定的勘察设计深度要求和勘察设计质量,避免因设计变更发生费用变更。发生设计变更的,建设单位按照有关规定完成审批程序后,合理确定变更费用。

第二十条 在公路工程建设项目建设期内,建设单位应当根据年度工程计划及时编制该项目年度费用预算,并根据工程进度及时编制工程造价管理台账,对工程投资执行情况与经批准的设计概算或者施工图预算进行对比分析。

第二十一条 由于价格上涨、定额调整、征地拆迁、贷款利率调整等因素需要调整设计概算的,应当向原初步设计审批部门申请调整概算。原初步设计审批部门应当进行审查。

未经批准擅自增加建设内容、扩大建设规模、提高建设标准、改变设计方案等造成超概算的,不予调整设计概算。

由于地质条件发生重大变化、设计方案变更等因素造成的设计概算调整,实际投资调增幅度超过静态投资估算10%的,应当报项目可行性研究报告审批或者核准部门调整投资估算后,再由原初步设计审批部门审查调整设计概算;实际投资调增幅度不超过静态投资估算10%的,由原初步设计审批部门直接审查调整设计概算。

第二十二条 公路工程建设项目竣工验收前,建设单位应当编制竣工决算报告及公路工程建设项目造价执行情况报告。审计部门对竣工决算报告提出审计意见和调整要求的,建设单位应当按照要求对竣工决算报告进行调整。

第四章 监督管理

第二十三条 交通运输主管部门应当按照职责权限加强对公路工程造价活动的监督检查。被监督检查的单位和人员应当予以配合,不得妨碍和阻挠依法进行的监督检查活动。

第二十四条 公路工程造价监督检查主要包括以下内容:

(一)相关单位对公路工程造价管理法律、法规、规章、制度以及公路工程造价依据的执行情况;

(二)各阶段造价文件编制、审查、审批、备案以及对批复意见的落实情况;

(三)建设单位工程造价管理台账和计量支付制度的建立与执行、造价全过程管理与控制情况;

(四)设计变更原因及费用变更情况;

(五)建设单位对项目造价信息的收集、分析及报送情况;

(六)从事公路工程造价活动的单位和人员的信用情况;

(七)其他相关事项。

第二十五条 省级以上交通运输主管部门组织对从事公路工程造价活动的人员和造价咨询企业的信用情况进行监管,纳入统一的公路建设市场监管体系。

第二十六条 交通运输主管部门应当按照国家有关规定,及时公开公路工程造价相关信息,并接受社会监督。

交通运输部建立公路工程造价信息化标准体系,建立部级公路工程造价信息平台。

省级交通运输主管部门建立省级公路工程造价信息平台,并与部级公路工程造价信息平台实现互联互通和信息共享。

公路工程造价信息公开应当严格审核,遵守信息安全管理规定,不得侵犯相关单位和个人的合法权益。

第二十七条 交通运输主管部门应当对公路工程造价信息及公路工程建设项目造价执行情况进行动态跟踪、分析评估,为造价依据调整和造价监督提供支撑。

第二十八条 交通运输主管部门应当将监督检查活动中发现的问题及时向相关单位和人员通报,责令其限期整改。监督检查结果应当纳入公路建设市场监管体系。

第五章 附 则

第二十九条 公路养护工程可以根据作业类别和规模参照本办法执行。

第三十条 本办法自2016年11月1日起施行。

5. 公路建设项目代建管理办法

(交通运输部令 2015 年第 3 号)

第一章 总 则

第一条 为提高公路建设项目专业化管理水平,推进现代工程管理,根据《公路法》等有关法律、行政法规,制定本办法。

第二条 公路建设项目的代建活动,适用本办法。

本办法所称代建,是指受公路建设项目的项目法人(以下简称"项目法人")委托,由专业化的项目管理单位(以下简称"代建单位")承担项目建设管理及相关工作的建设管理模式。

第三条 交通运输部负责指导全国公路代建工作并对公路代建市场进行监督管理。

省级交通运输主管部门负责本行政区域内公路代建工作和代建市场的监督管理。

第四条 项目法人具备交通运输主管部门规定的能力要求的,可以自行进行项目建设管理。项目法人不具备规定的相应项目建设管理能力的,应当按照本办法规定,委托符合要求的代建单位进行项目建设管理。

代建单位依合同承担项目质量、安全、投资及工期等管理责任。

第五条 公路建设项目代建可以从施工阶段开始,也可以从初步设计或者施工图设计阶段开始。

第六条 公路建设项目代建应当遵循择优选择,责权一致,界面清晰,目标管理的原则。

第七条 各级交通运输主管部门应当依法加强代建市场管理,将代建单位和代建管理人员纳入公路建设市场信用体系,促进代建市场健康发展。

第二章 代建单位选择及代建合同

第八条 高速公路、一级公路及独立桥梁、隧道建设项目的项目法人,需要委托代建时,应当选择满足以下要求的项目管理单位为代建单位:

(一)具有法人资格,有满足公路工程项目建设需要的组织机构和质量、安全、环境保护等方面的管理制度;

(二)承担过 5 个以上高速公路、一级公路或者独立桥梁、隧道工程的建设项目管理相关工作,具有良好的履约评价和市场信誉;

(三)拥有专业齐全、结构合理的专业技术人才队伍,工程技术系列中级以上职称人员不少于 50 人,其中具有高级职称人员不少于 15 人。

高速公路、一级公路及独立桥梁、隧道以外的其他公路建设项目,其代建单位的选择,可由省级交通运输主管部门根据本地区的实际进行规范。

项目法人选择代建单位时,应当从符合要求的代建单位中,优先选择业绩和信用良好、管理能力强的代建单位。

省级交通运输主管部门可以根据本地公路建设的具体需要,细化代建单位的要求。鼓励符合代建条件的公路建设管理单位及公路工程监理企业、勘察设计企业进入代建市场,开展代建工作。

第九条 代建单位派驻工程现场的建设管理机构、专职管理人员应当满足项目建设管理工作需要。代建项目现场负责人、技术负责人、工程管理部门负责人应当在代建单位工作 3 年以上,且具有 10 年以上的公路建设行业从业经验、高级以上专业技术职称,以及至少 2 个同类项目建设管理经历。

代建单位派驻现场的管理人员和技术人员不得在其他公路建设项目中兼职。

第十条 代建单位应当依法通过招标等方式选择。采用招标方式的,应当使用交通运输部统一制定的标准招标文件。

代建单位在递交投标文件时,应当按照要求列明本单位在资格、能力、业绩、信誉等方面的情况以及拟任现场管理人员、技术人员及备选人员的情况。

评标可以采用固定标价评分法、技术评分合理标价法、综合评标法以及法律、法规允许的其他评标方法,并应当重点评价代建单位的建设管理能力。

第十一条 项目法人应当与所选择的代建单位签订代建合同。

代建合同应当包括以下内容:

(一)代建工作内容;

(二)项目法人和代建单位的职责、权利与义务;

(三)对其他参建单位的管理方式;

(四)代建管理目标;

(五)代建工作条件;

(六)代建组织机构;

(七)代建单位服务标准;

(八)代建服务费及支付方式;

(九)履约担保要求及方式、利益分享办法;

(十)绩效考核办法及奖励办法、违约责任、合同争议的解决方式等。

第十二条 代建服务费应当根据代建工作内容、代建单位投入、项目特点及风险分担等因素合理约定。

第十三条 代建项目实行目标管理。代建单位依据代建合同及其他参建单位签订的合同中约定的管理目标,细化、分解工程质量、安全、进度、投资、环保等目标责任,开展建设管理工作,制定代建管理的各项制度,确保目标实现。

第十四条 项目法人依据代建合同对代建单位的管理和目标控制进行考核和奖惩,督促代建单位严格履行合同。代建服务费宜按照工程进度和目标考核情况分期支付。

第十五条 由于征地拆迁或者资金到位不及时等非代建单位原因造成工期延误等管理目标无法实现的,项目法人和代建单位应当依据合同约定,合理调整代建管理目标。

第三章 代 建 管 理

第十六条 项目法人依据代建合同对项目实施过程进行监督。

项目法人的主要职责包括:

(一)依法承担公路建设项目的工程质量和安全等管理责任;

(二)严格执行国家基本建设程序和有关规定,依法组织办理相关审批手续,督促相关参建单位落实相关要求;

(三)审定代建单位工作方案、项目管理目标和主要工作计划,定期组织检查与考核;

(四)可以授权代建单位依法选定勘察设计、施工、材料设备供应等单位,代表项目法人与上述单位签订合同,明确项目法人、代建单位与上述单位的权利义务。项目法人直接与勘察设计、施工、材料设备供应等单位签订合同的,应当在合同中明确代建单位对上述单位的管理职责;

(五)配合地方人民政府和有关部门完成征地拆迁工作;

(六)筹措建设资金,及时支付工程建设各项费用;

(七)检查项目质量、安全管理及强制性标准执行等情况,审核代建单位报送的一般、较大及重大设计变更方案,依法办理相关变更手续,督促代建单位依据概算严格控制工程投资;

(八)组织项目交工验收、竣工决算并做好竣工验收准备工作;

(九)其他法定职责。

第十七条 订立、变更、终止代建合同,项目法人应当向省级交通运输主管部门备案。

项目法人发现代建单位在建设管理中存在过失或者偏差行为,可能造成重大损失或者严重影响代建管理目标实现的,应当对代建单位法人代表进行约谈,必要时可以依据代建合同的约定终止代建合同。

第十八条 项目法人不得有以下行为:

(一)干预代建单位正常的建设管理行为;

(二)无故拖欠工程款和代建服务费;

(三)违反合同约定要求代建单位和施工单位指定分包或者指定材料、设备供应商;

(四)擅自调整工期、质量、投资等代建管理目标;

(五)国家规定和合同约定的其他禁止性行为。

第十九条 代建单位依据合同开展代建工作。主要职责包括:

(一)严格执行国家基本建设程序和有关规定,协助项目法人办理相关审批手续并落实相关要求,配合国家有关部门依法组织检查、考核等,负责落实整改;

(二)协助项目法人或者受项目法人委托,组织编制招标文件,完成勘察设计、施工、监理、材料设备供应等招标工作;

(三)对勘察设计、施工、监理、材料设备供应、技术咨询等单位进行合同管理,根据合同约定,细化、分解项目管理目标,落实目标责任;

(四)依据相关法规和合同,履行工程质量、安全、进度、计量、资金支付、环境保护等相关责任,审核、签发项目建设管理有关文件;

(五)依据合同协助完成征地拆迁工作;

(六)拟定项目进度计划、资金使用计划、工程质量和安全保障措施等,并报经项目法人同意;

(七)审定一般设计变更并报送项目法人,协助项目法人办理较大及重大设计变更报批手续;

(八)组织中间验收,协助项目法人组织交工验收;

(九)承担项目档案及有关技术资料的收集、整理、归档等工作,组织有关单位编制竣工文件;

(十)负责质量缺陷责任期内的缺陷维修工作管理,配合项目法人准备竣工验收相关工作;

(十一)代建合同约定的其他职责。

第二十条 代建单位不得有以下行为:

(一)以围标、串标等非法行为谋取中标;

(二)将代建管理业务转包或者分包;

(三)在所代建的项目中同时承担勘察设计、施工、供应材料设备,或者与以上单位有隶属关系及其他直接利益关系;

(四)擅自调整建设内容、建设规模、建设标准及代建管理目标;

(五)与勘察设计、施工、材料设备供应单位等串通,谋取不正当利益或者降低工程质量和标准,损害项目法人的利益;

(六)国家规定和合同约定的其他禁止性行为。

第二十一条 代建单位应当依法接受交通运输主管部门及其他有关部门的监督、检查和审计部门的审计。

第二十二条 代建单位具有监理能力的,其代建项目的工程监理可以由代建单位负责,承担监理相应责任。代建单位相关人员应当依法具备监理资格要求和相应工作经验。代建单位不具备监理能力的,应当依法招标选择监理单位。

第二十三条 勘察设计、施工、监理、材料设备供应等单位应当按照相关法规和合同约定,接受代建单位管理,依法承担相应职责和工程质量终身责任。

第二十四条 各级交通运输主管部门及所属监督机构应当依法加强公路代建项目的监督管理,重点对国家法律、法规、政策落实情况,基本建设程序及强制性标准执行情况,代建合同履约情况等进行监督检查,发现问题及时通知项目法人和代建单位进行整改。

第二十五条 交通运输部建立公路建设项目代建单位信用评估制度,在全国统一的公路建设市场信用信息平台上及时发布代建单位的信用信息。对违法违规、扰乱代建市场秩序或者违反本办法第二十条规定的代建单位,列入黑名单。

省级交通运输主管部门应当及时收集并记录代建单位的信用情况,建立代建单位信用等级评估机制。

第二十六条 项目法人和代建单位违反本办法及相关法规,由交通运输主管部门或者其他相关部门依法给予相应处罚。

第四章 附 则

第二十七条 本办法自 2015 年 7 月 1 日起施行。

6. 公路工程设计施工总承包管理办法

(交通运输部令 2015 年第 10 号)

第一章 总 则

第一条 为促进公路工程设计与施工相融合,提高公路工程设计施工质量,推进现代工程管理,依据有关法律、行政法规,制定本办法。

第二条 公路新建、改建、扩建工程和独立桥梁、隧道(以下简称公路工程)的设计施工总承包,适用本办法。

本办法所称设计施工总承包(以下简称总承包),是指将公路工程的施工图勘察设计、工程施工等工程内容由总承包单位统一实施的承发包方式。

第三条 国家鼓励具备条件的公路工程实行总承包。

总承包可以实行项目整体总承包,也可以分路段实行总承包,或者对交通机电、房建及绿化工程等实行专业总承包。

项目法人可以根据项目实际情况,确定采用总承包的范围。

第四条 各级交通运输主管部门依据职责负责对公路工程总承包的监督管理。

交通运输主管部门应当对总承包合同相关当事方执行法律、法规、规章和强制性标准等情况进行督查,对初步设计、施工图设计、设计变更等进行管理。按照有关规定对总承包单位进行信用评价。

第二章 总承包单位选择及合同要求

第五条 总承包单位由项目法人依法通过招标方式确定。

项目法人负责组织公路工程总承包招标。

公路工程总承包招标应当在初步设计文件获得批准并落实建设资金后进行。

第六条 总承包单位应当具备以下要求:

(一)同时具备与招标工程相适应的勘察设计和施工资质,或者由具备相应资质的勘察设计和施工单位组成联合体;

(二)具有与招标工程相适应的财务能力,满足招标文件中提出的关于勘察设计、施工能力、业绩等方面的条件要求;

(三)以联合体投标的,应当根据项目的特点和复杂程度,合理确定牵头单位,并在联合体协议中明确联合体成员单位的责任和权利;

(四)总承包单位(包括总承包联合体成员单位,下同)不得是总承包项目的初步设计单位、代建单位、监理单位或以上单位的附属单位。

第七条 总承包招标文件的编制应当使用交通运输部统一制定的标准招标文件。

在总承包招标文件中,应当对招标内容、投标人的资格条件、报价组成、合同工期、分包的相关要求、勘察设计与施工技术要求、质量等级、缺陷责任期工程修复要求、保险要求、费用支付办法等作出明确规定。

第八条 总承包招标应当向投标人提供初步设计文件和相应的勘察资料,以及项目有关批复文件和前期咨询意见。

第九条 总承包投标文件应当结合工程地质条件和技术特点,按照招标文件要求编制。投标文件应当包括以下内容:

(一)初步设计的优化建议;

(二)项目实施与设计施工进度计划;

(三)拟分包专项工程;

(四)报价清单及说明;

(五)按招标人要求提供的施工图设计技术方案;

(六)以联合体投标的,还应当提交联合体协议;

(七)以项目法人和总承包单位的联合名义依法投保相关的工程保险的承诺。

第十条 招标人应当合理确定投标文件的编制时间,自招标文件开始发售之日起至投标人提交投标文件截止时间止,不得少于 60 天。

招标人应当根据项目实际情况,提出投标人在投标文件中提供施工图设计技术方案的具体要求。招标人在招标文件中明确中标人有权使用未中标人的技术方案的,一般应当同时明确给予相应的费用补偿。

第十一条 招标人应当根据工程地质条件、技术特点和施工难度确定评标方法。

评标专家抽取应当符合有关法律法规的规定。评标委员会应当包含勘察设计、施工等专家,总人数应当不少于 9 人。

第十二条 项目法人应当与中标单位签订总承包合同。

第十三条 项目法人和总承包单位应当在招标文件或者合同中约定总承包风险的合理分担。风险分担可以参照以下因素约定:

项目法人承担的风险一般包括:

(一)项目法人提出的工期调整、重大或者较大设计变更、建设标准或者工程规模的调整;

(二)因国家税收等政策调整引起的税费变化;

(三)钢材、水泥、沥青、燃油等主要工程材料价格与招标时基价相比,波动幅度超过合同约定幅度的部分;

(四)施工图勘察设计时发现的在初步设计阶段难以预见的滑坡、泥石流、突泥、涌水、溶洞、采空区、有毒气体等重大地质变化,其损失与处治费用可以约定由项目法人承担,或者约定项目法人和总承包单位的分担比例。工程实施中出现重大地质变化的,其损失与处治费用除保险公司赔付外,可以约定由总承包单位承担,或者约定项目法人与总承包单位的分担比例。因总承包单位施工组织、措施不当造成的上述问题,其损失与处治费用由总承包单位承担;

(五)其他不可抗力所造成的工程费用的增加。

除项目法人承担的风险外,其他风险可以约定由总承包单位承担。

第十四条 总承包费用或者投标报价应当包括相应工程的施工图勘察设计费、建筑安装工程费、设备购置费、缺陷责任期维修费、保险费等。总承包采用总价合同,除应当由项目法人承担的风险费用外,总承包合同总价一般不予调整。

项目法人应当在初步设计批准概算范围内确定最高投标限价。

第三章 总承包管理

第十五条 项目法人应当依据合同加强总承包管理,督促总承包单位履行合同义务,加强工程勘察设计管理和地质勘察验收,严格对工程质量、安全、进度、投资和环保等环节进行把关。

项目法人对总承包单位在合同履行中存在过失或偏差行为,可能造成重大损失或者严重影响合同目标实现的,应当对总承包单位法人代表进行约谈,必要时可以依据合同约定,终止总承包合同。

第十六条 采用总承包的项目,初步设计应当加大设计深度,加强地质勘察,明确重大技术方案,严格核定工程量和概算。

初步设计单位负责总承包项目初步设计阶段的勘察设计,按照项目法人要求对施工图设计或者设计变更进行咨询核查。

第十七条 总承包单位应当按照合同规定和工程施工需要,分阶段提交详勘资料和施工图设计文件,并按照审查意见进行修改完善。施工图设计应当符合经审批的初步设计文件要求,满足工程质量、耐久和安全的强制性标准和相关规定,经项目法人同意后,按照相关规定报交通运输主管部门审批。施工图设计经批准后方可组织实施。

第十八条 总承包单位依据总承包合同,对施工图设计及工程质量、安全、进度负总责。负责施工图勘察设计、工程施工和缺陷责任期工程修复工作,配合项目法人完成征地拆迁、地方协调、项目审计及交竣工验收等工作。

第十九条 项目法人根据建设项目的规模、技术复杂程度等要素,依有关规定程序选择社会化的监理开展工程监理工作。监理单位应当依据有关规定和合同,对总承包施工图勘察设计、工程质量、施工安全、进度、环保、计量支付和缺陷责任期工程修复等进行监理,对总承包单位编制的勘察设计计划、采购与施工的组织实施计划、施工图设计文件、专项技术方案、项目实施进度计划、质量安全保障措施、计量支付、工程变更等进行审核。

第二十条 总承包工程应当按照批准的施工图设计组织施工。总承包单位应当根据工程特点和合同约定,细化设计施工组织计划,拟定设计施工进度安排、工程质量和施工安全目标、环境保护措施、投资完成计划。

第二十一条 总承包单位应当加强设计与施工的协调,建立工程管理与协调制度,根据工程实际及时完善、优化设计,改进施工方案,合理调配设计和施工力量,完善质量保证体系。

第二十二条 工程永久使用的大宗材料、关键设备和主要构件可由项目法人依法招标采购,也可由总承包单位按规定采购。招标人在招标文件中应当明确采购责任。由总承包单位采购的,应当采取集中采购的方式,采购方案应当经项目法人同意,并接受项目法人的监督。

第二十三条 总承包单位应当加强对分包工程的管理。选择的分包单位应当具备相应资格条件,并经项目法人同意,分包合同应当送项目法人。

第二十四条 总承包工程应当按照招标文件明确的计量支付办法与程序进行计量支付。

当采用工程量清单方式进行管理时,总承包单位应当依据交通运输主管部门批准的施工图设计文件,按照各分项工程合计总价与合同总价一致的原则,调整工程量清单,经项目法人审定后作为支付依据;工程实施中,按照清单及合同条款约定进行计量支付;项目完成后,总承包单位应当根据调整后最终的工程量清单编制竣工文件和工程决算。

第二十五条 总承包工程实施过程中需要设计变更的,较大变更或者重大变更应当依据有关规定报交通运输主管部门审批。一般变更应当在实施前告知监理单位和项目法人,项目法人认为变更不合理的有权予以否定。任何设计变更不得降低初步设计批复的质量安全标准,不得降低工程质量、耐久性和安全度。

设计变更引起的工程费用变化,按照风险划分原则处理。其中,属于总承包单位风险范围的设计变更(含完善设计),超出原报价部分由总承包单位自付,低于原报价部分,按第二十四条规定支付。属于项目法人风险范围的设计变更,工程量清单与合同总价均调整,按规定报批后执行。

项目法人应当根据设计变更管理规定,制定鼓励总承包单位优化设计、节省造价的管理制度。

第二十六条 总承包单位应当按照有关规定和合同要求,负责缺陷责任期的工程修复等工作,确保公路技术状况符合规定要求。

第二十七条 总承包单位完成合同约定的全部工

程,符合质量安全标准,在缺陷责任期内履行规定义务后,项目法人应当按照合同完成全部支付。

第二十八条 总承包单位应当按照交、竣工验收的有关规定,编制和提交竣工图纸和相关文件资料。

第四章 附 则

第二十九条 本办法自 2015 年 8 月 1 日起施行。

7. 公路建设项目工程决算编制办法

(交公路发〔2004〕507号)

第一条 为加强公路建设项目投资管理,严格控制建设成本,提高投资效益,根据国家有关法律、法规,结合公路建设实际,制定本办法。

第二条 本办法适用于由政府或国有经济组织投资的公路工程新建和改建项目(以下简称建设项目)。其他公路建设项目可参照执行。

第三条 公路建设项目工程决算(以下简称工程决算)是指项目实际完成的工程量、采用的单价和费用支出,以及与批准的概(预)算对比情况。

第四条 工程决算是建设项目竣工验收工作的重要组成部分。未编制工程决算的建设项目,不得组织竣工验收。

第五条 建设项目法人应加强建设项目投资管理工作,配备具有相应资格的公路工程造价人员,做好工程决算资料的收集、整理和分析工作,工程决算文件的编制应真实、准确和完整。

第六条 工程决算根据下列资料进行编制:
(一)经交通主管部门批准的设计文件,以及批准的概(预)算或调整概(预)算文件;
(二)招标文件、标底(如果有)及与各有关单位签订的合同文件;
(三)建设过程中的文件及有关支付凭证;
(四)竣工图纸;
(五)其他有关文件、资料、凭证等。

第七条 工程决算总费用由建设安装工程费,设备、工具及器具购置费,工程建设其他费用三部分构成。对于概(预)算编制办法规定的项目及批准概(预)算文件中未列明且不能列入第一、二部分的费用列入第三部分。

第八条 工程决算通过工程决算表(见附件一)进行计算,各表格的相互关系见附件二,有关问题说明见附件三。

第九条 工程决算文件由项目法人在交工验收后负责组织编制,竣工验收前编制完成,并将工程决算文件及工程决算数据软盘各1份上报交通主管部门,同时抄送工程造价管理部门。

第十条 工程决算文件应简明扼要、字迹清晰、数据真实、计算正确、符合规定。

第十一条 工程决算文件包括工程决算编制说明和工程决算表。

第十二条 工程决算编制说明应包括以下内容:
(一)工程决算概况;
(二)工程概(预)算执行情况说明,其应说明招标方式、结果及重大设计变更情况;
(三)设备、工具、器具购置情况的说明;
(四)工程建设其他费用使用情况的说明(包括征地拆迁费、建设单位管理费、监理费等);
(五)预留费用使用情况的说明;
(六)工程决算编制中有关问题处理的说明;
(七)造价控制的经验与教训总结;
(八)工程遗留问题;
(九)其他需要说明的事项。

第十三条 工程决算表包括:
(一)建设项目概况表(01表)
(二)投资控制情况比较表(02表)
(三)工程数量情况比较表(03表)
(四)概(预)算分析表(04表)
(五)标底及合同费用分析表(05表)
(六)项目总决算(分析)表(06表)
(七)建安工程决算汇总表(07表)
(八)设备、工具及器具购置费用支出汇总表(08表)
(九)工程建设其他费用支出汇总表(09表)

第十四条 工程决算数据软盘包括工程决算文件和基础数据表。基础数据表包括以下内容:
(一)合同段工程决算表(10表)
(二)工程合同登记表(11表)
(三)变更设计登记表(12表)
(四)变更引起调整金额登记表(13表)
(五)工程项目调价登记表(14表)
(六)工程项目索赔登记表(15表)
(七)计日工支出金额登记表(16表)
(八)收尾工程登记表(17表)
(九)报废工程登记表(18表)
(十)工程支付情况登记表(19表)

第十五条 工程决算表应按照规定的填表说明编制,基础数据应在工程实施的过程中随时填写,使工程决算与工程管理紧密结合,保证基础资料的完整性,提高管理工作的规范性。

第十六条 《公路工程竣(交)工验收办法》规定的交工验收和竣工验收合并进行的小型项目可参照执行。

第十七条 本办法由交通部负责解释。

第十八条 本办法自2004年10月1日起执行。

8. 建设项目(工程)档案验收办法

(国档发〔1992〕8号)

第一条 为使建设项目(工程)档案完整、准确、安全保管并有效利用,根据国家计委"建设项目(工程)竣工验收办法"和国家档案局的有关规定,特制定本办法。

第二条 建设项目(工程)档案是指从建设项目(工程)的提出、立项、审批、勘察设计、施工、生产准备到竣工投产(使用)的全过程中形成的应归档保存的文件资料。

第三条 凡按批准的设计文件所规定的内容新建、扩建、改建的基本建设项目(工程)和技术改造项目的竣工验收工作均应包括对档案的验收。

第四条 归档的文件、档案必须达到完整、准确、系统,保障生产(使用)、管理、维护、改扩建的需要。

档案的完整指按国家档案局和国家计委国档发〔1988〕4号文件所确定的内容,将项目(工程)建设全过程中应该归档的文件、资料归档,各种文件原件齐全。

档案的准确指档案的内容真实反映项目(工程)竣工时的实际情况和建设过程,做到图物相符,技术数据准确可靠,签字手续完备。

档案的系统指按其形成规律,保持各部分之间的有机联系,分类科学,组卷合理。

档案保管条件符合国家档案局制定的《档案库房技术管理暂行规定》的有关要求。

第五条 归档的案卷质量符合 GB/T 11822—89《科学技术档案案卷构成的一般要求》。

第六条 归档时必须有竣工图,竣工图要求图面清晰;具体编制工作,继续执行原国家建委《关于编制基本建设工程竣工图的几项规定》。竣工图应逐张加盖竣工图章,竣工图章内容包括:×××工程竣工图、施工单位名称、编制人、审核人、技术负责人和编制日期。图章规格尺寸为 70mm×50mm。

第七条 档案行政管理部门要派人员参加初步验收和竣工验收。竣工验收时,验收主管单位应当通知有关的档案行政管理部门派人员参加验收委员会或验收组。

按照国家计委《建设项目(工程)竣工验收办法》第五条的规定,参加统一组织的活动。

第八条 档案验收组织的成员分别由各级档案行政管理部门、主管部门的档案机构和建设单位、生产(使用)单位、设计、施工等单位的档案人员参加。

在大、中城市规划区范围内的建设项目,档案验收组织的成员应当包括当地的城市建设档案部门。

第九条 国家档案局和省级档案局以及国务院有关部门档案机构,参加国家重点建设项目和限额以上技术改造项目的竣工验收,其他建设项目则分别由相关的地方档案行政管理部门和有关主管机关档案部门参加其竣工验收。

第十条 档案验收应与工程验收的初步验收和竣工验收两个阶段同步进行,重点应放在初步验收阶段。

第十一条 建设项目(工程)初步验收前,建设单位组织施工、设计及使用等有关单位的项目负责人,工程管理、工程技术负责人,进行档案的自检工作,并做出档案自检报告。

第十二条 初步验收时,在验收主管单位组织下,档案部门着重抽查项目档案的归档情况。工程规模大、档案案卷数量超过1000卷的,抽查15%的项目档案;工程规模小,档案案卷数量在1000卷以下的,抽查30%的项目档案,评价档案资料的完整、准确、系统性情况以后,写出初验意见,对存在的问题提出改进要求,限期解决。建设、设计、施工单位按初步验收的改进意见在竣工验收前加以改进。

第十三条 竣工验收时,项目规模较大、较复杂的,应有档案的专题验收报告。工程规模较小的,则应在验收报告中写明档案的情况。在竣工验收鉴定书中要有关于档案情况的评价。

第十四条 档案验收报告应包括以下内容:

1.项目档案资料概况;

2.项目档案工作管理体制;

3.项目文件、资料的形成、积累、整理与归档工作情况;

4.竣工图的编制情况及质量;

5.项目档案资料的接收、整理、管理工作情况;

6.存在问题及解决措施;

7.档案完整、准确、系统性评价及在施工、试生产中的作用。

8.附表。附表中包括的条目:单项、单位工程名称、文字材料(卷、页)、竣工图(卷、页)。

第十五条 本办法由国家档案局负责解释。

第十六条 本办法自发布之日起施行。

9. 公路工程建设标准管理办法

(交公路规〔2020〕8号)

第一章 总 则

第一条 为贯彻落实《交通强国建设纲要》，进一步推进公路工程建设标准化工作，规范公路工程标准管理，保障人身健康和生命财产安全，促进公路工程技术进步和创新，提升技术和服务质量，根据《中华人民共和国公路法》《中华人民共和国标准化法》《交通运输标准化管理办法》等法律法规，以及国家工程建设标准化改革发展等要求，制定本办法。

第二条 公路工程建设标准是指以科学、技术和工程实践经验为基础，对公路工程建设、管理、养护和运营提出的技术要求。

第三条 本办法适用于公路工程建设标准的制定、实施与监督管理。

第四条 公路工程建设标准分为强制性标准和推荐性标准。

下列标准属于强制性标准：

（一）涉及工程质量安全、人身健康和生命财产安全、环境生态安全和可持续发展的技术要求；

（二）材料性能、构造物几何尺寸等统一的技术指标；

（三）重要的试验、检验、评定、信息技术标准；

（四）保障公路网安全运行的统一技术标准；

（五）行业需要统一控制的其他公路工程建设标准。

强制性标准以外的标准是推荐性标准。

第五条 交通运输部按照职责依法管理公路工程建设标准，组织制定公路工程建设强制性标准和公路工程建设行业规范、细则、规程、手册、指南、标准图等推荐性标准，引领行业技术进步和高质量发展。

县级以上地方人民政府交通运输主管部门分工管理本行政区域内公路工程建设标准的相关工作。

第六条 鼓励积极参与国际标准化活动，推进公路工程建设标准外文翻译和出版工作，开展对外合作交流，制定双边、多边国家互认的国际通用标准，推进国内外公路工程建设标准的转化和运用。

第七条 为满足地方自然条件、地形地质等特殊要求，省级交通运输主管部门可在特定行政区域内提出统一的公路工程技术要求，按有关规定和程序要求编制地方标准。

鼓励社会团体和企业制定高于推荐性标准相关技术要求的公路工程团体标准和企业标准。

公路工程地方标准、团体标准、企业标准的技术要求不得低于公路工程强制性标准的相关技术要求。

第二章 标 准 制 定

第八条 交通运输部根据行业发展、公路工程建设标准化实际需要、社会资源及行业经济状况，制定公路工程建设行业标准体系，根据社会经济和工程技术发展及时进行调整，实行动态管理。公路工程建设标准按照国家有关编号规则进行编号。

第九条 按照国家财务预算管理、政府采购等规定及公路工程建设行业标准立项程序要求，有关单位可提出标准项目立项申请。经专家评审和交通运输部审核等程序，确定公路工程建设行业标准项目年度计划。

第十条 公路工程建设行业标准制修订工作实行主编单位负责制。年度计划下达后，主编单位组织编写组承担相关标准的起草、编制工作。制修订工作按照编制大纲、征求意见稿、送审稿、报批稿等阶段程序进行。

第十一条 公路工程建设行业标准编制大纲、送审稿的审查由公路工程建设标准归口管理部门组织，由主审专家等组成的专家组或公路工程建设行业标准技术委员会承担具体审查工作。征求意见工作由主编单位负责组织。报批稿由公路工程建设标准归口管理部门审核发布。

第十二条 公路工程建设标准的制修订应符合下列要求：

（一）贯彻执行国家有关法律、法规和技术政策，遵循安全可靠、耐久适用、技术先进、节能环保和经济合理的原则，适应公路工程技术发展要求；

（二）公路工程建设标准涉及的关键技术应根据实际情况，进行专题研究和测试验证；

（三）积极采用新技术、新工艺、新材料和新设备等科技创新成果，推动大数据、物联网、人工智能、智慧公路等先进技术的应用；

（四）与国家及行业现行有关强制性标准协调一致，避免矛盾；

（五）标准的条文应严谨明确、文字简练，标准编写的格式和用语应符合相关规定。

第十三条 公路工程建设标准的主要内容应当采取多种方式征求协会、企业以及相关生产、使用、管理、科研和检测等单位的意见。公路工程建设强制性行业标准应征求省级交通运输主管部门及有关部门意见。

第十四条 公路工程建设标准编制的经费使用和管理应符合国家和行业相关规定。

第十五条 公路工程建设行业标准由交通运输部根据出版管理的有关规定确定出版单位。公路工程建设行业标准的版权归交通运输部所有。

第十六条 公路工程建设标准发布后，标准归口管理部门、标准编制单位、标准化协会等单位，应当依法组织开展标准的宣传培训等工作。

第十七条 公路工程建设强制性标准应当免费向社

会公开。推动公路工程建设推荐性标准免费向社会公开。鼓励公路工程建设团体标准、企业标准通过标准信息公开服务平台向社会公开。

第十八条　公路工程建设地方标准、团体标准、企业标准的制定按照有关工程建设标准的规定执行。

第三章　标准实施

第十九条　各有关单位在公路工程建设、管理、养护和运营过程中应严格执行公路工程建设强制性标准有关规定,鼓励采用公路工程建设推荐性标准。

第二十条　企业应当依法公开其执行的公路工程建设标准的编号和名称;企业执行自行制定的企业标准,还应当公开其主要功能和性能指标。

第二十一条　标准实施后,应根据技术进步、实际需求等因素,适时对标准的适用性进行复审。标准复审周期一般不超过5年。

第二十二条　对于公路工程建设、管理、养护、运营中违反公路工程强制性标准的行为,任何单位和个人有权向交通运输主管部门、标准化行政主管部门或有关部门检举、投诉。

第二十三条　公路工程建设标准的使用单位和个人可将标准使用过程中发现的问题和意见反馈至标准归口管理部门或标准主编单位。

第四章　监督管理

第二十四条　县级以上地方人民政府交通运输主管部门应开展对本行政区域内公路工程建设标准实施情况的监督检查。对发现的违法违规行为,应依法处理。

第二十五条　县级以上地方人民政府交通运输主管部门应当建立社会监督机制,公开举报投诉方式。接到举报投诉的,应依法处理。

第二十六条　鼓励将公路工程建设标准编制与科技奖励评审、信用管理等工作挂钩。

第五章　附　　则

第二十七条　本办法由交通运输部公路局具体解释。

第二十八条　本办法自2020年7月1日起施行,有效期5年。

10. 交通运输部关于推动交通运输领域新型基础设施建设的指导意见

(交规划发〔2020〕75号)

为贯彻落实党中央、国务院决策部署，加快建设交通强国，推动交通运输领域新型基础设施建设，现提出如下意见。

一、总体要求

（一）指导思想。

以习近平新时代中国特色社会主义思想为指导，深入贯彻党的十九大和十九届二中、三中、四中全会精神，坚持以新发展理念引领高质量发展，围绕加快建设交通强国总体目标，以技术创新为驱动，以数字化、网络化、智能化为主线，以促进交通运输提效能、扩功能、增动能为导向，推动交通基础设施数字转型、智能升级，建设便捷顺畅、经济高效、绿色集约、智能先进、安全可靠的交通运输领域新型基础设施。

（二）基本原则。

——服务人民，提升效能。坚持规划建设与运营服务并重，提升服务品质和整体效能，不断增强人民的获得感、幸福感、安全感。

——统筹并进，集约共享。发挥新型基础设施提质增效作用，巩固传统基础设施强基固本作用，统筹传统与新型、存量与增量、供给与需求，注重集约建设、资源共享，增强发展动能。

——政府引导，市场主导。更好发挥政府统筹协调、支持引导作用，营造良好发展环境。充分发挥企业主体作用，激发市场活力，促进产业链上下游紧密协作，扩展服务功能、提高服务水平。

——跨界融合，协调联动。加强行业协同、部省联动、区域协调，提高系统性、整体性和协同性，形成发展合力，发挥交通基础设施规模优势，助力先进技术装备发展。

——积极稳妥，远近结合。科学定位、稳妥推进，准确把握建设时序和建设重点。注重远近结合，近期加快成熟技术在交通基础设施重点领域的深化应用，远期跟踪新技术发展，适度超前布局。

（三）发展目标。

到2035年，交通运输领域新型基础设施建设取得显著成效。先进信息技术深度赋能交通基础设施，精准感知、精确分析、精细管理和精心服务能力全面提升，成为加快建设交通强国的有力支撑。基础设施建设运营能耗水平有效控制。泛在感知设施、先进传输网络、北斗时空信息服务在交通运输行业深度覆盖，行业数据中心和网络安全体系基本建立，智能列车、自动驾驶汽车、智能船舶等逐步应用。科技创新支撑能力显著提升，前瞻性技术应用水平居世界前列。

二、主要任务

（一）打造融合高效的智慧交通基础设施。

1. 智慧公路。推动先进信息技术应用，逐步提升公路基础设施规划、设计、建造、养护、运行管理等全要素、全周期数字化水平。深化高速公路电子不停车收费系统(ETC)门架应用，推进车路协同等设施建设，丰富车路协同应用场景。推动公路感知网络与基础设施同步规划、同步建设，在重点路段实现全天候、多要素的状态感知。应用智能视频分析等技术，建设监测、调度、管控、应急、服务一体的智慧路网云控平台。依托重要运输通道，推进智慧公路示范区建设。鼓励应用公路智能养护设施设备，提升在役交通基础设施检查、检测、监测、评估、风险预警以及养护决策、作业的快速化、自动化、智能化水平，提升重点基础设施自然灾害风险防控能力。建设智慧服务区，促进融智能停车、能源补给、救援维护于一体的现代综合服务设施建设。推动农村公路建设、管理、养护、运行一体的综合性管理服务平台建设。

2. 智能铁路。运用信息化现代控制技术提升铁路全路网列车调度指挥和运输管理智能化水平。建设铁路智能检测监测设施，实现动车组、机车、车辆等载运装备和轨道、桥隧、大型客运站等关键设施服役状态在线监测、远程诊断和智能维护。建设智能供电设施，实现智能故障诊断、自愈恢复等。发展智能高速动车组，开展时速600公里级高速磁悬浮、时速400公里级高速轮轨客运列车研制和试验。提升智能建造能力，提高铁路工程建设机械化、信息化、智能化、绿色化水平，开展建筑机器人、装配式建造、智能化建造等研发应用。

3. 智慧航道。建设航道地理信息测绘和航行水域气象、水文监测等基础设施，完善高等级航道电子航道图，支持全天候复杂环境下的船舶智能辅助航行。建设高等级航道感知网络，推动通航建筑物数字化监管，实现三级以上重点航段、四级以上航段重点通航建筑物运行状况实时监控。建设适应智能船舶的岸基设施，推进航道、船闸等设施与智能船舶自主航行、靠离码头、自动化装卸的配套衔接。打造"陆海空天"一体化的水上交通安全保障体系。

4. 智慧港口。引导自动化集装箱码头、堆场库场改造，推动港口建设养护运行全过程、全周期数字化，加快港站智能调度、设备远程操控、智能安防预警和港区自动驾驶等综合应用。鼓励港口建设数字化、模块化发展，实现建造过程智能管控。建设港口智慧物流服务平台，开展智能航运应用。建设船舶能耗与排放智能监测设施。应用区块链技术，推进电子单证、业务在线办理、危险品全链条监管、全程物流可视化等。

5. 智慧民航。加快机场信息基础设施建设，推进各项设施全面物联，打造数据共享、协同高效、智能运行的智慧机场。鼓励应用智能化作业装备,在智能运行监控、少人机坪、机坪自主驾驶、自助智能服务设备、智能化行李系统、智能仓储、自动化物流、智慧能源管理、智能视频分析等领域取得突破。推进内外联通的机场智能综合交通体系建设。发展新一代空管系统,推进空中交通服务、流量管理和空域管理智慧化。推动机场和航空公司、空管、运行保障及监管等单位间核心数据互联共享,完善对接机制,搭建大数据信息平台,实现航空器全球追踪、大数据流量管理、智能进离港排队、区域管制中心联网等,提升空地一体化协同运行能力。

6.智慧邮政。推广邮政快递转运中心自动化分拣设施、机械化装卸设备。鼓励建设智能收投终端和末端服务平台。推动无人仓储建设,打造无人配送快递网络。建设智能冷库、智能运输和快递配送等冷链基础设施。推进库存前置、智能分仓、科学配载、线路优化,实现信息协同化、服务智能化。推广智能安检、智能视频监控和智能语音申诉系统。建设邮政大数据中心。开展新型寄递地址编码试点应用。

7.智慧枢纽。推进综合客运枢纽智能化升级,推广应用道路客运电子客票,鼓励发展综合客运一体衔接的全程电子化服务模式,推动售取票、检票、安检、乘降、换乘、停车等客运服务"一码通行"。推动旅客联程运输服务设施建设,鼓励建设智能联程导航、自助行李直挂、票务服务、安检互认、标识引导、换乘通道等服务设施,实现不同运输方式的有效衔接。引导建设绿色智慧货运枢纽(物流园区)多式联运等设施,提供跨方式、跨区域的全程物流信息服务,推进枢纽间资源共享共用。推进货运枢纽(物流园区)智能化升级,鼓励开展仓储库存数字化管理、安全生产智能预警、车辆货物自动匹配、园区装备智能调度等应用。鼓励发展综合性智能物流服务平台,引导农村智慧物流网络建设。

8.新能源新材料行业应用。引导在城市群等重点高速公路服务区建设超快充、大功率电动汽车充电设施。鼓励在服务区、边坡等公路沿线合理布局光伏发电设施,与市电等并网供电。鼓励高速公路服务区、港口码头和枢纽场站推进智能照明、供能和节能改造技术应用。推动船舶靠港使用岸电,推进码头岸电设施和船舶受电设施改造,着力提高岸电使用率。鼓励船舶应用液化天然气、电能等清洁能源。推动新能源、新材料在港口和导助航设施等领域应用。推动长寿命、可循环利用材料在基础设施建造、生态修复和运行维护领域应用。

(二)助力信息基础设施建设。

9.第五代移动通信技术(5G)等协同应用。结合5G商用部署,统筹利用物联网、车联网、光纤网等,推动交通基础设施与公共信息基础设施协调建设。逐步在高速公路和铁路重点路段、重要综合客运枢纽、港口和物流园区等实现固移结合、宽窄结合、公专结合的网络覆盖。协同建设车联网,推动重点地区、重点路段应用车用无线通信技术,支持车路协同、自动驾驶等。在重点桥梁、隧道、枢纽等应用适用可靠、经济耐久的通信技术,支撑设施远程监测、安全预警等应用。积极推动高速铁路5G技术应用。面向行业需求,结合国家卫星通信等设施部署情况和要求,研究应用具备全球宽带网络服务能力的卫星通信设施。

10.北斗系统和遥感卫星行业应用。提升交通运输行业北斗系统高精度导航与位置服务能力,推动卫星定位增强基准站资源共建共享,提供高精度、高可靠的服务。推动在特长隧道及干线航道的信号盲区布设北斗系统信号增强站,率先在长江航运实现北斗系统信号高质量全覆盖。建设行业北斗系统高精度地理信息地图,整合行业北斗系统时空数据,为综合交通规划、决策、服务等提供基础支撑。推进北斗系统短报文特色功能在船舶监管、应急通信等领域应用。探索推动北斗系统与车路协同、ETC等技术融合应用,研究北斗自由流收费技术。鼓励在道路运输及运输服务新业态、航运等领域拓展应用。推动北斗系统在航标遥测遥控终端等领域应用。推进铁路行业北斗系统综合应用示范,搭建铁路基础设施全资产、全数据信息化平台,建设铁路北斗系统地基增强网,推动在工程测量、智慧工地等领域应用。推动高分辨率对地观测系统在基础设施建设、运行维护等领域应用。

11.网络安全保护。推动部署灵活、功能自适、云网端协同的新型基础设施内生安全体系建设。加快新技术交通运输场景应用的安全设施配置部署,强化统一认证和数据传输保护。加强关键信息基础设施保护。建设集态势感知、风险预警、应急处置和联动指挥为一体的网络安全支撑平台,加强信息共享、协同联动,形成多层级的纵深防御、主动防护、综合防范体系,加强威胁风险预警研判,建立风险评估体系。切实推进商用密码等技术应用,积极推广可信计算,提高系统主动免疫能力。加强数据全生命周期管理和分级分类保护,落实数据容灾备份措施。

12.数据中心。完善综合交通运输数据中心,注重分类分层布局,推动跨部门、跨层级综合运输数据资源充分汇聚,有效共享,形成成规模、成体系的行业大数据集。推动综合交通运输公共信息资源开放,综合运用政府、科研机构、企业等数据资源,深化行业大数据创新应用,以数据资源赋能交通运输发展。

13.人工智能。持续推动自动驾驶、智能航运、智慧工地等研发应用。建设一批国家级自动驾驶、智能航运测试基地,丰富不同类型和风险等级的测试场景,完善测试评价体系,提升测试验证能力。围绕典型应用场景和运营模式,推动先导应用示范区建设,实施一批先导应用示范项目。

(三)完善行业创新基础设施。

14.科技研发。加强以国家重点实验室、国家技术创新中心等重要载体为引领的交通运输领域科研基地体系建设,鼓励社会投资科技基础设施,推动一批科研平台纳入国家科技创新基地建设,推进创新资源跨行业共享。

鼓励在项目全生命周期协同应用建筑信息模型(BIM)技术,促进产业基础能力提升。推进交通基础设施长期性能观测网建设,试点开展长期性能观测,加强基础设施运行状态监测和运行规律分析,支撑一流设施建设与维护。

三、组织实施

(一)加强组织领导。

建立健全推动交通运输领域新型基础设施建设的实施机制。部将加大指导支持力度,协调解决重大问题。省级交通运输主管部门要落实属地责任,加强组织协调和督促指导,明确实施路径、阶段目标,建立协同推进机制和政策体系,充分调动企业和社会积极性,确保顺利实施。

(二)加快示范引领。

结合规划编制,统筹布局谋划交通运输领域新型基础设施项目,稳妥有序推进项目落地实施。落实国家重大区域战略,选择特点突出、条件成熟、创新能力强的重点地区,依托重要运输通道、枢纽等开展多层次的交通运输领域新型基础设施试点示范,形成可复制可推广的经验。

(三)完善标准规范。

构建适应交通运输领域新型基础设施建设的标准体系,加强重点领域标准供给,分类制定关键性、基础性标准,及时将试点成果转化为标准,指导工程建设。加快完善通信网络、北斗系统、环境感知、交通诱导与管理、BIM、数据融合等标准规范,推进建立适应自动驾驶、自动化码头、无人配送的基础设施规范体系。建立标准国际化、政企共建和动态调整机制。

(四)形成多元化投融资机制。

发挥好政府投资的支持引导作用,扩大有效投资。各级交通运输主管部门应积极争取各类政府财政性资金、专项资金等支持交通运输领域新型基础设施建设。充分运用市场机制,多元化拓宽投融资渠道,积极吸引社会资本参与,争取金融保险机构支持,强化风险防控机制建设。探索数据、技术等资源市场化配置机制。

(五)加强协同合作。

各级交通运输主管部门要推动建立涵盖政府、企业、行业协会和专业机构的协同机制,强化部门协同、区域协调和跨界合作,共同推进交通运输领域新型基础设施建设。鼓励产业链上下游协同攻关、融通合作,优化生产服务方式、创新建设与运营模式,建立以信用为基础的新型监管机制,营造创新要素集聚、市场主体互利共赢、公平有序发展的产业环境。

交通运输部
2020年8月3日

11. 关于实施绿色公路建设的指导意见

(交办公路〔2016〕93号)

为践行绿色交通,完成《交通运输节能环保"十三五"发展规划》目标,推进绿色公路建设,现提出以下意见:

一、总体要求

(一)指导思想。

深入贯彻党的十八大和十八届二中、三中、四中、五中全会精神,牢固树立创新、协调、绿色、开放、共享五大发展理念,落实"四个交通"发展要求,促进公路发展转型升级,建设以质量优良为前提,以资源节约、生态环保、节能高效、服务提升为主要特征的绿色公路,实现公路建设健康可持续发展。

(二)基本原则。

坚持可持续发展。高度重视公路、环境、社会各方面、各要素的关系,提高资源和能源利用率,发挥公路先导性和基础性作用,实现在发展中保护、在保护中发展。

坚持统筹协调。统筹公路规划、设计、建设、运营、管理、服务全过程,强调均衡协调,突出建、管、养、运并重,降低全寿命周期成本。

坚持创新驱动。大力推动理念创新、技术创新、管理创新和制度创新,强化创新的驱动与支撑作用,为公路建设注入强大动力。

坚持因地制宜。准确把握区域环境和工程特点,明确项目定位,确定突破方向,开展有特色、有亮点、有品位的工程设计,因地制宜建设绿色公路。

(三)建设目标。

到2020年,绿色公路建设标准和评估体系基本建立,绿色公路建设理念深入人心,建成一批绿色公路示范工程,形成一套可复制、可推广的经验,行业推动和示范效果显著,绿色公路建设取得明显进展。

二、主要任务

(一)统筹资源利用,实现集约节约。

1. 集约利用通道资源。按照"统筹规划、合理布局、集约高效"原则,统筹利用运输通道资源。鼓励公路与铁路、高速公路与普通公路共用线位。改扩建公路要充分发挥原通道资源作用,安全利用原有设施。

2. 严格保护土地资源。科学选线、布线,避让基本农田,禁止耕地超占,减少土地分割。积极推进取土、弃土与改地、造地、复垦综合施措,高效利用沿线土地。因地制宜采用低路堤和浅路堑方案,保护土地资源。统筹布设公路施工临时便道、驻地、预制场、拌合站等,做到充分利用,减少重复建设。

3. 积极应用节能技术和清洁能源。加强隧道等设施节能设计,推进节能通风与采光等技术应用。推广应用供配电系统节能技术、LED节能灯具、照明智能控制系统、温拌沥青技术和冷补养护技术等新技术与新设备。加快淘汰高能耗、高排放的老旧工程机械。因地制宜推广太阳能、风能、地热能、天然气等清洁能源应用。

4. 大力推行废旧材料再生循环利用。积极推行废旧沥青路面、钢材、水泥等材料再生和循环利用。推广粉煤灰、煤矸石、矿渣、废旧轮胎等工业废料的综合利用。开展建筑垃圾的无害化处理与利用。积极应用节水、节材施工工艺,实现资源高效利用。

(二)加强生态保护,注重自然和谐。

5. 推行生态环保设计。加强生态选线,依法避绕自然保护区、水源地保护区等生态环境敏感区。推行生态环保设计和生态防护技术,重点加强对自然地貌、原生植被、表土资源、湿地生态、野生动物等方面的保护。增强公路排水系统对路面和桥面径流的消纳与净化功能。

6. 严格施工环境保护。加强施工过程中的植被与表土资源保护和利用,落实环境保护、水土保持要求,做好临时用地的生态恢复。完善施工现场和驻地的污水垃圾收集处理措施,加强施工扬尘与噪声监管,推进公路施工、养护作业机械尾气处理。在环境敏感区域施工,应制定生态环保施工专项方案,严格落实环保措施,降低施工对环境的影响。

7. 加强运营期环境管理。加强各类环保设施的维护与运行管理,探索推行环境管理的市场服务机制,确保排放达标。全面推进沿线附属设施污水处理和利用,实现垃圾分类收集和无害化处置。强化穿越敏感水体路段的径流收集与处置。

(三)着眼周期成本,强化建养并重。

8. 突出全寿命周期成本理念。将公路运营和维护纳入工程设计与建设一并考虑,突出全寿命,强调系统性,强化结构设计与养护设施的统一。推进钢结构桥梁的应用,发挥其在全寿命周期成本方面的比较优势。积极应用高性能混凝土,保证结构使用寿命,有效降低公路运营养护成本。

9. 全面实施标准化施工。建立标准化施工长效机制,实现工地标准化、工艺标准化和管理标准化。鼓励工程构件生产工厂化与现场施工装配化,注重工程质量,提高工程耐久性,实现工程内外品质的全面提升。

10. 提高养护便利化水平。以科学养护为统领,注重公路设计与建设的前瞻性,统筹考虑后期养护管理的功能性需要,合理设置检修通道,做到可达、可检、可修、可换,提高日常检测维修工作的便利性与安全性。

(四)实施创新驱动,实现科学高效。

11. 加强绿色公路技术研究。大力开展绿色公路关键技术研发,加快研究湿地保护、动物通道设置、能源高效利用及节能减排、路域生态防护与修复、公路碳汇建设等新技术,开展绿色公路国际技术合作与交流,助力绿色公路发展。

12. 大力推进建设管理信息化。基于"互联网+"理念,加快云计算、大数据等现代信息技术应用,有效提升建设管理智能化水平。逐步建立智能联网联控的公路建设信息化管理系统,推进质量检验检测数据实时互通共享技术,促进信息技术在公路建设管理中的应用。

13.总结推广建设管理新经验。鼓励应用建筑信息模型(BIM)新技术,探索应用健康、安全和环境三位一体(HSE)管理体系,积极推广合同能源管理,稳步推进建设与运营期能耗在线监测管理。鼓励代建制、设计施工总承包等管理模式的创新与应用,营造绿色公路建设市场发展环境。

14.探索设置多元化服务设施。结合社会发展和消费升级,充分利用公路养护工区、场站等用地,科学设置服务区、停车场,探索增设观景台、汽车露营地、旅游服务站等特色设施,为公众个性化出行提供便利。鼓励在公路服务区内设置加气站和新能源汽车充电桩,积极做好相关设备安装的配合工作,为节能减排创造条件。

15.丰富公路综合服务方式。继续推进高速公路联网不停车收费与服务系统(ETC)建设,扩大ETC覆盖范围,提高路网整体通过能力;鼓励拓展ETC技术应用业务,逐步实现ETC在通行、停车、加油、维修、检测等环节的深度应用。利用短信平台、门户网站、微信、微博等新媒体手段,构建公益服务与个性化定制服务相结合的公路出行信息服务体系。

(五)完善标准规范,推动示范引领。

16.制定绿色公路标准规范。充分总结公路建设经验,修订绿色公路建设相关标准规范,出台《绿色公路建设技术指南》,完善建立绿色公路建设评价指标体系,明确技术要求,全面指导绿色公路建设。鼓励各地制定具有当地区域特色的绿色公路评价标准。

17.开展五大专项行动。组织实施"零弃方、少借方""实施改扩建工程绿色升级""积极应用建筑信息模型(BIM)新技术""推进绿色服务区建设""拓展公路旅游功能"等五大专项行动,以行动促转型,以行动促落实,推进工程无痕化、智能化建设,实现工程填挖方的有效统筹,加强改扩建工程的资源节约与循环利用,推行服务区污水治理、建筑节能、清洁能源、垃圾处理等新技术应用,因地制宜拓展完善公路服务和旅游功能,推进绿色公路建设的全面实施。

18.打造示范工程。以绿色公路建设专项行动为依托,继续推进试点示范,打造公路建设新亮点。各省级交通运输主管部门应结合已有工作创建1—2个绿色公路示范工程,丰富绿色公路新内涵,强化绿色公路设计、建设、运营等各环节的指导,组织开展绿色公路建设专项技术咨询,及时总结经验,以点带面,实现全行业绿色公路快速发展。

三、保障措施

19.加强组织领导。建立健全部、省联动机制,加强行业指导,充分发挥各级交通运输主管部门积极性,建立协调机制,形成有利于推进绿色公路建设的工作格局。

20.加强制度建设。省级交通运输主管部门应制定本地区的绿色公路建设激励约束机制,建立健全绿色公路建设综合评价制度,完善绿色公路评价指标,构建绿色公路建设可控、可量化、可考核的制度体系。

21.加强行业协同。省级交通运输主管部门应加强与国土、环保、林业、旅游等相关部门的沟通与协调,建立多方联动、协同共享、有效管理的工作机制,形成合力,实现共赢。

22.加强专家指导。动员各方面力量,加强组织遴选,成立绿色公路建设典型示范工程专家组,对绿色公路的勘察设计、建设施工、运营管理等全过程进行技术指导和咨询。

23.加强宣传推广。开展绿色公路系列宣传活动,加大绿色公路建设理念的宣传力度,在政府交通门户网站开辟绿色公路建设专栏,组织开展绿色公路设计、建设技术研讨和交流,推广经验,宣传成果,统一思想,形成共识,促进绿色公路建设深入人心。

交通运输部
2016年7月20日

12. 交通运输部关于推进公路钢结构桥梁建设的指导意见

(交公路发〔2016〕115号)

为推进公路建设转型升级,提升公路桥梁品质,充分发挥钢结构桥梁性能优势,交通运输部研究决定推进公路钢结构桥梁(包括钢箱梁、钢桁梁、钢混组合梁等桥梁,下同)建设。现提出如下意见:

一、总体要求

(一)指导思想。

深入贯彻落实党的十八大和十八届三中、四中、五中全会精神,牢固树立创新、协调、绿色、开放、共享的发展理念,落实现代工程管理人本化、专业化、标准化、信息化、精细化的"五化"要求,提升公路桥梁品质和耐久性,降低全寿命周期成本,推进钢结构桥梁建设,促进公路建设转型升级、提质增效。

(二)基本原则。

——政策引导、市场为主。充分发挥政府引导作用,通过完善相关政策和技术标准,发挥市场配置资源的决定性作用,营造有利于钢结构桥梁应用的政策环境和市场环境。

——因地制宜,有序推进。结合经济社会发展水平、资源禀赋、自然条件和工程特点,确定本地区钢结构桥梁推广应用技术发展路线,因地制宜,有序推进钢结构桥梁建设。

——重点示范,标准先行。根据实际选择合适的项目,组织开展钢结构桥梁建设应用示范,注重管理创新和技术创新,通过示范引领,总结经验,不断完善技术标准和规范。

——建养并重,质量可控。完善钢结构桥梁建设、养护管理制度,配备专业的建设、管理、养护、检测人员和设备,保证钢结构桥梁建设质量和运行安全。

(三)主要目标。

到"十三五"时期末,公路行业钢结构桥梁设计、制造、施工、养护技术成熟,技术标准体系完备,专业化队伍和技术装备满足钢结构桥梁建设养护需要。新建大跨、特大跨径桥梁以钢结构为主,新改建其他桥梁钢结构比例明显提高。

二、主要措施

(一)加强方案比选,鼓励选用钢结构桥梁。公路桥梁方案应从工程可行性研究阶段开始,综合考虑桥梁建设成本、安全耐久、管理养护等方面的因素,加强对混凝土桥梁和钢结构桥梁方案的比选论证,鼓励择优选用钢结构桥梁。特大跨径桥梁、地震烈度7度及以上地区的高墩大跨径桥梁、弯坡斜等特殊形状桥梁,优先选用钢结构桥梁;新改建其他桥梁以及危桥改造工程,桥梁方案比选应遵循因地制宜原则,重点考虑施工组织、工程安全度和全寿命周期成本等因素,择优选用。

(二)合理选型,更好地发挥钢结构桥梁的优势。桥梁结构选型应根据桥梁使用功能和所处区域环境综合确定。特大跨径桥梁推荐选择钢桁梁、钢箱梁等构件受力明确、节点工作状态清晰、便于维修更换的结构;大跨径桥梁应着重对工程造价、施工装配、安全控制、养护便利等进行综合比选,择优选择适宜的钢结构;中等跨径桥梁推荐选用标准化程度高、桥面耐久性好的钢混组合结构。

(三)重视钢结构桥梁的构造设计。钢结构桥梁构造设计对桥梁安全和耐久性影响显著,应重视钢结构纵、横向受力的连续性和均衡性,细化截面过渡和连接设计,有效避免应力集中引起的疲劳损伤;加强排水系统的可靠性设计,防止渗漏引发结构腐蚀破坏;完善防火构造措施,提高应对火灾能力;环境条件适合的项目推广使用耐候钢,提高结构抵抗自然环境腐蚀能力,降低养护成本。

(四)全面提高结构可维护性。钢结构桥梁设计应充分考虑后期管理养护的功能性需要,完善检修构造措施,做到可达、可检、可修、可换,提高日常检测维修工作便利性、安全性。检修构造应与主体结构同步设计。

(五)推进钢结构桥梁工业化、标准化、智能化建造。应大力推进钢结构桥梁建设标准化设计、工业化生产、装配化施工,提升桥梁工程的质量品质。桥梁构件应采用工厂制造为主,结合装配、运输、场地条件等,合理确定桥梁结构现场拼装界面,尽量减少钢结构现场焊接和防腐涂装工作,提高质量保证率;推广应用建筑信息模型(BIM)技术,推动钢结构桥梁设计、制造、安装和管养各类信息的共享利用;积极应用自动化、智能化的制造、焊接、涂装和质量检测技术,提高钢结构建造质量。

(六)尽快完善相关标准定额。相关单位要认真总结现有钢结构桥梁技术标准执行情况和建设、管理、养护经验,针对钢结构桥梁推广使用过程中的问题,及时修订完善相关标准规范。鼓励公路相关单位结合应用和实践,编制钢结构桥梁专用施工和养护定额,报省级交通运输主管部门批准后使用。交通运输部将支持或组织有能力的单位编制钢结构桥梁设计通用图。

(七)加强专业人才培养。鼓励高校、科研、设计、制造、安装、管养等单位加强钢结构专业人才的引进和培养。各地应积极开展《公路钢结构桥梁设计规范》《公路钢混组合桥梁设计与施工规范》等相关标准规范和知识技能的专项培训,提高钢结构从业人员的技术素质和专业水平。

三、组织保障

(一)加强组织领导。省级交通运输主管部门要加强组织领导,建立完善钢结构桥梁推广应用工作机制,积极组织开展钢结构桥梁示范工程建设,总结经验,推广先进技术,提高钢结构桥梁应用水平。

(二)加强科研和技术推广。公路建设单位应结合具体项目,组织开展提升钢结构桥梁品质、保证结构安全耐久、推进标准化建造等方面的专题研究,推广科技成果,夯实技术基础,推动钢结构桥梁整体技术水平的提高。

(三)推动设计施工总承包和养护专业化发包。鼓励公路建设单位采用设计、施工(含制造、安装)总承包等方式发包桥梁上部建造任务,通过设计、施工和钢结构制造企业深度融合,提高钢结构桥梁建设专业化水平。鼓励桥梁管养单位开展钢结构桥梁专业化养护发包,提高钢结构桥梁养护质量,降低全寿命周期成本。

(四)完善信用评价体系。省级交通运输主管部门应研究建立钢结构制造单位的信用评价制度,交通运输部将适时把钢结构制造单位纳入公路建设行业信用评价体系中,充分发挥市场信用的引导作用,确保钢结构桥梁的制造、安装质量。

(五)充分发挥专家作用。在钢结构桥梁推进过程中,有关单位要根据工作需要,充分利用专家智慧和社会力量,开展相关科研、通用图编制、标准规范修编等工作,为推进钢结构桥梁建设提供技术支持和保障。

交通运输部

2016 年 7 月 1 日

13. 交通运输部办公厅关于推进公路水运工程 BIM 技术应用的指导意见

(交办公路〔2017〕205号)

各省、自治区、直辖市、新疆生产建设兵团交通运输厅(局、委):

建筑信息模型(Building Information Modeling,以下简称 BIM)技术是基于现代信息技术和计算机技术发展融合而成的建筑信息应用技术,利用数字技术存储和传递建筑结构和构造特征,并以 3D 模式直观表述,实现工程设计、施工、养护、运营管理信息传递共享和工作协同,促进工程建设项目全程信息化。为提升公路水运工程建设品质,落实全生命期管理理念,经交通运输部同意,决定在公路水运工程中大力推进 BIM 技术的应用。现提出如下意见:

一、总体要求

(一)指导思想。

深入贯彻落实党的十九大精神,践行"创新、协调、绿色、开放、共享"发展理念,增强科技创新动力,推进 BIM 技术在公路水运工程建设管理中的应用,加强项目信息全过程整合,实现公路水运工程全生命期管理信息畅通传递,促进设计、施工、养护和运营管理协调发展,提升公路水运工程品质和投资效益。

(二)基本原则。

——统筹规划,稳步推进。围绕 BIM 技术发展和行业发展需要,有序推进公路水运工程 BIM 技术应用,在条件成熟的领域和专业优先应用 BIM 技术,逐步实现 BIM 技术在公路水运工程广泛应用。

——市场主导,政策引导。激发市场主体内在需求,发挥企业主体作用和行业联盟作用,引导高校、科研机构和软件开发企业广泛参与,充分利用市场力量推动 BIM 技术推广应用。完善相关引导政策,为公路水运工程 BIM 技术应用营造政策环境。鼓励并支持市场主体自主研发 BIM 软件。

——示范引领,协调实施。开展 BIM 技术应用试点、示范,转变设计、管理工作方法,提升 BIM 技术管理水平,促进 BIM 技术的普及,推动 BIM 技术在公路水运工程项目设计、施工、养护、运营管理、咨询服务全过程应用。

——加强交流,共享发展。加强国内外 BIM 技术应用交流和合作,及时掌握 BIM 技术发展动态和实践经验,推进 BIM 技术合作共享,推动公路水运行业 BIM 技术的不断进步。

(三)发展目标。

到 2020 年,相关标准体系初步建立,示范项目取得明显成果,公路水运行业 BIM 技术应用深度、广度明显提升。行业主要设计单位具备运用 BIM 技术设计的能力。BIM 技术应用基础平台研发有效推进。建设一批公路、水运 BIM 示范工程,技术复杂项目实现应用 BIM 技术进行项目管理,大型桥梁、港口码头和航电枢纽等初步实现利用 BIM 数据进行构件辅助制造,运营管理单位应用 BIM 技术开展养护决策。

二、主要任务和重点工作

(一)把握工程设计源头,推动设计理念提升。

工程设计单位应加强 BIM 技术研发和技术培训,鼓励设计人员广泛应用 BIM 技术,提升 BIM 技术软硬件开发应用水平,加快形成以 BIM 数据方式提交设计成果的能力。鼓励在初步设计阶段同时提交 BIM 数据形式表述的总体设计方案,技术复杂大桥、地质水文条件复杂的隧道、港口码头、航电枢纽、航道整治等工程鼓励提交 BIM 数据表述的总体布置及关键结构方案。在施工图设计阶段,鼓励利用 BIM 技术进行构造细部优化和施工组织设计;鼓励提交基于地理信息系统(GIS)的交通安全设施、环保景观 BIM 设计文件,推进 BIM 与 GIS 的结合。

(二)打造项目管理平台,降低建设管理成本。

鼓励项目建设单位搭建基于 BIM 技术的项目管理平台,改进技术复杂的大桥、隧道、港口码头、航电枢纽、航道整治等工程项目各参建单位的技术交流方式,压缩管理层次,提升管理效率,提高管理水平。鼓励施工单位对技术复杂工程利用 BIM 技术优化施工管理,改进施工工艺,提高设备利用效率,减少材料和备件库存,降低施工成本,提升施工质量。鼓励钢结构制造加工单位直接利用 BIM 数据进行构件加工,减少中间环节,提高加工效率和精度。

(三)加强 BIM 数据应用,提升养护管理效能。

建设、运营单位应完善项目管理制度,加快实现设计、施工、养护、运营管理各阶段工程信息共享传递,充分利用建设期 BIM 数据改进养护管理,提高养护决策水平。鼓励对在役项目,搭建 BIM 技术养护管理平台,逐步推进养护信息数字化管理,提升管理水平。

(四)推进标准化建设,研发应用基础平台。

加快制定公路水运 BIM 技术应用相关标准。跟踪并积极参与 BIM 国际标准制定进程,结合国内工程实际,加快研究制定符合我国国情的 BIM 标准。鼓励科研、设计、施工、养护管理、咨询等单位联合研究 BIM 标准,研发 BIM 技术应用基础平台,推进应用共享;鼓励技术联盟、研发中心等机构加强沟通协调和数据交流,为 BIM 标准的建立和统一创造条件。

(五)注重数据管理,夯实技术应用基础。

加强工程建设期 BIM 数据管理,完善项目基础数据,保证重大工程 BIM 数据的安全。对既有的复杂结构工程,推进利用设计文件或竣工文件生成 BIM 数据文件,为养护、运营管理工作提供数据和技术支撑。

三、保障措施

(一)加强组织领导,完善工作机制。

各省级交通运输主管部门要充分认识 BIM 技术推广

应用对工程领域的重要意义，准确把握 BIM 技术的本质特征，加强对 BIM 技术应用的组织领导，结合本地区实际情况，制定推广应用政策，完善工作机制，充分利用 BIM 技术加强公路水运工程全生命期管理，提升工程品质，提高管理效率和效益。

（二）注重行业引导，推进示范应用。

各地应加强 BIM 技术人才培养和投入，提升 BIM 技术应用能力，推动 BIM 技术在公路水运工程设计、施工、养护、运营管理的全过程、全领域应用。支持设计单位加大 BIM 技术研发投入，对利用 BIM 技术研究论证工程方案、提交设计文件的，可根据概预算编制有关规定，将 BIM 技术研发等费用纳入项目概算。

各省级交通运输主管部门应积极推进项目设计、施工、养护和运营管理示范应用工作，为 BIM 技术推广积累经验。可以在一个项目中开展全生命期 BIM 技术应用试点，也可以针对项目管理各阶段开展 BIM 技术专项应用试点。

（三）发挥社团力量，激发企业活力。

充分发挥社会团体组织的行业带动作用，推动 BIM 技术在公路、水运行业的应用。鼓励行业学会、协会组织开展优秀工程勘察设计、工程质量奖项评审时，将 BIM 技术应用列入考评范围，提高 BIM 技术的行业认知度。对应用 BIM 技术获得显著经济、社会效益的，可在同等条件下优先推荐获奖，鼓励设立 BIM 技术应用专项奖。

充分利用市场机制激发企业主动应用 BIM 技术的积极性，鼓励企业组建 BIM 技术联盟，成立 BIM 技术研发中心，推动 BIM 技术不断成熟和完善。

交通运输部办公厅

2017 年 12 月 29 日

14. 关于进一步加强公路项目建设单位管理的若干意见

(交公路发〔2011〕438号)

各省、自治区、直辖市、新疆生产建设兵团交通运输厅(局、委),天津市市政公路管理局:

公路项目建设单位是工程建设的组织者和管理者,在保证工程质量建设和提高管理水平方面承担着重要职责。近年来,各级交通运输主管部门切实加强对项目建设单位的管理,充分发挥项目建设单位的主导作用,为保证公路建设又好又快发展作出了重要贡献。但是,随着公路建设规模的持续扩大,一些项目建设单位出现了管理能力下降、技术人员配备不足等问题,影响工程建设质量与耐久性。为提高公路建设管理水平,规范管理行为,加快推行现代工程管理,现就进一步加强公路项目建设单位管理提出以下意见:

一、充分认识加强公路项目建设单位管理的重要意义

(一)加强公路项目建设单位管理是确保工程质量与安全的需求,质量与安全是工程建设永恒的主题。公路项目建设单位承担着工程的组织、协调和管理职责,处在建设项目管理的中心枢纽位置,其管理能力、眼界视野和质量安全意识,决定着工程的建设质量与安全水平。进一步提高项目建设单位的能力与素质,推行建设单位高标准、严要求,对提升工程内在品质与耐久性,提高工程质量与安全具有重要的保障作用。

(二)加强公路项目建设单位管理是控制工程投资、确保建设工期的需要。控制工程造价、降低建设成本,保证在合同工期内按时完成建设任务,是工程项目管理的重要内容。加强项目建设单位在工程建设中的全过程管理,保证勘察设计工作深度,落实各参建单位有效投入,明确建设各方责、权、利关系,有利于控制工程造价,减少设计变更,确保合理建设工期,发挥工程投资最大效益。

(三)加强公路项目建设单位管理是规范建设市场行为的需要。建立市场诚信体系,规范市场行为,引导从业单位和从业人员自觉遵章守纪,是工程建设市场管理的重要内容。项目建设单位作为工程合同的管理者和执行者,在落实建设单位合同义务,促进参建各方信守合同,提高市场履约水平等方面承担重要职责。落实项目建设单位合同管理职责,严格合同执行,对于促进公路建设市场信用体系建设,监理规范、诚信的市场秩序,具有重要的推动作用。

(四)加强公路项目建设单位管理是建设廉政工程的需要。开展工程建设领域专项治理工作,建立健全防治公路建设领域商业贿赂的长效机制,是当前工程建设管理的一项重要工作。项目建设单位通过加强制度建设,完善工作机制,强化工程和人员的管理,从体制和机制上堵塞管理漏洞,有利于加快构建预防和惩治腐败体系,建设廉政工程,提高行业形象。

二、指导思想和工作原则

(五)指导思想:深入贯彻落实科学发展观,以增强建设单位能力与素质、推进建设管理专业化,提高工程质量与安全为核心,以严格资格标准、健全组织机构、规范管理行为,落实监督考评为举措,充分发挥建设单位的主导作用,完善公路建设市场信用体系建设,推进工程管理现代化,提高公路建设管理水平。

(六)工作原则:

——严格资格标准,推行管理专业化。严格公路项目建设单位的资格与素质要求,鼓励组建专业齐全、技术精湛、经验丰富的专业化管理团队,推进工程管理现代化。

——规范建设管理,实行施工标准化。健全公路项目建设单位的管理制度,细化质量安全与投资控制目标,严格建设管理关键环节控制,落实标准化要求,建立现代工程管理运行机制。

——加强监督检查,狠抓行为规范化。加强对公路项目建设单位的监督检查,落实管理制度与管理责任,发挥建设单位的管理示范效应,确保现代工程取得实效。

——创新管理机制,推进人员职业化。不断创新管理方法,推进公路项目建设单位的考核评价,加强绩效评估,建立考核制度,完善市场信用体系,促进建设管理队伍职业化。

三、严格公路项目建设单位资格管理

(七)公路项目建设单位系指承担工程建设管理职责的项目法人,及其派驻工程现场指挥、协调、管理各参建单位完成工程建设任务的管理机构(指挥部、项目办、管理处等)。

公路项目建设单位履行建设管理职责,应具备相应的管理能力和建设经验,按规定组建机构、配备人员,制定完善工程管理各项规章制度。

(八)高速公路新建(改扩建)项目或独立特大型桥梁、隧道项目,派驻工程现场的建设管理机构、管理人员应符合以下资格条件。各省级交通运输主管部门可根据本地区实际制定具体标准,但不应低于以下资格条件:

1. 管理机构:应设有计划、合同、技术、质量、安全、财务、纪检等职能部门。

2. 管理人员:总人数视工程项目建设规模和专业技术要求确定,其中工程技术人员应不少于管理人员总数的65%,具有高、中级以上专业技术职称的人员应占工程技术人员总数的70%以上。

3. 人员资格:管理机构负责人及其关键岗位人员应具有良好的社会信用和职业道德,具备相应工程组织管理能力,严格执行国家有关法律和规定,熟悉、掌握公路建设规章、政策,其中:

机构负责人:具有中级以上专业技术职称,具备2个及以上高速公路项目的建设管理经历；

技术负责人：熟悉、掌握公路工程技术标准、规范和规程，具有高级以上专业技术职称，具备 2 个及以上高速公路项目的技术管理经历。

财务负责人：熟悉、掌握财经法规和财务制度，具有中级以上职称，具备 1 个及以上高速公路项目的财务管理经历。

关键岗位人员：计划、合同、技术、质量、安全等部门负责人应具备相应岗位的专业技术和任职资格，并分别具备 1 个及以上高速公路项目的建设管理经历。

其他技术等级公路项目建设单位及其派驻工程现场的管理机构、管理人员及资格条件由省级交通运输主管部门根据本地区实际确定。

（九）公路项目建设单位派驻工程现场的管理机构、管理人员及资格条件实行核备制度。

在报批项目初步设计文件时，公路项目建设单位应将派驻工程现场的管理机构、管理人员及资格条件报有关交通运输主管部门核备。交通运输主管部门应及时审核，对未达到资格标准的，要责成其补充完善，或责成其按规定委托具备相应管理能力的代建单位负责建设管理。

四、规范建设管理行为

（十）执行国家基本建设程序。公路项目建设单位应按照公开、公平、公正的原则，依法组织招标投标，择优选定勘察、设计、施工、监理单位，按规定向主管部门报送有关文件，依法办理施工许可和竣（交）工验收。

（十一）严格合同管理。公路项目建设单位应严格履行合同义务，创建良好的施工环境和条件，确保按设计施工、按规程施工、按合同要求施工。所有设计变更应按规定程序经批准后实施，不得擅自修改。加强投资控制和资金管理，严格计量支付和工程造价控制，做到专款专用，专户储存，不得挤占挪用，不得拖欠工程款。

（十二）细化目标管理与责任。公路项目建设单位应根据工程特点，按单位工程、分项工程分解质量目标与管理要点，细化保证措施，健全岗位责任，落实工程质量责任登记制度，做到工程管理中各项、各环节、各部位都有技术要求、管理措施和人员责任。

（十三）加强质量安全管理。公路项目建设单位应严格执行国家有关技术标准和规范，结合项目特点制定质量和安全管理要求，依据勘察、设计、施工、监理合同，加强检查落实，，实行严格问责和评价制度，督促各从业单位建立健全规章制度，落实环境保护与资源节约政策，强化质量与安全保证措施，确保管理到位。

（十四）推进信息化管理。公路项目建设单位要以科技手段、信息技术、网络管理为支撑，建立并应用覆盖公路项目建设管理全过程的信息系统，将工程质量、安全、进度、投资以及设计变更和试验检测等管理内容纳入系统，实行动态管理，提高工程现代化管理水平。

（十五）维护公众利益。公路项目建设单位在加强管理的同时，要承担必要的社会责任，维护农民工合法权益，督促施工单位按时发放农民工工资；协调处理好与相关单位及沿线群众的关系，树立公路项目建设单位的良好形象。

（十六）加强廉洁自律。公路项目建设单位应依法办事、规范管理，切实加强廉政建设，自觉接受纪检监督、行政监督、舆论监督和社会监督，落实各项廉政制度和措施；要与从业单位逐一签订廉政合同，形成公路项目建设单位与从业单位相互监督机制。

五、加强监督检查

（十七）落实建设管理责任。省级交通运输主管部门要加强监管，重点核查公路项目建设单位在质量、安全、资金、环保等方面的制度建设与执行情况，发现问题及时提出整改意见，要加快省级项目管理信息平台建设，制定统一标准，督促建设单位应以技术成熟的项目管理信息系统，动态掌握项目建设进程与管理信息、质量安全信息、质量抽检评定信息等；要提出建设资金管理与使用的全过程、全方位的监督检查，确保建设资金安全，严肃查处虚假合同、违规支付等行为。

（十八）严格工程验收工作。省级交通运输主管部门要加强对验收工作的监督管理，严格按照规范、标准和设计批复文件鉴定、审核、验收工程项目。对违规自行提高或降低建设标准，增加或减少建设规模，隐瞒工程存在的质量和安全隐患的项目，交通运输主管部门不得批准开放交通，不得通过项目竣（交）工验收，要依法追究建设单位及其相关人员的责任并记入信用档案。

（十九）执行考核评价制度。省级交通运输主管部门要结合本地区公路建设实际，制定有针对性、操作性强的考核评价办法，加强对公路项目建设单位的履职状态、管理成效的考核评价，督促建设单位完善制度、提高素质、增强管理能力，切实履行建设管理职责，维护公共安全和公众利益。考核评价指标应涵盖工程质量、安全生产、环境保护、合同管理、投资控制、廉政建设等关键内容，实行质量、安全一票否决制。

（二十）建立奖惩激励机制。省级交通运输主管部门对公路项目建设单位管理创新、质量优良、安全有序、投资节省的，要给予表彰和奖励；对管理混乱、发生质量和安全责任事故的，要依法撤换和清退有关单位和人员，并追究其责任。

六、有关要求

（二十一）分步实施。省级交通运输主管部门要对照高速公路项目建设单位的资格标准，在 2011 年底前对本地区在建设高速公路（含独立特大型桥梁、隧道）项目建设单位进行全面核查，对不符合要求的建设单位要责令改正，确保各建设单位派驻工程现场的管理机构和管理人员条件合格、素质过硬、管理规范。

（二十二）重点督查。从 2012 年上半年开始，部将结合公路建设市场督查，对高速公路（含独立特大型桥梁、隧道）项目建设单位的管理能力、管理行为、管理成效进行抽查,切实增强建设单位的素质能力,提高公路建设管理水平。

(二十三)考核评价。省级交通运输主管部门要按照强化管理、落实责任、切实推进的原则,不断深化公路项目建设单位的考核评级工作,建立公路项目省级建设管理人才库,2011年底前将考核评价办法报部。

从2012年开始,各省级交通运输主管部门要对高速公路(含独立特大型桥梁、隧道)项目建设单位开展年度考核评价,评价结果计入公路建设市场信用评价体系,并于年底前报部,确保管理项目建设单位考核评价工作取得实效。

(二十四)本意见自2011年10月1日起实行。原交通部2001年9月30日公布的《公路建设项目法人资格标准(试行)》(交公路发〔2001〕583号)同时废止。

15. 关于深化公路建设管理体制改革的若干意见

(交公路发〔2015〕54号)

各省、自治区、直辖市、新疆生产建设兵团交通运输厅(局、委):

为深入推进交通运输改革,全面推行现代工程管理,提高公路建设管理水平,现就深化公路建设管理体制改革提出如下意见:

一、深化改革的指导思想和基本原则

(一)指导思想。

贯彻落实党的十八大、十八届三中、四中全会精神,按照全面深化改革、全面推进依法治国、推进国家治理体系和治理能力现代化的总体要求,处理好政府和市场的关系,使市场在资源配置中起决定性作用和更好发挥政府作用,以完善市场机制、创新管理模式和政府监管方式、落实建设管理责任为重点,改革完善建设管理制度,建立与现代工程管理相适应的公路建设管理体系,为促进公路建设科学发展、安全发展提供制度保障。

(二)基本原则。

依法管理。完善公路建设管理相关法律法规,推进公路建设法治化,做到依法建设,依法管理,依法监督。

责权一致。明确公路建设项目相关主体的责权,做到责权对等、责任落实。

科学高效。整合项目管理职责,减少管理层级,创新管理模式,推行专业化管理,提高管理效能和建设管理水平。

公开透明。健全和规范公路建设市场,加强政府监管,规范权力运行,铲除公路建设中滋生腐败行为的土壤和条件。

二、完善公路建设管理四项制度

(三)落实项目法人责任制。

公路建设项目法人由项目出资人和项目建设管理法人组成。项目出资人依法履行出资人职责;项目建设管理法人是经依法设立或认定,具有注册法人资格的企、事业单位,负责公路项目的建设管理,承担工程质量、安全、进度、投资控制等法定责任。

公路建设项目应实行项目法人责任制。对于目前由地方政府或交通运输主管部门直接负责建设管理的国省干线公路、农村公路项目,应按照政企分开、政事分开、监管与执行分开的原则,逐步过渡到由公路管理机构履行项目建设管理法人职责,或通过代建方式由专业化的项目管理单位负责建设。

按照项目投资性质,政府作为出资人的,应依法确定企业或事业单位作为建设管理法人;企业作为出资人的,应组建项目建设管理法人。项目建设管理法人应具备与项目建设管理相适应的管理能力,并承担项目建设管理职能及相应的法律责任。当项目建设管理法人不具备相应的项目建设管理能力时,应委托符合项目建设管理要求的代建单位进行建设管理,并依法承担各自相应的法律责任。项目法人在报送项目设计文件时,应将项目建设管理法人相关资料作为文件的组成内容一并上报。交通运输主管部门在设计审批时,应对项目建设管理法人的管理能力情况进行审核。对不满足项目建设管理要求的,应按规定要求其补充完善或委托代建。

地方交通运输主管部门应按照交通运输部《关于进一步加强公路项目建设单位管理的若干意见》(交公路发〔2011〕438号),结合本地区实际及具体项目情况,制定针对项目的建设管理能力要求,主要包括项目管理机构组成、职责分工、项目负责人等关键岗位人员的配置及资格、工程建设管理经验等方面内容。

交通运输主管部门要以项目为单位对项目建设管理法人和法人代表及项目管理主要人员开展考核和信用评价,不断完善对项目建设管理法人的监督约束机制和责任追究机制。考核内容涵盖项目建设管理法人和主要负责人的管理行为和项目建设的质量、安全、进度、造价等控制情况。通过考核激励和责任追究,强化项目建设管理法人的主体意识和责任意识,提高项目管理专业化水平。

(四)改革工程监理制。

坚持和完善工程监理制,更好地发挥监理作用。按照项目的投资类型及建设管理模式,由项目建设管理法人自主决定工程监理的实现形式。

明确监理定位。工程监理在项目管理中不作为独立的第三方,监理单位是对委托人负责的受托方,按合同要求和监理规范提供监理咨询服务。

明确监理职责和权利。监理工作是项目建设管理工作的重要组成部分。监理单位根据项目建设管理法人要求,按照合同约定的权利和义务,依法、依合同开展监理工作。工程施工质量和安全的第一责任人是施工单位,勘察设计质量和安全的第一责任人是勘察设计单位,监理单位依法承担监理合同范围内规定的相应责任。

调整完善监理工作机制。监理工作应改进方式,以质量、安全为重点,加强程序控制、工序验收和抽检评定,加强对隐蔽工程和关键部位的监理,精简内业工作量,明确环境监理和安全监理工作内容,落实对质量安全等问题的监督权和否决权。

引导监理企业和监理从业人员转型发展。引导监理企业逐步向代建、咨询、可行性研究、设计和监理一体化方向发展,拓展业务范围,根据市场需求,提供高层次、多样化的管理咨询服务。政府部门也可通过购买服务的方式委托监理企业开展相关工作。深化监理人员执业资格制度改革,提高监理人员的实际能力、专业技术水平和职业道德水平。引导监理市场规范有序发展,维护监理企业的合理利润和监理人员的合理待遇。

（五）完善招标投标制。

坚持依法择优导向。遵循"公平、公正、公开、择优"原则，尊重项目建设管理法人依法选择参建单位的自主权。改进资格审查和评标工作，加强信用评价结果在招投标中的应用，采取有效措施防止恶意低价抢标、围标串标。大力推进电子招投标，完善限额以下简易招标制度。加强对评标专家的管理，实行评标专家信用管理制度。

健全规章制度体系。加快制定公路建设项目代建、设计施工总承包招投标管理办法及标准招标文件，加快修订施工、设计、监理等招投标管理办法。对出资人自行设计和施工的项目，要进一步完善投资人招标等有关规定。

加强政府监管。交通运输主管部门要按照当地政府的有关规定，具备条件的公路建设项目招投标应进入公共资源交易市场。要依法纠正招投标中的违法行为，不得干预招标人的正常招标活动。要坚持信息公开，鼓励社会监督，规范招投标行为。

（六）强化合同管理制。

各级交通运输主管部门和从业单位应强化法律意识和契约意识，杜绝非法合同、口头协议和纸外合同等不规范现象。不断完善合同管理体系，研究制定《公路建设项目合同管理办法》，健全标准合同范本体系，制定代建、设计施工总承包、公路简明施工等标准合同范本，坚持以合同为依据规范项目建设管理工作。

加强对合同谈判、签订、履行、变更、结算等全过程管理，进一步完善工作机制和管理制度，注重培养合同管理人才，提高合同管理的科学化水平。强化合同执行情况的监督，通过履约考核、信用评价、奖励处罚等措施，督促合同双方履约守信。

三、创新项目建设管理模式

根据公路建设实际和投融资体制改革的要求，为提高项目管理专业化水平，各地可结合本地区实际情况和建设项目特点选用以下三种项目建设管理模式。同时，为进一步激发社会资本活力，鼓励各地进一步探索政府和社会资本合作（PPP）模式等新的融资模式下的其他有效建设管理模式。

（七）自管模式。由项目建设管理法人统一负责项目的全部建设管理工作和监理工作。项目建设管理法人必须具备相应的管理能力和技术能力，并配备具有相应执业资格的专业人员，能够完成项目管理全部工作，包括《公路工程施工监理规范》规定的相关工作，对项目质量、安全、进度、投资、环保等负总责。根据建设项目的规模和技术复杂程度，项目建设管理法人应依据自身监管能力从具有相应资质等级的监理单位聘请有相应资格的监理人员负责监理工作。

（八）改进的传统模式。由项目建设管理法人通过招标等方式，选择符合相应资质要求的监理单位对项目实行监理。按照监理制度改革的新要求，在监理合同中应明确项目建设管理法人与监理单位的职责界面，项目建设管理法人对项目建设管理负总责，监理单位受其委托，按照合同约定和授权依法履行相应的职责。

（九）代建模式。由出资人或项目建设管理法人通过招标等方式选择符合项目建设管理要求的代建单位承担项目建设管理工作。代建单位依据代建合同开展工作，履行合同规定的职权，承担相应的责任。鼓励代建单位统一负责项目建设管理工作和监理工作。

（十）建设管理模式确定程序。项目法人在向交通运输主管部门报送设计文件时，应明确拟采用的建设管理模式（包括相应的监理选择方式）并提交相关的材料。设计文件批复时要明确项目建设管理模式，以及建设管理法人、法人代表及项目主要负责人等，采用代建模式的，应明确代建单位及主要负责人等。项目建设管理模式、项目建设管理法人等变更时，应报原审批设计文件的交通运输主管部门备案。

四、逐步推行设计施工总承包方式

（十一）各级交通运输主管部门应鼓励项目建设管理法人根据项目特点，科学选择工程承发包方式，逐步推行设计施工总承包。设计施工总承包单位应按有关规定通过招标等方式确定，由其负责施工图勘察设计、工程施工和缺陷责任期修复等工作。要通过合同明确项目建设管理法人与总承包单位的职责分工和风险划分。设计施工总承包可以实行项目整体总承包，也可以分路段实行总承包，或者对机电、房建、绿化工程等实行专业总承包。实行设计施工总承包方式，要深化初步设计及概算工作，加强设计审查及设计变更管理，确保质量安全标准不降低，工程耐久性符合要求。探索推行设计、施工和固定年限养护相结合的总承包方式。

五、建立健全统一开放的公路建设市场体系

（十二）完善公路建设市场信用体系。

加强信用信息的基础性建设工作。完善全国统一的从业单位和从业人员数据库，利用信息化手段，实现信息共享，做到市场主体信用信息公开、透明、有效。规范信用信息的应用管理，完善守信激励和失信惩戒的相关制度。

要拓展对市场主体的评价工作。做好对勘察设计、施工、监理、试验检测等单位的信用评价工作，试行对项目建设管理法人、代建单位的信用评价，并将各市场主体的信用情况与招投标、资质审查等工作挂钩。

建立主要从业人员信用评价体系。对项目建设管理法人、代建单位、勘察设计、施工、监理及试验检测等各参建单位的项目负责人、技术负责人、安全生产负责人及其他关键岗位负责人等主要从业人员，建立个人执业信息登记和公开制度，开展个人信用评价，将评价结果计入个人信用信息档案，并与招投标等工作挂钩。大力整治从业人员非法挂靠、虚报资格（质）、履约不到位等问题，以净化市场环境。

（十三）加强代建市场的培育。各级交通运输主管部门要建立健全代建项目管理的规章制度,推进项目管理专业化。要通过政策引导和有效管理,促进代建市场规范有序发展。

(十四)加强从业人员管理工作。交通运输主管部门、项目法人及有关从业单位应充分考虑不同层次、不同岗位从业人员的差别化需求,加强各类培训和经验交流。公路建设项目各参建单位对一线操作人员要积极创造学习条件,定期举办技术交流培训,促使操作人员熟练掌握工作技能,不断提高文化和职业素质。

(十五)完善工程保险制度。根据项目规模、技术复杂程度、企业业绩、管理水平等,逐步实行差别化保险费率和浮动费率。通过市场风险管理机制,促使企业增强品牌意识、诚信意识和法律意识,规范市场行为。

六、强化政府监管

(十六)强化事中事后监管。各级交通运输主管部门要按照行政管理体制改革要求,逐步精简事前审批事项,减少市场准入限制,加强对项目的事中事后监管,特别是对项目出资人资金到位情况、招标投标、设计审查、工程变更、工程验收等关键环节的监管,重点整治招投标中的非法干预、暗箱操作、围标串标行为,以及试验数据和变更设计造假、层层转包和非法分包、虚报工程量、多计工程款等违法违规行为,加强对工人工资支付情况的监管。实行项目建设管理法人及其他参建单位责任登记制度,细化、分解相关单位及人员的责任。建立工程质量终身责任追究制度和工程造价监督管理制度,完善设计变更管理制度、工程项目信息公开制度和材料设备阳光采购制度。对存在违法违规行为的参建单位和个人要依法严惩,列入"黑名单",给予限期不准参加招标投标、吊销资质证书、停止执业、吊销执业证书等相应处罚。

(十七)创新监管方式。要研究制定针对新的项目管理模式和新的融资方式的建设项目的监管模式、重点和措施,对社会资本投资的项目,要制定相应的监管方案,明确监管单位、人员、职责和监管措施,提高监管的针对性。要认真审核特许经营协议中关于质量、安全、工期、环保、检测频率等内容条款,明确项目建设管理法人的相关责任、义务和权利。严格审查技术标准、建设规模和重大技术方案,重点加强对建设程序执行、建设资金使用、质量安全等措施的监管。必要时政府可通过招标等方式选择第三方专业机构,提供技术审查咨询、试验检测等相关技术服务,丰富监管手段,有效发挥监管作用。

七、有关要求

(十八)提高思想认识,加强组织领导。省级交通运输主管部门要高度重视公路建设管理体制改革工作,按照部公路建设管理体制改革的总体部署,因地制宜地制定本地区改革实施方案,明确责任、精心组织、狠抓落实,推进公路建设管理体制改革不断深化。

(十九)积极开展试点,稳步推进改革。省级交通运输主管部门要结合本地区实际情况组织开展自管模式、代建模式、监理改革和设计施工总承包等试点工作,改革试点方案报部备案。处理好改革、发展、稳定的关系,既要积极推进改革,又要稳妥可靠,既要做好改革的顶层设计和总体规划,又要因地制宜提出具有可操作性的解决方案。要跟踪试点进展情况,及时研究解决试点中发现的问题,总结经验,完善制度,加以推广。

(二十)完善法规体系,实现依法建设。根据公路建设管理体制改革的总体要求,结合试点情况,及时修订有关法规、规章及规范性文件,完善管理制度,细化配套措施,健全法规体系,不断提升公路建设管理水平,实现公路建设管理的法制化。

16. 关于严格执行标准进一步加强高速公路建设项目管理工作的通知

(交公路发〔2010〕215号)

为保证高速公路工程质量和安全，推动公路交通事业又好又快发展，现就严格执行标准，进一步加强高速公路建设项目管理工作的有关要求重申如下。

一、加强高速公路建设项目监督管理，确保项目顺利实施

(一)加强政府监督管理。各级交通运输主管部门及其所属的相关监督机构应严格履行监管职责。一是在高速公路各审批、审查、验收等环节严格把关，认真监督项目建设程序的履行；二是加大对工程质量、安全、建设规模和工期的管控力度；三是对高速公路各从业单位贯彻落实国家法律、法规、规章、强制性标准、合同约定的有关技术规范及规程的情况，开展全方位的监督检查，严肃处理和纠正违法、违规行为。

(二)加强项目法人准入管理。高速公路的项目法人组织机构和组成人员应满足资格标准及项目建设管理需要，特别是社会投资项目的法人。各级交通运输主管部门应严格审核项目法人资格和建设能力，并将项目法人管理能力与项目建设的适应性纳入动态监管范围，对不适应建设管理需要、屡次发生质量、安全事故的项目或工程实施严重不力、工程管理混乱的项目法人，应责令其停工整改，整改不力的可依法予以更换。

(三)加强在建项目管理。各级交通运输主管部门应采取严格的措施加强高速公路在建项目过程管理，一是对发现不符合公路工程技术标准、设计要求、工程质量低劣或通车后可能存在行车安全隐患的在建项目，应立即责令彻底整改；二是要把好即将完工项目交付使用前的验收关口，对降低标准、存在质量、安全隐患等问题的"带病"项目，不得允许向社会开放交通试运营，更不得进行竣工验收；三是对已查明存在问题未经整改即允许通车的交通运输主管部门有关工作人员要依法、依规严肃处理。

二、严格执行公路建设各项制度和技术标准

(一)严格控制初步设计质量。初步设计文件应符合国家法律、法规、规章、强制性标准、各类技术规范及规程的要求，达到规定的设计深度。负责审查的各级交通运输主管部门对地质勘察深度不够、工程方案比选深度不足、设计质量低下、不符合公路工程强制性标准的设计文件不得通过审查，一律退回重新编制。严格控制概算规模，初步设计概算应按照规定的工程定额、取费标准、工资单价和材料设备价格编制，不得虚高冒估，不得通过降低结构安全系数、缩短桥梁和隧道长度或其他途径缩减投资规模。

(二)严格控制设计变更。各级交通运输主管部门和负责建设管理的项目法人应加强设计变更管理。所有设计变更都应按照《公路工程设计变更管理办法》(交通部令2005年第5号)的规定报批或办理，不得为了降低成本而牺牲质量和安全进行设计变更。未经许可，任何单位和个人不得擅自修改已经批准的路线走向、路基宽度、设计标准和工程规模。

(三)严格执行公路工程技术标准。公路建设项目和从业单位应严格执行公路工程强制性标准，认真落实合同约定的各类技术规范及规程要求。对于直接涉及质量、安全、环保、节地和公众利益的公路工程强制性标准和技术指标，任何单位和个人不得降低、舍弃、更改或随意选取。对技术标准中可灵活运用的非强制性指标，应在确保行车安全的基础上经过综合论证后确定。

三、落实从业单位责任

(一)落实项目法人建设管理责任。公路建设项目法人对项目负全面的建设管理责任。项目法人应按照有关法规和强制性标准以及合同约定的质量、安全标准，依法依规组织建设，认真履行应尽的职责和义务，加强设计、施工、监理等单位履约管理和工程实施中的动态控制，严格执行批准的项目总工期和签订的施工合同工期，坚决杜绝人为压缩合理工期或损害工程质量、安全的行为。

(二)落实勘察设计单位责任。勘察设计单位应认真执行合同约定的有关技术规范及规程，确保设计深度和质量，提交的设计文件须符合国家法规和强制性标准的要求。设计人员应当遵守职业道德和设计原则，坚决杜绝任何可能影响工程质量、安全或违反强制性标准的行为。对违反国家法律、法规、强制性技术标准或设计失误、设计质量低下造成损失的，由负责项目监管的交通运输主管部门追究相关设计单位和设计人员的责任，并记入公路建设市场不良行为记录。

(三)落实施工单位责任。施工单位应严格施工管理，认真落实个人岗位责任，认真执行施工过程自检、互检、交接检制度，发现问题立即自行整改。对工程实体出现质量问题的，由负责项目监管的交通运输主管部门追究有关施工单位和人员的责任，并记入公路建设市场不良行为记录。要严格控制外购材料质量，对存在质量问题而进入工地的材料和设备，按照"谁提供、谁负责"和"谁经手、谁负责"的原则追究相关责任。

(四)落实监理单位责任。监理单位和现场监理人员应严格遵守监理规程，认真履行监理职责，细化和落实旁站、巡视、平行试验等现场管理责任，加强检查频度，坚决杜绝任何可能影响工程质量、安全或违反强制性标准的行为。对不符合设计要求、技术标准，降低合同约定质量、安全要求的工程签署合格允许进入下一道工序的，由负责项目监管的交通运输主管部门追究签字监理人员责任，同时追究监理单位的管理责任，处理结果记入公路建设市场不良行为记录。

公路建设有关法律、法规、规章、强制性标准是保证公路工程质量、安全和顺利实施的基石。各级交通运输主管部门应加强督导和管理,在提高从业单位对公路建设各项制度执行力的同时,要首先遵守和严格执行。近期,要按照本通知要求,结合工程建设领域突出问题治理工作,对本行政区域内所有在建的高速公路建设项目开展为期二个月的排查工作,重点检查项目法人建设管理能力,执行公路工程法律、法规、规章、强制性标准,从业单位责任落实等情况,对发现的问题要立即予以整改,并将排查结果报部。

17. 关于西部沙漠戈壁与草原地区高速公路建设执行技术标准的若干意见

(交公路发〔2011〕400号)

为贯彻落实《中共中央国务院关于深入实施西部大开发战略的若干意见》和交通运输部《深入实施西部大开发战略公路水路交通运输发展规划纲要（2011—2020）》的部署要求，促进西部地区高速公路又好又快发展，现就高速公路通过沙漠、戈壁和草原地区执行《公路工程技术标准》问题提出如下意见，请遵照执行：

一、适度超前，科学确定建设标准

沙漠、戈壁和草原等地区具有地形简单、人烟稀少、经济欠发达、交通流量小、横向干扰少等特点，应依据项目所在地区经济社会、综合运输体系发展的需求及国家和区域公路网规划、公路功能等综合因素，按照适度超前的原则，科学论证确定技术等级和建设规模。

二、因地制宜，合理运用技术指标

沙漠、戈壁和草原地区的高速公路，应因地制宜，根据项目所在地的实际建设、运行条件和沿线群众生产、生活的具体要求，合理选用技术指标。

（一）利用现有一级、二级公路改扩建为高速公路的建设工程，应按照"安全、节约"的原则进行总体设计，尽量利用既有工程，降低工程造价，并应符合以下要求：

1. 在进行运行安全性评价、完善交通安全设施等措施、保证安全的前提下，可充分利用既有公路平纵面线形，但对于影响运行安全的主要指标，应当严格按照现行公路工程行业标准的规定确定。

2. 采用分离式断面形式的高速公路，当利用现有二级公路改建为一幅时，其路面等级、设计洪水频率可维持原有标准不变；对于新建的一幅应按现行公路工程行业标准的有关规定执行。

3. 当利用现有一级公路改建为高速公路，其原有路基宽度不小于新建路基宽度0.5米，或现有二级公路改建为分离式高速公路的一幅，其路基宽度不小于新建路基宽度0.25米，且均不小于公路工程技术标准规定最小值时，可维持现有路基宽度不变，直接利用。为保障运行安全，在对这些路段进行安全性评价的基础上，须设置完善的标志标线、港湾式应急停车带等安全设施。

4. 利用现有桥梁时应进行检测评估，其极限承载能力（含加固后）应满足现行标准相应汽车荷载等级的要求。对于重车少的高速公路，原按汽车-20级或公路-Ⅱ级荷载标准建设的桥梁，经检测其技术状况良好的，可直接使用，但应提出针对性的运营管理和维护养护措施。

（二）对于长直线路段，应设置必要的限速、警告、振荡标线等交通安全设施，以提高车辆行驶的安全性。

（三）有条件的地段，宜采用宽中央分隔带、低路堤、缓边坡和宽浅边沟等形式，提高行车安全性，更好地与沿线自然环境相协调。

（四）高速公路主线不得设置平面交叉。对于交通量较小的交叉，可采用建设规模小的互通式立交形式（如简易菱形等），但应采取增设警告、限速等交通标志，设置强制减速、交通渠化等措施，给驾驶人员提前提供足够的交通安全信息，保证行车安全。

（五）对于通行收割机等大型机械或大型车辆的通道，应根据当地的交通组成特征和大型机械、车辆的需求及降雨排水特点，合理确定通道位置、净空尺寸、标高和引线纵坡，既要满足沿线群众生产生活需要，又要节省工程投资。

三、经济适用，灵活选择建设方案

（一）高速公路宜选择新建方案，如经论证确需利用既有公路改建，应同时恢复或建设辅道，保证沿线群众日常生产、生活需要。

（二）采用分离式路基的高速公路，可采用横向分幅、分期修建的建设方案。分期修建应按照总体规划、一次设计、分期实施的原则，统筹安排好路基、构造物、互通式立交和交通安全设施的分期建设方案，使前期工程在后期能得到充分利用。此外，路面的分期修建方案，可根据当地实际和交通流特点，综合研究确定。

（三）对于交通量较小，供水、供电困难路段，其服务区间距可适当加大，但要相应增大服务区的用地面积和建筑面积，且相邻服务区之间应合理设置停车区。此外，监控、通信等设施可根据当前需要设置。

四、加强管理，保障运行安全

（一）加强服务区间距较大路段的日常巡逻，配备适当的救援力量，采取有效措施，保证应急服务的需要。

（二）采用分幅修建的项目，前期通车的一幅应按双车道对向行驶公路进行管理，最高时速不应超过80公里/小时。

（三）加强对横向分期修建公路的路侧管理，除预留的互通式立交位置处外，其他路段不得设置平面交叉。

（四）利用现有桥涵结构物，应加大检测和日常巡查频率，加强养护和病害处理，保证运营安全。

（五）加强对司乘人员交通安全、交通法规方面的宣传教育，有针对性地加强特殊地区驾驶环境和路况条件宣传，提高司乘人员和公路周边群众的交通安全意识，减少交通安全事故。

高速公路建设是落实国家西部大开发战略的重要手段，各有关地区交通建设主管部门在进行高速公路建设时，要真正贯彻实事求是、因地制宜的指导思想，从提高公路行业技术水平入手，切实保障高速公路的勘察、设计和施工质量，使高速公路建设符合特殊地区的实际情况，并满足这些地区的交通运输发展需求，为引导生产力合理布局、促进国土均衡开发和经济社会发展提供支撑。

18. 交通运输部关于高速公路改扩建工程有关技术问题处理的若干意见

(交公路发〔2013〕634号)

各省、自治区、直辖市交通运输厅(委),天津市市政公路管理局:

为规范高速公路改扩建工程建设,促进高速公路科学、绿色、安全、可持续发展,现就高速公路改扩建工程有关技术问题提出如下处理意见:

一、统筹规划,兼顾长远

高速公路改扩建项目应根据国家和区域路网布局规划,遵循"统筹规划,兼顾长远,注重实效,指标合理,节约资源,绿色环保,科学组织,安全实施"的原则,对高速公路通道的改扩建方式及在综合运输网中的地位和作用等进行统筹研究,科学评估后确定。

(一)改扩建方案应结合经济社会发展需求,从构建综合交通运输体系出发,统筹考虑扩展路网覆盖面与扩大通道运输能力的关系,注重公路运输与其他交通运输方式的衔接和协调,科学分析预测远期交通发展趋势,对拟改扩建高速公路在路网结构中的功能和作用进行总体研究,充分发挥各种运输方式的优势及综合交通运输体系的整体效益。

(二)根据国家和区域公路网规划,改扩建方案应结合综合交通运输体系发展需求、运输线路及通道资源集约利用等因素,开展区域公路网通行能力、运能与运量适应性、改扩建工程实施对原路及区域交通的影响和施工风险等的论证分析,按照"统筹规划、兼顾长远"的原则,对"原路加宽扩建"或"路网加密扩容"等方案进行科学论证,科学确定高速公路通道的规模容量和改扩建方式。

(三)高速公路改扩建方案研究,应结合原路状况等因素对利用原路加宽扩建方案和新建分离式线位等方案的工程规模、技术标准、建设条件、交通组织、交通安全、工程造价、环境保护与资源节约等技术经济指标进行全面分析,充分比较论证,因地制宜地确定各路段的改扩建方案。条件允许的路段原则上应尽量采用原路加宽扩建方案,利用好原路资源。

(四)利用原路加宽扩建时,应对原路使用状况、扩容改造的建设条件、现有设施和资源的可利用程度、拼接加宽结构的安全性以及改扩建实施后的运营安全等做出全面分析和评估,既要综合考虑与改扩建工程相关的各种因素,合理确定加宽形式,更要做好新老路的平纵线形拟合,不同加宽形式之间的线形衔接,以及新老路基、路面、桥涵构造物拼接等设计工作。

(五)对于利用原路加宽方案中的长大隧道、隧道群、特殊结构桥梁等复杂构造物,以及长大纵坡、深挖高填或其他地形地质条件特殊困难路段,原则上应采用新线或分离式方案,以降低加宽改造的难度和施工中的安全风险。

(六)高速公路改扩建工程,原则上不得采用横向分幅分期修建或主体工程与附属设施分期修建的方案。对于纵向分段分期修建的路段,可以互通式立交为分段节点,并根据路段交通流的分布特点、交通组织的影响范围等情况做好总体设计。

(七)高速公路改扩建工程项目的设计交通量应采用项目计划通车年起第20年的预测交通量。

(八)根据预测的设计交通量,结合项目建设条件和服务水平等要求,合理确定改扩建后的车道数。同时,对于拟改扩建的高速公路,以重要交通节点处分段,并对其功能和交通量的分布特点进行论证后,可分段采用不同的车道数。

(九)高速公路改扩建项目的开工时机,应根据项目所在区域路网交通流量分配情况、交通组织保障条件、工程实施对区域交通运输的影响等因素确定。对于区域路网具有一定交通分流能力的改扩建路段,可在原高速公路的服务水平降低到二级水平下限之前实施改扩建工程。

二、注重实效,指标合理

高速公路改扩建工程设计应在对原高速公路沿线社会、经济、城乡发展和交通格局所产生的影响进行充分研究的基础上,分析、研判改扩建路段远期交通量增长特征和趋势,科学预测其设计交通量。同时,在对原高速公路进行运营安全性和结构安全性评价的基础上,因地制宜,合理确定相关技术指标。

(十)改扩建项目的设计速度,应在参考原高速公路设计速度和运行速度的基础上,综合考虑沿线地形地质条件、设计交通量、服务水平、工程规模和可扩建条件等因素,论证确定。同时,还可根据重要交通节点或地形地物明显变化情况分段论证后,采用不同的设计速度。但设计速度不宜频繁变换,相邻路段的设计速度差不宜大于20公里/小时,使前后路段的线形衔接良好、顺畅。

(十一)在高速公路改扩建工程设计中,应对拼接加宽路段的路基设计洪水位进行核查。对于不满足设计要求的路段,应当对原路纵面线形进行调整,以满足设计洪水位要求;当原路纵面线形不能调整时,应采取其他措施进行处治,保证路基安全。

(十二)新建分离式桥梁和隧道的净空应满足现行公路工程技术标准的规定。对于在原有桥梁基础上拼接加宽的桥梁,其净空应结合近远期规划确定,但不应小于原桥梁的净空要求。

(十三)对于原有高速公路上的桥涵应当采用原设计荷载标准对其进行检测评估,并根据评估的结果,确定采取拆除重建、加固改造或直接利用等方案。

(十四)对于拟采用拼接加宽方案的桥涵,应当采用现行荷载等级标准对加宽后的桥梁进行整体验算和评价。拼接加宽的原有桥涵部分，其极限承载能力宜满足或采取加固措施后满足现行标准要求，同时，在设计中还应提出有针对性的运营管理和维护措施。

（十五）改扩建工程中的新建桥涵，以及原有桥涵拼接加宽或接长的新建部分，应当满足现行公路工程技术标准规定的荷载等级要求。

（十六）对于高速公路改扩建后的原有通道，由于新建部分需下挖而引起排水不畅，且难以解决时，原则上宜改为跨线桥。

（十七）对于拟新增互通式立交的改扩建路段，应对增加互通式立交后，其间距的变化对主线通行能力和交通安全的影响进行分析，原则上只有在满足间距要求且对主线通行能力没有明显影响时方可增加。

对于新增互通式立交后小于规定间距的路段，可结合改扩建工程，采取增加集散车道和标志标线提前预告，或结合路网改造将互通式立交合并设置等措施，以提高该路段的通行能力和运行安全性。

（十八）对于改扩建工程中需要完善和改造的管理和服务设施，应根据路网结构和管理方式的变化情况进行总体设计，并与主体工程同步设计和建设。

（十九）加强对原有高速公路使用情况的调查、分析，对原路存在的问题、缺陷及功能欠缺等问题进行评估，并在高速公路改扩建设计中加以解决。

三、节约资源，绿色环保

高速公路改扩建工程应坚持"节约资源、绿色环保"的原则，在满足工程使用功能、保证安全的前提下，要充分利用原路资源，避免浪费。

（二十）高速公路改扩建工程应充分利用原路线位资源，做好新路与原路的拟合，在保证行车安全的前提下，其平纵面指标的选用原则上应与原路相同。

（二十一）高速公路改扩建工程经过水源地保护区、风景名胜区、自然保护区等区域时，要结合原路环保情况，做好环境影响、水土保持评价工作，采取有效保护措施，必要时应采取避让措施。

（二十二）高速公路改扩建工程要提高土地节约集约利用程度，减少对土地的分割，尽可能少占耕地，合理设置弃土场，尽量复耕还田，提高复耕质量。

（二十三）高速公路改扩建要积极采用再生利用技术，尽可能地对原有沥青、水泥混凝土路面予以再生利用。对不能满足改扩建工程技术要求的原有沥青路面可用于低等级公路，以节约利用资源。

（二十四）对于原有桥梁的梁板等构件不得野蛮拆除，尽可能减少不必要的损伤。对可利用的要对其承载能力进行检测评价。对于符合改扩建工程要求的要加以利用；对于不符合要求的，可用于荷载等级要求较低的低等级公路工程。

（二十五）对于拟拆除的交通安全设施构件，要认真进行安全性检测和评估。对于无明显损伤、锈蚀，尺寸及强度满足改扩建工程要求的，应直接予以利用或经简单维修后予以利用；对于不满足要求的，可在等级较低的公路予以使用，或通过再加工，用于改扩建工程施工期间的安保设施。

（二十六）高速公路改扩建工程应加强管理和服务设施设计的总体规划，对于新增和扩建的管理和服务设施，要在充分利用原有设施和土地资源的基础上进行，尽可能避免功能重复，提高土地利用率，以避免浪费。

（二十七）按照发展循环和低碳经济的要求，在高速公路改扩建工程中，对建筑设施、隧道通风照明等设计，要积极推广利用风能、太阳能等清洁能源和节能设备，促进绿色交通发展。

（二十八）高速公路改扩建工程实施中，应对原有公路的绿化植物尽可能加以利用，做到统筹规划、合理移栽、避免浪费。

四、科学组织，安全实施

高速公路改扩建工程的实施，应科学组织，合理安排开工时机。同时，要进行完善的交通组织设计，最大程度地减少改扩建工程对区域路网造成的拥堵。工程实施期间，应进行切实可行的施工组织设计，制定详细的施工方案，特别是交通组织和分流方案，合理安排施工路段和时段，采取有效的安全保障措施，保证行车和施工安全。

（二十九）对于高速公路改扩建工程所在区域路网中承担分流的公路，其维修、改造工程宜在高速公路改扩建项目主体工程开工前实施完成，其相关费用列入高速公路改扩建项目的投资中。

（三十）高速公路改扩建工程交通组织设计和分流方案的制定，应按照"尽量减少对原路及区域路网交通干扰"的原则，在充分考虑路网交通条件及改扩建技术方案对交通影响的基础上，制定行之有效的综合性交通保障方案，其相关费用列入项目投资中。

（三十一）对于需维持通车的改扩建路段，可按照服务水平较正常路段降低一级、设计速度不低于60km/h的要求，制定详细的施工保通方案。

（三十二）高速公路改扩建项目建设期间，项目的管理、施工和设计单位应加强与公安、国土、环保等相关部门的沟通和协调，并结合工程具体情况和管理部门的要求，细化交通组织方案，确保各项保障措施落实到位。

（三十三）高速公路改扩建项目实施之前，建设单位应将交通组织和分流方案等信息通过媒体向社会各界公告并加以宣传，以取得理解、支持和配合。

高速公路的改扩建工作将是今后我国高速公路发展的重要内容，各地交通运输主管部门要认真贯彻实事求是、因地制宜、安全至上的思想，在系统总结工程实践经验的基础上，结合本地区和项目的实际情况，制定经济、实用、安全、可靠的改扩建方案，以更好地促进经济和社会发展。

交通运输部

2013年10月28日

19. 交通运输部关于推进公路数字化转型加快智慧公路建设发展的意见

(交公路发〔2023〕131号)

各省、自治区、直辖市、新疆生产建设兵团交通运输厅(局、委)：

为贯彻习近平总书记关于大力发展智慧交通等重要指示精神,落实《交通强国建设纲要》《国家综合立体交通网规划纲要》《数字中国建设整体布局规划》,按照《加快建设交通强国五年行动计划(2023—2027年)》《交通运输部关于推动交通运输领域新型基础设施建设的指导意见》等有关部署,促进公路数字化转型,加快智慧公路建设发展,提升公路建设与运行管理服务水平,提出以下意见。

一、总体要求

(一)指导思想。

以习近平新时代中国特色社会主义思想为指导,深入贯彻党的二十大精神,以加快建设交通强国为统领,以高质量发展为主线,实施公路数字化专项行动,坚持"统筹谋划、需求导向、协同共享、安全适用"的原则,推动公路建设、管理、养护、运行、服务全流程数字化转型,加快生产经营模式与新业态等联动创新,重安全、保畅通、提效率、优服务、降成本、减排放,助力数字交通建设、产业升级及数字经济发展,为加快建设交通强国、科技强国、数字中国提供服务保障。

(二)发展目标。

到2027年,公路数字化转型取得明显进展。构建公路设计、施工、养护、运营等"一套模型、一套数据",基本实现全生命期数字化。基本建成"部省站三级监测调度"体系,公路运行效能、服务水平和保通畅能力全面提升,打造公路出行服务新模式,提升公众满意度。公路市场数据资源充分整合,提升公路领域市场服务和治理能力。建立健全适应数字化的公路标准体系,在国家综合交通运输信息平台架构下,完善公路基础数据库,形成公路数字化支撑保障和安全防护体系。

到2035年,全面实现公路数字化转型,建成安全、便捷、高效、绿色、经济的实体公路和数字孪生公路两个体系。公路建设、管理、养护、运行、服务数字化技术深度应用,提升质量和效率、降低运行成本。助力公路交通与经济运行及产业链供应链深度融合,公路数字经济及产业生态充分发展,为构建现代化公路基础设施体系、加快建设交通强国提供支撑。

二、提升公路设计施工数字化水平,推动智慧建造

推动公路勘察、设计、施工、验收交付等数字化,实现不同环节间数字化流转,促进基于数字化的勘察设计流程、施工建造方式和工程管理模式变革。

(三)加强公路全生命期数字化统筹。鼓励重大公路项目建设单位加强项目全过程数字化应用论证策划,以计量支付为核心功能,构建可实现设计、施工、项目管理数据传递的一套全生命期模型。鼓励采用设计施工总承包方式促进数据流通。各参建单位加强质量、安全、进度、绿色低碳、档案等数字化协同管理,逐步实现内业工作自动化,以数字化促进工程管理降本增效。规范数字化咨询工作,提高咨询策划水平。

(四)推广公路数字化勘测。积极应用无人机激光雷达测绘、倾斜摄影、高分遥感、北斗定位等信息采集手段,利用BIM+GIS技术实现数据信息集成管理,优化勘察测绘流程,推广"云+端"公路勘察测绘新模式。

(五)推进公路数字化设计。鼓励设计单位建立基于BIM的正向设计流程和协同设计平台,实现三维协同设计、自动生成工程量清单、参数化设计和复杂工程三维模拟分析,通过精细化、智能化设计提高设计效率、降低工程造价。自2024年6月起,新开工国家高速公路项目原则上应提交BIM设计成果,鼓励其他项目应用BIM设计技术。

(六)推动公路智能建造和智慧工地建设。促进BIM设计成果向施工传递并转化为施工应用系统,通过数字化模拟施工工艺、优化施工组织。鼓励研发公路智能化施工装备,推进各类装备编码和通信协议标准化,依托BIM模型实现装备间数据交换、施工数据采集、自动化控制等,提高加工精度和效率,逐步实现工程信息模型与工程实体同步验收交付。

(七)实施重大工程数字化监管。深化卫星遥感、视频监控、实时监测、环境监控、数字三维呈现等工程应用,注重体系建设,结合重点公路建设管理系统,通过"BIM+项目管理+影像系统"、区块链、人工智能、物联网等应用,提升工程信息采集与监管效率,提高工程质量安全水平。

三、提升公路养护业务数字化水平,推动智慧养护

依托工程建设数字化成果,以业务应用场景提质增效为抓手,结合大中修工程和路况检测等,逐步实现在役公路数字化,切实提升公路养护智能化水平。

(八)提升公路养护管理数字化水平。依托建设期BIM数据、历史数据等,并应用先进测量与快速建模等技术,结合既有养护系统以及养护大中修工程、改扩建工程等,推进公路资产数字化,重点完善地理信息、线形指标、安全设施、服务设施等信息,推广在线巡检、设施监测、防灾应急等场景应用,提升路况检测能力,逐步实现数据信息现场采集、填报,加强基于数字技术的养护评价、预测、决策等算法模型研究应用,优先构建基层路网智慧养护平台。鼓励养护与改造工程应用数字化技术。探索特殊路段限速、限载、限高等重要标志数字化联动预警,为精准实时导航、车路协同、自动驾驶等提供支撑。

（九）构建农村公路数字化综合监管体系。应用建设期资料和相关数据资源，结合日常巡检和路况检测、数字扫描和快速建模等技术，逐步推进农村公路数字化，完善基础设施数据库、高质量发展评价体系和养护管理数字化系统，构建省市两级农村公路数字化综合监管体系，实现农村公路"一张图"管理。

（十）推进公路养护装备智能化升级。加快桥梁、隧道、交安设施等智能化检测技术装备研发。鼓励精准化、低成本、环保型路网技术状况监测感知与路侧信息发布设施装备研发。研制基于人工智能、物联网的自动化巡查、无人机巡查、长期性能跟踪、养护质量管理等软硬件系统装备，提升路况检测及养护施工自动化智能化水平。

（十一）构建公路安全应急数字管控体系。利用公路数字模型，完善公路基础设施安全监测预警体系。加强自然灾害综合风险公路承灾体数据库动态更新，提升地质灾害易发路段安全预警保障能力。推动应急管理多元数据汇聚融合，构建"公路综合风险一张图"，强化风险辨识和智能感知能力，逐步实现重要通道灾害事故仿真推演、灾情研判、应急预案、辅助决策智能化。推动应急信息共享。

四、提升路网管理服务数字化水平，推动智慧出行

以"可视、可测、可控、可服务"为目标，依托建设、养护等数据资源，完善部省站三级监测调度体系，提升路网智能感知、决策、调度、服务能力。

（十二）打造路网智能感知体系。在充分利用高速公路既有感知设施的基础上，综合利用 ETC 门架系统、通信基站等设施，应用摄像机、雷达、气象检测器、无人机等各类感知手段，建设覆盖基础设施、运行状态、交通环境、载运工具的公路全要素动态感知网络，拓展各类数据应用，加强对车路协同和路网管理的支撑服务。提升重要国省干线视频监测覆盖率和综合感知能力。

（十三）构建智慧路网监测调度体系。探索路网运行大数据、人工智能、机器视觉及区块链、北斗、5G 等技术深度融合应用，建立实时交通流数字模型和重点区域路网信息智能处理系统，为出行规划和路网调度提供精准服务。在优化完善部省站三级监测调度体系的基础上，构建现代公路交通物流保障网络，实现会商调度、快速协同、人享其行、物畅其流，为公众安全出行提供有力支撑。

（十四）推动公路管理服务设施智能化提质升级。推动既有服务设施及充电桩等数字化，建设智慧服务区。强化公路光纤联网数据传输能力，发挥公路通信专网作用。

（十五）打造一体化公路出行服务新模式。汇聚公路沿线服务设施、车流量等动态信息，面向公众提供行前规划、预约出行、预约停车、预约购物、自助缴费以及途中信息获取、事后反馈评价和票款核查等菜单式服务，实现一单到底、无感无障碍出行和公路一站式服务，探索开展储值优惠、积分优惠、阳光救援等创新服务，丰富车路协同应用场景和服务方式。依托重点区域及国家高速公路主通道等，打造数字赋能的公路出行服务新模式。

五、提升公路政务服务数字化水平，推动智慧治理

汇聚完善公路市场主体数据资源，以公路数字化推动完善公路管理规则与政策体系，助力形成充满活力、统一开放有序的全国公路大市场。

（十六）建立健全市场主体数据库。优化公路从业单位和从业人员信息库，规范信用录入审核机制，推动资质、业绩、信用、人员等信息联动管理，促进数据互联互通共享，不断提升业务协同能力。

（十七）提升"一网通管"监管能力。完善"互联网＋监管"模式和部省两级公路市场监管系统，加强对市场主体市场行为的数字化监管，强化招投标及合同履约、转包、违法分包等市场分析、自动研判、智能预警能力，推动招投标及监管数字化。构建农民工实名制系统。加快数字治超、非现场执法站点规划部署及联网。

（十八）提升"一网通办"的政务服务水平。完善"互联网＋政务服务"模式，在国家综合交通运输信息平台框架下强化部省两级公路政务服务联动，完善公路相关许可网上办理流程，推进跨省大件运输并联许可"掌上办"。不断改进涉企服务和个人服务，及时发布涉企政策。

（十九）以数字化推动审批监管制度重塑。以公路行业全链条数字化推动公路建设、养护、运行管理以及服务等流程再造、规则重塑、政策机制完善，促进公路审查、审批、监管制度变革，逐步构建适应数字公路的规则与政策体系。

六、提升公路标准数字化水平，推动标准升级

建立健全适应数字化的公路标准体系，搭建公路标准数字化成果共享服务系统，加快既有标准的数字化呈现，提升标准服务信息化水平。

（二十）建立健全公路数字化标准体系。加快数字公路、数据治理等相关标准制修订，完善既有标准的数字化相应内容，及时调整与数字化不相适应的条文，支撑公路全生命期"一模到底"和数字公路"一张图"建设，促进建设、管理、养护、运行、服务等环节数据流通共享，保障公路数字化设施与公路基础设施同步建设、一体运营、一体养护。

（二十一）搭建标准数字化服务系统。推进既有标准的数字化，完善相应数据库，按照专业、要素、业务等维度搭建知识单元体系及典型案例，实现标准数字化呈现、智能化应用，拓展模糊检索、智能推荐、深度问答、定制服务等功能，推进标准体系多元开放共享。

七、提升公路数字化基础支撑水平，筑牢数字底座

夯实智慧公路高质量发展基础，加快构建行业大数据应用和网络数据安全保障体系与生态。

（二十二）建设完善公路基础数据库。依托国家综合交通运输信息平台部省联动建设，整合公路领域各类既有重点业务信息系统，依托建设与养护数字化，逐步完善公路基础数据库，支撑国家综合交通运输信息平台调度指挥、运行监测、政务服务等功能，全面提升公路服务和管理数字化水平。

（二十三）全面推广公路大数据技术应用。强化公路大数据共建共享、深度融合应用，加快构建与完善相关应用模型和专业算法，发挥数据潜能，强化数据分析、信息提炼、智能深度学习、智慧交互等功能，有力支撑公路数字化转型和产业化升级，壮大公路数字经济。

（二十四）强化公路数字化安全防护体系。按照"谁主管、谁负责"的原则，完善公路数据安全管理制度，强化数据安全分级分类管理、监测预警与应急响应能力，加强商用密码等基础技术应用，构建智慧公路安全防护体系。

八、实施要求

（二十五）加强组织领导。部加强顶层设计，完善政策标准和协同推进机制，加强解读、宣贯、指导。省级交通运输主管部门组织有关单位细化实施方案，推进试点工作，加强对市县和基层单位的指导、支持。根据不同需求场景，分别明确高速公路、普通国省干线、农村公路数字化目标与工作内容，确保区域、路段之间兼容性和服务连贯性。

（二十六）明确任务分工。公路项目建设单位做好统筹策划，依据相关政策及试点安排等，明确智慧公路建设目标及勘察、设计、施工、验收等数字化要求并推动落实。勘察设计单位依据合同开展数字化勘察、设计，加快数字化转型。施工单位充分应用数字化设计成果，推广智慧建造，依据合同应用数字化施工管理系统。鼓励养护运营单位持续完善公路数字模型，推动智慧养护；积极探索数字赋能公路出行服务新模式。

（二十七）做好试点推进。结合交通强国建设试点，依托新改建工程和养护工程，按照"谁建设、谁负责""谁管养、谁负责"的原则，统筹考虑区域、路段等因素，坚持问题导向、注重服务，遴选一批重要通道、重点区域路网、重点工程开展试点工作，优先纳入交通强国建设试点，通过1—2年时间，力争形成一批场景明确、效益显著、经济适用、可复制可推广的试点成果和技术方案。

（二十八）加强实施管理。公路工程项目应当结合智慧公路建设目标，深化设计方案与实施方案论证，软硬件系统与传统机电工程原则上应当融合设计、同步实施，或做好预留预埋，充分发挥系统优势，避免重复建设。要通过招标等方式优选参建单位，控制工程造价。要强化实施质量管理，依据设计指标、参数及相关标准规范等，做好设备和系统的检测、验证，加强验收总结。在役公路智慧化升级、改造工程，参照相关要求加强管理。

（二十九）强化技术支撑。依托部属单位、科研院所和相关行业企业，充实专家技术团队，充分发挥智力支撑作用，加强技术论证服务，协助做好政策宣贯、解读。组织编制相应技术标准，完善标准规范体系。加强试点项目跟踪、指导、评估总结和交流推广。

（三十）完善政策保障。加强政府引导支持，完善配套政策和激励措施，鼓励数字化服务应用，推动以技术革新、降本增效呈现数字化价值，营造公平发展的良好环境。完善数据开放共享机制，加强政策引导，加强智慧公路共建共享，充分发挥企业主体作用，引导社会化技术创新和投融资模式创新。

各地在试点探索中遇到与现行法规政策相冲突的情况与问题应及时报部，部将会同相关部门尽快研究予以解决，或支持各地提出解决方案。

交通运输部

2023年9月9日

勘察设计管理

20. 公路工程设计变更管理办法

(交通部令 2005 年第 5 号)

第一条 为加强公路工程建设管理，规范公路工程设计变更行为，保证公路工程质量，保护人民生命及财产安全，根据《中华人民共和国公路法》、《建设工程质量管理条例》、《建设工程勘察设计管理条例》等相关法律和行政法规，制定本办法。

第二条 对交通部批准初步设计的新建、改建公路工程的设计变更，应当遵守本规定。

本办法所称设计变更，是指自公路工程初步设计批准之日起至通过竣工验收正式交付使用之日止，对已批准的初步设计文件、技术设计文件或施工图设计文件所进行的修改、完善等活动。

第三条 各级交通主管部门应当加强对公路工程设计变更活动的监督管理。

第四条 公路工程设计变更应当符合国家有关公路工程强制性标准和技术规范的要求，符合公路工程质量和使用功能的要求，符合环境保护的要求。

第五条 公路工程设计变更分为重大设计变更、较大设计变更和一般设计变更。

有下列情形之一的属于重大设计变更：

（一）连续长度 10 公里以上的路线方案调整的；

（二）特大桥的数量或结构形式发生变化的；

（三）特长隧道的数量或通风方案发生变化的；

（四）互通式立交的数量发生变化的；

（五）收费方式及站点位置、规模发生变化的；

（六）超过初步设计批准概算的。

有下列情形之一的属于较大设计变更：

（一）连续长度 2 公里以上的路线方案调整的；

（二）连接线的标准和规模发生变化的；

（三）特殊不良地质路段处置方案发生变化的；

（四）路面结构类型、宽度和厚度发生变化的；

（五）大中桥的数量或结构形式发生变化的；

（六）隧道的数量或方案发生变化的；

（七）互通式立交的位置或方案发生变化的；

（八）分离式立交的数量发生变化的；

（九）监控、通信系统总体方案发生变化的；

（十）管理、养护和服务设施的数量和规模发生变化的；

（十一）其他单项工程费用变化超过 500 万元的；

（十二）超过施工图设计批准预算的。

一般设计变更是指除重大设计变更和较大设计变更以外的其他设计变更。

第六条 公路工程重大、较大设计变更实行审批制。

公路工程重大、较大设计变更，属于对设计文件内容作重大修改，应当按照本办法规定的程序进行审批。未经审查批准的设计变更不得实施。

任何单位或者个人不得违反本办法规定擅自变更已经批准的公路工程初步设计、技术设计和施工图设计文件。不得肢解设计变更规避审批。

经批准的设计变更一般不得再次变更。

第七条 重大设计变更由交通部负责审批。较大设计变更由省级交通主管部门负责审批。

第八条 项目法人负责对一般设计变更进行审查，并应当加强对公路工程设计变更实施的管理。

第九条 公路工程勘察设计、施工及监理等单位可以向项目法人提出公路工程设计变更的建议。

设计变更的建议应当以书面形式提出，并应当注明变更理由。

项目法人也可以直接提出公路工程设计变更的建议。

第十条 项目法人对设计变更的建议及理由应当进行审查核实。必要时，项目法人可以组织勘察设计、施工、监理等单位及有关专家对设计变更建议进行经济、技术论证。

第十一条 对一般设计变更建议，由项目法人根据审查核实情况或者论证结果决定是否开展设计变更的勘察设计工作。

对较大设计变更和重大设计变更建议，项目法人经审查论证确认后，向省级交通主管部门提出公路工程设计变更的申请，并提交以下材料：

（一）设计变更申请书。包括拟变更设计的公路工程名称、公路工程的基本情况、原设计单位、设计变更的类别、变更的主要内容、变更的主要理由等；

（二）对设计变更申请的调查核实情况、合理性论证情况；

（三）省级交通主管部门要求提交的其他相关材料。

省级交通主管部门自受理申请之日起 15 日内作出是否同意开展设计变更的勘察设计工作的决定，并书面通知申请人。

第十二条 设计变更的勘察设计应当由公路工程的原勘察设计单位承担。经原勘察设计单位书面同意，项目法人也可以选择其他具有相应资质的勘察设计单位承担。设计变更勘察设计单位应当及时完成勘察设计，形成设计变更文件，并对设计变更文件承担相应责任。

第十三条 设计变更文件完成后，项目法人应当组织对设计变更文件进行审查。

一般设计变更文件由项目法人审查确认后决定是否实施。项目法人应当在 15 日内完成审查确认工作。

重大及较大设计变更文件经项目法人审查确认后报省级交通主管部门审查。其中，重大设计变更文件由省级交通主管部门审查后报交通部批准；较大设计变更文件由省级交通主管部门批准，并报交通部备案。若设计变更与可行性研究报告批复内容不一致，应征得原可行性研究报告批复部门的同意。

第十四条　项目法人在报审设计变更文件时，应当提交以下材料：

（一）设计变更说明；

（二）设计变更的勘察设计图纸及原设计相应图纸；

（三）工程量、投资变化对照清单和分项概、预算文件。

第十五条　设计变更文件的审批应当在20日内完成。无正当理由，超过审批时间未对设计变更文件的审查予以答复的，视为同意。

需要专家评审的，所需时间不计算在上述期限内。审批机关应当将所需时间书面告知申请人。

第十六条　对需要进行紧急抢险的公路工程设计变更，项目法人可先进行紧急抢险处理，同时按照规定的程序办理设计变更审批手续，并附相关的影像资料说明紧急抢险的情形。

第十七条　公路工程设计变更工程的施工原则上由原施工单位承担。原施工单位不具备承担设计变更工程的资质等级时，项目法人应通过招标选择施工单位。

第十八条　项目法人应当建立公路工程设计变更管理台账，定期对设计变更情况进行汇总，并应当每半年将汇总情况报省级交通主管部门备案。

省级交通主管部门可以对管理台账随时进行检查。

第十九条　交通主管部门审查批准公路工程设计变更文件时，工程费用按《公路基本建设工程概算、预算编制办法》核定。

第二十条　由于公路工程勘察设计、施工等有关单位的过失引起公路工程设计变更并造成损失的，有关单位应当承担相应的费用和相关责任。

由于公路工程设计变更发生的建筑安装工程费、勘察设计费和监理费等费用的变化，按照有关合同约定执行。

由于公路工程设计变更发生的工程建设单位管理费、征地拆迁费等费用的变化，按照国家有关规定执行。

第二十一条　按照本办法规定经过审查批准的公路工程设计变更，其费用变化纳入决算。未经批准的设计变更，其费用变化不得进入决算。

第二十二条　设计变更审批部门违反本办法规定，不按照规定权限、条件和程序审查批准公路工程设计变更文件的，上级交通主管部门或者监察部门责令改正；造成严重后果的，对直接负责的主管人员和其他直接责任人员依法给予行政处分；构成犯罪的，依法追究刑事责任。

较大设计变更审批部门违反本办法规定，情节严重的，对全部或者部分使用国有资金的项目，可以暂停项目执行。

第二十三条　交通主管部门工作人员在设计变更审查批准过程中滥用职权、玩忽职守、谋取不正当利益的，由主管部门或者监察部门给予行政处分；构成犯罪的，依法追究刑事责任。

第二十四条　项目法人有以下行为之一的，交通主管部门责令改正；情节严重的，对全部或者部分使用国有资金的项目，暂停项目执行。构成犯罪的，依法追究刑事责任：

（一）不按照规定权限、条件和程序审查、报批公路工程设计变更文件的；

（二）将公路工程设计变更肢解规避审批的；

（三）未经审查批准或者审查不合格，擅自实施设计变更的。

第二十五条　施工单位不按照批准的设计变更文件施工的，交通主管部门责令改正；造成建设工程质量不符合规定的质量标准的，负责返工、修理，并赔偿因此造成的损失；情节严重的，责令停业整顿，降低资质等级或者吊销资质证书。

第二十六条　交通部批准初步设计以外的新建、改建公路工程的设计变更，参照本办法执行。

第二十七条　本办法自2005年7月1日起施行。

21. 关于进一步加强公路勘察设计工作的若干意见

(交公路发〔2011〕504号)

各省、自治区、直辖市、新疆生产建设兵团交通运输厅(局、委),天津市市政公路管理局:

勘察设计是工程建设的前提和基础,是工程建设的灵魂。公路工程勘察设计工作的质量,直接影响公路的使用功能和寿命、环境保护、行车安全和工程造价等。近年来,各级交通运输主管部门和公路建设从业单位,认真贯彻国家有关法律、法规和建设程序,全面落实科学发展观,按照公路勘察设计新理念的要求,积极引进和开发应用新技术,大胆创新,勇于实践,有力地促进了公路勘察设计水平的提高,为公路建设又好又快发展提供了可靠保证。但是近年来一些工程存在勘察设计周期不合理、地质勘察工作量不足、地质勘察与设计脱节、项目总体协调不力等问题,导致工程变更增多,有的甚至影响到工程质量和安全。为保证工程质量和安全,控制工程造价,切实提高公路勘察设计水平,现就进一步加强公路勘察设计工作,提出如下意见:

一、总结经验,进一步创新提升公路勘察设计理念

先进的理念是引领公路建设又好又快发展的前提。自2004年部提出"六个坚持六个树立"的公路勘察设计新理念以来,各地结合本地区实际,深入贯彻落实公路勘察设计新理念,建设了一批安全、环保、舒适、耐久、经济的优质公路工程。面对当前公路建设的新形势,按照部提出的加快转变发展方式,推行现代工程管理,加快发展现代交通运输业的新要求,公路勘察设计工作更要不断总结经验,进一步创新提升公路勘察设计理念。

(一)贯彻"以人为本,安全至上"理念,进一步提升公路安全水平。

公路是人民群众安全、便捷出行的重要基础设施。作为工程建设的基础,勘察设计始终要将"以人为本、安全至上"的理念贯穿于设计的全过程。要认真落实"地形地质选线"和"安全选线"原则,掌握地质状况,对不良地质灾害体要尽量予以绕避,做好路线方案比选工作;因地制宜,合理采用技术指标,优化平纵面设计,尽量避免出现长大纵坡和高填深挖。同时,对交通工程及沿线设施要加强其针对性设计。对特殊复杂桥梁隧道工程,要认真组织开展公路桥梁和隧道工程安全风险评估工作,确保结构安全可靠、技术经济合理。针对当前气候异常、水灾频发的情况,要高度重视公路沿线气象、水文、地质等建设条件的调查工作,加强防护工程设计,进一步提高公路基础设施的防灾抗灾能力,尽最大努力减少公路的水损坏,确保公路"生命线"的畅通和安全。

(二)贯彻"生态环保、资源节约"理念,促进公路交通可持续发展。

生态环境是人类生存和发展的基本条件,是经济和社会发展的基础。为此,在设计中特别是在选取路线方案时要认真贯彻"生态环保选线"的原则,在满足规范标准的前提下,使路线尽量与地形相拟合,路基尽可能避免高填深挖,隧道尽可能实现"零开挖进洞",以减少对自然生态环境的破坏。路线在经过水源地保护区、风景名胜区、自然保护区、水土保持敏感区等区域时,要做好环境影响、水土保持评价工作,采取避让和保护措施。

资源是人类生存发展的物质基础,也是可持续发展的重要保证,特别是土地更是关系国计民生的重要战略资源,耕地是百姓赖以生存的基础。我国土地资源十分紧缺,珍惜保护耕地是基本国策。为此,一是在设计中应当统筹利用线位资源,将减少土地占用、减少矿产资源压覆作为路线方案选择和优化的重要指标,合理确定建设规模和方案,提高土地的集约利用程度,减少对土地的分割,尽可能不占或少占耕地,合理设置取弃土场,尽量复耕还田。二是按照发展循环和低碳经济的要求,在沿线房屋设施、隧道照明等供配电设计中,积极推广利用风能、太阳能、地热等清洁能源和节能设备;在养护维修和改扩建项目设计中,积极采用沥青、水泥混凝土路面再生利用技术等,以节约利用资源。

(三)贯彻"全寿命周期成本"理念,合理控制公路建设成本。

树立全寿命周期成本的理念,就是要从项目生命周期全过程去看待成本,既要注重项目初期的建设成本,也要注重后期的维修和养护成本。为此,一是要把提高建设质量和工程耐久性放在首位,确定符合实际需要和经济能力的工程建设方案,同时要避免贪大求洋,更不能未经批准擅自提高标准、扩大建设规模;二是要把严格控制工程投资作为约束性目标,始终贯穿到项目设计、建设的各个环节,在精心设计、优化设计上下功夫,合理确定投资规模,有效控制建设成本;三是要及时吸收养护和运营管理中的好经验好做法,尽可能减少后期维护费用,延长使用寿命;通过这些措施以及提高技术含量,用好建设资金,以达到最佳的技术经济效益。

二、进一步加强地质勘察与外业调查工作,确保基础资料全面、实用、可信

外业勘察资料尤其是地质勘察资料是设计的基础和依据,直接影响工程方案的确定。为此,要进一步加强地质勘察和外业调查工作,确保基础资料全面、实用、可信。一是勘察设计单位应根据相关技术标准规范的要求,针对项目区域地形地质特点及工程建设需要,提出外业勘察特别是地质勘察的工作量、勘察重点及勘察费用,编制外业勘察与地质勘察指导书,并报项目建设管理单位批准。经批准的指导书,建设管理单位应报省级交通运输主管部门备案,以便项目建设管理单位、交通运输主管部门监督检查,确保外业勘察工作保质、保量、规范进行。

今后，凡是由于勘察设计单位未完成地质勘察指导书所确定的工作量，或项目建设管理单位把关不严而引发重大、较大设计变更的，交通运输主管部门不予确认，并追究相关单位的责任。二是外业勘察验收工作是开展设计工作的基本要求和条件。为此，项目建设管理单位或交通运输主管部门，要组织有关单位和专家认真做好外业勘察验收，特别是地质勘察专项验收工作。今后，凡是勘察工作量没有完成、深度不足的，不得组织验收，验收不合格的不得开展内业设计工作。

三、明确各方责任，加强总体设计

总体设计是勘察设计的总纲，既要体现公路使用功能、质量、安全、环保、节约的基本要求，又要处理好主体工程与附属工程、各专业之间的衔接与协调配合，是一项系统工程。为此，在勘察设计阶段务必要加强总体设计工作，以保证设计成果的完整性、合理性、统一性。一是对于有多个勘察设计单位参与的建设项目，项目建设管理单位首先要确定综合实力强、技术水平高的设计单位作为总体设计单位；其次要做好对总体勘察设计大纲和事先指导书的审查确认，并督促各参与设计单位严格执行；同时，要及时协调解决总体设计过程中遇到的问题，对总体勘察设计大纲和事先指导书执行不力的单位要提出整改要求。二是总体设计单位要组织参与设计的单位编制总体勘察设计大纲和事先指导书，报项目建设管理单位审查确认后执行。同时，要做好各工程专业间的相互协调及合理衔接，杜绝总体设计只是"简单汇总"的倾向。三是各参与设计单位要严格按照批准的总体勘察设计大纲和事先指导书的要求，认真做好各自承担的设计任务，积极配合总体设计单位做好总体设计工作。四是省级交通运输主管部门进行设计文件预审或审查时，要将总体设计作为审查的重点认真加以审查。对总体设计不到位、设计原则不统一，总体设计只做"简单汇总"的，应责令改正。今后，对报部的设计文件，部将把总体设计作为初步设计文件的审查内容，对不符合要求的将予以退回重新补充完善。

四、强化过程管理，提高勘察设计质量

加强设计工作过程的管理是保证设计质量的必要手段。为此，设计单位要进一步加强勘察设计过程的管理和控制。一是设计单位要建立健全内部质量保证体系，严格按照设计质量管理流程开展勘察设计，依据通过验收的外业勘察资料和地质勘察资料进行内业设计。二是项目建设管理单位要给勘察设计单位一个合理的勘察设计周期，以保证设计质量。今后，除平原区等地形地质条件相对简单的项目外，初步设计有效工作周期一般不少于120个工作日，施工图设计有效工作周期不少于180个工作日；对地形、地质条件及工程方案复杂的项目，设计周期根据实际情况相应增加。三是省级交通运输主管部门进行初步设计预审、审查工作时，要将设计是否充分应用外业勘察成果资料纳入审查范围。凡是设计文件未利用外业勘察资料或结合不紧密的，要一律退回重做，以杜绝外业勘察与内业设计严重脱节问题的再次发生。四是加强施工图设计审查工作。省级交通运输主管部门进行施工图设计审查时，要将初步设计批复意见和审查咨询意见落实情况作为审查的重点予以严格核查。今后，凡是施工图设计未执行初步设计批复意见且无合理理由，造成重大、较大设计变更且由此增加投资的，应依法追究相关单位及人员的责任，增加的投资不得纳入工程决算。五是要大力推行设计标准化。对桥梁上下部结构、路基路面、交通工程设施等成熟的技术、成功的经验和典型结构，各地要认真加以总结，并结合实际，研究制定标准图，促进设计施工标准化，以提高设计施工质量和效率。六是要加强建设过程中设计与施工的密切配合衔接。路基边坡开挖后，设计单位要根据实际地质情况，优化边坡坡率、边坡防护、绿化与排水方案；隧道进洞后，要根据围岩实际等级，细化衬砌方案等，认真做好后续服务和动态设计。

五、健全设计变更管理制度，规范设计变更管理

加强设计变更管理工作是完善设计、提高建设质量、预防腐败的重要手段。各级交通运输主管部门应按照《公路工程设计变更管理办法》（交通部令2005年第5号）的要求，健全完善设计变更管理制度，进一步规范设计变更管理工作。一是要严格执行设计变更审查审批程序。对重大、较大设计变更要组织专家进行研究论证，报经原设计批复部门审查批准后方可实施。二是要明确设计变更审批时限。对一般设计变更的审批，项目建设管理单位要在5—10个工作日内办结；对较大、重大设计变更的审批，相关交通运输主管部门应在接到申请之日起10个工作日内完成符合性审查，并出具予以受理或不予受理的书面意见，对于予以受理的还要告知批复的时限。三是要严格控制投资。对未经审查批准的设计变更，费用不得纳入决算。四是要建立健全工程设计变更台账。项目建设管理单位要建立设计变更管理台账，定期汇总设计变更情况。相关交通运输主管部门要随机抽查、定期检查，实施动态监管。五是对重大、较大设计变更审批要实行"阳光化"操作。要将设计变更审批情况向社会公开，接受建设各方和社会的监督，防止出现不合理变更和腐败现象的发生。

六、加强工程科研项目管理，提高公路建设技术水平

结合工程项目实施，开展科技攻关是推动工程技术进步，提高工程建设科技含量和技术水平的重要手段。因此，要进一步重视和加强工程科研项目的管理。一是要结合工程项目特点、技术难点，有针对性的确定工程科研项目，以解决工程技术难题，确保工程顺利实施。二是要严格执行工程科研项目申报和审查程序。今后，对拟列入工程投资规模的科研项目，要按照有关要求，严格筛选，阳光操作，并将科研项目清单、背景、内容等形成专题报告随初步设计文件一起上报。初步设计审批部门对其要进行认真审查，严格把关，以保证科研的针对性和实用性，避免为科研而科研、重复研究、研用脱节。三是要加

强科研项目的管理。研究项目实施过程中,相关交通运输主管部门要加强跟踪和指导。研究项目完成后,省级交通运输主管部门要及时组织验收,对部批复项目中的研究项目,部公路局将派人参加验收。对于通过验收的研究项目,省级交通运输主管部门要将研究成果和研究报告报部公路局备案,以便加以推广应用,提高研究成果的使用效益,促进行业技术进步。

七、建立设计单位信用管理制度,规范勘察设计市场

为促进设计单位进一步加强内部管理,重视设计质量,提升设计水平,各省(区、市)交通运输主管部门应按照部《关于建立公路建设市场信用体系的指导意见》以及开展勘察设计企业信用管理的总体工作部署,加快建立设计单位信用管理制度步伐。一是要尽快建立勘察设计企业信用信息库,实现设计企业的信息公开。二是要按照统一部署,开展勘察设计企业信用评价,并将评价结果作为设计单位资质管理、招标评标、评优评奖工作等的重要依据。三是对有严重不良记录的勘察设计单位,要公开曝光,一年内不得承揽新的设计任务。

勘察设计是保证工程质量和安全的基础,各级交通运输主管部门和有关单位,要认真按本意见要求,结合本地实际,严格管理,落实责任,进一步提高勘察设计质量,促进公路建设又好又快发展。

中华人民共和国交通运输部

2011 年 9 月 15 日

22. 关于印发加强重点公路建设项目设计管理工作若干意见的通知

(交公路发〔2009〕458号)

各省、自治区、直辖市交通运输厅(委),中交第一公路勘察设计研究院有限公司,中交第二公路勘察设计研究院有限公司,中交公路规划设计院有限公司,北京中交京华公路工程技术有限公司:

当前,为应对国际金融危机,国家采取了一系列政策措施,加快公路基础设施建设,各地公路建设项目大量增加。但部分省份因急于开工,人为压缩设计周期,致使地质勘察深度不够,工程方案比选深度不足;有的省份初步设计预审流于形式,施工图设计对部初步设计批复意见落实不到位,甚至出现未批先开工等问题,严重影响工程方案的科学性、合理性和工程建设质量。为进一步加强全国重点公路建设项目设计管理工作,结合部《关于交通运输系统工程建设领域突出问题专项治理工作方案》要求,现将《加强重点公路建设项目设计管理工作若干意见》印发给你们,请认真贯彻执行。

中华人民共和国交通运输部(章)
2009年9月4日

加强重点公路建设项目设计管理工作若干意见

设计是工程的灵魂,设计管理工作是保证设计质量,保障工程建设和运营安全的重要环节。为进一步加强重点公路建设项目设计管理工作,切实解决当前存在的突出问题,现提出如下意见:

一、严格执行基本建设程序,确保公路建设有序进行

各省级交通运输主管部门要严格执行国家公路建设有关法规,履行基本建设程序,有序推进公路建设。初步设计文件应符合可行性研究报告批复或项目核准的工程规模、技术标准和投资控制等要求。初步设计文件编制完成后,由省级交通运输主管部门组织预审,再报部审批。施工图设计文件完成后,由省级交通运输主管部门根据初步设计批复要求进行审批。施工图设计文件及施工许可等已批准的项目,方可开工建设。严禁未批设计,未经施工许可,先行施工。严禁边设计、边施工。工程设计变更应严格执行《公路工程设计变更管理办法》(交通部2005年第5号令),重大设计变更报部审批。

二、突出审查重点,严把设计质量

省级交通运输主管部门初步设计文件预审的重点是:设计方案与当地政府和其他行业有关部门的意见是否协调;地质勘察、外业测量是否满足规范和设计要求;建设规模和技术标准是否满足可行性研究报告批复要求;重大方案是否经过同深度比选;对特殊结构桥梁、地质复杂隧道及易发生安全问题的部位和安全设施设计是否通过校核验算;路线、路基路面、桥梁、隧道、互通式立交、交通工程等各专业是否符合安全、环保、节地、质量和耐久性要求;设计文件编制是否规范;概算编制是否符合规定要求,是否控制在可行性研究报告批复估算110%范围内,等等。

部初步设计文件审批的重点是:建设规模和技术标准等是否符合可行性研究报告批复要求;国家相关政策贯彻落实情况;国家强制性标准执行情况;地质勘察等基础工作深度是否达到要求;是否落实设计新理念的要求;重大方案的合理性,等等。

省级交通运输主管部门施工图设计文件审批的重点是:初步设计批复执行情况;详测详勘是否达到设计要求;施工图设计是否达到深度要求,各专业细部设计是否符合有关标准、规范要求;结构安全、运营安全验算情况;施工组织设计的合理性、可行性;交通组织、安全保障措施是否满足要求;预算是否控制在批复概算范围内,等等。

三、加强预审工作,严把文件上报关

初步设计文件预审,是基本建设程序中的重要环节,是确保设计质量的重要关口。各省级交通运输主管部门要高度重视,认真履行职责,切实做好预审工作。要采取有效措施,组织经验丰富、技术水平高的专家或咨询单位,按照预审工作内容和审查重点,严格审查把关,确保预审质量。要督促设计单位严格按预审意见对设计文件进行补充、修改和完善,在正式报部审批前,还要进一步复核。对存在严重质量问题的设计文件,待补充完善后,重新组织预审。对有关设计单位要通报批评并提出整改要求。

四、加强设计审查力量,提高审查工作质量

(一)承担部初步设计文件审查咨询的单位(以下简称审查单位),既要选用技术能力强、经验丰富、政策水平高的专家参加审查工作,又要配备专业齐全的审查咨询人员,保证并不断充实审查力量。要进一步完善内部审查质量保证体系,加强各专业之间的沟通,重大技术方案或有争议的技术难题要组织专家会审,切实提高审查工作质量。

(二)审查单位和人员要遵守职业道德,增强责任心,按部有关要求,客观公正地进行审查,及时完成审查咨询任务。审查单位负责人、项目审查负责人及分专业审查负责人,均要在报部审查报告上签字,对审查意见负责并承担相应责任。

(三)对审查单位部将实行动态管理,出现下列情况之一的,给予通报批评,情节严重的,取消其审查咨询资格并依法予以处理。

1. 审查咨询工作质量低劣,不满足审查深度要求的;
2. 利用审查咨询工作,谋取不正当利益的;
3. 审查单位人员专业配备不全,技术水平差的;
4. 无正当理由,不能按时完成审查咨询任务的;
5. 对重大技术方案和安全审查不严格,发生重大质量和安全事故的;
6. 发生其他违规行为的。

五、完善审批程序,提高审批质量和效率

(一)加强初步设计审查工作计划性。

各省级交通运输主管部门应于每年年底前,向部申报下一年度需报部审查的初步设计项目及项目基本情况[包括项目名称、规模、前期工作进展、设计(咨询)单位、进度计划情况等]。部将根据各地上报情况,统筹考虑项目特点及审查单位工作量,按照轻重缓急,安排并公布审查单位,提高审查工作的透明度、计划性和工作效率。

(二)规范初步设计文件报送。

各省级交通运输主管部门要严格按以下要求向部和审查单位报送文件,确保完整齐全。

1. 上报部的文件有:申请初步设计文件审批的文件及预审报告1份,可行性研究报告批复文件(复印件)1份,公路建设项目初步设计文件第一册(总说明书)1份。
2. 报送审查单位的文件有:申请初步设计文件审批的文件(复印件)及预审报告1份,可行性研究报告批复文件(复印件)1份,公路建设项目初步设计文件2套,初步设计概算甲组文件2套,初步设计概算乙组文件1套,工程地质勘察报告2套,地震危险性分析报告、环境保护及水土保持意见2套。有特殊要求的项目,还应提供地质灾害危险性评估、安全风险评估等专题报告2套。

(三)加强符合性审核。

审查单位收到设计文件后,要对上报的初步设计文件进行符合性审核。凡建设规模和技术标准不符合可行性研究报告批复要求、地质勘探等基础资料不全、设计文件编制存在重大问题,无法满足审查工作要求的设计文件,将通报批评并予以退回,补充完善后重新报送。

(四)加强总体设计咨询,加快审查进度。

对复杂的公路建设项目,为确保其重大方案的科学性及合理性,在初步设计外业验收时,审查单位应当选派路线、路基、桥梁、隧道、地质等专业的专家,对总体设计、重大技术方案等进行咨询,避免遗漏有价值的比选方案。

为确保审查质量,缩短审查时间,审查单位可根据项目可行性研究报告报批进展及项目具体情况,提前介入先行了解设计情况,阅研设计资料。待可行性研究报告得到批复,省级交通运输主管部门向部正式上报初步设计文件及预审报告后,即可开展审查工作。

(五)明确时间要求,确保合理工作周期。

初步设计审批包括审查单位符合性审核、文件审查及现场复核,部办理批文等环节。具体时限为:

1. 符合性审核时限一般为2个工作日。对符合性审核基本合格,但需要补充相关资料的,审查单位应在2个工作日内提出补充完善要求。
2. 文件审查时限(不含补充资料时间):高速公路项目,一般为30—40个工作日;特大桥梁等特别复杂项目,一般为45个工作日;其他项目,一般控制在30个工作日以内。审查单位对审阅设计文件中发现的问题,应及时与设计单位进行沟通;设计文件审阅完成后,部将组织审查单位进行现场复核,结合现场情况,就文件审查中发现的问题,提出需进一步补充完善的内容和要求。
3. 按照行政许可和部文办理程序要求,部办理批文时限一般为15—20个工作日。部将进一步加强内部协调,缩短文件运转时间。

六、研究建立设计后评价制度,提升设计质量水平

为使设计单位进一步加强设计管理,完善内审机制,自觉重视设计质量,提升设计水平,部将结合公路建设市场信用体系建设,研究建立设计后评价制度,对设计质量进行科学评价。评价结果将作为对设计单位信用评价的重要内容和建设单位选择设计单位的重要依据。

各省级交通运输主管部门和有关单位,要认真按本意见要求,严格履行基本建设程序,加强管理,落实责任,确保设计质量,促进公路建设又好又快发展。

23. 关于在初步设计阶段实行公路桥梁和隧道工程安全风险评估制度的通知

(交公路发〔2010〕175号)

各省、自治区、直辖市交通运输厅(委):

为加强公路桥梁和隧道工程安全管理,增强安全风险意识,优化工程建设方案,提高工程建设和运营安全性,经研究,决定在初步设计阶段对公路桥梁和隧道工程方案实行安全风险评估制度。现将《公路桥梁和隧道工程设计安全风险评估指南(试行)》以下简称《指南》印发给你们,请参照执行,有关要求通知如下:

一、重要意义与适用范围

(一)公路桥梁和隧道工程安全,与地质、水文等自然条件,工程设计、施工组织方案,建设管理经验及交通、通航等使用环境有关,安全风险在设计、建设、运营等各阶段、各环节都不同程度存在。初步设计阶段是确定工程建设方案的阶段,是工程安全管控的重要环节。在初步设计阶段对公路桥梁和隧道工程方案实行安全风险评估制度,增加安全风险评估工作环节,是强化安全风险意识,保证工程建设方案安全,降低事故概率,减少经济损失的新措施。

(二)部审批初步设计的国家重点公路工程项目,尤其是建设条件复杂、技术难度大的桥梁和隧道工程,在初步设计阶段,应按本通知要求,对工程方案进行安全风险评估;其他公路工程项目,可参照执行。

二、评估范围

公路桥梁和隧道工程安全风险评估的范围,各地可根据项目工程建设条件、技术复杂程度、施工管理要求、运行使用环境等因素,结合当地工程建设经验确定。建设条件相似、技术方案相同的桥梁或隧道工程,可一并进行安全风险评估。其主要范围如下:

(一)桥梁工程。

1. 多跨或跨径大于等于40米的石拱桥,跨径大于等于250米的钢筋混凝土拱桥,跨径大于等于350米的钢箱拱桥、钢桁架、钢管混凝土拱桥;
2. 跨径大于等于200米的梁式桥,跨径大于400米的斜拉桥,跨径大于1000米的悬索桥;
3. 墩高或桥高大于100米的桥梁;
4. 桥址处地震烈度大于7度且跨径大于150米的桥梁;
5. 其他建设环境复杂、施工技术要求特殊的桥梁。

(二)隧道工程。

1. 穿越高地应力区、区域地质构造、煤系地层、采空区、水体等地质条件,水文地质复杂的隧道;
2. 偏压、大断面、变化断面等结构受力复杂的隧道;
3. 长度大于3000米或通风、照明、救援等要求特殊的隧道;
4. 其他建设环境复杂、施工技术要求特殊的隧道。

三、评估内容

(一)桥梁工程。

1. 建设条件,包括工程地质、水文地质及勘察分析深度及方法可靠性,气象变化、突发船撞车撞等不利施工环境等;
2. 结构方案,包括结构受力复杂程度、结构设计技术成熟程度等;
3. 施工,包括施工方案、主要施工技术和设备等;
4. 运营管理,包括交通量,可能发生的船撞、车撞等。

(二)隧道工程。

1. 建设条件,包括工程地质、水文地质及特殊地下环境调查、分析深度及方法可靠性等;
2. 结构方案,包括结构受力复杂程度等;
3. 施工,包括施工方案、主要施工技术和设备等;
4. 运营管理,包括通风、救援等。

四、评估方法与步骤

(一)通过对类似结构工程的安全风险发生情况的调查,以及专家的现场或书面调查,在研究分析设计、施工、运营阶段可能发生安全风险诱因的基础上,确定关键风险源及次要风险源。

(二)采用定性与定量相结合的方法,对风险源的风险发生概率及损失进行分析和评估,确定其发生的可能性及严重程度。

(三)根据已确定的风险发生概率等级和风险损失等级,按照《指南》中风险等级确定的相关要求,确定安全风险等级。

(四)针对不同的安全风险等级,研究提出相应的应对措施。

具体的评估方法、内容等,按照《指南》执行。

五、实施要求

(一)初步设计阶段公路桥梁和隧道工程安全风险评估作为设计内容,由承担初步设计任务的设计单位负责,并组织专门人员开展评估工作,按要求提交风险评估报告。设计单位也可委托其他具有公路行业设计甲级资质的单位承担风险评估工作。

(二)项目法人(业主)应组织有关专家对评估报告进行评审。根据评审结论,由设计单位对初步设计方案进行修改和完善;当评估结论为极高风险时,应对初步设计方案重新论证。

(三)省级交通运输主管部门在组织初步设计文件预审时,应同时对安全风险评估报告进行评审。在批复预审意见中,应包括对安全风险评估报告的评审意见。

(四)设计单位应根据批复的预审意见,进一步完善初步设计文件。

(五)省级交通运输主管部门在报部审批初步设计文

件时,应同时附安全风险评估报告及预审意见采纳情况说明。代部咨询审查单位在对初步设计文件审查时,应同时对安全风险评估报告进行审查,并提出咨询审查意见。

(六)鉴于此项工作是提高工程建设运营安全的一项新措施,各地均无成熟经验和做法,部将专门组织对设计、咨询、审查、项目业主等单位的人员开展培训工作,请各地组织有关人员参加。

(七)初步设计阶段公路桥梁和隧道工程安全风险评估制度及《公路桥梁和隧道工程设计安全风险评估指南(试行)》,自2010年9月1日起施行。

各省级交通运输主管部门及项目建设、设计等单位要高度重视,加强领导,结合本地区和工程建设实际,认真做好公路桥梁和隧道工程设计安全风险评估工作,并将评估工作中发现的问题和建议及时函告部公路局,以便对《指南》进行修订和完善。

附件:公路桥梁和隧道工程设计安全风险评估指南(试行)

交通运输部
2010年4月9日

附件

公路桥梁和隧道工程设计安全风险评估指南
（试行）

目 录

1 总则
2 术语
3 安全风险等级确定
　3.1 风险发生概率等级与判断标准
　3.2 风险损失等级与判断标准
　3.3 风险等级的确定
4 评估方法
　4.1 风险源的评估方法
　4.2 风险源发生概率的评估方法
　4.3 风险损失的评估方法
　4.4 风险等级的评估方法
5 安全风险评估程序与要求
　5.1 评估程序
　5.2 评估小组及评估人员要求
　5.3 评估报告内容及格式
6 安全风险应对与管理
　6.1 一般规定
　6.2 安全风险应对
　6.3 风险管理
7 桥梁工程初步设计阶段安全风险评估
　7.1 一般规定
　7.2 评估流程
　7.3 风险源
　7.4 风险事件与风险源辨识
　7.5 风险控制
8 桥梁工程施工图设计阶段安全风险评估
　8.1 一般规定
　8.2 评估流程
　8.3 风险评估
9 隧道工程初步设计阶段安全风险评估
　9.1 一般规定
　9.2 评估流程
　9.3 风险源
　9.4 风险事件与风险源辨识
　9.5 评估方法
　9.6 风险评估
　9.7 风险控制
10 隧道工程施工图设计阶段安全风险评估
　10.1 一般规定
　10.2 评估流程
　10.3 风险评估
附录 A 表格
附录 B 专家调查法
附录 C 风险发生概率和风险损失量化方法
附录 D 评估报告格式

1 总则

1.0.1 为指导公路桥梁和隧道工程设计安全风险评估工作，提高工程建设和运营安全性，编制本指南。

1.0.2 本指南适用于公路工程初步设计及施工图设计阶段桥梁和隧道工程安全风险评估。

1.0.3 工程安全风险评估，应按照以下步骤进行：确定工程风险源，估测风险源风险发生概率和风险损失，确定风险源风险等级，采取相应的风险控制措施。

1.0.4 公路桥梁和隧道工程设计安全风险等级分为Ⅰ级（低度风险）、Ⅱ级（中度风险）、Ⅲ级（高度风险）、Ⅳ级（极高风险）。Ⅰ、Ⅱ、Ⅲ、Ⅳ级分别以绿、黄、橙、红示出。安全风险等级要求见表1。

安全风险等级要求　　表1

风险等级	要求
Ⅰ	风险水平可以接受，当前应对措施有效，不必采取额外技术、管理方面的预防措施
Ⅱ	风险水平有条件接受，工程有进一步实施预防措施以提升安全性的必要
Ⅲ	风险水平有条件接受，必须实施削减风险的应对措施，并需要准备应急计划
Ⅳ	风险水平不可接受，必须采取有效应对措施将风险等级降低到Ⅲ级及以下水平；如果应对措施的代价超出项目法人（业主）的承受能力，则更换方案或放弃项目执行

1.0.5 公路桥梁和隧道工程设计安全风险评估工作，除符合本指南要求外，尚应符合国家、行业和地方相关法律法规及标准规范的规定。

2 术语

2.0.1 风险　Risk
事故发生的可能性及其损失的组合。

2.0.2 损失　Loss
工程建设中任何潜在的或外在的负面影响或不利后果，包括人员伤亡、经济损失、工期延误、环境影响或其他损失等。

2.0.3 风险事件　Hazard
可能造成工程建设中人员伤亡、经济损失、工期延误、环境影响或耐久性降低等不利事件。

2.0.4 风险源　Risk source
可能导致风险事件发生的因素。

2.0.5 评估对象　Assessment object
需要进行安全风险评估的工程项目。

2.0.6 风险辨识　Risk identification
调查工程建设中潜在的风险类型、事故可能发生的地点、时间及原因，并进行系统筛选、分类。

2.0.7 风险估测　Risk estimation
在风险辨识的基础上，通过对收集的资料进行分析，运用定性或定量的方法，估计和预测风险发生的概率和损失程度。

2.0.8 风险分析　Risk analysis

包括风险辨识和风险估测,即认识安全风险发生的本质,采用定性或定量的方法表示安全风险分析的过程。

2.0.9 风险评价 Risk evaluation

根据制定的工程安全风险分级划分和接受准则,对工程进行安全风险等级确定、危害性评定和安全风险排序。

2.0.10 风险控制 Risk control

为降低工程风险损失所采取的处置对策、技术方案或措施等。

2.0.11 风险评估 Risk assessment

包括风险辨识、风险估测、风险评价和风险控制,对工程中存在的各种安全风险及其影响程度进行综合分析。

2.0.12 风险管理 Risk management

包括风险辨识、风险估测、风险评价和风险控制等全过程管理。

2.0.13 风险接受准则 Risk acceptance criteria

参与工程建设的各方对不同等级安全风险的可接受的水平,可采用定性或定量的分级描述。

2.0.14 风险指标体系 Risk index system

体现风险源与风险事件分类及层次关系的树状或层状结构。

2.0.15 风险登记 Risk register

对识别的风险事件及其风险源进行登记,并对相应的风险源及风险事件处理结果进行记录。

2.0.16 风险监控 Risk monitoring

风险管理过程中,对风险进行的全程动态监控。

2.0.17 初始风险 Initial risk

工程建设各阶段未采取风险控制措施前就已存在的风险。

2.0.18 残留风险 Residual risk

对初始风险采取处理措施后自留或转移到下一阶段的风险。

3 安全风险等级确定

公路桥梁和隧道工程设计安全风险等级,应结合风险发生概率等级和风险损失等级确定。

3.1 风险发生概率等级与判断标准

工程安全风险发生概率等级分为1、2、3、4、5级。各等级判断标准见表3-1。

风险发生概率等级判断标准　　表3-1

等级	定量判断标准（概率区间）	定性判断标准
1	$P_f<0.0003$	几乎不可能发生
2	$0.0003≤P_f<0.003$	很少发生
3	$0.003≤P_f<0.03$	偶然发生
4	$0.03≤P_f<0.3$	可能发生
5	$P_f≥0.3$	频繁发生

注:1. P_f为概率值,当概率值难以取得时,可用年发生频率代替。

　　2. 风险发生概率等级应优先采用定量判断标准确定。当无法进行定量计算时,可采用定性判断标准确定。

3.2 风险损失等级与判断标准

3.2.1 风险损失等级分为1、2、3、4、5级。应按人员伤亡等级、经济损失等级及环境影响等级等因素确定。当多种损失同时产生时,应采用就高原则确定风险损失等级。

3.2.2 人员伤亡等级的判断标准见表3-2。

人员伤亡等级判断标准　　表3-2

等级	判断标准
1	重伤人数5人以下
2	3人以下死亡(含失踪)或5人以上10人以下重伤
3	3人以上10人以下人员死亡(含失踪)或10人以上50人以下重伤
4	10人以上30人以上人员死亡(含失踪)或50人以上100人以下重伤
5	30人以上人员死亡(含失踪)或100人以上重伤

注:1. 参考国务院《生产安全事故报告和调查处理条例》和《企业职工伤亡事故分类标准》(GB 6441—86)。

　　2. "以上"包含本数,"以下"不包含本数,下同。

3.2.3 经济损失等级的判断标准见表3-3。

经济损失等级判断标准　　表3-3

等级	判断标准
1	经济损失500万元以下
2	经济损失500万以上1000万元以下
3	经济损失1000万以上5000万元以下
4	经济损失5000万以上10000万元以下
5	经济损失10000万以上

注:1. 参考国务院《生产安全事故报告和调查处理条例》。

　　2. 对总造价较低的工程,如石拱桥等,可采用相对经济损失进行判定。

3.2.4 环境影响等级的判断标准见表3-4。

环境影响等级判断标准　　表3-4

等级	判断标准
1	涉及范围很小,无群体性影响,需紧急转移安置人数50人以下
2	涉及范围较小,一般群体性影响,需紧急转移安置人数50人以上100人以下
3	涉及范围大,区域正常经济、社会活动受影响,需紧急转移安置人数100人以上500人以下
4	涉及范围很大,区域生态功能部分丧失,需紧急转移安置人数500人以上1000人以下
5	涉及范围非常大,区域内周边生态功能严重丧失,需紧急转移安置人数1000人以上,正常的经济、社会活动受到严重影响

注:参考《建设项目环境保护管理条例》和《中华人民共和国环境影响评价法》。

3.3 风险等级的确定

根据安全风险发生概率等级和损失等级,按表 3-5,确定风险等级。

风险等级表 表 3-5

风险发生概率	风险损失				
	1	2	3	4	5
1	Ⅰ	Ⅰ	Ⅱ	Ⅱ	Ⅲ
2	Ⅰ	Ⅱ	Ⅱ	Ⅲ	Ⅲ
3	Ⅱ	Ⅱ	Ⅲ	Ⅲ	Ⅳ
4	Ⅱ	Ⅲ	Ⅲ	Ⅳ	Ⅳ
5	Ⅲ	Ⅲ	Ⅳ	Ⅳ	Ⅳ

注:参考国际隧道协会《Guidelines for Tunnelling Management》。

4 评估方法

公路桥梁和隧道工程设计安全风险评估,首先是通过对类似结构工程的安全风险发生情况的调查,以及专家的现场或书面调查,在研究分析设计、施工、运营阶段可能发生安全风险诱因的基础上,确定关键风险源及将要风险源,并分类完成安全风险列表(见附录 A);二是采用定性与定量相结合的方法,对风险源的风险发生概率及损失进行分析和评估,确定其发生的可能性及严重程度(见附录 B、附录 C);三是根据已确定的风险发生概率等级和风险损失等级,按照风险等级确定的相关要求,确定安全风险等级;四是针对不同的安全风险等级,研究提出相应的应对措施。

4.1 风险源的评估方法

4.1.1 评估小组首先进行风险源辨识工作。步骤是先进行现场查看,收集工程基础资料。所收集的资料应包括:

(1)类似工程事故资料。
(2)拟建桥梁和隧道设计文件。
(3)工程区域内水文、地质、自然环境等资料。
(4)工程规划、可行性研究和工程地质勘察报告等资料。
(5)工程区域内的建(构)筑物(含管线、民防设施、铁路、公路等)资料。
(6)其他与评估对象相关的资料。

4.1.2 评估小组对所收集的资料进行分析、归纳,按照附录 A 表 A-1 的格式,填写完成风险源普查表。

4.1.3 根据桥梁和隧道工程建设条件、设计方案、施工技术、运营管理划分评估单元,并将风险源普查结果按照评估单元划分归类,分析当前桥梁和隧道工程中是否存在该风险源。当存在时,则给出依据,明确存在的方式及产生的影响,并按照附录 A 表 A-2 的格式,填写完成检查表。

4.1.4 检查表完成后,通过相关人员咨询、评估小组讨论、专家咨询的方式,判断该风险源重要程度,并记录判断依据。按照附录 A 表 A-3 的格式,填写完成风险源列表。

所咨询的相关人员宜选择:
(1)建设单位、设计单位有关人员。
(2)当地具有丰富桥梁工程建设经验的工程技术人员。
(3)具有同类工程丰富建设经验的国内外桥梁工程专家。所咨询的专家宜选择:
(1)直接参与工程的建设单位、设计单位专家。
(2)了解该工程建设情况的国内外桥梁工程资深专家。
(3)评估小组内的桥梁工程专家。

4.1.5 施工图设计阶段应在初步设计阶段确定的风险源基础上,根据工程实际情况增减有关风险源。

4.2 风险源发生概率的评估方法

4.2.1 风险源发生概率可采取专家调查法、概率分析法、层次分析法、事故树法、模糊综合评价法等方法进行确定。根据工程不同阶段的特点,可选择 1 种方法或者多种方法相结合确定风险源发生概率。

4.2.2 初步设计阶段安全风险评估,风险源发生概率一般采用专家调查法确定。专家调查法具体内容见附录 B。

4.2.3 施工图设计阶段安全风险评估,风险源发生概率一般采用概率分析法、专家调查法等方法确定。各方法具体内容见附录 C。

4.3 风险损失的评估方法

初步设计阶段和施工图设计阶段安全风险评估,风险损失一般采用专家调查法确定,也可采用层次分析法、事故树法、模糊综合评价法等方法确定。各方法具体内容见附录 B、附录 C。

4.4 风险等级的评估方法

根据风险发生概率和风险损失的估测值,按照风险评价矩阵方法,查表确定风险等级。

具体确定方法是:

(1)风险值=风险发生概率×风险损失。"×"表示风险发生概率和风险损失的级别的组合。

(2)由风险发生概率和风险损失的级别,查表 3-5 确定风险等级,并参照表 1,得到风险水平及与其相对应的要求。

5 安全风险评估程序与要求

5.1 评估程序

5.1.1 承担安全风险评估工作的单位组建评估小组。

5.1.2 评估小组根据工程所处阶段及特点,开展风险评估。评估过程中,评估小组应与设计人员进行有关安全风险评估情况的沟通。对Ⅲ级(高度)和Ⅳ级(极高)风险,应报告项目法人(业主)。项目法人(业主)应及时组织对Ⅲ级(高度)和Ⅳ级(极高)风险进行审查。

5.1.3 根据项目规模及复杂程度,评估小组应在

1~2个月内提交安全风险评估报告。

5.1.4 项目法人(业主)应对安全风险评估报告进行评审。设计单位应根据评审结果和评估报告提出的风险应对措施,修改完善设计方案。

5.1.5 安全风险评估报告同设计文件一并报送行政主管部门审批。

5.2 评估小组及评估人员要求

5.2.1 安全风险评估工作由承担设计任务的设计单位负责。设计单位应组织专门的人员建立评估小组,承担安全风险评估工作。

5.2.2 风险评估小组应由经验丰富的桥梁、隧道、地质、评估等专业人员组成,一般5~7人为宜。

5.2.3 评估小组负责人,应当具有20年以上设计(施工)经验,并在类似工程项目中担任过设计(施工)负责人,教授级高级工程师技术职称。

5.2.4 评估小组成员应具有7年以上设计(施工)经验,工程师以上技术职称。

5.3 评估报告内容及格式

5.3.1 评估报告包含如下内容:
(1)编制依据。
(2)工程概况。
(3)安全风险评估流程与评估方法。
(4)安全风险评估内容。
(5)安全风险评估结论。

5.3.2 编制依据应包含如下内容:
(1)相应的国家和行业标准、规范及规定。
(2)工程基础性资料。
(3)上阶段的审查意见与评估结果(如有)。

5.3.3 安全风险评估内容应包括如下内容:
(1)风险源的确定。
(2)风险源发生概率和风险损失的确定。
(3)风险等级的确定。
(4)控制措施的确定。

5.3.4 安全风险评估结论。评估报告最后为安全风险评估结论,包括如下内容:
(1)各风险源发生概率和风险损失的汇总。
(2)项目中Ⅲ级和Ⅳ级风险存在的部位、方式等情况。
(3)分析评估结果的科学性、可行性、合理性及存在问题。

5.3.5 评估报告格式见附录D。

6 安全风险应对与管理

6.1 一般规定

6.1.1 根据安全风险评估报告结论,应制定具有针对性的应对措施,以预防、降低或消除安全隐患。

6.1.2 安全风险管理应在保障安全、保护环境和控制成本的前提下,采取合理的控制对策把安全风险控制在可接受的水平。

6.2 安全风险应对

6.2.1 应根据评估的风险等级,提出风险应对策略,制定风险对策表,风险对策表应包括设计、施工、残留风险等内容。对Ⅲ级风险,应由设计单位制定应急预案。

6.2.2 本阶段无法判断的风险,需在评估报告中明确,并提出下阶段工作的建议和措施。

6.3 风险管理

6.3.1 风险评估小组应根据工程环境的变化及工程进展情况,定期反馈评估结果,并与相关单位及时沟通。

6.3.2 评估小组应根据评估目标,全面考察与评价各阶段风险控制对策执行的效果,跟踪记录各阶段风险在采取应对措施后的变化情况。

6.3.3 评估小组应建立风险登记档案,跟踪风险的变化,并根据风险控制措施的落实情况进行动态评估。

6.3.4 对于需要进行监控的风险源,设计单位应制定详细的监控计划、监控技术标准和风险预警方案。

6.3.5 项目管理人员和有关人员应进行安全风险培训。

7 桥梁工程初步设计阶段安全风险评估

7.1 一般规定

7.1.1 公路桥梁初步设计阶段安全风险评估,应对设计文件中同深度比选的多个设计方案同时进行安全风险评估。根据评估结果,视风险等级对初步设计方案进行修改完善。若风险等级极高时,应对初步设计方案重新论证。

7.1.2 安全风险评估应结合初步设计阶段工程特点,针对工程的建设条件、结构方案、施工技术以及运营等方面的风险,开展相应的安全风险评估工作。

7.1.3 对新技术、新材料、新设备的应用风险,应综合考虑创新与风险可承受能力之间的平衡。

7.1.4 依据安全风险评估结果,按照技术可行性及经济合理性的原则,提出相应的风险控制措施。

7.1.5 设计单位应根据安全风险评估提出的风险控制措施,及时对设计文件进行修改完善。

7.1.6 初步设计阶段安全风险评估报告,应作为下一阶段安全风险评估的重要依据和基础。

7.2 评估流程

初步设计阶段安全风险评估流程见图7-1。

7.3 风险源

7.3.1 初步设计阶段安全风险评估应充分了解可行性研究阶段成果,结合本阶段的勘察和设计资料,从建设条件、结构方案、施工技术、运营管理四个方面进行评估。在选定初步设计阶段风险源时,需确认推测的风险源是否存在不确定性,并推测该不确定性带来的各种可能的事故。初步设计阶段风险源见表7-1。

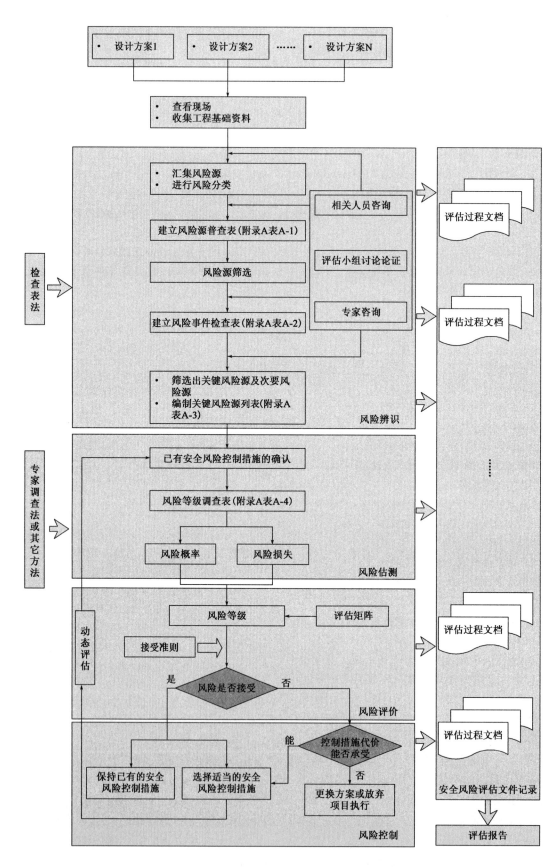

图 7-1 初步设计阶段安全风险评估流程图

初步设计阶段风险源表　　　表 7-1

序号	类型	风险源
1	建设条件	地质
2		水文
3		气象
4		运输通行
5		周边环境
6		……
7	结构方案	设计理论
8		设计方案
9		新技术、新材料
10		……
11	施工技术	施工方案
12		新技术、新材料、新设备的应用
13		……
14	运营管理	水文
15		气象
16		车船撞击
17		实际车辆荷载与设计差异
18		……

7.3.2 桥梁建设条件风险是指由于地形地貌、地质、水文、气象、运输通行、周边环境等因素（风险源）所导致的风险。

7.3.3 桥梁结构方案风险是指由于结构设计理论、设计方案以及采用新技术、新材料等因素（风险源）所导致的风险。

7.3.4 施工技术风险是指由于施工方案的选择、施工工艺的安全性以及采用新材料、新技术、新设备等因素（风险源）所导致的风险。

7.3.5 运营管理风险是指由于水文、气象、车船撞、车辆实际荷载与设计差异程度等因素所导致的风险。

7.4 风险事件与风险源辨识

7.4.1 初步设计阶段，风险源与施工期间安全风险事件检查表见表 7-2（根据具体工程可作适当增减）。

7.4.2 初步设计阶段，风险源与运营期间安全风险事件检查表见表 7-3（根据具体工程可作适当增减）。

桥梁工程施工期间风险事件与风险源检查表　　　表 7-2

风险源			风险事件				
			基础沉降	支架倒塌	构件损伤	结构倒塌	……
建设条件	地质	岩性及风化程度	★	★	★	★	
		构造带	★	★	★	★	
		地下水	★	★	★	★	
		高边坡		★	★	★	
		岩溶	★	★	★	★	
		泥石流			★	★	
		液化土			★	★	
		煤层及矿藏采空区	★	★	★	★	
		冻土	★	★	★	★	
		软土	★	★	★	★	
		膨胀土	★	★			
		盐渍土			★	★	
		……					
	水文	冰凌			★	★	
		风暴潮			★	★	
		洪水			★	★	
		……					
	气象	风			★	★	
		雷电			★	★	
		冻雨			★	★	
		……					
	运输通行	船撞			★	★	
		车撞			★		
		……					
	周边环境	管线、民防设施、铁路、公路等线位交叉			★	★	
		……					

续上表

风险源		风险事件				
		基础沉降	支架倒塌	构件损伤	结构倒塌	……
结构方案	设计理论			★	★	
	设计方案			★	★	
	新技术、新材料			★	★	
	……					
施工技术	施工方法			★	★	
	施工设备					
	新工艺			★	★	
	……					

注："★"表示该风险源对风险事件有影响，以下表同。

桥梁工程运营期间风险事件与风险源检查表 表 7-3

风险源			风险事件					
			基础沉降	抖振、颤振、涡振	行车安全	构件损伤	结构倒塌	……
运营管理	运营条件	岩性及风化程度	★			★	★	
		构造带	★			★	★	
		地下水	★			★	★	
		高边坡				★	★	
		岩溶	★			★	★	
		液化土				★	★	
		泥石流				★	★	
		煤层及矿藏采空区	★			★	★	
		冻土	★			★	★	
		软土	★			★	★	
		膨胀土	★					
		盐渍土				★	★	
		……						
	水文	河槽摆动	★			★	★	
		冰凌				★	★	
		风暴潮				★	★	
		洪水				★	★	
		……						
	气象	风	★	★	★	★		
		雷电			★			
		冻雨		★	★			
		……						
	运输通行	船撞			★	★		
		车撞			★			
		……						
	运营管理	实际车辆荷载与设计差异			★	★		
		交通量			★	★		
		……						

7.5 风险控制

初步设计阶段应考虑各种风险控制措施的成本和效益,选择合适的风险控制措施,提出风险控制的具体实施方案。应对措施建议应具体详实,具有可操作性。按照针对性和重要性的不同,措施和建议可分为应采纳和宜采纳两种类型。

7.5.1 建设条件风险控制

(1)地形地貌、地质、水文、气象、运输通行

应对专题研究报告进行评估,必要时,可要求建设管理单位补充相关专题研究。

(2)周边环境

①初步设计阶段应根据工程所处地理环境编制相应的施工方案。

②初步设计阶段应充分考虑周边环境对施工的影响,并将影响结果进行优化处理。

7.5.2 结构方案风险控制

应对设计理论、设计方案、新技术、新材料等相关材料进行评估,并对设计方案的技术难度进行评价。必要时,可要求建设管理单位补充相关研究内容。

7.5.3 初步设计阶段可能引起的施工技术风险的控制

(1)施工方案

①应对不同桥型的不同施工工法进行适应性评价,选择风险最小的施工工法。

②制定应对突发事件的应急预案。

(2)新技术、新材料、新设备的应用

项目建设单位应组织开展必要的专题研究。

7.5.4 初步设计阶段可能引起的运营风险的控制

对实际车辆荷载与设计差异所造成的风险,应要求设计单位深化设计方案,提高结构抵抗实际车辆荷载与设计差异影响的能力。

对车辆、船舶撞击桥梁及可能造成破坏的内容,应按要求开展研究并给出合理的设计和管理措施。

地质、水文、气象、运输通行方面所引起的运营风险,其风险控制措施可参照 7.5.1。

8 桥梁工程施工图设计阶段安全风险评估

8.1 一般规定

8.1.1 公路桥梁施工图设计阶段安全风险评估,应结合初步设计审查意见对初步设计阶段的安全风险评估进行细化,重点是对上一阶段的残留风险,以及对施工方案、施工工法、结构方案可能存在的安全风险进行有效评估,并提出相应的安全应对措施。当风险产生的后果可能为突发性事件(倾覆、压溃、倒塌等)时,施工图设计阶段应明确施工方案、施工工艺、注意事项、监控要求等,并进行有效的风险管理。

8.1.2 当初步设计阶段风险评估为Ⅲ级(高度)风险或者设计方案变更时,应重点进行评估,给出降低风险的应对措施和相应的风险监控方案。

8.1.3 施工图设计阶段,依据风险评估结果,评估小组应按照技术可行性及经济合理性的原则,提出降低风险的应对措施。

8.1.4 设计单位应根据安全评估提出的风险控制措施,及时对设计文件进行修改完善。

8.1.5 施工图设计阶段安全风险评估报告,应作为施工阶段评估的重要依据和基础。

8.2 评估流程

施工图设计阶段安全风险评估流程见图 8-1。

8.3 风险评估

8.3.1 施工图设计阶段,评估方法以定量方法为主,可综合采用概率分析、专家调查等方法。

8.3.2 施工图设计阶段,桥梁方案进行重大修改或者风险水平较高时,应进行重点评估。

8.3.3 对Ⅲ级(高度)风险,设计单位应重点关注,制定应急预案,并在施工阶段加强风险监控。

8.3.4 对Ⅳ级(极高)残留风险,应向项目法人(业主)报告。

8.3.5 评估报告应分别给出不同典型安全事件的概率等级、损失等级和风险等级评估结果;并对风险事件和风险源按重要性进行排序,确定风险措施实施的重点,优化成本。

8.3.6 施工图设计阶段的安全风险控制措施主要包括构造设计的合理性、建设条件、施工方案以及结构风险等方面的重要风险控制预案。

8.3.7 施工图设计阶段安全风险评估内容和成果应满足施工图设计阶段安全风险控制的基本要求。

9 隧道工程初步设计阶段安全风险评估

9.1 一般规定

9.1.1 公路隧道初步设计阶段安全风险评估,应对设计文件中同深度比选的多个设计方案同时进行安全风险评估。根据评估结果,视风险等级对初步设计方案进行修改完善。若风险等级极高时,应对初步设计方案重新论证。

9.1.2 工程安全风险评估应结合初步设计阶段的特点,针对隧道工程的建设条件、结构方案、施工技术以及运营等方面的风险,开展相应的安全风险评估工作。

9.1.3 新技术、新材料、新设备的应用风险,应综合考虑创新与风险可承受能力之间的平衡。

9.1.4 根据安全风险评估结果,按照技术可行性及经济合理性的原则,提出相应的风险控制措施。

9.1.5 设计单位应根据安全评估提出的风险控制措施,及时对设计文件进行修改完善。

9.1.6 初步设计阶段安全风险评估报告,应作为下一阶段评估的重要依据和基础。

9.2 评估流程

9.2.1 初步设计阶段隧道安全风险评估分为单一风险事件的分段评估、单一风险事件的整体评估和隧道总体风险评估。

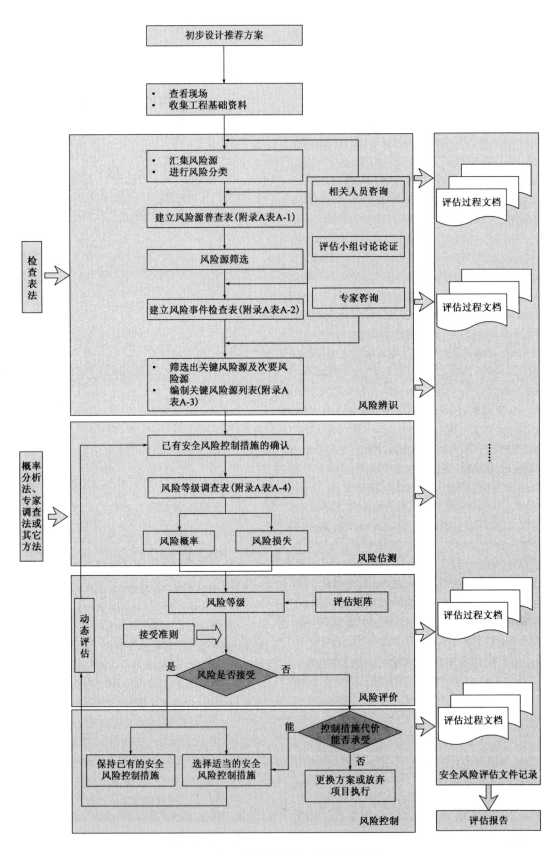

图 8-1 施工图设计阶段安全风险评估流程图

(1)单一风险事件的分段评估,是指评估某一风险事件(如塌方、大变形等)在隧道沿线某一区段的风险等级,给出不同区段的风险等级。

(2)单一风险事件的整体评估,是指根据单一风险事件的分段评估结果,评估隧道某一风险事件的风险等级。

(3)隧道总体风险评估,是指根据隧道单一风险事件的评估结果,评估隧道多个风险事件情况下的综合风险等级。

9.2.2 风险评估的流程见图 9-1。

9.2.3 多个设计方案的安全评估按照 9.2.2 的风险评估流程进行多次评估即可,比较方案的再评估根据实际需要进行。

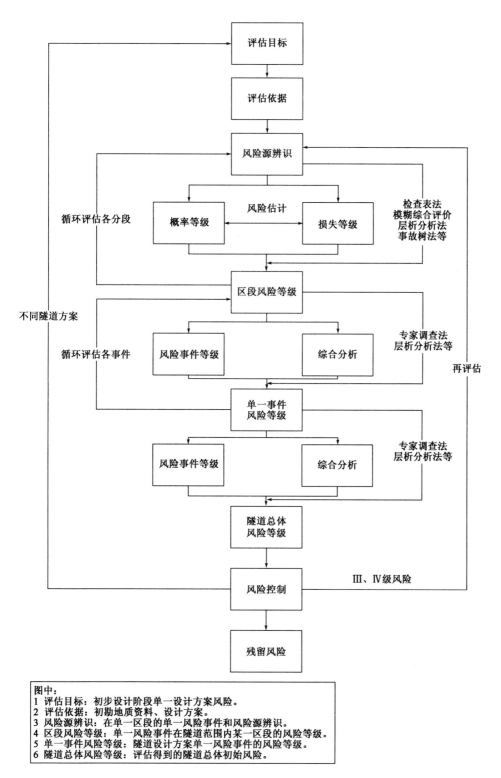

图 9-1 隧道工程初步设计阶段安全风险评估流程图

9.3 风险源

9.3.1 风险源分为四个大类,包括隧道建设条件、结构方案、施工技术以及运营管理,见表9-1。

初步设计阶段风险源表　　表9-1

类型	亚类
建设条件	地形地貌
	地质(工程地质、水文地质)
	不良地质、特殊岩土
	周边环境
	……
结构方案	设计方案
	设计理论
	新技术、新材料
	……
施工技术	施工方案
	新技术、新材料、新工艺
	……
运营管理	线形、通风、防灾、救援逃生、照明
	……

9.3.2 隧道建设条件风险是指由于地形地貌、工程地质、水文地质、不良地质、特殊岩土、地震烈度等因素(风险源)所导致的风险。

9.3.3 结构方案风险是指由于设计方法、计算参数或者设计方案以及采用新材料、新技术等因素(风险源)所导致的风险。

9.3.4 施工技术风险是指由于施工方案、施工工艺以及采用新材料、新技术、新工艺等因素(风险源)所导致的风险。

9.3.5 运营管理风险是指由于初步设计阶段隧道线形(平面线形、纵坡、横断面)、通风方案、救援能力、监控方案等因素(风险源)所导致的风险。

9.4 风险事件与风险源辨识

9.4.1 初步设计阶段,钻爆法隧道安全风险事件及风险源,见表9-2(根据具体工程可作适当增减)。

9.4.2 初步设计阶段掘进机法和盾构法隧道安全风险事件及风险源参见表9-3(根据具体工程可作适当增减)。

9.4.3 初步设计阶段沉管法隧道安全风险事件及风险源参见表9-4(根据具体工程可作适当增减)。

钻爆法隧道安全风险事件与风险源检查表　　表9-2

风险源			风险事件								
			洞口失稳	塌方	瓦斯	突泥(水、石)	大变形	岩爆	结构风险	交通事故	火灾	……
建设条件	地形地貌	地表植被、水系	★	★		★				★		
		偏压	★	★								
		……										
	地质	岩性及风化程度	★	★		★	★	★				
		构造(单斜、向斜、背斜、断层)	★	★	★	★	★	★				
		地下水	★	★		★	★					
		……										
	不良地质	滑坡	★	★		★						
		岩堆	★	★		★						
		顺层	★	★		★						
		岩溶				★						
		煤层及矿藏采空区		★	★	★						
		挤压性地层					★					
		……										
	特殊岩土	冻土					★					
		软土					★					
		膨胀岩(土)					★					
		黄土					★					
	周边环境	道路、村庄、河流(湖泊)	★	★		★						

续上表

风险源			风险事件								
			洞口失稳	塌方	瓦斯	突泥(水、石)	大变形	岩爆	结构风险	交通事故	火灾	……
结构方案	设计方案	设计情况	常规设计	★	★	★	★	★	★	★			
			特殊设计	★	★	★	★	★	★	★			
			监控量测设计	★	★	★	★	★	★				
		隧道特征	断面大小	★	★	★	★	★	★				
			埋深		★	★	★	★	★				
			长度	★	★	★	★	★	★		★	★	
		辅助坑道	类型			★	★						
			断面大小			★	★					★	
			埋深			★	★	★					
			位置			★	★						
	设计理论		设计方法							★			
			计算参数							★			
			新技术、新材料							★			
			……										
施工技术	施工方案		施工工法	★	★	★	★	★	★				
			施工工艺	★	★	★	★	★	★				
			施工参数	★	★	★	★	★	★				
			施工辅助措施	★	★	★	★	★	★				
			新工艺	★	★								
			……										
运营管理	线形		平面线形								★		
			纵坡								★		
			通风方案								★	★	
			防灾救援方案								★	★	
			监控方案								★	★	
			照明方案								★		
			交通量								★	★	
			……										

注:"★"表示该风险源对风险事件有影响,以下表同。

掘进机法和盾构法隧道安全风险事件与风险源检查表 表9-3

风险源			风险事件						
			设备风险	进出洞风险	掘进风险	结构风险	交通事故	火灾	……
建设条件	地形地貌	地表植被、水系		★			★		
		洞口地形		★					
		……							
	地质	岩性及风化程度	★	★	★				
		构造(单斜、向斜、背斜、断层)	★	★	★				
		地下水	★	★	★				
		……							
	不良地质	顺层	★		★				

续上表

风险源			风险事件						
			设备风险	进出洞风险	掘进风险	结构风险	交通事故	火灾	……
建设条件	不良地质	岩溶	★		★				
		煤层及矿藏采空区	★		★				
		挤压性地层	★		★				
		……							
	特殊岩土	膨胀岩（土）	★		★				
		冻土	★		★				
		软土	★		★				
		黄土	★		★				
		……							
	周边环境	建（构）筑物	★	★	★				
		下穿江、河	★	★	★				
		……							
结构方案	设计方案	设计情况	常规设计	★	★	★	★			
			特殊设计	★	★	★	★			
			监控量测设计	★	★	★				
			设备选型	★	★	★				
			……							
		隧道特征	断面大小	★	★	★				
			长度			★		★	★	
			埋深			★				
			……							
		辅助坑道						★		
	设计理论	设计方法				★			
		计算参数				★			
		……							
	新技术、新材料					★			
施工技术	施工工法			★	★				
	施工工艺			★	★				
	施工参数		★	★	★				
	辅助施工措施			★	★				
	新工艺				★				
	……								
运营管理	线形	平面线形					★		
		纵坡					★		
	通风方案							★	
	防灾救援						★	★	
	监控方案						★	★	
	照明方案						★		
	交通量						★	★	
	……								

注：进出洞风险为盾构法风险。

沉管法隧道安全风险事件与风险源检查表　　　　表 9-4

风险源			风险事件					
			管段沉降	管段渗漏水	结构	交通事故	火灾	……
建设条件	地质	地质条件	★	★	★			
		河海床变迁	★	★	★			
		……						
	周边环境	周边水系、环保要求	★					
		……						
结构方案	沉降控制	监测和信息反馈设计	★	★				
		减小对原状地基土体的扰动	★					
		……						
	混凝土管段的预制	管段防水		★	★			
		……						
	管段运输与就位	起浮和抗浮问题	★		★			
		管段沉放设计	★	★	★			
		管段自防水		★	★			
		施工缝防水		★				
		管段接头防水		★	★			
		监测和信息反馈设计	★	★				
		……						
	设计理论	设计方法			★			
		计算参数			★			
		……						
		新技术、新材料			★			
施工技术		施工工艺	★	★				
		施工参数	★	★				
		辅助施工措施	★	★				
		新工艺	★	★				
		……						
运营管理		纵坡				★		
		通风方案					★	
		防灾救援方案				★	★	
		监控方案				★	★	
		照明方案				★		
		交通量				★	★	
		……						

9.5 评估方法

9.5.1 单一风险事件的区段评估方法有层次分析法、事故树法、模糊综合评价法、概率分析法,参见附录C。

（1）检查表法可用于风险事件风险源辨识。

（2）层次分析法可用于风险源重要性排序,不能进行风险源辨识。

（3）事故树法可用于风险源辨识,并确定风险事件发生的概率。

（4）模糊综合评价法可进行风险源辨识,确定风险事件的风险等级。

（5）概率分析法可确定事件发生的概率。

9.5.2 单一风险事件的整体评估方法有专家调查法、层次分析法、模糊综合评价法,参见附录B、附录C。

依据单一风险事件的区段评估结果,采用层次分析法或者专家调查法确定每一区段的风险事件的权重,然后确定风险事件的概率等级和损失等级,采用风险矩阵确定风险等级,宜结合专家调查法或者模糊综合评价法的结果,综合分析确定风险事件的风险等级。也可以把区段风险等级的最高等级作为单一风险事件的风险等级。

专家调查法、模糊综合评价法也可以直接评估得到单一风险事件的风险等级。

9.5.3 隧道总体风险评估方法有专家调查法、层次分析法,参见附录B、附录C。

依据单一风险事件的风险等级,采用层次分析法或者专家调查法确定每一个风险事件的权重,确定隧道方案的概率等级和损失等级,采用风险矩阵确定风险等级,宜结合专家调查法或者模糊综合评价法的结果,综合分析确定隧道方案的风险等级。

专家调查法、模糊综合评价法也可以直接评估得到隧道方案的风险等级。

9.6 风险评估

初步设计阶段应结合初步设计原则,综合考虑建设条件和设计方案确定安全风险（典型风险事件）等级,给出相应的风险控制或风险监控方案,主要工作包括:

（1）根据建设条件和初步设计方案,分段评估不同典型风险事件的初始风险,形成不同典型风险事件隧道纵向风险等级分布图。

（2）根据不同典型风险事件分段评估结果,确定单一风险事件的风险等级和隧道总体风险等级。

（3）结合初步设计阶段设计原则和不同典型风险事件的初始风险,制定风险控制措施。

（4）对Ⅲ级（高度）、Ⅳ级（极高）安全风险进行再评估,并确定残留风险。

（5）对Ⅳ级（极高）残留风险,必须采取风险控制措施降低风险或对方案重新论证。

（6）对Ⅲ级（高度）残留风险,设计单位应制定风险监控方案,加强监控,并在施工图阶段跟踪或者再评估。

（7）对Ⅱ级（中度）残留风险,设计单位应跟踪监控风险。

9.7 风险控制

9.7.1 初步设计阶段的安全风险控制措施主要包括设计方案的合理性、建设条件、工方案以及结构风险等方面的重要风险控制对策。

9.7.2 风险控制对策、处置措施建议如下:

（1）确定设计方案的安全审查内容和程序。

（2）审核工程地质、水文地质勘察资料及周边环境资料。

（3）审核与隧道结构工程相关的设计。

（4）审核相应的施工方案、辅助工法和特殊条款。

（5）审核监控系统的配置原则,建立并完善全线工程监控网。

（6）编写相关表格,对可能存在的风险事件进行分析评价,提出应对措施,对残余风险进行评价、控制,并进行有效跟踪。

9.7.3 针对钻爆法隧道主要风险事件的风险对策建议如下:

（1）应对国内外类似工程进行调研。

（2）进行详细地质勘察,对沿线区域地形、地貌、地质情况、不良地质、特殊岩土的分布情况进行深入调查与分析,提供翔实可靠的地质资料。

9.7.4 针对掘进机法主要风险事件的风险对策可参考盾构法、矿山法或新奥法隧道的相关风险对策。

9.7.5 针对盾构法隧道主要风险事件的风险对策建议如下:

（1）进行详细地质勘察,对沿线区域地形、地貌、地质情况、不良地质、特殊岩土的分布情况进行深入调查与分析,提供翔实可靠的地质资料。

（2）基于地勘资料,开展方案适应性研究。

9.7.6 针对沉管法隧道主要风险事件的风险对策建议如下:

（1）进行详细地质勘察,对沿线区域地形、地貌、地质情况、不良地质、特殊岩土的分布情况进行深入调查与分析,提供翔实可靠的地质资料。

（2）基于地勘资料,开展方案适应性研究。

9.7.7 初步设计阶段可能引起的运营期安全风险事件的风险对策建议如下:

根据评估结果,要求设计单位优化完善隧道平面线形及纵坡,完善通风、救援、逃生方案,对于长大隧道开展防灾救援方案的细化研究,细化监控方案,对隧道车流量实时监控。

10 隧道工程施工图设计阶段安全风险评估

10.1 一般规定

10.1.1 公路隧道施工图设计阶段安全风险评估,应结合初步设计审查意见对初步设计安全风险评估进行细化,重点对施工工法、施工方案以及结构方案可能存在的安全风险进行有效评估,并提出相应的安全应对措施。当钻爆法隧道安全风险产生的后果可能为突发性事件

(塌方、瓦斯、突水、涌泥、大变形等)时,施工图设计阶段应明确详细的施工方案、施工工艺、注意事项、监控要求等,并进行有效的风险管理。

10.1.2 当初步设计阶段风险评估为Ⅲ级(高度)风险或者设计方案变更时,应重点进行评估,给出降低风险的应对措施和相应的风险监控方案。

10.1.3 施工图设计阶段,依据风险评估结果,评估小组应按照技术可行性及经济合理性的原则,提出降低风险的应对措施。

10.1.4 设计单位应根据安全评估提出的风险控制措施,及时对设计文件进行修改完善。

10.1.5 施工图设计阶段安全风险评估报告,应作为下一阶段评估的重要依据和基础。

10.2 评估流程

隧道工程施工图阶段安全风险评估流程见图10-1。

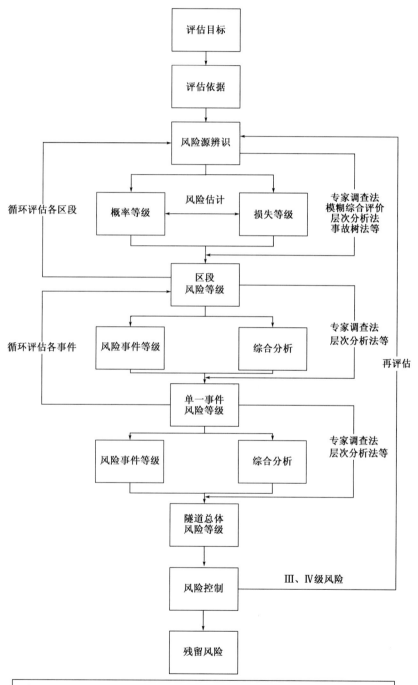

图 10-1 隧道工程施工图设计阶段安全风险评估流程图

10.3 风险评估

10.3.1 评估方法可综合采用概率分析法、专家调查法、层次分析法、事故树法、模糊综合评价法等，风险辨识、风险估测、风险控制等内容可参考初步设计阶段。

10.3.2 在施工图设计阶段，隧道方案进行重大修改或者残留风险较高时，应进行重点评估，特别是大断面复杂地质条件隧道。

10.3.3 当初始风险为Ⅲ级（高度）及以上时应结合风险控制措施进行再评估，确定残留风险。

10.3.4 对Ⅳ级（极高）残留风险，设计单位应报送项目法人（业主）。

10.3.5 对Ⅲ级（高度）残留风险，设计单位应重点关注，制定应急预案，并在施工阶段加强风险监控。

10.3.6 评估报告应分别给出不同典型安全事件的概率等级、损失等级和风险等级评估结果，形成风险等级分布图。对风险事件和风险源按重要性进行排序，确定风险措施实施的重点，优化成本。

10.3.7 施工图设计阶段的安全风险控制措施主要包括设计方案的合理性、建设条件、施工方案以及结构风险等方面的重要风险控制预案。

10.3.8 施工图设计阶段安全风险评估内容和成果应满足施工图阶段安全风险控制的基本要求。

附录A 表格

风险源普查表　　　　　　　　　　　　　　　　　　　　　表A-1

项目名称：

序号	典型风险		风险源所处阶段			描述
			设计阶段	施工阶段	运营阶段	
1	风险1	风险源1-1				
		风险源1-2				
		……				
		风险源1-m				
2	风险2	风险源2-1				
		风险源2-2				
		……				
		风险源2-m				
……	……	……				
n	风险n	风险源n-1				
		风险源n-2				
		……				
		风险源n-m				
填表人：			填表日期：			

注："典型风险"栏为同类桥梁和隧道工程所存在风险源的归纳总结；"描述"栏为每项风险源可能存在的方式、产生的影响及已有典型事故教训和成功经验的简要说明。

检查表　　　　　　　　　　　　　　　　　　　　　　　　表A-2

序号	检查项目		是否存在该风险源	存在方式	产生的影响
1	风险1	风险源1-1			
		风险源1-2			
		……			
		风险源1-m			
2	风险2	风险源2-1			
		风险源2-2			
		……			
		风险源2-m			
……	……	……			
n	风险n	风险源n-1			
		风险源n-2			
		……			
		风险源n-m			
填表人：				填表日期：	

风险源列表　　　　　　　　　　　　　　　　　　　　　表 A-3

序号	典型风险		次要风险源	主要风险源	判断依据
1	风险 1	风险源 1-1			
		风险源 1-2			
		……			
		风险源 1-m			
2	风险 2	风险源 2-1			
		风险源 2-2			
		……			
		风险源 2-m			
……	……	……			
n	风险 n	风险源 n-1			
		风险源 n-2			
		……			
		风险源 n-m			
填表人：				填表日期：	

风险等级调查表　　　　　　　　　　　　　　　　　　　表 A-4

典型风险	风险源	当前状态	假定采取的（基于"正常施工"和"正常运营"）缓解风险措施	风险发生概率级别	风险损失级别			评定概率和损失级别的理由	建议进一步采取的措施
					人员伤亡	经济损失	环境影响		
风险 1	风险源 1-1								
	风险源 1-2								
	……								
	风险源 1-m								
风险 2	风险源 2-1								
	风险源 2-2								
	……								
	风险源 2-m								
……	……								
风险 n	风险源 n-1								
	风险源 n-2								
	……								
	风险源 n-m								

注：1. 专家可根据具体工程实际情况，增减主要风险源，评估小组应视情研究是否将其补入风险源列表。
2. 风险等级调查表的编制应保证结构完整、风险源完备、信息简练准确。
3. "典型风险"栏、"风险源"栏、"当前状态"栏、"假定采取的（基于'正常施工'和'正常运营'）缓解风险措施"栏由风险评估小组在专家调查前完整制定。
4. "当前状态"栏应填写与对应风险源相关的建设条件和设计方案信息，例如某座处于设计阶段的桥梁，评估其钢桥面疲劳破坏风险，"当前状态"栏应根据设计、专题研究、试验资料，填入工程设计方案中与该风险源有关的荷载参数、构造细节、桥梁建设条件等，该信息宜具体、详尽，涉及设计方案中对该风险有影响的详细技术缺陷。
5. "假定采取的（基于'正常施工'和'正常运营'）缓解风险措施"栏应填写与对应风险源相关的施工技术和运营管理信息，例如某座设计阶段桥梁的钢桥面疲劳破坏风险，此处可填写：精密工厂加工、工地焊接减少应力集中、治理超载、加强巡检。该信息宜概括而简练，不涉及精密工程加工、工地焊接、治理和巡检细节。
6. "风险发生概率级别"栏、"风险损失级别"栏、"评定概率和损失级别的理由"栏、"建议进一步采取的措施"栏由专家填写完成。
7. 当专家已判定并填写某一风险源的"风险发生概率级别"栏、"风险损失级别"栏相关内容时，则必须填写"评定概率和损失级别的理由"栏和"建议进一步采取的措施"栏。

附录 B 专家调查法

专家调查法的一般步骤为:

(1) 编制专家调查表

专家调查表的编制从结构上应包括六部分:标题、说明语、风险发生概率等级与判断标准、风险损失等级与判断标准、风险等级调查表、项目基础资料。

说明语为本次专家调查的解释性内容,应包括目的、指导提示性语言、相关要求等。

风险发生概率等级与判断标准、风险损失等级与判断标准可参见3.1节、3.2节。

风险等级调查表可参见附录 A 表 A-4 的格式。

参与填写风险等级调查表的专家宜选择:

① 了解该工程建设情况的国内外桥梁工程资深专家,不宜选择直接参与工程的项目法人(业主)单位、设计单位、咨询单位、施工单位、监理单位、养护管理单位的专家。

② 评估小组内部具有丰富风险评估经验的专家。

项目基础资料应简要提供与工程方案相关的信息。

(2) 选择专家

采用专家调查法时,专家人数应有合理的规模。专家的人数取决于项目的特点、规模、复杂程度和风险的性质而定,一般不宜少于10人。

专家的选择,宜做到评估小组内专家和行业内专家协调平衡。

(3) 风险等级调查表填写

风险等级调查表的填写可通过现场会议、寄发调查表等方式完成。

专家填写风险等级调查表时,可从风险等级调查表中"典型风险"栏、"风险源"栏、"当前状态"栏、"假定采取的(基于'正常施工'和'正常运营')缓解风险措施"栏及专家调查表的"项目基础资料"部分获取有关基本信息,也可由评估小组直接介绍相关信息。

当专家意见比较分散时,应再次征询意见,待专家重新考虑后再次提出自己判定风险发生概率、风险损失等级的理由,调整等级判定结果。

(4) 整理、统计调查表

在风险等级调查表集中回收完成后,应对调查表进行逐份检查,剔除不合格的调查表,然后将合格调查表统一编号,以便于调查数据的统计。

对某一项风险的发生概率和相应风险损失,应统计所有合格表格对该项的判定值,按照加权平均的方式进行计算。当权值不易判定时,可按权值为1处理。

附录 C 风险发生概率和风险损失量化方法

(1) 概率分析法

该方法用于风险分析及风险估测,概率分析方法包括蒙特卡洛等多种方法。

此类方法是根据有限的实际统计资料,利用概率论和数理统计方法求解风险发生概率,以此来衡量风险水平高低的计算方法,一般步骤为:

① 确定评估对象的数学模型。

② 收集随机变量(如风荷载、车辆荷载、地震荷载等)的试验、观测资料,进行统计分析,得出各随机变量的统计量(均值、标准差和分布类型)。

③ 计算风险概率。

该方法能准确、有效地对风险进行定量评估,但需要建立评估目标的数学模型,并确定各参数变量的概率分布规律,比较复杂,需要计算机编程辅助分析。

(2) 层次分析法

该方法用于风险辨识及风险概率、损失的估测。

层次分析法是按照一定的规律把决策过程层次化、数量化,是一种对多方案或多目标进行决策的方法,一般步骤为:

① 构造因素和子因素的判断矩阵。

② 构造两两比较判断矩阵,从层次结构的第二层开始,对于从属于(或影响到)上一层某个因素的同层诸因素,用成对比较法和比较尺度构造成对比矩阵,直至最下层。

③ 针对某一标准,计算各风险因素的权重,对于每一个成对比较矩阵,计算最大特征根及对应特征向量,特征向量即为该比较矩阵中各因素权重值。

④ 计算当前一层风险相对总目标的排序权重。

⑤ 进行一致性检验。

该方法可以有效地对影响评估目标的风险因素进行定量分析,并比较各因素之间权重大小,因此,该方法可对已知风险源进行定量分析。

(3) 事故树法

该方法用于风险辨识及风险概率、损失的估测。

事故树分析法起源于故障树分析法,不仅能分析出事故的直接原因,而且能深入地揭示出事故的潜在原因,用它描述事故的因果关系直观明了,思路清晰,逻辑性强,既可定性分析,又可定量分析。该方法可确定每一个层次的发生概率和风险源、风险事件的重要性排序,一般步骤为:

① 调查分析风险事件。要求在过去类似工程案例的基础上,分析可能发生的所有风险事件。

② 确定顶上事件。所谓顶上事件,就是所要分析的对象事件。顶上事件可以为单一风险事件,也可以为总体风险。

③ 调查与事件有关的所有原因事件和各种风险因素。

④ 画出事故树。根据上述资料,从顶上事件起进行演绎分析,一级一级地找出所有直接原因事件,直到所要分析的深度,按照其逻辑关系,画出事故树。

⑤ 定性分析。根据事故树结构进行简化,求出最小割集和最小径集,确定各基本事件的结构重要度排序。

⑥ 计算顶上事件发生概率。首先根据所调查的情况和资料,确定所有原因事件的发生概率,并标在事故树

上。根据这些基本数据,求出顶上事件(事故)发生概率。

该方法能对各种风险进行辨识和估测,不仅能分析出事故的直接原因,而且能深入地揭示出事故的潜在原因。用它描述事故的因果关系直观、明了,思路清晰,逻辑性强,可完成风险的定性、定量分析。

(4)模糊综合评估法

用于风险的概率和损失估测。

模糊综合评估法是采用模糊理论和最大隶属度原则对多因素系统进行评价的一种方法,一般步骤为:

①对评估项目进行综合分析,建立风险事件的评价指标体系。

②建立风险事件等级评估矩阵。

③确定各风险因素的权重。

④进行单因素或者多因素综合评估,得到风险评估矩阵。

⑤利用最大隶属度原则,确定风险等级。

该方法可以通过计算得出目标风险的量化指标,但计算较复杂,难度较大。

附录 D 评估报告格式

(1)封面

封面示例见图 D-1。

(2)扉页一

①扉页一应署明:安全风险评估报告编制单位名称(加盖公章)。

②评估小组负责人,并应亲笔签名。

③扉页一示例见图 D-2。

(3)扉页二

评估小组人员名单和职称。

(4)概述

(5)目录

(6)正文

(7)附件

评估项目名称（二号宋体）

XX阶段（二号黑体）
安全风险评估报告（一号黑体加粗）

评估报告完成日期（三号宋体加粗）

图 D-1　评估报告封面示例

注："××阶段"应根据评估阶段填写为：初步设计阶段、施工图设计阶段。

评估项目名称（三号宋体）

××阶段（三号宋体）
安全风险评估报告（二号宋体加粗）

编制单位：（四号宋体加粗）

评估小组负责人：（四号宋体加粗）

日 期：（四号宋体加粗）

图 D-2 扉页一示例

注：编制单位应加盖公章。评估小组负责人应亲笔签名。

24. 建设工程勘察质量管理办法

(建设部令 2002 年第 115 号)

第一章 总 则

第一条 为了加强对建设工程勘察质量的管理,保证建设工程质量,根据《中华人民共和国建筑法》、《建设工程质量管理条例》、《建设工程勘察设计管理条例》等有关法律、法规,制定本办法。

第二条 凡在中华人民共和国境内从事建设工程勘察活动的,必须遵守本办法。

本办法所称建设工程勘察,是指根据建设工程的要求,查明、分析、评价建设场地的地质地理环境特征和岩土工程条件,编制建设工程勘察文件的活动。

第三条 工程勘察企业应当按照有关建设工程质量的法律、法规、工程建设强制性标准和勘察合同进行勘察工作,并对勘察质量负责。

勘察文件应当符合国家规定的勘察深度要求,必须真实、准确。

第四条 国务院建设行政主管部门对全国的建设工程勘察质量实施统一监督管理。

国务院铁路、交通、水利等有关部门按照国务院规定的职责分工,负责对全国的有关专业建设工程勘察质量的监督管理。

县级以上地方人民政府建设行政主管部门对本行政区域内的建设工程勘察质量实施监督管理。

县级以上地方人民政府有关部门在各自的职责范围内,负责对本行政区域内的有关专业建设工程勘察质量的监督管理。

第二章 质量责任和义务

第五条 建设单位应当为勘察工作提供必要的现场工作条件,保证合理的勘察工期,提供真实、可靠的原始资料。

建设单位应当严格执行国家收费标准,不得迫使工程勘察企业以低于成本的价格承揽任务。

第六条 工程勘察企业必须依法取得工程勘察资质证书,并在资质等级许可的范围内承揽勘察业务。

工程勘察企业不得超越其资质等级许可的业务范围或者以其他勘察企业的名义承揽勘察业务;不得允许其他企业或者个人以本企业的名义承揽勘察业务;不得转包或者违法分包所承揽的勘察业务。

第七条 工程勘察企业应当健全勘察质量管理体系和质量责任制度。

第八条 工程勘察企业应当拒绝用户提出的违反国家有关规定的不合理要求,有权提出保证工程勘察质量所必需的现场工作条件和合理工期。

第九条 工程勘察企业应当参与施工验槽,及时解决工程设计和施工中与勘察工作有关的问题。

第十条 工程勘察企业应当参与建设工程质量事故的分析,并对因勘察原因造成的质量事故,提出相应的技术处理方案。

第十一条 工程勘察项目负责人、审核人、审定人及有关技术人员应当具有相应的技术职称或者注册资格。

第十二条 项目负责人应当组织有关人员做好现场踏勘、调查,按照要求编写《勘察纲要》,并对勘察过程中各项作业资料验收和签字。

第十三条 工程勘察企业的法定代表人、项目负责人、审核人、审定人等相关人员,应当在勘察文件上签字或者盖章,并对勘察质量负责。

工程勘察企业法定代表人对本企业勘察质量全面负责;项目负责人对项目的勘察文件负主要质量责任;项目审核人、审定人对其审核、审定项目的勘察文件负审核、审定的质量责任。

第十四条 工程勘察工作的原始记录应当在勘察过程中及时整理、核对,确保取样、记录的真实和准确,严禁离开现场追记或者补记。

第十五条 工程勘察企业应当确保仪器、设备的完好。钻探、取样的机具设备、原位测试、室内试验及测量仪器等应当符合有关规范、规程的要求。

第十六条 工程勘察企业应当加强职工技术培训和职业道德教育,提高勘察人员的质量责任意识。观测员、试验员、记录员、机长等现场作业人员应当接受专业培训,方可上岗。

第十七条 工程勘察企业应当加强技术档案的管理工作。工程项目完成后,必须将全部资料分类编目,装订成册,归档保存。

第三章 监督管理

第十八条 工程勘察文件应当经县级以上人民政府建设行政主管部门或者其他有关部门(以下简称工程勘察质量监督部门)审查。工程勘察质量监督部门可以委托施工图设计文件审查机构(以下简称审查机构)对工程勘察文件进行审查。

审查机构应当履行下列职责:

(一)监督检查工程勘察企业有关质量管理文件、文字报告、计算书、图纸图表和原始资料等是否符合有关规定和标准;

(二)发现勘察质量问题,及时报告有关部门依法处理。

第十九条 工程勘察质量监督部门应当对工程勘察企业质量管理程序的实施、试验室是否符合标准等情况进行检查,并将检查结果与企业资质年检管理挂钩,定期向社会公布检查和处理结果。

第二十条 工程勘察发生重大质量、安全事故时,有关单位应当按照规定向工程勘察质量监督部门报告。

第二十一条 任何单位和个人有权向工程勘察质量监督部门检举、投诉工程勘察质量、安全问题。

第四章 罚 则

第二十二条 工程勘察企业违反《建设工程勘察设计管理条例》《建设工程质量管理条例》的,由工程勘察质量监督部门按照有关规定给予处罚。

第二十三条 违反本办法规定,建设单位未为勘察工作提供必要的现场工作条件或者未提供真实、可靠原始资料的,由工程勘察质量监督部门责令改正;造成损失的,依法承担赔偿责任。

第二十四条 违反本办法规定,工程勘察企业未按照工程建设强制性标准进行勘察、弄虚作假、提供虚假成果资料的,由工程勘察质量监督部门责令改正,处10万元以上30万元以下的罚款;造成工程质量事故的,责令停业整顿,降低资质等级;情节严重的,吊销资质证书;造成损失的,依法承担赔偿责任。

第二十五条 违反本办法规定,工程勘察企业有下列行为之一的,由工程勘察质量监督部门责令改正,处1万元以上3万元以下的罚款:

(一)勘察文件没有责任人签字或者签字不全的;

(二)原始记录不按照规定记录或者记录不完整的;

(三)不参加施工验槽的;

(四)项目完成后,勘察文件不归档保存的。

第二十六条 审查机构未按照规定审查,给建设单位造成损失的,依法承担赔偿责任;情节严重的,由工程勘察质量监督部门撤销委托。

第二十七条 依照本办法规定,给予勘察企业罚款处罚的,由工程勘察质量监督部门对企业的法定代表人和其他直接责任人员处以企业罚款数额的5%以上10%以下的罚款。

第二十八条 国家机关工作人员在建设工程勘察质量监督管理工作中玩忽职守、滥用职权、徇私舞弊的,依法给予行政处分;构成犯罪的,依法追究刑事责任。

第五章 附 则

第二十九条 本办法自2003年2月1日起施行。

本文件发布后修改情况:

1. 2007年11月22日,《建设部关于修改〈建设工程勘察质量管理办法〉的决定》中规定:

将第十九条修改为:"工程勘察质量监督部门应当对工程勘察企业质量管理程序的实施、试验室是否符合标准等情况进行检查,并定期向社会公布检查和处理结果。"

2. 2021年4月1日,《住房和城乡建设部关于修改〈建设工程勘察质量管理办法〉的决定》中规定:

一、将第四条第一款中的"建设行政主管部门"修改为"住房和城乡建设主管部门"。其余条款依此修改。

二、将第五条第二款中的"严格执行国家收费标准"修改为"加强履约管理,及时足额支付勘察费用"。增加两款作为第三款和第四款:"建设单位应当依法将工程勘察文件送施工图审查机构审查。建设单位应当验收勘察报告,组织勘察技术交底和验槽。

"建设单位项目负责人应当按照有关规定履行代表建设单位进行勘察质量管理的职责。"

三、将第七条修改为:"工程勘察企业应当健全勘察质量管理体系和质量责任制度,建立勘察现场工作质量责任可追溯制度。

工程勘察企业将勘探、试验、测试等技术服务工作交由具备相应技术条件的其他单位承担的,工程勘察企业对相关勘探、试验、测试工作成果质量全面负责。"

四、将第九条修改为:"工程勘察企业应当向设计、施工和监理等单位进行勘察技术交底,参与施工验槽,及时解决工程设计和施工中与勘察工作有关的问题,按规定参加工程竣工验收。"

五、将第十二条修改为:"工程勘察企业法定代表人应当建立健全并落实本单位质量管理制度,授权具备相应资格的人员担任项目负责人。

工程勘察企业项目负责人应当签署质量终身责任承诺书,执行勘察纲要和工程建设强制性标准,落实本单位勘察质量管理制度,制定项目质量保证措施,组织开展工程勘察各项工作。"

六、将第十四条修改为:"工程勘察工作的原始记录应当在勘察过程中及时整理、核对,确保取样、记录的真实和准确,禁止原始记录弄虚作假。钻探、取样、原位测试、室内试验等主要过程的影像资料应当留存备查。

司钻员、描述员、土工试验员等作业人员应当在原始记录上签字。工程勘察企业项目负责人应当对原始记录进行验收并签字。

鼓励工程勘察企业采用信息化手段,实时采集、记录、存储工程勘察数据。"

七、将第十六条中的"观测员、试验员、记录员、机长等现场作业人员应当接受专业培训,方可上岗"修改为"司钻员、描述员、土工试验员等人员应当按照有关规定接受安全生产、职业道德、理论知识和操作技能等方面的专业培训。"

八、将第十七条修改为:"工程勘察企业应当建立工程勘察档案管理制度。工程勘察企业应当在勘察报告提交建设单位后20日内将工程勘察文件和勘探、试验、测试原始记录及成果、质量安全管理记录归档保存。归档资料应当经项目负责人签字确认,保存期限应当不少于工程的设计使用年限。

国家鼓励工程勘察企业推进传统载体档案数字化。电子档案与传统载体档案具有同等效力。"

九、删去第十八条。

十、将第十九条改为第十八条，修改为："县级以上人民政府住房和城乡建设主管部门或者其他有关部门（以下简称工程勘察质量监督部门）应当通过'双随机、一公开'方式开展工程勘察质量监管，检查及处理结果及时向社会公开。

工程勘察质量监督部门可以通过政府购买技术服务方式，聘请具有专业技术能力的单位和人员对工程勘察质量进行检查，所需费用向本级财政申请予以保障。

工程勘察质量监督部门应当运用互联网等信息化手段开展工程勘察质量监管，提升监管的精准化、智能化水平。"

十一、将第二十三条改为第二十二条，修改为："违反本办法规定，建设单位有下列行为之一的，由工程勘察质量监督部门责令改正，处1万元以上3万元以下的罚款：

（一）未提供必要的现场工作条件；

（二）未提供与工程勘察有关的原始资料或者提供的原始资料不真实、不可靠；

（三）未组织勘察技术交底；

（四）未组织验槽。"

十二、将第二十五条改为第二十四条，修改为："违反本办法规定，工程勘察企业有下列行为之一的，由工程勘察质量监督部门责令改正，处1万元以上3万元以下的罚款：

（一）使用的勘察仪器、设备不满足相关规定；

（二）司钻员、描述员、土工试验员等关键岗位作业人员未接受专业培训；

（三）未按规定参加建设单位组织的勘察技术交底或者验槽；

（四）原始记录弄虚作假；

（五）未将钻探、取样、原位测试、室内试验等主要过程的影像资料留存备查；

（六）未按规定及时将工程勘察文件和勘探、试验、测试原始记录及成果、质量安全管理记录归档保存。"

十三、将第二十六条改为第二十五条，修改为："违反本办法规定，工程勘察企业法定代表人有下列行为之一的，由工程勘察质量监督部门责令改正，处1万元以上3万元以下的罚款：

（一）未建立或者落实本单位勘察质量管理制度；

（二）授权不具备相应资格的项目负责人开展勘察工作；

（三）未按规定在工程勘察文件上签字或者盖章。"

十四、增加一条，作为第二十六条："违反本办法规定，工程勘察企业项目负责人有下列行为之一的，由工程勘察质量监督部门责令改正，处1万元以上3万元以下的罚款：

（一）未执行勘察纲要和工程建设强制性标准；

（二）未落实本单位勘察质量管理制度，未制定项目质量保证措施；

（三）未按规定在工程勘察文件上签字；

（四）未对原始记录进行验收并签字；

（五）未对归档资料签字确认。"

十五、将第二十七条修改为："依照本办法规定，给予建设单位、勘察企业罚款处罚的，由工程勘察质量监督部门对建设单位、勘察企业的法定代表人和其他直接责任人员处以企业罚款数额的5%以上10%以下的罚款。"

此外，对相关条文序号作相应调整。

25. 交通运输部关于进一步加强普通公路勘察设计和建设管理工作的指导意见

(交公路发〔2022〕71号)

各省、自治区、直辖市、新疆生产建设兵团交通运输厅(局、委)：

为进一步加强普通公路新、改建工程勘察设计和建设管理，确保工程质量、安全、进度和投资效益，推动普通公路高质量发展，打造一流公路基础设施，现提出如下意见：

一、充分认识加强普通公路建设的重要意义

普通公路是指除高速公路以外的普通国省干线公路和农村公路，具有覆盖范围广、服务人口多、公益性强等特点，贴近群众、贴近民生，是公路网络的主体和基础。近年来，各级交通运输主管部门切实加强普通公路勘察设计和建设管理，普通公路的设计水平和工程质量不断提高。与此同时，普通公路具有项目多、地域广、建设投资标准相对较低、环境敏感点多等特点，容易成为薄弱环节，有的项目抗灾能力较弱，工程安全耐久和保障能力有待进一步提高。建设高质量的普通公路，是加快建设交通强国的必然要求，对于构建综合立体交通网、深化供给侧结构性改革、保障人民群众安全便捷出行等，具有十分重要的意义。

二、统筹把握普通公路建设的总体要求

(一)总体要求。以习近平新时代中国特色社会主义思想为指导，深入贯彻党的十九大和十九届历次全会精神，立足新发展阶段，完整、准确、全面贯彻新发展理念，服务构建新发展格局，坚持稳中求进工作总基调，加强普通公路勘察设计和建设管理，严格基本建设程序和"四项制度"，落实各方责任，加强技术指导，强化行业监管，规范市场秩序，提升公路工程质量、安全、经济、环保水平，推动普通公路高质量发展。

(二)深化前期论证。按照公路网规划布局方案，做好规划衔接，充分利用既有线位和设施，结合养护工作安排，合理确定建设时序。省级交通运输主管部门应当加强普通国省道项目前期工作指导，统筹研究路线走廊、建设规模、技术标准、重大方案等。县级交通运输主管部门应当统筹加强农村公路项目前期工作。各地要积极争取财政投入和债券支持，多方筹措资金，积极扩大有效投资。

(三)严格建设程序。加强各阶段论证报批工作，不得擅自改变建设标准，严禁通过不同渠道重复申报立项、申请政府投资，严禁报大建小套取资金。施工图设计通过审查批复后方可施工，不得边设计边施工。落实国家发展改革委等三部门《关于村庄建设项目施行简易审批的指导意见》有关要求，对于符合按照固定资产投资管理的小型村庄建设项目中农村公路项目，优化审批程序、简化报批内容、改进审批方式，施行简易审批。重要农村公路建设项目进行两阶段设计，一般农村公路建设项目可直接进行施工图设计，具体由省级交通运输主管部门会同同级有关部门确定。

(四)把握技术政策。根据路网规划、公路功能定位和交通量，合理确定公路技术等级或分段技术标准。加强关键技术指标及重大方案的论证，特殊困难路段按标准、规范要求加强安全措施，尽量优先利用既有公路。重点保障公路基本功能和安全耐久性，提高山区公路的抗灾能力。

三、加强勘察设计和建设管理

(五)规范市场准入。依法依规优选具备相应资质、技术实力强、熟悉同类工程、履约和信用记录好、具备较好现场服务能力的参建单位，不得设置本地注册、备案等壁垒，以及明显高于工程实际需要的要求。小型项目可根据实际情况集零为整，打包进行招标。要根据勘察设计和监理工作量合理测算费用，不片面强调低价中标，不过分压减费用，避免恶性竞争，体现"优质优价"。

(六)落实各方责任。各级交通运输主管部门要指导勘察设计单位建立健全内部质量控制体系，加强项目组人员配备，强化内审工作，设计成果要签署齐全，签字人员对设计文件终身负责，严禁代签。支持勘察设计单位依据合同自主开展设计和评估论证，任何人不得强行要求更改设计方案；指导施工单位建立健全质量、安全、环保等责任体系，严格规范施工，加强现场管理；指导建设单位依据合同和有关规定，加强建设管理和项目实施的统筹协调。

(七)强化勘察设计。要针对项目特点编制勘察工作大纲，确定工作方案、工作量和重点，经建设单位同意后实施，勘察成果由建设单位组织验收。加强对不良地质的勘察，设计工作要落实各专题评估结论或批复要求，避免勘察、设计"两张皮"。依据《建设工程消防设计审查验收管理暂行规定》(住房和城乡建设部令第51号)需要开展消防设计的，应按相应规定开展设计，并完善相应程序。

(八)重视设计审查。各级交通运输主管部门要组织有关技术咨询单位或专家开展审查工作，重点对基础资料收集、既有公路充分利用情况、不良地质处治、高边坡稳定性分析、桥涵结构验算、安全设施设置、排水系统完备性等进行审查，以优质设计提升安全质量水平和投资效益，保障项目顺利实施，减少后期不必要的变更。

(九)规范变更管理。各有关单位要严格规范变更程序，完善设计变更台账，加强设计变更信息公开。涉及勘察设计深度、施工组织与施工工艺等问题的，变更审批前应先明确有关责任及处理意见。非紧急情况下，严禁先

变更、再补报。未经批准的设计变更，其费用变化不得进入决算。

（十）严格合同管理。鼓励推行大标段招标、项目群"打捆"招标、"代建＋监理"招标、设计施工总承包等，吸引优秀企业参与建设，提高工程管理能力。各地交通运输主管部门指导建设单位按照工作量和批复工期合理确定设计周期和施工工期，加强合同履约管理和考核、评价，强化工程造价管理。

（十一）重视质量安全。落实建设单位首要责任和设计、施工单位主体责任，实行设计使用期限内工程质量终身责任制。强化施工现场质量安全监管，严格执行质量安全事故报告和事故调查制度。

（十二）强化工资保障。鼓励吸纳农民工参与公路建设，在小型公路基础设施建设领域推广以工代赈方式，带动农村劳动力就地就近就业。依法维护农民工合法权益，落实农民工实名制、合同制，完善用工台账、考勤记录和工资发放台账等基础资料，强化施工总承包单位管理责任。因建设单位拖欠工程款导致拖欠农民工工资的，由建设单位先行垫付。

（十三）推动信息公开。除依法不予公开的信息外，各级交通运输主管部门应当按职责定期公布公路建设市场监管、工程进展和安全事故处理等信息；指导建设单位在网站、工程现场公布项目概况、参建单位、质量安全责任人、农民工工资政策、监督举报电话等信息；指导施工单位在工程驻地和施工现场公布相关信息，接受社会监督。

（十四）把好验收关口。项目完工后应当及时验收，重点核查批复文件执行情况及安全设施、消防设施、防护工程等是否同步建成，邀请公安、应急等部门参加验收。未经交工验收、交工验收不合格或未备案的工程项目不得投入试运行，边通车边改造项目要在完工后立即开展验收工作。项目验收情况纳入计划执行考核，因特殊原因不能按时完工的，应当及时报请政府和相关部门研究解决问题，避免形成"半拉子"工程或造成资金沉淀。

四、切实提升普通公路管理水平

（十五）消除瓶颈路段。各省级交通运输主管部门要牢固树立大局意识，坚持全国"一盘棋"，强化落实主体责任，健全完善分级责任体系，定期组织开展普通国省道瓶颈路段摸底排查等工作，并积极协调相邻省（区、市）交通运输主管部门、本级相关部门和市县人民政府等，充分调动各方力量协同推进相关项目建设，相邻路段在路线走向、省际接线、建设标准、实施安排等方面要做好衔接，形成动态化跟踪和常态化推进机制，消除存量，不添增量，持续消除普通国省道瓶颈路段问题。

（十六）提升公路建设理念。统筹公路安全、效率、便民、投资、节地、环境等因素，合理确定技术方案和主要指标，减少大填大挖，注重生态恢复和景观设计，加强废旧材料循环利用。加强普通国省道平面交叉口及特殊路段改造提升，改善路侧环境，完善安全设施，合理提升运行速度和通行效率。有条件的路段可设置服务区、停车区、观景台、卫生间等设施，完善旅游标识和电动汽车充电设施；重要路段可设置视频监控系统及其他智慧感知设施、不停车超限检测系统等，促进新型基础设施与传统公路设施融合。有条件的城镇附近路段可适当设置非机动车道、人行道、公交车停靠站及照明设施等。

（十七）提升勘察设计水平。部加快推进有关文件、标准制修订工作，规范引导勘察设计行业健康发展。各地要认真研究本地区普通公路高质量发展及加强勘察设计、提升设计质量的举措。鼓励各地申请前期工作专项经费，加强项目储备，编制本地区典型专业工程通用图和设计要点，利用现代信息技术改进勘察设计工作。除必要的评审程序外，控制各类勘察设计评审次数，让设计人员有更多精力开展设计工作。结合项目区气候特点，重视行洪能力分析验算，重点加强地质、水文等基础资料收集，综合考虑行洪要求合理设置桥涵构造物，完善临河路基段排水设施和防护工程，提高抗灾能力。

（十八）提升工程建造水平。实施精品建造和精细管理，深化施工标准化工作，规范安全生产和工地建设、现场管理、施工工艺，加强一线人员技术交底，强化原材料、成品、半成品进场检测，完善质量溯源机制。因地制宜推行混凝土集中拌和、材料集中加工、构件集中预制、信息集中管控和智慧工地建设，鼓励重点项目推广应用建筑信息模型和智能建造技术，推广相对成熟可靠的"四新"技术，加强技术工艺创新和经验总结。边通车边改造项目应结合施工组织方案，完善保通措施和临时安全设施，加强原有交通标志清理，确保通行安全。

（十九）提升项目管理水平。部完善重点公路项目建设实施协调机制，加强协调调度。省级交通运输主管部门要指导完善普通公路项目管理制度。普通国省道项目要根据项目实际情况，组建项目现场建设管理机构，机构设置、人员配备要求可由省级交通运输主管部门明确，项目单位不具备相应建设管理能力的可委托代建。农村公路项目要明确项目法人，由具备技术管理能力和经验的人员进行管理，逐步实行建管分离。政府与社会资本合作项目实施机构可以根据政府授权及相关合同，采取直接招标监理单位或中心试验室等措施，规范监理、检测工作流程及相关要求，完善设计变更管理程序。采用设计施工总承包模式建设的项目，要深化初步设计深度，加强初步设计和施工图设计审查，严格按批复的设计文件进行施工，严格规范施工过程中设计变更审批程序，不得报大建小、化整为零、规避审批，交通运输主管部门要加强监管。

五、落实保障措施

（二十）落实监管责任。省级交通运输主管部门要根据省级人民政府要求，确定普通国省道建设管理责任分工，完善相应制度。部和省级交通运输主管部门要强化对市、县交通运输主管部门的指导。各级交通运输主管部门根据职责加强普通公路项目监管。负责公路管理和质量监督的机构根据职责开展相应工作。

（二十一）加强监督检查。各级交通运输主管部门及所属相关机构应当依据职责，加强普通公路前期工作、招标投标、项目实施、资金落实等监督检查，发现问题可采取督导、约谈、暂停资金拨付等措施，加大管理力度。严厉打击串通投标、出借借用资质、转包和违法分包等行为，加强信用管理。推动将普通公路建设纳入政府目标考核体系，完善普通省道和农村公路"以奖代补"及奖惩激励措施，根据计划完成情况调整规划时序和投资。

（二十二）完善保障机制。各地交通运输主管部门要在当地党委、政府领导下，推动建立政府主导、部门参与、多方联动的建设协调机制，加强政策引导，落实建设资金、土地、建筑材料等要素资源，协同做好前期工作以及征地拆迁、路域环境整治等工作，保障良好的建设环境。要重视公路建设行业技术人才培养，促进专业技术能力提升，加强技术攻关、技术交流和农民工培训，打造一支高水平、高素质的建设者队伍。

（二十三）鼓励试点示范。结合促进普通公路高质量发展要求，鼓励将提升普通公路建设理念、勘察设计水平、工程建造水平、项目管理水平纳入交通强国试点，落实绿色公路、智慧公路建设及交旅融合等要求，打造全面贯彻新发展理念的样板工程，深化平安工地建设和平安百年品质工程、"四好农村路"示范创建工作，以点带面促进普通公路建设水平全面提升。

各省级交通运输主管部门结合既有工作开展情况和本地区建设特点，将交通强国试点有关普通公路项目情况及时报部。部加强指导跟踪，并适时组织开展普通公路勘察设计和建设管理交流工作，对试点示范创建成绩优异地区和项目予以通报表扬。

交通运输部
2022 年 6 月 8 日

质量管理

26. 公路水运工程质量监督管理规定

(交通运输部令 2017 年第 28 号)

第一章 总 则

第一条 为了加强公路水运工程质量监督管理,保证工程质量,根据《中华人民共和国公路法》《中华人民共和国港口法》《中华人民共和国航道法》《建设工程质量管理条例》等法律、行政法规,制定本规定。

第二条 公路水运工程质量监督管理,适用本规定。

第三条 本规定所称公路水运工程,是指经依法审批、核准或者备案的公路、水运基础设施的新建、改建、扩建等建设项目。

本规定所称公路水运工程质量,是指有关公路水运工程建设的法律、法规、规章、技术标准、经批准的设计文件以及工程合同对建设公路水运工程的安全、适用、经济、美观等特性的综合要求。

本规定所称从业单位,是指从事公路、水运工程建设、勘察、设计、施工、监理、试验检测等业务活动的单位。

第四条 交通运输部负责全国公路水运工程质量监督管理工作。交通运输部长江航务管理局按照规定的职责对长江干线航道工程质量监督管理。

县级以上地方人民政府交通运输主管部门按照规定的职责负责本行政区域内的公路水运工程质量监督管理工作。

公路水运工程质量监督管理,可以由交通运输主管部门委托的建设工程质量监督机构具体实施。

第五条 交通运输主管部门应当制定完善公路水运工程质量监督管理制度、政策措施,依法加强质量监督管理,提高质量监督管理水平。

第六条 公路水运工程建设领域鼓励和支持质量管理新理念、新技术、新方法的推广应用。

第二章 质量管理责任和义务

第七条 从业单位应当建立健全工程质量保证体系,制定质量管理制度,强化工程质量管理措施,完善工程质量目标保障机制。

公路水运工程施行质量责任终身制。建设、勘察、设计、施工、监理等单位应当书面明确相应的项目负责人和质量负责人。从业单位的相关人员按照国家法律法规和有关规定在工程合理使用年限内承担相应的质量责任。

第八条 建设单位对工程质量负管理责任,应当科学组织管理,落实国家法律、法规、工程建设强制性标准的规定,严格执行国家有关工程建设管理程序,建立健全项目管理责任机制,完善工程项目管理制度,严格落实质量责任制。

第九条 建设单位应当与勘察、设计、施工、监理等单位在合同中明确工程质量目标、质量管理责任和要求,加强对涉及质量的关键人员、施工设备等方面的合同履约管理,组织开展质量检查,督促有关单位及时整改质量问题。

第十条 勘察、设计单位对勘察、设计质量负责,应当按照有关规定、强制性标准进行勘察、设计,保证勘察、设计工作深度和质量。勘察单位提供的勘察成果文件应当满足工程设计的需要。设计单位应当根据勘察成果文件进行工程设计。

第十一条 设计单位应当按照相关规定,做好设计交底、设计变更和后续服务工作,保障设计意图在施工中得以贯彻落实,及时处理施工中与设计相关的质量技术问题。

第十二条 公路水运工程交工验收前,设计单位应当对工程建设内容是否满足设计要求、是否达到使用功能等方面进行综合检查和分析评价,向建设单位出具工程设计符合性评价意见。

第十三条 施工单位对工程施工质量负责,应当按合同约定设立现场质量管理机构,配备工程技术人员和质量管理人员,落实工程施工质量责任制。

第十四条 施工单位应当严格按照工程设计图纸、施工技术标准和合同约定施工,对原材料、混合料、构配件、工程实体、机电设备等进行检验;按规定施行班组自检、工序交接检、专职质检员检验的质量控制程序;对分项工程、分部工程和单位工程进行质量自评。检验或者自评不合格的,不得进入下道工序或者投入使用。

第十五条 施工单位应当加强施工过程质量控制,并形成完整、可追溯的施工质量管理资料,主体工程的隐蔽部位施工还应当保留影像资料。对施工中出现的质量问题或者验收不合格的工程,应当负责返工处理;对在保修范围和保修期限内发生质量问题的工程,应当履行保修义务。

第十六条 勘察、设计、施工单位应当依法规范分包行为,并对各自承担的工程质量负总责,分包单位对分包合同范围内的工程质量负责。

第十七条 监理单位对施工质量负监理责任,应当按合同约定设立现场监理机构,按规定程序和标准进行工程质量检查、检测和验收,对发现的质量问题及时督促整改,不得降低工程质量标准。

公路水运工程交工验收前,监理单位应当根据有关标准和规范要求对工程质量进行检查验证,编制工程质量评定或者评估报告,并提交建设单位。

第十八条 施工、监理单位应当按照合同约定设立工地临时试验室,严格按照工程技术标准、检测规范和规程,在核定的试验检测参数范围内开展试验检测活动。

施工、监理单位应当对其设立的工地临时试验室所出具的试验检测数据和报告的真实性、客观性、准确性负责。

第十九条 材料和设备的供应单位应当按照有关规定和合同约定对其产品或者服务质量负责。

第三章 监督管理

第二十条 公路水运工程实行质量监督管理制度。

交通运输主管部门及其委托的建设工程质量监督机构应当依据法律、法规和强制性标准等,科学、规范、公正地开展公路水运工程质量监督管理工作。任何单位和个人不得非法干预或者阻挠质量监督管理工作。

第二十一条 交通运输主管部门委托的建设工程质量监督机构应当满足以下基本条件:

(一)从事质量监督管理工作的专业技术人员数量不少于本单位职工总数的70%,且专业结构配置合理,满足质量监督管理工作需要,从事现场执法的人员应当按规定取得行政执法证件;

(二)具备开展质量监督管理的工作条件,按照有关装备标准配备质量监督检查所必要的检测设备、执法装备等;

(三)建立健全质量监督管理制度和工作机制,落实监督管理工作责任,加强业务培训。

质量监督管理工作经费应当由交通运输主管部门按照国家规定协调有关部门纳入同级财政预算予以保障。

第二十二条 交通运输主管部门或者其委托的建设工程质量监督机构依法要求建设单位按规定办理质量监督手续。

建设单位应当按照国家规定向交通运输主管部门或者其委托的建设工程质量监督机构提交以下材料,办理工程质量监督手续:

(一)公路水运工程质量监督管理登记表;

(二)交通运输主管部门批复的施工图设计文件;

(三)施工、监理合同及招投标文件;

(四)建设单位现场管理机构、人员、质量保证体系等文件;

(五)本单位以及勘察、设计、施工、监理、试验检测等单位对其项目负责人、质量负责人的书面授权委托书、质量保证体系等文件;

(六)依法要求提供的其他相关材料。

第二十三条 建设单位提交的材料符合规定的,交通运输主管部门或者其委托的建设工程质量监督机构应当在15个工作日内为其办理工程质量监督手续,出具公路水运工程质量监督管理受理通知书。

公路水运工程质量监督管理受理通知书中应当明确监督人员、内容和方式等。

第二十四条 建设单位在办理工程质量监督手续后、工程开工前,应当按照国家有关规定办理施工许可或者开工备案手续。

交通运输主管部门或者其委托的建设工程质量监督机构应当自建设单位办理完成施工许可或者开工备案手续之日起,至工程竣工验收完成之日止,依法开展公路水运工程建设的质量监督管理工作。

第二十五条 公路水运工程交工验收前,建设单位应当组织对工程质量是否合格进行检测,出具交工验收质量检测报告,连同设计单位出具的工程设计符合性评价意见、监理单位提交的工程质量评定或者评估报告一并提交交通运输主管部门委托的建设工程质量监督机构。

交通运输主管部门委托的建设工程质量监督机构应当对建设单位提交的报告材料进行审核,并对工程质量进行验证性检测,出具工程交工质量核验意见。

工程交工质量核验意见应当包括交工验收质量检测工作组织、质量评定或者评估程序执行、监督管理过程中发现的质量问题整改以及工程质量验证性检测结果等情况。

第二十六条 公路水运工程竣工验收前,交通运输主管部门委托的建设工程质量监督机构应当根据交通运输主管部门拟定的验收工作计划,组织对工程质量进行复测,并出具项目工程质量鉴定报告,明确工程质量水平;同时出具项目工程质量监督管理工作报告,对项目建设期质量监督管理工作进行全面总结。

工程质量鉴定报告应当以工程交工质量核验意见为参考,包括交工遗留问题和试运行期间出现的质量问题及整改、是否存在影响工程正常使用的质量缺陷、工程质量用户满意度调查及工程质量复测和鉴定结论等情况。

交通运输主管部门委托的建设工程质量监督机构应当将项目工程质量鉴定报告和项目工程质量监督管理工作报告提交负责组织竣工验收的交通运输主管部门。

第二十七条 交通运输主管部门委托的建设工程质量监督机构具备相应检测能力的,可以自行对工程质量进行检测;不具备相应检测能力的,可以委托具有相应能力等级的第三方试验检测机构负责相应检测工作。委托试验检测机构开展检测工作的,应当遵守政府采购有关法律法规的要求。

第二十八条 交通运输主管部门或者其委托的建设工程质量监督机构可以采取随机抽查、备案核查、专项督查等方式对从业单位实施监督检查。

公路水运工程质量监督管理工作实行项目监督责任制,可以明确专人或者设立工程项目质量监督组,实施项目质量监督管理工作。

第二十九条 交通运输主管部门或者其委托的建设工程质量监督机构应当制定年度工程质量监督检查计划,确定检查内容、方式、频次以及有关要求等。监督检查的内容主要包括:

(一)从业单位对工程质量法律、法规的执行情况;

（二）从业单位对公路水运工程建设强制性标准的执行情况；

（三）从业单位质量责任落实及质量保证体系运行情况；

（四）主要工程材料、构配件的质量情况；

（五）主体结构工程实体质量等情况。

第三十条 实施监督检查时，应当有2名以上人员参加，并出示有效执法证件。检查人员对涉及被检查单位的技术秘密和商业秘密，应当为其保密。

第三十一条 监督检查过程中，检查人员发现质量问题的，应当当场提出检查意见并做好记录。质量问题较为严重的，检查人员应当将检查时间、地点、内容、主要问题及处理意见形成书面记录，并由检查人员和被检查单位现场负责人签字。被检查单位现场负责人拒绝签字的，检查人员应当将情况记录在案。

第三十二条 交通运输主管部门或者其委托的建设工程质量监督机构履行监督检查职责时，有权采取下列措施：

（一）进入被检查单位和施工现场进行检查；

（二）询问被检查单位工作人员，要求其说明有关情况；

（三）要求被检查单位提供有关工程质量的文件和材料；

（四）对工程材料、构配件、工程实体质量进行抽样检测；

（五）对发现的质量问题，责令改正，视情节依法对责任单位采取通报批评、罚款、停工整顿等处理措施。

第三十三条 从业单位及其工作人员应当主动接受、配合交通运输主管部门或者其委托的建设工程质量监督机构的监督检查，不得拒绝或者阻碍。

第三十四条 公路水运工程发生质量事故，建设、施工单位应当按照交通运输部制定的公路水运建设工程质量事故等级划分和报告制度，及时、如实报告。交通运输主管部门或者其委托的建设工程质量监督机构接到事故报告后，应当按有关规定上报事故情况，并及时组织事故抢救，组织或者参与事故调查。

第三十五条 任何单位和个人都有权如实向交通运输主管部门及其委托的建设工程质量监督机构举报、投诉工程质量事故和质量问题。

第三十六条 交通运输主管部门应当加强对工程质量数据的统计分析，建立健全质量动态信息发布和质量问题预警机制。

第三十七条 交通运输主管部门应当完善公路水运工程质量信用档案，健全质量信用评价体系，加强对公路水运工程质量的信用评价管理，并按规定将有关信用信息纳入交通运输和相关统一信用信息共享平台。

第三十八条 交通运输主管部门应当健全违法违规信息公开制度，将从业单位及其人员的失信行为、举报投诉并被查实的质量问题、发生的质量事故、监督检查结果等情况，依法向社会公开。

第四章 法 律 责 任

第三十九条 违反本规定第十条规定，勘察、设计单位未按照工程建设强制性标准进行勘察、设计的，设计单位未根据勘察成果文件进行工程设计的，依照《建设工程质量管理条例》第六十三条规定，责令改正，按以下标准处以罚款；造成质量事故的，责令停工整顿：

（一）工程尚未开工建设的，处10万元以上20万元以下的罚款；

（二）工程已开工建设的，处20万元以上30万元以下的罚款。

第四十条 违反本规定第十四条规定，施工单位不按照工程设计图纸或者施工技术标准施工的，依照《建设工程质量管理条例》第六十四条规定，责令改正，按以下标准处以罚款；情节严重的，责令停工整顿：

（一）未造成工程质量事故的，处所涉及单位工程合同价款2%的罚款；

（二）造成工程质量一般事故的，处所涉及单位工程合同价款2%以上3%以下的罚款；

（三）造成工程质量较大及以上等级事故的，处所涉及单位工程合同价款3%以上4%以下的罚款。

第四十一条 违反本规定第十四条规定，施工单位未按规定对原材料、混合料、构配件等进行检验的，依照《建设工程质量管理条例》第六十五条规定，责令改正，按以下标准处以罚款；情节严重的，责令停工整顿：

（一）未造成工程质量事故的，处10万元以上15万元以下的罚款；

（二）造成工程质量事故的，处15万元以上20万元以下的罚款。

第四十二条 违反本规定第十五条规定，施工单位对施工中出现的质量问题或者验收不合格的工程，未进行返工处理或者拖延返工处理的，责令改正，处1万元以上3万元以下的罚款。

施工单位对保修范围和保修期限内发生质量问题的工程，不履行保修义务或者拖延履行保修义务的，依照《建设工程质量管理条例》第六十六条规定，责令改正，按以下标准处以罚款：

（一）未造成工程质量事故的，处10万元以上15万元以下的罚款；

（二）造成工程质量事故的，处15万元以上20万元以下的罚款。

第四十三条 违反本规定第十七条规定，监理单位在监理工作中弄虚作假、降低工程质量的，或者将不合格的建设工程、建筑材料、建筑构配件和设备按照合格签字的，依照《建设工程质量管理条例》第六十七条规定，责令改正，按以下标准处以罚款，降低资质等级或者吊销资质证书；有违法所得的，予以没收：

（一）未造成工程质量事故的，处50万元以上60万元以下的罚款；

（二）造成工程质量一般事故的，处 60 万元以上 70 万元以下的罚款；

（三）造成工程质量较大事故的，处 70 万元以上 80 万元以下的罚款；

（四）造成工程质量重大及以上等级事故的，处 80 万元以上 100 万元以下的罚款。

第四十四条　违反本规定第十八条规定，设立工地临时实验室的单位弄虚作假、出具虚假数据报告的，责令改正，处 1 万元以上 3 万元以下的罚款。

第四十五条　违反本规定第二十二条规定，建设单位未按照规定办理工程质量监督手续的，依照《建设工程质量管理条例》第五十六条规定，责令改正，按以下标准处以罚款：

（一）未造成工程质量事故的，处 20 万元以上 30 万元以下的罚款；

（二）造成工程质量一般事故的，处 30 万元以上 40 万元以下的罚款；

（三）造成工程质量较大及以上等级事故的，处 40 万元以上 50 万元以下的罚款。

第四十六条　依照《建设工程质量管理条例》规定给予单位罚款处罚的，对单位直接负责的主管人员和其他直接责任人员处单位罚款数额 5％以上 10％以下的罚款。

第四十七条　交通运输主管部门及其委托的建设工程质量监督机构的工作人员在监督管理工作中玩忽职守、滥用职权、徇私舞弊的，依法给予处分；构成犯罪的，依法追究刑事责任。

第五章　附　　则

第四十八条　乡道、村道工程建设的质量监督管理参照本规定执行。

第四十九条　本规定自 2017 年 12 月 1 日起施行。交通部于 1999 年 2 月 24 日发布的《公路工程质量管理办法》（交公路发〔1999〕90 号）、2000 年 6 月 7 日发布的《水运工程质量监督规定》（交通部令 2000 年第 3 号）和 2005 年 5 月 8 日发布的《公路工程质量监督规定》（交通部令 2005 年第 4 号）同时废止。

27. 实施工程建设强制性标准监督规定

(建设部令 2000 年第 81 号)

第一条 为加强工程建设强制性标准实施的监督工作,保证建设工程质量,保障人民的生命、财产安全,维护社会公共利益,根据《中华人民共和国标准化法》、《中华人民共和国标准化法实施条例》和《建设工程质量管理条例》,制定本规定。

第二条 在中华人民共和国境内从事新建、扩建、改建等工程建设活动,必须执行工程建设强制性标准。

第三条 本规定所称工程建设强制性标准是指直接涉及工程质量、安全、卫生及环境保护等方面的工程建设标准强制性条文。

国家工程建设标准强制性条文由国务院建设行政主管部门会同国务院有关行政主管部门确定。

第四条 国务院建设行政主管部门负责全国实施工程建设强制性标准的监督管理工作。

国务院有关行政主管部门按照国务院的职能分工负责实施工程建设强制性标准的监督管理工作。

县级以上地方人民政府建设行政主管部门负责本行政区域内实施工程建设强制性标准的监督管理工作。

第五条 工程建设中拟采用的新技术、新工艺、新材料,不符合现行强制性标准规定的,应当由拟采用单位提请建设单位组织专题技术论证,报批准标准的建设行政主管部门或者国务院有关主管部门审定。

工程建设中采用国际标准或者国外标准,现行强制性标准未作规定的,建设单位应当向国务院建设行政主管部门或者国务院有关行政主管部门备案。

第六条 建设项目规划审查机关应当对工程建设规划阶段执行强制性标准的情况实施监督。

施工图设计文件审查单位应当对工程建设勘察、设计阶段执行强制性标准的情况实施监督。

建筑安全监督管理机构应当对工程建设施工阶段执行施工安全强制性标准的情况实施监督。

工程质量监督机构应当对工程建设施工、监理、验收等阶段执行强制性标准的情况实施监督。

第七条 建设项目规划审查机关、施工图设计文件审查单位、建筑安全监督管理机构、工程质量监督机构的技术人员必须熟悉、掌握工程建设强制性标准。

第八条 工程建设标准批准部门应当定期对建设项目规划审查机关、施工图设计文件审查单位、建筑安全监督管理机构、工程质量监督机构实施强制性标准的监督进行检查,对监督不力的单位和个人,给予通报批评,建议有关部门处理。

第九条 工程建设标准批准部门应当对工程项目执行强制性标准情况进行监督检查。监督检查可以采取重点检查、抽查和专项检查的方式。

第十条 强制性标准监督检查的内容包括:

(一)有关工程技术人员是否熟悉、掌握强制性标准;

(二)工程项目的规划、勘察、设计、施工、验收等是否符合强制性标准的规定;

(三)工程项目采用的材料、设备是否符合强制性标准的规定;

(四)工程项目的安全、质量是否符合强制性标准的规定;

(五)工程中采用的导则、指南、手册、计算机软件的内容是否符合强制性标准的规定。

第十一条 工程建设标准批准部门应当将强制性标准监督检查结果在一定范围内公告。

第十二条 工程建设强制性标准的解释由工程建设标准批准部门负责。

有关标准具体技术内容的解释,工程建设标准批准部门可以委托该标准的编制管理单位负责。

第十三条 工程技术人员应当参加有关工程建设强制性标准的培训,并可以计入继续教育学时。

第十四条 建设行政主管部门或者有关行政主管部门在处理重大工程事故时,应当有工程建设标准方面的专家参加;工程事故报告应当包括是否符合工程建设强制性标准的意见。

第十五条 任何单位和个人对违反工程建设强制性标准的行为有权向建设行政主管部门或者有关部门检举、控告、投诉。

第十六条 建设单位有下列行为之一的,责令改正,并处以 20 万元以上 50 万元以下的罚款:

(一)明示或者暗示施工单位使用不合格的建筑材料、建筑构配件和设备的;

(二)明示或者暗示设计单位或者施工单位违反工程建设强制性标准,降低工程质量的。

第十七条 勘察、设计单位违反工程建设强制性标准进行勘察、设计的,责令改正,并处以 10 万元以上 30 万元以下的罚款。

有前款行为,造成工程质量事故的,责令停业整顿,降低资质等级;情节严重的,吊销资质证书;造成损失的,依法承担赔偿责任。

第十八条 施工单位违反工程建设强制性标准的,责令改正,处工程合同价款 2% 以上 4% 以下的罚款;造成建设工程质量不符合规定的质量标准的,负责返工、修理,并赔偿因此造成的损失;情节严重的,责令停业整顿,降低资质等级或者吊销资质证书。

第十九条 工程监理单位违反强制性标准规定,将不合格的建设工程以及建筑材料、建筑构配件和设备按照合格签字的,责令改正,处 50 万元以上 100 万元以下的罚款,降低资质等级或者吊销资质证书;有违法所得的,予以没收;造成损失的,承担连带赔偿责任。

第二十条 违反工程建设强制性标准造成工程质量、安全隐患或者工程事故的,按照《建设工程质量管理条例》有关规定,对事故责任单位和责任人进行处罚。

第二十一条 有关责令停业整顿、降低资质等级和吊销资质证书的行政处罚,由颁发资质证书的机关决定;其他行政处罚,由建设行政主管部门或者有关部门依照法定职权决定。

第二十二条 建设行政主管部门和有关行政主管部门工作人员,玩忽职守、滥用职权、徇私舞弊的,给予行政处分;构成犯罪的,依法追究刑事责任。

第二十三条 本规定由国务院建设行政主管部门负责解释。

第二十四条 本规定自发布之日起施行。

本文件发布后修改情况:

1.2015年1月22日,《住房和城乡建设部关于修改〈市政公用设施抗灾设防管理规定〉等部门规章的决定》中规定:

将《实施工程建设强制性标准监督规定》(建设部令第81号)第一条修改为:"为加强工程建设强制性标准实施的监督工作,保证建设工程质量,保障人民的生命、财产安全,维护社会公共利益,根据《中华人民共和国标准化法》、《中华人民共和国标准化法实施条例》、《建设工程质量管理条例》等法律法规,制定本规定。

将第三条中的"建设行政主管部门"修改为"住房城乡建设主管部门","有关行政主管部门"修改为"有关主管部门"。其余条款依此修改。

将第五条第一款修改为:"建设工程勘察、设计文件中规定采用的新技术、新材料,可能影响建设工程质量和安全,又没有国家技术标准的,应当由国家认可的检测机构进行试验、论证,出具检测报告,并经国务院有关主管部门或者省、自治区、直辖市人民政府有关主管部门组织的建设工程技术专家委员会审定后,方可使用。"

将第二十条修改为:"违反工程建设强制性标准造成工程质量、安全隐患或者工程质量安全事故的,按照《建设工程质量管理条例》、《建设工程勘察设计管理条例》和《建设工程安全生产管理条例》的有关规定进行处罚。"

2.2021年3月30日,住房和城乡建设部关于修改《建筑工程施工许可管理办法》等三部规章的决定中规定:

删去《实施工程建设强制性标准监督规定》(建设部令第81号,根据住房和城乡建设部令第23号修改)第五条第二款。

28. 交通运输部关于加强公路水运工程建设质量安全监督管理工作的意见

(交安监规〔2022〕7号)

各省、自治区、直辖市、新疆生产建设兵团交通运输厅(局、委)，长江航务管理局、珠江航务管理局：

为深入贯彻落实党中央、国务院关于质量安全工作的决策部署，保证工程建设质量，保护人民群众生命财产安全，推动工程建设高质量发展，加快建设交通强国，全面加强经依法审批、核准或者备案的新改扩建公路、水运基础设施工程建设项目质量安全监督管理工作，现提出如下意见。

一、总体要求

（一）指导思想。以习近平新时代中国特色社会主义思想为指导，全面贯彻党的十九大和十九届历次全会精神，深入贯彻落实习近平总书记关于全力打造精品工程、样板工程、平安工程、廉洁工程的重要指示精神，立足新发展阶段，完整、准确、全面贯彻新发展理念，服务构建新发展格局，推动高质量发展，按照《交通强国建设纲要》《国家综合立体交通网规划纲要》等部署要求，推进精品建造和精细管理，构建现代化工程建设质量安全管理体系，提高工程安全性、耐久性和服务品质，打造一流设施，加快建设交通强国。

（二）工作原则。

——质量为本、安全为先。充分认识质量安全是工程建设的核心，质量是工程安全的根本，安全是工程质量的前提。不断提高质量安全意识，落实质量安全责任，全面加强质量安全管理。

——源头防范、系统治理。优化营商环境，激发企业积极性和创造性，把质量安全工作贯穿于工程建设全过程。坚持系统观念，做好顶层设计，注重质量安全工作全局性谋划、整体性推进。

——依法监管、严守底线。健全完善法规制度和标准规范，加强工程建设监管工作的统筹指导，明确项目监督管理责任，严格监督执法，严守工程建设质量安全底线，遏制质量安全事故发生。

——示范引领、推动创新。积极发挥平安工地、平安百年品质工程等创建示范的引领作用，以理念创新、制度创新、管理创新、技术创新为动力，持续推动工程技术发展，不断提升工程建设质量安全水平。

二、树立新理念构建新格局

（三）全面树立工程建设质量安全新理念。坚持以人民为中心的发展思想，把质量安全作为交通基础设施建设的核心，不断增强人民群众获得感、幸福感、安全感。坚持高质量发展，推动交通基础设施建设现代化、专业化和智能化水平提升，落实加快建设交通强国目标任务，努力建设一流设施。坚持全生命周期建设发展理念，加强规划、设计、建设、运营等各环节全要素有机衔接，实现质量与效益相统一、短期投入与长期效益相统一、企业效益与社会效益相统一。坚持统筹发展和安全，将安全发展贯穿于交通基础设施建设各领域、全过程，不断提升本质安全水平。

（四）全面构建工程建设质量安全新格局。以建立完善现代化工程建设质量安全管理体系为核心，稳步提升交通基础设施安全性、耐久性水平。以落实企业主体责任为手段，提升企业责任意识和担当意识，筑牢工程建设全员质量安全责任防线。以落实省市县三级交通运输主管部门质量安全监管责任为保障，提高政府监管效能，守住工程建设质量安全底线。以建设统一开放、竞争有序的市场为导向，推动有效市场和有为政府协同融合，逐步构建公路水运工程建设质量安全发展新格局。

三、强化工程质量安全监管责任落实

（五）严格履行行业监管责任。严格落实法律法规明确的行业监管职责，强化公路水运工程建设质量安全工作的行业指导，完善工程质量监督、施工安全监管相关制度，采用调度提醒、专项督导、监督检查、重点约谈、挂牌督办等方式加大行业监管力度。按照"谁审批、谁监管，谁主管、谁监管"的原则，明确工程项目质量安全监管部门，确保工程项目质量安全监管全覆盖、无遗漏。强化对多元化投融资建设工程项目行业监管，严格落实建设项目法人责任制度、招标投标制度、工程监理制度和合同管理制度，严禁出现对制度弱化、简化等变通行为。

（六）强化重点工程项目监管责任。厘清工程建设各环节责任，保证审批监管权责统一，强化设计、招标投标、施工许可、建设监督、验收等质量安全责任落实，实现事前事中事后全链条监管。根据工程项目建设规模、技术难度和质量安全风险等因素，制定本地区年度重点工程项目监管清单。强化重点工程项目现场监管，加大检查频次，加强监督检查深度。对管理薄弱、事故隐患频发、发生质量安全事故的工程项目要依法依规实行严管和惩戒。

（七）强化农村公路项目监管责任。依法依规落实县级人民政府交通运输主管部门农村公路质量安全监管责任，建立健全监管有效、覆盖全面的农村公路建设质量安全监管长效机制。加大对新改建农村公路交通安全设施与主体工程同时设计、同时施工、同时投入使用的监督检查力度。鼓励聘请技术专家、当地群众代表参与监督检查和项目验收。推动农村公路建设质量技术服务或志愿帮扶活动。

（八）全面提高质量安全监督行政执法效能。全面落实行政执法各项制度，推行工程建设"互联网＋监管"，提高质量安全监督执法的标准化、规范化、精准化、信息化水平。加强省市县三级负责质量安全监督的执法队伍建

设,持续推动执法队伍职责落实到位、人员装备到位、资金保障到位、履职尽责到位。对专业性、技术性较强的执法岗位要专人专岗,提高执法队伍专业化水平。认真开展"打非治违"工作,严肃查处偷工减料、不按图纸施工等行为。对违法分包、转包和挂靠资质等典型违法行为,严肃追究相关方法律责任。对导致发生生产安全事故的,依法严肃追责。对事故发生单位负有事故责任的有关人员,依法暂停或者撤销其与安全生产有关的执业资格、岗位证书。

(九)提升工程质量安全监管技术水平。加强工程技术管理、监督检查、交(竣)工验收和事故调查鉴定等全过程技术管理与技术服务工作。鼓励推行政府购买服务等方式,委托技术能力强、服务水平高和信用良好的技术服务机构为工程质量安全监管工作提供技术服务。技术服务机构要保证技术服务结果的真实性、科学性。要加强对技术服务工作的监管,明确技术服务工作职责和工作标准,保障工程质量安全监管工作技术水平不断提升。

(十)加强工程项目创建示范工作。深化平安工地建设,推进平安工地建设全覆盖,全面落实工程项目"零死亡"安全管理目标。加大红线问题的查处力度,按照事故隐患"零容忍"要求,强化整改措施,提高整改时效。加强对普通公路和小型水运工程项目平安工地建设考核评价工作。全力推动平安百年品质工程创建示范工作,将标准化设计、工厂化生产、智能化建造、智慧化管理作为实现精品建造和精细管理的路径,加强创新技术应用,形成一批可复制、可推广的技术创新成果。探索建立多方式激励机制,保障创建示范工作落地见效。

(十一)依法严格质量安全事故报告和调查处理。严格执行公路水运工程质量安全事故报告制度。严肃查处瞒报谎报迟报漏报事故行为。依法依规组织或参与公路水运建设领域事故调查,开展典型案件警示教育。建立质量安全事故(险情)原因深度技术调查分析和整改督办制度。按照事故处理"四不放过"原则,严肃追究责任。拓宽举报奖励宣传渠道,对举报重大质量安全风险隐患或者举报质量安全违法行为的有功人员实行奖励。

四、全面落实企业质量责任

(十二)落实质量终身责任制。全面落实参建各方主体及项目负责人的工程质量责任。强化建设单位工程质量首要责任和勘察、设计、施工、监理等单位主体责任。严格按规定落实设计使用期限内工程项目质量终身责任制。严格按规定执行工程质量终身责任书面承诺制、永久性标牌制、质量信息档案等制度,强化质量责任追溯追究机制。

(十三)落实建设单位工程质量首要责任。建设单位应依法依规履行工程管理责任,组建工程项目现场质量管理机构,健全管理制度,落实设计、施工、监理等单位的质量管理责任。实施工程质量管理标准化工作,加强工程建设全过程质量管理。加强工程质量检测管理,充分发挥检测的质量控制作用。保证合理工期、合理造价和按标准验收,对工程质量管理负责。

(十四)落实勘察设计单位勘察设计质量主体责任。勘察设计单位应依法依规开展勘察设计工作。加强工程安全性、耐久性设计,加快推进设计标准化、专业化、规范化,推动建筑信息模型等数字化设计应用。完善重大工程、高风险工程的设计交底制度和程序,深度参与工程建设重大风险隐患分析研判,强化动态设计,对勘察设计质量负责。

(十五)落实施工单位施工质量主体责任。施工单位应依法依规对现场项目管理机构进行全过程管控,保障人员、设备、材料、资金、技术和管理等全要素投入,切实提高工程质量安全工作保障。完善质量管理体系,将质量责任落实到岗到人。对工程分包单位、劳务合作单位、设备租赁单位实行无差别化质量管理。将所有班组纳入质量管理体系,开展统一的培训教育,实施规范化管理。加大工程材料、产品进场检验和质量管控力度,建立工程材料、产品采购管理制度和使用台账,健全缺陷工程材料、产品响应处理和质量追溯机制,积极应用新材料、新设备、新工艺、新技术。加强全方位、全过程质量管理,提高施工质量,对工程施工质量全面负责。

(十六)落实监理单位监理质量主体责任。监理单位应依法依规加强工程项目驻地监理工作的指导和管理,落实总监理工程师负责制,严格按合同要求落实监理的平行抽检责任,按规定的抽检比例和抽检指标独立完成抽检工作。鼓励采用视频监控、信息化监理等智能技术,加强对关键工序、关键部位、重要隐蔽工程的监理,切实提升监理旁站工作效能。支持提高高风险项目专业监理工程师配备比例,强化专项施工方案的审查落实。落实工程质量安全监理报告制度,发挥对工程质量的社会监督作用,对工程质量负监理责任。

(十七)落实质量检测单位检测质量责任。质量检测单位应依法依规全面加强工地试验室建设和管理,独立、公正出具试验检测数据和报告。鼓励建设单位委托第三方质量检测单位建立工地中心试验室,严格对工程材料、产品进行检验,对工程实体质量进行抽检,加强标准试验管理。质量检测单位对试验检测结果负责。

(十八)落实工程材料、产品生产供应单位质量责任。生产供应单位应加强影响结构强度和安全性、耐久性的关键工程材料质量管理,严格落实产品出厂检验制度,确保检验资料及合格证书完整准确,保障产品可追溯,提供检验合格的产品,对生产或供应的工程材料、产品质量负责。

五、全面落实企业安全生产责任

(十九)落实全员安全生产责任制。建设、勘察设计、施工、监理等从业单位依法依规加强工程项目安全生产责任落实。企业法定代表人、实际控制人、实际负责人要严格履行安全生产第一责任人责任,对本单位安全生产负总责。对建设技术难度大、安全风险高的工程项目,建设单位应依法依规设置安全生产管理机构。加强施工单位主要负责人、项目负责人、专职安全生产管理人员安全生产考核工作。项目参建单位要建立健全全员安全生产责任制,实现职责到岗,责任到人,工作到位。

(二十)严格落实安全生产条件。按照法律法规和有关标准落实安全生产条件,并严格履行审查程序,审核通过后方可组织施工。对危险性较大的分部分项工程,应按规定编制专项施工方案,并按程序审批或论证。切实加强劳务派遣和灵活用工人员安全管理,实行统一管理,强化安全教育培训和技术交底,危险岗位要按规定严格控制劳务派遣用工数量,未经安全知识培训或培训不合格的,不能上岗。

(二十一)推进安全生产标准化。大力推进工程项目参建各方安全生产标准化建设,强化项目驻地建设、安全管理、施工作业、设备管理等实现安全生产标准化管理。建立完善安全生产双重预防机制,对两区三厂建设、高墩大跨桥梁架设、大型沉箱围堰作业、复杂地质隧道掘进、高边坡深基坑开挖、大型沉箱浮运安装等可能造成群死群伤、风险高的施工环节,要加强风险管控和隐患排查治理,推行现场网格化管理,精准施策,强化闭环管控措施,提升安全生产标准化、规范化水平。

六、全面夯实工程质量安全管理基础

(二十二)完善工程管理法规制度体系。贯彻落实国家有关工程质量安全管理法律法规和规章制度,及时制修订相关配套制度,推动公路水运工程质量安全监督管理的地方立法工作,完善工程质量安全管理法规制度体系。

(二十三)推动技术标准修订完善。跟进公路水运工程建设领域新技术发展趋势,及时总结、推广保证工程质量安全的新技术、新材料、新设备、新工艺,加快修订调整已有标准。鼓励地方、相关社会团体和市场主体制定、推广应用高于行业标准的地方标准、团体标准和企业标准。

(二十四)加强先进建造技术推广应用。鼓励应用先进建造设备、智能建造技术,通过工程构件、部品部件集中预制生产,推动工程建设向智能建造转型。加强企业间、政企间数据共享和要素综合集成利用,建立协调协作机制,提高工程建设质量管理数字化水平。推动工程项目绿色低碳技术应用,加快淘汰严重危及公路水运工程质量安全环保的施工工艺、设备和材料。

(二十五)加强先进质量管理模式推广应用。不断完善工程质量指标体系和质量分级评价制度,推动质量管理小组活动,促进质量管理创新和发展。加快公路水运工程新时期产业工人队伍建设,培育更多"大国工匠"。

各级交通运输主管部门要切实提高政治站位,按照监管工作只能加强不能削弱的要求,加强组织领导,落实监管责任,加强宣传工作,做好正面引导和负面曝光,切实加强公路水运工程建设质量安全监督管理工作,为加快建设交通强国、当好中国现代化的开路先锋提供质量安全保障。

交通运输部
2022 年 8 月 5 日

29. 交通运输部关于打造公路水运品质工程的指导意见

(交安监发〔2016〕216号)

为贯彻落实国务院《质量发展纲要（2011—2020年）》，推进公路水运品质工程建设，提升公路水运工程质量，为人民群众安全便利出行和社会物资高效畅通运输提供更加可靠的保障，现就打造公路水运品质工程提出如下意见。

一、深刻认识打造品质工程的意义和内涵

打造品质工程是公路水运建设贯彻落实五大发展理念和建设"四个交通"的重要载体，是深化交通运输基础设施供给侧结构性改革的重要举措，是今后一个时期推动公路水运工程质量和安全水平全面提升的有效途径，是推进实施现代工程管理和技术创新升级的不竭动力，对进一步推动我国交通运输基础设施建设向强国迈进具有重要意义。

品质工程是践行现代工程管理发展的新要求，追求工程内在质量和外在品位的有机统一，以优质耐久、安全舒适、经济环保、社会认可为建设目标的公路水运工程建设成果。

品质工程具体内涵是建设理念体现以人为本、本质安全、全寿命周期管理、价值工程等理念；管理举措体现精益建造导向，突出责任落实和诚信塑造，深化人本化、专业化、标准化、信息化和精细化；技术进步展现科技创新与突破，先进技术理论和方法得以推广运用，包括先进适用的新技术、新工艺、新材料、新装备和新标准的探索与完善；质量管理以保障工程耐久性为基础，体现建设与运营维护相协调、工程与自然人文相和谐，工程实体质量、功能质量、外观质量和服务质量均衡发展；安全管理以追求工程本质安全和风险可控为目标，促进工程结构安全、施工安全和使用安全协调发展；工程建设坚持可持续发展，体现在生态环保、资源节约和节能减排等方面取得明显成效。

二、总体要求

（一）指导思想。

深入贯彻党的十八大和十八届三中、四中、五中、六中全会精神，践行创新、协调、绿色、开放、共享五大发展理念，落实"四个交通"发展要求，坚持管理和技术的传承与创新，深化现代工程管理，全面提升公路水运工程基础设施建设的质量安全水平，推动公路水运工程建设协调发展和转型升级，为建设开放共享、人民满意的交通奠定基础。

（二）基本原则。

1. 目标导向，创新驱动。把满足人民群众对高品质交通运输服务的需求作为目标，着力加强工程建设的理念创新、管理创新、技术创新，为打造品质工程注入动力。

2. 功能提升，注重效益。立足功能的完善与提升，科学处理打造品质工程过程中建设与造价、功能与成本的关系，既着力提升工程品质，又避免盲目高成本、高投入，实现全寿命周期成本最优，提高工程投资效益和社会效益。

3. 政府引领，企业创建。充分发挥政府政策引导作用，完善项目建设评价体系，健全激励和约束机制，营造良好发展环境，激发参建各方创建品质工程的内生动力。

4. 统筹推进，示范带动。坚持统筹规划，充分发挥示范带动作用，从实际需求出发，因地制宜、量力而行，注重专项攻关和重点突破，不盲目求高求全。及时总结经验，研究建立全面推进打造品质工程的管理机制。

（三）主要目标。

到2020年，公路水运品质工程理念深入人心，品质工程评价体系基本建立，建设一批品质工程示范项目，形成一批可复制可推广的经验，实现一批建设技术及管理制度的创新，推进相关标准规范更新升级，逐步形成品质工程标准体系和管理模式，带动全国公路水运工程质量水平明显提升。

三、主要措施

（一）提升工程设计水平。

1. 强化系统设计。以工程质量安全耐久为核心，强化工程全寿命周期设计，明确耐久性指标控制要求。坚持需求和目标引导设计，系统考虑工程建设施工和运营维护，加强可施工性、可维护性、可扩展性、环境保护、灾害防御、经济性等系统设计，实现工程建设可持续发展。加强设计效果跟踪评估，及时调整优化设计，提高设计服务水平。

2. 注重统筹设计。以推进模块化建设为方向，深入推广标准化设计，鼓励构件设计标准化和通用化。切实加强精细化设计，注重工程薄弱环节设计的协调统一，统筹考虑施工的可操作性和维护的便捷性。努力推行宽容设计，充分考虑工程使用状态的不利情形，对可能的风险做好防范设计。加强生态选线选址，推行生态环保设计和生态防护技术。

3. 倡导设计创作。以用户体验安全、舒适、便捷为目标，强化工程及配套服务设施的人性化设计，体现地域和人文特点及传统特色文化，追求自然朴实，融入工程美学和景观设计，体现工程与自然人文的和谐、融合与共享；坚持因地制宜，突出功能实效，避免刻意追求"新、奇、特"或盲目追求"之最"和"第一"。

（二）提升工程管理水平。

4. 推进建设管理专业化。深化工程建设管理模式改革，强化建设单位专业化管理能力建设。健全专业化分包管理制度，加强分包管理，着力提高专业化施工能力。鼓励应用质量健康安全环境四位一体管理体系（QHSE管理体系），推进管理标准化。

5. 推进工程施工标准化。立足于推进工程现代化组织管理模式,积极推广工厂化生产、装配化施工,着力推进施工工艺标准化,施工管理模式体系化,施工场站建设规范化,逐步推进工程建设向产业化方向发展。

6. 推进工程管理精细化。倡导工程全寿命周期集成化管理,强化主体结构与附属设施的施工精细化管理,推动实施精益建造,提升工程整体质量。建立"实施有标准、操作有程序、过程有控制、结果有考核"的标准化管理体系。

7. 推进工程管理信息化。探索"互联网＋交通基础设施"发展新思路,推进大数据与项目管理系统深度融合,逐步实现工程全寿命周期关键信息的互联共享。推进建筑信息模型（BIM）技术,积极推广工艺监测、安全预警、隐蔽工程数据采集、远程视频监控等设施设备在施工管理中的集成应用,推行"智慧工地"建设,提升项目管理信息化水平。

8. 推进班组管理规范化。建立健全施工班组管理制度,强化班组能力建设。加强施工技术交底,实行班前教育和工后总结制度。推行班组首次作业合格确认制,强化班组作业标准化、规范化和精细化。全面推行班组人员实名制管理,强化班组的考核与奖惩,夯实基层基础工作。

（三）提升工程科技创新能力。

9. 积极推广应用"四新技术"。强化科研与设计施工联动,开展集中攻关和"微创新",大力推广性能可靠、先进适用的新技术、新材料、新设备、新工艺,淘汰影响工程质量安全的落后工艺工法和设施设备,推动工程技术提升。

10. 发挥技术标准先导作用。坚持品质工程目标导向,鼓励参建单位采用先进工艺标准,切实提升工程质量。鼓励社会团体、企业联盟开展技术创新,制定提升质量、提高效率的工艺标准。完善具有自主知识产权的先进技术标准,推进优势及特色标准国际化,实施工程标准"走出去"。

11. 探索建立全产业链继承与创新体系。总结特色有效的传统工艺和工法,针对工程设计、施工、管养、材料、装备等全产业链开展技术创新与集成创新,推进信息技术和工程建养技术深度融合,打造以信息化、智能化和绿色建造为特征的工程全产业链创新体系,实现资源共享、优势互补。

（四）提升工程质量水平。

12. 落实工程质量责任。健全工程质量责任体系,明确界定建设、勘察、设计、施工和监理单位等责任主体质量责任,推动企业建立关键人履职标准和各岗位工作规范,建立岗位责任人质量记录档案,强化考核和责任追究,实现质量责任可追溯,推动落实质量责任终身制。

13. 推进质量风险预防管理。工程项目应强化质量风险预控管理,加强质量风险分析与评估,完善质量风险控制措施和运行机制。健全施工组织设计编制、审查和执行落实体系,严格专项施工方案论证审查制度,强化技术方案分级分类审核责任,全面推行首件工程制,夯实工程质量管理基础。

14. 加强过程质量控制。工程项目建立质量目标导向管理机制,严格执行工序自检、交接检、专检"三检制"。加强设计符合性核查评价,深入实施质量通病治理,实施成品及半成品验收标识、隐蔽工程过程影像管理等措施,强化质量形成全过程闭环可追溯。积极应用先进检测技术和装备,建立工程质量信息化动态管理平台,加强过程质量管控。

15. 强化工程耐久性保障措施。加强工程耐久性基础研究工作,创新施工工艺,加强关键结构、隐蔽工程和重要材料的质量检验和控制,切实提高工程耐久性。

（五）提升工程安全保障水平。

16. 加强工程安全风险管理基础体系建设。推行工程安全生产风险管理,建立安全风险分级管控和隐患治理双重预防体系,推动重大安全风险管控和重大事故隐患治理清单化、信息化、闭环化动态可追溯管理,夯实安全管理基础。

17. 提升工程结构安全。树立本质安全理念,强化桥梁隧道、港口工程等的施工和运行安全风险评估工作,切实加强工程结构安全关键指标的实时监测与分析,积极探索智能预警技术,确保工程结构安全状态可知、可控。

18. 深化"平安工地"建设。加强施工安全标准化建设,推进危险作业"机械化换人、自动化减人",提高机械化作业程度。推行安全防护设备设施工具化、定型化、装配化。落实安全生产责任,健全安全工作制度,强化安全管理和风险预控,加强隐患排查治理,提升针对性应急处置能力,确保施工安全。

19. 提升工程安全服务水平。加强公路交通安全评价,强化公路管理和服务设施的科学合理配置,加强道路、桥梁、隧道、港口等安全运行监测与预警系统建设,提高工程运行管理水平和应急服务能力。建立健全工程巡查排险机制,提升工程安全防护设施和管理服务设施的有效性。

（六）提升工程绿色环保水平。

20. 注重生态环保。严格落实生态保护和水土保持措施,加强生态脆弱区域的环境监测和生态修复,降低公路水运工程建设对陆域、水生动植物及其生存环境的影响。

21. 注重资源节约。节约利用土地资源,因地制宜采取有效措施减少耕地和基本农田占用。高效利用临时工程及临时设施,注重就地取材,积极应用节水、节材施工工艺,实现资源节约与高效利用。综合考虑工程性质、施工条件、旧料类型及材质等因素,推进废旧材料再生循环利用。

22. 注重节能减排。积极应用节能技术和清洁能源,使用符合国家标准的节能产品。加强设备使用管理,选用能耗低、工效高、工艺先进的施工机械设备,淘汰高能耗老旧设备。优化施工组织,合理安排工序,提高设备使用效率,降低施工能耗。

(七)提升打造品质工程的软实力。

23.加强管理人员素质建设。从业单位加强人才培养制度建设,强化管理人员的岗位考核和继续教育,创新人才激励与保障机制,着力培养和锻炼一支具备现代工程管理能力、专业技能、良好职业道德的工程管理骨干队伍。

24.提升一线工人队伍素质。从业单位应落实培训主体责任,按规定严格实行"上岗必考、合格方用"的培训考核制度。开展职业技能竞赛,建立优秀技工激励机制,推行师徒制模式,鼓励企业建立稳定的技术工人队伍。保障员工合法权益,注重人文关怀,提供体面工作的基本条件。

25.培育品质工程文化。积极培育以提升质量、保障安全为核心,以人为本、精益求精、全心投入为主要特征的品质工程文化。大力弘扬工匠精神,广泛宣传、积极推动全员参与品质工程创建活动,形成人人关心品质、人人创造品质、人人分享品质的浓郁的文化氛围。

26.实施品牌战略。将品质工程作为工程项目和企业创建品牌的重要载体,引导企业把品质工程作为自身信誉和荣誉的价值追求。通过打造品质工程,提升中国交通和企业品牌形象,增强企业核心竞争力。

四、保障要求

(一)加强组织领导。健全部、省交通运输主管部门联动机制,加强行业指导,建立工作协调机制和专家咨询机制,强化组织保障。加强与地方政府和有关部门沟通协调,加强与国内外质量管理先进机构交流合作,加强品质工程创建经验总结和宣传,凝聚社会共识,争取各方支持,促进品质工程建设深入人心。

(二)强化基本保障。坚持科学规划和设计,严格工程项目基本建设程序管理。建立健全工程项目合理工期的科学论证制度,加强工期调整、工程变更等的管理,保障合理的勘察设计周期和有效的施工工期。坚持合理标价,完善招投标管理机制,倡导优质优价,保障建设资金到位。

(三)加强示范引导。省级交通运输主管部门应坚持试点先行、示范引导,按照部开展品质工程示范创建的统一部署和要求,制定本地区创建工作实施方案,优先选择新开工和在建项目开展示范创建,加强技术咨询和经验总结,完善创建管理制度,探索建立本地区品质工程考核评价体系,推进品质工程深入实施。部将研究建立品质工程评价体系,开展品质工程示范评估,构建工程质量安全提升发展新机制。

(四)完善激励机制。部将研究建立品质工程创建工作激励机制,探索将品质工程与行业信用评价、工程招投标、工程质量奖项评选等挂钩。省级交通运输主管部门应建立本地区激励机制,落实并完善配套措施,对品质工程创建工作中成绩突出的单位和个人予以奖励或表扬。

交通运输部
2016年12月12日

30. 中共中央 国务院关于开展质量提升行动的指导意见

(2017年9月5日)

提高供给质量是供给侧结构性改革的主攻方向,全面提高产品和服务质量是提升供给体系的中心任务。经过长期不懈努力,我国质量总体水平稳步提升,质量安全形势稳定向好,有力支撑了经济社会发展。但也要看到,我国经济发展的传统优势正在减弱,实体经济结构性供需失衡矛盾和问题突出,特别是中高端产品和服务有效供给不足,迫切需要下最大气力抓全面提高质量,推动我国经济发展进入质量时代。现就开展质量提升行动提出如下意见。

一、总体要求

（一）指导思想

全面贯彻党的十八大和十八届三中、四中、五中、六中全会精神,深入贯彻习近平总书记系列重要讲话精神和治国理政新理念新思想新战略,牢固树立和贯彻落实新发展理念,紧紧围绕统筹推进"五位一体"总体布局和协调推进"四个全面"战略布局,认真落实党中央、国务院决策部署,以提高发展质量和效益为中心,将质量强国战略放在更加突出的位置,开展质量提升行动,加强全面质量监管,全面提升质量水平,加快培育国际竞争新优势,为实现"两个一百年"奋斗目标奠定质量基础。

（二）基本原则

——坚持以质量第一为价值导向。牢固树立质量第一的强烈意识,坚持优质发展、以质取胜,更加注重以质量提升减轻经济下行和安全监管压力,真正形成各级党委和政府重视质量、企业追求质量、社会崇尚质量、人人关心质量的良好氛围。

——坚持以满足人民群众需求和增强国家综合实力为根本目的。把增进民生福祉、满足人民群众质量需求作为提高供给质量的出发点和落脚点,促进质量发展成果全民共享,增强人民群众的质量获得感。持续提高产品、工程、服务的质量水平、质量层次和品牌影响力,推动我国产业价值链从低端向中高端延伸,更深更广融入全球供给体系。

——坚持以企业为质量提升主体。加强全面质量管理,推广应用先进质量管理方法,提高全员全过程全方位质量控制水平。弘扬企业家精神和工匠精神,提高决策者、经营者、管理者、生产者质量意识和质量素养,打造质量标杆企业,加强品牌建设,推动企业质量管理水平和核心竞争力提高。

——坚持以改革创新为根本途径。深入实施创新驱动发展战略,发挥市场在资源配置中的决定性作用,积极引导推动各种创新要素向产品和服务的供给端集聚,提升质量创新能力,以新技术新业态改造提升产业质量和发展水平。推动创新群体从以科技人员的小众为主向小众与大众创新创业互动转变,推动技术创新、标准研制和产业化协调发展,用先进标准引领产品、工程和服务质量提升。

（三）主要目标

到2020年,供给质量明显改善,供给体系更有效率,建设质量强国取得明显成效,质量总体水平显著提升,质量对提高全要素生产率和促进经济发展的贡献进一步增强,更好满足人民群众不断升级的消费需求。

——产品、工程和服务质量明显提升。质量突出问题得到有效治理,智能化、消费友好的中高端产品供给大幅增加,高附加值和优质服务供给比重进一步提升,中国制造、中国建造、中国服务、中国品牌国际竞争力显著增强。

——产业发展质量稳步提高。企业质量管理水平大幅提升,传统优势产业实现价值链升级,战略性新兴产业的质量效益特征更加明显,服务业提质增效进一步加快,以技术、技能、知识等为要素的质量竞争型产业规模显著扩大,形成一批质量效益一流的世界级产业集群。

——区域质量水平整体跃升。区域主体功能定位和产业布局更加合理,区域特色资源、环境容量和产业基础等资源优势充分利用,产业梯度转移和质量升级同步推进,区域经济呈现互联互通和差异化发展格局,涌现出一批特色小镇和区域质量品牌。

——国家质量基础设施效能充分释放。计量、标准、检验检测、认证认可等国家质量基础设施系统完整、高效运行,技术水平和服务能力进一步增强,国际竞争力明显提升,对科技进步、产业升级、社会治理、对外交往的支撑更加有力。

二、全面提升产品、工程和服务质量

（四）增加农产品、食品药品优质供给

健全农产品质量标准体系,实施农业标准化生产和良好农业规范。加快高标准农田建设,加大耕地质量保护和土壤修复力度。推行种养殖清洁生产,强化农业投入品监管,严格规范农药、抗生素、激素类药物和化肥使用。完善进口食品安全治理体系,推进出口食品农产品质量安全示范区建设。开展出口农产品品牌建设专项推进行动,提升出口农产品质量,带动提升内销农产品质量。引进优质农产品和种质资源。大力发展农产品初加工和精深加工,提高绿色产品供给比重,提升农产品附加值。

完善食品药品安全监管体制,增强统一性、专业性、权威性,为食品药品安全提供组织和制度保障。继续推动食品安全标准与国际标准对接,加快提升营养健康标准水平。推进传统主食工业化、标准化生产。促进奶业优质安全发展。发展方便食品、速冻食品等现代食品产业。实施药品、医疗器械标准提高行动计划,全面提升药物质量水平,提高中药质量稳定性和可控性。推进仿制药质量和疗效一致性评价。

(五)促进消费品提质升级

加快消费品标准和质量提升,推动消费品工业增品种、提品质、创品牌,支撑民众消费升级需求。推动企业发展个性定制、规模定制、高端定制,推动产品供给向"产品＋服务"转变,向中高端迈进。推动家用电器高端化、绿色化、智能化发展,改善空气净化器等新兴家电产品的功能和消费体验,优化电饭锅等小家电产品的外观和功能设计。强化智能手机、可穿戴设备、新型视听产品的信息安全、隐私保护,提高关键元器件制造能力。巩固纺织服装鞋帽、皮革箱包等传统产业的优势地位。培育壮大民族日化产业。提高儿童用品安全性、趣味性,加大"银发经济"群体和失能群体产品供给。大力发展民族传统文化产品,推动文教体育休闲用品多样化发展。

(六)提升装备制造竞争力

加快装备制造业标准化和质量提升,提高关键领域核心竞争力。实施工业强基工程,提高核心基础零部件(元器件)、关键基础材料产品性能,推广应用先进制造工艺,加强计量测试技术研究和应用。发展智能制造,提高工业机器人、高档数控机床的加工精度和精度保持能力,提升自动化生产线、数字化车间的生产过程智能化水平。推行绿色制造,推广清洁高效生产工艺,降低产品制造能耗、物耗和水耗,提升终端用能产品能效、水效。加快提升国产大飞机、高铁、核电、工程机械、特种设备等中国装备的质量竞争力。

(七)提升原材料供给水平

鼓励矿产资源综合勘查、评价、开发和利用,推进绿色矿山和绿色矿业发展示范区建设。提高煤炭洗选加工比例。提升油品供给质量。加快高端材料创新,提高质量稳定性,形成高性能、功能化、差别化的先进基础材料供给能力。加快钢铁、水泥、电解铝、平板玻璃、焦炭等传统产业转型升级。推动稀土、石墨等特色资源高质化利用,促进高强轻合金、高性能纤维等关键战略材料性能和品质提升,加强石墨烯、智能仿生材料等前沿新材料布局,逐步进入全球高端制造业采购体系。

(八)提升建设工程质量水平

确保重大工程建设质量和运行管理质量,建设百年工程。高质量建设和改造城乡道路交通设施、供热供水设施、排水与污水处理设施。加快海绵城市建设和地下综合管廊建设。规范重大项目基本建设程序,坚持科学论证、科学决策,加强重大工程的投资咨询、建设监理、设备监理,保障工程项目投资效益和重大设备质量。全面落实工程参建各方主体质量责任,强化建设单位首要责任和勘察、设计、施工单位主体责任。加快推进工程质量管理标准化,提高工程项目管理水平。加强工程质量检测管理,严厉打击出具虚假报告等行为。健全工程质量监督管理机制,强化工程建设全过程质量监管。因地制宜提高建筑节能标准。完善绿色建材标准,促进绿色建材生产和应用。大力发展装配式建筑,提高建筑装修部品部件的质量和安全性能。推进绿色生态小区建设。

(九)推动服务业提质增效

提高生活性服务业品质。完善以居家为基础、社区为依托、机构为补充、医养相结合的多层次、智能化养老服务体系。鼓励家政企业创建服务品牌。发展大众化餐饮,引导餐饮企业建立集中采购、统一配送、规范化生产、连锁化经营的生产模式。实施旅游服务质量提升计划,显著改善旅游市场秩序。推广实施优质服务承诺标识和管理制度,培育知名服务品牌。

促进生产性服务业专业化发展。加强运输安全保障能力建设,推进铁路、公路、水路、民航等多式联运发展,提升服务质量。提高物流全链条服务质量,增强物流服务时效,加强物流标准化建设,提升冷链物流水平。推进电子商务规制创新,加强电子商务产业载体、物流体系、人才体系建设,不断提升电子商务服务质量。支持发展工业设计、计量测试、标准试验验证、检验检测认证等高技术服务业。提升银行服务、保险服务的标准化程度和服务质量。加快知识产权服务体系建设。提高律师、公证、法律援助、司法鉴定、基层法律服务等法律服务水平。开展国家新型优质服务业集群建设试点,支撑引领三次产业向中高端迈进。

(十)提升社会治理和公共服务水平

推广"互联网＋政务服务",加快推进行政审批标准化建设,优化服务流程,简化办事环节,提高行政效能。提升城市治理水平,推进城市精细化、规范化管理。促进义务教育优质均衡发展,扩大普惠性学前教育和优质职业教育供给,促进和规范民办教育。健全覆盖城乡的公共就业创业服务体系。加强职业技能培训,推动实现比较充分和更高质量就业。提升社会救助、社会福利、优抚安置等保障水平。

提升优质公共服务供给能力。稳步推进进一步改善医疗服务行动计划。建立健全医疗纠纷预防调解机制,构建和谐医患关系。鼓励创造优秀文化服务产品,推动文化服务产品数字化、网络化。提高供电、供气、供热、供水服务质量和安全保障水平,创新人民群众满意的服务供给。开展公共服务质量监测和结果通报,引导提升公共服务质量水平。

(十一)加快对外贸易优化升级

加快外贸发展方式转变,培育以技术、标准、品牌、质量、服务为核心的对外经济新优势。鼓励高技术含量和高附加值项目维修、咨询、检验检测等服务出口,促进服务贸易与货物贸易紧密结合、联动发展。推动出口商品质量安全示范区建设。完善进出口商品质量安全风险预警和快速反应监管体系。促进"一带一路"沿线国家和地区、主要贸易国家和地区质量国际合作。

三、破除质量提升瓶颈

(十二)实施质量攻关工程

围绕重点产品、重点行业开展质量状况调查,组织质量比对和会商会诊,找准比较优势、行业通病和质量短板,研究制定质量问题解决方案。加强与国际优质产品的质量比对,支持企业瞄准先进标杆实施技术改造。开展重点行业工艺优化行动,组织质量提升关键技术攻关,推动企业积极应用新技术、新工艺、新材料。加强可靠性设计、试验与验证技术开发应用,推广采用先进成型方法和加工方法、在线检测控制装置、智能化生产和物流系统及检测设备。实施国防科技工业质量可靠性专项行动计划,重点解决关键系统、关键产品质量难点问题,支撑重点武器装备质量水平提升。

(十三)加快标准提档升级

改革标准供给体系,推动消费品标准由生产型向消费型、服务型转变,加快培育发展团体标准。推动军民标准通用化建设,建立标准化军民融合长效机制。推进地方标准化综合改革。开展重点行业国内外标准比对,加快转化先进适用的国际标准,提升国内外标准一致性程度,推动我国优势、特色技术标准成为国际标准。建立健全技术、专利、标准协同机制,开展对标达标活动,鼓励、引领企业主动制定和实施先进标准。全面实施企业标准自我声明公开和监督制度,实施企业标准领跑者制度。大力推进内外销产品"同线同标同质"工程,逐步消除国内外市场产品质量差距。

(十四)激发质量创新活力

建立质量分级制度,倡导优质优价,引导、保护企业质量创新和质量提升的积极性。开展新产业、新动能标准领航工程,促进新旧动能转换。完善第三方质量评价体系,开展高端品质认证,推动质量评价由追求"合格率"向追求"满意度"跃升。鼓励企业开展质量提升小组活动,促进质量管理、质量技术、质量工作法创新。鼓励企业优化功能设计、模块化设计、外观设计、人体工效学设计,推行个性化定制、柔性化生产,提高产品扩展性、耐久性、舒适性等质量特性,满足绿色环保、可持续发展、消费友好等需求。鼓励以用户为中心的微创新,改善用户体验,激发消费潜能。

(十五)推进全面质量管理

发挥质量标杆企业和中央企业示范引领作用,加强全员、全方位、全过程质量管理,提质降本增效。推广现代企业管理制度,广泛开展质量风险分析与控制、质量成本管理、质量管理体系升级等活动,提高质量在线监测、在线控制和产品全生命周期质量追溯能力,推行精益生产、清洁生产等高效生产方式。鼓励各类市场主体整合生产组织全过程要素资源,纳入共同的质量管理、标准管理、供应链管理、合作研发管理等,促进协同制造和协同创新,实现质量水平整体提升。

(十六)加强全面质量监管

深化"放管服"改革,强化事中事后监管,严格按照法律法规从各个领域、各个环节加大对质量的全方位监管。做好新形势下加强打击侵犯知识产权和制售假冒伪劣商品工作,健全打击侵权假冒长效机制。促进行政执法与刑事司法衔接。加强跨区域和跨境执法协作。加强进口商品质量安全监管,严守国门质量安全底线。开展质量问题产品专项整治和区域集中整治,严厉查处质量违法行为。健全质量违法行为记录及公布制度,加大行政处罚等政府信息公开力度。严格落实汽车等产品的修理更换退货责任规定,探索建立第三方质量担保争议处理机制。完善产品伤害监测体系,提高产品安全、环保、可靠性等要求和标准。加大缺陷产品召回力度,扩大召回范围,健全缺陷产品召回行政监管和技术支撑体系,建立缺陷产品召回管理信息共享和部门协作机制。实施服务质量监测基础建设工程。建立责任明确、反应及时、处置高效的旅游市场综合监管机制,严厉打击扰乱旅游市场秩序的违法违规行为,规范旅游市场秩序,净化旅游消费环境。

(十七)着力打造中国品牌

培育壮大民族企业和知名品牌,引导企业提升产品和服务附加值,形成自己独有的比较优势。以产业集聚区、国家自主创新示范区、高新技术产业园区、国家新型工业化产业示范基地等为重点,开展区域品牌培育,创建质量提升示范区、知名品牌示范区。实施中国精品培育工程,加强对中华老字号、地理标志等品牌培育和保护,培育更多百年老店和民族品牌。建立和完善品牌建设、培育标准体系和评价体系,开展中国品牌价值评价活动,推动品牌评价国际标准化工作。开展"中国品牌日"活动,不断凝聚社会共识、营造良好氛围、搭建交流平台,提升中国品牌的知名度和美誉度。

(十八)推进质量全民共治

创新质量治理模式,注重社会各方参与,健全社会监督机制,推进以法治为基础的社会多元治理,构建市场主体自治、行业自律、社会监督、政府监管的质量共治格局。强化质量社会监督和舆论监督。建立完善质量信号传递反馈机制,鼓励消费者组织、行业协会、第三方机构等开展产品质量比较试验、综合评价、体验式调查,引导理性消费选择。

四、夯实国家质量基础设施

(十九)加快国家质量基础设施体系建设

构建国家现代先进测量体系。紧扣国家发展重大战略和经济建设重点领域的需求,建立、改造、提升一批国家计量基准,加快建立新一代高准确度、高稳定性量子计量基准,加强军民共用计量基础设施建设。完善国家量值传递溯源体系。加快制定一批计量技术规范,研制一批新型标准物质,推进社会公用计量标准升级换代。科学规划建设计量科技基础服务、产业计量测试体系、区域计量支撑体系。

加快国家标准体系建设。大力实施标准化战略,深化标准化工作改革,建立政府主导制定的标准与市场自主制定的标准协同发展、协调配套的新型标准体系。简化国家标准制定修订程序,加强标准化技术委员会管理,免费向社会公开强制性国家标准文本,推动免费向社公开推荐性标准文本。建立标准实施信息反馈和评估机制,及时开展标准复审和维护更新。

完善国家合格评定体系。完善检验检测认证机构资质管理和能力认可制度,加强检验检测认证公共服务平台示范区、国家检验检测高技术服务业集聚区建设。提升战略性新兴产业检验检测认证支撑能力。建立全国统一的合格评定制度和监管体系,建立政府、行业、社会等多层次采信机制。健全进出口食品企业注册备案制度。加快建立统一的绿色产品标准、认证、标识体系。

（二十）深化国家质量基础设施融合发展

加强国家质量基础设施的统一建设、统一管理,推进信息共享和业务协同,保持中央、省、市、县四级国家质量基础设施的系统完整,加快形成国家质量基础设施体系。开展国家质量基础设施协同服务及应用示范基地建设,助推中小企业和产业集聚区全面加强质量提升。构建统筹协调、协同高效、系统完备的国家质量基础设施军民融合发展体系,增强对经济建设和国防建设的整体支撑能力。深度参与质量基础设施国际治理,积极参加国际规则制定和国际组织活动,推动计量、标准、合格评定等国际互认和境外推广应用,加快我国质量基础设施国际化步伐。

（二十一）提升公共技术服务能力

加快国家质检中心、国家产业计量测试中心、国家技术标准创新基地、国家检测重点实验室等公共技术服务平台建设,创新"互联网＋质量服务"模式,推进质量技术资源、信息资源、人才资源、设备设施向社会共享开放,开展一站式服务,为产业发展提供全生命周期的技术支持。加快培育产业计量测试、标准化服务、检验检测认证服务、品牌咨询等新兴质量服务业态,为大众创业、万众创新提供优质公共技术服务。加快与"一带一路"沿线国家和地区共建共享质量基础设施,推动互联互通。

（二十二）健全完善技术性贸易措施体系

加强对国外重大技术性贸易措施的跟踪、研判、预警、评议和应对,妥善化解贸易摩擦,帮助企业规避风险,切实维护企业合法权益。加强技术性贸易措施信息服务,建设一批研究评议基地,建立统一的国家技术性贸易措施公共信息和技术服务平台。利用技术性贸易措施,倒逼企业按照更高技术标准提升产品质量和产业层次,不断提高国际市场竞争力。建立贸易争端预警机制,积极主导、参与技术性贸易措施相关国际规则和标准的制定。

五、改革完善质量发展政策和制度

（二十三）加强质量制度建设

坚持促发展和保底线并重,加强质量促进的立法研究,强化对质量创新的鼓励、引导、保护。研究修订产品质量法,建立商品质量惩罚性赔偿制度。研究服务业质量管理、产品质量担保、缺陷产品召回等领域立法工作。改革工业产品生产许可证制度,全面清理工业产品生产许可证,加快向国际通行的产品认证制度转变。建立完善产品质量安全事故强制报告制度、产品质量安全风险监控及风险调查制度。建立健全产品损害赔偿、产品质量安全责任保险和社会帮扶并行发展的多元救济机制。加快推进质量诚信体系建设,完善质量守信联合激励和失信联合惩戒制度。

（二十四）加大财政金融扶持力度

完善质量发展经费多元筹集和保障机制,鼓励和引导更多资金投向质量攻关、质量创新、质量治理、质量基础设施建设。国家科技计划持续支持国家质量基础的共性技术研究和应用重点研发任务。实施好首台（套）重大技术装备保险补偿机制。构建质量增信融资体系,探索以质量综合竞争力为核心的质量增信融资制度,将质量水平、标准水平、品牌价值等纳入企业信用评价指标和贷款发放参考因素。加大产品质量保险推广力度,支持企业运用保险手段促进产品质量提升和新产品推广应用。

推动形成优质优价的政府采购机制。鼓励政府部门向社会力量购买优质服务。加强政府采购需求确定和采购活动组织管理,将质量、服务、安全等要求贯彻到采购文件制定、评审活动、采购合同签订全过程,形成保障质量和安全的政府采购机制。严格采购项目履约验收,切实把好产品和服务质量关。加强联合惩戒,依法限制严重质量违法失信企业参与政府采购活动。建立军民融合采购制度,吸纳扶持优质民口企业进入军事供应链体系,拓宽企业质量发展空间。

（二十五）健全质量人才教育培养体系

将质量教育纳入全民教育体系。加强中小学质量教育,开展质量主题实践活动。推进高等教育人才培养质量,加强质量相关学科、专业和课程建设。加强职业教育技术技能人才培养质量,推动企业和职业院校成为质量人才培养的主体,推广现代学徒制和企业新型学徒制。推动建立高等学校、科研院所、行业协会和企业共同参与的质量教育网络。实施企业质量素质提升工程,研究建立质量工程技术人员评价制度,全面提高企业经营管理者、一线员工的质量意识和水平。加强人才梯队建设,实施青年职业能力提升计划,完善技术技能人才培养培训工作体系,培育众多"中国工匠"。发挥各级工会组织和共青团组织作用,开展劳动和技能竞赛、青年质量提升示范岗创建、青年质量控制小组实践等活动。

（二十六）健全质量激励制度

完善国家质量激励政策,继续开展国家质量奖评选表彰,树立质量标杆,弘扬质量先进。加大对政府质量奖获奖企业在金融、信贷、项目投资等方面的支持力度。建立政府质量奖获奖企业和个人先进质量管理经验的长效宣传推广机制,形成中国特色质量管理模式和体系。研究制定技术技能人才激励办法,探索建立企业首席技师制度,降低职业技能型人才落户门槛。

六、切实加强组织领导

（二十七）实施质量强国战略

坚持以提高发展质量和效益为中心,加快建设质量强国。研究编制质量强国战略纲要,明确质量发展目标任务,统筹各方资源,推动中国制造向中国创造转变、中国速度向中国质量转变、中国产品向中国品牌转变。持续开展质量强省、质量强市、质量强县示范活动,走出一条中国特色质量发展道路。

(二十八)加强党对质量工作领导

健全质量工作体制机制,完善研究质量强国战略、分析质量发展形势、决定质量方针政策的工作机制,建立"党委领导、政府主导、部门联合、企业主责、社会参与"的质量工作格局。加强对质量发展的统筹规划和组织领导,建立健全领导体制和协调机制,统筹质量发展规划制定、质量强国建设、质量品牌发展、质量基础建设。地方各级党委和政府要将质量工作摆到重要议事日程,加强质量管理和队伍能力建设,认真落实质量工作责任制。强化市、县政府质量监管职责,构建统一权威的质量工作体制机制。

(二十九)狠抓督察考核

探索建立中央质量督察工作机制,强化政府质量工作考核,将质量工作考核结果作为各级党委和政府领导班子及有关领导干部综合考核评价的重要内容。以全要素生产率、质量竞争力指数、公共服务质量满意度等为重点,探索构建符合创新、协调、绿色、开放、共享发展理念的新型质量统计评价体系。健全质量统计分析制度,定期发布质量状况分析报告。

(三十)加强宣传动员

大力宣传党和国家质量工作方针政策,深入报道我国提升质量的丰富实践、重大成就、先进典型,讲好中国质量故事,推介中国质量品牌,塑造中国质量形象。将质量文化作为社会主义核心价值观教育的重要内容,加强质量公益宣传,提高全社会质量、诚信、责任意识,丰富质量文化内涵,促进质量文化传承发展。把质量发展纳入党校、行政学院和各类干部培训院校教学计划,让质量第一成为各级党委和政府的根本理念,成为领导干部工作责任,成为全社会、全民族的价值追求和时代精神。

各地区各部门要认真落实本意见精神,结合实际研究制定实施方案,抓紧出台推动质量提升的具体政策措施,明确责任分工和时间进度要求,确保各项工作举措和要求落实到位。要组织相关行业和领域,持续深入开展质量提升行动,切实提升质量总体水平。

31. 交通运输部关于进一步提升公路桥梁安全耐久水平的意见

(交公路发〔2020〕127号)

为深入贯彻落实党中央、国务院决策部署，实现更高质量、更有效率、更加公平、更可持续、更为安全的发展，加快建设交通强国，进一步提升公路桥梁安全耐久水平，现提出以下意见。

一、总体要求

（一）指导思想。

以习近平新时代中国特色社会主义思想为指导，认真落实党的十九大和十九届二中、三中、四中、五中全会精神，全面贯彻新发展理念，构建新发展格局，坚持以人民为中心的发展思想，以推动高质量发展为主题，以深化供给侧结构性改革为主线，坚持标准规范，落实管理责任，牢牢守住发展安全底线，着力"抓建设、重管养、防风险、优治理、促创新、强保障"，不断提升我国公路桥梁安全耐久水平，为加快建设交通强国提供有力支撑。

（二）基本原则。

——安全第一、质量第一。始终坚持生命至上、安全第一、质量第一的理念，把安全质量贯穿于公路桥梁规划、勘察、设计、建造、养护、管理、保护的全生命周期，确保质量优良、管养规范、安全耐久。

——目标导向、系统治理。把提升公路桥梁安全耐久水平作为系统工程，近期突出重点补齐短板，健全工作机制，着力防范化解公路桥梁运行重大安全风险；远期立足长远健全体系，完善安全风险防控和长效运行机制，推动公路桥梁高质量发展。

——分级管理、协调联动。推动落实地方各级政府的属地责任，切实加大公共财政的投入保障力度。完善多部门安全保护联动机制，健全交通运输部门统一管理、责权明晰的分级监管机制，落实社会管理协调机制，严格落实公路桥梁运行管理单位主体责任。

——科技引领、创新发展。加强公路桥梁基础理论研究，提升勘察设计理念，完善创新发展体系，重点突破桥梁现代工程关键技术，加快推动新一代信息技术与公路桥梁的深度融合，持续提升公路桥梁系统韧性和服役性能。

（三）工作目标。

到2025年，通过开展危旧桥梁改造行动，提升桥梁安全耐久水平，基本完成2020年底存量四、五类桥梁改造，对部分老旧桥梁实施改造，国省干线公路新发现四、五类桥梁处治率100%，实现全国高速公路一、二类桥梁比例达95%以上，普通国省干线公路一、二类桥梁比例达90%以上，跨江跨海跨峡谷等特殊桥梁结构健康监测系统全面建立，公路桥梁运行安全水平和服务品质明显提升。

到2035年，公路桥梁建设养护管理水平进入世界前列，公路桥梁结构健康监测系统全面建立，安全风险防控体系基本完善，创新发展水平明显提高，标准化、智能化水平全面提升，平均服役寿命明显延长，基本实现并不断完善管理体系和管理能力现代化。

二、着力提高公路桥梁建设质量

（四）提高规划勘察设计质量。坚持规划引领，科学谋划。坚持桥梁全生命周期勘察设计理念，推动公路桥梁勘察方法与设计理论创新。坚持安全、耐久、适用、经济、美观的原则，因地制宜选择桥型，合理确定桥梁跨径和结构方案。加强结构性能、功能和安全可靠性设计，注重桥梁防灾减灾设计，提高桥梁结构安全冗余。全面提升公路桥梁数字化、智能化勘察设计水平，加大建筑信息模型技术应用，推广应用钢结构桥梁，促进高性能材料、高品质制品推广使用。

（五）加强工程建造质量安全。保障合理工期，加强工程质量安全监管，强化建造过程在线监测，推行桥梁质量安全管理信息化。严控建材质量，重点加强影响结构强度和耐久性的钢材、水泥、砂石等原材料进场检验。优化施工工艺，提升技术和装备水平，加强技术人才培养和施工人员培训。完善标准化建造体系，推行精品建造，实现精细化管理、工厂化制造、装配化施工、信息化控制，打造平安百年品质工程。

（六）实行质量终身负责制。健全完善分级负责的质量管理体系，实行公路桥梁建设单位及勘察、设计、施工、监理、第三方质量检测终身负责制，落实质量安全追溯和责任终身追究制。探索建立桥梁建设质量后评估机制，逐步建立桥梁安全耐久水平全生命周期评价机制。

三、着力提升公路桥梁管养水平

（七）完善管养责任体系。推动建立健全"政府主导、行业监管、部门协同、运行单位负责"的公路桥梁管养责任体系。推动地方各级人民政府分级落实属地责任，并将桥梁运行安全纳入安全生产考核目标。各级交通运输主管部门负责行业监管，对公路桥梁运行管理单位和下级交通运输主管部门履责情况进行监督指导。积极协调相关部门按法定职责协同开展公路桥梁安全保护。公路桥梁运行管理单位承担运行安全主体责任，组织开展运行安全风险防控和隐患治理，保障桥梁安全运行。

（八）分类落实管养资金。省级交通运输主管部门要督促收费公路运营管理单位从车辆通行费收入中列支桥梁管理养护资金；积极协调有关部门在确保成品油消费税转移支付资金按规定投入的基础上，根据普通公路桥梁管理养护需要加大投入保障。农村公路桥梁管理养护资金按照《国务院办公厅关于深化农村公路管理养护体制改革的意见》(国办发〔2019〕45号)统筹安排。部通过车购税资金等现有资金渠道对普通公路危旧桥梁改造给予支持。

（九）提高养护资金标准。各地要细化公路桥梁养护预算定额,落实干线公路桥梁经常检查、日常保养和定期检查资金要求,原则上在现有基础上因地制宜、因桥制宜适当提高,每年每延米分别不低于80元、100元和150元,并根据桥梁具体技术状况专项安排特殊检查检测资金。进一步完善农村公路桥梁养护资金动态调整机制。加强资金使用全过程绩效管理。

(十)提升预防性养护水平。贯彻全生命周期理念,建立桥梁运营期预防性养护机制,加强桥梁支座、伸缩缝、缆索防护、阻尼减振等桥梁制品的预防性养护,实施特殊环境作用下桥梁耐久性提升,注重轻微病害的早期处治,强化桥梁保养标准化和常态化,防范四、五类桥梁发生,延长使用寿命。

(十一)强化养护工程管理。完善桥梁养护工程管理制度,健全养护工程咨询、决策、设计、施工、验收和后评价机制,加强养护工程实施监督管理,提升养护工程实施效果和质量。

(十二)推进养护市场化改革。提高桥梁定期检查、特殊检查和加固改造等市场化配置效率,激发市场活力。鼓励以公开招投标、政府购买服务等方式引入专业化养护单位,提高桥梁管护专业化水平。鼓励专业化养护企业做大做强,跨区域长期限承担公路桥梁周期性管护任务。加快构建以信用为基础的新型监管机制,推进公路桥梁养护市场信用分级分类监管,引导专业化企业提高服务品质,激发市场活力。

四、着力完善公路桥梁安全风险防控体系

(十三)完善安全风险识别制度。完善桥梁检查类别和频率规定,重要桥梁单独制定检查制度,强化安全风险辨识和评估。加强桥梁例行检查、专项检查,及时开展特殊检查,健全桥梁安全分级监管机制,完善桥梁信息分级报送机制。

(十四)加强桥梁结构健康监测。健全完善公路桥梁基础数据库,完善、更新桥梁档案,落实分级建设、全面完整、规范管理、动态更新工作要求。统一数据标准和接口标准,推进数字化、信息化、智能化,2025年底前实现跨江跨海跨峡谷等特殊桥梁结构健康监测系统全面覆盖。依托监测系统开展日常管理,健全完善长期运行机制,不断拓展系统功能,持续建设覆盖重要公路桥梁的技术先进、经济适用、精准预警的监测体系,进一步提升监测系统的实效性、可靠性和耐久性。

(十五)加强分级分类处置。根据检查监测情况,及时采取预防性养护、维修加固、拆除重建等分级分类处置措施。"十四五"期集中开展全国公路危旧桥梁改造专项行动,切实化解重大安全风险,确保桥梁安全运行。

(十六)提升应急处置能力。完善公路应急处置预案体系,及时有效处置公路桥梁突发事件。跨江跨海跨峡谷等特殊桥梁按照"一桥一策"完善应急处置预案,并纳入属地应急预案体系。加强桥梁应急抢险装备物资配备及队伍建设,定期开展应急演练,强化应急保障关键技术研发应用。

五、着力强化公路桥梁安全保护

(十七)完善公路桥梁法规标准。研究制定公路桥梁安全保护管理办法。深化大跨公路桥梁风致振动振幅、大跨桥梁体系可靠度、桥梁使用年限和冗余性等关键指标研究,加强桥梁结构安全、标准化设计、装配化施工、耐久性提升、预防性养护、应急保通、健康监测等重点领域技术标准供给。抓紧推进标准规范制修订工作,注重技术标准统筹协调和与时俱进。

(十八)严格车辆超限超载治理。深入推进交通运输和公安部门治理车辆超限超载联合执法。规范完善公路桥梁限载标志设置。加强重点线路、桥梁超限检测站点布设,有条件的地区可在重要节点位置设置具备不停车称重检测、视频监控和自动抓拍等功能的技术监控设施(备),强化路面管控。推动重点货物装载源头单位落实合法装载主体责任,在地方政府统一领导下,强化对货物装载源头的行业监管。

(十九)加强公路桥梁区域保护执法。会同有关部门共同加强公路桥梁桥下空间动态监管,实行封闭管理或者保护性利用管理;规范公路桥梁管理措施,严禁利用桥梁梁体及墩柱、桥台铺设输送易燃易爆、有毒有害气(液)体的管道;严格公路桥梁跨越的河道上下游管理,加大对公路桥梁周围违法采砂、取弃土、爆破等危及桥梁安全行为的打击力度,加大公路桥梁周边地质灾害防治;建立桥区水域安全风险评估和处置联动机制,提高桥区水域安全通行能力。

六、着力提升创新发展能力

(二十)创新发展桥梁工程技术。加强桥梁工程基础理论研究,完善我国桥梁建设养护理论体系。建设全国范围桥梁长期性能观测网,将桥梁例行检查、专项检查与实时监测相结合,开展桥梁服役状态监测分析,开展桥梁设计、施工、检测、监测等领域关键核心技术和装备攻关。加强桥梁结构状况评估、预防性养护、维修加固方法和技术研究,开展桥梁承载能力快速、智能评估技术研究。

(二十一)加快智能公路桥梁发展。加快推动大数据、云计算、物联网、人工智能、北斗导航等新技术与公路建管养深度融合,全面开展公路桥梁智能装备、智能建造、智能检测、智能诊断、智能预警、智能养护研究和推广应用,发挥重大工程科技示范与带动作用,在高性能材料、应用软件、智能装备等方面取得新的突破。

(二十二)完善创新发展体系。加快推进公路桥梁国家级科研平台建设,构建由行业重点实验室、行业研发中心、行业协同创新平台、高新技术企业等组成的"产学研用"有机融合的创新发展机制。加强关键核心技术知识产权创造、保护与应用,积极推动科技成果转化。

(二十三)加强桥梁领域国际合作。提升公路桥梁建设、养护、智能化等方面国际合作的深度和广度,相互交流,相互借鉴,拓展国际合作渠道,选派专家积极参与桥梁国际组织事务框架下规则、标准制定修订,共同推进桥梁高质量发展,提供更多的中国方案。

七、保障措施

(二十四)加强组织领导。各省级交通运输主管部门要高度重视提升公路桥梁安全耐久工作,结合本地实际研究提出具体实施方案,在完善机制、安全保护、资金投入、技术研发等方面加大推进和保障力度。

(二十五)加强队伍建设。加强公路桥梁基础理论、设计检测、施工建造、装备制造等领域专家和一线人才培养,建设适应公路桥梁安全耐久需要的高水平专家团队和专业技术人才队伍。依托高等院校、科研机构、智库单位和重点科研平台,加强交叉学科建设和学术研究,引进高层次人才,打造素质一流、梯次配备的骨干团队。

(二十六)加强宣传推广。结合科普基地,建设一批公路桥梁博物馆,加强桥梁使用知识宣传,弘扬桥梁美学。深入挖掘中华桥梁文化,鼓励现代桥梁设计传承创新,延续桥梁文脉。积极拓展桥梁文化宣传形式,加强桥梁建设养护管理的文学、文艺、影视等作品创作、征集和传播活动,讲好中国桥梁故事。

(二十七)加强督促落实。部对本意见实施情况进行跟踪,适时组织开展督导评价,强化动态跟踪和工作指导。各省级交通运输主管部门要分类分级加快建立督促评估办法,完善社会监督机制,鼓励公众积极参与,共同提升我国公路桥梁安全耐久水平。

安全管理

32. 公路水运工程安全生产监督管理办法

（2007年2月14日交通部令第1号发布，根据2016年3月7日交通运输部令第9号第一次修正，根据2017年6月12日交通运输部令第25号第二次修正）

第一章 总 则

第一条 为了加强公路水运工程安全生产监督管理，防止和减少生产安全事故，保障人民群众生命和财产安全，根据《中华人民共和国安全生产法》《建设工程安全生产管理条例》《生产安全事故报告和调查处理条例》等法律、行政法规，制定本办法。

第二条 公路水运工程建设活动的安全生产行为及对其实施监督管理，应当遵守本办法。

第三条 本办法所称公路水运工程，是指经依法审批、核准或者备案的公路、水运基础设施的新建、改建、扩建等建设项目。

本办法所称从业单位，是指从事公路、水运工程建设、勘察、设计、施工、监理、试验检测、安全服务等工作的单位。

第四条 公路水运工程安全生产工作应当以人民为中心，坚持安全第一、预防为主、综合治理的方针，强化和落实从业单位的主体责任，建立从业单位负责、职工参与、政府监管、行业自律和社会监督的机制。

第五条 交通运输部负责全国公路水运工程安全生产的监督管理工作。

长江航务管理局承担长江干线航道工程安全生产的监督管理工作。

县级以上地方人民政府交通运输主管部门按照规定的职责负责本行政区域内的公路水运工程安全生产监督管理工作。

第六条 交通运输主管部门应当按照保障安全生产的要求，依法制修订公路水运工程安全应急标准体系。

第七条 交通运输主管部门应当建立公路水运工程从业单位和从业人员安全生产违法违规行为信息库，实行安全生产失信黑名单制度，并按规定将有关信用信息及时纳入交通运输和相关统一信用信息共享平台，依法向社会公开。

第八条 有关行业协会依照法律、法规、规章和协会章程，为从业单位提供有关安全生产信息、培训等服务，发挥行业自律作用，促进从业单位加强安全生产管理。

第九条 国家鼓励和支持公路水运工程安全生产科学技术研究成果和先进技术的推广应用，鼓励从业单位运用科技和信息化等手段对存在重大安全风险的施工部位加强监控。

第十条 在改善项目安全生产条件、防止生产安全事故、参加抢险救援等方面取得显著成绩的单位和个人，交通运输主管部门依法给予奖励。

第二章 安全生产条件

第十一条 从业单位从事公路水运工程建设活动，应当具备法律、法规、规章和工程建设强制性标准规定的安全生产条件。任何单位和个人不得降低安全生产条件。

第十二条 公路水运工程应当坚持先勘察后设计再施工的程序。施工图设计文件依法经审批后方可使用。

第十三条 公路水运工程施工招标文件及施工合同中应当载明项目安全管理目标、安全生产职责、安全生产条件、安全生产信用情况及专职安全生产管理人员配备的标准等要求。

第十四条 施工单位从事公路水运工程建设活动，应当取得安全生产许可证及相应等级的资质证书。施工单位的主要负责人和安全生产管理人员应当经交通运输主管部门对其安全生产知识和管理能力考核合格。

施工单位应当设置安全生产管理机构或者配备专职安全生产管理人员。施工单位应当根据工程施工作业特点、安全风险以及施工组织难度，按照年度施工产值配备专职安全生产管理人员，不足5000万元的至少配备1名；5000万元以上不足2亿元的按每5000万元不少于1名的比例配备；2亿元以上的不少于5名，且按专业配备。

第十五条 从业单位应当依法对从业人员进行安全生产教育和培训。未经安全生产教育和培训合格的从业人员，不得上岗作业。

第十六条 公路水运工程从业人员中的特种作业人员应当按照国家有关规定取得相应资格，方可上岗作业。

第十七条 施工中使用的施工机械、设施、机具以及安全防护用品、用具和配件等应当具有生产（制造）许可证、产品合格证或者法定检验检测合格证明，并设立专人查验、定期检查和更新，建立相应的资料档案。无查验合格记录的不得投入使用。

第十八条 特种设备使用单位应当依法取得特种设备使用登记证书，建立特种设备安全技术档案，并将登记标志置于该特种设备的显著位置。

第十九条 翻模、滑（爬）模等自升式架设设施，以及自行设计、组装或者改装的施工挂（吊）篮、移动模架等设施在投入使用前，施工单位应当组织有关单位进行验收，或者委托具有相应资质的检验检测机构进行验收。验收合格后方可使用。

第二十条 对严重危及公路水运工程生产安全的工

艺、设备和材料,应当依法予以淘汰。交通运输主管部门可以会同安全生产监督管理部门联合制定严重危及公路水运工程施工安全的工艺、设备和材料的淘汰目录并对外公布。

从业单位不得使用已淘汰的危及生产安全的工艺、设备和材料。

第二十一条 从业单位应当保证本单位所应具备的安全生产条件必需的资金投入。

建设单位在编制工程招标文件及项目概预算时,应当确定保障安全作业环境及安全施工措施所需的安全生产费用,并不得低于国家规定的标准。

施工单位在工程投标报价中应当包含安全生产费用并单独计提,不得作为竞争性报价。

安全生产费用应当经监理工程师审核签认,并经建设单位同意后,在项目建设成本中据实列支,严禁挪用。

第二十二条 公路水运工程施工现场的办公、生活区与作业区应当分开设置,并保持安全距离。办公、生活区的选址应当符合安全性要求,严禁在已发现的泥石流影响区、滑坡体等危险区域设置施工驻地。

施工作业区应当根据施工安全风险辨识结果,确定不同风险等级的管理要求,合理布设。在风险等级较高的区域应当设置警戒区和风险告知牌。

施工作业点应当设置明显的安全警示标志,按规定设置安全防护设施。施工便道便桥、临时码头应当满足通行和安全作业要求,施工便桥和临时码头还应当提供临边防护和水上救生等设施。

第二十三条 施工单位与从业人员订立的劳动合同,应当载明有关保障从业人员劳动安全、防止职业危害等事项。施工单位还应当向从业人员书面告知危险岗位的操作规程。

施工单位应当向作业人员提供符合标准的安全防护用品,监督、教育从业人员按照使用规则佩戴、使用。

第二十四条 公路水运工程建设应当实施安全生产风险管理,按规定开展设计、施工安全风险评估。

设计单位应当依据风险评估结论,对设计方案进行修改完善。

施工单位应当依据风险评估结论,对风险等级较高的分部分项工程编制专项施工方案,并附安全验算结果,经施工单位技术负责人签字后报监理工程师批准执行。

必要时,施工单位应当组织专家对专项施工方案进行论证、审核。

第二十五条 建设、施工等单位应当针对工程项目特点和风险评估情况分别制定项目综合应急预案、合同段施工专项应急预案和现场处置方案,告知相关人员紧急避险措施,并定期组织演练。

施工单位应当依法建立应急救援组织或者指定工程现场兼职的、具有一定专业能力的应急救援人员,配备必要的应急救援器材、设备和物资,并进行经常性维护、保养。

第二十六条 从业单位应当依法参加工伤保险,为从业人员缴纳保险费。

鼓励从业单位投保安全生产责任保险和意外伤害保险。

第三章 安全生产责任

第二十七条 从业单位应当建立健全安全生产责任制,明确各岗位的责任人员、责任范围和考核标准等内容。从业单位应当建立相应的机制,加强对安全生产责任制落实情况的监督考核。

第二十八条 建设单位对公路水运工程安全生产负管理责任。依法开展项目安全生产条件审核,按规定组织风险评估和安全生产检查。根据项目风险评估等级,在工程沿线受影响区域作出相应风险提示。

建设单位不得对勘察、设计、监理、施工、设备租赁、材料供应、试验检测、安全服务等单位提出不符合安全生产法律、法规和工程建设强制性标准规定的要求。不得违反或者擅自简化基本建设程序。不得随意压缩工期。工期确需调整的,应当对影响安全的风险进行论证和评估,经合同双方协商一致,提出相应的施工组织和安全保障措施。

第二十九条 勘察单位应当按照法律、法规、规章、工程建设强制性标准和合同文件进行实地勘察,针对不良地质、特殊性岩土、有毒有害气体等不良情形或者其他可能引发工程生产安全事故的情形加以说明并提出防治建议。

勘察单位提交的勘察文件必须真实、准确,满足公路水运工程安全生产的需要。

勘察单位及勘察人员对勘察结论负责。

第三十条 设计单位应当按照法律、法规、规章、工程建设强制性标准和合同文件进行设计,防止因设计不合理导致生产安全事故的发生。

设计单位应当考虑施工安全操作和防护的需要,对涉及施工安全的重点部位和环节在设计文件中加以注明,提出安全防范意见。依据设计风险评估结论,对存在较高安全风险的工程部位还应当增加专项设计,并组织专家进行论证。

采用新结构、新工艺、新材料的工程和特殊结构工程,设计单位应当在设计文件中提出保障施工作业人员安全和预防生产安全事故的措施建议。

设计单位和设计人员应当对其设计负责,并按合同要求做好安全技术交底和现场服务。

第三十一条 监理单位应当按照法律、法规、规章、工程建设强制性标准和合同文件进行监理,对工程安全生产承担监理责任。

监理单位应当审核施工项目安全生产条件,审查施工组织设计中安全措施和专项施工方案。在实施监理过程中,发现存在安全事故隐患的,应当要求施工单位整改;情节严重的,应当下达工程暂停令,并及时报告建设单位。施工单位拒不整改或者不停止施工的，监理单位应当及时向有关主管部门书面报告，并有权拒绝计量支付审核。

监理单位应当如实记录安全事故隐患和整改验收情况，对有关文字、影像资料应当妥善保存。

第三十二条 依合同承担试验检测或者施工监测的单位应当按照法律、法规、规章、工程建设强制性标准和合同文件开展工作。所提交的试验检测或者施工监测数据应当真实、准确，数据出现异常时应当及时向合同委托方报告。

第三十三条 依法设立的为安全生产提供技术、管理服务的机构，依照法律、法规、规章和执业准则，接受从业单位的委托为其安全生产工作提供技术、管理服务。

从业单位委托前款规定的机构提供安全生产技术、管理服务的，保障安全生产的责任仍由本单位负责。

第三十四条 施工单位应当按照法律、法规、规章、工程建设强制性标准和合同文件组织施工，保障项目施工安全生产条件，对施工现场的安全生产负主体责任。施工单位主要负责人依法对项目安全生产工作全面负责。

建设工程实行施工总承包的，由总承包单位对施工现场的安全生产负责。分包单位应当服从总承包单位的安全生产管理，分包单位不服从管理导致生产安全事故的，由分包单位承担主要责任。

第三十五条 施工单位应当书面明确本单位的项目负责人，代表本单位组织实施项目施工生产。

项目负责人对项目安全生产工作负有下列职责：

（一）建立项目安全生产责任制，实施相应的考核与奖惩；

（二）按规定配足项目专职安全生产管理人员；

（三）结合项目特点，组织制定项目安全生产规章制度和操作规程；

（四）组织制定项目安全生产教育和培训计划；

（五）督促项目安全生产费用的规范使用；

（六）依据风险评估结论，完善施工组织设计和专项施工方案；

（七）建立安全预防控制体系和隐患排查治理体系，督促、检查项目安全生产工作，确认重大事故隐患整改情况；

（八）组织制定本合同段施工专项应急预案和现场处置方案，并定期组织演练；

（九）及时、如实报告生产安全事故并组织自救。

第三十六条 施工单位的专职安全生产管理人员履行下列职责：

（一）组织或者参与拟订本单位安全生产规章制度、操作规程，以及合同段施工专项应急预案和现场处置方案；

（二）组织或者参与本单位安全生产教育和培训，如实记录安全生产教育和培训情况；

（三）督促落实本单位施工安全风险管控措施；

（四）组织或者参与本合同段施工应急救援演练；

（五）检查施工现场安全生产状况，做好检查记录，提出改进安全生产标准化建设的建议；

（六）及时排查、报告安全事故隐患，并督促落实事故隐患治理措施；

（七）制止和纠正违章指挥、违章操作和违反劳动纪律的行为。

第三十七条 施工单位应当推进本企业承接项目的施工场地布置、现场安全防护、施工工艺操作、施工安全管理活动记录等方面的安全生产标准化建设，并加强对安全生产标准化实施情况的自查自纠。

第三十八条 施工单位应当根据施工规模和现场消防重点建立施工现场消防安全责任制度，确定消防安全责任人，制定消防管理制度和操作规程，设置消防通道，配备相应的消防设施、物资和器材。

施工单位对施工现场临时用火、用电的重点部位及爆破作业各环节应当加强消防安全检查。

第三十九条 施工单位应当将专业分包单位、劳务合作单位的作业人员及实习人员纳入本单位统一管理。

新进人员和作业人员进入新的施工现场或者转入新的岗位前，施工单位应当对其进行安全生产培训考核。

施工单位采用新技术、新工艺、新设备、新材料的，应当对作业人员进行相应的安全生产教育培训，生产作业前还应当开展岗位风险提示。

第四十条 施工单位应当建立健全安全生产技术分级交底制度，明确安全技术分级交底的原则、内容、方法及确认手续。

分项工程实施前，施工单位负责项目管理的技术人员应当按规定对有关安全施工的技术要求向施工作业班组、作业人员详细说明，并由双方签字确认。

第四十一条 施工单位应当按规定开展安全事故隐患排查治理，建立职工参与的工作机制，对隐患排查、登记、治理等全过程闭合管理情况予以记录。事故隐患排查治理情况应当向从业人员通报，重大事故隐患还应当按规定上报和专项治理。

第四十二条 事故发生单位应当依法如实向项目建设单位和负有安全生产监督管理职责的有关部门报告。不得隐瞒不报、谎报或者迟报。

发生生产安全事故，施工单位负责人接到事故报告后，应当迅速组织抢救，减少人员伤亡，防止事故扩大。组织抢救时，应当妥善保护现场，不得故意破坏事故现场、毁灭有关证据。

事故调查处置期间，事故发生单位的负责人、项目主要负责人和有关人员应当配合事故调查，不得擅离职守。

第四十三条 作业人员应当遵守安全施工的规章制度和操作规程，正确使用安全防护用具、机械设备。发现安全事故隐患或者其他不安全因素，应当向现场专（兼）职安全生产管理人员或者本单位项目负责人报告。

作业人员有权了解其作业场所和工作岗位存在的风险因素、防范措施及事故应急措施,有权对施工现场存在的安全问题提出检举和控告,有权拒绝违章指挥和强令冒险作业。

在施工中发生可能危及人身安全的紧急情况时,作业人员有权立即停止作业或者在采取可能的应急措施后撤离危险区域。

第四章 监督管理

第四十四条 交通运输主管部门应当对公路水运工程安全生产行为和下级交通运输主管部门履行安全生产监督管理职责情况进行监督检查。

交通运输主管部门应当依照安全生产法律、法规、规章及工程建设强制性标准,制定年度监督检查计划,确定检查重点、内容、方式和频次。加强与其他安全生产监管部门的合作,推进联合检查执法。

第四十五条 交通运输主管部门对公路水运工程安全生产行为的监督检查主要包括下列内容:

(一)被检查单位执行法律、法规、规章及工程建设强制性标准情况;

(二)本办法规定的项目安全生产条件落实情况;

(三)施工单位在施工场地布置、现场安全防护、施工工艺操作、施工安全管理活动记录等方面的安全生产标准化建设推进情况。

第四十六条 交通运输主管部门在职责范围内开展安全生产监督检查时,有权采取下列措施:

(一)进入被检查单位进行检查,调阅有关工程安全管理的文件和相关照片、录像及电子文本等资料,向有关单位和人员了解情况;

(二)进入被检查单位施工现场进行监督抽查;

(三)责令相关单位立即或者限期停止、改正违法行为;

(四)法律、行政法规规定的其他措施。

第四十七条 交通运输主管部门对监督检查中发现的安全问题或者安全事故隐患,应当根据情况作出如下处理:

(一)被检查单位存在安全管理问题需要整改的,以书面方式通知存在问题的单位限期整改;

(二)发现严重安全生产违法行为的,予以通报,并按规定依法实施行政处罚或者移交有关部门处理;

(三)被检查单位存在安全事故隐患的,责令立即排除;重大事故隐患排除前或者排除过程中无法保证安全的,责令其从危险区域撤出作业人员,暂时停止施工,并按规定专项治理,纳入重点监管的失信黑名单;

(四)被检查单位拒不执行交通运输主管部门依法作出的相关行政决定,有发生生产安全事故的现实危险的,在保证安全的前提下,经本部门负责人批准,可以提前24小时以书面方式通知有关单位和被检查单位,采取停止供电、停止供应民用爆炸物品等措施,强制被检查单位执行决定;

(五)因建设单位违规造成重大生产安全事故的,对全部或者部分使用财政性资金的项目,可以建议相关职能部门暂停项目执行或者暂缓资金拨付;

(六)督促负有直接监督管理职责的交通运输主管部门,对存在安全事故隐患整改不到位的被检查单位主要负责人约谈警示;

(七)对违反本办法有关规定的行为实行相应的安全生产信用记录,对列入失信黑名单的单位及主要责任人按规定向社会公布;

(八)法律、行政法规规定的其他措施。

第四十八条 交通运输主管部门执行监督检查任务时,应当将检查的时间、地点、内容、发现的问题及其处理情况作出书面记录,并由检查人员和被检查单位的负责人签字。被检查单位负责人拒绝签字的,检查人员应当将情况记录在案,向本单位领导报告,并抄告被检查单位所在的企业法人。

第四十九条 交通运输主管部门对有下列情形之一的从业单位及其直接负责的主管人员和其他直接责任人员给予违法违规行为失信记录并对外公开,公开期限一般自公布之日起12个月:

(一)因违法违规行为导致工程建设项目发生一般及以上等级的生产安全责任事故并承担主要责任的;

(二)交通运输主管部门在监督检查中,发现因从业单位违法违规行为导致工程建设项目存在安全事故隐患的;

(三)存在重大事故隐患,经交通运输主管部门指出或者责令限期消除,但从业单位拒不采取措施或者未按要求消除隐患的;

(四)对举报或者新闻媒体报道的违法违规行为,经交通运输主管部门查实的;

(五)交通运输主管部门依法认定的其他违反安全生产相关法律法规的行为。

对违法违规行为情节严重的从业单位及主要责任人员,应当列入安全生产失信黑名单,将具体情节抄送相关行业主管部门。

第五十条 交通运输主管部门在专业性较强的监督检查中,可以委托具备相应资质能力的机构或者专家开展检查、检测和评估,所需费用按照本级政府购买服务的相关程序要求进行申请。

第五十一条 交通运输主管部门应当健全工程建设安全监管制度,协调有关部门依法保障监督执法经费和装备,加强对监督管理人员的教育培训,提高执法水平。

监督管理人员应当忠于职守,秉公执法,坚持原则。

第五十二条 交通运输主管部门在进行安全生产责任追究时,被问责部门及其工作人员按照法律、法规、规章和工程建设强制性标准规定的方式、程序、计划已经履行安全生产督查职责,但仍有下列情形之一的,可不承担责任:

(一)对发现的安全生产违法行为和安全事故隐患已经依法查处,因从业单位及其从业人员拒不执行导致生产安全责任事故的;

(二)从业单位非法生产或者经责令停工整顿后仍不具备安全生产条件,已经依法提请县级以上地方人民政府决定中止或者取缔施工的;

(三)对拒不执行行政处罚决定的从业单位,已经依法申请人民法院强制执行的;

(四)工程项目中止施工后发生生产安全责任事故的;

(五)因自然灾害等不可抗力导致生产安全事故的;

(六)依法不承担责任的其他情形。

第五十三条 交通运输主管部门应当建立举报制度,及时受理对公路水运工程生产安全事故、事故隐患以及监督检查人员违法行为的检举、控告和投诉。

任何单位或者个人对安全事故隐患、安全生产违法行为或者事故险情等,均有权向交通运输主管部门报告或者举报。

第五章 法律责任

第五十四条 从业单位及相关责任人违反本办法规定,国家有关法律、行政法规对其法律责任有规定的,适用其规定;没有规定的,由交通运输主管部门根据各自的职责按照本办法规定进行处罚。

第五十五条 从业单位及相关责任人违反本办法规定,有下列行为之一的,责令限期改正;逾期未改正的,对从业单位处1万元以上3万元以下的罚款;构成犯罪的,依法移送司法部门追究刑事责任:

(一)从业单位未全面履行安全生产责任,导致重大事故隐患的;

(二)未按规定开展设计、施工安全风险评估,或者风险评估结论与实际情况严重不符,导致重大事故隐患未被及时发现的;

(三)未按批准的专项施工方案进行施工,导致重大事故隐患的;

(四)在已发现的泥石流影响区、滑坡体等危险区域设置施工驻地,导致重大事故隐患的。

第五十六条 施工单位有下列行为之一的,责令限期改正,可以处5万元以下的罚款;逾期未改正的,责令停产停业整顿,并处5万元以上10万元以下的罚款,对其直接负责的主管人员和其他直接责任人员处1万元以上2万元以下的罚款:

(一)未按照规定设置安全生产管理机构或者配备安全生产管理人员的;

(二)主要负责人和安全生产管理人员未按照规定经考核合格的。

第五十七条 交通运输主管部门及其工作人员违反本办法规定,有下列情形之一的,对直接负责的主管人员和其他直接责任人员依法给予行政处分;构成犯罪的,依法移送司法部门追究刑事责任:

(一)发现公路水运工程重大事故隐患、生产安全事故不予查处的;

(二)对涉及施工安全的重大检举、投诉不依法及时处理的;

(三)在监督检查过程中索取或者接受他人财物,或者谋取其他利益的。

第六章 附 则

第五十八条 地方人民政府对农村公路建设的安全生产另有规定的,适用其规定。

第五十九条 本办法自2017年8月1日起施行。交通部于2007年2月14日以交通部令2007年第1号发布、交通运输部于2016年3月7日以交通运输部令2016年第9号修改的《公路水运工程安全生产监督管理办法》同时废止。

33. 交通运输部办公厅关于加强公路水运工程质量安全监督管理工作的指导意见

(交办安监〔2017〕162号)

公路水运工程质量监督管理制度是保证工程质量的重要保障，强化工程质量安全监督管理是各级交通运输主管部门的法定职责。近年来，各级交通运输主管部门高度重视并持续加强工程质量安全监督管理，不断完善工程项目质量保证体系和政府监督管理机制，工程质量管理水平不断提高，安全形势总体稳定。但也要看到，当前公路水运工程质量安全事故时有发生，工程建设市场管理仍有待加强，部分参建单位重经营、轻质量现象仍较为突出，违法违规行为仍屡禁不止；随着投资模式的多元化，利益格局日趋复杂，违法违规行为更加隐蔽，监管难度不断增大；部分地区存在麻痹松懈思想，对工程质量安全监管工作重视程度有所下降，监督管理条件不能有效保障，工程质量安全监督管理力度有弱化趋势。为贯彻落实党的十九大提出的交通强国、质量强国精神，以及《中共中央 国务院关于开展质量提升行动的指导意见》(中发〔2017〕24号)、《国务院办公厅关于促进建筑业持续健康发展的意见》(国办发〔2017〕19号)、《公路水运工程安全生产监督管理办法》(交通运输部令2017年第25号)、《公路水运工程质量监督管理规定》(交通运输部令2017年第28号)等要求，全面加强公路水运工程质量安全监督管理工作，提升质量监督工作保障能力，建立完善专业化、职业化的专家型质量监督队伍，确保工程质量安全。经交通运输部同意，提出以下意见：

一、落实质量监督管理工作责任

(一)落实行业质量监督管理责任。

各级交通运输主管部门要依法履行公路水运工程质量监督管理责任，认真贯彻国家有关工程质量监督管理的方针政策和法规制度。地方各级交通运输主管部门要规范基本建设程序，坚持科学论证、科学决策，保证合理的设计周期和施工工期，为工程质量提供基本保障。要健全工程质量监督管理机制，强化工程建设全过程质量监督管理工作。对于按照法律法规规定授权或委托质量监督机构开展工程质量监督工作的，要保障质量监督机构依法独立公正行使监督权，依法依规完善质量监督管理工作责任清单和权力清单，对质量监督机构履职情况开展绩效考核。

(二)强化工程项目质量监督管理责任。

地方各级交通运输主管部门应确保公路水运工程项目质量监督工作全覆盖。地方各级质量监督机构在建设期内要根据项目特点和实际，每年至少对所有监督的在建项目开展一次监督检查。强化建设单位首要责任和勘察、设计、施工等单位主体责任的落实，切实落实工程质量终身责任制。

二、完善法规制度和标准规范

(三)健全质量安全监督管理法规制度。

各级交通运输主管部门要严格落实国家和行业有关工程质量安全监督管理法律法规和规章制度，制定完善配套管理制度。建立健全工程质量安全监督管理制度体系，积极推进工程建设质量安全监督管理的地方立法工作，为切实做好工程建设质量安全监督管理工作提供法规和政策依据。制定本地区的质量发展纲要，明确质量发展目标，健全公路水运工程项目企业负责、政府监管、社会监督的工程质量安全保障体系。完善行政处罚自由裁量权基准，落实行政执法听证和复议制度，规范行政执法行为。

(四)制修订工程质量安全标准规范。

各级交通运输主管部门要结合地方特色和发展实际加快完善公路水运工程质量安全技术标准规范体系，及时总结、推广保证工程质量安全成效明显的新技术、新材料、新设备、新工艺，积极制定地方标准，鼓励制定高于推荐性标准的团体标准或企业标准，为工程质量安全提供强有力的技术支撑。对有利于加强行业管理的技术和工艺等，要尽快纳入行业技术标准体系。

三、加强工程质量监督工作

(五)推行工程项目监督组制度。

各级交通运输主管部门或其所属的质量监督机构对工程项目开展监督检查，实行工程项目监督组责任制。质量监督机构应结合实际，设立工程项目监督组，建立健全项目监督工作责任制度，落实监管管理职责。公路水运工程质量监督管理受理通知书中应当明确工程项目监督负责人和工程项目监督组组成人员，工程项目监督组一般不少于2名质量监督机构专业技术人员，可聘请行业技术专家提供专业技术支撑。制定工程项目质量安全监督工作计划，确定检查内容、方式、频次以及工作要求等。施工现场应公告监督单位、监督负责人和联系方式，接受社会举报和投诉建议。

(六)强化工程项目质量监督检查。

各级交通运输主管部门应当制定本地区年度质量监督工作计划。其所属的质量监督机构应当制定质量监督工作规则，规范质量监督工作。结合工程特点、专业属性、质量安全风险领域，采取暗查暗访、突击检查、专项督查、信息化监督、双随机等多种监督检查方式，重点加强工程质量保证体系运行、影响结构安全及耐久性的关键部位和工序、合同履约、工地试验室标准化建设等的抽查抽检工作。健全工程质量违法违规行为记录及公布制度，加大行政处罚等政府信息公开力度。通过通报、约谈、处罚等多种形式，加大对参建单位和人员违法违规行为的处罚力度。

(七)加强工程项目信用管理。

各级交通运输主管部门按照行业公路水运工程信用

管理体系,完善工程信用管理相关制度。规范参建单位信用评价信息征集、更新、发布、管理等工作,完善工程项目信用档案,推动信用信息共享,按规定将有关信用信息纳入交通运输信用信息共享平台。

四、加强工程质量和施工安全管理工作

(八)推进品质工程建设。

各级交通运输主管部门应督促和引导公路水运工程项目按照"品质工程"创建活动的总体要求,大力推广性能可靠、先进适用的"四新"技术,着力提高工程结构安全性和耐久性。加强施工班组规范化、标准化建设,建立班组人员实名制和班组质量责任制。研究制定落后淘汰工艺工法目录,不断提升工程建设技术水平。

(九)深化平安工地建设。

各级交通运输主管部门应督促公路水运工程项目认真落实安全生产管理责任,督促从业单位落实安全生产专项经费,实施施工安全风险评估制度,强化工程项目全过程风险防控,严格执行风险等级告知制度,在重点部位设置风险告知牌,强化全员风险意识,加强施工过程安全风险监控。深入推行施工安全标准化管理,认真组织开展平安工地达标考核工作。树立"隐患就是事故"理念,完善事故隐患判定标准,提高隐患排查针对性,落实重大隐患挂牌督办制度,强化事故隐患排查治理闭合管理,落实责任,巩固治理成效。工程项目施工单位要建立兼职的应急队伍,开展各类应急演练。

五、推动工程监管机制创新

(十)创新工程质量监督方式。

各级交通运输主管部门及其所属质量监督机构要针对质量安全薄弱环节实行差别化监督管理,对工程管理薄弱的项目、合同段和信用较差的市场主体应加大监督检查频率,增强监管针对性。选择特许经营等PPP项目开展工程项目监理单位向质量监督机构报告工程质量安全情况的试点工作。各地可结合实际视情况,通过政府购买服务方式,委托具备条件的社会专业力量配合开展工程质量安全监督检查、工程检测。

(十一)探索特许经营项目的监管方式。

针对特许经营等PPP项目的项目公司与施工单位存在特定关系的特点,细化PPP项目管理要求,交通运输主管部门或有关单位可以接受政府授权作为项目实施机构,可以采取对项目监理单位或中心试验室试验检测服务进行直接招标等措施,对工程质量进行监控,明确界定监理单位、中心试验室与项目公司、施工单位在项目中的管理关系和管理职责。加大监督管理力度,强化与安监、财政、审计、环保等部门的协同监管机制,确保工程质量安全。

(十二)加强监督管理信息化建设。

地方各级交通运输主管部门推行"互联网+监管",建立质量安全监督管理信息系统,提高质量安全监督管理信息化水平。推进工程项目"智慧工地"建设,推动工程项目应用建筑信息模型(BIM)技术。积极推广工程监测、安全预警、机械设备监测、隐蔽工程数据采集、远程视频监控等信息化设施设备在施工管理中的应用。

六、提升监督保障能力

(十三)强化质量监督体系建设。

各地交通运输主管部门应积极争取地方人民政府和相关部门支持,依法完善省、市、县三级公路水运工程质量监督管理体系建设,明确监督管理范围和监督管理职责,根据工程投资额、建设规模等配足监督力量。结合实际,采取属地监管、分级监管、协同联合监管等方式,切实履行质量监督工作职责。建立完善质量监督机构工作考核机制,强化对基层监督工作尤其是县级质量监督工作的指导力度,加强业务指导与技术交流。

(十四)提升质量监督管理能力。

地方各级质量监督机构从事监督管理工作的专业技术人员数量应不少于本单位职工总数的70%,且专业结构配置合理,满足监督管理工作专业需要。应采取有效措施保持质量监督队伍的稳定。鼓励和提倡上下级质量监督机构人员交流,促进质量监督人员业务水平提高。制定质量监督人员年度培训计划,开展质量监督人员业务培训和继续教育,原则上每3年对质量监督人员轮训一次,提高质量监督人员综合素质和执法水平。推进监督工作标准化、执法检查规范化,提高质量监督工作水平。

(十五)强化质量监督工作保障。

各级交通运输主管部门应按照国家有关规定,协调有关部门解决质量监督管理工作经费和工作条件,质量监督管理工作经费应纳入同级财政预算予以保障,并落实工程质量安全监督抽检和信息化以及聘请行业技术专家等专项经费。保障特种专业技术用车和质量监督执法用车,配备手持执法仪、笔录电等执法装备和设施。加强对质量监督机构经费和车辆使用情况等的检查,规范经费使用管理,严禁经费摊派或挪作他用,发现违法违规行为,应依法依规严肃处理。

交通运输部办公厅
2017年11月13日

34. 交通运输部关于推进公路水路行业安全生产领域改革发展的实施意见

(交安监发〔2017〕39号)

提高交通运输安全生产水平是践行以人民为中心、服务民生、保障民生的基本要求，也是实现交通运输事业健康发展的前提和基础。为贯彻落实《中共中央 国务院关于推进安全生产领域改革发展的意见》精神，进一步加强和改进安全生产工作，现就推进公路水路行业安全生产领域改革发展提出如下实施意见：

一、总体要求

（一）指导思想。全面贯彻党的十八大和十八届三中、四中、五中、六中全会精神，以邓小平理论、"三个代表"重要思想、科学发展观为指导，深入贯彻习近平总书记系列重要讲话精神和治国理政新理念新思想新战略，坚持安全发展，坚守发展决不能以牺牲安全为代价这条不可逾越的红线，以"平安交通"为统领，以防范遏制重特大安全生产事故为重点，加强领导、改革创新，着力强化企业安全生产主体责任，着力堵塞监督管理漏洞，着力夯实安全生产基础，扎实推动公路水路行业安全生产工作系统化、规范化、标准化，切实增强安全防范治理能力，为我国经济社会发展提供更加可靠的交通运输安全保障。

（二）基本原则。

——坚持安全发展。贯彻以人民为中心的发展思想，始终把人的生命安全放在首位，切实解决行业安全生产突出问题，补齐行业安全发展短板，增强行业安全发展能力。

——坚持改革创新。不断推进安全生产理论创新、制度创新、体制机制创新、科技创新和文化创新，增强内生动力，激发创新活力，推动安全生产与经济社会协调发展。

——坚持依法监管。运用法治思维和法治方式，完善安全生产法规制度和标准体系，严格规范公正文明执法，增强监管执法效能，提高行业安全生产法治化水平。

——坚持系统治理。构建风险分级管控和隐患排查治理双重预防工作机制，加强事中事后监管，综合运用法律、行政、经济、市场等手段，综合采取人防、技防、物防措施，提升行业安全生产治理能力。

（三）目标任务。"十三五"期比"十二五"期，较大以上等级道路运输行车事故死亡人数下降率20%，运输船舶百万吨港口吞吐量水上交通事故死亡人数下降率20%，港口营运亿吨吞吐量事故件数、死亡人数下降率5%，工程建设百亿元投资事故件数、死亡人数下降率4%，重特大事故频发势头得到有效遏制。公路水路行业安全体系基本建成，安全生产整体水平与全面建成小康社会和交通运输事业发展相适应。到2030年，实现行业安全生产治理体系和治理能力现代化，从业人员安全素质整体提升，安全保障能力显著增强，有效保障经济社会发展和人民群众安全便捷出行。

二、严格落实安全生产责任

（四）强化部门监管责任落实。坚持党政同责、一岗双责、齐抓共管、失职追责，按照管行业必须管安全、管业务必须管安全、管生产经营必须管安全的要求，制定《公路水路行业安全生产监督管理工作责任规范导则》，指导各级交通运输主管部门及行业负有安全生产监督管理职责的机构（以下简称交通运输管理部门）制定安全生产监督管理工作责任规范，规范履职行为。交通运输管理部门依法依规履行安全生产和职业健康监管职责，从法规、政策、标准、规划、行政许可、监督检查执法等方面加强安全生产工作。

（五）严格落实企业主体责任。交通运输企业对本单位安全生产和职业健康工作负全面责任，依法依规设置安全生产管理机构，配足安全生产专职管理人员，加大安全生产资金投入，提高运输工具、装备设施安全性能，建立健全自我约束、持续改进的内生机制。实行企业全员安全生产责任制度，细化并落实主要负责人、管理人员和每个岗位的责任。法定代表人和实际控制人同为安全生产第一责任人，主要技术负责人负有安全生产技术决策和指挥权，强化部门安全生产职责，落实一岗双责。建立全过程安全生产和职业健康管理制度，做到安全责任、管理、投入、培训和应急救援"五到位"。国有企业要发挥安全生产工作示范带头作用，自觉接受属地监管。按规定开展安全生产风险评估和辨识，建立管控制度，制定落实安全操作规程，做到"清单化""痕迹化"管理。树立"隐患就是事故"理念，建立健全隐患排查治理制度、重大隐患治理情况向交通运输有关部门和企业职代会"双报告"制度，实行自查自改自报闭环管理。大力推进企业安全生产标准化建设，开展经常性的应急演练，依法诚实守信开展安全生产工作。

（六）健全责任考核机制。建立省级交通运输主管部门"平安交通"建设和部属单位安全生产工作考核评价制度和指标体系，开展评价和考核工作。各地交通运输主管部门要对所属负有安全生产监督管理职责的部门和下级交通运输主管部门实施安全生产工作考核或评价。建立安全生产绩效与履职评定、职务晋升、奖励惩处挂钩制度，严格实行安全生产"一票否决"。

（七）严格责任追究和尽职免责制度。各级交通运输管理部门要实行党政领导干部任期安全生产责任制，依法依规制定安全生产权力和责任清单，尽职照单免责、失职照单问责。建立企业生产经营全过程安全生产责任追溯制度，完善安全生产事故和重大隐患的问责追责机制。按照"四不放过"原则，严格事故调查处理，依法严肃追究责任单位和相关责任人责任。严格事故报告制度，对瞒报、谎报、漏报、迟报事故的单位和个人依法依规追责。

对被追究刑事责任的生产经营者依法实施相应的职业禁入，对事故发生负有重大责任的社会服务机构和人员依法严肃追究法律责任，并依法实施相应的行业禁入。

三、改革安全监管体制机制

（八）完善安全生产监督管理体制。各级交通运输主管部门要建立健全安全生产委员会，充分发挥统筹协调和督促检查作用，加强本单位安全生产工作的组织领导，切实解决突出问题。加强运政、路政、海事、航道、公安等单位的业务指导和监督检查，进一步加强安全生产监管队伍建设，充实基层安全生产监管人员。按照国家统一部署，建立安全生产和职业健康一体化监管执法体制，依法依规履行安全生产和职业健康监管职责。

（九）完善重点领域安全生产监管体制。按照安全生产法的规定，明确将公路水路行业安全生产执法职责纳入交通运输各业务领域现有执法机构或综合执法机构。各地交通运输主管部门要在地方政府领导下，进一步厘清存在重叠交叉的港区与经济开发区、保税区、海关监管区等功能区安全管理职责分工；指导和督促所在地港口行政管理部门进一步厘清与安全监管、公安等部门在港口危化品监管方面的职责边界，对管理职责不清的，应主动报告当地政府，推动地方政府明确部门职责分工。加快推动港航公安管理体制改革。

（十）完善部门协调机制。健全优化与安监、公安等相关部门以及交通运输各行业领域安全监管部门之间的沟通协调机制，依法开展联合检查和打非治违联合执法。推进建立部门间非法违规信息抄告机制，加强相关安全监管信息共享，提高监督检查效能。健全省、市、县三级安全生产应急救援管理工作机制。

四、大力推进依法治理

（十一）健全法规制度体系。结合实际，加快推进行业安全生产相关法规制度立改废工作，制定安全生产中长期立法规划，突出重点领域，加快制定针对性和操作性强、科学规范的法规制度。加强行业安全生产地方性法规制度建设，解决区域性安全生产突出问题。

（十二）健全标准规范。制定行业安全生产国家标准或行业标准，重点围绕公路水运基础设施建设运营与养护、运输工具和装备设施、生产作业等制定完善相应的安全生产标准规范。鼓励依法成立的社会团体和企业制定更加严格规范的安全生产标准，结合国情积极借鉴实施国际先进标准。

（十三）严格安全准入制度。严格道路水路客运和危险货物运输、危险货物港口作业、公路水运工程施工等高危领域安全准入条件。按照强化监管和便民服务相结合的原则，科学设置安全生产行政许可事项，对取消、下放、移交的行政许可事项，加强事中事后安全监管。建立安全生产倒逼机制和优胜劣汰机制，鼓励安全生产条件好和安全管理水平高的企业加快发展，对不满足安全生产条件或整改后仍达不到要求的企业，依法强制退出。

（十四）规范监管执法行为。完善安全生产监管执法制度，明确每个交通运输企业安全生产监督管理主体，制定实施安全监管执法计划，完善执法程序规定，依法严格查处各类违法违规行为。加大"四不两直"、暗查暗访、突击检查、"双随机"抽查力度。加强与公安、检察院、法院等协调配合，完善安全生产违法线索通报、案件移送与协查机制。对违法行为当事人拒不执行安全生产行政执法决定的，交通运输各有关部门应依法申请司法机关强制执行。完善执法监督机制，加强社会监督和舆论监督，保证执法严明、有错必纠。

（十五）健全监管执法保障体系。明确安全生产监管执法装备及现场执法和应急救援用车配备标准，将安全生产监管执法经费纳入同级财政保障范围，推动建立安全监管人员岗位津贴制度。加强安全生产监管执法制度化、标准化、信息化建设，确保规范高效监管执法。建立安全生产监管执法人员依法履行法定职责制度，激励保证监管执法人员忠于职守、履职尽责。严格安全生产监管执法人员资格管理，建立健全安全生产监管执法人员凡进必考、入职培训、持证上岗和定期轮训制度。

（十六）完善事故调查处理机制。健全组织或参与公路水路行业安全生产事故调查机制，完善事故调查组组长负责制。建立事故调查分析技术支撑体系，较大等级以上事故调查报告应设立技术和管理问题专篇，详细分析原因并全文发布，做好解读，回应公众关切。对事故调查发现有漏洞、缺陷的有关法律法规和标准制度，及时启动制定修订工作。建立事故暴露问题整改督办制度，对履职不力、整改措施不落实的，依法依规严肃追究有关单位和人员责任。

五、建立安全预防控制体系

（十七）加强安全风险管控。制定出台《公路水路行业安全生产风险管理暂行办法》，规范安全生产风险辨识、评估与管控工作，强化道路水路运输、港口营运、公路水运工程等重点领域的安全生产风险管理，实施重大安全风险备案。加强跨行业跨部门跨地区安全生产风险联防联控，充分利用科技和信息化手段，强化预测预警预控和过程监管。按照有关标准规范和要求加强规范引导，科学合理建设，优化港口危险货物集中区布置，合理确定区域范围，降低区域风险。定期开展港口危险货物集中区域风险和应急能力评估，通过区域定量风险计算，确定安全容量，实施总量控制。

（十八）加强隐患排查治理。制定出台《公路水路行业安全生产事故隐患治理暂行办法》，明确安全生产事故隐患分类分级标准和整改措施，监督检查交通运输企业隐患排查治理工作，建立并严格落实重大隐患挂牌督办制度，对重大隐患督办整改不力的实行约谈告诫、公开曝光；情节严重的依法依规严肃问责。强化隐患排查治理监督执法，建立与企业隐患排查治理系统联网的信息平台，继续深入开展隐患排查治理攻坚行动。

（十九）加强重点领域治理。继续扎实开展"道路运输平安年"、"平安船舶"、危险货物港口作业安全治理等专项行动。实施普通公路、特别是农村路中的急弯陡坡、临水临崖危险路段公路安全生命防护工程建设。加强跨海大桥、海底隧道、轨道交通、航运枢纽、港口等防灾监测、安全检测及防护系统建设。提高长途客运车辆、旅游客车、危险物品运输车辆和船舶安全性能,对已运行的要加快安全技术装备改造升级。强化重点营运车辆联网联控,推进道路、水路旅客运输实名制工作。

六、加强安全基础保障能力建设

(二十)推进安全与应急基础设施和装备建设。继续开展危桥改造和渡口改造、渡改桥工程、救生衣行动。加快安全监管应急救援船舶、飞机、基地和长江干线监管救助和抢险打捞能力建设,完善安全监管和应急配套设施建设。鼓励各地将渡口渡船纳入公共交通服务领域,加强安全设施和装备建设。全面提升水上交通运输安全保障和应急处置能力,建设完善近岸通信监控系统布局,加强深远海通信监控能力;加强大吨位抢险打捞、深海远海搜寻救助和打捞装备建设,加强长江等主要内河监管救助和抢险打捞能力建设。统筹公路水路应急物资储备基地布局和建设,研究推进危化品应急处置能力建设。

(二十一)建立安全科技支撑体系。加强公路水路行业安全生产理论和政策研究,运用大数据技术开展安全生产规律性分析,提高安全生产决策科学化水平。加强安全应急关键技术研究和装备研发,推广应用性能可靠、先进适用的新技术、新工艺、新设备和新材料。积极推动卫星导航、地理信息和大数据分析技术在防灾预警、应急救援等方面的应用,增强突发事件应急处置能力。重点推进安全生产监督监察、安全执法、安全生产与应急管理培训教育等信息化建设和企业安全生产标准化管理系统升级改造。

(二十二)发挥市场机制推动作用。建立交通运输企业增加安全投入的激励约束机制,鼓励企业购买和运用安全生产管理和技术服务。交通运输管理部门应建立和完善购买安全生产服务制度,支持和引导第三方机构开展安全生产评价等技术服务。积极推进实施安全生产责任保险制度,切实发挥保险机构参与风险评估管控和事故预防功能。积极推进交通运输企业安全生产诚信体系建设,实现与交通运输信用体系相对接,建立安全生产违法违规行为信息库,研究建立交通运输企业安全生产不良记录"黑名单"制度,完善失信惩戒和守信激励机制。

(二十三)健全安全培训教育体系。组织开展基于典型案例的港航特大安全风险防控研究,深入剖析典型事故案例,坚持以案说法,在行业中广泛开展安全警示教育。将安全生产监督管理纳入各级交通运输领导干部培训内容。实施从业人员安全素质提升工程,督促企业严格落实安全教育培训制度,切实做到先培训、后上岗。推进安全文化建设,加强安全生产公益宣传和社会监督,公开并畅通社会公众投诉举报渠道。加强行业安全生产与应急领域的国际交流合作,学习借鉴国外安全生产与职业健康先进经验。

七、强化实施保障

(二十四)加强组织领导。各部门、各单位要实行主要领导负责制,坚决抓好《中共中央 国务院关于推进安全生产领域改革发展的意见》的贯彻落实,并按照本实施意见的要求,结合各地实际,制定本部门本单位的具体实施办法,进一步细化工作任务,明确责任分工和完成时限。贯彻落实情况要及时向交通运输部安委会报告。

(二十五)加强宣传引导。各部门、各单位要加强行业安全生产领域改革发展工作的宣传引导,周密安排,层层动员部署,充分利用各种宣传媒介,大力宣贯和解读安全生产领域改革发展的重要内容,推动各项改革举措有效落实。

(二十六)加强督查考核。各部门、各单位要把行业安全生产领域改革发展作为年度工作目标考核重要内容,加大督查力度,及时发现并解决存在的困难和问题,确保各项措施取得实实在在的成效。

交通运输部
2017 年 3 月 27 日

35.交通运输部安委会关于印发公路水运建设工程领域开展电气火灾综合治理工作实施方案的通知

(交安委〔2017〕3号)

各省、自治区、直辖市、新疆生产建设兵团交通运输厅(局、委),长江航务管理局:

按照《国务院安全生产委员会关于开展电气火灾综合治理工作的通知》(安委〔2017〕4号)要求,部决定在公路水运建设工程领域开展为期三年的电气火灾综合治理工作,现将《关于公路水运建设工程领域开展电气火灾综合治理工作的实施方案》印发你们,请你们遵照执行。

同时,在当地政府统一领导和部署下,请你们依据职责在道路运输、水路运输、港口、海事等领域做好相关综合治理工作,并按照要求将各领域综合治理工作情况及时上报部安委办。

联系方式:部安全与质量监督管理司公路处
联系电话:010-65292703,传真:010-65292776
联系邮箱:gongluchu@mot.gov.cn。

交通运输部安全委员会
2017年5月8日

关于公路水运建设工程领域开展电气火灾综合治理工作的实施方案

为贯彻落实《国务院安全生产委员会关于开展电气火灾综合治理工作的通知》(安委〔2017〕4号)要求,强化公路水运建设工程领域电气安全,根据国务院安委会统一部署,部决定在公路水运建设工程领域开展为期三年的电气火灾综合治理工作(以下简称电气综治工作)。

一、目标任务

以公路水运建设工程领域电气设计、施工及产品和电缆使用维护管理等方面突出问题和薄弱环节为切入点,落实建设单位电气质量管理责任,严把工程电气设计质量关,严格工程电气及配套产品进场关,严查工程电气施工质量安全隐患,严处工程电气设计及施工违法违规行为,严控工程电气及配套产品的使用维护管理。力争通过三年综合治理,使公路水运建设工程在电气设计、施工质量、使用维护等方面水平明显提升,坚决遏制重特大电气火灾事故发生,减少一般电气火灾事故发生。

二、治理内容

(一)电气综治工作范围。列入国家和地方交通运输基本建设计划的公路水运工程在建项目纳入本次电气综治工作范围。

(二)电气综治工作重点及内容。重点对工程项目中施工现场临时用电,临时住宿及办公场所、预制场、拌合场及加工场,公路水运工程内收费、监控、机械设备等电气产品和电缆布设集中场所开展电气综治工作。电气综治工作包括以下内容:

1.建设工程电气设计管理。规范建设工程电气设计,落实电气工程设计质量终身负责制,严查设计单位不按工程建设强制性标准设计的行为,依法追究因电气设计不符合标准规范而导致电气火灾事故的设计单位责任。

2.建设工程电气施工质量管理。落实电气工程施工质量责任制,严格电器产品及其线路施工进场检查验收。严查施工单位不按设计图纸施工、偷工减料、使用劣质电线及质量不合格电器产品等问题和隐患;严查监理单位不履行施工质量的监理责任;严查质量不合格电器产品在工程上使用和安装;严查施工不规范造成电线绝缘层损坏、电缆井(沟)封堵不严密等隐患问题。依法追究因电气施工质量问题导致火灾事故的施工、监理单位的责任。

3.建设单位电气质量管理。建设单位不得明示或暗示设计单位或施工单位违反工程建设强制标准,降低电气设计和施工质量。按照合同约定,由建设单位采购有关电气及配套产品的,建设单位应当保证电气及配套产品符合设计文件和合同要求。

三、工作安排与要求

电气综治工作自2017年5月起至2020年4月止,分四个阶段进行。

(一)动员部署阶段(2017年5月底前)。

在当地人民政府的统一领导和部署下,地方各级交通运输主管部门要按照本方案要求,结合本地区实际制定具体实施方案。进行全面动员部署,广泛开展宣传,邀请专业电气相关机构对有关监管人员开展一次集中培训,明确治理标准、排查重点和整治要求等相关内容。实施方案和部署开展情况应于2017年6月底前报部。

(二)自查自纠阶段(2017年6月—2017年10月)。

地方各级交通运输主管部门应督促建设单位对重要电气产品和重要电缆进行一次进场前强制检验。建设单位要组织参建单位或邀请专业电气相关机构参与开展建设项目自查自纠,全面排查电器产品及其线路是否符合法律、法规、技术标准、规范要求,对检查发现的问题进行整改。建立项目电气治理档案,列出问题清单、分析原因、明确责任人和整改时限。

(三)建章立制阶段(2017年10月—2020年4月)。

地方各级交通运输主管部门应结合实际,落实相关法规和技术标准,完善电气产品和电缆管理,健全工程建设临时用电安全日常管理制度,完善电气防火性能、电气系统维护保养及电气检测等方面要求。按规定将违法违规生产销售电器产品和开展电气设计施工的企业单位纳入国家或行业有关信用信息系统,定期公布违法违规行为信息,督促企业单位严格执行电气安全有关技术标准,全面推进电气安全管理制度化、规范化,巩固加强综合治理成效。

(四)集中整治阶段(2018年1月至2020年4月)。

地方各级交通运输主管部门要加大监督检查力度,加强源头治理,从根本上消除隐患。对检查中发现的重大隐患要实施挂牌督办、重点监管,切实督促项目建设单位组织整改落实到位。部将根据各省电气综治开展情况,结合电气火灾综合治理协调小组及国务院安委会安全生产巡查以及安全生产综合督查检查工作的统一部署,对各地电气综治情况开展督查检查。

四、保障要求

(一)高度重视,落实责任。开展电气火灾综合治理是贯彻落实习近平总书记关于安全生产工作系列重要讲话精神的重要举措,地方各地级交通运输主管部门要高度重视,认真组织开展电气综治工作,结合实际研究制定实施方案、细化整治目标和整治措施,确定重点地区和重点环节,务求治理实效。要严格落实电气防火安全责任制,严密责任链条,织密责任网络,稳步推进综合治理。

(二)强化协作,形成合力。地方各级交通运输主管部门要在当地人民政府的统一领导和部署下,同其他部门加强协作配合,联合组织检查、督查,建立健全信息共享、情况通报、联合查处、案件移送机制,及时通报违法违规行为,移送违法违规案件,加强全链条监管和跨区域打击力度,切实形成执法合力。

(三)广泛宣传,全员参与。地方各级交通运输主管部门要采取各种有效措施,通过各种形式在工程项目上开展安全用电的宣传教育,普及施工用电技术要求。要积极利用各类媒介,宣传电气火灾事故教训,曝光无证非法生产、销售假冒伪劣电器产品的违法行为,引导社会加强舆论监督。鼓励引进社会电气有关技术单位加强电气火灾监控技术,提升对电器产品及其线路运行状态的监测、预警和处置能力。鼓励群众举报电气安全隐患,形成全民关注参与电气火灾防治的浓厚氛围。

(四)强化考核,确保成效。根据国务院安委会统一要求,电气综治工作将纳入消防考核、安全生产目标考核等有关安全考核评比内容。各级交通运输主管部门要按照当地人民政府的统一安排,配合做好相关考核评比工作。

省级交通运输主管部门应按要求及时总结电气综治工作情况,并及时报部。2017年10月15日报送阶段性工作小结;从2018年起,每年1月5日前报送上年工作情况总结,每年7月5日前报送当年上半年工作小结;2020年4月20日前报送综合治理工作总结。部将及时对全国公路水运建设工程领域电气综治工作开展情况进行汇总统计分析,适时通报全行业,并上报国务院安委会电气火灾综合治理协调小组。

36. 交通运输部关于加强交通运输安全生产标准化建设的指导意见

(交安监规〔2023〕1号)

各省、自治区、直辖市、新疆生产建设兵团交通运输厅(局、委),中国道路运输协会、中国交通企业管理协会、中国公路建设行业协会、中国水运建设行业协会,中国远洋海运集团有限公司、招商局集团有限公司、中国交通建设集团有限公司,部属各单位,部内各司局:

为深入贯彻落实《中华人民共和国安全生产法》《中共中央 国务院关于推进安全生产领域改革发展的意见》等要求,加强交通运输安全生产标准化建设工作,推动行业高质量发展,现提出以下意见。

一、深刻认识安全生产标准化工作的重要意义

2011年以来,交通运输行业积极推进交通运输从业企业安全生产标准化建设,健全完善安全生产相关制度和标准,对夯实行业安全生产基础、提升行业安全生产水平起到了积极作用。经过实践发展,安全生产标准化的内涵逐步完善和深化,通过落实企业安全生产主体责任,实行全员全过程参与,建立并保持安全生产管理体系,全面管控生产经营活动各环节的安全生产工作,实现安全生产管理系统化、岗位操作行为规范化、设备设施本质安全化、作业环境器具定置化,并持续改进,有效防范风险、消除隐患,保障安全生产。

安全生产标准化建设已成为行业企业履行法定义务、落实标准规范和管理制度、保障正常生产经营秩序、建立安全生产长效机制的内在要求和有效途径,是交通运输管理部门不断强化安全生产监管服务、夯实安全生产基层基础、提高行业安全生产管理水平的重要措施和有力抓手。

二、总体要求

(一)指导思想。全面贯彻习近平新时代中国特色社会主义思想,以党的二十大精神为指引,深入贯彻习近平总书记关于安全生产的重要论述,坚持人民至上、生命至上,坚持安全第一、预防为主,统筹发展和安全,以防范和遏制生产安全事故为根本,以落实全员安全生产责任制为基础,推进企业安全生产工作制度化、规范化、系统化、科学化,推动交通运输安全生产治理模式向事前预防转型,提高行业安全生产治理能力和水平,为交通运输高质量发展奠定坚实基础。

(二)工作原则。

坚持企业为主。依法落实企业主体责任,将安全生产标准化建设作为安全生产管理的基础,贯穿生产经营全过程各环节,提高企业全员全方位安全管理水平。

坚持标准引领。推动安全生产管理要求纳入标准规范,将安全生产标准化建设与标准规范落实相结合,推动企业以标准化管理和规范化操作保障安全生产。

坚持依法监管。依法依规加强监督检查,强化指导服务,注重宣传引导,推动企业加强安全生产标准化建设,推动交通运输安全生产治理模式向事前预防转型。

坚持协同共治。发挥专业力量、社会团体参与安全生产标准化建设的专业性和积极性,提倡企业互助帮扶,推动安全生产共建共治共享,提升安全生产治理能力和水平。

三、依法落实企业法定职责,激发企业安全生产标准化建设的主动性和积极性

(三)压实企业主要负责人的第一责任。交通运输从业企业主要负责人要严格履行安全生产法定责任,增强安全领导力,组织制定并实施企业安全生产规章制度和操作规程,落实人力、物力和财力等组织保障措施,以身作则,带头示范,营造良好安全文化氛围。组织制定并实施从业人员安全生产教育和培训计划,建立并落实安全风险分级管控和隐患排查治理双重预防工作机制,加强企业安全生产工作督促、检查,及时消除生产安全事故隐患。研究解决企业安全生产标准化建设中的突出问题,根据实际需求,可委托专业机构为企业安全生产标准化建设提供技术咨询和管理服务。

(四)落实全员安全生产责任制。交通运输从业企业应当依法依规健全全员安全生产责任制,明确从主要负责人到一线人员等各岗位的安全生产责任、范围和考核标准。坚持安全第一、预防为主,建立"层层负责、人人有责、各负其责"的安全生产工作体系。加强岗位履职检查和监督考核,健全激励约束机制,保证全员安全生产责任制落实。突出一线班组、重点岗位,加强一线人员技能培训和安全教育。注重人文关怀,激发从业人员的责任感、认同感、归属感。

(五)推进安全生产管理系统化。交通运输从业企业应当依法依规并结合行业要求和自身特点,从规章制度、责任体系、基础保障、教育培训、双重预防机制、应急救援、安全文化等方面,不断健全企业安全生产管理体系。加强安全生产规章制度执行情况自查,按要求定期对制度的适用性、有效性及执行情况进行评估,及时修订完善相关规章制度。鼓励借鉴国内外先进的安全生产管理理念和经验。

(六)强化岗位操作行为规范化。交通运输从业企业应当严格执行安全生产相关法律法规、规章制度和标准规范,针对企业各岗位、设备和生产作业环节,制定安全生产操作规程。加强高风险作业首件工程、首次操作、首趟运行等安全风险评估,强化风险隐患预防预控。督促从业人员严格执行安全生产操作规程,及时纠正和避免习惯性违章作业,推进安全生产"作业有标准、操作有程序、防范有措施、过程有记录、结果有考核、改进有保障"。鼓励开展岗位练兵、技术比武等活动,提高安全操作规范化水平。

（七）保障设备设施本质安全化。交通运输从业企业应当依法依规开展设备设施的建设、验收、运行、维修、检验和拆除、报废工作。加强设备设施规范化管理，建立健全管理台账，落实专人负责管理；加强经常性维护保养和定期检测，保证正常运转，并做好记录和签字。针对高风险设备和特种设备要建立专项安全管理制度，确保其始终处于安全可靠的运行状态。鼓励优先选用先进适用、安全可靠的技术、工艺、设备、设施，推进危险作业机械化换人、自动化减人。

（八）实施作业环境器具定置化。交通运输从业企业应当按照有关要求对设施设备、工属具、材料、作业区、生活区等进行科学规划和合理布局，打造标准化、规范化的生产生活场所，确保生产生活环境安全可靠，生产作业组织科学高效，工具物品存放取用规范有序。鼓励实施先进管理方法，推进精细化管理，使员工养成良好的职业行为习惯，培育以人为本的企业安全文化。配备必要的安全防护用品(具)，保障职工合法权益。

（九）做到安全生产检查常态化。交通运输从业企业安全生产管理人员应当根据法律法规和标准规范要求，对企业安全生产状况进行经常性检查，充分发挥一线职工安全隐患排查治理作用，堵塞安全漏洞。加强企业安全生产标准化建设情况与标准规范要求的符合性检查，并依法依规进行报告和处理，相关情况应当记录在案。涉及事故隐患排查治理情况的记录及处理情况应依法向企业职工通报，接受职工监督。其中，重大事故隐患排查治理情况，要依法及时向属地行业监管部门和职工大会或职工代表大会报告。

四、加强行业监管服务，发挥安全生产标准化建设对安全管理水平提升的促进作用

（十）健全安全生产标准。交通运输管理部门应加强安全生产标准的制修订工作，充分发挥行业标准化管理委员会作用，构建以强制性国家标准为主体，与行业、地方、团体和企业标准相结合的交通运输安全生产标准规范体系。加强安全生产标准规范适应性、有效性研究，根据形势要求进行调整。充分发挥事故调查对加强和改进安全生产工作的促进作用，及时针对性制修订有关标准。

（十一）加强行业监督管理。交通运输管理部门要将企业安全生产标准化建设情况作为安全生产监督检查内容之一，采取"双随机、一公开"等方式开展监督检查，对问题突出的纳入重点监管，督促其整改落实，对未依法履职的企业负责人应当依法依规查处。地方交通运输管理部门可结合实际研究制定地方标准和指南，分类指导企业开展安全生产标准化建设。加强交通运输新业态、新模式、新产业安全生产标准化管理，统筹推进交通运输新业态发展与安全。

（十二）加强行业指导服务。交通运输管理部门推进企业安全生产标准化建设要与平安交通、公路水运工程平安工地建设等工作相结合；航运企业依法建立船舶安全营运和防治船舶污染管理体系的，原则上不重复开展企业安全生产标准化建设。完善有关政策措施和激励机制，注重典型引领，依法依规为企业安全生产标准化建设提供优质高效的指导和服务。鼓励利用信息化手段，指导企业开展安全生产标准化建设。

五、推动社会力量协同共治

（十三）发挥社会组织作用。要充分发挥行业协会熟悉行业、贴近企业的优势，加强调查研究，反映企业安全生产标准化建设诉求和行业情况。要积极探索新形势下为企业提供安全生产标准化建设服务的新途径、新方法、新内容，充分发挥人才、专业、技术等方面的优势，提供更加多样、更加有效的服务。要积极搭建交流合作平台，让企业相互借鉴安全生产标准化建设经验，共享发展成果。

（十四）鼓励企业互助帮扶。鼓励企业利用互助联盟等方式，按照"互助管理、共建共治、共同提高、共赢安全"的思路，积极探索企业安全生产标准化建设新模式，实现企业间安全生产管理资源共享、共治与互补。充分发挥大型企业示范引领作用，勇于创新，先行先试，积累安全生产标准化建设经验。充分发挥央企等国有企业的管理优势，以大带小，以强扶弱，共同提高安全生产标准化建设质量。

六、强化组织实施

（十五）加强组织领导。各地交通运输管理部门要高度重视交通运输从业企业安全生产标准化建设工作，进一步统一思想、提高认识，加强组织领导，及时解决安全生产标准化建设中的突出问题，积极探索创新，完善工作措施，强化监督管理和指导服务。

（十六）加强宣传引导。交通运输管理部门要积极宣传安全生产法律法规、制度规范和安全生产标准化建设典型经验做法，强化正面引导效应。要依法依规公开监管中发现的安全生产标准化建设违法违规行为，曝光典型案例，充分发挥警示教育的促进作用。

（十七）加强贯彻落实。交通运输管理部门要认真落实本意见精神，加强统筹协调，结合实际研究制定实施方案，强化管理和指导服务，抓好贯彻落实。行业协会要加强本意见落实效果跟踪，及时反映行业和企业有关诉求，开展有利于行业发展的各项活动。

交通运输部
2023 年 1 月 28 日

37. 交通运输部 应急管理部关于发布《公路水运工程淘汰危及生产安全施工工艺、设备和材料目录》的公告

(2020年第89号公告)

为防范化解公路水运重大事故风险，推动相关行业淘汰落后工艺、设备和材料，提升本质安全生产水平，根据《中华人民共和国安全生产法》《公路水运工程安全生产监督管理办法》等法律法规，交通运输部会同应急管理部组织制定了《公路水运工程淘汰危及生产安全施工工艺、设备和材料目录》(以下简称《目录》)，现予发布。

各公路水运工程从业单位要采取有力措施，在规定的实施期限后，全面停止使用本《目录》所列"禁止"类施工工艺、设备和材料，不得在限制的条件和范围内使用本《目录》所列"限制"类施工工艺、设备。负有安全生产监督管理职责的各级交通运输主管部门，依据《中华人民共和国安全生产法》有关规定，开展对本《目录》执行情况的监督检查工作。

特此公告。

交通运输部
应急管理部
2020年10月30日

附件

公路水运工程淘汰危及生产安全施工工艺、设备和材料目录

序号	编码	名称	简要描述	淘汰类型	限制条件和范围	可替代的施工工艺、设备、材料（供参考）	实施时间
一、通用（公路、水运）工程							
施工工艺							
1	1.1.1	卷扬机钢筋调直工艺	利用卷扬机拉直钢筋	禁止		普通钢筋调直机、数控钢筋调直切断机的钢筋调直工艺等	发布之日起六个月后实施
2	1.1.2	现场简易制作钢筋保护层垫块工艺	在施工现场采用拌制砂浆、通过切割成型方法制作钢筋保护层垫块	禁止		专业化压制设备和标准模具生产垫块工艺等	发布之日起六个月后实施
3	1.1.3	空心板、箱形梁气囊内模工艺	用橡胶充气气囊作为空心梁板或箱形梁的内模	禁止		空心板、箱形梁预制刚性（钢质、PVC、高密度泡沫等）内模工艺	发布之日起九个月后新开工项目实施
4	1.1.4	人工挖孔桩手摇井架出渣工艺	采用人工手摇井架井架吊装出渣	禁止		带防冲顶限位器、制动装置的卷扬机吊装出渣工艺等	发布之日起六个月后实施
5	1.1.5	基桩人工挖孔工艺	采用人工开挖进行基桩成孔	限制	存在下列条件之一的区域不得使用：1.地下水丰富、孔内空气污染物超标准、软弱土层等不良地质条件作业的区域；2.机械成孔设备可以到达的区域	冲击钻、回转钻、旋挖钻等机械成孔工艺	发布之日起九个月后新开工项目实施
6	1.1.6	"直接凿除法"桩头处理工艺	在未对桩头凿除边线采用切割刀等工具进行预先切割处理的情况下，直接由人工采用风镐或其他工具凿除基桩桩头混凝土	限制	在下列工程项目中，均不得使用：1.二级及以上公路工程；2.独立大桥、特大桥；3.水运工程	"预先切割法"、"环切法"、"整体桩头切除+机械凿除"桩头处理工艺等	发布之日起六个月后实施
7	1.1.7	钢筋闪光对焊工艺	人工操作闪光对焊机进行钢筋焊接	限制	同时具备以下条件时不得使用：1.在非固定的专业钢筋加工厂（场）内进行钢筋连接作业；2.直径大于或等于22mm的钢筋连接	套筒冷挤压连接、滚压直螺纹套筒连接机械连接工艺等	发布之日起六个月后实施
8	1.1.8	水泥稳定类基层、垫层拌和料"路拌法"施工工艺	采用人工辅以机械（如挖掘机）就地拌和水泥稳定混合料	限制	在下列工程项目中，均不得使用：1.二级及以上公路工程；2.大、中型水运工程	水泥稳定类拌和料"厂拌法"施工工艺等	发布之日起九个月后新开工项目实施

续上表

序号	编码	名称	简要描述	淘汰类型	限制条件和范围	可替代的施工工艺、设备、材料(供参考)	实施时间
				施工设备			
9	1.2.1	竹(木)脚手架	采用竹(木)材料搭设的脚手架	禁止		承插型盘扣式钢管脚手架、扣件式钢管非悬挑钢管脚手架等	发布之日起九个月后新开工项目实施
10	1.2.2	门式钢管满堂支撑架	采用门式钢管架搭设的满堂重支撑架	禁止		承插型盘扣式钢管支撑架、钢管柱梁式支架、移动模架等	发布之日起九个月后新开工项目实施
11	1.2.3	扣件式钢管满堂支撑架、普通碗扣支撑架(立杆材质为Q235级钢,或构配件表面防腐处理采用涂刷防锈漆、冷镀锌)	扣件式钢管架搭设的满堂重支撑架,采用普通碗扣式钢管支撑架指具备以下任一条件的是:(1)立杆材质为Q235级钢,(2)构配件表面采用涂刷防锈漆或冷镀锌防腐处理	限制	具有以下任一情况的不得使用:1.搭设高度5m及以上;2.搭设跨度10m及以上;3.施工总荷载(设计值)10kN/m²及以上,组合荷载(设计值)15kN/m及以上;4.集中线荷载大于等于7kN/m;5.高度大于等于支撑水平投影宽度且相对独立无联系构件的混凝土模板支撑工程	Q355及以上等材质并采用热浸镀锌表面处理并采用扣式钢管脚手架、承插型盘扣式钢管支撑架、钢管柱梁式支架、移动模架等	发布之日起九个月后新开工项目实施
12	1.2.4	非数控预应力张拉设备	采用人工手动操作张拉油泵,压力表读取张拉力,伸长量靠尺量测的张拉设备	限制	在下列构件施工时,均不得使用:1.一级及以上公路工程;2.独立大桥、特大桥;3.大、中型水运工程	数控预应力张拉设备等	发布之日起九个月后新开工项目实施
13	1.2.5	非数控孔道压浆设备	采用人工手动操作进行孔道压浆的设备	限制	在下列构件施工时,均不得使用:1.一级及以上公路工程;2.独立大桥、特大桥;3.大、中型水运工程	数控压浆设备等	发布之日起九个月后新开工项目实施
14	1.2.6	单轴水泥搅拌桩施工机械	采用单轴单方向搅拌下沉、上提成桩的施工机械	限制	在下列工程项目中,均不得使用:1.一级及以上公路工程桩制预制场;2.大、中型水运工程	双轴多向(双向及以上)水泥搅拌桩施工机械、三轴水泥搅拌机械、三轴水泥搅拌桩及以上智能数控打印型水泥搅拌桩施工机械等	发布之日起九个月后新开工项目实施
15	1.2.7	碘钨灯	施工工地用于照明等的碘钨灯	限制	不得用于建设工地的生产、办公、生活等区域的照明	节能灯、LED等	发布之日起六个月后实施

续上表

序号	编码	名称	简要描述	淘汰类型	限制条件和范围	可替代的施工工艺、设备、材料（供参考）	实施时间
一、工程材料							
16	1.3.1	有碱速凝剂	氧化钠当量含量大于1.0%且小于生产厂控制值的速凝剂	禁止		溶液型液体无碱速凝剂、悬浮液型液体无碱速凝剂等	发布之日起九个月后新开工项目实施
二、公路工程							
施工工艺							
17	2.1.1	盖梁（系梁）无漏油保险装置的液压千斤顶卸落模板施工工艺	盖梁或系梁施工时底模采用无保险装置液压千斤顶做后支撑，通过液压千斤顶卸压脱模	禁止		砂筒、自锁式液压千斤顶卸落模板施工工艺等	发布之日起六个月后实施
18	2.1.2	高墩滑模施工工艺	采用滑升模板进行墩柱施工，模板沿着（直接触）刚成型的墩柱混凝土表面进行滑动、提升	限制	不同时具备以下条件不得使用：1.专业施工班组（50%及以上施工人员施工过类似工程）；2.施工单位具有三个项目以上施工及管理经验	翻模、爬模施工工艺等	发布之日起九个月后新开工项目实施
19	2.1.3	隧道初期支护混凝土"潮喷"工艺	将骨料预加少量水，再加水泥拌和后喷射混凝土，使之呈潮湿状、其他材料表面	限制	非富水围岩地质条件下不得使用	隧道初期支护湿喷混凝土台车、机械手湿喷施工工艺等	发布之日起九个月后新开工项目实施
20	2.1.4	桥梁悬浇挂篮精轧螺纹钢吊杆连接工艺	采用精轧螺纹钢筋作为吊点吊杆将挂篮上部与底篮连接	限制	在下列任一条件下不得使用：1.前吊点连接。2.其他吊点连接：(1)上下钢结构直接连接（未穿过混凝土结构）；(2)与底篮连接未采用活动铰；(3)吊杆未设外保护套	挂篮锰钢吊带连接工艺等	发布之日起六个月后实施
21	2.2.1	桥梁悬浇配重挂篮设备	挂篮后锚处设置配重块平衡前方荷载，以防止挂篮倾覆	禁止		自锚式挂篮设备等	发布之日起九个月后新开工项目实施
三、水运工程							
施工工艺							
22	3.1.1	沉箱气囊直接移运下水工艺	沉箱下水浮运前，通过延伸至水中一定深度的斜坡道，用充气气囊在水中移运直至将沉箱浮运到满足浮运的水深	禁止		起重船起吊、半潜驳或浮船坞下水、干浮船坞预制出坞、滑道下水工艺等	发布之日起九个月后新开工项目实施
23	3.1.2	沉箱、船闸闸墙混凝土木模板（普通胶合板）施工工艺	沉箱、船闸闸墙采用木模板（普通胶合板）浇筑混凝土	禁止		钢模、新型材料模板工艺等	发布之日起九个月后新开工项目实施

续上表

序号	编码	名称	简要描述	淘汰类型	限制条件和范围	可替代的施工工艺、设备、材料（供参考）	实施时间
24	3.1.3	沉箱预制"填砂底模+气囊顶升"工艺	沉箱预制时采用钢框架内填砂形成底模，沉箱移运前用人工掏出（或高压水冲）型钢间的砂、穿入气囊顶升沉箱	限制	单个沉箱重量超过300t时不得使用	自升降可移动钢模或构底构模工艺、预留混凝土沟槽的千斤顶（自锁式或机械式）顶升工艺等	发布之日起九个月后新开工项目实施
25	3.1.4	沉箱预制滑模工艺	采用滑升模板进行沉箱预制，模板沿着（直接接触）刚成型的混凝土表面滑动、提升	限制	不同时具备以下条件时不得使用：1. 正规或固定的沉箱预制场；2. 施工班组（50%及以上）施工人及施工过类似工程；3. 施工单位具有三个项目以上施工及管理经验	整体模板、大模板分层组制工艺等	发布之日起九个月后新开工项目实施
26	3.1.5	纳泥区围堰埋管式和溢流堰排水工艺	埋管式排水口工艺是指通过埋设不同标高的多组排水管，将堰内水直接排出的工艺；溢流堰排水口工艺是指通过设置顶标高比围堰顶低的排水口，漫溢将堰内水直接排出	限制	在大、中型水运工程项目中均不得使用	设置防污帘的纳泥区薄壁预制式排水闸，闸管组合排水工艺等	发布之日起六个月后实施
27	3.1.6	透水框架杆件组合焊接工艺	透水框架由多根杆件组合焊接而成	限制	在大、中型水运工程项目中均不得使用	透水框架一次整体成型工艺、透水框架非焊接式组合制作工艺等	发布之日起九个月后新开工项目实施
28	3.1.7	人工或挖掘机抛投透水框架施工工艺	采用人工或挖掘机逐个抛投透水框架	限制	在大、中型水运工程项目中均不得使用	透水框架群抛（一次性抛投不少于4个）工艺等	发布之日起六个月后实施
29	3.1.8	甲板驳双边抛枕施工工艺	采用甲板驳在船舶两侧同时进行抛枕施工	限制	在大、中型水运工程项目中均不得使用	滑枕施工工艺、专用抛枕船抛枕施工工艺等	发布之日起六个月后实施
备注	（一）大、中型水运工程等级划分范围： 1. 港口工程：沿海1万吨级及以上、内河300吨级及以上； 2. 航道工程：沿海1万吨级V级（300吨级）及以上、内河航道等级V级（300吨级）及以上； 3. 通航建筑：沿海V级（300吨级）及以上； 4. 防波堤、导流堤等水工工程 （二）可替代的工艺、设备、材料包括但不限于表格中所列名称 （三）《目录》中列出的工艺、设备、材料淘汰范围（禁止或限制使用）、不包含除临时码头、临时围堰外的小型临时工程、养护工程						

38. 国务院安委会办公室 住房和城乡建设部 交通运输部 水利部 国务院国有资产监督管理委员会 国家铁路局 中国民用航空局 中国国家铁路集团有限公司关于进一步加强隧道工程安全管理的指导意见

(安委办〔2023〕2号)

各省、自治区、直辖市及新疆生产建设兵团安委会、住房和城乡建设厅（局、委）、交通运输厅（局、委）、水利厅（局）、国资委，各地区铁路监管局，民航各地区管理局，各铁路局集团公司，各铁路公司，有关中央企业：

当前我国隧道（洞）建设规模巨大，但工程本质安全水平不高，坍塌、火灾等事故时有发生，安全生产形势严峻。为深入贯彻落实习近平总书记关于安全生产的重要论述精神，深刻吸取近年来隧道施工安全事故教训，全面加强隧道工程安全管理，有效防控重大安全风险，现提出如下意见。

一、总体要求

以习近平新时代中国特色社会主义思想为指导，全面贯彻党的二十大精神，坚持以人民为中心的发展思想，统筹发展和安全，贯彻"安全第一、预防为主、综合治理"的方针，坚持超前预控、全过程动态管理理念，进一步压实安全生产责任，健全制度体系，强化重大风险管控，夯实安全生产基础，有效防范隧道施工安全事故发生，更好保障重大项目高质量建设，助力经济高质量发展，切实保障人民群众生命财产安全。

二、压实安全生产责任

（一）严格落实建设单位首要责任。各地各有关部门要研究制定建设单位安全生产首要责任的具体规定，督促建设单位加强事前预防管控，牵头组织各参建单位建立全过程风险管控制度，健全参建单位考核检查管理制度，强化对勘察、设计、施工、监理、监测、检测单位的安全生产履约管理。建设单位不具备项目管理条件的，应当委托专业机构和人员进行管理和服务。政府投资项目建设单位应当将履行基本建设程序、质量安全风险管控、合理工期、造价等事项纳入"三重一大"集体决策范围，强化监督检查和责任追究。

（二）严格落实参建企业主体责任。施工总承包单位依法对施工现场安全生产负责，建立健全项目管理机构和现场安全生产管理体系，落实全员安全生产责任制，完善安全生产条件，组织开展施工现场风险管控和隐患排查治理。隧道项目负责人必须在岗履职，按要求带班作业，危大工程等关键节点施工时必须指派专职安全生产管理人员到场指挥监督。总承包单位要与分包单位签订安全生产管理协议，强化管理措施并承担连带责任，不得转包或违法分包。鼓励施工企业和项目配备安全总监，并赋予相应职权。严格落实勘察设计单位安全责任，依据相关标准规范，在设计阶段采取合理措施降低隧道安全风险，在施工图中提出应对风险的工程措施和施工安全注意事项，在施工过程中做好设计安全交底、施工配合和设计巡查等工作。严格落实监理单位安全责任，认真审查专项施工方案，督促施工单位落实法律法规、规范标准和设计有关要求，加强日常安全检查。

（三）强化属地和部门监管责任。各地各有关部门要进一步提高思想认识，把隧道施工安全工作放在重要位置来抓，定期组织分析研判安全风险，组织有关部门按照职责分工，对本行政区域内容易发生重大生产安全事故的单位进行严格检查，及时采取针对性措施强化隧道施工安全。住房和城乡建设、交通运输、水利、铁路、民航等行业主管部门要按照"三个必须"的要求，依法加强本行业领域隧道施工安全生产监管，建立与公安、国资委、市场监管等部门协同联动机制，强化联合检查，严格执法处罚，定期公布典型执法案例，依法落实失信行为认定记录公布等信用监管制度，实现精准监管和有效监管。各级安委会要把隧道施工安全纳入对地方政府和有关部门安全生产考核巡查的重要内容，按照规定对隧道施工安全事故进行挂牌督办，对事故有关责任企业和部门进行约谈通报。

三、健全制度体系

（四）完善法规标准。各地各有关部门要推动地方性法规、规章制修订工作，明确EPC、BOT、PPP、代建及其他模式下各参建单位安全管理职责，构建以建设单位为主导、以施工单位为主体、以施工现场为核心的安全生产管理体系，加大对违法违规行为的处罚力度。研究制定隧道工程项目管理人员的配备规定和从业规范，提高现场安全管理能力。加强软岩大变形、复合地层、高地应力、高地温、富水、高瓦斯、高寒高海拔、穿越超大城市中心城区等复杂地质环境条件公路、铁路等隧道安全标准制修订。加快制定完善隧道施工风险清单和重大事故隐患判定标准。

（五）建立合理工期和造价保障机制。指导建设单位依法改进评标方法，严格限定最低投标价法的适用范围，合理界定成本价格，解决低质低价中标带来的安全生产投入不足的问题。对技术风险高、施工难度大的隧道工程项目，应提高安全生产费用提取标准。要从保证工程安全和质量的角度，科学确定合理工期及每个阶段所需的合理时间，及时协调解决影响工程进度的各类问题。严格执行建设工期，不得随意压缩合理工期。确需调整工期的，必须经过充分论证，并采取相应措施，优化施工组织，确保工程安全质量。

（六）完善现场安全管理制度。督促施工现场建立隧道关键工序或工序调整施工前核查验收制度，落实关键工序施工前的参建各方审查责任。建立健全施工方案落实监督和纠正机制，强化施工单位项目管理班子对作业班组的穿透式管理，严格施工现场监理监督检查，防止施工方案和现场施工"两张皮"。依法制定风险分级管控和隐患排查治理、项目安全风险管理、重大生产安全事故隐患报告以及安全教育培训等制度，规范管控行为。严格控制进洞人员数量和洞内高危点位人员数量，严防人员聚集增大事故风险。

（七）优化分包安全管理手段。鼓励施工总承包单位建立分包单位"红名单""黑名单"，加强对进场施工分包单位和从业人员的资质资格审核，杜绝无资质队伍和无上岗能力的人员进场施工。将专业分包单位和劳务分包队伍纳入总承包单位安全生产管理体系统一管理，严格执行施工人员实名制管理。分包单位应严格落实施工专业技术人员配备标准。对于特长隧道、特大断面隧道以及地质条件复杂隧道工程，总承包单位必须采取更加严格措施强化分包单位选择和现场作业管理。

四、提升重大风险防范化解能力

（八）加强勘察设计源头风险防范。严格按照法律法规和强制性标准进行勘察和设计，确保地质、水文等勘察成果真实准确，隧道断面、支护措施和设计概算等科学合理，从勘察设计源头防范化解安全风险，防止因勘察工作错误或设计不合理造成生产安全事故。高风险隧道应开展专项安全设计和综合风险评估，确定合理工期指标、设计充分辅助措施、科学制定施工工期，实施过程中做好超前地质预报。突水突泥等风险区段应严格落实有疑必探、先探后挖、不探不挖。加强施工现场勘察、设计单位配合，强化动态设计，关键节点施工前参与检查和验收，并做好工程施工过程的后评估，对揭示地质条件与勘察设计不符的，动态调整开挖方案、支护参数、辅助设施、施工资源等综合风险应对措施。

（九）严格施工现场重大风险管控。严格安全风险评估制度，建立风险工点管理清单。组织制定专项施工方案，落实方案审批及专家论证流程，规范施工工序管理，按照方案开展交底、施工和验收工作，落实锚喷支护施作的质量和及时性、控制施工步距和开挖循环进尺、强化监控量测反馈预警等措施规定。严格落实方案变更论证审查程序，严防通过"设计优化""工艺变更""材料替代"等形式降低标准，增大安全风险。强化进洞施工人员管控和安全技术交底，加强对作业人员岗位安全生产和应急避险知识的培训教育，以及典型事故案例警示教育，对超前处理、钻孔、爆破、找顶、支护、衬砌、动火、铺轨等关键作业工序，监理人员应加强监督，项目部管理人员必须进行旁站监督。对于按照规定需要进行第三方监测的危大工程，建设单位应当委托独立的第三方单位进行监测。

（十）深化事故隐患排查治理。按照隐患动态"清零"的原则，督促加强施工现场"日检、周检、月检"等常态化排查治理，开展季节性、节假日、重大活动等专项排查，及时制止和纠正违章指挥、强令冒险作业、违反操作规程的行为。建立重大隐患举报奖励和挂牌督办制度，充分运用信息化手段，实施问题隐患清单化管理和闭环管理。

（十一）提高应急处置水平。针对地区环境、隧道类型、地质水文条件和风险类别等特点，指导参建单位制定综合应急预案、专项应急预案和现场处置方案。加强应急演练，制定演练计划，每半年至少组织一次应急预案演练，使所有参建人员熟悉应急处置和逃生方式。与临近救援力量签订救助协议，按规定配备应急物资、装备，定期进行检测维护，使其处于适用状态。与当地气象、水利、自然资源、地震等部门建立联动工作机制，开展项目营地、场站、临时作业场所环境风险评估，遇重大事故或自然灾害前兆，及时发布预警，采取停止作业、撤离人员等方式，严禁冒险作业。事故发生后，有关地区应当充分发挥多部门协同作用，做好应急处置和事故调查工作。

五、夯实安全生产基础

（十二）加快培养隧道施工安全管理人才。加快培养隧道工程技术、施工生产、安全管理人员，培育成熟、稳定、专业的人才队伍。加强常态化技能培训，采取绩效和奖励挂钩机制，鼓励一线管理人员考取相应职业资格，提升安全管理知识和技能。大力推进校企合作，鼓励企业根据隧道施工实际需求，采取订单式培养方式，培养隧道施工专业人才。

（十三）推进核心技术工人队伍建设。鼓励施工企业通过培育自有建筑工人、吸纳高技能技术工人和职业院校毕业生等方式，建立相对稳定的核心技术工人队伍。鼓励发包人在同等条件下优先选择自有建筑工人占比大的施工企业。建立健全建筑工人终身职业技能培训和考核评价体系，建立企业间培训教育互认平台，避免重复无效培训。营造职业技能等级与劳动报酬挂钩的市场环境，增强工人接受安全培训教育的积极性。

（十四）加大先进工艺技术推广应用。大力实施"科技兴安"，推进"机械化换人、自动化减人"，加大机械化、信息化及先进技术推广应用，鼓励采用TBM、盾构、矿山法全工序机械化配套等施工工艺工法，加快推进先进施工装备、智能设备的研发、制造和应用，提高机械化施工程度。推动提升隧道工程项目信息化、智能化和精细化管理水平。加快淘汰严重危及安全的施工工艺、设备和材料。

六、强化支撑保障

（十五）注重示范引导。各地各有关部门要及时总结和推广典型经验和做法，加强隧道施工企业、隧道建设项目安全生产示范创建工作，推动新技术、新装备、新工艺、新管理模式的应用，形成一批可复制、可推广的创新成果。对安全管理规范、三年内未发生生产安全事故和涉险事件的参建企业，可给予提高安全生产措施费拨付比例、依法适当减少执法检查频次、支持申请政策性资金和各类评优评先等激励措施。有关中央企业要强化示范引领,带动全行业安全管理水平提升。

(十六)充分发挥市场机制作用。依法推行安全生产责任险,切实发挥保险机构参与风险评估和事故预防作用。培育壮大安全咨询行业,鼓励建设单位、施工企业聘用第三方专业服务机构参与安全管理,破解部分企业自身安全管理能力不足的难题。鼓励各行业主管部门通过政府购买服务等方式,弥补监管人员力量不足的短板,强化隧道施工安全监管专业能力。

国务院安委会办公室
住房和城乡建设部
交通运输部
水利部
国务院国资委
国家铁路局
中国民用航空局
中国国家铁路集团有限公司
2023年2月17日

39. 国务院关于加强道路交通安全工作的意见

(国发〔2012〕30号)

各省、自治区、直辖市人民政府,国务院各部委、各直属机构:

为适应我国道路通车里程、机动车和驾驶人数量、道路交通运量持续大幅度增长的形势,进一步加强道路交通安全工作,保障人民群众生命财产安全,提出以下意见:

一、总体要求

(一)指导思想。以邓小平理论和"三个代表"重要思想为指导,深入贯彻落实科学发展观,牢固树立以人为本、安全发展的理念,始终把维护人民群众生命财产安全放在首位,以防事故、保安全、保畅通为核心,以落实企业主体责任为重点,全面加强人、车、路、环境的安全管理和监督执法,推进交通安全社会管理创新,形成政府统一领导、各部门协调联动、全社会共同参与的交通安全管理工作格局,有效防范和坚决遏制重特大道路交通事故,促进全国安全生产形势持续稳定好转,为经济社会发展、人民平安出行创造良好环境。

(二)基本原则。

——安全第一,协调发展。正确处理安全与速度、质量、效益的关系,坚持把安全放在首位,加强统筹规划,使道路交通安全融入国民经济社会发展大局,与经济社会同步协调发展。

——预防为主,综合治理。严格驾驶人、车辆、运输企业准入和安全管理,加强道路交通安全设施建设,深化隐患排查治理,着力解决制约和影响道路交通安全的源头性、根本性问题,夯实道路交通安全基础。

——落实责任,强化考核。全面落实企业主体责任、政府及部门监管责任和属地管理责任,健全目标考核和责任追究制度,加强督导检查和责任倒查,依法严格追究事故责任。

——科技支撑,法治保障。强化科技装备和信息化技术应用,建立健全法律法规和标准规范,加强执法队伍建设,依法严厉打击各类交通违法违规行为,不断提高道路交通科学管理与执法服务水平。

二、强化道路运输企业安全管理

(三)规范道路运输企业生产经营行为。严格道路运输市场准入管理,对新设立运输企业,要严把安全管理制度和安全生产条件审核关。强化道路运输企业安全主体责任,鼓励客运企业实行规模化、公司化经营,积极培育集约化、网络化经营的货运龙头企业。严禁客运车辆、危险品运输车辆挂靠经营。推进道路运输企业诚信体系建设,将诚信考核结果与客运线路招投标、运力投放以及保险费率、银行信贷等挂钩,不断完善企业安全管理的激励约束机制。鼓励运输企业采用交通安全统筹等形式,加强行业互助,提高企业抗风险能力。

(四)加强企业安全生产标准化建设。道路运输企业要建立健全安全生产管理机构,加强安全班组建设,严格执行安全生产制度、规范和技术标准,强化对车辆和驾驶人的安全管理,持续加大道路交通安全投入,提足、用好安全生产费用。建立专业运输企业交通安全质量管理体系,健全客运、危险品运输企业安全评估制度,对安全管理混乱、存在重大安全隐患的企业,依法责令停业整顿,对整改不达标的按规定取消其相应资质。

(五)严格长途客运和旅游客运安全管理。严格客运班线审批和监管,加强班线途经道路的安全适应性评估,合理确定营运线路、车型和时段,严格控制1000公里以上的跨省长途客运班线和夜间运行时间,对现有的长途客运班线进行清理整顿,整改不合格的坚决停止运营。创造条件积极推行长途客运车辆凌晨2时至5时停止运行或实行接驳运输。客运车辆夜间行驶速度不得超过日间限速的80%,并严禁夜间通行达不到安全通行条件的三级以下山区公路。夜间遇暴雨、浓雾等影响安全视距的恶劣天气时,可以采取临时管理措施,暂停客运车辆运行。加强旅游包车安全管理,根据运行里程严格按规定配备包车驾驶人,逐步推行包车业务网上申请和办理制度,严禁发放空白旅游包车牌证。运输企业要积极创造条件,严格落实长途客运驾驶人停车换人、落地休息制度,确保客运驾驶人24小时累计驾驶时间原则上不超过8小时,日间连续驾驶不超过4小时,夜间连续驾驶不超过2小时,每次停车休息时间不少于20分钟。有关部门要加强监督检查,对违反规定超时、超速驾驶的驾驶人及相关企业依法严格处罚。

(六)加强运输车辆动态监管。抓紧制定道路运输车辆动态监督管理办法,规范卫星定位装置安装、使用行为。旅游包车、三类以上班线客车、危险品运输车和校车应严格按规定安装使用具有行驶记录功能的卫星定位装置,卧铺客车应同时安装车载视频装置,鼓励农村客运车辆安装使用卫星定位装置。重型载货汽车和半挂牵引车应在出厂前安装卫星定位装置,并接入道路货运车辆公共监管与服务平台。运输企业要落实安全监控主体责任,切实加强对所属车辆和驾驶人的动态监管,确保车载卫星定位装置工作正常、监控有效。对不按规定使用或故意损坏卫星定位装置的,要追究相关责任人和企业负责人的责任。

三、严格驾驶人培训考试和管理

(七)加强和改进驾驶人培训考试工作。进一步完善机动车驾驶人培训大纲和考试标准,严格考试程序,推广应用科技评判和监控手段,强化驾驶人安全、法制、文明意识和实际道路驾驶技能考试。客、货车辆驾驶人培训考试要增加复杂路况、恶劣天气、突发情况应对处置技能的内容,大中型客、货车辆驾驶人增加夜间驾驶考试。将大客车驾驶人培养纳入国家职业教育体系,努力解决高素质客运驾驶人短缺问题。实行交通事故驾驶人培训质量、考试发证责任倒查制度。

(八)严格驾驶人培训机构监管。加强驾驶人培训市场调控,提高驾驶人培训机构准入门槛,按照培训能力核定其招生数量,严格教练员资格管理。加强驾驶人培训质量监督,全面推广应用计算机计时培训管理系统,督促落实培训教学大纲和学时。定期向社会公开驾驶人培训机构的培训质量、考试合格率以及毕业学员的交通违法率和肇事率等,并作为其资质审核的重要参考。

(九)加强客货运驾驶人安全管理。严把客货运驾驶人从业资格准入关,加强从业条件审核与培训考试。建立客货运驾驶人从业信息、交通违法信息、交通事故信息的共享机制,加快推进信息查询平台建设,设立驾驶人"黑名单"信息库。加强对长期在本地经营的异地客货运车辆和驾驶人安全管理。督促运输企业加强驾驶人聘用管理,对发生道路交通事故致人死亡且负同等以上责任的,交通违法记满12分的,以及有酒后驾驶、超员20%以上、超速50%(高速公路超速20%)以上,或者12个月内有3次以上超速违法记录的客运驾驶人,要严格依法处罚并通报企业解除聘用。

四、加强车辆安全监管

(十)提高机动车安全性能。制定完善相关政策,推动机动车生产企业兼并重组,调整产品结构,鼓励发展安全、节能、环保的汽车产品,积极推进机动车标准化、轻量化,加快传统汽车升级换代。大力推广厢式货车取代栏板式货车,尽快淘汰高安全风险车型。抓紧清理、修订并逐步提高机动车安全技术标准,督促生产企业改进车辆安全技术,增设客运车辆限速和货运车辆限载等安全装置。进一步提高大中型客车和公共汽车的车身结构强度、座椅安装强度、内部装饰材料阻燃性能等,增强车辆行驶稳定性和抗侧倾能力。客运车辆座椅要尽快全部配置安全带。

(十一)加强机动车安全管理。落实和完善机动车生产企业及产品公告管理、强制性产品认证、注册登记、使用维修和报废等管理制度。积极推动机动车生产企业诚信体系建设,加强机动车产品准入、生产一致性监管,对不符合机动车国家安全技术标准或者与公告产品不一致的车辆,不予办理注册登记,生产企业要依法依规履行更换、退货义务。严禁无资质企业生产、销售电动汽车。落实和健全缺陷汽车产品召回制度,加大对大中型客、货汽车缺陷产品召回力度。严格报废汽车回收企业资格认定和监督管理,依法严厉打击制造和销售拼装车行为,严禁拼装车和报废汽车上路行驶。加强机动车安全技术检验和营运车辆综合性能检测,严格检验检测机构的资格管理和计量认证管理。对道路交通事故中涉及车辆非法生产、改装、拼装以及机动车产品严重质量安全问题的,要严查责任,依法从重处理。

(十二)强化电动自行车安全监管。修订完善电动自行车生产国家强制标准,着力加强对电动自行车生产、销售和使用的监督管理,严禁生产、销售不符合国家强制标准的电动自行车。省级人民政府要制定电动自行车登记管理办法,质监部门要做好电动自行车生产许可证管理和国家强制性标准修订工作,工业和信息化部门要严格电动自行车生产的行业管理,工商部门要依法加强电动自行车销售企业的日常监管。对违规生产、销售不合格产品的企业,要依法责令整改并严格处罚、公开曝光。公安机关要加强电动自行车通行秩序管理,严格查处电动自行车交通违法行为。地方各级人民政府要通过加强政策引导,逐步解决在用的超出国家标准的电动自行车问题。

五、提高道路安全保障水平

(十三)完善道路交通安全设施标准和制度。加快修订完善公路安全设施设计、施工、安全性评价等技术规范和行业标准,科学设置安全防护设施。鼓励地方在国家和行业标准的基础上,进一步提高本地区公路安全设施建设标准。严格落实交通安全设施与道路建设主体工程同时设计、同时施工、同时投入使用的"三同时"制度,新建、改建、扩建道路工程在竣(交)工验收时要吸收公安、安全监管等部门人员参加,严格安全评价,交通安全设施验收不合格的不得通车运行。对因交通安全设施缺失导致重大事故的,要限期进行整改,整改到位前暂停该区域新建道路项目的审批。

(十四)加强道路交通安全设施建设。地方各级人民政府要结合实际科学规划,有计划、分步骤地逐年增加和改善道路交通安全设施。在保证国省干线公路网等项目建设资金的基础上,加大车辆购置税等资金对公路安保工程的投入力度,进一步加强国省干线公路安全防护设施建设,特别是临水临崖、连续下坡、急弯陡坡等事故易发路段要严格按标准安装隔离栅、防护栏、防撞墙等安全设施,设置标志标线。加强公路与铁路、河道、码头联接交叉路段特别是公铁立交、跨航道桥梁的安全保护。收费公路经营企业要加强公路养护管理,对安全设施缺失、损毁的,要及时予以完善和修复,确保公路及其附属设施始终处于良好的技术状况。要积极推进公路灾害性天气预报和预警系统建设,提高对暴雨、浓雾、团雾、冰雪等恶劣天气的防范应对能力。

(十五)深入开展隐患排查治理。地方各级人民政府要建立完善道路交通安全隐患排查治理制度,落实治理措施和治理资金,根据隐患严重程度,实施省、市、县三级人民政府挂牌督办整改,对隐患整改不落实的,要追究有关责任人的责任。有关部门要强化交通事故统计分析,排查确定事故多发点段和存在安全隐患路段,全面梳理桥涵隧道、客货运场站等风险点,设立管理台账,明确治理责任单位和时限,强化对整治情况的全过程监督。切实加强公路两侧农作物秸秆禁烧监管,严防焚烧烟雾影响交通安全。

六、加大农村道路交通安全管理力度

（十六）强化农村道路交通安全基础。深入开展"平安畅通县市"和"平安农机"创建活动，改善农村道路交通安全环境。严格落实县级人民政府农村公路建设养护管理主体责任，制定改善农村道路交通安全状况的计划，落实资金，加大建设和养护力度。新建、改建农村公路要根据需要同步建设安全设施，已建成的农村公路要按照"安全、有效、经济、实用"的原则，逐步完善安全设施。地方各级人民政府要统筹城乡公共交通发展，以城市公交同等优惠条件扶持发展农村公共交通，拓展延伸农村地区客运的覆盖范围，着力解决农村群众安全出行问题。

（十七）加强农村道路交通安全监管。地方各级人民政府要加强农村道路交通安全组织体系建设，落实乡镇政府安全监督管理责任，调整优化交警警力布局，加强乡镇道路交通安全管控。发挥农村派出所、农机监理站以及驾驶人协会、村委会的作用，建立专兼职道路交通安全管理队伍，扩大农村道路交通管理覆盖面。完善农业机械安全监督管理体系，加强对农机安全监理机构的支持保障，积极推广应用农机安全技术，加强对拖拉机、联合收割机等农业机械的安全管理。

七、强化道路交通安全执法

（十八）严厉整治道路交通违法行为。加强公路巡逻管控，加大客运、旅游包车、危险品运输车等重点车辆检查力度，严厉打击和整治超速超员超载、疲劳驾驶、酒后驾驶、吸毒后驾驶、货车违法占道行驶、不按规定使用安全带等各类交通违法行为，严禁三轮汽车、低速货车和拖拉机违法载人。依法加强校车安全管理，保障乘坐校车学生安全。健全和完善治理车辆超限超载工作长效机制。研究推动将客货运车辆严重超速、超员、超限超载等行为列入以危险方法危害公共安全行为，追究驾驶人刑事责任。制定客货运车辆和驾驶人严重交通违法行为有奖举报办法，并将车辆动态监控系统记录的交通违法信息作为执法依据，定期进行检查，依法严格处罚。大力推进文明交通示范公路创建活动，加强城市道路通行秩序整治，规范机动车通行和停放，严格非机动车、行人交通管理。

（十九）切实提升道路交通安全执法效能。推进高速公路全程监控等智能交通管理系统建设，强化科技装备和信息化技术在道路交通执法中的应用，提高道路交通安全管控能力。整合道路交通管理力量和资源，建立部门、区域联勤联动机制，实现监控信息等资源共享。严格落实客货运车辆及驾驶人交通事故、交通违法行为通报制度，全面推进交通违法记录省际转递工作。研究推动将公民交通安全违法记录与个人信用、保险、职业准入等挂钩。

（二十）完善道路交通事故应急救援机制。地方各级人民政府要进一步加强道路交通事故应急救援体系建设，完善应急救援预案，定期组织演练。健全公安消防、卫生等部门联动的省、市、县三级交通事故紧急救援机制，完善交通事故急救通信系统，加强交通事故紧急救援队伍建设，配足救援设备，提高施救水平。地方各级人民政府要依法加快道路交通事故社会救助基金制度建设，制定并完善实施细则，确保事故受伤人员的医疗救治。

八、深入开展道路交通安全宣传教育

（二十一）建立交通安全宣传教育长效机制。地方各级人民政府每年要制定并组织实施道路交通安全宣传教育计划，加大宣传投入，督促各部门和单位积极履行宣传责任和义务，实现交通安全宣传教育社会化、制度化。加大公益宣传力度，报刊、广播、电视、网络等新闻媒体要在重要版面、时段通过新闻报道、专题节目、公益广告等方式开展交通安全公益宣传。设立"全国交通安全日"，充分发挥主管部门、汽车企业、行业协会、社区、学校和单位的宣传作用，广泛开展道路交通安全宣传活动，不断提高全民的交通守法意识、安全意识和公德意识。

（二十二）全面实施文明交通素质教育工程。深入推进"文明交通行动计划"，广泛开展交通安全宣传进农村、进社区、进企业、进学校、进家庭活动，推行实时、动态的交通安全教育和在线服务。建立交通安全警示提示信息发布平台，加强事故典型案例警示教育，开展交通安全文明驾驶人评选活动，充分利用各种手段促进驾驶人依法驾车、安全驾车、文明驾车。坚持交通安全教育从儿童抓起，督促指导中小学结合有关课程加强交通安全教育，鼓励学校结合实际开发有关交通安全教育的校本课程，夯实国民交通安全素质基础。

（二十三）加强道路交通安全文化建设。积极拓展交通安全宣传渠道，建立交通安全宣传教育基地，创新宣传教育方法，以学校、驾驶人培训机构、运输企业为重点，广泛宣传道路交通安全法律法规和安全知识。推动开设交通安全宣传教育网站、电视频道，加强交通安全文学、文艺、影视等作品创作、征集和传播活动，积极营造全社会关注交通安全、全民参与文明交通的良好文化氛围。

九、严格道路交通事故责任追究

（二十四）加强重大道路交通事故联合督办。严格执行重大事故挂牌督办制度，健全完善重大道路交通事故"现场联合督导、统筹协调调查、挂牌通报警示、重点约谈检查、跟踪整改落实"的联合督办工作机制，形成各有关部门齐抓共管的监管合力。研究制定道路交通安全奖惩制度，对于成效显著的地方、部门和单位予以表扬和奖励；对发生特别重大道路交通事故的，或者一年内发生3起及以上重大道路交通事故的，省级人民政府要向国务院作出书面检查；对一年内发生两起重大道路交通事故或发生性质严重、造成较大社会影响的重大道路交通事故的，国务院安全生产委员会办公室要会同有关部门及时约谈相关地方政府和部门负责同志。

（二十五）加大事故责任追究力度。研究制定重特大道路交通事故处置规范，完善跨区域责任追究机制，建立健全重大道路交通事故信息公开制度。对发生重大及以上或者6个月内发生两起较大及以上责任事故的道路运

输企业,依法责令停业整顿;停业整顿后符合安全生产条件的,准予恢复运营,但客运企业3年内不得新增客运班线,旅游企业3年内不得新增旅游车辆;停业整顿仍不具备安全生产条件的,取消相应许可或吊销其道路运输经营许可证,并责令其办理变更、注销登记直至依法吊销营业执照。对道路交通事故发生负有责任的单位及其负责人,依法依规予以处罚,构成犯罪的,依法追究刑事责任。发生重特大道路交通事故的,要依法依纪追究地方政府及相关部门的责任。

十、强化道路交通安全组织保障

(二十六)加强道路交通安全组织领导。地方各级人民政府要高度重视道路交通安全工作,将其纳入经济和社会发展规划,与经济建设和社会发展同部署、同落实、同考核,并加强对道路交通安全工作的统筹协调和监督指导。实行道路交通安全地方行政首长负责制,将道路交通安全工作纳入政府工作重要议事日程,定期分析研判安全形势,研究部署重点工作。严格道路交通事故总结报告制度,省级人民政府每年1月15日前要将本地区道路交通安全工作情况向国务院作出专题报告。

(二十七)落实部门管理和监督职责。各有关部门要按照"谁主管、谁负责,谁审批、谁负责"的原则,依法履行职责,落实监管责任,切实构建"权责一致、分工负责、齐抓共管、综合治理"的协调联动机制。要严格责任考核,将道路交通安全工作作为有关领导干部实绩考评的重要内容,并将考评结果作为综合考核评价的重要依据。

(二十八)完善道路交通安全保障机制。研究建立中央、地方、企业和社会共同承担的道路交通安全长效投入机制,不断拓展道路交通安全资金保障来源,推动完善相关财政、税收、信贷支持政策,强化政府投资对道路交通安全投入的引导和带动作用,将交警、运政、路政、农机监理各项经费按规定纳入政府预算。要根据道路里程、机动车增长等情况,相应加强道路交通安全管理力量建设,完善道路交通警务保障机制。地方各级人民政府要研究出台高速公路交通安全发展的相关保障政策,将高速公路交通安全执勤执法营房等配套设施与高速公路建设同步规划设计、同步投入使用并给予资金保障,高速公路建设管理单位要积极创造条件予以配合支持。

国务院

2012年7月22日

40. 危险性较大的分部分项工程安全管理规定

(2018年3月8日住房城乡建设部令第37号发布，根据2019年3月13日住房城乡建设部令第47号修正)

第一章 总 则

第一条 为加强对房屋建筑和市政基础设施工程中危险性较大的分部分项工程安全管理，有效防范生产安全事故，依据《中华人民共和国建筑法》《中华人民共和国安全生产法》《建设工程安全生产管理条例》等法律法规，制定本规定。

第二条 本规定适用于房屋建筑和市政基础设施工程中危险性较大的分部分项工程安全管理。

第三条 本规定所称危险性较大的分部分项工程（以下简称"危大工程"），是指房屋建筑和市政基础设施工程在施工过程中，容易导致人员群死群伤或者造成重大经济损失的分部分项工程。

危大工程及超过一定规模的危大工程范围由国务院住房城乡建设主管部门制定。

省级住房城乡建设主管部门可以结合本地区实际情况，补充本地区危大工程范围。

第四条 国务院住房城乡建设主管部门负责全国危大工程安全管理的指导监督。

县级以上地方人民政府住房城乡建设主管部门负责本行政区域内危大工程的安全监督管理。

第二章 前期保障

第五条 建设单位应当依法提供真实、准确、完整的工程地质、水文地质和工程周边环境等资料。

第六条 勘察单位应当根据工程实际及工程周边环境资料，在勘察文件中说明地质条件可能造成的工程风险。

设计单位应当在设计文件中注明涉及危大工程的重点部位和环节，提出保障工程周边环境安全和工程施工安全的意见，必要时进行专项设计。

第七条 建设单位应当组织勘察、设计等单位在施工招标文件中列出危大工程清单，要求施工单位在投标时补充完善危大工程清单并明确相应的安全管理措施。

第八条 建设单位应当按照施工合同约定及时支付危大工程施工技术措施费以及相应的安全防护文明施工措施费，保障危大工程施工安全。

第九条 建设单位在申请办理安全监督手续时，应当提交危大工程清单及其安全管理措施等资料。

第三章 专项施工方案

第十条 施工单位应当在危大工程施工前组织工程技术人员编制专项施工方案。

实行施工总承包的，专项施工方案应当由施工总承包单位组织编制。危大工程实行分包的，专项施工方案可以由相关专业分包单位组织编制。

第十一条 专项施工方案应当由施工单位技术负责人审核签字、加盖单位公章，并由总监理工程师审查签字、加盖执业印章后方可实施。

危大工程实行分包并由分包单位编制专项施工方案的，专项施工方案应当由总承包单位技术负责人及分包单位技术负责人共同审核签字并加盖单位公章。

第十二条 对于超过一定规模的危大工程，施工单位应当组织召开专家论证会对专项施工方案进行论证。实行施工总承包的，由施工总承包单位组织召开专家论证会。专家论证前专项施工方案应当通过施工单位审核和总监理工程师审查。

专家应当从地方人民政府住房城乡建设主管部门建立的专家库中选取，符合专业要求且人数不得少于5名。与本工程有利害关系的人员不得以专家身份参加专家论证会。

第十三条 专家论证会后，应当形成论证报告，对专项施工方案提出通过、修改后通过或者不通过的一致意见。专家对论证报告负责并签字确认。

专项施工方案经论证需修改后通过的，施工单位应当根据论证报告修改完善后，重新履行本规定第十一条的程序。

专项施工方案经论证不通过的，施工单位修改后应当按照本规定的要求重新组织专家论证。

第四章 现场安全管理

第十四条 施工单位应当在施工现场显著位置公告危大工程名称、施工时间和具体责任人员，并在危险区域设置安全警示标志。

第十五条 专项施工方案实施前，编制人员或者项目技术负责人应当向施工现场管理人员进行方案交底。

施工现场管理人员应当向作业人员进行安全技术交底，并由双方和项目专职安全生产管理人员共同签字确认。

第十六条 施工单位应当严格按照专项施工方案组织施工，不得擅自修改专项施工方案。

因规划调整、设计变更等原因确需调整的，修改后的专项施工方案应当按照本规定重新审核和论证。涉及资金或者工期调整的，建设单位应当按照约定予以调整。

第十七条 施工单位应当对危大工程施工作业人员进行登记，项目负责人应当在施工现场履职。

项目专职安全生产管理人员应当对专项施工方案实施情况进行现场监督，对未按照专项施工方案施工的，应当要求立即整改，并及时报告项目负责人，项目负责人应当及时组织限期整改。

施工单位应当按照规定对危大工程进行施工监测和安全巡视，发现危及人身安全的紧急情况，应当立即组织作业人员撤离危险区域。

第十八条 监理单位应当结合危大工程专项施工方案编制监理实施细则，并对危大工程施工实施专项巡视检查。

第十九条 监理单位发现施工单位未按照专项施工方案施工的，应当要求其进行整改；情节严重的，应当要求其暂停施工，并及时报告建设单位。施工单位拒不整改或者不停止施工的，监理单位应当及时报告建设单位和工程所在地住房城乡建设主管部门。

第二十条 对于按照规定需要进行第三方监测的危大工程，建设单位应当委托具有相应勘察资质的单位进行监测。

监测单位应当编制监测方案。监测方案由监测单位技术负责人审核签字并加盖单位公章，报送监理单位后方可实施。

监测单位应当按照监测方案开展监测，及时向建设单位报送监测成果，并对监测成果负责；发现异常时，及时向建设、设计、施工、监理单位报告，建设单位应当立即组织相关单位采取处置措施。

第二十一条 对于按照规定需要验收的危大工程，施工单位、监理单位应当组织相关人员进行验收。验收合格的，经施工单位项目技术负责人及总监理工程师签字确认后，方可进入下一道工序。

危大工程验收合格后，施工单位应当在施工现场明显位置设置验收标识牌，公示验收时间及责任人员。

第二十二条 危大工程发生险情或者事故时，施工单位应当立即采取应急处置措施，并报告工程所在地住房城乡建设主管部门。建设、勘察、设计、监理等单位应当配合施工单位开展应急抢险工作。

第二十三条 危大工程应急抢险结束后，建设单位应当组织勘察、设计、施工、监理等单位制定工程恢复方案，并对应急抢险工作进行后评估。

第二十四条 施工、监理单位应当建立危大工程安全管理档案。

施工单位应当将专项施工方案及审核、专家论证、交底、现场检查、验收及整改等相关资料纳入档案管理。

监理单位应当将监理实施细则、专项施工方案审查、专项巡视检查、验收及整改等相关资料纳入档案管理。

第五章 监督管理

第二十五条 设区的市级以上地方人民政府住房城乡建设主管部门应当建立专家库，制定专家库管理制度，建立专家诚信档案，并向社会公布，接受社会监督。

第二十六条 县级以上地方人民政府住房城乡建设主管部门或者所属施工安全监督机构，应当根据监督工作计划对危大工程进行抽查。

县级以上地方人民政府住房城乡建设主管部门或者所属施工安全监督机构，可以通过政府购买技术服务方式，聘请具有专业技术能力的单位和人员对危大工程进行检查，所需费用向本级财政申请予以保障。

第二十七条 县级以上地方人民政府住房城乡建设主管部门或者所属施工安全监督机构，在监督抽查中发现危大工程存在安全隐患的，应当责令施工单位整改；重大安全事故隐患排除前或者排除过程中无法保证安全的，责令从危险区域内撤出作业人员或者暂时停止施工；对依法应当给予行政处罚的行为，应当依法作出行政处罚决定。

第二十八条 县级以上地方人民政府住房城乡建设主管部门应当将单位和个人的处罚信息纳入建筑施工安全生产不良信用记录。

第六章 法律责任

第二十九条 建设单位有下列行为之一的，责令限期改正，并处1万元以上3万元以下的罚款；对直接负责的主管人员和其他直接责任人员处1000元以上5000元以下的罚款：

（一）未按照本规定提供工程周边环境等资料的；

（二）未按照本规定在招标文件中列出危大工程清单的；

（三）未按照施工合同约定及时支付危大工程施工技术措施费或者相应的安全防护文明施工措施费的；

（四）未按照本规定委托具有相应勘察资质的单位进行第三方监测的；

（五）未对第三方监测单位报告的异常情况组织采取处置措施的。

第三十条 勘察单位未在勘察文件中说明地质条件可能造成的工程风险的，责令限期改正，依照《建设工程安全生产管理条例》对单位进行处罚；对直接负责的主管人员和其他直接责任人员处1000元以上5000元以下的罚款。

第三十一条 设计单位未在设计文件中注明涉及危大工程的重点部位和环节，未提出保障工程周边环境安全和工程施工安全的意见的，责令限期改正，并处1万元以上3万元以下的罚款；对直接负责的主管人员和其他直接责任人员处1000元以上5000元以下的罚款。

第三十二条 施工单位未按照本规定编制并审核危大工程专项施工方案的，依照《建设工程安全生产管理条例》对单位进行处罚，并暂扣安全生产许可证30日；对直接负责的主管人员和其他直接责任人员处1000元以上5000元以下的罚款。

第三十三条 施工单位有下列行为之一的，依照《中华人民共和国安全生产法》《建设工程安全生产管理条例》对单位和相关责任人员进行处罚：

（一）未向施工现场管理人员和作业人员进行方案交底和安全技术交底的；

（二）未在施工现场显著位置公告危大工程，并在危险区域设置安全警示标志的；

（三）项目专职安全生产管理人员未对专项施工方案实施情况进行现场监督的。

第三十四条 施工单位有下列行为之一的，责令限期改正，处1万元以上3万元以下的罚款，并暂扣安全生产许可证30日；对直接负责的主管人员和其他直接责任人员处1000元以上5000元以下的罚款：

（一）未对超过一定规模的危大工程专项施工方案进行专家论证的；

（二）未根据专家论证报告对超过一定规模的危大工程专项施工方案进行修改，或者未按照本规定重新组织专家论证的；

（三）未严格按照专项施工方案组织施工，或者擅自修改专项施工方案的。

第三十五条 施工单位有下列行为之一的，责令限期改正，并处1万元以上3万元以下的罚款；对直接负责的主管人员和其他直接责任人员处1000元以上5000元以下的罚款：

（一）项目负责人未按照本规定现场履职或者组织限期整改的；

（二）施工单位未按照本规定进行施工监测和安全巡视的；

（三）未按照本规定组织危大工程验收的；

（四）发生险情或者事故时，未采取应急处置措施的；

（五）未按照本规定建立危大工程安全管理档案的。

第三十六条 监理单位有下列行为之一的，依照《中华人民共和国安全生产法》《建设工程安全生产管理条例》对单位进行处罚；对直接负责的主管人员和其他直接责任人员处1000元以上5000元以下的罚款：

（一）总监理工程师未按照本规定审查危大工程专项施工方案的；

（二）发现施工单位未按照专项施工方案实施，未要求其整改或者停工的；

（三）施工单位拒不整改或不停止施工时，未向建设单位和工程所在地住房城乡建设主管部门报告的。

第三十七条 监理单位有下列行为之一的，责令限期改正，并处1万元以上3万元以下的罚款；对直接负责的主管人员和其他直接责任人员处1000元以上5000元以下的罚款：

（一）未按照本规定编制监理实施细则的；

（二）未对危大工程施工实施专项巡视检查的；

（三）未按照本规定参与组织危大工程验收的；

（四）未按照本规定建立危大工程安全管理档案的。

第三十八条 监测单位有下列行为之一的，责令限期改正，并处1万元以上3万元以下的罚款；对直接负责的主管人员和其他直接责任人员处1000元以上5000元以下的罚款：

（一）未取得相应勘察资质从事第三方监测的；

（二）未按照本规定编制监测方案的；

（三）未按照监测方案开展监测的；

（四）发现异常未及时报告的。

第三十九条 县级以上地方人民政府住房城乡建设主管部门或者所属施工安全监督机构的工作人员，未依法履行危大工程安全监督管理职责的，依照有关规定给予处分。

第七章 附 则

第四十条 本规定自2018年6月1日起施行。

本文件发布后修改情况：

2019年3月13日，《住房和城乡建设部关于修改部分部门规章的决定》中规定：

将《危险性较大的分部分项工程安全管理规定》（住房和城乡建设部令第37号）第九条"建设单位在申请办理安全监督手续时，应当提交危大工程清单及其安全管理措施等资料"修改为"建设单位在申请办理施工许可手续时，应当提交危大工程清单及其安全管理措施等资料"。

41. 建设工程消防设计审查验收管理暂行规定

(住房和城乡建设部令 2020 年第 51 号)

第一章 总 则

第一条 为了加强建设工程消防设计审查验收管理,保证建设工程消防设计、施工质量,根据《中华人民共和国建筑法》《中华人民共和国消防法》《建设工程质量管理条例》等法律、行政法规,制定本规定。

第二条 特殊建设工程的消防设计审查、消防验收,以及其他建设工程的消防验收备案(以下简称备案)、抽查,适用本规定。

本规定所称特殊建设工程,是指本规定第十四条所列的建设工程。

本规定所称其他建设工程,是指特殊建设工程以外的其他按照国家工程建设消防技术标准需要进行消防设计的建设工程。

第三条 国务院住房和城乡建设主管部门负责指导监督全国建设工程消防设计审查验收工作。

县级以上地方人民政府住房和城乡建设主管部门(以下简称消防设计审查验收主管部门)依职责承担本行政区域内建设工程的消防设计审查、消防验收、备案和抽查工作。

跨行政区域建设工程的消防设计审查、消防验收、备案和抽查工作,由该建设工程所在行政区域消防设计审查验收主管部门共同的上一级主管部门指定负责。

第四条 消防设计审查验收主管部门应当运用互联网技术等信息化手段开展消防设计审查、消防验收、备案和抽查工作,建立健全有关单位和从业人员的信用管理制度,不断提升政务服务水平。

第五条 消防设计审查验收主管部门实施消防设计审查、消防验收、备案和抽查工作所需经费,按照《中华人民共和国行政许可法》等有关法律法规的规定执行。

第六条 消防设计审查验收主管部门应当及时将消防验收、备案和抽查情况告知消防救援机构,并与消防救援机构共享建筑平面图、消防设施平面布置图、消防设施系统图等资料。

第七条 从事建设工程消防设计审查验收的工作人员,以及建设、设计、施工、工程监理、技术服务等单位的从业人员,应当具备相应的专业技术能力,定期参加职业培训。

第二章 有关单位的消防设计、施工质量责任与义务

第八条 建设单位依法对建设工程消防设计、施工质量负首要责任。设计、施工、工程监理、技术服务等单位依法对建设工程消防设计、施工质量负主体责任。建设、设计、施工、工程监理、技术服务等单位的从业人员依法对建设工程消防设计、施工质量承担相应的个人责任。

第九条 建设单位应当履行下列消防设计、施工质量责任和义务:

(一)不得明示或者暗示设计、施工、工程监理、技术服务等单位及其从业人员违反建设工程法律法规和国家工程建设消防技术标准,降低建设工程消防设计、施工质量;

(二)依法申请建设工程消防设计审查、消防验收,办理备案并接受抽查;

(三)实行工程监理的建设工程,依法将消防施工质量委托监理;

(四)委托具有相应资质的设计、施工、工程监理单位;

(五)按照工程消防设计要求和合同约定,选用合格的消防产品和满足防火性能要求的建筑材料、建筑构配件和设备;

(六)组织有关单位进行建设工程竣工验收时,对建设工程是否符合消防要求进行查验;

(七)依法及时向档案管理机构移交建设工程消防有关档案。

第十条 设计单位应当履行下列消防设计、施工质量责任和义务:

(一)按照建设工程法律法规和国家工程建设消防技术标准进行设计,编制符合要求的消防设计文件,不得违反国家工程建设消防技术标准强制性条文;

(二)在设计文件中选用的消防产品和具有防火性能要求的建筑材料、建筑构配件和设备,应当注明规格、性能等技术指标,符合国家规定的标准;

(三)参加建设单位组织的建设工程竣工验收,对建设工程消防设计实施情况签章确认,并对建设工程消防设计质量负责。

第十一条 施工单位应当履行下列消防设计、施工质量责任和义务:

(一)按照建设工程法律法规、国家工程建设消防技术标准,以及经消防设计审查合格或者满足工程需要的消防设计文件组织施工,不得擅自改变消防设计进行施工,降低消防施工质量;

(二)按照消防设计要求、施工技术标准和合同约定检验消防产品和具有防火性能要求的建筑材料、建筑构配件和设备的质量,使用合格产品,保证消防施工质量;

(三)参加建设单位组织的建设工程竣工验收,对建设工程消防施工质量签章确认,并对建设工程消防施工质量负责。

第十二条 工程监理单位应当履行下列消防设计、施工质量责任和义务:

(一)按照建设工程法律法规、国家工程建设消防技

术标准,以及经消防设计审查合格或者满足工程需要的消防设计文件实施工程监理;

(二)在消防产品和具有防火性能要求的建筑材料、建筑构配件和设备使用、安装前,核查产品质量证明文件,不得同意使用或者安装不合格的消防产品和防火性能不符合要求的建筑材料、建筑构配件和设备;

(三)参加建设单位组织的建设工程竣工验收,对建设工程消防施工质量签章确认,并对建设工程消防施工质量承担监理责任。

第十三条 提供建设工程消防设计图纸技术审查、消防设施检测或者建设工程消防验收现场评定等服务的技术服务机构,应当按照建设工程法律法规、国家工程建设消防技术标准和国家有关规定提供服务,并对出具的意见或者报告负责。

第三章 特殊建设工程的消防设计审查

第十四条 具有下列情形之一的建设工程是特殊建设工程:

(一)总建筑面积大于二万平方米的体育场馆、会堂,公共展览馆、博物馆的展示厅;

(二)总建筑面积大于一万五千平方米的民用机场航站楼、客运车站候车室、客运码头候船厅;

(三)总建筑面积大于一万平方米的宾馆、饭店、商场、市场;

(四)总建筑面积大于二千五百平方米的影剧院,公共图书馆的阅览室、营业性室内健身、休闲场馆,医院的门诊楼,大学的教学楼、图书馆、食堂,劳动密集型企业的生产加工车间,寺庙、教堂;

(五)总建筑面积大于一千平方米的托儿所、幼儿园的儿童用房,儿童游乐厅等室内儿童活动场所,养老院、福利院,医院、疗养院的病房楼,中小学校的教学楼、图书馆、食堂,学校的集体宿舍,劳动密集型企业的员工集体宿舍;

(六)总建筑面积大于五百平方米的歌舞厅、录像厅、放映厅、卡拉OK厅、夜总会、游艺厅、桑拿浴室、网吧、酒吧,具有娱乐功能的餐馆、茶馆、咖啡厅;

(七)国家工程建设消防技术标准规定的一类高层住宅建筑;

(八)城市轨道交通、隧道工程,大型发电、变配电工程;

(九)生产、储存、装卸易燃易爆危险物品的工厂、仓库和专用车站、码头,易燃易爆气体和液体的充装站、供应站、调压站;

(十)国家机关办公楼、电力调度楼、电信楼、邮政楼、防灾指挥调度楼、广播电视楼、档案楼;

(十一)设有本条第一项至第六项所列情形的建设工程;

(十二)本条第十项、第十一项规定以外的单体建筑面积大于四万平方米或者建筑高度超过五十米的公共建筑。

第十五条 对特殊建设工程实行消防设计审查制度。

特殊建设工程的建设单位应当向消防设计审查验收主管部门申请消防设计审查,消防设计审查验收主管部门依法对审查的结果负责。

特殊建设工程未经消防设计审查或者审查不合格的,建设单位、施工单位不得施工。

第十六条 建设单位申请消防设计审查,应当提交下列材料:

(一)消防设计审查申请表;

(二)消防设计文件;

(三)依法需要办理建设工程规划许可的,应当提交建设工程规划许可文件;

(四)依法需要批准的临时性建筑,应当提交批准文件。

第十七条 特殊建设工程具有下列情形之一的,建设单位除提交本规定第十六条所列材料外,还应当同时提交特殊消防设计技术资料:

(一)国家工程建设消防技术标准没有规定,必须采用国际标准或者境外工程建设消防技术标准的;

(二)消防设计文件拟采用的新技术、新工艺、新材料不符合国家工程建设消防技术标准规定的。

前款所称特殊消防设计技术资料,应当包括特殊消防设计文件,设计采用的国际标准、境外工程建设消防技术标准的中文文本,以及有关的应用实例、产品说明等资料。

第十八条 消防设计审查验收主管部门收到建设单位提交的消防设计审查申请后,对申请材料齐全的,应当出具受理凭证;申请材料不齐全的,应当一次性告知需要补正的全部内容。

第十九条 对具有本规定第十七条情形之一的建设工程,消防设计审查验收主管部门应当自受理消防设计审查申请之日起五个工作日内,将申请材料报送省、自治区、直辖市人民政府住房和城乡建设主管部门组织专家评审。

第二十条 省、自治区、直辖市人民政府住房和城乡建设主管部门应当建立由具有工程消防、建筑等专业高级技术职称人员组成的专家库,制定专家库管理制度。

第二十一条 省、自治区、直辖市人民政府住房和城乡建设主管部门应当在收到申请材料之日起十个工作日内组织召开专家评审会,对建设单位提交的特殊消防设计技术资料进行评审。

评审专家从专家库随机抽取,对于技术复杂、专业性强或者国家有特殊要求的项目,可以直接邀请相应专业的中国科学院院士、中国工程院院士、全国工程勘察设计大师以及境外具有相应资历的专家参加评审;与特殊建设工程设计单位有利害关系的专家不得参加评审。

评审专家应当符合相关专业要求,总数不得少于七人,且独立出具评审意见。特殊消防设计技术资料经四分之三以上评审专家同意即为评审通过,评审专家有不同意见的,应当注明。省、自治区、直辖市人民政府住房和城乡建设主管部门应当将专家评审意见,书面通知报请评审的消防设计审查验收主管部门,同时报国务院住房和城乡建设主管部门备案。

第二十二条 消防设计审查验收主管部门应当自受理消防设计审查申请之日起十五个工作日内出具书面审查意见。依照本规定需要组织专家评审的,专家评审时间不超过二十个工作日。

第二十三条 对符合下列条件的,消防设计审查验收主管部门应当出具消防设计审查合格意见:

(一)申请材料齐全、符合法定形式;

(二)设计单位具有相应资质;

(三)消防设计文件符合国家工程建设消防技术标准(具有本规定第十七条情形之一的特殊建设工程,特殊消防设计技术资料通过专家评审)。

对不符合前款规定条件的,消防设计审查验收主管部门应当出具消防设计审查不合格意见,并说明理由。

第二十四条 实行施工图设计文件联合审查的,应当将建设工程消防设计的技术审查并入联合审查。

第二十五条 建设、设计、施工单位不得擅自修改经审查合格的消防设计文件。确需修改的,建设单位应当依照本规定重新申请消防设计审查。

第四章 特殊建设工程的消防验收

第二十六条 对特殊建设工程实行消防验收制度。

特殊建设工程竣工验收后,建设单位应当向消防设计审查验收主管部门申请消防验收;未经消防验收或者消防验收不合格的,禁止投入使用。

第二十七条 建设单位组织竣工验收时,应当对建设工程是否符合下列要求进行查验:

(一)完成工程消防设计和合同约定的消防各项内容;

(二)有完整的工程消防技术档案和施工管理资料(含涉及消防的建筑材料、建筑构配件和设备的进场试验报告);

(三)建设单位对工程涉及消防的各分部分项工程验收合格;施工、设计、工程监理、技术服务等单位确认工程消防质量符合有关标准;

(四)消防设施性能、系统功能联调联试等内容检测合格。

经查验不符合前款规定的建设工程,建设单位不得编制工程竣工验收报告。

第二十八条 建设单位申请消防验收,应当提交下列材料:

(一)消防验收申请表;

(二)工程竣工验收报告;

(三)涉及消防的建设工程竣工图纸。

消防设计审查验收主管部门收到建设单位提交的消防验收申请后,对申请材料齐全的,应当出具受理凭证;申请材料不齐全的,应当一次性告知需要补正的全部内容。

第二十九条 消防设计审查验收主管部门受理消防验收申请后,应当按照国家有关规定,对特殊建设工程进行现场评定。现场评定包括对建筑物防(灭)火设施的外观进行现场抽样查看;通过专业仪器设备对涉及距离、高度、宽度、长度、面积、厚度等可测量的指标进行现场抽样测量;对消防设施的功能进行抽样测试、联调联试消防设施的系统功能等内容。

第三十条 消防设计审查验收主管部门应当自受理消防验收申请之日起十五日内出具消防验收意见。对符合下列条件的,应当出具消防验收合格意见:

(一)申请材料齐全、符合法定形式;

(二)工程竣工验收报告内容完备;

(三)涉及消防的建设工程竣工图纸与经审查合格的消防设计文件相符;

(四)现场评定结论合格。

对不符合前款规定条件的,消防设计审查验收主管部门应当出具消防验收不合格意见,并说明理由。

第三十一条 实行规划、土地、消防、人防、档案等事项联合验收的建设工程,消防验收意见由地方人民政府指定的部门统一出具。

第五章 其他建设工程的消防设计、备案与抽查

第三十二条 其他建设工程,建设单位申请施工许可或者申请批准开工报告时,应当提供满足施工需要的消防设计图纸及技术资料。

未提供满足施工需要的消防设计图纸及技术资料的,有关部门不得发放施工许可证或者批准开工报告。

第三十三条 对其他建设工程实行备案抽查制度。

其他建设工程经依法抽查不合格的,应当停止使用。

第三十四条 其他建设工程竣工验收合格之日起五个工作日内,建设单位应当报消防设计审查验收主管部门备案。

建设单位办理备案,应当提交下列材料:

(一)消防验收备案表;

(二)工程竣工验收报告;

(三)涉及消防的建设工程竣工图纸。

本规定第二十七条有关建设单位竣工验收消防查验的规定,适用于其他建设工程。

第三十五条 消防设计审查验收主管部门收到建设单位备案材料后,对备案材料齐全的,应当出具备案凭证;备案材料不齐全的,应当一次性告知需要补正的全部内容。

第三十六条 消防设计审查验收主管部门应当对备案的其他建设工程进行抽查。抽查工作推行"双随机、一公开"制度,随机抽取检查对象,随机选派检查人员。抽

取比例由省、自治区、直辖市人民政府住房和城乡建设主管部门,结合辖区内消防设计、施工质量情况确定,并向社会公示。

消防设计审查验收主管部门应当自其他建设工程被确定为检查对象之日起十五个工作日内,按照建设工程消防验收有关规定完成检查,制作检查记录。检查结果应当通知建设单位,并向社会公示。

第三十七条 建设单位收到检查不合格整改通知后,应当停止使用建设工程,并组织整改,整改完成后,向消防设计审查验收主管部门申请复查。

消防设计审查验收主管部门应当自收到书面申请之日起七个工作日内进行复查,并出具复查意见。复查合格后方可使用建设工程。

第六章 附 则

第三十八条 违反本规定的行为,依照《中华人民共和国建筑法》《中华人民共和国消防法》《建设工程质量管理条例》等法律法规给予处罚;构成犯罪的,依法追究刑事责任。

建设、设计、施工、工程监理、技术服务等单位及其从业人员违反有关建设工程法律法规和国家工程建设消防技术标准,除依法给予处罚或者追究刑事责任外,还应当依法承担相应的民事责任。

第三十九条 建设工程消防设计审查验收规则和执行本规定所需要的文书式样,由国务院住房和城乡建设主管部门制定。

第四十条 新颁布的国家工程建设消防技术标准实施之前,建设工程的消防设计已经依法审查合格的,按原审查意见的标准执行。

第四十一条 住宅室内装饰装修、村民自建住宅、救灾和非人员密集场所的临时性建筑的建设活动,不适用本规定。

第四十二条 省、自治区、直辖市人民政府住房和城乡建设主管部门可以根据有关法律法规和本规定,结合本地实际情况,制定实施细则。

第四十三条 本规定自 2020 年 6 月 1 日起施行。

42. 中国气象局等11部委关于贯彻落实《国务院关于优化建设工程防雷许可的决定》的通知

(气发〔2016〕79号)

为贯彻《国务院关于优化建设工程防雷许可的决定》（国发〔2016〕39号，以下简称《决定》）精神，明确和落实相关责任，保障建设工程防雷安全，现将有关事项通知如下：

一、整合部分建设工程防雷许可

（一）将气象部门承担的房屋建筑工程和市政基础设施工程防雷装置设计审核、竣工验收许可工作，整合纳入建筑工程施工图审查、竣工验收备案，统一由住房城乡建设部门监管，气象部门不再承担相应的行政许可和监管工作。

（二）公路、水路、铁路、民航、水利、电力、核电、通信等专业建设工程防雷管理，由各专业部门负责。气象部门不再承担相应防雷装置设计审核、竣工验收行政许可和监管工作。

（三）气象部门负责防雷装置设计审核和竣工验收许可的建设工程具体范围包括：油库、气库、弹药库、化学品仓库、民用爆炸物品、烟花爆竹、石化等易燃易爆建设工程和场所；雷电易发区内的矿区、旅游景点或者投入使用的建(构)筑物、设施等需要单独安装雷电防护装置的场所；以及雷电风险高且没有防雷标准规范，需要进行特殊论证的大型项目。

各省(区、市)气象局要会同当地住房城乡建设厅、编办、工业和信息化主管部门、通信管理局、环境保护厅、交通运输厅、水利厅、法制办、能源局、地区铁路监管局、民航局，结合本省实际，做好建设工程防雷许可细化，向社会公布，并纳入建设工程行政审批流程。

二、做好建设工程防雷许可整合后的工作衔接

（一）各级气象部门与住房城乡建设部门要在2016年12月31日前完成相关交接工作，具体交接日期根据各地工作实际商定。自交接之日起，各级气象部门不再受理房屋建筑工程和市政基础设施工程防雷装置设计审核和竣工验收审批申请，由住房城乡建设部门纳入建筑工程施工图审查、竣工验收备案。交接之日前，气象部门已受理的防雷装置设计审核和竣工验收审批，原则上仍由气象部门完成。

（二）公路、水路、铁路、民航、水利、电力、核电、通信等部门要于2016年年底前完成各自专业建设工程防雷许可优化整合工作。

三、清理规范防雷单位资质许可

取消气象部门对防雷工程设计、施工单位资质许可，新建、改建、扩建建设工程防雷的设计、施工，可由取得相应建设、公路、水路、铁路、民航、水利、电力、核电、通信等专业工程设计、施工资质的单位承担。同时，规范防雷检测行为，降低防雷装置检测单位准入门槛，全面开放防雷装置检测市场，允许企事业单位申请防雷检测资质，鼓励社会组织和个人参与防雷技术服务，促进防雷减灾服务市场健康发展。

四、加强协调配合，落实防雷安全监管责任

（一）地方各级政府要继续依法履行防雷监管职责，落实雷电灾害防御责任，并将防雷减灾工作纳入各级政府安全生产监管体系，确保建设工程防雷安全。

（二）各级气象部门要加强对雷电灾害防御工作的组织管理，做好雷电监测、预报预警、雷电灾害调查鉴定和防雷科普宣传。各省(区、市)气象局根据本地雷电监测历史资料划分雷电易发区域及其防范等级。

（三）各相关部门要按照谁审批、谁负责、谁监管的原则，切实履行建设工程防雷监管职责，采取有效措施，明确和落实建设工程设计、施工、监理、检测单位以及业主单位等在防雷工程质量安全方面的主体责任。

（四）建立建设工程防雷管理协调会议制度，加强各相关部门的协调和相互配合，完善标准规范和工作流程，对于防雷管理中的重大问题要通过协调会议研究解决。

43. 交通运输部办公厅关于加强公路水路建设工程防雷工作的通知

(交办公路函〔2017〕800号)

各省、自治区、直辖市、新疆生产建设兵团交通运输厅(局、委):

为落实《国务院关于优化建设工程防雷许可的决定》(国发〔2016〕39号,以下简称《决定》)及《中国气象局等11部委关于贯彻落实〈国务院关于优化建设工程防雷许可的决定〉的通知》(气发〔2016〕79号,以下简称《通知》)要求,保障公路水路建设工程防雷安全,现就有关事项通知如下:

一、明确防雷工作总体要求

做好防雷工作事关人民群众生命财产安全和公共安全,防雷工作与工程建设和运营安全息息相关。公路水路新建、改建、扩建工程各有关单位应当将防雷减灾工作纳入安全生产日常管理,做到防雷装置与主体工程同时设计、同时施工、同时验收并投入使用。

易燃易爆建设工程和场所,雷电易发区内投入使用的建(构)筑物、设施等需要单独安装雷电防护装置的场所,以及雷电风险高且没有防雷标准规范,需进行特殊论证的大型项目,其防雷工作按《决定》要求执行。

二、落实防雷工作主体责任

公路水路建设工程的建设、设计、施工、监理、检测、材料设备供应等单位,依照相关法律、法规、标准规范和工程建设合同,分别承担相应防雷工作的主体责任。施工图设计应当包含防雷内容,未经审查的施工图设计文件,不得交付施工。工程设计变更涉及防雷工程的,变更审批应当保证防雷工作落实。

建设单位要组织各参建单位落实防雷工作要求,交工验收应当组织核查防雷工程是否符合要求。设计单位要在施工图设计中完善防雷工程设计方案,对设计文件负责。设计咨询审查单位要核查防雷工程设计是否符合要求。施工单位应当依据经批准的设计文件完成防雷工程施工,对施工质量负责,并做好施工现场防雷工作,完善气象防雷预警机制和防雷应急预案。防雷装置材料设备供应单位对材料设备质量负责,提供必要的质量检验证明并接受质量监管。监理单位应当将防雷工程纳入监理工作范围。防雷装置检测单位应当具备相应的防雷检测资质,如实出具检测报告并对检测结论负责。公路水运管养(运营)单位应当将防雷装置纳入养护巡查范围,维护防雷装置完好、有效。

三、加强防雷工作监管

各地交通运输主管部门要在当地政府领导下,加强与编办和气象部门协调,按照《决定》和《通知》要求,进一步理清防雷管理职责,做到分工明确,责任落实。

各地交通运输主管部门应当将防雷工程纳入公路水路建设工程设计审查、监督管理和竣工验收工作中。交工验收检测范围应当包括防雷工程。

汛期将至,各地交通运输主管部门要积极协调气象部门指导建设工程防雷工作,完善工作机制和工作流程,确保防雷安全。

交通运输部办公厅
2017年6月5日

44. 关于公铁立交和公铁并行路段护栏建设与维护管理有关问题的通知

(铁运〔2012〕139号)

各省(自治区、直辖市)交通运输厅(局、委),各铁路局,各铁路公司(筹备组):

为规范公路与铁路立交桥(以下简称公铁立交)和公路与铁路邻近路段(以下简称公铁并行路段)护栏的建设与维护管理,现对相关问题规定如下,自下发之日起施行。铁道部、原交通部联合印发的《关于在公路与铁路并行路段设置防护栏的通知》(铁运函〔2005〕978号)同时废止。

一、公铁立交建设及维护

(一)立交建设原则

新建、改建铁路与既有公路交叉时,优先采用铁路上跨公路的通过方式,原则上不改变既有公路标高并考虑公路规划需求。

新建、改建公路与既有铁路交叉时,应对方案进行技术、经济和安全等综合比选后确定,择优采用通过方式。

既有公铁立交,原则上不改变原有交叉方式。当公铁立交产生危及行车安全的病害或难以满足实际需求时,可在现桥位进行加固或改建。改建时,应按所在线路原建设标准或规划线路建设标准修建。紧邻铁路站场的,应通过双方协商确定。

(二)立交条件预留

铁路应在设计和建设阶段,综合考虑公路建设的情况和发展,为规划拟建公路穿(跨)越铁路预留条件,高速铁路必须在设计、建设阶段为公路下穿通过高速铁路预留通道;公路建设要为拟建铁路建设项目跨越预留条件。

(三)设置方案审查

在项目预可研或可研阶段,建设单位(在建设单位未确定时,由设计单位牵头)提出的公铁立交设置方案,应经被穿(跨)越线路主管部门(指铁路建设管理单位、铁路运输企业,省级交通运输主管部门或其授权的公路管理机构等,下同)同意,并出具书面意见。相关审查程序执行铁道部、交通运输部有关规定。

建设单位依据审查意见与铁路运输企业、铁路公司、县级及以上交通运输主管单位签订建设和接管协议,明确公铁产权移交、维护管理等问题。公路跨越铁路立交桥按照《公路法》第八条有关规定确定管理和维护单位,铁路跨越公路立交桥由铁路管理单位管理和维护。历史遗留问题由双方协商解决。

(四)设计文件审查

在项目初步设计阶段,项目建设单位提出穿(跨)越工程设计文件,应经被穿(跨)越线路主管部门审查同意,并出具书面意见。

设计单位要依据协议和铁路、公路相关标准、规范进行设计。其中,铁路跨越公路立交桥应设置防护网,并符合《公路交通安全设施设计规范》(JTGB81)有关规定;公路跨越铁路立交桥应设置钢筋混凝土墙式护栏和防护网,并根据不同的设计速度,按照《公路交通安全设施设计规范》(JTGD81)中"车辆驶出桥外有可能造成二次重大事故或二次特大事故"的有关规定提高一个防撞等级设置护栏。新建跨越高速铁路的立交桥,其护栏按不低于最高防撞等级进行特殊设计。

设计审查部门在审查设计文件的同时,应审查建设单位与铁路、交通运输主管单位签署的立交建设和接管协议,没有立交协议或立交协议有关建设、维护等事项不明确的,应责成建设单位补充完善,待协议完善后方可批准初步设计。

(五)施工方案审查

开工前,建设单位应组织编制公铁立交施工方案,制定安全保障措施,以及需要临时停车、停电、停运、封路等施工配合计划和施工申请报告,报经相关线路主管部门审查批准后予以实施。其中,新建、改建铁路与既有公路或在建公路交叉的,应按《公路法》《公路安全保护条例》等法律法规规定的程序报有关公路管理机构依法许可;新建、改建公路与既有铁路或在建铁路交叉的应按《铁路法》《铁路运输安全保护条例》等法律、法规规定的程序报有关铁路运输企业、铁路公司审查同意。

被穿(跨)越线路主管部门在收到建设单位提出的公铁立交施工方案、技术评价报告、应急方案、安全保障措施以及施工申请报告后,无特殊情况的应在20个工作日内作出行政许可决定或出具书面审查意见。

(六)工程实施

公铁立交工程由相应的建设单位或产权单位按照《招标投标法》和相关法规规定组织工程建设,任何单位和个人不得以任何理由规避招标或要求代建。工程建设应同时满足公路、铁路建设相关规定和技术标准。

公铁立交工程由建设单位按批准的设计文件、施工组织及安全防护措施组织实施。铁路线路安全保护区范围内的立交工程,必须严格执行《铁路营业线施工安全管理办法》等相关铁路安全管理规定,切实做好施工安全保障工作。公路用地、公路建筑控制区内的立交工程,必须符合《公路工程技术标准》、《公路路线设计规范》等有关技术规范及有关公路施工安全规定的要求。

建设单位应组织施工单位按照审定的施工组织设计、安全保障措施,与被穿(跨)越线路产权或管理单位签订施工安全配合协议,明确建设、施工和产权或管理单位的安全责任和义务,并在产权或管理单位派出人员的全程监护下开展立交工程部分的施工,保障通(运)行和施工安全。相关配合费用收取按有关规定执行。

(七)投资划分

公铁立交工程投资按《铁路运输安全保护条例》有关

规定执行。

（八）验收及移交

公铁立交工程建成后，由建设单位、双方主管部门、被穿（跨）越线路产权单位共同组织验收。验收合格后，建设单位应按协议要求，履行规定的决策程序后，及时将公铁立交固定资产移交给相应管理部门管理和维护。建设单位提出公铁立交固定资产移交申请报告后，接收单位应在 20 个工作日内组织接收，并出具书面意见。

既有公铁立交改建时可参照上述程序执行。

二、公铁并行路段护栏设置与管理

公铁并行路段是指铁路路堑上的公路路段或位于铁路线路安全保护区内，公路路肩标高高于铁路路肩或与铁路路肩等高，或低于铁路路肩 1.0 米以内的公路路段。

（一）护栏设置原则

对公铁并行路段，应在靠近铁路的公路路侧设置护栏。护栏应位于公路的土路肩内，并符合《公路交通安全设施设计规范》(JTG D81)等公路相关标准、规范要求，其防撞等级应根据不同的设计速度，按照《公路交通安全设施设计规范》(JTG D81)中"车辆驶出路外有可能造成二次特大事故"确定护栏防撞等级。

高速铁路的公铁并行路段，应按上述标准提高一个防撞等级设置护栏。

（二）设计方案审查

2005 年 4 月 1 日《铁路运输安全保护条例》施行前的公铁并行路段，应由所在铁路运输企业或铁路公司与公路管理部门共同研究确定护栏设置方案，并签署相关协议，明确护栏产权移交、维护管理等问题。护栏设置费用由所在铁路运输企业或铁路公司承担，护栏的管理和维护由公路管理部门负责。

《铁路运输安全保护条例》施行后，公铁并行路段的护栏应按照"铁路与公路谁后建设谁设置"的原则进行设置。若铁路后建，护栏由铁路部门负责设置，护栏的管理和维护由公路管理部门负责。铁路部门在设置护栏前应将设置方案报公路管理部门或产权单位审查，经公路管理部门或产权单位审查同意后，双方应签署护栏建设协议，明确护栏产权移交、维护管理等问题。若公路后建，护栏设置和维护由公路管理部门负责，但应向相关铁路运输企业备案。

（三）施工审查及验收

铁路部门负责设置护栏时，相关施工审查、验收及移交程序按下述规定执行。

护栏建设单位应根据审查通过后的护栏设置方案编制施工方案。方案中应明确施工组织设计、安全保障措施等，报公路管理部门审查批准后予以实施。公路管理部门在收到护栏建设单位提交的施工方案及施工申请报告后，应在 20 个工作日内组织审查，并出具书面审查意见或正式批复。

公铁并行路段护栏建设工程，一般由护栏建设单位按照批准的设计、施工方案组织实施，公路管理部门做好施工安全监督和施工配合工作，相关配合费用收取按有关规定执行。

护栏竣工后，由铁路和公路部门共同组织验收。验收合格后，铁路部门应按协议要求，履行规定的决策程序后，及时将护栏固定资产移交给相应的公路产权单位管理和维护。铁路部门提交护栏固定资产移交申请报告后，接收单位应在 20 个工作日内组织接收，并出具书面意见。

（四）铁路以桥梁形式与公路并行

当铁路以高架桥梁的形式与公路近距离并行时，若铁路后建，并行路段铁路桥梁墩台及基础设计应按有关规定考虑汽车撞击力；若公路后建，应对并行路段的铁路桥梁墩台或基础采取护栏防护，护栏设置费用由相应建设单位承担，护栏竣工后由铁路和公路部门共同组织验收，公路部门对护栏进行管理和维护，确保状态良好。

三、其他

公铁立交和公铁并行路段除按规定设置相应的护栏外，还应根据公路、铁路以及影响公路、铁路行车安全的具体情况，按照有关规定和技术规范要求，设置必要的交通标志、标线、减速和引导设施等。交通标志、标线、减速和引导设施等的设置种类、数量和埋设位置，由公路管理部门负责确定，并按有关规定管理和维护。设置所需成本费用按照谁后建设谁承担的原则，由相应建设单位承担。

铁道部
交通运输部
2012 年 6 月 18 日

节能环保与土地

45. 固定资产投资项目节能审查办法

(2016年11月27日国家发展改革委员会令第44号发布,根据2023年3月28日国家发展改革委员会令第2号修正)

第一章 总 则

第一条 为完善能源消耗总量和强度调控,促进固定资产投资项目科学合理利用能源,加强用能管理,推进能源节约,防止能源浪费,提高能源利用效率,推动实现碳达峰碳中和,根据《中华人民共和国节约能源法》《中华人民共和国行政许可法》《民用建筑节能条例》《公共机构节能条例》等有关法律法规,制定本办法。

第二条 本办法适用于各级人民政府投资主管部门管理的在我国境内建设的固定资产投资项目。本办法所称节能审查,是指根据节能法律法规、政策标准等,对项目能源消费、能效水平及节能措施等情况进行审查并形成审查意见的行为。

第三条 固定资产投资项目节能审查意见是项目开工建设、竣工验收和运营管理的重要依据。政府投资项目,建设单位在报送项目可行性研究报告前,需取得节能审查机关出具的节能审查意见。企业投资项目,建设单位需在开工建设前取得节能审查机关出具的节能审查意见。未按本办法规定进行节能审查,或节能审查未通过的项目,建设单位不得开工建设,已经建成的不得投入生产、使用。

第四条 固定资产投资项目节能审查相关工作经费,按照国家有关规定纳入部门预算,并按照规定程序向同级财政部门申请。对项目进行节能审查不得收取任何费用。

第二章 管理职责

第五条 国家发展改革委负责制定节能审查的相关管理办法,组织编制技术标准、规范和指南,开展业务培训,依据各地能源消费形势、落实能源消耗总量和强度调控、控制化石能源消费、完成节能目标任务、推进碳达峰碳中和进展等情况,对各地新上重大高耗能项目的节能审查工作进行督导。

第六条 县级以上地方各级人民政府管理节能工作的部门应根据本地节能工作实际,对节能审查工作加强总体指导和统筹协调,落实能源消耗总量和强度调控,强化能耗强度降低约束性指标管理,有效增强能源消费总量管理弹性,控制化石能源消费,坚决遏制高耗能、高排放、低水平项目盲目发展。

第七条 固定资产投资项目节能审查由地方节能审查机关负责。节能审查机关应当制定并公开服务指南,列明节能审查的申报材料、受理方式、审查条件、办理流程、办理时限等,为建设单位提供指导和服务,提高工作效能和透明度。上级节能审查机关应加强对下级节能审查机关的工作指导。

第八条 节能审查机关与管理节能工作的部门为不同部门的,节能审查机关应与同级管理节能工作的部门加强工作衔接,重大高耗能项目节能审查应征求同级管理节能工作的部门意见,并及时将本部门节能审查实施情况抄送同级管理节能工作的部门。

第九条 国家发展改革委核报国务院审批以及国家发展改革委审批的政府投资项目,建设单位在报送项目可行性研究报告前,需取得省级节能审查机关出具的节能审查意见。国家发展改革委核报国务院核准以及国家发展改革委核准的企业投资项目,建设单位需在开工建设前取得省级节能审查机关出具的节能审查意见。

年综合能源消费量(建设地点、主要生产工艺和设备未改变的改建项目按照建成投产后年综合能源消费增量计算,其他项目按照建成投产后年综合能源消费量计算,电力折算系数按当量值,下同)10000吨标准煤及以上的固定资产投资项目,其节能审查由省级节能审查机关负责。其他固定资产投资项目,其节能审查管理权限由省级节能审查机关依据实际情况自行决定。

年综合能源消费量不满1000吨标准煤且年电力消费量不满500万千瓦时的固定资产投资项目,涉及国家秘密的固定资产投资项目以及用能工艺简单、节能潜力小的行业(具体行业目录由国家发展改革委制定公布并适时更新)的固定资产投资项目,可不单独编制节能报告。项目应按照相关节能标准、规范建设,项目可行性研究报告或项目申请报告应对项目能源利用、节能措施和能效水平等进行分析。节能审查机关对项目不再单独进行节能审查,不再出具节能审查意见。

单个项目涉及两个及以上省级地区的,其节能审查工作由项目主体工程(或控制性工程)所在省(区、市)省级节能审查机关牵头商其他地区省级节能审查机关研究确定后实施。打捆项目涉及两个及以上省级地区的,其节能审查工作分别由子项目所在省(区、市)相关节能审查机关实施。

第十条 地方可结合本地实际,在各类开发区、新区和其他有条件的区域实施区域节能审查,明确区域节能目标、节能措施、能效准入、化石能源消费控制等要求。对已经实施区域节能审查范围内的项目,除应由省级节能审查机关审查的,节能审查实行告知承诺制。

区域节能审查具体实施办法由省级管理节能工作的部门依据实际情况制定。

第三章 节能审查

第十一条 需进行节能审查的固定资产投资项目,建设单位应编制节能报告。项目节能报告应包括下列内容:

(一)项目概况;

(二)分析评价依据;

(三)项目建设及运营方案节能分析和比选,包括总平面布置、生产工艺、用能工艺、用能设备和能源计量器具等方面;

(四)节能措施及其技术、经济论证;

(五)项目能效水平、能源消费情况,包括单位产品能耗、单位产品化石能源消耗、单位增加值(产值)能耗、单位增加值(产值)化石能源消耗、能源消费量、能源消费结构、化石能源消费量、可再生能源消费量和供给保障情况、原料用能消费量;有关数据与国家、地方、行业标准及国际、国内行业水平的全面比较;

(六)项目实施对所在地完成节能目标任务的影响分析。

具备碳排放统计核算条件的项目,应在节能报告中核算碳排放量、碳排放强度指标,提出降碳措施,分析项目碳排放情况对所在地完成降碳目标任务的影响。

建设单位应出具书面承诺,对节能报告的真实性、合法性和完整性负责,不得以拆分或合并项目等不正当手段逃避节能审查。

第十二条 节能报告内容齐全、符合法定形式的,节能审查机关应当予以受理。内容不齐全或不符合法定形式的,节能审查机关应当当场或者5日内一次告知建设单位需要补正的全部内容,逾期不告知的,自收到报告之日起即为受理。

第十三条 节能审查机关受理节能报告后,应委托具备技术能力的机构进行评审,形成评审意见,作为节能审查的重要依据。

第十四条 节能审查机关应当从以下方面对项目节能报告进行审查:

(一)项目是否符合节能有关法律法规、标准规范、政策要求;

(二)项目用能分析是否客观准确,方法是否科学,结论是否准确;

(三)项目节能措施是否合理可行;

(四)项目的能效水平、能源消费等相关数据核算是否准确,是否满足本地区节能工作管理要求。

第十五条 节能审查机关应在法律规定的时限内出具节能审查意见或明确节能审查不予通过。节能审查意见自印发之日起2年内有效,逾期未开工建设或建成时间超过节能报告中预计建成时间2年以上的项目应重新进行节能审查。

第十六条 通过节能审查的固定资产投资项目,建设地点、建设内容、建设规模、能效水平等发生重大变动的,或年实际综合能源消费量超过节能审查批复水平10%及以上的,建设单位应向原节能审查机关提交变更申请。原节能审查机关依据实际情况,提出同意变更的意见或重新进行节能审查;项目节能审查权限发生变化的,应及时移交有权审查机关办理。

第十七条 固定资产投资项目投入生产、使用前,应对项目节能报告中的生产工艺、用能设备、节能技术采用情况以及节能审查意见落实情况进行验收,并编制节能验收报告。实行告知承诺管理的项目,应对项目承诺内容以及区域节能审查意见落实情况进行验收。分期建设、投入生产使用的项目,应分期进行节能验收。未经节能验收或验收不合格的项目,不得投入生产、使用。

节能验收主体由省级节能审查机关依据实际情况确定。

节能验收报告应在节能审查机关存档备查。

第四章 监督管理

第十八条 固定资产投资项目节能审查应纳入投资项目在线审批监管平台统一管理,实行网上受理、办理、监管和服务,实现审查过程和结果的可查询、可监督。不单独进行节能审查的固定资产投资项目应通过投资项目在线审批监管平台报送项目能源消费等情况。

第十九条 节能审查机关应会同相关行业主管部门强化节能审查事中事后监管,组织对项目节能审查意见落实、节能验收等情况进行监督检查。日常监督检查工作应按照"双随机一公开"原则开展。

第二十条 管理节能工作的部门要依法依规履行节能监督管理职责,将节能审查实施情况作为节能监察的重点内容。各级管理节能工作的部门应加强节能审查信息的统计分析,定期调度已投产项目能源消费、能效水平等情况,作为研判节能形势、开展节能工作的重要参考。

第二十一条 省级管理节能工作的部门应定期向国家发展改革委报告本地区节能审查实施情况,按要求报送项目节能审查信息和已投产项目调度数据。

第二十二条 国家发展改革委实施全国节能审查动态监管,对各地节能审查实施情况进行监督检查,对重大项目节能审查意见落实情况进行不定期抽查。检查抽查结果作为节能目标责任评价考核的重要内容。

第五章 法律责任

第二十三条 对未按本办法规定进行节能审查,或节能审查未获通过,擅自开工建设或擅自投入生产、使用的固定资产投资项目,由节能审查机关责令停止建设或停止生产、使用,限期整改,并对建设单位进行通报批评,视情节处10万元以下罚款。经节能审查机关认定完成整改的项目,节能审查机关可依据实际情况出具整改完成证明。不能整改或逾期不整改的生产性项目,由节能审查机关报请本级人民政府按照国务院规定的权限责令关闭,并依法追究有关责任人的责任。

第二十四条 以拆分项目、提供虚假材料等不正当手段通过节能审查的固定资产投资项目，由节能审查机关撤销项目的节能审查意见；以不正当手段逃避节能审查的固定资产投资项目，由节能审查机关按程序进行节能审查。项目已开工建设或投入生产、使用的，按本办法第二十三条有关规定进行处罚。

第二十五条 未落实节能审查意见要求的固定资产投资项目，由节能审查机关责令建设单位限期整改。不能整改或逾期不整改的，由节能审查机关按照法律法规的有关规定进行处罚。

第二十六条 未按本办法规定进行节能验收或验收不合格，擅自投入生产、使用的固定资产投资项目，以及以提供虚假材料等不正当手段通过节能验收的固定资产投资项目，由节能审查机关责令建设单位限期整改，并处3万元以上5万元以下罚款。

第二十七条 从事节能咨询、评审等节能服务的机构提供节能审查虚假信息的，由管理节能工作的部门责令改正，没收违法所得，并处5万元以上10万元以下罚款。

第二十八条 节能审查机关对建设单位、中介机构等的违法违规信息进行记录，将违法违规行为及其处理信息纳入全国信用信息共享平台和投资项目在线审批监管平台，在"信用中国"网站向社会公开。对列入严重失信主体名单的，依法依规实施联合惩戒措施。

第二十九条 负责审批政府投资项目的工作人员，对未进行节能审查或节能审查未获通过的项目，违反本办法规定予以批准的，依法给予处分。

第三十条 节能审查机关、节能评审机构工作人员以及其他参与评审的有关人员在节能评审中存在违纪违法行为，依法给予处分，构成犯罪的依法追究刑事责任。

第六章 附　则

第三十一条 省级管理节能工作的部门可根据《中华人民共和国节约能源法》等有关法律法规和本办法，制定具体实施办法。

第三十二条 本办法由国家发展改革委负责解释。

第三十三条 本办法自2023年6月1日起施行。原《固定资产投资项目节能审查办法》（国家发展和改革委员会令2016年第44号）同时废止。

46. 自然资源部关于进一步做好用地用海要素保障的通知

(自然资发〔2023〕89号)

各省、自治区、直辖市及计划单列市自然资源（海洋）主管部门，新疆生产建设兵团自然资源局：

为全面贯彻党的二十大和中央经济工作会议、全国"两会"精神，切实落实党中央、国务院关于贯彻新发展理念推动高质量发展的决策部署，在严守资源资产安全底线，保持行之有效政策举措连续性稳定性的基础上，现就进一步完善有关用地用海要素保障政策举措通知如下。

一、加快国土空间规划审查报批

1. 严格落实《全国国土空间规划纲要（2021—2035年）》和"三区三线"划定成果，加快地方各级国土空间规划编制报批。在各级国土空间规划正式批准之前的过渡期，对省级国土空间规划已呈报国务院的省份，有批准权的人民政府自然资源主管部门已经组织审查通过的国土空间总体规划，可作为项目用地用海用岛组卷报批依据。国土空间规划明确了无居民海岛开发利用建设范围和具体保护措施等要求的，可不再编制可利用无居民海岛保护和利用规划。

二、优化建设项目用地审查报批要求

2. 缩小用地预审范围。以下情形不需申请办理用地预审，直接申请办理农用地转用和土地征收：(1)国土空间规划确定的城市和村庄、集镇建设用地范围内的建设项目用地；(2)油气类"探采合一"和"探转采"钻井及其配套设施建设用地；(3)具备直接出让采矿权条件、能够明确具体用地范围的采矿用地；(4)露天煤矿接续用地；(5)水利水电项目涉及的淹没区用地。

3. 简化建设项目用地预审审查。涉及规划土地用途调整的，重点审查是否符合允许调整的情形，规划土地用途调整方案在办理农用地转用和土地征收阶段提交；涉及占用永久基本农田的，重点审查是否符合允许占用的情形以及避让的可能性，补划方案在办理农用地转用和土地征收阶段提交；涉及占用生态保护红线的，重点审查是否属于允许有限人为活动之外的国家重大项目范围，在办理农用地转用和土地征收阶段提交省级人民政府出具的不可避让论证意见。

4. 重大项目可申请先行用地。需报国务院批准用地的国家重大项目和省级高速公路项目中，控制工期的单体工程和因工期紧或受季节影响确需动工建设的其他工程可申请办理先行用地，申请规模原则上不得超过用地预审控制规模的30%。先行用地批准后，应于1年内提出农用地转用和土地征收申请。

5. 分期分段办理农用地转用和土地征收。确需分期建设的项目，可根据可行性研究报告确定的方案或可行性研究批复中明确的分期建设内容，分期申请建设用地。线性基础设施建设项目正式报批用地时，可根据用地报批组卷进度，以市（地、州、盟）分段报批用地。农用地转用和土地征收审批均在省级人民政府权限内的，可以县（市、区）为单位分段报批用地。

6. 重大建设项目直接相关的改路改沟改渠和安置用地与主体工程同步报批。能源、交通、水利、军事等重大建设项目直接相关的改路、改沟、改渠和安置等用地可以和项目用地一并办理农用地转用和土地征收，原则上不得超过原有用地规模。土地使用标准规定的功能分区之外，因特殊地质条件确需建设边坡防护等工程，其用地未超项目用地定额总规模3%的，以及线性工程经优化设计后无法避免形成的面积较小零星夹角地且明确后期利用方式的，可一并报批。其中，主体工程允许占用永久基本农田的，改路、改沟、改渠等如确实难以避让永久基本农田，在严格论证前提下可以申请占用，按要求落实补划任务。

7. 明确铁路"四电"工程用地报批要求。铁路项目已批准的初步设计明确的"四电"工程（通信工程、信号工程、电力工程和电气化工程），可以按照铁路主体工程用地的审批层级和权限单独办理用地报批。主体工程允许占用永久基本农田或生态保护红线的，"四电"工程在无法避让时可以申请占用。

8. 优化临时用地政策。直接服务于铁路、公路、水利工程施工的制梁场、拌合站，需临时使用土地的，其土地复垦方案通过论证，业主单位签订承诺书，明确了复垦完成时限和恢复责任，确保能够恢复种植条件的，可以占用耕地，不得占用永久基本农田。

9. 明确占用永久基本农田重大建设项目范围。(1)党中央、国务院明确支持的重大建设项目（包括党中央、国务院发布文件或批准规划中明确具体名称的项目和国务院批准的项目）；(2)中央军委及其有关部门批准的军事国防类项目；(3)纳入国家级规划（指国务院及其有关部门颁布）的机场、铁路、公路、水运、能源、水利项目；(4)省级公路网规划的省级高速公路项目；(5)按《关于梳理国家重大项目清单加大建设用地保障力度的通知》（发改投资〔2020〕688号）要求，列入需中央加大用地保障力度清单的项目；(6)原深度贫困地区、集中连片特困地区、国家扶贫开发工作重点县省级以下基础设施、民生发展等项目。

10. 重大建设项目在一定期限内可以承诺方式落实耕地占补平衡。对符合可以占用永久基本农田情形规定的重大建设项目，允许以承诺方式落实耕地占补平衡。省级自然资源主管部门应当明确兑现承诺的期限和落实补充耕地方式。兑现承诺期限原则上不超过2年，到期未兑现承诺的，部直接从补充耕地县级储备库中扣减指标，不足部分扣减市级或省级储备库指标。上述承诺政策有效期至2024年3月31日。

11. 规范调整用地审批。线性工程建设过程中因地质灾害、文物保护等不可抗力因素确需调整用地范围的，经批准项目的行业主管部门同意后，建设单位可申请调整用地。项目建设方案调整，调整后的项目用地总面积、耕地和永久基本农田规模均不超原批准规模，或者项目用地总面积和耕地超原规模、但调整部分未超出省级人民政府土地征收批准权限的，报省级人民政府批准；调整后的项目用地涉及调增永久基本农田，或征收耕地超过35公顷、其他土地超过70公顷，应当报国务院批准。调整用地涉及新征收土地的，应当依法履行征地程序，不再使用的土地，可以交由原集体经济组织使用。省级人民政府批准调整用地后，应纳入国土空间规划"一张图"实施监管，并及时报自然资源部备案。

12. 因初步设计变更引起新增用地可补充报批。单独选址建设项目在农转用和土地征收批准后，由于初步设计变更，原有用地未发生变化但需新增少量必要用地的，可以将新增用地按照原有用地的审批权限报批。建设项目原有用地可占用永久基本农田和生态保护红线的，新增用地也可申请占用。其中原有用地由省级人民政府批准的，确需新增用地涉及占用永久基本农田、占用生态保护红线的，要符合占用情形，建设项目整体用地（包括原有用地和新增用地）中征收其他耕地超过35公顷、其他土地超过70公顷的，应当报国务院批准。

三、落实节约集约用地要求，完善自然资源资产供应制度

13. 支持节约集约用地新模式。公路、铁路、轨道交通等线性基础设施工程采用立体复合、多线共廊等新模式建设的，经行业或投资主管部门审核同意采用此方式同步建设部分，且工程用地不超过相应用地指标的，用地可一并组卷报批。

14. 做好项目用地节地评价。超标准、无标准项目用地要严格执行《关于规范开展建设项目节地评价工作的通知》（自然资办发〔2021〕14号）。重大项目中公路项目设置的互通立体交叉工程用地，超过《公路工程项目建设用地指标》有关间距规定，经省级以上交通主管部门审核认定必须设置的，省级自然资源主管部门应开展节地评价论证。

15. 优化产业用地供应方式。按照供地即可开工的原则，支持产业用地"标准地"出让，鼓励各地根据本地产业发展特点，制定"标准地"控制指标体系。在土地供应前，由地方政府或依法设立的开发区（园区）和新区的管理机构统一开展地质灾害、压覆矿产、环境影响、水土保持、洪水影响、文物考古等区域评估和普查。依据国土空间详细规划和区域评估、普查成果，确定规划条件和控制指标并纳入供地方案，通过出让公告公开发布。鼓励地方探索制定混合土地用途设定规则，依据国土空间详细规划确定主导土地用途、空间布局及比例，完善混合产业用地供给方式。单宗土地涉及多种用途混合的，应依法依规合理确定土地使用年限，按不同用途分项评估后确定出让底价。

16. 优化重大基础设施项目划拨供地程序。在国土空间规划确定的城市和村庄、集镇建设用地范围外的能源、交通、水利等重大基础设施项目，土地征收和农用地转用经批准实施后，直接核发国有土地使用权划拨决定书。

17. 探索各门类自然资源资产组合供应。在特定国土空间范围内，涉及同一使用权人需整体使用多门类全民所有自然资源资产的，可实行组合供应。将各门类自然资源资产的使用条件、开发要求、底价、溢价比例等纳入供应方案，利用自然资源资产交易平台等，一并对社会公告、签订资产配置合同，相关部门按职责进行监管。进一步完善海砂采矿权和海域使用权"两权合一"招标拍卖挂牌出让制度，鼓励探索采矿权和建设用地使用权组合供应方式。

18. 优化地下空间使用权配置政策。实施"地下"换"地上"，推进土地使用权分层设立，促进城市地上与地下空间功能的协调。依据国土空间总体规划划定的重点地下空间管控区域，综合考虑安全、生态、城市运行等因素，统筹城市地下基础设施管网和地下空间使用。细化供应方式和流程，探索完善地价支持政策，按照向下递减的原则收缴土地价款。城市建成区建设项目增加公共利益地下空间的，或向下开发利用难度加大的，各地可结合实际制定空间激励规则。探索在不改变地表原有地类和使用现状的前提下，设立地下空间建设用地使用权进行开发建设。

19. 推动存量土地盘活利用。遵循"以用为先"的原则，对于道路绿化带、安全间距等代征地以及不能单独利用的边角地、零星用地等，确实无法按宗地单独供地的，报经城市人民政府批准后，可按划拨或协议有偿使用土地的有关规定合理确定土地使用者，核发《国有建设用地划拨决定书》或签订国有建设用地有偿使用合同。建设项目使用城镇低效用地的，可以继续按照《关于深入推进城镇低效用地再开发的指导意见（试行）》（国土资发〔2016〕147号）有关规定执行。

四、加快"未批已填"围填海历史遗留问题处理，优化项目用海用岛审批程序

20. 符合要求的"未批已填"围填海历史遗留问题可先行开展前期工作。在依法依规严肃查处到位、相关处理方案已经自然资源部备案的前提下，地方人民政府可根据需要先行组织开展沉降处理、地面平整等前期工作，并同步强化生态保护修复。

21. 进一步简化落地项目海域使用论证要求。已按规定完成生态评估和生态保护修复方案编制的"未批已填"围填海历史遗留问题区域，对选址位于其中的落地项目，一般仅需论证用海合理性、国土空间规划符合性、开发利用协调性等内容，并结合生态保护修复方案明确单个项目的生态保护修复措施。如多个项目选址位于集中连片的"未批已填"历史遗留围填海区域且均属于省级人民政府审批权限,地方可结合实际,实行打捆整体论证。

22.项目用海与填海项目竣工海域使用验收一并审查。对利用"未批已填"历史遗留围填海、无新增围填海的项目,可在提交海域使用申请材料时一并提交竣工验收测量报告,海域使用论证报告与竣工验收测量报告合并审查。在项目用海批准并全额缴纳海域使用金后,对填海竣工验收申请直接下达批复。

23.先行开展项目用海用岛论证材料技术审查。为加快审查,对暂不具备受理条件的项目,可以先行开展用海用岛论证和专家预评审等技术审查工作。

24.开展集中连片开发区域整体海域使用论证。对集中连片开发的开放式旅游娱乐、已有围海养殖等用海区域,地方人民政府可根据需要组织开展区域整体海域使用论证,单位和个人申请用海时,可不再进行海域使用论证。省级人民政府自然资源(海洋)主管部门要根据实际情况明确区域整体海域使用论证评审工作要求,集中连片区域超过 700 公顷且不改变海域自然属性的用海、集中连片已有围海养殖区域超过 100 公顷的用海,原则上应由省级人民政府自然资源(海洋)主管部门组织论证评审。

25.优化海底电缆管道路由调查勘测、铺设施工和项目用海审查程序。报国务院审批的海底电缆管道项目,海底电缆管道铺设施工申请可与项目用海申请一并提交审查;路由调查勘测报告与海域使用论证报告可合并编制,路由调查勘测申请审批程序仍按原规定执行。国际通信海缆项目取得路由调查勘测批复文件,即视同取得用海预审意见。

26.优化临时海域使用审批程序。对海上油气勘探用海活动,继续按照临时海域使用进行管理,临时海域使用时间自钻井平台施工就位时起算。施工难度大、存在试采需求等特殊情形的海上油气勘探用海活动,建设周期较长的能源、交通、水利等基础设施建设项目涉及的临时海域使用活动期限届满,确有必要的,经批准可予以继续临时使用,累计临时使用相关海域最长不超过一年。临时海域使用期限届满后,应及时按规定拆除临时用海设施和构筑物。

27.优化报国务院审批用海用岛项目申请审批程序。对同一项目涉及用海用岛均需报国务院批准的,实行"统一受理、统一审查、统一批复",项目建设单位可一次性提交用海用岛申请材料。其中涉及新增围填海的项目,按现有规定办理。对助航导航、测量、气象观测、海洋监测和地震监测等公益设施用岛,可简化无居民海岛开发利用具体方案和项目论证报告。

五、严格承诺事项落实情况的监管

省级自然资源主管部门对用地报批中涉及的耕地占补平衡、先行用地、临时用地复垦等方面作出的承诺事项,应督促有关责任主体按期兑现承诺。部有关业务主管司局要对承诺执行情况加强督导检查。未按期履行的,一经查实,终止所在省份继续执行相关承诺政策,并依法依规严肃处理。

本通知自印发之日起施行,有效期至 2025 年 12 月 31 日。具体政策措施已明确执行期限的,从其规定。《关于积极做好用地用海要素保障的通知》(自然资发〔2022〕129 号)自本文印发之日起不再执行。

自然资源部
2023 年 6 月 13 日

47. 自然资源部等 7 部门关于加强用地审批前期工作积极推进基础设施项目建设的通知

(自然资发〔2022〕130号)

各省、自治区、直辖市及计划单列市自然资源主管部门、发展改革委、交通运输厅（局、委）、水利（水务）厅（局）、能源局、新疆生产建设兵团自然资源局，各地区铁路监督管理局，民航各地区管理局：

为切实贯彻落实党中央、国务院全面加强基础设施建设的决策部署，强化用地要素保障，做实做细做优交通、能源、水利等项目前期工作，提升用地审批质量和效率，现就有关事项通知如下：

一、加强用地空间布局统筹

坚持国土空间"唯一性"，充分发挥国土空间规划对各类开发保护建设活动的指导作用，统筹协调交通能源水利等基础设施的用地需求。经工程可行性论证、已确定详细空间位置的，在国土空间规划"一张图"上明确具体位置、用地规模及空间关系；尚未确定详细空间位置的，列出项目清单，在国土空间规划"一张图"上示意位置、标注规模，并依据项目建设程序各阶段法定批复据实调整，逐步精确定位置和规模、落地上图。

二、联合开展选址选线

各级自然资源主管部门应依据国土空间规划和"三区三线"等空间管控要求，积极配合和参与基础设施建设项目规划选址选线工作。在选址选线工作中，自然资源主管部门要切实落实最严格的耕地保护制度、节约集约制度和生态环境保护制度，重点评价分析建设项目涉及的耕地和永久基本农田保护、生态保护、节约集约用地和历史文化保护、地质灾害风险防控等红线底线要素并提出建设性意见。可研编制单位、项目设计单位要加强多方案比选，不占、少占耕地和永久基本农田，合理避让生态保护红线、历史文化保护红线和灾害风险区。

三、严格落实节约集约

可行性研究阶段，用地涉及耕地、永久基本农田、生态保护红线的建设项目，需开展节约集约用地论证分析，从占用耕地和永久基本农田的必要性、用地规模和功能分区的合理性、不可避让生态保护红线的充分性、节地水平的先进性等对方案进行分析比选，形成节约集约用地专章作为用地预审申报材料提交审查，审查后的内容纳入可行性研究报告或项目申请报告相关章节。

办理用地预审时，涉及占用耕地的，原则上项目所在区域补充耕地储备库指标应当充足，储备指标不足的地方自然资源主管部门应明确补充耕地落实方式，符合条件的可申请跨省域补充耕地国家统筹，并承诺在农用地转用报批时能够落实占补平衡要求，建设单位应承诺将补充耕地费用纳入工程概算；涉及占用永久基本农田的，需落实永久基本农田补划，明确永久基本农田补划地块。

初步设计阶段，项目应因地制宜优先采用本行业先进的节地技术和节地模式，在满足安全生产等前提下，优化设计方案，提升项目节地水平；农用地转用和土地征收审批严格按照现行各类土地使用标准审查项目用地规模。

省级自然资源主管部门根据本省地形地貌和耕地分布情况，区分项目类型，科学确定项目总用地规模中耕地和永久基本农田占比上限；加快建立重大项目节地案例库，提供查询比对服务。

四、改进优化用地审批

简化用地预审阶段审查内容。涉及规划土地用途调整的，审查是否符合法律规定允许调整情形，不再提交调整方案；涉及占用生态保护红线的，审查是否符合允许占用情形，不再提交省级人民政府论证意见。

用地预审批复后，申报农用地转用和土地征收占用耕地或永久基本农田规模和区位与用地预审时相比，规模调增或区位变化比例超过10%的，从严审查；均未发生变化或规模调减区位未变且总用地规模（不含迁建工程和安置用地）不超用地预审批复规模的，不再重复审查。

允许分期分段办理农用地转用和土地征收。确需分期建设的项目，可以根据可行性研究报告确定的方案，分期申请建设用地，分期办理建设用地审批手续。线型基础设施建设项目正式报批用地时，可根据用地报批组卷进度，以市（地、州、盟）分段报批用地。

五、协同推进项目建设

各级自然资源主管部门要按照"统一底图、统一标准、统一规划、统一平台"要求，与发展改革、交通、能源、水利等有关部门共享国土空间规划"一张图"，主动为基础设施建设项目的选址选线提供合规性分析等支撑性、基础性服务。

自然资源部会同有关部门加快修订完善公路、铁路、民用航空运输机场等工程项目建设用地指标。

防止"未批先建"。有关部门对于未取得先行用地或未办理完成农用地转用和土地征收审批手续的项目，均不得办理开工手续，建设单位不得开工建设。

各部门要积极发挥职能作用，相互配合，形成合力，指导督促各地依法依规加快推进基础设施项目建设。

附件：节约集约用地论证分析专章编制要点

自然资源部
国家发展改革委
交通运输部
水利部
国家能源局
国家铁路局
中国民用航空局
2022 年 8 月 3 日

附件

节约集约用地论证分析专章编制要点

国土空间规划确定的城镇和村庄建设用地范围外交通、能源、水利项目,在可行性研究阶段需开展节约集约用地论证分析,要点如下:

一、项目概况

建设背景(建设依据、建设必要性)、建设内容(建设地点、建设性质、建设规模、建设标准)等。

二、备选方案

(一)占用耕地和永久基本农田的必要性

分析占用耕地和永久基本农田的理由是否充分,其中,涉及占用永久基本农田的,应符合国家有关政策要求。分析备选方案各功能分区占用耕地和永久基本农田的数量、质量,占用比例是否符合要求,不占、少占耕地采取的工程、技术措施,点状或块状附属设施是否已充分避让永久基本农田。同等工程技术和投资等条件下,推荐耕地尤其是永久基本农田占用比例低的方案。占比相同的,推荐占用耕地质量差的方案。

涉及占用耕地的,分析项目所在区域补充耕地储备库指标是否充足,储备指标不足的是否明确了补充耕地落实方式,是否能够承诺在农用地转用报批时能够落实占补平衡要求。涉及占用永久基本农田的,分析是否按照"数量不减、质量不降、布局稳定"的要求,落实了补划方案,是否在县域内补划,未在县域补划的,说明理由。

(二)功能分区和用地规模的合理性

分析用地总规模、单位用地水平、各功能分区建设内容及用地规模符合对应的工程项目建设用地指标。分析备选方案用地和各功能分区是否体现了项目所在区域的地形地貌特征,是否充分利用既有设施、线路、场站,是否合理利用地上地下空间或者科学合理提高项目投资强度、容积率、建筑密度,是否采取土地复合、功能混合和设施融合或者应用先进的工艺流程、施工工艺和技术减少占用土地,是否设置了不必要的功能分区,是否存在"搭车用地",是否符合国家或地方用地标准等。跨市域项目,应明确各市用地规模和功能分区。国家和地方均有标准的,按更严格的执行。在满足要求的前提下,尽量选用标准的中、低值,减少占地。

(三)避让生态保护红线的充分性

分析合理避让生态保护红线的情况,无法避让的详细说明符合生态保护红线管控规则的具体情形、空间布局和面积,以及可能造成的生态环境影响和减轻生态环境影响的具体措施。

(四)节地水平的先进性

从建设项目适用的设计依据、技术规范、技术标准出发,分析项目在设定的建设参数下,采用的节地技术、节地措施,取得的节地效果,并与节约集约用地案例进行对比,得出项目节地先进性结论及下阶段改进优化的建议(不再另外开展项目节地评价)。

三、推荐方案情况

从选址、技术、用地、投资等各方面综合阐述最终选方案的理由,以及自然资源主管部门参与选址选线过程中意见采纳情况。

48. 关于发布《建设项目竣工环境保护验收暂行办法》的公告

(国环规环评〔2017〕4号)

为贯彻落实新修改的《建设项目环境保护管理条例》，规范建设项目竣工后建设单位自主开展环境保护验收的程序和标准，我部制定了《建设项目竣工环境保护验收暂行办法》(以下简称《暂行办法》，见附件)，现予公布。

建设项目需要配套建设水、噪声或者固体废物污染防治设施的，新修改的《中华人民共和国水污染防治法》生效实施前或者《中华人民共和国固体废物污染环境防治法》《中华人民共和国环境噪声污染防治法》修改完成前，应依法由环境保护部门对建设项目水、噪声或者固体废物污染防治设施进行验收。

《暂行办法》中涉及的《建设项目竣工环境保护验收技术指南污染影响类》，环境保护部将另行发布。"全国建设项目竣工环境保护验收信息平台"将于2017年12月1日上线试运行，网址为 http://47.94.79.251。可以登录环境保护部网站查询建设项目竣工环境保护验收相关技术规范(kjs.mep.gov.cn/hjbhbz/bzwb/other)。

本公告自发布之日起施行。

特此公告。

附件：建设项目竣工环境保护验收暂行办法

环境保护部
2017年11月20日

附件

建设项目竣工环境保护验收暂行办法

第一章 总 则

第一条 为规范建设项目环境保护设施竣工验收的程序和标准，强化建设单位环境保护主体责任，根据《建设项目环境保护管理条例》，制定本办法。

第二条 本办法适用于编制环境影响报告书(表)并根据环保法律法规的规定由建设单位实施环境保护设施竣工验收的建设项目以及相关监督管理。

第三条 建设项目竣工环境保护验收的主要依据包括：

(一)建设项目环境保护相关法律、法规、规章、标准和规范性文件；

(二)建设项目竣工环境保护验收技术规范；

(三)建设项目环境影响报告书(表)及审批部门审批决定。

第四条 建设单位是建设项目竣工环境保护验收的责任主体，应当按照本办法规定的程序和标准，组织对配套建设的环境保护设施进行验收，编制验收报告，公开相关信息，接受社会监督，确保建设项目需要配套建设的环境保护设施与主体工程同时投产或者使用，并对验收内容、结论和所公开信息的真实性、准确性和完整性负责，不得在验收过程中弄虚作假。

环境保护设施是指防治环境污染和生态破坏以及开展环境监测所需的装置、设备和工程设施等。

验收报告分为验收监测(调查)报告、验收意见和其他需要说明的事项等三项内容。

第二章 验收的程序和内容

第五条 建设项目竣工后，建设单位应当如实查验、监测、记载建设项目环境保护设施的建设和调试情况，编制验收监测(调查)报告。

以排放污染物为主的建设项目，参照《建设项目竣工环境保护验收技术指南 污染影响类》编制验收监测报告；主要对生态造成影响的建设项目，按照《建设项目竣工环境保护验收技术规范 生态影响类》编制验收调查报告；火力发电、石油炼制、水利水电、核与辐射等已发布行业验收技术规范的建设项目，按照该行业验收技术规范编制验收监测报告或者验收调查报告。

建设单位不具备编制验收监测(调查)报告能力的，可以委托有能力的技术机构编制。建设单位对受委托的技术机构编制的验收监测(调查)报告结论负责。建设单位与受委托的技术机构之间的权利义务关系，以及受委托的技术机构应当承担的责任，可以通过合同形式约定。

第六条 需要对建设项目配套建设的环境保护设施进行调试的，建设单位应当确保调试期间污染物排放符合国家和地方有关污染物排放标准和排污许可等相关管理规定。

环境保护设施未与主体工程同时建成的，或者应当取得排污许可证但未取得的，建设单位不得对该建设项目环境保护设施进行调试。

调试期间，建设单位应当对环境保护设施运行情况和建设项目对环境的影响进行监测。验收监测应当在确保主体工程调试工况稳定、环境保护设施运行正常的情况下进行，并如实记录监测时的实际工况。国家和地方有关污染物排放标准或者行业验收技术规范对工况和生产负荷另有规定的，按其规定执行。建设单位开展验收监测活动，可根据自身条件和能力，利用自有人员、场所和设备自行监测；也可以委托其他有能力的监测机构开展监测。

第七条 验收监测(调查)报告编制完成后，建设单位应当根据验收监测（调查）报告结论，逐一检查是否存在本办法第八条所列验收不合格的情形，提出验收意见。存在问题的，建设单位应当进行整改，整改完成后方可提出验收意见。

验收意见包括工程建设基本情况、工程变动情况、环境保护设施落实情况、环境保护设施调试效果、工程建设对环境的影响、验收结论和后续要求等内容，验收结论应当明确该建设项目环境保护设施是否验收合格。

建设项目配套建设的环境保护设施经验收合格后，其主体工程方可投入生产或者使用；未经验收或者验收不合格的，不得投入生产或者使用。

第八条 建设项目环境保护设施存在下列情形之一的，建设单位不得提出验收合格的意见：

（一）未按环境影响报告书（表）及其审批部门审批决定要求建成环境保护设施，或者环境保护设施不能与主体工程同时投产或者使用的；

（二）污染物排放不符合国家和地方相关标准、环境影响报告书（表）及其审批部门审批决定或者重点污染物排放总量控制指标要求的；

（三）环境影响报告书（表）经批准后，该建设项目的性质、规模、地点、采用的生产工艺或者防治污染、防止生态破坏的措施发生重大变动，建设单位未重新报批环境影响报告书（表）或者环境影响报告书（表）未经批准的；

（四）建设过程中造成重大环境污染未治理完成，或者造成重大生态破坏未恢复的；

（五）纳入排污许可管理的建设项目，无证排污或者不按证排污的；

（六）分期建设、分期投入生产或者使用依法应当分期验收的建设项目，其分期建设、分期投入生产或者使用的环境保护设施防治环境污染和生态破坏的能力不能满足其相应主体工程需要的；

（七）建设单位因该建设项目违反国家和地方环境保护法律法规受到处罚，被责令改正，尚未改正完成的；

（八）验收报告的基础资料数据明显不实，内容存在重大缺项、遗漏，或者验收结论不明确、不合理的；

（九）其他环境保护法律法规规章等规定不得通过环境保护验收的。

第九条 为提高验收的有效性，在提出验收意见的过程中，建设单位可以组织成立验收工作组，采取现场检查、资料查阅、召开验收会议等方式，协助开展验收工作。验收工作组可以由设计单位、施工单位、环境影响报告书（表）编制机构、验收监测（调查）报告编制机构等单位代表以及专业技术专家等组成，代表范围和人数自定。

第十条 建设单位在"其他需要说明的事项"中应当如实记载环境保护设施设计、施工和验收过程简况、环境影响报告书（表）及其审批部门审批决定中提出的除环境保护设施外的其他环境保护对策措施的实施情况，以及整改工作情况等。

相关地方政府或者政府部门承诺负责实施与项目建设配套的防护距离内居民搬迁、功能置换、栖息地保护等环境保护对策措施的，建设单位应当积极配合地方政府或部门在所承诺的时限内完成，并在"其他需要说明的事项"中如实记载前述环境保护对策措施的实施情况。

第十一条 除按照国家需要保密的情形外，建设单位应当通过其网站或其他便于公众知晓的方式，向社会公开下列信息：

（一）建设项目配套建设的环境保护设施竣工后，公开竣工日期；

（二）对建设项目配套建设的环境保护设施进行调试前，公开调试的起止日期；

（三）验收报告编制完成后 5 个工作日内，公开验收报告，公示的期限不得少于 20 个工作日。

建设单位公开上述信息的同时，应当向所在地县级以上环境保护主管部门报送相关信息，并接受监督检查。

第十二条 除需要取得排污许可证的水和大气污染防治设施外，其他环境保护设施的验收期限一般不超过 3 个月；需要对该类环境保护设施进行调试或者整改的，验收期限可以适当延期，但最长不超过 12 个月。

验收期限是指自建设项目环境保护设施竣工之日起至建设单位向社会公开验收报告之日止的时间。

第十三条 验收报告公示期满后 5 个工作日内，建设单位应当登录全国建设项目竣工环境保护验收信息平台，填报建设项目基本信息、环境保护设施验收情况等相关信息，环境保护主管部门对上述信息予以公开。

建设单位应当将验收报告以及其他档案资料存档备查。

第十四条 纳入排污许可管理的建设项目，排污单位应当在项目产生实际污染物排放之前，按照国家排污许可有关管理规定要求，申请排污许可证，不得无证排污或不按证排污。建设项目验收报告中与污染物排放相关的主要内容应当纳入该项目验收完成当年排污许可证执行年报。

第三章 监督检查

第十五条 各级环境保护主管部门应当按照《建设项目环境保护事中事后监督管理办法（试行）》等规定，通过"双随机一公开"抽查制度，强化建设项目环境保护事中事后监督管理。要充分依托建设项目竣工环境保护验收信息平台，采取随机抽取检查对象和随机选派执法检查人员的方式，同时结合重点建设项目定点检查，对建设项目环境保护设施"三同时"落实情况、竣工验收等情况进行监督性检查，监督结果向社会公开。

第十六条 需要配套建设的环境保护设施未建成、未经验收或者经验收不合格，建设项目已投入生产或者使用的，或者在验收中弄虚作假的，或者建设单位未依法向社会公开验收报告的，县级以上环境保护主管部门应当依照《建设项目环境保护管理条例》的规定予以处罚，并将建设项目有关环境违法信息及时记入诚信档案，及时向社会公开违法者名单。

第十七条 相关地方政府或者政府部门承诺负责实施的环境保护对策措施未按时完成的,环境保护主管部门可以依照法律法规和有关规定采取约谈、综合督查等方式督促相关政府或者政府部门抓紧实施。

第四章 附 则

第十八条 本办法自发布之日起施行。

第十九条 本办法由环境保护部负责解释。

49. 公路建设项目水土保持工作规定

(水保〔2001〕12号)

一、为在公路建设中保护生态环境，做好水土保持工作，根据《中华人民共和国水土保持法》《中华人民共和国公路法》《中华人民共和国水土保持法实施条例》《开发建设项目水土保持方案管理办法》，制定本规定。

二、本规定适应于我国境内国家投资、地方投资、国内集资合资、中外合资、国外投资的新建、在建、扩建、改建等公路建设项目。

三、公路建设项目应贯彻国家水土保持的有关法律法规，防治因建设项目的水土保持设施，必须与主体工程同时设计、同时施工、同时投产使用、同时竣工验收。

四、各级水行政主管部门要积极支持公路建设，负责协调、指导、监督公路建设中的水土保持工作。项目法人和施工单位应主动做好水土保持工作，接受水行政主管部门对水土保持工作的监督和检查。

五、在山区、丘陵区、风沙区修建的公路建设项目，在可行性研究阶段应将水土保持工作作为路线方案必选的重要条件之一。对路线中隧道、特大桥梁、高填、深挖路段及通过水库、不良地质地段提出水土保持措施及估算投资，编制水土保持方案报告书。

六、初步设计阶段，设计单位根据交通部颁技术标准、规范、定额及设计文件编制办法进行设计的同时，应根据水行政主管部门对报告的批复意见进行水土保持方案设计，并将工程费用纳入初步设计概算。交通部、水利部对可行性研究阶段水土保持方案报告书内容和初步设计阶段水土保持设计的要求，将联合制定范本。

七、凡由国家和交通部审批的公路建设项目，工可的水土保持方案报告书由交通部组织预审(水利部和地方水利、交通等有关部门参加)，建设单位根据预审意见对报告书进行修改后报水利部审查批准。

八、各级水行政主管部门和交通主管部门应在收到公路建设项目水土保持方案报告书30天内组织审查，预审后30天内向负责审批的水行政主管部门提出修改后的报告书及预审意见。水行政主管部门在接到预审意见后20天内予以批复，逾期未批复的视为已被确认。

50. 关于在公路建设中实行最严格的耕地保护制度的若干意见

(交公路发〔2004〕164号)

土地是关系国计民生的重要战略资源,耕地是广大农民赖以生存的基础。我国土地资源紧缺,十分珍惜、合理利用土地和切实保护耕地是我国的基本国策。为认真贯彻党中央、国务院关于"实行最严格的耕地保护制度"精神,在公路建设中进一步合理利用土地资源,引导集约用地,提高土地利用率,现提出如下意见:

一、树立科学的发展观,充分认识在公路建设中实行最严格的耕地保护制度的重要性

1. 实行最严格的耕地保护制度,是由我国的基本国情决定的,对于维护社会长治久安具有重大意义。我国的基本国情是人多地少,人均土地面积只有世界人均的1/3,人均耕地面积不足世界人均的43%。近年来随着人口的增加,人均耕地逐年减少,供需矛盾日渐突出。耕地数量是粮食综合生产能力最基本的保障,耕地持续减少不仅严重影响粮食生产和农业发展,也是关系整个国民经济发展和社会稳定的重大战略问题,任何时候都必须切实予以重视。

2. 实行最严格的耕地保护制度,是解决"三农"问题的重要举措。党中央、国务院把解决好"三农"问题作为工作的重中之重,作出了一系列重大决策和明确部署。温家宝总理在十届全国人大第二次会议上所作的政府工作报告中进一步提出,要保护和提高粮食综合生产能力,实行最严格的耕地保护制度,依法加强耕地管理,坚决制止乱占滥用耕地,纠正随意改变基本农田用途的现象。因此,在公路建设中实行最严格的耕地保护制度是执行党中央、国务院解决"三农"问题战略部署的需要。

3. 在公路建设中实行最严格的耕地保护制度,是国家土地保护政策的重要组成部分。各级交通主管部门要牢固树立科学的发展观,从全局、长远考虑问题,提高保护耕地对维护国家粮食安全和社会稳定的极端重要性的认识,正确处理好土地保护和公路发展的关系,从战略的高度、讲政治的角度做好公路建设用地工作。

4. 在公路建设中实行最严格的耕地保护制度,是公路建设持续、快速、健康发展的客观要求。公路交通的发展是社会可持续发展的重要内容。可持续发展的核心要义在于,不是不能利用和开发资源,而是强调合理和有效利用资源。在土地减少总量中有相当部分是建设用地,而公路作为国民经济和社会发展赖以存在的基础设施,需要进一步加快建设,以适应社会经济的发展,需要占用一定数量的土地。因此,在公路建设中实行最严格的耕地保护制度,控制占地数量,既具有保护农民利益、解决"三农"问题的现实意义,更具有实现全社会全面、协调、可持续发展的深远意义。

二、在公路建设中实行最严格的耕地保护制度的总体要求

5. 各级交通主管部门要积极开展加强耕地保护、节约用地的宣传教育活动,增进全行业对国家土地管理政策和耕地保护政策的了解,把保护耕地变成全体交通建设者的自觉行动,使"十分珍惜、合理利用土地和切实保护耕地"的基本国策在公路建设中得以贯彻落实。

6. 公路建设用地要符合国家土地利用总体规划,严格贯彻执行国家有关土地管理的法律、法规,正确处理公路建设用地与节约用地的关系,提高土地利用率,切实做到依法、科学、合理用地。

7. 公路建设应按照科学规划、精心设计、严格施工的要求,控制占地数量,同时要采取改地、造地、复垦等综合措施进行土地恢复、改造,增加地力。公路建设要与经济发展需求相适应,不能片面追求高标准、高指标。

8. 各级交通主管部门要加强对公路建设土地利用工作的督导检查,要将公路建设项目用地情况作为执法监察活动的重要内容,对执行耕地保护制度好的项目要予以表彰并推广经验,对浪费土地资源的项目要通报批评,使公路建设保护耕地、节约用地工作落到实处。

三、在公路建设中实行最严格的耕地保护制度的具体措施

(一)项目立项和可行性研究阶段

9. 公路建设项目立项应立足扎实的调查研究和科学的分析论证,提高项目决策的科学性、准确性,综合考虑土地、环境、资金等技术经济条件,根据地区社会和经济发展的需要、现有路网状况和未来交通需求,确定项目是否应该立项建设,要避免重复建设,浪费土地资源。

10. 项目工程可行性研究时,应在深入调查、论证的基础上确定合理的路线走廊带和主要控制点,应详细调查当地土地情况,收集土地资料,进行分类研究,将土地占用情况作为路线走廊方案选择的重要指标。要尽量减少占用耕地,避让基本农田和经济作物区。

11. 要确定经济合理的建设规模、技术标准,达到满足公路功能要求与减少建设用地的合理统一。不得为追求政绩工程或形象工程而提高建设标准,扩大建设规模。

(二)工程设计阶段

12. 在公路工程设计中要依靠科技进步,创新设计理念,优化设计方案,提高设计水平,积极应用新技术、新工艺、新材料,减少占用耕地。

13. 工程设计要合理选用具体技术指标,尤其是路线平、纵、横设计,在满足交通要求的情况下,尽量选用中、低值。

14. 要运用各种先进手段对路线方案做深入、细致的研究,结合用地情况和占用农田情况进行多方案论证、比选,确定合理的线位方案;在工程量增加不大的情况下,应优先选择能够最大限度节约土地、保护耕地的方案,要充分利用荒山、荒坡地、废弃地、劣质地;要重视环境保护,不破坏原有自然生态,与周围环境、景观相协调。

15.认真进行高填路堤与桥梁、深挖路堑与隧道、互通立交规模型式、路基填料、边坡坡率、排水沟尺寸与型式、取弃土设计、沿线设施布设等方案比选,在环境与技术条件可能的情况下,宜采取低路堤和浅路堑方案,减少高填深挖;在通过基本农田及经济作物区的高填深挖路段,应在技术经济比较的基础上,尽量考虑设置挡墙、护坡、护脚等防护设施,缩短边坡长度,节约用地。宜采用能够降低标高的新型桥梁结构,降低桥头引线长度和填土高度。

16.认真勘察、仔细计算,合理调配土石方,在经济运距内充分利用移挖作填,严格控制土石方工程量。应合理设置取、弃土场,并尽量不占用农田,将取、弃土和改地、造田结合起来。有条件的地方,要尽量采用符合技术标准的工业废料、建筑废渣填筑路基,减少取土用地。

17.高速公路应根据交通量大小、路段长度、地形条件、社会服务需要,选择适当地点设置服务区,并合理确定服务区的功能和规模。尽量利用废弃地、荒山和坡地,或结合弃土场设置,原则上不得占用农田。

18.公路工程通讯、监控、供电等系统的管线,在符合技术、经济和安全要求的条件下,宜共沟架设,并尽可能在公路用地范围内布置。

19.要高度重视地质灾害危险性评估工作。在地质灾害详细勘察的基础上制定地质灾害防治建议和应急预案,要有效防止因公路建设产生的地质灾害对农田的损害和对农业生产的影响。

20.各级交通主管部门在设计审查时,应将土地占用,特别是耕地占用情况作为审查的一项重要内容,做好建设占地的源头控制。不符合《公路建设项目用地指标》要求或不合理大量占用农田的不得通过审查。

(三)工程实施阶段

21.项目施工招标时,应将耕地保护的有关条款列入招标文件,并严格执行。合同段划分要以能够合理调配土石方,减少取、弃土数量和临时用地数量为原则;项目实施中要合理利用所占耕地地表的耕作层,用于重新造地;要合理设置取土坑和弃土场,取土坑和弃土场的施工防护要符合要求,防止水土流失。

22.项目法人要增强耕地保护意识,统筹工程实施临时用地,加强科学指导;监理单位要加强对施工过程中占地情况的监督,督促施工单位落实土地保护措施。项目法人组织交工验收时,应对土地利用和恢复情况进行全面检查。

23.施工单位要严格控制临时用地数量,施工便道、各种料场、预制场要根据工程进度统筹考虑,尽可能设置在公路用地范围内或利用荒坡、废弃地解决,不得占用农田。施工过程中要采取有效措施防止污染农田,项目完工后临时用地要按照合同条款要求认真恢复。

24.进行公路绿化,要认真贯彻《国务院关于坚决制止占用基本农田进行植树等行为的紧急通知》(国发明电〔2004〕1号)的有关要求,对公路沿线是耕地的,要严格控制绿化带宽度。在切实做好公路用地范围内绿化工作的同时,要在当地人民政府的领导下,配合有关部门配合做好绿色通道建设。对不符合规定绿化带宽度的,不得给予苗木补助等政策性支持。

25.公路建设中废弃的旧路要尽可能造地复垦,不能复垦的要尽量绿化,避免闲置浪费。

26.农村公路改建要贯彻因地制宜、充分利用旧路资源的原则,尽量在原有路基上加宽改造,尽量减少占地,保护基本农田。要严格控制农村公路改建标准和规模。

在公路建设中实行最严格的耕地保护制度是各级交通主管部门的重要责任,利在当代,功在长远。各级交通主管部门一定要提高认识,加强组织领导,强化监督检查,做到规范用地、科学用地、合理用地和节约用地,以推动公路交通事业的全面、协调、可持续发展。

51. 关于进一步加强山区公路建设生态保护和水土保持工作的指导意见

(交公路发〔2005〕441号)

各省、自治区交通厅，北京、重庆市交通委员会，天津市市政工程局，上海市市政工程管理局，新疆生产建设兵团交通局：

近年来，各级交通主管部门和公路建设从业单位认真贯彻国家有关法律、法规，按照科学发展观的要求，在公路建设中认真开展水土保持工作，采取切实措施保护和改善生态环境，认真做好水土保持工作，取得了显著成效。为进一步加强山区公路建设中的生态保护和水土保持工作，促进公路交通事业的可持续发展，提出如下意见，请在工作中贯彻执行。

一、总体要求

1. 进一步提高对山区公路建设生态保护和水土保持工作重要性的认识。山区公路建设土石方数量大、结构物多、开挖范围广，容易造成植被破坏和水土流失，对生态环境的影响大于平原区的公路建设。做好山区公路建设中的生态保护和水土保持工作，既可使生态环境得到保护，减少地质灾害的发生，又可保护公路设施，有利于行车安全，促进公路交通的可持续发展。

2. 山区公路建设要全面落实"安全、环保、舒适、和谐"的建设理念，按照"预防为主，保护优先，防治结合，综合治理"的原则，牢固树立"不破坏就是最大的保护"的思想，坚持最大限度地保护、最小程度地影响、最强力度地恢复，实现公路建设与环境保护并重，公路项目与自然环境和谐。

3. 各级交通主管部门要积极开展公路建设生态保护和水土保持的宣传工作，营造爱护环境、保护环境、改善环境的良好风气，把保护环境变成全体公路建设者的自觉行动。要加强督导检查，对生态保护、水土保持工作做得好的项目要予以表彰并推广经验，对破坏环境、造成水土流失的项目要通报批评，并依法追究有关单位和人员的责任。

二、前期工作阶段的要求

4. 山区公路建设项目，应当加强立项阶段的环境保护工作，对国家级自然保护区、环境敏感区可能产生的影响，提前开展相关调研分析，避免由于工作深度不足造成对环境的破坏。

5. 山区公路建设项目工程可行性研究阶段，要深入研究生态环境问题。路线主要控制点和大走廊带选择，应综合考虑地形、地质、水文、生态等因素，处理好与自然保护区、风景名胜区、湿地、饮用水源保护地、地质公园等环境敏感地区的关系，选择好桥隧建设方案，避免产生对环境的负面影响。同时，要充分论证技术标准，合理确定不同路段的设计速度、路基宽度。

6. 山区公路建设项目设计，应把保护沿线自然环境、维护生态平衡、防止水土的流失作为重要因素，在各专业设计中予以考虑和体现。

在路线方案选择时，应对公路沿线周围环境敏感区域进行深入调查，要多方案比选，充分研究不同路线方案给沿线环境带来的影响，认真落实环境影响评价报告和水土保持方案中提出的生态保护和水土保持的各项要求，合理确定路线方案。

深化工程设计方案。填高大于20米，挖深大于30米的，原则上采用桥隧方案，减少对环境的影响。在互通式立交规模型式、服务区规模、桥梁方案等方面，也要重视环境因素。

重视路基防护及排水设计。在保证边坡自然稳定的前提下，尽可能采用植物防护或工程与植物防护相结合的设计方案。边沟等排水设施尺寸、位置、防护应合理设计满足排水功能要求，尽可能采用小、暗、绿的型式。

取(弃)土场应尽量减少设置数量，并进行专项设计。取(弃)土场应考虑尽量减小对坡面植物、河水流向的影响，有条件的地方，应及时绿化和设置必要的防护设施，恢复植被或覆土造地，防止水土流失。取(弃)土场尽可能布设在公路视线以外。

对服务区等公路沿线设施，应综合考虑其功能和规模及所处的环境特点，进行科学合理的设计。在地点选择上，尽可能利用废弃地或低产田，或利用取(弃)土场设置，减少土地占用，保护生态环境。

7. 严格执行环境影响评价制度。山区公路建设项目工程可行性研究阶段应进行环境影响评价，编制水土保持方案。

环境影响评价文件和水土保持方案报告书的编制要遵守《环境影响评价法》、《建设项目环境保护管理条例》的有关规定，其审查审批程序按照我部《交通建设项目环境保护管理办法》和水利部与我部联合发布的《公路建设项目水土保持工作规定》(水保〔2001〕12号)执行。

国家批准立项的公路建设项目，其环境影响评价文件及水土保持方案报告书由国务院交通主管部门组织预审，各相关部门参加；地方立项的公路建设项目，其环境影响评价文件及水土保持方案报告书由省级交通主管部门组织预审，同级环保、水行政主管部门参加。建设单位根据预审意见，完善相关文件，分别报环保、水行政主管部门批准。

8. 依靠科技进步，积极采用新技术、新工艺、新材料，减少高填深挖，少占用林地或耕地，减少对植被的破坏。

三、工程实施阶段的要求

9. 工程招标时，应将施工过程中对生态保护和水土保持的具体要求列入招标文件的合同条款和技术规范中。合同段划分要考虑合理调配土石方，减少取(弃)土方数量和临时占地数量。

10. 施工过程中的水土保持工作宜采取分区、分期的防治模式。一般可分为四个区，即主体工程防治区、取土场防治区、弃土场防治区和临时工程防治区,并分两期进行防治,工程建设前期采取综合措施,因地制宜、快速有效地遏制水土流失;工程建设后期以生物措施为主,防止水土流失,改善生态环境。

11. 项目法人要加强对施工过程中的生态保护和水土保持工作的管理。要建立健全建设项目生态保护和水土保持工作制度,组织参建单位和参建人员进行相关知识的学习和培训,落实管理责任。

12. 加强山区公路建设项目环境监理工作。监理单位要将生态保护和水土保持的相关内容纳入施工监理工作之中。根据监理工作要求,制订项目环境监理实施方案,加强对施工过程中生态保护与水土保持工作的动态监控。

13. 施工单位要严格按照国家有关法规和合同要求,做好施工过程中的生态保护和水土保持工作。施工中要尽可能减少对原地面的扰动,减少对地面草木的破坏,需要爆破作业的,应按规定进行控爆设计。雨季填筑路基应随挖、随运、随填、随压,临时用地在工程完成后要及时恢复原状,要完善施工中的临时排水系统,加强施工便道的管理。取(弃)土场必须先挡后弃,严禁在指定的取(弃)土场以外的地方乱挖乱弃。

14. 项目主体工程竣工验收前,应按国家有关规定进行环境保护专项验收。交通主管部门组织竣工验收时,邀请水行政主管部门参加,对水土保持的相关设施一并进行验收。

四、运营养护阶段的要求

15. 公路管养单位应增强生态保护和水土保持意识,根据《公路法》的规定做好公路用地范围内的水土保持工作。对公路用地范围内生态环境脆弱、地质灾害易发路段,应采取生物、工程等综合措施,做好防护工作。同时,要做好公路用地范围内边坡、荒地的植被防护和沙土流失的治理工作。

16. 管养单位对公路沿线已有的防护设施应进行经常性维护。重点做好边坡挡墙、护坡的巡查工作,对出现破坏、滑移等情况的,应及时修复,保证边坡稳定。对原有防护措施不完备的,应逐步采取放缓边坡、护坡或边坡加固等措施。

17. 管养单位应定期对公路沿线排水沟、截水沟、拦水带、盲沟等排水设施进行疏通和维护,确保排水通畅。

18. 土路肩应采用植草绿化,并加强经常性修剪,保证排水畅通,美化路容路貌。

19. 在路面养护施工中,应大力推广路面再生、快速修补等环保工艺,减少工程废料。

20. 加强公路沿线地质灾害预防工作,对地质灾害易发路段,管养单位要加大巡查力度,对发现的灾害隐患,要采取必要的防范措施,降低灾害损失。

做好山区公路建设中的生态保护和水土保持工作利在当代,功在长远。各级交通主管部门一定要提高认识,加强组织领导,强化监督检查,落实有关要求,认真做好山区公路建设生态保护和水土保持工作,促进公路交通事业的全面、协调、可持续发展。

中华人民共和国交通部
2005 年 9 月 23 日

52. 国务院关于促进节约集约用地的通知

(国发〔2008〕3号)

各省、自治区、直辖市人民政府,国务院各部委、各直属机构:

我国人多地少,耕地资源稀缺,当前又正处于工业化、城镇化快速发展时期,建设用地供需矛盾十分突出。切实保护耕地,大力促进节约集约用地,走出一条建设占地少、利用效率高的符合我国国情的土地利用新路子,是关系民族生存根基和国家长远利益的大计,是全面贯彻落实科学发展观的具体要求,是我国必须长期坚持的一条根本方针。现就有关问题通知如下:

一、按照节约集约用地原则,审查调整各类相关规划和用地标准

(一)强化土地利用总体规划的整体控制作用。各类与土地利用相关的规划要与土地利用总体规划相衔接,所确定的建设用地规模必须符合土地利用总体规划的安排,年度用地安排也必须控制在土地利用年度计划之内。不符合土地利用总体规划和年度计划安排的,必须及时调整和修改,核减用地规模。

(二)切实加强重大基础设施和基础产业的科学规划。要按照合理布局、经济可行、控制时序的原则,统筹协调各类交通、能源、水利等基础设施和基础产业建设规划,避免盲目投资、过度超前和低水平重复建设浪费土地资源。

(三)从严控制城市用地规模。城市规划要按照循序渐进、节约土地、集约发展、合理布局的原则,科学确定城市定位、功能目标和发展规模,增强城市综合承载能力。要按照节约集约用地的要求,加快城市规划相关技术标准的制定和修订。尽快出台新修订的人均用地、用地结构等城市规划控制标准,合理确定各项建设建筑密度、容积率、绿地率,严格按国家标准进行各项市政基础设施和生态绿化建设。严禁规划建设脱离实际需要的宽马路、大广场和绿化带。

(四)严格土地使用标准。要健全各类建设用地标准体系,抓紧编制公共设施和公益事业建设用地标准。要按照节约集约用地的原则,在满足功能和安全要求的前提下,重新审改现有各类工程项目建设用地标准。凡与土地使用标准不一致的建设标准和设计规范,要及时修订。要采取先进节地技术、降低路基高度、提高桥隧比例等措施,降低公路、铁路等基础设施工程用地和取弃土用地标准。建设项目设计、施工和建设用地审批必须严格执行用地标准,对超标准用地的,要核减用地面积。今后,各地区、各部门不得开展涉及用地标准并有悖于节约集约用地原则的达标评比活动,已经部署开展的相关活动要坚决停下来。

二、充分利用现有建设用地,大力提高建设用地利用效率

(五)开展建设用地普查评价。各地要在第二次土地调查的基础上,认真组织开展建设用地普查评价,对现有建设用地的开发利用和投入产出情况做出评估,并按照法律法规和政策规定,处理好建设用地开发利用中存在的问题。今后各项建设要优先开发利用空闲、废弃、闲置和低效利用的土地,努力提高建设用地利用效率。

(六)严格执行闲置土地处置政策。土地闲置满两年、依法应当无偿收回的,坚决无偿收回,重新安排使用;不符合法定收回条件的,也应采取改变用途、等价置换、安排临时使用、纳入政府储备等途径及时处置、充分利用。土地闲置满一年不满两年的,按出让或划拨土地价款的20%征收土地闲置费。对闲置土地特别是闲置房地产用地要征缴增值地价,国土资源部要会同有关部门抓紧研究制订具体办法。2008年6月底前,各省、自治区、直辖市人民政府要将闲置土地清理处置情况向国务院做出专题报告。

(七)积极引导使用未利用地和废弃地。国土资源部门要对适宜开发的未利用地做出规划,引导和鼓励将适宜建设的未利用地开发成建设用地。积极复垦利用废弃地,对因单位撤销、迁移等原因停止使用,以及经核准报废的公路、铁路、机场、矿场等使用的原划拨土地,应依法及时收回,重新安排使用;除可以继续划拨使用的以外,经依法批准由原土地使用者自行开发的,按市场价补缴土地价款。今后,要严格落实被损毁土地的复垦责任,在批准建设用地或发放采矿权许可证时,责任单位应依法及时足额缴纳土地复垦费。

(八)鼓励开发利用地上地下空间。对现有工业用地,在符合规划、不改变用途的前提下,提高土地利用率和增加容积率的,不再增收土地价款;对新增工业用地,要进一步提高工业用地控制指标,厂房建筑面积高于容积率控制指标的部分,不再增收土地价款。财政、税务部门要严格落实和完善鼓励节约集约用地的税收政策。国土资源部要会同有关部门,依照《中华人民共和国物权法》的有关规定,抓紧研究制订土地空间权利设定和登记的具体办法。

(九)鼓励开发区提高土地利用效率。国土资源部要研究建立土地利用状况、用地效益和土地管理绩效等评价指标体系,加快开发区土地节约集约利用评估工作。凡土地利用评估达到要求并通过国家审核公告的开发区,确需扩区的,可以申请整合依法依规设立的开发区,或者利用符合规划的现有建设用地扩区。对符合"布局集中、产业集聚、用地集约"要求的国家级开发区,优先安排建设用地指标。

三、充分发挥市场配置土地资源基础性作用,健全节约集约用地长效机制

(十)深入推进土地有偿使用制度改革。国土资源部要严格限定划拨用地范围,及时调整划拨用地目录。今后除军事、社会保障性住房和特殊用地等可以继续以划拨方式取得土地外,对国家机关办公和交通、能源、水利等基础设施(产业)、城市基础设施以及各类社会事业用地要积极探索实行有偿使用,对其中的经营性用地先行实行有偿使用。其他建设用地应严格实行市场配置,有偿使用。要加强建设用地税收征管,抓紧研究各类建设用地的财税政策。

(十一)完善建设用地储备制度。储备建设用地必须符合规划、计划,并将现有未利用的建设用地优先纳入储备。储备土地出让前,应当处理好土地的产权、安置补偿等法律经济关系,完成必要的前期开发,缩短开发周期,防止形成新的闲置土地。土地前期开发要引入市场机制,按照有关规定,通过公开招标方式选择实施单位。经过前期开发的土地,依法由市、县人民政府国土资源部门统一组织出让。

(十二)合理确定出让土地的宗地规模。土地出让前要制订控制性详细规划和土地供应方案,明确容积率、绿地率和建筑密度等规划条件。规划条件一经确定,不得擅自调整。合理确定出让土地的宗地规模,督促及时开发利用,形成有效供给,确保节约集约利用每宗土地。未按合同约定缴清全部土地价款的,不得发放土地证书,也不得按土地价款缴纳比例分割发放土地证书。

(十三)严格落实工业和经营性用地招标拍卖挂牌出让制度。工业用地和商业、旅游、娱乐、商品住宅等经营性用地(包括配套的办公、科研、培训等用地),以及同一宗土地有两个以上意向用地者的,都必须实行招标拍卖挂牌等方式公开出让。国土资源部门要会同发展改革、城市规划、建设、水利、环保等部门制订工业用地招标拍卖挂牌出让计划,拟定出让地块的产业类型、项目建议、规划条件、环保要求等内容,作为工业用地出让的前置条件。工业和经营性用地出让必须以招标拍卖挂牌方式确定土地使用者和土地价格。严禁用地者与农村集体经济组织或个人签订协议圈占土地,通过补办用地手续规避招标拍卖挂牌出让。

(十四)强化用地合同管理。土地出让合同和划拨决定书要严格约定建设项目投资额、开竣工时间、规划条件、价款、违约责任等内容。对非经营性用地改变为经营性用地的,应当约定或明确政府可以收回土地使用权,重新依法出让。

(十五)优化住宅用地结构。合理安排住宅用地,继续停止别墅类房地产开发项目的土地供应。供应住宅用地要将最低容积率限制、单位土地面积的住房建设套数和住宅建设套型等规划条件写入土地出让合同或划拨决定书,确保不低于70%的住宅用地用于廉租房、经济适用房、限价房和90平方米以下中小套型普通商品房的建设,防止大套型商品房多占土地。

四、强化农村土地管理,稳步推进农村集体建设用地节约集约利用

(十六)高度重视农村集体建设用地的规划管理。要按照统筹城乡发展、节约集约用地的原则,指导、督促编制好乡(镇)土地利用总体规划和镇规划、乡规划、村庄规划,划定村镇发展和撤并复垦范围。利用农民集体所有土地进行非农建设,必须符合规划,纳入年度计划,并依法审批。严格禁止擅自将农用地转为建设用地,严格禁止"以租代征"将农用地转为非农业用地。

(十七)鼓励提高农村建设用地的利用效率。要在坚持尊重农民意愿、保障农民权益的原则下,依法盘活利用农村集体建设用地。按规划稳妥开展农村集体建设用地整理,改善农民生产生活条件。农民住宅建设要符合镇规划、乡规划和村庄规划,住宅建设用地要先行安排利用村内空闲地、闲置宅基地。对村民自愿腾退宅基地或符合宅基地申请条件购买空闲住宅的,当地政府可给予奖励或补助。

(十八)严格执行农村一户一宅政策。各地要结合本地实际完善人均宅基地面积等相关标准,控制农民超用地标准建房,逐步清理历史遗留的一户多宅问题,坚决防止产生超面积占用宅基地和新的一户多宅现象。

五、加强监督检查,全面落实节约集约用地责任

(十九)建立健全土地市场动态监测制度。要对土地出让合同、划拨决定书的执行实施全程监管,及时向社会公开供地计划、结果及实际开发利用情况等动态信息。国土资源部门要对土地供应和开发利用情况进行定期评价分析,研究完善加强土地调控、促进节约集约用地的政策措施。

(二十)完善建设项目竣工验收制度。要将建设项目依法用地和履行土地出让合同、划拨决定书的情况,作为建设项目竣工验收的一项内容。没有国土资源部门的检查核验意见,或者检查核验不合格的,不得通过竣工验收。

(二十一)加强各类土地变化状况的监测。运用遥感等现代技术手段,做好年度土地变更调查,建立土地利用现状数据库,全面掌握各类土地变化状况。国家每年选择若干个省级行政区,进行全行政区域的土地利用状况监测。重点监测各地新增建设用地、耕地减少和违法用地等情况,监测结果要向社会公开。

(二十二)加强对节约集约用地工作的监管。国土资源部要会同监察部等有关部门持续开展用地情况的执法检查,重点查处严重破坏、浪费、闲置土地资源的违法违规案件,依法依纪追究有关人员的责任。要将企业违法用地、闲置土地等信息纳入有关部门信用信息基础数据库。金融机构对房地产项目超过土地出让合同约定的动工开发日期满一年,完成土地开发面积不足1/3或投资不足1/4的企业,应审慎贷款和核准融资,从严控制展期贷款或滚动授信;对违法用地项目不得提供贷款和上市融资,违规提供贷款和核准融资的,要追究相关责任人的责任。

(二十三)建立节约集约用地考核制度。制定单位GDP和固定资产投资规模增长的新增建设用地消耗考核办法。实行上一级人民政府对下一级人民政府分级考核,考核结果由国土资源部门定期公布,作为下达土地利用年度计划的依据。

各地区、各部门要充分认识节约集约用地的重要性和紧迫性,增强节约集约用地的责任感,切实转变用地观念,转变经济发展方式,调整优化经济结构,将节约集约用地的要求落实在政府决策中,落实到各项建设中,科学规划用地,着力内涵挖潜,以节约集约用地的实际行动全面落实科学发展观,实现经济社会的可持续发展。

国务院
2008年1月3日

53. 国土资源部关于改进报国务院批准单独选址建设项目用地审查报批工作的通知

(国土资发〔2009〕8号)

各省、自治区、直辖市国土资源厅（国土环境资源厅、国土资源局、国土资源和房屋管理局、规划和国土资源管理局），解放军土地管理局，新疆生产建设兵团国土资源局，各派驻地方的国家土地督察局：

自贯彻落实《国务院关于加强土地调控有关问题的通知》（国发〔2006〕31号）要求，调整报国务院批准的城市建设用地审批方式以来，各级国土资源管理部门认真履行职责，服务城市建设和发展，提高了城市建设用地审查报批工作效率，但单独选址建设项目用地还存在报批周期长、报批材料复杂等问题。为进一步增强土地调控能力，依法及时保障各项建设用地，适应经济平稳较快发展需要，根据国发〔2006〕31号文件有关精神，经研究决定，改进报国务院批准单独选址建设项目用地审查报批工作。现就有关问题通知如下：

一、加快建设项目用地报批前期工作

报国务院批准用地的建设项目批准（核准）后的初步设计阶段，市、县国土资源管理部门要提前介入，主动了解项目涉及用地有关情况，落实建设项目用地预审意见，开展用地报批的准备工作。受理建设单位用地申请后，应及时开展建设项目用地勘测定界、土地权属调查等工作；拟订建设用地报批"一书四方案"；组织提供完备的用地报批有关材料。

在建设用地报批前，市、县国土资源管理部门就征地位置、地类和面积以及补偿标准、安置途径等拟订征收土地方案，按规定履行征地报批前告知、确认和听证程序，充分听取被征地村组和农户对征收土地方案的意见，确认方案有关内容。征收土地方案依法批准后，市、县国土资源管理部门具体组织公告、登记等征地批后实施工作。

二、及时呈报建设项目用地

市、县国土资源管理部门对具备申请用地条件、完成用地报批前期工作的项目，应及时按规定申报用地。地（市）和省级国土资源管理部门要抓紧审查，逐级呈报用地。公路、铁路等线性工程，用地涉及省（区、市）行政区域内多个市、县的，原则上以省（区、市）为单位一次性报批用地；先行完成用地组件报批工作的，也可以地（市）为单位分段呈报国务院批准用地。

通过部用地预审的能源、交通、水利水电、军事国防等建设项目，在经发展改革委等部门批准（核准）、有关部门批复初步设计后，桥梁、隧道、特殊地基处理等控制工期的单体工程，可以在用地正式报批前由省级国土资源管理部门向部提出先行用地申请。为扩大内需新上项目确需先行用地的，按《国土资源部关于为拉动内需促进经济平稳较快发展做好服务和监管工作的通知》（国土资发〔2008〕237号）规定执行。部批准先行用地的建设项目，应在半年内正式报批用地。逾期未报批的，暂停受理该省（区、市）其他项目先行用地申请。

三、认真开展建设项目用地论证

省级国土资源管理部门要对报国务院批准的用地严格审查把关，按照有关规定，切实做好实地踏勘和专家论证工作。依法须由国务院批准的地方批准（核准）建设项目用地，公路、铁路、管道等线性工程申请占用基本农田超过100公顷、面（块）状工程申请占用基本农田超过70公顷的，部将根据项目性质、用地预审等具体情况组织专家进行实地踏勘论证。在项目初步设计论证阶段，省级国土资源管理部门可向部提出申请，提前开展用地论证工作。

通过部用地预审需报国务院批准用地的建设项目，因设计方案调整等原因，用地报批规模超出预审控制规模较多的，部将视具体情况组织专家对用地进行实地踏勘论证。

四、简化建设项目用地报批材料

在优化审查报批程序的基础上，简化报国务院批准的单独选址建设项目用地报部审查材料，由现行的35件减少到10件，部分报件不需要再报纸质材料（附件1）；规范建设项目申请控制工期的单体工程先行用地报部审查材料（附件2）。

简化报国务院批准单独选址建设项目用地报部审查材料后，省级国土资源管理部门根据审查责任和本地实际，对地方各级国土资源管理部门受理的用地报批材料作出规定。要利用统一的建设用地报盘软件，通过国土资源主干网由省（区、市）向部报送电子材料。省级国土资源管理部门向部报送用地报批材料时，同时将电子材料抄送派驻地方的有关国家土地督察局。

五、明确建设项目用地审查责任

地方各级国土资源管理部门要按照权责一致的原则，认真履行用地审查职责，既严格把关、规范管理，又要缩短周期、提高效率，保障各项建设依法及时用地。

市、县国土资源管理部门受理建设用地申请和按要求组织报件，负责审查申请用地条件，核实申请用地的权属、地类和面积，编报建设项目用地"一书四方案"，履行征地报批前告知、确认和听证程序等；向上级国土资源管理部门报告上述内容的审查情况；对申报材料内容的真实性负责。

省级国土资源管理部门负责审查用地是否落实预审意见、符合土地利用总体规划、纳入土地利用计划，涉及规划调整是否符合有关规定；审查用地是否确权登记、地类和面积是否准确；审查用地是否符合国家供地政策、用地总面积符合土地使用标准和节约集约要求；审查是否落实征地补偿安置和被征地农民社会保障措施，是否落实耕地占补平衡和补划基本农田；审查是否按规定办理压覆矿产资源审批、地质灾害危险性评估备案和土地复垦方案评审;对存在未批先用等违法用地行为的,审查是否已进行依法查处,是否追究有关责任人的行政或法律责任等。省级国土资源管理部门就上述内容形成报部的审查报告,说明审查依据,提出审查意见,对审查内容和意见的真实性、合法合规性负责。

国土资源部对省级国土资源管理部门的审查内容和意见进行复核性审查,对用地是否符合法律法规和有关规定提出结论性意见,必要时依据有关规定进行实地核实。对符合要求的项目用地,部在一个月内完成用地审查。

自2009年3月1日起,市、县国土资源管理部门新受理申报的建设项目用地按本通知规定执行。省级国土资源管理部门结合本地实际情况,提出贯彻落实的具体措施,制定具体操作办法,明确省级和市、县用地审查呈报的有关要求和时限。同时研究改进报省级人民政府批准的单独选址建设项目用地审查报批工作。

附件:1.报国务院批准单独选址建设项目用地报批材料目录
2.建设项目控制工期的单体工程先行用地报批材料目录

国土资源部
2009年1月24日

附件1

报国务院批准单独选址建设项目用地报批材料目录

序 号	报批材料名称	电子化格式	需纸质材料
1	省级国土资源管理部门的审查报告	PDF 文档	是
2	建设项目用地呈报"一书四方案"	数据库表	是
3	建设项目用地申请表	数据库表	是
4	建设项目用地预审批复文件	PDF 文档	是
5	建设项目批准、核准或备案文件	PDF 文档	是
6	建设项目初步设计批准或审核文件	PDF 文档	是
7	建设项目用地土地分类面积汇总表	数据库表	否
8	建设项目用地勘测定界界址点坐标成果表	数据库表	否
9	补充耕地地块边界拐点坐标表	数据库表	否
10	补划基本农田地块边界拐点坐标表	数据库表	否

附件2

建设项目控制工期的单体工程先行用地报批材料目录

1. 省级国土资源管理部门请示文件(含单体工程名称、位置、用地规模和耕地面积,省级项目单体工程是否占用基本农田等情况);

2. 建设项目用地预审批复文件;

3. 建设项目批准(核准)文件;

4. 建设项目初步设计批准文件或国家有关部门确认工程建设的文件;

5. 市、县国土资源管理部门对申请先行用地的征地补偿标准和安置途径有关情况说明(附建设单位拨付征地补偿费用的凭证、被征地村组和群众对征地补偿标准和安置途径的意见、动工前将征地补偿费发放到被征地村组和群众的承诺);

6. 申请先行用地的工程位置示意图(附电子版)。

农民工工资支付管理

54. 国务院关于进一步做好为农民工服务工作的意见

(国发〔2014〕40号)

各省、自治区、直辖市人民政府，国务院各部委、各直属机构：

农民工已成为我国产业工人的主体，是推动国家现代化建设的重要力量，为经济社会发展作出了巨大贡献。党中央、国务院高度重视农民工工作，《国务院关于解决农民工问题的若干意见》(国发〔2006〕5号)印发以来，出台了一系列政策措施，推动农民工转移就业规模持续扩大，职业技能不断提高，工资收入大幅增加，参加社会保险人数较快增长，劳动保障权益维护明显加强，享受基本公共服务范围逐步扩大，关心关爱农民工的社会氛围正在形成。但目前农民工就业稳定性不强，劳动保障权益受侵害的现象还时有发生，享受基本公共服务的范围仍然较小，大量长期在城镇就业的农民工还未落户。为深入贯彻落实党的十八大、十八届三中全会、中央城镇化工作会议精神和国务院的决策部署，进一步做好新形势下为农民工服务工作，切实解决农民工面临的突出问题，有序推进农民工市民化，现提出如下意见：

一、进一步做好为农民工服务工作的总体要求

(一)指导思想。以邓小平理论、"三个代表"重要思想、科学发展观为指导，全面贯彻落实党的十八大、十八届三中全会、中央城镇化工作会议和国务院的决策部署，按照工业化、信息化、新型城镇化、农业现代化同步发展的要求，积极探索中国特色农业劳动力转移道路，着力稳定和扩大农民工就业创业，着力维护农民工的劳动保障权益，着力推动农民工逐步实现平等享受城镇基本公共服务和在城镇落户，着力促进农民工社会融合，有序推进、逐步实现有条件有意愿的农民工市民化。

(二)基本原则。

——坚持以人为本、公平对待。推进以人为核心的城镇化，公平保障农民工作为用人单位职工、作为城镇常住人口的权益，帮助农民工解决最关心最直接最现实的利益问题，实现改革发展成果共享。

——坚持统筹兼顾、优化布局。按照区域发展总体战略和国家新型城镇化规划，逐步完善生产力布局和城镇化布局，引导农民工在东中西不同区域、大中小不同城市和小城镇以及城乡之间合理分布。

——坚持城乡一体、改革创新。适应推动城乡发展一体化的需要，着力改革城乡二元体制机制，逐步建立完善有利于农民工市民化的基本公共服务、户籍、住房、土地管理、成本分担等制度。

——坚持分类推进、逐步实施。按照自愿、分类、有序的要求，因地制宜、存量优先、尽力而为、量力而行，重点促进长期在城镇居住、有相对稳定工作的农民工有序融入城镇，循序渐进地推进农民工市民化。

(三)总体目标。到2020年，转移农业劳动力总量继续增加，每年开展农民工职业技能培训2000万人次，农民工综合素质显著提高、劳动条件明显改善、工资基本无拖欠并稳定增长、参加社会保险全覆盖，引导约1亿人在中西部地区就近城镇化，努力实现1亿左右农业转移人口和其他常住人口在城镇落户，未落户的也能享受城镇基本公共服务，农民工群体逐步融入城镇，为实现农民工市民化目标打下坚实基础。

二、着力稳定和扩大农民工就业创业

(四)实施农民工职业技能提升计划。加大农民工职业培训工作力度，对农村转移就业劳动者开展就业技能培训，对农村未升学初高中毕业生开展劳动预备制培训，对在岗农民工开展岗位技能提升培训，对具备中级以上职业技能的农民工开展高技能人才培训，将农民工纳入终身职业培训体系。加强农民工职业培训工作的统筹管理，制定农民工培训综合计划，相关部门按分工组织实施。加大培训资金投入，合理确定培训补贴标准，落实职业技能鉴定补贴政策。改进培训补贴方式，重点开展订单式培训、定向培训、企业定岗培训，面向市场确定培训职业(工种)，形成培训机构平等竞争、农民工自主参加培训、政府购买服务的机制。鼓励企业组织农民工进行培训，符合相关规定的，对企业给予培训补贴。鼓励大中型企业联合技工院校、职业院校，建设一批农民工实训基地。将国家通用语言纳入对少数民族农民工培训的内容。(人力资源社会保障部、国务院农民工工作领导小组办公室〔以下简称农民工办〕会同发展改革委、教育部、科技部、财政部、住房城乡建设部、农业部、安全监管总局、统计局、扶贫办、全国总工会、共青团中央、全国妇联负责)

(五)加快发展农村新成长劳动力职业教育。努力实现未升入普通高中、普通高等院校的农村应届初高中毕业生都能接受职业教育。全面落实中等职业教育农村学生免学费政策和家庭经济困难学生资助政策。鼓励各地根据需要改扩建符合标准的主要面向农村招生的职业院校、技工院校，支持没有职业院校或技工院校的边远地区各市(地、州、盟)因地制宜建立主要面向农村招生的职业院校或技工院校。加强职业教育教师队伍建设，创新办学模式，提高教育质量。积极推进学历证书、职业资格证书双证书制度。(教育部、人力资源社会保障部会同发展改革委、财政部、扶贫办负责)

(六)完善和落实促进农民工就业创业的政策。引导农民工有序外出就业，鼓励农民工就地就近转移就业、扶持农民工返乡创业。进一步清理针对农民工就业的户籍限制等歧视性规定，保障城乡劳动者平等就业权利。实现

就业信息全国联网,为农民工提供免费的就业信息服务。完善城乡均等的公共就业服务体系,有针对性地为农民工提供政策咨询、职业指导、职业介绍等公共就业服务。加强农民工输出输入地劳务对接,输出地可在本地农民工相对集中的输入地设立服务工作站点,输入地应给予支持。组织开展农民工就业服务"春风行动",加强农村劳动力转移就业工作示范县建设。大力发展服务业特别是家庭服务业和中小微企业,开发适合农民工的就业岗位,建设减免费的农贸市场和餐饮摊位,满足市民生活需求和促进农民工就业。积极支持农产品产地初加工、休闲农业发展,引导有市场、有效益的劳动密集型产业优先向中西部转移,吸纳从东部返乡和就近转移的农民工就业。将农民工纳入创业政策扶持范围,运用财政支持、创业投资引导和创业培训、政策性金融服务、小额担保贷款和贴息、生产经营场地和创业孵化基地等扶持政策,促进农民工创业。做好老少边穷地区、牧区、库区、渔区农牧渔民转移就业工作和农民工境外就业服务工作。(人力资源社会保障部会同发展改革委、教育部、民政部、财政部、住房城乡建设部、农业部、商务部、人民银行、税务总局、工商总局、扶贫办、全国总工会、共青团中央、全国妇联负责)

三、着力维护农民工的劳动保障权益

(七)规范使用农民工的劳动用工管理。指导和督促用人单位与农民工依法普遍签订并履行劳动合同,在务工流动性大、季节性强、时间短的农民工中推广简易劳动合同示范文本。对小微企业经营者开展劳动合同法培训。依法规范劳务派遣用工行为,清理建设领域违法发包分包行为。完善适应家政服务特点的劳动用工政策和劳动标准。整合劳动用工备案及就业失业登记、社会保险登记,实现对企业使用农民工的动态管理服务。(人力资源社会保障部会同住房城乡建设部、工商总局、全国总工会负责)

(八)保障农民工工资报酬权益。在建设领域和其他容易发生欠薪的行业推行工资保证金制度,在有条件的市县探索建立健全欠薪应急周转金制度,完善并落实工程总承包企业对所承包工程的农民工工资支付全面负责制度、劳动保障监察执法与刑事司法联动治理恶意欠薪制度、解决欠薪问题地方政府负总责制度,推广实名制工资支付银行卡。落实农民工与城镇职工同工同酬原则。在经济发展基础上合理调整最低工资标准,推动农民工参与工资集体协商,促进农民工工资水平合理增长。(人力资源社会保障部会同公安部、住房城乡建设部、人民银行、高法院、全国总工会负责)

(九)扩大农民工参加城镇社会保险覆盖面。依法将与用人单位建立稳定劳动关系的农民工纳入城镇职工基本养老保险和基本医疗保险,研究完善灵活就业农民工参加基本养老保险政策,灵活就业农民工可以参加当地城镇居民基本医疗保险。完善社会保险关系转移接续政策。努力实现用人单位的农民工全部参加工伤保险,着力解决未参保用人单位的农民工工伤保险待遇保障问题。推动农民工与城镇职工平等参加失业保险、生育保险并平等享受待遇。对劳务派遣单位或用工单位侵害被派遣农民工社会保险权益的,依法追究连带责任。实施"全民参保登记计划",推进农民工等群体依法全面持续参加社会保险。整合各项社会保险经办管理资源,优化经办业务流程,增强对农民工的社会保险服务能力。(人力资源社会保障部会同发展改革委、财政部、卫生计生委、工商总局、法制办、全国总工会负责)

(十)加强农民工安全生产和职业健康保护。强化高危行业和中小企业一线操作农民工安全生产和职业健康教育培训,将安全生产和职业健康相关知识纳入职业技能教育培训内容。严格执行特殊工种持证上岗制度、安全生产培训与企业安全生产许可证审核相结合制度。督促企业对接触职业病危害的农民工开展职业健康检查、建立监护档案。建立重点职业病监测哨点,完善职业病诊断、鉴定、治疗的法规、标准和机构。重点整治矿山、工程建设等领域农民工工伤多发问题。实施农民工职业病防治和帮扶行动,深入开展粉尘与高毒物品危害治理,保障符合条件的无法追溯用人单位及用人单位无法承担相应责任的农民工职业病患者享受相应的生活和医疗待遇。(安全监管总局、卫生计生委分别会同发展改革委、教育部、公安部、民政部、财政部、人力资源社会保障部、住房城乡建设部、交通运输部、国资委、法制办、全国总工会负责)

(十一)畅通农民工维权渠道。全面推进劳动保障监察网格化、网络化管理,加强用人单位用工守法诚信管理,完善劳动保障违法行为排查预警、快速处置机制,健全举报投诉制度,依法查处用人单位侵害农民工权益的违法行为。按照"鼓励和解、强化调解、依法仲裁、衔接诉讼"的要求,及时公正处理涉及农民工的劳动争议。畅通农民工劳动争议仲裁"绿色通道",简化受理立案程序,提高仲裁效率。建立健全涉及农民工的集体劳动争议调处机制。大力加强劳动保障监察机构、劳动人事争议仲裁院和基层劳动争议调解组织建设,完善服务设施,增强维护农民工权益的能力。(人力资源社会保障部会同发展改革委、公安部、司法部、国资委、高法院、全国总工会负责)

(十二)加强对农民工的法律援助和法律服务工作。健全基层法律援助和法律服务工作网络,加大法律援助工作力度,使符合条件的农民工及时便捷地获得法律援助。简化法律援助申请受理审查程序,完善异地协作机制,方便农民工异地申请获得法律援助。畅通法律服务热线,加大普法力度,不断提高农民工及用人单位的法治意识和法律素质,引导农民工合法理性维权。(司法部会同财政部、高法院、全国总工会负责)

四、着力推动农民工逐步实现平等享受城镇基本公共服务和在城镇落户

(十三)逐步推动农民工平等享受城镇基本公共服务。深化基本公共服务供给制度改革,积极推进城镇基本公共服务由主要对本地户籍人口提供向对常住人口提供转变,努力实现城镇基本公共服务覆盖在城镇常住的农民工及其随迁家属,使其逐步平等享受市民权利。各地区、各有关部门要逐步按照常住人口配置基本公共服务资源,明确农民工及其随迁家属可以享受的基本公共服务项目,并不断提高综合承载能力、扩大项目范围。农民工及其随迁家属在输入地城镇未落户的,依法申领居住证,持居住证享受规定的基本公共服务。在农民工输入相对集中的城市,主要依托社区综合服务设施、劳动就业社会保障服务平台等现有资源,建立农民工综合服务平台,整合各部门公共服务资源,为农民工提供便捷、高效、优质的"一站式"综合服务。(农民工办会同发展改革委、教育部、公安部、民政部、财政部、人力资源社会保障部、住房城乡建设部、文化部、卫生计生委、法制办负责)

(十四)保障农民工随迁子女平等接受教育的权利。输入地政府要将符合规定条件的农民工随迁子女教育纳入教育发展规划,合理规划学校布局,科学核定公办学校教师编制,加大公办学校教育经费投入,保障农民工随迁子女平等接受义务教育权利。公办义务教育学校要普遍对农民工随迁子女开放,与城镇户籍学生混合编班,统一管理。积极创造条件着力满足农民工随迁子女接受普惠性学前教育的需求。对在公益性民办学校、普惠性民办幼儿园接受义务教育、学前教育的,采取政府购买服务等方式落实支持经费,指导和帮助学校、幼儿园提高教育质量。各地要进一步完善和落实好符合条件的农民工随迁子女接受义务教育后在输入地参加中考、高考的政策。开展关爱流动儿童活动。(教育部会同发展改革委、公安部、财政部、人力资源社会保障部、住房城乡建设部、共青团中央、全国妇联负责)

(十五)加强农民工医疗卫生和计划生育服务工作。继续实施国家免疫规划,保障农民工适龄随迁子女平等享受预防接种服务。加强农民工聚居地的疾病监测、疫情处置和突发公共卫生事件应对,强化农民工健康教育、妇幼健康和精神卫生工作。加强农民工艾滋病、结核病、血吸虫病等重大疾病防治工作,落实"四免一关怀"等相关政策。完善社区卫生计生服务网络,将农民工纳入服务范围。鼓励有条件的地方将符合条件的农民工及其随迁家属纳入当地医疗救助范围。巩固完善流动人口计划生育服务管理全国"一盘棋"工作机制,加强考核评估,落实输入地和输出地责任。开展流动人口卫生计生动态监测和"关怀关爱"活动。(卫生计生委会同发展改革委、民政部、财政部负责)

(十六)逐步改善农民工居住条件。统筹规划城镇常住人口规模和建设用地面积,将解决农民工住房问题纳入住房发展规划。支持增加中小户型普通商品住房供给,规范房屋租赁市场,积极支持符合条件的农民工购买或租赁商品住房,并按规定享受购房契税和印花税等优惠政策。完善住房保障制度,将符合条件的农民工纳入住房保障实施范围。加强城中村、棚户区环境整治和综合管理服务,使居住其中的农民工住宿条件得到改善。农民工集中的开发区、产业园区可以按照集约用地的原则,集中建设宿舍型或单元型小户型公共租赁住房,面向用人单位或农民工出租。允许农民工数量较多的企业在符合规划和规定标准的用地规模范围内,利用企业办公及生活服务设施用地建设农民工集体宿舍,督促和指导建设施工企业改善农民工住宿条件。逐步将在城镇稳定就业的农民工纳入住房公积金制度实施范围。(住房城乡建设部会同发展改革委、财政部、国土资源部、税务总局负责)

(十七)有序推进农民工在城镇落户。进一步推进户籍制度改革,实施差别化落户政策,促进有条件有意愿、在城镇有稳定就业和住所(含租赁)的农民工及其随迁家属在城镇有序落户并依法平等享受城镇公共服务。各类城镇要根据国家户籍制度改革的部署,统筹考虑本地区综合承载能力和发展潜力,以就业年限、居住年限、城镇社会保险参保年限等为基准条件,制定具体落户标准,向社会公布。(公安部、发展改革委、人力资源社会保障部会同教育部、民政部、财政部、国土资源部、住房城乡建设部、农业部、卫生计生委、统计局、法制办、中央农办负责)

(十八)保障农民工土地承包经营权、宅基地使用权和集体经济收益分配权。做好农村土地承包经营权和宅基地使用权确权登记颁证工作,切实保护农民工土地权益。建立健全土地承包经营权流转市场,加强流转管理和服务。完善土地承包经营纠纷的调解仲裁体系和调处机制。深化农村集体产权制度改革,探索农村集体经济多种有效实现形式,保障农民工的集体经济组织成员权利。完善相关法律和政策,妥善处理好农民工及其随迁家属进城落户后的土地承包经营权、宅基地使用权、集体经济收益分配权问题。现阶段,不得以退出土地承包经营权、宅基地使用权、集体经济收益分配权作为农民进城落户的条件。(农业部、国土资源部分别会同法制办、中央农办、高法院负责)

五、着力促进农民工社会融合

(十九)保障农民工依法享有民主政治权利。重视从农民工中发展党员,加强农民工中的党组织建设,健全城乡一体、输入地党组织为主、输出地党组织配合的农民工党员教育管理服务工作制度。积极推荐优秀农民工作为各级党代会、人大、政协的代表、委员,在评选劳动模范、先进工作者和报考公务员等方面与城镇职工同等对待。创造新办法、开辟新渠道,支持农民工在职工代表大会和社区居民委员会、村民委员会等组织中依法行使民主选举、民主决策、民主管理、民主监督的权利。(农民工办会同民政部、人力资源社会保障部、国资委、全国总工会负责)

(二十)丰富农民工精神文化生活。把农民工纳入城市公共文化服务体系,继续推动图书馆、文化馆、博物馆等公共文化服务设施向农民工同等免费开放。推进"两看一上"(看报纸、看电视、有条件的能上网)活动,引导农民工积极参与全民阅读活动。在农民工集中居住地规划建设简易实用的文化体育设施。利用社区文化活动室、公园、城市广场等场地,经常性地开展群众文体活动,促进农民工与市民之间交往、交流。举办示范性农民工文化活动。鼓励企业开展面向农民工的公益性文化活动,鼓励文化单位、文艺工作者和其他社会力量为农民工提供免费或优惠的文化产品和服务。(文化部、农民工办会同发展改革委、民政部、财政部、中央宣传部、全国总工会、共青团中央、全国妇联负责)

(二十一)加强对农民工的人文关怀。关心农民工工作、生活和思想状况,加强思想政治工作和科普宣传教育,引导农民工树立社会主义核心价值观。开展"人文关怀进企业、进一线"活动。通过依托各类学校开设农民工夜校等方式,开展新市民培训,培养诚实劳动、爱岗敬业的作风和文明、健康的生活方式。对有需要的农民工开展心理疏导。努力推进农民工本人融入企业、子女融入学校、家庭融入社区、群体融入城镇。(农民工办会同教育部、卫生计生委、全国总工会、共青团中央、全国妇联负责)

(二十二)建立健全农村留守儿童、留守妇女和留守老人关爱服务体系。实施"共享蓝天"关爱农村留守儿童行动,完善工作机制、整合资源、增加投入,依托中小学、村民委员会普遍建立关爱服务阵地,做到有场所、有图书、有文体器材、有志愿者服务。继续实施学前教育行动计划,加快发展农村学前教育,着力解决留守儿童入园需求。全面改善贫困地区薄弱学校基本办学条件,加快农村寄宿制学校建设,优先满足留守儿童寄宿需求,落实农村义务教育阶段家庭经济困难寄宿生生活补助政策。实施农村义务教育学生营养改善计划,开展心理关怀等活动,促进学校、家庭、社区有效衔接。加强农村"妇女之家"建设,培育和扶持妇女互助合作组织,帮助留守妇女解决生产、生活困难。全面实施城乡居民基本养老保险制度,建立健全农村老年社会福利和社会救助制度,发展适合农村特点的养老服务体系,努力保障留守老人生活。加强社会治安管理,保障留守儿童、留守妇女和留守老人的安全,发挥农村社区综合服务设施关爱留守人员功能。(民政部、全国妇联会同发展改革委、教育部、公安部、财政部、人力资源社会保障部、共青团中央负责)

六、进一步加强对农民工工作的领导

(二十三)完善农民工工作协调机制。各级人民政府要把农民工工作列入经济社会发展总体规划和政府目标考核内容,建立健全考核评估机制,落实相关责任。国务院已成立农民工工作领导小组,办公室设在人力资源社会保障部。县级以上地方人民政府也要成立农民工工作领导小组,加强统筹协调和工作指导。(农民工办会同国务院农民工工作领导小组各成员单位负责)

(二十四)加大农民工公共服务等经费投入。深化公共财政制度改革,建立政府、企业、个人共同参与的农民工市民化成本分担机制和财政转移支付同农民工市民化挂钩机制。中央和地方财政部门要按照推进基本公共服务均等化的要求,统筹考虑农民工培训就业、社会保障、公共卫生、随迁子女教育、住房保障、公共文化等基本公共服务的资金需求,加大投入力度,为农民工平等享受基本公共服务提供经费保障。各级财政部门要将农民工工作经费纳入公共财政预算支出范围。(财政部、农民工办会同发展改革委、教育部、民政部、人力资源社会保障部、住房城乡建设部、文化部、卫生计生委负责)

(二十五)创新和加强工青妇组织对农民工的服务。积极创新工会组织形式和农民工入会方式,将农民工组织到工会中来。以输入地团组织为主、输出地团组织配合,逐步建立农民工团员服务和管理工作制度,积极从新生代农民工中发展团员。各级工会、共青团、妇联组织要切实履行维护农民工权益的职责,通过开展志愿者活动等方式关心关爱农民工及其子女,努力为农民工提供服务。(全国总工会、共青团中央、全国妇联分别负责)

(二十六)发挥社会组织服务农民工的积极作用。按照培育发展和管理监督并重的原则,对为农民工服务的社会组织正确引导,给予支持,充分发挥他们为农民工提供服务、反映诉求、协同社会管理、促进社会融合的积极作用。改进对服务农民工的社会组织的管理,完善扶持政策,通过开展业务培训、组织经验交流、政府购买服务等方式,引导和支持其依法开展服务活动。(民政部会同发展改革委、教育部、公安部、司法部、财政部、人力资源社会保障部、文化部、卫生计生委、工商总局、全国总工会负责)

(二十七)夯实做好农民工工作的基础性工作。加大投入,建立输入地与输出地相结合、综合统计与部门统计相结合、标准统一、信息共享的农民工统计调查监测体系,做好农民工市民化进程动态监测工作。深入开展农民工工作的理论和政策研究,为党和政府相关决策提供依据。(统计局、农民工办会同国务院农民工工作领导小组其他成员单位负责)

(二十八)进一步营造关心关爱农民工的社会氛围。坚持正确导向,组织引导新闻媒体运用多种方式,加强政策阐释解读,积极宣传农民工工作的好经验、好做法和农民工中的先进典型,对相关热点问题开展及时有效的舆论引导。对优秀农民工和农民工工作先进集体及个人按规定进行表彰奖励,努力使尊重农民工、公平对待农民工、让农民工共享经济社会发展成果成为全社会的自觉行动。(中央宣传部、农民工办会同国务院农民工工作领导小组其他成员单位负责)

各地区、各有关部门要按照本意见要求,结合实际抓紧制定和完善配套政策措施,积极研究解决工作中遇到的新问题。国务院农民工工作领导小组每年要针对重点工作和突出问题进行督察,及时向国务院报告农民工工作情况。

国务院
2014年9月12日

55.国务院办公厅关于全面治理拖欠农民工工资问题的意见

(国办发〔2016〕1号)

各省、自治区、直辖市人民政府，国务院各部委、各直属机构：

解决拖欠农民工工资问题，事关广大农民工切身利益，事关社会公平正义和社会和谐稳定。党中央、国务院历来高度重视，先后出台了一系列政策措施，各地区、各有关部门加大工作力度，经过多年治理取得了明显成效。但也要看到，这一问题尚未得到根本解决，部分行业特别是工程建设领域拖欠工资问题仍较突出，一些政府投资工程项目不同程度存在拖欠农民工工资问题，严重侵害了农民工合法权益，由此引发的群体性事件时有发生，影响社会稳定。为全面治理拖欠农民工工资问题，经国务院同意，现提出如下意见：

一、总体要求

（一）指导思想。全面贯彻党的十八大和十八届二中、三中、四中、五中全会精神，按照"四个全面"战略布局和党中央、国务院决策部署，牢固树立并切实贯彻创新、协调、绿色、开放、共享的发展理念，紧紧围绕保护农民工劳动所得，坚持标本兼治、综合治理，着力规范工资支付行为、优化市场环境、强化监管责任，健全预防和解决拖欠农民工工资问题的长效机制，切实保障农民工劳动报酬权益，维护社会公平正义，促进社会和谐稳定。

（二）目标任务。以建筑市政、交通、水利等工程建设领域和劳动密集型加工制造、餐饮服务等易发生拖欠工资问题的行业为重点，健全源头预防、动态监管、失信惩戒相结合的制度保障体系，完善市场主体自律、政府依法监管、社会协同监督、司法联动惩处的工作体系。到2020年，形成制度完备、责任落实、监管有力的治理格局，使拖欠农民工工资问题得到根本遏制，努力实现基本无拖欠。

二、全面规范企业工资支付行为

（三）明确工资支付各方主体责任。全面落实企业对招用农民工的工资支付责任，督促各类企业严格依法将工资按月足额支付给农民工本人，严禁将工资发放给不具备用工主体资格的组织和个人。在工程建设领域，施工总承包企业（包括直接承包建设单位发包工程的专业承包企业，下同）对所承包工程项目的农民工工资支付负责，分包企业（包括承包施工总承包企业发包工程的专业企业，下同）对所招用农民工的工资支付负直接责任，不得以工程款未到位等为由克扣或拖欠农民工工资，不得将合同应收工程款等经营风险转嫁给农民工。

（四）严格规范劳动用工管理。督促各类企业依法与招用的农民工签订劳动合同并严格履行，建立职工名册并办理劳动用工备案。在工程建设领域，坚持施工企业与农民工先签订劳动合同后进场施工，全面实行农民工实名制管理制度，建立劳动计酬手册，记录施工现场作业农民工的身份信息、劳动考勤、工资结算等信息，逐步实现信息化实名制管理。施工总承包企业要加强对分包企业劳动用工和工资发放的监督管理，在工程项目部配备劳资专管员，建立施工人员进出场登记制度和考勤计量、工资支付等管理台账，实时掌握施工现场用工及其工资支付情况，不得以包代管。施工总承包企业和分包企业应将经农民工本人签字确认的工资支付书面记录保存两年以上备查。

（五）推行银行代发工资制度。推动各类企业委托银行代发农民工工资。在工程建设领域，鼓励实行分包企业农民工工资委托施工总承包企业直接代发的办法。分包企业负责为招用的农民工申办银行个人工资账户并办理实名制工资支付银行卡，按月考核农民工工作量并编制工资支付表，经农民工本人签字确认后，交施工总承包企业委托银行通过其设立的农民工工资（劳务费）专用账户直接将工资划入农民工个人工资账户。

三、健全工资支付监控和保障制度

（六）完善企业工资支付监控机制。构建企业工资支付监控网络，依托基层劳动保障监察网格化、网络化管理平台的工作人员和基层工会组织设立的劳动法律监督员，对辖区内企业工资支付情况实行日常监管，对发生过拖欠工资的企业实行重点监控并要求其定期申报。企业确因生产经营困难等原因需要延期支付农民工工资的，应及时向当地人力资源社会保障部门、工会组织报告。建立和完善欠薪预警系统，根据工商、税务、银行、水电供应等单位反映的企业生产经营状况相关指标变化情况，定期对重点行业企业进行综合分析研判，发现欠薪隐患要及时预警并做好防范工作。

（七）完善工资保证金制度。在建筑市政、交通、水利等工程建设领域全面实行工资保证金制度，逐步将实施范围扩大到其他易发生拖欠工资的行业。建立工资保证金差异化缴存办法，对一定时期内未发生工资拖欠的企业实行减免措施，发生工资拖欠的企业适当提高缴存比例。严格规范工资保证金动用和退还办法。探索推行行业主担保、银行保函等第三方担保制度，积极引入商业保险机制，保障农民工工资支付。

（八）建立健全农民工工资（劳务费）专用账户管理制度。在工程建设领域，实行人工费用与其他工程款分账管理制度，推动农民工工资与工程材料款等相分离。施工总承包企业应分解工程价款中的人工费用，在工程项目所在地银行开设农民工工资（劳务费）专用账户，专项用于支付农民工工资。建设单位应按照工程承包合同约定的比例或施工总承包企业提供的人工费用数额，将应付工程款中的人工费单独拨付到施工总承包企业开设的农民工工资（劳务费）专用账户。农民工工资（劳务费）专用账户应向人力资源社会保障部门和交通、水利等工程建设项目主管部门备案，并委托开户银行负责日常监管，确保专款专用。

开户银行发现账户资金不足、被挪用等情况,应及时向人力资源社会保障部门和交通、水利等工程建设项目主管部门报告。

（九）落实清偿欠薪责任。招用农民工的企业承担直接清偿拖欠农民工工资的主体责任。在工程建设领域,建设单位或施工总承包企业未按合同约定及时划拨工程款,致使分包企业拖欠农民工工资的,由建设单位或施工总承包企业以未结清的工程款为限先行垫付农民工工资。建设单位或施工总承包企业将工程违法发包、转包或违法分包致使拖欠农民工工资的,由建设单位或施工总承包企业依法承担清偿责任。

四、推进企业工资支付诚信体系建设

（十）完善企业守法诚信管理制度。将劳动用工、工资支付情况作为企业诚信评价的重要依据,实行分类分级动态监管。建立拖欠工资企业"黑名单"制度,定期向社会公开有关信息。人力资源社会保障部门要建立企业拖欠工资等违法信息的归集、交换和更新机制,将查处的企业拖欠工资情况纳入人民银行企业征信系统、工商部门企业信用信息公示系统、住房城乡建设等行业主管部门诚信信息平台或政府公共信用信息服务平台。推进相关信用信息系统互联互通,实现对企业信用信息互认共享。

（十一）建立健全企业失信联合惩戒机制。加强对企业失信行为的部门协同监管和联合惩戒,对拖欠工资的失信企业,由有关部门在政府资金支持、政府采购、招投标、生产许可、履约担保、资质审核、融资贷款、市场准入、评优评先等方面依法依规予以限制,使失信企业在全国范围内"一处违法、处处受限",提高企业失信违法成本。

五、依法处置拖欠工资案件

（十二）严厉查处拖欠工资行为。加强工资支付监察执法,扩大日常巡视检查和书面材料审查覆盖范围,推进劳动保障监察举报投诉案件省级联动处理机制建设,加大拖欠农民工工资举报投诉受理和案件查处力度。完善多部门联合治理机制,深入开展农民工工资支付情况专项检查。健全地区执法协作制度,加强跨区域案件执法协作。完善劳动保障监察行政执法与刑事司法衔接机制,健全劳动保障监察机构、公安机关、检察机关、审判机关间信息共享、案情通报、案件移送等制度,推动完善人民检察院立案监督和人民法院及时财产保全等制度。对恶意欠薪涉嫌犯罪的,依法移送司法机关追究刑事责任,切实发挥刑法对打击拒不支付劳动报酬犯罪行为的威慑作用。

（十三）及时处理欠薪争议案件。充分发挥基层劳动争议调解等组织的作用,引导农民工就地就近解决工资争议。劳动人事争议仲裁机构对农民工因拖欠工资申请仲裁的争议案件优先受理、优先开庭、及时裁决、快速结案。对集体欠薪争议或涉及金额较大的欠薪争议案件要挂牌督办。加强裁审衔接与工作协调,提高欠薪争议案件裁决效率。畅通申请渠道,依法及时为农民工讨薪提供法律服务和法律援助。

（十四）完善欠薪突发事件应急处置机制。健全应急预案,及时妥善处置因拖欠农民工工资引发的突发性、群体性事件。完善欠薪应急周转金制度,探索建立欠薪保障金制度,对企业一时难以解决拖欠工资或企业主欠薪逃匿的,及时动用应急周转金、欠薪保障金或通过其他渠道筹措资金,先行垫付部分工资或基本生活费,帮助解决被拖欠工资农民工的临时生活困难。对采取非法手段讨薪或以拖欠工资为名讨要工程款,构成违反治安管理行为的,要依法予以治安处罚;涉嫌犯罪的,依法移送司法机关追究刑事责任。

六、改进建设领域工程款支付管理和用工方式

（十五）加强建设资金监管。在工程建设领域推行工程款支付担保制度,采用经济手段约束建设单位履约行为,预防工程款拖欠。加强对政府投资工程项目的管理,对建设资金来源不落实的政府投资工程项目不予批准。政府投资项目一律不得以施工企业带资承包的方式进行建设,并严禁将带资承包有关内容写入工程承包合同及补充条款。

（十六）规范工程款支付和结算行为。全面推行施工过程结算,建设单位应按合同约定的计量周期或工程进度结算并支付工程款。工程竣工验收后,对建设单位未完成竣工结算或未按合同支付工程款且未明确剩余工程款支付计划的,探索建立建设项目抵押偿付制度,有效解决拖欠工程款问题。对长期拖欠工程款结算或拖欠工程款的建设单位,有关部门不得批准其新项目开工建设。

（十七）改革工程建设领域用工方式。加快培育建筑产业工人队伍,推进农民工组织化进程。鼓励施工企业将一部分技能水平高的农民工招用为自有工人,不断扩大自有工人队伍。引导具备条件的劳务作业班组向专业企业发展。

（十八）实行施工现场维权信息公示制度。施工总承包企业负责在施工现场醒目位置设立维权信息告示牌,明示业主单位、施工总承包企业及所在项目部、分包企业、行业监管部门等基本信息;明示劳动用工相关法律法规、当地最低工资标准、工资支付日期等信息;明示属地行业监管部门投诉举报电话和劳动争议调解仲裁、劳动保障监察投诉举报电话等信息,实现所有施工场地全覆盖。

七、加强组织领导

（十九）落实属地监管责任。按照属地管理、分级负责、谁主管谁负责的原则,完善并落实解决拖欠农民工工资问题省级人民政府负总责,市（地）、县级人民政府具体负责的工作体制。完善目标责任制度,制定实施办法,将保障农民工工资支付纳入政府考核评价指标体系。建立定期督查制度,对拖欠农民工工资问题高发频发、举报投诉量大的地区及重大违法案件进行重点督查。健全问责制度,对监管责任不落实、组织工作不到位的,要严格责任追究。对政府投资工程项目拖欠工程款并引发拖欠农民工工资问题的,要追究项目负责人责任。

（二十）完善部门协调机制。健全解决企业工资拖欠问题部际联席会议制度,联席会议成员单位调整为人力资

源社会保障部、发展改革委、公安部、司法部、财政部、住房城乡建设部、交通运输部、水利部、人民银行、国资委、工商总局、全国总工会，形成治理欠薪工作合力。地方各级人民政府要建立健全由政府负责人牵头、相关部门参与的工作协调机制。人力资源社会保障部门要加强组织协调和督促检查，加大劳动保障监察执法力度。住房城乡建设、交通运输、水利等部门要切实履行行业监管责任，规范工程建设市场秩序，督促企业落实劳务用工实名制管理等制度规定，负责督办因挂靠承包、违法分包、转包、拖欠工程款等造成的欠薪案件。发展改革等部门要加强对政府投资项目的审批管理，严格审查资金来源和筹措方式。财政部门要加强对政府投资项目建设全过程的资金监管，按规定及时拨付财政资金。其他相关部门要根据职责分工，积极做好保障农民工工资支付工作。

（二十一）加大普法宣传力度。发挥新闻媒体宣传引导和舆论监督作用，大力宣传劳动保障法律法规，依法公布典型违法案件，引导企业经营者增强依法用工、按时足额支付工资的法律意识，引导农民工依法理性维权。对重点行业企业，定期开展送法上门宣讲、组织法律培训等活动。充分利用互联网、微博、微信等现代传媒手段，不断创新宣传方式，增强宣传效果，营造保障农民工工资支付的良好舆论氛围。

（二十二）加强法治建设。健全保障农民工工资支付的法律制度，在总结相关行业有效做法和各地经验基础上，加快工资支付保障相关立法，为维护农民工劳动报酬权益提供法治保障。

国务院办公厅
2016年1月17日

56. 国务院办公厅关于印发《保障农民工工资支付工作考核办法》的通知

(国办发〔2023〕33号)

各省、自治区、直辖市人民政府,国务院各部委、各直属机构:

经国务院同意,现将修订后的《保障农民工工资支付工作考核办法》印发给你们,请认真贯彻执行。2017年12月6日经国务院同意、由国务院办公厅印发的《保障农民工工资支付工作考核办法》同时废止。

国务院办公厅
2023年9月21日

保障农民工工资支付工作考核办法

第一条 为落实保障农民工工资支付工作的属地监管责任,有效预防和解决拖欠农民工工资问题,切实保障农民工劳动报酬权益,维护社会公平正义,促进社会和谐稳定,根据《保障农民工工资支付条例》等有关规定,制定本办法。

第二条 本办法适用于对各省(自治区、直辖市)人民政府及新疆生产建设兵团(以下统称各省级政府)保障农民工工资支付工作的年度考核。

第三条 考核工作在国务院领导下,由国务院就业促进和劳动保护工作领导小组(以下简称领导小组)负责实施,领导小组办公室具体组织落实。考核工作从2023年到2027年,每年开展一次。

第四条 考核工作坚持目标导向、问题导向、结果导向,坚持定性与定量评价相结合,遵循客观公正原则,突出重点,注重实效。

第五条 考核内容主要包括加强对保障农民工工资支付工作的组织领导、完善落实工资支付保障制度、治理欠薪特别是工程建设领域欠薪工作成效、人民群众满意度等情况。

第六条 领导小组办公室组织有关成员单位制定年度考核方案及细则,明确具体考核指标和分值。

第七条 考核工作按照以下程序进行:

(一)省级自查。各省级政府对照考核方案及细则,对考核年度保障农民工工资支付工作进展情况和成效进行自查,填报考核自查表,形成自查报告,报送领导小组办公室。各省级政府对自查报告的真实性、准确性负责。

(二)实地核查。领导小组办公室组织有关成员单位组成考核组,对省级政府考核年度保障农民工工资支付工作进展情况和成效进行实地核查,对各地组织领导、源头治理、制度建设等考核指标进行评估。实地核查采取听取汇报、核验资料等方式进行。

(三)第三方评估。领导小组办公室委托第三方机构,采取抽样调查、座谈访谈与数据分析相结合的方式,对各地制度落实、人民群众满意度等考核指标进行评估。

(四)暗访抽查。领导小组办公室组织力量或委托媒体组建暗访组,采取"暗访+明查"方式,对各地畅通维权渠道、作风建设等进行调查。

(五)综合评议。领导小组办公室组织有关成员单位根据省级自查、实地核查、第三方评估、暗访抽查情况,结合行业主管、公安、信访等部门掌握的情况,进行考核评议,形成考核报告,报领导小组审批。

第八条 考核采取分级评分法,基准分为100分,考核结果分为A、B、C三个等级。

(一)同时符合以下两个条件的,考核等级为A级:

1.领导重视、工作机制健全,各项工资支付保障制度完备、落实得力,工作成效明显;

2.考核得分排在全国前十名。

(二)有下列情形之一的,考核等级为C级:

1.保障农民工工资支付工作不力、成效不明显、欠薪问题突出,考核得分排在全国后三名的;

2.发生5起及以上因拖欠农民工工资引发50人以上群体性事件,或发生2起及以上因政府投资工程项目拖欠农民工工资引发50人以上群体性事件的;

3.发生1起及以上因拖欠农民工工资引发极端事件并造成严重后果的。

(三)考核等级在A、C级以外的为B级。

第九条 考核结果经领导小组审批,按程序报国务院同意后,由领导小组办公室向各省级政府通报,并抄送中央组织部,作为对各省级政府领导班子和有关领导干部进行综合考核评价的参考。需要问责的,按照干部管理权限,移交有关党组织或纪检监察机关。

第十条 对考核等级为A级的,由领导小组予以通报表扬;对考核等级为C级的,由领导小组对该省级政府有关负责人进行约谈。领导小组办公室向各省级政府反馈考核发现的问题,并提出改进工作的意见建议。各省级政府及时组织整改,并向领导小组办公室报送整改情况。

第十一条 对在考核工作中弄虚作假、瞒报谎报造成考核结果失实的,予以通报批评;情节严重的,依纪依法追究相关人员责任。

第十二条 各省级政府参照本办法,结合本地区实际制定相关办法,加强对本地区各级政府保障农民工工资支付工作的考核。

第十三条 本办法由领导小组办公室负责解释,自印发之日起施行。

57. 交通运输部关于做好交通运输行业为农民工服务工作的实施意见

(交公路发〔2015〕39号)

各省、自治区、直辖市、新疆生产建设兵团交通运输厅(局、委):

为贯彻落实《国务院关于进一步做好为农民工服务工作的意见》(国发〔2014〕40号,以下简称"《意见》"),全力做好交通运输行业为农民工服务工作,现提出以下实施意见。

一、促进农民工稳定就业

(一)积极支持农民工就近就业。各地在交通运输基础设施建设、养护及交通运输服务等领域,要结合实际,鼓励相关单位积极支持当地农民工就近就业,提高农民工实际收入。

(二)加强农民工职业技能培训。各地应结合交通运输行业实际,加强对农民工职业技能和安全生产知识培训,推广工地夜校、业余学校、班前教育、农民工网校等典型经验,组织编制通俗易懂、实用性强的教材、教学视频或手册,提高农民工职业素质、从业技能和安全意识。

有条件的地方和用工量大的交通运输企业应发挥各类交通职业培训机构的作用,针对农民工群体开展多形式、多层次的技能和安全生产知识培训,鼓励农民工积极获取执业资格证书,促进农民工向产业工人转变。

二、切实保障农民工合法权益

(三)规范农民工劳动用工管理。各地交通运输主管部门要指导和督促行业用工单位与农民工依法签订劳动合同并缴纳工伤保险,坚持先签合同后用工,临时或短期聘用的农民工应签订短期临时合同,并加强对合同履行情况的监督管理。用工单位要建立职工名册、考勤记录、工资发放、工伤保险等管理台账。依法规范劳务派遣用工行为,加强工程分包管理,工程总承包单位对分包单位农民工管理负总责。鼓励有条件的企业对长期合作的农民工签订长期合同,参照企业职工进行管理。

(四)保障农民工工资报酬权益。认真落实《交通运输部关于进一步做好公路水运工程建设领域农民工工资支付与管理有关工作的意见》(交公路发〔2012〕740号)等相关要求,完善农民工工资支付保障工作相关机制,落实相关责任。按照"谁用工、谁负责"和"谁管理工程、谁预防拖欠"的原则,施工企业对分包企业和有关劳务单位支付农民工工资情况负有管理责任和连带清偿责任。坚持和完善工资保证金制度、农民工实名制,大力推行银行直接发放工资制度。加强监督检查和公开公示,畅通农民工维权渠道。

(五)加强农民工安全生产和职业健康保护。加快修订完善交通运输行业农民工安全生产和职业健康保护相关制度,明确具体要求。各地要把安全生产和职业健康保护知识作为农民工教育培训的重点,将相关工作落实情况纳入工程建设管理和监督检查范围,加大考核、监督、检查力度,对违规行为进行通报。

三、深化为农民工服务工作

(六)改善农民工工作条件和生活条件。规范工程施工场地和驻地建设,推行标准化管理,不断改善农民工住宿、生活条件和工作环境。在工地推广建设"农民工之家"等业余文体活动场所,关注农民工工作生活状态和思想状况,帮助解决实际困难,突出人文关怀。大力倡导社会主义核心价值观,鼓励开展劳动技能竞赛,表彰先进模范,弘扬爱岗敬业的优良作风和健康文明的生活方式。

(七)加强农村公路建设。进一步加大农村公路建设力度,改善农村通行条件,2015年完成新改建农村公路20万公里,全国所有具备条件的乡镇通沥青(水泥)路,着力提高建制村通沥青(水泥)路比例,为农民工出行创造良好的交通条件。

(八)加快发展农村客运。2015年新增2000个通客车的建制村,组织开展农村客运通达情况督查,年底前确保建制村通客车比例达到93.2%。加大对集中连片特困地区农村客运发展政策支持力度,提升城乡客运基本公共服务均等化水平。

加强农村客运安全监管,督促贯彻落实《农村道路旅客运输班线通行条件审核规则》,发布实施《乡村公路营运客车结构和通用技术要求》(行业标准)。推进农村客运班线车辆的标准化,不断提高农村客运服务能力和安全水平。

(九)加强重点时段农民工运输保障。在春运期间继续开展"农民工平安返乡(岗)优质服务竞赛"活动,鼓励各地积极增开客运包车,为更多农民工提供"门到门、点到点"服务。引导有条件的地区成立专门的农民工运输服务队伍,安排车辆前往农民工集中区域直接接送农民工乘车。

四、努力把为农民工服务各项工作落到实处

(十)夯实农民工工作基础。各地要建立健全农民工工资支付、用工管理、服务保障、信息报送等相关制度,完善信用体系建设,将农民工工作情况纳入从业单位信用评价内容。坚持正确导向,积极宣传引导,努力营造尊重农民工、公平对待农民工、让农民工共享经济社会发展成果的社会氛围。

(十一)加强组织领导。做好为农民工服务工作,意义重大,任务艰巨。各省级交通运输主管部门要在当地政府的统一领导下,落实工作责任和保障措施,每年12月底之前将农民工工作相关情况报交通运输部。

(十二)强化监督检查。各地要结合实际情况,加强对农民工工作情况的监督检查,发现问题要及时处理解决。交通运输部将结合每年建设市场督查检查、工程质量安全综合督查、春运检查等工作,将农民工工作作为检查重点内容,加强督促检查,确保各项工作落到实处。

交通运输部
2015年3月25日

58. 交通运输部办公厅关于贯彻落实《国务院办公厅关于全面治理拖欠农民工工资问题的意见》和治理拖欠工程款问题的通知

(交办公路〔2016〕106号)

为贯彻落实《国务院办公厅关于全面治理拖欠农民工工资问题的意见》(国办发〔2016〕1号)和国务院领导同志关于拖欠工程款问题的批示精神,经交通运输部同意,现就有关工作通知如下:

一、高度重视农民工工资支付和治理拖欠工程款工作

依法保障和维护农民工的合法权益,特别是工资报酬权益,事关农民工切身利益,事关政府公信力,事关社会公平正义和和谐稳定。多年来,广大农民工积极参与交通基础设施建设,为交通运输事业的快速发展作出了积极贡献。当前,交通基础设施建设投资规模大,建设项目多,分布范围广,需要吸纳大量农民工参与工程建设。随着交通基础设施建设的持续推进,投融资方式和建设管理模式发生了新的变化,农民工工资和工程款支付保障工作面临着新形势和新问题。特别是部分项目建设资金不到位即开工、拖欠企业工程款造成合同纠纷,甚至出现少数企业违法转包、违法分包、劳动用工不规范等问题,导致拖欠农民工工资和工程款的现象时有发生。维护好、保障好农民工和企业的合法权益既是国务院的要求,也是行业责任所系,更是保障交通运输持续健康发展的必要条件。各级交通运输主管部门和部属相关单位要高度重视此项工作,切实树立责任意识、大局意识、担当意识,结合交通建设发展实际,全面排查问题,早做研究,早做预案,采取有效措施,做好农民工工资治欠保支和治理拖欠工程款工作。

二、落实农民工工资支付责任

(一)明确企业主体责任。各地要全面落实施工企业对农民工工资支付的直接责任,严格按照"谁用工、谁负责"的原则,企业必须将工资直接支付给农民工本人,严禁将工资发放给不具备用工主体资格的组织和个人。同时,要进一步强化建设单位和总承包单位的管理责任,在合同中明确工资支付要求和相关违约防范措施,严防违规分包和非法转包,杜绝以包代管。

(二)强化政府监管责任。各地要加强项目基本建设程序的监管,严格把关,资金不到位的项目不得开工。加强社会投资项目监管,依法选择具备能力的投资单位,细化合同协议,创新监管方式,强化资金落实,明确投资人退出机制,防止项目投资人变更或资金不到位造成农民工工资和工程款拖欠。对于政府投资建设项目,要监督资金使用情况,禁止以施工企业带资承包方式进行项目建设。

三、全面落实农民工工资支付各项制度

(一)严格农民工劳动用工合同管理制度。严格施工单位与农民工之间的用工管理,坚持先签合同后用工,临时或短期聘用的农民工应签订短期临时合同。施工单位要建立农民工名册、考勤记录、工资发放等管理台账,工资支付书面记录要保留两年以上备查。2016年底前,各省公路水运建设项目应全面落实农民工实名制管理制度,重点公路水运建设项目农民工实名制管理实现信息化,农民工劳动合同签约率达到90%以上。

(二)全面推行农民工工资支付保证金制度。全面推行农民工工资支付保证金制度。各省级交通运输主管部门应结合本省实际,于2016年底前全面建立公路水运建设项目农民工工资支付保证金制度,结合企业信用评价结果出台保证金差异化缴存办法,并结合农民工工资支付情况动态调整缴存比例。进一步规范农民工工资支付保证金上缴、使用、退还等工作环节的管理程序,严格执行条件,不得增加企业负担。

(三)建立农民工工资专用账户管理制度。要探索人工费与其他工程费分账管理,实行专用账户管理制度。各省应在2016年底前选取有条件的项目先行试点,将分离出来的农民工工资单独拨付到专用账户,专项用于农民工工资支付,从根本上防止施工单位拖欠农民工工资。要跟踪检查农民工工资支付专用账户制度的执行情况,在试点基础上,总结经验,及时完善管理制度。

(四)推行银行代发农民工工资制度。各省交通运输主管部门要研究出台银行代发农民工工资相关制度,由总承包单位按照农民工实名登记直接拨付到农民工个人银行卡,确保工资直接发放到农民工手中,防止他人冒领和克扣。

(五)严格落实清偿责任。施工单位是清欠农民工工资的主体责任单位,建设单位和总承包单位承担管理责任和连带清偿责任。建设单位或总承包单位未按合同约定及时划拨工程款,致使施工企业拖欠农民工工资的,由建设单位或总承包单位先行垫付农民工工资。建设单位或总承包单位违法发包、转包、分包致使拖欠农民工工资的,由建设单位或总承包单位承担清偿责任。严禁施工单位以合同纠纷、项目资金或工程款未到位等为由克扣、拖欠农民工工资。各级交通运输主管部门和部属相关单位应按照项目建设管理权限,督促相关单位落实清偿责任,确保农民工工资和工程款支付到位。

(六)健全失信惩戒机制。省级交通运输主管部门应将农民工工资支付情况纳入全国公路、水运工程施工企业信用信息管理系统,年度信用评价中应体现各单位农民工工资支付情况。2016年底前,应建立公路水运建设领域拖欠农民工工资"黑名单"制度,明确惩戒措施,定期向社会公开公示,提高企业失信违法成本,使拖欠农民工

工资的单位在交通基础设施建设领域"一处违法、处处受限"。

四、夯实治欠保支工作基础

（一）规范建设单位工程款支付行为。各级交通运输主管部门要强化对建设市场的监管，督促各建设单位加强合同管理，按合同约定严格工程款支付。要结合公路水运建设市场督查工作，将拖欠企业工程款问题作为重点督查内容。研究建立清理拖欠企业工程款督办制度，将拖欠工程款列入失信责任追究范围，加强对失信主体的约束和惩戒。

（二）加快资金拨付和预算执行进度。要结合车购税结余资金清理消化工作，加快车购税等交通专项资金的下达，加快预算执行，为解决拖欠工程款问题创造条件。对存在因资金拨付不及时、预算执行进度慢等原因造成农民工工资或工程款拖欠的地区和单位，部将核减下一年度所在单位相关项目预算或在地区转移支付资金规模。

五、确保各项治理措施落实到位

（一）强化组织领导。各级交通运输主管部门和部属相关单位要统一思想，充分认识治欠保支工作的复杂性和艰巨性，坚决贯彻国务院要求，按照当地人民政府的统一部署，加强与有关部门的工作联动，做到思想认识到位、组织领导到位、责任落实到位，督促检查到位，全力做好治欠保支工作，努力实现2020年交通运输基础设施领域农民工工资基本无拖欠的目标。

（二）全面自查整改。各级交通运输主管部门和部属相关单位要按照要求立即组织项目建设单位开展全面自查，对以往发生拖欠的单位要重点排查，发现问题及时处理，2016年10月底前完成农民工工资和工程款拖欠检查报告。要研究建立防止拖欠的长效机制，创新工作方式，用好市场约束机制，避免农民工"讨薪难"年年整治、年年重演。部将结合公路、水运建设市场督查开展重点抽查，确保各项制度落到实处。

（三）做好舆论引导。各级交通运输主管部门和部属相关单位要建立完善沟通渠道，倾听农民工和企业诉求，保障农民工和企业合法权利。加强与相关部门的沟通协调，齐抓共管，综合治理。发挥新闻媒体的舆论导向和监督作用，做好相关法律法规的宣传和政策解读，依法公布典型违法案例，营造良好舆论氛围。

交通运输部办公厅
2016年8月9日

59. 交通运输部关于公路水运工程建设领域保障农民工工资支付的意见

(交公路规〔2020〕5号)

各省、自治区、直辖市、新疆生产建设兵团交通运输厅(局、委):

为深入贯彻落实党中央、国务院关于根治拖欠农民工工资工作的决策部署,切实保障农民工合法权益,依据《保障农民工工资支付条例》等有关规定,结合公路水运工程建设实际,提出以下意见。

一、总体要求

全面贯彻党的十九大和十九届二中、三中、四中全会精神,深入学习贯彻习近平总书记关于保障农民工工资支付的重要指示批示精神,提高政治站位,强化责任担当,坚持预防为主、防治结合、标本兼治的原则,进一步明确和落实责任,创新和细化保障措施,从项目决策审批、招标投标、工程款拨付、农民工用工管理、工资支付、工程验收、监督检查、信用评价等工程建设的全流程、全链条综合施策,形成制度完备、责任落实、监管有力的治理格局,保障农民工工资按时足额支付,依法维护农民工合法权益。

二、落实各方责任

(一)建设单位应履行基本建设程序,依法筹措并及时落实项目建设资金,组织有关参建单位建立本项目保障农民工工资支付协调机制和工资拖欠预防机制,监督施工总承包单位按期足额支付农民工工资。建设单位应依法通过公开招标等方式选择管理制度完善、工资支付信用良好的施工单位,合理约定人工费和农民工工资支付方式,依法明确农民工工资支付的相关责任义务、管理制度、保障措施等,并提供工程款支付担保。

(二)施工总承包单位对所承包工程项目的农民工工资支付负总责,组织相关分包单位落实保障农民工工资支付的各项制度和措施要求,存储工资保证金或提供金融机构保函,依法开设农民工工资专用账户,配备劳资专管员。总承包单位对相应分包单位负有管理责任,在项目实施过程中监督分包单位用工和工资发放情况,明确农民工工资支付具体要求,坚决杜绝以包代管。

(三)施工总承包单位或分包单位应严格按照"谁用工、谁负责"的原则,依法与直接招用的农民工订立劳动合同,具体落实实名制管理要求,建立并依法保存用工管理资料。用工单位对所招用农民工的工资支付负直接责任,根据合同约定的支付周期和支付形式,按期足额将工资直接支付给农民工本人。

(四)监理单位按照合同约定和相关规定,将农民工工资有关工作纳入监理范畴,协助建设单位做好农民工工资支付管理工作。督促施工总承包单位和分包单位落实用工管理和工资支付有关制度,完善基础资料;在审核计量支付资料时,加强对农民工工资费用有关资料的复核工作。

(五)参与公路水运工程建设的农民工应依法提供真实个人信息,积极配合用工单位完成实名登记并签订合同;按照合同约定及施工规范、工作规程等提供劳务服务;增强依法维权意识,保护自身合法权益。

(六)各地交通运输主管部门要在地方人民政府的统一领导下,依法履行行业监管责任,维护建设市场秩序,督促建设项目各有关单位落实保障农民工工资支付的各项制度和措施要求,督办因违法发包、转包、违法分包、挂靠、拖欠工程款等导致的拖欠农民工工资案件,积极协调配合相关部门做好保障农民工工资支付各项工作。

三、坚持源头防控

(七)工程建设要坚持科学规划、审慎决策,不盲目上马项目和随意扩大建设规模。要加强项目建设程序监管,依法合规落实建设资金来源,可行性研究阶段要充分论证项目资金筹措方案;涉及举债融资的项目,初步设计概算应制定资金平衡方案;没有满足施工所需要资金安排的项目不得开工建设。

(八)政府投资项目要严格按照国家有关规定筹集建设资金,加强资金监管,不得由施工单位垫资施工。社会投资项目应依法选择信用良好、具备能力的社会投资方,细化合同协议,强化资金落实,明确社会投资方退出机制,防止因项目社会投资方变更或资金不到位造成农民工工资拖欠。

(九)结合国务院关于清理拖欠企业工程款相关工作要求,督促建设单位加强合同管理,按照合同约定及时支付工程款。研究建立拖欠企业工程款清理督办制度,依法将未提供工程款支付担保、政府投资项目拖欠工程款等记入建设单位信用记录并公示。

(十)地方各级交通运输主管部门和项目建设单位应积极筹措建设资金,加快资金拨付,为及时支付工程款创造条件。对于因违法违规举借债务、地方未及时足额拨付资金等原因造成农民工工资或工程款拖欠且影响恶劣的地区或项目,部将研究核减下一年度转移支付资金规模。

四、完善制度体系

(十一)严格合同制管理。

施工总承包单位或分包单位在与所招用的农民工签订合同中,应约定工资支付标准、支付时间、支付方式等内容。坚持先签合同后进场,未按要求订立合同并进行实名登记的人员不得进入施工现场。施工总承包单位、用工单位和农民工本人应当保存一份合同原件。临时或短期聘用的农民工可依法适当简化合同内容。

(十二)规范实名登记制度。

施工总承包单位应当将农民工信息进行实名登记,

汇总、核实农民工个人信息,统一管理所承包工程中的农民工,有条件的应规范着装,佩戴工牌;农民工退出项目现场施工时,应予退场登记。农民工合同签订情况及实名登记情况接受相关部门监督检查。

(十三)推行农民工工资分账管理。

除国家有关部门规定的限额以下工程外,建设单位与施工总承包单位订立的书面合同中,应按照保障农民工工资按时足额支付的需要,约定人工费用数额或比例等。施工总承包单位一般应在施工合同签订之日起30日内开设农民工工资专用账户,专项用于支付该工程建设项目农民工工资。建设单位依据合同约定以及当期核报的人工工资数,将农民工工资及时足额支付到施工总承包单位开设的农民工工资专用账户,配合金融机构对专户资金及工资发放情况进行监督。工程完工且未拖欠农民工工资的,经公示30日后可依法注销专用账户,账户内余额归施工总承包单位所有。

(十四)推行代发工资制。

总承包单位与分包单位应依法约定代发工资的相关责任、程序、具体办法等。分包单位按月考核农民工工作量并编制工资支付表,经农民工本人签字确认后,交施工总承包单位汇总并报建设单位。建设单位拨付工程款中的人工费用后,总承包单位将核定的分包单位工资支付表提交银行,通过专用账户将工资代付到农民工个人银行账户,并向分包单位提供代发工资凭证。

(十五)实行工程款支付担保。

建设单位在与施工总承包单位签订施工合同时,应向施工总承包单位提供工程款支付担保,工程款支付担保的具体形式可在施工合同中约定。建设单位不能及时支付时,依法按照约定的担保方式进行处置,确保工程款及农民工工资按时足额支付。

(十六)完善工资保证金制度。

公路水运工程建设领域全面实行工资保证金制度,专项用于支付被拖欠的农民工工资。工资保证金可以依法采用适当方式存储或用金融机构保函替代,按"无拖欠可减免,有拖欠可提高"的原则实行差异化管理;工程结束后未发生拖欠的应按规定及时退回,在保障工资支付的同时,尽量减轻企业负担。工资保证金具体办法由国家相关部门制定,在此之前各地按当地现行规定执行。

(十七)建立劳资专管员制度。

施工总承包单位应当在工程项目部配备劳资专管员,建设单位、分包单位应将农民工工资管理有关工作落实到人,严格执行相关法规、政策,加强内部管理,将农民工工资有关工作纳入日常工作,完善基础资料,确保农民工合法权益。

五、夯实工作基础

(十八)完善基础资料。

施工总承包单位和分包单位应当建立农民工用工管理台账,编制书面工资支付台账,保存至工程完工且工资全部结清后至少3年。应规范和完善农民工合同管理、实名登记、考勤记录、进退场记录、工资核算、工资发放及支付凭证等资料。施工总承包单位对分包单位的相关台账和资料进行审核,及时向建设单位报送农民工名册、岗位及用工时间等汇总情况。发生农民工工资争议时,用工单位应向有关部门提供其依法保存的材料。

(十九)规范施工现场维权信息公示制度。

施工总承包单位应当在施工现场醒目位置设立维权信息告示牌,结合施工标准化有关要求,规范告示牌设立位置和内容,原则上应当在驻地主要出入口和农民工集中住宿区的醒目位置设置告示牌。

(二十)加强农民工培训和普法教育。

地方各级交通运输主管部门应当组织指导公路水运工程建设单位、施工单位及有关行业协会等积极开展农民工劳动技能、法律法规培训,提高农民工劳动技能和法治意识,提高依法维权的能力。引导法律服务机构及其从业人员积极参与欠薪相关咨询、调解、诉讼等,帮助农民工依法解决欠薪问题。

(二十一)鼓励农民工工资支付信息化管理。

鼓励有条件的地方和项目结合工程建设管理信息化工作,建立农民工实名制管理、工资支付管理信息化平台,加强工资支付监控预警,并及时做好与行业综合管理平台、市场信用信息管理系统以及相关部门信息化平台的衔接共享。有条件的项目,可采用人脸识别、电子标签等技术,加强农民工实名制管理。

六、加强监督管理

(二十二)完善投诉举报机制。

进一步梳理信访、劳动保障监察举报投诉电话、"12328"交通运输服务监督电话以及施工现场举报箱等渠道,研究畅通投诉举报的有效措施,及时发现问题线索。对于农民工工资相关举报、投诉,属于本部门受理的,应当依法及时处理;不属于本部门受理的,应及时移交并做好衔接。

(二十三)强化监督检查和验收公示。

结合公路水运建设督查、质量安全督查、春运检查等,对农民工工资有关工作进行监督检查,检查内容应重点包括《保障农民工工资支付条例》相关规定落实情况、建设单位和施工单位农民工工资管理情况、工程款支付及农民工工资按时足额发放情况等,对出现拖欠的项目、企业等进行重点监管,对重点时段提前进行部署。工程项目交工验收(或完工)后,应按要求对工资支付情况进行公示。

(二十四)加强信用监管。

将农民工实名制管理、农民工工资专用账户管理、代发工资、维权信息公示等制度实施情况纳入施工单位信用评价,评价结果与招投标挂钩。对于进入拖欠农民工工资"黑名单"的企业要明确惩戒措施,定期公开公示,提高企业违法失信成本;依法应列入失信联合惩戒对象名单的,要及时协调相关部门实行联合惩戒。有关信息要及时录入全国公路水运建设市场信用信息管理系统,并通过"信用交通"网站等渠道向社会公开。

七、完善保障措施

(二十五)加强组织领导。

地方各级交通运输主管部门要统一思想,充分认识保障农民工工资支付工作的复杂性和艰巨性,做到思想认识到位、组织领导到位、责任落实到位、制度措施到位、督促检查到位,全力做好相关工作,完成既定目标任务。

(二十六)注重部门协同。

按照地方人民政府的统一部署和要求,加强与相关部门的协调联动,形成工作合力,共同做好农民工工资支付保障工作。要进一步完善应急预案,发现问题及时处置,有效化解矛盾。

(二十七)加强宣传引导。

组织指导项目有关单位积极发挥新闻媒体的舆论引导和监督作用,多渠道广泛宣传保障农民工工资支付的重要意义和典型经验,做好相关法律法规及政策措施的解读,弘扬守法诚信,曝光违法拖欠,督促用工单位及时支付工资,引导农民工合法维权,共同营造良好的舆论环境。

《交通运输部关于进一步做好公路水运工程建设领域农民工工资支付与管理有关工作的意见》(交公路发〔2012〕740号)、《交通运输部办公厅关于贯彻落实〈国务院办公厅关于全面治理拖欠农民工工资问题的意见〉和治理拖欠工程款问题的通知》(交办公路〔2016〕106号)废止。

交通运输部

2020年5月18日

60. 工程建设领域农民工工资保证金规定

(人社部发〔2021〕65号)

第一章 总 则

第一条 为依法保护农民工工资权益，发挥工资保证金在解决拖欠农民工工资问题中的重要作用，根据《保障农民工工资支付条例》，制定本规定。

第二条 本规定所指工资保证金，是指工程建设领域施工总承包单位（包括直接承包建设单位发包工程的专业承包企业）在银行设立账户并按照工程施工合同额的一定比例存储，专项用于支付为所承包工程提供劳动的农民工被拖欠工资的专项资金。

工资保证金可以用银行类金融机构出具的银行保函替代，有条件的地区还可探索引入工程担保公司保函或工程保证保险。

第三条 工程建设领域工资保证金的存储比例、存储形式、减免措施以及使用返还等事项适用本规定。

第四条 各省级人力资源社会保障行政部门负责组织实施本行政区工资保证金制度。

地方人力资源社会保障行政部门应建立健全与本地区行业工程建设主管部门和金融监管部门的会商机制，加强信息通报和执法协作，确保工资保证金制度规范平稳运行。

第五条 工资保证金制度原则上由地市级人力资源社会保障行政部门具体管理，有条件的地区可逐步将管理层级上升为省级人力资源社会保障行政部门。

实施具体管理的地市级或省级人力资源社会保障行政部门，以下简称"属地人力资源社会保障行政部门"；对应的行政区，以下统称"工资保证金管理地区"。

同一工程地理位置涉及两个或两个以上工资保证金管理地区，发生管辖争议的，由共同的上一级人力资源社会保障行政部门商同级行业工程建设主管部门指定管辖。

第二章 工资保证金存储

第六条 施工总承包单位应当在工程所在地的银行存储工资保证金或申请开立银行保函。

第七条 经办工资保证金的银行（以下简称经办银行）依法办理工资保证金账户开户、存储、查询、支取、销户及开立保函等业务，应具备以下条件：

(一)在工程所在的工资保证金管理地区设有分支机构；

(二)信用等级良好、服务水平优良，并承诺按照监管要求提供工资保证金业务服务。

第八条 施工总承包单位应当自工程取得施工许可证（开工报告批复）之日起20个工作日内（依法不需要办理施工许可证或批准开工报告的工程自签订施工合同之日起20个工作日之内），持营业执照副本、与建设单位签订的施工合同在经办银行开立工资保证金专门账户存储工资保证金。

行业工程建设主管部门应当在颁发施工许可证或批准开工报告时告知相关单位及时存储工资保证金。

第九条 存储工资保证金的施工总承包单位应与经办银行签订《农民工工资保证金存款协议书》（附件1），并将协议书副本送属地人力资源社会保障行政部门备案。

第十条 经办银行应当规范工资保证金账户开户工作，为存储工资保证金提供必要的便利，与开户单位核实账户性质，在业务系统中对工资保证金账户进行特殊标识，并在相关网络查控平台、电子化专线信息传输系统等作出整体限制查封、冻结或划拨设置，防止被不当查封、冻结或划拨，保障资金安全。

第十一条 工资保证金按工程施工合同额（或年度合同额）的一定比例存储，原则上不低于1%，不超过3%，单个工程合同额较高的，可设定存储上限。

施工总承包单位在同一工资保证金管理地区有多个在建工程，存储比例可适当下浮但不得低于施工合同额（或年度合同额）的0.5%。

施工合同额低于300万元的工程，且该工程的施工总承包单位在签订施工合同前一年内承建的工程未发生工资拖欠的，各地区可结合行业保障农民工工资支付实际，免除该工程存储工资保证金。

前款规定的施工合同额可适当调整，调整范围由省级人力资源社会保障行政部门会同行业工程建设主管部门确定，并报人力资源社会保障部、住房和城乡建设部、交通运输部、水利部、铁路局、民航局备案。

第十二条 施工总承包单位存储工资保证金或提交银行保函后，在工资保证金管理地区承建工程连续2年未发生工资拖欠的，其新增工程应降低存储比例，降幅不低于50%；连续3年未发生工资拖欠且按要求落实用工实名制管理和农民工工资专用账户制度的，其新增工程可免于存储工资保证金。

施工总承包单位存储工资保证金或提交银行保函前2年内在工资保证金管理地区承建工程发生工资拖欠的，工资保证金存储比例应适当提高，增幅不低于50%；因拖欠农民工工资被纳入"严重失信主体名单"的，增幅不低于100%。

第十三条 工资保证金具体存储比例及浮动办法由省级人力资源社会保障行政部门商同级行业工程建设主管部门研究确定，报人力资源社会保障部备案。工资保证金存储比例应根据本行政区保障农民工工资支付实际情况实行定期动态调整，主动向社会公布。

第十四条　工资保证金账户内本金和利息归开立账户的施工总承包单位所有。在工资保证金账户被监管期间,企业可自由提取和使用工资保证金的利息及其他合法收益。

除符合本规定第十九条规定的情形,其他任何单位和个人不得动用工资保证金账户内本金。

第十五条　施工总承包单位可选择以银行保函替代现金存储工资保证金,保函担保金额不得低于按规定比例计算应存储的工资保证金数额。

保函正本由属地人力资源社会保障行政部门保存。

第十六条　银行保函应以属地人力资源社会保障行政部门为受益人,保函性质为不可撤销见索即付保函(附件2)。

施工总承包单位所承包工程发生拖欠农民工工资,经人力资源社会保障行政部门依法作出责令限期清偿或先行清偿的行政处理决定,到期拒不清偿时,由经办银行依照保函承担担保责任。

第十七条　施工总承包单位应在其工程施工期内提供有效的保函,保函有效期至少为1年并不得短于合同期。工程未完工保函到期的,属地人力资源社会保障行政部门应在保函到期前一个月提醒施工总承包单位更换新的保函或延长保函有效期。

第十八条　属地人力资源社会保障行政部门应当将存储工资保证金或开立银行保函的施工总承包单位名单及对应的工程名称向社会公布,施工总承包单位应当将本工程落实工资保证金制度情况纳入维权信息告示牌内容。

第三章　工资保证金使用

第十九条　施工总承包单位所承包工程发生拖欠农民工工资的,经人力资源社会保障行政部门依法作出责令限期清偿或先行清偿的行政处理决定,施工总承包单位到期拒不履行的,属地人力资源社会保障行政部门可以向经办银行出具《农民工工资保证金支付通知书》(附件3,以下简称《支付通知书》),书面通知有关施工总承包单位和经办银行。经办银行应在收到《支付通知书》5个工作日内,从工资保证金账户中将相应数额的款项以银行转账方式支付给属地人力资源社会保障行政部门指定的被拖欠工资农民工本人。

施工总承包单位采用银行保函替代工资保证金,发生前款情形的,提供银行保函的经办银行应在收到《支付通知书》5个工作日内,依照银行保函约定支付农民工工资。

第二十条　工资保证金使用后,施工总承包单位应当自使用之日起10个工作日内将工资保证金补足。

采用银行保函替代工资保证金发生前款情形的,施工总承包单位应在10个工作日内提供与原保函相同担保范围和担保金额的新保函。施工总承包单位开立新保函后,原保函即行失效。

第二十一条　经办银行应每季度分别向施工总承包单位和属地人力资源社会保障行政部门提供工资保证金存款对账单。

第二十二条　工资保证金对应的工程完工,施工总承包单位作出书面承诺该工程不存在未解决的拖欠农民工工资问题,并在施工现场维权信息告示牌及属地人力资源社会保障行政部门门户网站公示30日后,可以申请返还工资保证金或银行保函正本。

属地人力资源社会保障行政部门自施工总承包单位提交书面申请5个工作日内审核完毕,并在审核完毕3个工作日内向经办银行和施工总承包单位出具工资保证金返还(销户)确认书。经办银行收到确认书后,工资保证金账户解除监管,相应款项不再属于工资保证金,施工总承包单位可自由支配账户资金或办理账户销户。

选择使用银行保函替代现金存储工资保证金并符合本条第一款规定的,属地人力资源社会保障行政部门自施工总承包单位提交书面申请5个工作日内审核完毕,并在审核完毕3个工作日内返还银行保函正本。

属地人力资源社会保障行政部门在审核过程中发现工资保证金对应工程存在未解决的拖欠农民工工资问题,应在审核完毕3个工作日内书面告知施工总承包单位,施工总承包单位依法履行清偿(先行清偿)责任后,可再次提交返还工资保证金或退还银行保函正本的书面申请。

属地人力资源社会保障行政部门应建立工资保证金定期(至少每半年一次)清查机制,对经核实工程完工且不存在拖欠农民工工资问题,施工总承包单位在一定期限内未提交返还申请的,应主动启动返还程序。

第二十三条　施工总承包单位认为行政部门的行政行为损害其合法权益的,可以依法申请行政复议或者向人民法院提起行政诉讼。

第四章　工资保证金监管

第二十四条　工资保证金实行专款专用,除用于清偿或先行清偿施工总承包单位所承包工程拖欠农民工工资外,不得用于其他用途。

除法律另有规定外,工资保证金不得因支付为本工程提供劳动的农民工工资之外的原因被查封、冻结或者划拨。

第二十五条　人力资源社会保障行政部门应加强监管,对施工总承包单位未依据《保障农民工工资支付条例》和本规定存储、补足工资保证金(或提供、更新保函)的,应按照《保障农民工工资支付条例》第五十五条规定追究其法律责任。

第二十六条　属地人力资源社会保障行政部门要建立工资保证金管理台账,严格规范财务、审计制度,加强账户监管,确保专款专用。

行业工程建设主管部门对在日常监督检查中发现的未按规定存储工资保证金问题,应及时通报同级人力资源社会保障行政部门。对未按规定执行工资保证金制度的施工单位,除依法给予行政处罚(处理)外,应按照有关规定计入其信用记录,依法实施信用惩戒。

对行政部门擅自减免、超限额收缴、违规挪用、无故拖延返还工资保证金的,要严肃追究责任,依法依规对有关责任人员实行问责;涉嫌犯罪的,移送司法机关处理。

第五章 附 则

第二十七条 房屋市政、铁路、公路、水路、民航、水利领域之外的其他工程,参照本规定执行。

采用工程担保公司保函或工程保证保险方式代替工资保证金的,参照银行保函的相关规定执行。

第二十八条 本规定由人力资源社会保障部会同住房和城乡建设部、交通运输部、水利部、银保监会、铁路局、民航局负责解释。各地区可根据本规定并结合工作实际,制定具体实施办法,并向人力资源社会保障部、住房和城乡建设部、交通运输部、水利部、银保监会、铁路局、民航局备案。在贯彻实施中遇到的重大问题,请及时向人力资源社会保障部报告。

第二十九条 本规定自2021年11月1日起施行。

本规定施行前已按属地原有工资保证金政策存储的工资保证金或保函继续有效,其日常管理、动用和返还等按照原有规定执行;本规定施行后新开工工程和尚未存储工资保证金的在建工程工资保证金按照本规定及各地区具体实施办法执行。

61. 工程建设领域农民工工资专用账户管理暂行办法

(人社部发〔2021〕53号)

第一章 总 则

第一条 为根治工程建设领域拖欠农民工工资问题,规范农民工工资专用账户管理,切实维护农民工劳动报酬权益,根据《保障农民工工资支付条例》《人民币银行结算账户管理办法》等有关法规规定,制定本办法。

第二条 本办法所称农民工工资专用账户(以下简称专用账户)是指施工总承包单位(以下简称总包单位)在工程建设项目所在地银行业金融机构(以下简称银行)开立的,专项用于支付农民工工资的专用存款账户。人工费用是指建设单位向总包单位专用账户拨付的专项用于支付农民工工资的工程款。

第三条 本办法所称建设单位是指工程建设项目的项目法人或负有建设管理责任的相关单位;总包单位是指从建设单位承接施工任务,具有施工承包资质的企业,包括工程总承包单位、施工总承包企业、直接承包建设单位发包工程的专业承包企业;分包单位是指承接总包单位发包的专业工程或者劳务作业,具有相应资质的企业;监理单位是指受建设单位委托依法执行工程监理任务,取得监理资质证书,具有法人资格的监理公司等单位。

本办法所称相关行业工程建设主管部门是指各级住房和城乡建设、交通运输、水利、铁路、民航等工程建设项目的行政主管部门。

第四条 本办法适用于房屋建筑、市政、交通运输、水利及基础设施建设的建筑工程、线路管道、设备安装、工程装饰装修、城市园林绿化等各种新建、扩建、改建工程建设项目。

第二章 专用账户的开立、撤销

第五条 建设单位与总包单位订立书面工程施工合同时,应当约定以下事项:

(一)工程款计量周期和工程款进度结算办法;

(二)建设单位拨付人工费用的周期和拨付日期;

(三)人工费用的数额或者占工程款的比例等。

前款第三项应当满足农民工工资按时足额支付的要求。

第六条 专用账户按工程建设项目开立。总包单位应当在工程施工合同签订之日起30日内开立专用账户,并与建设单位、开户银行签订资金管理三方协议。专用账户名称为总包单位名称加工程建设项目名称后加"农民工工资专用账户"。总包单位应当在专用账户开立后的30日内报项目所在地专用账户监管部门备案。监管部门由各省、自治区、直辖市根据《保障农民工工资支付条例》确定。

总包单位有2个及以上工程建设项目的,可开立新的专用账户,也可在符合项目所在地监管要求的情况下,在已有专用账户下按项目分别管理。

第七条 开户银行应当规范优化农民工工资专用账户开立服务流程,配合总包单位及时做好专用账户开立和管理工作,在业务系统中对账户进行特殊标识。

开户银行不得将专用账户资金转入除本项目农民工本人银行账户以外的账户,不得为专用账户提供现金支取和其他转账结算服务。

第八条 除法律另有规定外,专用账户资金不得因支付为本项目提供劳动的农民工工资之外的原因被查封、冻结或者划拨。

第九条 工程完工、总包单位或者开户银行发生变更需要撤销专用账户的,总包单位将本工程建设项目无拖欠农民工工资情况公示30日,并向项目所在地人力资源社会保障行政部门、相关行业工程建设主管部门出具无拖欠农民工工资承诺书。

开户银行依据专用账户监管部门通知取消账户特殊标识,按程序办理专用账户撤销手续,专用账户余额归总包单位所有。总包单位或者开户银行发生变更,撤销账户后可按照第六条规定开立新的专用账户。

第十条 工程建设项目存在以下情况,总包单位不得向开户银行申请撤销专用账户:

(一)尚有拖欠农民工工资案件正在处理的;

(二)农民工因工资支付问题正在申请劳动争议仲裁或者向人民法院提起诉讼的;

(三)其他拖欠农民工工资的情形。

第十一条 建设单位应当加强对总包单位开立、撤销专用账户情况的监督。

第三章 人工费用的拨付

第十二条 建设单位应当按工程施工合同约定的数额或者比例等,按时将人工费用拨付到总包单位专用账户。人工费用拨付周期不得超过1个月。

开户银行应当做好专用账户日常管理工作。出现未按约定拨付人工费用等情况的,开户银行应当通知总包单位,由总包单位报告项目所在地人力资源社会保障行政部门和相关行业工程建设主管部门,相关部门应当纳入欠薪预警并及时进行处置。

建设单位已经按约定足额向专用账户拨付资金,但总包单位依然拖欠农民工工资的,建设单位应及时报有关部门。

第十三条 因用工量增加等原因导致专用账户余额不足以按时足额支付农民工工资时,总包单位提出需增加的人工费用数额,由建设单位核准后及时追加拨付。

第十四条 工程建设项目开工后,工程施工合同约定的人工费用的数额、占工程款的比例等需要修改的,总包单位可与建设单位签订补充协议并将相关修改情况通知开户银行。

第四章 农民工工资的支付

第十五条 工程建设领域总包单位对农民工工资支付负总责,推行分包单位农民工工资委托总包单位代发制度(以下简称总包代发制度)。

工程建设项目施行总包代发制度的,总包单位与分包单位签订委托工资支付协议。

第十六条 总包单位或者分包单位应当按照相关行业工程建设主管部门的要求开展农民工实名制管理工作,依法与所招用的农民工订立劳动合同并进行用工实名登记。总包单位和分包单位对农民工实名制基本信息进行采集、核实、更新,建立实名制管理台账。工程建设项目应结合行业特点配备农民工实名制管理所必需的软硬件设施设备。

未与总包单位或者分包单位订立劳动合同并进行用工实名登记的人员,不得进入项目现场施工。

第十七条 施行总包代发制度的,分包单位以实名制管理信息为基础,按月考核农民工工作量并编制工资支付表,经农民工本人签字确认后,与农民工考勤表、当月工程进度等情况一并交总包单位,并协助总包单位做好农民工工资支付工作。

总包单位应当在工程建设项目部配备劳资专管员,对分包单位劳动用工实施监督管理,审核分包单位编制的农民工考勤表、工资支付表等工资发放资料。

第十八条 总包单位应当按时将审核后的工资支付表等工资发放资料报送开户银行,开户银行应当及时将工资通过专用账户直接支付到农民工本人的银行账户,并由总包单位向分包单位提供代发工资凭证。

第十九条 农民工工资卡实行一人一卡、本人持卡,用人单位或者其他人员不得以任何理由扣押或者变相扣押。

开户银行应采取有效措施,积极防范本机构农民工工资卡被用于出租、出售、洗钱、赌博、诈骗和其他非法活动。

第二十条 开户银行支持农民工使用本人的具有金融功能的社会保障卡或者现有银行卡领取工资,不得拒绝其使用他行社会保障卡银行账户或他行银行卡。任何单位和个人不得强制要求农民工重新办理工资卡。农民工使用他行社会保障卡银行账户或他行银行卡的,鼓励执行优惠的跨行代发工资手续费率。

农民工本人确需办理新工资卡的,优先办理具有金融功能的社会保障卡,鼓励开户银行提供便利化服务,上门办理。

第二十一条 总包单位应当将专用账户有关资料、用工管理台账等妥善保存,至少保存至工程完工且工资全部结清后3年。

第二十二条 建设单位在签订工程监理合同时,可通过协商委托监理单位实施农民工工资支付审核及监督。

第五章 工资支付监控预警平台建设

第二十三条 人力资源社会保障部会同相关部门统筹做好全国农民工工资支付监控预警平台的规划和建设指导工作。

省级应当建立全省集中的农民工工资支付监控预警平台,支持辖区内省、市、县各级开展农民工工资支付监控预警。同时,按照网络安全和信息化有关要求,做好平台安全保障工作。

国家、省、市、县逐步实现农民工工资支付监控预警数据信息互联互通,与建筑工人管理服务、投资项目在线审批监管、全国信用信息共享、全国水利建设市场监管、铁路工程监督管理等信息平台对接,实现信息比对、分析预警等功能。

第二十四条 相关单位应当依法将工程施工合同中有关专用账户和工资支付的内容及修改情况、专用账户开立和撤销情况、劳动合同签订情况、实名制管理信息、考勤表信息、工资支付表信息、工资支付信息等实时上传农民工工资支付监控预警平台。

第二十五条 各地人力资源社会保障、发展改革、财政、住房和城乡建设、交通运输、水利等部门应当加强工程建设项目审批、资金落实、施工许可、劳动用工、工资支付等信息的及时共享,依托农民工工资支付监控预警平台开展多部门协同监管。

各地要统筹做好农民工工资支付监控预警平台与工程建设领域其他信息化平台的数据信息共享,避免企业重复采集、重复上传相关信息。

第二十六条 农民工工资支付监控预警平台依法归集专用账户管理、实名制管理和工资支付等方面信息,对违反专用账户管理、人工费用拨付、工资支付规定的情况及时进行预警,逐步实现工程建设项目农民工工资支付全过程动态监管。

第二十七条 加强劳动保障监察相关系统与农民工工资支付监控预警平台的协同共享和有效衔接,开通工资支付通知、查询功能和拖欠工资的举报投诉功能,方便农民工及时掌握本人工资支付情况,依法维护劳动报酬权益。

第二十八条 已建立农民工工资支付监控预警平台并实现工资支付动态监管的地区,专用账户开立、撤销不再要求进行书面备案。

第六章 监督管理

第二十九条 各地应当依据本办法完善工程建设领域农民工工资支付保障制度体系,坚持市场主体负责、政府依法监管、社会协同监督,按照源头治理、预防为主、防治结合、标本兼治的要求,依法根治工程建设领域拖欠农民工工资问题。

第三十条 各地人力资源社会保障行政部门和相关

行业工程建设主管部门应当按职责对工程建设项目专用账户管理、人工费用拨付、农民工工资支付等情况进行监督检查,并及时处理有关投诉、举报、报告。

第三十一条 人民银行及其分支机构、银保监会及其派出机构应当采取必要措施支持银行为专用账户管理提供便利化服务。

第三十二条 各级人力资源社会保障行政部门和相关行业工程建设主管部门不得借推行专用账户制度的名义,指定开户银行和农民工工资卡办卡银行;不得巧立名目收取费用,增加企业负担。

第七章 附 则

第三十三条 各省级人力资源社会保障行政部门可根据本暂行办法,会同相关部门结合本地区实际情况制定实施细则。

第三十四条 同一工程建设项目发生管辖争议的,由共同的上一级人力资源社会保障部门会同相关行业工程建设主管部门指定管辖。

第三十五条 本暂行办法自印发之日起施行。办法施行前已开立的专用账户,可继续保留使用。

廉政建设

62. 在交通基础设施建设中加强廉政建设的若干意见（试行）

（交监察发〔1999〕711号）

为了进一步规范交通基础设施建设市场和从业单位、从业人员的行为，预防和交通基础设施建设中腐败现象的滋生，保障交通基础设施建设决策正确、方案科学、管理规范、质量可靠、建设资金的安全和有效使用以及投资效益，根据国家有关法律和党中央、国务院《关于实行党风廉政建设责任制的规定》、国务院办公厅《关于加强基础设施工程质量管理的通知》以及交通部的有关规定，特提出本意见。

一、建立建设项目廉政建设责任制

1. 各从业单位和从业人员要认真学习党中央、国务院、中纪委有关廉政建设的文件、党纪政纪规定及有关的法律法规，明确党风廉政建设在交通基础设施建设中的意义、地位和作用；广泛开展廉政告知活动和职业道德教育，明确自身的廉政要求、行为准则和职业道德规范。

2. 各从业单位要按照党中央、国务院《关于实行党风廉政建设责任制的规定》的要求，建立项目廉政建设责任制。各从业单位的项目法人不仅要对所担负的建设项目负总责，也要对所管项目范围内的廉政建设负总责；要根据责任制的总体要求制定具体的实施细则，建立一级抓一级、一级对一级负责，层层抓落实的责任体系，明确项目实施过程中各级各类人员在廉政建设中的廉政要求、行为规范和应承担的责任，与工程建设的各项业务指标同时下达、同时检查、同时考核。

3. 违反建设项目廉政建设责任制的有关规定或造成严重后果的，除按规定追究有关责任人的责任外，还必须追究有关领导的责任。

二、抓好建设项目前期工作中的廉政建设

4. 勘察设计、科研、咨询等的单位要根据国家关于项目建设前期工作的有关规定，深入调查研究和勘察、试验，科学、公正、客观地对项目的建设必要性、技术可行性、经济合理性、实施可能性作出结论，为项目决策提供科学依据。严禁无资质或越级勘察、设计，转借或出卖图鉴、资质证书、资信证明；不得无视客观事实，提供不负责任的预可行性研究、工程可行性研究、初步设计文件和科学试验分析报告、咨询评估报告。由此而误导项目法人和上级决策部门，造成决策失误，应追究有关单位和责任人的责任。

5. 建设单位和各级交通主管部门要根据项目建设前期工作各阶段的自身职责，严格按规定做好相关工作。凡擅自简化、改变建设程序、超越权限，"化整为零"，违反项目决策咨询评估制度；弄虚作假，骗取工程立项上马；"宽打窄用"，套取国家建设资金或指使、串通勘察设计、科研、咨询等单位在前期工作弄虚作假，欺上瞒下的，应追究有关单位和责任人的责任。

6. 审批部门要严格审批程序、审批制度。不得越权审批；不得利用项目审批谋取私利或有意拖延、刁难；不得在未经评估论证、情况不清、资料不全的情况下，对项目盲目决策。违反上述规定的，应追究审批部门和责任人的责任。

三、加强招标过程中的廉政建设

7. 要严格执行《中华人民共和国招投标法》和国务院以及交通部颁发的有关交通建设招投标管理办法，遵循公开、公平、公正和诚实信用的原则，落实廉政建设的有关规定。凡是有下列情形之一，均追究相应的责任：

（1）应当公开招标而未招标的；将应招标项目化整为零或以其他方式规避招标的；邀标未经批准；

（2）不具备相应资质，或未获资信登记而准予进入交通基础设施建设市场的；

（3）项目法人单位主要负责人所兼职的经济实体参加本项目招投标的；

（4）搞"关系标"、"人情标"、"形式标"或未依法组建评标委员的；

（5）在招投标中弄虚作假、泄露标底和其他应当保密的与招投标活动有关的情况和资料的；

（6）中标人将中标项目转让（或肢解后转让）他人，或将部分主题工程、关键性工程分包给他人，或分包人再分包的；

（7）不按招标文件或中标人的投标文件订立合同的，或订立背离合同实质内容的协议的；

（8）利用职权给建设单位、评标委员会成员或者参加评标的有关工作人员打招呼或施加压力，影响或干扰招标工作的；

（9）评标委员会成员或者参加评标的有关工作人员反招投标的有关规定和"客观、公正、科学"的原则，私下接触投标人，收受投标人的财物或其他好处，或利用评标工作的权利，故意提出有失公允的评审意见的；

（10）利用贿赂、宴请、娱乐等手段影响招标工作公正进行的；

（11）利用职权向承包单位指定分包单位，或在评标委员会依法推荐的中标候选人以外确定中标人的。

8. 积极推行项目法人、施工单位和监理单位三方签定《廉政合同》制度，《廉政合同》的主要条款应包括：

（1）合同各方面按照国家法律、法规和政策应当履行的廉政行为规范；

（2）各方在廉政建设中的权利、义务和责任；

（3）对合同的执行情况进行检查的方法、标准及其时间约定；

（4）各方的违约责任。

《廉政合同》由各方签字盖章，与《工程合同》同时生效执行。

四、加强工程实施过程中的廉政建设

9. 严格按照批准的设计和合同要求，组织工程实施。任何单位和个人不得违反规定程序，随意修改设计、改变标准或调整工程量；严禁设计、监理、施工单位、项目法人串通，损害国家或单位利益，违者应追究有关单位和责任人的责任。

10. 工程监理单位和监理人员要"守法、诚信、公正、科学"的职业道德，严格按照监理合同的要求；要坚持现场旁站监理制度，发现问题，必须按规定及时纠正。监理人员不得利用职权徇私舞弊或弄虚作假谋取私利。违反上述要求，应追究有关监理单位和监理人员的责任。

11. 主要材料、设备的采购，应当进行公开招标或按合同规定的要求进行。

（1）采购单位要考核供应商的资质、资信情况，实行质保制度、检验制度，严把材料、设备的质量关、价格关、供期关；严禁"以次充好"、"以假冒真"、"以少报多"；严禁利用材料、设备的采购谋取私利，违者应追究有关单位和责任人的责任；

（2）任何人不得利用职权向工程承包单位推销材料或设备，或由其子女、配偶、亲属及身边工作人员供应材料、设备，违者应追究其责任。

12. 有关单位和部门要加大对建设资金的监管力度，确保建设资金的安全和有效使用。项目资金必须专款专用，严禁挪作它用；要按照财务管理的有关规定和节俭的原则，严格控制工程的管理性费用，不得超范围、超标准滥发钱物，不得违反规定购买交通、通讯工具和其他高档办公设备，不得搞超标准接待；建设资金必须严格按照工程的进度和监理单位的认可手续，实行计量支付；项目法人、监理单位不得以资金拨付为手段谋取私利；任何单位不得相互勾结，非法套取建设资金，违者应追究有关单位和责任人的责任。

13. 认真履行工程检查制度，严把工程质量关。严禁利用工程质量等级、技术标准、施工工艺、操作规程、检测试验等为手段，损害国家和单位的利益，违者应追究单位和责任人的责任。

14. 建立工程质量终身责任制。项目工程质量的行政领导责任人、项目法定代表人，勘察设计、施工、监理、审批等单位的法定代表人，要按照各自的职责对其经手的工程质量负终身责任。若发生重大工程质量事故，不管调到哪里工作，担任什么职务，都要追究相应的责任。

15. 建设项目的验收，必须按照国家有关规定和程序进行。凡擅自将未经交工验收不合格的项目投入使用的，或在验收过程中利用工程质量等级评定、工程决算、竣工资料编制、工程遗留问题处理等搞弄虚作假、谋取私利的，应追究有关单位和责任人的责任。

五、强化建设项目投产后的效能监督

16. 要认真执行建设项目使用效能后评价制度。在建设项目竣工验收2—3年后，应按照国家有关文件的规定要求，进行建设项目后评价工作。后评价工作必须以建设项目各阶段的正式文件和建成投产后的实际情况为依据，分析建设规模、建设方案、工程概算、建设工期、工程质量、经济效益、财务效益等各项技术经济指标的变化及其原因，检验项目决策及设计、施工的科学合理性。因主观因素造成重大经济损失和恶劣社会影响的，应追究有关单位和责任人的责任。

六、建立和健全廉政建设的监督机制

17. 交通主管部门要高度重视交通基础建设中的廉政建设，负起监督检查项目法人、勘察设计、科研、咨询、施工、监理单位廉政建设的责任。发现问题，及时处理或移送有关部门。

18. 凡属国家、省（市、自治区）重大交通项目的工程，其交通主管部门可向建设项目派出检查组或稽查特派员。检查或稽查特派员有权按有关法规和派出机关的授权监督工程重大事项，及时向派出机关反映问题，提出处理建议，或向所驻单位提出整改意见。

19. 各级审计机构要依法对建设项目的概预算编制、执行情况以及建设资金运作、经济合同、竣工决算等进行审计监督，发现有违规行为或腐败现象的，应及时提交有关部门处理。

20. 自觉接受社会和舆论的监督，完善举报制度。各从业单位要公布举报电话，指派专人负责举报处理，保护和奖励有功人员。

21. 各级纪检、监察机构要强化对交通基础设施建设的监督力度，加强对工程建设立项、招投标、工程验收以及后评价等重要环节的监督监察，查处交通基础设施建设过程中的违规违纪、情节严重的案件，要认真查处。

22. 各级交通主管部门、质量监督、纪检、监察及审计机构及其人员，知情不报、瞒案不办、故意纵容、包庇违纪违规单位或责任人；玩忽职守、放纵违纪违规行为；或自身不清正廉洁，造成严重后果的，应从严查处，从重处理。

63.关于在交通基础设施建设中推行廉政合同的通知

(交监察发〔2000〕516号)

各省、自治区、直辖市、新疆生产建设兵团交通厅(局、委),上海、天津市政工程局,部属各单位,部内各单位:

为加强交通基础设施建设中的廉政建设工作,保证工程建设的高效优质,确保建设资金的安全和有效使用,按照部《在交通部基础设施建设中加强廉政建设的若干意见(试行)》的要求,决定在国家重点交通基础设施建设中推行《廉政合同》。现将有关事项通知如下:

一、从2001年1月1日起,凡由国家计委或交通部审批可行性研究报告,且由国内企业进行施工和监理,项目法人(建设单位)行政关系隶属于交通部门的新开工基础设施项目,项目法人(建设单位)与承包商(施工单位、监理单位)在签订工程合同的同时签订《廉政合同》。上述基础设施项目包括公路、水运和交通支持系统建设。

二、《廉政合同》的内容包括:合同双方按照国家法律、法规和政策应该履行的廉政行为;各方在廉政建设中的权力、义务和责任;各方的违约责任;合同履行情况的监督电位及进行检查的方法、标准及时间约定等(见《廉政合同范本》)。

《廉政合同范本》为推荐文本,可根据本地区、本单位的实际增加条款,但内容不得与推荐范本相悖。

三、项目法人(建设单位)对《廉政合同》的签订和合同的样本要事先声明,与工程招标文件一起提供给参加施工、监理投标的单位,并在招标书中明确有关要求。

四、《廉政合同》的监督单位要加强对合同履行情况的监督检查。检查情况应形成文字材料与工程合同一并归档备查。工程验收时应将《廉政合同》的内容一起检查验收,没有签订《廉政合同》的,在工程验收时应视为缺损项目进行考评。

五、推行《廉政合同》是一项涉及面广、政策性强的工作,各级党政领导,特别是一把手要加强领导,把推行《廉政合同》作为在交通基础设施建设中加强廉政建设的一项重要措施,精心组织,抓好落实。要加强对项目管理和参建单位广大干部、职工的宣传、教育和培训,使之了解推行《廉政合同》的重要意义,掌握《廉政合同》的内容与具体操作方法。交通建设主管部门和纪检监察机关要密切配合,做好协调工作。

六、各地区、各单位在推行《廉政合同》中要注意总结经验,抓好试点,树立典型,把握好推行《廉政合同》的关键环节。在具体操作时,要注意规范程序,保证《廉政合同》签订和履行的严肃性。对在推行中发现的新情况和新问题,要及时向上级有关部门报告。

_____建设工程廉政合同
(项目法人与监理单位)

根据交通部《关于在交通基础设施建设中加强廉政建设的若干意见》以及有关工程建设、廉政建设的规定,为做好工程建设中的党风廉政建设,保证工程建设高效优质,保证建设资金的安全和有效使用以及投资效益,_____建设工程的项目法人_____(以下称甲方)与监理单位_____(以下称乙方),特订立如下合同。

第一条 甲乙双方的权利和义务

(一)严格遵守党和国家有关法律及交通部的有关规定。

(二)严格执行_____工程监理的合同文件,自觉按合同办事。

(三)双方的业务活动坚持公开、公正、诚信、透明的原则(除法律认定的商业秘密和合同文件另有规定之外),不得损害国家和集体利益,违反工程建设管理规章制度。

(四)建立健全廉政制度,开展廉政教育,设立廉政告示牌,公布举报电话,监督并认真查处违法违纪行为。

(五)发现对方在业务活动中有违反廉政规定的行为,有及时提醒对方纠正的权利和义务。

(六)发现对方严重违反本合同义务条款的行为,有向上级有关部门举报、建议给予处理并要求告知处理结果的权利。

第二条 甲方的义务

(一)甲方及其工作人员不得索要或接受乙方的礼金,有价证券和贵重物品,不得在乙方报销任何应由甲方或个人支付的费用等。

(二)甲方工作人员不得参加乙方安排的超标准宴请和娱乐活动;不得接受乙方提供的通讯工具、交通工具和高档办公用品等。

(三)甲方及其工作人员不得要求或者接受乙方为其住房装修、婚丧嫁娶活动、配偶子女的工作安排以及出国处境、旅游等提供方便等。

(四)甲方工作人员的配偶、子女不得从事与甲方工程有关的监理分包项目。

第三条 乙方义务

(一)乙方不得以任何理由向甲方及其工作人员行贿或馈赠礼金、有价证券、贵重礼品。

(二)乙方不得以任何名义为甲方及其工作人员报销由甲方单位或个人支付的任何费用。

(三)乙方不得以任何理由安排甲方工作人员参加超标准宴请及娱乐活动。

(四)乙方不得为甲方单位和个人购置或提供通讯工具、交通工具和高档办公用品等。

(五)乙方及其工作人员不得索取或接受工单位的礼金、有价证券和贵重物品,不得在施工单位报销任何应由乙方或个人支付的费用。

（六）乙方及其工作人员必须严格按照监理规程办事，不得与施工单位串通，损害甲方利益。

第四条 违约责任

（一）甲方及其工作人员违反本合同第一、二条，按管理权限，依据有关规定给予党纪、政纪或组织处理；涉嫌犯罪的，移交司法机关追究刑事责任；给乙方单位造成经济损失的，应予以赔偿。

（二）乙方及其工作人员违反本合同第一、三条，按管理权限，依据有关规定，给予党纪、政纪或组织处理；给甲方单位造成经济损失的，应予以赔偿；情节严重的，甲方建议交通工程建设主管部门给予乙方一至三年内不得进入其主管的交通工程建设市场的处罚。

第五条 双方约定：本合同由双方上级单位的纪检监察机关负责监督执行。由甲方或甲方上级单位的纪检监察机关约请乙方或乙方上级单位纪检监察机关对本合同执行情况进行检查；提出在本合同规定范围内的裁定意见。

第六条 本合同有效期为甲乙双方签署之日起至该工程项目竣工验收后止。

第七条 本合同作为＿＿＿＿＿工程监理合同的附件，与工程监理合同具有同等的法律效力，经合同双方签署立即生效。

第八条 本合同甲、乙双方各执一份，送交双方监督单位一份。

甲方单位：（盖章）　　乙方单位：（盖章）
法定代表人：　　　　　法定代表人：
地址：　　　　　　　　地址：
电话：　　　　　　　　电话：
甲方监督单位：（盖章）乙方监督单位：（盖章）

＿＿＿＿＿建设工程廉政合同
（项目法人与施工单位）

根据交通部《关于在交通基础设施建设中加强廉政建设的若干意见》以及有关工程建设、廉政建设的规定，为做好工程建设中的党风廉政建设，保证工程建设高效优质，保证建设资金的安全和有效使用以及投资效益，＿＿＿＿＿建设工程的项目法人＿＿＿＿＿（以下称甲方）与施工单位＿＿＿＿＿（以下称乙方），特订立如下合同。

第一条 甲乙双方的权利和义务

（一）严格遵守党和国家有关法律及交通部的有关规定。

（二）严格执行＿＿＿＿＿建设工程的合同文件，自觉按合同办事。

（三）双方的业务活动坚持公开、公正、诚信、透明的原则（除法律认定的商业秘密和合同文件另有规定之外），不得损害国家和集体利益，违反工程建设管理规章制度。

（四）建立健全廉政制度，开展廉政教育，设立廉政告示牌，公布举报电话，监督并认真查处违法违纪行为。

（五）发现对方在业务活动中有违反廉政规定的行为，有及时提醒对方纠正的权利和义务。

（六）发现对方严重违反本合同义务条款的行为，有向上级有关部门举报、建议给予处理并要求告知处理结果的权利。

第二条 甲方的义务

（一）甲方及其工作人员不得索要或接受乙方的礼金，有价证券和贵重物品，不得在乙方报销任何应由甲方或个人支付的费用等。

（二）甲方工作人员不得参加乙方安排的超标准宴请和娱乐活动；不得接受乙方提供的通讯工具、交通工具和高档办公用品等。

（三）甲方及其工作人员不得要求或者接受乙方为其住房装修、婚丧嫁娶活动、配偶子女的工作安排以及出国出境、旅游等提供方便等。

（四）甲方工作人员的配偶、子女不得从事与甲方工程有关的材料设备供应、工程分包、劳务等经济活动等。

（五）甲方及其工作人员不得以任何理由向乙方推荐分包单位，不得要求乙方购买合同规定外的材料和设备。

第三条 乙方义务

（一）乙方不得以任何理由向甲方及其工作人员行贿或馈赠礼金、有价证券、贵重礼品。

（二）乙方不得以任何名义为甲方及其工作人员报销由甲方单位或个人支付的任何费用。

（三）乙方不得以任何理由安排甲方工作人员参加超标准宴请及娱乐活动。

（四）乙方不得为甲方单位和个人购置或提供通讯工具、交通工具和高档办公用品等。

第四条 违约责任

（一）甲方及其工作人员违反本合同第一、二条，按管理权限，依据有关规定给予党纪、政纪或组织处理；涉嫌犯罪的，移交司法机关追究刑事责任；给乙方单位造成经济损失的，应予以赔偿。

（二）乙方及其工作人员违反本合同第一、三条，按管理权限，依据有关规定，给予党纪、政纪或组织处理；给甲方单位造成经济损失的，应予以赔偿；情节严重的，甲方建议交通工程建设主管部门给予乙方一至三年内不得进入其主管的交通工程建设市场的处罚。

第五条 双方约定：本合同由双方上级单位的纪检监察机关负责监督执行。由甲方或甲方上级单位的纪检监察机关约请乙方或乙方上级单位纪检监察机关对本合同履行情况进行检查；提出在本合同规定范围内的裁定意见。

第六条 本合同有效期为甲乙双方签署之日起至该工程项目竣工验收后止。

第七条 本合同作为＿＿＿＿＿工程施工合同的附件，与工程施工合同具有同等的法律效力，经合同双方签署立即生效。

第八条 本合同甲、乙双方各执一份，送交双方监督单位一份。

64. 交通基础设施建设重点工程实施纪检监察人员派驻制度的暂行办法

(交监察发〔2003〕209号)

第一章 总 则

第一条 为加强交通基础设施建设重点工程项目的廉政建设，积极预防和遏制腐败现象的发生，进一步规范交通基础设施建设重点工程派驻工作，制定本办法。

第二条 本办法所称交通基础设施建设重点工程，是指由国家发展和改革委员会审批的或交通部审批可行性研究报告，且由国内企业进行施工和监理的大中型交通建设项目。

第三条 交通基础设施建设重点工程派驻纪检监察机构（人员）工作，由省（区、市）交通主管部门统一领导，根据交通基础设施建设工程实际和廉政建设有关规定，负责向交通基础设施建设重点工程派驻纪检监察机构或纪检监察员。

第四条 派驻纪检监察人员应正确履行职责，依法依纪办事，对参建单位在工程建设过程中的廉政工作进行指导和监督检查。

第二章 派 驻 人 员

第五条 省（区、市）交通纪检监察部具体负责派驻人员的管理及日常工作的领导。

第六条 派驻人员应具备下列条件：
（一）熟悉有关法律、法规、规章和政策；
（二）坚持原则，廉洁自律，忠于职守，保守秘密；
（三）大专以上文化程度，有较强的组织协调能力；
（四）具有一定工程建设管理和纪检监察方面的专业知识；
（五）身体健康。

第七条 派驻人员工资、奖金、福利待遇以及办公设备、通讯工具、车辆使用、工作经费等由各省（区、市）交通主管部门根据实际情况商有关部门确定。

第三章 工 作 职 责

第八条 派驻人员根据上级主管部门的要求，履行教育、服务、监督等职责。
（一）指导检查驻在单位的纪检监察工作；
（二）帮助、督促驻在单位建立、健全有关廉政制度；
（三）指导驻在单位加强对参建人员的法纪法规教育和党风廉政教育；
（四）监督党风廉政建设各项规章制度的贯彻落实；
（五）对工程建设招标投标、征地拆迁、材料供应、设备采购、工程质量、资金使用和管理等重点环节实施监督；
（六）定期对《廉政合同》签订、执行情况进行监督检查和考核；
（七）督促、协助驻在单位查处违纪违规行为；
（八）工程建设项目结束后，对派驻期间有关党风廉政建设方面的文件、资料及时整理归档，并对驻在单位执行廉政规定情况作出评估，向派出单位报告。

第四章 工 作 方 式

第九条 派驻人员在履行职责时，可采取下列方式：
（一）听取项目主管部门、项目法人以及勘察、设计、施工、监理等参建单位对项目建设过程的情况汇报；
（二）参加项目建设有关重要会议以及招标投标等重大活动；
（三）查阅、复制与纪检监察事项有关的文件、资料；
（四）深入有关场所实地察看工程质量和现场管理情况；
（五）向有关部门了解被监督单位的资金使用和管理等情况；
（六）要求被监督单位和有关人员报送与纪检监察事项有关的文件、资料及其他必要情况。

第十条 发现下列行为，派驻人员应督促、协助有关部门进行查处：
（一）在工程招标投标、工程监理及物资、设备采购等活动中弄虚作假、贪污、受贿行为的；
（二）贪污、挪用交通重点工程建设资金的；
（三）在重大安全、质量事故中有失职渎职行为的；
（四）隐匿、伪报有关资料的；
（五）打击报复揭发、检举人和派驻人员的；
（六）妨碍派驻人员依法履行职责的；
（七）违反《廉政合同》规定的；
（八）其他违法违纪行为的。

第五章 管理与考核

第十一条 派驻人员要加强理论学习和作风建设，注重调查研究，客观公正，实事求是，树立勤政、廉洁、务实、高效的良好形象。

第十二条 派驻人员要定期向派出单位汇报工作，遇有重大问题随时报告。

第十三条 派出单位要定期组织派驻人员交流、研讨工作，加强业务培训，指导、督促派驻人员加强自身建设，帮助解决有关问题。

第十四条 派出单位可采取年度述职、组织检查等方式，加强对派驻人员履行职责及廉政建设等情况的考核。

第十五条 对表现突出的派驻人员给予奖励。

第十六条 对不称职的派驻人员,派出单位要及时予以调整;对重大违法违纪问题隐瞒不报、工作严重失职以及利用职权谋取私利、庇护他人或涉嫌违纪违法的,要依纪依法追究责任。

第六章 附 则

第十七条 各省(区、市)交通主管部门可根据实际制定实施细则。

65.关于印发关于进一步加强交通基础设施建设领域廉政工作的意见的通知

(交监察发〔2003〕186号)

各省、自治区、直辖市、新疆生产建设兵团交通厅(局、委),部属各单位,部机关各司局:

《交通部在交通基础设施建设中加强廉政建设的若干意见(试行)》(交监察发〔1999〕711号)下发以来,各级交通部门认真贯彻文件精神,做了大量工作,对预防和遏制交通基础设施建设领域腐败现象滋生起到了积极的作用。但是,近几年来在交通基础设施建设领域的腐败问题时有发生,形势依然严峻,引起了党中央、国务院的高度重视和社会的关注。为贯彻落实中央纪委二次全会、国务院廉政工作会议精神,进一步加强交通基础设施建设领域廉政工作,坚决预防和遏制该领域腐败现象的滋生、蔓延,部提出了《关于进一步加强交通基础设施建设领域廉政工作的意见》,现印发给你们,请结合实际认真贯彻落实。在贯彻落实过程中有关情况和意见请及时告部(驻部纪检组监察局)。

交通部
2003年5月17日

关于进一步加强交通基础设施建设领域廉政工作的意见

进一步加强交通基础设施建设领域廉政工作,坚决遏制交通基础设施建设领域腐败问题易发多发的势头,是交通系统当前和今后一个时期党风廉政建设和反腐败工作的重中之重,对于实现交通新的跨越式发展具有重大意义。根据中央纪委二次全会、国务院廉政工作会议精神及部党组的部署和要求,提出以下意见。

一、加强领导,落实责任,建立健全监督机制

(1)各级交通部门要把加强交通基础设施建设领域的廉政工作,作为当前和今后一个时期交通系统党风廉政建设和反腐败工作的重要任务,摆上重要议事日程,加强组织领导,与业务工作一起部署、一起落实、一起检查、一起考核。要进一步落实廉政建设责任制,形成一级抓一级,层层抓落实的责任体系。

(2)部成立交通基础设施建设领域廉政工作领导小组,由部领导任组长,部机关有关部门主要领导参加,抽调专职人员组成办公室,统一组织协调全国交通基础设施建设领域廉政工作。各级交通部门也要结合实际成立相应的组织或指定有关部门负责此项工作,以加强对所管辖区域内的交通基础设施建设领域的廉政工作。

(3)推行省级交通主管部门向重点建设项目派驻纪检监察机构(人员)的经验,部将下发向重点工程建设项目派驻纪检监察机构(人员)的实施办法,以立足服务,强化监督为基本职能,实施对工程建设全过程的监督。部和各省(自治区、直辖市)交通厅(局)有关监督部门要分别选择有代表性的工程建设项目,建立廉政工作联系点,及时了解掌握工程建设过程中的廉政情况,解剖麻雀,总结经验,指导面上的工作。

二、进一步加强建设项目的前期工作和资金计划的管理

(4)要根据批准的规划,认真做好项目前期工作。项目法人单位要按照交通部颁发的有关办法、规定以及行业技术标准、规范,进行项目的预可行性研究和工程可行性研究,编制项目建议书和可行性研究报告;依据工程可行性研究报告批复进行勘察设计招投标,编制初步设计文件;依据批准的初步设计文件,编制施工图设计文件、工程招标文件;通过招标选择施工、监理单位,完善各项手续后开工建设。每一阶段必须严格按照基本建设程序审查、审批。审批要按照公开、公正、公平、高效的原则规范程序和行为,明确责任单位和责任人,便于加强监督与检查。

(5)要加强交通项目的计划管理,规范政府投资的安排行为,严格工作程序。交通建设年度计划要严格按程序编制、上报、下达。凡列入年度投资计划的重点项目,均应是列入五年计划或专项计划且完成了前期工作的项目。

三、进一步规范工程建设管理,确保各项制度落实

(6)认真贯彻实施项目法人制、招标投标制、工程监理制、合同管理制等制度,确保安全生产、工程质量和投资效益。政府机关工作人员不准兼任工程建设公司等经济实体法人代表、工程项目法人代表和公司领导,对过去兼职情况要进行清理和纠正。要严格执行"专家评标、业主定标、政府监督"制度,保证招投标活动遵循公开、公平、公正和诚实信用原则。应该公开招标的项目,必须依法进行公开招标,邀请招标的必须按规定经过批准,严禁将应该公开招标的建设项目化整为零或以其他方式规避招标。任何人都不准利用职权和职务便利干预招投标活动。

(7)要加强对评标活动的管理和监督,严格执行交通部制定的《公路工程施工招标评标委员会评标工作细则》(交公路发〔2003〕70号),进一步规范评标专家行为,加强对评标专家的培训和监督,保证评标专家正确履行权利、义务和责任。要定期对专家评标工作进行综合评估,对评标专家库进行动态管理,对违规的评标专家要取消评标资格。

(8)严禁转包和违法分包,更不允许业主或有关领导与部门强制中标单位分包或分割工程。依法需要分包的

项目,投标人必须在投标文件中进行说明,否则中标后不得分包。

(9)项目业主应按照批准的设计和合同要求,组织工程施工。当工程确实需要变更设计时,业主应组织原设计、监理、施工单位共同研究方案,并按规定程序报批后才能实施。严禁任何单位和个人利用变更设计、提高或降低技术标准、调整工作量等时机,损害国家或单位的利益。

(10)加强对工程建设主要材料、设备采购工作的监督管理,确保工程建设材料、设备质优价廉。主要材料、设备的采购要实行公开招标或按合同规定进行,签订采购合同。采购单位要考虑供应商的资质、资信情况,实行质保制度、检验制度,防止以次充好、以假冒真、以少报多等问题发生,严禁经办人采购材料、设备时谋取私利。交通系统任何人不准利用职权向工程承包单位强行推销材料、设备,或由领导干部的配偶、子女供应材料、设备。

(11)建立健全工程质量行政领导人责任制、项目法人责任制、参建单位工程质量领导人责任制和工程质量终身负责制。进一步完善"政府监督、社会监理、企业自检"三级质量保证体系,工程施工的自检、报检、抽查及施工等各个环节、各道工序的质量控制必须严格按规范制度进行。企业应有一定的自检设备,检测人员要具备相应的资质条件,自检要规范及时、数据准确。工程监理、质量监督人员应按合同和规范要求,认真履行监理、监督职责。

四、进一步加强建设资金的监管,确保资金的安全使用

(12)要认真贯彻执行财政部制定的《基本建设财务管理规定》和我部制定的《交通基本建设资金监督管理办法》,进一步加强交通基本建设资金的监督管理,保证资金安全、合理、有效使用,提高投资效益。单位负责人要对本单位基本建设资金的安全使用和有效监督负责,单位内部有关职能部门要按照职责分工落实基本建设资金的管理监督的职责,各司其职,各负其责。

(13)建设单位要建立和完善建设资金内部管理制度,规范基本建设资金的内部控制程序和方法,基建资金必须由单位的财务部门负责管理,基建财务人员必须取得会计从业资格证书,基建资金业务必须建立严格的授权批准制度,明确授权批准方式、权限、程序、责任和相关控制措施,限额以上的基建资金支付业务,必须实行集体决策和审批。要建立基建资金业务的内部制约制度,要加强财务印章的管理,单位不得由一人办理基建资金业务的全过程。

(14)建设单位要严格按基本建设财务会计制度的规定对基建资金建账核算,对基本建设项目进行明细核算,建设项目资金必须专款专用,严禁任何单位或个人截留、挤占和挪用。要严格控制工程的管理性费用,建设单位管理费要在规定的限额内控制使用,超过限额的,必须按规定报批后方可支用。要严肃结算纪律,建设资金拨付要根据预算和施工合同,按照工程进度和监理单位认可的手续,实行计量支付,按规定的审核程序批准后办理结算,不得以拨代支,转移基建资金,严禁对计划外的工程付款。对于付给施工单位的款项,要监督其按规定使用,不得挪作它用。要加强对基建结余资金和基建收入管理,严格按规定入账管理,留用的资金必须按规定使用。

(15)各级交通主管部门要加强对基建资金的监管,定期组织对建设资金的使用情况进行监督检查,并加大审计监督的力度,提高审计工作质量,抓好交通基础设施建设资金和建设工程的审计工作,做到不经审计,不得付清工程尾款,不得批复竣工决算,不得办理竣工验收。

五、进一步落实双合同制,强化《廉政合同》的监督考核

(16)要认真执行在交通基础设施建设中实行双合同制,继续推行在签订施工合同的同时,业主单位与施工、监理单位签订《廉政合同》的做法。加强对《廉政合同》签订、履行情况的监督检查,维护合同的严肃性。部将制定《交通基础设施建设工程廉政合同考核办法》,明确考核内容、考核方式、考核标准、违约处罚以及考核纪律要求等。推行施工企业《廉政档案》制度,将《廉政合同》签订、履行等情况记入施工企业《廉政档案》,作为考核企业资信的重要内容。

(17)建立对违规施工企业、监理单位以及业主单位通报制度。各省(自治区、直辖市)交通主管部门要将在交通基础设施建设中严重违规企业和个人名单及证明材料及时向交通部报告,部将视情况给予违规企业在一定期限内禁止进入全国交通基础设施建设市场的处罚,并在《中国交通报》等媒体公布。

六、强化行政监督职能,开展对工程建设项目的执法监察

(18)要研究制定开展交通基础设施建设领域执法监察实施办法,重点对工程建设招标投标、工程质量、资金使用、工程效益等环节进行监督检查,及时发现、纠正和查处工程建设中违法、违规行为。对于利用职权打招呼、写条子、托人情和其他方式非法插手、干涉招标投标、工程分包、供应材料、变更设计、调整概算等活动者,无论是否谋利,一律按违纪处理。对违反规定规避招标、搞假招标和挤占、挪用、贪污建设资金,严重官僚主义给国家和人民生命财产造成重大损失的失职、渎职行为,发生重大工程质量事故以及索贿、受贿等腐败行为,要给予党纪政纪处分,涉嫌犯罪的,移交司法机关处理。

(19)各省(自治区、直辖市)交通主管部门要设立和公布举报电话,指定专人受理群众举报,重视群众信访举报所反映的问题,对于署名举报和有重要线索的匿名举报,要组织力量查处或转有关部门查处,做到事事有着落,件件有交代,以廉政建设的新成果取信于民。

(20)要加强对各级交通主管部门领导干部行政行为的监督检查。督促建立健全各级领导班子工作制度,规范工作程序,强化内部监督制约,坚决防止和纠正在交通基础设施建设项目管理、资金使用等方面个人说了算的现象。

七、开展廉政教育,进一步提高干部职工拒腐防变能力

(21)要加强对干部职工特别是领导干部的廉洁从政教育,引导广大党员干部牢固树立正确的权力观、地位观、利益观。积极与检察机关配合,共同开展在交通基础设施建设领域预防职务犯罪工作。要利用发生在本系统、本单位的典型案件进行警示教育,分析原因,以案施教、引以为戒。要在全系统开展"查问题、堵漏洞"活动,重点查一查有无利用职务之便打招呼、写条子、插手、干预工程招标投标的情况,审批工作是否做到公开、透明,坚决堵住项目审批、工程立项等方面的漏洞。

(22)要认真总结、推广、宣传交通基础设施建设领域廉政工作的有效做法和典型经验,树立正面典型,弘扬正气,营造良好的廉政氛围。要分析研究交通基础设施建设领域腐败问题产生的根源及原因,找出带有共性和规律性的问题,研究从体制、机制、管理制度上解决腐败的根本措施,不断铲除腐败现象在这一领域滋生蔓延的土壤。

66.交通基础设施建设廉政合同考核暂行办法

(交监察发〔2003〕231号)

第一章 总 则

第一条 为了加强交通基础设施建设中廉政建设,全面准确地考核廉政合同实施情况,根据交通部《关于在交通基础设施建设中推行廉政合同的通知》精神,制定本考核办法。

第二条 交通基础设施建设廉政合同考核,要坚持实事求是的原则,从严考核,维护廉政合同的严肃性。

第二章 考核内容

第三条 廉政合同签订形式是否规范,单位印章、负责人签字、签字日期是否齐全,非法人代表签约有无正式委托书,合同内容是否符合廉政建设有关规定。

第四条 合同双方是否存,在违反国家法律法规的行为。

第五条 合同双方是否严格履行廉政合同具体条款。

第六条 是否建立廉政责任制度等配套制度。

第七条 是否组织开展廉政宣传教育,建立廉政警示牌(栏)、举报箱,公布举报电话。

第八条 工程建设资金的管理、使用是否符合规定,对挪用、截留、挤占等违反建设资金管理、使用规定的现象,是否及时查处、纠正。

第九条 工程是否按投标承诺及施工、监理合同组织施工、监理,是否有转包和非法分包行为;变更设计是否符合规定程序。

第十条 工程结算计量是否准确、及时,有无虚报现象。工程建设主要材料、设备的采购是否实行公开招标或按合同规定。

第十一条 群众举报的问题是否及时得到查处。

第十二条 对合同违约方及有关责任人,是否进行了处理。

第三章 考核方法

第十三条 考核分为项目实施中考核和竣工验收考核。项目实施中考核,采取平时抽查与定期检查结合的方式,并把平时考核纳入项目验收考核之中。

考核工作在各受检单位自查考核的基础上,采取听汇报、召开座谈会、个别谈话、问卷调查、查阅有关原始记录、凭证、文件、领导讲话材料、现场察看等方法进行。

第四章 考核评定

第十四条 廉政合同考核量化评分由自查考核、平时考核、项目竣工验收考核几部分构成,采用分项打分、累进计算方式。

第十五条 量化考核采用百分制,根据考核量化打分结果,对考核对象的评定为:好、较好、一般、差四个档次。凡发生行贿、受贿等严重违反工程廉政合同者,实行一票否决制,评定为差。考核结果记入该施工、监理单位工程建设廉政档案。

第五章 考核奖惩

第十六条 根据考核结果,对履行廉政合同考核成绩好的施工、监理单位进行表彰、奖励。

第十七条 对廉政合同考核差的单位,除按《廉政合同》违约责任和交通部《在交通基础设施建设中加强廉政建设的若干意见》之规定处理外,根据违约情况进行通报批评、黄牌警告等处罚。

凡发现违反《廉政合同》具体条款的,根据情节,按管理权限,依据有关规定对责任人给予党纪、政纪或组织处理,涉嫌犯罪的,移交司法机关追究刑事责任。

凡业主单位违反《廉政合同》具体条款,给施工、监理单位造成经济损失的,责令其赔偿。

凡在施工期间被黄牌警告的施工、监理单位必须在限期内整改,经考核合格后再摘牌。项目竣工验收考核中确定为差的施工、监理单位,有关部门应给予其一定期限内不准参加交通基础设施建设工程投标的处罚,并通过媒体向社会公布。

第六章 考核纪律

第十八条 检查考核人员要坚持实事求是、公平公正的原则,严密组织,认真考核,不得敷衍塞责、营私舞弊,违者视情节给予党纪政纪处分。

第十九条 检查考核人员不得接受受检单位的贿赂,不得故意刁难受检单位,不得知情不报、故意包庇违法违纪单位或责任人。违者,给予党纪政纪处分。

第七章 附 则

第二十条 交通基础设施建设廉政合同考核工作由合同双方的上级交通纪检监察部门组织实施。

第二十一条 各省(区、市)交通纪检监察部门可参照本办法。根据各省廉政合同具体条款,确定考核内容,制定评分办法。

投融资管理

67. 国务院办公厅转发发展改革委财政部 交通运输部关于进一步完善投融资政策促进普通公路持续健康发展若干意见的通知

(国办发〔2011〕22号)

各省、自治区、直辖市人民政府,国务院各部委、各直属机构:

发展改革委、财政部、交通运输部《关于进一步完善投融资政策促进普通公路持续健康发展的若干意见》已经国务院同意,现转发给你们,请认真贯彻执行。

国务院办公厅
2011年4月24日

关于进一步完善投融资政策促进普通公路持续健康发展的若干意见

改革开放以来,我国普通公路建设取得了巨大成就,通车里程规模迅速扩大、服务能力显著增强,对经济社会发展发挥了重要支撑作用。但也存在着债务偿还困难、养护相对不足等问题,特别是成品油价格和税费改革以及逐步有序取消政府还贷二级公路收费以后,普通公路的建设、养护管理面临新的发展环境。为进一步完善普通公路投融资体制机制,促进普通公路持续健康发展,现提出以下意见:

一、充分认识普通公路发展的重要性

(一)普通公路是指除高速公路以外的、为公众出行提供基础性普遍服务的非收费公路,由普通国省干线公路和农村公路组成,构成了我国公路网的主体,是我国覆盖范围最广、服务人口最多、提供服务最普遍、公益性最强的交通基础设施,是保障经济社会发展和人民生产生活的重要基础条件。不断完善普通公路网络,充分发挥普通公路的基础性服务作用,对于便利群众出行,推动社会主义新农村建设,促进城镇化和工业化发展,构建社会主义和谐社会,具有十分重要的意义。建设和维护好普通公路,是各级人民政府履行公共服务职能的重要内容。各地区、各有关部门要高度重视普通公路建设、养护和管理,统筹交通资源,积极筹措资金,保障普通公路持续健康发展。

二、总体要求和基本原则

(二)总体要求。以科学发展观为指导,按照加强政府公共服务职能的要求,根据经济社会发展需要与财力可能,建立以公共财政为基础、各级政府责任清晰、财力和事权相匹配的投融资长效机制,实现普通公路的持续健康发展。

(三)基本原则。坚持政府主导,提高公共财政保障能力,以财政性资金为主解决普通公路投入问题,规范融资渠道,加强资金使用监管。坚持需求和财力相统筹,综合考虑发展需要和财力状况,实事求是,量力而行,有序推进普通公路发展。坚持财力和事权相匹配,明确各级政府对普通公路的建设与养护管理责任,根据各级政府事权合理配置财力。坚持科学规划,根据经济社会发展需求和路网功能定位,合理规划、适时调整普通公路的总体布局、路网规模和标准。坚持存量优先,合理安排新建、改扩建及养护资金,做到建养并重、养护优先。

三、切实保障普通公路养护和建设资金

(四)规范成品油价格和税费改革转移支付资金使用。成品油价格和税费改革后,新增成品油消费税收入基数返还中替代公路养路费支出部分和增量资金中相当于养路费占原基数比例的部分,原则上全额用于普通公路的养护管理,不得用于收费公路建设。新增成品油消费税收入中每年安排各地用于政府还贷二级收费公路撤站债务偿还的专项资金,在债务偿还完毕后,全额用于普通公路养护管理和建设。加大成品油价格和税费改革新增税收收入增量资金对普通公路养护管理和建设的转移支付力度。

(五)加大对普通公路发展的支持力度。继续安排中央预算内投资用于普通公路的建设。调整车购税支出结构,提高用于普通干线公路的支出比重。在规范政府性债务管理和风险可控的条件下,在现行中央代理发行地方政府债券制度框架内,考虑普通公路建设发展需求因素,适当扩大发行债券规模,由地方政府安排用于普通公路发展。除中央预算内资金、专项资金和政府债券外,地方各级人民政府应加大力度安排其他财政性资金用于普通公路发展。完善中央资金分配调节机制,加大向西部地区倾斜力度,实现区域间的合理分配,促进区域交通协调发展。

(六)多渠道增加普通公路投入。中央预算内投资和车购税资金在公路交通领域投资形成的收益,应主要用于普通公路建设。各地转让政府还贷公路经营权益所得,应安排一定比例资金用于普通公路建设。逐步建立高速公路与普通公路统筹发展机制,新建、改扩建高速公路应将与之密切关联、提供集散服务的普通公路纳入项目范围,统一规划、统一建设。积极探索符合普通公路公益性质的市场融资方式,鼓励社会各界支持普通公路发展。

四、抓紧完善相关配套措施

(七)加强资金使用的监督管理。尽快制定成品油价格和税费改革转移支付资金使用管理办法,规范专项资金的分配使用和监督管理。各级财政用于普通公路发展的

资金应纳入预算管理,各级财政和交通运输主管部门要严格执行国库管理制度有关规定,确保及时足额拨付资金。成品油价格和税费改革形成的交通资金实行专款专用,不得挤占、挪用。要健全资金使用的绩效考核管理,加强对公路基础设施领域社会资金的引导和监管,依法加强对各类资金使用情况的审计监督,切实提高资金使用效益。

(八)规范政府性交通融资平台。地方各级人民政府要认真落实《国务院关于加强地方政府融资平台公司管理有关问题的通知》(国发〔2010〕19号)有关规定,加强对各类交通融资平台公司的监管,严禁违规提供担保或进行变相担保。

(九)妥善处理债务问题。地方各级人民政府要全面清理普通公路建设形成的债务余额,合理分担政府性债务还本付息责任,统筹安排财力,严格按规定和协议偿还普通公路发展形成的历史债务。金融监管机构要采取措施加强金融风险的防控。财政部、交通运输部、发展改革委等部门要密切关注普通公路发展的债务问题,适时研究提出防范信贷风险的政策措施。

(十)理顺公路管理体制机制。抓紧研究制定公路管养体制改革方案,进一步明确公路事权归属,分清各级政府责任,逐步理顺公路管理体制机制。要根据明晰事权、理顺管理体制的要求,认真总结实践经验,适时修订完善相关法律法规。

五、工作要求

(十一)切实抓好组织实施。各地区、各有关部门要根据本意见的要求,结合本地区、本部门实际制定具体实施意见,统筹安排落实工作任务。要正确处理改革、发展与稳定的关系,稳妥推进各项工作。

(十二)进一步加强协调指导。发展改革委、财政部、交通运输部等部门要根据各自职责,密切协同配合,加强对普通公路发展投融资工作的宏观指导和监督检查,及时解决工作中出现的重大问题。

68. 国务院关于创新重点领域投融资机制鼓励社会投资的指导意见

(国发〔2014〕60号)

各省、自治区、直辖市人民政府，国务院各部委、各直属机构：

为推进经济结构战略性调整，加强薄弱环节建设，促进经济持续健康发展，迫切需要在公共服务、资源环境、生态建设、基础设施等重点领域进一步创新投融资机制，充分发挥社会资本特别是民间资本的积极作用。为此，特提出以下意见。

一、总体要求

（一）指导思想。全面贯彻落实党的十八大和十八届三中、四中全会精神，按照党中央、国务院决策部署，使市场在资源配置中起决定性作用和更好发挥政府作用，打破行业垄断和市场壁垒，切实降低准入门槛，建立公平开放透明的市场规则，营造权利平等、机会平等、规则平等的投资环境，进一步鼓励社会投资特别是民间投资，盘活存量、用好增量，调结构、补短板，服务国家生产力布局，促进重点领域建设，增加公共产品有效供给。

（二）基本原则。实行统一市场准入，创造平等投资机会；创新投资运营机制，扩大社会资本投资途径；优化政府投资使用方向和方式，发挥引导带动作用；创新融资方式，拓宽融资渠道；完善价格形成机制，发挥价格杠杆作用。

二、创新生态环保投资运营机制

（三）深化林业管理体制改革。推进国有林区和国有林场管理体制改革，完善森林经营和采伐管理制度，开展森林科学经营。深化集体林权制度改革，稳定林权承包关系，放活林地经营权，鼓励林权依法规范流转。鼓励荒山荒地造林和退耕还林林地林权依法流转。减免林权流转税费，有效降低流转成本。

（四）推进生态建设主体多元化。在严格保护森林资源的前提下，鼓励社会资本积极参与生态建设和保护，支持符合条件的农民合作社、家庭农场（林场）、专业大户、林业企业等新型经营主体投资生态建设项目。对社会资本利用荒山荒地进行植树造林的，在保障生态效益、符合土地用途管制要求的前提下，允许发展林下经济、森林旅游等生态产业。

（五）推动环境污染治理市场化。在电力、钢铁等重点行业以及开发区（工业园区）污染治理等领域，大力推行环境污染第三方治理，通过委托治理服务、托管运营服务等方式，由排污企业付费购买专业环境服务公司的治污减排服务，提高污染治理的产业化、专业化程度。稳妥推进政府向社会购买环境监测服务。建立重点行业第三方治污企业推荐制度。

（六）积极开展排污权、碳排放权交易试点。推进排污权有偿使用和交易试点，建立排污权有偿使用制度，规范排污权交易市场，鼓励社会资本参与污染减排和排污权交易。加快调整主要污染物排污费征收标准，实行差别化排污收费政策。加快在国内试行碳排放权交易制度，探索森林碳汇交易，发展碳排放权交易市场，鼓励和支持社会投资者参与碳配额交易，通过金融市场发现价格的功能，调整不同经济主体利益，有效促进环保和节能减排。

三、鼓励社会资本投资运营农业和水利工程

（七）培育农业、水利工程多元化投资主体。支持农民合作社、家庭农场、专业大户、农业企业等新型经营主体投资建设农田水利和水土保持设施。允许财政补助形成的小型农田水利和水土保持工程资产由农业用水合作组织持有和管护。鼓励社会资本以特许经营、参股控股等多种形式参与具有一定收益的节水供水重大水利工程建设运营。社会资本愿意投入的重大水利工程，要积极鼓励社会资本投资建设。

（八）保障农业、水利工程投资合理收益。社会资本投资建设或运营管理农田水利、水土保持设施和节水供水重大水利工程的，与国有、集体投资项目享有同等政策待遇，可以依法获取供水水费等经营收益；承担公益性任务的，政府可对工程建设投资、维修养护和管护经费等给予适当补助，并落实优惠政策。社会资本投资建设或运营管理农田水利设施、重大水利工程等，可依法继承、转让、转租、抵押其相关权益；征收、征用或占用的，要按照国家有关规定给予补偿或者赔偿。

（九）通过水权制度改革吸引社会资本参与水资源开发利用和保护。加快建立水权制度，培育和规范水权交易市场，积极探索多种形式的水权交易流转方式，允许各地通过水权交易满足新增合理用水需求。鼓励社会资本通过参与节水供水重大水利工程投资建设等方式优先获得新增水资源使用权。

（十）完善水利工程水价形成机制。深入开展农业水价综合改革试点，进一步促进农业节水。水利工程供非农业用水价格按照补偿成本、合理收益、优质优价、公平负担的原则合理制定，并根据供水成本变化及社会承受能力等适时调整，推行两部制水利工程水价和丰枯季节水价。价格调整不到位时，地方政府可根据实际情况安排财政性资金，对运营单位进行合理补偿。

四、推进市政基础设施投资运营市场化

（十一）改革市政基础设施建设运营模式。推动市政基础设施建设运营事业单位向独立核算、自主经营的企业化管理转变。鼓励打破以项目为单位的分散运营模式，实行规模化经营，降低建设和运营成本，提高投资效益。推进县、乡镇和村级污水收集和处理、垃圾处理项目按行业"打包"投资和运营，鼓励实行城乡供水一体化、厂网一体投资和运营。

（十二）积极推动社会资本参与市政基础设施建设运营。通过特许经营、投资补助、政府购买服务等多种方式，鼓励社会资本投资城镇供水、供热、燃气、污水垃圾处理、建筑垃圾资源化利用和处理、城市综合管廊、公园配套服务、公共交通、停车设施等市政基础设施项目，政府依法选择符合要求的经营者。政府可采用委托经营或转让—经营—转让（TOT）等方式，将已经建成的市政基础设施项目转交给社会资本运营管理。

（十三）加强县城基础设施建设。按照新型城镇化发展的要求，把有条件的县城和重点镇发展为中小城市，支持基础设施建设，增强吸纳农业转移人口的能力。选择若干具有产业基础、特色资源和区位优势的县城和重点镇推行试点，加大对市政基础设施建设运营引入市场机制的政策支持力度。

（十四）完善市政基础设施价格机制。加快改进市政基础设施价格形成、调整和补偿机制，使经营者能够获得合理收益。实行上下游价格调整联动机制，价格调整不到位时，地方政府可根据实际情况安排财政性资金对企业运营进行合理补偿。

五、改革完善交通投融资机制

（十五）加快推进铁路投融资体制改革。用好铁路发展基金平台，吸引社会资本参与，扩大基金规模。充分利用铁路土地综合开发政策，以开发收益支持铁路发展。按照市场化方向，不断完善铁路运价形成机制。向地方政府和社会资本放开城际铁路、市域（郊）铁路、资源开发性铁路和支线铁路的所有权、经营权。按照构建现代企业制度的要求，保障投资者权益，推进蒙西至华中、长春至西巴彦花铁路等引进民间资本的示范项目实施。鼓励按照"多式衔接、立体开发、功能融合、节约集约"的原则，对城市轨道交通站点周边、车辆段上盖进行土地综合开发，吸引社会资本参与城市轨道交通建设。

（十六）完善公路投融资模式。建立完善政府主导、分级负责、多元筹资的公路投融资模式，完善收费公路政策，吸引社会资本投入，多渠道筹措建设和维护资金。逐步建立高速公路与普通公路统筹发展机制，促进普通公路持续健康发展。

（十七）鼓励社会资本参与水运、民航基础设施建设。探索发展"航电结合"等投融资模式，按相关政策给予投资补助，鼓励社会资本投资建设航电枢纽。鼓励社会资本投资建设港口、内河航运设施等。积极吸引社会资本参与盈利状况较好的枢纽机场、干线机场以及机场配套服务设施等投资建设，拓宽机场建设资金来源。

六、鼓励社会资本加强能源设施投资

（十八）鼓励社会资本参与电力建设。在做好生态环境保护、移民安置和确保工程安全的前提下，通过业主招标等方式，鼓励社会资本投资常规水电站和抽水蓄能电站。在确保具备核电控股资质主体承担核安全责任的前提下，引入社会资本参与核电项目投资，鼓励民间资本进入核电设备研制和核电服务领域。鼓励社会资本投资建设风光电、生物质能等清洁能源项目和背压式热电联产机组，进入清洁高效煤电项目建设、燃煤电厂节能减排升级改造领域。

（十九）鼓励社会资本参与电网建设。积极吸引社会资本投资建设跨区输电通道、区域主干电网完善工程和大中城市配电网工程。将海南联网Ⅱ回线路和滇西北送广东特高压直流输电工程等项目作为试点，引入社会资本。鼓励社会资本投资建设分布式电源并网工程、储能装置和电动汽车充换电设施。

（二十）鼓励社会资本参与油气管网、储存设施和煤炭储运建设运营。支持民营企业、地方国有企业等参股建设油气管网主干线、沿海液化天然气（LNG）接收站、地下储气库、城市配气管网和城市储气设施，控股建设油气管网支线、原油和成品油商业储备库。鼓励社会资本参与铁路运煤干线和煤炭储配体系建设。国家规划确定的石化基地炼化一体化项目向社会资本开放。

（二十一）理顺能源价格机制。进一步推进天然气价格改革，2015年实现存量气和增量气价格并轨，逐步放开非居民用天然气气源价格，落实页岩气、煤层气等非常规天然气价格市场化政策。尽快出台天然气管道运输价格政策。按照合理成本加合理利润的原则，适时调整煤层气发电、余热余压发电上网标杆电价。推进天然气分布式能源冷、热、电价格市场化。完善可再生能源发电价格政策，研究建立流域梯级效益补偿机制，适时调整完善燃煤发电机组环保电价政策。

七、推进信息和民用空间基础设施投资主体多元化

（二十二）鼓励电信业进一步向民间资本开放。进一步完善法律法规，尽快修订电信业务分类目录。研究出台具体试点办法，鼓励和引导民间资本投资宽带接入网络建设和业务运营，大力发展宽带用户。推进民营企业开展移动通信转售业务试点工作，促进业务创新发展。

（二十三）吸引民间资本加大信息基础设施投资力度。支持基础电信企业引入民间战略投资者。推动中国铁塔股份有限公司引入民间资本，实现混合所有制发展。

（二十四）鼓励民间资本参与国家民用空间基础设施建设。完善民用遥感卫星数据政策，加强政府采购服务，鼓励民间资本研制、发射和运营商业遥感卫星，提供市场化、专业化服务。引导民间资本参与卫星导航地面应用系统建设。

八、鼓励社会资本加大社会事业投资力度

（二十五）加快社会事业公立机构分类改革。积极推进养老、文化、旅游、体育等领域符合条件的事业单位，以及公立医院资源丰富地区符合条件的医疗事业单位改制，为社会资本进入创造条件，鼓励社会资本参与公立机构改革。将符合条件的国有单位培训疗养机构转变为养老机构。

（二十六）鼓励社会资本加大社会事业投资力度。通过独资、合资、合作、联营、租赁等途径，采取特许经营、公建民营、民办公助等方式，鼓励社会资本参与教育、医疗、养老、体育健身、文化设施建设。尽快出台鼓励社会力量兴办教育、促进民办教育健康发展的意见。各地在编制城市总体规划、控制性详细规划以及有关专项规划时，要统筹规划、科学布局各类公共服务设施。各级政府逐步扩大教育、医疗、养老、体育健身、文化等政府购买服务范围，各类经营主体平等参与。将符合条件的各类医疗机构纳入医疗保险定点范围。

（二十七）完善落实社会事业建设运营税费优惠政策。进一步完善落实非营利性教育、医疗、养老、体育健身、文化机构税收优惠政策。对非营利性医疗、养老机构建设一律免征有关行政事业性收费，对营利性医疗、养老机构建设一律减半征收有关行政事业性收费。

（二十八）改进社会事业价格管理政策。民办教育、医疗机构用电、用水、用气、用热，执行与公办教育、医疗机构相同的价格政策。养老机构用电、用水、用气、用热，按居民生活类价格执行。除公立医疗、养老机构提供的基本服务按照政府规定的价格政策执行外，其他医疗、养老服务实行经营者自主定价。营利性民办学校收费实行自主定价，非营利性民办学校收费政策由地方政府按照市场化方向根据当地实际情况确定。

九、建立健全政府和社会资本合作（PPP）机制

（二十九）推广政府和社会资本合作（PPP）模式。认真总结经验，加强政策引导，在公共服务、资源环境、生态保护、基础设施等领域，积极推广PPP模式，规范选择项目合作伙伴，引入社会资本，增强公共产品供给能力。政府有关部门要严格按照预算管理有关法律法规，完善财政补贴制度，切实控制和防范财政风险。健全PPP模式的法规体系，保障项目顺利运行。鼓励通过PPP方式盘活存量资源，变现资金要用于重点领域建设。

（三十）规范合作关系保障各方利益。政府有关部门要制定管理办法，尽快发布标准合同范本，对PPP项目的业主选择、价格管理、回报方式、服务标准、信息披露、违约处罚、政府接管以及评估论证等进行详细规定，规范合作关系。平衡好社会公众与投资者利益关系，既要保障社会公众利益不受损害，又要保障经营者合法权益。

（三十一）健全风险防范和监督机制。政府和投资者应对PPP项目可能产生的政策风险、商业风险、环境风险、法律风险等进行充分论证，完善合同设计，健全纠纷解决和风险防范机制。建立独立、透明、可问责、专业化的PPP项目监管体系，形成由政府监管部门、投资者、社会公众、专家、媒体等共同参与的监督机制。

（三十二）健全退出机制。政府要与投资者明确PPP项目的退出路径，保障项目持续稳定运行。项目合作结束后，政府应组织做好接管工作，妥善处理投资回收、资产处理等事宜。

十、充分发挥政府投资的引导带动作用

（三十三）优化政府投资使用方向。政府投资主要投向公益性和基础性建设。对鼓励社会资本参与的生态环保、农林水利、市政基础设施、社会事业等重点领域，政府投资可根据实际情况给予支持，充分发挥政府投资"四两拨千斤"的引导带动作用。

（三十四）改进政府投资使用方式。在同等条件下，政府投资优先支持引入社会资本的项目，根据不同项目情况，通过投资补助、基金注资、担保补贴、贷款贴息等方式，支持社会资本参与重点领域建设。抓紧制定政府投资支持社会投资项目的管理办法，规范政府投资安排行为。

十一、创新融资方式拓宽融资渠道

（三十五）探索创新信贷服务。支持开展排污权、收费权、集体林权、特许经营权、购买服务协议预期收益、集体土地承包经营权质押贷款等担保创新类贷款业务。探索利用工程供水、供热、发电、污水垃圾处理等预期收益质押贷款，允许利用相关收益作为还款来源。鼓励金融机构对民间资本举办的社会事业提供融资支持。

（三十六）推进农业金融改革。探索采取信用担保和贴息、业务奖励、风险补偿、费用补贴、投资基金，以及互助信用、农业保险等方式，增强农民合作社、家庭农场（林场）、专业大户、农林业企业的贷款融资能力和风险抵御能力。

（三十七）充分发挥政策性金融机构的积极作用。在国家批准的业务范围内，加大对公共服务、生态环保、基础设施建设项目的支持力度。努力为生态环保、农林水利、中西部铁路和公路、城市基础设施等重大工程提供长期稳定、低成本的资金支持。

（三十八）鼓励发展支持重点领域建设的投资基金。大力发展股权投资基金和创业投资基金，鼓励民间资本采取私募等方式发起设立主要投资于公共服务、生态环保、基础设施、区域开发、战略性新兴产业、先进制造业等领域的产业投资基金。政府可以使用包括中央预算内投资在内的财政性资金，通过认购基金份额等方式予以支持。

（三十九）支持重点领域建设项目开展股权和债权融资。大力发展债权投资计划、股权投资计划、资产支持计划等融资工具，延长投资期限，引导社保资金、保险资金等用于收益稳定、回收期长的基础设施和基础产业项目。支持重点领域建设项目采用企业债券、项目收益债券、公司债券、中期票据等方式通过债券市场筹措投资资金。推动铁路、公路、机场等交通项目建设企业应收账款证券化。建立规范的地方政府举债融资机制，支持地方政府依法依规发行债券，用于重点领域建设。

创新重点领域投融资机制对稳增长、促改革、调结构、惠民生具有重要作用。各地区、各有关部门要从大局出发，进一步提高认识，加强组织领导，健全工作机制，协调推动重点领域投融资机制创新。各地政府要结合本地实际，抓紧制定具体实施细则，确保各项措施落到实处。国务院各有关部门要严格按照分工，抓紧制定相关配套措施，加快重点领域建设，同时要加强宣传解读，让社会资本了解参与方式、运营方式、盈利模式、投资回报等相关政策，进一步稳定市场预期，充分调动社会投资积极性，切实发挥好投资对经济增长的关键作用。发展改革委要会同有关部门加强对本指导意见落实情况的督促检查，重大问题及时向国务院报告。

附件：重点政策措施文件分工方案

国务院
2014年11月16日

附件

重点政策措施文件分工方案

序号	政策措施文件	负责单位	出台时间
1	大力推行环境污染第三方治理	发展改革委、环境保护部	2014年底
2	推进排污权、碳排放权交易试点,鼓励社会资本参与污染减排和排污权、碳排放权交易	财政部、环境保护部、发展改革委、林业局、证监会(其中碳排放权交易由发展改革委牵头)	2015年3月底
3	鼓励和引导社会资本参与节水供水重大水利工程建设运营的实施意见,积极探索多种形式的水权交易流转方式,鼓励社会资本参与节水供水重大水利工程投资建设	水利部、发展改革委、证监会	2015年3月底
4	选择若干县城和重点镇推行试点,加大对市政基础设施建设运营引入市场机制的政策支持力度	住房城乡建设部、发展改革委	2014年底
5	通过业主招标等方式,鼓励社会资本投资常规水电站和抽水蓄能电站	能源局	2014年底
6	支持民间资本投资宽带接入网络建设和业务运营	工业和信息化部	2015年3月底
7	政府投资支持社会投资项目的管理办法	发展改革委、财政部	2015年3月底
8	创新融资方式,拓宽融资渠道	人民银行、银监会、证监会、保监会、财政部	2015年3月底
9	政府使用包括中央预算内投资在内的财政性资金,支持重点领域产业投资基金管理办法	发展改革委	2015年3月底
10	完善价格形成机制,增强重点领域建设吸引社会投资能力	发展改革委、国务院有关部门	2015年3月底

注:有2个或以上负责单位的,排在第一位的为牵头单位。

69. 财政部 交通运输部关于在收费公路领域推广运用政府和社会资本合作模式的实施意见

(财建〔2015〕111号)

各省、自治区、直辖市、计划单列市财政厅(局)、交通运输厅(局、委),新疆生产建设兵团财务局、交通局:

为提高收费公路建管养运效率,促进公路可持续发展,依据《收费公路管理条例》、《国务院关于创新重点领域投融资机制鼓励社会投资的指导意见》(国发〔2014〕60号)和《财政部关于推广运用政府和社会资本合作模式有关问题的通知》(财金〔2014〕76号),财政部、交通运输部决定在收费公路领域鼓励推广政府和社会资本合作(Public—Private Partnership,以下简称PPP)模式。现提出以下意见:

一、总体目标

(一)转变供给方式。

鼓励社会资本通过政府和社会资本合作(PPP)模式,参与收费公路投资、建设、运营和维护,与政府共同参与项目全周期管理,发挥政府和社会资本各自优势,提高收费公路服务供给的质量和效率。

(二)创新公路投融资模式。

社会投资者按照市场化原则出资,独自或与政府指定机构共同成立项目公司建设和运营收费公路项目,政府要逐步从"补建设"向"补运营"转变,以项目运营绩效评价结果为依据,适时对价格和补贴进行调整,支持社会资本参与收费公路建设运营,提高财政支出的引导和带动作用,拓宽社会资本发展空间,有效释放市场活力。

(三)完善收费公路建设管理养护长效机制。

建立健全合同约束、收费调节、信息公开、过程监管、绩效考核等一系列改革配套制度与机制,实现合作双方风险分担、权益融合、有限追索。

二、基本原则

(四)公开透明,规范运作。

PPP项目推广工作应坚持"规范、公开、透明"的原则。在项目论证、选择合作伙伴、制定和履行各类合同、组织绩效评价等各个环节做到依法依规,并严格按照要求进行信息公开,接受各方监督;严格按照特许经营合同,规范运作,防止政府失信违约、合作伙伴获取不正当利益。

(五)循序渐进,逐步推广。

坚持盘活存量、用好增量、分类施策。对于社会效益突出但经营性收费不足以覆盖投资成本、需政府补贴部分资金或资源才能进行商业化运作的项目,鼓励按照PPP模式设计运作。鉴于目前全国公路网络正处于联网关键阶段,建设任务繁重,重点推进确需建设但投入较大且预期收益稳定的公路建设项目,鼓励按照PPP模式设计运作。按照政府性债务管理要求,做好融资平台公司项目向PPP项目转型的风险控制工作。

三、实施要求

(六)明晰PPP项目边界。

收费公路项目实施PPP模式所涉及的收费公路权益包括收费权、广告经营权和服务设施经营权。不同的项目可根据实际情况,将各项权益通过有效打包整合提升收益能力,以促进一体化经营、提高运营效率。

(七)规范PPP项目操作流程。

在项目发起、物有所值评价、财政承受能力论证、合作伙伴选择、收益补偿机制确立、项目公司组建、合作协议签署、绩效评价等操作过程中,应根据财政部关于PPP工作的统一指导和管理办法规范推进,地方各级财政部门会同交通运输部门抓紧研究制定符合当地实际情况的操作办法,实现规范化管理。

(八)编制完整的PPP项目实施方案。

实施方案应包含项目实施内容、产品及服务质量和标准、投融资结构、财务测算与风险分析、技术及经济可行性论证、合作伙伴要求、合同结构、政府组织方式、必要的配套措施等。

(九)加大评价及监管力度。

各地财政、交通运输部门要加强组织实施,积极统筹协调,研究建立议事协调及联审机制,有力有序推进PPP推广工作,建立对PPP项目的监督机制。

四、保障措施

(十)资金政策支持。

收费不足以满足社会资本或项目公司成本回收和合理回报的,在依法给予融资支持,项目沿线一定范围土地开发使用等支持措施仍不能完全覆盖成本的,可考虑给予合理的财政补贴。对符合《车辆购置税收入补助地方资金管理暂行办法》要求的项目,可按照交通运输重点项目资金申请和审核规定,申请投资补助。

(十一)相关配套政策。

地方各级财政、交通运输部门应当积极协调有关部门进一步完善公路收费、土地等政策,维护市场机制的决定性作用,在项目审批等相关方面为推进项目建立绿色通道。

70. 基础设施和公用事业特许经营管理办法

(2015年4月25日 国家发展和改革委员会 财政部 住房和城乡建设部 交通运输部 水利部 中国人民银行令第25号)

第一章 总 则

第一条 为鼓励和引导社会资本参与基础设施和公用事业建设运营，提高公共服务质量和效率，保护特许经营者合法权益，保障社会公共利益和公共安全，促进经济社会持续健康发展，制定本办法。

第二条 中华人民共和国境内的能源、交通运输、水利、环境保护、市政工程等基础设施和公用事业领域的特许经营活动，适用本办法。

第三条 本办法所称基础设施和公用事业特许经营，是指政府采用竞争方式依法授权中华人民共和国境内外的法人或者其他组织，通过协议明确权利义务和风险分担，约定其在一定期限和范围内投资建设运营基础设施和公用事业并获得收益，提供公共产品或者公共服务。

第四条 基础设施和公用事业特许经营应当坚持公开、公平、公正，保护各方信赖利益，并遵循以下原则：

（一）发挥社会资本融资、专业、技术和管理优势，提高公共服务质量效率；

（二）转变政府职能，强化政府与社会资本协商合作；

（三）保护社会资本合法权益，保证特许经营持续性和稳定性；

（四）兼顾经营性和公益性平衡，维护公共利益。

第五条 基础设施和公用事业特许经营可以采取以下方式：

（一）在一定期限内，政府授予特许经营者投资新建或改扩建、运营基础设施和公用事业，期限届满移交政府；（BOT）

（二）在一定期限内，政府授予特许经营者投资新建或改扩建、拥有并运营基础设施和公用事业，期限届满移交政府；（BOOT）

（三）特许经营者投资新建或改扩建基础设施和公用事业并移交政府后，由政府授予其在一定期限内运营；（BTO）

（四）国家规定的其他方式。

第六条 基础设施和公用事业特许经营期限应当根据行业特点、所提供公共产品或服务需求、项目生命周期、投资回收期等综合因素确定，最长不超过30年。对于投资规模大、回报周期长的基础设施和公用事业特许经营项目（以下简称特许经营项目）可以由政府或者其授权部门与特许经营者根据项目实际情况，约定超过前款规定的特许经营期限。

第七条 国务院发展改革、财政、国土、环保、住房城乡建设、交通运输、水利、能源、金融、安全监管等有关部门按照各自职责，负责相关领域基础设施和公用事业特许经营规章、政策制定和监督管理工作。县级以上地方人民政府发展改革、财政、国土、环保、住房城乡建设、交通运输、水利、价格、能源、金融监管等有关部门根据职责分工，负责有关特许经营项目实施和监督管理工作。

第八条 县级以上地方人民政府应当建立各有关部门参加的基础设施和公用事业特许经营部门协调机制，负责统筹有关政策措施，并组织协调特许经营项目实施和监督管理工作。

第二章 特许经营协议订立

第九条 县级以上人民政府有关行业主管部门或政府授权部门（以下简称项目提出部门）可以根据经济社会发展需求，以及有关法人和其他组织提出的特许经营项目建议等，提出特许经营项目实施方案。特许经营项目应当符合国民经济和社会发展总体规划、主体功能区规划、区域规划、环境保护规划和安全生产规划等专项规划、土地利用规划、城乡规划、中期财政规划等，并且建设运营标准和监管要求明确。项目提出部门应当保证特许经营项目的完整性和连续性。

第十条 特许经营项目实施方案应当包括以下内容：

（一）项目名称；

（二）项目实施机构；

（三）项目建设规模、投资总额、实施进度，以及提供公共产品或公共服务的标准等基本经济技术指标；

（四）投资回报、价格及其测算；

（五）可行性分析，即降低全生命周期成本和提高公共服务质量效率的分析估算等；

（六）特许经营协议框架草案及特许经营期限；

（七）特许经营者应当具备的条件及选择方式；

（八）政府承诺和保障；

（九）特许经营期限届满后资产处置方式；

（十）应当明确的其他事项。

第十一条 项目提出部门可以委托具有相应能力和经验的第三方机构，开展特许经营可行性评估，完善特许经营项目实施方案。需要政府提供可行性缺口补助或者开展物有所值评估的，由财政部门负责开展相关工作。具体办法由国务院财政部门另行制定。

第十二条 特许经营可行性评估应当主要包括以下内容：

（一）特许经营项目全生命周期成本、技术路线和工程方案的合理性，可能的融资方式、融资规模、资金成本，所提供公共服务的质量效率，建设运营标准和监管要求等；

（二）相关领域市场发育程度，市场主体建设运营能力状况和参与意愿；

（三）用户付费项目公众支付意愿和能力评估。

第十三条 项目提出部门依托本级人民政府根据本办法第八条规定建立的部门协调机制，会同发展改革、财政、城乡规划、国土、环保、水利等有关部门对特许经营项目实施方案进行审查。经审查认为实施方案可行的，各部门应当根据职责分别出具书面审查意见。项目提出部门综合各部门书面审查意见，报本级人民政府或其授权部门审定特许经营项目实施方案。

第十四条 县级以上人民政府应当授权有关部门或单位作为实施机构负责特许经营项目有关实施工作，并明确具体授权范围。

第十五条 实施机构根据经审定的特许经营项目实施方案，应当通过招标、竞争性谈判等竞争方式选择特许经营者。特许经营项目建设运营标准和监管要求明确、有关领域市场竞争比较充分的，应当通过招标方式选择特许经营者。

第十六条 实施机构应当在招标或谈判文件中载明是否要求成立特许经营项目公司。

第十七条 实施机构应当公平择优选择具有相应管理经验、专业能力、融资实力以及信用状况良好的法人或者其他组织作为特许经营者。鼓励金融机构与参与竞争的法人或其他组织共同制定投融资方案。特许经营者选择应当符合内外资准入等有关法律、行政法规规定。依法选定的特许经营者，应当向社会公示。

第十八条 实施机构应当与依法选定的特许经营者签订特许经营协议。需要成立项目公司的，实施机构应当与依法选定的投资人签订初步协议，约定其在规定期限内注册成立项目公司，并与项目公司签订特许经营协议。

特许经营协议应当主要包括以下内容：

（一）项目名称、内容；

（二）特许经营方式、区域、范围和期限；

（三）项目公司的经营范围、注册资本、股东出资方式、出资比例、股权转让等；

（四）所提供产品或者服务的数量、质量和标准；

（五）设施权属，以及相应的维护和更新改造；

（六）监测评估；

（七）投融资期限和方式；

（八）收益取得方式，价格和收费标准的确定方法以及调整程序；

（九）履约担保；

（十）特许经营期内的风险分担；

（十一）政府承诺和保障；

（十二）应急预案和临时接管预案；

（十三）特许经营期限届满后，项目及资产移交方式、程序和要求等；

（十四）变更、提前终止及补偿；

（十五）违约责任；

（十六）争议解决方式；

（十七）需要明确的其他事项。

第十九条 特许经营协议根据有关法律、行政法规和国家规定，可以约定特许经营者通过向用户收费等方式取得收益。向用户收费不足以覆盖特许经营建设、运营成本及合理收益的，可由政府提供可行性缺口补助，包括政府授予特许经营项目相关的其他开发经营权益。

第二十条 特许经营协议应当明确价格或收费的确定和调整机制。特许经营项目价格或收费应当依据相关法律、行政法规规定和特许经营协议约定予以确定和调整。

第二十一条 政府可以在特许经营协议中就防止不必要的同类竞争性项目建设、必要合理的财政补贴、有关配套公共服务和基础设施的提供等内容作出承诺，但不得承诺固定投资回报和其他法律、行政法规禁止的事项。

第二十二条 特许经营者根据特许经营协议，需要依法办理规划选址、用地和项目核准或审批等手续的，有关部门在进行审核时，应当简化审核内容，优化办理流程，缩短办理时限，对于本部门根据本办法第十三条出具书面审查意见已经明确的事项，不再作重复审查。实施机构应当协助特许经营者办理相关手续。

第二十三条 国家鼓励金融机构为特许经营项目提供财务顾问、融资顾问、银团贷款等金融服务。政策性、开发性金融机构可以给予特许经营项目差异化信贷支持，对符合条件的项目，贷款期限最长可达30年。探索利用特许经营项目预期收益质押贷款，支持利用相关收益作为还款来源。

第二十四条 国家鼓励通过设立产业基金等形式入股提供特许经营项目资本金。鼓励特许经营项目公司进行结构化融资，发行项目收益票据和资产支持票据等。国家鼓励特许经营项目采用成立私募基金，引入战略投资者，发行企业债券、项目收益债券、公司债券、非金融企业债务融资工具等方式拓宽投融资渠道。

第二十五条 县级以上人民政府有关部门可以探索与金融机构设立基础设施和公用事业特许经营引导基金，并通过投资补助、财政补贴、贷款贴息等方式，支持有关特许经营项目建设运营。

第三章 特许经营协议履行

第二十六条 特许经营协议各方当事人应当遵循诚实信用原则，按照约定全面履行义务。除法律、行政法规另有规定外，实施机构和特许经营者任何一方不履行特许经营协议约定义务或者履行义务不符合约定要求的，应当根据协议继续履行、采取补救措施或者赔偿损失。

第二十七条 依法保护特许经营者合法权益。任何单位或者个人不得违反法律、行政法规和本办法规定，干涉特许经营者合法经营活动。

第二十八条 特许经营者应当根据特许经营协议，执行有关特许经营项目投融资安排，确保相应资金或资金来源落实。

第二十九条 特许经营项目涉及新建或改扩建有关

基础设施和公用事业的,应当符合城乡规划、土地管理、环境保护、质量管理、安全生产等有关法律、行政法规规定的建设条件和建设标准。

第三十条　特许经营者应当根据有关法律、行政法规、标准规范和特许经营协议,提供优质、持续、高效、安全的公共产品或者公共服务。

第三十一条　特许经营者应当按照技术规范,定期对特许经营项目设施进行检修和保养,保证设施运转正常及经营期限届满后资产按规定进行移交。

第三十二条　特许经营者对涉及国家安全的事项负有保密义务,并应当建立和落实相应保密管理制度。实施机构、有关部门及其工作人员对在特许经营活动和监督管理工作中知悉的特许经营者商业秘密负有保密义务。

第三十三条　实施机构和特许经营者应当对特许经营项目建设、运营、维修、保养过程中有关资料,按照有关规定进行归档保存。

第三十四条　实施机构应当按照特许经营协议严格履行有关义务,为特许经营者建设运营特许经营项目提供便利和支持,提高公共服务水平。行政区划调整,政府换届、部门调整和负责人变更,不得影响特许经营协议履行。

第三十五条　需要政府提供可行性缺口补助的特许经营项目,应当严格按照预算法规定,综合考虑政府财政承受能力和债务风险状况,合理确定财政付费总额和分年度数额,并与政府年度预算和中期财政规划相衔接,确保资金拨付需要。

第三十六条　因法律、行政法规修改,或者政策调整损害特许经营者预期利益,或者根据公共利益需要,要求特许经营者提供协议约定以外的产品或服务的,应当给予特许经营者相应补偿。

第四章　特许经营协议变更和终止

第三十七条　在特许经营协议有效期内,协议内容确需变更的,协议当事人应当在协商一致基础上签订补充协议。如协议可能对特许经营项目的存续债务产生重大影响的,应当事先征求债权人同意。特许经营项目涉及直接融资行为的,应当及时做好相关信息披露。特许经营期限届满后确有必要延长的,按照有关规定经充分评估论证,协商一致并报批准后,可以延长。

第三十八条　在特许经营期限内,因特许经营协议一方严重违约或不可抗力等原因,导致特许经营者无法继续履行协议约定义务,或者出现特许经营协议约定的提前终止协议情形的,在与债权人协商一致后,可以提前终止协议。

特许经营协议提前终止的,政府应当收回特许经营项目,并根据实际情况和协议约定给予原特许经营者相应补偿。

第三十九条　特许经营期限届满终止或提前终止的,协议当事人应当按照特许经营协议约定,以及有关法律、行政法规和规定办理有关设施、资料、档案等的性能测试、评估、移交、接管、验收等手续。

第四十条　特许经营期限届满终止或者提前终止,对该基础设施和公用事业继续采用特许经营方式的,实施机构应当根据本办法规定重新选择特许经营者。因特许经营期限届满重新选择特许经营者的,在同等条件下,原特许经营者优先获得特许经营。新的特许经营者选定之前,实施机构和原特许经营者应当制定预案,保障公共产品或公共服务的持续稳定提供。

第五章　监督管理和公共利益保障

第四十一条　县级以上人民政府有关部门应当根据各自职责,对特许经营者执行法律、行政法规、行业标准、产品或服务技术规范,以及其他有关监管要求进行监督管理,并依法加强成本监督审查。县级以上审计机关应当依法对特许经营活动进行审计。

第四十二条　县级以上人民政府及其有关部门应当根据法律、行政法规和国务院决定保留的行政审批项目对特许经营进行监督管理,不得以实施特许经营为名违法增设行政审批项目或审批环节。

第四十三条　实施机构应当根据特许经营协议,定期对特许经营项目建设运营情况进行监测分析,会同有关部门进行绩效评价,并建立根据绩效评价结果、按照特许经营协议约定对价格或财政补贴进行调整的机制,保障所提供公共产品或公共服务的质量和效率。实施机构应当将社会公众意见作为监测分析和绩效评价的重要内容。

第四十四条　社会公众有权对特许经营活动进行监督,向有关监管部门投诉,或者向实施机构和特许经营者提出意见建议。

第四十五条　县级以上人民政府应当将特许经营有关政策措施、特许经营部门协调机制组成以及职责等信息向社会公开。实施机构和特许经营者应当将特许经营项目实施方案、特许经营者选择、特许经营协议及其变更或终止、项目建设运营、所提供公共服务标准、监测分析和绩效评价、经过审计的上年度财务报表等有关信息按规定向社会公开。

特许经营者应当公开有关会计数据、财务核算和其他有关财务指标,并依法接受年度财务审计。

第四十六条　特许经营者应当对特许经营协议约定服务区域内所有用户普遍地、无歧视地提供公共产品或公共服务,不得对新增用户实行差别待遇。

第四十七条　实施机构和特许经营者应当制定突发事件应急预案,按规定报有关部门。突发事件发生后,及时启动应急预案,保障公共产品或公共服务的正常提供。

第四十八条　特许经营者因不可抗力等原因确实无法继续履行特许经营协议的,实施机构应当采取措施,保证持续稳定提供公共产品或公共服务。

第六章　争议解决

第四十九条　实施机构和特许经营者就特许经营协

议履行发生争议的,应当协商解决。协商达成一致的,应当签订补充协议并遵照执行。

第五十条 实施机构和特许经营者就特许经营协议中的专业技术问题发生争议的,可以共同聘请专家或第三方机构进行调解。调解达成一致的,应当签订补充协议并遵照执行。

第五十一条 特许经营者认为行政机关作出的具体行政行为侵犯其合法权益的,有陈述、申辩的权利,并可以依法提起行政复议或者行政诉讼。

第五十二条 特许经营协议存续期间发生争议,当事各方在争议解决过程中,应当继续履行特许经营协议义务,保证公共产品或公共服务的持续性和稳定性。

第七章 法律责任

第五十三条 特许经营者违反法律、行政法规和国家强制性标准,严重危害公共利益,或者造成重大质量、安全事故或者突发环境事件的,有关部门应当责令限期改正并依法予以行政处罚;拒不改正、情节严重的,可以终止特许经营协议;构成犯罪的,依法追究刑事责任。

第五十四条 以欺骗、贿赂等不正当手段取得特许经营项目的,应当依法收回特许经营项目,向社会公开。

第五十五条 实施机构、有关行政主管部门及其工作人员不履行法定职责、干预特许经营者正常经营活动、徇私舞弊、滥用职权、玩忽职守的,依法给予行政处分;构成犯罪的,依法追究刑事责任。

第五十六条 县级以上人民政府有关部门应当对特许经营者及其从业人员的不良行为建立信用记录,纳入全国统一的信用信息共享交换平台。对严重违法失信行为依法予以曝光,并会同有关部门实施联合惩戒。

第八章 附 则

第五十七条 基础设施和公用事业特许经营涉及国家安全审查的,按照国家有关规定执行。

第五十八条 法律、行政法规对基础设施和公用事业特许经营另有规定的,从其规定。本办法实施之前依法已经订立特许经营协议的,按照协议约定执行。

第五十九条 本办法由国务院发展改革部门会同有关部门负责解释。

第六十条 本办法自 2015 年 6 月 1 日起施行。

71. 交通运输部关于深化交通运输基础设施投融资改革的指导意见

(交财审发〔2015〕67号)

各省、自治区、直辖市、新疆生产建设兵团及计划单列市交通运输厅(局、委):

为贯彻落实党的十八大和十八届三中、四中全会精神,建立支持交通运输基础设施建管养运的投融资政策机制,促进交通运输行业可持续发展,根据《国务院关于加强地方政府性债务管理的意见》(国发〔2014〕43号)、《国务院关于深化预算管理制度改革的决定》(国发〔2014〕45号)、《国务院关于创新重点领域投融资机制鼓励社会投资的指导意见》(国发〔2014〕60号)和《国务院办公厅转发发展改革委 财政部 交通运输部关于进一步完善投融资政策促进普通公路持续健康发展的若干意见》(国办发〔2011〕22号)的有关要求,现就深化交通基础设施投融资改革提出以下意见:

一、充分认识深化交通运输基础设施投融资改革的重要意义

改革开放以来,在党中央、国务院的正确领导下,各级政府和交通运输部门积极创新、锐意进取,以交通专项税费和"贷款修路、收费还贷""航电结合、以电促航、滚动发展"等政策为基础,逐步形成了"中央投资、地方筹资、社会融资、利用外资"的交通运输基础设施投融资模式,支撑了公路、水路交通运输基础设施建设的跨越式发展,改变了交通运输对国民经济的瓶颈制约,对我国经济社会健康稳定发展做出了重要贡献。

当前,随着国家各项改革的深入推进和交通运输的转型发展,交通运输发展面临的投融资环境发生了较大的变化,现行的投融资模式难以满足交通运输发展的需要,特别是不能适应国家深化财税体制改革的要求,主要表现在:政府投资主体作用不强、公共财政投入不足,各级政府交通事权不清晰、支出责任不明确,融资政策不完善、社会资本投入动力不足,政府举债不规范、债务负担较重等,因此,迫切需要通过深化改革,建立新的交通运输基础设施投融资模式。根据中央经济工作会议的部署,交通运输基础设施建设依然是稳增长、惠民生的重要领域之一。为更好地发挥政府投资的引导作用,充分利用社会资本特别是民间资本参与交通基础设施建设,深化交通运输基础设施投融资改革,创新投融资模式,对促进交通运输业健康发展具有重要意义。

二、总体要求

(一)指导思想。以科学发展观为指导,深入贯彻落实习近平总书记系列重要讲话精神,全面落实党的十八大和十八届三中、四中全会精神,主动适应经济发展新常态,按照国家深化财税体制改革的总体要求,建立和完善交通运输发展"政府主导、分级负责、多元筹资、规范高效"的投融资管理体制,促进交通运输健康可持续发展。

(二)基本原则。坚持政府主导,充分利用社会资本筹措交通发展资金;坚持权责一致,合理划分事权和支出责任,按事权筹集资金,履行支出责任;坚持分类实施,根据项目的收益情况,采取相应的投融资方式;坚持绩效导向,降低投融资成本,控制债务风险,提升资金使用效益。

三、完善政府主导的交通运输基础设施公共财政保障制度

各地交通运输部门要按照建立事权与支出责任相适应的制度改革要求,进一步完善"政府主导、分级负责"的投融资管理体制。按照预算制度改革的要求,建立和完善部门综合预算管理制度,统筹利用好各种财力资源,科学安排建设、管理、养护、运营和债务偿还等,提高资金集约利用效率。

(一)强化交通运输基础设施支出的财政保障。各地交通运输部门要将没有收益的公路、水路交通基础设施,其建管养运、安全应急、服务等所需资金纳入年度财政预算予以保障。对没有收益的普通公路、内河航道等建设养护资金需求,可纳入地方政府一般债券的融资渠道;对有一定收益的收费公路、枢纽站场及航电枢纽等交通基础建设运营资金需求,可纳入地方政府专项债券的融资渠道。交通基础设施的建设、管理、养护和运营中适合采取市场化方式提供、社会力量能够承担的服务事项,可通过政府向社会专业机构购买服务等方式实现,以提高财政资金使用效率。

1.拓展各级财政资金保障能力。各地交通运输部门要积极争取政府财政资金加大对普通公路、内河航道等交通基础设施建设、养护、管理的投入。建立以公共财政为基础、各级政府责任明晰、事权和支出责任相适应的普通公路、航道投融资长效机制,建设运营公路、水路交通运输基础设施。在坚持政府主导的基础上,通过沿线土地开发收益、配套设施经营等方式,多渠道筹集资金,增强公共财政保障能力。

2.积极争取债券资金投入。交通运输基础设施建设仍将是政府投资的重要领域,各地交通运输部门要研究编制好发展规划,强化项目前期工作,搞好项目储备,为积极利用地方政府一般债券和专项债券,加大对交通运输基础设施建设的支持创造条件。

3.实施全口径预算管理。各地交通运输部门应将各类用于交通运输发展的财政性资金、政府性债务资金分门别类纳入预算管理。积极推行部门综合预算管理模式,逐步实现年度预算编制涵盖建设、管理、养护、运营、偿债和运输服务等交通运输发展各方面的资金需求安排,以全面反映交通运输部门经济管理活动,提高资金集约利用效率。

4.推行中期财政规划管理。各级交通运输部门对未来三年重大财政收支及政策目标进行分析预测,结合交通运输发展规划,研究编制公路、水路等交通基础设施建设和养护的三年滚动预算,并建立与三年滚动预算相适应的项目库管理制度。优化预算资金支出结构,年度综合预算和三年滚动预算编制,要优先保障重点区域、重点项目的建设和养护等资金需求。

(二)用好中央交通专项资金投融资政策。按照优化转移支付结构,规范专项转移支付的要求,部将研究进一步调整完善车辆购置税和港口建设费等中央交通专项资金政策。车辆购置税资金将继续专项用于纳入交通运输行业规划范围的公路(含桥梁、隧道)、公路客货运枢纽(含物流园区)和内河水运建设等重点项目支出,并优先保障符合国家战略的重点项目建设;继续专项用于农村公路(含桥梁)、农村公路渡口改造、农村客运站建设和普通公路危桥改造、安保工程、灾害防治工程等一般项目支出,并坚持向中西部、老少边穷、集中连片特困地区以及农村公路通畅工程倾斜;继续用于交通科研、信息化等支出。港口建设费主要用于港口公共基础设施、内河水运及支持保障系统建设支出。

1.保障重点项目支出需求。各地交通运输部门安排的年度交通运输重点项目,拟申请中央交通专项资金投资补助的,省级交通运输部门在与同级财政部门协商同意后,将符合条件并履行完基本建设审批程序的项目报部,并附同级财政部门意见。经部批准后,各省交通运输部门要将中央交通专项资金投资补助与本级财政安排的其他资金一并纳入预算管理。

2.用好一般项目补助资金。各省级交通运输部门安排的交通运输一般项目,需申请中央交通专项资金投资补助的,向部提出资金申请。部将根据规划建设目标、任务量和补助标准等因素确定资金安排规模和下达方式。

3.坚持公路、航道养护资金的专款专用。各地交通运输部门应将成品油税费改革新增收入转移支付资金中专项用于公路、航道养护的部分,全额用于普通公路(含改建)、航道养护管理,不得挤占挪用。返还的燃油税确保用于普通公路养护(不含改建)的资金比例不低于80%。

4.强化专项资金使用监管。为切实提高资金使用效益,部将进一步加强中央交通专项资金使用的监督管理,对违规挤占、挪用资金的,将采取必要措施,相应核减年度投资补助规模。

(三)妥善处理存量债务和在建项目后续融资。各地交通运输部门要按照积极推进、谨慎稳健的原则,加强交通运输基础设施政府性债务管理,优化债务结构,统筹各种资源,确保在建项目有序推进。

1.将政府存量债务纳入预算管理。各地交通运输部门要加强与地方财政部门的沟通协调,将清理甄别后属于政府应当偿还的存量债务,相应纳入一般债务和专项债务,分类进行预算管理。加强与财政部门和金融机构的沟通协调,妥善处理好其他或有债务,切实防范交通运输债务风险,确保交通运输行业不发生区域性、系统性债务风险。

2.积极降低存量债务利息负担。对甄别后纳入预算管理的交通运输存量债务,各地交通运输部门要加强与财政部门的沟通,积极争取将高利短贷的债务纳入债券置换范围,降低利息负担,优化债务期限结构。

3.确保在建项目后续融资。各地交通运输部门要统筹各类资金,优先保障在建项目续建和收尾。对使用债务资金且符合国家有关规定的在建项目,要积极商相关金融机构,继续按协议予以贷款,推进项目建设;对在建项目确实难以按现有渠道筹措资金的,应及时商相关部门通过政府和社会资本合作模式或地方政府债券解决。

四、积极利用社会资本参与交通运输基础设施建设、运营和管理

各地交通运输部门要打破各类行业垄断和市场壁垒,建立公平、公开透明的市场规则,创新投资运营机制,改进政府投资安排方式,进一步完善"多元筹资、规范高效"的投融资体制,结合自身行业特点,积极推广政府和社会资本合作模式(PPP),最大限度的鼓励和吸引社会资本投入,充分激发社会资本投资活力。

(一)积极推广政府和社会资本合作模式。各地交通运输部门要通过特许经营权、合理定价、财政补贴等事先公开的收益约定规则,积极引导社会资本参与收费公路、枢纽站场及航电枢纽等交通基础设施投资和运营。按法律规定和合同约定,在政府和社会资本间合理分配项目风险。

1.对于特许经营收入能够覆盖投资运营成本的项目,可采取建设-运营-移交(BOT)的方式或者由政府授权相应的机构代行出资人职责与社会投资者共同组成特别目的公司的方式,负责项目设计、融资、建设、运营等活动,待特许经营期满后,将项目移交给政府。

2.对于特许经营收入不能完全覆盖投资运营成本的项目,可采取政府对BOT项目在建设期(或运营期)给予适当政府投入的方式。也可以采取政府与社会投资者共同成立特别目的公司的方式,政府投入作为特殊股份,参与重大决策,不参与日常的管理。投资者或特别目的公司可以通过银行贷款、企业债、项目收益债券、资产证券化等市场化方式举债并承担偿债责任。

3.综合利用好政府资源。各地交通运输部门要积极协调当地人民政府优先考虑将项目沿线一定范围内的土地等可开发经营的资源作为政府投入。政府资源投入后,收入仍不能完全覆盖投资运营成本的,应通过申请财政补贴予以补偿。对符合中央交通专项资金投资补助范围的项目,中央予以支持。

(二)加强政府和社会资本合作制度建设。为指导各地交通运输部门、企业更好地推广PPP模式,部将在PPP统一政策框架下,结合行业自身特点,制定交通运输领域PPP项目具体实施指引、合作合同范本或管理办法。同时,各地交通运输部门要建立健全公平、公开、透明的市场规则,加强交通运输基础设施和服务的价格与质量监管,着力提升服务的质量和效率,保证公共利益最大化。

（三）探索设立交通产业投资基金。各地交通运输部门要会同同级财政部门，积极研究探索设立公路、水路交通产业投资基金，以财政性资金为引导，吸引社会法人投入，建立稳定的公路、水路交通发展的资金渠道。同时，鼓励民间资本发起设立用于公路、水路交通基础设施建设的产业投资基金，研究探索运用财政性资金通过认购基金份额等方式支持产业基金发展。

五、科学规范资金管理，提高资金使用效率

树立节约就是筹资的理念，积极完善预算绩效管理体系，加强内部控制，强化项目管理和成本控制，不断提高资金使用效率，防控地方政府交通债务风险，推进信息公开。

（一）强化预算绩效管理。各级交通运输部门要进一步完善预算绩效管理制度，逐步建立事前设定绩效目标、事中进行绩效跟踪、事后进行绩效评价的全过程绩效管理机制，将绩效评价结果作为编制三年滚动预算、调整资金支出结构、完善资金政策的主要依据。研究具有行业特色的预算绩效评价指标体系，逐步扩大绩效评价的范围与规模，积极开展本单位整体支出、项目支出或交通专项转移支付资金绩效目标编报试点。

（二）完善内部控制。各级交通运输部门要进一步完善制度设计，夯实制度基础，结合内部业务管理流程，加快构建覆盖资金筹集、预算编制、预算执行、资产管理、审计监督等各环节的内部控制制度体系。推行重点建设项目跟踪审计，重点加强对征地拆迁、工程招投标、设计变更、计量支付、竣工决算等关键环节的审计，防范管理漏洞，纠正建设浪费，促进资金安全和高效使用。

（三）加强项目成本控制。各地交通运输部门要在确保安全与质量的前提下，开源节流，加强设计、施工、养护等各阶段环节管理，建立项目全过程成本控制制度。合理选择技术标准，优化设计方案，加强物料、设备采购管理，加强概算审查和工程造价管理，有效控制工程造价。科学合理调度资金，提高资金利用效率，减少债务利息支出。

（四）控制和化解政府性债务风险。各地交通运输部门要积极配合同级财政部门，建立健全债务风险预警及应急处置机制，出现偿债困难时，要通过控制项目规模、处置存量资产、争取财政支持等方式，多渠道筹集资金偿还债务。推动地方政府建立交通项目偿债保障机制，统筹安排各项财政资金，加快存量债务偿还，维护政府信誉。

（五）推进信息公开。除涉密信息外，适时向社会公开交通基础设施建设项目和投融资政策信息，特别是推行政府和社会资本合作模式项目的工作流程、评审标准、实施情况等相关信息。引导各级交通运输部门扩大部门预决算公开范围，细化部门预决算公开内容，逐步将部门预决算公开到基本支出和项目支出，自觉接受社会监督。

交通运输部

2015年5月5日

72.国务院办公厅转发财政部 发展改革委 人民银行关于在公共服务领域推广政府和社会资本合作模式指导意见的通知

(国办发〔2015〕42号)

各省、自治区、直辖市人民政府,国务院各部委、各直属机构:

财政部、发展改革委、人民银行《关于在公共服务领域推广政府和社会资本合作模式的指导意见》已经国务院同意,现转发给你们,请认真贯彻执行。

在公共服务领域推广政府和社会资本合作模式,是转变政府职能、激发市场活力、打造经济新增长点的重要改革举措。围绕增加公共产品和公共服务供给,在能源、交通运输、水利、环境保护、农业、林业、科技、保障性安居工程、医疗、卫生、养老、教育、文化等公共服务领域,广泛采用政府和社会资本合作模式,对统筹做好稳增长、促改革、调结构、惠民生、防风险工作具有战略意义。

各地区、各部门要按照简政放权、放管结合、优化服务的要求,简化行政审批程序,推进立法工作,进一步完善制度,规范流程,加强监管,多措并举,在财税、价格、土地、金融等方面加大支持力度,保证社会资本和公众共同受益,通过资本市场和开发性、政策性金融等多元融资渠道,吸引社会资本参与公共产品和公共服务项目的投资、运营管理,提高公共产品和公共服务供给能力与效率。

各地区、各部门要高度重视,精心组织实施,加强协调配合,形成工作合力,切实履行职责,共同抓好落实。

国务院办公厅
2015年5月19日

关于在公共服务领域推广政府和社会资本合作模式的指导意见

为打造大众创业、万众创新和增加公共产品、公共服务"双引擎",让广大人民群众享受到优质高效的公共服务,在改善民生中培育经济增长新动力,现就改革创新公共服务供给机制,大力推广政府和社会资本合作(Public-Private Partnership,PPP)模式,提出以下意见:

一、充分认识推广政府和社会资本合作模式的重大意义

政府和社会资本合作模式是公共服务供给机制的重大创新,即政府采取竞争性方式择优选择具有投资、运营管理能力的社会资本,双方按照平等协商原则订立合同,明确责权利关系,由社会资本提供公共服务,政府依据公共服务绩效评价结果向社会资本支付相应对价,保证社会资本获得合理收益。政府和社会资本合作模式有利于充分发挥市场机制作用,提升公共服务的供给质量和效率,实现公共利益最大化。

(一)有利于加快转变政府职能,实现政企分开、政事分开。作为社会资本的境内外企业、社会组织和中介机构承担公共服务涉及的设计、建设、投资、融资、运营和维护等责任,政府作为监督者和合作者,减少对微观事务的直接参与,加强发展战略制定、社会管理、市场监管、绩效考核等职责,有助于解决政府职能错位、越位和缺位的问题,深化投融资体制改革,推进国家治理体系和治理能力现代化。

(二)有利于打破行业准入限制,激发经济活力和创造力。政府和社会资本合作模式可以有效打破社会资本进入公共服务领域的各种不合理限制,鼓励国有控股企业、民营企业、混合所有制企业等各类型企业积极参与提供公共服务,给予中小企业更多参与机会,大幅拓展社会资本特别是民营资本的发展空间,激发市场主体活力和发展潜力,有利于盘活社会存量资本,形成多元化、可持续的公共服务资金投入渠道,打造新的经济增长点,增强经济增长动力。

(三)有利于完善财政投入和管理方式,提高财政资金使用效益。在政府和社会资本合作模式下,政府以运营补贴等作为社会资本提供公共服务的对价,以绩效评价结果作为对价支付依据,并纳入预算管理、财政中期规划和政府财务报告,能够在当代人和后代人之间公平地分担公共资金投入,符合代际公平原则,有效弥补当期财政投入不足,有利于减轻当期财政支出压力,平滑年度间财政支出波动,防范和化解政府性债务风险。

二、总体要求

(四)指导思想。贯彻落实党的十八大和十八届二中、三中、四中全会精神,按照党中央、国务院决策部署,借鉴国际成熟经验,立足国内实际情况,改革创新公共服务供给机制和投入方式,发挥市场在资源配置中的决定性作用,更好发挥政府作用,引导和鼓励社会资本积极参与公共服务供给,为广大人民群众提供优质高效的公共服务。

(五)基本原则。

依法合规。将政府和社会资本合作纳入法制化轨道,建立健全制度体系,保护参与各方的合法权益,明确全生命周期管理要求,确保项目规范实施。

重诺履约。政府和社会资本法律地位平等、权利义务对等,必须树立契约理念,坚持平等协商、互利互惠、诚实守信、严格履约。

公开透明。实行阳光化运作,依法充分披露政府和社会资本合作项目重要信息,保障公众知情权,对参与各方形成有效监督和约束。

公众受益。加强政府监管,将政府的政策目标、社会目标和社会资本的运营效率、技术进步有机结合,促进社会资本竞争和创新,确保公共利益最大化。

积极稳妥。鼓励地方各级人民政府和行业主管部门因地制宜,探索符合当地实际和行业特点的做法,总结提炼经验,形成适合我国国情的发展模式。坚持必要、合理、可持续的财政投入原则,有序推进项目实施,控制项目的政府支付责任,防止政府支付责任过重加剧财政收支矛盾,带来支出压力。

(六)发展目标。立足于加强和改善公共服务,形成有效促进政府和社会资本合作模式规范健康发展的制度体系,培育统一规范、公开透明、竞争有序、监管有力的政府和社会资本合作市场。着力化解地方政府性债务风险,积极引进社会资本参与地方融资平台公司存量项目改造,争取通过政府和社会资本合作模式减少地方政府性债务。在新建公共服务项目中,逐步增加使用政府和社会资本合作模式的比例。

三、构建保障政府和社会资本合作模式持续健康发展的制度体系

(七)明确项目实施的管理框架。建立健全制度规范体系,实施全生命周期管理,保证项目实施质量。进一步完善操作指南,规范项目识别、准备、采购、执行、移交各环节操作流程,明确操作要求,指导社会资本参与实施。制定合同指南,推动共性问题处理方式标准化。制定分行业、分领域的标准化合同文本,提高合同编制效率和谈判效率。按照预算法、合同法、政府采购法及其实施条例、《国务院办公厅关于政府向社会力量购买服务的指导意见》(国办发〔2013〕96号)等要求,建立完善管理细则,规范选择合作伙伴的程序和方法,维护国家利益、社会公共利益和社会资本的合法权益。

(八)健全财政管理制度。开展财政承受能力论证,统筹评估和控制项目的财政支出责任,促进中长期财政可持续发展。建立完善公共服务成本财政管理和会计制度,创新资源组合开发模式,针对政府付费、使用者付费、可行性缺口补助等不同支付机制,将项目涉及的运营补贴、经营收费权和其他支付对价等,按照国家统一的会计制度进行核算,纳入年度预算、中期财政规划,在政府财务报告中进行反映和管理,并向本级人大或其常委会报告。存量公共服务项目转型为政府和社会资本合作项目过程中,应依法进行资产评估,合理确定价值,防止公共资产流失和贱卖。项目实施过程中政府依法获得的国有资本收益、约定的超额收益分成等公共收入应上缴国库。

(九)建立多层次监督管理体系。行业主管部门根据经济社会发展规划及专项规划发起政府和社会资本合作项目,社会资本也可根据当地经济社会发展需求建议发起。行业主管部门应制定不同领域的行业技术标准、公共产品或服务技术规范,加强对公共服务质量和价格的监管。建立政府、公众共同参与的综合性评价体系,建立事前设定绩效目标、事中进行绩效跟踪、事后进行绩效评价的全生命周期绩效管理机制,将政府付费、使用者付费与绩效评价挂钩,并将绩效评价结果作为调价的重要依据,确保实现公共利益最大化。依法充分披露项目实施相关信息,切实保障公众知情权,接受社会监督。

(十)完善公共服务价格调整机制。积极推进公共服务领域价格改革,按照补偿成本、合理收益、节约资源、优质优价、公平负担的原则,加快理顺公共服务价格。依据项目运行情况和绩效评价结果,健全公共服务价格调整机制,完善政府价格决策听证制度,广泛听取社会资本、公众和有关部门意见,确保定价调价的科学性。及时披露项目运行过程中的成本变化、公共服务质量等信息,提高定价调价的透明度。

(十一)完善法律法规体系。推进相关立法,填补政府和社会资本合作领域立法空白,着力解决政府和社会资本合作项目运作与现行法律之间的衔接协调问题,明确政府出资的法律依据和出资性质,规范政府和社会资本的责权利关系,明确政府相关部门的监督管理责任,为政府和社会资本合作模式健康发展提供良好的法律环境和稳定的政策预期。鼓励有条件的地方立足当地实际,依据立法法相关规定,出台地方性法规或规章,进一步有针对性地规范政府和社会资本合作模式的运用。

四、规范推进政府和社会资本合作项目实施

(十二)广泛采用政府和社会资本合作模式提供公共服务。在能源、交通运输、水利、环境保护、农业、林业、科技、保障性安居工程、医疗、卫生、养老、教育、文化等公共服务领域,鼓励采用政府和社会资本合作模式,吸引社会资本参与。其中,在能源、交通运输、水利、环境保护、市政工程等特定领域需要实施特许经营的,按《基础设施和公用事业特许经营管理办法》执行。

(十三)化解地方政府性债务风险。积极运用转让—运营—移交(TOT)、改建—运营—移交(ROT)等方式,将融资平台公司存量公共服务项目转型为政府和社会资本合作项目,引入社会资本参与改造和运营,在征得债权人同意的前提下,将政府性债务转换为非政府性债务,减轻地方政府的债务压力,腾出资金用于重点民生项目建设。大力推动融资平台公司与政府脱钩,进行市场化改制,健全完善公司治理结构,对已经建立现代企业制度、实现市场化运营的,在其承担的地方政府债务已纳入政府财政预算、得到妥善处置并明确公告今后不再承担地方政府举债融资职能的前提下,可作为社会资本参与当地政府和社会资本合作项目,通过与政府签订合同方式,明确责权利关系。严禁融资平台公司通过保底承诺等方式参与政府和社会资本合作项目,进行变相融资。

(十四)提高新建项目决策的科学性。地方政府根据当地经济社会发展需要,结合财政收支平衡状况,统筹论证新建项目的经济效益和社会效益,并进行财政承受能力论证,保证决策质量。根据项目实施周期、收费定价机制、投资收益水平、风险分配基本框架和所需要的政府投入等因素,合理选择建设—运营—移交(BOT)、建设—拥有—

运营(BOO)等运作方式。

（十五）择优选择项目合作伙伴。对使用财政性资金作为社会资本提供公共服务对价的项目，地方政府应当根据预算法、合同法、政府采购法及其实施条例等法律法规规定，选择项目合作伙伴。依托政府采购信息平台，及时、充分向社会公布项目采购信息。综合评估项目合作伙伴的专业资质、技术能力、管理经验、财务实力和信用状况等因素，依法择优选择诚实守信的合作伙伴。加强项目政府采购环节的监督管理，保证采购过程公平、公正、公开。

（十六）合理确定合作双方的权利与义务。树立平等协商的理念，按照权责对等原则合理分配项目风险，按照激励相容原则科学设计合同条款，明确项目的产出说明和绩效要求、收益回报机制、退出安排、应急和临时接管预案等关键环节，实现责权利对等。引入价格和补贴动态调整机制，充分考虑社会资本获得合理收益。如单方面构成违约的，违约方应当给予对方相应赔偿。建立投资、补贴与价格的协同机制，为社会资本获得合理回报创造条件。

（十七）增强责任意识和履约能力。社会资本要将自身经济利益诉求与政府政策目标、社会目标相结合，不断加强管理和创新，提升运营效率，在实现经济价值的同时，履行好企业社会责任，严格按照约定保质保量提供服务，维护公众利益；要积极进行业务转型和升级，从工程承包商、建设施工方向运营商转变，实现跨不同领域、多元化发展；要不断提升运营实力和管理经验，增强提供公共服务的能力。咨询、法律、会计等中介机构要提供质优价廉的服务，促进项目增效升级。

（十八）保障公共服务持续有效。按照合同约定，对项目建设情况和公共服务质量进行验收，逾期未完成或不符合标准的，社会资本要限期完工或整改，并采取补救措施或赔偿损失。健全合同争议解决机制，依法积极协调解决争议。确需变更合同内容、延长合同期限以及变更社会资本方的，由政府和社会资本方协商解决，但应当保持公共服务的持续性和稳定性。项目资产移交时，要对移交资产进行性能测试、资产评估和登记入账，并按照国家统一的会计制度进行核算，在政府财务报告中进行反映和管理。

五、政策保障

（十九）简化项目审核流程。进一步减少审批环节，建立项目实施方案联评联审机制，提高审查工作效率。项目合同签署后，可并行办理必要的审批手续，有关部门要简化办理手续，优化办理程序，主动加强服务，对实施方案中已经明确的内容不再作实质性审查。

（二十）多种方式保障项目用地。实行多样化土地供应，保障项目建设用地。对符合划拨用地目录的项目，可按划拨方式供地，划拨土地不得改变土地用途。建成的项目经依法批准可以抵押，土地使用权性质不变，待合同经营期满后，连同公共设施一并移交政府；实现抵押权后改变项目性质应该以有偿方式取得土地使用权的，应依法办理土地有偿使用手续。不符合划拨用地目录的项目，以租赁方式取得土地使用权的，租金收入参照土地出让收入纳入政府性基金预算管理。以作价出资或者入股方式取得土地使用权的，应当以市、县人民政府作为出资人，制定作价出资或者入股方案，经市、县人民政府批准后实施。

（二十一）完善财税支持政策。积极探索财政资金撬动社会资金和金融资本参与政府和社会资本合作项目的有效方式。中央财政出资引导设立中国政府和社会资本合作融资支持基金，作为社会资本方参与项目，提高项目融资的可获得性。探索通过以奖代补等措施，引导和鼓励地方融资平台存量项目转型为政府和社会资本合作项目。落实和完善国家支持公共服务事业的税收优惠政策，公共服务项目采取政府和社会资本合作模式的，可按规定享受相关税收优惠政策。鼓励地方政府在承担有限损失的前提下，与具有投资管理经验的金融机构共同发起设立基金，并通过引入结构化设计，吸引更多社会资本参与。

（二十二）做好金融服务。金融机构应创新符合政府和社会资本合作模式特点的金融服务，优化信贷评审方式，积极为政府和社会资本合作项目提供融资支持。鼓励开发性金融机构发挥中长期贷款优势，参与改造政府和社会资本合作项目，引导商业性金融机构拓宽项目融资渠道。鼓励符合条件的项目运营主体在资本市场通过发行公司债券、企业债券、中期票据、定向票据等市场化方式进行融资。鼓励项目公司发行项目收益债券、项目收益票据、资产支持票据等。鼓励社保资金和保险资金按照市场化原则，创新运用债权投资计划、股权投资计划、项目资产支持计划等多种方式参与项目。对符合条件的"走出去"项目，鼓励政策性金融机构给予中长期信贷支持。依托各类产权、股权交易市场，为社会资本提供多元化、规范化、市场化的退出渠道。金融监管部门应加强监督管理，引导金融机构正确识别、计量和控制风险，按照风险可控、商业可持续原则支持政府和社会资本合作项目融资。

六、组织实施

（二十三）加强组织领导。国务院各有关部门要按照职能分工，负责相关领域具体工作，加强对地方推广政府和社会资本合作模式的指导和监督。财政部要会同有关部门，加强政策沟通协调和信息交流，完善体制机制。教育、科技、民政、人力资源社会保障、国土资源、环境保护、住房城乡建设、交通运输、水利、农业、商务、文化、卫生计生等行业主管部门，要结合本行业特点，积极运用政府和社会资本合作模式提供公共服务，探索完善相关监管制度体系。地方各级人民政府要结合已有规划和各地实际，出台具体政策措施并抓好落实；可根据本地区实际情况，建立工作协调机制，推动政府和社会资本合作项目落地实施。

（二十四）加强人才培养。大力培养专业人才，加快形成政府部门、高校、企业、专业咨询机构联合培养人才的机制。鼓励各类市场主体加大人才培训力度，开展业务人员培训，建设一支高素质的专业人才队伍。鼓励有条件的地方政府统筹内部机构改革需要，进一步整合专门力量，承担政府和社会资本合作模式推广职责，提高专业水平和能力。

（二十五）搭建信息平台。地方各级人民政府要切实履行规划指导、识别评估、咨询服务、宣传培训、绩效评价、信息统计、专家库和项目库建设等职责，建立统一信息发布平台，及时向社会公开项目实施情况等相关信息，确保项目实施公开透明、有序推进。

在公共服务领域推广政府和社会资本合作模式，事关人民群众切身利益，是保障和改善民生的一项重要工作。各地区、各部门要充分认识推广政府和社会资本合作模式的重要意义，把思想和行动统一到党中央、国务院的决策部署上来，精心组织实施，加强协调配合，形成工作合力，切实履行职责，共同抓好落实。财政部要强化统筹协调，会同有关部门对本意见落实情况进行督促检查和跟踪分析，重大事项及时向国务院报告。

73. 中共中央 国务院关于深化投融资体制改革的意见

(中发〔2016〕18号)

党的十八大以来,党中央、国务院大力推进简政放权、放管结合、优化服务改革,投融资体制改革取得新的突破,投资项目审批范围大幅度缩减,投资管理工作重心逐步从事前审批转向过程服务和事中事后监管,企业投资自主权进一步落实,调动了社会资本积极性。同时也要看到,与政府职能转变和经济社会发展要求相比,投融资管理体制仍然存在一些问题,主要是:简政放权不协同、不到位,企业投资主体地位有待进一步确立;投资项目融资难融资贵问题较为突出,融资渠道需要进一步畅通;政府投资管理亟需创新,引导和带动作用有待进一步发挥;权力下放与配套制度建设不同步,事中事后监管和过程服务仍需加强;投资法制建设滞后,投资监管法治化水平亟待提高。为深化投融资体制改革,充分发挥投资对稳增长、调结构、惠民生的关键作用,现提出以下意见。

一、总体要求

全面贯彻落实党的十八大和十八届三中、四中、五中全会精神,以邓小平理论、"三个代表"重要思想、科学发展观为指导,深入学习贯彻习近平总书记系列重要讲话精神,按照"五位一体"总体布局和"四个全面"战略布局,牢固树立和贯彻落实创新、协调、绿色、开放、共享的新发展理念,着力推进结构性改革尤其是供给侧结构性改革,充分发挥市场在资源配置中的决定性作用和更好发挥政府作用。进一步转变政府职能,深入推进简政放权、放管结合、优化服务改革,建立完善企业自主决策、融资渠道畅通、职能转变到位、政府行为规范、宏观调控有效、法治保障健全的新型投融资体制。

——企业为主,政府引导。科学界定并严格控制政府投资范围,平等对待各类投资主体,确立企业投资主体地位,放宽放活社会投资,激发民间投资潜力和创新活力。充分发挥政府投资的引导作用和放大效应,完善政府和社会资本合作模式。

——放管结合,优化服务。将投资管理工作的立足点放到为企业投资活动做好服务上,在服务中实施管理,在管理中实现服务。更加注重事前政策引导、事中事后监管约束和过程服务,创新服务方式,简化服务流程,提高综合服务能力。

——创新机制,畅通渠道。打通投融资渠道,拓宽投资项目资金来源,充分挖掘社会资金潜力,让更多储蓄转化为有效投资,有效缓解投资项目融资难融资贵问题。

——统筹兼顾,协同推进。投融资体制改革要与供给侧结构性改革以及财税、金融、国有企业等领域改革有机衔接、整体推进,建立上下联动、横向协同工作机制,形成改革合力。

二、改善企业投资管理,充分激发社会投资动力和活力

(一)确立企业投资主体地位。坚持企业投资核准范围最小化,原则上由企业依法依规自主决策投资行为。在一定领域、区域内先行试点企业投资项目承诺制,探索创新以政策性条件引导、企业信用承诺、监管有效约束为核心的管理模式。对极少数关系国家安全和生态安全、涉及全国重大生产力布局、战略性资源开发和重大公共利益等项目,政府从维护社会公共利益角度确需依法进行审查把关的,应将相关事项以清单方式列明,最大限度缩减核准事项。

(二)建立投资项目"三个清单"管理制度。及时修订并公布政府核准的投资项目目录,实行企业投资项目管理负面清单制度,除目录范围内的项目外,一律实行备案制,由企业按照有关规定向备案机关备案。建立企业投资项目管理权力清单制度,将各级政府部门行使的企业投资项目管理职权以清单形式明确下来,严格遵循职权法定原则,规范职权行使,优化管理流程。建立企业投资项目管理责任清单制度,厘清各级政府部门企业投资项目管理职权所对应的责任事项,明确责任主体,健全问责机制。建立健全"三个清单"动态管理机制,根据情况变化适时调整。清单应及时向社会公布,接受社会监督,做到依法、公开、透明。

(三)优化管理流程。实行备案制的投资项目,备案机关要通过投资项目在线审批监管平台或政务服务大厅,提供快捷备案服务,不得设置任何前置条件。实行核准制的投资项目,政府部门要依托投资项目在线审批监管平台或政务服务大厅实行并联核准。精简投资项目准入阶段的相关手续,只保留选址意见、用地(用海)预审以及重特大项目的环评审批作为前置条件;按照并联办理、联合评审的要求,相关部门要协同下放审批权限,探索建立多评合一、统一评审的新模式。加快推进中介服务市场化进程,打破行业、地区壁垒和部门垄断,切断中介服务机构与政府部门间的利益关联,建立公开透明的中介服务市场。进一步简化、整合投资项目报建手续,取消投资项目报建阶段技术审查类的相关审批手续,探索实行先建后验的管理模式。

(四)规范企业投资行为。各类企业要严格遵守城乡规划、土地管理、环境保护、安全生产等方面的法律法规,认真执行相关政策和标准规定,依法落实项目法人责任制、招标投标制、工程监理制和合同管理制,切实加强信用体系建设,自觉规范投资行为。对于以不正当手段取得核准或备案手续以及未按照核准内容进行建设的项目,核准、备案机关应当根据情节轻重依法给予警告、责令停止建设、责令停产等处罚;对于未依法办理其他相关手续擅自开工建设,以及建设过程中违反城乡规划、土地管理、环境保护、安全生产等方面的法律法规的项目,相关部门应

依法予以处罚。相关责任人员涉嫌犯罪的,依法移送司法机关处理。各类投资中介服务机构要坚持诚信原则,加强自我约束,增强服务意识和社会责任意识,塑造诚信高效、社会信赖的行业形象。有关行业协会要加强行业自律,健全行业规范和标准,提高服务质量,不得变相审批。

三、完善政府投资体制,发挥好政府投资的引导和带动作用

(五)进一步明确政府投资范围。政府投资资金只投向市场不能有效配置资源的社会公益服务、公共基础设施、农业农村、生态环境保护和修复、重大科技进步、社会管理、国家安全等公共领域的项目,以非经营性项目为主,原则上不支持经营性项目。建立政府投资范围定期评估调整机制,不断优化投资方向和结构,提高投资效率。

(六)优化政府投资安排方式。政府投资资金按项目安排,以直接投资方式为主。对确需支持的经营性项目,主要采取资本金注入方式投入,也可适当采取投资补助、贷款贴息等方式进行引导。安排政府投资资金应当在明确各方权益的基础上平等对待各类投资主体,不得设置歧视性条件。根据发展需要,依法发起设立基础设施建设基金、公共服务发展基金、住房保障发展基金、政府出资产业投资基金等各类基金,充分发挥政府资金的引导作用和放大效应。加快地方政府融资平台的市场化转型。

(七)规范政府投资管理。依据国民经济和社会发展规划及国家宏观调控总体要求,编制三年滚动政府投资计划,明确计划期内的重大项目,并与中期财政规划相衔接,统筹安排、规范使用各类政府投资资金。依据三年滚动政府投资计划及国家宏观调控政策,编制政府投资年度计划,合理安排政府投资。建立覆盖各地区各部门的政府投资项目库,未入库项目原则上不予安排政府投资。完善政府投资项目信息统一管理机制,建立贯通各地区各部门的项目信息平台,并尽快拓展至企业投资项目,实现项目信息共享。改进和规范政府投资项目审批制,采用直接投资和资本金注入方式的项目,对经济社会发展、社会公众利益有重大影响或者投资规模较大的,要在咨询机构评估、公众参与、专家评议、风险评估等科学论证基础上,严格审批项目建议书、可行性研究报告、初步设计。经国务院及有关部门批准的专项规划、区域规划中已经明确的项目,部分改扩建项目,以及建设内容单一、投资规模较小、技术方案简单的项目,可以简化相关文件内容和审批程序。

(八)加强政府投资事中事后监管。加强政府投资项目建设管理,严格投资概算、建设标准、建设工期等要求。严格按照项目建设进度下达投资计划,确保政府投资及时发挥效益。严格概算执行和造价控制,健全概算审批、调整等管理制度。进一步完善政府投资项目代理建设制度。在社会事业、基础设施等领域,推广应用建筑信息模型技术。鼓励有条件的政府投资项目通过市场化方式进行运营管理。完善政府投资监管机制,加强投资项目审计监督,强化重大项目稽察制度,完善竣工验收制度,建立后评价制度,健全政府投资责任追究制度。建立社会监督机制,推动政府投资信息公开,鼓励公众和媒体对政府投资进行监督。

(九)鼓励政府和社会资本合作。各地区各部门可以根据需要和财力状况,通过特许经营、政府购买服务等方式,在交通、环保、医疗、养老等领域采取单个项目、组合项目、连片开发等多种形式,扩大公共产品和服务供给。要合理把握价格、土地、金融等方面的政策支持力度,稳定项目预期收益。要发挥工程咨询、金融、财务、法律等方面专业机构作用,提高项目决策的科学性、项目管理的专业性和项目实施的有效性。

四、创新融资机制,畅通投资项目融资渠道

(十)大力发展直接融资。依托多层次资本市场体系,拓宽投资项目融资渠道,支持有真实经济活动支撑的资产证券化,盘活存量资产,优化金融资源配置,更好地服务投资兴业。结合国有企业改革和混合所有制机制创新,优化能源、交通等领域投资项目的直接融资。通过多种方式加大对种子期、初创期企业投资项目的金融支持力度,有针对性地为"双创"项目提供股权、债权以及信用贷款等融资综合服务。加大创新力度,丰富债券品种,进一步发展企业债券、公司债券、非金融企业债务融资工具、项目收益债等,支持重点领域投资项目通过债券市场筹措资金。开展金融机构以适当方式依法持有企业股权的试点。设立政府引导、市场化运作的产业(股权)投资基金,积极吸引社会资本参加,鼓励金融机构以及全国社会保障基金、保险资金等在依法合规、风险可控的前提下,经批准后通过认购基金份额等方式有效参与。加快建立规范的地方政府举债融资机制,支持省级政府依法依规发行政府债券,用于公共领域重点项目建设。

(十一)充分发挥政策性、开发性金融机构积极作用。在国家批准的业务范围内,政策性、开发性金融机构要加大对城镇棚户区改造、生态环保、城乡基础设施建设、科技创新等重大项目和工程的资金支持力度。根据宏观调控需要,支持政策性、开发性金融机构发行金融债券专项用于支持重点项目建设。发挥专项建设基金作用,通过资本金注入、股权投资等方式,支持看得准、有回报、不新增过剩产能、不形成重复建设、不产生挤出效应的重点领域项目。建立健全政银企社合作对接机制,搭建信息共享、资金对接平台,协调金融机构加大对重大工程的支持力度。

(十二)完善保险资金等机构资金对项目建设的投资机制。在风险可控的前提下,逐步放宽保险资金投资范围,创新资金运用方式。鼓励通过债权、股权、资产支持等多种方式,支持重大基础设施、重大民生工程、新型城镇化等领域的项目建设。加快推进全国社会保障基金、基本养老保险基金、企业年金等投资管理体系建设,建立和完善市场化投资运营机制。

(十三)加快构建更加开放的投融资体制。创新有利于深化对外合作的投融资机制,加强金融机构协调配合,用好各类资金,为国内企业走出去和重点合作项目提供更多投融资支持。在宏观和微观审慎管理框架下,稳步放宽境内企业和金融机构赴境外融资,做好风险规避。完善境外发债备案制,募集低成本外汇资金,更好地支持企业对外投资项目。加强与国际金融机构和各国政府、企业、金融机构之间的多层次投融资合作。

五、切实转变政府职能,提升综合服务管理水平

(十四)创新服务管理方式。探索建立并逐步推行投资项目审批首问负责制,投资主管部门或审批协调机构作为首家受理单位"一站式"受理、"全流程"服务,一家负责到底。充分运用互联网和大数据等技术,加快建设投资项目在线审批监管平台,联通各级政府部门,覆盖全国各类投资项目,实现一口受理、网上办理、规范透明、限时办结。加快建立投资项目统一代码制度,统一汇集审批、建设、监管等项目信息,实现信息共享,推动信息公开,提高透明度。各有关部门要制定项目审批工作规则和办事指南,及时公开受理情况、办理过程、审批结果,发布政策信息、投资信息、中介服务信息等,为企业投资决策提供参考和帮助。鼓励新闻媒体、公民、法人和其他组织依法对政府的服务管理行为进行监督。下移服务管理重心,加强业务指导和基层投资管理队伍建设,给予地方更多自主权,充分调动地方积极性。

(十五)加强规划政策引导。充分发挥发展规划、产业政策、行业标准等对投资活动的引导作用,并为监管提供依据。把发展规划作为引导投资方向,稳定投资运行,规范项目准入,优化项目布局,合理配置资金、土地(海域)、能源资源、人力资源等要素的重要手段。完善产业结构调整指导目录、外商投资产业指导目录等,为各类投资活动提供依据和指导。构建更加科学、更加完善、更具操作性的行业准入标准体系,加快制定修订能耗、水耗、用地、碳排放、污染物排放、安全生产等技术标准,实施能效和排污强度"领跑者"制度,鼓励各地区结合实际依法制定更加严格的地方标准。

(十六)健全监管约束机制。按照谁审批谁监管、谁主管谁监管的原则,明确监管责任,注重发挥投资主管部门综合监管职能、地方政府就近就便监管作用和行业管理部门专业优势,整合监管力量,共享监管信息,实现协同监管。依托投资项目在线审批监管平台,加强项目建设全过程监管,确保项目合法开工、建设过程合规有序。各有关部门要完善规章制度,制定监管工作指南和操作规程,促进监管工作标准具体化、公开化。要严格执法,依法纠正和查处违法违规投资建设行为。实施投融资领域相关主体信用承诺制度,建立异常信用记录和严重违法失信"黑名单",纳入全国信用信息共享平台,强化并提升政府和投资者的契约意识和诚信意识,形成守信激励、失信惩戒的约束机制,促使相关主体切实强化责任,履行法定义务,确保投资建设市场安全高效运行。

六、强化保障措施,确保改革任务落实到位

(十七)加强分工协作。各地区各部门要充分认识深化投融资体制改革的重要性和紧迫性,加强组织领导,搞好分工协作,制定具体方案,明确任务分工、时间节点,定期督查、强化问责,确保各项改革措施稳步推进。国务院投资主管部门要切实履行好投资调控管理的综合协调、统筹推进职责。

(十八)加快立法工作。完善与投融资相关的法律法规,制定实施政府投资条例、企业投资项目核准和备案管理条例,加快推进社会信用、股权投资等方面的立法工作,依法保护各方权益,维护竞争公平有序、要素合理流动的投融资市场环境。

(十九)推进配套改革。加快推进铁路、石油、天然气、电力、电信、医疗、教育、城市公用事业等领域改革,规范并完善政府和社会资本合作、特许经营管理,鼓励社会资本参与。加快推进基础设施和公用事业等领域价格改革,完善市场决定价格机制。研究推动土地制度配套改革。加快推进金融体制改革和创新,健全金融市场运行机制。投融资体制改革与其他领域改革要协同推进,形成叠加效应,充分释放改革红利。

74. 政府和社会资本合作项目财政管理暂行办法

(财金〔2016〕92号)

第一章 总 则

第一条 为加强政府和社会资本合作(简称PPP)项目财政管理,明确财政部门在PPP项目全生命周期内的工作要求,规范财政部门履职行为,保障合作各方合法权益,根据《预算法》、《政府采购法》、《企业国有资产法》等法律法规,制定本办法。

第二条 本办法适用于中华人民共和国境内能源、交通运输、市政公用、农业、林业、水利、环境保护、保障性安居工程、教育、科技、文化、体育、医疗卫生、养老、旅游等公共服务领域开展的各类PPP项目。

第三条 各级财政部门应当会同相关部门,统筹安排财政资金、国有资产等各类公共资产和资源与社会资本开展平等互惠的PPP项目合作,切实履行项目识别论证、政府采购、预算收支与绩效管理、资产负债管理、信息披露与监督检查等职责,保证项目全生命周期规范实施、高效运营。

第二章 项目识别论证

第四条 各级财政部门应当加强与行业主管部门的协同配合,共同做好项目前期的识别论证工作。

政府发起PPP项目的,应当由行业主管部门提出项目建议,由县级以上人民政府授权的项目实施机构编制项目实施方案,提请同级财政部门开展物有所值评价和财政承受能力论证。

社会资本发起PPP项目的,应当由社会资本向行业主管部门提交项目建议书,经行业主管部门审核同意后,由社会资本编制项目实施方案,由县级以上人民政府授权的项目实施机构提请同级财政部门开展物有所值评价和财政承受能力论证。

第五条 新建、改扩建项目的项目实施方案应当依据项目建议书、项目可行性研究报告等前期论证文件编制;存量项目实施方案的编制依据还应包括存量公共资产建设、运营维护的历史资料以及第三方出具的资产评估报告等。

项目实施方案应当包括项目基本情况、风险分配框架、运作方式、交易结构、合同体系、监管架构等内容。

第六条 项目实施机构可依法通过政府采购方式委托专家或第三方专业机构,编制项目物有所值评价报告。受托专家或第三方专业机构应独立、客观、科学地进行项目评价、论证,并对报告内容负责。

第七条 各级财政部门应当会同同级行业主管部门根据项目实施方案共同对物有所值评价报告进行审核。物有所值评价审核未通过的,项目实施机构可对实施方案进行调整后重新提请本级财政部门和行业主管部门审核。

第八条 经审核通过物有所值评价的项目,由同级财政部门依据项目实施方案和物有所值评价报告组织编制财政承受能力论证报告,统筹本级全部已实施和拟实施PPP项目的各年度支出责任,并综合考虑行业均衡性和PPP项目开发计划后,出具财政承受能力论证报告审核意见。

第九条 各级财政部门应当建立本地区PPP项目开发目录,将经审核通过物有所值评价和财政承受能力论证的项目纳入PPP项目开发目录管理。

第三章 项目政府采购管理

第十条 对于纳入PPP项目开发目录的项目,项目实施机构应根据物有所值评价和财政承受能力论证审核结果完善项目实施方案,报本级人民政府审核。本级人民政府审核同意后,由项目实施机构按照政府采购管理相关规定,依法组织开展社会资本方采购工作。

项目实施机构可以依法委托采购代理机构办理采购。

第十一条 项目实施机构应当优先采用公开招标、竞争性谈判、竞争性磋商等竞争性方式采购社会资本方,鼓励社会资本积极参与、充分竞争。根据项目需求必须采用单一来源采购方式的,应当严格符合法定条件和程序。

第十二条 项目实施机构应当根据项目特点和建设运营需求,综合考虑专业资质、技术能力、管理经验和财务实力等因素合理设置社会资本的资格条件,保证国有企业、民营企业、外资企业平等参与。

第十三条 项目实施机构应当综合考虑社会资本竞争者的技术方案、商务报价、融资能力等因素合理设置采购评审标准,确保项目的长期稳定运营和质量效益提升。

第十四条 参加采购评审的社会资本所提出的技术方案内容最终被全部或部分采纳,但经采购未中选的,财政部门应会同行业主管部门对其前期投入成本予以合理补偿。

第十五条 各级财政部门应当加强对PPP项目采购活动的支持服务和监督管理,依托政府采购平台和PPP综合信息平台,及时充分向社会公开PPP项目采购信息,包括资格预审文件及结果、采购文件、响应文件提交情况及评审结果等,确保采购过程和结果公开、透明。

第十六条 采购结果公示结束后,PPP项目合同正式签订前,项目实施机构应将PPP项目合同提交行业主管部门、财政部门、法制部门等相关职能部门审核后,报本级人民政府批准。

第十七条 PPP项目合同审核时,应当对照项目实施方案、物有所值评价报告、财政承受能力论证报告及采购文件,检查合同内容是否发生实质性变更,并重点审核合同是否满足以下要求：

（一）合同应当根据实施方案中的风险分配方案，在政府与社会资本双方之间合理分配项目风险，并确保应由社会资本方承担的风险实现了有效转移；

（二）合同应当约定项目具体产出标准和绩效考核指标，明确项目付费与绩效评价结果挂钩；

（三）合同应当综合考虑项目全生命周期内的成本核算范围和成本变动因素，设定项目基准成本；

（四）合同应当根据项目基准成本和项目资本金财务内部收益率，参照工程竣工决算合理测算确定项目的补贴或收费定价基准。项目收入基准以外的运营风险由项目公司承担；

（五）合同应当合理约定项目补贴或收费定价的调整周期、条件和程序，作为项目合作期限内行业主管部门和财政部门执行补贴或收费定价调整的依据。

第四章　项目财政预算管理

第十八条　行业主管部门应当根据预算管理要求，将PPP项目合同中约定的政府跨年度财政支出责任纳入中期财政规划，经财政部门审核汇总后，报本级人民政府审核，保障政府在项目全生命周期内的履约能力。

第十九条　本级人民政府同意纳入中期财政规划的PPP项目，由行业主管部门按照预算编制程序和要求，将合同中符合预算管理要求的下一年度财政资金收支纳入预算管理，报请财政部门审核后纳入预算草案，经本级政府同意后报本级人民代表大会审议。

第二十条　行业主管部门应按照预算编制要求，编报PPP项目收支预算：

（一）收支测算。每年7月底之前，行业主管部门应按照当年PPP项目合同约定，结合本年度预算执行情况、支出绩效评价结果等，测算下一年度应纳入预算的PPP项目收支数额。

（二）支出编制。行业主管部门应将需要从预算中安排的PPP项目支出责任，按照相关政府收支分类科目、预算支出标准和要求，列入支出预算。

（三）收入编制。行业主管部门应将政府在PPP项目中获得的收入列入预算。

（四）报送要求。行业主管部门应将包括所有PPP项目全部收支在内的预算，按照统一的时间要求报同级财政部门。

第二十一条　财政部门应对行业主管部门报送的PPP项目财政收支预算申请进行认真审核，充分考虑绩效评价、价格调整等因素，合理确定预算金额。

第二十二条　PPP项目中的政府收入，包括政府在PPP项目全生命周期过程中依据法律和合同约定取得的资产权益转让、特许经营权转让、股息、超额收益分成、社会资本违约赔偿和保险索赔等收入，以及上级财政拨付的PPP专项奖补资金收入等。

第二十三条　PPP项目中的政府支出，包括政府在PPP项目全生命周期过程中依据法律和合同约定需要从财政资金中安排的股权投资、运营补贴、配套投入、风险承担，以及上级财政对下级财政安排的PPP专项奖补资金支出。

第二十四条　行业主管部门应当会同各级财政部门做好项目全生命周期成本监测工作。每年一季度前，项目公司（或社会资本方）应向行业主管部门和财政部门报送上一年度经第三方审计的财务报告及项目建设运营成本说明材料。项目成本信息要通过PPP综合信息平台对外公示，接受社会监督。

第二十五条　各级财政部门应当会同行业主管部门开展PPP项目绩效运行监控，对绩效目标运行情况进行跟踪管理和定期检查，确保阶段性目标与资金支付相匹配，开展中期绩效评估，最终促进实现项目绩效目标。监控中发现绩效运行与原定绩效目标偏离时，应及时采取措施予以纠正。

第二十六条　社会资本方违反PPP项目合同约定，导致项目运行状况恶化，危及国家安全和重大公共利益，或严重影响公共产品和服务持续稳定供给的，本级人民政府有权指定项目实施机构或其他机构临时接管项目，直至项目恢复正常经营或提前终止。临时接管项目所产生的一切费用，根据合作协议约定，由违约方单独承担或由各责任方分担。

第二十七条　各级财政部门应当会同行业主管部门在PPP项目全生命周期内，按照事先约定的绩效目标，对项目产出、实际效果、成本收益、可持续性等方面进行绩效评价，也可委托第三方专业机构提出评价意见。

第二十八条　各级财政部门应依据绩效评价结果合理安排财政预算资金。

对于绩效评价达标的项目，财政部门应当按照合同约定，向项目公司或社会资本方及时足额安排相关支出。

对于绩效评价不达标的项目，财政部门应当按照合同约定扣减相应费用或补贴支出。

第五章　项目资产负债管理

第二十九条　各级财政部门应会同相关部门加强PPP项目涉及的国有资产管理，督促项目实施机构建立PPP项目资产管理台账。政府在PPP项目中通过存量国有资产或股权作价入股、现金出资入股或直接投资等方式形成的资产，应作为国有资产在政府综合财务报告中进行反映和管理。

第三十条　存量PPP项目中涉及存量国有资产、股权转让的，应由项目实施机构会同行业主管部门和财政部门按照国有资产管理相关办法，依法进行资产评估，防止国有资产流失。

第三十一条　PPP项目中涉及特许经营权授予或转让的，应由项目实施机构根据特许经营权未来带来的收入状况，参照市场同类标准，通过竞争性程序确定特许经营权的价值，以合理价值折价入股、授予或转让。

第三十二条　项目实施机构与社会资本方应当根据法律法规和PPP项目合同约定确定项目公司资产权属。对于归属项目公司的资产及权益的所有权和收益权,经行业主管部门和财政部门同意,可以依法设置抵押、质押等担保权益,或进行结构化融资,但应及时在财政部PPP综合信息平台上公示。项目建设完成进入稳定运营期后,社会资本方可以通过结构性融资实现部分或全部退出,但影响公共安全及公共服务持续稳定提供的除外。

第三十三条　各级财政部门应当会同行业主管部门做好项目资产移交工作。

项目合作期满移交的,政府和社会资本双方应按合同约定共同做好移交工作,确保移交过渡期内公共服务的持续稳定供给。项目合同期满前,项目实施机构或政府指定的其他机构应组建项目移交工作组,对移交资产进行性能测试、资产评估和登记入账,项目资产不符合合同约定移交标准的,社会资本应采取补救措施或赔偿损失。

项目因故提前终止的,除履行上述移交工作外,如因政府原因或不可抗力原因导致提前终止的,应当依据合同约定给予社会资本相应补偿,并妥善处置项目公司存续债务,保障债权人合法权益;如因社会资本原因导致提前终止的,应当依据合同约定要求社会资本承担相应赔偿责任。

第三十四条　各级财政部门应当会同行业主管部门加强对PPP项目债务的监控。PPP项目执行过程中形成的负债,属于项目公司的债务,由项目公司独立承担偿付义务。项目期满移交时,项目公司的债务不得移交给政府。

第六章　监督管理

第三十五条　各级财政部门应当会同行业主管部门加强对PPP项目的监督管理,切实保障项目运行质量,严禁以PPP项目名义举借政府债务。

财政部门应当会同相关部门加强项目合规性审核,确保项目属于公共服务领域,并按法律法规和相关规定履行相关前期论证审查程序。项目实施不得采用建设-移交方式。

政府与社会资本合资设立项目公司的,应按照《公司法》等法律规定以及PPP项目合同约定规范运作,不得在股东协议中约定由政府股东或政府指定的其他机构对社会资本方股东的股权进行回购安排。

财政部门应根据财政承受能力论证结果和PPP项目合同约定,严格管控和执行项目支付责任,不得将当期政府购买服务支出代替PPP项目中长期的支付责任,规避PPP项目相关评价论证程序。

第三十六条　各级财政部门应依托PPP综合信息平台,建立PPP项目库,做好PPP项目全生命周期信息公开工作,保障公众知情权,接受社会监督。

项目准备、采购和建设阶段信息公开内容包括PPP项目的基础信息和项目采购信息,采购文件,采购成交结果,不涉及国家秘密、商业秘密的项目合同文本,开工及竣工投运日期,政府移交日期等。项目运营阶段信息公开内容包括PPP项目的成本监测和绩效评价结果等。

财政部门信息公开内容包括本级PPP项目目录、本级人大批准的政府对PPP项目的财政预算、执行及决算情况等。

第三十七条　财政部驻各地财政监察专员办事处应对PPP项目财政管理情况加强全程监督管理,重点关注PPP项目物有所值评价和财政承受能力论证、政府采购、预算管理、国有资产管理、债务管理、绩效评价等环节,切实防范财政风险。

第三十八条　对违反本办法规定实施PPP项目的,依据《预算法》、《政府采购法》及其实施条例、《财政违法行为处罚处分条例》等法律法规追究有关人员责任;涉嫌犯罪的,依法移交司法机关处理。

第七章　附　　则

第三十九条　本办法由财政部负责解释。

第四十条　本办法自印发之日起施行。

75. 传统基础设施领域实施政府和社会资本合作项目工作导则

(发改投资〔2016〕2231号)

第一章 总 则

第一条 目的和依据

为进一步规范传统基础设施领域政府和社会资本合作(PPP)项目操作流程,根据《中共中央 国务院关于深化投融资体制改革的意见》(中发〔2016〕18号)、《国务院关于创新重点领域投融资机制鼓励社会投资的指导意见》(国发〔2014〕60号)、《国务院办公厅转发财政部发展改革委人民银行关于在公共服务领域推广政府和社会资本合作模式指导意见的通知》(国办发〔2015〕42号)、《基础设施和公用事业特许经营管理办法》(国家发展改革委等部门令2015年第25号)、《国家发展改革委关于开展政府和社会资本合作的指导意见》(发改投资〔2014〕2724号)等文件要求,制定本导则。

第二条 适用范围

按照国务院确定的部门职责分工,本导则适用于在能源、交通运输、水利、环境保护、农业、林业以及重大市政工程等传统基础设施领域采用PPP模式的项目。具体项目范围参见《国家发展改革委关于切实做好传统基础设施领域政府和社会资本合作有关工作的通知》(发改投资〔2016〕1744号)。

第三条 实施方式

政府和社会资本合作模式主要包括特许经营和政府购买服务两类。新建项目优先采用建设－运营－移交(BOT)、建设－拥有－运营－移交(BOOT)、设计－建设－融资－运营－移交(DBFOT)、建设－拥有－运营(BOO)等方式。存量项目优先采用改建－运营－移交(ROT)方式。同时,各地区可根据当地实际情况及项目特点,积极探索、大胆创新,灵活运用多种方式,切实提高项目运作效率。

第四条 适用要求

各级发展改革部门应按照本导则明确的程序要求和工作内容,本着"简捷高效、科学规范、兼容并包、创新务实"原则,会同有关部门,加强协调配合,形成合力,共同促进本地区传统基础设施领域PPP模式规范健康发展。国家发展改革委将加强指导和监督,促进PPP工作稳步推进。

第二章 项目储备

第五条 加强规划政策引导

要重视发挥发展规划、投资政策的战略引领与统筹协调作用,按照国民经济和社会发展总体规划、区域规划、专项规划及相关政策,依据传统基础设施领域的建设目标、重点任务、实施步骤等,明确推广应用PPP模式的统一部署及具体要求。

第六条 建立PPP项目库

各级发展改革部门要会同有关行业主管部门,在投资项目在线审批监管平台(重大建设项目库)基础上,建立各地区各行业传统基础设施PPP项目库,并统一纳入国家发展改革委传统基础设施PPP项目库,建立贯通各地区各部门的传统基础设施PPP项目信息平台。入库情况将作为安排政府投资、确定与调整价格、发行企业债券及享受政府和社会资本合作专项政策的重要依据。

第七条 纳入年度实施计划

列入各地区各行业传统基础设施PPP项目库的项目,实行动态管理、滚动实施、分批推进。对于需要当年推进实施的PPP项目,应纳入各地区各行业PPP项目年度实施计划。需要使用各类政府投资资金的传统基础设施PPP项目,应当纳入三年滚动政府投资计划。

第八条 确定实施机构和政府出资人代表

对于列入年度实施计划的PPP项目,应根据项目性质和行业特点,由当地政府行业主管部门或其委托的相关单位作为PPP项目实施机构,负责项目准备及实施等工作。鼓励地方政府采用资本金注入方式投资传统基础设施PPP项目,并明确政府出资人代表,参与项目准备及实施工作。

第三章 项目论证

第九条 PPP项目实施方案编制

纳入年度实施计划的PPP项目,应编制PPP项目实施方案。PPP项目实施方案由实施机构组织编制,内容包括项目概况、运作方式、社会资本方遴选方案、投融资和财务方案、建设运营和移交方案、合同结构与主要内容、风险分担、保障与监管措施等。为提高工作效率,对于一般性政府投资项目,各地可在可行性研究报告中包括PPP项目实施专章,内容可以适当简化,不再单独编写PPP项目实施方案。

实施方案编制过程中,应重视征询潜在社会资本方的意见和建议。要重视引导社会资本方形成合理的收益预期,建立主要依靠市场的投资回报机制。如果项目涉及向使用者收取费用,要取得价格主管部门出具的相关意见。

第十条 项目审批、核准或备案

政府投资项目的可行性研究报告应由具有相应项目审批职能的投资主管部门等审批。可行性研究报告审批后,实施机构根据经批准的可行性研究报告有关要求,完善并确定PPP项目实施方案。重大基础设施政府投资项目,应重视项目初步设计方案的深化研究,细化工程技术方案和投资概算等内容,作为确定PPP项目实施方案的重要依据。

实行核准制或备案制的企业投资项目,应根据《政府核准的投资项目目录》及相关规定,由相应的核准或备案机关履行核准、备案手续。项目核准或备案后,实施机构依据相关要求完善和确定PPP项目实施方案。

纳入PPP项目库的投资项目,应在批复可行性研究报告或核准项目申请报告时,明确规定可以根据社会资本方选择结果依法变更项目法人。

第十一条 PPP项目实施方案审查审批

鼓励地方政府建立PPP项目实施方案联审机制。按照"多评合一、统一评审"的要求,由发展改革部门和有关行业主管部门牵头,会同项目涉及到的财政、规划、国土、价格、公共资源交易管理、审计、法制等政府相关部门,对PPP项目实施方案进行联合评审。必要时可先组织相关专家进行评议或委托第三方专业机构出具评估意见,然后再进行联合评审。

一般性政府投资项目可行性研究报告中的PPP项目实施专章,可结合可行性研究报告审批一并审查。

通过实施方案审查的PPP项目,可以开展下一步工作;按规定需报当地政府批准的,应报当地政府批准同意后开展下一步工作。未通过审查的,可在调整实施方案后重新审查;经重新审查仍不能通过的,不再采用PPP模式。

第十二条 合同草案起草

PPP项目实施机构依据审查批准的实施方案,组织起草PPP合同草案,包括PPP项目主合同和相关附属合同(如项目公司股东协议和章程、配套建设条件落实协议等)。PPP项目合同主要内容参考国家发展改革委发布的《政府和社会资本合作项目通用合同指南(2014年版)》。

第四章 社会资本方选择

第十三条 社会资本方遴选

依法通过公开招标、邀请招标、两阶段招标、竞争性谈判等方式,公平择优选择具有相应投资能力、管理经验、专业水平、融资实力以及信用状况良好的社会资本方作为合作伙伴。其中,拟由社会资本方自行承担工程项目勘察、设计、施工、监理以及与工程建设有关的重要设备、材料等采购的,必须按照《招标投标法》的规定,通过招标方式选择社会资本方。

在遴选社会资本方资格要求及评标标准设定等方面,要客观、公正、详细、透明,禁止排斥、限制或歧视民间资本和外商投资。鼓励社会资本方成立联合体投标。鼓励设立混合所有制项目公司。社会资本方遴选结果要及时公告或公示,并明确申诉渠道和方式。

各地要积极创造条件,采用多种方式保障PPP项目建设用地。如果项目建设用地涉及土地招拍挂,鼓励相关工作与社会资本方招标、评标等工作同时开展。

第十四条 PPP合同确认谈判

PPP项目实施机构根据需要组织项目谈判小组,必要时邀请第三方专业机构提供专业支持。

谈判小组按照候选社会资本方的排名,依次与候选社会资本方进行合同确认谈判,率先达成一致的即为中选社会资本方。项目实施机构应与中选社会资本方签署确认谈判备忘录,并根据信息公开相关规定,公示合同文本及相关文件。

第十五条 PPP项目合同签订

PPP项目实施机构应按相关规定做好公示期间异议的解释、澄清和回复等工作。公示期满无异议的,由项目实施机构会同当地投资主管部门将PPP项目合同报送当地政府审核。政府审核同意后,由项目实施机构与中选社会资本方正式签署PPP项目合同。

需要设立项目公司的,待项目公司正式设立后,由实施机构与项目公司正式签署PPP项目合同,或签署关于承继PPP项目合同的补充合同。

第五章 项目执行

第十六条 项目公司设立

社会资本方可依法设立项目公司。政府指定了出资人代表的,项目公司由政府出资人代表与社会资本方共同成立。项目公司应按照PPP合同中的股东协议、公司章程等设立。

项目公司负责按PPP项目合同承担设计、融资、建设、运营等责任,自主经营,自负盈亏。除PPP项目合同另有约定外,项目公司的股权及经营权未经政府同意不得变更。

第十七条 项目法人变更

PPP项目法人选择确定后,如与审批、核准、备案时的项目法人不一致,应按照有关规定依法办理项目法人变更手续。

第十八条 项目融资及建设

PPP项目融资责任由项目公司或社会资本方承担,当地政府及其相关部门不应为项目公司或社会资本方的融资提供担保。项目公司或社会资本方未按照PPP项目合同约定完成融资的,政府方可依法提出履约要求,必要时可提出终止PPP项目合同。

PPP项目建设应符合工程建设管理的相关规定。工程建设成本、质量、进度等风险应由项目公司或社会资本方承担。政府方及政府相关部门应根据PPP项目合同及有关规定,对项目公司或社会资本方履行PPP项目建设责任进行监督。

第十九条 运营绩效评价

PPP项目合同中应包含PPP项目运营服务绩效标准。项目实施机构应会同行业主管部门,根据PPP项目合同约定,定期对项目运营服务进行绩效评价,绩效评价结果应作为项目公司或社会资本方取得项目回报的依据。

项目实施机构应会同行业主管部门,自行组织或委托第三方专业机构对项目进行中期评估,及时发现存在的问题,制订应对措施,推动项目绩效目标顺利完成。

第二十条 项目临时接管和提前终止

在PPP项目合作期限内,如出现重大违约或者不可抗力导致项目运营持续恶化,危及公共安全或重大公共利益时,政府要及时采取应对措施,必要时可指定项目实施机构等临时接管项目,切实保障公共安全和重大公共利益,直至项目恢复正常运营。不能恢复正常运营的,要提前终止,并按PPP合同约定妥善做好后续工作。

第二十一条 项目移交

对于PPP项目合同约定期满移交的项目,政府应与项目公司或社会资本方在合作期结束前一段时间(过渡期)共同组织成立移交工作组,启动移交准备工作。

移交工作组按照PPP项目合同约定的移交标准,组织进行资产评估和性能测试,保证项目处于良好运营和维护状态。项目公司应按PPP项目合同要求及有关规定完成移交工作并办理移交手续。

第二十二条 PPP项目后评价

项目移交完成后,地方政府有关部门可组织开展PPP项目后评价,对PPP项目全生命周期的效率、效果、影响和可持续性等进行评价。评价结果应及时反馈给项目利益相关方,并按有关规定公开。

第二十三条 信息公开及社会监督

各地要建立PPP项目信息公开机制,依法及时、充分披露PPP项目基本信息、招标投标、采购文件、项目合同、工程进展、运营绩效等,切实保障公众知情权。涉及国家秘密的有关内容不得公开;涉及商业秘密的有关内容经申请可以不公开。

建立社会监督机制,鼓励公众对PPP项目实施情况进行监督,切实维护公共利益。

第六章 附 则

第二十四条 本导则由国家发展改革委负责解释。

第二十五条 本导则自印发之日起施行。

76. 国家发展改革委办公厅 交通运输部办公厅关于进一步做好收费公路政府和社会资本合作项目前期工作的通知

(发改办基础〔2016〕2851号)

各省、自治区、直辖市及计划单列市、新疆生产建设兵团发展改革委、交通运输部厅(委、局)：

为推动收费公路领域开展政府和社会资本合作(Public-Private Partnership,简称PPP),2015年12月,交通运输部印发了《关于印发〈收费公路政府和社会资本合作操作指南(试行)〉的通知》(交办财审〔2015〕192号)(以下简称《指南》),提出了收费公路PPP项目操作的试行流程。今年10月,国家发展改革委印发了《关于印发〈传统基础设施领域实施政府和社会资本合作项目工作导则〉的通知》(发改投资〔2016〕2231号)(以下简称《导则》),进一步规范了传统基础设施领域PPP项目操作流程。为做好收费公路PPP项目前期工作,优化工作流程,加强行业管理,国家发展改革委和交通运输部将对收费公路PPP项目的前期工作管理作相应调整。现将有关事项通知如下：

一、对于2016年10月24日前已完成下列工作之一的项目,按过渡期项目进行管理,前期工作继续按《指南》有关规定执行。

(一)已完成社会资本方遴选的项目。

(二)已公开发布社会资本方招标公告的项目。

(三)交通运输部已出具资金安排意向函或出具委托咨询评估通知书的项目。

二、对于不属于上述情况的收费公路PPP项目,按《导则》有关规定执行。其中,已纳入交通运输部"十三五"发展规划和三年滚动计划的收费公路PPP项目具体操作流程如下：

(一)地方政府确定的项目实施机构在编制完成项目实施方案后,向发展改革部门提交项目可行性研究报告(含相关附件,下同)或项目申请报告履行项目审批(核准)程序。其中,需要交通运输部进行行业审查的项目,同步向交通运输部报送可行性研究报告或项目申请报告等相关材料,并在上报文件中提出政府支持方式。交通运输部按程序出具行业审查(核准)意见,对于符合国家投资政策和车购税资金安排规定的项目,将同时明确车购税资金的安排上限和支持方式。

(二)项目审批或核准后,项目实施单位根据审批或核准意见对项目实施方案进行完善,并按有关规定做好项目物有所值评估和财政承受能力论证。有关部门应对PPP项目实施方案进行联合评审。

(三)项目确定社会资本方并正式签署PPP项目合同后,由省级交通主管部门组织向交通运输部报送项目车购税资金申请函。对于所提材料通过交通运输部审查并且符合条件的项目,交通运输部将出具资金安排确认函,明确车购税资金具体安排数额。

(四)项目法人选择确定后,如与审批、核准时的项目法人不一致,应按照有关规定办理项目法人变更手续。

三、各级发展改革、交通运输部门要根据《导则》和本通知完善配套政策,确保收费公路PPP项目前期工作平稳有序推进,并及时反映实际操作过程中存在的问题和建议。对于地方规划的收费公路PPP项目,请按照《导则》要求,及时做好与本级人民政府或其委托单位的沟通协调工作,尽快明确各地方收费公路PPP项目前期工作管理办法。

国家发展改革委办公厅
交通运输部办公厅
2016年12月30日

77. 财政部 交通运输部关于印发《地方政府收费公路专项债券管理办法(试行)》的通知

(财预〔2017〕97号)

各省、自治区、直辖市、计划单列市财政厅(局)、交通运输厅(局):

根据《中华人民共和国预算法》和《国务院关于加强地方政府性债务管理的意见》(国发〔2014〕43号)等有关规定,为完善地方政府专项债券管理,逐步建立专项债券与项目资产、收益对应的制度,有效防范专项债务风险,2017年在政府收费公路领域开展试点,发行收费公路专项债券,规范政府收费公路融资行为,促进政府收费公路事业持续健康发展,今后逐步扩大范围。为此,我们研究制订了《地方政府收费公路专项债券管理办法(试行)》。

2017年收费公路专项债券额度已经随同2017年分地区地方政府专项债务限额下达,请你们在本地区收费公路专项债券额度内组织做好收费公路专项债券额度管理、预算编制和执行等工作,尽快发挥债券资金效益。

现将《地方政府收费公路专项债券管理办法(试行)》印发给你们,请遵照执行。

财政部 交通运输部
2017年6月26日

地方政府收费公路专项债券管理办法(试行)

第一章 总 则

第一条 为完善地方政府专项债券管理,规范政府收费公路融资行为,建立收费公路专项债券与项目资产、收益对应的制度,促进政府收费公路事业持续健康发展,根据《中华人民共和国预算法》、《中华人民共和国公路法》和《国务院关于加强地方政府性债务管理的意见》(国发〔2014〕43号)等有关规定,制订本办法。

第二条 本办法所称的政府收费公路,是指根据相关法律法规,采取政府收取车辆通行费等方式偿还债务而建设的收费公路,主要包括国家高速公路、地方高速公路及收费一级公路等。

第三条 本办法所称地方政府收费公路专项债券(以下简称收费公路专项债券)是地方政府专项债券的一个品种,是指地方政府为发展政府收费公路举借,以项目对应并纳入政府性基金预算管理的车辆通行费收入、专项收入偿还的地方政府专项债券。

前款所称专项收入包括政府收费公路项目对应的广告收入、服务设施收入、收费公路权益转让收入等。

第四条 地方政府为政府收费公路发展举借、使用、偿还债务适用本办法。

第五条 地方政府为政府收费公路发展举借债务采取发行收费公路专项债券方式。省、自治区、直辖市政府(以下简称省级政府)为收费公路专项债券的发行主体。设区的市、自治州、县、自治县、不设区的市、市辖区级政府(以下简称市县级政府)确需发行收费公路专项债券的,由省级政府统一发行并转贷给市县级政府。经省级政府批准,计划单列市政府可以自办发行收费公路专项债券。

第六条 发行收费公路专项债券的政府收费公路项目应当有稳定的预期偿债资金来源,对应的政府性基金收入应当能够保障偿还债券本金和利息,实现项目收益和融资自求平衡。

第七条 收费公路专项债券纳入地方政府专项债务限额管理。收费公路专项债券收入、支出、还本、付息、发行费用等纳入政府性基金预算管理。

第八条 收费公路专项债券资金应当专项用于政府收费公路项目建设,优先用于国家高速公路项目建设,重点支持"一带一路"、京津冀协同发展、长江经济带三大战略规划的政府收费公路项目建设,不得用于非收费公路项目建设,不得用于经常性支出和公路养护支出。任何单位和个人不得截留、挤占和挪用收费公路专项债券资金。

第二章 额 度 管 理

第九条 财政部在国务院批准的年度地方政府专项债务限额内,根据政府收费公路建设融资需求,纳入政府性基金预算管理的车辆通行费收入和专项收入状况等因素,确定年度全国收费公路专项债券总额度。

第十条 各省、自治区、直辖市年度收费公路专项债券额度应当在国务院批准的分地区专项债务限额内安排,由财政部下达各省级财政部门,抄送交通运输部。

第十一条 省、自治区、直辖市年度收费公路专项债券额度不足或者不需使用的部分,由省级财政部门会同交通运输部门于每年7月底前向财政部提出申请。财政部可以在国务院批准的该地区专项债务限额内统筹调剂额度并予批复,抄送交通运输部。

第十二条 省级财政部门应当加强对本地区收费公路专项债券额度使用情况的监控。

第三章 预 算 编 制

第十三条 省级交通运输部门应当根据本地区政府收费公路发展规划、中央和地方财政资金投入、未来经营收支预测等,组织编制下一年度政府收费公路收支计划,结合纳入政府性基金预算管理的车辆通行费收入和专项收入、项目收益和融资平衡情况等因素,测算提出下一年度收费公路专项债券需求,于每年9月底前报送省级财政部门。

市县级交通运输部门确需使用收费公路专项债券资金的,应当及时测算提出本地区下一年度收费公路专项债券需求,提交同级财政部门审核,经同级政府批准后报送省级交通运输部门。

第十四条 省级财政部门汇总审核本地区下一年度收费公路专项债券需求,随同增加举借专项债务和安排公益性资本支出项目的建议,报经省级政府批准后于每年10月底前报送财政部、交通运输部。

第十五条 交通运输部结合国家公路发展规划、各地公路发展实际和完善路网的现实需求、车辆购置税专项资金投资政策等,对各地区下一年度收费公路专项债券项目和额度提出建议,报财政部。

第十六条 省级财政部门应当在财政部下达的本地区收费公路专项债券额度内,根据省级和市县级政府纳入政府性基金预算管理的车辆通行费收入和专项收入情况、政府收费公路建设融资需求、专项债务风险、项目期限结构及收益平衡情况等因素,提出本地区年度收费公路专项债券额度分配方案,报省级政府批准后,将分配市县的额度下达各市县级财政部门,并抄送省级交通运输部门。

省级交通运输部门应当及时向本级财政部门提供政府收费公路建设项目的相关信息,便于财政部门科学合理分配收费公路专项债券额度。

第十七条 县级以上地方各级财政部门应当在上级下达的收费公路专项债券额度内,会同本级交通运输部门提出具体项目安排建议。

第十八条 增加举借的收费公路专项债券收入应当列入政府性基金预算调整方案。包括:

(一)省级政府在财政部下达的年度收费公路专项债券额度内发行专项债券收入;

(二)市县级政府收到的上级政府转贷收费公路专项债券收入。

第十九条 增加举借收费公路专项债券安排的支出应当列入预算调整方案,包括本级支出和转贷下级支出。收费公路专项债券支出应当明确到具体项目,在地方政府债务管理系统中统计,纳入财政支出预算项目库管理。

地方各级交通运输部门应当建立政府收费公路项目库,项目信息应当包括项目名称、立项依据、通车里程、建设期限、项目投资计划、收益和融资平衡方案、车辆购置税等一般公共预算收入安排的补助、车辆通行费征收标准及期限、预期专项收入等情况,并做好与地方政府债务管理系统的衔接。

第二十条 收费公路专项债券还本支出应当根据当年到期收费公路专项债务规模、车辆通行费收入、对应专项收入等因素合理预计,妥善安排,列入年度政府性基金预算草案。

第二十一条 收费公路专项债券利息和发行费用应当根据收费公路专项债券规模、利率、费率等情况合理预计,列入政府性基金预算支出统筹安排。

第二十二条 收费公路专项债券对应项目形成的广告收入、服务设施收入等专项收入,应当全部纳入政府性基金预算收入,除根据省级财政部门规定支付必需的日常运转经费外,专门用于偿还收费公路专项债券本息。

第二十三条 收费公路专项债券收入、支出、还本付息、发行费用应当按照《地方政府专项债务预算管理办法》(财预〔2016〕155号)规定列入相关预算科目。按照本办法第二十二条规定纳入政府性基金预算收入的专项收入,应当列入"专项债券项目对应的专项收入"下的"政府收费公路专项债券对应的专项收入"科目,在政府性基金预算收入合计线上反映。

第四章 预算执行和决算

第二十四条 省级财政部门应当根据本级人大常委会批准的预算调整方案,结合省级交通运输部门提出的年度收费公路专项债券发行建议,审核确定年度收费公路专项债券发行方案,明确债券发行时间、批次、规模、期限等事项。

市县级财政部门应当会同本级交通运输部门做好收费公路专项债券发行准备工作。

第二十五条 地方各级交通运输部门应当配合做好本地区政府收费公路专项债券发行准备工作,及时准确提供相关材料,配合做好信息披露、信用评级、资产评估等工作。

第二十六条 收费公路专项债券应当遵循公开、公平、公正原则采取市场化方式发行,在银行间债券市场、证券交易所市场等场所发行和流通。

第二十七条 收费公路专项债券应当统一命名格式,冠以"××年××省、自治区、直辖市(本级或××市、县)收费公路专项债券(×期)——××年××省、自治区、直辖市政府专项债券(×期)"名称,具体由省级财政部门商省级交通运输部门确定。

第二十八条 收费公路专项债券的发行和使用应当严格对应到项目。根据政府收费公路相关性、收费期限等因素,收费公路专项债券可以对应单一项目发行,也可以对应一个地区的多个项目集合发行,具体由省级财政部门会同省级交通运输部门确定。

第二十九条 收费公路专项债券期限应当与政府收费公路收费期限相适应,原则上单次发行不超过15年,具体由省级财政部门会同省级交通运输部门根据项目建设、运营、回收周期和债券市场状况等因素综合确定。

收费公路专项债券发行时,可以约定根据车辆通行费收入情况提前或延迟偿还债券本金的条款。鼓励地方政府通过结构化创新合理设计债券期限结构。

第三十条 省级财政部门应当会同交通运输部门及时向社会披露收费公路专项债券相关信息,包括收费公路专项债券规模、期限、利率、偿债计划及资金来源、项目名称、收益和融资平衡方案、建设期限、车辆通行费征收标准及期限等。省级交通运输部门应当积极配合提供相关材料。

省级交通运输部门应当于每年6月底前披露截至上一年度末收费公路专项债券对应项目的实施进度、债券资金使用等情况。

第三十一条 政府收费公路项目形成的专项收入,应当全部上缴国库。县级以上地方各级交通运输部门应当履行项目运营管理责任,加强成本控制,确保车辆通行费收入和项目形成的专项收入应收尽收,并按规定及时足额缴入国库。

第三十二条 省级财政部门应当按照合同约定,及时偿还收费公路专项债券到期本金、利息以及支付发行费用。市县级财政部门应当及时向省级财政部门缴纳本地区或本级应当承担的还本付息、发行费用等资金。

第三十三条 年度终了,县级以上地方各级财政部门应当会同本级交通运输部门编制收费公路专项债券收支决算,在政府性基金预算决算报告中全面、准确反映收费公路专项债券收入、安排的支出、还本付息和发行费用等情况。

第五章 监督管理

第三十四条 地方各级财政部门应当会同本级交通运输部门建立和完善相关制度,加强对本地区收费公路专项债券发行、使用、偿还的管理和监督。

第三十五条 地方各级交通运输部门应当加强收费公路专项债券对应项目的管理和监督,确保项目收益和融资平衡。

第三十六条 地方各级财政部门、交通运输部门不得通过企事业单位举借债务,不得通过地方政府债券以外的任何方式举借债务,不得为任何单位和个人的债务以任何方式提供担保。

第三十七条 地方各级财政部门应当会同本级交通运输部门,将收费公路专项债券对应项目形成的基础设施资产纳入国有资产管理。建立收费公路专项债券对应项目形成的资产登记和统计报告制度,加强资产日常统计和动态监控。县级以上地方各级交通运输部门及相关机构应当认真履行资产运营维护责任,并做好资产的会计核算管理工作。收费公路专项债券对应项目形成的基础设施资产和收费公路权益,应当严格按照债券发行时约定的用途使用,不得用于抵质押。

第三十八条 财政部驻各地财政监察专员办事处对收费公路专项债券额度、发行、使用、偿还等进行监督,发现违反法律法规和财政管理、收费公路等政策规定的行为,及时报告财政部,抄送交通运输部。

第三十九条 违反本办法规定情节严重的,财政部可以暂停其发行地方政府专项债券。违反法律、行政法规的,依法依规追究有关人员责任;涉嫌犯罪的,移送司法机关依法处理。

第四十条 各级财政部门、交通运输部门在地方政府收费公路专项债券监督和管理工作中,存在滥用职权、玩忽职守、徇私舞弊等违法违纪行为的,按照《中华人民共和国预算法》、《公务员法》、《行政监察法》、《财政违法行为处罚处分条例》等国家有关规定追究相应责任;涉嫌犯罪的,移送司法机关处理。

第六章 职责分工

第四十一条 财政部负责牵头制定和完善收费公路专项债券管理制度,下达分地区收费公路专项债券额度,对地方收费公路专项债券管理实施监督。

交通运输部配合财政部加强收费公路专项债券管理,指导和监督地方交通运输部门做好收费公路专项债券管理相关工作。

第四十二条 省级财政部门负责本地区收费公路专项债券额度管理和预算管理,组织做好债券发行、还本付息等工作,并按照专项债务风险防控要求审核项目资金需求。

省级交通运输部门负责审核汇总本地区国家公路网规划、省级公路网规划建设的政府收费公路资金需求,组织做好政府收费公路项目库与地方政府债务管理系统的衔接,配合做好本地区收费公路专项债券各项发行准备工作,规范使用收费公路专项债券资金,组织有关单位及时足额缴纳车辆通行费收入、相关专项收入等。

第四十三条 市县级政府规划建设政府收费公路确需发行专项债券的,市县级财政部门、交通运输部门应当参照省级相关部门职责分工,做好收费公路专项债券以及对应项目管理相关工作。

第七章 附 则

第四十四条 省、自治区、直辖市财政部门可以根据本办法规定,结合本地区实际制定实施细则。

第四十五条 本办法由财政部会同交通运输部负责解释。

第四十六条 本办法自印发之日起实施。

78. 交通运输部办公厅关于印发《收费公路政府和社会资本合作操作指南》的通知

(交办财审〔2017〕173号)

各省、自治区、直辖市、新疆生产建设兵团及计划单列市交通运输厅(局、委)：

为进一步规范收费公路领域政府和社会资本合作(PPP)项目操作流程，结合2016年以来财政部、国家发展改革委等部门出台的PPP规范性文件，部对2015年部办公厅印发的《收费公路政府和社会资本合作操作指南(试行)》(交办财审〔2015〕192号)作了进一步修订完善，形成《收费公路政府和社会资本合作操作指南》。经部同意，现予印发。

交通运输部办公厅
2017年11月22日

收费公路政府和社会资本合作操作指南

第一章 总 则

第一条 为推动收费公路领域开展政府和社会资本合作(Public-Private Partnership，简称PPP)，规范收费公路PPP模式的操作流程，根据《中共中央 国务院关于深化投融资体制改革的意见》(中发〔2016〕18号)、《国务院办公厅转发财政部发展改革委人民银行关于在公共服务领域推广政府和社会资本合作模式的意见》(国办发〔2015〕42号)、《基础设施和公用事业特许经营管理办法》(国家发展改革委、财政部、住建部、交通运输部、水利部、人民银行令2015年第25号)、《财政部关于印发〈政府和社会资本合作项目财政管理暂行办法〉的通知》(财金〔2016〕92号)、《国家发展改革委关于印发〈传统基础设施领域实施政府和社会资本合作项目工作导则〉的通知》(发改投资〔2016〕2231号)、《财政部交通运输部关于在收费公路领域推广运用政府和社会资本使用模式的实施意见》(财建〔2015〕111号)等规定，编制本指南。

第二条 本指南所称社会资本方，是指已建立现代企业制度的各类国有企业、民营企业、外商投资企业、混合所有制企业，以及其他投资、经营主体。

第三条 本指南适用于规范新建、改扩建收费公路领域开展的政府和社会资本合作项目(以下简称收费公路PPP项目)的识别、准备、社会资本方选择、执行和移交等活动。

第四条 收费公路PPP项目，是指社会资本方按照市场化原则出资，独资或与政府指定机构共同成立项目公司，通过特许经营等方式，参与收费公路投资、建设、运营和维护。政府通过授予特许经营权、合理定价、财政补贴等事先约定的收益规则，使社会资本方获得合理回报，实现防范并化解政府性债务风险，激发市场活力，增加公路基础设施有效供给等目标。

第五条 收费公路PPP项目的实施应当遵循风险分担、收益共享、物有所值、公共利益最大化等原则，各方应当按照公平、公正、公开和诚实信用的原则参与。

第二章 项目识别和准备

第六条 各级交通运输主管部门应根据公路交通发展规划在项目前期研究论证阶段，根据项目的特点及PPP模式的有关要求，判断项目是否适合引入社会资本方，将确定采取PPP模式的潜在项目，纳入PPP项目库。

需要使用各类政府投资资金的收费公路PPP项目，应当纳入三年滚动政府投资计划。

第七条 收费公路PPP项目可由政府或社会资本方发起，以政府发起为主。

各级交通运输主管部门应配合财政、发展改革部门对纳入收费公路PPP项目库的潜在项目进行评估筛选，并根据公路交通发展规划提出收费公路PPP项目开发建议。

社会资本方可通过提交项目建议书的方式向交通运输主管部门或财政、发展改革等部门直接推荐潜在项目。

第八条 收费不足以满足社会资本方或项目公司成本回收和合理回报的，且政府对项目依法给予支持政策仍不能完全覆盖成本、实现合理回报的，可考虑给予合理的财政支持。对符合公路交通发展规划和车辆购置税支持政策的项目，可按照交通运输重点项目资金申请和审核规定，申请车辆购置税资金支持。

可以采取建设期投资补助、资本金注入、运营补贴、贷款贴息等一种或多种方式对收费公路PPP项目给予支持，其中建设期投资补助、运营补贴和贷款贴息等作为可行性缺口补助，不作为项目资本金。

政府采用资本金注入方式支持收费公路PPP项目的，应明确政府出资人代表。政府指定的出资人代表按照本指南第二十六条第三款中所述的方式与社会资本方共同设立项目公司。

第九条 经过本级人民政府授权，各级交通运输主管部门可作为项目实施机构或者指定有关单位作为项目实施机构，负责项目识别和准备、社会资本方选择、执行和移交等PPP模式全生命周期的管理工作。

第十条 项目实施机构在项目工程可行性研究完成专家预审查后，可组织开展项目推介，介绍项目情况、了解潜在社会资本方财务实力、投融资能力、投资意向和条件等信息，进一步评估项目开展PPP模式的可行性，设计PPP模式的基本框架。

第十一条　对于确定采用PPP模式的项目，在开展项目前期各项工作的同时，项目实施机构组织编制PPP项目实施方案。

实施方案主要内容包括：项目基本情况、项目运作方式、交易结构（包括投融资结构、财务测算和回报机制等）、建设运营和移交方案、风险分配方案、绩效评价、合同体系和主要内容、社会资本方应当具备的条件及选择方式、保障和监管措施以及应当明确的其他事项等。

在实施方案编制过程中，各级交通运输主管部门应积极依托本级人民政府建立的PPP项目部门联动协调机制，统筹考虑开展PPP项目政府可赋予的政策措施，包括征地拆迁、项目沿线土地开发使用、建设期投资补助或者运营补贴等，并在实施方案和社会资本方选择招标文件中予以明示。

对于申请车辆购置税资金的项目，还应当在实施方案中提出资金申请理由、支持额度和政府支持方式，有关政府支持方式参见本指南第八条。

实施方案可委托第三方进行编制，承担编制任务的第三方应尽量避免与潜在社会资本方存在关联关系，如存在关联关系，不得利用其关联关系损害社会资本方选择的公正性。

第十二条　项目实施机构在编制完成项目实施方案后，向发展改革部门提交项目可行性研究报告（含相关附件，下同）或项目申请报告履行项目审批（核准）程序。

政府采用建设期投资补助、运营补贴、贷款贴息方式参与收费公路PPP项目，按照核准制管理；政府采用资本金注入，或既有资本金注入又有建设期投资补助、运营补贴、贷款贴息一种或几种方式参与收费公路PPP项目，按照审批制管理。

对于需要交通运输部进行行业审查的项目，同步逐级向交通运输部报送可行性研究报告或项目申请报告等相关材料，并在上报文件中提出政府支持方式。

交通运输部按程序出具行业审查（核准）意见，对于符合国家公路发展规划、国家投资政策和车辆购置税资金安排规定的项目，将同时明确车辆购置税资金的安排上限和支持方式。

第十三条　项目审批（核准）后，项目实施机构根据项目审批或核准意见对项目实施方案进行完善。

各级交通运输主管部门或项目实施机构应重视项目初步设计方案的深化研究，细化工程技术方案和投资概算等内容，并作为确定项目实施方案的重要依据。

第十四条　项目实施机构可组织相关专家对项目实施方案进行评审。实施方案评审通过后，项目实施机构可委托专家或第三方编制项目物有所值评价报告。

项目实施机构应积极配合本级财政部门对物有所值评价报告进行审核。物有所值评价审核未通过的，项目实施机构可对实施方案进行调整后重新提请审核。

第十五条　经审核通过物有所值评价的项目，由交通运输主管部门协调本级财政部门，依据项目实施方案和物有所值评价报告，组织编制财政承受能力论证报告，并出具财政承受能力论证报告审核意见。财政承受能力论证审核未通过的，项目实施机构可对实施方案进行调整后重新提请审核。

第三章　社会资本方选择

第十六条　项目实施机构向本级人民政府上报项目实施方案申请联合评审。通过实施方案联合评审并经本级人民政府批准后，由项目实施机构按照相关规定组织开展社会资本方选择工作。

第十七条　项目实施机构应将上级或本级人民政府相关部门明确的支持政策作为选择社会资本方的基本条件对外公开发布。

第十八条　项目实施机构根据项目实施方案和项目特点，通过公开招标、竞争性谈判等竞争方式择优选择社会资本方。

第十九条　通过公开招标、竞争性谈判等竞争方式选择社会资本方的程序，按照现行法律法规和有关规定实施。

第二十条　项目实施机构应当根据项目的特点和需要，依据批准的实施方案编制招标文件和PPP合同草案。招标文件和PPP合同草案中各项承诺和保障等相关交易条件不得超出已批准的实施方案规定的范围。

第二十一条　项目实施机构应当根据收费公路PPP项目的特点和需要，对潜在社会资本方的财务状况、投融资能力、商业信誉、市场信用、项目建设管理经验和项目运营管理经验等资格条件作出要求，但不得以不合理的条件限制或者排斥潜在社会资本方，不得对不同所有制形式的潜在社会方实行歧视性待遇。

项目实施机构应当接受具备投融资能力的潜在社会资本方参与投标，不得将具备设计或施工资格能力作为参与投标的强制性条件。对于具备设计或施工资格能力的社会资本方，或者自身不具备设计或施工资格能力但联合了具有相应资格能力的设计或施工单位共同组成联合体投标的社会资本方，按照《中华人民共和国招标投标法实施条例》第九条规定，中标后可以不再对设计或施工任务进行招标。对于不具备设计或施工资格能力的社会资本方，应当允许其中标后依法对设计或施工任务进行招标。

第二十二条　收费公路PPP项目社会资本方招标的评标办法可以采用综合评估法或者法律、行政法规允许的其他评标办法。

采用综合评估法的，应当在招标文件中载明对竞价因素、管理经验、专业能力、投资能力、融资实力以及信用状况等评价内容的评分权重和评分方法，根据综合得分由高到低推荐中标候选人。

根据收费公路PPP项目的运作模式和特点，社会资本方招标的竞价因素可设置为项目合作期限、需要政府给予的财政补贴额度、社会资本方提出的合理投资回报率、通行费收入最低需求等一项或者多项因素。

第二十三条　采用公开招标方式的，项目实施机构应当在省级交通运输主管部门政府网站或者其他政府网站上公示前三名中标候选社会资本方名单及排名，公示期不得少于3个工作日。

第二十四条　公示结束后，项目实施机构可根据需要组织项目谈判小组，必要时邀请第三方提供专业支持。

谈判小组按照候选社会资本方的排名，依次与候选社会资本方进行合同确认谈判，率先达成一致的即为中选社会资本方。项目实施机构应与中选社会资本方签署确认谈判备忘录，并根据信息公开相关规定，公示相关信息。

第二十五条　谈判确定的合同文本及相关文件不能与实施方案、物有所值评价报告、财政承受能力论证报告及招标文件中已明确不得变动的核心条款发生实质性变更。

第二十六条　公示期满无异议的，由项目实施机构或交通运输主管部门会同投资主管部门将PPP项目合同提交本级人民政府批准。

经批准通过后，根据本级人民政府的授权由相关单位或项目实施机构与依法选定的社会资本方签订投资协议，约定其在规定期限内注册成立项目公司（项目法人），并与项目公司签订收费公路PPP项目合同。

项目公司可以由社会资本方单独设立，也可以由政府指定出资人代表采取出资入股或设立特殊股份的方式与社会资本方共同设立。

收费公路PPP项目合同应当主要包括以下内容：

（一）项目名称、内容；
（二）合作范围和期限；
（三）政府和项目公司的权利和义务；
（四）融资方案，投融资期限和方式；
（五）收费标准及其调整机制；
（六）项目建设标准及相关要求；
（七）养护管理和服务质量标准；
（八）合理投资回报确定及调整机制；
（九）履约保证金的有关要求；
（十）合作期内风险分担与保障；
（十一）建设运营服务监测和绩效评价；
（十二）安全质量保证金制度及其责任；
（十三）政府承诺和保障；
（十四）应急预案和临时接管预案；
（十五）合同期限届满后，项目移交方式、程序和要求等；
（十六）合同变更、提前终止及补偿；
（十七）监督检查；
（十八）违约责任；
（十九）争议解决方式；
（二十）需要明确的其他事项。

第二十七条　收费公路PPP项目法人确定后，如与审批或核准时的项目法人不一致，由项目实施机构或交通运输主管部门组织协调按照有关规定依法办理项目法人变更手续。

第二十八条　对于申请车辆购置税资金支持的收费公路PPP项目，在正式签署收费公路PPP项目合同后，由省级交通运输主管部门组织向交通运输部报送项目车辆购置税资金申请函、收费公路PPP项目合同及各项审批文件等相关材料。

其他收费公路PPP项目按照项目管理权限上报有关部门。

第二十九条　交通运输部收到省级交通运输主管部门上报的材料并确认符合条件后，对材料进行审查。通过审查的，交通运输部出具资金安排确认函，明确车辆购置税资金具体安排数额。

第四章　项目执行

第一节　项目财政预算管理

第三十条　各级交通运输主管部门应当根据预算管理要求，将收费公路PPP项目合同中约定的政府跨年度财政支出责任纳入中期财政规划，经财政部门审核汇总后，报本级人民政府审核，保障政府在项目全生命周期内的履约能力。

第三十一条　经本级人民政府同意纳入中期财政规划的收费公路PPP项目，由交通运输主管部门按照预算编制程序和要求，将合同中符合预算管理要求的下一年度财政资金支出纳入预算管理，报请财政部门审核后纳入预算草案，经本级人民政府同意后报本级人民代表大会审议。

第二节　项目建设

第三十二条　项目公司正式成立后，应尽快开展项目融资。项目实施机构应会同本级财政部门敦促和监督社会资本方或项目公司做好项目融资工作。

各级交通运输主管部门不得为项目公司或社会资本方的融资提供担保。项目公司或社会资本方未按照收费公路PPP项目合同约定完成融资的，项目实施机构可依法提出履约要求，必要时提出终止收费公路PPP项目合同的要求。

第三十三条　项目公司或社会资本方要按照合同约定统筹项目投入和产出，严格按照设计文件组织工程建设，加强施工管理，确保工程质量，并对工程质量负责。

第三十四条　项目实施机构可以采取聘请设计审查单位、对项目监理单位或者中心试验室试验检测服务进行直接招标等措施，对设计及工程质量进行监控；也可以聘请第三方中介机构对项目进行成本审计或者承担其他评估工作。

第三十五条　各级交通运输主管部门应根据收费公

路PPP项目合同及有关规定,对项目公司或社会资本方履行PPP项目建设责任进行监督。

第三十六条 项目建成后至试运营通车前,项目实施机构应当对项目的建设规模、建设内容等合同约定和涉及公众服务的内容进行验收,并向交通运输主管部门出具验收意见,作为试运营通车收费的前置条件。

第三节 项目运营

第三十七条 项目公司或社会资本方要根据有关法律、行政法规、标准规范和收费公路PPP项目合同,对收费公路及其沿线设施进行日常检查、运营、维护,保证收费公路处于良好的技术状态,为社会公众提供安全便捷、畅通高效、绿色智能的公共服务。

第三十八条 交通运输主管部门或项目实施机构应当按照收费公路PPP项目合同严格履行有关义务,为项目公司建设运营收费公路PPP项目提供便利和支持,提高公共服务水平。

第三十九条 交通运输主管部门或项目实施机构应根据收费公路PPP项目合同中的运营服务绩效标准和考核办法,定期对项目运营服务进行绩效评价,绩效评价结果应作为项目公司或社会资本方取得项目回报的依据。

第四十条 交通运输主管部门或项目实施机构应每3~5年对项目进行中期评估,重点分析项目运行状况和项目合同的合规性、适应性和合理性;及时评估已发现问题的风险,制订应对措施,并报交通运输主管部门或者本级人民政府备案。

第四十一条 交通运输主管部门或项目实施机构、项目公司应依照《收费公路管理条例》的要求,公开披露项目相关信息,保障公众知情权,接受社会监督。

第四十二条 在收费公路PPP项目合同有效期内,合同内容确需变更的,协议当事人应当在协商一致的基础上签订补充合同,并报原审批机构审批。

第四十三条 在项目合作期内,因收费公路PPP项目合同一方严重违约或不可抗力等原因,导致社会资本方或项目公司无法继续履行合同约定义务,或者出现合同约定的提前终止合同情形的,在与债权人协商一致后,经原审批机构审批,可以提前终止合同。

收费公路PPP项目合同提前终止的,项目实施机构或交通运输主管部门指定的其他机构可以提前收回特许经营权,并根据实际情况和合同约定给予合理补偿或惩罚。

第五章 项目移交

第四十四条 在PPP合同期满后,社会资本方或项目公司应当以良好的运营和养护状态将收费公路PPP项目合同约定的项目及其附属设施、相关资料等无偿移交给政府有关部门或项目实施机构。

收费公路PPP项目合同中应当明确约定项目移交的过渡期、移交内容和标准、移交程序、质量保证及违约责任等。

第四十五条 项目移交应设置过渡期。过渡期宜为PPP合作期限届满前1年或2年,政府有关部门或项目实施机构和社会资本方或项目公司应当联合组建项目移交委员会,研究制定项目移交方案,共同做好项目移交过渡期的相关工作。

项目移交方案应当包括移交的资产、资料明细,双方委派的移交人员及移交程序等内容。

第四十六条 PPP合同期满前6个月,原审批机构应当对收费公路进行鉴定和验收。经鉴定和验收,公路符合取得收费公路权益时核定的技术等级和标准的,社会资本方或项目公司方可按照国家有关规定向交通运输主管部门办理公路移交手续;不符合取得收费公路权益时核定的技术等级和标准的,社会资本方或项目公司应当在交通运输主管部门确定的期限内进行维修养护,达到要求后,方可按照规定办理公路移交手续。

第四十七条 项目移交完成后,交通运输主管部门应会同政府有关部门对项目运行养护状况、成本效益、监管成效等进行评估。

第六章 附 则

第四十八条 本指南由交通运输部财务审计司会同综合规划司、公路局负责解释。

第四十九条 本指南自印发之日起施行,有效期五年,《收费公路政府和社会资本合作操作指南(试行)》(交办财审〔2015〕192号)同时废止。

资金管理与审计

79. 中央预算内投资资本金注入项目管理办法

（国家发展和改革委员会令2021年第44号）

第一章 总 则

第一条 为加强和规范中央预算内投资资本金注入项目管理，更好发挥中央预算内投资的引导和撬动作用，提高投资效益，激发全社会投资活力，根据《政府投资条例》等有关法律法规，制定本办法。

第二条 中央预算内投资资本金注入项目的决策、建设实施和监督管理等活动，适用本办法。

本办法所称中央预算内投资资本金注入项目，是指安排中央预算内投资作为项目资本金的经营性固定资产投资项目。

前款规定的经营性固定资产投资项目，应由企业作为项目法人，实行独立核算、自负盈亏。

第三条 采取资本金注入方式安排的中央预算内投资，应按照集中力量办大事、难事、急事的原则要求，主要投向《政府投资条例》第三条第一款规定领域的经营性项目，并积极引导和带动社会投资。

第四条 对符合本办法第三条规定范围的政府和社会资本合作项目，可以采取资本金注入方式安排中央预算内投资。

第五条 国家发展改革委根据国民经济和社会发展规划、国家宏观调控政策、国家级重点专项规划、国家级区域规划及实施方案，坚持科学决策、规范管理、注重绩效、公开透明的原则，平等对待各类投资主体，统筹安排中央预算内投资资本金注入项目，并依法履行有关监督管理职责。

第六条 采取资本金注入安排中央预算内投资的专项，应当在工作方案或管理办法中明确资本金注入项目条件、资金安排标准、监督管理等主要内容，作为各专项资本金注入项目管理的具体依据。

第七条 中央预算内投资所形成的资本金属于国家资本金，由政府出资人代表行使所有者权益。政府出资人代表原则上应为国有资产管理部门、事业单位、国有或国有控股企业。

第八条 政府出资人代表对项目建成后中央预算内投资形成的国有产权，根据《中华人民共和国公司法》、国有资产有关法律法规及项目法人章程规定，行使有关权利并履行相应义务。

第九条 国家建立健全政策措施，鼓励政府出资人代表对中央预算内投资资本金注入项目所持有的权益不分取或少分取红利，以引导社会资本投资。

第十条 中央预算内投资资本金注入项目审批结果等信息，按照《政府信息公开条例》有关规定公开。

第二章 项目决策

第十一条 中央预算内投资资本金注入项目（以下简称资本金注入项目）原则上审批项目建议书、可行性研究报告和初步设计，并核定投资概算。

国家对简化投资项目审批另有规定的，从其规定。

第十二条 国家发展改革委负责审批以下资本金注入项目：

（一）国家发展改革委直接安排投资的中央单位项目；

（二）需要跨地区、跨部门、跨领域统筹的项目；

（三）党中央、国务院要求或法律、行政法规规定由国家发展改革委审批的项目；

（四）国家有关规定中明确由国家发展改革委审批的其他项目。

对于特别重大的项目，由国家发展改革委根据有关规定核报国务院批准。

对于地方按照国家有关规定采取资本金注入方式安排中央预算内投资的项目，由地方人民政府发展改革部门或其他有关部门根据本地区规定权限负责审批。

第十三条 申请以资本金注入方式安排中央预算内投资的单位（以下简称项目单位），应当按照本办法第十二条规定的审批权限，报国家发展改革委、县级以上地方人民政府发展改革部门或其他有关部门（以下简称审批部门）审批。

第十四条 除涉及国家秘密的项目外，审批部门应当通过全国投资项目在线审批监管平台（以下简称在线平台）生成的项目代码，办理资本金注入项目审批手续。

审批部门应当通过在线平台列明有关规划、产业政策等，公开项目审批的办理流程、办理时限和批准情况等，为项目单位提供相关咨询服务。

第十五条 中央管理企业申请投资建设应当由国家发展改革委审批的资本金注入项目，在报送项目建议书、可行性研究报告时，应联合项目所在地省级政府或省级发展改革部门申报，或附具省级发展改革部门的意见。

国家有关部门申请投资建设应当由国家发展改革委审批的资本金注入项目，由该部门负责申报。

地方申请应当由国家发展改革委审批的资本金注入项目，由项目所在地省级发展改革部门初审后报送国家发展改革委审批。

第十六条 资本金注入项目的项目建议书、可行性研究报告可以委托具备相应能力的工程咨询单位编制。初步设计应当按照国家有关规定委托具备相应能力的工程设计单位编制。

第十七条 项目建议书内容和深度应当达到规定要求,并阐述申请以资本金注入方式使用中央预算内投资的理由和依据,提出政府出资人代表和项目法人的初步建议。拟新组建项目法人的,应当提出项目法人的初步组建方案。

第十八条 审批部门对符合有关规定、确有必要建设的资本金注入项目,批准项目建议书。

第十九条 项目单位应当依据项目建议书批复文件或国家有关规定,组织编制资本金注入项目的可行性研究报告。可行性研究报告内容和深度应当达到规定要求,并应当包含以下内容:

(一)既有项目法人情况或新项目法人的组建方案;

(二)项目资本金比例,出资方及其出资数额、出资比例、出资方式,以及拟申请以资本金注入方式使用中央预算内投资的额度;

(三)政府出资人代表及其权利、义务;

(四)政府出资人代表同意接受中央预算内投资转为其拟持有国有股份的意见;

(五)项目建议书批复中要求说明的其他问题。

第二十条 项目单位在可行性研究报告中申请中央预算内投资资本金的比例,依托现有项目法人建设的,应当根据资产评估情况及有关规定,测算国家资本金所占比例;由新组建的项目法人负责建设的,按国家资本金在项目资本金总量中所占份额,计算出资比例。国家资本金折算股份的价格,不得低于项目其他股东出资的折算价格。

第二十一条 政府和社会资本合作(PPP)项目拟申请以资本金注入方式安排中央预算内投资的,应当根据国家有关规定开展可行性论证,并将论证情况纳入可行性研究报告。

第二十二条 审批部门对符合国家有关规定、具备建设条件并确需以资本金注入方式予以支持的项目,批准可行性研究报告。

可行性研究报告批复文件应当明确项目法人、以资本金注入方式安排中央预算内投资的数额及出资比例、出资人代表或确定出资人代表的方式等。对于在批复可行性研究报告时明确予以中央预算内投资支持,但因特殊情况确实难以确定投资数额、出资比例,按照年度中央预算内投资计划统筹予以明确。

第二十三条 经批准的可行性研究报告是确定建设项目的依据。

可行性研究报告批准后,由项目法人负责资本金注入项目的具体建设实施工作。

第二十四条 初步设计及其提出的概算应当符合可行性研究报告批复文件,以及国家或有关行业标准和规范的要求。

第二十五条 审批部门对符合可行性研究报告,以及国家或有关行业标准和规范要求的初步设计及其提出的投资概算予以批准。经核定的投资概算是控制资本金注入项目总投资的依据。

根据政府投资项目审批权限有关规定,由国家发展改革委负责审批初步设计的项目,国家发展改革委可以委托有关单位审批初步设计、核定投资概算,或委托有关单位审批初步设计,由国家发展改革委核定投资概算。

第二十六条 审批资本金注入项目时,原则上应委托工程咨询单位对项目建议书、可行性研究报告进行评估。审批初步设计、核定投资概算时,原则上应当按照《政府投资条例》及有关规定经过专业评审。

第二十七条 已完成审批、核准或备案的项目,又申请以资本金注入方式使用中央预算内投资的,应当按照本办法规定重新履行审批程序。其中,对完成审批手续的项目,审批部门应当对可行性研究报告批复文件的项目法人、资金来源及筹措方式等进行相应调整;对完成核准手续的项目,建设地点未变更且建设规模、建设内容等未有较大变更的,审批部门可以参照核准批复文件简化审查内容;对完成备案手续的项目,应当按政府投资项目重新进行审批。

第二十八条 资本金注入项目完成可行性研究报告审批后,又拟采取政府和社会资本合作方式投资建设的,按以下情况分别处理:

(一)仍安排中央预算内投资作为项目资本金的,应当重新编制、报批可行性研究报告。

(二)中央预算内投资全部退出项目资本金的,按照项目性质,办理相应的审批、核准或备案手续。其中,建设地点未变更且建设规模、建设内容等未有较大变更的,审批或核准机关应当参照已批复的可行性研究报告简化审查内容。

第二十九条 资本金注入项目拟采取政府和社会资本合作方式投资建设的,原则上应当采用公开招标方式选择社会资本方。社会资本方遴选方案应当在可行性研究报告中作出说明。

第三章 项目实施

第三十条 政府出资人代表和项目法人为不同单位的,项目法人应当及时与政府出资人代表签订股权确认协议,在中央预算内投资到位后为政府出资人代表办理股权登记等手续。

政府出资人代表和项目法人为同一单位的,在资金到位后,按照国家有关规定办理国有资产登记手续。

审批初步设计核定投资概算时,中央预算内投资在项目资本金总量中所占比例发生变化的,应结合可行性研究报告批复中的内容,重新确定国家资本金的出资比例。

第三十一条 发展改革部门根据政府投资管理有关规定,并结合资本金注入项目进展情况,一次或分次向政府出资人代表下达中央预算内投资计划。

第三十二条 资本金注入项目中国家资本金的会计

处理,按照国家有关规定办理。

第三十三条　任何单位和个人不得截留、挪用中央预算内投资,不得无故拖延拨付中央预算内投资,不得改变中央预算内投资的使用方式。

第三十四条　项目法人应当根据项目实际情况,依法办理资本金注入项目的规划许可、建设用地、环境影响评价、施工许可等手续,依法履行招标采购程序。

第三十五条　资本金注入项目经批准的政府出资人代表发生变化的,应当报原政府出资人代表确定部门批准,并告知项目审批部门。

资本金注入项目建设投资原则上不得超过经核定的投资概算。因国家政策调整、价格上涨、地质条件发生重大变化等原因确需增加投资概算的,项目法人提出调整方案及资金来源,按照规定的程序报原初步设计审批部门或者投资概算核定部门核定。其中,因增加投资概算拟变更运营补贴、政府付费、使用者付费等其他支持事项、合作条件的,应当征得相关主管部门同意。

第三十六条　资本金注入项目建成并在国家规定的单项验收合格后,应当按照国家有关规定进行竣工验收,并在竣工验收合格后及时办理竣工财务决算。

第四章　监督管理

第三十七条　资本金注入项目的项目法人应当通过在线平台(国家重大建设项目库)如实报送项目的开工建设、建设进度、竣工等基本信息。涉密项目应当按照审批部门的要求报送项目建设情况。

项目开工前,项目法人应当登录在线平台(国家重大建设项目库)报备资本金注入项目开工基本信息。项目开工后,项目法人应当及时在线报备项目建设动态进度基本信息。项目竣工后,项目法人应当及时在线报备项目竣工基本信息。

第三十八条　审批部门应当采取在线监测、现场核查、后评价等方式,加强对资本金注入项目实施情况的监督检查。其他有关部门按照规定职责分工,负责对资本金注入项目监督管理。

第三十九条　县级以上地方人民政府有关监管部门对资本金注入项目监督检查中发现的违法违规行为,应当依法及时处理,通过在线平台登记、共享相关违法违规信息、监督结果信息,并将有关信息记入相关市场主体信用记录,纳入全国信用信息共享平台并向社会公开公示。

第四十条　项目法人应当按照国家有关规定加强资本金注入项目的档案管理,将项目审批和实施过程中的有关文件、资料存档备查。

第五章　法律责任

第四十一条　资本金注入项目的审批部门有下列情形之一的,由上级行政机关责令改正,对负有责任的领导人员和直接责任人员依法给予处分:

(一)超越权限审批项目;

(二)对不符合规定的项目予以批准;

(三)未按规定核定或者调整项目的投资概算;

(四)不依法履行监管职责,造成严重后果;

(五)其他玩忽职守、滥用职权、徇私舞弊的情形。

第四十二条　资本金注入项目的其他管理部门有下列情形之一的,依照预算管理等有关法律、行政法规和国家有关规定追究法律责任:

(一)未按照投资计划和有关规定及时、足额办理中央预算内投资拨付;

(二)转移、侵占、挪用中央预算内投资;

(三)其他违反法律、行政法规的行为。

第四十三条　资本金注入项目的项目单位有下列情形之一的,由审批部门责令改正,根据具体情况,暂停、停止拨付资金或者收回已拨付的资金,暂停或者停止建设活动,对负有责任的领导人员和直接责任人员依法给予处分:

(一)项目未经批准或者不符合规定的建设条件而擅自开工建设;

(二)拒绝协助政府出资人代表办理股权变更登记手续,或者阻碍、拒绝政府出资人代表行使法定权利;

(三)擅自改变中央预算内投资使用方式;

(四)擅自将资本金注入项目变更为政府和社会资本合作项目;

(五)其他违反法律、行政法规的行为。

第四十四条　工程咨询单位在项目建议书、可行性研究报告编制和评估,设计单位在初步设计编制,评审机构在初步设计及概算评审中,咨询、评估、评审等存在严重质量问题的,依照有关法律法规和国家有关规定进行处罚,并按规定降低或者取消该单位资质或评价等级。

第四十五条　资本金注入项目的政府出资人代表、其他有关单位或个人有下列情形之一的,由审批部门责令限期整改,或取消政府出资人代表资格、责令缴回中央预算内投资,另行确定政府出资人代表,由有关机关对负有责任的领导人员和直接责任人员依法给予处分:

(一)截留、挪用中央预算内投资或擅自改变中央预算内投资使用方式;

(二)无故拖延拨付中央预算内投资、侵犯项目法人合法权益,影响项目建设进度;

(三)其他违反法律、行政法规的行为。

第四十六条　违反本办法规定,构成犯罪的,依法追究刑事责任。

第六章　附　则

第四十七条　省级发展改革部门可以参照本办法的规定,制定本地区资本金注入项目管理办法。

对本办法规定的资本金注入项目,法律、行政法规和国家有专门规定的,按照有关规定执行。

第四十八条　本办法由国家发展改革委负责解释。

第四十九条　本办法自 2021 年 8 月 1 日起施行。

80. 交通扶贫项目和资金监督管理办法

(交规划发〔2019〕112号)

第一章 总 则

第一条 为贯彻落实党中央、国务院关于打赢脱贫攻坚战的决策部署,进一步加强和规范中央投资交通扶贫项目和资金监督管理,根据《政府投资条例》(国务院令第712号)、《交通运输(公路水路)基本建设中央投资管理办法(试行)》(交规划发〔2016〕62号)和《车辆购置税收入补助地方资金管理暂行办法》(财建〔2014〕654号)等有关规定,制定本办法。

第二条 本办法适用于交通扶贫规划范围内使用车购税、港建费等中央投资资金的公路水路交通建设项目(以下简称交通扶贫项目)。

第三条 交通扶贫项目和资金监督管理应分工明确、各负其责,保障交通扶贫项目有序实施和交通扶贫资金安全有效运行。

第二章 职责分工

第四条 交通运输部对全国交通扶贫项目和中央投资计划进行监督管理,组织有关地方交通运输主管部门对交通扶贫项目进行监督检查,对存在问题的项目和中央投资计划执行不力的省(区、市)进行督导。

第五条 地方各级交通运输主管部门按照职责和隶属关系加强本行政区域内交通扶贫项目和资金的监督管理。省级交通运输主管部门具体负责本省(区、市)交通扶贫项目和资金的监督、检查、督导、问责。市、县两级交通运输主管部门按照职责和有关要求,履行本行政区域内交通扶贫项目和资金的日常监管职责。

第三章 中央资金管理

第六条 交通扶贫项目按国家基本建设的相关规定,取得相关部门对前期工作的批复文件后方可申请中央投资。

地方各级交通运输主管部门在编报年度投资建议计划时,应对申报项目严格审核把关,确保项目相关申请资料真实有效、资金需求合理。

第七条 交通运输部及时将财政部预算批复情况通知省级交通运输主管部门,并下达年度投资计划。省级交通运输主管部门收到计划文件后,应按规定转发下达。地方各级交通运输主管部门应及时告知项目单位中央投资资金到位情况。

第八条 地方各级交通运输主管部门要严格执行年度投资计划,不得截留、挤占中央投资或挪作他用。地方各级交通运输主管部门发现中央投资被截留、挤占或挪用,应及时向同级人民政府和上级交通运输主管部门报告。项目单位发现中央投资被截留、挤占或挪用,应及时向有权处理单位报告。

纳入贫困县统筹整合财政涉农资金范围的车购税用于农村公路建设资金应按相关规定执行。要严格按规定层级、范围和程序进行资金整合,不得以资金整合名义违规挪用资金。省级交通运输主管部门应加强指导,贫困县交通运输主管部门要按脱贫攻坚要求积极落实交通扶贫项目。

第九条 因项目建设条件或进度发生变化等原因需对已下达的中央投资进行调整时,应按有关计划和资金管理规定及时履行调整和备案程序。

第四章 项目监督管理

第十条 各级交通运输主管部门要做到日常监管与监督检查相结合。

第十一条 日常监管是交通扶贫项目和资金监管的基础。地方各级交通运输主管部门应按职责明确每个项目的日常监管直接责任单位及监管责任人。日常监管直接责任单位原则上为对项目单位负直接管理责任的交通运输主管部门。监管责任人由日常监管直接责任单位确定,对于交通运输重点项目原则上应为日常监管直接责任单位相关负责人。

第十二条 日常监管直接责任单位应建立监管台账,针对建设手续、资金拨付、资金使用、建设进度、信息上报等方面开展定期或不定期检查,对发现的问题组织核查,提出整改意见,督促整改;发现重大问题,及时向上级交通运输主管部门报告。

第十三条 项目日常监管责任人应及时掌握项目建设、资金拨付及使用等情况,对项目单位发挥有效督促作用,发现问题及时向日常监管直接责任单位报告。日常监管责任人应到项目现场了解建设情况,对投资多、规模大的项目,适当增加到现场频次,对建设地点比较分散的项目,可根据实际情况到现场抽查。

第十四条 省级交通运输主管部门应加强组织,创新手段,综合利用内业数据检查、遥感影像核查、实地检查等各种方式方法,认真履行本省(区、市)交通扶贫项目和资金监督管理职责,并指导市、县交通运输主管部门开展日常监管工作。

第十五条 交通运输部通过统计数据、督查抽查等方式对交通扶贫项目进行监督管理。对督查抽查中发现的问题,及时形成整改意见并下发各省(区、市)。相关省(区、市)交通运输主管部门应督促责任单位落实整改,并限期报送整改情况。

第十六条 各级交通运输主管部门应加强扶贫项目统计工作,按统计报表要求及时、全面报送统计数据,重视统计数据审核,确保数据质量。

第五章　信 息 公 开

第十七条　年度投资计划下达后,各级交通运输主管部门应对本级项目和资金安排情况按有关规定进行公开。项目日常监管直接责任单位应对项目相关信息及时予以公开。

第十八条　交通运输部及省、市、县级交通运输主管部门可在行业门户网站上进行公开。项目单位可在乡镇政府、村委会或项目实施地等地利用信息公开栏等进行公告公示。

第十九条　畅通举报渠道,公告公示单位对群众反映的问题要认真对待、及时受理,限时反馈调查结果和处理意见。

第六章　处 理 措 施

第二十条　中央投资资金申请和使用、项目实施、监督管理中发生违规问题的,按照有关规定追究责任单位和责任人的责任,涉嫌违法犯罪的,按有关规定移送监察机关、司法机关处理。各级交通运输主管部门根据具体情况,依法依规暂停、停止下达或收回已下达的中央投资资金。

第七章　附　　则

第二十一条　各省级交通运输主管部门可参照本办法,制定本地区的实施办法。

第二十二条　本办法由交通运输部综合规划司负责解释。

第二十三条　本办法自 2019 年 10 月 1 日起施行。

81. 公路水路基本建设项目内部审计管理办法

(交财审发〔2023〕8号)

第一章 总 则

第一条 为规范公路水路基本建设项目审计监督工作，保障建设资金合法合规使用，提高资金使用效益，促进基本建设项目管理，根据《中华人民共和国审计法》《基本建设财务规则》《审计署关于内部审计工作的规定》《公路水路行业内部审计工作规定》等有关法律规定，结合交通运输实际，制定本办法。

第二条 本办法适用于各级交通运输主管部门及所属单位和国有企业（含驻外单位，以下统称交通运输单位）公路、水路基本建设项目的内部审计。

本办法所称国有企业是指各级交通运输主管部门所属单位投资设立的国有和国有资本占控股地位或者主导地位的企业，以及各级交通运输主管部门管理的企业。

第三条 本办法所称基本建设项目，是指以新增工程效益或者扩大生产能力为主要目的的新建、续建、改扩建、迁建和大型维修改造工程建设项目。

第四条 本办法所称基本建设项目内部审计，是指交通运输单位履行内部审计职责的机构（以下简称内审机构）依据国家有关法律规定，对本单位或所属单位基本建设项目开展审计监督的行为。

第五条 内审机构负责基本建设项目审计实施，可以直接实施或根据工作需要向社会购买审计服务，并对采用的审计结果负责。

向社会购买审计服务的，内审机构应按照《中华人民共和国政府采购法》《中华人民共和国招标投标法》等有关法律法规和内部控制要求选择社会审计机构，并对社会审计机构的审计质量进行检查、考核和评价。

第六条 基本建设项目内部审计包括竣工决算审计、跟踪审计以及专项审计等。

本办法所称竣工决算审计是指基本建设项目竣工验收前，对竣工决算的真实性、合规性进行的审计；跟踪审计是指对基本建设项目从开工建设到竣工验收全过程进行监督和评价的审计；专项审计是指对基本建设项目建设过程中的某一环节、某一事项或某一专项资金使用情况等进行的审计。

内审机构应依法依规开展基本建设项目竣工决算审计，根据管理需要，可开展跟踪审计、专项审计等。

第七条 被审计单位应配合基本建设项目审计工作，提供审计所需资料（包括电子资料，下同），并对所提供资料的真实性和完整性负责，同时提供必要的审计工作条件。

第八条 基本建设项目内部审计经费应纳入交通运输单位预算，按规定管理使用。

第九条 交通运输单位按照行政管理关系和职责分级负责基本建设项目内部审计工作。

基本建设项目内部审计工作应接受审计机关、上级单位或主管部门的业务指导和监督。

第十条 基本建设项目审计实行计划管理。内审机构应根据基本建设项目预算（投资计划）、工期安排、投资规模等情况，制定年度审计计划。审计计划可以根据实际情况进行调整。

审计计划应与审计机关、上级单位或主管部门的审计安排相衔接，避免重复审计。

第二章 审计内容

第十一条 内审机构实施审计时，根据管理需要和审计类型确定审计具体内容，主要包括财务管理与业务管理两个方面。

第十二条 财务管理审计主要内容：

（一）基本建设项目（建设单位或代建单位）内部控制制度是否建立健全，是否得到有效执行，是否满足建设管理要求，是否有利于质量、造价、进度、环保、安全控制。

财务管理机构设置及人员配备是否符合规定，职责权限是否明晰。财务制度是否建立健全并有效执行。科目设置、会计核算是否符合相关财务规定。

（二）资金来源是否合法合规，是否按计划及时到位，能否满足项目建设进度需要，是否弄虚作假骗取投资补助，是否违规要求施工单位垫资，是否按规定实行资本金制度。资金管理、使用是否符合财务规定，结余财政资金是否按规定管理（办理）。

（三）前期工作经费、征地拆迁工作经费使用是否真实合法合规。征地拆迁及安置补偿资金是否按规定专项核算，及时拨付。

（四）预付工程款是否按合同约定支付和扣回。进度款支付、保证金预留是否符合有关规定，是否符合合同约定。保证金预留比例和金额计算是否准确，使用和退回是否合法合规。

（五）工程价款结算（决算）是否真实、准确、合法，是否严格执行合同约定的计价规定、结算方式和时间。预备费的使用是否规范。

（六）是否按照国家规定及时、足额计提和缴纳税费。

（七）项目建设管理费支出是否合法合规，手续是否完备。

（八）财务费用支出是否真实合法合规，贷款形成的资本化利息计算是否合理准确。

（九）形成资产是否全面、准确，是否及时入账并账实相符。资产分类是否满足相关要求。资产计价、使用和处置是否符合规定。转出投资及待核销基建支出核算是否准确。

（十）竣工决算报告编报是否规范，竣工财务决算编报是否及时，报表数据是否完整、准确。成本是否严格按照批准的概（预）算口径及有关财务制度正确归集。

（十一）基本建设项目建设全过程资金筹集、使用及核算是否规范、有效。基本建设项目投入运营效果，是否达到设定的产出、成本、经济效益、社会效益、生态效益、可持续影响和服务对象满意度等绩效目标。

（十二）其他需要审计的内容。

第十三条 业务管理审计的主要内容：

（一）基本建设项目立项、可行性研究、初步设计、施工图设计、用地（用海）、环保、施工及消防等事项是否经有关部门审查批准或备案。

（二）征地拆迁范围是否合规，补偿标准是否合法合规，补偿金额计算是否准确。委托地方政府承担征地拆迁工作的，是否签订协议并有效执行。

（三）依法必须进行招标的勘察、设计、施工、监理、材料及设备采购等事项是否进行了招标投标，招标投标程序是否合法合规。涉及政府采购事项是否按规定程序组织采购。招标主体责任是否落实到位，是否依法落实招标自主权，招标文件编制和发布是否规范，招标人代表条件和行为是否规范，评标报告审查是否严格。

（四）勘察、设计、施工、监理、材料及设备采购等事项是否按规定签订合同，合同形式是否符合要求，内容是否完备，是否符合国家相关法律法规。合同是否得到全面履行。价格、质量、进度等是否符合合同条款规定。有无支解发包、转包或违法分包行为。

（五）材料、设备等是否按设计要求和合同规定进行采购、验收、保管、使用、维护和结余处理等是否合规、有效。

（六）工程计量是否真实合法。工程价款支付是否严格按合同条款办理，有无超计量支付。工程结算手续是否齐全。工程暂估价的确定是否规范。

（七）项目原合同外新增工程是否合规。

（八）材料价格调整是否符合规定和合同约定，是否履行相关程序。调整材料数量、价格、交工时间、每期计量金额是否准确。

（九）是否按照批准的概（预）算内容实施，有无超标准、超规模、超概（预）算建设现象。概算调整是否履行规定程序。是否按设计图纸进行施工，实际工程量与图纸是否相符。

（十）工程质量是否验收合格。有无因设计失误、监理履职不到位、施工管理控制不严等造成损失浪费、进度滞后、质量隐患等问题。工程进度是否按计划完成、是否存在任意压缩合理工期现象，是否未按规定及时向施工单位支付安全生产费用。

（十一）设计变更、建设内容变更等事项，变更理由是否真实合理，变更内容是否符合相关要求，是否履行规定程序。

（十二）尾工工程及预留费用是否真实，依据是否充分，是否控制在概算确定的范围内，尾工工程投资比例是否符合规定。预留费用的金额和比例是否合理，是否按照规定办理相关手续。

（十三）项目是否按规定建立农民工工资支付保障机制，是否有效执行。

（十四）以往审计发现问题的整改情况。是否存在长期未整改、整改不到位、虚假整改等问题。

（十五）档案管理是否合法合规。

（十六）其他需要审计的内容。

第三章 审计结果运用和问题整改

第十四条 基本建设项目审计完结，由内审机构直接实施的审计，内审机构所在交通运输单位应出具书面审计报告，可下达审计决定；向社会购买审计服务的审计，社会审计机构或购买审计服务的交通运输单位应出具书面审计报告，交通运输单位可下达审计决定。

被审计单位对审计报告或审计决定有异议，可在规定时间内向内审机构所在单位申请审计复核。

第十五条 除合同已有约定外，建设单位不应直接将审计结果作为其与施工单位结算的依据。

第十六条 被审计单位应在审计报告或审计决定要求时间内完成审计发现问题的整改工作，按时报送整改情况。

第十七条 内审机构应加强对被审计单位整改情况的跟踪检查，督促被审计单位对审计发现的问题和处理意见采取有效措施，及时整改到位。

第十八条 内审机构和被审计单位应积极推进审计和整改结果公开。

第四章 罚 则

第十九条 交通运输单位未按本办法规定履行审计职责的，其上一级单位或主管部门可以通过约谈、通报等方式责成其改正。

内审机构审计人员滥用职权、徇私舞弊、玩忽职守、泄露秘密的，由所在单位依照有关规定予以处理；构成犯罪的，移交司法机关追究刑事责任。

第二十条 基本建设项目勘察、设计、施工、监理、材料及设备供应、咨询等参建单位，不配合审计工作、拒绝提供资料、提供虚假资料的，交通运输主管部门应对相关情况予以核实，并依规依法处理。

第二十一条 社会审计机构出具的审计报告违反法律法规或者审计人员违反执业准则的，委托审计单位应将问题移送有关主管机关依法处理。

第二十二条 被审计单位拒不纠正审计发现问题，或整改不力、屡审屡犯的，应依规依法追究相关人员责任。

第五章 附 则

第二十三条 其他单位的公路水路基本建设项目内部审计,可以参照本办法执行。

第二十四条 交通运输单位可结合实际制定本辖区、本单位实施细则。

第二十五条 本办法由交通运输部负责解释。

第二十六条 本办法自印发之日起施行,原《公路水运基本建设项目内部审计管理办法》(交财审发〔2017〕196号)同时废止。

82. 关于印发《车辆购置税收入补助地方资金管理暂行办法》的通知

(财建〔2021〕50号)

各省、自治区、直辖市、计划单列市财政厅(局)、交通运输厅(局、委),新疆生产建设兵团财政局、交通运输局:

为深入贯彻落实党中央、国务院关于加快建设交通强国的重大决策部署,积极稳妥统筹推进交通运输领域财政事权和支出责任划分改革,财政部、交通运输部对《车辆购置税收入补助地方资金管理暂行办法》等文件进行了修订完善,现印发给你们,请遵照执行。

附件:车辆购置税收入补助地方资金管理暂行办法

财政部　交通运输部
2021年3月30日

附件

车辆购置税收入补助地方资金管理暂行办法

第一章　总　　则

第一条　为加强车辆购置税收入补助地方资金管理,提高资金使用效益,促进交通运输事业健康发展,加快建设交通强国,根据《中华人民共和国预算法》、《中华人民共和国预算法实施条例》、《国务院批转财政部、国家计委等部门〈交通和车辆税费改革实施方案〉的通知》(国发〔2000〕34号)等,制定本办法。

第二条　本办法所称车辆购置税收入补助地方资金(以下简称车购税资金),是指中央财政从车辆购置税收入中安排用于支持交通运输行业发展的资金。

第三条　车购税资金管理和使用遵循以下原则:

(一)突出事权。应当按照交通运输领域财政事权和支出责任划分有关要求,保障好中央财政事权所需的相关支出,并根据不同时期发展目标对地方财政事权给予一定资金支持。

(二)保障重点。应当重点保障国家重大战略目标和纳入国家交通运输规划的重大项目建设。

(三)注重绩效。应当实行全过程预算绩效管理,强化绩效评价结果运用。

(四)各司其职。各级财政部门、交通运输主管部门应当按照各自职责负责项目和资金申报、审核、执行、监管等相关工作。

第四条　本办法实施期限为五年。政策到期后,财政部会同交通运输部开展政策评估,根据评估结果确定下一阶段政策实施期限。

第二章　支出范围和分配方式

第五条　车购税资金的支出范围包括:

(一)国家高速公路和普通国道支出;

(二)界河桥梁(隧道)、边境口岸汽车出入境运输管理设施、国家级口岸公路支出;

(三)普通省道、农村公路支出;

(四)综合交通运输支出;

(五)重要内河水运支出;

(六)重大自然灾害影响的交通运输安全应急保障支出;

(七)交通运输智能化信息化支出;

(八)国务院批准同意用于交通运输的其他支出。

第六条　国家高速公路和普通国道支出,是指用于国家高速公路和普通国道建设中由中央承担支出责任部分的支出,主要包括新建、改建和扩建支出。

该项支出分配主要采用项目法。

第七条　界河桥梁(隧道)、边境口岸汽车出入境运输管理设施、国家级口岸公路支出,是指用于界河桥梁(隧道)、边境口岸汽车出入境运输管理设施、国家级口岸公路等建设中由中央承担支出责任部分的支出,主要包括新建、改建和扩建支出。

该项支出分配主要采用项目法。

第八条　普通省道、农村公路支出,是指中央根据地方普通省道、农村公路的建设任务、养护任务完成情况及财政投入等情况,对地方普通省道、农村公路建设项目给予一定资金支持的支出。主要包括支持普通省道、农村公路(含县道、乡道、村道及属于农村公路重要附属设施的县级客运站、乡镇运输服务站)等新建、改建和扩建支出。

该项支出分配主要采用"以奖代补"方式。西藏自治区、新疆生产建设兵团普通省道支出分配主要采用项目法。

第九条　综合交通运输支出是指对符合《国家综合立体交通网规划纲要》等有关规划要求的、重要的综合交通运输项目给予一定资金支持的支出,主要包括综合货运枢纽(物流园区)、集疏运体系建设及综合客运枢纽等相关支出。

综合货运枢纽(物流园区)、集疏运体系主要采用竞争性评审方式给予支持,以地方为主体进行实施;综合客运枢纽支出主要采用项目法分配。

第十条　重要内河水运支出,是指用于国境国际通航河流航道、西江航运干线建设、高等级航道及落实国家重大战略需要的其他内河航道建设等纳入国家相关规划、有助于完善综合立体交通网的项目支出。其中,西江航运干线建设,在事权改革到位之前,按照现行管理体制和现有资金渠道执行。

该项支出分配主要采用项目法。

第十一条　重大自然灾害影响的交通运输安全应急保障支出,是指为提升交通运输行业对突发事件的应急响应和处置水平,及时保障和恢复交通运输正常运行而实施的项目支出,主要包括启动国家自然灾害救灾应急响应等相关重大灾害的公路应急抢通和恢复重建、国家区域性公路应急装备物资储备等相关支出。

公路应急抢通按照灾害等级分档支持,恢复重建、国家区域性公路应急装备物资储备支出分配主要采用项目法。

第十二条　交通运输智能化信息化支出,是指按照信息资源整合共享要求,用于构建智慧交通体系的相关建设项目支出。

该项支出分配主要采用项目法。

第三章　资金审核和下达

第十三条　采用项目法分配的事项,交通运输部根据国家重大发展战略、交通运输中长期规划等,编制交通运输五年发展规划或专项规划,对地方上报的项目进行审核,将符合规划要求的项目纳入"十四五"交通运输规划项目库(以下简称项目库)。对纳入项目库并完成有关前期工作且具备开工条件的项目,交通运输部根据车购税年度资金规模、项目具体补助标准、核定的项目车购税资金额、地方申请及项目建设进度等,提出项目年度资金安排建议报财政部审核,财政部审核并下达资金。项目法实施方案详见附件。

综合货运枢纽(物流园区)、集疏运体系等采用竞争性评审方式分配的事项,由财政部会同交通运输部研究制订竞争性评审实施方案。以地方为主体制定具体实施方案,经地方交通运输主管部门、财政部门逐级审核后报交通运输部、财政部。交通运输部、财政部组织开展竞争性评审,根据评审结果给予支持。实施方案由财政部、交通运输部另行组织制定并印发实施。

第十四条　采用"以奖代补"方式分配的事项,各级交通运输主管部门应当明确相关建设、养护目标和任务,会同财政部门建立满足"以奖代补"考核需要的真实、动态、可考核的数据支撑系统(以下简称数据支撑系统)。财政部、交通运输部根据各省(区、市)建设任务、养护任务完成情况及财政投入等情况进行考核,根据考核情况"以奖代补"。实施方案详见附件。

第四章　绩效管理和监督

第十五条　各级财政部门和交通运输主管部门应当按照下列要求加强对车购税资金全过程预算绩效管理:

(一)强化绩效目标管理。车购税资金使用主体在申报项目和资金时,应科学设置明确、具体、一定时期可实现的绩效目标,以细化、量化的指标予以描述并按要求提交。各级财政部门和交通运输主管部门应当加强对绩效目标的审核,将其作为项目评审评估、资金分配的重要依据,并将审核后的绩效目标随同资金一并分解下达到具体项目。

(二)做好绩效运行监控。各级财政部门和交通运输主管部门应当加强车购税资金执行过程中的绩效监控,综合运用数据支撑系统等信息化手段,重点监控是否符合既定的绩效目标,项目和资金执行偏离既定绩效目标的,应当及时采取措施予以纠正。

(三)加强绩效评价和结果运用。各级财政部门和交通运输主管部门应当按照各自职责客观公正地组织开展好绩效评价工作,将评价结果及时反馈给被评价单位,对发现的问题督促整改。交通运输部对省级交通运输主管部门报送的绩效评价结果进行审核,财政部将交通运输部审核确认的绩效评价结果作为预算安排和资金分配的参考因素。

财政部各地监管局按工作职责和有关文件要求开展车购税资金预算绩效管理工作。

第十六条　地方各级财政部门、交通运输主管部门应当按照职责加强对车购税项目和资金申报、审核、执行的管理监督,建立"谁申报、谁负责"、"谁使用、谁负责"的责任机制。

第十七条　车购税资金使用主体及其工作人员在车购税项目和资金的申报、使用过程中,利用不正当手段套取车购税资金的,由所在地交通运输主管部门、财政部门按职责分工根据有关规定予以处理;构成犯罪的,依法追究刑事责任。

第十八条　各级财政部门和交通运输主管部门及其工作人员在车购税项目和资金的审核、分配、拨付过程中,存在利用不正当手段套取车购税资金等行为以及其他滥用职权、玩忽职守、徇私舞弊等违法违纪行为的,依照《中华人民共和国预算法》、《中华人民共和国公务员法》、《中华人民共和国监察法》、《财政违法行为处罚处分条例》等有关规定追究相应责任;构成犯罪的,依法追究刑事责任。

第五章　附　则

第十九条　本办法由财政部会同交通运输部负责解释。

第二十条　本办法自发布之日起施行。《财政部　交通部关于印发〈车辆购置税交通专项资金管理暂行办法〉的通知》(财建〔2000〕994号)、《财政部　交通运输部　商务部关于印发〈车辆购置税收入补助地方资金管理暂行办法〉的通知》(财建〔2014〕654号)、《财政部　交通运输部关于〈车辆购置税收入补助地方资金管理暂行办法〉的补充通知》(财建〔2016〕722号)、《财政部　交通运输部关于进一步明确车辆购置税收入补助地方资金补助标准及责任追究有关事项的通知》(财建〔2016〕879号)、《财政部 交通运输部关于印发〈车辆购置税收入补助地方资金管理暂行办法〉的补充通知》(财建〔2019〕272号)同时废止。

附:1."十四五"时期车辆购置税收入补助地方资金项目法实施方案
  2."十四五"时期车辆购置税收入补助地方资金"以奖代补"支持普通省道和农村公路实施方案

附1

"十四五"时期车辆购置税收入补助地方资金项目法实施方案

一、项目法管理流程和方式

(一)对于采用项目法管理的事项,交通运输部根据国家重大发展战略、国民经济和社会发展五年规划、交通运输中长期规划等,编制交通运输五年发展规划或专项规划,对地方上报的项目进行审核,将符合规划要求的项目纳入项目库。对纳入项目库的项目,交通运输部根据地方申请按程序进行审批或审核,按照国家高速公路、普通国道、综合客运枢纽、公路相关设施类项目、内河、交通运输智能化信息化建设等不同项目的投资补助标准核定拟安排的项目车购税资金额。

(二)对完成有关前期工作且具备开工条件的项目,交通运输部根据年度车购税资金总规模、核定的项目车购税资金额、地方申请及项目建设进度等,提出项目年度资金安排建议于每年3月31日前报财政部审核,提前下达下一年度资金安排建议应于每年9月30日前报财政部审核。财政部根据年度预算安排和交通运输部提出的资金安排建议审核并下达资金。

(三)省级财政部门接到中央财政下达的资金预算后,应当按照预算法规定时限要求及时分解下达。省级交通运输主管部门应当加快预算执行,提高资金使用效益。

二、投资补助标准

(一)综合客运枢纽。

单位:万元/个

项目类别		东部地区	中部地区	西部地区
综合客运枢纽	重大项目	总投资的30%,原则上不超过1亿元/个		
	一般项目	5000	5500	6000

注:综合客运枢纽一般项目补助额占枢纽项目总投资的比例以50%为上限。非一体化项目补助标准下浮1500万元。

(二)国家高速公路。

项目类别	东部地区	中部地区	西部地区
高速公路	建安费25%	建安费30%	西藏按照项目总投资的100%,新疆南疆四地州、青海按建安费的70%,新疆其他地区、贵州、云南、甘肃、四川阿坝州、甘孜州、凉山州按建安费的50%,其他西部地区按建安费的35%

注:1. 新建项目按基准标准执行,扩容改造项目按基准标准的50%执行;
  2. 采用PPP模式的新建项目以所在地区基准标准为上限,扩容改造项目以基准标准的50%为上限;
  3. 除西藏自治区外,中央投资补助上限:原则上执行建安费50%及以上比例的区域的项目不高于6000万元/公里,其他西部地区的项目不高于5000万元/公里,东中部地区的项目不高于4000万元/公里;不超过地方申请数,不超过PPP项目合同约定政府建设期出资数;
  4. 海南省、吉林延边州、黑龙江大兴安岭地区、湖北恩施州、湖南湘西州、江西赣州市执行西部地区建安费的35%标准;
  5. 公路长大桥梁结构监测系统补助额度,东部、中部、西部、特殊困难地区(指西藏自治区、青海省、新疆南疆四地州、川滇甘涉藏州县、四川凉山州、云南怒江州和甘肃临夏州)分别按核定投资的40%、50%、70%和90%。

(三)普通国道。

项目类别	东部地区	中部地区	西部地区	特殊困难地区
一级公路(万元/公里)	1200	1400	1600	1800(国家审批工可的项目按照总投资的100%)
二级公路(万元/公里)	600	700	800	900(国家审批工可的项目按照总投资的100%)
三级公路(万元/公里)	240	280	320	450(国家审批工可的项目按照总投资的100%)
四级公路(万元/公里)	40	50	60	100(国家审批工可的项目按照总投资的100%)
桥梁隧道(元/平方米)	2500	3500	4500	5000(国家审批工可的项目按照总投资的100%)

续上表

项目类别	东部地区	中部地区	西部地区	特殊困难地区
公路灾害防治工程(万元/公里)	25	30	35	50
公路安全提升工程(万元/公里)	10	15	20	30

注：1. 普通国道新改建项目：(1)新改建项目按基准标准执行,路面改造项目按基准标准的20%执行；(2)收费项目投资补助额度不超过按同地区高速公路标准测算的额度；(3)定额补助标准造价浮动系数：一级公路建安费超过3000万/公里,每增加400万/公里,补助标准上浮10%,最高上浮100%；二级公路建安费超过1000万/公里,每增加150万/公里,补助标准上浮10%,最高上浮100%；三级公路建安费超过500万/公里,每增加100万/公里,补助标准上浮10%,最高上浮150%；(4)新建单体长度超过1000米的桥梁、隧道,可按平方米测算车购税资金；(5)东中部沿边国道(G219、G331)按西部地区标准执行,沿边国道二级、三级公路(含其中千米以上桥隧)项目基准标准上浮10%；(6)中央投资补助额度不超过项目建安费,不超过地方申请数,不超过PPP项目合同约定政府建设期出资数；

2. 四、五类桥梁及旧桥改造：重建类项目按照新建桥梁基准标准执行,加固类项目按照基准标准的60%执行。通航河流桥梁防撞改造,按照防撞设施面积,参照新建桥梁基准标准执行。四、五类桥梁及旧桥改造项目补助额度,东部、中部、西部、特殊困难地区分别不得超过建安费的60%、80%、85%和90%。公路长大桥梁结构监测系统补助额度,东部、中部、西部、特殊困难地区分别按核定投资的40%、50%、70%和90%；西藏自治区项目经交通运输部对其技术方案和工程造价进行复核审查,按项目总投资的100%；

3. 隧道改造：五类隧道改造按照新建隧道基准标准的60%执行,四类隧道按照基准标准的18%执行。东部、中部、西部、特殊困难地区补助额度,分别不得超过建安费的45%、60%、75%和90%；西藏自治区项目经复核审查,按项目总投资的100%；

4. 灾害防治工程：东部、中部、西部、特殊困难地区补助额度,分别不得超过建安费的45%、60%、75%和90%；建安费超过1000万元的项目经复核审查,可按建安费的45%、60%、75%和90%补助；西藏自治区项目经复核审查,按项目总投资的100%；

5. 公路安全提升工程：东部、中部、西部、特殊困难地区补助额度,分别不得超过建安费的45%、60%、75%和90%；建安费超过1000万元的项目经复核审查,可按建安费的45%、60%、75%和90%补助；西藏自治区项目经复核审查,按项目总投资的100%；

6. 灾毁恢复重建项目参照同级公路建设基准标准执行,同时不超过恢复重建项目建安费的50%；

7. 特殊困难地区以外的国家乡村振兴重点帮扶县按所在地区基准标准再上浮10%；

8. 海南省、吉林延边州、黑龙江大兴安岭地区、湖北恩施州、湖南湘西州、赣闽粤苏区县执行西部地区标准,福建革命老区执行中部标准；

9. 西藏自治区、新疆生产建设兵团省道参照国道标准执行；

10. 公路界河桥梁(隧道)项目中央承担中方侧工程总投资；

11. 雄安新区公路、抵边自然村通硬化路等按照规定程序批准的标准执行。

(四)公路相关设施类项目。

项目类别	标准
边境口岸汽车出入境运输管理建设项目	核定投资的100%
国家区域性公路应急装备物资储备中心应急装备物资购置	核定投资的40%,国家审批工可的项目按照总投资的100%

(五)内河。

项目类别	东部地区	中部地区	西部地区
西江航运干线和国境、国际通航河流航道	核定投资的100%		
内河高等级航道及公共基础设施	工程费用的80%	工程费用的85%	工程费用的90%
符合国家战略方向的内河水运其他航道及公共基础设施	工程费用的55%	工程费用的65%	工程费用的75%

注：1. 海南省、吉林延边州、黑龙江大兴安岭地区、湖北恩施州、湖南湘西州、赣闽粤苏区县执行西部地区标准,福建革命老区执行中部地区标准；

2. 公共基础设施指通航设施、内河公共锚地、便民交通码头(中西部地区)；

3. 通航设施中以通航为主、兼顾发电等其他效益的航电枢纽,补助标准依所在的航道等级分别下浮,其中高等级航道上的航电枢纽下浮45个百分点,即按东、中、西部分别为工程费用的35%、40%、45%,符合国家战略方向的内河水运其他航道上的航电枢纽按东、中、西部分别下浮20、25、30个百分点,即按东、中、西部分别为工程费用的35%、40%、45%；

4. 通航设施补助额度不超过资本金的50%；

5. 西江航运干线在航运管理体制改革到位前,暂按工程费用的100%安排。

(六)公路应急抢通。

公路应急抢通按照灾害等级分档支持：一类灾情(灾情特别严重)1500万元,二类灾情(灾情严重)1200万元,三类灾情(灾情较重)900万元,四类灾情(灾情一般)600万元。

(七)交通运输智能化信息化建设。

部省联网交通运输智能化信息化项目按设备购置和安装费用核定投资的40%补助,国家审批工可的项目按照总投资的100%补助。

附2

"十四五"时期车辆购置税收入补助地方资金"以奖代补"支持普通省道和农村公路实施方案

为贯彻落实习近平总书记关于"四好农村路"建设重要指示批示精神，服务乡村振兴战略实施，加快建设交通强国，加强普通省道和农村公路建设和养护，根据国务院办公厅《交通运输领域中央与地方财政事权和支出责任划分改革方案》有关规定，交通运输部、财政部对各省、自治区、直辖市、计划单列市及新疆生产建设兵团（以下统称各省份）普通省道和农村公路建设、养护任务完成情况及地方财政投入情况进行考核，根据考核结果，结合年度中央预算资金安排，向各省份安排奖励性资金（以下简称奖补资金）。奖补资金主要用于支持普通省道和农村公路（含县道、乡道、村道，通村公路发挥村内主干道作用的穿村路段，县级客运站、乡镇运输服务站）的新建、改建和扩建项目。具体工作事项及要求如下：

一、工作要求

（一）普通省道和农村公路属于地方财政事权，地方各级交通运输主管部门、财政部门应落实主体责任，按照职责分工负责建设和养护工作，并承担支出责任。交通运输部、财政部依据数据支撑系统重点对普通省道和农村公路建设、养护目标任务完成情况进行考核，考核结果作为资金分配的重要依据。

（二）各省份财政部门、交通运输主管部门结合实际，因地制宜制定本地区奖补资金分配标准，原则上不超过"十四五"时期车辆购置税收入补助地方资金对同技术等级普通国道补助标准。

（三）各省份交通运输主管部门应当会同同级财政部门，建立并完善数据支撑系统，做好考核因素涉及的相关基础数据更新管理、末端数据及时准确填报等工作。

（四）普通省道和农村公路建设实行项目库管理制度。省级交通运输主管部门结合实际情况，通过数据支撑系统组织本省份分级开展项目库建设。普通省道和农村公路建设完成情况在省级以项目为单位进行管理。

（五）地方各级财政部门和交通运输主管部门应当加强奖补资金的全过程预算绩效管理，结合考核因素对奖补资金提出明确、具体的绩效目标，运用数据支撑系统等方式，做好绩效运行监控，开展绩效评价，将绩效评价结果作为分配奖补资金的依据。财政部各地监管局按照工作职责和有关文件要求开展奖补资金预算绩效管理工作。

二、管理流程和方式

（一）交通运输部根据国家重大战略部署、交通运输中长期规划和五年发展规划等，综合各省份普通省道和农村公路建设投资额、建设里程、乡镇通三级公路建设、自然村通硬化路建设、危桥改造和村道安全生命防护工程（以下简称村道安防工程）等任务，结合区域差异、财政困难程度等，会同财政部确定"十四五"时期各省份普通省道和农村公路建设规划奖补资金基数。每年7月底前，省级交通运输主管部门会同同级财政部门，依据本省五年规划目标任务，提出本省份下一年度目标任务，报交通运输部、财政部。交通运输部利用数据支撑系统中的各省份"十四五"时期规划目标任务累计完成情况，结合各省份"十四五"时期规划奖补资金基数，按照年度全国车购税资金预算情况，会同财政部测算各省份年度奖补资金基数。西藏自治区主要完成剩余乡镇和建制村通硬化路、危桥改造和村道安防工程等任务。

（二）年度奖补资金采取先按一定比例预拨、后清算的方式下达。每年9月底前，交通运输部提出各省份下一年度预拨资金建议，报财政部审核。每年10月底前，财政部向各省份下达下一年度预拨资金。省级交通运输主管部门会同同级财政部门于每年1月底前将上一年度本省份各项考核目标任务完成情况报交通运输部、财政部。数据真实性、准确性由上报部门负责，并与数据支撑系统保持一致。交通运输部、财政部通过数据支撑系统中的数据对各省份上一年度任务完成情况等进行考核。交通运输部根据考核结果，结合年度预算安排，于每年3月提出各省份上一年度奖补资金清算建议，报财政部审核。每年4月底前，财政部按照预算管理规定向各省份清算下达上一年度奖补资金。

（三）交通运输部会同财政部可利用数据支撑系统对各省份报送的数据、任务完成情况等进行复核，对发现存在弄虚作假行为、资金违规使用的省份，视具体情况扣减奖补资金。

三、测算公式

（一）某省份年度奖补资金基数＝年度全国普通省道和农村公路奖补资金总额×（某省份年度奖补资金测算值÷∑各省份年度奖补资金测算值）。

某省份年度奖补资金测算值＝某省份五年规划奖补资金基数×某省份规划目标任务计划累计综合完成率－某省份累计实际下达奖补资金－某省份累计考核扣减资金。综合完成率按照五项建设任务每项20%的权重进行计算，综合完成率超过100%后按照100%计算。

（二）某省份年度奖补资金清算值＝某省份年度奖补资金基数×考核系数。

考核系数＝∑某省份各项考核指标得分÷100。

（三）当考核系数＜1时，某省份年度考核扣减资金＝某省份年度奖补资金基数－某省份年度奖补资金清算值。

四、主要考核因素及奖补资金标准

（一）建设任务完成情况系数（权重50%）。

包括普通省道和农村公路建设投资任务完成率、普通省道和农村公路建设里程任务完成率、乡镇通三级公路任务完成率、自然村通硬化路任务完成率、危桥改造和村道安防工程任务完成率等五个子因素，权重分别为10%、

10%、10%、10%、10%。西藏自治区考核剩余乡镇和建制村通硬化路任务完成率、危桥改造和村道安防工程任务完成率两个子因素，权重分别为40%和10%。

1. 普通省道和农村公路建设投资任务完成率＝普通省道和农村公路建设投资年度实际完成额÷普通省道和农村公路建设年度投资计划额。任务完成率≥1，得分＝10；0.8≤任务完成率＜1，得分＝10×任务完成率；0.5≤任务完成率＜0.8，得分＝8×任务完成率；任务完成率＜0.5，得分＝0。

2. 普通省道和农村公路建设里程任务完成率＝年度实际新改建普通省道和农村公路里程÷年度计划新改建普通省道和农村公路里程。任务完成率≥1，得分＝10；0.8≤任务完成率＜1，得分＝10×任务完成率；0.5≤任务完成率＜0.8，得分＝8×任务完成率；任务完成率＜0.5，得分＝0。

3. 乡镇通三级公路任务完成率＝年度新增通三级公路乡镇个数÷年度计划新增通三级公路乡镇个数。任务完成率≥1，得分＝10；0.8≤任务完成率＜1，得分＝10×任务完成率；0.5≤任务完成率＜0.8，得分＝8×任务完成率；任务完成率＜0.5，得分＝0。

4. 自然村通硬化路任务完成率＝年度新增通硬化路自然村个数÷年度计划新增通硬化路自然村个数。任务完成率≥1，得分＝10；0.8≤任务完成率＜1，得分＝10×任务完成率；0.5≤任务完成率＜0.8，得分＝8×任务完成率；任务完成率＜0.5，得分＝0。

5. 危桥改造和村道安防工程任务完成率＝年度危桥改造完成座数÷年度计划危桥改造完成座数×0.7＋年度村道安防工程建设完成里程÷年度村道安防工程计划建设完成里程×0.3。任务完成率≥1，得分＝10；0.8≤任务完成率＜1，得分＝10×任务完成率；0.5≤任务完成率＜0.8，得分＝8×任务完成率；任务完成率＜0.5，得分＝0。

6. 西藏剩余乡镇和建制村通硬化路任务完成率＝年度新增通硬化路乡镇和建制村个数÷年度计划新增通乡镇和建制村个数。任务完成率≥1，得分＝40；0.8≤任务完成率＜1，得分＝40×任务完成率；0.5≤任务完成率＜0.8，得分＝32×任务完成率；任务完成率＜0.5，得分＝0。

注：某省份某项任务已实现公路"十四五"发展规划目标任务的，该项任务完成率计为100%。

（二）养护任务完成情况系数（权重30%）。

包括普通省道养护任务完成情况和农村公路养护任务完成情况两个子因素，权重分别为15%、15%。

1. 普通省道养护任务完成情况得分＝15×（普通省道优良路率得分系数×0.7＋普通省道一二类桥梁占普通省道桥梁总数比例得分系数×0.3）。

（1）普通省道优良路率≥80%，普通省道优良路率得分系数＝1；

（2）70%≤普通省道优良路率＜80%，普通省道优良路率得分系数＝考核年度普通省道优良路率÷（上一年度普通省道优良路率＋1%），且最大不超过1；

（3）普通省道优良路率＜70%，普通省道优良路率得分系数＝考核年度普通省道优良路率÷71%；

（4）普通省道一、二类桥梁数量占普通省道桥梁总数比例≥90%，普通省道一、二类桥梁数量占普通省道桥梁总数比例得分系数＝1；

（5）85%≤普通省道一、二类桥梁数量占普通省道桥梁总数比例＜90%，普通省道一、二类桥梁数量占普通省道桥梁总数比例得分系数＝普通省道一、二类桥梁比例÷（上一年度省道一、二类桥梁比例＋1%），且最大不超过1；

（6）普通省道一、二类桥梁数量占普通省道桥梁总数比例＜85%，普通省道一、二类桥梁数量占普通省道桥梁总数比例得分系数＝普通省道一、二类桥梁比例÷86%。

2. 农村公路养护任务完成情况得分＝15×（农村公路优良路率得分系数×0.7＋农村公路一、二、三类桥梁占农村公路桥梁比例得分系数×0.3）。

（1）农村公路优良路率≥70%，农村公路优良路率得分系数＝1；

（2）55%≤农村公路优良路率＜70%，农村公路优良路率得分系数＝考核年度农村公路优良路率÷（上一年度农村公路优良路率＋1%），且最大不超过1；

（3）40%≤农村公路优良路率＜55%，农村公路优良路率得分系数＝考核年度农村公路优良路率÷（上一年度农村公路优良路率＋2%），且最大不超过1；

（4）农村公路优良路率＜40%，农村公路优良路率得分系数＝考核年度农村公路优良路率÷41%；

（5）农村公路一、二、三类桥梁占农村公路桥梁总数比例≥99%，农村公路一、二、三类桥梁占农村公路桥梁总数比例得分系数＝1；

（6）95%≤农村公路一、二、三类桥梁占农村公路桥梁总数比例＜99%，农村公路一、二、三类桥梁占农村公路桥梁总数比例得分系数＝农村公路一、二、三类桥梁比例÷（上一年度农村公路一、二、三类桥梁比例＋1%），且最大不超过1；

（7）农村公路一、二、三类桥梁占农村公路桥梁总数比例＜95%，农村公路一、二、三类桥梁占农村公路桥梁总数比例得分系数＝农村公路一、二、三类桥梁比例÷96%。

（三）地方财政投入情况系数（权重20%）。

包括地方财政建设投入情况、地方财政养护投入情况两个子因素，权重分别为10%、10%。

1. 地方财政建设投入情况系数＝地方财政普通省道和农村公路建设资金投入规模与上年之比。建设投入情况系数≥1，得分＝10；建设投入情况系数＜1，得分＝建设投入情况系数×10；

2. 地方财政养护投入情况系数＝地方财政普通省道和农村公路养护资金投入规模与上年之比。养护投入情况系数≥1，得分＝10；养护投入情况系数＜1，得分＝养护投入情况系数×10。

注：地方财政投入包括中央对地方一般性转移支付资金。

五、附加考核因素

(一)全国"四好农村路"示范创建工作,按照以下情况之一加分,最多不超过1分。

1.某省份当年获评全国示范省(计划单列市当年获评全国示范市),加1分;

2.某省份全国示范市覆盖率和全国示范县覆盖率的平均值与上一年度平均值相比,每增加一个百分点加0.3分,最多加1分(直辖市、计划单列市、新疆生产建设兵团只计算全国示范县覆盖率)。

(二)全国"城乡交通运输一体化"示范创建工作,某省份当年每增加一个全国示范县,加0.5分,最多不超过1分。

根据国家重大改革、发展战略实施等,交通运输部、财政部可对奖补资金考核因素适时作出调整。

六、有关指标解释和来源

(一)建设任务指标。

1.普通省道和农村公路建设投资完成额:指由建设单位填报的普通省道建设完成投资额和农村公路建设完成投资额的和(计量单位:万元)。

2.普通省道和农村公路建设里程:指普通省道新建、改建、扩建公路完成里程和农村公路新建、改建、扩建公路完成里程的和(计量单位:公里)。

3.新增通三级公路乡镇个数:指新增通三级公路的乡镇个数(计量单位:个)。

乡镇通三级公路,指乡镇至少有一条技术等级为三级或三级以上的公路(可由多条路线组成),连接至三级或三级以上公路网。

乡镇通三级公路路线位置应满足下列条件之一:(1)穿越乡镇政府所在的居民聚居区域;(2)通至乡镇政府驻地;(3)通至乡镇政府所在的居民聚居区域边缘,并与聚居区域内部的一条道路连接。

4.新增自然村通硬化路个数:指通硬化路自然村个数(计量单位:个)。

自然村通硬化路,指自然村至少有一条硬化公路连接至对外路网。

自然村通硬化路的位置应满足下列条件之一:(1)穿越自然村(组)的居民聚居区域;(2)通至自然村(组)居民聚居区域或某个人口较多的居民聚居区域边缘,并与聚居区域内部的一条道路连接。

5.危桥改造座数:指改造完成普通省道和农村公路上桥梁技术状况评定等级为四类或五类的桥梁数量(计量单位:座)。

6.村道安防工程完成里程:指村道实际建设的安全生命防护工程里程(计量单位:公里)。

(二)养护任务指标。

1.普通省道和农村公路优良路率:指普通省道和农村公路路面技术状况评定为优和良的公路比例(计量单位:%)。

2.普通省道一、二类桥梁数量占普通省道桥梁总数比例:指普通省道上桥梁技术状况评定等级为一类和二类的桥梁数量占普通省道上桥梁总数的比例(计量单位:%)。

3.农村公路一、二、三类桥梁数量占农村公路桥梁总数比例:指农村公路上桥梁技术状况评定等级为一类、二类和三类的桥梁数量占农村公路上桥梁总数的比例(计量单位:%)。

(三)地方财政投入指标。

1.地方财政普通省道和农村公路建设资金投入规模:指年度建设普通省道和农村公路地方财政实际投入的财政性资金规模(计量单位:万元)。

2.地方财政普通省道和农村公路养护资金投入规模:指年度养护普通省道和农村公路地方财政实际投入的财政性资金规模(计量单位:万元)。

(四)上述数据从各省份建立的数据支撑系统中提取。

83. 关于《车辆购置税收入补助地方资金管理暂行办法》的补充通知

(财建〔2022〕186号)

各省、自治区、直辖市、计划单列市财政厅(局)、交通运输厅(局、委),新疆生产建设兵团财政局、交通运输局:

为深入贯彻落实党中央、国务院关于加快建设交通强国的重大决策部署,做好港口建设费取消后相关水运建设发展资金政策的衔接,保持跨五年规划补助资金政策的连续性,现就《车辆购置税收入补助地方资金管理暂行办法》(财建〔2021〕50号,以下简称《暂行办法》)中有关支出范围和标准等事项补充通知如下:

一、车辆购置税收入补助地方资金(以下简称车购税资金)**支出范围中增加"沿海港口公共基础设施建设支出"**

沿海港口公共基础设施建设支出,主要指用于沿海港口进出港航道、防波堤、锚地等基础设施建设支出。该项支出按项目法分配。其中:对于重要港区公共基础设施,东部地区、西部地区分别按工程费用的50%、60%补助;对于其他港区公共基础设施,东部地区、西部地区分别按工程费用的30%、40%补助。福建、广东两省原中央苏区县,海南省执行西部地区标准。2020年12月31日前交通运输部已出具项目资金意见函的"十三五"规划内建设项目(以下简称延续项目),具备开工条件后继续按照项目资金意见函核定的补助标准执行。

沿海港口公共基础设施建设补助标准

项目类别	东部地区	西部地区
重要港区公共基础设施	工程费用的50%	工程费用的60%
其他港区公共基础设施	工程费用的30%	工程费用的40%

二、重要内河水运支出范围

重要内河水运支出,除《暂行办法》规定内容外,还包括内河航道应急抢通支出。内河航道应急抢通支出是指国境国际通航河流航道、内河高等级航道(不含长江干线)和落实国家战略需要的其他重要航道及其通航建筑物、航标等设施,因自然灾害、安全事故灾难、重大特殊任务等突发事件造成损坏、阻塞等所发生的应急抢修保通保安全工作支出。该项支出按项目法分配,采用事后补助方式。西江航运干线航道、国境国际通航河流航道等属于中央财政事权的应急抢通项目,按照交通运输部核定实际支出的100%给予补助;其他内河高等级航道和其他重要航道等属于中央和地方共同财政事权的应急抢通项目,按照交通运输部核定实际支出的50%给予补助。补助资金使用范围包括应急性的航道维护测量、疏浚、清障、航标调整维修更换、航道站场抢修、整治建筑物抢修、通航建筑物水工结构及其设备设施抢修、通航建筑物闸室及引航道清淤等业务工作,不得用于人员、办公经费。

三、国境、国际通航河流航道建设项目支出范围

《暂行办法》中"国境、国际通航河流航道建设项目"包括中央委托地方管理的国境、国际通航河流航道建设,航道维护装备和海事装备设施等建设和购置项目。

四、延续项目补助方式和补助标准

(一)延续项目中符合《暂行办法》规定按项目法分配的事项,包括国家高速公路、普通国道、国家区域性公路应急装备物资储备中心、西江航运干线、国境国际通航河流航道、其他内河高等级航道、落实国家重大战略需要的其他内河航道建设以及西藏自治区、新疆生产建设兵团普通省道项目,在"十四五"时期按照项目法分配,具备开工建设条件后按照交通运输部已出具的项目资金意见函核定的补助标准执行。

(二)延续项目中符合《暂行办法》规定的"以奖代补"事项,包括普通省道、农村公路,在"十四五"时期采用"以奖代补"方式切块下达,相关数据作为用于"以奖代补"车购税资金的分配因素。符合上述规定的红色旅游公路延续项目可按此执行。

(三)延续项目中符合《暂行办法》规定的"竞争性评审"事项,纳入综合货运枢纽及集疏运体系建设,在"十四五"时期由通过竞争性评审纳入支持范围的城市统筹考虑。

五、川藏铁路配套公路的补助方式和补助标准

川藏铁路配套公路中涉及国家高速公路、普通国道(包括越岭积雪路段应急停车区)、西藏自治区省道以及国省道桥梁检测加固项目,按照《暂行办法》规定的项目法分配资金。其中,延续项目按照交通运输部已出具的项目资金意见函核定的补助标准执行。越岭积雪路段应急停车区、国省道桥梁检测加固项目以及四川省涉藏地区国道318折多塘段、海子山段,按照交通运输部核定总投资的100%予以补助;同时,严格控制投资成本,对于后续可能出现的新增投资不再予以补助。

川藏铁路配套公路中涉及农村公路、四川省普通省道项目,按《暂行办法》规定采用"以奖代补"方式切块下达,相关数据作为用于"以奖代补"车购税资金的分配因素。相关地方统筹安排项目时,应优先保障符合条件的川藏铁路配套公路项目建设资金。

财政部
交通运输部
2022年6月17日

84. 公路资产管理暂行办法

(财资〔2021〕83号)

第一章 总 则

第一条 为加强和规范公路资产管理,确保公路资产安全完整,充分发挥公路功能,促进公路事业发展,根据《中华人民共和国预算法》、《中华人民共和国公路法》、《收费公路管理条例》、《行政事业性国有资产管理条例》等规定,制定本办法。

第二条 本办法适用于各级各类行政事业单位对承担管理维护职责的公路资产的管理活动。

本办法对经营性公路和专用公路资产管理有规定的,适用于经营性公路和专用公路资产管理。

第三条 本办法所称公路资产,包括公路用地、公路(含公路桥涵、公路隧道、公路渡口等)及构筑物、构成公路正常使用不可缺少组成部分的交通工程及沿线设施(含交通安全设施、管理设施、服务设施、绿化环保设施)等资产。

第四条 财政部门、交通运输主管部门、负责管理维护公路资产的行政事业单位(以下简称管护单位)按照职责分工承担公路资产管理工作。

财政部门负责制定公路资产管理综合性制度和管理情况报告制度,并组织实施和监督检查。

交通运输主管部门负责制定公路资产行业管理制度,并组织实施和监督检查;组织所属管护单位开展公路资产管理工作,汇总统计经营性公路和专用公路资产情况;按照规定权限审核或审批公路资产处置和公路附属设施经营等管理事项;指导下级交通运输主管部门公路资产管理工作,并接受同级财政部门的监督和指导。

管护单位根据财政部门、交通运输主管部门的规定,制定本单位公路资产管理的具体办法并组织实施;负责本单位管护公路资产的清查登记、入账核算、养护运营、处置报批、收入收缴等工作;办理本单位管护公路资产处置和公路附属设施经营等管理事项报批手续。

第二章 公路资产形成和维护管理

第五条 公路资产形成方式包括建设(含新建、改建、扩建,下同)、受让、移交等。

第六条 管护单位应当按照国家和地方有关规定和技术标准,对公路资产进行日常检查与维护,确保公路资产处于良好技术状态。

第七条 具有政府购买服务购买主体资格的管护单位可以采取政府购买服务的方式,购买公路资产运营管理和日常养护等服务事项,并在购买服务合同中约定相应责任和义务。

第八条 中央委托地方承担管理维护职责的,由地方具体承担管理维护职责的单位作为相应公路资产管理主体。

第九条 省级交通运输主管部门应当根据工作实际、结合公路管理法律法规制定公路资产处置和公路附属设施出租、出借、对外投资管理制度,并报送省级财政部门备案。

第三章 公路资产基础管理

第十条 公路资产应当依据国家统一的会计制度进行会计核算。

第十一条 交通运输主管部门、管护单位对于形成的公路资产应当及时填制公路资产信息卡。

管护单位负责填写其所管理维护的公路资产的信息卡。交通运输主管部门或其授权的单位负责填写经营性公路资产的信息卡。录入信息时应当选择相应的计价方式,并不得随意变更。

第十二条 公路资产因国家政策原因、改扩建、划转、报废报损、价值变化等发生信息变更的,交通运输主管部门或其授权的单位、管护单位应当按相关规定及时变更公路资产信息卡。

第十三条 交通运输主管部门或其授权的单位、管护单位应当对公路资产进行定期对账,做到账账、账卡、账实相符。

第十四条 财政部门、交通运输主管部门、管护单位可以根据工作需要开展公路资产清查,清查工作按照行政事业单位资产清查相关程序执行。

第十五条 公路资产处置和公路附属设施出租、出借、对外投资形成的收入,属于政府所有的部分,应当在扣除相关税费后,按照政府非税收入和国库集中收缴管理有关规定上缴国库。

第四章 公路资产信息化管理

第十六条 公路资产管理应当按照资产管理信息化要求,依托财政部门和交通运输主管部门资产管理信息系统,建立公路资产动态管理机制。

第十七条 财政部与交通运输部制定公路资产管理信息数据规范,发布公路资产信息卡基本格式。

各地区根据统一的数据规范格式,在本地区行政事业单位资产管理信息系统中对公路资产进行信息化管理。有条件的地区可以结合地理信息地图对公路资产进行信息化管理。

第十八条 管护单位应当及时录入公路资产管理信息,公路资产管理信息发生变更的,管护单位应当及时更新信息,保证公路资产信息数据真实、准确、完整。

第十九条 交通运输主管部门可以根据公路资产管理实际情况,组织开发符合公路资产管理特点的个性化功能模块,实现与资产管理信息系统的有效衔接。

第二十条 财政部门建立资产管理信息系统公路资产数据与交通运输行业数据共享机制,并将存量公路资产数据作为运维预算安排、新建项目决策的依据,满足公路资产管理、预算管理和国有资产报告需要。

第五章 公路资产报告

第二十一条 法律对公路权属作出规定前,公路资产管理情况暂全部纳入国有资产报告,并对权属问题作出说明;法律对公路权属作出规定后,属于国有资产的公路资产纳入国有资产报告。

第二十二条 管护单位应当将本单位公路资产管理情况纳入本单位财务报告、国有资产年度报告和行政事业性国有资产月报,按照隶属关系和规定的程序报送,并对资产报告的真实性、准确性、完整性负责。公路资产管理情况年度报告主要内容包括:

(一)公路资产基本情况,包括公路里程,入账价值等;
(二)公路资产相关管理制度建立和实施情况;
(三)公路资产形成、养护运营、处置和收益情况;
(四)其他需要报告的事项。

第二十三条 交通运输主管部门应当按照国有资产报告制度规定的程序,审核汇总所属管护单位公路资产、负责填写公路资产信息卡的经营性公路资产管理情况,报送同级财政部门。

第二十四条 财政部门负责审核汇总公路资产管理情况,并纳入年度国有资产报告,由本级人民政府向本级人大常委会报告。

第二十五条 财政部门应当根据同级人大常委会对国有资产报告的审议意见,组织整改落实工作,并将整改落实情况提请同级人民政府审定后报告同级人大常委会。

交通运输主管部门应当承担监督责任,组织、监督所属管护单位做好整改落实工作,并将整改落实情况反馈同级财政部门。

管护单位应当承担整改落实主体责任,做好整改落实具体工作,并按照隶属关系和规定的程序报送整改情况。

第六章 监督检查

第二十六条 财政部门、交通运输主管部门可以根据工作需要,开展公路资产管理专项监督检查,确保信息更新及时,依法维护公路资产的安全、完整。

第二十七条 财政部门、交通运输主管部门、管护单位及其工作人员违反本办法规定,存在滥用职权、玩忽职守、徇私舞弊等违法违规行为的,按照《中华人民共和国预算法》、《中华人民共和国公务员法》、《中华人民共和国公职人员政务处分法》、《中华人民共和国监察法》、《财政违法行为处罚处分条例》等有关规定追究责任。构成犯罪的,依法追究刑事责任。

第七章 附 则

第二十八条 省级交通运输主管部门应当参照本办法另行制定收集专用公路资产信息的规定。

第二十九条 省级财政部门和交通运输主管部门应当根据本办法的规定,结合本地区公路资产管理实际情况,制定具体实施办法,并报财政部、交通运输部备案。

第三十条 本办法自印发之日起施行。

附:公路资产信息卡参考样式(略,详情请登录财政部网站)

85. 交通基本建设资金监督管理办法

(交财发〔2009〕782号)

第一章 总 则

第一条 为加强交通基本建设资金的监督管理,保证资金安全、合理、有效使用,提高投资效益,根据国家现行基本建设财务管理规定,结合交通基本建设特点,制定本办法。

第二条 本办法适用于监督、管理和使用交通基本建设资金的各级交通运输主管部门(以下简称交通运输主管部门)和交通建设项目法人单位。

交通运输主管部门指各级人民政府主管公路、水运交通基本建设的部门。

交通建设项目法人单位指直接实施公路、水路及支持保障系统项目建设管理并具体使用交通基本建设资金的法人单位。

第三条 本办法所称交通基本建设资金是指纳入中央和地方固定资产投资计划,用于交通基本建设项目的财政性资金及其他资金。

财政性资金是指财政预算内和财政预算外资金,主要包括财政预算内基本建设资金;财政预算内其他各项支出中用于基本建设项目投资的资金;纳入财政预算管理的专项建设基金中用于基本建设项目投资的资金;财政预算外资金用于基本建设项目投资的资金;其他财政性基本建设资金。

其他资金是指交通建设项目法人单位自筹的与上述财政性资金配套用于交通基本建设项目的资金。

第四条 交通基本建设资金监督管理实行统一领导,分级负责。

交通运输部主管全国交通基本建设资金监督管理;县级以上地方人民政府交通运输主管部门按照交通基本建设项目管理权限主管本行政区域内交通基本建设资金监督管理。

交通运输主管部门直属系统单位负责本单位、本系统实施的交通建设项目的资金监督管理。

交通建设项目法人单位负责本单位实施的交通建设项目的资金监督管理。

第二章 资金监管原则、职责和内容

第五条 交通基本建设资金监督管理的基本原则:

(一)依法监管原则。交通运输主管部门和交通建设项目法人单位必须遵守《中华人民共和国会计法》、《中华人民共和国招标投标法》和《国有建设单位会计制度》、《基本建设财务管理规定》、《会计基础工作规范》以及相关的财经法规、财会制度,加强财务管理与会计核算工作,严格实施财会监督和内部审计监督。

(二)统一管理、分级负责原则。按照交通基本建设资金来源渠道,采取"一级管一级"的监督管理方式,实行分级负责,分级监督管理。

(三)全过程、全方位监督控制原则。对建设资金的筹集、管理、使用进行全过程、全方位的监督检查,建立健全资金使用的内部控制制度,确保建设资金的安全、合理和有效使用。

(四)专款专用原则。交通基本建设资金必须用于经批准的交通基本建设项目。交通基本建设资金按规定专款专用,单独核算,任何单位或个人不得截留、挤占和挪用。

(五)效益原则。交通基本建设资金的筹集、调度、使用实行规范化管理,确保厉行节约,防止损失浪费,降低工程成本,提高资金使用效益。

第六条 交通运输主管部门对交通基本建设资金监督管理的主要职责:

(一)贯彻执行国家有关基本建设的法律、法规、规章,制定交通基本建设资金管理规章制度。

(二)按规定审核、汇总、编报、批复或转复年度交通建设项目支出预算、年度基本建设财务决算、工程竣工决算和项目竣工财务决算。

(三)合理安排资金,及时调度、拨付和使用交通基本建设资金。

(四)监督管理建设项目工程概预算、年度投资计划执行情况等。

(五)监督检查交通基本建设资金筹集、使用和管理情况,及时纠正发现的问题,对重大问题提出意见报上级交通运输主管部门处理。

(六)收集、汇总、报送交通基本建设资金管理信息,审查、编报交通基本建设项目投资效益分析报告。

(七)督促交通建设项目法人单位做好竣工验收准备工作,按规定编报项目竣工财务决算,项目验收后及时办理财产移交手续。

第七条 交通建设项目法人单位对交通基本建设资金监督管理的主要职责:

(一)贯彻执行国家有关基本建设法律法规和交通基本建设资金管理规章制度,制定本单位交通基本建设资金管理制度办法。

(二)按规定对本单位交通建设项目工程概预算的执行实行监督。

(三)按规定编报、审核年度基本建设支出预算、年度基本建设财务决算、工程竣工决算和项目竣工财务决算。

(四)依法筹集、使用和管理交通建设项目资金。

(五)及时做好竣工验收工作,办理财产移交手续。

(六)收集、汇总、报送交通基本建设资金管理信息,审查、编报交通建设项目投资效益分析报告。

第八条 交通基本建设资金监督管理的重点内容：

（一）是否严格执行基本建设程序及建设资金专款专用等有关管理规定。

（二）是否严格执行概预算管理规定，有无将建设项目资金用于计划外工程等问题。

（三）资金来源是否符合国家有关规定，配套资金是否落实并及时到位。

（四）是否按合同规定的工程计量支付办法拨付工程进度款，有无未按规定拨付资金的情况，工程预备费使用是否符合有关规定。

（五）是否按规定使用建设单位管理费，按规定预留工程质量保证金，有无擅自扩大建设支出范围、提高支出标准的问题。

（六）是否按规定编制项目竣工财务决算，形成的资产是否及时登记入账，是否及时办理财产移交手续并将其纳入规定程序管理。

（七）财会机构是否建立健全，并配备相适应的财会人员。各项原始记录、统计台账、资金账户、凭证账册、会计核算、财务报告、内部控制制度等基础性工作是否健全、规范。

第九条 交通运输主管部门、交通建设项目法人单位应当重视基本建设财务信息管理工作，建立信息管理制度，做到及时收集、汇总、报送信息资料，有关信息资料必须内容真实，数字准确。

第三章 资金筹集监管

第十条 交通运输主管部门和交通建设项目法人单位应加强对建设资金筹集的监管。重点监管筹集资金是否符合国家法律法规，市场化融资手段及方法是否符合有关规定；项目资本金是否达到国家规定的比例；建设资金是否及时到位。

第十一条 交通运输主管部门应加强交通基本建设投资计划管理工作。项目投资计划安排资金总额不得超过批准的项目概算；项目实施计划应与投资计划、财务预算协调匹配。

第十二条 交通运输主管部门在审查交通建设项目施工许可或开工备案申请材料时，应核实建设资金落实情况。

交通建设项目法人单位应向交通运输主管部门提供建设资金已经落实的证明，包括银行出具的到位资金证明、银行付款保函、已签订的贷款合同或其他第三方担保、列入财政预算或投资计划的文件等。

第四章 前期工作资金监管

第十三条 前期工作资金监管是指对交通建设项目前期工作阶段所涉及的资金筹措与资金使用的监管，包括前期工作费、投标保证金、征地拆迁资金等。

前期工作费是指用于开展相关项目前期工作的专项资金。

第十四条 前期工作资金监管的重点内容：

（一）前期工作费的预算编制和资金使用情况。

（二）投标保证金的收取、管理和退还情况。

（三）征地拆迁资金的支付和管理情况。

第十五条 交通建设项目前期工作费应根据交通发展规划合理安排，纳入交通运输主管部门支出预算管理。

前期工作费拨付严格按照支出预算、用款计划、前期工作进度、合同要求等执行。实行政府采购和国库集中支付的项目，其前期工作费拨付按相关规定办理。

第十六条 对批准建设的项目，其前期工作费应列入该项目概算，并按照相关规定计入建设成本。对未批准或批准后又被取消的建设项目，已支出的前期工作费经交通运输主管部门审核同意后，转报同级财政部门批准后作核销处理。

第十七条 交通运输主管部门、交通建设项目法人单位按照相关规定与受托单位签订委托合同，明确前期工作内容、资金数额和使用管理要求等，加强前期工作费监管。

第十八条 交通运输主管部门、交通建设项目法人单位应按规定管理投标保证金、投标保函。收到投标保证金应当及时入账；收到投标保函等相关文件资料，由交通运输主管部门、交通建设项目法人单位的财会机构专人负责登记管理。

第十九条 交通建设项目法人单位应按规定管理和支付征地拆迁资金，保证征地拆迁资金专款专用，封闭运行。

支付征地拆迁资金应当依据相关规定、合同、协议。征地拆迁资金已支付、征地拆迁合同协议执行完毕，应当及时办理财务结转手续。

第五章 建设期间资金监管

第二十条 建设期间交通基本建设资金监管的主要任务：

（一）合理安排年度资金预算，及时调度、拨付和使用建设资金。

（二）加强工程资金支付、工程变更计量支付、临时工程计量支付、工程物资和设备采购资金支付、往来资金结算，以及建设单位管理费、工程预备费和其他各项费用支出的控制和管理。

（三）规范建设成本核算行为，控制、降低项目建设成本。

（四）强化建设期间形成资产的管理工作。

第二十一条 交通运输主管部门应当加强建设项目资金拨付与到位情况的监督管理工作。

（一）根据年度基本建设支出预算、年度投资计划及建设项目单位的资金使用计划，及时办理财政资金的申请、审核、上报手续。

（二）收到同级财政部门或上级主管部门拨付的基本建设资金后，按规定及时拨付交通建设项目法人单位。

第二十二条 交通建设项目法人单位办理工程价款

支付业务,应当符合《内部会计控制规范——货币资金(试行)》规定。

交通建设项目法人单位应当建立工程进度价款支付控制制度,明确价款支付条件、方式、程序及相关手续等,并按照工程进度和合同条款实行计量支付。

第二十三条 交通建设项目法人单位的财会机构应依据承包商提交的价款支付申请以及相关凭证、监理人员审核签署的意见、本单位相关业务部门审核签署的意见,以及本单位相关负责人审批签署的意见等,并按照工程合同约定的价款支付方式,审核办理价款支付手续。

第二十四条 交通建设项目法人单位支付预付款应当在建设工程或设备、材料采购合同已经签订,承包商提交了银行预付款保函或保险公司担保书后,按照合同规定的条款进行支付,并在结算中及时扣回各项预付款。

第二十五条 交通建设项目法人单位应当加强工程变更计量支付的控制,严格审核变更的工程量、单价或费用标准等,依据审核认可的变更工程价款报告和签订的相关合同条款等,办理工程变更计量支付手续。

第二十六条 交通建设项目法人单位应当加强工程物资和设备采购的管理工作,办理采购业务必须符合《内部会计控制规范——采购与付款(试行)》规定。

第二十七条 交通建设项目法人单位应当加强往来资金的管理控制,明确管理责任,及时结算资金,定期清理核对。

第二十八条 交通建设项目法人单位应当加强建设单位管理费的控制与管理,建设单位管理费支出应当控制在批准的总额之内。

第二十九条 交通建设项目法人单位应当加强工程预备费的控制与管理,动用工程预备费必须符合相关规定,严格控制在概(预)算核定的总额之内。

第三十条 交通建设项目法人单位应当加强其他各项费用支出的控制与管理。对于不能形成资产的江河清障、航道整治、水土保持、工程报废等费用性支出,必须严格按照批准的费用开支内容支付资金。

第三十一条 交通运输主管部门、交通建设项目法人单位应当建立与银行等单位的定期对账制度,如果发现差错应及时查明原因并予以纠正。

第三十二条 交通建设项目法人单位应当加强建设期间形成资产的管理工作,建立和完善内控制度,落实各项资产管理责任。

(一)交通建设项目法人单位用基建投资购建自用的固定资产,应当及时入账管理,落实实物资产管理责任部门。

(二)用基建投资购建完成应当交付生产使用单位的已完工程,在未移交以前,暂时由交通建设项目法人单位使用的,不能作为交通建设项目法人单位固定资产入账,应当设置"待交付使用资产备查簿"登记,并明确相关职能机构负责管理。

第六章 竣工决算资金监管

第三十三条 竣工决算期间资金监管的主要任务:

(一)做好竣工验收各项准备工作,及时编制竣工决算。

(二)组织开展竣工决算审计工作。

(三)做好结余资金处理工作,办理资产移交手续。

(四)及时编报、审批竣工财务决算。

(五)收集、汇总、报送建设项目资金管理信息,审核、编报投资效益分析报告。

第三十四条 交通建设项目法人单位根据承包商提供的工程竣工结算报告,并按照合同规定,办理工程竣工价款结算与支付手续。

工程质量保证金应当在工程质量保证期满并经验收合格后,按照合同规定进行支付。

第三十五条 交通建设项目法人单位的财会机构应当会同相关职能机构,认真做好各项账务、物资、财产、债权债务、投资资金到位情况和报废工程的清理工作,做到工完料清,账实相符。根据编制竣工决算报告要求,收集、整理、审核有关资料文件,及时编制竣工决算报告。

交通建设项目法人单位的财会机构应当会同相关职能机构,认真审核各成本项目的真实性、预提(留)资金的必要性、审批手续的合规性、文件资料的完整性等,保证竣工决算报告内容真实、数据准确。

第三十六条 交通运输主管部门、交通建设项目法人单位应当会同有关部门及时组织开展竣工决算审计工作。未经审计不得付清工程尾款,不得办理竣工验收手续。

第三十七条 交通运输主管部门、交通建设项目法人单位应当及时组织开展建设项目竣工验收工作,经验收合格后,方可交付使用。

对验收合格、交付使用的建设项目,交通建设项目法人单位应当及时办理资产和相关文件资料的移交手续,并进行账务处理,确保资产账实相符。

第三十八条 交通建设项目法人单位对项目竣工转入运营后不需要的库存设备、材料、自用固定资产等,进行公开变价处理或向有关部门移交,变价收入应当及时入账。

第三十九条 交通建设项目法人单位应当加强对已交付使用但尚未办理竣工决算和移交手续的资产管理,按日常核算资料分析确定相关资产的价值并估价入账。

第四十条 交通建设项目法人单位应当做好建设项目结余资金的清理工作,并按照相关规定进行处理。

第四十一条 交通建设项目法人单位应当按照基本建设财务管理规定处理基本建设过程中形成的基建收入和各项索赔、违约金等收入。

第四十二条 凡已超过规定的试运营期,并已具备竣工验收条件的项目,3个月内不办理竣工验收和固定资产移交手续的,其运营期间所发生的费用不得从基建投资中支付,所实现的收入作为生产经营收入,不再作为基建收入管理。

第四十三条 交通建设项目竣工验收合格后,应按照国家有关规定编制和报批建设项目竣工财务决算。建设周期长、建设内容多的项目,单项工程竣工、具备交付使用条件的,可编报单项工程竣工财务决算。建设项目全部竣工后应编报竣工财务总决算。

第七章 监督检查

第四十四条 交通运输主管部门、交通建设项目法人单位应当建立和完善交通基本建设资金的监督检查制度,对交通建设项目资金管理情况实施全过程的监督管理。

第四十五条 交通运输主管部门发现所属单位或其他使用交通基本建设资金单位有违反国家有关规定或有下列情况之一的,应追究或建议有关单位追究违规单位负责人及有关责任人的责任,并可以采取暂缓资金拨付、停止资金拨付,并相应调减年度投资计划和财务预算等措施予以纠正:

(一)违反国家法律法规和财经纪律的。

(二)违反基本建设程序的。

(三)擅自改变项目建设内容,扩大或缩小建设规模,提高或降低建设标准的。

(四)建设用款突破审定概算的。

(五)配套资金不落实或没有按规定到位的。

(六)资金未按规定实行专款专用,发生挤占、挪用、截留的。

(七)发生重大工程质量问题和安全事故,造成重大经济损失和不良社会影响的。

(八)财会机构不健全,会计核算不规范,财务管理混乱的。

(九)未按规定向上级部门报送用款计划、会计报表等有关资料或报送资料内容不全、严重失真的。

第四十六条 交通建设项目法人单位发现本单位内部或相关用款单位有下列情况之一的,财会机构有权采取停止支付交通基本建设资金等措施予以纠正:

(一)违反国家法律、法规和财经纪律的。

(二)违反规定建设计划外工程的。

(三)擅自改变项目建设内容,扩大或缩小建设规模,提高或降低建设标准的。

(四)违反合同条款规定的。

(五)结算手续不完备,结算凭证不合规,支付审批程序不规范的。

第四十七条 交通运输主管部门、交通建设项目法人单位的财会人员,应当按照国家法律法规和有关规章制度,认真履行职责,实施会计监督。对不符合交通基本建设资金管理和使用规定的会计事项,财会人员有权自行处理的,应当及时处理;无权处理的,应当立即向单位负责人报告,请求查明原因,作出处理。

第四十八条 交通运输主管部门、交通建设项目法人单位对在监督、管理和使用交通基本建设资金工作中取得突出成绩的单位和个人,应给予表彰奖励。对违反有关规定的要追究其责任,并给予相应的处罚。

第四十九条 交通建设项目审计工作应按照交通建设项目审计实施办法和委托审计管理办法等规定执行。

第八章 附 则

第五十条 交通运输主管部门、交通建设项目法人单位可根据本办法制定具体实施办法。

第五十一条 本办法由交通运输部负责解释。

第五十二条 本办法自发布之日起执行,2000年4月13日发布的原办法废止。本办法未尽事宜,按照国家有关规定执行。

86.交通建设项目委托审计管理办法

(2007年4月11日交通部发布,根据2015年6月24日交通运输部《关于修改〈交通建设项目委托审计管理办法〉的决定》修正)

第一条 为了规范交通建设项目委托审计管理工作,提高委托审计质量,防范审计风险,根据《中华人民共和国审计法》《中华人民共和国招标投标法》,制定本办法。

第二条 列入各级交通主管部门、企事业单位固定资产投资计划的建设项目办理委托审计事项,适用本办法。

本办法所称建设项目委托审计,是指各级交通主管部门、企事业单位根据审计工作需要,将建设项目审计业务委托给包括会计师事务所、工程造价咨询企业等在内的社会审计组织实施的行为。

第三条 建设项目委托审计的业务范围包括建设项目前期审计、期间审计、竣工决算审计以及全过程跟踪审计。

第四条 建设项目委托审计管理工作由各级交通主管部门、企事业单位的审计部门或其他办理委托审计事项的部门归口管理(以下统称"委托审计归口管理部门")。

第五条 建设项目委托审计管理工作主要包括提出委托审计项目建议、审核受托人资质、审核审计费用、监督委托过程、检查审计质量、协调处理有关问题等。

各级交通主管部门、企事业单位可结合实际情况,确定委托审计管理工作职责的具体内容。

第六条 交通部的委托审计归口管理部门负责监督管理部属单位的建设项目委托审计工作,指导全国交通行业的建设项目委托审计管理工作。

省级及其以下交通主管部门的委托审计归口管理部门负责监督管理本级及所属单位的建设项目委托审计工作,指导本辖区内交通行业的建设项目委托审计管理工作。

交通企事业单位的委托审计归口管理部门负责本单位及其所属单位的建设项目委托审计管理工作。

第七条 上级委托审计归口管理部门可检查下级的建设项目委托审计工作,并对检查发现的问题要求有关部门和单位进行整改。

第八条 委托审计归口管理部门及其工作人员办理委托审计管理工作,应严格遵守有关法律、法规和审计纪律,遵循公开、公平、公正原则。

第九条 委托人可以采取指定委托、竞争性谈判委托、招投标委托等方式选择受托人。

指定委托是指委托人指定一家符合本办法第十一条、第十二条、第十三条规定的社会审计组织为受托人的方式。指定委托适用于涉及国家安全或具有行业特殊规定的委托审计业务。

竞争性谈判委托是指委托人选择三家以上符合本办法第十一条、第十二条、第十三条规定的社会审计组织,通过谈判确定受托人的方式。竞争性谈判委托适用于指定委托和招投标委托范围以外的委托审计业务。

招投标委托是指委托人根据《中华人民共和国招标投标法》的要求确定符合本办法第十一条、第十二条、第十三条规定的受托人的方式。招投标委托适用于概算投资额在5000万元以上或根据国家收费标准估算审计基本费用在20万元以上以及其他依法需要实行招投标委托的建设项目的委托审计业务。

第十条 采取招投标委托方式确定受托人的,委托审计招投标活动应严格遵守《中华人民共和国招标投标法》、《中华人民共和国合同法》等法律和法规。

第十一条 委托人选择受托人应遵循审计质量高、信誉好、服务优、价格低的原则,且选择的受托人应符合以下要求:

(一)具有中华人民共和国法人资格;

(二)具有良好的职业道德记录和信誉;

(三)上年度或最近两年年平均业务收入不少于100万元;

(四)有10名以上注册会计师;

(五)建设项目审计规定的其他条件。

委托人采取招投标方式选择的受托人,除满足本条第一款第(一)、(二)、(五)项条件外,其上年度或最近两年年平均业务收入不少于400万元,且有20名以上注册会计师。

第十二条 建设项目委托审计业务涉及工程造价审计(审核)的,委托人选择的受托人还应符合以下要求:

(一)从事一级以上公路项目(含独立特大桥梁、特长隧道)、国家高等级航道、500吨级以上通航建筑物、千吨及5万标箱以上内河港口项目以及概算投资额在5000万元以上的其他交通建设项目工程造价审计(审核)的,应具有建设行政主管部门颁发的工程造价咨询企业甲级资质或交通主管部门颁发的相应等级证书,且有5名以上从事过交通建设项目审计业务的注册造价师;

(二)从事上述第(一)项以外的交通建设项目工程造价审计(审核)的,应具有建设行政主管部门颁发的工程造价咨询企业乙级以上资质或交通主管部门颁发的相应等级证书,且有3名以上从事过交通建设项目审计业务的注册造价师。

第十三条 具有以下情形之一的社会审计组织,委托人不得委托其实施审计:

(一)不具备相应资质和能力的;

(二)受到审计、财政、监察、税务、工商、证券监管、银行监管等有关部门查处且尚未解除从业限制的;

(三)依据本办法第二十四条规定受到从业限制的。

第十四条 委托审计费用在国家规定的收费标准范围内,由委托人与受托人协商确定。委托审计费用按照国家有关规定列支。

第十五条 拟实行委托审计的建设项目,应由委托审计归口管理部门填写《交通建设项目委托审计管理审批表》(见附件1),提出建设项目委托审计建议,经单位领导批准同意后,方可办理委托审计的相关事宜。

《交通建设项目委托审计管理审批表》中涉及的相关资料由委托人或有关业务管理部门提供。

第十六条 确定受托人后,委托人应填写《社会审计组织资质备案表》(见附件2),与受托人协商签订《审计业务约定书》。

第十七条 委托人应当向受托人及时提供真实、完整的相关资料。

第十八条 委托人应在《审计业务约定书》中要求受托人在出具审计(审核)报告时,对审计(审核)的会计报表是否符合国家有关基本建设财务管理规定和会计制度作出明确表述。

第十九条 委托人应将审计(审核)报告报其上级主管部门的委托审计归口管理部门备案。

第二十条 委托审计归口管理部门应及时审核并合理使用审计(审核)报告。必要时可组织力量对受托人的审计情况进行质量检查或复审。

第二十一条 建设项目委托审计工作完成后,委托人应建立建设项目委托审计档案。档案主要包括《交通建设项目委托审计管理审批表》、委托审计招投标资料、《社会审计组织资质备案表》、《审计业务约定书》、审计(审核)报告及相关资料等。

第二十二条 受托人未按《审计业务约定书》实施审计或提供审计(审核)报告时,委托人应要求其补充相关资料或者重新审计。

第二十三条 受托人提供的审计(审核)报告严重失实、审计结论意见不准确,且拒绝进行重新审计或纠正的,委托人应终止委托审计业务,停止支付审计费用。

第二十四条 对存在以下问题的社会审计组织,交通主管部门、企事业单位应按以下要求进行处理,并在系统内部予以通报:

(一)未按《审计业务约定书》的要求实施审计或提供审计(审核)报告、审计工作不规范、审计结论避重就轻,且拒绝纠正的,一年内不得委托其从事审计业务;

(二)提供的审计(审核)报告存在严重失实、结论意见不准确,且拒绝进行重新审计或纠正的,两年内不得委托其从事审计业务;

(三)存在未披露应当披露的重大财务事项等重大错漏的,三年内不得委托其从事审计业务;

(四)有关部门在事后检查中发现审计(审核)报告未真实、客观反映情况或揭露问题,给委托人或交通行业造成损失和不良影响的,五年内不得委托其从事审计业务;

(五)有弄虚作假、串通作弊、泄露秘密等重大违法行为,以及通过不正当手段取得委托审计业务的,不得再次委托其从事审计业务。

第二十五条 委托人不按本办法规定实施委托审计的,上级委托审计归口管理部门应责令其改正,并责成重新实施审计。

第二十六条 参与交通建设项目委托审计管理工作的人员滥用职权、徇私舞弊、玩忽职守或泄露国家秘密、商业秘密的,依法给予处分;构成犯罪的,依法追究刑事责任。

第二十七条 本办法自2007年6月1日起施行。

附件 1

交通建设项目委托审计管理审批表

编号：

委托单位名称			
建设项目名称			
建设项目所在地			
项目资金组成情况	概算总投资(万元)		占总投资比例(%)
	其中：		
	1.中央资金		
	2.省级资金		
	3.地市级资金		
	4.单位自筹资金		
	5.金融机构贷款		
	6.其他		
项目建设进展情况	1.已批准立项但尚未开工建设　（　　）　2.已开工建设　（　　） 3.已交工验收　（　　）　4.已竣工　（　　）		
委托审计业务内容	1.全过程跟踪审计　（　　）　2.竣工决算审计（　　） 3.建设期间审计　（　　）　4.工程结算审计（　　） 5.工程造价审核　（　　）　6.其他　（　　）		
拟委托方式	1.指定委托　（　　）　2.竞争性谈判　（　　） 3.招投标委托—公开招标　（　　）　4.招投标委托—邀请招标		
委托审计归口管理部门意见	 签章：　　　　年　月　日		
委托审计归口管理部门所在单位领导审批意见	 签章：　　　　年　月　日		

附件 2

社会审计组织资质备案表

编号：

社会审计组织名称 （盖章）				
地址				
营业执照注册号		登记机关		
法定代表人		注册资金		万元
成立日期		年 月 日	联系电话	
注册时间	年 月 日	单位性质		
有效期限	年 月至 年 月	年检情况		
注册会计师人数	人			
经营范围				
工程造价咨询证书号		发证时间		年 月 日
资质等级	级	造价工程师人数		人
收费标准依据文件				
上两年度平均或 上年度经营业务收入	万元	履约情况		
从业经验				
选定方式	1.指定委托　　　　　（　）　2.竞争性谈判　　　　　（　） 3.招投标委托—公开招标（　）　4.招投标委托—邀请招标（　）			
违规记录				
备注				

87. 基本建设财务规则

(财政部令 2016 年第 81 号)

第一章 总 则

第一条 为了规范基本建设财务行为,加强基本建设财务管理,提高财政资金使用效益,保障财政资金安全,制定本规则。

第二条 本规则适用于行政事业单位的基本建设财务行为,以及国有和国有控股企业使用财政资金的基本建设财务行为。

基本建设是指以新增工程效益或者扩大生产能力为主要目的的新建、续建、改扩建、迁建、大型维修改造工程及相关工作。

第三条 基本建设财务管理应当严格执行国家有关法律、行政法规和财务规章制度,坚持勤俭节约、量力而行、讲求实效,正确处理资金使用效益与资金供给的关系。

第四条 基本建设财务管理的主要任务是:

(一)依法筹集和使用基本建设项目(以下简称项目)建设资金,防范财务风险;

(二)合理编制项目资金预算,加强预算审核,严格预算执行;

(三)加强项目核算管理,规范和控制建设成本;

(四)及时准确编制项目竣工财务决算,全面反映基本建设财务状况;

(五)加强对基本建设活动的财务控制和监督,实施绩效评价。

第五条 财政部负责制定并指导实施基本建设财务管理制度。

各级财政部门负责对基本建设财务活动实施全过程管理和监督。

第六条 各级项目主管部门(含一级预算单位,下同)应当会同财政部门,加强本部门或者本行业基本建设财务管理和监督,指导和督促项目建设单位做好基本建设财务管理的基础工作。

第七条 项目建设单位应当做好以下基本建设财务管理的基础工作:

(一)建立、健全本单位基本建设财务管理制度和内部控制制度;

(二)按项目单独核算,按照规定将核算情况纳入单位账簿和财务报表;

(三)按照规定编制项目资金预算,根据批准的项目概(预)算做好核算管理,及时掌握建设进度,定期进行财产物资清查,做好核算资料档案管理;

(四)按照规定向财政部门、项目主管部门报送基本建设财务报表和资料;

(五)及时办理工程价款结算,编报项目竣工财务决算,办理资产交付使用手续;

(六)财政部门和项目主管部门要求的其他工作。

按照规定实行代理记账和项目代建制的,代理记账单位和代建单位应当配合项目建设单位做好项目财务管理的基础工作。

第二章 建设资金筹集与使用管理

第八条 建设资金是指为满足项目建设需要筹集和使用的资金,按照来源分为财政资金和自筹资金。其中,财政资金包括一般公共预算安排的基本建设投资资金和其他专项建设资金,政府性基金预算安排的建设资金,政府依法举债取得的建设资金,以及国有资本经营预算安排的基本建设项目资金。

第九条 财政资金管理应当遵循专款专用原则,严格按照批准的项目预算执行,不得挤占挪用。

财政部门应当会同项目主管部门加强项目财政资金的监督管理。

第十条 财政资金的支付,按照国库集中支付制度有关规定和合同约定,综合考虑项目财政资金预算、建设进度等因素执行。

第十一条 项目建设单位应当根据批准的项目概(预)算、年度投资计划和预算、建设进度等控制项目投资规模。

第十二条 项目建设单位在决策阶段应当明确建设资金来源,落实建设资金,合理控制筹资成本。非经营性项目建设资金按照国家有关规定筹集;经营性项目在防范风险的前提下,可以多渠道筹集。

具体项目的经营性和非经营性性质划分,由项目主管部门会同财政部门根据项目建设目的、运营模式和盈利能力等因素核定。

第十三条 核定为经营性项目的,项目建设单位应当按照国家有关固定资产投资项目资本管理的规定,筹集一定比例的非债务性资金作为项目资本。

在项目建设期间,项目资本的投资者除依法转让、依法终止外,不得以任何方式抽走出资。

经营性项目的投资者以实物、知识产权、土地使用权等非货币财产作价出资的,应当委托具有专业能力的资产评估机构依法评估作价。

第十四条 项目建设单位取得的财政资金,区分以下情况处理:

经营性项目具备企业法人资格的,按照国家有关企业财务规定处理。不具备企业法人资格的,属于国家直接投资的,作为项目国家资本管理;属于投资补助的,国家拨款时对权属有规定的,按照规定执行,没有规定的,由项目投资者享有;属于有偿性资助的,作为项目负债管理。

经营性项目取得的财政贴息，项目建设期间收到的，冲减项目建设成本；项目竣工后收到的，按照国家财务、会计制度的有关规定处理。

非经营性项目取得的财政资金，按照国家行政、事业单位财务、会计制度的有关规定处理。

第十五条 项目收到的社会捐赠，有捐赠协议或者捐赠者有指定要求的，按照协议或者要求处理；无协议和要求的，按照国家财务、会计制度的有关规定处理。

第三章 预算管理

第十六条 项目建设单位编制项目预算应当以批准的概算为基础，按照项目实际建设资金需求编制，并控制在批准的概算总投资规模、范围和标准以内。

项目建设单位应当细化项目预算，分解项目各年度预算和财政资金预算需求。涉及政府采购的，应当按照规定编制政府采购预算。

项目资金预算应当纳入项目主管部门的部门预算或者国有资本经营预算统一管理。列入部门预算的项目，一般应当从项目库中产生。

第十七条 项目建设单位应当根据项目概算、建设工期、年度投资和自筹资金计划、以前年度项目各类资金结转情况等，提出项目财政资金预算建议数，按照规定程序经项目主管部门审核汇总报财政部门。

项目建设单位根据财政部门下达的预算控制数编制预算，由项目主管部门审核汇总报财政部门，经法定程序审核批复后执行。

第十八条 项目建设单位应当严格执行项目财政资金预算。对发生停建、缓建、迁移、合并、分立、重大设计变更等变动事项和其他特殊情况确需调整的项目，项目建设单位应当按照规定程序报项目主管部门审核后，向财政部门申请调整项目财政资金预算。

第十九条 财政部门应当加强财政资金预算审核和执行管理，严格预算约束。

财政资金预算安排应当以项目以前年度财政资金预算执行情况、项目预算评审意见和绩效评价结果作为重要依据。项目财政资金未按预算要求执行的，按照有关规定调减或者收回。

第二十条 项目主管部门应当按照预算管理规定，督促和指导项目建设单位做好项目财政资金预算编制、执行和调整，严格审核项目财政资金预算、细化预算和预算调整的申请，及时掌握项目预算执行动态，跟踪分析项目进度，按要求向财政部门报送执行情况。

第四章 建设成本管理

第二十一条 建设成本是指按照批准的建设内容由项目建设资金安排的各项支出，包括建筑安装工程投资支出、设备投资支出、待摊投资支出和其他投资支出。

建筑安装工程投资支出是指项目建设单位按照批准的建设内容发生的建筑工程和安装工程的实际成本。

设备投资支出是指项目建设单位按照批准的建设内容发生的各种设备的实际成本。

待摊投资支出是指项目建设单位按照批准的建设内容发生的，应当分摊计入相关资产价值的各项费用和税金支出。

其他投资支出是指项目建设单位按照批准的建设内容发生的房屋购置支出，基本畜禽、林木等的购置、饲养、培育支出，办公生活用家具、器具购置支出，软件研发和不能计入设备投资的软件购置等支出。

第二十二条 项目建设单位应当严格控制建设成本的范围、标准和支出责任，以下支出不得列入项目建设成本：

（一）超过批准建设内容发生的支出；

（二）不符合合同协议的支出；

（三）非法收费和摊派；

（四）无发票或者发票项目不全、无审批手续、无责任人员签字的支出；

（五）因设计单位、施工单位、供货单位等原因造成的工程报废等损失，以及未按照规定报经批准的损失；

（六）项目符合规定的验收条件之日起3个月后发生的支出；

（七）其他不属于本项目应当负担的支出。

第二十三条 财政资金用于项目前期工作经费部分，在项目批准建设后，列入项目建设成本。

没有被批准或者批准后又被取消的项目，财政资金如有结余，全部缴回国库。

第五章 基建收入管理

第二十四条 基建收入是指在基本建设过程中形成的各项工程建设副产品变价收入、负荷试车和试运行收入以及其他收入。

工程建设副产品变价收入包括矿山建设中的矿产品收入，油气、油田钻井建设中的原油气收入，林业工程建设中的路影材收入，以及其他项目建设过程中产生或者伴生的副产品、试验产品的变价收入。

负荷试车和试运行收入包括水利、电力建设移交生产前的供水、供电、供热收入，原材料、机电轻纺、农林建设移交生产前的产品收入，交通临时运营收入等。

其他收入包括项目总体建设尚未完成或者移交生产，但其中部分工程简易投产而发生的经营性收入等。

符合验收条件而未按照规定及时办理竣工验收的经营性项目所实现的收入，不得作为项目基建收入管理。

第二十五条 项目所取得的基建收入扣除相关费用并依法纳税后，其净收入按国家财务、会计制度的有关规定处理。

第二十六条 项目发生的各项索赔、违约金等收入，首先用于弥补工程损失，结余部分按照国家财务、会计制度的有关规定处理。

第六章　工程价款结算管理

第二十七条　工程价款结算是指依据基本建设工程发承包合同等进行工程预付款、进度款、竣工价款结算的活动。

第二十八条　项目建设单位应当严格按照合同约定和工程价款结算程序支付工程款。竣工价款结算一般应当在项目竣工验收后2个月内完成，大型项目一般不得超过3个月。

第二十九条　项目建设单位可以与施工单位在合同中约定按照不超过工程价款结算总额的5％预留工程质量保证金，待工程交付使用缺陷责任期满后清算。资信好的施工单位可以用银行保函替代工程质量保证金。

第三十条　项目主管部门应当会同财政部门加强工程价款结算的监督，重点审查工程招投标文件、工程量及各项费用的计取、合同协议、施工变更签证、人工和材料价差、工程索赔等。

第七章　竣工财务决算管理

第三十一条　项目竣工财务决算是正确核定项目资产价值、反映竣工项目建设成果的文件，是办理资产移交和产权登记的依据，包括竣工财务决算报表、竣工财务决算说明书以及相关材料。

项目竣工财务决算应当数字准确、内容完整。竣工财务决算的编制要求另行规定。

第三十二条　项目年度资金使用情况应当按照要求编入部门决算或者国有资本经营决算。

第三十三条　项目建设单位在项目竣工后，应当及时编制项目竣工财务决算，并按照规定报送项目主管部门。

项目设计、施工、监理等单位应当配合项目建设单位做好相关工作。

建设周期长、建设内容多的大型项目，单项工程竣工具备交付使用条件的，可以编报单项工程竣工财务决算，项目全部竣工后应当编报竣工财务总决算。

第三十四条　在编制项目竣工财务决算前，项目建设单位应当认真做好各项清理工作，包括账目核对及账务调整、财产物资核实处理、债权实现和债务清偿、档案资料归集整理等。

第三十五条　在编制项目竣工财务决算时，项目建设单位应当按照规定将待摊投资支出按合理比例分摊计入交付使用资产价值、转出投资价值和待核销基建支出。

第三十六条　项目竣工财务决算审核、批复管理职责和程序要求由同级财政部门确定。

第三十七条　财政部门和项目主管部门对项目竣工财务决算实行先审核、后批复的办法，可以委托预算评审机构或者有专业能力的社会中介机构进行审核。对符合条件的，应当在6个月内批复。

第三十八条　项目一般不得预留尾工工程，确需预留尾工工程的，尾工工程投资不得超过批准的项目概（预）算总投资的5％。

项目主管部门应当督促项目建设单位抓紧实施项目尾工工程，加强对尾工工程资金使用的监督管理。

第三十九条　已具备竣工验收条件的项目，应当及时组织验收，移交生产和使用。

第四十条　项目隶属关系发生变化时，应当按照规定及时办理财务关系划转，主要包括各项资金来源、已交付使用资产、在建工程、结余资金、各项债权及债务等的清理交接。

第八章　资产交付管理

第四十一条　资产交付是指项目竣工验收合格后，将形成的资产交付或者转交生产使用单位的行为。

交付使用的资产包括固定资产、流动资产、无形资产等。

第四十二条　项目竣工验收合格后应当及时办理资产交付使用手续，并依据批复的项目竣工财务决算进行账务调整。

第四十三条　非经营性项目发生的江河清障疏浚、航道整治、飞播造林、退耕还林（草）、封山（沙）育林（草）、水土保持、城市绿化、毁损道路修复、护坡及清理等不能形成资产的支出，以及项目未被批准、项目取消和项目报废前已发生的支出，作为待核销基建支出处理；形成资产产权归属本单位的，计入交付使用资产价值；形成资产产权不归属本单位的，作为转出投资处理。

非经营性项目发生的农村沼气工程、农村安全饮水工程、农村危房改造工程、游牧民定居工程、渔民上岸工程等涉及家庭或者个人的支出，形成资产产权归属家庭或者个人的，作为待核销基建支出处理；形成资产产权归属本单位的，计入交付使用资产价值；形成资产产权归属其他单位的，作为转出投资处理。

第四十四条　非经营性项目为项目配套建设的专用设施，包括专用道路、专用通讯设施、专用电力设施、地下管道等，产权归属本单位的，计入交付使用资产价值；产权不归属本单位的，作为转出投资处理。

非经营性项目移民安置补偿中由项目建设单位负责建设并形成的实物资产，产权归属集体或者单位的，作为转出投资处理；产权归属移民的，作为待核销基建支出处理。

第四十五条　经营性项目发生的项目取消和报废等不能形成资产的支出，以及设备采购和系统集成（软件）中包含的交付使用后运行维护等费用，按照国家财务、会计制度的有关规定处理。

第四十六条　经营性项目为项目配套建设的专用设施，包括专用铁路线、专用道路、专用通讯设施、专用电力设施、地下管道、专用码头等，项目建设单位应当与有关部门明确产权关系,并按照国家财务、会计制度的有关规定处理。

第九章 结余资金管理

第四十七条 结余资金是指项目竣工结余的建设资金,不包括工程抵扣的增值税进项税额资金。

第四十八条 经营性项目结余资金,转入单位的相关资产。

非经营性项目结余资金,首先用于归还项目贷款。如有结余,按照项目资金来源属于财政资金的部分,应当在项目竣工验收合格后3个月内,按照预算管理制度有关规定收回财政。

第四十九条 项目终止、报废或者未按照批准的建设内容建设形成的剩余建设资金中,按照项目实际资金来源比例确认的财政资金应当收回财政。

第十章 绩效评价

第五十条 项目绩效评价是指财政部门、项目主管部门根据设定的项目绩效目标,运用科学合理的评价方法和评价标准,对项目建设全过程中资金筹集、使用及核算的规范性、有效性,以及投入运营效果等进行评价的活动。

第五十一条 项目绩效评价应当坚持科学规范、公正公开、分级分类和绩效相关的原则,坚持经济效益、社会效益和生态效益相结合的原则。

第五十二条 项目绩效评价应当重点对项目建设成本、工程造价、投资控制、达产能力与设计能力差异、偿债能力、持续经营能力等实施绩效评价,根据管理需要和项目特点选用社会效益指标、财务效益指标、工程质量指标、建设工期指标、资金来源指标、资金使用指标、实际投资回收期指标、实际单位生产(营运)能力投资指标等评价指标。

第五十三条 财政部门负责制定项目绩效评价管理办法,对项目绩效评价工作进行指导和监督,选择部分项目开展重点绩效评价,依法公开绩效评价结果。绩效评价结果作为项目财政资金预算安排和资金拨付的重要依据。

第五十四条 项目主管部门会同财政部门按照有关规定,制定本部门或者本行业项目绩效评价具体实施办法,建立具体的绩效评价指标体系,确定项目绩效目标,具体组织实施本部门或者本行业绩效评价工作,向财政部门报送绩效评价结果。

第十一章 监督管理

第五十五条 项目监督管理主要包括对项目资金筹集与使用、预算编制与执行、建设成本控制、工程价款结算、竣工财务决算编报审核、资产交付等的监督管理。

第五十六条 项目建设单位应当建立、健全内部控制和项目财务信息报告制度,依法接受财政部门和项目主管部门等的财务监督管理。

第五十七条 财政部门和项目主管部门应当加强项目的监督管理,采取事前、事中、事后相结合,日常监督与专项监督相结合的方式,对项目财务行为实施全过程监督管理。

第五十八条 财政部门应当加强对基本建设财政资金形成的资产的管理,按照规定对项目资产开展登记、核算、评估、处置、统计、报告等资产管理基础工作。

第五十九条 对于违反本规则的基本建设财务行为,依照《预算法》、《财政违法行为处罚处分条例》等有关规定追究责任。

第十二章 附 则

第六十条 接受国家经常性资助的社会力量举办的公益服务性组织和社会团体的基本建设财务行为,以及非国有企业使用财政资金的基本建设财务行为,参照本规则执行。

使用外国政府及国际金融组织贷款的基本建设财务行为执行本规则。国家另有规定的,从其规定。

第六十一条 项目建设内容仅为设备购置的,不执行本规则;项目建设内容以设备购置、房屋及其他建筑物购置为主并附有部分建筑安装工程的,可以简化执行本规则。

经营性项目的项目资本中,财政资金所占比例未超过50%的,项目建设单位可以简化执行本规则,但应当按照要求向财政部门、项目主管部门报送相关财务资料。国家另有规定的,从其规定。

第六十二条 中央项目主管部门和各省、自治区、直辖市、计划单列市财政厅(局)可以根据本规则,结合本行业、本地区的项目情况,制定具体实施办法并报财政部备案。

第六十三条 本规则自2016年9月1日起施行。2002年9月27日财政部发布的《基本建设财务管理规定》(财建〔2002〕394号)及其解释同时废止。

本规则施行前财政部制定的有关规定与本规则不一致的,按照本规则执行。《企业财务通则》(财政部令第41号)、《金融企业财务规则》(财政部令第42号)、《事业单位财务规则》(财政部令第68号)和《行政单位财务规则》(财政部令第71号)另有规定的,从其规定。

本文件发布后修改情况:

2017年12月4日,《财政部关于修改〈注册会计师注册办法〉等6部规章的决定》中规定:

将《基本建设财务规则》第二十九条修改为:"项目建设单位可以与施工单位在合同中约定按照不超过工程价款结算总额的3%预留工程质量保证金,待工程交付使用缺陷责任期满后清算。资信好的施工单位可以用银行保函替代工程质量保证金"。

将第五十九条修改为："各级财政部门、项目主管部门和项目建设单位及其工作人员在基本建设财务管理过程中,存在违反本规则规定的行为,以及其他滥用职权、玩忽职守、徇私舞弊等违法违纪行为的,依照《中华人民共和国预算法》《中华人民共和国公务员法》《中华人民共和国行政监察法》《财政违法行为处罚处分条例》等国家有关规定追究相应责任;涉嫌犯罪的,依法移送司法机关处理"。

88. 交通运输部基本建设项目竣工财务决算编审规定

(交办财审〔2018〕126号)

第一章 总 则

第一条 为加强交通运输部基本建设财务管理,规范基本建设项目竣工财务决算(以下简称竣工财务决算)编制审批行为,根据财政部《基本建设财务规则》(财政部令第81号)、《基本建设项目竣工财务决算管理暂行办法》(财建〔2016〕503号)、《中央基本建设项目竣工财务决算审核批复操作规程》(财办建〔2018〕2号)等有关规定,结合实际情况,制定本规定。

第二条 本规定适用于部本级和部属单位竣工财务决算的编报、审核和审批。

本规定所称基本建设项目,是指部本级和部属单位列入部基本建设投资计划和部门预算的基本建设项目(以下简称项目)。

第三条 部本级和部属单位竣工财务决算由项目建设单位组织编制。

第四条 项目建设单位的法定代表人对竣工财务决算的真实性、完整性负责。

第五条 经批复的竣工财务决算是确认投资支出、资产价值及办理资产移交和投资核销的最终依据。

第六条 项目建设单位应按国家相关规定,将竣工财务决算整理归档,永久保存。

第七条 建设内容以设备购置、房屋及其他建筑物购置为主且附有部分建筑安装工程的,可简化竣工财务决算编报内容、报表格式和批复手续;设备购置、房屋及其他建筑物购置,不需单独编报竣工财务决算。

第二章 管理职责与权限

第八条 交通运输部财务审计司统一负责竣工财务决算管理工作。主要职责包括:

(一)研究拟定竣工财务决算管理制度;

(二)负责组织应由部批复的竣工财务决算的审核和审批;

(三)负责组织审核报送应由财政部批复的竣工财务决算;

(四)指导和监督竣工财务决算管理工作,组织对部属单位竣工财务决算编报、审核和审批情况的核查。

第九条 部属一级单位负责本单位及所属单位竣工财务决算管理工作。主要职责包括:

(一)健全和完善本单位及所属单位竣工财务决算内部管理机制和制度,负责组织本单位竣工财务决算编报;

(二)负责组织对应由本单位批复的竣工财务决算审核和审批;

(三)负责组织审核上报部批复的竣工财务决算;

(四)指导和监督所属单位竣工财务决算管理工作。

第十条 项目建设单位具体承担竣工财务决算编制和上报等工作。

第十一条 交通运输部本级和部属单位竣工财务决算按以下权限审批:

(一)部本级投资额3000万元以上(不含3000万元)的竣工财务决算,报财政部审批。

(二)部本级投资额3000万元及以下的竣工财务决算,按规定权限由部自行审批。

(三)部属一级单位的竣工财务决算,报部审批。

(四)部属一级单位所属单位的重点项目(工程可行性研究报告经国家发展改革委审批)竣工财务决算由部属一级单位负责审批,其他项目由部属一级单位按照下审一级的原则自行规定。

第三章 竣工财务决算编报

第十二条 竣工财务决算编制依据主要包括:

(一)国家有关法律、法规、文件;

(二)经批准的可行性研究报告、初步设计、施工图设计、设计变更、概(预)算调整等文件;

(三)招投标文件、政府采购文件、合同(协议)、工程结算等管理资料;

(四)历年下达的年度投资计划、支出预算;

(五)会计核算、年度财务决算及财务管理资料;

(六)竣工验收证书、廉政合同、质量监督报告及工程监理报告等其他有关资料。

第十三条 项目建设单位应在项目通过竣工验收后3个月内完成竣工财务决算编制和上报。因特殊情况确需延长的,应说明原因,并报经竣工财务决算审批部门同意,适当延长时间,但原则上不超过2个月,最长不超过6个月。

第十四条 项目一般不得预留尾工工程,确需预留尾工工程的,尾工工程投资不得超过批准的概(预)算总投资的5%。项目除预留与项目编报竣工财务决算有关的费用外,不得预留其他费用。

尾工工程投资以及预留费用应满足实施与管理的需要,以概(预)算、合同(协议)等为依据列入竣工财务决算。

第十五条 项目建设单位可以与施工单位在合同中约定,按照不高于工程价款结算总额的3%预留工程质量保证金,待工程交付使用缺陷责任期满后清算。资信好的施工单位可以用银行保函替代工程质量保证金。

第十六条 竣工财务决算应反映从筹建到竣工财务决算基准日发生的全部费用和预留费用、尾工工程投资。

竣工财务决算应包括竣工财务决算封面及目录、竣工财务决算说明书、竣工财务决算报表及相关资料。

第十七条 竣工财务决算说明书主要包括以下内容：

（一）项目概况；

（二）会计账务处理、财产物资清理及债权债务清偿情况；

（三）建设资金计划及到位情况，财政资金支出预算、投资计划及到位情况；

（四）建设资金使用、结余资金处理情况；

（五）预备费动用情况；

（六）尾工工程投资及预留费用情况，应包含竣工财务决算基准日至上报日期间尾工工程投资及预留费用安排使用、债权债务清理等变化情况；

（七）概（预）算执行情况及分析，竣工实际完成投资与概算差异及原因分析；

（八）建设管理制度执行情况、政府采购情况、招投标情况、合同履行情况；

（九）主要技术经济指标的分析、计算情况；

（十）征地拆迁补偿情况、移民安置情况；

（十一）历次审计、检查、审核、稽察意见及整改落实情况；

（十二）管理经验、主要问题和建议；

（十三）需说明的其他事项。

第十八条 竣工财务决算报表（格式见附件1）包括：基本建设项目概况表、基本建设项目竣工财务决算表、基本建设项目资金情况明细表、基本建设项目交付使用资产总表、基本建设项目交付使用资产明细表、基本建设项目尾工工程投资及预留费用表、基本建设项目待摊投资明细表、基本建设项目待核销基建支出明细表和基本建设项目转出投资明细表。

以设备购置、房屋及其他建筑物购置为主且附有部分建筑安装工程的，只需编制基本建设项目概况表、基本建设项目竣工财务决算表、基本建设项目资金情况明细表、基本建设项目交付使用资产总表、基本建设项目交付使用资产明细表。

第十九条 相关资料主要包括：

（一）项目建议书、可行性研究报告、初步设计文件、设计变更、概算调整批复等文件的复印件；

（二）历年投资计划及财政资金预算下达文件的复印件；

（三）审计、检查意见或文件的复印件；

（四）其他与决算相关资料。

第二十条 项目建设单位可根据管理的实际情况增设有关反映重要事项的辅助报表。

第二十一条 竣工财务决算的编制应当遵循以下程序：

（一）制定竣工财务决算编制方案；

（二）收集整理与竣工财务决算相关的资料；

（三）竣工财务清理；

（四）确定竣工财务决算基准日；

（五）概（预）算与核算口径的对应分析；

（六）计列尾工工程投资及预留费用；

（七）分摊待摊投资；

（八）确定建设成本；

（九）编制竣工财务决算报表；

（十）编写竣工财务决算说明书。

第二十二条 竣工财务决算编制方案中应明确以下事项：

（一）组织领导和职责分工；

（二）竣工财务决算基准日；

（三）竣工财务决算编制的具体内容；

（四）计划进度和工作步骤；

（五）技术难题和解决方案。

第二十三条 编制竣工财务决算应收集与整理以下主要资料：

（一）会计凭证、账簿和报告；

（二）内部财务管理制度；

（三）工程设计文件、设计变更文件、预备费动用相关资料；

（四）年度投资计划、预算（资金）文件；

（五）招投标、政府采购合同（协议）；

（六）工程量和材料消耗统计资料；

（七）征地与拆迁补偿、移民安置实施及其资金使用情况；

（八）工程结算资料；

（九）竣工验收、成果及效益资料；

（十）审计、财务检查结论性文件及整改材料。

第二十四条 竣工财务清理主要包括：

（一）合同（协议）清理：

1. 按照合同（协议）编号或类别列示合同（协议）清单；

2. 在工程进度款结算的基础上，根据施工过程中的设计变更、现场签证、工程量核定单、索赔等资料办理竣工结算，对合同价款进行增减调整；

3. 清理各项合同（协议）履行的主要指标，包括合同金额，累计已结算金额，预付款支付、扣回、余额，质量保证金扣留、支付、余额，履约担保、预付款保函（担保）等；

4. 确认合同（协议）履行结果；

5. 落实尚未执行完毕的合同（协议）履行时限和措施。

（二）债权债务清理：

1. 核对和结算债权债务；

2. 清理坏账和无法偿付的应付款项；

3. 将债权债务清理形成的损益计入待摊投资。

（三）剩余工程物资清理：

1. 确定剩余工程物资的账面价值、变价收入、变现费用和变现净值；

2. 将剩余工程物资的变现净值计入待摊投资。

(四)结余资金清理：

1.结余资金＝建设资金来源的合计数－基本建设支出合计数；

2.结余资金应按照建设资金来源中财政拨款占比确定财政拨款形成的结余资金,并按规定缴回同级财政。

(五)应移交的资产清理：

1.按照核算资料列示移交资产账面清单；

2.工程实地盘点,形成移交资产盘点清单；

3.分析比较移交资产账面清单和盘点清单；

4.调整差异,形成应移交资产目录清单。

第二十五条 竣工财务决算基准日应依据资金到位、投资完成、竣工财务清理等情况确定,一般应确定在月末。

与建设成本、交付使用资产价值以及其他基本建设支出相关联的会计业务应在竣工财务决算基准日之前全部入账。

第二十六条 会计核算口径与概(预)算口径有差异的,在编制竣工财务决算时,应依据概(预)算的口径,调整会计核算指标,形成对应关系。

第二十七条 待摊投资支出按合理比例分摊计入交付使用资产、转出投资价值和待核销基建支出。

能够确定由某项资产或某项支出负担的待摊投资,应直接计入。

不能确定负担对象的待摊投资,应分摊计入受益的资产成本或待核销基建支出。

构成交付使用资产的无须安装的设备投资不分摊待摊投资。

第二十八条 项目建设单位应根据不同情况,分别选择概算分配率或实际分配率分摊待摊投资。

概算分配率的计算公式如下：

概算分配率＝(概算中各待摊投资的合计数－其中可直接分配部分)÷(概算中建筑工程、安装工程、在安装设备投资和待核销基建支出合计)×100%

实际分配率的计算公式如下：

实际分配率＝待摊投资明细科目余额÷(建筑工程明细科目余额＋安装工程明细科目余额＋在安装设备投资明细科目余额＋待核销基建支出科目余额)×100%

第二十九条 交付使用资产应具有独立的使用价值。独立使用价值的判断依据是具有较完整的使用功能,能够按照设计的要求,独立发挥作用。

交付使用资产包括固定资产、流动资产、无形资产、公共基础设施等。

第三十条 项目建设单位上报竣工财务决算应包括以下资料：

(一)申请报批的文件；

(二)竣工财务决算；

(三)竣工财务决算审核意见及审核表(附件2)；

(四)竣工验收证书；

(五)审批单位要求提供的其他资料。

竣工财务决算审核和竣工决算审计视情况可结合进行。

第四章 竣工财务决算审批

第三十一条 竣工财务决算审批部门应按照"先审核后批复"的原则,批复竣工财务决算。

第三十二条 竣工财务决算审批部门审核的重点内容主要包括：

(一)工程价款结算情况。

主要包括工程价款是否按有关规定和合同(协议)进行结算；是否存在多算和重复计算工程量、高估冒算建筑材料价格等问题；单位、单项工程造价是否在合理或国家标准范围内,是否存在严重偏离当地同期同类单位工程、单项工程造价水平问题。

(二)核算管理情况。

主要指执行《基本建设财务规则》及相关会计制度情况。具体包括：

1.建设成本核算是否准确。是否存在超过批准建设内容发生的支出、不符合合同(协议)的支出、非法收费和摊派,无发票或者发票项目不全、无审批手续、无责任人员签字的支出,以及因设计单位、施工单位、供货单位等原因造成的工程报废损失等不属于本应当负担的支出等情况。

2.待摊费用支出及其分摊是否合理合规。

3.待核销基建支出有无依据、是否合理合规。

4.转出投资有无依据、是否已落实接收单位。

5.竣工财务决算报表所填列的数据是否完整,表内和表间勾稽关系是否清晰、正确。

6.竣工财务决算的内容和格式是否符合国家有关规定。

7.竣工财务决算资料报送是否完整、决算数据之间是否存在错误。

8.与财务管理和会计核算有关的其他事项。

(三)资金管理情况。

1.资金筹集情况。建设资金筹集,是否符合国家有关规定。

2.资金到位情况。财政资金是否按批复的概算、预算及时足额拨付建设单位；自筹资金是否按批复的概算、计划及时筹集到位。

3.资金使用情况。财政资金是否按规定专款专用,是否符合政府采购和国库集中支付等管理规定；结余资金在各投资者间的计算是否准确；应缴回财政的结余资金是否在竣工验收合格后3个月内,按照预算管理制度有关规定缴回财政；是否存在擅自使用结余资金情况。

(四)基本建设程序执行及建设管理情况。

1.基本建设程序执行情况。审核决策程序是否科学规范,立项、可行性研究、初步设计和概算和调整是否符合国家规定的审批权限等。

2.建设管理情况。审核竣工财务决算报告是否反映了建设管理情况；建设管理是否符合国家有关建设管理制度要求,是否建立和执行法人责任制、工程监理制、招投标制、合同制;是否制定相应的内控制度,内控制度是否健全、完善、有效;招投标执行情况和建设工期是否按批复要求有效控制。

(五)概(预)算执行情况。

主要包括是否按照批准的概(预)算内容实施,有无超标准、超规模、超概(预)算建设现象,有无概算外和擅自提高建设标准、扩大建设规模、未完成建设内容等问题;在建设过程中历次检查和审计所提的重大问题是否已经整改落实;尾工工程及预留费用是否控制在概算确定的范围内,预留的金额和比例是否合理。

(六)交付使用资产情况。

主要包括形成资产是否真实、准确、全面反映,计价是否准确,资产接受单位是否落实;是否正确按资产类别划分固定资产、流动资产、无形资产、公共基础设施;交付使用资产实际成本是否完整,是否符合交付条件,移交手续是否齐全。

第三十三条 竣工财务决算审批部门应当按照上述规定,对建设单位报送的竣工财务决算报告进行审核,也可委托具有资质的中介机构进行评审,竣工财务决算审批部门在评审的基础上进行复核,对符合批复条件的,应当在6个月内批复。

第三十四条 竣工财务决算审批部门在审核时发现存在以下问题或情形之一的,应将竣工财务决算退回,并提出补充完善的要求:

(一)未通过竣工验收;

(二)竣工财务决算内容简单、事实反映不清晰且未达到竣工财务决算批复相关要求;

(三)竣工财务决算报表填列的数据不完整、存在较多错误、表间勾稽关系不清晰、不正确,以及竣工财务决算报告和报表数据不一致;

(四)竣工财务决算资料报送不完整、逾期未补报;

(五)存在需要整改的问题,且整改资料逾期未报或整改不到位;

(六)存在审核未通过的其他问题。

第三十五条 竣工财务决算批复应包括的内容(格式见附件3):

(一)批复确认决算完成投资,资金来源到位构成,形成的交付使用资产,核销基建支出和转出投资等;

(二)根据管理需要批复确认交付使用资产总表、交付使用资产明细表等;

(三)批复确认结余资金、决算评审减资金,并明确处理要求;

批复竣工财务决算时,应确认结余资金是否按照规定在竣工验收后3个月内上缴财政。对未按时上缴的,应在批复文件中要求其限时上缴;

(四)批复时确认的未上缴的结余资金,在决算批复后30日内按规定程序上缴;

(五)项目建设单位应按照批复及基本建设财务管理制度有关规定,及时办理资产移交和产权登记手续;

(六)建设过程存在的主要问题及整改要求。

第五章 监督检查

第三十六条 项目建设单位应当建立、健全内部控制和项目财务信息报告制度,依法接受上级单位和项目主管部门等的财务监督检查。

第三十七条 项目主管部门(单位)应加强竣工财务决算管理工作的监督检查,建立健全竣工财务决算监督检查机制。检查中如有发现违反本规定的情况,应予以通报,情节严重的移交相关部门处理。

第三十八条 竣工财务决算监督检查应包括以下内容:

(一)竣工财务决算管理工作的组织实施情况;

(二)竣工财务决算编制内容的真实性、完整性;

(三)竣工财务决算编报的及时性;

(四)竣工决算审计及竣工验收提出问题的整改落实情况;

(五)竣工财务决算审核审批及备案情况;

(六)竣工财务决算批复的落实情况。

第三十九条 存在未按规定编制和上报竣工财务决算,未严格履行审核审批程序,弄虚作假,造成国有资产损失等违规违纪行为的,依照国家有关规定追究相关人员责任,涉嫌犯罪的移送司法机关处理。

第六章 附 则

第四十条 部属各单位可依据本规定制定适合本系统或本单位的具体实施办法。

第四十一条 全额自筹资金安排的项目,除竣工财务决算由建设单位自行组织审批外,其余事项参照本规定执行。

第四十二条 不需单独编报竣工财务决算的设备购置、房屋及其他建筑物购置,应在部门决算编制说明中对相关情况单独进行说明。

第四十三条 本规定由部财务审计司负责解释。

第四十四条 本规定自2018年11月1日起施行。《交通运输部基本建设项目竣工财务决算编审规定》(交财发〔2010〕477号)同时废止。

附件1.基本建设项目竣工财务决算报表
附件2.基本建设项目竣工财务决算审核表
附件3.基本建设项目竣工财务决算审批表
附件4.基本建设项目竣工财务决算编报流程示意图

附件1

基本建设项目竣工财务决算报表

1. 基本建设项目概况表(1-1)
2. 基本建设项目竣工财务决算表(1-2)
3. 基本建设项目资金情况明细表(1-3)
4. 基本建设项目交付使用资产总表(1-4)
5. 基本建设项目交付使用资产明细表(1-5)
6. 基本建设项目尾工工程投资及预留费用表(1-6)
7. 基本建设项目待摊投资明细表(1-7)
8. 基本建设项目待核销基建支出明细表(1-8)
9. 基本建设项目转出投资明细表(1-9)

项目单位：
主管部门：

基本建设项目竣工财务决算报表

建设项目名称：
建设性质：

项目单位财务负责人：
项目单位联系人及电话：
决 算 基 准 日：

项目单位负责人：
编 报 日 期：

基本建设项目概况表（1-1）

建设项目(单项工程)名称				建设地址			
主要施工企业	设计						
	实际						
占地面积(m²)			总投资(万元)	设计		实际	
新增生产能力		能力(效益)名称		设计		实际	
建设起止时间	设计	自 年 月 日至 年 月 日					
	实际	自 年 月 日至 年 月 日					
概算批准部门及文号							
完成主要工作量	建设规模				设备(台、套、吨)		
	设计	实际		设计		实际	
	单项工程项目、内容		基建支出	项目	概算批准金额	实际完成金额	备注
				建筑安装工程			
				设备、工具、器具			
				待摊投资			
				其中:项目建设管理费			
				其他投资			
				待核销基建支出			
				转出投资			
				合计			
	小计			批准概算	已完成投资额	预计未完成部分投资额	预计完成时间
尾工工程							

基本建设项目竣工财务决算表(1-2)

项目名称： 单位：

资金来源	金额	资金占用	金额
一、基建拨款		一、基本建设支出	
1.中央财政资金		(一)交付使用资产	
其中:一般公共预算资金		1.固定资产	
中央基建投资		2.流动资产	
财政专项资金		3.无形资产	
政府性基金		(二)在建工程	
国有资本经营预算安排的项目资金		1.建筑安装工程投资	
2.地方财政资金		2.设备投资	
其中:一般公共预算资金		3.待摊投资	
地方基建投资		4.其他投资	
财政专项资金		(三)待核销基建支出	
政府性基金		(四)转出投资	
国有资本经营预算安排的项目资金		二、货币资金合计	
二、部门自筹资金(非负债性资金)		其中:银行存款	
三、项目资本		财政应返还额度	
1.国家资本		其中:直接支付	
2.法人资本		授权支付	
3.个人资本		现金	
4.外商资本		有价证券	
四、项目资本公积		三、预付及应收款合计	
五、基建借款		1.预付备料款	
其中:企业债券资金		2.预付工程款	
六、待冲基建支出		3.预付设备款	
七、应付款合计		4.应收票据	
1.应付工程款		5.其他应收款	
2.应付设备款		四、固定资产合计	
3.应付票据		固定资产原价	
4.应付工资及福利费		减:累计折旧	
5.其他应付款		固定资产净值	
八、未交款合计		固定资产清理	
1.未交税金		待处理固定资产损失	
2.未交财政结余资金			
3.未交基建收入			
4.其他未交款			
合计		合计	

补充资料： 基建借款期末金额： 基建结余资金：

备注:资金来源合计扣除财政资金拨款与国家资本、资本公积重叠部分。

基本建设项目资金情况明细表(1-3)

项目名称： 　　　　　　　　　　　　　　　　　　　　　　　　　　　　　　　　　　　　　　　单位：

资金来源类别	合计		备注
	预算下达或概算批准金额	实际到位金额	需备注预算下达文件
一、财政资金拨款			
1.中央财政资金			
其中：一般公共预算资金			
中央基建投资			
财政专项资金			
政府性基金			
国有资本经营预算安排的基建项目资金			
政府统借统还非负债性资金			
2.地方财政资金			
其中：一般公共预算资金			
地方基建投资			
财政专项资金			
政府性基金			
国有资本经营预算安排的基建项目资金			
行政事业性收费			
政府统借统还非负债性资金			
二、项目资本金			
其中：国家资本			
三、银行贷款			
四、企业债券资金			
五、自筹资金			
六、其他资金			
合计			

补充资料：　　　　　　　　　　　　　　　项目缺口资金：
缺口资金落实情况：

基本建设项目交付使用资产总表(1-4)

项目名称：　　　　　　　　　　　　　　　　　　　　　　　　　　　　　单位：

序号	单项工程名称	总计	固定资产				流动资产	无形资产
			合计	建筑物及构筑物	设备	其他		
	合计							

交付单位：　　　　　　　　　　　　　　　　　　　　接收单位：

盖　章：　　　　　　　　　　　　　　　　　　　　　盖　章：

负责人：　　　　　　　　　　　　　　　　　　　　　负责人：

年　月　日　　　　　　　　　　　　　　　　　　　　年　月　日

基本建设项目交付使用资产明细表（1-5）

项目名称： 单位：

序号	单项工程名称	固定资产										流动资产		无形资产	
		建筑工程				设备工具器具家具						名称	金额	名称	金额
		结构	面积	金额	其中：分摊待摊投资	名称	规格型号	数量	金额	其中：设备安装费	其中：分摊待摊投资				
	合计														

交付单位： 接收单位：
盖　章： 盖　章：
　　　　负责人： 　　　　负责人：
　　　　　年　月　日 　　　　　年　月　日

基本建设项目尾工工程投资及预留费用表(1-6)

项目名称：　　　　　　　　　　　　　　　　　　　　　　　　　　　　　　　　单位：

项目	计量单位	工程量			概算	已完	价值				合计
		设计	已完	未完			建筑	安装	未完		
									设备	其他	
一、尾工工程											
二、预留费用											
合计											

基本建设项目待摊投资明细表(1-7)

项目名称：　　　　　　　　　　　　　　　　　　　　　　　　　单位：

项目	金额	项目	金额
1.勘察费		25.社会中介机构审计(查)费	
2.设计费		26.工程检测费	
3.研究试验费		27.设备检测费	
4.环境影响评价费		28.负荷联合试车费	
5.监理费		29.固定资产损失	
6.土地征用及迁移补偿费		30.器材处理亏损	
7.土地复垦及补偿费		31.设备盘亏及毁损	
8.土地使用税		32.报废工程损失	
9.耕地占用税		33.(贷款)项目评估费	
10.车船税		34.国外借款手续费及承诺费	
11.印花税		35.汇兑损益	
12.临时设施费		36.坏账损失	
13.文物保护费		37.借款利息	
14.森林植被恢复费		38.减:存款利息收入	
15.安全生产费		39.减:财政贴息资金	
16.安全鉴定费		40.企业债券发行费用	
17.网络租赁费		41.经济合同仲裁费	
18.系统运行维护监理费		42.诉讼费	
19.项目建设管理费		43.律师代理费	
20.代建管理费		44.航道维护费	
21.工程保险费		45.航标设施费	
22.招投标费		46.航测费	
23.合同公证费		47.其他待摊投资性质支出	
24.可行性研究费		合计	

基本建设项目待核销基建支出明细表（1-8）

项目名称：　　　　　　　　　　　　　　　　　　　　　　　　　　单位：

不能形成资产部分的财政投资支出				用于家庭或个人的财政补助支出			
支出类别	单位	数量	金额	支出类别	单位	数量	金额
1.江河清障疏浚				1.补助群众造林			
2.航道整治				2.户用沼气工程			
3.飞播造林				3.户用饮水工程			
4.退耕还林（草）				4.农村危房改造工程			
5.封山（沙）育林（草）				5.垦区及林区棚户区改造			
6.水土保持							
7.城市绿化							
8.毁损道路恢复							
9.护坡及清理							
10.取消项目可行性研究费							
11.项目报废							
……				……			
合计				合计			

基本建设项目转出投资明细表(1-9)

项目名称：   单位：

序号	单项工程名称	建筑工程			设备工具器具家具						流动资产		无形资产	
		结构	面积	金额	其中：分摊待摊投资	名称	规格型号	单位	数量	金额	设备安装费	其中：分摊待摊投资	名称	金额	名称	金额
合计															

交付单位： 接收单位：
盖 章： 盖 章：
负责人： 负责人：
年 月 日 年 月 日

附件 2

基本建设项目竣工财务决算审核表

1. 基本建设项目竣工财务决算审核汇总表(2-1)
2. 基本建设项目资金情况审核明细表(2-2)
3. 基本建设项目待摊投资审核明细表(2-3)
4. 基本建设项目交付使用资产审核明细表(2-4)
5. 基本建设项目转出投资审核明细表(2-5)
6. 基本建设项目待核销基建支出审核明细表(2-6)

基本建设项目竣工财务决算审核汇总表(2-1)

项目名称：

序号	工程项目及费用名称	批准概算		送审投资		审定投资		审定投资较概算增减额	备注
		数量	金额	数量	金额	数量	金额		
	按批准概算明细口径或单位工程、分部工程填列								
	总计								
一	建安工程投资								
	……								
二	设备、工器具								
	……								
三	工程建设其他费用								

项目单位： 评审机构：

负责人签字： 评审负责人签字：
年 月 日 年 月 日

基本建设项目资金情况审核明细表(2-2)

项目名称: 　　　　　　　　　　　　　　　　　　　　　　　　　　　　　　单位:

资金来源类别	合计		备注
	预算下达或概算批准金额	实际到位金额	需备注预算下达文号
一、财政资金拨款			
1.中央财政资金			
其中:一般公共预算资金			
中央基建投资			
财政专项资金			
政府性基金			
国有资本经营预算安排的项目资金			
政府统借统还非负债性资金			
2.地方财政资金			
其中:一般公共预算资金			
地方基建投资			
财政专项资金			
政府性基金			
国有资本经营预算安排的项目资金			
行政事业性收费			
政府统借统还非负债性资金			
二、项目资本金			
其中:国家资本			
三、银行贷款			
四、企业债券资金			
五、自筹资金			
六、其他资金			
合计			

项目单位:　　　　　　　　　　　　　　　　　　　　评审机构:
负责人签字:　　　　　　　　　　　　　　　　　　　评审负责人签字:
　　年　月　日　　　　　　　　　　　　　　　　　　　　年　月　日

基本建设项目待摊投资审核明细表(2-3)

项目名称： 单位：

项目	金额	项目	金额
1.勘察费		25.社会中介机构审计(查)费	
2.设计费		26.工程检测费	
3.研究试验费		27.设备检测费	
4.环境影响评价费		28.负荷联合试车费	
5.监理费		29.固定资产损失	
6.土地征用及迁移补偿费		30.器材处理亏损	
7.土地复垦及补偿费		31.设备盘亏及毁损	
8.土地使用税		32.报废工程损失	
9.耕地占用税		33.(贷款)项目评估费	
10.车船税		34.国外借款手续费及承诺费	
11.印花税		35.汇兑损益	
12.临时设施费		36.坏账损失	
13.文物保护费		37.借款利息	
14.森林植被恢复费		38.减:存款利息收入	
15.安全生产费		39.减:财政贴息资金	
16.安全鉴定费		40.企业债券发行费用	
17.网络租赁费		41.经济合同仲裁费	
18.系统运行维护监理费		42.诉讼费	
19.项目建设管理费		43.律师代理费	
20.代建管理费		44.航道维护费	
21.工程保险费		45.航标设施费	
22.招投标费		46.航测费	
23.合同公证费		47.其他待摊投资性质支出	
24.可行性研究费		合计	

项目单位： 评审机构：
负责人签字： 评审负责人签字：

年 月 日 年 月 日

基本建设项目交付使用资产审核明细表（2-4）

项目名称：　　　　　　　　　　　　　　　　　　　　　　　　　　　　　　　单位：

序号	单项工程名称	固定资产							流动资产		无形资产	
		建筑工程			设备工具器具家具				其中：设备安装费	其中：分摊待摊投资	名称	金额
		结构	面积	金额	其中：分摊待摊投资	名称	规格型号	数量	金额				
	合计												

项目单位：　　　　　　　　　　　　　　　　　　　　　　　评 审 机 构：

负责人签字：　　　　　　　　　　　　　　　　　　　　　评审负责人签字：

　　　　年　月　日　　　　　　　　　　　　　　　　　　　　　　年　月　日

基本建设项目转出投资审核明细表(2-5)

项目名称：

序号	单项工程名称	建筑工程				设备工具器具家具						流动资产		无形资产	
		结构	面积	金额	其中：分摊待摊投资	名称	规格型号	单位	数量	金额	设备安装费	其中：分摊待摊投资	名称	金额	名称	金额

项目单位：　　　　　　负责人签字：　　　　　　评审机构：　　　　　　评审负责人签字：
　　　　　　　　　　　年　月　日　　　　　　　　　　　　　　　　　年　月　日

基本建设项目待核销基建支出审核明细表(2-6)

项目名称：　　　　　　　　　　　　　　　　　　　　　单位：

不能形成资产部分的财政投资支出				用于家庭或个人的财政补助支出			
支出类别	单位	数量	金额	支出类别	单位	数量	金额
1. 江河清障				1. 补助群众造林			
2. 航道清淤				2. 户用沼气工程			
3. 飞播造林				3. 户用饮水工程			
4. 退耕还林(草)				4. 农村危房改造工程			
5. 封山(沙)育林(草)				5. 垦区及林区棚户区改造			
6. 水土保持				……			
7. 城市绿化							
8. 毁损道路恢复							
9. 护坡及清理							
10. 取消项目可行性研究费							
11. 项目报废							
……							
合计				合计			

项目单位：　　　　　　　　　　　　　　　　　　　　　评审机构：

负责人签字：　　　　　　　　　　　　　　　　　　　　评审负责人签字：
　　年　月　日　　　　　　　　　　　　　　　　　　　　　年　月　日

附件 3

基本建设项目竣工财务决算审批表

单位:元

项目名称	批复数	备注
一、项目概算		
其中:财政资金		
自筹资金		
二、项目实际到位资金		
其中:财政资金		
自筹资金		
三、竣工财务决算		
1.建筑安装工程		
2.设备、工具、器具		
3.待摊投资		
其中:项目建设管理费		
4.其他投资		
四、核销基建支出		
五、转出投资		
六、结余资金		
其中:应缴回中央财政资金		
七、项目建成形成交付使用资产		
1.固定资产		
其中:建筑物及构筑物		
设备		
其他		
2.流动资产		
3.无形资产		
4.公共基础设施		

附件 4

基本建设项目竣工财务决算编报流程示意图

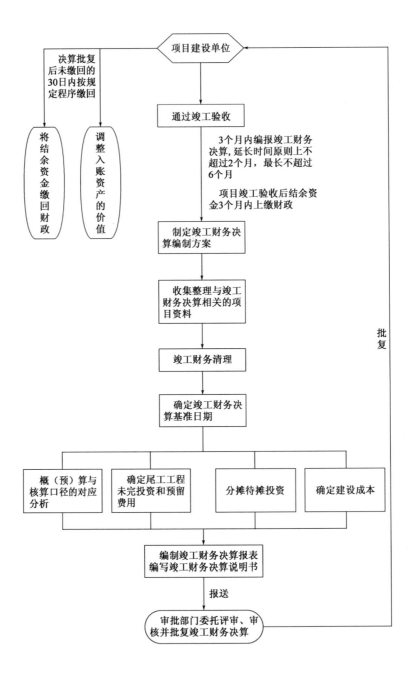

89. 国务院关于调整和完善固定资产投资项目资本金制度的通知

(国发〔2015〕51号)

各省、自治区、直辖市人民政府，国务院各部委、各直属机构：

为进一步解决当前重大民生和公共领域投资项目融资难、融资贵问题，增加公共产品和公共服务供给，补短板、增后劲，扩大有效投资需求，促进投资结构调整，保持经济平稳健康发展，国务院决定对固定资产投资项目资本金制度进行调整和完善。现就有关事项通知如下：

一、各行业固定资产投资项目的最低资本金比例按以下规定执行。

城市和交通基础设施项目：城市轨道交通项目由25%调整为20%，港口、沿海及内河航运、机场项目由30%调整为25%，铁路、公路项目由25%调整为20%。

房地产开发项目：保障性住房和普通商品住房项目维持20%不变，其他项目由30%调整为25%。

产能过剩行业项目：钢铁、电解铝项目维持40%不变，水泥项目维持35%不变，煤炭、电石、铁合金、烧碱、焦炭、黄磷、多晶硅项目维持30%不变。

其他工业项目：玉米深加工项目由30%调整为20%，化肥（钾肥除外）项目维持25%不变。

电力等其他项目维持20%不变。

二、城市地下综合管廊、城市停车场项目，以及经国务院批准的核电站等重大建设项目，可以在规定最低资本金比例基础上适当降低。

三、金融机构在提供信贷支持和服务时，要坚持独立审贷，切实防范金融风险。要根据借款主体和项目实际情况，按照国家规定的资本金制度要求，对资本金的真实性、投资收益和贷款风险进行全面审查和评估，坚持风险可控、商业可持续原则，自主决定是否发放贷款以及具体的贷款数量和比例。对于产能严重过剩行业，金融机构要严格执行《国务院关于化解产能严重过剩矛盾的指导意见》（国发〔2013〕41号）有关规定。

四、自本通知印发之日起，凡尚未审批可行性研究报告、核准项目申请报告、办理备案手续的固定资产投资项目，以及金融机构尚未贷款的固定资产投资项目，均按照本通知执行。已经办理相关手续但尚未开工建设的固定资产投资项目，参照本通知执行。已与金融机构签订相关合同的固定资产投资项目，按照原合同执行。

五、国家将根据经济形势发展和宏观调控需要，适时调整固定资产投资项目最低资本金比例。

六、本通知自印发之日起执行。

国务院
2015年9月9日

90. 国务院关于加强固定资产投资项目资本金管理的通知

(国发〔2019〕26号)

各省、自治区、直辖市人民政府，国务院各部委、各直属机构：

对固定资产投资项目（以下简称投资项目）实行资本金制度，合理确定并适时调整资本金比例，是促进有效投资、防范风险的重要政策工具，是深化投融资体制改革、优化投资供给结构的重要手段。为更好发挥投资项目资本金制度的作用，做到有保有控、区别对待，促进有效投资和风险防范紧密结合、协同推进，现就加强投资项目资本金管理工作通知如下：

一、进一步完善投资项目资本金制度

（一）明确投资项目资本金制度的适用范围和性质。该制度适用于我国境内的企业投资项目和政府投资的经营性项目。投资项目资本金作为项目总投资中由投资者认缴的出资额，对投资项目来说必须是非债务性资金，项目法人不承担这部分资金的任何债务和利息；投资者可按其出资比例依法享有所有者权益，也可转让其出资，但不得以任何方式抽回。党中央、国务院另有规定的除外。

（二）分类实施投资项目资本金核算管理。设立独立法人的投资项目，其所有者权益可以全部作为投资项目资本金。对未设立独立法人的投资项目，项目单位应设立专门账户，规范设置和使用会计科目，按照国家有关财务制度、会计制度对拨入的资金和投资项目的资产、负债进行独立核算，并据此核定投资项目资本金的额度和比例。

（三）按照投资项目性质，规范确定资本金比例。适用资本金制度的投资项目，属于政府投资项目的，有关部门在审批可行性研究报告时要对投资项目资本金筹措方式和有关资金来源证明文件的合规性进行审查，并在批准文件中就投资项目资本金比例、筹措方式予以确认；属于企业投资项目的，提供融资服务的有关金融机构要加强对投资项目资本金来源、比例、到位情况的审查监督。

二、适当调整基础设施项目最低资本金比例

（四）港口、沿海及内河航运项目，项目最低资本金比例由25％调整为20％。

（五）机场项目最低资本金比例维持25％不变，其他基础设施项目维持20％不变。其中，公路（含政府收费公路）、铁路、城建、物流、生态环保、社会民生等领域的补短板基础设施项目，在投资回报机制明确、收益可靠、风险可控的前提下，可以适当降低项目最低资本金比例，但下调不得超过5个百分点。实行审批制的项目，审批部门可以明确项目单位按此规定合理确定的投资项目资本金比例。实行核准或备案制的项目，项目单位与金融机构可以按此规定自主调整投资项目资本金比例。

（六）法律、行政法规和国务院对有关投资项目资本金比例另有规定的，从其规定。

三、鼓励依法依规筹措重大投资项目资本金

（七）对基础设施领域和国家鼓励发展的行业，鼓励项目法人和项目投资方通过发行权益型、股权类金融工具，多渠道规范筹措投资项目资本金。

（八）通过发行金融工具等方式筹措的各类资金，按照国家统一的会计制度应当分类为权益工具的，可以认定为投资项目资本金，但不得超过资本金总额的50％。存在下列情形之一的，不得认定为投资项目资本金：

1. 存在本息回购承诺、兜底保障等收益附加条件；
2. 当期债务性资金偿还前，可以分红或取得收益；
3. 在清算时受偿顺序优先于其他债务性资金。

（九）地方各级政府及其有关部门可统筹使用本级预算资金、上级补助资金等各类财政资金筹集项目资本金，可按有关规定将政府专项债券作为符合条件的重大项目资本金。

四、严格规范管理，加强风险防范

（十）项目借贷资金和不符合国家规定的股东借款、"名股实债"等资金，不得作为投资项目资本金。筹措投资项目资本金，不得违规增加地方政府隐性债务，不得违反国家关于国有企业资产负债率相关要求。不得拖欠工程款。

（十一）金融机构在认定投资项目资本金时，应严格区分投资项目与项目投资方，依据不同的资金来源与投资项目的权责关系判定其权益或债务属性，对资本金的真实性、合规性和投资收益、贷款风险进行全面审查，并自主决定是否发放贷款以及贷款数量和比例。项目单位应当配合金融机构开展投资项目资本金审查工作，提供有关资本金真实性和资金来源的证明材料，并对证明材料的真实性负责。

（十二）自本通知印发之日起，凡尚未经有关部门审批可行性研究报告、核准项目申请报告、办理备案手续的投资项目，均按本通知执行。已经办理相关手续、尚未开工、金融机构尚未发放贷款的投资项目，可以按本通知调整资金筹措方案，并重新办理审批、核准或备案手续。已与金融机构签订相关贷款合同的投资项目，可按照原合同执行。

国务院
2019年11月20日

91. 公路水路行业内部审计工作规定

(交通运输部令 2019 年第 7 号)

第一章 总 则

第一条 为加强公路水路行业内部审计工作,建立健全内部审计制度,提升内部审计工作质量,促进公路水路事业健康发展,根据《中华人民共和国审计法》《中华人民共和国审计法实施条例》等法律法规,制定本规定。

第二条 各级交通运输主管部门及所属单位和国有企业(含驻外单位,以下统称交通运输单位)开展内部审计工作,适用本规定。

本规定所称国有企业是指各级交通运输主管部门所属单位投资设立的国有和国有资本占控股地位或者主导地位的企业,以及各级交通运输主管部门管理的企业。

第三条 本规定所称的公路水路行业内部审计(以下简称内部审计),是指交通运输单位对本单位及所属单位的财政财务收支、经济活动、内部控制、风险管理实施独立、客观的监督、评价和建议,以促进单位完善治理、实现目标的活动。

第四条 交通运输部内部审计机构负责交通运输部机关及直属单位的内部审计工作,指导公路水路行业内部审计工作。

省级及以下交通运输主管部门内部审计机构应当按照行政管理关系和职责指导本地区行业内部审计工作。

第五条 交通运输单位应当依照有关法律法规、本规定和内部审计职业规范,结合本单位实际情况,建立健全内部审计制度,明确内部审计工作的领导体制、职责权限、人员配备、经费保障、审计结果运用和责任追究等。

第六条 单独设立的内部审计机构或者履行内部审计职责的内设机构(以下简称内部审计机构)和内部审计人员,从事内部审计工作应当严格遵守有关法律法规、本规定和内部审计职业规范,忠于职守,做到独立、客观、公正、保密。

内部审计机构和内部审计人员不得参与可能影响独立、客观履行审计职责的工作。

第七条 内部审计机构应当不断创新审计工作方法,充分利用先进的审计技术,促进内部审计业务质量不断提高。

第二章 内部审计机构和人员

第八条 各级交通运输主管部门及其所属行政事业单位的内部审计机构,应当在本单位党组织、主要负责人的直接领导下开展内部审计工作,向其负责并报告工作。

国有企业的内部审计机构应当在企业党组织、董事会(或者主要负责人)直接领导下开展内部审计工作,向其负责并报告工作。国有企业应当按照有关规定建立总审计师制度。总审计师协助党组织、董事会(或者主要负责人)管理内部审计工作。

第九条 下属单位或者分支机构较多,以及实行垂直管理的交通运输部所属单位,应当强化内部审计机构建设。未单独设立内部审计机构的交通运输部所属单位,应当指定履行内部审计职责的内设机构,设置内部审计岗位,配备专职的内部审计人员。

第十条 内部审计人员应当具备从事审计工作所需要的专业能力。交通运输单位应当严格内部审计人员录用标准。

内部审计机构的负责人应当具备审计、会计、经济、法律或者管理等工作背景之一,并按照有关规定任免。交通运输部所属单位内部审计机构的负责人任免前应当征求上级主管单位内部审计机构的意见。

第十一条 内部审计机构应当根据工作需要,合理配备内部审计人员并保持相对稳定。除涉密事项外,可以根据内部审计工作需要向社会购买审计服务,并对采用的审计结果负责。

第十二条 交通运输单位应当保障内部审计机构和内部审计人员依法依规独立履行职责,任何单位和个人不得打击报复。

第十三条 内部审计机构履行内部审计职责所需经费,应当列入本单位预算。

第十四条 交通运输单位应当支持和保障内部审计机构通过业务培训、交流研讨等多种途径开展继续教育,提高内部审计人员的职业胜任能力。

第十五条 对忠于职守、坚持原则、认真履职、成绩显著的内部审计人员和内部审计机构,由上级主管部门或者所在单位予以表彰。

第三章 内部审计职责

第十六条 内部审计机构应当按照国家有关规定和本单位的要求,履行下列职责:

(一)对贯彻落实国家重大政策措施情况进行审计;

(二)对发展规划、战略决策、重大措施以及年度业务计划执行情况进行审计;

(三)对财政财务收支进行审计;

(四)对固定资产投资项目进行审计,包括对公路、水路国家重点基本建设项目进行的绩效审计;

(五)对境外机构、境外资产和境外经济活动进行审计;

(六)对经济管理和效益情况进行审计;

(七)对自然资源资产管理和生态环境保护责任的履行情况进行审计;

(八)对内部控制及风险管理情况进行审计;

(九)对本单位内部管理的领导人员履行经济责任情

况进行审计;

(十)协助本单位主要负责人督促落实审计发现问题的整改工作;

(十一)对所属单位的内部审计工作进行指导、监督和管理;

(十二)国家有关规定和本单位要求办理的其他事项。

第十七条 内部审计机构履行内部审计职责,可以行使以下权限:

(一)要求被审计单位按时报送发展规划、战略决策、重大措施、内部控制、风险管理、财政财务收支等有关资料(含相关电子数据,下同),以及必要的计算机技术文档;

(二)参加有关会议,召开与审计事项有关的会议;

(三)参与研究制定有关的规章制度,提出制定内部审计规章制度的建议;

(四)检查有关财政财务收支、经济活动、内部控制、风险管理的资料、文件和现场勘察实物;

(五)检查有关计算机系统及其电子数据和资料;

(六)就审计事项中的有关问题,向有关单位和个人开展调查和询问,取得相关证明材料;

(七)对发现的正在进行的严重违法违规、严重损失浪费行为及时向单位主要负责人报告,经同意作出临时制止决定;

(八)对可能转移、隐匿、篡改、毁弃会计凭证、会计账簿、会计报表以及与经济活动有关的资料,经批准,有权予以暂时封存;

(九)提出纠正、处理违法违规行为的意见和改进管理、提高绩效的建议;

(十)对违法违规和造成损失浪费的被审计单位和人员,给予通报批评或者提出追究责任的建议;

(十一)对严格遵守财经法规、经济效益显著、贡献突出的被审计单位和个人,可以向单位党组织、董事会(或者主要负责人)提出表彰建议。

第十八条 内部审计机构对本单位及所属单位的内部审计结果和发现的重大违纪违法问题线索,在向本单位党组织、董事会(或者主要负责人)报告的同时,应当及时向上级单位的内部审计机构报告。

第十九条 上级单位内部审计机构根据工作需要,可以委托下级单位内部审计机构办理审计事项,并指导审计工作开展。下级单位内部审计机构应当按要求及时办理,接受指导并报告工作。

第二十条 内部审计机构应当按要求向上级单位内部审计机构报送下列资料:

(一)内部审计工作发展规划、年度审计工作计划及工作总结;

(二)交通运输审计统计报表;

(三)审计决定及审计报告;

(四)重大违纪违法问题的专项审计报告;

(五)本单位内部审计工作制度;

(六)内部审计工作信息、经验材料;

(七)其他上级单位内部审计机构要求的有关资料。

第四章 内部审计程序

第二十一条 内部审计工作的一般程序是:

(一)内部审计机构根据上级部署和本单位的具体情况,编制年度审计工作计划,按照本单位规定的程序审定后实施。

(二)内部审计机构在实施项目审计前组成审计组,审计组由审计组组长和其他成员组成。审计组实行组长负责制。

(三)审计组调查了解被审计单位的情况,编制审计方案,确定审计范围、内容、方式和进度安排。

(四)内部审计机构在实施审计 3 日前向被审计单位或者相关人员送达审计通知书。特殊审计业务可在实施审计时送达审计通知书。

(五)内部审计人员获取的被审计单位存在违反国家规定的财政、财务收支行为以及其他重要审计事项的证据材料,由提供材料的有关人员签名或者单位盖章;不能取得签名或者盖章的,内部审计人员注明原因。

(六)内部审计人员根据获取的审计证据材料,编制审计工作底稿。

(七)审计组在实施审计程序后,编制审计报告,征求被审计单位的意见,经济责任审计报告还应当征求被审计人员的意见。被审计单位或者相关人员自收到审计报告征求意见稿之日起 10 日内,提出书面反馈意见。在规定时间内未提出书面反馈意见的,视同无异议。被审计单位或者有关人员对征求意见的审计报告有异议的,审计组进一步核实后,根据核实情况对审计报告作出必要的修改。

(八)审计组对被审计单位违反国家规定的财政收支、财务收支行为,需要进行处理的,起草审计决定。

(九)审计组将征求意见后的审计报告、审计工作底稿、审计证据材料、被审计单位或者相关人员的书面反馈意见、起草的审计决定送内部审计机构负责人或者其授权人员进行复核。复核完毕,审计组起草正式审计报告或者审计决定,连同被审计单位的书面意见,一并报送内部审计机构或者本单位负责人审批。

(十)内部审计机构将经批准的审计报告或者审计决定送达被审计单位或者相关人员;被审计单位或者相关人员予以执行,并在规定的期限内以书面形式报告执行结果。

(十一)被审计单位或者相关人员对经批准的审计报告或者审计决定有异议的,可以向内部审计机构所在单位申请审计复核;在未作出新的决定之前,原经批准的审计报告和审计决定仍然有效。

(十二)内部审计机构检查或者了解被审计单位或者其他有关单位的整改情况并取得相关证据材料,必要时应当进行后续审计。

第二十二条　特殊情况下,经单位党组织、董事会(或者主要负责人)批准,可以适当简化内部审计工作的一般程序。

第二十三条　被审计单位应当配合内部审计机构开展内部审计工作。

第二十四条　内部审计机构对办理的审计事项,应当建立审计档案,并按档案管理的有关规定执行。

第二十五条　内部审计机构对本单位内部管理的领导人员实施经济责任审计时,参照国家有关经济责任审计的规定执行。

第五章　内部审计结果运用

第二十六条　交通运输单位应当建立健全内部审计问题整改机制,明确单位主要负责人为问题整改第一责任人。对内部审计发现的问题和提出的建议,被审计单位应当及时整改,并将整改结果书面告知内部审计机构。

第二十七条　交通运输单位对内部审计发现的典型性、普遍性、倾向性问题,应当及时分析研究,制定和完善相关管理制度,建立健全内部控制措施。

第二十八条　内部审计机构应当加强与内部纪检、巡视巡察、组织人事等其他内部监督力量的协作配合,建立信息共享、结果共用、重要事项共同实施、问题整改问责共同落实等工作机制。

内部审计结果及整改情况应当作为考核、任免、奖惩干部,年度预算和项目资金安排等相关决策的重要依据。

第二十九条　内部审计机构对内部审计发现的重大违纪违法问题,应当按照管理权限,移交本单位纪检、人事部门或者被审计单位处理。纪检、人事部门或者被审计单位应当及时将问题处理结果反馈内部审计机构。

第三十条　交通运输单位对内部审计发现的重大违纪违法问题线索,应当按照管辖权限,依法依规及时移送有关纪检监察机关、司法机关。

第三十一条　交通运输单位在履行内部审计监督职责时,应当有效利用内部审计力量和各类审计成果。对所属单位内部审计发现且已经纠正的问题,可视情况不再在审计报告中反映。

第六章　指导监督

第三十二条　内部审计机构应当接受审计机关的指导和监督,按要求向同级审计机关备案有关审计资料。

第三十三条　内部审计机构对内部审计工作进行指导、监督,履行下列职责:

(一)研究制定内部审计工作的制度和规划;

(二)检查、督促所属单位,指导本行业按照国家有关规定建立健全内部审计制度,开展内部审计工作;

(三)指导内部审计机构统筹安排审计计划,突出审计重点;

(四)组织开展专项审计和审计调查;

(五)监督所属单位内部审计机构职责履行情况,检查内部审计业务质量。

第三十四条　内部审计机构可以采取日常监督、结合审计项目监督等方式,对所属单位的内部审计制度建立健全情况、内部审计工作质量情况等进行指导和监督。

对内部审计制度建设和内部审计工作质量存在问题的,内部审计机构应当督促所属单位内部审计机构及时进行整改并书面报告整改情况;情节严重的,应当通报批评并视情况抄送上级单位内部审计机构。

第三十五条　内部审计机构应当对下级单位内部审计机构报送的有关材料进行分析,将其作为编制年度审计项目计划的参考依据。

交通运输单位党组织、董事会(或者主要负责人)应当定期听取内部审计工作汇报,加强对内部审计工作规划、年度审计计划、审计质量控制、问题整改和队伍建设等重要事项的管理。

第七章　责任追究

第三十六条　被审计单位有下列情形之一的,由单位党组织、董事会(或者主要负责人)责令改正,并依法依规对直接负责的主管人员和其他直接责任人员进行处理:

(一)拒绝接受或者不配合内部审计工作的;

(二)拒绝、拖延提供与内部审计事项有关的资料,或者提供资料不真实、不完整的;

(三)拒不纠正审计发现问题的;

(四)整改不力、屡审屡犯的;

(五)违反国家规定或者本单位内部规定的其他情形。

第三十七条　内部审计机构和内部审计人员有下列情形之一的,由单位依法依规对直接负责的主管人员和其他直接责任人员进行处理;涉嫌犯罪的,移送司法机关依法追究刑事责任:

(一)未按有关法律法规、本规定和内部审计职业规范实施审计导致应当发现的问题未被发现并造成严重后果的;

(二)隐瞒审查出的问题或者提供虚假审计报告的;

(三)泄露国家秘密或者商业秘密的;

(四)利用职权谋取私利的;

(五)违反国家规定或者本单位内部规定的其他情形。

第三十八条　内部审计人员因履行职责受到打击、报复、陷害的,单位党组织、董事会(或者主要负责人)应当及时采取保护措施,并对相关责任人员进行处理;涉嫌犯罪的,移送司法机关依法追究刑事责任。

第八章　附　则

第三十九条　本规定自 2019 年 4 月 1 日起施行。2004 年 11 月 19 日发布的《交通行业内部审计工作规定》(交通部令 2004 年第 12 号)同时废止。

农村公路建设管理

1. 国务院办公厅关于深化农村公路管理养护体制改革的意见

(国办发〔2019〕45号)

各省、自治区、直辖市人民政府，国务院各部委、各直属机构：

农村公路是服务"三农"的公益性基础设施，是打赢脱贫攻坚战、实施乡村振兴战略的重要抓手。党的十八大以来，以习近平同志为核心的党中央高度重视农村公路工作，多次对"四好农村路"建设作出重要部署。为切实解决"四好农村路"工作中管好、护好的短板问题，加快建立农村公路管理养护长效机制，经国务院同意，现就深化农村公路管理养护体制改革提出以下意见：

一、总体要求

以习近平新时代中国特色社会主义思想为指导，全面贯彻党的十九大精神，认真落实习近平总书记关于"四好农村路"的重要指示精神和党中央、国务院决策部署，践行以人民为中心的发展思想，紧紧围绕打赢脱贫攻坚战、实施乡村振兴战略和统筹城乡发展，以质量为本、安全至上、自然和谐、绿色发展为原则，深化农村公路管理养护体制改革，加强农村公路与农村经济社会发展统筹协调，形成上下联动、密切配合、齐抓共管的工作局面，推动"四好农村路"高质量发展，为广大农民群众致富奔小康、加快推进农业农村现代化提供更好保障。

二、工作目标

到2022年，基本建立权责清晰、齐抓共管的农村公路管理养护体制机制，形成财政投入职责明确、社会力量积极参与的格局。农村公路治理能力明显提高，治理体系初步形成。农村公路通行条件和路域环境明显提升，交通保障能力显著增强。农村公路列养率达到100%，年均养护工程比例不低于5%，中等及以上农村公路占比不低于75%。

到2035年，全面建成体系完备、运转高效的农村公路管理养护体制机制，基本实现城乡公路交通基本公共服务均等化，路况水平和路域环境根本性好转，农村公路治理能力全面提高，治理体系全面完善。

三、完善农村公路管理养护体制

（一）省、市级人民政府加强统筹和指导监督。省级人民政府要制定相关部门和市、县级人民政府农村公路管理养护权力和责任清单，强化省级统筹和政策引导，建立健全规章制度，筹集养护补助资金，加强养护管理机构能力建设指导，对市、县级人民政府进行绩效管理。市级人民政府要发挥好承上启下作用，完善支持政策和养护资金补助机制，加强指导监督。

（二）县级人民政府履行主体责任。县级人民政府要按照"县道县管、乡村道乡村管"的原则，建立健全农村公路管理养护责任制，明确相关部门、乡级人民政府农村公路管理养护权力和责任清单，并指导监督相关部门和乡级人民政府履职尽责。大力推广县、乡、村三级路长制，各级路长负责相应农村公路管理养护工作，建立"精干高效、专兼结合、以专为主"的管理体系。按照"有路必养、养必到位"的要求，将农村公路养护资金及管理机构运行经费和人员支出纳入一般公共财政预算，加大履职能力建设和管理养护投入力度。

（三）发挥乡村两级作用和农民群众积极性。乡级人民政府要确定专职工作人员，指导村民委员会组织好村道管理养护工作。村民委员会要按照"农民自愿、民主决策"的原则，采取一事一议、以工代赈等办法组织村道的管理养护工作。要加强宣传引导，将爱路护路要求纳入乡规民约、村规民约；鼓励采用以奖代补等方式，推广将日常养护与应急抢通捆绑实施并交由农民承包；鼓励农村集体经济组织和社会力量自主筹资筹劳参与农村公路管理养护工作，通过将农村公路管理养护纳入公益岗位等方式，为贫困户提供就业机会。

四、强化农村公路管理养护资金保障

（四）落实成品油税费改革资金。完善成品油税费改革转移支付政策，合理确定转移支付规模，加大对普通公路养护的支持力度。成品油税费改革新增收入替代原公路养路费部分，不得低于改革基期年（2009年）公路养路费收入占"六费"（公路养路费、航道养护费、公路运输管理费、公路客货运附加费、水路运输管理费、水运客货附加费）收入的比例。成品油税费改革转移支付用于普通公路养护的比例一般不得低于80%且不得用于公路新建。2022年起，该项资金不再列支管理机构运行经费和人员等其他支出。继续执行省级人民政府对农村公路养护工程的补助政策，省级补助资金与切块到市县部分之和占成品油税费改革新增收入替代原公路养路费部分的比例不得低于15%，实际高于上述比例的不得再降低。

（五）加大财政资金支持力度。农村公路养护属于地方财政事权，资金原则上由地方通过自有财力安排，对县级人民政府落实支出责任存在的收支缺口，上级人民政府可根据不同时期发展目标给予一定的资金支持。中央在均衡性转移支付中将进一步考虑农村公路管理养护因素，加大对重点贫困地区支持力度，继续安排车购税资金支持农村公路升级改造、安全生命防护工程建设和危桥改造等。地方各级人民政府要确保财政支出责任落实到位，将相关税收返还用于农村公路养护。省、市、县三级公共财政资金用于农村公路日常养护的总额不得低于以下标准：县道每年每公里10000元，乡道每年每公里5000元，村道每年每公里3000元，省、市、县三级公共财政投入比例由各省（区、市）根据本地区实际情况确定，并建立与养护成本变化等因素相关联的动态调整机制。

（六）强化养护资金使用监督管理。财政部、交通运输部要建立对省级人民政府的农村公路管理养护考核机制,将考核结果与相关投资挂钩。对地方各级公共财政用于农村公路养护的资金实施全过程预算绩效管理,确保及时足额拨付到位。地方各级财政和交通运输主管部门要加强农村公路养护资金使用监管,严禁农村公路建设采用施工方带资的建设—移交(BT)模式,严禁地方以"建养一体化"名义新增隐性债务,公共资金使用情况要按有关规定对社会公开,接受群众监督。村务监督委员会要将村道养护资金使用和养护质量等情况纳入监督范围。审计部门要定期对农村公路养护资金使用情况进行审计。

(七)创新农村公路发展投融资机制。地方各级人民政府要发挥政府资金的引导作用,采取资金补助、先养后补、以奖代补、无偿提供料场等多种方式支持农村公路养护。将农村公路发展纳入地方政府一般债券支持范围。鼓励地方人民政府将农村公路建设和一定时期的养护进行捆绑招标,将农村公路与产业、园区、乡村旅游等经营性项目实行一体化开发,运营收益用于农村公路养护。鼓励保险资金通过购买地方政府一般债券方式合法合规参与农村公路发展,探索开展农村公路灾毁保险。

五、建立农村公路管理养护长效机制

(八)加快推进农村公路养护市场化改革。将人民群众满意度和受益程度、养护质量和资金使用效率作为衡量标准,分类有序推进农村公路养护市场化改革,逐步建立政府与市场合理分工的养护生产组织模式。引导符合市场属性的事业单位转制为现代企业,鼓励将干线公路建设养护与农村公路捆绑招标,支持养护企业跨区域参与市场竞争。鼓励通过签订长期养护合同、招投标约定等方式,引导专业养护企业加大投入,提高养护机械化水平。

(九)加强安全和信用管理。公路安全设施要与主体工程同时设计、同时施工、同时投入使用,县级人民政府要组织公安、应急等职能部门参与农村公路竣(交)工验收。已建成但未配套安全设施的农村公路要逐步完善。加强农村公路养护市场监管,着力建立以质量为核心的信用评价机制,实施守信联合激励和失信联合惩戒,并将信用记录按照国家有关规定纳入全国信用信息共享平台,依法向社会公开。

(十)强化法规政策和队伍建设。推动公路法修订,研究制定农村公路条例,探索通过民事赔偿保护路产路权。坚持经济实用、绿色环保理念,全面开展"美丽公路"创建工作,提高农村公路养护技术,完善路政管理指导体系,建立县有路政员、乡有监管员、村有护路员的路产路权保护队伍。

各地区、各部门要将深化农村公路管理养护体制改革作为打赢脱贫攻坚战、实施乡村振兴战略、推进农业农村现代化的一项先行工程,同步部署落实。各省级人民政府要加强统筹和指导,制定本辖区改革实施方案,协调解决重大问题,督促地方各级人民政府压实责任,认真抓好任务落实。各有关部门要密切配合,按照职责完成各项任务。交通运输部要加强工作指导和督促检查,重大情况及时报告国务院。

本意见自印发之日起施行。《国务院办公厅关于印发农村公路管理养护体制改革方案的通知》(国办发〔2005〕49号)同时废止。

国务院办公厅
2019年9月5日

2. 农村公路建设管理办法

(交通运输部令 2018 年第 4 号)

第一章 总 则

第一条 为了规范农村公路建设管理,促进农村公路可持续健康发展,根据《公路法》《公路安全保护条例》《建设工程质量管理条例》《建设工程安全生产管理条例》等法律、行政法规和国务院相关规定,制定本办法。

第二条 农村公路新建、改建、扩建的管理,适用本办法。

本办法所称农村公路是指纳入农村公路规划,并按照公路工程技术标准修建的县道、乡道、村道及其所属设施,包括经省级交通运输主管部门认定并纳入统计年报里程的农村公路。公路包括公路桥梁、隧道和渡口。

县道是指除国道、省道以外的县际间公路以及连接县级人民政府所在地与乡级人民政府所在地和主要商品生产、集散地的公路。

乡道是指除县道及县道以上等级公路以外的乡际间公路以及连接乡级人民政府所在地与建制村的公路。

村道是指除乡道及乡道以上等级公路以外的连接建制村与建制村、建制村与自然村、建制村与外部的公路,但不包括村内街巷和农田间的机耕道。

第三条 农村公路建设应当遵循政府主导、分级负责、安全至上、确保质量、生态环保、因地制宜的原则。

第四条 交通运输部负责全国公路建设的行业管理工作。

县级以上地方交通运输主管部门依据职责主管本行政区域内农村公路的建设管理工作,县级交通运输主管部门具体负责指导、监督乡道、村道建设管理工作。

第五条 县级人民政府应当按照国务院有关规定落实本行政区域内农村公路建设的主体责任,对农村公路建设质量、安全负责,落实财政保障机制,加强和规范农村公路建设管理,严格生态环境保护,扶持和促进农村公路绿色可持续发展。

乡级人民政府负责本行政区域内乡道、村道建设管理工作。

村民委员会在乡级人民政府的指导下,可以按照村民自愿、民主决策的原则和一事一议制度组织村道建设。

第六条 农村公路建设项目实行项目业主责任制。项目业主应当具备建设项目相应的管理和技术能力。

鼓励选择专业化机构履行项目业主职责。

第七条 农村公路建设项目按照规模、功能、技术复杂程度等因素,分为重要农村公路建设项目和一般农村公路建设项目。

省级交通运输主管部门可以会同同级有关部门确定重要农村公路建设项目和一般农村公路建设项目的具体划分标准,并可以根据相关法规和本办法,结合本地区实际情况简化一般农村公路建设项目的建设程序。

第八条 鼓励在农村公路建设中应用新技术、新材料、新工艺、新设备,提高建设质量。

在保证农村公路建设质量的前提下,鼓励整合旧路资源、加工适于筑路的废旧材料等用于农村公路建设,推动资源循环利用。

鼓励采用设计、施工和验收后一定时期养护工作合并实施的"建养一体化"模式。

第九条 市级以上地方交通运输主管部门应当采用随机抽取建设项目,随机选派检查人员,检查情况向社会公开的方式,对农村公路建设项目进行监督检查。检查比例由省级交通运输主管部门确定。

县级交通运输主管部门应当实现农村公路建设项目监督检查全覆盖。

鼓励委托具有公路设计、施工、监理资质的单位进行监督检查。

第十条 农村公路建设项目年度计划、补助政策、招标投标、施工管理、质量监督、资金使用、工程验收等信息应当按照交通运输部有关规定向社会公开,接受社会监督。

第二章 规 划 管 理

第十一条 农村公路建设规划应当符合国民经济和社会发展规划、土地利用总体规划,与城乡规划、国道、省道以及其他交通运输方式的发展规划相协调。

第十二条 县道建设规划由县级交通运输主管部门会同同级有关部门编制,经县级人民政府审定后,报上一级人民政府批准。

乡道、村道建设规划由县级交通运输主管部门协助乡级人民政府编制,报县级人民政府批准。

经批准的农村公路建设规划,应当报批准机关的上一级交通运输主管部门备案。

第十三条 农村公路建设规划编制单位应当在编制建设规划时同步建立农村公路建设规划项目库,同建设规划一并履行报批和备案手续。

农村公路建设规划项目库实行动态管理,根据需要定期调整。项目库调整应当报原批准机关批准,并报批准机关的上一级交通运输主管部门备案。

第十四条 县级以上地方交通运输主管部门应当根据农村公路建设规划项目库,统筹考虑财政投入、年度建设重点、养护能力等因素,会同同级有关部门编制农村公路建设项目年度计划。

未纳入农村公路建设规划项目库的建设项目,不得列入年度计划。

农村公路建设项目年度计划编制及审批程序由省级

交通运输主管部门制定。

第三章 建设资金

第十五条 农村公路建设资金应当按照国家相关规定,列入地方各级政府财政预算。

农村公路建设应当逐步建立健全以财政投入为主、多渠道筹措为辅的资金筹措机制。

鼓励采取农村公路资源开发、金融支持、捐助、捐款等方式筹集农村公路建设资金。

第十六条 县级以上地方交通运输主管部门应当依据职责,建立健全农村公路建设资金管理制度,加强对资金使用情况的监管。

第十七条 由中央政府给予投资支持的农村公路建设项目,应当按照有关规定及时将项目以及资金使用情况报相关部门备案。

第十八条 农村公路建设资金应当按照有关规定及时支付。已列入建设计划的项目可以采用"先建后补"等方式组织建设。

车辆购置税补助资金应当全部用于建设项目建筑安装工程费支出,不得从中提取咨询、审查、管理等其他费用,但中央政府全额投资的建设项目除外。

第十九条 农村公路建设资金使用情况应当按照规定接受有关部门监督检查。

任何单位、组织和个人不得截留、挤占、挪用农村公路建设资金。

第二十条 农村公路建设不得增加农民负担,不得损害农民利益,不得采用强制手段向单位和个人集资,不得强行让农民出工、备料。

第二十一条 农村公路建设不得拖欠工程款和农民工工资,不得拖欠征地拆迁款。

第四章 建设标准和设计

第二十二条 农村公路建设应当根据本地区实际情况,合理确定公路技术等级,并符合有关标准规范和省级以上交通运输主管部门相关要求。

第二十三条 农村公路设计应当做好耕地特别是永久基本农田、水利设施、生态环境和文物古迹的保护。

有条件的地方在农村公路设计时可以结合旅游等需求设置休息区、观景台。

第二十四条 农村公路设计应当由具有相应资质的设计单位承担。

重要农村公路建设项目应当进行初步设计和施工图设计。一般农村公路建设项目可以直接进行施工图设计,并可以多个项目一并进行。

第二十五条 农村公路建设项目设计文件由县级以上地方交通运输主管部门依据法律、行政法规的相关规定进行审批,具体审批权限由省级交通运输主管部门确定。

农村公路建设项目重大或者较大设计变更应当报原设计审批部门批准。

第五章 建设施工

第二十六条 农村公路建设用地应当符合土地使用标准,并按照国家有关规定执行。

第二十七条 农村公路建设项目需要征地拆迁的,应当按照当地人民政府确定的补偿标准给予补偿。

第二十八条 农村公路建设项目的勘察、设计、施工、监理等符合法定招标条件的,应当依法进行招标。

省级交通运输主管部门可以编制农村公路建设招标文件范本。

第二十九条 县级以上地方交通运输主管部门应当会同同级有关部门加强对农村公路建设项目招标投标工作的指导和监督。

第三十条 重要农村公路建设项目应当单独招标,一般农村公路建设项目可以多个项目一并招标。

第三十一条 农村公路建设项目的招标由项目业主负责组织。

第三十二条 农村公路建设项目应当选择具有相应资质的单位施工。在保证工程质量的条件下,可以在专业技术人员的指导下组织当地群众参与实施一般农村公路建设项目中技术难度低的路基和附属设施。

第三十三条 农村公路建设项目由项目业主依照相关法规自主决定工程监理形式。

第六章 质量安全

第三十四条 农村公路建设项目应当遵守工程质量和安全监督管理相关法规规定。

第三十五条 农村公路建设项目应当设定保修期限和质量保证金。重要农村公路建设项目保修期限在 2 至 3 年,一般农村公路建设项目保修期限在 1 至 2 年,具体期限由项目业主和施工单位在合同中约定,自项目交工验收之日起计算。质量保证金可以从建设项目资金中预留或者以银行保函方式缴纳,预留或者缴纳比例应当符合国家相关规定。

在保修期限内发生的质量缺陷,由施工单位负责修复。施工单位不能进行修复的,由项目业主负责组织修复,修复所产生的相关费用从质量保证金中扣除,不足部分由施工单位承担。

保修期限届满且质量缺陷得到有效处置的,预留的质量保证金应当及时返还施工单位。

第三十六条 省级交通运输主管部门应当建立农村公路建设信用评价体系,由县级交通运输主管部门对农村公路建设项目有关单位进行评价,并实施相应守信联合激励和失信联合惩戒。

第三十七条 农村公路建设项目应当按照有关标准设置交通安全、防护、排水等附属设施,并与主体工程同时设计、同时施工、同时投入使用。

第三十八条 鼓励聘请技术专家或者动员当地群众代表参与农村公路建设项目质量和安全监督工作。

第三十九条 鼓励推行标准化施工,对混凝土拌和、构件预制、钢筋加工等推行工厂化管理,提高建设质量。

第七章 工程验收

第四十条 农村公路建设项目完工后,应当按照国家有关规定组织交工、竣工验收。未经验收或者验收不合格的,不得交付使用。

一般农村公路建设项目的交工、竣工验收可以合并进行,并可以多个项目一并验收。

第四十一条 农村公路建设项目由项目业主组织交工验收,由县级以上地方交通运输主管部门按照项目管理权限组织竣工验收。交工、竣工验收合并的项目,由县级以上地方交通运输主管部门按照项目管理权限组织验收。

由县级以上地方交通运输主管部门组织验收的农村公路建设项目,应当邀请同级公安、安全生产监督管理等相关部门参加,验收结果报上一级交通运输主管部门备案。

市级以上地方交通运输主管部门应当将项目验收作为监督检查的重要内容。

第四十二条 农村公路建设项目验收时,验收单位应当按照设计文件和项目承包合同,组织质量鉴定检测,核定工程量。

第四十三条 农村公路建设项目在交工验收时发现存在质量缺陷等问题,由施工单位限期完成整改。

第四十四条 农村公路新建项目交工验收合格后,方可开放交通,并移交管理养护单位。

县级以上交通运输主管部门应当及时组织做好基础数据统计、更新和施工资料归档工作。

第四十五条 省级交通运输主管部门可以根据《公路工程竣(交)工验收办法》和《公路工程质量检验评定标准》,结合本地区实际情况,规定具体的农村公路建设项目验收程序。

第八章 法律责任

第四十六条 违反本办法规定,有下列情形之一的,由有关交通运输主管部门或者由其向地方人民政府建议对责任单位进行通报批评,限期整改;情节严重的,对责任人依法给予行政处分:

(一)在筹集农村公路建设资金过程中,强制单位和个人集资,强迫农民出工、备料的;

(二)擅自降低征地补偿标准,或者拖欠工程款、征地拆迁款和农民工工资的。

第四十七条 违反本办法规定,农村公路建设资金不按时支付,或者截留、挤占、挪用建设资金的,由有关交通运输主管部门或者由其向地方人民政府建议对责任单位进行通报批评,限期整改;情节严重的,对责任人依法给予行政处分。

第四十八条 违反本办法规定,农村公路新建项目未经交工验收合格即开放交通的,由有关交通运输主管部门责令停止使用,限期改正。

第四十九条 农村公路建设项目发生招标投标违法行为的,依据《招标投标法》《招标投标法实施条例》等有关规定,对相关责任单位和责任人给予处罚。

第五十条 农村公路建设项目发生转包、违法分包等质量安全违法行为的,依据《建设工程质量管理条例》《建设工程安全生产管理条例》等有关规定,对相关责任单位和责任人给予处罚。

第九章 附 则

第五十一条 本办法自 2018 年 6 月 1 日起施行。2006 年 1 月 27 日以交通部令 2006 年第 3 号发布的《农村公路建设管理办法》同时废止。

3. 农村公路养护管理办法

(交通运输部令 2015 年第 22 号)

第一章 总 则

第一条 为规范农村公路养护管理，促进农村公路可持续健康发展，根据《公路法》《公路安全保护条例》和国务院相关规定，制定本办法。

第二条 农村公路的养护管理，适用本办法。

本办法所称农村公路是指纳入农村公路规划，并按照公路工程技术标准修建的县道、乡道、村道及其所属设施，包括经省级交通运输主管部门认定并纳入统计年报里程的农村公路。公路包括公路桥梁、隧道和渡口。

县道是指除国道、省道以外的县际间公路以及连接县级人民政府所在地与乡级人民政府所在地和主要商品生产、集散地的公路。

乡道是指除县道及县道以上等级公路以外的乡际间公路以及连接乡级人民政府所在地与建制村的公路。

村道是指除乡道及乡道以上等级公路以外的连接建制村与建制村、建制村与自然村、建制村与外部的公路，但不包括村内街巷和农田间的机耕道。

县道、乡道和村道由县级以上人民政府按照农村公路规划的审批权限在规划中予以确定，其命名和编号由省级交通运输主管部门根据国家有关规定确定。

第三条 农村公路养护管理应当遵循以县为主、分级负责、群众参与、保障畅通的原则，按照相关技术规范和操作规程进行，保持路基、边坡稳定，路面、构造物完好，保证农村公路处于良好的技术状态。

第四条 县级人民政府应当按照国务院的规定履行农村公路养护管理的主体责任，建立符合本地实际的农村公路管理体制，落实县、乡(镇)、建制村农村公路养护工作机构和人员，完善养护管理资金财政预算保障机制。

县级交通运输主管部门及其公路管理机构应当建立健全农村公路养护工作机制，执行和落实各项养护管理任务，指导乡道、村道的养护管理工作。

县级以上地方交通运输主管部门及其公路管理机构应当加强农村公路养护管理的监督管理和技术指导，完善对下级交通运输主管部门的目标考核机制。

第五条 鼓励农村公路养护管理应用新技术、新材料、新工艺、新设备，提高农村公路养护管理水平。

第二章 养护资金

第六条 农村公路养护管理资金的筹集和使用应当坚持"政府主导、多元筹资、统筹安排、专款专用、强化监管、绩效考核"的原则。

第七条 农村公路养护管理资金主要来源包括：

(一)各级地方人民政府安排的财政预算资金。包括：公共财政预算资金；省级安排的成品油消费税改革新增收入补助资金；地市、县安排的成品油消费税改革新增收入资金(替代摩托车、拖拉机养路费的基数和增量部分)。

(二)中央补助的专项资金。

(三)村民委员会通过"一事一议"等方式筹集的用于村道养护的资金。

(四)企业、个人等社会捐助，或者通过其他方式筹集的资金。

第八条 各级地方人民政府应当按照国家规定，根据农村公路养护和管理的实际需要，安排必要的公共财政预算，保证农村公路养护管理需要，并随农村公路里程和地方财力增长逐步增加。鼓励有条件的地方人民政府通过提高补助标准等方式筹集农村公路养护管理资金。

第九条 省级人民政府安排的成品油消费税改革新增收入补助资金应当按照国务院规定专项用于农村公路养护工程，不得用于日常保养和人员开支，且补助标准每年每公里不得低于国务院规定的县道 7000 元、乡道 3500 元、村道 1000 元。

经省级交通运输主管部门认定并纳入统计年报里程的农村公路均应当作为补助基数。

第十条 省级交通运输主管部门应当协调建立成品油消费税改革新增收入替代摩托车、拖拉机养路费转移支付资金增长机制，增幅不低于成品油税费改革新增收入的增量资金增长比例。

第十一条 省级交通运输主管部门应当协调建立省级补助资金"以奖代补"或其他形式的激励机制，充分调动地市、县人民政府加大养护管理资金投入的积极性。

第十二条 县级交通运输主管部门应当统筹使用好上级补助资金和其他各类资金，努力提高资金使用效益，不断完善资金监管和激励制度。

第十三条 企业和个人捐助的资金，应当在尊重捐助企业和个人意愿的前提下，由接受捐赠单位统筹安排用于农村公路养护。

村民委员会通过"一事一议"筹集养护资金，由村民委员会统筹安排专项用于村道养护。

第十四条 农村公路养护资金应当实行独立核算，专款专用，禁止截留、挤占或者挪用，使用情况接受审计、财政等部门的审计和监督检查。

第三章 养护管理

第十五条 县级交通运输主管部门和公路管理机构应当建立健全农村公路养护质量检查、考核和评定制度，建立健全质量安全保证体系和信用评价体系，加强检查监督，确保工程质量和安全。

第十六条 农村公路养护按其工程性质、技术复杂程度和规模大小,分为小修保养、中修、大修、改建。

养护计划应当结合通行安全和社会需求等因素,按照轻重缓急,统筹安排。

大中修和改建工程应按有关规范和标准进行设计,履行相关管理程序,并按照有关规定进行验收。

第十七条 农村公路养护应当逐步向规范化、专业化、机械化、市场化方向发展。

第十八条 县级交通运输主管部门和公路管理机构要优化现有农村公路养护道班和工区布局,扩大作业覆盖面,提升专业技能,充分发挥其在公共服务、应急抢险和日常养护与管理中的作用。

鼓励将日常保养交由公路沿线村民负责,采取个人、家庭分段承包等方式实施,并按照优胜劣汰的原则,逐步建立相对稳定的群众性养护队伍。

第十九条 农村公路养护应逐步推行市场化,实行合同管理,计量支付,并充分发挥信用评价的作用,择优选定养护作业单位。

鼓励从事公路养护的事业单位和社会力量组建养护企业,参与养护市场竞争。

第二十条 各级地方交通运输主管部门和公路管理机构要完善农村公路养护管理信息系统和公路技术状况统计更新制度,加快决策科学化和管理信息化进程。

第二十一条 县级交通运输主管部门和公路管理机构应当定期组织开展农村公路技术状况评定,县道和重要乡道评定频率每年不少于一次,其他公路在五年规划期内不少于两次。

路面技术状况评定宜采用自动化快速检测设备。有条件的地区在五年规划期内,县道评定频率应当不低于两次,乡道、村道应当不低于一次。

第二十二条 省级交通运输主管部门要以《公路技术状况评定标准》为基础,制定符合本辖区实际的农村公路技术状况评定标准,省、地市级交通运输主管部门应当定期组织对评定结果进行抽查。

第二十三条 地方各级交通运输主管部门和公路管理机构应当将公路技术状况评定结果作为养护质量考核的重要指标,并建立相应的奖惩机制。

第二十四条 农村公路养护作业单位和人员应当按照《公路安全保护条例》规定和相关技术规范要求开展养护作业,采取有效措施,确保施工安全、交通安全和工程质量。

农村公路养护作业单位应当完善养护质量和安全制度,加强作业人员教育和培训。

第二十五条 负责农村公路日常养护的单位或者个人应当按合同规定定期进行路况巡查,发现突发损坏、交通中断或者路产路权案件等影响公路运行的情况时,及时按有关规定处理和上报。

农村公路发生严重损坏或中断时,县级交通运输主管部门和公路管理机构应当在当地政府的统一领导下,组织及时修复和抢通。难以及时恢复交通的,应当设立醒目的警示标志,并告知绕行路线。

第二十六条 大型建设项目在施工期间需要使用农村公路的,应当按照指定线路行驶,符合荷载标准。对公路造成损坏的应当进行修复或者依法赔偿。

第二十七条 县、乡级人民政府应当依据有关规定对农村公路养护需要的挖砂、采石、取土以及取水给予支持和协助。

第二十八条 县级人民政府应当按照《公路法》《公路安全保护条例》的有关规定组织划定农村公路用地和建筑控制区。

第二十九条 县级交通运输主管部门和公路管理机构应在当地人民政府统一领导下,大力整治农村公路路域环境,加强绿化美化,逐步实现田路分家、路宅分家,努力做到路面整洁无杂物,排水畅通无淤积,打造畅安舒美的农村公路通行环境。

第四章 法律责任

第三十条 违反本办法规定,在筹集或者使用农村公路养护资金过程中,强制向单位和个人集资或者截留、挤占、挪用资金等违规行为的,由有关交通运输主管部门或者由其向地方人民政府建议对责任单位进行通报批评,限期整改;情节严重的,对责任人依法给予行政处分。

第三十一条 违反本办法规定,不按规定对农村公路进行养护的,由有关交通运输主管部门或者由其向地方人民政府建议对责任单位进行通报批评,限期整改;情节严重的,停止补助资金拨付,依法对责任人给予行政处分。

第三十二条 违反本办法其他规定,由县级交通运输主管部门或者公路管理机构按照《公路法》《公路安全保护条例》相关规定进行处罚。

第五章 附　则

第三十三条 本办法自2016年1月1日起施行。交通运输部于2008年4月发布的《农村公路管理养护暂行办法》(交公路发〔2008〕43号)同时废止。

4. 农村公路建设质量管理办法

(交安监发〔2018〕152号)

第一章 总 则

第一条 为加强农村公路建设质量管理,保证农村公路质量耐久、工程耐用和安全可靠,根据《中华人民共和国公路法》《建设工程质量管理条例》《农村公路建设管理办法》《公路水运工程质量监督管理规定》等法律法规规章,制定本办法。

第二条 农村公路新建、改建、扩建工程的质量管理,适用本办法。

本办法所称农村公路是指纳入农村公路规划,并按照公路工程技术标准修建的县道、乡道、村道及其所属设施。

第三条 农村公路建设质量管理应当坚持政府主导、企业主责、社会参与、有效监督的工作原则。

第四条 交通运输部负责全国农村公路建设质量的行业管理工作。

省级交通运输主管部门负责本行政区域内农村公路建设质量的综合行业管理工作。

地市级、县级交通运输主管部门依据工作职责和项目管理职权具体负责本行政区域内农村公路建设质量管理工作。

第五条 县级人民政府是本行政区域内农村公路建设质量管理的责任主体,负责建立符合本地实际的农村公路质量管理机制,落实农村公路建设质量管理要求,加强和规范农村公路建设质量管理。

乡级人民政府在县级人民政府确定的职责范围内负责本行政区域内乡道、村道建设质量管理工作。

第六条 农村公路建设工程实行质量责任终身制。

项目业主、勘察、设计、施工、监理、试验检测等单位应当明确相应的项目负责人和质量负责人,进行工程质量责任登记,按照国家法律法规和有关规定在工程合理使用年限内承担相应的质量责任。

第七条 任何单位和个人有权对农村公路建设工程的质量问题、质量缺陷、质量事故等向交通运输主管部门投诉和举报。交通运输主管部门应当依法及时处理。

第八条 积极推行代建制、设计施工总承包等模式,加强农村公路建设项目专业化管理;鼓励实行"建养一体化"模式,加强农村公路全寿命周期质量管理。

第九条 坚持因地制宜、生态环保的原则,推广应用先进质量管理方法,鼓励推行集约化建设、标准化施工、工厂化生产、信息化管理,鼓励小型构件商品化,推进农村公路现代工程管理。

第二章 质 量 责 任

第十条 农村公路建设项目实行项目业主责任制。

项目业主对农村公路工程质量管理负总责,应当制定工程项目管理制度,明确质量目标,落实专人负责质量管理,选择具有相应资质等级条件的勘察、设计、施工等单位,加强对关键人员、施工设备等履约管理,组织开展质量检查,督促有关单位及时整改质量问题。

第十一条 农村公路建设项目实行合同管理制。

项目业主应当与勘察、设计、施工、监理等从业单位签订合同,按照有关规定在合同中约定工程质量、安全生产条款,并签订质量、安全生产责任书。

第十二条 勘察、设计单位对农村公路勘察、设计质量负主体责任,应当按照有关规定、强制性标准进行勘察、设计,加强勘察、设计过程质量控制。

设计单位应当做好设计交底、设计变更和后续服务工作,并在交工验收前对工程建设内容是否符合设计要求提出评价意见。

第十三条 施工单位对农村公路施工质量负主体责任,应当按照合同约定设立项目质量管理机构,配备工程技术和质量管理人员,落实岗位责任,建立健全施工质量保证体系,严格按照国家强制性技术标准和工程设计图纸、施工规范(规程)和经批准的施工方案施工,加强过程质量控制、质量检验、技术交底和岗位培训,建立完整、可追溯的施工技术档案。

第十四条 监理单位对农村公路施工质量负监理责任,应当按照规定程序和标准进行工程质量检查、检测和验收,对发现的质量问题及时督促整改,按要求开展质量评定工作,在项目交工验收前向项目业主提交工程质量评定报告。

一般农村公路建设项目实行代建的,可由代建单位组织有经验的专业技术人员成立监理组,履行监理职责。

第十五条 施工单位应当开展施工质量检测工作,可通过设立工地试验室或者委托具有相应能力等级的检测机构实施。一般农村公路建设项目,可按照县级交通运输主管部门认可的检测方式组织实施。

监理人员应当按照规范要求对施工自检结果进行抽检复核或者检测见证。

第十六条 农村公路建设项目交竣工检测工作应当由具有相应能力等级并通过计量认证的检测机构承担。

检测机构应当严格按照工程技术标准、检测规范规程开展检测工作,对检测数据及报告的真实、准确和完整性负责。

第十七条 农村公路建设项目业主应当加强项目档案管理工作,督促勘察、设计、施工、监理、检测等单位按规定收集、整理、保存工程档案资料,建立完整的工程档案。

第三章 质 量 监 管

第十八条 县级以上交通运输主管部门应当建立健

全上下协调、控制有效、覆盖全面的农村公路建设质量监管机制,按照分级负责的原则履行农村公路建设质量监管职责。

第十九条　省级交通运输主管部门应当根据部、省有关规定制定本行政区域农村公路建设质量管理制度和技术政策,组织开展农村公路建设质量督导、抽查和考核,协调农村公路建设质量管理中的重大事项,指导各地加强农村公路建设质量监管。

第二十条　地市级、县级交通运输主管部门应当按照工作职责和项目管理权限,全面履行农村公路建设质量监管主体责任,贯彻落实质量管理制度和技术政策,制定本行政区域农村公路建设质量监管工作要点,落实责任部门,开展质量监督检查,规范从业单位质量行为,加强质量管理人员业务培训,组织项目验收。

质量监督管理工作经费由交通运输主管部门按照国家规定协调有关部门纳入同级财政预算予以保障。

第二十一条　交通运输主管部门可以委托专业质量监督机构负责农村公路建设质量监管工作。

第二十二条　农村公路建设质量监督检查可采用巡视检查、突击检查、专项督查和双随机等方式,重点加强从业单位执行质量法律法规规章和工程强制性标准情况、从业单位关键人及关键设备到位情况、影响工程安全耐久的关键部位和关键指标、试验检测工作、工程档案管理等抽检抽查。

第二十三条　交通运输主管部门应当加强质量检测工作,通过组建或者委托具有相应能力等级的检测机构,开展农村公路建设质量监督抽检。

倡导能力等级高的检测机构对服务于农村公路建设质量监督抽检的检测机构开展技术帮扶,提升基层监督检测能力水平。

第二十四条　鼓励聘请技术专家、组织当地群众代表参与农村公路建设质量监督和项目验收。

交通运输主管部门应当加强对群众质量监督员的技术指导和业务培训,积极推动地方人民政府将群众质量监督员纳入公益性岗位。

第二十五条　交通运输主管部门应当建立完善农村公路建设质量约谈和挂牌督办制度,对质量问题频发、质量形势严峻的地区,或者存在严重质量问题的项目,开展质量约谈或者挂牌督办,督促落实质量责任。

第四章　质量管控要点

第二十六条　农村公路建设应当严格执行相关技术规范和质量检验评定标准,并针对农村公路特点和薄弱环节,加强质量关键环节的把控。

第二十七条　农村公路建设项目应当加强沿线地质调查勘测和老路结构技术评价,针对质量薄弱环节开展设计。

对于老路改造或者加宽项目、特殊地质和水文条件的路基和桥涵结构、地质地形限制路段的安全生命防护工程等,应当加强有针对性的设计,明确设计质量控制措施。

地市级、县级交通运输主管部门应当依据工作职责和项目管理权限,加强对设计文件的审核把关,确保设计源头质量。

第二十八条　农村公路建设项目应当加强原材料质量控制,严格按照规定对水泥、钢材、沥青、砂石等原材料进行进场检验检查。未经检验或者经检验不合格的材料,不得投入使用。

农村公路建设项目应当加强混凝土配合比设计和复核验证,确保配合比设计满足混凝土强度和耐久性要求。

第二十九条　重要农村公路建设项目主体工程实行首件工程制。

施工单位应当通过首件工程,完善施工工艺,确定施工技术参数和质量控制措施,严格执行技术交底制度。工程质量技术要点交底应当覆盖到一线作业人员。

第三十条　农村公路建设项目应当按照有关规定向社会公开质量信息,包括从业单位及质量监督负责人和联系方式,工程质量目标,主要原材料种类,路面混凝土及结构层混合料配合比,路面厚度、宽度、强度等关键质量指标,项目验收结果等信息,接受群众监督。

第三十一条　农村公路建设项目施工过程应当执行工程质量验收制度,有下列情形之一的,不得进入下道工序或者投入使用:

(一)路基未验收或验收不合格的,不得进入路面施工;

(二)路面基层未验收或验收不合格的,不得进入路面面层施工;

(三)桩基未验收或验收不合格的,不得进入上部工程施工;

(四)预制构件未验收或验收不合格的,不得进入安装施工;

(五)交通安全、防护、排水等附属设施验收不合格的,不得进行项目验收。

对于非封闭施工的农村公路建设项目,施工单位应当完善交通组织措施,加强对工程成品的保护。

第三十二条　重要农村公路建设项目应当按照《公路工程竣(交)工验收办法》《公路工程质量检验评定标准》开展验收,一般农村公路建设项目可按照省级交通运输主管部门规定的简化程序开展验收。

第三十三条　省级、地市级交通运输主管部门应当将工程建设质量管理纳入农村公路考核范畴,重点加强对质量监管机制运行及履职情况、工程实体质量状况、项目验收工作等考核。考核结果可与农村公路建设项目安排、资金补助、"四好农村路"示范县创建工作等相挂钩。

第三十四条　县级以上交通运输主管部门应当对农村公路建设项目有关单位进行信用记录,建立完善从业单位及其负责人质量诚信档案,开展信用评价工作,推动质量信用评价结果在市场准入、招投标和行业监管中的应用。有关信用信息记录应在全国交通运输信用信息平台共享。

第五章 附 则

第三十五条 省级交通运输主管部门可根据本办法制定实施办法。

第三十六条 本办法自2019年1月1日起施行,有效期5年。原交通部发布的《农村公路建设质量管理办法(试行)》(交质监发〔2004〕370号)同时废止。

5. 农村公路建设资金使用监督管理办法

(交财发〔2004〕285号)

第一章 总 则

第一条 为加强农村公路建设资金管理,保证资金安全、合理、有效使用,根据国家关于基本建设各项财经管理制度和交通部有关农村公路建设工程管理规定,制定本办法。

第二条 农村公路建设资金(以下简称建设资金)是指用于纳入中央或地方投资计划的县际及通乡通村公路建设或改造的全部资金,包括中央和地方各级财政拨款、交通规费、银行贷款等各种来源的资金。

第三条 建设资金使用必须严格遵循专款专用、讲究效益原则。

第四条 各级交通主管部门应建立健全建设资金使用监督管理制度,建设资金使用单位应建立健全资金使用内部控制制度和重大开支由领导集体研究决定制度,并自觉接受财政、审计、上级主管部门等政府部门和群众的监督。

第五条 本办法适用于管理和使用建设资金的各级交通主管部门及其所属管理单位(以下简称管理单位)、项目建设单位(含项目业主,以下简称建设单位)。

第二章 建设资金的使用管理

第六条 建设资金实行分级负责、分级监督管理方式。交通部负责指导监督全国农村公路建设资金使用管理工作,各省(市、区)交通主管部门负责本辖区建设资金的使用监管工作,建设单位负责按规定使用建设资金,采取"一级管一级"的分级负责、分级监督管理方式。

第七条 建设资金必须用于农村公路建设项目,任何单位或个人不得截留、挤占和挪用。管理单位要做到专项管理、专项核算、专项拨付;建设单位要做到专户存储、专项核算,专款专用。

第八条 管理、使用建设资金的单位,应设置财会部门,由具有从业资格的专职或兼职财会人员管理建设资金。

第九条 建设资金的一切收付,必须通过财会部门进行。

第十条 建设单位在使用建设资金前,应根据本办法和国家、上级主管单位的有关规定,制定本单位的建设资金使用监督管理制度。

第十一条 管理单位应根据项目投资计划和年度预算,在确保工程质量的前提下,严格按工程进度和对各类资金的到位规定及时划拨建设资金。

第十二条 管理单位遇有下列情况之一的,不得划拨建设资金:

(一)计划外工程;

(二)超过批复工程概预算;

(三)擅自改变建设标准的;

(四)工程质量有重大缺陷未达到整改要求的。

第十三条 对于使用管理上有特殊要求的建设资金,应按国家有关规定执行。其中:

(一)中央专项资金金只能由建设单位按规定支付农村公路建设款,其他任何单位、组织和个人都不能从中提取管理费用;

(二)国债资金按照国家关于国债资金使用管理规定执行;

(三)农村公路建设项目,不得拖欠农民工工资和农民的征地拆迁费。

第十四条 建设单位支付建设资金时,必须符合下列程序:

(一)有关业务部门审核。工程、计划等业务部门应根据有关合同、协议对结算凭证(发票、收据、工程价款结算单等)进行审核,并签署意见。

实行工程监理制的项目,其工程价款结算单必须经监理工程师审查签字同意后再交给业务部门审核。

(二)财务部门审核。财务部门应根据有关规定和合同、协议,对有关业务部门审核同意支付的凭证的合法性、手续的完备性和金额的正确性进行审核,审核无误后签署同意支付意见。

(三)根据业务和财务部门的同意支付审核意见,单位领导或其授权人审核无误后签署同意支付意见。

(四)财务部门根据单位领导或其授权人的同意支付签批意见办理付款手续。

第十五条 建设单位遇有下列情况之一的,单位领导不得签批同意、财务部门不得办理付款:

(一)违反国家法律、法规和财经制度的;

(二)计划外工程;

(三)擅自改变建设工程项目和建设标准的;

(四)工程质量不合格的;

(五)实行工程监理制度的,工程价款结算单未经监理工程师签证同意的;

(六)不符合合同条款规定的;

(七)原始凭证不合法、手续不完备、支付审批程序不规范的。

第十六条 农村公路建设项目应实行工程质量保证金制度,建设单位与施工单位结算工程价款时,应按合同价的一定比例预留质保金;工程交工验收合格且缺陷责任期满后,按合同支付剩余质保金。

第十七条 建设单位应严格控制支出,在保证工程质量的前提下,努力降低造价。

第十八条　建设单位必须按照国家有关规定进行会计核算,编制报送财务会计报告。项目竣工后,应按规定及时编制竣工财务决算。

第三章　建设资金的监督检查

第十九条　对建设资金使用情况的监督,实行单位自查与接受财政、审计等政府机关和上级主管单位的监督检查相结合的办法;通乡通村公路建设资金,实行财务公开,由建设单位定期向当地群众公布建设资金使用情况,对群众反映属实的问题及时进行整改。

第二十条　交通主管部门对建设资金监督管理的主要职责:

(一)制定建设资金管理制度;

(二)审核、汇编、审批年度农村公路建设工程支出计划、预算和财务决算;

(三)合理安排及时划拨建设资金;

(四)监督管理建设项目工程概预算、年度投资计划和预算安排(包括年度计划、预算调整)、工程招投标、合同签订、财务决算、竣工验收;

(五)监督检查建设资金筹集、使用和管理,及时纠正违纪违规问题,对重大问题提出意见报上级交通主管部门;

(六)收集、汇总、报送建设资金管理信息,审核、编报农村公路建设工程投资效益的分析报告;

(七)督促建设单位及时编报工程财务决算,做好竣工验收准备工作。

第二十一条　建设单位应对支付给施工单位的工程款的使用情况实施监督,确保已付工程款按合同约定满足工程需要。

第二十二条　交通主管部门应对建设资金全过程监督检查,重点检查的内容包括:

(一)是否严格执行国家财经法规、制度和建设资金管理规定;

(二)工程项目是否有擅自改变建设规模和标准的问题;

(三)是否严格执行概预算管理规定,有无将建设资金用于计划外工程;

(四)筹集的资金是否符合国家有关规定,配套资金是否落实、到位是否及时;

(五)是否按合同规定拨付工程进度款,有无高估冒算,虚报冒领情况,工程预备费使用是否符合有关规定;

(六)是否按规定使用建设单位管理费、提留工程质量保证金,有无乱摊乱挤建设成本的问题;

(七)资金支付程序是否符合规定;

(八)财会机构是否建立健全,并配备相应的财会人员,各项原始记录、统计台账、凭证账册、会计核算、财务报告、内部制约制度等基础性工作是否健全规范。

第二十三条　各级交通主管部门应定期、不定期地对所属单位、建设项目的建设资金管理、使用情况进行检查。

第二十四条　根据交审发(2001)62号《关于加强交通建设项目审计监督的通知》,交通主管部门应加强工程项目从开工到竣工决算的审计工作。对重要农村公路项目必须进行审计,一般农村公路项目原则上也要进行审计。

第四章　罚　　则

第二十五条　管理、使用建设资金的单位或有关人员,违反法律、法规、财经制度和本办法规定的,除触犯刑法移交司法机关追究有关人员刑事责任外,区别情况和情节给予以下一项或多项处罚:

(一)责令限期整改;

(二)通报批评;

(三)追缴建设资金;

(四)没收非法所得;

(五)处以罚款;

(六)暂停拨付建设资金;

(七)停止拨付建设资金;

(八)核减本年度投资计划;

(九)扣减下年度投资计划;

(十)追究有关人员行政责任。

第五章　附　　则

第二十六条　各省、自治区、直辖市交通主管部门可根据本办法,结合本地实际制定实施细则。

第二十七条　本办法由交通部负责解释。

6. 农村公路中长期发展纲要

(交规划发〔2021〕21号)

为深入贯彻习近平总书记关于乡村振兴、"四好农村路"建设等重要指示批示精神，落实《交通强国建设纲要》《国家综合立体交通网规划纲要》部署要求，科学指导全面建设社会主义现代化国家新征程阶段农村公路建设与发展，服务支撑乡村振兴战略实施，特编制本纲要。

一、发展基础

乡村振兴，交通先行。农村公路包含县道及以下公路，是我国公路网的重要组成部分，是交通强国建设的重要内容，是农村地区最主要甚至是唯一的交通方式和重要基础设施，是保障和改善农村民生的基础性、先导性条件，对实施乡村振兴战略具有重要的先行引领和服务支撑作用。新世纪特别是党的十八大以来，全国农村公路经历了以适应全面建成小康社会为导向，以乡镇、建制村通畅工程为重点的大规模建设与发展阶段，农村公路覆盖范围、通达深度、通畅水平、服务能力显著提高，农村交通运输条件明显改善，农民群众"出行难"问题得到基本解决，为打赢脱贫攻坚战发挥了巨大作用。到2020年底，具备条件的乡镇和建制村通硬化路、通客车目标全面实现，基本形成了遍布农村、连接城乡的农村公路网络。同时，相对于人民群众日益增长的美好生活需要，农业农村现代化发展需求和交通强国建设要求，农村公路发展还存在一定差距，包括路网通达深度仍然不足、技术等级水平总体偏低、安全防护及桥涵等配套设施建设不足、管理养护存在明显短板、客货运输服务水平不高，以及"四好农村路"发展长效机制有待完善等。

二、发展态势

进入新时代，党中央、国务院作出实施乡村振兴战略、加快建设交通强国等一系列重大决策部署，在乡村振兴和新型城镇化双轮驱动下，我国城乡空间结构、城镇格局、人口分布、产业体系、村庄演变等将发生重大变革，要求农村公路进一步提升服务品质、提高服务效率、拓展服务功能，构建城乡联通的交通网络，营造安全宜人的出行环境，形成多元融合的发展格局。总体判断，全面建设社会主义现代化国家新征程阶段，农村公路发展将由侧重普惠向普惠与效率统筹兼顾转变，由注重规模速度向高质量发展转变，由满足基本出行向提供均等、优质服务转变，由行业自身发展向多元融合发展转变。

三、总体要求

（一）指导思想。

以习近平新时代中国特色社会主义思想为指导，全面贯彻党的十九大和十九届二中、三中、四中、五中全会精神，紧紧围绕统筹推进"五位一体"总体布局和协调推进"四个全面"战略布局，坚持以人民为中心，坚持新发展理念，坚持深化改革开放，坚持系统观念，以推动"四好农村路"高质量发展为主题，着力创新体制机制、完善政策制度，推动农村公路发展质量变革、效率变革、动力变革，提升服务品质、提高服务效率、拓展服务功能，支撑引领农村产业体系和生态宜居美丽乡村建设，更好满足农民群众日益增长的美好生活需要，为交通强国建设夯实基础，为推动形成新型工农城乡关系、加快农业农村现代化当好先行，为巩固拓展脱贫攻坚成果、全面推进乡村振兴提供有力支撑。

（二）基本原则。

坚持统筹融合、因地制宜。注重乡村振兴和新型城镇化双轮驱动，加强城乡公路运输网络有效衔接，促进农村公路与农业产业、文化旅游，以及特色小镇、美丽乡村建设等融合发展，推动农村公路军民融合发展。按照县域城镇和村庄规划，统筹考虑不同区域、不同类型乡村发展阶段和资源禀赋等，因地制宜制定发展目标任务，递次推进，精准施策。

坚持政府主导、群众参与。明确农村公路的公共产品定位，进一步强化政府尤其是地方政府主体责任和公共财政资金投入，完善政府投入机制和管理制度。以满足人民日益增长的美好生活需要为根本目的，充分尊重农民意愿，坚决维护农民根本利益，解决农民群众最关心、最直接的现实问题，发挥农民作为农村公路直接受益主体的作用，引导农民和农村集体经济组织参与农村公路建设、管理和养护，让农民群众有更多、更直接的交通获得感、幸福感和安全感。

坚持改革创新、美丽绿色。持续完善农村公路建设、管理养护、客货运输发展的体制机制和政策制度，推动建管养运协调发展。推进投融资体制机制创新，注重与农村集体产权制度改革等有机结合，推动新技术应用、新业态发展。牢固树立和践行绿色发展理念，强化生态环境保护和节约集约利用资源，注重路域环境洁化、绿化、美化，强化运输装备节能低碳、经济环保，实现农村公路与自然生态和谐共生。

（三）发展目标。

到2035年，形成"规模结构合理、设施品质优良、治理规范有效、运输服务优质"的农村公路交通运输体系，"四好农村路"高质量发展格局基本形成。农村公路网络化水平显著提高，总里程稳定在500万公里左右，基本实现乡镇通三级路、建制村通等级路，较大人口规模自然村（组）通硬化路；管理养护体制机制完备高效、资金保障政策机制完善有力；基础设施耐久可靠、安全防护到位有效、路域环境整洁优美；运输服务总体实现"人便于行""货畅其流"，基本实现城乡公路交通公共服务均等化。农村公路对乡村振兴的服务保障和先行引领作用更加充分，人民群众获得感、幸福感、安全感明显增强，总体满足交通强国建设和农业农村现代化发展需要。

展望到本世纪中叶，全面建成与农业农村现代化发展相适应、与生态环境和乡村文化相协调、与现代信息通信技术相融合、安全便捷绿色美丽的农村公路交通运输体系。农村公路通村达组、联通城乡,实现与特色小镇、美丽乡村、田园综合体、农业产业园区等融合发展,满足人们对农村出行的美好期望,有力支撑和促进乡村全面振兴,适应交通强国建设和农业农村现代化发展需要。

四、主要任务

(一)构建便捷高效的农村公路骨干路网。

总体按照三级及以上公路标准,推进以乡镇及主要经济节点为网点,主要服务乡村地区对外沟通交流及产业经济发展的对外快速骨干公路建设,着力加强与国省干线公路、城市道路、其他运输方式衔接,提高通行能力和运行效率,促进城乡互联互通。结合乡村产业布局和特色村镇建设,推动串联乡村主要旅游景区景点、主要产业和资源节点、中小城镇和特色村庄的区域联网骨干公路建设,促进农村公路与乡村产业深度融合发展。

(二)构建普惠公平的农村公路基础网络。

推进农村公路建设项目更多向进村入户倾斜,构建广泛覆盖人口聚居的主要村庄、直接服务农民群众出行和农村生产生活的农村公路基础网络,进一步提高农村公路覆盖范围、通达深度和服务水平,巩固拓展脱贫攻坚成果。结合村庄、经济、产业、人口分布,优化农村公路网络,推进较大人口规模自然村(组)通硬化路建设,对于交通量较小、建养条件困难、高寒高海拔、环境敏感等地区,因地制宜选用合理技术标准和路面形式。有序推进建制村通双车道公路改造、窄路基路面公路拓宽改造或错车道建设。加强通村公路和村内道路连接,统筹规划和实施农村公路的穿村路段,灵活选用技术标准,兼顾村内主干道功能。

(三)营造安全宜人的农村公路交通环境。

打造平安农村路、美丽农村路,夯实农村公路交通安全基础,营造美丽宜人并具有文化氛围的农村交通出行环境。加强农村公路交通安全隐患治理,实施农村公路安全提升工程,及时推进危桥改造,配套建设必要桥梁。加大抢险设备和物资投入,扩大农村公路灾害保险覆盖面,提升农村公路应急保障能力。完善农村公路交通标志、标线,加强农村客、货运营车辆技术维护与安全监管。实施农村公路路域环境洁化、绿化、美化,促进与乡村旅游、生态宜居乡村融合发展,按需完善沿线服务设施和应急设施。

(四)健全运转高效的农村公路治理体系。

健全管理养护制度,进一步夯实县级人民政府农村公路管理养护主体责任。建立以各级公共财政投入为主、多渠道筹措为辅的农村公路养护资金保障机制,建立健全以路况、养护工程里程、养护资金、机构能力建设等为主的农村公路养护绩效考核评价体系。完善县、乡两级农村公路管理机构,大力推广"路长制",充分调动乡、村两级作用和农民群众积极性,形成权责清晰、齐抓共管、高效运转的农村公路管理养护体制。创新农村公路管理模式,加快应用现代化信息技术,建立农村公路管养智能化、信息化管理平台。加强农村公路路政管理,强化农村公路安全保护能力建设,建立健全路产路权保护队伍,抓好抓实治超工作,规范限高限宽等物防设施设置,鼓励有条件的地区探索非现场执法工作。

(五)完善适用多元的农村公路养护运行机制。

推进农村公路养护市场化改革,建立政府与市场合理分工的养护生产组织模式,提高养护专业化、机械化、规模化水平。推进农村公路养护规范化发展,完善农村公路养护技术标准,推广低成本、高效率、标准化、易操作养护技术。通过设置多种形式的公益性岗位,吸收农民群众参与农村公路日常养护。创新多种养护模式,尝试对不同行政等级道路组成的农村公路骨干路网实行集中统一养护,探索破除传统国省干线公路和农村公路养护界限,合理划分养护区域,对区域内的国省干线公路和农村公路实施一体化养护。

(六)发展便民多元的农村客运服务体系。

加快建立农村客运政府购买服务制度,因地制宜推进农村客运结构调整和资源整合,采用城乡公交、定线班车、区域经营或预约响应等多种客运组织模式,加快实现有条件的地区农村客运网络全覆盖,尽可能提高农村客运公交化运行比重,推进城乡客运一体化发展。加强农村客运运营安全管理,推广应用农村客运运营与安全信息系统,全方位加强农村运输事前、事中、事后监管。有条件地区灵活采用"城乡公交+镇村公交""城乡公交+班线客运公交化改造"等多种模式推动全域公交发展,其他地区重点推动城乡基本公共客运服务均等化,适应城乡融合发展需要,满足基本公共客运服务供给,保障农村群众"行有所乘"。

(七)发展畅通集约的农村物流服务体系。

综合利用交通、邮政、快递、农业、商贸等资源,构建县、乡、村三级农村物流节点体系,补齐农村地区物流基础设施建设短板,提升农村物流网络覆盖率。推动邮政物流、农村客运小件快运、电商快递、冷链物流、货运班车等多种形式农村物流发展,畅通农产品进城、农业生产资料和农民生活消费品下乡的物流服务体系,促进城乡物流网络均衡发展。鼓励交通运输、商贸、供销、电商、邮政、快递等企业开展农村物流统仓共配,提升效率、降低成本。鼓励各地因地制宜打造农村物流服务品牌,集约化发展农村现代物流并加强与上下游产业一体化发展,有条件地区发展智慧物流。

五、保障措施

(一)加强组织领导。

地方各级交通运输主管部门要充分认识农村公路服务支撑乡村振兴战略和加快建设交通强国的重大意义,在同级党委政府领导下,加强与发展改革、财政、农业农村、住建等部门合作,推动将"四好农村路"高质量发展纳入地方党委和政府绩效考核范畴,建立健全激励约束机制。

(二)完善资金政策。

继续通过车购税资金、中央基建投资、成品油税费改革转移支付等现有渠道支持农村公路发展,在中央均衡性转移支付中进一步考虑农村公路管理养护因素,加大省、市、县三级公共财政资金支持力度,落实将农村公路养护资金及管理机构运行经费和人员基本支出纳入一般公共财政预算,加强对农村客运发展的支持力度,推动建立政府购买服务或运营补贴制度。将农村公路发展纳入地方政府一般债券重点支持范围,鼓励地方人民政府将农村公路建设和一定时期的养护进行捆绑招标。鼓励采取投资补助、以奖代补、先建后补、先养后补等灵活方式支持农村公路发展。努力拓宽筹资渠道,积极引导社会资本参与。

(三)强化要素保障。

加强与国土空间规划等相关规划及土地政策的衔接,推动简化农村公路用地、环评手续,提高审批效率。加强人员队伍建设,强化使用与激励机制建设,改善人员保障的基础条件和软硬件环境。加强科技创新,深化研究和推广经济、耐久、可靠、安全的农村公路建设养护技术,逐步完善农村公路信息化、标准化管理手段,推动数字资源赋能农村公路发展,探索新一代信息技术在农村交通运输领域的应用场景,推动农村公路高质量发展。

(四)加强制度建设。

推动农村公路法律法规和规章制度建设,推动修订《中华人民共和国公路法》《中华人民共和国道路运输条例》、制定《农村公路条例》,出台和完善农村公路政策性文件和技术标准。地方各级人民政府结合地区特点组织编制好农村公路中长期发展规划,明确发展方向和目标任务。地方各级交通运输主管部门按照因地制宜、经济适用、生态环保的理念,加强农村公路发展的地方标准和规章制度的制定工作。

(五)发挥示范引领。

推动"四好农村路"示范创建提质扩面,深化城乡交通运输一体化示范县创建,通过现场会、培训讲座交流、专题宣传报道等多种方式,积极推广和传播各示范样板的先进做法和有效经验,营造"四好农村路"和城乡交通运输一体化发展的良好氛围,发挥好示范引领作用,以点带面、全面提升全国农村公路发展水平。

7. "四好农村路"督导考评办法

(交公路发〔2017〕11号)

第一章 总 则

第一条 为进一步把农村公路建好、管好、护好、运营好,建立健全督导考评体系,根据《中华人民共和国公路法》、《公路安全保护条例》、《道路运输条例》、《农村公路建设管理办法》、《农村公路养护管理办法》等法律法规规章,制定本办法。

第二条 本办法适用于对中央确定的农村公路发展任务,以及部、省、市、县确定相关任务、目标和主要政策落实情况的督导考评工作。

第三条 督导考评应当遵循科学评价、突出重点、奖优罚劣的原则。

第四条 督导考评实行逐级督导考评制,原则上分为部、省、市、县四个级。

部级督导考评对象为省级交通运输主管部门,省级督导考评对象为市级交通运输主管部门或县级交通运输主管部门,市级督导考评对象为县级交通运输主管部门,县级督导考评对象为乡道、村道的管理单位。

第五条 交通运输部负责部级督导考评的组织实施,指导全国督导考评工作。

省级交通运输主管部门负责省级督导考评的组织实施,协助、配合部级督导考评工作,监督指导本辖区督导考评工作。

省级以下督导考评规则由省级交通运输主管部门制定。

第六条 各级交通运输主管部门应当定期开展督导考评工作,突出目标导向和结果导向,推动重点任务完成和政策落实,强化行业管理,不断提升"四好农村路"服务"三农"和脱贫攻坚的能力和水平。

第七条 各级交通运输主管部门应当积极将"四好农村路"工作纳入地方政府目标考核体系。

第二章 督导考评内容

第八条 部级督导考评内容包括中央年度任务落实情况、政策法规保障情况,以及农村公路建设、管理、养护、运营等方面。

省级及以下督导考评内容由各级交通运输主管部门在上级督导考评内容基础上,结合本地区实际确定。

第九条 中央年度任务落实以任务分解、监督实施、督促整改为考评重点,主要包括中央一号文件、国务院政府工作报告和部确定的"四好农村路"年度工作任务等。

第十条 政策法规保障考评以国家政策落实和相关制度制定情况为考评重点,主要包括以下几个方面:

(一)"四好农村路"相关法律法规规章落实情况。

(二)省级"四好农村路"法规和规章制定情况。

(三)争取省级政府出台"四好农村路"支持政策和纳入地方政府绩效考核情况。

(四)"四好农村路"工作安排部署、组织推动、示范县创建和政策激励等情况。

第十一条 "建设好"以资金投入和行业管理等为考评重点,主要包括以下几个方面:

(一)建设资金筹集、建设任务落实和服务农村经济社会发展情况。

(二)生命安全防护和危桥改造工程开展情况。

(三)行业监督管理和基本建设程序规范情况,建设质量管理的制度体系完善情况,整改措施落实和建设标准、质量达标等情况。

(四)"三同时""七公开"制度落实情况。

第十二条 "管理好"以机构人员配备、路产保护和路域治理等为考评重点,主要包括以下几个方面:

(一)县、乡农村公路管理机构和村级议事机制完善情况,管理机构和人员经费纳入地方政府财政预算情况。

(二)路政、运政行业管理情况。

(三)路产路权保护的部署和落实情况,推进超载超限治理、用地确权等情况,爱路护路乡规民约、村规民约制定和执行情况。

(四)路域环境治理情况,"路田分家"、"路宅分家"情况。

第十三条 "养护好"以资金保障、养护工程开展、路况水平和行业管理等为考评重点,主要包括以下几个方面:

(一)《农村公路养护管理办法》规定的养护资金相关政策落实情况。

(二)列养率和大中修工程开展情况,优、良、中等路率目标完成情况。

(三)路况检测、评定和决策科学化情况,养护台账情况。

(四)养护管理规范化、市场化、专业化情况。

第十四条 "运营好"以客货运发展情况为考评重点,主要包括以下几个方面:

(一)具备条件的乡镇、建制村通客车情况。

(二)农村客运班线安全通行条件审核情况。

(三)城乡客运一体化发展情况。

(四)覆盖县、乡、村三级的农村物流体系建设情况。

第十五条 部级督导考评根据农村公路发展阶段,选取可量化、可评价、典型性的指标,评分标准在每年交通运输部制定的督导考评实施方案中予以明确。

第三章 督导考评实施

第十六条 督导考评工作流程原则上按印发督导通

知、组成督导考评工作组、实地督导考评、印发督导考评情况通报的程序进行。

第十七条 督导考评实行督导考评工作组负责制。

部级督导考评由交通运输部从各地抽调负责农村公路工作的专家组成督导考评工作组。组长由部内相关司局或委托省级交通运输主管部门负责同志担任。

省级及以下督导考评由当地交通运输主管部门组织，可采用自检、交叉互检、委托第三方检查或检测等方式。组长原则上由相关交通运输主管部门负责同志担任。

第十八条 交通运输部根据全国"四好农村路"开展情况，在每年一季度确定部级督导考评省份和实施方案，每个省份至少实地督导分属不同地市的两个县。其中，一个县由受检查省份推荐，一个县由部督导考评工作组选定。

省级及以下督导考评对象和实地督导相关要求由各级交通运输主管部门确定。

第十九条 实地督导考评一般采用座谈了解、检查内业资料、数据核算、现场检测或检查的方法，并按照评分标准打分，准确客观进行考评。

第二十条 督导考评工作组应与受检单位交换督导考评意见。

第四章 督导考评结果运用

第二十一条 部级督导考评结果由交通运输部向省级交通运输主管部门通报，抄送省级人民政府办公厅。

省级及以下督导考评结果通报方式由省级交通运输主管部门确定。

第二十二条 省级交通运输主管部门应在接到督导考评通报的两个月内向交通运输部反馈整改方案，并根据整改进展及时报告阶段性成果。

第二十三条 部级督导考评结果作为交通运输部评判各地"四好农村路"开展情况的主要依据。

对年度任务落实不力，进度严重滞后，以及在督导考评中弄虚作假的，交通运输部将予以通报批评，并采取相应惩戒措施。

第二十四条 省级交通运输主管部门应当建立健全督导考评结果与投资和荣誉等相挂钩的奖惩机制，充分发挥督导考评结果的激励作用。

第五章 附 则

第二十五条 省级交通运输主管部门应根据本办法制定实施细则，指导市县落实本办法相关规定。

第二十六条 本办法由交通运输部公路局负责解释。

第二十七条 本办法自 2017 年 1 月 18 日起施行。

8. 交通运输部关于推进"四好农村路"建设的意见

(交公路发〔2015〕73号)

为深入贯彻落实党中央、国务院对"三农"工作部署和习近平总书记对农村公路的重要指示精神,加快推进农村公路建管养运协调可持续发展,到2020年实现"建好、管好、护好、运营好"农村公路(以下简称"四好农村路")的总目标,现提出如下意见。

一、充分认识推进"四好农村路"建设的重大意义

农村公路是保障农民群众生产生活的基本条件,是农业和农村发展的先导性、基础性设施,是社会主义新农村建设的重要支撑。2003年,部根据中央"三农"工作的部署要求,提出了"修好农村路,服务城镇化,让农民走上油路和水泥路"的建设目标。2013年,按照党的十八大全面建成小康社会的战略部署,部进一步提出了"小康路上,绝不让任何一个地方因农村交通而掉队"的新目标。11年来,全国新改建农村公路333万公里,新增通车里程117万公里,通车总里程达到388.2万公里,乡镇和建制村通公路率分别达到99.98%和99.82%,通硬化路率分别达到98.08%和91.76%,通客车率分别达到98.95%和93.32%。农村公路的快速发展和路网状况的显著改善,为农村经济发展和社会进步提供了基础保障,为社会主义新农村建设和全面建成小康社会发挥了重要作用。当前,农村公路发展依然存在着基础不牢固、区域发展不平衡、养护任务重且资金不足、危桥险段多、安全设施少、运输服务水平不高等突出问题,与全面建成小康社会的要求还存在较大差距。

党的十八大以来,习近平总书记多次就农村公路发展作出重要指示,在充分肯定农村公路建设成绩的同时,要求农村公路建设要因地制宜、以人为本,与优化村镇布局、农村经济发展和广大农民安全便捷出行相适应,要进一步把农村公路建好、管好、护好、运营好,逐步消除制约农村发展的交通瓶颈,为广大农民脱贫致富奔小康提供更好的保障。

总书记的重要批示,充分体现了党中央对农村公路工作的高度重视,蕴含了对农村公路发展的最新要求和殷切希望。今年至整个"十三五"期,是全面建成小康社会的攻坚期和决战期,全国交通运输系统要全面落实好总书记重要批示,充分认识"四好农村路"建设的重大意义,加快推进农村公路提质增效、科学发展,为全面建成小康社会当好先行官。

二、工作目标与任务

推进"四好农村路"建设,要着力从"会战式"建设向集中攻坚转变,从注重连通向提升质量安全水平转变,从以建设为主向建管养运协调发展转变,从适应发展向引领发展转变。通过转变发展思路和发展方式,实现农村公路路网结构明显优化,质量明显提升,养护全面加强,真正做到有路必养;路产路权得到有效保护,路域环境优美整洁,农村客运和物流服务体系健全完善,城乡交通一体化格局基本形成,适应全面建成小康社会和新型城镇化要求。

(一)全面建设好农村公路,切实发挥先行官作用。

坚持因地制宜、以人为本,使农村公路建设与优化城镇布局、农村经济社会发展和广大农民安全便捷出行相适应。加快完成中西部地区和集中连片特困地区建制村通硬化路任务,加快溜索改桥和渡口改造进度,加大农村公路安保工程和危桥改造力度。到2020年,乡镇和建制村通硬化路率达到100%。同时,有序推进农村公路改造、延伸和联网工程建设。充分发挥先行官作用,促进新型城镇化和农业现代化进程。

新改建农村公路应满足等级公路技术标准。四级公路宜采用双车道标准,交通量小或困难路段可采用单车道,但应按规定设置错车道。受地形、地质等自然条件限制的村道局部路段,经技术安全论证,可适当降低技术指标,但要完善相关设施,确保安全。按照保障畅通的要求,同步建设交通安全、排水和生命安全防护设施,改造危桥,确保"建成一条、达标一条"。到2020年,县乡道安全隐患治理率基本达到100%,农村公路危桥总数逐年下降。

加强农村公路建设管理。各级交通运输主管部门要强化建设市场监管和质量、安全督导,保障质量监督检测能力和条件。切实落实农村公路建设"七公开"制度,加强行业监管,接受社会监督。建设管理单位要落实建设资金和专业技术管理人员,明确质量和安全责任人,切实落实质量安全责任,确保工程质量和使用寿命,特别要加强对桥隧和高边坡施工的质量安全管理。采取"以奖代补"形式的项目,应纳入行业监管范围,执行基本建设程序。到2020年,新改建农村公路一次交工验收合格率达到98%以上,重大及以上安全责任事故得到有效遏制,较大和一般事故明显下降。

(二)全面管理好农村公路,切实做到权责一致,规范运行。

按照建立事权与支出责任相适应的财税体制改革要求,构建符合农村公路特点的管理体制与机制。完善县级农村公路管理机构、乡镇农村公路管理站和建制村村道管理议事机制。乡镇政府、村委会要落实必要的管养人员和经费。到2020年,县级人民政府主体责任得到全面落实,以公共财政投入为主的资金保障机制全面建立;县、乡级农村公路管理机构设置率达到100%;农村公路管理机构经费纳入财政预算的比例达到100%。

按照依法治路的总要求,加强农村公路法制和执法机构能力建设,规范执法行为,不断提高执法水平。大力推广县统一执法、乡村协助执法的工作方式。完善农村公路保护设施，努力防止、及时制止和查处违法超限运输及其他各类破坏、损坏农村公路设施等行为。到2020年，农村公路管理法规基本健全，爱路护路的乡规民约、村规民约制定率达到100%，基本建立县有路政员、乡有监管员、村有护路员的路产路权保护队伍。

在当地人民政府统一领导下，大力整治农村公路路域环境，加强绿化美化，全面清理路域范围内的草堆、粪堆、垃圾堆和非公路标志。路面常年保持整洁、无杂物，边沟排水通畅，无淤积、堵塞。到2020年，具备条件的农村公路全部实现路田分家、路宅分家，打造畅安舒美的通行环境。

（三）全面养护好农村公路，切实做到专群结合，有路必养。

建立健全"县为主体、行业指导、部门协作、社会参与"的养护工作机制，全面落实县级人民政府的主体责任，充分发挥乡镇人民政府、村委会和村民的作用。将日常养护经费和人员作为"有路必养"的重要考核指标，真正实现有路必养。到2020年，养护经费全部纳入财政预算，并建立稳定的增长机制，基本满足养护需求。农村公路列养率达到100%，优、良、中等路的比例不低于75%，路面技术状况指数（PQI）逐年上升。

平稳有序推进农村公路养护市场化改革，加快推进养护专业化进程。以养护质量为重点，建立养护质量与计量支付相挂钩的工作机制。对于日常保洁、绿化等非专业项目，鼓励通过分段承包、定额包干等办法，吸收沿线群众参与。农村公路大中修等专业性工程，逐步通过政府购买服务的方式交由专业化养护队伍承担。有序推进基层养护作业单位向独立核算、自主经营的企业化方向发展，参与养护市场竞争。

以因地制宜、经济实用、绿色环保、安全耐久为原则，建立健全适应本地特点的农村公路养护技术规范体系。加大预防性养护和大中修工程实施力度。积极推广废旧路面材料、轮胎、建筑垃圾等废物循环利用技术。加快农村公路养护管理信息化步伐，加强路况检测和人员培训，科学确定和实施养护计划，努力提升养护质量和资金使用效益。

（四）全面运营好农村公路，切实服务城乡经济社会发展。

坚持"城乡统筹、以城带乡、城乡一体、客货并举、运邮结合"总体思路，加快完善农村公路运输服务网络。建立农村客运班线通行条件联合审核机制。加快淘汰老旧农村客运车辆，全面提升客车性能。强化司乘人员的安全培训和教育，提高从业人员素质。在城镇化水平较高地区推进农村客运公交化，鼓励有条件的地区在镇域内发展镇村公交。通客车的建制村2公里范围内要建农村客运站点（招呼站），选址要因地制宜，充分听取群众意见。农村客运站点（招呼站）应与新改建农村公路项目同步设计、同步建设、同步交付使用。到2020年，具备条件的建制村通客车比例达到100%，城乡道路客运一体化发展水平AAA级以上（含）的县超过60%。

推进县、乡、村三级物流站场设施和信息系统建设，按照"多站合一、资源共享"的模式，推广货运班线、客运班车代运邮件等农村物流组织模式，大力发展适用于农村物流的厢式、冷藏等专业化车型。到2020年，基本建成覆盖县、乡、村三级的农村物流网络。

各省、区、市可结合本地实际，按照本意见，补充完善本辖区工作目标和任务，可适当提高或增加相关指标，一并纳入"四好农村路"建设工作中。

三、措施与要求

推进"四好农村路"建设是今年至"十三五"全国农村公路工作的核心任务。各级交通运输主管部门要高度重视，采取有效措施，精心组织，切实将各项任务和目标落到实处。

一是加强组织领导。部农村公路工作领导小组负责统筹协调和组织指导"四好农村路"建设工作。各省、地市级交通运输主管部门应当成立相应的组织机构，制订工作方案，抓好组织落实。各县级人民政府要成立以政府负责人为组长的领导小组，制定切实可行、符合本地区实际的实施方案，做到任务清晰、责任明确、落实有力。9月底前，各省级交通运输主管部门要将工作方案和工作开展情况报部。同时，各地要高度重视新闻宣传和舆论引导，大力宣传"四好农村路"建设的好经验、好做法以及涌现出的先进集体和先进个人。注重解决好农民群众反映的突出问题，维护好农民群众的合法权益，为农村公路发展创造良好环境。

二是夯实工作责任。各级交通运输主管部门要积极争取以政府名义出台推进农村公路建管养运协调发展的政策措施，争取将"四好农村路"建设工作纳入政府年度考核范围，为工作开展创造良好的政策环境。同时，要落实工作责任，分解工作任务，细化建设目标，充实工作力量，落实资金、机构、人员和保障措施，确保顺利实现"四好农村路"建设各项目标，让百姓看到实效，得到实惠。

三是开展示范县创建活动。各省级交通运输主管部门要高度重视示范引领作用，通过开展"四好农村路"示范县创建活动，充分调动县级人民政府的积极性，落实主体责任，以点带面，全面推进。要制定"四好农村路"示范县标准、申报程序和激励政策。要按照"好中选好、优中选优"和"经验突出、可推广、可复制"的原则，在2016年年底前推出首批"四好农村路"示范县，之后每年推出一批示范县，全面营造比学赶超氛围。示范县由省级交通运输主管部门组织评审，建议以省级人民政府名义授予"四好农村路示范县"荣誉称号。部将及时总结推广各地经验，通报表扬先进集体和先进个人，择时召开"四好农村路"建设现场会，通报各地工作开展情况。

四是加强监督考核。各级交通运输主管部门要加强监督考核工作，重点对责任落实、建设质量、工作进度、资金到位等情况进行检查指导，及时发现和解决存在的问题。要按照"四好农村路"建设的各项工作目标和任务,强化上级交通运输主管部门对下级交通运输主管部门的考核,建立健全考核结果与投资挂钩的奖惩机制。县级交通运输主管部门要加强对乡政府、村委会的督导,充分发挥基层政府和组织在农村公路发展中的作用。

五是加强资金保障。要加快建立以公共财政分级投入为主,多渠道筹措为辅的农村公路建设资金筹措机制。推动各级政府建立根据物价增长、里程和财力增加等因素的养护管理资金投入增长机制。努力争取政府债券、各种扶贫和涉农资金用于农村公路发展。完善"以奖代补"政策,发挥好"一事一议"在农村公路发展中的作用。建立省级补助资金与绩效考核、地方配套等挂钩制度,充分发挥上级补助资金的引导和激励作用。加强资金使用情况监督检查,提高资金使用效益。继续鼓励企业和个人捐款,以及利用道路冠名权、路边资源开发权、绿化权等多种方式筹集社会资金用于农村公路发展。

9. 交通运输部关于推行农村公路建设"七公开"制度的意见

(交公路发〔2014〕100号)

为贯彻落实中央领导同志对农村公路的重要批示精神,进一步做好新时期农村公路建设工作,提高建设管理水平和发展质量,现就推行农村公路建设"七公开"制度提出以下意见。

一、重要意义

农村公路是直接服务"三农"的先导性、基础性设施,对改善农民群众生产生活条件,推动区域经济社会发展具有重要作用。一直以来,农村公路建设总量规模大、单体工程小、项目分散的特点,导致了农村公路建设管理难、质量监控难、资金监管难等问题。为此,河北省经过实践探索,形成了农村公路建设"七公开"制度,规范了建设行为,推动了农村公路建设健康发展,赢得社会的一致好评。部分省份结合实际推行"七公开"制度,也取得了良好效果。

当前,农村公路建设正处于集中攻坚的关键时期,推行"七公开"制度,主动接受社会监督,可以有效规范农村公路建设管理,加强工程质量与施工安全控制,预防腐败现象和各类违规违纪问题发生,使农民群众更好地理解和支持农村公路建设,对提高农村公路发展质量和效益,切实维护群众利益具有重要的推动作用。

二、总体要求

(一)指导思想。

坚持政务公开、公正便民的原则,以贴近基层、服务群众为出发点,以规范建设行为、提升工程质量与安全管理水平为目的,以公开为手段,推进农村公路建设决策公开、管理公开、服务公开、结果公开,及时、准确地公开信息,广泛、全面地接受监督,以公开促转型、促发展,更好地为农村经济社会发展和农民群众出行服务。

(二)工作原则。

——公开透明、全面真实。认真梳理确定公开内容,凡涉及农村公路建设的应公开尽公开,内容要全面、真实、准确,便于群众获知、理解,形成长效机制。

——规范运行、公正便民。建立程序严密、运行合理、监督有力、制约有效的公开制度,科学确定公开程序,合理界定公开范围,严格规范公开行为。

——注重实效、利于监督。结合当地社情、农情、民情,因地制宜、灵活多样、简便及时地组织实施,方便群众了解情况,有利于实施社会监督,保障群众的知情权、参与权、监督权。

——分业推进、分级负责。按照农村公路建设、养护管理和农村客运等领域的不同特点,分步推进公开工作。地方各级交通运输主管部门和乡镇政府、村委会各负其责,合力推进。

(三)公开内容。

1. 建设计划。省(区、市)、市(地、州、盟)、县(市、区)、乡(镇)、村农村公路建设计划按层级公开。

2. 补助政策。公开农村公路建设资金补助政策,包括县、乡、村道及危桥改造、安保工程等的补助标准和资金。

3. 招投标。符合招标条件的农村公路建设项目,应公开建设规模、技术标准、招标方式、标段划分、评标方法、中标结果、监督机构等。

4. 施工管理。公开工程概况、施工许可(以年度计划替代施工许可的小型项目除外)、参建单位(建设单位、设计、施工、监理等)、岗位职责、质量安全控制、进度计划、主要原材料等信息。

5. 质量监管。公开质量管理单位或监督机构、主要职责、质监负责人、联系方式、检查内容及方法、检查结果等。聘请村民监督员的,相关信息也同时公开。

6. 资金使用。公开建设资金筹措、资金来源、资金到位、拨付情况等。

7. 工程验收。公开工程验收方式、评定结果、竣(交)工验收鉴定书等。

(四)目标任务。

从2014年开始,使用公共财政资金的农村公路建设项目应逐步实行"七公开",并着手制订具体落实措施,明确工作推进时间、公开的主体和平台。从2015年起,所有使用公共财政资金的农村公路建设项目必须实行"七公开",并建成内容科学、系统配套、管理有效的公开制度体系和管理办法,形成公开工作长效机制。

鼓励有条件的地区拓展"七公开"内容,扩大成果运用,把公开工作向农村公路养护管理和农村客运工作延伸。

三、工作重点

(一)完善制度。加强制度设计,建立健全规范运行的制度体系,逐步拓宽"七公开"内容,把经验做法固化为制度,提高制度的科学性、针对性、可操作性。要加强"七公开"工作配套制度的建设,建立完善责任落实、监督检查、工作评价和量化考核等制度体系,注重新情况、新问题的研究,把"七公开"工作规范化、长效化。

(二)突出重点。要突出建设计划公开,严肃计划管理,防止随意变更;突出招投标公开,确保公平、公正,择优选择队伍;突出质量管理公开,鼓励群众参与质量监督,保证工程质量和耐久性;突出资金管理公开,确保资金使用安全,使有限资金发挥最大的效应;突出工程验收公开,全面检验和评价建设工程,让群众放心,让人民满意。

(三)畅通渠道。按照"便捷高效、利于监督"的要求搭建公开载体和平台,拓展信息公开渠道,明确工作主体责任,实现公开内容的适时查询。县级以上地方交通运输主管部门和农村公路管理机构要充分利用政府门户网站、报刊杂志、广播电视等媒介发布信息,乡镇政府(农村公路管理站所)、村委会要利用宣传橱窗、公开栏等传播平台公布信息,从业单位要在施工现场以公示牌的形式公开项目信息。

(四)增强时效。建立农村公路建设信息公开内容与时间相适应的机制,做到定期、定时公开与及时、即时公开相结合,长期公开与阶段性公开、动态公开相结合,切实发挥公开实效。对于农村公路建设政策、规章制度等相对固定的内容要长期公开,年度建设计划、资金使用情况等常规性工作要定期公开,招投标、施工管理、质量控制、验收结果等阶段性信息要及时公开。对于应公开的内容,不得避重就轻选择性公开,不得无故撤消、删减,不得推迟、拖延。

四、保障措施

(一)加强组织领导。要加强对"七公开"工作的组织领导,省级交通运输主管部门要迅速制定具体细则和实施方案,细化公开内容,落实公开流程,精心组织实施,做到思想统一、领导有力、措施有效、落实到位。要完善各层级的协作机制,形成"统筹协调、分级负责、层层落实、协同推进"的工作格局。

(二)强化业务指导。加强业务工作指导,明确责任分工,逐级分解目标。省级交通运输主管部门负责制定相关制度、掌握工作动态和组织监督检查;地(市、州)级交通运输主管部门负责组织实施和监督检查;县级交通运输主管部门是推进"七公开"工作的责任主体,要加强对乡镇、村委会"七公开"工作的业务指导和相关从业单位的督促要求。

(三)注重宣传引导。要充分利用新闻媒体、政府网站、宣传标语、村务公告等传播媒介宣传"七公开"工作,在加强日常宣传的同时抓好重大事件、重要时段的宣传,整合宣传资源,扩大宣传效果,丰富宣传手段,让基层政府、社会各界和农民群众了解农村公路发展政策措施,了解农村公路建设进展情况,树立交通运输部门良好的行业形象,营造农村公路发展氛围。

(四)实化检查督导。要加强督促检查,建立考核机制,加强信息沟通和协调,采取行业巡查、专项检查和日常检查相结合的方式,重点检查公开形式是否规范、公开内容是否全面真实、公开时限是否及时、投诉举报的问题是否整改到位,加大督导推进力度。交通运输部将结合农村公路专项督导对"七公开"落实情况进行检查,检查结果在全国通报,对经验做法予以表彰和推广。

推行"七公开"制度是新时期农村公路建设的一项重要工作。各级交通运输主管部门要把推行"七公开"作为践行党的群众路线、改进工作作风、提高服务水平的重要抓手,采取有力、有效的措施,把工作抓实、抓好,全面完成建设任务和目标,为农村地区经济社会发展和同步进入小康提供坚实的交通运输保障。

交通运输部
2014 年 5 月 4 日

10. 交通运输部办公厅关于进一步加强农村公路建设和质量管理的通知

(交办公路〔2019〕97号)

各省、自治区、直辖市、新疆生产建设兵团交通运输厅(局、委):

为认真贯彻落实习近平总书记"四好农村路"重要指示精神,推动"四好农村路"高质量发展,提高农村公路整体服务水平,促进农村公路健康、持续发展,经交通运输部同意,现就加强和规范农村公路建设和质量管理有关事项通知如下:

一、提高思想认识,提升工程品质

农村公路建设工程质量是"四好农村路"的基础,也是推进"四好农村路"高质量发展的内在要求和根本保证。近年来,各地区交通运输部门认真贯彻落实中央领导同志有关指示批示精神,不断加强农村公路建设管理,在工程建设和质量管理方面取得了显著成效,有力推动了农村公路从规模速度型向质量效益型转变。同时,部分地区也反映出农村公路质量监管薄弱、工程质量问题有所反弹的情况。各地区要高度重视,树立"高品质建设就是最好的养护"理念,按照《农村公路建设管理办法》(交通运输部令2018年第4号)、《农村公路建设质量管理办法》(交安监〔2018〕152号)、《小交通量农村公路工程技术标准》(JTG 2111—2019)要求,切实强化农村公路建设和质量管理,勿让民心工程变失心工程。

二、推动制度建立,强化建设管理

(一)规范建设管理程序。一是统筹考虑城镇和乡村发展,强化国土空间规划、乡村振兴规划指导约束作用,因地制宜构建层次清晰、功能完备的农村公路网络。二是农村公路建设应当坚持发展与财力相统筹、速度与能力相匹配、需求与民意相结合,合理确定公路技术等级。三是省级交通运输主管部门可会同同级有关部门确定重要农村公路建设项目和一般农村公路建设项目的具体划分标准,符合法定招标条件的,应依法进行招标,重点项目应单独招标,一般农村公路建设项目可以多个项目一并招标。

(二)推动建立长效机制。一是建立"双随机一公开"抽查制度。鼓励地方各级交通运输主管部门按照"四不两直"的要求,采取随机抽取项目、随机选派检查人员、检查情况向社会公开的方式,对农村公路建设项目进行抽查。二是建立约谈挂牌督办制度。省级、市级交通运输主管部门要制定本地区质量约谈和挂牌督办制度,对农村公路质量问题频发、质量形势严峻的地区,或者质量问题十分突出的工程项目,组织约谈或挂牌督办,挂牌督办结果应向社会公开。三是建立信用评价机制。省级交通运输主管部门应当建立农村公路建设信用评价体系,由县级交通运输主管部门对农村公路建设项目有关单位进行评价,并实施相应守信联合激励和失信联合惩戒。

(三)落实"七公开"工作制度。农村公路建设项目年度计划、补助政策、招标投标、施工管理、质量监管、资金使用、工程验收等信息,按照有关规定向社会公开,广泛接受人民群众的监督,对群众反映的问题及时核实处理,保证监督渠道畅通,提高人民群众满意度,加快形成"政策透明、制度公开、要求明确、管理有效、监督到位"的长效机制。

三、压实质量责任,加强质量监管

(一)严格落实工程质量责任。一是严格落实农村公路工程质量责任终身制,项目业主、勘察、设计、施工、监理、试验检测等单位应当明确相应的项目负责人和质量负责人,按照国家法律法规和有关规定在工程合理使用年限内承担相应的质量责任。二是严格落实项目业主责任制,制定工程项目管理制度,明确质量目标,落实专人负责质量管理,加强对关键人员、施工设备等履约管理,组织开展质量检查,督促有关单位及时整改质量问题。三是严格落实合同管理制,项目业主应当与勘察、设计、施工、监理等从业单位签订合同,按照有关规定在合同中约定工程质量等相关条款,并签订质量责任书等,确保农村公路项目高质量完成。

(二)强化项目监管能力。一是强化基层质量监督能力建设。地方各级交通运输主管部门要建立完善农村公路质量监督机制,落实机构和人员,按照分级负责的原则履行农村公路建设质量监管职责。二是强化质量关键环节管控。按照《交通运输部办公厅关于提升农村公路工程质量耐久性的实施意见》(交办安监〔2018〕139号)要求,重点把控设计关、开工关、公示关、技术交底关、原材料质量关、验收关、考核关、信用关等"八大关",提升质量把控能力。三是强化社会监督。鼓励聘请技术专家,组织当地群众代表参与农村公路建设质量监督和项目验收,交通运输主管部门应当加强对群众质量监督员的技术指导和业务培训。

(三)加强工程质量监督检查。农村公路建设质量监督检查工作,可采用巡视检查、突击检查、专项督查等方式,重点加强从业单位执行质量法律法规规章和工程强制性标准情况、从业单位关键人及关键设备到位情况、影响工程安全耐久的关键部位和关键指标、试验检测工作、工程档案管理等抽查检查。

地方各级交通运输主管部门要高度重视农村公路建设管理工作,切实落实建设主体责任,提高农村公路建设质量,为农村地区经济社会发展和实现乡村振兴提供坚强的交通运输保障。

交通运输部办公厅
2019年11月29日

11. 交通运输部办公厅关于开展农村公路建设质量"两服务一培训"志愿帮扶工作的通知

(交办安监函〔2021〕531号)

各省、自治区、直辖市、新疆生产建设兵团交通运输厅(局、委):

为深入贯彻习近平总书记关于扶贫工作重要论述,部连续3年组织开展农村公路扶贫公路质量检测志愿帮扶工作。为全力做好巩固拓展脱贫攻坚成果同乡村振兴有效衔接工作,落实"四个不摘"要求,持续解决基层实际困难,提升农村公路质量监管水平,现组织试验检测机构志愿开展农村公路质量检测帮扶服务、试验检测机构进现场技术服务以及对县级农村公路监管人员培训(以下统称"两服务一培训")。有关事项通知如下:

一、总体要求

聚焦农村公路工程建设质量关键指标和监管技术能力,通过"两服务一培训"志愿帮扶方式,帮助基层提升农村公路质量监管能力和水平,志愿帮扶项目向更多进村入户的农村公路倾斜,助力建设"四好农村路"。

志愿帮扶工作坚持自愿报名、义务参与、热情服务、信守承诺、统筹安排的原则,注重服务培训质量和工作效率,确保检测数据真实和服务培训内容适用。

二、帮扶任务

(一)农村公路质量检测帮扶服务。

1. 检测项目。

在建农村公路工程项目。每个检测机构负责2个县的检测任务,每个县最少抽2个项目,合计里程不少于20公里,以乡道、村道工程项目为主。

2. 检测指标、检测频率及方法。

(1)路基工程。

①压实度,采用挖坑灌砂法检测,每公里随机检测1个点,1个项目最多抽3个点。

②弯沉,采用自动弯沉仪或贝克曼梁检测,每公里随机检测20个点,1个项目随机检测2公里。

(2)路面工程。

沥青混凝土路面压实度和厚度,采用钻芯法检测,水泥混凝土路面弯拉强度和厚度,采用钻芯劈裂法检测。每公里随机检测1个点,1个项目最多抽3个点。

(3)桥梁工程。

①混凝土强度,采用回弹法检测,每个桥梁结构物选择2个构件,每个构件随机检测3处测区。

②钢筋间距和保护层厚度,采用钢筋探测仪检测,每个构件随机检测3处测区。

(4)隧道工程。

混凝土强度,采用回弹法检测,每个隧道衬砌工程随机检测5处测区。

(5)交通安全设施。

①标线厚度,采用标线厚度测量仪或卡尺测量,每公里随机检测3处,每处检测6个点。

②波形梁钢护栏梁板基底金属厚度,采用千分尺测量,每公里随机检测10块。

③立柱埋置深度,采用埋深测量仪测量或尺量,每公里单侧随机抽测5处。

④标志基础尺寸,每个基础长度、宽度各测2点,每公里单侧随机抽测10处。

⑤混凝土护栏强度,采用回弹法检测,每公里单侧随机抽测5处。

3. 检测依据。

设计文件、合同文件,地方发布的相关标准,《公路路基路面现场测试规程》(JTG E60—2008)、《公路工程质量检验评定标准 第一册 土建工程》(JTG F80/1—2017)等。

(二)试验检测机构进现场技术服务。

试验检测机构组织技术人员深入工程现场,进行实操指导,理论和实践相结合,提高服务效果。对县级交通运输主管部门和有关建设各方的试验检测技术人员进行指导服务,提高基层质量检测水平。

(三)对县级农村公路监管人员开展培训。

针对农村公路县级监管力量薄弱的情况,通过现场授课、线上课堂等方式,组织检测技术人员开展培训,宣讲相关技术知识,提高基层质量安全监管水平。

三、组织安排

省级交通运输主管部门负责组织农村公路建设质量"两服务一培训"志愿帮扶具体工作,可委托相关机构组织实施,县级交通运输主管部门做好配合。

公路工程综合乙级及以上等级(含专项资质)的试验检测机构可自愿向注册地或工作地的省级交通运输主管部门报名,并承诺提供真实可靠的检测、指导、培训资料,省级交通运输主管部门对其资格能力进行审核,统筹安排志愿帮扶工作。

检测机构按照要求开展检测,2021年10月30日前,将检测数据汇总表(附件1)、分析报告(附件2)以及现场技术服务汇总表(附件3)和培训汇总表(附件4)报部和省级交通运输主管部门。请接受帮扶的项目建设单位和地方交通运输主管部门做好配合工作。报部的数据汇总表、分析报告以及现场技术服务、培训情况汇总表需同步报送电子版。

四、保障措施

志愿帮扶工作严格落实自愿免费原则,严禁变相收费。地方各级交通运输主管部门要加强组织领导,明确责任部门,对参加志愿帮扶、工作认真、数据翔实的检测机构应予通报表扬和信用评价奖励,部将会同有关单位做好检测机构信用记录。

联系人:段金龙,电话:010-65292775,邮箱:gongluchu@mot.gov.cn,传真:010-65292776。

交通运输部办公厅
2021年4月1日

12. 交通运输部　国家发展改革委　财政部　自然资源部　农业农村部　国务院扶贫办　国家邮政局　中华全国供销合作总社关于推动"四好农村路"高质量发展的指导意见

（交公路发〔2019〕96号）

推动"四好农村路"高质量发展是贯彻落实习近平总书记关于"四好农村路"重要指示精神、满足新时代人民群众对美好生活需要的重要举措，是支撑服务脱贫攻坚、乡村振兴和建设现代化经济体系的客观要求，是推动交通运输高质量发展、建设交通强国的应有之义，现就推动"四好农村路"高质量发展提出如下意见。

一、总体要求

（一）指导思想。

以习近平新时代中国特色社会主义思想为指导，全面贯彻落实党的十九大和十九届二中、三中全会精神，深入贯彻落实党中央、国务院决策部署，坚持以人民为中心的发展思想，坚持新发展理念，以推动"四好农村路"高质量发展为主题，以深化供给侧结构性改革为主线，以实施补短板、促发展、助增收、提服务、强管养、兴示范、夯基础、保安全"八大工程"为重点，以改革创新为根本动力，聚焦突出问题，完善政策机制，加快农村公路发展从规模速度型向质量效益型转变，有力支撑交通强国建设，为服务打赢脱贫攻坚战、实施乡村振兴战略和建设现代化经济体系提供坚实的农村交通运输保障。

（二）基本原则。

坚持党的领导，推动完善党委领导、政府主导、行业指导、部门联动的工作机制，进一步夯实地方政府主体责任；坚持农民主体地位，尊重农民意愿，不断增强农民获得感、幸福感、安全感；坚持改革创新，破除制约高质量发展的体制机制障碍；坚持绿色发展，实现路与自然和谐共生；坚持统筹推进，促进农村公路与产业融合发展；坚持因地制宜，结合农村交通运输发展特征和需求差异，分类指导、精准施策。

（三）发展目标。

到2025年，农村交通条件和出行环境得到根本改善，基本建成布局合理、连接城乡、安全畅通、服务优质、绿色经济的农村公路网络，政策体系基本健全，建管养运可持续发展长效机制基本建立，治理能力和水平显著提高，物流体系基本完善，运输服务品质显著提升，服务乡村振兴战略、统筹城乡发展和建设现代经济体系作用明显。

到2035年，城乡公路交通公共服务均等化基本实现，体系完备、治理高效的农村公路管理养护体制机制全面建立，农村公路全面实现品质高、网络畅、服务优、路域美，有效支撑交通强国建设，服务乡村振兴战略、统筹城乡发展和建设现代经济体系作用更加充分。

到2050年，农村交通更加安全便捷、智能高效、绿色低碳，充分满足广大群众对美好出行的需求，保障乡村全面振兴，助力建成社会主义现代化强国。

二、工作重点

（一）实施"脱贫攻坚补短板工程"。加快补齐农村交通供给短板，向深度贫困地区聚焦发力，重点解决通硬化路、通客车等问题。加大农村公路"油返砂"和"畅返不畅"整治力度。加大通客车不达标路段的建设改造力度，因地制宜推动农村公路加宽改造，完善安保设施。加快推进撤并建制村、抵边自然村、云南"直过民族"和沿边地区20户以上自然村通硬化路建设。2019年底前实现具备条件的乡镇和建制村通硬化路，2020年底前实现具备条件的建制村通客车，为广大农村实现全面建成小康提供有力支撑。

（二）实施"乡村振兴促发展工程"。科学规划、扎实推进农村公路建设，构筑畅通优质路网系统，重点解决农村公路等级低、路网不完善等问题，引领乡村产业发展。统筹考虑城镇和乡村发展，强化国土空间规划、乡村振兴规划指导约束作用，因地制宜构建层次清晰、功能完备的农村公路网络。加快路网提档升级，有序推进低等级公路升级改造。推进"农村公路＋产业"融合发展，与旅游、产业发展规划有效衔接，加快通往主要产业经济节点公路建设，推进国有农林场公路建设。结合村庄布局调整，分类推进自然村组通公路建设，更多地向进村入户倾斜。按职责推进村内道路建设。鼓励将农村公路与产业、园区、乡村旅游等经营性项目实行一体化开发。鼓励农村公路在适宜位置增设服务设施，拓展路域旅游服务功能。强化路域环境治理，结合农村人居环境整治，坚持路域环境治理与村容村貌改善同步实施，持续推进"路田分家""路宅分家"，打造"畅、安、舒、美"出行环境。到2025年，有需求的地区实现乡乡都有产业路或旅游路，全国农村公路等级公路比例平均达到95％以上。

（三）实施"凝聚民心助增收工程"。充分调动各方特别是农民群众的积极性，切实发挥农民群众主体作用，使群众成为农村公路发展的参与者、监督者和受益者。建立和完善村道议事机制，鼓励采取一事一议、以工代赈等方式组织村道管养工作。通过设置多种形式公益性岗位，吸收农民群众特别是贫困户参与农村公路建设、养护。推广将村道日常养护交由农民群众承包，鼓励农民群众参与配套设施的经营维护，帮助农民创收增收。落实"七公开"制度，引导农民群众参与农村公路工程监督和项目验收，推行养护信息公开，将农民群众满意度纳入农村公路考评体系，切实提升农民群众的话语权。

（四）实施"统筹城乡提服务工程"。推进城乡交通运输一体化发展,推动运输服务提质升级,建立优质高效、开放共享的运输服务体系。扩大农村客运覆盖范围,建立农村客运可持续稳定发展长效机制,完善用地、资金、财税扶持等支持政策,实现农村客运"开得通、留得住、有收益"。创新农村客运运营组织模式,因地制宜采取城市公交延伸、农村客运公交化运营、农村客运班线、区域经营、预约响应等客运模式,鼓励农村客运车辆代运邮(快)件。坚持"资源共享、多站合一",鼓励农村客货统筹、运邮协同、物流配送发展,将管理、养护、客运、货运、物流、邮政、供销网点、快递、电商等多种服务功能整合融为一体,提升站点覆盖率。推进县、乡、村三级物流网络节点建设,改造完善田头市场设施设备,鼓励推广应用新能源、冷藏保温等专业设备和车型,提升农村物流综合服务能力。到2020年,基本实现全国建制村直接通邮。到2022年,通过邮政、快递渠道基本实现建制村电商配送服务全覆盖。到2025年,县、乡、村三级农村物流网络体系进一步完善。

(五)实施"长效机制强管养工程"。加快推进农村公路建设和管养体制改革,建立管养长效机制,重点解决重建轻养、资金不足、机制不健全等问题。推动出台《深化农村公路管理养护体制改革的意见》,加快形成权责清晰、齐抓共管、高效运转的管理机制和以各级公共财政投入为主、多渠道筹措为辅的资金保障机制。强化责任落实,定期开展绩效考核,建立考核结果与财政资金安排相挂钩的考核机制。建立专群结合养护运行机制,分类有序推进农村公路养护工程市场化改革。创新养护运行机制,鼓励将农村公路建设和一定时期的养护进行捆绑招标施工方;鼓励将干线公路建设养护与农村公路捆绑实施;鼓励通过签订长期养护合同、招投标约定等方式引导企业参与,提高养护机械化水平;探索开展农村公路灾毁保险。到2022年,县、乡级农村公路管理养护责任落实率达到100%,农村公路管理机构运行经费及人员支出纳入政府预算安排的比例达到100%,农村公路列养率达到100%,年均养护工程实施比例不低于5%;到2025年,优良中等路率达80%以上。

(六)实施"典型带动、示范引领工程"。深化示范县创建,健全发展长效机制,发挥示范引领作用,将"四好农村路"全国示范县打造成推动"三农"工作的金字招牌。结合实际,探索开展示范市创建、"爱路日"活动等示范创建,鼓励地方在推动"四好农村路"高质量发展中建立新机制、出台新政策、尝试新方法,鼓励有条件地区在高质量发展上实现新突破。开展"美丽农村路"建设,结合美丽乡村建设,建设宜居宜业宜游的"美丽农村路"。积极弘扬公路文化,深挖彰显本地特色的公路发展历程和人文底蕴,推动优秀公路文化传承和创新。到2025年,每个地市至少创建一个省级示范县,实现乡乡都有美丽农村路。

(七)实施"现代治理夯基础工程"。重点解决法治保障、基层治理能力不足等问题,提升农村公路治理能力。推进修订公路法,加快《农村公路条例》立法进程,加快推动农村公路地方立法。完善政策体系,强化政策引导和能力建设指导。大力推行"路长制",进一步完善农村公路治理体系。强化路政管理和执法能力建设,加强路产路权保护,加大农村公路超限运输治理力度,按需依法依规设置乡道、村道限高、限宽设施及警示标志,探索通过民事赔偿保护路产路权,将爱路护路要求纳入乡规民约和村规民约。完善技术指导体系,因地制宜推动地方标准规范建设,加快构建绿色、美丽公路指标体系,加大公路建养技术指导力度,大力推广农村公路科技成果。积极应用卫星遥感等技术,完善统计监测体系。加强新一代信息技术融合应用,推动农村公路智能化升级。到2022年,农村公路法规体系基本健全,形成"有人养路、有钱养路、有人管路"的工作格局,建立"县有路政员、乡有监管员、村有护路员"的路产路权保护队伍,爱路护路乡规民约、村规民约制定率达到100%。

(八)实施"放心路、放心桥、放心车保安全工程"。政府主导、部门联动,切实抓好质量安全保障工作,提升建设质量和服务品质。严格执行农村公路建设质量、安全监督管理相关法规规定,实行建设、勘察、设计、施工、监理、检测六方质量责任终身制。建立健全信用评价制度,构建以质量为核心的信用评价机制。加快完善农村公路防护设施,加强急弯陡坡、临水临崖等高风险路段整治,严格执行安全设施"三同时"制度。加强桥梁管理和重点桥梁定期检测,落实桥梁养管"十项制度",加大危桥改造力度,实现危桥总数逐年下降。进一步落实农村客运班线通行条件联合审核机制,落实多部门联合审核职责。提升农村客运动态监控能力。到2020年,基本完成县乡道安全隐患治理;到2025年,农村公路工程质量耐久性、抗灾能力得到显著增强,安全保障水平进一步提升,群众安全感、获得感、幸福感进一步增强。

三、保障措施

(一)强化政治担当。切实提高政治站位,增强"四个意识",坚定"四个自信",做到"两个维护",把贯彻落实习近平总书记关于"四好农村路"重要指示精神作为一项重大政治任务,充分认识推动"四好农村路"高质量发展的重要意义,将此项工作摆上重要议事日程,强化任务分解、责任落实。

(二)加强组织领导。发挥党总揽全局、协调各方的领导核心作用,形成上下联动、密切配合、齐抓共管的工作局面,为推动"四好农村路"高质量发展提供政治保证和组织保障。推动省级、地市级人民政府为"四好农村路"高质量发展创造有利政策环境,切实落实县级主体责任,发挥好乡、村主力作用,充分调动农民群众的积极性、主动性,因地制宜制定贯彻措施,确保重点工作落地落实。

(三)强化要素保障。地方各级发展改革、财政、自然资源、交通运输、农业农村、邮政、扶贫、供销等有关部门要制定出台相关支持政策。进一步完善中央对地方转移支付制度,在均衡性转移支付中进一步考虑农村公路管理养护因素,加大中央对贫困地区支持力度。继续通过车购税资金等现有渠道支持农村公路建设。完善成品油税费改革转移支付政策,合理确定转移支付规模,加大对普通公路的支持力度。推动将农村公路建设、管理、养护、运营资金纳入一般公共财政预算统筹安排。努力拓宽筹资渠道,发挥好政府资金的引导和激励作用,采用资金补助、先建(养)后补、以奖代补、一般债券等多种方式保障农村公路资金供给,按规定用好税收返还等相关政策,积极争取金融机构支持,积极引导社会资本参与。实施农村公路分类管理,落实中央有关文件要求,简化一般农村公路建设审批程序。稳定农村公路建设用地政策,合理安排土地利用计划,保障农村公路发展需要。

(四)强化责任落实。推动将"四好农村路"高质量发展纳入地方各级人民政府绩效考核,建立健全激励约束机制,将考核结果与财政补助资金挂钩,对工作推进情况良好的,给予奖励或增量补贴;对工作推进情况较差的,实行约谈、责令整改、扣减补贴等措施,充分发挥激励考核"指挥棒"效应。各级交通运输主管部门要会同有关部门定期开展监督检查,适时调整政策取向。加强宣传和舆论引导,为"四好农村路"高质量发展营造良好的社会舆论氛围。